民國時期文獻
保護計劃

成果

民国时期警察文献书目提要

封野　刘莉　编著

国家社会科学基金项目
《南京国民政府警政建设研究（1927—1937）》研究成果

凤凰出版社

图书在版编目（CIP）数据

民国时期警察文献书目提要 / 封野，刘莉编著. --
南京 : 凤凰出版社，2018.5
ISBN 978-7-5506-2743-7

Ⅰ. ①民… Ⅱ. ①封… ②刘… Ⅲ. ①警察—图书目
录—中国—民国 Ⅳ. ①Z88：D631

中国版本图书馆CIP数据核字(2018)第036681号

书　　名	民国时期警察文献书目提要
编　　著	封　野　刘　莉
责任编辑	崔广洲
装帧设计	徐　慧
出版发行	凤凰出版社(原江苏古籍出版社) 发行部电话025-83223462
出版社地址	南京市中央路165号，邮编：210009
出版社网址	http://www.fhcbs.com
照　　排	南京凯建图文制作有限公司
印　　刷	金坛市古籍印刷厂有限公司 江苏省金坛市晨风路186号，邮编：213200
开　　本	718×1005毫米　1/16
印　　张	41
字　　数	650千字
版　　次	2018年5月第1版　2018年5月第1次印刷
标准书号	ISBN 978-7-5506-2743-7
定　　价	198.00元

(本书凡印装错误可向承印厂调换，电话：0519-82338389)

“民国时期文献编纂委员会”名单

作者简介

封野，男，江苏灌云人，1962 年 7 月出生于南京。研究生学历，博士学位，教授职称。江苏警官学院副院长、民国警察史文献研究中心主任，国家社会科学基金项目《南京国民政府警政建设研究（1927—1937）》主持人。从事中国古典文学及南京历史文化研究，著作有《杜甫夔州诗疏论》《汉魏晋南北朝佛寺辑考》《民国警史藏品鉴赏》（合作）等。

刘莉，女，辽宁铁岭人，1966 年生于南京。北京大学图书馆系本科毕业，文学学士，研究馆员。先后担任江苏警官学院图书馆副馆长、馆长，民国警察史文献研究中心副主任，现任江苏警官学院计算机信息与网络安全系政委。为江苏省图书馆学会理事，江苏省高校图工委环境与馆舍建设委员会副主任委员。从事文献学、信息管理学的教学和研究工作，主持国家社科基金及省部级研究项目共十余项，发表论文二十余篇，出版《法学文献检索》专著一部。

总 序

中华文明之所以博大精深、源远流长，不仅与未曾断裂的文字记录有关，也与自古有“易代修史”和重视文献收集、整理等优良传统密不可分。明有《永乐大典》、清有《四库全书》，都是有力的佐证。自新中国成立，特别是改革开放以来，我国日渐加大对古代各时期文献整理和保护工作的力度，但对具有重要价值又亟需保护的民国时期文献的重视程度尚需进一步加强。

民国时期是中国历史上一个重要而特殊的嬗变时期，新旧交汇、中西碰撞，形成了社会转型期特殊的文化景观；同时，这一时期也是中华民族遭受外侮、充满灾难的时期。仅从文化角度考察，一方面传统文化得到进一步的整理继承和批判扬弃，另一方面西方文化又强烈冲击和影响着当时人们的思想与行为。特别是马列著作的译介与传播，不仅深刻影响着人们的思想意识，而且直接导致了新民主主义革命的爆发，并由此带来一系列社会巨变。这些政治、经济、文化、社会的巨大变革，形诸文字，辅之于出版业和新闻业的飞速发展，使得民国时期的出版发行业达到了空前的规模。短短数十年间，积累了图书、期刊、报纸以及档案、日记、手稿、票据、传单、海报、图片及声像数据等大量文献。这些文献正是记录、反映民国时期政治、经济、军事、文化等诸多方面的重要载体。

概括而言，民国时期文献具有以下特点：第一，数量众多。据初步估算，民国时期文献数量远远超过存世数千年的古籍总量，仅国家图书馆一馆所藏就达88万余册。第二，内容丰富。该时期文献涵盖了政治、经济、文化、军事等领域，既有政府公报、法律规范等方面的文献资料，也有丰富的文学作品。同时，电影及唱片等作品也大量出现。无论在内容上，还是在文献形式上，均极为丰富。第三，历史和学术价值高。民国时期，中国经历了内忧外患，中国共产党领导中国人民开展了艰苦卓绝的革命斗争，在中国历史上写下了辉煌篇章，产生了大量革命历史文献。这些文献历久弥珍，是研究中国共产党党史的珍贵资料。民国时期又是各种思想交汇、碰撞的时期，留下了大量记载时代印迹的数据，在政治、法律、语言文字、历史等诸学科都留下了丰富的文化遗产，对研究民国时期的历史，尤其是人文社会科学，有着重要的借鉴意义。第四，现实意义重大。民国时期形成的边疆垦务、农商统计、中国经济志、赈灾史料等文献，对研究国家主权、边境、民族、军事以及农业、水利、经济等均有重要的现实意义，同时也是开展爱国主义教育、革命传统教育和国情教育的生动教材。例如，大量有关“东京审判”的文字记录、照片、影像数据，集中反映了日军侵略中国的历史，是日本军国主义侵华罪行的有力证据。第五，纸张和印制质量不佳。民国时期正处于从手工造纸向机械造纸转换的初期，所产纸张酸性高，加之印刷、装订等工艺的自身缺陷，造成了文献印制质量上的先天不足，致使很多文献出现了严重的老化或损毁现象，其保存难度大大高于传统手工纸文献。民国时期文献的上述特点，决定了对其进行保护的思路必须随着科学技术的发展不断创新，如在文献普查、原生性保护基础上，充分利用影印出版、缩微、数字化等再生性保护方式，以期达到事半功倍之效果。

国家图书馆是国家总书库，履行国内外图书文献的收藏和保护职能，为中央和国家领导机关立法决策、国内科学研究和公众提供文献信息服务。文献作为一个国家的历史积淀和文化载体，肩负着国家和民族的文化传承重任，保存、保护和利用好这些文献，是图书馆人的历史责任。2011 年，在文化部、财政部支持下，国家图书馆联合业内相关单位启动了“民国时期文献保护计划”，旨在通过文献普查、海内外文献征集、整理出版，以及文献保护技术研究等各项工作的开展，切实有效地抢救与保护民国时期文献。

文献整理出版是保护计划的一项重要内容，由国家图书馆策划，将依据文献的馆藏特色、数据类型、濒危状况、珍稀程度和社会需求等方面，整合各文献存藏单位所藏，汇集相关领域专家与出版工作者等多方力量，采取“民国文献资料丛编”形式，统筹规划、有序推进，成规模地整理、编纂出版包括民国时期政治、经济、社会、文化、教育、外交等各领域文献，努力为社会各界提供丰富的、有价值的、便利的文献资源。

中华民族的伟大复兴，以文化复兴为标志。文化的复兴，必须以弘扬传统文化为基础。弘扬传统文化，又必须以保护、传承传统文化为前提。我们坚信，“丛编”的推出，必将为民族复兴、文化繁荣做出重要贡献。

是为序。

周和平

2013 年 1 月

序　言

江苏警官学院封野、刘莉编撰完成了《民国时期警察文献书目提要》(以下简称《提要》)45万字书稿，我有幸一睹。民国警察史料的收集与整理，因其选题的特殊性、收藏的专门性和学术的专指性，学界从事者不多。封野、刘莉多年从事民国警察史和民国警察史文献的研究，他们不懈努力，遍访大陆和台湾地区图书馆及各类文献收藏机构，查阅和补充文献，完成该著。

江苏警官学院有一个民国警察史文献研究中心，成立于2012年，研究中心以收集整理民国警察文献为基础，把中国警政近代化历程作为主要研究领域，着重探究民国时期警政思想、警政制度、警察教育、警务模式，及其生成的社会环境、时代特征、演进路向、内在规律和对政局之影响，从理论方面和实践方面，期冀为当代警政改革和警务创新提供宝贵的历史借鉴。研究中心有八名研究人员，专题资料室一个，警察史博物馆一个。

作为研究中心主业的民国警察史料整理很有特色，2014年开始因为国家社科基金项目《南京国民政府警政建设研究（1927—1937）》研究需求，项目组着手收集整理史料，先后建立了《民国警察图书数据库》《民国警察期刊论文数据库》《民国警察档案史料库》《民国警察报刊史料库》《民国警察人物史料库》《民国警察图片史料库》《民国警察研究资料库》等，这些数据库收集的史料和研究资料加起来超过国内各大图书馆单个馆藏，这是国内首家以民国警察史为主题的专题数据库，经过系统化整理，为研究者使用提供了方便。

《提要》就是编者在对国家图书馆等大陆各大图书馆、台湾地区图书馆，以及中国第二历史档案馆等馆藏进行为期三年的文献调查，在建设《民国警察图书数据库》基础上，编撰而成。该书收录民国时期出版的5000余种图书文献资料，是全国第一部民国时期警察专题研究书目，是迄今为止收录民国时期警察文献、著录内容最为丰富的一部专题性联合目录，较完整地揭示了民国时期警察文献的出版情况，修正了前期书目中存在的部分错误，补充完整了著录信息，提供了资源的馆藏地，为开展民国警察史研究工作打下基础。我国社会进入信息化、数字化的时代以后，已经很少看到这类文献书目了，我翻阅着书目，深深为两位教授的学术执着和钻研精神所折服。

中国目录学走过了漫漫悠久的历史之路，以叙录揭示图书内容并评述其学术渊源与得失，彰显学术史的发展轨迹。当代目录学注重检索性能为要义的信息职能，借重计算机技术开发智能处理碎片化信息，传统目录学“辨章学术，考镜源流”的学科精髓面临被边缘化的境地。《提要》系统收集与梳理民国时期出版的警察史料，涉猎年代久远，涉足史料丰富，参照权威书目相关体例，书目传统与现代融合特征显著，我印象较深的有三：

其一，一个特定时期的专科文献数据库。《提要》收录的图书5000余种，比较全面地采集与著录，基本反映民国时期警察学学术发展之状况，为民国警察史研究提供了不可或缺的宝贵资料，堪称民国警察专科文献库，具有独特的学科意义和史料价值。

其二，一部警察学学科领域的学术史专著。参照《公安图书总目》民国时期图书的分类，按主题分类方式对类目进行了编排。《提要》作为一部警察学史料专科文献书目，主题分类既注重学科关联的逻辑性，又注重内容关联的专指性。《提要》揭示了民国警察学的学科发展脉络，除了史料统计学意义之外，更重要的是能够发挥出学术史的作用，是一部较为珍贵的民国警察史专著。

其三，一个实用有效的书目信息系统。实用性体现有二：（1）联合目录是揭示两个或两个以上图书馆馆藏的书目类型，《提要》以江苏警官学院图书馆收藏为主，兼收大陆和台湾地区20多个综合型和专科型图书馆相关馆藏，注明收藏地点；（2）专题书目索引的编制，编者编制了书名索引，为《提要》检索添翼，增强了工具性能。

史学研究如果没有史料支撑，就不能称为学术研究，傅斯年在《历史语言研究所工作之旨趣》中说：“近代的历史学只是史料学，利用自然科学供给我们的一切工具，整理一切可逢着的史料。”从这个意义上说，《民国时期警察文献书目提要》的出版，不仅仅是对中国警察史研究具有重要的参考价值，更重要的是，作者封野教授和刘莉研究员五年来虽然行政事务繁忙，但仍然愿意抽空泡图书馆查资料，坐冷板凳花功夫做学问，精神可嘉。而且愿意将自己辛苦所得资料奉献给研究者共享，更是难能可贵。是故欣从其请，为之序。

郑建明

2017年12月18日

体例说明

一、收书范围

本书收录了民国时期出版的警察专业图书以及与警察业务相关的图书资料目录共5000余种。

本书在编制过程中主要依据国家图书馆的网上在线的民国图书联合目录，同时参考了已出版的印刷本书目《民国时期总书目》《中国公安图书总目》《解放区根据地图书总目》，查阅了全国三十多家省级公共图书馆、北京大学图书馆等多家高校图书馆的在线书目，走访中国第二历史档案馆等各地档案馆和多家民国文献收藏单位，以及个人收藏家，共选出相关书目5000余种。书目不仅包括警察业务书籍资料，还包括与警察业务相关的如法律、犯罪学、监狱管理等方面的专业文献，以及部分章节中涉及警察业务的图书资料。如大量的政府出版物（内含警政工作）；包括统计资料、调查报告、年鉴、人名录等材料；有正式出版物，也包含非正式出版物。历经数年较系统的检索，基本将其收集完整，为历史研究提供第一手文献线索。

二、著录内容

本书在编制过程中，将每种目录分别与各收藏馆进行了核对，对于一种图书的不同版次通过集中著录的方式，尽量加以揭示；不同收藏馆的相似书目无法确定的，通过实地查看原书予以确认；已经不能查到印刷原本的，也在目录中进行了标注。

由于现行的《中国图书馆分类法》中“公安工作”这一段类目无法对应民国时期的警察业务，所以本书参照了《中国公安图书总目》中民国时期图书的分类，以及参考民国时期警察工作的相关性，按主题分类方式对类目进行了编排，基本涵盖了当时警察警种和工作。

1. 著录项。著录项目依照国家统一标准标注，按照书名、著者、出版地、出版者、出版时间、页（册）数、尺寸等顺序排列，民国图书的出版要求与现在不完全一致，著录项目不能完全对应，为此尽可能地将图书的信息按原貌著录。对于某一种书的不同版次都在著录过程中加以描述，为便于读者对照使用，不另外增加新的目录。如没有的项目，又无法查考的，只按实著录。单个目录按标准的卡片格式要求著录，便于读者查阅。

2. 提要项。介绍图书内容和形式特征的能收集的尽量收集，方便读者使用。

3. 馆藏项。为了节约篇幅，图书收藏单位一律按原单位简称标注；无收藏单位的条目，标注“馆藏地不详”。

4. 正文排列方式。正文部分按分类规则将书目分别归在相应的类目，按音序将内容相同或相似图书集中在一起，方便查找使用。

三、书名索引规则

为方便读者使用本书，特编制了书名索引。书名索引按书名首字首位汉语拼音字母排序，如首字首位汉语拼音字母相同，再按第二字首位汉语拼音字母顺序排列，其后以此类推。索引中对不同种书但书名相同的在同一页上重复出现两次以上的只显示一次。

四、书中使用的图书馆及简称

序号	图书馆全称	简称	备注
省市级公共图书馆			
1	中国国家图书馆	国图	
2	中国数字图书馆	数图	
3	首都图书馆	首图	
4	上海图书馆	上图	
5	天津图书馆	津图	

（续表）

序号	图书馆全称	简称	备注
6	重庆图书馆	重图	
7	黑龙江省图书馆	黑图	
8	吉林省图书馆	吉图	
9	辽宁省图书馆	辽图	
10	甘肃省图书馆	甘图	
11	陕西省图书馆	陕图	
12	河北省图书馆	冀图	
13	河南省图书馆	豫图	
14	山西省图书馆	晋图	
15	山东省图书馆	鲁图	
16	南京图书馆	南图	
17	浙江省图书馆	浙图	
18	安徽省图书馆	皖图	
19	福建省图书馆	闽图	
20	江西省图书馆	赣图	
21	湖北省图书馆	鄂图	
22	四川省图书馆	川图	
23	广东中山图书馆	中图	
24	云南省图书馆	云图	
25	贵州省图书馆	黔图	
26	宁夏回族自治区图书馆	宁图	
27	湖南省图书馆	湘图	
28	西藏自治区图书馆	藏图	
29	广西壮族自治区图书馆	桂图	

（续表）

序号	图书馆全称	简称	备注
30	新疆维吾尔自治区图书馆	新图	
31	内蒙古图书馆	蒙图	
32	重庆市北碚区图书馆	北碚图书馆	
33	台湾“国家图书馆”	台图	
34	金陵图书馆	金图	
35	大连市图书馆	大连	
36	青岛市图书馆	青岛	
37	桂林市图书馆	桂林	
38	杭州市图书馆	杭州	
39	温州市图书馆	温州	
40	厦门市图书馆	厦门	
高校图书馆			
1	北京大学图书馆	北大	
2	清华大学图书馆	清华	
3	中国政法大学图书馆	政法大学	
4	西南政法大学图书馆	西南政法	
5	西北政法大学图书馆	西北政法	
6	华东政法大学图书馆	华东政法	
7	中国人民公安大学图书馆	公安大学	
8	复旦大学图书馆	复旦	
9	南京大学图书馆	南大	
10	厦门大学图书馆	厦大	
11	浙江大学图书馆	浙大	
12	中国人民大学图书馆	人大	

（续表）

序号	图书馆全称	简称	备注
13	吉林大学图书馆	吉大	
14	武汉大学图书馆	武大	
15	兰州大学图书馆	兰大	
16	中山大学图书馆	中山大学	
17	中南财经政法大学图书馆	中南财经	
18	江西警察学院图书馆	江西警院	
19	广东警官学院图书馆	广东警院	
20	山东警官学院图书馆	山东警院	
21	中国刑事警察学院图书馆	刑警学院	
22	黑龙江人民警察学校图书馆	黑龙江警校	
23	云南警官学院图书馆	云南警院	
24	上海师范大学图书馆	上海师大	
25	同济大学图书馆	同济	
26	台湾“中央警察大学”图书馆	台湾“中央警察大学”	
27	北京警察学院图书馆	北京警院	
28	东北师范大学图书馆	东北师大	
29	江苏警官学院图书馆	江苏警院	
30	北京师范大学图书馆	北师大	
31	郑州大学图书馆	郑大	
32	暨南大学图书馆	暨大	
33	湖北大学图书馆	湖北大学	
34	华南农业大学图书馆	华南农大	
35	河北师范大学图书馆	河北师大	

序号	图书馆全称	简称	备注
其他			
1	云南省公安厅档案馆	云南公安	
2	公安部档案馆	公安部	
3	重庆市档案馆	重庆档案馆	
4	重庆市公安局档案馆	重庆公安	
5	安徽省公安局档案馆	安徽公安	
6	甘肃省庆阳档案馆	庆阳档案馆	
7	现代国际关系研究所	国关	
8	上海社会科学院图书馆	上海社科院	
9	中国社会科学院法学研究所图书馆	法研所	
10	群众出版社图书室	群众出版社	
11	绍兴市图书馆	绍兴	

目　录

1 警察学

1.1 警察学总论

广西高等巡警学堂讲义录：警察学 / 广西高等巡警学堂编 .-- 广西高等巡警学堂刊，[1912?—1949?]　　[桂图]

警察学 / 何维道译述 .-- 政法学社刊，[1912?—1949?].--11，174 页：表；20cm　　[上图]

根据日本人渡边、鲛岛、植松等所著警察法教科书编译而成。分 2 编。首编泛论警察法的性质，警察的定义、种类，警察机关及警察权等；二编分述行政警察及司法警察的职责。政法述义，第 18 种。

警察学 / 青岛市公安局警士教练所编 .-- 青岛：青岛兴华印刷局刊，民国 21 年 [1932].--36 页；26cm　　[国图]

论述了警察权的基础，警察的种类、组织、作用，并具体介绍了行政警察、司法警察。青岛市公安局警士教练所教科书。

警察学 / 王家襄编述 .-- [1912?—1949?] .--242 页；20cm　　[上图]

概述了警察的意义、性质、目的、沿革，警察的作用及其依据和范围，以及警察强制法等。介绍了保安、行政、卫生、司法、特别行政等警察的职责范围等。

警察学 / 徐朗棱述 .-- 四川法政学校排印本 .--1 册　　[川图]

警察学 / 作新社编译 .-- 北京武学书馆刊 .--194 页；19cm　　[馆藏地不详]

分 2 编，为总论和各论。总论包括 8 章，介绍警察之沿革、概念、分类，警察法之概念，警察权之基础和范围，警察执行机关，警察权作用之形式，警察之责任。各论包括 3 章，介绍了保安警察、行政警察、司法警察。

警察学：总论之部 / (日) 宫国忠吉著 .-- [1912?—1949?] .--70 页；20cm　　[上图]

分 8 章。分述了警察的沿革、责任、分类，警察法的概念，警察权的依据及范围，警察执行机关等。

警察学：警察实务 / 何维道，谭傅恺编 .-- 再版 .-- 政法学社刊，民国 2 年 [1913].--174，96 页；23cm　　[浙图，首图]

警察学大纲 / 余秀豪著 .-- 沪 1 版 .-- 重庆：商务印书馆刊，民国 35 年［1946］.--187 页；22cm　［上图，重图，吉图，国图，辽图，津图，浙图，湘图，首图］

.-- 重庆初版 .-- 重庆：商务印书馆刊，民国 35 年［1946］.--187 页；21cm　［辽图，津图，湘图，国图，浙图］

.-- 重 2 版 .-- 重庆：商务印书馆刊，民国 35 年［1946］.--187 页；21cm　［首图］

.-- 沪 2 版 .-- 上海：商务印书馆刊，民国 35 年［1946］.--187 页；22cm　［重图，上图］

.-- 沪 3 版 .-- 上海：商务印书馆刊，民国 36 年［1947］.--187 页；21cm　［吉图，国图］

讲述了警察的作用、任务、选任、教育、待遇，警察机关的组织，世界各国警政概况等。附我国各地警察行政应有的改革。

警察学大意讲义 / 杨云峰审定；黑龙江警务处考核科编辑 .-- 哈尔滨：黑龙江警务处刊，民国 6 年［1917］.--56 页；24cm　［辽图］

警察学纲要 /（日）松井茂著；吴石译 .-- 上海：商务印书馆刊，民国 25 年［1936］.--238 页；19cm　［南图，重图，湘图，国图，上图，浙图，首图］

分 2 编 30 章。总论包括警察的任务、分类、组织，警察官吏，日本和欧美警察状况及警察教育等 20 章；分论包括高等警察、出版警察、营业警察、游艺警察、风俗警察、交通警察、卫生警察等 10 章。书前冠序、原序。市政丛书。

警察学纲要 / 沈国新编 .-- 上海：上海市警察局警示教练所刊，［1912?—1949?］.--24 页；19cm　［上图］

分 8 章。介绍了警察的意义和分类、警察权、警察机关及警察命令等。

警察学纲要 / 徐洵编著 .-- 上海：上海法学社刊，民国 17 年［1928］.--124 页；15cm　［南图，津图，国图］

共 4 章。叙述了警察的沿革、性质、作用、种类，警察法与警察权，以及警察的服务常识和训练、国民政府违警罚法等。附公安局编制大纲修正草案。考试丛书，第 9 种。

警察学汇编 / 内政部警察总署编 .-- 内政部警察总署刊，［1912?—1949?］.--300 页；18cm　［南图］

第 1 部分介绍了党义、新生活运动纲要、宪法大意、刑法大意、违警罚法、警察法令、警察实务、交通警察实务、卫生警察实务、户口调查须知、刑事警察和战时警察。

警察学讲义 / 李达夫，马造，钱学福编 .-- 民国 24 年［1935］.--146 页：图；27cm　［赣图］

警察学科纲要 / 中央警官学校研究部编 .-- 中央警官学校研究部刊，民国 36 年［1947］.--102 页；21cm　［重图，赣图，江苏警院］

包括各国警察制度纲要、外事警

察请求纲要、消防警察纲要、刑事照相请授要点、政治警察学纲要、警察记录制度纲要。

警察学问答 / 曹无逸编著 .-- 上海：大东书局刊，民国 19 年［1930］.--105 页；15cm ［南图，津图，重图，湘图，国图，浙图，首图］
.--2 版 .-- 上海：大东书局刊，民国 20 年［1931］.--108 页；15cm ［江苏警院］

解答了警察的意义、沿革、义务、权利、责任、组织、分类，以及各种警察的任务与业务等。百科问答丛书，第 13 种。

警察学要旨 / 粤汉区铁路管理局警务处警察教练所编 .-- 粤汉区铁路管理局警务处警察教练所刊，民国 36 年［1947］.--12 页；19cm ［中图］

解说警察的意义、沿革、义务、权利、责任、组织、分类，以及各种警察的任务与业务等。

警察学摘要 / 戴渭清编 .-- 上海：青年书社刊，民国 19 年［1930］.--35 页；15cm ［西南政法］

警察学总论 / 濮钜南，王文彬编辑 .--［1912?—1949?］.--141 页；22cm ［桂图］

警察要领 / 河南民政厅编 .-- 石印本 .-- 河南民政厅刊，民国 17 年［1928］.--14 页；18cm ［国图，江苏警院］

分 6 章。简述了警察的定义、分类、作用等。

警察要旨 / 上海市公安局编 .-- 上海：上海市公安局刊，民国 23 年［1934］.--106 页；27cm ［上图］

讲述了警察的意义、沿革、机关、性能、分类、权利、义务、责任、警察行为，以及各类警察。上海市公安局警士教练所讲义，第 2 册。

警察要旨 / 周炳东编 .-- 杭州：浙江省警官学校附属警示训练所刊，［1912?—1949?］.--100 页 ［陕图］

警察要旨讲义 /.-- 南京：（伪）首都警察厅警士教练所刊，民国 29 年［1940］.--78 页；18cm ［南图，国图］

共 8 章。论述了警察的意义、沿革、分类、机关、警察人品之修养、义务权利责任、警察法与警察权、警察行为等。

警学浅说 / 国民革命军第一集团军总司令部警卫处编 .-- 国民革命军第一集团军总司令部警卫处刊，民国 24 年［1935］.--28 页；18cm ［中图］

警政 / 吴瑜编述 .-- 广西县政公务员政治训练班刊，民国 25 年［1936］.--92 页；19cm ［南图，国图］

讲述警察的意义、分类、职权范围、法规及处分，欧美各国警察现状，我国警察沿革，广西警察现状，警察与防空及消防等问题。附录违警罚法、警械使用条例、部颁省会警察局组织规程等10种。广西县政公务员政治训练班函授部讲义。

警政改造论 /（瑞士）赖斯（R.A. Reiss）著；吕敦亮译述 .-- 再版 .-- 青岛：胶澳警察厅刊，民国18年［1929］.--16页：照片；22cm　［上图］

分5章。分述警察总机关的组织及领导人、刑事警察、秩序警察、政治警察及地方警察的工作及职责。吕敦亮警察集之一。

警政概论 / 贵州省地方行政干部训练委员会编 .-- 贵州：贵州省地方行政干部训练委员会刊，民国29年［1940］.--56页；17cm　［重图］

本书共4章。包括绪论、警察组织、行政警察、警政之改进。

警政概论 / 阮光铭编述 .-- 上海：商务印书馆刊，民国20年［1931］.--249页；19cm　［重图，黑图，津图，湘图，国图］

.-- 国难后1版 .-- 上海：商务印书馆刊，民国21年［1932］.--249页；20cm　［南图，国图，上图］

分总论、各论2卷。总论论述警察的观念、教育、权力，警察教育的作用，欧美地方警察的教育机关等；各论论述保安、风俗、交通、产业、卫生等警察的职责范围。新时代法学丛书。

警政论丛 / 郭宗茀著 .-- 重庆：警学编译社刊，民国36年［1947］.--133页；19cm　［重图］

共12章。分述主席对警察制度之启示、实施警官制与建立新警察、论建立警察法系问题、论调整警察机构等。前有代序：中国警政建设之检讨和展望。

警制新论 / 李峰著 .-- 南京：现代警察季刊社刊，民国23年［1934］.--108页；19cm　［津图］

论述了警察与政治、国际、社会进化的关系，当时警制的缺点，总局、分局的组织与职权，以及警官制、保安、交通、消防警察等。

局长宣铁吾先生训词选 / 上海市警察局编 .-- 上海：上海市警察局刊，民国36年［1947］.--238页：照片；22cm　［国图，上图］

分文告、论著、讲词3部分。收入告全体警员书、认识警察、如何建立专业的消防警察、我从事市政工作之经验、三十五年度的中心工作、民主政治与警察职权、政治不是玩具、做人与做事、行的重要、警察生活的要义等55篇。

抗战警论 . 第1辑 / 潘星农编 ..-- 南岛出版社刊，民国26年［1937］.--54页；18cm　［中图］

领袖对警政人员训词 . 第一集 / 蒋介石讲；中央警官学校编 .-- 南京，民国36年［1947］.--58页；19cm　［南图，重图］

共分19条。一、蒋介石在首都对

南京市公安局全体警察人员训话——警察的地位与责任。二、蒋介石于民国二十年（1931）四月二十六在首都小营操场对卫戍军警训话——培养革命警察，完成国民革命。三、蒋介石于民国二十二年（1933）通令——提高警察职权。四、蒋介石于民国二十三年（1934）六月十五日通令——警察须知。五、蒋介石于民国二十四年（1935）三月二日电令——应以新生活运动纲要及新生活须知为唯一教育方针等。中央警官学校丛书。

漫谈警察 / 鹏飞著 .-- 民国 36 年［1947］.--83 页；18cm　［国图，江苏警院］

分建立革命警察、还政于民后之中国警察、国民党的政权与国民党的警察、警察勤务分配之研究、对于警源问题之研究、警察与科学、从事警察业务之几点小经验、对于警魂问题之研究、建警刍议 9 节。

模范警察学 / 许家惺著 .-- 沪 1 版 .-- 上海：群学社图书发行所发行，民国元年［1912］.--238 页；23cm　［国图］

概述了警察的沿革、概念、分类，分述了保安警察、行政警察、司法警察。另收入违警章程、巡警部奏请清查户口折、巡警部新定交通规则、金陵警察局职权表、警察学讲义等。内容涉及世界各国及中国警察。

现代警察 / 张毅忱著 .-- 民国 32 年［1943］.--192 页：表；19cm　［国图，江苏警院］

分 10 章。讲述警察的起源、演进与未来，警察的意义、种类、与军队的比较及与国家和人民的关系，现代警察的地位、性质、标准等。附现代警察图表。

现代警察的新动向 / 李腾等著 .-- 广州：广州统计印刷所印刷，民国 20 年［1931］.--175 页；19cm　［上图］

共 15 篇。有现代警察的新动向、警官任用问题、实用指纹之评价、各国警察的地方教育、警察的昨日与今日、警察统属权的世界展望、世界警察制度的面面观等。

中国的警察 / 陈允文著 .-- 上海：商务印书馆刊，民国 24 年［1935］.--387 页；19cm　［重图，津图，国图，浙图，上图，首图］

.--2 版 .-- 上海：商务印书馆刊，民国 24 年［1935］.--387 页；19cm　［南图，吉图，重图，津图，国图］

分 8 编。叙述了警察的性质、意义、目的、沿革、机构、任用和待遇，以及警察的未来等。有汪兆铭序和自序。书前冠自序。书末附内政部警政专门委员会条例等。市政丛书。

警察服务 /（日）坂井博延著 .-- 油印本 .--1 册；26cm　［馆藏地不详］

警察服务须知 / 军事委员会委员长南昌行营编 .-- 上海：中华书局刊，民国 24 年［1935］.--50 页；15cm　［国图，赣图，上图］

介绍警察的概况、种类、行为、养成，警察在现代的认识，警察法与新生活指导，结论。附违警罚法。

警察服务须知 / 李士珍主编；中央警官学校研究部增订 .-- 中央警官学校研究部刊，民国 35 年［1946］.--244 页；14cm　［重图］

警察训练材料。书前有蒋介石手谕（代序）。

警察服务须知 .-- 民国 35 年［1946］.--202 页；14cm　［津图，重图，赣图，上图］

共 4 章。讲解了警察的定义、使命、精神及服务要领等。书前有蒋介石手谕（代序）。附行政执行法。

警察概论 / 赵志嘉编 .-- 上海：世界书局刊，民国 18 年［1929］.--110 页：21cm　［重图，赣图，浙图，上图］

警察概论 .-- 上海：世界书局刊，［1921?—1939?］.--73 页：19cm　［南图，重图，国图，浙图］

分 7 章。介绍警察之概念、警察之分类、警察之机关、警察官吏、警察之作用、警察之强制方法、关于警察处分之救济法。最新警察全书之二。

警察概要 / 吴骥编述 .-- 泰和：江西省地方行政讲习院刊，民国 29 年［1940］.--37 页；19cm　［重图］

分概况、省保安团队、人民自卫队、战时民众军事训练之要点 4 个部分，附现代违警罚法。分组训练教材，第 31 种。

警察纲要 / 王振民编 .-- 浙江，民国 26 年［1937］.--208 页；18cm　［吉图］

警察救国 / 李万里著 .-- 民国 18 年［1929］.--98 页；图；18cm　［国图，上图］

讲述了警察的重要性，警察与国家、国际、自治等的关系，办好警政的办法与计划等。

警察权的研究 / 张毅忱著 .-- 民国 33 年［1944］.--198 页；18cm　［国图］

共 7 章。概述了各国警察权及其意义、根据、内容、执行程式及界限等。附录行政执行法、中华民国五五宪法草案第 2 章。

警察权之研究 / 马鸿儒编著 .-- 汉口：天津大公报汉口分馆刊，民国 24 年［1935］.--404 页：表；21cm　［吉图，国图］

分 3 编。第 1 编分警察的沿革、意义、种类、制度，警察权的基础及界限，警察的组织、作用及其行政救济等 9 章。第 2 编分保安、建筑、交通、风俗、营业、水上、产业、户籍、卫生、外事、消防、司法等 12 章。第 3 编分勤务常识、侦探学、指纹法、捕绳术、理化学鉴定、警察常识问答等 6 章。有张学良题词。书前冠序、叙例。警察教材・民众常识。

警察实行总论 / 刘国华编译 .--312 页；22cm　［中图］

警察实务表解 / 蒋锈编 .-- 上海：科学书局刊，民国 2 年［1913］.--2 册（42，50 页）；19cm ［上图］

分行政警察、司法警察等 2 章。简略地介绍了各种警察的职责和应具备的素质。附警察精神论。法律政治经济学表解丛书。

警察实务纲要 / 张恩书编 .-- 上海：中华书局刊，民国 26 年［1937］.--570 页；20cm ［夏图，南图，辽图，重图，津图，国图，上图］

分 3 编。第 1 编讲述了警察的定义、类别、作用、机构等；第 2 编讲述了行政警察的分类（安保、风俗、交通、卫生、户籍、消防、外事等）；第 3 编讲述了司法警察的权力、地位、任务，以及犯罪行为、侦探警察应具备的条件等。附警察官署应用统计表册式样、违警罚法修正草案。

警察实务研究 / 陈冠雄编著 .-- 广州：中华印刷所印，民国 36 年［1947］.--212 页；19cm ［中图］

警察实务摘要讲义 .--［1912?—1949?］.--42 页；18cm ［南图］

警察效用 / 邵清淮著 .-- 天津：大公报社刊，民国 21 年［1932］.--152 页；19cm ［南图，津图，国图，浙图］

共 10 编。讲述了中国警察的沿革、性质、行为、组织、设备、勤务、待遇、选任、教育，以及户口调查、视察、案件处理等。

警察新论 / 李峰著 .-- 南京：现代警察季刊社刊，民国 23 年［1934］.--108 页；18cm ［南图］

警察与人民及要人 / 郑宗楷著 .-- 上海：大东书局刊，民国 36 年［1947］.--230 页：图像；19cm ［重图］

.-- 再版 .-- 上海：大东书局刊，民国 36 年［1947］.--230 页：图像；18cm ［南图，辽图，重图，津图，国图，上图］

分 14 章。包括国人如何了解警察、谈谈中国警察史、人人要警察化、警察与人民、关于各国警察的研究（上、下）、敬告中央各部会要人、敬告地方要人、警察权组织中之省主席市长县长与警察局及宪兵、警察之母、警察与人权等。警官丛书，第 1 种。

警察之庄严使命 / 广东省民政厅第四科编 .-- 广东：广东省民政厅第四科刊，民国 27 年［1938］.--32 页；19cm ［南图］

分 4 章。包括蒋委员长冬电原文、蒋委员长对中央警官学校高级班毕业训词、警察之庄严使命、附录（警察须知和警察十二要）。有中大政治学校研究部图书室印章。

警察治内商榷书 / 马造著 .-- 北平：中国警察书局筹备处刊，民国 25 年［1936］.--62 页；19cm ［南图］

分 8 章。分别介绍了警察在现代潮流之重要、警察之任务、警察权力之扩充、增设警法委员及驻外使领馆警官暨监察院署等警务科目、扩大警察统率机关及教育整理、创设警察模范区团树立警察治内先击、改革现在警察行政之缺点和用人。

党治下的警察 / 毛家骐著 .-- 贵阳：交通书局刊，民国 31 年［1942］.--118 页；18cm　　［南图，重图，国图］

分 5 章。介绍党治警察的意义、三民主义、国民党政纲、法令与警察的关系、非常警察的性质及各种要点等。有自序及附言。

非常时期之警察 / 徐增明著 .-- 上海：中华书局刊，民国 26 年［1937］.--78 页：表；19cm　　［重图，津图，国图，首图，上图，陕图，鄂图］
.-- 再版 .-- 上海：中华书局刊，民国 26 年［1937］　　［南图，国图，首图］

分 16 项。介绍了警察的一般意义与民众日常生活的关系，欧美各国警察现状及我国警察事业的发展方向，警察应受的教育及有关交通、户口、消防、卫生、风俗、外侨等问题。中国新论社非常时期丛书，雷震等编。

高警察 / 方红元著 .-- 湖北：警察专科刊，民国 36 年［1947］.--30 页　　［重图］

公安警察问答 / 李万里著；姜道三，刘萌生校订 .-- 上海：中央图书局刊，民国 16 年［1927］.--10，118 页：照片；15cm　　［厦大，津图，国图，上图，首图］
.-- 再版 .-- 上海：中央图书局刊，民国 17 年［1928］.--118 页：图；15cm　　［国图］
.--3 版 .-- 上海：中央图书局刊，民国 17 年［1928］.--10，118 页：图；15cm　　［馆藏地不详］
.--4 版 .-- 上海：中央图书局刊，民国 17 年［1928］.--10，118 页：图；15cm　　［浙图］

本书为南通警察厅厅长李万里先生历年督教官警之作。分总论、权限与职务、礼貌与服装、行权实验等 4 章。有范祥善卷头语和著者私拟全省警务整顿大纲。附录警察手眼、长警训条解释、南通警察厅警务现况记略等 6 篇。

国防论 / 周亚卫著 .-- 北京：京华印书局印，民国 15 年［1926］.--70 页；22cm　　［南图，津图，国图，首图］

本书分 10 章：总论、兵役制度及陆军兵额、陆军编制、国防费、警察与国防、海军等。书前冠序。书末附表、图。有军区及军队配置表、军区配置图、陆军统辖系统图、列国军队配概观等。

检查官与警察之关系 / 夏炳亚编 .-- 再版 .-- 新化：唤民印刷局刊，民国 32 年［1943］.--54 页；12cm　　［重图］

共 8 章。从定义、制度、职权，以及法律规定方面，讲述检察官与警察之间的关系。附两者关系图解。

蒋主席警察论 / 周开福编述 .-- 兰州：甘肃省警训所刊，民国 26 年［1937］.--28 页；18cm　　［浙图］

警察宝鉴 / 马造撰述 .-- 中央陆军

军官学校刊，民国18年［1929］.--216页；22cm　［国图］

分总论、警察刷新之计划、警察施政之纲要3编，共31章。论述了警察治国的真谛、国内外对于警察的需要、各国警察集权分权主义的标准、我国警察集权分权的商榷等。

警察的新生活/周代殷著.--南京：正中书局刊，民国23年［1934］.--62页；17cm　［南图，重图，鄂图，浙图］

.--4版.--南京：正中书局刊，民国24年［1935］　［上图，江苏警院］

.--影印本.--南京：正中书局刊，民国24年［1935］　［馆藏地不详］

分4章。论述了警察的精神生活、物质生活及其与新生活运动的关系，以及推行新生活运动的方法等。新生活丛书。

警察定国/李万里著.--民国19年［1930］.--62页；19cm　［南图］

警察动员概论/郑宗楷著.--长沙：商务印书馆刊，民国27年［1938］.--37页；23cm　［国图，南图，吉图，重图，赣图，黔图］

本书讲述了在战时，对在战争中间接参加战争及与战事有关系的人即未被征兵而照常服务的警察的动员。全书分为绪言、警察动员之要件、警察动员之组织、警察之军事训练、警察动员之实务及警察动员之食宿6章。

警察工作经验谈/赵志嘉编著.--上海：世界书局刊，民国26年［1937］.--238页；19cm　［南图，吉图，重图，上图］

分6章。讲述了发挥警察最高性能的方法、警察官吏的精神修养及业务的分析研究等。

现代警察的要务/蒋介石著.--中央警官学校刊，民国28年［1939］.--20页：肖像；14cm　［南图，重图］

封面题：校长对第四期学生毕业训话。该文是蒋介石民国二十八年（1939）七月三十一日对中央警官学校第四期学生毕业训话。主要内容包括：一、警察是民众的导师，是改革社会的先锋——建立警察为建立现代国家的前题。二、过去警察的积弊。三、警官学校的使命。四、警官的职责，不仅在除弊，首先要禁绝烟赌娼匪四大弊害，且应兴利，改造社会的风俗习惯，增进人民的生活福利。五、教导人民如何生活——实行新生活运动。六、如何充裕人民生活——实行地方自治，推进国民经济建设运动。

现代警察实务/谢良镕编；范晓峰校对.--民国27年［1938］.--34页；23cm　［国图］

包括13个部分。介绍了警察的定义、作用、特质、组织、种类、权限、义务以及警察应负的责任、应有的手段、应具备的心理素质等。

现代警察研究/邓裕坤著.--南京：内政部警察总署刊，民国36年［1947］.--216页；23cm　［国图，

重图，南图，津图］

分4编18章。包括警察制度、警察人事、警察实务问题、欧美警察见闻等。有唐纵序言。警政丛书。

现代警察之理论与实际 / 郑宗楷编著 .-- 金华：正中书局刊，民国31年［1942］.--240页；22cm ［国图，重图，津图，辽图］

.-- 沪1版 .-- 上海：正中书局刊，民国35年［1946］.--240页；20cm ［重图，国图，江苏警院］

共19章。分述建警原则、统一警察论、关于县以下之警察、警察教育论、学习要法、警察法令研究法、街道交通之整理、消防研究、娼妓问题、噪音之取缔、对于户籍事务应有之认识等。

宣铁吾先生警政言论集 / 上海市警察局编 .-- 上海：上海市警察局刊，民国36年［1947］.--238页：照片；21cm ［南图，辽图，重图，国图，赣图，浙图，上图，首图］

1946年至1947年宣铁吾任上海市警察局长兼警备司令时的讲话稿汇集。

总裁警察言论集 / 福建省保安处警务科编辑 .-- 福建：福建省保安处警务科刊，民国31年［1942］.--78页；18cm ［江苏警院］

本部书个别地方有虫蛀。内容包括提高警察职权、警察须知、警察的地位与责任、培养革命警察完成国民革命、为人做事的标准、目前警察要务、现代警察的要务等。

总理关于军警的遗教 / 中国国民党中央执行委员会宣传部编 .-- 民国18年［1929］.--248页；19cm ［南图，重图，国图，赣图，浙图］

收孙中山文13篇：释自由、军人精神教育、统一中国非北伐不可、和平统一化兵为工、兵工计划宣言、实行裁兵宣言等。附录第一次全国代表大会关于军事决议案等13种。

政治的常识与效能 / 李万里著 .-- 28页；16cm ［国图］

讲述革新中国政治的途径和原则。有序。附私拟沪市警察整理方案。

比较市政府 / 张锐编 .-- 上海：华通书局刊，民国20年［1931］.--35，719页：图；22cm ［南图，重图，津图，湘图，国图，浙图］

介绍英、美、法、德、意、苏、日、中等八国市政府史略、组织、制度，并简论促进市政工作的方策。附录国民政府特别市组织法等3篇。书前冠序。

比较市政学 / 刘迺诚著 .-- 上海：商务印书馆刊，民国25年［1936］.--259页；23cm ［吉图，重图，湘图，国图，浙图，首图］

分4章。对英、法、德、美4国的市政制度沿革及组织、行政等概况进行了比较。

国防与地方行政 / 张天福著 .-- 上海：汗血书店刊，民国25年［1936］.--136页；19cm ［重图，津图，国图］

分4章。阐述国防与地方行政的关系，介绍战时德国对地方行政的态度，论述中国地方政府为适应国防的需要如何革新、挑选使用人才等问题。国防实用丛书，第7种。

行宪与警察 / 侯发瑞著 .-- 南京：中央警察学校研究部刊，民国37年［1948］.--78页；18cm　［重图，南图］

分宪法的简史、宪法的精义、警察任何巩固国权、警察任何保障民权等8章。附录检察官与司法警察机关执行职务联系办法、金圆券发行部分等6条。

街道与市政 / 章渊若著 .-- 上海：泰东图书局刊，民国18年［1929］.--131页；19cm　［国图，重图，浙图，上图，首图］

概论街道规划、建筑、改进与市政的关系。社会科学丛书，第3种。

近代中国市政 / 蒋慎吾编 .-- 上海：中华书局刊，民国26年［1937］.--150页：表；19cm　［辽图，重图，国图］
.--2版 .-- 上海：中华书局刊，民国28年［1939］　［上图］

分10章。包括近代都市的成因、市宪法、市选举、市权限、市行政以及都市的将来等事项。现代政治丛书。

近年中央对于内政之设施 / 陶履谦著 .-- 江西：庐山暑期训练团刊，民国26年［1937］.--30页；19cm　［国图，重图］

介绍国民政府对于民政、警政、地政、礼俗、统计5方面的设施。

省政府合署办公之实施 / 江西省政府秘书处编 .-- 南昌：江西省政府秘书处刊，民国24年［1935］.--24页：图；23cm　［吉图，重图，国图，上图］

讲述改革省制的理由、其办法的颁行、实施的状况及已见的成效等。江西事业丛刊。

市行政学 / 江康黎著 .-- 长沙：商务印书馆刊，民国27年［1938］.--26，401页；21cm　［吉图，重图，津图，湘图，国图，上图］

共29章。讲述市行政的根本原则和人事管理、城市设计、卫生、警察、消防、交通、教育、法庭、公债、金库制度等行政问题。教本。书前冠自序。大学丛书。

市政府论 / 阮毅存著 .-- 上海：世界书局刊，民国16年［1927］.--88页；19cm　［重图，浙图］
.--2版 .-- 上海：世界书局刊，民国18年［1929］.--88页；19cm　［南图，国图］

据门罗（Munro）Municipal Goverment and Administration 第1卷材料编成。共10章，包括市政府之历史的演进，近代市政府发达的原因，市政府之法律的基础及其国家之关系，市公约，市选举，市政府与政党政治，市政府与市民管理，市议会，市政府的组织及南京、上海、杭州三市有关条例。

市政府与市行政 /（美）孟洛（W.B.

Munro）著；陈良士译 .-- 上海：商务印书馆刊，民国 24 年［1935］.--2 册（780 页）；23cm ［辽图，津图，重图，湘图，国图，浙图，首图］
-- 再版 .-- 长沙：商务印书馆刊，民国 29 年［1940］.--2 册（730 页）：图；23cm ［重图，国图］

共 45 章。介绍市政的历史发展、近代市政府组织机构、近代主要市政问题及其解决方法等。附录：美国政府规定市自治之省宪法等 3 篇。书名原文：Municipal Government and Administration。政法丛书。

市政概论 / 金国珍著 .-- 北京：金国珍刊，民国 30 年［1941］.--17，342，88 页；22cm ［南图，吉图，国图］

分 24 章。论述都市的定义、地位，议决机关、执行机关，财政、公安、卫生、教育、社会事业，都市社会的的特质、分区制，以及地方计划等。附北京都市计划大纲、市自治法、青岛市建筑规则等 5 篇。书前冠自序。

市政概要 / 政荣庐等编 .-- 云南刊，［1912?—1949?］.--134 页；17cm ［黔图］

论述市政的概念、各国市政组织，以及市政范围内的财政、公安、上下水道、交通和照明等诸项事业。有唐继虞序。

市政举要 / 白敦庸著 .-- 上海：大东书局刊，民国 20 年［1931］.--18，252 页；19cm ［南图，吉图，重图，津图，湘图，国图，赣图，浙图，首图］

共 3 编。分述我国市政的沿革、警察组织机构及职权、市政及市民的娱乐等问题。附录市自治制、南京特别市暂行条例、特别市组织法、整顿北平市建议书等 10 篇。有朱启钤等序 4 篇及自序。书前冠序一。市政丛书。

市政论 / 吴拯寰编；俞平湖校阅 .-- 上海：三民公司刊，民国 20 年［1931］.--2013 页；19cm ［重图］

封面题名：市政论问答。内分市政概说、市政制度、城市计划、市政改革等 4 章。

市政全书 / 陆丹林编 .-- 再版 .-- 上海：道路月刊社刊，民国 17 年［1928］.--1 册；19cm ［浙图］
.--3 版 .-- 上海：道路月刊社刊，民国 18 年［1929］.--1 册：照片；19cm ［重图，国图，浙图，赣图，首图］
.--4 版 .-- 上海：道路月刊社刊，民国 18 年［1929］.--1 册；19cm ［重图，国图，首图］
.--5 版 .-- 上海：道路月刊社刊，民国 20 年［1931］.--2 册；19cm ［南图，国图］

内分论著、各国市政府制度、各省市政概况、各省市政计划与建议、各国市政概况、各省市制法规 6 编。附录收陆丹林、董修甲等著文。书前冠张序等。书末附道路名词之商权等。

市政述要 / 白敦庸著 .-- 上海：商务印书馆刊，民国 17 年［1928］.--135 页；19cm ［馆藏地不详］

介绍中国城市市政管理（包括课税法、交通管理法、泄秽方法，以及北京城墙改善计划），美国的课税原则、方法及有关问题。书前冠序。

市政问题 / 王云五，李圣五主编 .-- 上海：商务印书馆刊，民国 22 年［1933］.--96 页；15cm　［浙大］

东方杂志三十周年纪念刊物。东方文库续编。

市政问题 / 叶秋原等撰 .-- 上海：商务印书馆刊，民国 22 年［1933］.--96 页；15cm　［南图，重图，津图，湘图，国图］

内收市政与国家（叶秋原）、中国市制极观（顾敦鍒）、城市设计（张锐）、国城市经理制概述（罗偟美）4 篇。封面题：东方杂志社三十周年纪念刊。

市政问题：讨论大纲 / 董修甲编 .-- 上海：青年学会书报部刊，民国 18 年［1929］.--371 页；19cm　［国图］

讨论有关市政问题的重要性、范围、意义，以及市设计、财政、工程、公安、卫生、教育、公用事业等问题。

市政新论 / 董修甲著 .-- 上海：商务印书馆刊，民国 13 年［1924］.--216 页；23cm　［夏大，辽图，重图，津图，国图，赣图，首图］

.-- 再版 .-- 上海：商务印书馆刊，民国 14 年［1925］.--216 页：地图；20cm　［国图，赣图］

.--3 版 .-- 上海：商务印书馆刊，民国 16 年［1927］.--216 页；地图；20cm　［重图，国图，赣图］

.--4 版 .-- 上海：商务印书馆刊，民国 17 年［1928］.--216 页：地图；20cm　［南图，重图，湘图，国图，浙图，上图，首图］

本书内容有城市设计理论、各国城市设计状况、我国各省城市设计规划及存在问题等。

市政学 / 汪弈林编 .--［1912?—1949?］.--156 页；19cm　［重图］

中央警官学校讲义。

市政学概要 / 谢一鸣编著 .-- 上海：世界书局刊，民国 18 年［1929］.--91 页；15cm　［南图，重图，津图，国图，上图］

分 5 章。以问答形式，解答有关市政的概念、市制、职务、城市设计、财政、交通、消防、娱乐场所管理、社会安全等问题。附编辑考试准备各科概要、丛书的旨趣和例言。

市政学纲要 =Principles of Municipal Government and Admimistration/ 董修甲著 .-- 上海：商务印书馆刊，民国 16 年［1927］.--331，193 页；23cm　［重图，国图，赣图，浙图，上图］

.-- 再版 .-- 上海：商务印书馆刊，民国 17 年［1928］.--331，193 页；22cm　［重图，国图，首图］

.-- 国难后 1 版 .-- 上海：商务印书馆刊，民国 21 年［1932］.--331，193 页；23cm　［重图，国图，赣图，上图］

分 18 章。论述市政学的性质、定义，城市的发展、解剖，各国市制、议决与执行机关的组织等。每章末节均附参考书目。有著者序。附英国市政法典、美国麻州 1915 年之分权市制法律、广州市暂行条例、江苏暂行市乡制等法律条令 20 件。政法丛书。

市政研究论文集 =Municipal Administration Essays&Lectures/ 董修甲著 .-- 上海：青年协会书报部刊，民国 18 年［1929］.--416 页；22cm ［重图，津图，国图，上图］

内收市政概论、市政与教育、模范市制之要素、美国市制议、淞沪特别市制刍议、改建北戴河新村意见书、都市土地政策刍议等 19 篇。

市政与民治 / 董修甲著 .-- 上海：大东书局刊，民国 20 年［1931］.--80 页：图; 19cm ［吉图，重图，津图，湘图，国图，赣图，浙图，上图，首图］

分上下编。简述市政与民法的关系，以及如何建设模范市政等问题。

市政原理与方法：政法名著 =Principles and Methods of Municipal Administration/（美）孟洛（W.B.Munro）原著；宋介译述；臧启芳校阅 .-- 上海：商务印书馆刊，民国 15 年［1926］.--479 页；22cm ［重图，浙图］

.-- 再版 .-- 上海：商务印书馆刊，民国 17 年［1928］.--479 页; 23cm ［重图，首图］

.--3 版 .-- 上海：商务印书馆刊，民国 20 年［1931］.--479 页; 23cm ［南图，吉图，国图］

.-- 国难后 1 版 .-- 上海，商务印书馆刊，民国 22 年［1933］.--371 页；22cm ［南图，吉图，重图，湘图，国图，赣图，首图］

共 10 章。包括效率之讲求、城市规划、道路、自来水、废物之处理与暗沟之设置、路灯、警察行政、火灾的预防及救护、教育行政、地方财政。有著者原序及译者序。附中英译名对照表。书名原文：Principles and Methods of Municipal Administration。书前冠译序、原序。

市政指南 / 李宗黄著 .-- 民国 16 年［1927］.--54 页；19cm ［重图，浙图］

.-- 再版 .-- 民国 17 年［1928］.--54 页；19cm ［南图，国图］

分 4 章。阐述市政工作的观念、先决条件、工作方法等。附拟淞沪市暂行条例草案。

市政制度 / 张慰慈著 .-- 上海：亚东图书馆刊，民国 14 年［1925］.--370 页；19cm ［重图，浙图，首图］

-- 再版 .-- 上海：亚东图书馆刊，民国 17 年［1928］.--370 页; 20cm ［国图，浙图，上图，首图］

本书共有 18 章。介绍了城市的起源、地位、与国家的关系、选举、政党、市政府等内容。

市政组织 ABC/ 杨哲明著 .-- 上

海：ABC 丛书社刊，民国 17 年［1928］.--104 页；19cm　［赣图，上图］

.-- 再版 .-- 上海：ABC 丛书社刊，民国 18 年［1929］.--104 页；19cm　［赣图］

.--3 版 .-- 上海：世界书局刊，民国 19 年［1930］.--104 页；19cm　［南图，吉图，重图，津图，湘图，国图，赣图，首图］

本书共7章。论述市政组织的意义、种类，介绍市长市议会制、联邦市制、市委员会制、市经理制的组织及各国大城市的市政组织等。附录特别市组织法和市组织法。

现代市政通论 / 杨哲明编著 .-- 上海：民智书局刊，民国 18 年［1929］.--464 页；21cm　［上图，南图，重图，国图，赣图，浙图，首图］

内分总论、市政之设施、市财政、现代市政革新运动之趋势、各国之市政制度、市政计划等 6 编。附南京、上海、杭州等市的暂行条例暨各局章程，北京市政公所暂行编制等 32 种，南京特别市的暂行条例等。

新市政论 / 黄维时编 .-- 上海：公民书局刊，民国 11 年［1922］.--118 页；19cm　［浙图，上图］

论述城市的机关、财政、卫生、公用事业、教育、文娱等各方面的建设问题。公民丛书・政治类，第 2 种。

新县制 / 国民出版社编辑 .-- 金华：国民出版社刊，民国 29 年［1940］.--144 页；19cm　［吉图，重图，国图，赣图］

内收新县制立法精神及其实施（张鸿钧）、新县制实际问题之研究（苗启平）、县各级组织纲要释论（楼桐孙）、新县制的干部问题（沈松林）、县政府财务管理问题（何宏基）、中国警察学会县警察问题等 14 篇。著者还有李宗黄、周钟岳、陈伯心等。附浙江省实施新县制计划大纲等。国民知识丛书，第 2 辑。

张莼鸥先生市政演讲集 / 张莼鸥著 .-- 昆明：昆明市政府刊，民国 18 年［1929］.--110 页：图像；19cm　［南图，重图，国图，浙图］

收著者任昆明市市长时的演讲词 12 篇。有昆明市政公所成立之演词、田园化之都市、都市与文化、昆明市之市政等。

中国民治论 / 鲍明钤著；周馥昌译 .-- 上海：商务印书馆刊，民国 14 年［1925］.--368，44 页；23cm　［宁图，津图，湘图，国图，浙图，上图］

.-- 再版 .-- 上海：商务印书馆刊，民国 14 年［1925］.--368，44 页；22cm　［南图，吉图，重图，湘图，国图，赣图，浙图，上图］

本书从人类经验的稳固基础上立论，共分为两个部分。第一部分研究我国近年来的历史与政治，分析其附于宪法政治上问题，即临时法约及缺点、十年来之教训、废督、制宪，及救济危机等问题。第二部分研究宪政本身，讨论宪法中诸争论点。

中国省行政制度 / 施养成著 .-- 渝

初版 .-- 重庆：商务印书馆刊，民国 35 年［1946］.--545 页；20cm ［辽图，重图，津图，湘图，国图］

.-- 沪 1 版 .-- 上海：商务印书馆刊，民国 36 年［1947］.--545 页；21cm ［南图，湘图，国图，浙图，首图］

分 6 章。介绍中国历代地方行政制度，省政府、省行政建议咨询及协助机关，省公务与省行政、省财政，阐述中央与省行政的关系等。附各次公布的省政府组织法、省参议会组织条例和省参议员选举条例等。国立西南联合大学行政研究室丛书。

中国市政府 / 张锐编著 .-- 天津：天津特别市政府市政传习所函授部刊，民国 19 年［1930］.--74 页；27cm ［国图］

共 7 章。略述中国地方政治制度、官制、行政制度沿革，介绍北京、上海、广州等市的行政制度、组织及沿革，以及市政法规等。

中国市政史：初稿 / 潘如澍著 .-- 民国 20 年［1931］.--172 页；26cm ［国图］

分 4 编。叙述了中国古代、近代、现代的市政沿革。有补遗：六朝之都市行政。封面和书脊书名题：中国市政小史。

中国市政问题 / 殷体扬编著 .-- 重庆：中央警官学校刊，［1912?—1949?］.--132 页；19cm ［南图，重图］

分市政问题的研究、我国都市化问题、我国市政建设应走的途径、都市农村化问题等 12 章。附战时都市建设计划（周钟岳）、城市设计之精神上之要素（江康黎）等 10 篇。中央警官学校讲义。

中国现行政治制度 / 沈乘龙编著 .-- 重庆：正中书局刊，民国 33 年［1944］.--136 页；21cm ［辽图，重图，津图，湘图，国图］

.-- 沪 1 版 .-- 上海：正中书局刊，民国 35 年［1946］.--136 页；21cm ［南图，吉图，重图，国图，浙图］

分 10 章。介绍主权、政权与中央统治权，党的组织，治权的行使，行政各部会署，司法、考试、监察各院，省、县，军事机构，蒙藏制度，中国政治制度展望等。

中华民国政府大纲 / 曾友豪编 .-- 上海：商务印书馆刊，民国 14 年［1925］.--515 页；19cm ［国图，国图，浙图］

.-- 改订 2 版 .-- 上海：商务印书馆刊，民国 15 年［1926］.--348 页；20cm ［上图］

.-- 改订再版 .-- 上海：商务印书馆刊，民国 15 年［1926］.--348 页；19cm ［国图］

.-- 改订 3 版 .-- 上海：商务印书馆刊，民国 15 年［1926］.--348 页；19cm ［南图，国图］

介绍了中华民国政治史、各级政府组织及政治问题等。附录中华民国临时约法、大总统选举法等 12 种。有张君劢、张东荪、俞颂华和编者序各一。再版无附录。

总务行政管理 / 陆仁寿著 .-- 渝初

版 .-- 重庆：中华书局刊，民国 34 年［1945］.--184 页；19cm　［重图，黔图，湘图，国图，上图］

.-- 再版 .-- 上海：中华书局刊，民国 36 年［1947］.--184 页；19cm　［首图］

分上、下编。上编为总论，前 5 章泛论事业、企业行政管理的意义、组织、科学管理、行政效率等，后 4 章分述规程和办法、作图和制表、开会和记录、移交和接受等一般管理方法；下编为分论，分文书、人事、事务、出纳、福利、治安、医药、编印 8 章。书前冠自序、凡例。

最新编订市政论：附科学管理法 / 吴拯寰编著；俞平湖校阅 .-- 增订再版 .-- 上海：三民图书公司刊，民国 24 年［1935］.--33 页；18cm　［重图，国图］

内收市政论（考试问答）和科学管理法。版权页题名：市政论。附科学管理法。封面题名：市政论问答。

1.2　各国警察制度

各国地方制度纲要 / 高梦弼编；吴贯因校 .-- 北京：内务部编译处刊，民国 6 年［1917］.--96 页；25cm　［南图，津图，国图，首图］

分 6 章。介绍英、美、法、日及普鲁士等国的地方制度。

各国地方自治大纲 /（英）海烈斯（G.M.Harris）著，王检译 .-- 上海：大东书局刊，民国 22 年［1933］.--448 页；19cm　［国图，南图，赣图，上图，浙图］

.--2 版 .-- 上海：大东书局刊，民国 22 年［1933］.--448 页；19cm　［南图，国图，赣图，浙图，上图］

共 17 章。包括法兰西、比利时、荷兰、意大利、西班牙、丹麦、瑞典、挪威、德意志、瑞士、东欧罗巴洲、大不列颠和爱尔兰、英国海外领土、北美合众国、日本等国家和地区。书前冠著者序。著者通译为哈利斯。

各国警察概要 / 胡承禄著 .-- 沈阳：胡承禄刊，民国 20 年［1931］.--198 页：照片；22cm　［国图］

分 5 编。包括警察之沿革、警察汇论、中国之警察、日本之警察、欧美之警察。

各国警察制度 / 马鸿儒著 .-- 东京：马鸿儒刊，民国 19 年［1930］.--104 页；21cm　［国图，津图］

为著者在日留学时之毕业论文，共 11 章。分述了英、法、美、德、日及中国的警察制度。附日本在我国东北之警政概况。

各国警察制度 .--24 页；18cm　［中图］

中央警官学校第二分校讲义摘要。

各国警察组织 / 阮光铭，赵益谦编著 .-- 再版 .-- 上海：远东图书公司刊，民国 36 年［1947］.--155 页；19cm　［津

图，上图，皖图］

分14章。分述了警察之沿革、观念、组织、管理等，并介绍了美、英、法、意、中国等国的警察组织情况。有序。本书与现代各国警察制度（1934年8月出版）内容基本相同。

欧洲各国警政考察录 / 汪大燧编 .-- 镇江：江苏省警官学院刊，民国20年［1931］.--140页；26cm ［吉图，国图］
.-- 无锡：锡成公司刊，民国20年［1931］.--140页：表；27cm ［上图，南图］

记述了考察欧洲各国警政的经过，介绍了英、法、奥、意、德等的警政现状。

欧洲各国宪兵警察制度 /（日）植木镇夫著；申听禅译 .-- 南京：首都宪兵司令部刊，民国21年［1932］.--236页；19cm ［重图，浙图，国图，赣图，上图］

分6编。介绍了德、法、意、波4国的宪兵警察制度及著者见闻。

欧洲警察制度 =European Police Systems/（美）福斯狄克（R.B.Fosdick）著；凌启鸣译述；李升培修纂 .-- 个人刊，民国4年［1915］.--120页；23cm ［上图，津图，首图，国图］

介绍了英、法、德、奥、荷、意、比等国及伦敦、巴黎、柏林、维也纳等大都市的警察制度。有陈时利及李培升序。附伦敦警察厅之组织等7个表。

现代各国警察 / 李士珍著 .-- 南京：拔提书店刊，民国26年［1937］.--470页；23cm ［浙图，国图］
.-- 长沙：商务印书馆刊，民国27年［1938］.--314页；23cm ［辽图，津图］
.-- 订正1版 .-- 长沙：商务印书馆刊，民国27年［1938］.--475页；23cm ［重图，津图，首图，国图］
.-- 订正2版 .-- 长沙：商务印书馆刊，民国29年［1940］.--18，475页；21cm ［重图，国图］
.-- 订正渝1版 .-- 重庆：商务印书馆刊，民国32年［1943］.--16，314页；21cm ［国图，重图，津图］
.-- 上海：商务印书馆刊，民国36年［1947］.--314页；20cm ［浙大，国图，浙图］
.-- 订正1版 .-- 上海：商务印书馆刊，民国36年［1947］.--16，314页；21cm ［南图，国图，津图］
.-- 影印本 .-- 上海：商务印书馆刊，民国36年［1947］.--314页；21cm ［南图］

本书介绍了德、奥、意、法、英、美、日、俄等各国的警察概况及中国警政问题。

现代各国警察制度 / 阮光铭，赵益谦编著 .-- 青岛：阮光铭刊，民国23年［1934］.--［11］，248页：图；20cm ［上图］

共13章。分述了警察之沿革、概念、种类、管理与组织，德、美、法、英、比、日、意及中国警察制度。

意法英德考察实录 / 骆德荣编著 .-- 南京：拔提书店刊，民国26年［1937］.--337页；19cm ［重图］

奥国警察行政 / 黄东昇编著 .-- 金华: 正中书局刊, 民国 30 年[1941].--121 页; 19cm [重图, 津图]
.-- 重庆: 正中书局刊, 民国 30 年 [1941] .--121 页; 19cm [赣图]

共 5 编。介绍了奥国警察行政系统、维也纳首都警察厅、乡村警察及消防警察情况。

奥国警察制度: 中央警官学校刊 / 黄东昇著 .--60 页; 26cm [重图]

内分 5 章。总论奥地利全国警察组织系统, 并分别介绍联邦保安警察、联邦乡村警察、消防警察等。

德国警察实录 / 黄东昇译著 .-- 群立公司刊, 民国 28 年[1939].--132 页; 19cm [南图]

介绍了德国警察的工作情况和规章, 包括守望巡逻、户口报告、怎样应付各种事变、对于违法者的适当措施、怎样处置被逮捕者、现场侦查、怎样维持群众秩序、警察的职责、酗酒者与疯狂人之处置、特定人与特定事之处置、在娱乐场所的监视勤务、武器使用、交通警察等。

德国警察战术 /(德)斯密特(Schmitt) 著; 杜沄译 .-- 成都: 复兴书局刊, 民国 36 年 [1947] .--176 页: 图; 19cm [重图]
.-- 重庆: 复兴书局刊, 民国 36 年 [1947].--176 页: 图像; 18cm [上图]

介绍了德国保安警察的战术、战斗方法及应用。内容有指挥方法、街市战及郊外战、协调行动及地形学等。有著者原序、译者序及张群、朱家骅、邓锡侯、李士珍等序。

德国警察制度摘述 / 徐中齐讲述 .-- 重庆: 中央警官学校刊, 民国 31 年 [1942] .--52 页: 图表; 19cm [重图]

本书内容分保安警察人员之任用与训练、行政警察人员之任用两部分。附: 普鲁士警官法、行政警察学院简介。

德国现代市政府 =Contemporary Municipal Government of Germany/(美)马克斯威尔(B.W.Maxwell)著; 杨临青译 .-- 上海: 商务印书馆刊, 民国 25 年[1936].--118 页; 23cm [南图, 吉图, 重图, 津图, 湘图, 国图, 浙图]

本书分 12 章。介绍 1918 年以来的德国市政府制度, 包括城市制度的沿革、城市与邦之关系、选民与政党、政府机关、德国国家城市法典草案等。附德国城市法典草案。书名原文: Contemporary Municipal Government of Germany。政法丛书。

德国刑事警察 / 徐中齐著 .-- 中央警官学校刊, 民国 30 年[1941].--94 页; 19cm [南图]

共 8 章。分述德国国体演变, 一般警察与刑事警察的组织机构, 刑事警察的任用、训练、实务、勤务监督, 以及刑事警察的国际合作等。中央警察学校讲义。

德国刑事警察概论 / 徐中齐编著

.-- 重庆：正中书局刊，民国 31 年［1942］.--97 页；19cm ［国图，浙图，南图，重图］

共 9 章。分述了德国国体演变，一般警察与刑事警察的组织机构，刑事警察的任用、训练、实务、勤务监督，以及刑事警察的国际合作等。

德国政治秘密警察的内幕 /（德）阿罗萨著；洪祖培译述 .-- 上海：文通书局刊，民国 35 年［1946］.--338 页；19cm ［吉图，辽图，陕图，津图，国图，重图，上图］

共 17 章。介绍了德国政治秘密警察的诞生、组织、工作制度及领导人，并记述了著者在秘密警察机关中的种种遭遇，见闻和感受。

德意志女子警察之目的与任务 /（德）巴洛库（LotherBarck）著；王世义译 .-- 南京：军用图书社刊，民国 23 年［1934］.--84 页：图；21cm ［国图］

共 6 章。包括警察思想与保护思想、克隆之女子福利警察、德国之女子警察、其他各国之女子警察等。附柏林女子警察之任务等。

德英法意四国考察报告 / 唐冠英等编著 .-- 南京：中央陆军军官学校刊，民国 24 年［1935］.--1 册：图像；26cm ［湘图，国图，上图，黑图］

著者于 1932 年夏奉命对德、英、法、意四国进行考察。分教育、政党、航空、陆军、警察 5 编。其中德国情况较详。

东京市之市政 / 李谟译著 .-- 上海：民智书局刊，民国 12 年［1923］.--212 页；25cm ［重图，南图，津图，湘图，浙图，上图，首图，国图，赣图］

分 6 章。介绍东京市的沿革、区域及面积、户数及人口、市区行政概况等。

法国警察制度 /（日）宇野慎三著；高蓨堪、申僧诗译 .-- 南京：宪兵司令部宪兵杂志社刊，民国 22 年［1933］.--146 页；19cm ［南图，上图］

共 3 编。包括法兰西警察之一般组织、司法警察之组织、巴黎市警察厅。

李万里考察日本警察实录 / 李万里撰著 .-- 南通：通新印刷有限公司印，民国 12 年［1923］.--244 页；19cm ［上图］

记述了考察日本警察的动机及方针、日本各道府县警察部概况和巡查制度与警察教育机关、优恤与娱乐设施等情况。附南通夫子与万里论警察书。

美国警察行政 =American Police Mdministration/ 葛拉伯（E.D.Graper）著；刘麟生译 .-- 上海：商务印书馆刊，民国 22 年［1933］.--160 页；19cm ［国图，上图，陕图，南图，吉图，重图，湘图，浙图，中图，西南政法，津图，赣图］

共 11 章。介绍了美国市警组织及警政实施，包括警察的组织机构、训练、巡逻及车辆指挥等。市政丛书。

美国模范警察制度 / 余秀豪著 .-- 上海：中华书局刊，民国 26 年［1937］

.--222 页；19cm ［吉图，湘图，浙图，上图，重图，陕图，津图，辽图，国图］
.-- 再版 .-- 上海：中华书局刊，民国 29 年［1940］.--222 页；19cm ［南图］

分 17 章。附：各地警局行政调查纲要、警察战术、警士挑选模范计划、维吉打市警局射击教条、伯克利市警官巡逻报告——可见一个聪颖能干警官之价值等。

美国市政府=Government of American Cities/（美）孟洛（W.B.Munro）著；臧启芳译 .-- 上海：商务印书馆刊，民国 14 年［1925］.--500，42 页；23cm ［辽图，重图，津图，湘图，浙图，首图，上图，国图，赣图］
.-- 再版 .-- 上海：商务印书馆刊，民国 16 年［1927］.--500，42 页；23cm ［南图，吉图，上图，首图］
.-- 上海：商务印书馆刊，民国 20 年［1931］.--500，42 页；23cm ［湘图，国图］

分 16 章。介绍美国城市的发展、城市的权限与责任、市政府组织机构及彼此的关系，以及地方选举、政党和地方改革等问题。并介绍纽约、芝加哥、波士顿等市政府情况。附美国市政府索引。政法名著。

美国市政之革新 / 张培均著 .-- 上海：新中国建设学会刊，民国 25 年［1936］.--23，616 页；22cm ［南图，重图，浙图，国图，黑图］

分 5 编，共 15 章。论述美国市政的起源及市政改革运动、城市摆脱邦议会后的自治概况及评价、市政府改制情况、民权的运用及市行政组织的改进等问题。附录模范市宪、市组织法。新中国建设学会丛书，第 23 种。

美国之市行政 / 张金鉴编著 .-- 上海：正中书局刊，民国 25 年［1936］.--284 页；22cm ［津图］
.-- 南京：正中书局刊，民国 26 年［1937］.--［13］，393 页；18cm ［浙图，国图］
.-- 重庆：正中书局刊，民国 26 年［1937.3］.--［13］，393 页；18cm ［辽图，津图，国图］
.-- 沪 1 版 .-- 上海：中正书局刊，民国 36 年［1947］.--［13］，393 页；22cm ［津图，重图，南图，湘图，上图］

分述美国都市的普通行政、都市财政、工务建设、都市治安、社会公用事业及市政效能等。社会科学丛书。

日本对于殖民地之警察设施 / 胡福相著 .-- 福建：中国文化服务社福建分设总经售，民国 34 年［1945］.--20，229 页；19cm ［上图，重图，津图，吉图，国图，南图］

介绍了日本在台湾、朝鲜等地的警察设施。有朱家骅、陈仪、谷正伦、李士珍序。

日本警察概况 / 李英著 .-- 庐山：庐山暑期训练团刊，民国 26 年［1937］.--34 页；19cm ［重图］
.-- 广州：正大书局刊，民国 36 年［1947］.--20 页；19cm ［公安大学，上图］

共 5 章。分述了日本警察之沿革

及组织，日本警察的官阶、待遇，以及警察教育等。

日本警察行政研究 /（日）菊池慎三著；高赞鼎译 .-- 南京：宪兵司令部杂志社刊，民国 22 年［1933］.--127 页；19cm　［上图，南图］

共 12 章。包括高等警察与警察本义、非常事变中警察之活动、关于都市计划之警察任务、对于国家及公共团体警察取缔之必要、越俎警察琐谈、警察制度沿革之回顾等。

日本警察教育制度 / 郑宗楷编著 .-- 中央警官学校刊，民国 28 年［1939］.--92 页；19cm　［国图，重图］

介绍了日本警察巡查教习所、警察讲习所。附日本警官的考选、日本现任警官的教育、日本警察讲习所本科教育科目及时间表等。中国警官学校第二期警察教育讲习班讲义。

日本警察实录 /（日）关诚太郎著；高赞鼎译；宪兵司令部编译 .-- 南京：宪兵司令部宪兵杂志社刊，民国 23 年［1934］.--230 页；19cm　［国图］

共 13 章。分述了巡逻、站岗、看守、访密、疑询带署，户口调查及各种营业临检视察，押解人犯及武器使用，火灾现场勤务以及验尸、侦查犯罪等。

日本警察之研究 . 上册 / 郑宗楷著 .-- 重庆：中央警官学校刊，民国 30 年［1941］.--18，320 页；19cm　［国图，南图］

共 20 章。介绍了日本警察之沿革，警察组织概论，警察职务及官规，警察待遇改善的经过，警察教育、实务、经费、设备及警察法规等。

日本警察制度 / 李英著 .-- 上海：商务印书馆刊，民国 25 年［1936］.--187 页；23cm　［吉图，上图，重图，湘图，首图，陕图，辽图，津图，浙图，江西警院，南图，黑图，国图］

介绍了日本警察概况，警察教育、经费、设备，以及保安警察、交通警察等。警察丛书。

日本警察制度：县以下之警察 / 郑宗楷讲 .-- 中央警官学校刊，民国 29 年［1940］.--26 页；19cm　［南图］

介绍了日本县以下警察组织概况，包括县警察部、县警察署、县警察费 3 个部分。

日本警察组织管窥 / 施民著 .--31 页：图；19cm　［国图，南图］

介绍了日本各级警察官厅的编制情况。

日本警政考察记 / 姚琮编著 .-- 上海：大东书局刊，民国 20 年［1931］.--146 页：图；23cm　［上图，浙图，南图，重图，陕图，津图，首图，国图］

分 3 编。首编介绍了日本警察的一般状况；2 编介绍了东京警视厅概况；3 编评述了日本警察与民治、科学及政党的关系，日本警察的效能及与中国警察的比较等问题。附各种表格 69 种。

日本警政制度/郑宗楷著.--南京:拔提书店刊，民国26年［1937］.--210页　［南图］

警政丛书。

现代日本警察/苏成德编著.--南京:新东方社刊,民国30年[1941].--242页；19cm　［南图］

共12章。分述了日本警察史略、警察组织概观、内务省警保局、东京警视厅、道府县厅警察部、警察署及警察教育等。

友邦日本之警政/叶德浩著.--北京：（伪）北京特别市公署警察局教练所刊，民国32年［1943］.--338页：表；18cm　［国图］

共5章。包括日本概观、警察组织、警察官吏、警务、保安。北京特别市公署警察教练所讲义。

英国公务员之训练=Training Public Employees in Great Britain/（美）瓦尔克（HarveyWalker）著；辜祖文译.--长沙：商务印书馆刊，民国30年［1941］.--204页；22cm　［南图，吉图，津图，国图，上图，辽图，赣图，黑图］

本书分15章。介绍英国公务员制度概况，各级人员训练情况以及建议和批评等。书名原文：Training Public Employees in Great Britain。中央政治学校研究部丛书。

英国警察/中央警官学校编译室译.--南京：拔提书店刊，民国26年［1937］.--134页；19cm　［国图，重图，南图］

共8章。介绍了最高警察长官、首都与地方警察、特种警察及英国警察的各种问题。中央警官学校丛书。

英国警察及消防人员战时服役法/军事委员会办公厅顾问事务处译.--重庆：军事委员会抚恤委员会刊，民国28年［1939］.--14页；19cm　［国图，南图］

共16条。1939年9月7日公布施行。

英国警察制度之研究/徐励著.--台北：警风出版社刊，民国35年［1946］.--154页；21cm　［津图，上图］

分17章。介绍了英国警察沿革，英国警察的职责、组织、人事、教育、待遇及抚恤等。

英国警政新编=Police Procedure and Administration/(英)莫雷德(C.C.H. Moriarty）著；陈朗秋译.--上海：商务印书馆刊，民国23年[1934].--216页；19cm　［上图，重图，南图，吉图，西南政法，津图，辽图，国图，赣图，黑图］

.--再版.--上海：商务印书馆刊，民国24年[1935].--216页；18cm　［吉图］

包括英国警察的任用、训练、业务及行政制度等。市政丛书。

英国伦敦警政=Scotlandyard and

the Metropolitan Police：**苏格兰场**/（英）摩伦（J.F.Moylan）著；汪大燧，舒伯炎合译.-- 镇江：江苏省警官学校刊，民国 19 年［1930］.--170，10 页；27cm　［上图］

.-- 无锡：江苏省警官学校刊，民国 19 年［1930］.--1 册；27cm　［南图］

介绍英国警察行政制度，包括警察总监、首都警察、各区警察及刑事侦查部等。附格台栗基谋杀案。有著者原序及汪大燧序。

英美警察教育概要/内政部编.-- 重庆：内政部刊，民国 31 年［1942］.--32 页；19cm　［国图］

分上、下编。分别介绍了英国及美国的警察教育。包括教育制度、训练方法、课目及警察学校概况等。

1.3　警察读物

第三届全国内政会议期内警政论文·第 2 辑/中华警察学术研究社编.-- 重庆：中华警察学术研究社刊，民国 30 年［1941］.--138 页；14cm　［南图］

警察论文集/中华警察学术研究社编.-- 民国 30 年［1941］.--138 页；14cm　［重庆档案馆］

警察研究（创刊号）/沈溥主编.-- 杭州：警察研究社刊，民国 20 年［1931］.--264 页；19cm　［国图］

分论说、研究、实验、演讲、提案 5 部分。收入警察事业管见、乡镇警察革新的研究、警察的合理化问题、好警察等 21 篇。

警笛汇辑．第一辑/江苏警官学校校友会研究组编.-- 镇江：江苏省警官学校校友会刊，民国 36 年［1947］.--104 页；22cm　［南图，浙图］

该书内容包括民主法治与警察、论警官区制、警管区警士应具之职能、健全县警察之我见、警管区制之推行、工商业印鉴登记刍议、建警意见、谈警管区制、如何实施警管区制、警察福利问题、我们努力的目标、昆山县警察局施行警管区制计划、义勇警察及义务警察之推行、从交通警察观点来谈摊贩管理、如何改善县长间的关系、从美丽的江南说到常州保安建设、警察行为诠释、江苏省警政复员工作概况、苏北各县警察复员工作问题的研究以及作者介绍。

警光周刊特大号/浙江省警官学校编辑委员会编.-- 民国 25 年［1936］.--409 页　［馆藏地不详］

全国第一届警政会议纪念刊/警政部编.-- 南京：警政部刊，民国 29 年［1940］.--226 页：图像；26cm　［国图］

包括训词、致词、会员答词、告全国警察人员书、章则、提案、会议、审查、文件等内容。

社员修养丛书．第 1 辑/中华警察学术研究社编.-- 重庆：中华警察学术研究社刊，民国 29 年［1940］.--1 册：

折图；14cm　　［南图，重图］

收入目前警察要务（蒋介石）、警察与国防、抗战建国与警察、三民主义之体系及其实施程序等13篇。

浙江省警察协会二十周年重修会屋蒇工纪念刊 / 浙江省警察协会编辑 .-- 杭州：浙江省警察协会刊，民国22年［1933］.--46页：图像；26cm　　［国图，浙图］

分该协会沿革、碑录、纪念典礼仪式及颂词等7项。有何云的发刊词。

中华警察学术研究社第一届年会 / 中华警察学术研究社编 .-- 中华警察学术研究社刊，民国30年［1941］.--2466页：表；18cm　　［重图，国图］

内收总裁兼名誉总社长训词（蒋介石）、训词（周钟岳）、检讨过去策励未来——告全体社员（陈诚）、祝词（贺衷寒）、本社成立周年纪念（李士珍）等。附录中华警察学术研究社章程等11种。书前有戴传贤、居正、孙科、何应钦、李汉魂、刘峙等人题词。

中华警察学术研究社第二届年会特刊 / 中华警察学术研究社编辑股编 .-- 中华警察学术研究社编辑股刊，民国31年［1942］.--88页；22cm　　［晋图，国图］

内分训词、宣言、特载、报告4部分。附录本社名誉职一览、入社志愿书等12篇。

中华警察学术研究社第三届年会特刊 / 中华警察学术研究社编辑股编 .-- 中华警察学术研究社编辑股刊，民国32年［1943］.--136页；21cm　　［南图，重图，国图］

内分训词、宣言、特载、报告4部分。附录本社各种组织章程一览、本社职员一览等15篇。

中华警察学术研究社第四届年会特刊 / 中华警察学术研究社编辑股编 .-- 中华警察学术研究社编辑股刊，民国33年［1944］.--96页；21cm　　［国图］

附录社会部嘉奖本社训令、本社组织系统表等9篇。

中华警察学术研究社第五届年会特刊 / 中华警察学术研究社编 .-- 中华警察学术研究社刊，民国34年［1945］.--26页；22cm　　［国图］

中华警察学术研究社第七届年会特刊 / 中央警官学校毕业员生指导委员会，研究部合编 .-- 南京：中央警官学校刊，民国36年［1947］.--110页；21cm　　［南图］

内分训词、论著17篇。包括拥护宪法第一声（李士珍）、警校教育展望（余锦源）等。

总警察论集 / 福建省保安处警务科编 .-- 民国31年［1942］.--78页；19cm　　［闽图］

警政全书 /（瑞士）国朗士著；思惠编译 .-- 北平：文华书局刊，民国

18 年［1929］.--10，168 页； 图 像；19cm ［南图，国图］

分 5 章。包括总机关及首领、刑事警察、刑事低级人员录用方法之意见、秩序警察、警察与娼妓问题。警界必备。书前冠原序、译序。书口处题名为最新警政全书。

最新警察全书：14 册 / 赵志嘉编 .--上海：世界书局刊，民国 18 年［1929］.--1154 页；19cm ［上图，国图］

分 14 编，每编 1 册。分别为：法学大意、警察概论、行政警察、司法警察、卫生警察、刑法要义、违警罚法释义、勤务须知、外事警察、户口要义、消防警察、侦探要旨、警察统计、军事学摘要。

从警十年 / 梅可望著 .-- 中央警官学校刊，民国 37 年［1948］.--95 页 ［馆藏地不详］

好警察 / 袁昂编 .--4 版 .-- 上海：大东书局刊，民国 35 年［1946］.--16 页：图；19cm ［重图］

少儿读物。

警保必携 / 洪贤编 .-- 奉天：奉天书店刊，民国 26 年［1937］.--353，28 页：图表；13cm ［国图］

分建国训、官制官规、警务通则、特务警察、保安警察、司法警察、卫生警察等 7 部分。附录警察行政机关系统图、国内邮政资费表等 6 篇。

警察必读 / 广东省民政厅编 .-- 广东曲江：广东省民政厅刊，民国 30 年［1941］.--116 页：图；19cm ［重图］

共 10 节。介绍了政治、党义、警察、军事、防空方面的常识及重要法规等。

警察必读 .--332 页；22cm ［国图，南图］

分警察法令摘要（附违警罚法）、行政警察、司法警察、勤务概要附侦查学大意、指纹捺印简要等 5 部分。书前有陈群等讲话 2 篇。长警补习班用书。

警察必读 / 赵志嘉编著 .-- 上海：世界书局刊，民国 18 年［1929］.--274 页；15cm ［南图，国图，浙图，津图］

分为警察要旨、行政警察、司法警察、卫生警察、刑法要义、违警罚法要义、勤务须知，共 7 编。

警察必读 / 内政部编 .-- 石印本 .--湖南汉寿县公安局刊，民国 19 年［1930］.--1 册 ［重图，国图］

警察必读 / 首都警察厅编译室编 .--南京：首都警察厅编译室刊，民国 26 年［1937］.--127 页：图像；15cm ［国图］

收入中国国民党党员守则、蒋委员长党员守则释义、中华民国陆海空军军人读训、新生活运动纲要、警察训练办法大纲、警察须知等 18 篇。警察丛书，第 1 种。

警察必读 / 江西省会警察总队编 .-- 南昌：江西省会警察总队刊，民国

警务宝鉴 / 何甘露编 .-- 上海：世界书局刊，民国 20 年［1931］.--214 页；19cm ［重图，津图，湘图，国图，浙图］

.--2 版 .-- 上海：世界书局刊，民国 21 年［1932］.--214 页；22cm ［馆藏地不详］

共 5 章。讲述了警察勤务的督察、取缔规则、处理违警案的法定手续、处判释例，以及警务上应用的表册等。

留学概况 / 徐圣熙著 .-- 南京：中华警察学术研究社研究股刊，民国 36 年［1947］.--90 页；18cm ［南图，国图，上图］

介绍著者本人在美国国立警官学校的受训学习生活以及美国的社会情况。

增订警察服务须知 / 李士珍主编；中央警官学校研究部增订 .-- 再版：中央警官学校研究部刊，民国 36 年［1947］.--244 页；13cm ［国图，赣图］

增订警士必携 / 天津市公安局编；孙继绰校勘 .-- 天津：天津市公安局刊，民国 26 年［1937］.--3 册（42，172，82 页）：表；15cm ［馆藏地不详］

封面题名：警士必携。卷端著者：原著者王恺如、增订者程希贤。

中华民族警察魂 / 谢轶凡著 .-- 镇江书店刊，民国 23 年［1934］.--28 页 ［馆藏地不详］

五幕剧本，内容为纪念安徽巡警会办兼安徽巡警学堂堂长徐锡麟。

1.4 警察教育培训

中央警官学校校刊 . 第一卷第六号 / 中央警官学校编辑室编 .-- 南京：中央警官学校刊，民国 26 年［1937］.--292 页：图；22cm ［馆藏地不详］

发扬警校精神 / 中央警官学校编 .-- 重庆：中央警官学校刊，民国 27 年［1938］.--60 页；15cm ［国图］

收入领袖之德治精神（李士珍）、发扬本校精神（未署名）。

福建省警官训练所教育大纲及实施细则 / 福建省警官训练所编 .-- 福州：福建省警官训练所刊，民国 25 年［1936］.--1 册：表；22cm ［闽图］

内容包括所训和具体大纲。介绍警察科目、辅助科目、学术、卫科、课内训练等等。

福建省警官训练所六周年：福建省警官训练所同学会五周年纪念特刊 / 福建省警官训练所编 .-- 福州：福建省警官训练所刊，民国 31 年［1942］.--37 页；28cm ［闽图］

书前有多人题词。内容包括期望于警察同仁者、福建省警官训练所成立六周年感言、检讨过去与策动将来、六年来的福建警察行政等。

福建省警官训练所三周年纪念

特刊 / 福建省警官训练所编 .-- 福州：福建省警察训练所，民国 28 年［1939］.--30 页；27cm　［闽图］

介绍了三年来的训练、建设、卫生设施、同学动态、大事记等。

广东省警官学校办理概况 /（伪）广东省警官学校训育课编辑 .-- 广东省警官学校训育课刊，民国 31 年［1942］.--66 页：图；19cm　［国图，首图］

介绍办校概况、组织规程、办事细则及职员姓名一览表。

广东省警官学校概览 / 广东省警官学校教授部编校 .-- 广州：广东省警官学校总务部刊，民国 19 年［1930］.--83 页：表；24cm　［国图，鄂图，闽图］

广东中区警训特刊 / 广东省地方警卫队中区分队长训练班编 .-- 广东，民国 24 年［1935］.--250 页：图；27cm　［馆藏地不详］

全书分图像、班训、班歌、章制、教育、专载、训词、论著、军事笔记、有附录和附表。

江苏省警官学校本科第一期毕业特刊 / 江苏省警官学校编 .-- 镇江：江苏省警官学校刊，民国 19 年［1930］.--1 册；26cm　［国图］

江苏省警官学校一览 .-- 江苏：民国 20 年［1931］.--204 页：图；26cm　［鄂图］

内容包括总理遗像、蒋委员长肖像、本省主席肖像、本校校长肖像、校训、校史、教训大纲、大事记、章则、课程、表格、统计、校友录等。

教育长李梦周先生莅校十周年纪念特刊 / 中央警官学校第一分校在陕校友编 .-- 中央警官学校第一分校在陕校友刊，民国 35 年［1946］.--24 页：图；27cm　［国图］

收入李梦周教育长任职十周年纪念、李梦周先生与中国警察、教育长传等 7 篇。

警察歌集 / 于忠海编 .-- 民国 36 年［1947］.--19 页；18cm　［南图，国图］

内收平等颂、青年歌、爬山歌、火炬歌等 19 首。首都警察学校用书。

警察规箴 . 第一辑 / 内政部警察总队编 .-- 重庆：内政部警察总队刊，民国 28 年［1939］.--107 页；15cm　［南图］

内政部警察总队训练丛书。

警察教育规程 .-- 浙江民政厅刊，民国 24 年［1935］.--60 页；19cm　［国图］

中华民国二十四年（1935）十一月内政部公布。收入警士警长教育规程、警官学校规程、警察高等学校规程、警官补习班规程 4 种。

辽宁警官高等学校校刊第一期 /

辽宁警官高等学校校刊部编 .-- 辽宁：辽宁警官高等学校校刊部刊，民国 20 年［1931］.--292 页：图；22cm ［上图］

收入校训、校歌、照片、校舍图、题词、论著、评议、专载、专电、校闻、文艺作品等。

内政部警官高等学校各期学生毕业论文题目辑览：自第十七期至第二十一期 .-- 内政部警官高等学校编 .-- 民国 24 年［1935］.--44 页；23cm ［国图］

内容包括我国盗匪猖獗之原因及保安警察应有之任务、交通警察权限问题、由中国农村破产检讨乡村警察应有之任务、侦探之人的研究、战时之消防计划与建设及技能等论文。

内政部警官学校一览 /（伪）内政部警官学校编译课编辑 .-- 南京：内政部警官学校出版委员会刊，民国 28 年［1939］.--211 页：图；26cm ［国图］

包含大量照像摄影、校训、校旗、教育纲领。

庆祝本校改组成立十周年纪念特刊 / 中央警官学校第二分校校庆筹委会宣传组编 .-- 民国 35 年［1946］.--17 页；25cm ［国图，南图］

收入本校校史、蒋介石讲词、新中国新警察新警魂、十年等。封面有陈玉辉发刊词和白崇禧题词。

四川省警察训练所工作概况 / 四川省警察训练所编 .-- 成都：四川省警察训练所刊，民国 31 年［1942］.--48 页：图像；26cm ［重图］

介绍了该所的史略、组织、经费、设备、训练、待遇、教育方针、考选方法、教学方法、学术科目以及管理方法等。附毕业各期学员情况统计表 4 种。

伪中央警官学校概况 / 江南问题研究会编 .-- 江南问题研究会刊，民国 38 年［1949］.--45 页；17cm ［国图］

云南高等警察学校章程 .--1 册 ［滇图］

浙江高等巡警学堂章程 / 浙江高等巡警学堂编 .-- 浙江：浙江高等巡警学堂刊，［1912?—1949?］.--44 页；24cm ［上图］

附高等巡警学堂职员一览表。

浙江省地方行政干部训练团团刊 . 第 28 期 / 浙江省地方行政干部训练团编 .-- 浙江：浙江省地方行政干部训练团刊，民国 31 年［1942］.--112 页；19cm ［浙图］

团内刊物。

浙江省警官学校三周纪念特刊 / 浙江省警官学校编 .-- 浙江省警官学校刊，民国 20 年［1931］.--146 页：图像；26cm ［国图，浙图］

包括报告、训词、致词、论著、文艺等 6 部分。

浙江省警官学校一览 / 浙江省警

官学校编 .-- 浙江省警官学校刊，民国24 年［1935］.--110 页：图像；26cm ［国图，赣图，浙图，上图］

介绍了该校校史、组织、设备、政治训练、教务及训育工作、在校生及毕业生，以及经费等概况。附教职员姓名录、本校章则摘要。

浙江省警官学校章则 / 浙江省警官学校编 .--［1912?—1949?］.--119 页；19cm ［上图］

收入组织大纲、办事细则及单行规则等。

中央警官学校 / 候昌国编 .-- 中央警官学校刊，民国 26 年［1937］.--558 页 ［陕图］

中央警官学校 .-- 中央警官学校刊 .--245 页；19cm ［重庆档案馆］

中央警官学校第二分校概况 / 中央警官学校第二分校编译科编 .-- 广州：中央警官学校第二分校编译科刊，民国37年［1948］.--17页：图；25cm ［南图，吉图，国图］

介绍了自 1945 年 1 月建校以来学校的组织、教育、设备、生活等 6 方面情况。

中央警官学校第二分校年刊 / 中央警官学校第二分校编译科编辑 .-- 广州：中央警官学校第二分校编译科刊，民国35 年［1946］.--38 页；26cm ［南图，国图］

中央警官学校成立周年纪念特刊 / 中央警官学校编译室编 .-- 中央警官学校印刷所刊，民国 26 年［1937］.--452 页；22cm ［重图，国图］

分训词、校史、专载、工作报告4 部分。书前有照片 16 幅、校歌和学员守则。

中央警官学校二、三、四周年纪念合刊：中华民国二十六年九月至二十九年八月 / 中央警官学校编译股编辑 .-- 重庆：中央警官学校编译股刊，民国 30 年［1941］.--130 页：图；25cm ［国图］

收入蒋介石、孔祥熙、孙科、居正、于右任、李士珍等的致词。另有专载本校西迁之经过、本校三年来校务纪要。特载：本校成立二、三、四周年感言（李士珍）及该校各部门工作概况。附本校防空设备与空袭服务队工作概况、统计图表等。

中央警官学校成立五周年纪念特刊 / 中央警官学校编译股编辑 .-- 重庆：中央警官学校编译股刊，民国 30 年［1941］.--328 页：图；21cm ［重图，国图］

分训词、特载、专载、工作概况4 部分。书前有照片 7 幅。

中央警官学校六、七、八周年纪念合刊 / 中央警官学校编审处编辑 .-- 重庆：中央警官学校编审处刊，民国 34年［1945］.--288 页；19cm ［上图］

共 8 部分。分训词、特载、专载、

工作概况、附载、杂俎、最近一年来本校大事记、统计图表。版权页书名题：中央警官学校改组成立六、七、八周年纪念合刊。

中央警官学校改组成立九周年纪念特刊：民国三十三年九月至三十四年八月 / 中央警官学校编审处编 .-- 重庆：中央警官学校编审处刊，民国 34 年［1945］.--196 页；22cm ［上图］

分训词、特载、工作概况、采访、大事记、附录 6 部分。封面、版权页、目录前书名均为中央警官学校九周年纪念特刊。

中央警官学校十周年纪念特刊 / 中央警官学校编审处编 .-- 南京：中央警官学校编审处刊，民国 35 年［1946］.--284 页；21cm ［重图，国图，黔图］

分为训词、转载、专载、特载、工作概况 5 个部分。书前有照片 26 幅、题词和校歌。

中央警官学校十一周年纪念特刊 / 中央警官学校研究部编 .-- 南京：中央警官学校研究部刊，民国 36 年［1947］.--204 页：图；21cm ［国图］

汇辑了十一周年纪念特刊和季刊秋季号。收入警校十一年来之回忆暨今后努力之目标（校教育长李士珍）、本校今后的急务、建警与建警教育等 17 篇。书前有张群、戴传贤、白崇禧、陈诚、张厉生、李士珍等照片，题词和卷首语及校歌。

中央警官学校概况 / 中央警官学校编 .-- 南京：中央警官学校刊，民国 28 年［1939］.--44 页：图；19cm ［鄂图］

包括校史简述、校训图解、组织系统、教育方针、一般设施、教育课程、统计图表，共 7 项。书前有孙中山、蒋介石、李士珍照片。

中央警官学校概况 / 中央警官学校编译室编 .-- 南京：中央警官学校刊，民国 31 年［1942］.--136 页：图；25cm ［南图，国图］

日伪出版物。介绍该校成立之经过、该校办事细则、教务处概略、课程课、训育处、事务处、总队部等。附录 5 则。

中央警官学校概况 / 中央警官学校编译室编 .-- 中央警官学校编译室刊，民国 32 年［1943］.--48 页：图；19cm ［南图］

中央警官学校工作概述：自二十五年九月至三十年十月 .-- 南京：中央警官学校刊，［1936?—1949?］.--8 页：表；21cm ［南图］

介绍了该校的沿革、战后教育概述、该校历年设备概况、该校历年经费概况。

中央警官学校教育纲领教育细则 .-- 南京：中央警官学校刊，［1936?—1949?］.--8 页：表；25cm ［南图］

教育纲领共 3 章 6 条，第一章要领，第二章学生学员之种类及年限，第三章课目及程度标准，附中央警官学校本科学术科目要求程度基准表。教育细则 8 章 24 条，第一章总则、第二章学员生之区别、第三章学期区分及事故日数与特种日数、第四章课业时限时间及休假日、第五章教育课程标准及教育时间分配基准、第六章教育计划及实施、第七章教育及教程、第八章成绩之审查。

中央警官学校警官训练班教育计划 / 中央警察学校编 .-- 南京：中央警官学校刊，［1928?—1949?］.--4 页；25cm　［南图］

中央警官学校警政高等研究班第二期专题研究结论汇辑 / 中央警官学校编审处编 .-- 南京：中央警官学校编审处刊，民国 35 年［1946］.--32 页；18cm　［上图］

共 8 次研究，包括警察分类、警察职权之划分、警察组织、警察试验区筹设计划等。附录收复东北四省建警计划。

中央警官学校校刊 . 第一卷第七号 / 中央警官学校编辑室编 .-- 南京：中央警官学校刊，民国 26 年［1937］.--235 页：图像；22cm　［馆藏地不详］

中央警官学校业务概况：二十五年九月至二十六年一月 / 中央警官学校编 .-- 中央警官学校刊，民国 26 年［1937］.--208 页：照片；22cm　［国图］

介绍了该校教务处、训练处、事务处及毕业员生调查室等部门的概况。有李士珍（校教育长）序。

中央警官学校正科第五期教育大纲 .-- 重庆：中央警官学校刊，［1938?—1945?］.--6 页：表；25cm　［南图］

大纲包括文化科目和训练科目两部分，文化科目有政治、军事、警察、法学等，训练科目有制式训练、射击、体育、作业实施等。

中央警官学校正科各期教育计划 / 中央警官学校编 .-- 重庆：中央警官学校刊，民国 31 年［1942］.--4 页；25cm　［南图］

包括中央警官学校正科各期全期教育纲领、中央警官学校正科各期全期教育施行细则等。

官吏及警察训育 / 张灿编 .-- 油印本 .-- 高等警官学校刊，民国 27 年［1938］.--1 册；27cm　［津图］

精神讲话选集 . 一 / 中央警官学校政治部编 .-- 中央警官学校政治部刊，民国 29 年［1940］.--1 册；15cm　［重图，南图］

精神讲话选集 . 二 / 中央警官学校政治部编 .-- 中央警官学校政治部刊，民国 29 年［1940］.--282 页；15cm　［南图］

收入民众警察化、入伍应有的认识、公务员应有的认识、服从为负责之本、国民精神总动员国民月会开幕与本校新工作之展望等 24 篇。政训丛书。

精神讲话选集.三/中央警官学校政治部编.-- 重庆：中央警官学校政治部刊，民国31年［1942］.--386页；15cm　［南图］

政训丛书。

精神讲话选集：第1、2册/中央警官学校编审处编.-- 南京：中央警官学校编审处刊，民国35年［1946］.--2册（292，326页）；15cm　［上图］

收录文章24篇，作为警官修养读物。

警察改善与教育/申听禅编译.-- 南京：军用图书社刊，民国21年［1932］.--272页；19cm　［浙图］

警察精神教育/中央警官学校第三分校编.-- 中央警官学校第三分校刊，民国30年［1941］.--150页；19cm　［赣图］

收入蒋介石有关警察问题的讲词、电令、手令30篇。附中央警官学校精神表解等5种。有李士珍代序。

警察精神教育.--［1941?—1945?］.--16，196页；15cm　［南图，国图，赣图］

收入蒋介石有关警察问题的讲词、电令、手令等23篇。有现代警察的要务、警察的地位与责任、为人做事的标准、提高警察职权等。有李士珍代序和蒋介石对中华警察学术研究社第一届年会训词。附录李士珍领袖之德治精神、警察基本方法之运用、警政奠基之诠释、现代中国警察的真精神及中央警察学校精神教育表解、中央警官学校建立力行校风表等。

警察精神教育.-- 民国30年［1941］.--244页；14cm　［南图］

收入蒋介石对中央训练团党政班学员及各届毕业学员的讲词29种。附录中央警官学校精神教育表解。

警察精神教育.-- 民国33年［1944］.--16，222页；15cm　［津图，重图，上图］

前书增编本。收入蒋介石对国民党警政高等研究班、中央训练团党政班学员的讲词及有关手令、电令。包括现代警察的要务、警察的要务及实施方法、现代警察的职务和地位等35篇。有李士珍代序。有附录。

警察精神教育续编/中央警官学校研究部编.-- 中央警官学校研究部刊，民国37年［1948］.--360页；16cm　［重图］

警察考试问答汇编/满洲帝国警察研究学会著.-- 订正2版.-- 新京：益智书店刊，民国26年［1937］.--1册；19cm　［津图］

版权页有：代表人赵万斌。

警察训育/李万丰编辑.-- 奉天：奉天书店刊，民国25年［1936］.--1册；22cm.　［津图］

封面有：警察研究学会推奖。

警察训育 /（伪）治安总署警政局警察教科用书编审委员会编辑 .-- 修订再版 .-- 北平：治安总署警政局刊，民国 31 年［1942］.--118 页；19cm ［国图］

甲、乙种警察教练所教科用书，第 5 册。

警光特刊 / 浙江省警官学校编 .-- 浙江：浙江省警官学校刊，民国 21 年［1932］.--260 页；23cm ［浙图］

浙江省警官学校留日学生警政报告书。讲述了日本警察的沿革、组织情况、勤务的配置及教育、待遇、经费等。

警政高等研究班讲演汇编 . 第 1 集 / 中央警官学校编审处主编 .-- 南京：中央警官学校编审处刊，民国 35 年［1946］.--284 页；18cm ［南图，津图，国图，赣图，上图］

共收入 12 篇。有宪法问题六讲（楼桐孙）、刑法纲要（赵琛）、中国警察史（胡存忠）、警察是法治的先锋和警察与仁爱（居正）、卫生警察（金宝善）、警察人事纲要（王惠中）、人事心里纲要、外交礼节（外交部编）等。

军警体育 / 程登科著 .-- 石印本 .-- 重庆：教育部国民体育委员会刊，民国 34 年［1945］.--52 页；19cm ［南图，国图］

分 7 章。介绍世界各国军警体育概况、行政组织、建筑及设备、军警体育教材及考核办法，以及我国军警体育之将来。

领袖言行 / 首都警察学校编 .-- 首都警察学校刊，民国 37 年［1948］.--118 页；19cm ［南图，国图］

共 7 章。包括传略、言论、教学、生活、赞评等。

青岛市公安局警士教练所教科用警察用语 / 青岛市公安局编 .-- 青岛：青岛市公安局刊，民国 19 年［1930］.--71 页；16cm ［国图］

分 3 部分。介绍警察常用的英语单词、会话及语法。

特约讲演集 / 首都警察厅警员训练所编 .-- 南京：首都警察厅刊，民国 36 年［1947］.--200 页；17cm ［国图，南图］

首都警察厅警员训练所讲义。

长警的实际教育 / 赵志嘉编；赵希良校对 .-- 上海：警察学社刊，民国 22 年［1933］.--29，182 页；18cm ［国图，赣图，上图］

共 3 编。第 1 编 10 章，叙述了警察实务；第 2 编 9 章，叙述了行政警察应有的知识；第 3 编 4 章，介绍了司法警察应有的知识。附刑法释要和违警罚法述要。

中央警官学校学员生必读 / 中央警官学校编译室、训育室编 .--4 版 .-- 重庆：中央警官学校刊，民国 27 年［1938］.--220 页；14cm ［馆藏地不详］

中央军官学校学员必读 / 中央警

官学校编译室编 .--4 版 .-- 重庆：中央警官学校刊，民国 27 年［1938］.--220 页；15cm　　［南图］

总裁对警政人员训示集 / 蒋介石著 .-- 南京：首都警察厅警员训练所刊，民国 35 年［1946］.--100 页；18cm　［南图，国图］

总裁对警政人员训示集 / 内政部警政司编 .-- 重庆：内政部警政司刊，民国 31 年［1942］.--100 页：肖像；17cm　［重图］

1.4.1　警察学校教材

安徽警务处警士教练所学警班讲义．上册 .-- 安徽：安徽警务处刊，民国 29 年［1940］.--1 册；22cm　　［南图］

保干部增进训练教材：三册 / 江西省地方行政干部训练委员会编 .-- 江西：江西省地方行政干部训练委员会刊，民国 31 年［1942］.--42，56，54 页；20cm　　［赣图］

保自治人员训练教材 / 中国国民党中央执行委员会训练委员会编 .– 民国 34 年［1945］.--124 页；19cm　　［吉图，国图，浙图］

内分政治浅说、地方自治、自治经费、户籍、地政、警卫、卫生、农林水利、合作、交通、国民教育、新生活运动、兵役、粮政、事务管理等 15 部分。

北京特别市公署警察局警察教练所讲义：交通指挥手式信号、国术、捕绳术 /（伪）北京特别市公署警察局警察教练所编 .-- 北平：（伪）北京特别市公署警察局警察教练所刊，民国 32 年［1943］.--100 页：图；19cm　［国图］

收修正交通指挥手式信号及教练口令，附修正要旨，以及运掌术、警棒练习法、五育拳和捕绳术等警察技术训练教材。

兵役行政 / 邹宝镇编 .--［1912?—1949?］.--48 页；18cm　　［南图］

中央警官学校讲义。分五章。第一章，绪言；第二章，各国兵役制度概述，包括英国、美国、德国、法国、俄国、意国、日本；第三章，我国现行兵役制度概述，分十节；第四章，征兵舞弊及改善要点；第五章，我国兵役办理经过。

党史讲义 .--［1930—1932］.--214，20，126 页；19cm　　［鄂图］

本书包括中国国民党总章、党义讲义。附录陆皓东供词等 3 篇。

党义 .-- 重庆市警察训练所刊，民国 26 年［1937］.--22 页；17cm　　［上图］

分 33 课。浅释中国国民党、三民主义、建国大纲及总理遗嘱等。

党义摘要讲义 / 宁波公安局警士教练所编 .-- 宁波：宁波公安局警士教练所刊，［1912?—1949?］.--1 册；20cm

［国图］

内收党义摘要讲义、新生活运动纲要、军事学摘要讲义等 4 篇。

公牍讲义 / 陈纬编 .-- 中央警官学校刊，［1912?—1949?］.--110，58 页；26cm　［国图］

公牍讲义 / 吴贵长编 .-- 中央警官学校刊，［1912?—1949?］.--262 页；19cm　［馆藏地不详］

公牍讲义 / 中央警官学校研究部编 .-- 中央警官学校研究部刊，民国 19 年［1930］.--218 页；19cm　［浙图］

公牍讲义 / 齐少民，蒋瑞青编 .-- 中央警官学校研究部刊，民国 35 年［1946］.--160 页；19cm　［南图，国图］

分总论、公牍之体例及说明、杂文公文 3 编。

公文之整理及作成法 / 上海特别市警察局编 .-- 上海：上海特别市警察局刊，［1912?—1949?］.--8 页；27cm　［南图］

广西各县政务警察讲义 / 广西省政府民政厅编 .-- 桂林：广西省政府民政厅刊，民国 23 年［1934］.--324 页：图；19cm　［南图，国图］

共 47 章。讲述了有关公务、侦缉、巡逻、消防、卫生、交通、森林等方面的理论知识和事例。附违警罚法和广西各县政务警察章程等法规 31 种。

广西省地方行政干部训练团户政讲义 / 谢劭安编 .-- 广西：广西省地方行政干部训练委员会刊，民国 30 年［1941］.--76 页：表；19cm　［重图］

讲述了户口的区分、调查、异动调查、分类统计、户籍行政的系统、抽查督导及考核等。

国际警察论消防学讲义警察学讲义 / 颜若著 .-- 民国元年［1912］.--184 页；27cm　［冀图］

介绍了关于警察清理及沿革、警察学概况、警察法学、警察之定义、警察之性质、警察之分类、警察与诸科学之关系、关于警察组成及执行上之必要等等。

国民必读：首都警察厅警员训练所讲义 .-- 民国 36 年［1947］.--10，178 页；18cm　［南图，国图］

内分中国政治哲理篇、忠篇、孝悌篇、仁爱篇、信义篇、和平篇、杂篇等。书前有编辑大意。

汉口特别市政府警察局警士教练所警官讲习班讲义 .-- 汉口，民国 30 年［1941］.--1 册；27cm　［馆藏地不详］

杭州市公安局长警补习所教程 / 迈宁编述 .-- 民国 17 年［1928］.--1 册；19cm　［浙图］

河北省警官学校内勤实习汇编 .--292 页 ［人大］

河北省警官学校内勤实习汇编．上册 / 河北省警官学校编 .-- 石家庄 .--160 页；19cm ［津图］

湖南省警察训练所（刑事、外事、战时、卫生）警察讲义 .-- 民国 30 年［1941］.--46 页；18cm ［重庆档案馆］

淮南矿路警务所警察教练所讲义．下册 / 淮南矿路警务处警察教练所编 .-- 安徽：淮南矿路警务处警察教练所刊，民国 35 年［1946］.--140 页；18cm ［上图］

包括矿业警察、铁路警察、消防警察、卫生警察四科概要，侦探须知，暴动处置，指纹术，捕绳术，防空常识等 9 部分。

机密防护 / 郑介民讲 .-- 中央训练团党政训练班刊，民国 33 年［1944］.--44 页；18cm ［国图］

中央训练团党政训练班讲演录。

江苏省会警察厅教练所讲义 / 梅霖编；黄桂芳校 .-- 南京：江苏省会警察厅刊，民国 9 年［1920］.--38 页；18cm ［南图］

本书内容为司法警察，共 3 编。第 1 编介绍了司法警察的意义、作用；第 2 编为犯罪搜查的依据和方法；第 3 编为预审处分，介绍了该制度的程序和原则。

江苏省会警察厅教练所讲义 / 江苏省会警察厅教练所编 .-- 南京，江苏省会警察厅刊，民国 9 年［1920］.--30 页；19cm ［南图］

本册为侦探学大意，分 2 编，主要讲侦查学大意，分别讲侦查之区别和搜查逮捕、调查观察、侦查之心理。

江苏省警官学校建筑警察讲义 / 李寒秋编 .-- 江苏：江苏省警官学校刊，［1912?—1949?］.--176 页；26cm ［上图］

介绍世界各国建筑特点、各种建筑物的标准及材料，防火材料等。

讲授大纲 / 燕永治等讲 .-- 首都警察厅警士教练所警长训练队刊，民国 24 年［1935］.--74 页；19cm ［国图，南图］

收入党义讲授大纲（燕永治）、领袖的认识讲演大纲（李国俊）、中国政治现状讲授大纲（张愔）、勤务须知讲演纲要（袁右任）、办事须知纲要（王泰兴）等 20 余篇。

讲义汇要 / 徐松龄编 .-- 京沪铁路管理局警务处交通警察教练所刊，民国 36 年［1947］.--218 页；19cm ［上图］

分法规、警察要旨、刑法要义、铁路常识、服务规则、工务常识、侦探学、公牍等编。

警察大意讲义 / 河北省会公安局警察教练所编 .-- 石家庄：河北省会公安局警察教练所刊，民国 22 年［1933］

.--38 页；23cm　　［津图］

内容除绪论外共 7 章。讲述了警察之意义、警察之种类、警察之机关、警察权之基础、警察权之界限、警察作用及警察作用之行政救济等。

警察读本 / 福建省警察训练所编 .--536 页；19cm　　［闽图］

警察工作经验谈 / 赵志嘉撰 .-- 南京：内政部警察学校发行，民国 28 年［1939］.--206 页；19cm　　［南图］

警官学校讲义。封面书名由陈群题。

警察讲义 / 黄光斗讲述 .-- 江西：江西省县政人员训练所刊，民国 24 年［1935］.--101 页；19cm　　［上图］

共 4 章。讲述了警察的沿革、现在警察的改进、将来警察的计划等。附新生活运动纲要、警察须知及有关章则 9 种。

警察讲义 / 赵年录编 .– 首都警察学校刊，民国 37 年［1948］.–1 册　　［重图］

警察讲义（1—5 册） / 湖南警察学校编辑 .-- 民国 31 年［1942］.--5 册　　［浙图］

警察讲义：一至三册 / 湖南警察学校编 .-- 长沙：湖南警察学校刊 .--3 册　　［上海社科院］

警察讲义 . 第四册 .--［1912?-1949?］.--115 页；19cm　　［南图］

本书为行政警察的下册，主要介绍高等警察和卫生警察的业务。高等警察业务包括治安警察法、行政执行法、新闻出版法、行政执行施行令、铳炮火药类取缔规则等，卫生警察介绍人的生理结构和卫生管理法规。

警察教本（上册） / 福建省警察训练所编 .-- 福州：福建省警察训练所刊，民国 31 年［1942］.--268 页；18cm　　［闽图］

本部书缺宪法附录（六）民法。

警察教本（上册） / 湖南省警察训练所编 .-- 湖南：湖南省警察训练所刊，民国 31 年［1942］.--280 页；23cm　　［国图］

分为政治常识、警察法令、违警罚法、刑法大意，共 4 部分。

警察教本 . 第 4 册 / 湖南省警察训练所编 .-- 湖南：湖南省警察训练所刊，民国 35 年［1946］.--106 页；18cm　　［中图］

警察教范（2—4） / 内政部警政司主编 .-- 南京：内政部警政司刊，民国 29 年［1940］.--3 册（56，42，64 页）；19cm　　［重图，南图］

第 1 册是地方自治要义，介绍了地方自治的意义、目的，与警察的关系。第 2 册是违警罚法（附行政执行法），介绍了违警罚法的沿革意义，以及种类、适用范围。第 3 册是户口调查，介绍了户口调查的意义、户口的区别和种类、户口查报登记的组织和步骤等。

警察教范．一 / 内政部警政司主编 .-- 内政部警政司刊，民国 33 年［1944］.--80，60 页；19cm　［国图］

政治训练，警察法令。

警察教范．二 / 内政部警政司主编 .-- 内政部警政司刊，民国 33 年［1944］.--1 册；19cm　［国图］

包括警察实务总论、保安警察、交通警察、卫生警察、消防警察等内容。

警察教范．三 / 内政部警政司主编 .-- 内政部警政司刊，民国 33 年［1944］.--1 册；19cm　［国图］

包括户口调查、刑事警察、司法警察、外事警察、军务协助等内容。

警察教范．五 / 内政部警政司主编 .-- 内政部警政司刊，民国 33 年［1944］.--1 册；19cm　［国图］

包括地方自治要义、军事学、警察应用文牍、警察歌曲等。

警察教范 .-- 民国 35 年［1946］.--1 册：插图；19cm　［重图］

主要内容有警察应用公牍、民刑法大意、警察实务司法编、外事编、户口调查编、交通编、刑事编等。

警察教范 / 王绍先 .-- 汉口：汉口警察局刊，民国 36 年［1947］.--1 册　［武大］

内容包括政治训练、警察法令、警察实务、保安、交通、卫生、消防、户口调查、刑事、司法、外事、违警罚法、军事学、地方自治、警用公牍、警察歌曲、本省地理社会概况等。学警训练教材。

警察教范 .-- 民国 36 年［1947］.--2 册；19cm　［南图］

警察教范 / 内政部警政司编 .-- 内政部警政司刊，民国 37 年［1948］.--388 页；18cm　［南图，湘图，国图］

分为政治训练、警察法令、地方自治要义、保安警察、警察实务总论、违警罚法、消防警察，共 7 部分。

警察教练所讲义 / 警察教练所编 .-- 天津：警察教练所刊 .--2 册（475 页，610 页）；20cm　［国图］

分上、下卷。上卷介绍国民党党义，警察概论及行政、司法、外事、消防、卫生等各种警察，以及刑法概要；下卷讲述违警罚法、警察勤务、公牍、户口调查、侦探、指纹鉴定、逮捕人犯等。

警察书类报告讲义 / 高岳岱编述 .-- 浙江：浙江省战时警察训练所刊，民国 28 年［1939］.--180 页；19cm　［重图］

封面题名：警察书类报告。

警察书类报告讲义．上编 / 杨澍桐编 .-- 福建：福建省警官训练所刊，民国 26 年［1937］.--72 页；22cm　［国图］

本书有总论、警察书类报告、普通报告、定式报告、处理公文的程序等五章。本部书个别地方有污迹。

警察通则 / 治安部警务司编纂 .--4 版 .-- 新京：满洲国警察协会刊，民国 29 年［1940］.--324 页；19cm ［津图］

警察教科书。

警察心理学讲义 .-- 浙江警官学校刊，民国 19 年［1930］.--100 页；20cm ［浙图］

警察沿革 / 内政部警官学校编 -- 北京：内政部警官学校刊，民国 27 年［1928］.--1 册；27cm ［南图］

内政部警官学校讲义。

警察沿革：内政部警察学校讲义 /（伪）内政部警官学校编 .-- 南京：内政部警官学校刊，民国 27 年［1938］.--140 页：19cm ［国图］

分 3 编。讲述我国警察的起源、中央警察机关的沿革及组织、伪维新政府所属各地方警察机关的概况等。

警察一般实务：警察训练所讲义 / 北京特别市公署警察局编 .-- 北京：北京特别市公署警察局刊，民国 27 年［1938］.--106 页；19cm ［国图］

介绍了要领、义务、规例、容装、禁令、勤务、整理内务、辅助各局行政、警械使用和枪弹佩戴的办法、警笛使用、急救治疗、暴动处理、警察案例。有附录。

警察应用常识 / 王协恭编述 .-- 远东图书公司刊，民国 36 年［1947］.--51 页；13cm ［上图］

本书对警察常识材料进行了系统地讲述，从警察到差以及服勤中应有的常识，包括新警任用的第一步、人格品德和警察威信、语言和态度等 20 个专题。

警察应用文 / 首都警察学院编 .-- 南京：首都警察学院刊，民国 37 年［1948］.--64 页；19cm ［国图］

共 10 章。介绍了警察应用文的要义、效用、种类、做法、处理、标点、写法、用纸、用语及举例等。

警察应用心理学 / 徐望霓编 .-- 福建：福建省警官训练所刊 .-- 民国 26 年［1937］.--1 册；19cm ［南图］

警察应用英语撮要 / 包天一著 .-- 修正 3 版 .-- 福州：中国图书杂志公司刊，民国 35 年［1946］.--144 页；14cm ［上图，赣图］

警察摘要 .1、2：中央警官学校讲义摘要 / 胡存忠等编述 .-- 重庆：中央警官学校刊，民国 32 年［1943］.--2 册（410，460 页）：表；19cm ［国图，重图，南图，陕图］

第 1 册 5 编，分中国警察史、警察法、警察行政、警察实务及各国警察制度等；第 2 册 4 编，分刑事警察纲要、犯罪侦查与研究、刑事鉴别、警犬等。

警察总务 .-- 南京：首都警察厅警员训练所刊，民国 35 年［1946］.--42 页；18cm ［南图］

首都警察厅警员训练所讲义。

警察组行政法总论讲义 / 司生麟编 .-- 中央陆军军官学校军官研究班刊，戊辰印刷所印，民国 18 年［1929］.--130 页；20cm ［南图］

本书包括 2 编，分别为绪论和总论。绪论介绍了国家之作用、行政法。总论介绍了公法关系、行政行为、行政组成、广义行政诉讼和狭义行政诉讼。

警官高等学校：讲义 .--6 册 ［鄂图］

警官高等学校讲义汇编，包括警察概况讲义、侦探术讲义、警察战术讲义、警械学、航空警察学讲义。内容涉及版权法、刑法、刑事技术、刑事侦察、警械武器的使用、警察防化等方面的内容。

警官高等学校讲义 / 王扬滨等编述 .--［1936—1939］.--1025 页；27cm ［鄂图］

警官高等学校讲义 .--［1932—1940］.--265 页：折表；19cm ［鄂图］

子目：1. 中国出版警察概况讲义。2. 侦探术讲义。3. 警察战术讲义。4. 警械学。5. 航空警察学讲义。6. 刑法案例讲义。

警务要领：警察讲义录 .--143 页；27cm ［北京警院］

警政讲义 / 余立铭编，［194?］.--86 页；18cm ［馆藏地不详］

上海市警察局警察训练所丛书 / 上海市警察局警察训练所编 .-- 上海：上海市警察局警察训练所刊，民国 34 年［1945］.--1 册 ［上图］

上海市警察学校讲义 / 上海市警察学校编 .-- 上海：上海市警察学校刊，民国 37 年［1948］.--3 册（224，328，347 页）；18cm ［上图］

上册包括违警罚法、刑法概要、民法概要、刑事诉讼法摘要；中册包括警察要旨、警察勤务制度、警察实务；下册包括上海市地理及社会概况、公牍讲义、警犬学术、军事常识等。

上海特别市警察局警士教练所行政警察讲义 .--［1911?—1949?］.--76 页；26cm ［上图］

分绪论、本论 2 个部分。论述了行政警察的意义、种类、作用，并介绍了保安、普通、卫生、户籍、消防、外事、交通等各类警察。

司法警察实务·卫生警察实务·户口调查须知·报告书之整理及作成方法 / 高骥等编 .-- 郫县：四川省警察训练所刊，民国 29 年［1940］.--250 页；19cm ［重图］

4 种书合订本。四川省警察训练丛书。

调查统计工作讲授提纲 .-- 民国30年［1941］.--56页；19cm　［公安部］

卫士政治教材丛书十种合订本．第一集 / 国民政府警卫总队政治部编 .-- 南京 .--1册：14cm　［南图］

包括我们的祖国、我们的国父、我们的党、我们的主义、我们的领袖、基本常识问答、识字课本、写信规范、笑话集、歌曲等。

县政及警卫问题参考材料 / 李士珍编 .-- 中央训练团刊，民国32年［1943］.--46页；19cm　［国图］

中央训练团党政训练班参考教材。

刑事学摘要：浙江省警官学校讲义第一册 / 穆克编 .-- 杭州：浙江省警官学校刊，民国19年［1930］.--82页；19cm　［浙图］

学警读本 / 福建省警察训练所编 .-- 福建：福建省警官训练所刊，民国33年［1944］.--348页；18cm　［闽图］

内容包括国父遗教、政治常识、刑法大意、违警罚法、警察法令辑要、警察实务、侦探常识、卫生常识、步兵操典摘要、步兵野外勤务、步兵之性能、步兵射击教范摘要、夜间教育摘要、陆军礼节摘要。本部书个别地方虫蛀。

学警手册 / 上海市警察局警察训练所训育组编 .-- 上海：上海市警察局训练所刊，民国36年［1947］.--53页；14cm　［上图］

收入上海市警察训练所各项规章制度。

长警补习所讲义．下篇 / 陈纯白、吴文谟编述 .-- 杭县：杭县公安局刊，［1912?—1949?］.--220页；19cm　［上图］

讲述了警察法令、违警罚法、军事学等。

政治经济常识 / 中央警官学校训育室编辑 .-- 中央警官学校训育室刊，民国25年［1936］.--142页；19cm　［南图］

政治部分包括民族与国家、政府、党治与训政、革命与主义，资本主义、帝国主义与中国，经济部分包括生产、交易与分配、消费与公共经济等。中央警官学校训育丛书，第2种。

政治讨论会汇刊（1） / 中央警官学校训育室编 .-- 中央警官学校训育室刊 .--116页；19cm　［上图］

为警官学校政治小组第一、二、三团讨论集。分统一与国家前途、中日关系之前途、中国目前之危机与出路3编。附各组讨论札要。中央警官学校训育丛书，第3种。

政治学 / 雷荣珂编 .-- 浙江省警官学校刊，民国21年［1932］.--104页；20cm　［上图］

内分政治学的意义、代议制度、代议制度的修正、国际政治等5章。浙江省警官学校讲义，第2册。

中国国民党重要政纲之研究 / 余森文著 .-- 浙江：浙江省警官学校刊，民国 18 年［1929］.--142 页；19cm ［浙图］

内分绪论、建国大纲之研究、目前最低限度政纲之研究、结论 4 章。

中央警官学校党义述要 / 马耐园讲 .-- 重庆：中央警官学校刊，［1938?—1945?］.--484 页；18cm ［馆藏地不详］

中央警官学校第二分校讲义摘要：警察应用理化学 .--6 页；17cm ［中图］

中央警官学校第二分校讲义摘要：交通警察 .--30 页；17cm ［中图］

中央警官学校讲义 .--［1912?—1949?］.--67 页 ［南图］

封面题“刑法总、分则”。

中央警官学校警察初级干部讲义：2 册 / 中央警官学校编审处主编 .-- 中央警官学校编审处刊，民国 34 年［1945］.--2 册（742 页）；19cm ［国图］

共 2 册。第 1 册为警察学概论、违警罚法、警察法令、警察实务；第 2 册为交通警察大要、外事警察须知、刑事警察、警察应用文、宪法大义、刑法大意、刑事诉讼法大纲。

中央警官训练班讲义 . 第 1 辑 / 中央警官训练班编 .-- 中央警官训练班刊，民国 17 年［1928］.--400 页；27cm ［上图］

包括法学通论、行政法概论讲义、刑法大意、警察法令概要讲义、违警罚法讲义等。

警察应用照相术 / 沈志坚编 .--80 页；19cm ［中图］

爆破 / 但秉成著 .-- 中央警官学校刊，［1912?—1949?］.--78 页；19cm ［南图，重图，国图］

分 4 章：概说、基本作业、应用作业、交通之破坏。

测量学 / 叶绍李编 .-- 浙江：省警官学校刊，民国 20 年［1931］.--1 册：图；21cm ［南图］

浙江省警官学校第二期讲义。共 10 章，包括投影、比例尺、真高标高比高、平面测量和水平测量、测板测园、制图、迅速测图、目算测图、应用测图和略图。附地形释义、地形图之见解、地图应用和地形判断 4 篇。

交通部员警训练班讲义 .--262 页：图；18cm ［国图］

讲述了各种武器的使用及爆破技术等。

警察操典 /（伪）治安总署警政局警察教科用书编审委员会编辑 .-- 修订版 .-- 北平：治安总署警政局刊，民国 31 年［1942］.--147 页；19cm ［津图，国图］

甲、乙种警察教练所教科用书。

为警察操典中的“警察教练规程”部分。分基本教练、战斗教练两编。

警察应用电气学 / 赵佩珩编 .-- 中央警官学校刊，［1912?—1949?］.--74 页：图；18cm　［南图，国图］

介绍了电气理论、电池等应用的重要器材、警察应用的重要器材、触电的急救法、用电线路的装置法等。附图 30 页。

警察应用技术 .-- 中央警官学校第二分校刊 .--9 页；18cm　［中图］

警察应用理化学 / 何世德编著 .-- 中央警官学校刊，［1936?—1949?］.--62 页；19cm　［国图］

分总论、无机类毒物、有机类毒物、救治人员应注意事项 4 章。中央警官学校讲义。

警用电气 / 中央警官学校第一分校甲级警官训练班学员总队编 .-- 中央警官学校第一分校甲级警官训练班学员总队刊，民国 36 年［1947］.--94 页　［陕图］

警用短波无线电装置及常识 .--［1912?—1949?］.--40 页；19cm　［南图］

本书共 4 章。第 1 章从研究观点上说明警用通讯需用短波无线电话；第 2 章短波无线电话之简单解说；第 3 章国外警用无线电通讯之一斑及上海租借警用通讯之情形；第 4 章拟定我国警用短波无线电话之各级通讯网。

警用英语 / 林中宇编 .-- 首都警察厅警员训练所刊，民国 35 年［1946］.--106 页；14cm　［南图］

包括问路、迷失小孩、火警、轮船（或火车）上查询、检查护照、盘问、调查户口、警察日用会话、法律会话、普通谈话、请求调查案件书、回书等英文用法。附首都警察厅外侨居留证、申请书格式、南京市居留外侨口卡、首都警察厅外侨户口调查表、外侨旅游（或出境）申请表、外人旅行检查登记表。

警察学专业训练 / 中央警官学校第二分校编，民国 36 年［1947］.--66 页；18cm　［中图］

（修正）浙江警备队教程 / 警备队总司令部编，民国 10 年［1921］.--442 页；15cm　［上图］

共 14 篇。包括精神训话、警备队编制及性能、各兵种识别及军人阶级服制、警备队操典草案、野外勤务令、射击教范、陆军礼节、军队内务、卫生法及救急法的摘要、警察要旨、警备队什兵赏罚章程、军警勋赏章令、陆军刑罚令的摘要等。

（修正）浙江警备队教程 / 浙江警备队总司令部编 .-- 浙江：警备队总司令部刊，民国 15 年［1926］.--474 页；19cm　［上图］

共 17 篇。主要内容有精神讲话、警备队编制及性能、各兵种识别及军人阶级服制、操典摘要、野外勤务令摘要等。

本所基本动作口令简明表 / 四川省警察训练所编 .-- 成都：四川省警察训练所刊，民国 29 年［1940］.--110 页；19cm　［重图］

书前有党员守则、军人读训及步兵操典纲领。

捕绳术 / 黄翀编 .-- 杭州：浙江省警官学校刊，民国 19 年［1930］.--28 页：图；22cm　［浙图］

捕绳术 / 首都警察厅警员训练所编 .-- 南京：首都警察厅警员训练所刊，民国 36 年［1947］.--72 页：图；18cm　［南图，吉图，国图，上图］

分为通说、要则、基本动作、逮捕绳、押送绳、提赴绳，共 6 章。

捕绳术 / 宪兵学校编 .-- 民国 31 年［1942］.--48 页：图；19cm　［重图，国图］

介绍了捕绳的种类、使用捕绳时应注意的事项，以及刑绳扎解法等。有图解。

捕绳术 / 叶传骥编 .--［1912?—1949?］.--28 页；19cm　［南图，重图］

共 6 章。讲述了犯人种类及犯罪程度，捕绳术的目的、种类、用语，以及逮捕绳、押送绳、比翼绳的扎解方法等。上海图书馆藏书为 64 开本，150 页。中央警官学校讲义。

捕绳术 .-- 北平：武学印书馆刊，民国 36 年［1947］.--24 页；14cm　［南图］

共 3 章，为总则、护送绳和快绳。总则 7 节，介绍目的、种类、制式等。护送绳分 7 节，介绍各种绳结。快绳分立捕和倒捕。

捕绳术 .-- 中央陆军军官学校军官研究班刊，［1924?—1949?］.--52 页：照片；14cm　［南图］

本书为捕绳术的详细教程，前半半部分为照片图解，后半部分为文字图解。文字部分包括 9 章，分别是刑绳之扎法及解法、刑绳之牵法、男子扣之结法、逮捕绳、手结绳、脊钓绳、腰手绳、肘结绳、比翼绳。

警察操典 / 内政部编 .-- 南京：内政部警官学校刊，民国 29 年［1940］.--99 页；14cm　［南图］

分警察教练、警察历史、警察点检 3 个部分。其中警察教练分 2 编，介绍基本教练和战时教练，附步枪射击预行演习和手枪射击法。警察历史分 5 章，为总则、室内敬礼、室外敬礼、部队敬礼和舟船敬礼。

警察操典草案 / 青岛市公安局编 .-- 青岛：青岛市公安局刊，［1912?—1949?］.--89 页：14cm　［国图］

青岛市公安局警士教练所教科书。分 5 章，包括步兵教练总则、各个教练、部队教练、捕绳术教练、军刀术教练等。附手枪操法。

警察操练大纲 / 京兆尹公署编 .-- 京兆尹公署刊，民国 14 年［1925］.--1

册　　［北大］

警察应用教练 / 杨藩藻编著 .-- 上海: 中华书局刊, 民国 28 年［1939］.--58 页: 图; 19cm　　［南图, 辽图, 重图, 津图, 上图］

分 5 章, 包括镇压暴动、指挥交通、火场弹压、取缔集会、搜捕强盗等。

警察自卫术 / 崔振民编译; 张春安绘图 .-- 民国 34 年［1945］.--48 页; 19cm　　［台湾"中央警察大学"］

军事学摘要 / 赵志嘉编 .-- 上海: 世界书局刊, 民国 18 年［1929］.--87 页; 19cm　　［津图, 重图, 国图, 浙图］

.--2 版 .-- 上海: 世界书局刊, 民国 18 年［1929］.--87 页: 图; 19cm　　［上图］

分 6 章: 军队之编制及识别、战术要义、行军与驻军警戒之要义、射击要义、兵器保存之要义、卫戍勤务要义。最新警察全书。

军事训练教范纲要 / 瞿世镇编著 .-- 再版 .-- 上海: 三民公司刊, 民国 22 年［1933］.--107 页; 18cm　　［国图］

本书分 8 章: 训练的意义、训练的纲领、各个训练的方法、部队训练的方法、射击教范纲要、军事训练常识、地方警卫和国防、军人精神教育讲话。附录学生义勇军教育纲领等 2 种。

科学的自卫法 / 范朋原著; 朱熙沅译 .-- 南京: 宪兵杂志社刊, 民国 25 年［1936］.--124 页: 图; 23cm　　［国图］

分 8 章。介绍了各种自卫的解脱法和缴械法, 各种有效的制人方法, 警棍、手杖的使用法及结绳法等。

擒拿 / 教育部国民体育委员会主编; 王复旦、朱国福编著 .-- 石印本 .-- 重庆: 教育部国民体育委员会刊, 民国 33 年［1944］.--56 页: 图; 19cm　　［国图, 重图］

-- 上海: 正中书局刊, 民国 37 年［1948］.--45 页: 图; 19cm　　［国图, 吉图］

分擒拿总论要则、教学法、基本练习、实施擒拿对抗法及抓扭要害部位图等 5 章。

擒拿法 / 刘金声、赵江著 .-- 上海: 商务印书馆刊, 民国 25 年［1936］.--78 页: 图像; 23cm　　［陕图, 国图, 津图］

分 8 章。介绍了头、颈、肩、胸肋、背、腰腹、臂、腕、手指、阴、腿、脚等部的擒拿方法。警政丛书。

射击刺枪教育之参考 / 第二十六集团军总司令部参谋处编 .-- 第二十六集团军总司令部参谋处刊, 民国 31 年［1942］.--70 页; 19cm　　［国图］

分 3 节: 射击预备教育、狙击训练、刺枪术。

射击教范摘要 .-- 江西: 江西省地方政治讲习院刊, 民国 29 年［1940］.--20 页: 图; 19cm　　［重图, 赣图］

射击学笔记 / 缪渭泉等整理; 航空委员会军政厅编译处编 .-- 航空委员

会军政厅编译处刊，民国 31 年［1942］.--188 页；19cm　［国图，上图，赣图］

分 4 节，介绍司喀司关枪、CⅡⅡ照相枪、射击原理、ⅡMⅡ—3 瞄准器。

首都警察厅警士教练所警长训练队讲授大纲 / 燕永治 .-- 南京：首都警察厅刊，民国 24 年［1935］.--74 页；19cm　［南图］

野外工作法摘要 .-- 广东：地方警卫队编练委员会刊，［1927—1949?］.--78 页；15cm　［南图］

本书从步兵工作教范及野战筑垒教范两书中摘要，目的是使警卫队能以敏捷之动作实施简便之工作。

野外教育 / 江苏省军警干敌部训练所编 .--1 册；19cm　［国图］

战术学教程 .-- 修订版 .-- 南京：中央税警学校干部训练班刊，民国 30 年［1941］.--3 册（194，162，136 页）；19cm　［上图，南图］

共 5 编：战争及作战、关于战争之概说、战斗指挥之要则、各种兵种之战术、瓦斯及烟。

警察学科讲授纲要 / 中央警官学校研究部编 .-- 中央警官学校研究部刊，民国 36 年［1947］.--102 页；21cm　［赣图］

介绍各国警察制度纲要，包括英国警察、美国警察、法国警察、奥国警察、意国警察、日本警察、苏联警察。还介绍了外事警察，包括外事警察概要等。

人民团体会员训练教材 / 社会部编 .-- 重庆：社会部刊，民国 33 年［1944］.--234 页；19cm　［夏图，吉图，辽图，重图，津图，国图］

包括思想训练、民权训练、智能训练、生活训练 4 部分，共 115 项。

上海市地理及社会概况 / 杨赞廷纂述；上海市警察局警察训练所编 .-- 上海：上海市警察局警察训练所刊，民国 34 年［1945］.--68 页；19cm　［上图］

附各分局辖境图及组织系统名录。

上海市地理及社会概况 / 张光烈编 .-- 上海：上海市公安局警士教练所刊，民国 24 年［1935］.--79 页；17cm　［上图］

分总纲、地理、社会 3 部分。有绪言。目录页书名前题：上海市公安局警士教练所讲义。

射击教育摘要 .--30 页：图；16cm　［赣图］

新公文手册 / 蕴子选辑 .-- 重庆：新生图书文具公司发行，民国 31 年［1942］.--30，252 页；18cm　［重图，湘图，国图］

.-- 再版 .-- 重庆：新生图书文具公司发行，民国 32 年［1943］.--2 册（30，252 页）；18cm　［吉图，重图，国图，赣图］

分公文程式、作法、用语、标点

与行款、用纸、体例等8章。后附公文实例211件，封面和版权页印有“公务人员、人人必备”字样。

1.4.2 警察同学录

广东省警官学校第一期毕业特刊/(伪)广东省警官学校训育课编辑.--(伪)广东省警官学校训育课刊，民国31年［1942］.--92页：图；19cm ［国图，首图］

收告毕业诸生（汪屺）、警政建设与警察教育（冯璧峭）、在这一年中（凌广图）等16篇文章。附录该校大事记及毕业生名单（1941年5月至1942年6月）。

中央警官学校毕业同学录：正科第十七期/中央警官学校正科十七期同学录筹备委员会编.--重庆：中央警官学校正科十七期同学录筹备委员会刊，民国36年［1947］.--1册：照片；27cm ［国图］

除毕业同学录外，另有照片96页，蒋介石等题词26幅。有李士珍（教育长）、余锦源（副教育长）序各1篇和本校校史等。

中央警官学校正科第十八期学生毕业同学录/中央警官学校正科十八期同学录编刊委员会编.--南京：中央警官学校正科十八期同学录编刊委员会刊，民国36年［1947］.--390页：图像；27cm ［重图］

内容包括国父遗像、校旗、校训、校歌、校史、刑事实验、本期同学录等。

中央警官学校正科第十九期毕业同学录.--民国37年［1948］.--1册；26cm ［中图］

中央警官学校正科第二十期毕业同学录.--民国38年［1949］.--1册；26cm ［中图］

北京警察教练所第三十一期学警毕业同学录.--北平：（伪）北京警察教练所刊，民国32年［1943］.--204页：图像；9cm ［国图］

甘肃省警察训练所毕业同学录/朱绍良撰.--民国20年［1931］.--1册 ［庆阳档案馆］

高等警官学校本科第五期毕业同学录/高等警官学校编.--高等警官学校刊，民国33年［1944］.--1册：图像；26cm ［国图］

收该校沿革志、长官照片、题词、教职员与毕业生照片、第一至四期毕业同学通讯录等。

湖北旅京警界同乡纪念册.--湖北，民国36年［1947］.--17页；19cm ［南图］

包括国歌、校歌、名人题字、湖北旅京警界同乡通讯录。

冀东警团干部教练所第一期毕

业同学录 /（伪）冀东警团干部教练所编 .-- 黄皮：（伪）冀东警团干部教练所刊，民国 25 年［1936 年］.--72 页；26cm　　［国图］

书前冠序。

江苏警察传习所同学录 / 江苏警察传习所编 .-- 江苏：江苏警察传习所刊 .--52 页；26cm　　［津图］

江西省会公安局警士训练所第十一期补习班同学录 / 江西省会公安局警士训练所编 .-- 南昌：江西省会公安局警士训练所刊，民国 22 年［1933］.--1 册：图像；18cm　　［赣图］

警高二十五年夏季学员生毕业纪念册 / 警官高等学校编译室编 .-- 警官高等学校刊，民国 25 年［1936］.--158 页：图；26cm　　［国图，上图］

包括部长训话、校长训话、老师的论著、学生的论坛。附录有本校职员一览表、教员一览表、讲习班第 21 期毕业学员一览表。

警官高等学校同学录 .-- 民国 9 年［1920］.--175 页　　［馆藏地不详］

分教职员一览、第一期学员一览、第二期学员一览等部分。附王扬滨等人题词，王履康、李升培等人作的序。

内政部第二警察总队部警察训练所第一期毕业同学录 .--［1912?—1949?］.--62 页；17cm　　［重图］

内政部第一警察总队训练所第十九期毕业同学录 / 内政部第一警察总队训练所编 .-- 南京：内政部第一警察总队训练所刊，民国 36 年［1947］.--120 页：图像；27cm　　［国图］

内政部第一警察总队警察训练所第二十期毕业纪念 / 内政部第一警察总队警察训练所编 .-- 内政部第一警察总队警察训练所刊，民国 37 年［1948］.--90 页：图；20cm　　［国图］

未见原书名，根据封底手抄书名著录。内容包括所训、警察责训、多人肖像、生活素描、通讯录等。

内政部警察总队警察训练所第十、十一期毕业学警通讯录 / 内政部警察总队警察训练所编 .-- 内政部警察总队警察训练所刊，民国 34 年［1945］.--58 页：图像；20cm　　［国图］

正文前有中华民国国歌，蒋介石照片、题词、前期序言和本期序言等。

内政部县政训练所第一期毕业纪念刊 /（伪）内政部县政训练所编 .--（伪）内政部县政训练所刊，民国 28 年［1939］.--116 页；图像；27cm　　［国图］

1939 年第 1 期毕业纪念刊。有师生员工照片（附小品文字）及一览表，创办经过、概况和大事记等。有陈群弁言，潘锷序言及梁鸿志、温宗尧等题词。有编后小记。

首都警察厅警员训练所第一期毕业学员同学录 / 张宗宣编辑 .-- 南京：

首都警察厅警员训练所刊，［1912?—1949?］.--1 册：图像；18cm　［国图］

分为照片、官长通讯录、同学通讯录 3 个部分。

首都警察学校第二期毕业同学录 / 首都警察学校编 .-- 民国 36 年［1947］.--65，90 页：图像；26cm　［国图］

分为照片、通讯录 2 个部分。书前有中华民国国旗，校歌，校旗，蒋介石、张厉生、唐纵、韩文焕（校长）等照片和题词等。

首都警察学校第三期毕业同学录 / 首都警察学校编 .-- 南京：首都警察学校刊，民国 37 年［1948］.--1 册：照片；26cm　［国图］

内容包括主席题词，警察责训，青年守则，大量肖像、照片。

校友通讯 . 第三卷第二期 / 中央警官学校毕业员生指导委员会通讯组编 .-- 南京：中央警官学校毕业员生指导委员会通讯组刊，民国 36 年［1947］.--51 页；19cm　［公安大学］

浙江全省警察教练所第一期同学录：民国十五年二月 / 浙江全省警察教练所编 .-- 浙江：浙江全省警察教练所刊，民国 15 年［1926］.--70 页：图像；19cm　［上图］

浙江全省警察教练所第二期同学录：民国十五年二月 / 浙江全省警察教练所编 .-- 浙江全省警察教练所刊，民国 15 年［1926］.--1 册；23cm　［上图］

浙江省警察训练所警官补习班第四期暨学警班第十二期毕业同学通讯录 .-- 杭州：浙江省警察训练所刊，民国 35 年［1946］.--65 页；23cm　［浙图］

浙江省警察训练所历届毕业员警通讯录 / 浙江省警察训练所编 .-- 杭州：浙江省警察训练所刊，民国 36 年［1947］.--136 页；18cm　［浙图］

.-- 杭州：浙江省警察训练所刊，民国 37 年［1948］.--152 页：肖像；18cm　［浙图］

浙江省警官学校附属警士教练所第一期同学录 / 浙江省警官学校附属警士教练所编 .-- 杭州：浙江省警官学校附属警士教练所刊，［1912?—1949?］.--104 页；25cm　［浙图］

浙江省警官学校同学会会员通信一览 / 浙江省警官学校同学会编 .-- 浙江：浙江省警官学校同学会刊，民国 21 年［1932］.--73 页；19cm　［上图］

收录该会会员、名誉会员、职员及当时在校同学的姓名、职务、通讯地点等。

浙江省警官学校同学会总章 / 浙江省警官学校同学会编 .-- 浙江：浙江省警官学校同学会刊，［1912?—1949?］.--34 页；19cm　［上图］

附浙江省警官学校同学会预备会员简章等 9 篇。

浙江省警士教练所第一期同学录 .-- 民国 19 年［1930］.--130，20 页；19cm　［浙图］

浙江省警士教练所第二期同学录 / 浙江省警士教练所编 .-- 杭州：浙江省警士教练所刊，民国 19 年［1930］.--1 册　［上图］

中华民国留日学生名簿（第十四版）/（日）砂田实编 .--14 版 .-- 东京：日华学会刊，民国 29 年［1940］.--48 页；21cm　［国图］

其中包括警察讲习所学生名单。

中央警官学校初干班第一期毕业同学录 / 中央警官学校编 .-- 民国 35 年［1946］.--1 册；26cm　［上图，陕图］

包括校长讲话、校园景色、老师、本期同学、校史、本期同学录、先期同学通讯录等。有李士珍、应怀宗序。

中央警官学校第二分校甲级警官班第一期毕业同学录 .--1 册；26cm　［中图］

中央警官学校第一分校特科警官班第八期毕业同学录 / 中央警官学校第一分校编 .-- 民国 34 年［1945］.--50 页：图像；17cm　［国图］

中央警官学校甲级警官班毕业纪念册 / 中央警官学校甲级警官班第二期同学录编纂委员会编 .-- 南京：中央警官学校甲级警官班第二期同学录编纂委员会刊，民国 37 年［1948］.--340 页：图像；27cm　［上图］

中央警官学校甲级警官训练班第一期同学录 / 同学录筹备委员会编 .-- 民国 36 年［1947］.--1 册：图像；27cm　［首图］

中央警官学校特科警官班第九期毕业同学纪念册 / 中央警官学校特科警官班第九期同学录筹备委员会编 .-- 民国 35 年［1946］.--1 册：照片；27cm　［国图］

书前有中央警官学校第一分校校史，蒋介石讲话，刘诚之、杨俊奇序 2 篇，以及照片、题词等，有李霆编后记。

中央警官学校浙籍同学通讯录 .-- 民国 35 年［1946］.--41 页：肖像；14cm　［浙图］

中央税警学校干部训练班第三期毕业班同学录 / 中央税警学校干部训练班编 .-- 中央税警学校干部训练班，民国 31 年［1942］.--1 册；22cm　［上图］

汪伪政权出版物。前半部为校长、教官、学员照片，后半部为名录及受训经过。

1.5　警察史、地方志

赣县年鉴：民国卅四年 / 赣县文献委员会编 .-- 赣县：赣县文献委员会

刊，民国35年［1946］.--195页：表；26cm　［南图，吉图，国图，赣图］

分17项。包括赣县一年来大事记、气候、土地、人口、党团、政治、财政、教育、农矿工商、交通、社会、卫生、自治、保警、司法、赣城沦陷收复始末记等。有编者弁言，附电文12则、颂词1篇。

广东通志/（清）阮元等修；（清）陈昌齐纂.--影印本.--上海：商务印书馆刊，民国23年［1934］.--5册（6922页）［重图，国图，上图，首图］

334卷，卷首1卷；据同治年间重刻本影印。书前冠重刊广东通志序。书末附广东通志索引。

广西年鉴.第一回/广西省政府统计局编.--广西省政府统计局刊，民国23年［1934］.--845页；19cm　［上图，南图，重图，湘图，国图，浙图，首图］

1933年年鉴。分土地、气象、农业、牧蚕蜂、林业、矿业、工业、劳工、商业、金融、交通、财政、教育、司法、宗教、社会问题、政务、保安、外交、其他20类。有杨绰庵序、凡例等。书后有本省志书概况。

广西年鉴.第二回：中华民国二十四年/广西省政府统计局编.--桂林：广西省政府统计局刊，民国24年［1936］.--1159页：图；19cm　［重图，湘图，国图，浙图，上图，首图］

类目与第1回基本相同，增加“金融”“卫生”“党务”，删去“外交”。

广西年鉴.第三回/广西省政府统计处编.--广西省政府统计处刊，民国33年［1944］.--2册（1640页）；27cm　［国图］

自1935年至1942年底的统计年鉴。分气象、人口、政治组织、省务、考铨、边务、农业、垦殖、水利、林业、渔业、畜牧、矿业、工业、劳工、商业、合作事业、财政、金融、电讯、铁路、公路、航务等37类。有黄旭初、苏希洵、白日新序，编辑例言。附抗战损失调查统计、统计组织沿革及人员动态、陈寿民跋、白日新编译后记。

广西年鉴散页本.第一回：中华民国二十二年/广西统计局编.--南宁：广西省统计局刊，民国22年［1934］.--672页：折图；19cm　［国图］

分土地、气象、人口、农业、渔牧蚕蜂、林业、矿业、工业8部分。

广州年鉴：2册/广州年鉴编纂委员会编.--广州：广州年鉴编纂委员会刊，民国24年［1935］.--2册（1263,1152页）；22cm　［南图，国图，上图］

1933年年鉴。分沿革、天时、土地、人口、党务、政府、社会、文化、财政、经济、工务、教育、卫生、交通、公用、公安、救济、自治、外交、司法、大事记21编。

桂林市年鉴/易熙吾等编.--桂林：桂林市政府刊，民国38年［1949］.--514页：地图；18cm　［国图］

分特载、土地与地政、户政与气象、

行政与自治、财政、金融、交通、教育、文化事业、社会事业、党团会社、保安与司法、工业与劳务、商业、宗教、大事日记、桂林市题名录等18章。有黄旭初、李任仁题字，苏新民、梁家齐序，易熙吾弁言，凡例，桂林市地图。版权页题名：第一次桂林市年鉴。目次题名：民国三十八年第一次桂林市年鉴。

国民政府年鉴 / 行政院编纂 .--2版 .-- 行政院刊，民国33年［1944］.--966页：图；20cm ［重图，国图，浙图，上图］

.-- 初版 .-- 民国32年［1943］ ［馆藏地不详］

1942年年鉴。分2部分：中央之部5编，刊载行政、立法、司法、考试、监察五院的施政情况；地方之部29章，刊载重庆市和全国各省施政情况。封面题：中华民国三十三年三月再版。第三复本为精装。

国民政府年鉴 . 第二回 / 行政院编纂 .-- 行政院刊，民国33年［1944］.--820页；20cm ［南图，重图，国图，上图］

1943年年鉴。刊载国民政府各院部会及各省市政府的施政情况。

国民政府年鉴 . 第三回 / 行政院编纂 .-- 合订本 .-- 行政院刊，民国35年［1946］.--2册（565页）；21cm ［南图，重图，国图，上图］

1944年年鉴。刊载各院部会署以及各省市政府的施政情况。

海南岛志 / 曾蹇著 .-- 神州国光社刊，民国22年［1933］.--560页 ［馆藏地不详］

共22章。其中第六章警卫第三节警察。

湖北省年鉴 . 第一回 / 湖北省政府秘书处统计室编 .-- 湖北省政府秘书处统计室刊，民国26年［1937］.--84611页：表；26cm ［南图，吉图，重图，晋图，湘图，国图］

1936年年鉴。分土地、气象、人口、农林、水利、矿业、工业、商业、金融、合作、财政、教育、交通、政务、司法及违警、社会等17部分。

湖北通志：一百七十二卷，卷首一卷，卷末一卷 / 张仲炘等纂修 .-- 影印本 .-- 上海：商务印书馆刊，民国23年［1934］.--3册（5236页）：图；19cm ［津图，重图，国图，赣图，上图，首图］

全172卷。分舆地、建置、经政、学校、武备、艺文、金石、职官、人物等类目。卷末有湖北通志索引。据民国十年版影印。书前冠续修湖北通志序。

湖北通志 . 一：舆地志、建置志、经政志、学校志 .-- 影印本 .-- 商务印书馆刊，民国10年［1921］.--1646页：图；19cm ［国图］

刻本108册。

湖南年鉴：民国二十四年 / 湖南省政府秘书处统计室 .-- 长沙：湖南省政府秘书处刊，民国24年［1935］.--941

页：图；23cm　［南图，重图，上图，国图］

各年度年鉴类目基本相同，分地理概观、气象、人口、党务、司法、政府、警卫、财政、教育、交通、水利、农业、工业、商业、矿业、卫生、宗教、救济、文化及大事记20编。湖南省政府统计丛刊。

湖南年鉴：民国二十五年／湖南省政府秘书处第五科编.-- 长沙：湖南省政府秘书处刊，民国25年［1936］.--1006页：图；23cm　［上图，南图，国图，黔图］

各年度年鉴类目基本相同，分地理概观、气象、人口、党务、司法、政府、警卫、财政、教育、交通、水利、农业、工业、商业、矿业、卫生、宗教、救济、文化及大事记20编。湖南省政府统计丛刊，第60种。

湖南省政府政治年鉴：民国十九年／湖南省政府秘书处编.-- 长沙：湖南省政府秘书处刊，民国20年［1931］.--863页：图；24cm　［国图，上图］

内分总况、民政、财政、建设、教育、市县行政概况、清乡剿匪大事记、图表8编。有何键序。

湖南省政府政治年鉴：民国二十一年／湖南省政府秘书处编.-- 长沙：湖南省政府秘书处刊，民国21年［1932］.--1120页：图；22cm　［国图，南图，重图］

分总况、清剿、民政、财政、建设、教育、县市行政概要、民国廿年湖南大事记8编。有何键序。湖南省政府统计丛刊，第7种。

黄炎培考察教育日记／黄炎培著.-- 上海：商务印书馆刊，民国3年［1914］.--2册（208，160页）　［国图］

记述考察安徽、江西、浙江三省的教育状况、社会状况及山川名胜等。

基隆年鉴：中华民国三十六年度／石延汉主编.-- 基隆：基隆市政府发行，民国35年［1946］.--277页，32页：图；18cm　［国图，南图，上图，浙图］

分沿革、土地、气象、人口、行政、党务团务、自治民意、建设、财政、经济、教育、社会事业救济、医药卫生、治安消防、日侨日产等16部分。有基隆市街图。

江苏省政治年鉴／江苏省长公署统计处编.-- 南京：江苏省长公署统计处刊，民国13年［1924］.--462页：图；26cm　［国图，上图，南图，浙图，津图］

分官厅、内务、财政、司法、教育、实业、交通、陆军等9编。为1922年各部门概况。有韩国均、付疆、王鸿翱序各1篇，有齐燮元等照片。

江西年鉴：民国二十五年／刘治乾主编.-- 南昌：江西省政府统计室刊，民国25年［1936］.--1324页；26cm　［国图，南图，吉图，重图，湘图，

上图，赣图］

分总述、土地、气象、人口、党务、政治、司法、财政、教育、卫生、保卫、交通、水利、农业、林业、垦殖、畜牧、渔业、农村建设、粮食管理、食盐火油管理、矿业、工业、劳工、商业、金融、度量衡、社会事业、江西剿匪经过、新生活运动、各县名胜古迹等31章。有地图及插图24幅。有熊式辉、萧纯锦序，主编者弁言，编例。

今日的台湾．上册／徐子为，潘公昭著.-- 上海：中国科学图书仪器公司刊，民国34年［1945］.--265页；18cm　［国图，重图，首图，津图，赣图］

分18篇，全面介绍台湾的地理、城市、住民、历史、政治、抗日救国运动、经济、建设、社会、文化等方面状况。

今日的台湾．下册／徐子为，潘公昭著.-- 上海：中国科学图书仪器公司刊，民国35年［1946］.--267—564页　［国图，厦门，重图，湘图，首图］

分18篇，全面介绍台湾的地理、城市、住民、历史、政治、抗日救国运动、经济、建设、社会、文化等方面状况。

金山县鉴：民国二十四年／朱履仁等著.-- 金山县鉴社刊，民国25年［1936］.--200页　［馆藏地不详］

金山县鉴：民国二十五年／丁迪光等编.-- 金山：金山县鉴社刊，民国26年［1937］.--196页：图；22cm　［上图］

分党务、政治、财政、建设、实业、教育社会等10章。附1936年大事记、编后赘言。

金山县鉴．第三期／丁迪光等编.-- 江苏金山：金山县鉴社刊，民国36年［1947］.--92页；22cm　［国图，南图］

以1946年资料为主，共12章。包括议会、党团、政治、财政、建设、实业、教育、社会、人物、艺文、寇患等。有附录。

金山县鉴．第四期／丁光迪等编.-- 江苏金山：金山县鉴社刊，民国37年［1948］.--85页；22cm　［上图］

本期材料以1948年为主。分总说、议会、监政、政治、财政、建设、教育、社会等11章。

昆明市志／云南昆明市政公所总务课编纂.-- 昆明：云南昆明市政公所总务课刊，民国13年［1924］.--410页：图；21cm　［重图，国图，上图］

本书介绍了昆明市的市民及沿革、位置面积、区划及城郭、地势与地质、山川胡泊、人口、风土民情及方言、产业。

吏治史略／王道编著；吴贯因校阅.-- 北平：内务部编译处刊，［1912?—1949?］.--100页；23cm　［国图，首图］

本书限于历代地方官吏之有政绩者，起自汉高祖止于清宣宗，每朝先述吏治概况，再分教育、民政、刑政、治盗、抚恤5项，各项内所选官吏，先述其事，然后加以评论。封面题：内务部编译处出版第21种。书前冠凡例。

两汉县政考 / 瞿兑之，苏晋仁著 .-- 上海：中国联合出版公司刊，民国33年［1944］.--343页；19cm　［吉图，国图，上图］

分5部分：叙录、西汉县政、两汉县政大事年表、两汉令长表。论述两汉县政与朝政的关系、县政的组织、职权、铨选课绩、仪制与待遇、县与郡、县官吏之动态等问题。

民国三十年实用国民年鉴 / 文化供应社编 .-- 桂林：文化供应社刊，民国30年［1941］.--12，563页；19cm　［国图］

分抗战建国的中国、敌情、国际现势、一年来国内外大事综述（1939年9月至1940年9月）4编。卷首有中国国民党抗战建国纲领、新生活运动纲要摘要、国民精神总动员纲要摘要和国民公约。附录国内外大事记（1931年9月至1940年12月）、重要节日一览表、中外度量衡比较表等。书前冠编例。封面题：实用国民年鉴。

民国县制史 / 胡次威编著 .-- 上海：大东书局刊，民国37年［1948］.--18，170页；18cm　［南图，国图，上图］

共5章。介绍清末、北京政府时代、国民政府训政时期、宪政时期的县制等。有著者序。

南京小志 / 南京市文献委员会编 .-- 上海：中华书局股份有限公司刊，民国38年［1949］.--136页；18cm　［重图，津图，湘图，国图，上图］

南京地方志。分沿革、形势、疆域、户口、气候、交通、经济、教育、习俗、胜迹等10章。

南洋华侨生活手册 / 陈钦贤编 .-- 吧城、星洲：上海书局刊，民国28年［1939］.--371页；18cm　［南图，国图］

介绍南洋各地的法律、捐税、入境居留手续以及教育、医药卫生等情况。

南洋华侨与闽粤社会 / 陈达著 .-- 长沙：商务印书馆刊，民国27年［1938］.--13，305页；23cm　［重图，国图，浙图，上图］

分2编，共9章。第1编为华侨社区传统的生活方式及其变迁，第2编为社会变迁的一个原素：移民的影响。具体介绍生活环境、生活方式、教育、家庭、婚姻、信仰等方面情况。

平汉年鉴 / 平汉铁路管理委员会编 .-- 汉口：平汉铁路管理委员会刊，民国21年［1932］.--694页：图；23cm　［南图，吉图，津图，晋图，国图，浙图，上图］

内分总务、车务、机务、会计、结论及附录（民国二十一年上半年度工作概要）等7章。书名原文：The Year Book of Peiping=Hankow Railway

三门年鉴：中华民国三十一年．第一辑 / 陈诚编 .-- 三门：三门县政府刊，民国 32 年［1943］.--350 页：图表；23cm　［上图，南图］

分讲评、大事记、全面检讨、分层记述 4 部分。附录包括历年来的建设资料、一年来的建设方案、一年来的工作讲话等 8 部分。书前有三门设治之沿革、三门县形式略图，以及阮毅成序、编者自序和黄绍竑等题字。

三门年鉴：中华民国三十二年，三十三年合辑 / 陈诚编 .-- 三门：三门县政府刊，民国 34 年［1945］.--12，522 页：图；23cm　［国图，浙图，上图］

1943 年、1944 年县政工作汇录。包括各级长官训示、大事记、县政实录、各方业务、三门县第二次三年建设计划、历年政绩比较、县情志略、大事记祥、人员名录等 15 部分。有阮毅成序及自序（写于 1944 年 10 月）。据目次标明，本书为三门年鉴第二辑。

三门年鉴．第一辑 / 陈诚编 .-- 三门：三门县政府刊，民国 31 年［1942］.--350 页；23cm　［国图，浙图］

分讲评、大事记、全面检讨、分层记述 4 部分。附录包括历年来的建设资料、一年来的建设方案、一年来的工作讲话 3 部分。书前有三门设治之沿革、三门县形势略图。书前冠阮序、自序。

山东通志：二百卷、卷首一卷、附录一卷 /（清）杨士骧等修；（清）孙葆田等纂 .-- 影印本 .-- 上海：商务印书馆刊，民国 23 年［1934］.--5 册：图；20cm　［重图，国图，赣图，上图，首图］

据 1915 年铅印版影印再版。

上海年鉴：三十六年 / 周钰宏著 .-- 上海：华东通迅社刊，民国 36 年［1947］.--1 册；26cm　［南图，重图，国图，上图，首图］

分概说、胜利复员、市府、司法、外交、军事、财政、金融、交通、工业、商业、文化教育、社会调查、大事日志等 14 部分。

上海市年鉴 / 上海市通志馆年鉴委员会编 .-- 上海：中华书局有限公司刊，民国 25 年［1936］.--2 册（2455 页）；19cm　［南图，津图，重图，湘图，国图，浙图，赣图，上图］

记载时间自 1935 年 1 月 1 日起至同年 12 月 31 日止。附民国二十六年上海历、民元前百年中西历对照简表。书前冠弁言。

上海市年鉴：民国二十四年 / 上海市年鉴委员会编 .-- 上海：上海市通志馆刊，民国 24 年［1935］.--1 册；19cm　［南图，重图，国图，浙图，首图］

分概说、胜利复员、市府、司法、外交、军事、财政、金融、交通、工业、商业、文化教育、社会调查、大事日志等 14 部分。

上海市年鉴：民国二十六年 / 上海市通志馆年鉴委员会编 .-- 上海：中华书局刊，民国 26 年［1937］.--2 册；19cm　［南图，国图，浙图，赣图，上图］

体例与前书基本相同。

上海市年鉴：民国三十五年 / 上海市通志馆年鉴委员会编 .-- 上海：中华书局刊，民国 35 年［1946］.--450 页；19cm　［南图，重图，国图，上图］

体例与前书基本相同，只增加大事概要一章。有徐蔚南序。

上海市年鉴：民国三十六年 / 上海市文献委员会编 .-- 上海：上海市文献委员会、上海市年鉴委员会刊，民国 36 年［1947］.--1 册；18cm　［国图，浙图，上图，首图］

上海市年鉴：民国三十七年 / 上海市文献委员会编 .-- 上海：上海市文献委员会刊，民国 37 年［1948］.--600 页；19cm　［上图］

申报年鉴：民国二十三年 / 申报年鉴社编 .-- 上海：申报馆特种发行部刊，民国 23 年［1934］.--24，1347 页；19cm　［辽图，津图，晋图，国图，浙图，上图］

分国内外大事概述、土地历象、党务、政治、外交、国防、财政、金融、工业、商业及外国贸易等类。书前冠改编经过。版权页题：第二次申报年鉴。

申报年鉴：民国二十四年 / 申报年鉴社编 .-- 上海：申报馆特种发行部刊，民国 24 年［1935］.--22，1225 页；20cm　［辽图，津图，重图，晋图，国图，浙图，上图］

申报年鉴：民国二十五年 / 申报年鉴社编辑；张梓生，章倬汉主编 .-- 上海：申报年鉴社刊，民国 25 年［1936］.--1 册；20cm　［南图，吉图，重图，首图］

分中华民国宪法草案，一年来国内外大事概述、土地历象人口、党务、外交、国防、财政公债、工业、中外贸易、农业及农村、林畜水产等。书前冠编辑例言。版权页题：第四次申报年鉴。

史地讲义 / 陈怀东编 .-- 台湾省警察训练所刊，民国 34 年［1945］.--38 页　［台图］

共 6 章。分中华民族历史之特性、中华民族的形成及其构成内容、上古史概论、中古史概论、近世史概论、现代史概论等部分。

首都志 / 叶楚伧，柳诒徵主编；王焕镳编纂 .-- 南京：正中书局刊，民国 24 年［1935］.--2 册（1535 页）：图；20cm　［辽图，津图，重图，湘图，国图，赣图，上图，首图］

分 16 卷，介绍南京市的沿革及疆域、街道、山陵（上下）、水道及气候、户口、官制、警制、自治、财政、司法、教育（上下）、兵备、交通、外交、食货（上下）、礼俗、方言、宗教、人表、艺文、历代大事表等。书中有各种地图和历代古建筑图 52 幅，风景照片、名胜古迹、文化交通设施照片 75 帧，各表格 61 种。书前冠序等。

台湾 / 袁克吾编 .-- 上海：商务印书馆刊，民国 16 年［1927］.--304 页：照片；19cm ［南图，重图，津图，湘图，国图，赣图，上图，首图］

全书分 3 编，16 章，105 节。第 1 编绪论，分台湾史略、地理概论、人口等 3 章；第 2 编日本统治台湾之政治，分行政、财政、教育与宗教、交通、实业、商业、金融、重要城市及名胜、风俗习惯、番人志（民族）等 13 章；第 3 编结论。书前有黄炎培、姜善及作者自序，各种图片地图 10 余幅及作者像。书后附特载、台湾改隶前历年大事记、三十年来东西年代检查表、日本名辞表 4 表。书前冠序。书末附中日度量衡币之比较等。

台湾年鉴：民国三十六年 / 台湾新生报社丛书编纂委员会编 .-- 台北：台湾新生报社刊，民国 36 年［1947］.--980 页：肖像；22cm ［南图，吉图，重图，国图，上图］

分总论、地理、历史、党务等 28 章。附光复后大事年表、中外度量衡表。有李万居序和黄玉斋的编纂经过。

天津市统计年鉴 / 天津市政府统计委员会编 .-- 天津：天津市政府统计委员会刊，民国 24 年［1935］.--1 册：图；26cm ［南图，国图，上图，首图］

书前冠著者序。书中包括该市 1928 年至 1932 年的统计表，包括总务、社会、公安、财政、工务、教育、卫生、土地、港务、自治等 11 类。

香港年鉴 / 香港华侨日报年鉴编辑委员会编 .-- 香港：香港华侨日报有限公司刊，民国 38 年［1949］.--372 页；27cm ［重图，国图，上图，中山，东北师大］

香港年鉴 . 第二回 / 香港华侨日报出版部编辑 .-- 香港：香港华侨日报刊，民国 38 年［1949］.--506 页；27cm ［津图］

分上卷、中卷、下卷、末卷。包括汕头市的治安与警政内容。

瑶民概况 / 廖炯然编 .-- 上海：中华书局有限公司刊，民国 37 年［1948］.--88 页；19cm ［吉图，重图，国图，上图，首图］

分 7 章，介绍瑶民之历史、地理、政治、文化、风俗习惯、社会状况及其生活、瑶民之妇女问题等。书前冠著者序。

云南通志馆征集云南省各县团警资料 / 云南通志馆汇辑 .-- 抄本 .--［1931?—1934?］.--3 册 ［云图］

彰化市概览 / 彰化市政府秘书室编 .-- 彰化：彰化市政府刊，民国 36 年［1947］.--148 页；19cm ［南图，吉图，辽图，重图，中山，国图］

共28章。其中第20章为治安，包括警察局业务实况、刑事与违警案件之处理、正俗等内容。

中国监察史略/徐式圭著.--上海:中华书局刊,民国26年[1937].--148页;19cm [南图，吉图，湘图，国图，赣图，浙图，上图]

介绍监察出现前的官吏状态，监察的由来、全盛、没落及复兴等。

中国警察史/胡存忠讲述.--中央警官学校警政高等研究班刊，民国33年[1944].--32页；19cm [中图]

中央警官学校第二分校讲义摘要。

中国警察史/中央警官学校研究部编.--中央警官学校研究部刊，民国36年[1947].--32页；19cm [赣图]

中国现代名人传/康国栋著.--沈阳：东北力行图书社发行，民国35年[1946].--116页；18cm [辽图，国图]

收民国时期84位名人的传略。孙中山、蒋介石列于篇首，后按革命先烈、抗日烈士、政治、军事、外交、教育、实业、文化、艺术、慈善、医学、工程等分12类，依姓氏笔划排列。其中有朱执信、宋教仁、陈其美、白崇禧、冰心、徐悲鸿、金宝善、詹天佑等人。

中国政党史/杨幼炯著.--上海：商务印书馆刊,民国25年[1936].--225页；19cm [辽图，重图，晋图，湘图，国图]

.--再版.--上海：商务印书馆刊，民国26年[1937].--225页；19cm [吉图，首图]

.--3版.--上海：商务印书馆刊，民国26年[1937].--225页；19cm [夏图，南图，吉图，重图，国图]

讲述中国政党的产生、演化以及与中国政治的关系，清末的秘密结社与政党，中国国民党的改组与发展，中国各派社会党的概观等。书末附录参考书籍。中国文化史丛书。

中华民国名人传/贾逸君编著.--北平：文化学社发行，民国22年[1933].--2册(492，367页)；19cm [重图，国图，上图]

分革命先烈、政治、军事、外交、教育、学术、艺术、文学、实业、新闻、妇女、前清遗老等12类。介绍孙中山、邹容、陈天华、秋瑾、于右任等名人生平事迹。附录民国已故名人年表、中华民国名人一览。前有编辑缘起及大纲。

中华民国史料/孙曜编.--上海：文明书局发行，民国18年[1929].--3册(220，248，258页)；23cm [吉图，重图，湘图，国图，赣图，浙图，上图，首图]

内分7部分，收集自武昌起义到段祺瑞政府止的各种告书、上谕、告示、电文、各案报告书、誓词、法案、法令、宣言、颂词、函件、外交文件等资料400余件。

中原的蛮族 /T.K. 口述；郑飞卿记 .-- 上海：开明书店刊，民国 16 年［1927］.--115 页；15cm ［津图，国图，上图］

.-- 再版 .-- 上海：开明书店刊，民国 18 年［1929］.--115 页；15cm ［首图］

讲述了豫东红枪会等情况。共 13 节。书前有叶绍钧的序。原书名：匪窟会薮探险记。

2 警察行政管理

2.1 警察行政制度

警察行政 / 陈天三著 .-- 福州：福建省警官训练所，民国 28 年［1939］.--1 册　［馆藏地不详］

警察行政 / 杜承荣著 .-- 福州：福建省警官训练所，民国 26 年［1937］.--86 页；19cm　［南图］

讲义共分四章。第一章分别介绍了监督警察机关、执行警察机关和辅助警察机关；第二章介绍了警力分配；第三章介绍了警察人员的考选事宜；第四章介绍了警察教育的重要性、原理，欧美各国的警察教育和我国警察教育。

警察行政 / 江西省地方行政干部训练团编 .-- 江西：江西省地方行政干部训练团刊，民国 33 年［1944］.--46 页；21cm　［赣图］

警察行政 / 西康省地方行政干部训练团编 .-- 西康：西康省地方行政干部训练团刊，民国 31 年［1942］.--60 页：图；19cm　［重图］

本书内容有警察之性能及体系、警察服务应有之认识、警察与其它机关部队之联系、西康建省后警政之分期进展。附现行违警罚法。

警察行政 / 杨美霖编 .-- 四川：四川省训练团刊，民国 29 年［1940］.--120 页；19cm　［重图］

分 4 篇。包括警察概论、行政警察、战时警察之主要任务、川省警政设施概况。

警察行政 / 余秀豪著 .-- 上海：商务印书馆刊，民国 25 年［1936］.--341 页：图像；23cm　［南图，重图，湘图，国图，首图］

共 8 章。分别介绍了警察团体之历史背景、警察权之基础与界限、社会上负责遏止犯罪之各机关、公安局之组织、行政问题、犯罪侦查与证明、犯罪之原因及其预防等。附警察须知、美国维吉打市警察信条及参考书目。书前冠美国加州伯克利市公安局长和麦氏序、自序。警政丛书，浙江省警官学校主编。

警察行政 / 余秀豪著 .-- 上海：商务印书馆刊，民国 35 年［1946］.--374 页：图；19cm　［津图］

共 8 章。包括警察团体之历史背景、警察权之基础与界限、社会上负责遏止犯罪之各机关、公安局之组织、行政问题、犯罪侦查与证明、犯罪之原因及其预防等。附警察须知、美国维吉打市警察信条及参考书目。

警察行政 / 赵修鼎著 .-- 上海：商务印书馆刊，民国 16 年［1927］.--69 页；17cm ［南图，重图，津图，鲁图，湘图，国图，赣图，浙图，上图］

分 3 编。第 1 编为总论，包括警察的性质、分类、形式等；第 2、3 编分别介绍主观和客观目的上的警察。百科小丛书，第 13 辑，第 149 种。

警察行政地位及其重要性 / 蒋介石讲；陈柏心笔记 .-- 庐山暑期训练团刊，民国 26 年［1937］.--32 页；13cm ［国图］

1937 年 7 月 4 日蒋介石对庐山暑期训练团警政组学员讲演记录稿。

警察行政讲演纲要 / 邓裕坤讲述 .-- 中央政治学校公务员训练部刊，［1912?—1949?］.--48 页；25cm ［南图，国图］

共 5 讲。讲述了中国现代警察的起源、清末建警情况及失败原因、中国警察制度之检讨、中国保安制度与警察、实施县各级组织纲要及地方警卫等。中央政治学校公务员训练部高等科讲义。

警察行政研究 / 李士珍著 .-- 重庆：商务印书馆刊，民国 31 年［1942］.--167 页；18cm ［南图，重图，国图］
.-- 再版 .-- 重庆：商务印书馆刊，民国 32 年［1943］.--167 页：表；18cm ［重图，首图］

分 11 章。包括中国警察制度之沿革、中央警察机构之调整、地方警察机构之调整、警察教育之展望、确立警察人事制度、确立警察勤务制度、警察与户口调查、警察经费、警察福利事业之兴办等。附警察基本方法的运用及重庆市警察局警保联系办法。

警察行政研究 / 萧文哲主编 .-- 重庆：商务印书馆，［1912?—1949?］.--167 页；18cm ［桂图］

警察行政之理论与实际 / 李士珍著 .-- 南京：中华警察学术研究社刊，民国 37 年［1948］.--196 页；20cm ［上图］

共 11 章。讲述了中国警察制度的沿革、警察教育的展望、警察勤务制度的确立及有关建警的重要问题。

警察行政总论 .-- 南京：首都警察厅刊，民国 35 年［1946］.--36 页；18cm ［南图，国图］

收入警察行政总论、绘图统计大纲 2 篇。首都警察厅警员训练所讲义。

现代警察行政 / 余秀豪著 .-- 中国文化服务社东北区社刊，民国 35 年［1946］.--349 页；19cm ［重图］

根据著者所著警察行政改编、增加了人事管理、警力分配、训练巡逻、交通管理、警察记录、警察设备及财政等内容。附战后我国警察的改造、美国联邦调查局执法官吏的誓词。

现代警察行政/余秀豪著.--上海:中华书局刊，民国37年［1948］.--460页；19cm　［上图，桂图，中图］

据著者所著警察行政的改编、增加了人事管理、警力分配、训练巡逻、交通管理、警察记录、警察设备及财政等内容。附录战后我国警察的改造、美国联邦调查局执法官吏的誓词及参考书目。书前冠和麦氏序、自序。

中国警察行政/内政部警政司编.--上海：商务印书馆刊，民国24年［1935］.--14，244页；23cm　［重图，津图，国图，浙图，赣图，上图，首图］.--再版.--上海：商务印书馆刊，民国24年［1935］.--14，244页；23cm　［国图，首图］

共13章。介绍了警察制度的沿革，各省市警察概况，女子警察，警察的经费、任用、待遇、奖恤、服装、教育，各种特务警察、保甲、保卫团等。

中国警察行政：二册/中央警官学校第四分校著；中央警官学校第四分校讲义审查委员会校阅；中央警官学校第四分校课程科讲义室校对.--北平：北平市警察局合作社印刷所印，民国35年［1946］.--2册：表；19cm　［馆藏地不详］

中国警察行政/李秀生著.--北平:中华警察学术研究社平津分社刊，民国36年［1947］.--2册；19cm　［国图］

警察救国，又名：一个委任状的警察学/李万里著.--江苏：江苏省水陆公安队教导团刊，民国17年［1928］.--42页；14cm　［国图］

讲述了公安与警政。介绍了江苏省水陆公安队、教导团及警政教官等。附整顿全国警政大纲及实施步骤。

警官服务要论/郑宗楷著.--上海:商务印书馆刊，民国37年［1948］.--99页；19cm　［吉图，津图，国图，赣图，上图］

共5章。介绍了警察局及其分局的组织、人事、教育、智能和工作实务等。书前冠序。书末附公文服务法、请假规则和首都警察厅警员服务规则。

警捐与市政/陈震异著.--北京：陈震异刊，民国13年［1924］.--82页；23cm　［上图］

就北京政府提出征收警捐一事，发表废止恶税、市政归地方自办的建议，并介绍广州市政情况。有雷殷序及自序。

警政/行政院新闻局编.--南京：行政院新闻局刊，民国36年［1947］.--26页：图；18cm　［南图，吉图，辽图，重图，津图，湘图，国图，赣图，浙图，上图，首图］

简要介绍了我国的警政建制以及有关警察的经费、装备、人事、教育、业务与设施等方面的情况。

警政/胡俪笙著.--江西：江西吏治训练所刊，民国17年［1928］.--54页；

21cm [赣图]

警政顾问建议录要．第一期 / 浙江省民政厅警政顾问办事处编 .-- 杭州：浙江民政厅警政顾问办事处刊，民国 19 年［1930］.--1 册：肖像；23cm [浙图]

警政年刊：十九年六月至二十年六月 / 厦门市公安局秘书处编辑 .-- 厦门：厦门市公安局秘书处刊，民国 20 年［1931］--1 册：图；27cm [馆藏地不详]

戡乱时期警察中心工作实施方案 .-- 内政部警察总署刊，民国 36 年［1947］.--14 页：折表；19cm [重图]

前附戡乱时期警察中心工作座谈会出席人员简历表。

抗战建国期间整理全国警政意见 / 李士珍拟定 .-- 民国 28 年［1939］.--20 页；15cm [南图，国图]

分 5 节。包括整理战区警政、整理接近战区警政、整理后方警政、加强警察机构、战后义勇军游击队之编遣。

内城巡警总厅会衔布告 / 内城巡警总厅编 .-- 民国元年［1912］ [国图]

内务部第一次警务会议汇编 / 内政部编 .-- 内政部刊，民国 6 年［1917］.--1 册：图；26cm [国图]

分 4 编。第 1 编包括规则、命令、公文、图表、纪事等；第 2 编为议事录；第 3 编为议决录；第 4 编为否决案。

内务总署审验警察官纪事 / 内务总署编 .-- 内务总署刊，民国 32 年［1943］.--42 页 [馆藏地不详]

内政部警察总队工作总报告 / 内政部编 .-- 南京：内政部刊 .-- 民国 36 年［1947］.--56 页 [馆藏地不详]

引自“台湾中警校”书目。

日本统治下的台湾警察制度 / 中央设计局台湾调查委员会编 .-- 中央训练团刊，民国 34 年［1945］.--42 页；18cm [国图，南图，浙图，中图]

分 11 章。介绍了 1895 年至抗战胜利前夕台湾警察制度的沿革，台湾警察的组织、教养、任用、勤务、监督、赏罚，以及消防等制度。中央训练团台湾行政干部训练班参考资料。

省会警察局组织暂行规程 / 内政部编 .-- 南京：内政部发行，民国 25 年［1936］.--10 页；18cm [馆藏地不详]

封面题：内政部公布。

市公安 / 全国珍著 .-- 上海：商务印书馆刊，民国 20 年［1931］.--62 页；19cm [南图，重图，湘图，国图，浙图，首图]

内分概论、警察、消防、吾国都市公安之举例等 5 章。市政丛书。

伪内政部警察总署 / 江南问题研究会编 .-- 南京：江南问题研究会刊，民国 38 年［1949］.--1 册；18cm [南图]

南京调查资料警宪篇之一。

伪首都警察所概况 / 江南问题研究会编 .-- 南京：江南问题研究会刊，民国 38 年［1949］.--1 册；18cm　［南图］

南京调查资料警宪篇之二。

县政建设与公安行政 / 吴生玉 .-- 兰州：俊华印书馆刊，民国 25 年［1936］.--46 页；19cm　［南图］

包括绪论、公安制度之认识与应用、公安局设置之由来及沿革、公安局编制的现状、县公安行政的重要性、县公安局设置与县政的关系、县公安局设置与国家的关系、公安机关不见重于社会的原因、公安设局或改科等方面的内容。

修正浙江警备队组织纲要 .--［1912?—1949?］.--1 册；27cm　［浙图］

整顿警政计划书 / 国民政府内政部编 .-- 国民政府内政部刊，民国 18 年［1929］.--6 页；26cm　［国图，上图］

包括统一警察编制、确定警察经费、统一警察的任用和训练、扩充警察设备、整顿特务警察等。

中国警察行政之检讨与改进 / 李士珍著 .-- 中央警官学校刊，民国 32 年［1943］.--38 页；18cm　［南图，国图］

分 9 部分。论述了建警方针及警察组织、职权、人事、教育、经费、装备、勤务等问题。中央警官学校警政高等研究班研究小丛书之一。

中国警政概况 / 内政部警察总署编 .-- 南京：内政部警察总署刊，民国 36 年［1947］.--118 页：图像；19cm　［南图，津图，重图，国图，赣图］

.-- 再版 .-- 南京：中国警政出版社刊，民国 36 年［1947］.--118 页：图像；19cm　［赣图］

分 3 部分。介绍了警察沿革、中国警察现状，以及有关图表、照片、法规等。

中国警政问题之检讨与改进 / 李士珍讲；中央训练团党政高级训练班编 .-- 中央训练团党政高级训练班刊，民国 33 年［1944］.--38，5 页；18cm　［南图］

分 8 部分。介绍警察沿革、中国警察现状，以及有关图表、照片、法规等。

中华警察学术研究社第一届年会提献政府改善警政方案 / 中华警察学术研究社提 .-- 重庆：中华警察学术研究社刊，民国 30 年［1941］.--26 页；18cm　［重庆档案馆，南图］

有中央政治学校研究部图书室印章。第一案，请定九月一日为警察节；第二案，加强警察机构；第三案，集中警察权责；第四案，确定警察经费；第五案，确立警察人事制度；第六案，增进警察教育；第七案，灌输国民警察常识；第八案，改进刑事警察；第九案，创建经济警察；第十案，创办驿运警察；第十一案，统一全国警察制服；第十二案，考试院每年定期举办全国警察学术考课一次以资鼓励。

中华民国六年第一次警务会议纪念集 /.-- 民国 6 年［1917］.--34 页；38cm　［国图］

摄影集。有黎元洪、冯国璋、段祺瑞等照片。

服务规则 / 黄浦编 .--［1912?—1949?］.--92 页：20cm　［上图］

分上、中、下 3 编。收警械使用条例、浙江省警察官服务规程、长警勤务规则等 19 篇。有著者序言。

改革全国警政意见书 / 项斌著 .--［1912?—1949?］.--42 页；21cm　［上图］

改进警察作风及实施方案 .--［1912?—1949?］.--15 页；14cm　［馆藏地不详］

共 7 条。讲述了改变警察作风的具体方案。

改进上海警察五年计划 .--64 页；22cm　［上图］

除绪言及结论外，均为改进计划项目表，分组织、制度、素质、设备、业务、进度等。

改良警察全书 /（日）宫国忠吉著 .-- 上海：上海群学社刊，.--2 册；27cm　［北京警院］

兵役与民政 / 程泽润讲；中央训练团党政高级训练班编 .-- 重庆：中央训练团党政高级训练班刊，民国 32 年［1943］.--28 页：表；19cm　［重图，国图］

共 6 章。有兵役与民政之关系、现行兵役实施概要、新兵役法、兵役法之改进等内容。

第二阶段抗战开始应建立新的军队论 / 林岑南编 .-- 上海：怒吼出版社刊，民国 27 年［1938］.--93 页；19cm　［南图，重图，国图］

收文 8 篇：关于建立新的军队、改进全国军队政治工作、今天军队中的政治工作是怎样的、华北民众抗日武装的发展经过、保甲制度与民众动员、关于民众武装的两种误解等。

何以建国必先建警 / 杨蔚编 .--14 页；13cm　［南图］

从知难行易、国家形成、国家的演变与警察权的关系、中国现阶段的建国途径、建国与建警、中国警察的制度问题、河南的警察建设等方面论述建警的重要性和必要性。

建警不容再缓：建立新警察的具体意见 / 李士珍著 .-- 民国 32 年［1943］.--1 册；15cm　［上图］

阐述了建警的原因、重要性和方式。

建警法案备览 / 内政部警察总署编 .-- 南京：内政部警察总署刊，民国 36 年［1947］.--67 页；18cm　［吉图，重图，国图］

为警政建设方案。包括建警方案拟订原委、建警提要、警察分类名称概况等内容。

建警计划草拟经过之简述 / 中央警官学校编 .-- 中央警官学校刊，民国35年［1946］.--20页；18cm　［重图］

后附十年建警计划摘录。

建警文稿备忘录 / 李士珍纂 .-- 南京：中央警官学校刊，民国33年［1944］.--46页；18cm　［南图］

中央警官学校警政高等研究班参考资料之一。

建警有关文稿备忘录 / 李士珍纂 .-- 南京：中央警官学校编审处刊，民国35年［1946］.--72页；18cm　［南图］

中央警官学校警政高等研究班参考资料之一。

十年建警计划进度实施简明表 / 李士珍等拟订 .-- 南京：中央警官学校刊，民国33年［1944］.--1册；18cm　［南图］

1945—1954年建警计划表，后经蒋介石批示，改为5年完成。

我国警政问题之检讨与改进 / 李士珍讲；中央训练团党政训练班编 .-- 重庆：中央训练团党政训练班刊，民国32年［1943］.--32页；19cm　［南图，重图］

共8部分。讲述了建警方针、警察机构，以及警察的人事、教育、经费、装备、勤务等。

五年建警计划方案 / 李英著 .-- 广州：正大书局刊，民国36年［1947］.--75页；19cm　［津图］

分总则、制度、业务、计划数字等4部分。是著者奉国民党政府中央设计局之命，参考了中外各国警察制度后起草的5年建警计划修定稿。

有关建警计划备忘录 / 李士珍编 .-- 再版 .-- 中央警官学校编审处刊，民国35年［1946］.--72页；19cm　［重图］

内分警务处方案之拟议、建警意见之提供、电请增列建警预备费、沦陷区各大都市急应储备警政人员统计等10章。附录中央警官学校警政高等研究班全案、各省保安处改并问题及保安部队整理办法、呈请核派收复地区重要都市警察主管人员表等。

中国目前建警计划书 / 罗伯文著 .-- 重庆：中国辛亥革命同志联谊会重庆沧白纪念堂本会刊，民国38年［1949］.--19页；19cm　［重图］

书前另收有南京中央警官学校李教育长函、国民政府主席蒋代电、内政部批文及注册执照、立法院函等。

内政部专题研究．第一辑 / 内政部编 .-- 南京：内政部刊，民国36年［1947］.--84页；18cm　［南图，重图，国图］

内收中央与地方事权划分现状及改进原则、省政府改革方案、地方自治现状及其解决、改进地方财政方案研讨意见等9篇。

四年来的内政 / 中国国民党中央执行委员会宣传部编 .-- 重庆：中国国

民党中央执行委员会宣传部刊，民国30年［1941］.--38页；19cm ［上图，南图］

介绍抗战四年来的内政概况。分民政、警政、地政、礼俗、禁烟等5部分。

四周纪要＝青岛特别公署四周纪要/（伪）青岛特别市公署编 .-- 青岛：（伪）青岛特别市公署刊，民国32年［1943］.--120页；图像；23cm ［国图，首图］

共10章。内分总务、社会、警察、财政、教育、建设、海务、宣传、警备、乡区行政等。有赵琪弁言。书口书名题：青岛特别公署四周纪要。

委任统治地问题/马存坤著 .-- 南京：拔提书店刊，民国23年［1934］.--190页：图；21cm ［国图，上图］

.-- 增订版 .-- 南京：正中书局刊，民国25年［1936］.--161页；21cm ［南图，吉图，重图，湘图，国图，赣图，浙图，上图］

共9章。分述委任统治的性质、沿革，委任统治地的种类及现况，委任统治地之法的溯源，评论日本退出国联后继续把持委任统治地及各国舆论，并对国联盟约中的委任统治规定提出商榷。书前冠弁言等。书末附正误表。

抗战六年来之内政/中国国民党中央执行委员会宣传部编 .-- 重庆：中国国民党中央执行委员会宣传部刊，民国32年［1943］.--26页；18cm ［南图，重图，国图，上图］

分民政、户政、警政、礼俗、营建、禁烟等6部分。抗战建国六周年纪念丛刊。

蒋部长第一期视察内政讲演集：民国二十五年冬/蒋介石讲 .-- 南京：内政部刊，民国25年［1936］.--112页；19cm. ［南图，重图］

民国二十二年之建设/中央统计处编 .-- 南京：中央统计处刊，民国23年［1934］.--474页；27cm ［南图，吉图，重图，津图，国图，浙图，赣图，上图］

分提要、概述、详述3部分。详述部分具体介绍了国务、行政、立法、司法、考试、监察6方面的建设情况。

新生活运动之理论与实际/陈又新，杨瑞麐著 .-- 南京：警官高等学校刊，民国24年［1935］.--700页；18cm ［南图，吉图，国图，上图］

分3篇：新生活运动之启示、新生活运动之创导及其发展、新运名论集。有编著序及新生活歌。警察高等学校丛书。

最近之内政/周钟岳讲 .-- 民国33年［1944］.--10页；18cm ［南图，重图，国图］

内分内政之范围、最近内政之几项重要工作、内政与抗战建国之关系等8部分。

训政时期国民政府内政部施政

纲领 / 国民政府内政部编 .-- 南京：国民政府内政部刊，民国 17 年［1928］.--12 册（134 页）：表；27cm.--（函套装）　［国图］

内收训政时期国民政府内政部施政纲领及进行程序，有关革新县政、促进地方自治、促进市政、救济事业、全国土地测量调查登记、整顿警政、全国防疫、药品检查及营养研究等方面的计划书，有关澄清吏治、肃清盗匪的建议案等。附施政程序及计划书、澄清吏治和肃清盗匪两建议案。

训政时期国民政府内政部施政纲领及进行程序 / 国民政府内政部编 .--［1912?—1949?］.--10 页；26cm　［国图］

1928 年 7 月至 1931 年 6 月 8 年间内政部施政程序表。有薛笃弼绪言。

中华民国委员制政府组织大纲商榷书 / 吴山著；徐谦修正 .-- 上海刊，民国 13 年［1924］.--36 页；19cm　［南图，重图，国图，上图］

收著者拟定的中央政府组织大纲，并陈述采用委员制政府的理由。

训政时期几个根本计划 / 吴美继著 .-- 上海：之江书店刊，民国 18 年［1929］.--94 页；19cm　［重图，国图，浙图，上图］

.-- 再版 .-- 上海：之江书店刊，民国 19 年［1930］.--［6］，94 页；19cm　［馆藏地不详］

内分调查人口计划、规定土地政策及实施办法、整理警政、修筑道路、改良社会风气、施行教育、移民垦荒、奖励农工商等 12 部分。

训政时期县政实施计划 / 廖光亨著 .-- 上海：三民公司刊，民国 19 年［1930］.--134 页；19cm　［南图，重图，国图］

分 3 编。为训政第一至三期应办的事项和结论。有胡汉民、谭延闿、杨兆泰、郑列、史维焕、蔡瑄题词和著者弁言等。有附录。

战时地方行政工作 / 汪精卫等执笔；独立出版社编辑 .-- 重庆：独立出版社刊，民国 27 年［1938］.--72 页；19cm　［重图，国图，浙图，赣图］

.--6 版 .-- 重庆：独立出版社刊，民国 29 年［1940］.--72 页：图；19cm　［南图，吉图，国图］

分 10 章。讲述地方行政与抗战建国、地方行政改革、战时县政工作、地方工作、保甲组织、民众训练和地方警察的行政等。

战时各省政治 / 李紫池编 .-- 西安：西北出版社刊，［1912?—1949?］.--42 页；19cm　［国图］

收陕西、安徽、湖南、浙江省战时施政纲领，四川、江西、广东省施政纲要。附战时政治纲领。

战时内政要务和各级政府办事的要领：蒋院长训词 / 蒋介石 .-- 重庆：军事委员长侍从室刊，民国 31 年［1942］.--40 页；14cm　［南图］

战时内政要务和各级政府办事的要领．第1集总裁训词17/蒋介石著.--重庆：中央秘书处文化驿站管理处刊，民国32年［1943］.--27页；14cm　［南图］

据书前目录，第1集共计21种。

战时内政要务与办事精神/蒋介石著.--第三次全国内政会议秘书处刊，民国30年［1941］.--34页；12cm　［国图］

1941年12月9日在全国内政会议上的讲话。

战时设计/上海市各界抗敌后援会设计委员会编.--上海：上海市各界抗敌后援会设计委员会刊，民国26年［1937］.--227页；26cm　［国图］

上海市各界抗敌后援会设计委员会工作报告。包括组织规则、研究报告、决议摘录、战时设计工作等。有序言和写在后面。

战时县政方案/刘靖清著.--民国27年［1938］.--54页；18cm　［南图，国图，浙图］

主要内容为调整行政机构、健全保甲制度、建立情报网、改善公文处理、厉行战时教育等。附评湖北省各级地方政府非常时期办事纲要、湘省甄省长之评议、评兰溪实验县二十五年度之行政计划3篇。

战时乡村问题/薛暮桥著.--汉口：新知书店刊，民国27年［1938］.--48页；17cm　［南图，重图，国图，上图］

包括怎样建立乡村统一战线、战时乡村政治问题、战时农村经济问题、战时农村教育问题、战时乡村自卫问题5部分。附三民主义与乡村改革。战时问题丛书。

总裁兼理川政一年来之民政工作纪要/四川省政府民政厅秘书室编.--成都：四川省政府刊，民国29年［1940］.--72页；19cm　［南图，重图，国图］

四川省民政厅在蒋介石兼理省府主席（1939年10月至1940年底）期间的工作检讨。分实施新县制、行政区划、吏治、乡镇、保甲户口、警政、卫生、仓储、边务9项。附四川省各县已裁区署与保留区署一览表、新订四川省各县县等一览表等12种。

民政概要/广西省政府民政厅编.--广西省政府民政厅刊，民国27年［1938］.--564页；19cm　［南图，重图，国图，浙图］

共13章。分述广西民政工作的职掌、应办的主要事项、并略述其内容及办法。每章均附讨论问题和参考章则、书籍。有富殷序和编辑例言。

民政工作手册/安徽省地方行政干部训练团编.--安徽：安徽省地方行政干部训练团第六七八区联合训练班刊，民国30年［1941］.--104页；17cm　［重图］

民政应用统计（民政类8）/黄瑞伦编.--广东：广东省地方行政干部训练团刊，民国30年［1941］.--58页；19cm　［重图］

民政与教育（太湖东南第二期清乡地区）/（伪）清乡委员会驻浙办事处第二处编.--杭州：（伪）清乡委员会驻浙办事处第二处刊，民国32年［1943］.--207页：图像；26cm　［国图，浙图］

介绍汪伪清乡委员会驻浙办事处清乡概况。分自治保甲（附救济）、卫生、教育等8部分。有傅式说序、徐季敦弁言。

行政督察专员制度/康问之著.--上海：木铎书局刊，民国26年［1937］.--46页；19cm　［浙图，上图］

介绍行政督察专员制度的根据、在中国现行官制中的地位，认为行政督察专员应直接归属中央行政院管辖。附行政督察专员公署组织暂行条例。

行政督察专员制度研究/萧文哲著.--重庆：独立出版社刊，民国29年［1940］.--147页；24cm　［吉图，重图，湘图，国图，浙图］

分5章。论行政督察专员制度的渊源、建立、演进、现状、利弊与改革问题，以及各省推行该制度的情况等。附关于专员制度的现行法规等。

改进行政督察专员制度刍议/周必璋著.--重庆：中央政治学校研究部刊，民国30年［1941］.--104页；19cm　［南图，吉图，重图，国图，浙图］

分6部分讲述行政督察专员制度的历史渊源、产生经过、组织现况、对县政的影响及抗战后专员兼任职务的嬗递等。新政丛书，刘振东主编。

社会调查大纲/言心哲编.--上海：中华书局刊，民国22年［1933］.--273页；20cm　［吉图，辽图，重图，津图，湘图，国图，浙图，上图，首图］.--再版.--上海：中华书局有限公司刊，民国25年［1936］.--273页；20cm　［南图，重图，国图，上图］

分总论、各论2编，共14章，有社会调查之步骤、社会调查之组织、实地调查方法、调查谈话、教育调查、犯罪调查、卫生调查、失业调查等。书前冠许序、自序。书名页出版时间为1933年。书末附社会调查与社会统计中文参考书目、社会调查与社会统计英文参考书目、社会调查与社会统计英文名词对照表。

社会调查与统计学/陈毅夫著.--无锡：无锡教育学院刊物发行处刊，民国25年［1936］.--618页：表；23cm　［南图，重图，国图，浙图，上图］

包括总论、社会调查、统计学3编38章。书前有孙本文介绍一部社会调查新著的文章及作者自序。附统计学上几种重要的公式等。书前冠著者自序书。末附参考书、正误表。

社会调查之原理及方法/蔡毓骢著.--上海：北新书局刊，民国16年

［1927］.--221 页；19cm　　［重图，津图，晋图，国图，浙图］
.-- 再版 .-- 上海：北新书局刊，民国 17 年［1928］.--221 页；19cm　　［重图，国图，浙图，上图］

内容有个案调查、户口调查、社会调查的史略、种类及组织、调查的人才、调查的表格、实用统计法等。书末附社会调查勘误表。

内政部勤务必携 / 内政部 .-- 南京：国民政府内政部刊，民国 17 年［1928］.--44 页；15cm　　［南图］

共分 4 部分，第一编通则，第二编卫士须知，第三编工役须知，附革新唱歌。

内政部人员必携 / 内政部编 .-- 内政部刊，民国 17 年［1928］.--156 页；15cm　　［上图］

内收部长就职日敬告本部职员词（薛笃弼），另收修正国民政府内政部组织法、内政部分科规则、内政部办事细则等 10 篇。附国民政府建国大纲等 8 篇。

最新行政文牍 . 第一册 .-- 上海：商务印书馆发行，［1912?—1949?］.--279 页；19cm　　［国图］
.--4 版 .-- 上海：商务印书馆发行，民国 6 年［1917］.--4 册（1370 页）；19cm　　［上图］
.--10 版 .-- 上海：商务印书馆发行，民国 12 年［1923］.--4 册（1370 页）；19cm　　［赣图］
.--11 版 .-- 上海：商务印书馆发行，民国 13 年［1924］.--4 册（1370 页）；19cm　　［重图］

选录中央政府及各省行政文牍，分为 8 卷。卷 1、2、3 包括大总统令、布告、批词和院部都督、民政长及各官署的命令、布告、批示，卷 4、5 为呈文，卷 6、7 包括咨文、公函，卷 8 包括宣言书、演说词等。本册含 1、2 卷。

警察公牍 / 范劭阳著 .-- 北京：中华书局刊，民国 28 年［1939］.--124 页；21cm　　［国图，首图］
.-- 再版 .-- 北京：警学书局刊，民国 29 年［1940］.--128 页；21cm　　［国图，北大］

分公文释义、沿革、类别、用语等 9 章。

市政 / 严恩柞编 .– 江苏省区长训练所刊，［1912?—1949?］.--1 册；21cm　　［重图，国图］

分 3 编。概述城市程序、市政制度及城市设计。

市政纲要 / 国民政府内政部编 .-- 南京：国民政府内政部刊，民国 17 年［1928］.--106 页；15cm　　［国图，上图］

内容包括户籍、道路、警察、消防、公共卫生、救济、合作等。

市政革新运动专刊 . 第 1 辑 / 中国市政工程学会北平分会编辑 .-- 北平：正中书局印刷实验所刊，民国 36 年［1947］.--150 页；19cm　　［南图，

重图，津图，国图，首图］

收谭炳训、宋子衡、精勤等人论著7篇，收市政革新的基本原则、新市制的商榷、市行政之革新、有关修正市组织法建议等6篇。附录市政革新运动工作大纲、一年来市政复员工作述评等。

市政计划ABC/杨哲明著.-- 上海：世界书局刊，民国18年［1929］.--101页；18cm　［南图，重图，晋图，国图，浙图］

本书内容有市政调查、市政测量、土地区划整理、市区及市街计划、市财政计划、田园市计划、市政计划的将来等。

京沪杭汉四大都市之市政/董修甲著.-- 上海：大东书局刊，民国20年［1931］.--156页：表；19cm　［国图，南图，吉图，重图，津图，湘图，浙图，上图］

介绍南京、上海、杭州、汉口4城市的市政概况。分9章。包括总务、工务、公用、社会、教育、卫生、公安、港务、财务、土地行政。市政丛书，第1种。

市行政经济合理之标准/钟耀天著.-- 广州：大中工业社发行，民国24年［1935］.--34页；22cm　［南图，国图］

共13章。其中第6章为警政。

市政/吕有芬编.--［1912?—1949?］.--27页；19cm　［国图］

广西县政公务员政治训练班函授部讲义。

事务管理的实施/何清儒编著.-- 上海：商务印书馆刊，民国26年［1937］.--113页；19cm　［南图，吉图，重图，津图，湘图，国图，浙图，上图，首图］

本书分9章。论述事务管理的意义、内容，以及科学管理与事务管理的关系。介绍事务管理的组织，及房舍、物品、工役、膳食、保安、交通、杂物等的管理。书前冠导言。

市行政论.--［1912?—1949?］.--162页；17cm　［馆藏地不详］

分4章。泛论市行政组织、城市计划、市工程行政和警察行政等。书口有“上海法政大学”字样。残本。

地方行政/陈祖康编.-- 福建：福建省警官训练所刊，民国26年［1937］.--164页；21cm　［南图］

共4章。第1章绪论，第2章地方自治，第3章省行政，第4章督察区的行政。最后介绍了各省行政督察专员职责系统划分办法。

地方行政概要/胡次威著.-- 上海：昌明书店刊，民国36年［1947］.--11，172页；18cm　［南图，重图，国图，浙图，赣图，首图］

讲述中国省和县的地方行政问题。

地方行政论/黄伦编著.-- 金华：正中书局刊，民国31年［1942］.--206页；

21cm ［重图，津图，湘图，国图，浙图，赣图，上图］

.--3 版 .-- 重庆：正中书局刊，民国 33 年［1944］.--207 页；21cm ［重图，黔图，国图］

.-- 沪 1 版 .-- 上海：正中书局刊，民国 36 年［1947］.--206 页；20cm ［重图，上图，国图，首图］

内分中央地方行政职权关系、现代地方行政区划、省行政机构的调整与缩小省区、行政督察专员制度的改善问题、新县制的理论与实际、乡镇组织的检讨与展望、战时保甲制度等 11 编，有陈立夫、雷殷序及著者弁言。

地方行政人员工作须知 / 蒋总裁著；周莹编纂 .-- 建国出版社刊，民国 29 年［1940］.--88 页；19cm ［湘图，浙图］

汇集蒋介石 1940 年对各级行政人员如何推进政治的讲话。包括政治原理、行政组织、人事制度、用人技术、办事办法等。建国文化丛刊。

地方行政要义 . 下册 / 赵蕴琦著 .--3 版 .-- 商务印书馆刊，民国 15 年［1926］ ［复旦］

共 6 章。分综论地方行政之五大分类、内务行政、财务行政、司法行政、军事行政、外务行政等部分。

地方行政制度 / 沈松林编 .-- 永康：决胜书店刊，民国 29 年［1940］.--88 页；19cm ［重图，浙图］

分 5 章。述及民国以前各代行政制度、民国成立后的各级地方行政制度、蒙藏的特种制度及省以下各级民意机关组织等。

行政概论 / 雷殷讲述；方棠美，温人骏笔记；谭士裘校对 .-- 民国 27 年［1938］.--270 页；19cm ［重图］

广西县政公务员政治训练班讲义。内分行政机关、公务人员、行政设施事项、行政管理、行政行为、行政救济等 7 章。有著者卷头语。

行政管理 / 何鲁成编 .-- 浙江省地方行政干部人员讲习所刊，民国 28 年［1939］.--119 页；23cm ［南图，国图，浙图］

内分人事管理的性质与历史、职位分类、公务员的训练等 21 章。地方行政丛书。

行政管理概论 / 张金鉴著 .-- 沪 2 版 .-- 上海：中国文化服务社刊，民国 36 年［1947］.--202 页；18cm ［重图，国图，浙图］

.-- 重庆：中国文化服务社刊，民国 32 年［1943］.--202 页；19cm ［辽图，重图，津图，黔图，国图，上图］

.-- 再版 -- 重庆：中国文化服务社刊，民国 33 年［1944］.--202 页；19cm ［南图，重图，国图］

.-- 沪 1 版 .-- 上海：中国文化服务社刊，民国 35 年［1946］.--202 页；19cm ［国图］

.-- 沪 3 版 -- 上海：中国文化服务社刊，民国 36 年［1947］.--202 页；18cm

［国图］

论述述行政管理的概念、行政组织、人事管理、机关管理、行政效率等。青年文库。

行政管理之理论与实施 / 李楚狂著 .-- 上海：正中书局（经售），民国36年［1947］.--372 页；19cm ［南图，浙图］

阐述行政管理的基本理论及实施问题，包括行政组织、工作程序、人事管理、文书管理、财务和庶务管理等。

行政管理制度汇编 / 合江省公安厅编 .-- 合江省公安厅刊，民国 38 年［1949］.--39 页；27cm ［黑龙江警校］

行政计划大纲：第 8 期 / 河南省民政厅编 .-- 石印，环筒页装 .-- 河南省民政厅刊，民国 17 年［1928］.--26 页；27cm ［国图］

1928 年 7 月 1 日至 9 月 30 日行政计划大纲。有邓哲熙弁言。

行政经验集：民政经验 / 陈果夫等著 .-- 重庆：中央政治学校毕业生指导部刊，民国 29 年［1940］.--155 页；19cm ［重图，南图，吉图，国图］

内收苏政四年制回忆（陈果夫）、我如何做专员（王德溥）、行政督察工作追忆（许孝炎）、我如何做县长（李晋芳）等 13 篇。服务丛书民政经验，第 1 集，萨孟武等主编；有罗志渊弁言。

行政三联制概论 / 吴哲生编著 .-- 重庆：正中书局刊，民国 32 年［1943］.--115 页：表；19cm ［南图，重图，津图，国图］

.-- 沪 1 版 .-- 上海：正中书局刊，民国 34 年［1945］.--113 页；19cm ［重图，湘图，国图，浙图］

.-- 沪 4 版 .-- 上海：正中书局刊，民国 36 年［1947］.--113 页；18cm ［国图］

论述行政三联制的产生、意义、理论、特点、运用，以及行政三联制与计划政治、行政效率、主计制度、预算的关系等。

行政三联制与行政权的运用 / 孙澄方著 .-- 重庆：国民图书出版社发行，民国 30 年［1941］.--60 页；19cm ［南图，吉图，重图，津图，湘图，国图，赣图，浙图，上图］

介绍行政三联制的理论与建立、行政权在行政三联制中的地位、行政权的运用等。

行政述要 / 雷殷编著；中央训练委员会，内政部审订 .-- 重庆：中央训练委员会，内政部刊，民国 30 年［1941］.--128 页；19cm ［南图，重图，湘图，国图，赣图，浙图］

内分总论、行政机关、公务人员、公务人员之管理、行政事项、行政管理、行政救济等 7 章。县各级干部人员训练教材。

行政统计 / 内政部统计处编著；中央训练委员会，内政部审订 .-- 重庆：中央训练委员会，内政部刊，民国 31

年［1942］.--144 页；19cm ［南图，吉图，重图，湘图，国图，赣图，浙图］

内分统计之功用、调查登记、整理及制表、绘图、行政机关应办之统计及其应用、重要统计法令之说明等6章。

行政学大纲 / 林叠编著 .-- 南京：林叠刊，民国 24 年［1935］.--182 页；21cm ［南图，浙图，上图］

论述行政学的性质和目的、行政学与政治其他部门的关系，以及总务行政、财务行政、行政组织、人事行政、公务员的任用与考核等。

行政学概要 / 茹管廷编著 .-- 上海：正中书局刊，民国 36 年［1947］.--160 页；20cm ［南图，重图，津图，国图，赣图，浙图，上图］

概述行政学的意义和研究方法，行政的性质、地位、组织、人员、经费、物料、文牍以及业务管理等。

行政学纲要 / 徐汉豪编 .-- 福建省县政人员训练所印，［1912?—1949?］.--130 页；27cm ［浙图，上图］

分 16 章。论述行政学研究的重要性，行政学的意义，行政组织的原则，县区署行政组织，公务员的培养、训练、任用等。附行政组织（刘予武编）。

行政学提要 / 张金鉴著 .-- 上海：大东书局刊，民国 35 年［1946］.--150 页；17cm ［南图，重图，湘图，国图，赣图，浙图，首图］

分 4 编，共 20 章。概述行政学的概念、特质、沿革，与其它科学的关系，并分别述及行政组织的机关、人事行政的机构及公务员的选拔任用等。

行政学原理 / 江康黎著 .-- 上海：民智书局刊，民国 22 年［1933］.--324 页；21cm ［南图，津图，重庆，国图，浙图］

分行政组织、吏治行政两编。著者参考英、美行政学著述写成。附中华民国有关法规 12 种。政治丛书。

行政学之理论与实际 / 张金鉴著 .-- 上海：商务印书馆刊，民国 24 年［1935］.--18，530 页；21cm ［重图，上图，国图，赣图，浙图，首图］
.-- 再版 .-- 上海：商务印书馆刊，民国 24 年［1935］.--530 页；23cm ［国图，赣图］
.-- 重庆：商务印书馆刊，民国 27 年［1938］.--16，530 页；21cm ［重图］
.--3 版 .-- 上海：商务印书馆刊，民国 26 年［1937］.--16，530 页：表；21cm ［厦门，重图］

分绪论、本论两部分。绪论论述行政学的意义、范围、重要性、行政效率等。本论讲述普通行政、行政组织、政府财政、公务人员、行政研究等问题。

行政学总论 /（日）蜡山政道著；罗超彦译 .-- 上海：新生命书局发行，民国 19 年［1930］--216 页；22cm ［南图，重图，国图，首图］

讲述行政的范围、性质、要素、地位、组织、机关，以及行政学的意义、方法等。书末附西文参考书籍。

行政学总论/（日）蜡山政道著；黄昌原译 .-- 上海：中华书局有限公司发行，民国 23 年［1934］.--168 页；21cm ［南图，辽图，重图，湘图，国图，浙图，赣图，上图］

讲述行政的范围、性质、要素、地位、组织、机关，以及行政学的意义、方法等。

行政与自治/阮毅成著 .-- 永康：浙江省政府民政厅刊，民国 29 年［1940］.--94 页；21cm ［重图，浙图，上图］

内收抗战中的地方行政机构、战区地方行政问题、战时行政的趋势、抗战以来浙江民政之改革、保甲与自治等 11 篇。有自序。

行政院组织一览/行政院编译组编 .-- 南京：行政院总务组刊，民国 23 年［1934］，--118 页；26cm ［国图，上图］

分行政院组织法（附行政院组织系统表）、行政院会议规则、行政院职员工作分配表等 7 部分。

行政执行法要论/余晋龢著 .-- 北京：宪兵学会刊，民国 2 年［1913］.--38 页 ［南图］

行政组织论/（日）蜡山政道著；顾高扬译 .-- 上海：民智书局刊，民国 23 年［1934］.--242 页；21cm ［南图，上图，浙图］

分上、下编。上编为统治组织，下编为行政组织。

普通行政实务/张天福编 .-- 上海：商务印书馆刊，民国 24 年［1935］.--15，402 页；19cm ［重图，津图，湘图，国图，赣图，浙图，上图］

分总说、人事部分、事务部分 3 章。附录国民政府的人事、文书、会计等法令多种。

训政时期地方行政计划/邵元冲著 .-- 上海：民智书局刊，民国 14 年［1925］.--44 页；18cm ［吉图，国图，浙图］
.--3 版 .-- 上海：民智书局刊，民国 15 年［1926］.--44 页；18cm ［浙图］
.--4 版 .-- 上海：民智书局刊，民国 16 年［1927］.--44 页；18cm ［南图，重图，赣图］

分 5 章。讲述训政时期地方行政计划的由来、趋势、方案及施行办法。附训政时期地方行政机关组织大要表。

中国地方行政/黄豪著 .-- 贵阳：文通书局刊，民国 31 年［1942］.--12，350 页；21cm ［南图，吉图，重图，黔图，湘图，国图］

分 11 编，31 章。论述改进地方行政的先决条件，以及地方民政、财务、警卫、教育、卫生、救济等行政工作的改进、战时民众组训、地方经济行政设施、战地政治设施等。

中国地方行政制度史略/程幸超

编著 .-- 上海：中华书局刊，民国 37 年［1948］.--86 页；19cm ［南图，吉图，重图，国图，浙图，上图］

分 12 章。概述中国历代地方行政制度及民国成立后地方行政制度的改进。

中国行政新论 / 甘乃光著 .-- 重庆：商务印书馆刊，民国 32 年［1943］.--283 页；21cm ［国图］

.-- 再版 .-- 重庆：商务印书馆刊，民国 32 年［1943］.--299 页；21cm ［重图，津图，国图］

.--3 版增订本 .-- 重庆：商务印书馆刊，民国 33 年［1944］.--299 页；21cm ［重图］

.-- 赣 1 版增订本 .-- 重庆：商务印书馆刊，民国 33 年［1944］.--299 页；21cm ［赣图］

--4 版增订本 .-- 重庆：商务印书馆刊，民国 33 年［1944］.--299 页；21cm ［重图］

.-- 上海初版 .-- 重庆：商务印书馆刊，民国 33 年［1944］.--299 页；21cm ［南图，重图，国图，浙图，赣图，上图］

收 62 篇。分中国行政概论、行政研究的开始、行政组织、人事问题、政令推行、省行政、县行政、经济与建设、禁烟行政等 10 章。

中国计划行政论 / 孙澄方著 .-- 上海：中国文化服务社刊，民国 35 年［1946］.--236 页；19cm ［南图，辽图，重图，津图，国图，浙图］

论述行政设计、设计机构、计划编造、计划与预算、计划的执行、工作的考核等。附修正中央设计局组织大纲等 32 篇。

比较地方自治论（增订）/ 吕复著 .-- 上海初版 .-- 重庆：商务印书馆刊，民国 34 年［1945］.--222 页；21cm ［赣图，上图］

.-- 上海再版 .-- 上海：商务印书馆刊，民国 36 年［1947］.--222 页；21cm ［南图，湘图，国图，浙图］

.--3 版 .-- 上海：商务印书馆刊，民国 37 年［1948］.--222 页；21cm ［国图］

共 5 编。包括总论，论高级地方自治机关，论下级地方自治、特别地方自治及中国地方制度及自治问题等。版权页题：增订比较地方自治论。书前冠邹序等。

地方自治 / 苏社出版部编辑 .-- 上海：苏社出版部刊，民国 11 年［1922］.--1 册：照片；22cm ［南图，国图］

分论述、研究、法规 3 部分。内收英德美三国市制及广州市制上之观察（张君劢）、中国已地方自治之沿革（沈铮）、自治刍议（傅鸿钧）、论过渡时代之地方自治等及县自治法、市自治制（瞿绒）等。苏社特刊第 2 期。有张一麟发刊词。

地方自治大纲 / 张云伏著 .-- 上海：华侨图书印刷公司刊，民国 23 年［1934］.--306 页；22cm ［南图，吉图，重图，国图，浙图］

分 4 编。论述地方自治的意义、功能，地方自治团体、权限，各国地方自治制度及中国地方自治问题等。有著者序。

地方自治改造大纲 / 金镖著 .-- 商丘：华北印刷所刊，民国 33 年［1944］.--137 页：照片；26cm ［国图］

共 5 编。论述地方自治的意义、派别、性质，中国及欧洲自治的趋向，研讨地方自治中的土地、农村、食粮及保甲制度的名称等问题，设计地方自治的实施方案及对策，拟定有关地方自治法规等。附修改行政机构之商榷。

地方自治概论 / 林众可著 .-- 国难后 1 版 .-- 上海：商务印书馆刊，民国 22 年［1933］.--13，267 页；23cm ［南图，吉图，重图，国图，浙图］

地方自治概论 / 刘北天编 .-- 中央警官学校刊，民国 31 年［1942］.--174 页；18cm ［重图，国图，浙图，赣图］

共7章。概述地方自治的意义、沿革、组织、任务，地方自治工作的实施及地方自治与三民主义的关系等。另有孙中山、蒋介石有关地方自治的言论摘录。附县组织纲要和确定县各级组织问题。

地方自治概要 / 陈安仁著 .-- 上海：泰东图书局刊，民国 19 年［1930］.--102，53 页；20cm ［南图，重图，津图，国图］

共 5 章，包括地方自治之解释、各国地方自治制度之概要、施行地方自治之实益、实施县自治制度宜注重之要点。附 7 章内容，包括总纲、组成、职务及权限、财政、奖惩、附则。

地方自治概要 / 吴拯寰编 .-- 再版，增订本 .-- 上海：三民公司刊，民国 19 年［1930］.--72，82 页；19cm ［湘图，国图］

.--3 版，增订本 .-- 上海：三民图书公司刊，民国 25 年［1936］.--12，72，82 页；19cm ［国图，浙图］

共 8 章。概述地方自治的意义，中国地方自治的沿革、区域划分、县区乡自治机关及工作实施程序等方面的问题。有著者序言及再版序言。附江苏省县组织法实施程序、修正县组织法等 11 篇。

地方自治概要 / 胡次威著 .-- 上海：昌明书屋刊，民国 36 年［1947］.--11，154 页；18cm ［重图，国图，浙图］

.-- 再版 .-- 上海：昌明书屋刊，民国 37 年［1948］.--13，154 页；18cm ［南图］

书口书名：地方自治法规。为昌明法政函授学校编写的地方自治法规讲义。

地方自治纲要 / 黄哲真著 .-- 上海：中华书局刊，民国 24 年［1935］.--14，298 页；20cm ［重图，津图，黔图，国图，浙图，赣图，上图］

.-- 再版 .-- 上海：中华书局有限公司刊，民国 25 年［1936］.--298 页；21cm ［南图，国图］

.--3 版 .-- 上海：中华书局刊，民国 29 年［1940］.--298 页；21cm ［重图，赣图］

分 7 章。论述地方自治的意义、性质，地方自治团体的构成，地方自治的监督，我国地方自治的沿革及现行地方自治制度，地方自治行政和事业等问题。书前冠黄序。

地方自治纲要 / 张含清编 .-- 中央训练团戡乱建国干部训练班刊，民国 37 年［1948］.--77 页；14cm ［馆藏地不详］

地方自治纲要讲义 / 内务部编 .-- 上海：泰东图书局刊，民国 11 年［1922］.--241 页；19cm ［南图，国图］

地方自治工作人员手册 / 李宗黄著 .-- 重庆：青年出版社刊，民国 33 年［1944］.--184 页；18cm ［重图，国图，上图］
.-- 再版 .-- 南京：青年出版社刊，民国 35 年［1946］.--184 页；18cm ［南图，吉图，重图，浙图，上图，湘图，国图］

分 11 章。讲述地方自治的意义、中国历代地方自治、世界各国地方自治、地方自治机构、民众团体等。附录地方自治有关法规目录和复兴县四权行使办法五项建设手册。

地方自治讲义 /（日）吉村原太郎，朱德权编 .-- 湖北：湖北自治研究社刊，民国 38 年［1949］.--113 页 ［南图］

地方自治讲义 / 陈炽林编著 .-- 浙江：建国出版社刊，民国 33 年［1944］.--115 页；18cm ［浙图］

地方自治讲义：第一种各国地方自治纲要讲义 / 内务部编 .-- 增订 9 版 .-- 上海：泰东图书局刊，民国 14 年［1925］.--241 页；19cm ［重图，首图］

地方自治讲义：第二种现行地方自治法令 / 内务部编 .-- 上海：泰东图书局刊，民国 11 年［1922］.--222 页；19cm ［南图］

内分中国自治制度之沿革大要、县自治团体 2 章。附县自治法等。

地方自治讲义：第三种现行关系地方自治各项法规 / 内务部编 .-- 上海：泰东图书局刊，民国 11 年［1922］.--162 页；19cm ［南图］

内收行政组织、行政救济、关于内务行政之重要法规、关于财务行政之重要法规、其他军务法规、外务之有关于自治者之法规等。

地方自治讲义：第四种户籍法讲义 / 内务部编 .-- 上海：泰东图书局刊，民国 11 年［1922］.--409 页；19cm ［南图，吉图，国图］
.-- 增订 9 版 .-- 上海：泰东图书局刊，民国 14 年［1925］.--409 页；19cm ［重图，首图］

分 4 编：总论、身份登记、户籍、罚则。

地方自治讲义：第九种道路水利及土木行政讲义 .-- 上海：泰东图书局刊，民国 11 年［1922］.--241 页；19cm ［南图］

地方自治讲义：第十种慈善行政

讲义 / 内务部编 .-- 上海：泰东图书局刊 .--138 页；19cm ［南图］

共分两编。第一编总论，介绍了慈善行政的观念、沿革、意义、贫困的原因和慈善行政的旨趣；第二编分论由两个部分组成，分别是关于慈善行政中的特种救助和普通防护。

地方自治讲义：第十一种广东地方自治 / 内务部编 .-- 上海：泰东图书局刊，［1928?—1937?］.--1 册；19cm ［南图］

地方自治讲义：第十二种山西地方自治纲要 / 内务部编 .-- 上海：泰东图书馆刊，民国 11 年［1922］.--476 页；19cm ［南图］

地方自治实行法问答百条 / 瞿世镇编 .-- 上海：三民图书公司刊，民国 18 年［1929］.--63 页；17cm ［重图］

.--6 版 .-- 上海：三民图书公司刊，民国 24 年［1935］.--63 页；18cm ［重图，国图］

地方自治实施方案江西省实施要领 / 江西省政府民政厅编 .-- 江西省政府民政厅刊，民国 31 年［1942］.--2 册（82，14 页）；20cm ［南图，重图，国图］

内收颁发地方自治实施方案暨地方自治实施方案江西省实施要领令、地方自治实施方案、地方自治实施方案江西省实施要领；第二册为江西卫生通讯第五卷第二期副刊，内收江西省政府训令、地方自治实施方案、卫生院所编制经费表等。

地方自治述要 / 冷隽编著 .-- 南京：正中书局刊，民国 24 年［1935］.--312 页；24cm ［重图，津图，国图，赣图，浙图，首图］

.--3 版 .-- 南京：正中书局刊，民国 24 年［1935］.--312 页；21cm ［南图，吉图，国图，赣图，首图］

.--4 版 .-- 南京：正中书局刊，民国 28 年［1939］.--312 页；21cm ［赣图］

共 8 章。分述地方自治原理，地方自治团体的要素、机构、活动及监督等，英、法、美、德、日等国地方自治制度和中国各省自治实验概况。附地方自治开始实行法等 11 种。书前冠序。书末附地方自治开始实行法等。

地方自治讨论大纲 / 孙祖基编辑 .-- 上海：青年协会书报部刊，民国 15 年［1926］.--217，32 页；19cm ［晋图，国图，浙图，首图］

分 12 课。讨论地方自治概念，中国地方自治的沿革，地方自治团体的组织以及地方的户口、财政、教育、卫生、实业、工程、公安等问题。有胡贻谷序。附录地方自治现行法规和参考书目。封面书名：地方自治。公民教育丛刊，第 16 种。

地方自治问答 / 熊素编著 .-- 上海：世界书局刊，民国 36 年［1947］.--157 页；19cm ［南图，重图，国图］

分 5 章。介绍地方自治方案及实

施方案的准备，县、乡（镇）及保甲三级地方自治的步骤、具体方法和工作内容。选收户籍法、县参议员的选举、省县公职候选人的考试等14篇。附县各级组织纲要、县各级组织关系图、中国历代地方自治制度沿革表等8篇。世界集刊，李鸿球主编。

地方自治要览/王志明著.--无锡：世界书局，2册；19cm ［南图］

地方自治要览.--广州：广东民政厅地方警卫队训练员研究班刊，民国18年［1929］.--48页；19cm ［南图］

包括县组织法、县组织法实施法、区自治实施法、乡镇自治实施法。

地方自治要义/首都警察厅警员训练所编.--南京：首都警察厅警员训练所刊，民国35年［1946］.--40页；18cm ［南图，国图］

内分地方自治、新县制与地行自治、地方自治与民众团体及民众组织、地方自治与保甲制度、地方自治开始实行法、地方自治成功在警察6章。首都警察厅警员训练所讲义。

地方自治要义/唐忍庵著.--太仓思益旬刊社刊，民国11年［1922］.--60页；19cm ［南图］

主要内容有县自治法、县自治法实施细则、县议会议员选举规则、市自治制、乡自治制。

地方自治要义/朱泉贤著.--南京：首都警察学校刊，民国37年［1948］.--88页；19cm ［国图］

共8章。概述地方自治的意义、效能、目的、方法、沿革，地方自治团体的组织和任务，地方自治开始实行法，地籍测量，粮赋管理等。附县各级组织关系图和建国大纲中关于地方自治部分表解。

地方自治之理论与实际/赵如珩编.--上海：华通书局刊，民国22年［1933］.--568页；21cm ［南图，重图，津图，中图，桂图，国图，浙图］

.--再版.--上海：华通书局刊，民国22年［1933.5］.--568页；21cm ［重图，津图，国图，浙图］

.--影印本.--上海：华通书局刊，民国22年［1933］.--568页；26cm ［南图］

共12章。有自治和地方自治制度的实质、内容，地方自治与三民主义的关系，中国地方自治制度的历史，孙中山关于地方自治问题的理论，南京国民政府颁布的地方自治法规，广州非常会议时代颁布的自治条例，中国地方自治制度的基本原则，各省县地方自治实录，英、法、德、意、美、日等国的地方自治概要等。

非常时期之地方自治/唐孝刚著；蔡可成编.--上海：中华书局刊，民国26年［1937］.--104页；19cm ［重图，浙图，赣图，吉图，辽图］

.--再版.--上海：中华书局刊，民国26年［1937.8］.--92页；19cm ［国图，吉图，津图］

.--3 版 .-- 上海：中华书局刊，民国 27 年［1938］.--92 页；19cm ［馆藏地不详］

概述非常时期与地方自治的关系、我国地方自治制度的源流、非常时期地方自治的实际工作等。中国新论社非常时期丛书。

各国地方自治纲要 / 周成编 .-- 上海：泰东图书局刊，民国 18 年［1929］.--241 页；19cm ［首图］

各国地方自治纲要讲义 / 内务部编定 .-- 上海：泰东图书局刊，民国 11 年［1922］.--241 页；19cm ［吉图，国图，赣图］

公益卫生 · 财政公安 / 文公直编著 .-- 上海：时还书局刊，民国 22 年［1933］.--155 页；19cm ［赣图，国图，重图］

分 8 章。论述区乡镇公益及卫生保健事业的建设、区乡镇财源及财政制度等。所见书财政公安部分缺下编。封面书名：（区乡镇）自治丛书，第 2 种。

内蒙自治之经过与将来 / 杨达夫编 .-- 天津：天津大公报社刊，民国 23 年［1934］.--76 页：图像；19cm ［南图，国图］

介绍蒙古的疆域、种族、面积、人口、旗盟分布、政治组织等概况，内蒙要求自治的原因，百灵庙会议，国民政府的意旨、方案、政令和计划等。书前冠序。

张季子九录 · 自治录 · 册十三 / 張謇撰 .-- 中华书局刊，民国 24 年［1935］.--178 页 ［馆藏地不详］

共 4 卷。其中包括交通警察养成所开学演说。

中国地方政制导论 / 孔大充著 .-- 上饶：地方行政研究所刊，民国 30 年［1941］.--120 页；19cm ［湘图，国图，赣图，浙图］

论述中国自治单位、自治业务的分配、中央和地方机构的分立、行政纠纷的处理及自治程序等 13 个问题。

中国地方自治问题 / 董修甲编著 .-- 上海：商务印书馆刊，民国 26 年［1937］.--2 册（545 页）；19cm ［南图，重图，湘图，国图，赣图，首图］

分 12 章。论述地方自治的本质、制度，地方自治团体的构成、组织、任务、监督，地方自治与地方财政、教育的关系，中国地方自治与农村，发展中国地方自治的方式，以及地方自治与三民主义的政治等。附录国民政府现行地方自治法规、广州非常会议时代的地方自治条例。书前冠序。现代问题丛书。

中国地方自治之实际与理论 / 黎文辉编著 .-- 上海：商务印书馆刊，民国 25 年［1936］.--113 页；19cm ［南图，吉图，重图，湘图，国图，赣图，首图］

分 9 章。介绍中国地方自治的沿革，地方自治之组织与职权，现行村自治制度的比较及评价，地方自治开始实行法及对地方自治的意见等。书前冠自序。百科小丛书。

中国之地方自治问题 / 梁漱溟讲演；李渊庭笔记 .-- 邹平：山东乡村建设研究院出版股刊，民国 24 年［1935］.--74，26 页；19cm ［南图，辽图，重图，国图，赣图］

从清光绪三十四年（1908）首创地方自治谈起，论述在中国推行地方自治的困难和必要性，以及如何促成地方自治等问题。

总裁地方自治言论 / 行政院县政计划委员会编 .-- 沪 1 版 .-- 上海：正中书局刊，民国 35 年［1946］.--200 页；18cm ［南图，重图，国图，上图］

收蒋介石有关地方自治的言论 24 篇。书前冠弁言。书末附备考目录。县政丛书。

总裁对地方自治训示辑要 / 柯琴辑 .-- 重庆：商务印书馆刊，民国 33 年［1944］.--82 页；18cm ［南图，吉图，重图，国图］

蒋介石有关地方自治的言论集。分上、中、下 3 编：理论部分、对孙中山遗教之解释、实行之方法。

总理对地方自治遗教辑要 / 柯琴辑 .-- 重庆：商务印书馆刊，民国 33 年［1944］.--30 页；19cm ［南图，吉图，重图，黔图，国图］

分理论、自治条文和实行方法 3 编。地方自治业务参考丛刊。

考察江宁邹平青岛定县纪实 / 李宗黄编 .-- 南京：正中书局刊，民国 24 年［1935］.--386 页；22cm ［南图，重图，津图，国图，浙图，上图］

分 6 章。介绍了考察原因、实验、财政建设、常务建设、农村建设之来源和理论、乡村建设研究院、青岛市概况、定县实验区及具体实验内容等。

里甲制度考略 / 江士杰著 .-- 重庆：商务印书馆刊，民国 31 年［1942］.--76 页；18cm ［重图，国图］
.-- 再版 .-- 重庆：商务印书馆刊，民国 32 年［1943］.--76 页；18cm ［南图，吉图，黑图，黔图，首图，重图，上图］
.-- 赣 1 版 .-- 江西：商务印书馆刊，民国 32［1943］.--76 页；18cm ［国图，黔图］
.-- 赣 2 版 .-- 重庆：商务印书馆刊，民国 33 年［1944］.--76 页；18cm ［上图］

分 6 编。研讨中国历代（唐、宋、元、明、清）里甲制度的演变和成败。

模范县政 / 刘钟著 .-- 上海：三民公司刊，民国 18 年［1929］.--240 页；19cm ［南图，湘图，国图，浙图］
.--2 版 .-- 上海：三民公司刊，民国 18 年［1929］.--19，240 页：表；19cm ［重图］

分上、下两编。上编总论，分 6 章，论述训政时期实行县自治的必要、应铲除的障碍、区街村工作、县政组织大纲及实施步骤等问题；下编分 4 章，论述区街村制的机构、设施、县政府的组织、行政、设施等问题。附录中山先生地方自治开始实行法、山西各县村制简章、苏省各县新村制、浙江省街村制等 11 篇。书前冠题词等。

农村家庭调查 / 言心哲编 .-- 上海：商务印书馆刊，民国 24 年［1935］.--152 页；18cm　［南图，吉图，辽图，重图，国图，浙图，上图］

包括绪论、家庭的人口、家庭的财产与收入、家庭的生活费用、其他状况、我国各地农家生活程度的比较等 6 章。书中有表 78 幅。社会科学小丛书。

农村自卫研究 / 王怡柯著 .-- 汲县：河南村治学院同学会刊，民国 21 年［1932］.--386 页；19cm　［南图，重图，国图，浙图］

分上、中、下 3 卷。上卷收著者民国武装论、乡村教师救国论；中卷本论，编述自卫真诠、组织、途径、方法、设备、用具、工程等；下卷附录，掇录古今关于自卫之成案及条例 26 种，有县保卫团法、清乡条例、河南省保甲方案等。有著者序言。

农村自卫研究 / 王怡柯著 .-- 山东：山东乡村建设研究院出版股刊，［1912?—1949?］.--385 页；19cm　［津图］

内分农村自卫之意义、实行自卫之途径与方法、自卫之设备及自卫之运用等部分。

农村组织 / 杨开道著 .-- 上海：世界书局刊，民国 19 年［1930］.--97 页；18cm　［重图，国图，浙图］

.--4 版 .-- 上海：世界书局刊，民国 21 年［1932］.--97 页；18cm　［南图，吉图，重图，黔图，国图，上图］

分 7 章。简述农村组织的重要意义，农村家庭、阶级、事业组织等。书前冠著者序。书末附参考书目。农村生活丛书。

试验六年期满之徐公桥 / 姚惠泉，陆叔昂编 .-- 上海：中华职业教育社刊，民国 23 年［1934］.--74 页；22cm　［南图，重图，国图，浙图，上图］

介绍中华职业教育社在徐公桥所作六年的农村改进工作的情况。书首有黄炎培的代序及其他序言。农村教育丛书。

调查乡村建设纪要 / 国民政府军事委员会委员长行营湖北地方政务研究会调查团编述 .-- 武昌：湖北地方政务研究会刊，民国 24 年［1935］.--26，348 页；22cm　［南图，吉图，辽图，重图，湘图，国图，上图，首图］

收录该团自 1934 年 12 月至 1935 年 2 月间的调查材料，内容有定县平教会，邹平的乡建理论，菏泽的保卫成绩，青岛的政教并进制，上海的民众教育及小先生制，无锡的棚户教育，江宁的土地陈报、田赋整理等。书末附燕京大学清河实验区概况，菏泽实验县概况、日记。书前冠著者序。

县各级组织参考资料 / 何国祥编 .-- 浙江：浙江省地方行政干部训练团刊，民国 29 年［1940］.--184 页；19cm　［重图，浙图］

内收县各级组织纲要、确定县以下地方组织问题、县各级组织纲要实施办法、浙江省县政府组织规程、县参议会章程草案等 42 篇。

县各级组织纲要 / 行政院县政计划委员会编 .-- 上海：正中书局刊，民国 35 年［1946］.--30 页：表；17cm ［重图］

书前冠序言。书末附总裁讲演、确定县各级组织问题等。县政丛书。

县各级组织纲要释义 / 田镐编著 .-- 成都：西南印书局刊，民国 29 年［1940］.--122 页；18cm ［南图，吉图，重图，国图］
.-- 重庆：商务印书馆刊，民国 32 年［1943］.--134 页；18cm ［重图，湘图，国图，赣图］

分总则、县政府、县参议会、县财政、区、乡镇、保甲、附则等 10 部分。正文前题：国民政府廿八年九月十九日公布同日施行。书前冠弁言。四川省民政厅民政丛刊。

县各级组织纲要之实施 / 浙江省民政厅编 .-- 民国 29 年［1940］.--170 页；21cm ［南图，重图，国图，浙图］

内收县各级组织纲要、地方自治实施方案、浙江省县政府办事细则等规则和大纲 23 篇。

县行政概论 / 侯畅著 .-- 再版 .-- 南京：民本出版公司刊，民国 36 年［1947］.--294 页；18cm ［南图，吉图，重图，湘图，国图，浙图］

论述县行政组织及政治风尚、社会风气的改良，县行政机关的管理及人事、户籍、财政、教育、警卫、兵役等问题。有李宗黄和著者原序、再版序。

县长须知：中华民国十七年八月 / 国民政府内政部编 .-- 河北省政府民政厅刊，民国 17 年［1928］.--180 页：肖像；15cm ［国图］

讲述县长奉委、到任、在任、除弊等方面应注意的事项。附录县组织法、县长办理盗匪案件考绩暂行条例等 13 种。封面题：中华民国十七年八月国民政府内政部编。

县长须知 . 二编 /.-- 河南民政厅刊，民国 16 年［1927］.--32 页，18 页；17cm ［首图］

内分县署之弊、县地方之弊、支应兵差之弊、保卫团之弊 4 部分，讲述县长应就思想、道德、职务等方面革除弊端。书前有冯总司令誓词、国民政府公布文官就职宣誓辞等，有薛笃弼县长除弊须知弁言。

县长学 / 向超凡著 .-- 南京：铸魂书局刊，民国 23 年［1934］.--28 页；19cm ［国图］

略述县长职责及其有关部门和管区内各阶层人士的关系。书前冠自序、例言。书末附县长学跋。

县政大全：全 1 册 . 第 1 编 / 吴树滋，赵汉俊编 .-- 上海：普益书局，民国 19 年［1930］.--72 页；19cm ［中图，重图］

县政大全：全 3 册 . 第 2 编 / 吴树滋，赵汉俊编 .-- 上海：普益书局刊，民国 19 年［1930］.--3 册（230，252，220 页）；

19cm　［南图，辽图，津图，重图］

.-- 再版 .-- 上海：普益书局，民国 20 年［1931］　［馆藏地不详］

内收党政、县治、财政、司法、公安、教育、建设、卫生、商政、禁烟、村政等 14 个方面的法规条约约 230 种。

县政大全 . 第 3 编 / 吴树滋，赵汉俊编 .-- 再版 .-- 上海：普益书局刊，民国 20 年［1931］.--2 册（212，235 页）；19cm　［辽图，重图，津图］

收蒋介石、胡汉民、缪斌、黄希纯、董修甲等的言论 113 篇，主要讲县政言论，具体介绍了土地、卫生、户口、农政、工政、商政、禁烟、村政。有中国土地制度史略（吴道针）、异动呈报的解释（荏炎）、农业推广之实施（畏垒）和国民党最近几个重要问题（蒋介石）等。

县政大全：全 1 册 . 第 4 编 / 吴树滋，赵汉俊编 .-- 再版 .-- 上海：普益书局刊，民国 20 年［1931］.--140 页；19cm　［辽图，重图］

分党政、县治、财政、司法等 11 类。收各种文牍百余篇。有中央执行委员会通令整饬纲纪、内政部令革除书差积弊、福建省政府令实行新县制等。版权页题：世界书局出版发行。

县政大全：第 5 编 / 吴树滋，赵汉俊编 .-- 再版 .-- 上海：普益书局，民国 20 年［1931］.--122 页；19cm　［重图，豫图］

县政府公务统计方案 /.-- 民国 37 年［1948］.--28，201 页；26cm　［重图，湘图，国图］

县政府公务统计方案 . 第一期施行 .-- 民国 33 年［1944］.--254 页；25cm　［国图］

收县政府公务统计方案实施办法、县政府应造送之报告表名称、县政府各科室应登记册名称、县政府各部分方案应用表册格式及参考法规名称等。

县政府公务统计方案 . 第二期施行 .-- 民国 33 年［1944］.--195 页；25cm　［国图］

县政府制度的实地试验 / 兰溪实验县县政府编 .-- 兰溪：兰溪实验县县政府刊，民国 23 年［1934］.--32 页；22cm　［南图，国图，浙图］

介绍进行县政府制度的实地试验及遇到的困难，并讨论这种制度能否在其他县推行。兰溪实验县县政府出版物。

县政改革案 / 内政部编 .-- 内政部刊，［1912?—1949?］.--30 页；26cm　［国图］

内政部提案，提案第六六号，民字第三号。

县政革新论 / 金平欧编述 .-- 南京：中国地方自治学会刊，民国 24 年［1935］.--21 页；26cm　［重图，湘图，国图］

记述改革县政的方针和方法，以及保卫、养生、教育等方面的问题。

县政建设 / 谢守恒著 .-- 上海：神州国光社刊，民国 20 年［1931］.--16，309 页；21cm　［重图，津图，国图，浙图］

.--2 版 .-- 上海：神州国光社刊，民国 21 年［1932］.--309 页：表格；22cm　［上图］

共 18 章。论述训政时期县政建设的要旨、规划、趋势、经济、人事、吏治、实施程序、机关组织、行政计划及县党部与县政府的关系等。附叶楚伧之财政病谈、皖省府改订各县等第、江苏省县行政组织条例、广东省县长保障暂行条例、县保卫法等 26 种。有胡汉民、蔡元培、朱家骅、陈立夫、吴铁成等 17 人题字及叶楚伧等序 5 篇。书前冠序言。书末附附录。

县政建设 / 阎馥著；李石仓校阅 .-- 再版 .-- 长沙：湖南图书消费合作社刊，民国 24 年［1935］.--96 页；19cm　［南图，国图］

分述民生建设、教育、团防、扶持民众团体及地方官吏人选问题等。有著者弁言。附训政时期县政建设应设立之机关。

县政建设 / 孔充著 .-- 上海：中华书局有限公司刊，民国 26 年［1937］.--382 页；22cm　［重图，国图，浙图，上图］

.-- 再版 .-- 上海：中华书局刊，民国 26 年［1937］.--18，382 页；23cm　［重图，国图］

.--3 版 .-- 昆明：中华书局刊，民国 30 年［1941］.--382 页：表格；23cm　［上图］

分上、下两编。上编论述县政建设的原则，县政组织，县政工作及户口、土地、警卫、教育、交通、财政、社会事业等问题；下编收录有关县政问题的文件、法令、制度、纲要等 69 种。书前冠自序。书末附县政原则等。

县政建设之步骤与方针 / 陈开泗讲 .-- 四川：四川省新都实验县县政府刊，民国 27 年［1938］.--10 页；23cm　［南图，重图］

县政问题 / 政治通讯月刊社编 .-- 南京：政治通讯月刊社刊，民国 24 年［1935］.--382 页；19cm　［南图，吉图，重图，津图，国图，浙图，赣图，上图，首图］

县政论文集。收县政救国论（李宗黄）、县政改革之理论与实际（诸君）、关于县自治的几个根本问题（范师任）、县政建设中的田赋问题（徐师竹）等 10 篇。附县长须知等法规 5 件。书前冠前言。书末附县长须知等。政治月刊丛书。

县政效能 / 邵清淮著 .-- 天津：邵清淮刊，民国 24 年［1935］.--254 页；19cm　［南图，首图］

研讨如何提高县行政效率问题。包括县政机关的组织、人事、财政、教育、警察、农工业、自治及民意等各方面的工作。大公报社代办部代售。

县政之理论与实施 / 范钟秀著 .-- 北平：农村研究社刊，民国 24 年［1935］.--84 页；18cm ［国图，浙图］

分 10 章。概述县政的沿革、民政、财政、教育、建设、司法、地方经济、办事方法与事务管理等。有著者序。

县政制度研究 / 萧文哲著；邵岩元校 .-- 重庆：独立出版社刊，民国 31 年［1942］.--211 页；19cm ［南图，吉图，重图，国图］

分 7 章。研究县组织、县财政、区公所与区署制度、保甲制度及改订县组织法试拟案等。

县政资料汇编 / 焦如桥编辑 .– 重庆：中央政治学校研究部刊，民国 28 年［1939］.–2 册（986 页）；23cm ［南图，吉图，重图，湘图，国图，浙图，上图］

共 8 编。介绍孙中山关于县政建设的遗教、国民政府关于县政建设的决议案及文告、县政建设有关法规及兵役法令等。书前冠刘序、自序、例言。中央政治学校研究部丛书。

县自治法论 / 胡次威编著 .-- 上海：正中书局刊，民国 36 年［1947］.--101 页；18cm ［南图，吉图，国图，上图］

著者拟就的县自治法案的理论与说明。包括起草缘由、立法体例、立法要点及补充说明，以及草案（100 条）和施行法（16 条）的原文。书前冠张序。

乡村避难法 / 大路社专门委员会编 .-- 上海：国防常识出版社刊，民国 25 年［1936］.--86 页；17cm ［重图］
.--3 版 .-- 上海：国防常识出版社刊，民国 25 年［1936］.--86 页；17cm ［赣图］
.--4 版 .-- 上海：国防常识出版社刊，民国 26 年［1937］.--86 页；17cm ［重图，国图，上图］

介绍战时自卫的组织形式和具体方法，如掘坑法、卫生设备、简单防空法等。国防常识丛书。

乡村建设实验 . 第一集 / 章元善，许仕廉编 .-- 上海：中华书局有限公司刊，民国 23 年［1934］.--208 页；23cm ［重图，湘图，国图］
.-- 再版 .-- 上海：中华书局刊，民国 25 年［1936］.--208 页；23cm ［重图，国图，上图］

封面作“乡村工作讨论会编”。

乡村建设实验 . 第二集 / 章元善，许仕廉编 .-- 上海：中华书局有限公司刊，民国 24 年［1935］.--536 页；24cm ［重图，晋图，湘图，国图，首图］
.-- 再版 .-- 广州：中华书局刊，民国 27 年［1938］.--536 页；24cm ［国图，上图］

乡村工作讨论会 1934 年 10 月于河北定县举行第二次集会，此为有关工作报告汇编，共 30 篇。其中有：中华平民教育促进会工作报告（晏阳初）、涿县平民教育促进会工作报告（张学铭）、金陵大学农学院工作报告（章之汶）、燕京大学农村建设工作（杨开道）、北平中法大学温泉乡建设工作报告（尹铭槐）、齐鲁大学乡村服务社工作报告（王建农）、全国经济委员会农村建设工作（许仕廉）等。附定县社会改造事业中之保健制度、关于乡村工作讨论会之评论（3篇）、乡村运动团体概况调查。书前冠编著者序。乡村工作讨论会民国二十三年十月定县集会各方工作报告汇编。

乡村教育实施记 . 第 1 集 / 刘百川著 .-- 上海：黎明书局刊，民国 25 年［1936］.--358 页；19cm　［吉图，重图，津图，鲁图，国图，首图］

著者在江苏大港乡村教育实验区搞乡村教育工作。

乡村教育实施记 . 第 2 集 / 刘百川著 .-- 上海：黎明书局刊，民国 25 年［1936］.--470 页；19cm　［国图］

著者在江苏大港乡村教育实验区搞乡村教育工作。

乡村教育实施记 . 第 3 集 / 刘百川著 .-- 镇江：中国教育研究社刊，民国 26 年［1937］.--21，502 页；19cm　［南图，国图］

.-- 再版 .-- 镇江：中国教育研究社刊，民国 26 年［1937］.--21，502 页；19cm　［赣图］

乡村警察之研究 / 杨俊奇著 .-- 正论社刊，民国 35 年［1946］.--276 页；23cm　［国图］

分为中外乡村警察之历史观、乡村警察与行政建设之关系、乡村警察与宪政实施、乡村警察与保甲等 12 章，针对中国状况进行分析研究。

乡村自治 / 杨天竞著 .-- 北平：大东书局刊，民国 20 年［1931］.--16，398 页；23cm　［南图，辽图，重图，津图，晋图，湘图，国图，浙图，上图，首图］

内分总论、中国历代地方行政沿革、欧美地方自治之沿革与趋势、日本地方自治之沿革与趋势、自治实例、自治法规、日本三模范村、自治纲要等 8 编。有马觉非、伊仲林等题字，米迪刚、茹春浦、姜绍祖等序和中国文明在哪里？（录大公报）、怎样发展农村（徐毅民）2 篇附录。书前冠米迪惘先生序。书末附中国文明在那里？版权页题“发行者：曼陀罗馆和大东书局”。

乡镇人员手册 / 甘肃省政府民政厅编 .-- 兰州：甘肃省政府民政厅刊，［1912?—1949?］.--404 页：图；17cm　［馆藏地不详］

收朱绍良、谷正伦、郑震宇讲演等。附录户口编查、禁烟、赈济、卫生等方面的章程条文。

乡镇自治提要 / 胡次威著 .-- 上海：大东书局刊，民国 36 年［1947］.--10，102 页；17cm　［南图，重图，津图，国图，浙图，上图］

分总论、本论、结论 3 部分。论述乡镇自治的意义、区域、公民、机关、财政、事务、监督、保甲等方面的问题，以及关于建立乡镇自治的意见等。书前冠社会科学提要丛书编辑弁言。社会科学提要丛书。

乡政实验.第1辑/张学铭编述.--赣县：赣县江西省地方行政干部训练团刊，民国30年［1941］.--508页；19cm ［赣图］

赣县试办示范乡一年（1939年11月至1940年12月）来的政治、文教、经济建设工作报告。有张含清、万钟庆、张学铭序。附录各种规章、教材。地方政治丛书。

新村制/蔡炳章编.--再版.--上海：上海有益书局刊，民国17年［1928］.--62页；15cm ［国图］

讲述新村制的组织，村会、村长、副村长的职权及村约等。并收录陕西各县村制简章和暂订江苏省各县村制组织大纲等。

新县政之管理/萧明新编著.--重庆：正中书局刊，民国32年［1943］.--19，233页；21cm ［重图，津图，国图］
.--4版.--重庆：正中书局刊，民国33年［1944］.--233页；21cm ［重图，湘图，国图］
.--沪1版.--上海：正中书局刊，民国36年［1947］.--19，233页；21cm ［南图，国图，上图］

共8章。讲述新县政的人事、财务、文书、事务等管理的意义、内容、方法。书前冠自序。书末附参考书举要。社会科学丛刊。

新县制地方行政事业推行方法/刘中南编著.--北平：北平西单北振兴文化学社刊，民国35年［1946］.--104页；19cm ［辽图，国图］

内分完成训政促进宪政、地方行政事业、地方自治推行方法、地方行政之组织4部分。

新县制纲要浅说（又名地方自治概要）/刘迺诚著.--重庆：国民图书出版社刊，民国31年［1942］.--250页；19cm ［重图，国图，浙图，上图］

内分地方自治的意义与目的、总则、县政府、县政府与高级政府之关系及区、乡与镇、保甲、实验政治等9章。附录国府公布县各级组织纲要等7篇。

新县制讲义/宋省讲.--国防部新闻工作人员训练班第三班刊，民国35年［1946］.--102页；19cm ［吉图，津图］

讲述推行新县制为实现三民主义的必要条件，以及自治、自卫、民治、民享等。训练教材之二。

中国农村复兴问题/董成勋编著.--上海：世界书局刊，民国24年［1935］.--13，348页；20cm ［南图，重图，湘图，国图，赣图，上图，首图］

分5编。内容有中国农村经济衰落的原因及其影响、中国土地制度史、全国土地的管理与分配、耕地面积的集中与减少的倾向、农民向城市流动、移民垦殖、县政问题及农政问题等。书前冠章渊若先生序等。

中国县政改造/史文忠著.--南京：县市行政讲习所刊，民国26年［1937］

.--17，134 页；23cm　［南图，吉图，国图］

分 10 章。阐述县制的改革、地方自治制度的演进、县政组织、县财政、土地行政、县教育、县建设行政、警察行政、司法行政的改造等。有蒋作宾、方策、仇鳌、孙慕迦序及自序。附录省政府合署办公暂行规程、行政督察专员公署组织暂行条例、县政府裁局改科暂行规程等 7 种。县政丛书。

中国县政概论 / 程方著 .-- 长沙：商务印书馆刊，民国 28 年［1939］.--2 册（15，580 页）；21cm　［南图，重图，南图］

.-- 再版 .-- 长沙：商务印书馆刊，民国 29 年［1940］.--2 册（15，580 页）；21cm　［重图，国图，浙图］

分 17 章。论述县行政制度的沿革，省县行政关系，县行政组织机构、行政效率，以及吏治、财政、教育、警政、保甲、经济和社会建设等方面的问题，有程天放、刘振东序及著者例言。附录三十省地方高级行政人员会议决议案、修正县组织法、修正县自治法、县长考试条例、保甲条例等 22 篇。中央政治学校研究部丛书。

中国县制改造 / 陈柏心著 .-- 重庆：国民图书出版社刊，民国 31 年［1942］.--532 页；19cm　［南图，重图，国图，赣图，浙图，上图，首图］

分 11 章。论述县各级组织的划分、机构的设置、人事管理、财政收支及地方公民权等问题。书前冠序。

编配街村图说 / 北平特别市筹备自治办事处编 .-- 北平：北平特别市筹备自治办事处刊，民国 18 年［1929］.--1 册：折图；26cm　［国图］

内分北平特别市筹备自治办事处民国十八年（1929）度自治进行大纲、编配街村标准、编配内二区自治街区域总说明书、图表、内二区编配各自治街区域概要、章则、公文 7 项。内收北平特别市自治讨论会十二月十日第一次临时大会市长报告筹备自治办理情形书等 3 篇，修正北平特别市筹备自治暂行条例等 12 篇。附载崔副处长呈报就职日期呈市府文及各街村筹备自治人员简明履历等。封面书名前题：北平特别市筹备自治办事处第一次发布。

村里自治全书 / 周天鹏编辑 .-- 上海：鑫记书社刊，民国 18 年［1929］.--166 页；18cm　［南图，津图，国图，首图，赣图］

.-- 再版 .-- 上海：鑫记书社刊，民国 19 年［1930］.--［166］页；19cm　［重图，首图］

概述县、区及村里制度，介绍山西、江苏、浙江三省有关村里制度的章则、程序及国民政府公布的县组织法等。书前冠须知、村里自治全书序、例言。

村制学讲义：第 1 至第 5 册 / 伊仲才编述 .--2 版 .-- 上海：伊仲才刊，民国 18 年［1929］.--5 册（986 页）；19cm　［上图］

.-- 上海：伊仲才刊，民国 17 年［1928］.--5 册（986 页）；19cm　［重图，首图，

浙图］

著者任江宁村制育才馆馆长时编写的讲义。包括村制学通论、现行关系村政法令及党纲党义、村制规约、村公产经营方法、合作制度要义、村制保卫行政等 15 种讲义的汇编本。有编述者村制学讲义付刊词及薛笃弼、景定成、焦易堂序各 1 篇。

2.1.1　统计资料

警察统计 / 杜承荣著 .-- 福州：福建省警官训练所刊，民国 26 年［1937］.--56 页；19cm　［南图］

讲义共 4 章。第一章介绍了警察统计的意义，第二章介绍了固有警察统计和附带警察统计，第三章分析了统计上因果的概括，第四章描述了统计法制。

警察统计 .-- 上海：世界书局刊，民国 18 年［1929］.--79 页；19cm　［南图，重图，国图，浙图，上图］

分 12 章。介绍统计的意义及与各学科的关系、警察统计的范围及事项调查、统计材料的审查与整理等。

警察统计年报 . 第二回 / 治安部警务司编 .-- 新京：满洲图书株式会社刊，民国 29 年［1940］.--290 页；26cm　［国图］

封面题：康德 6 年刊行。

警政统计 / 内政部统计处编 .-- 内政部统计处刊：民国 27 年［1938］.--288 页；26cm　［南图，吉图，重图，国图］

内分总述及统计表 2 部分。书前冠何部长序。

警政统计查报表式 / 内政部编辑 .-- 南京：内政部刊，民国 23 年［1934］.--59 页；26cm　［重图］

全国内政统计之四。

警政统计规则及表式 .-- 南京：警政统计司第二科刊，民国 23 年［1934］.--98 页；26cm　［南图］

内务统计：民国五年分湖北人口之部 / 内务部统计科编 .-- 北京：内务部统计科刊，民国 9 年［1920］.--89 页：表；24cm　［国图］

全国警政统计报告：民国二十年下半年 / 内政部统计司编 .-- 南京：内政部统计司刊，民国 22 年［1933］.--［120］页；19cm　［北师大］

分违警犯统计、假预审刑事犯统计、破获案件统计、救获人员统计、缉获强盗盗窃财物统计、因公死伤人员统计、火灾统计、自杀统计以及他杀统计。

全国警政统计报告：民国二十一年份 / 眭侃主编；何镇潮征审；张璞制图 .-- 民国 23 年［1934］.--101 页；27cm　［上图，北师大，南图，首图］

分总表、各大城市、各省 3 编。

全国警政统计报告：民国二十二年份 / 眭侃，鲍君彦汇编；何镇潮征审；陈景星，张璞制图 .-- 民国 24 年［1935］

.--82 页；27cm ［国图，重图，上图］

分各大城市和各省 2 编。

全国警政统计报告：民国二十三年份 / 内政部统计处编 .-- 南京：内政部统计处第二科刊，民国 25 年［1936］.--88 页；28cm ［国图］

全国警政统计报告：民国二十四年上半年份 / 内政部统计处编 .-- 南京：内政部统计处第二科刊，民国 26 年［1937］.--141 页；28cm ［国图，首图，南图］

三十年度全国警政概况 / 国民政府主计处统计局编 .-- 油印本 .--［1941?—1942?］.--163 页；25cm ［南图］

周钟狱题写书名。书中介绍了中央警政主管机关概况、各省警务主管机构概况、各省市县警务概况。

特警统计年鉴：1929 年度 / 东省特别区警察管理处编 .-- 东省特别区警察管理处刊，民国 20 年［1931］.--121 页；27cm ［馆藏地不详］

特警统计年鉴：1930 年度 / 东省特别区警察管理处编 .-- 东省特别区警察管理处刊，民国 20 年［1931］.--161 页；27cm ［馆藏地不详］

中国国民党指导下之政治成绩统计：民国二十二年二月份 / 中央统计处 .-- 南京：中央统计处刊，民国 22 年［1933］.--72 页；26cm ［南图］

中国国民党指导下之政治成绩统计：民国二十三年七月份 / 中央统计处编 .-- 南京：中央统计处刊，民国 23 年［1934］.--246 页 ［重图］

中国国民党指导下之政治成绩统计：民国二十三年八月份 / 中央统计处编 .-- 南京：中央统计处刊，民国 23 年［1934］.--222 页 ［重图］

中国国民党指导下之政治成绩统计：民国二十三年十二月份 / 中央统计处编 .-- 南京：中央统计处刊，民国 23 年［1934］.--238 页 ［重图］

中国国民党指导下之政治成绩统计：民国二十四年一月份 / 中央统计处编 .-- 南京：中央统计处刊，民国 24 年［1935］.--226 页 ［重图］

中国国民党指导下之政治成绩统计：民国二十四年一月份—三月份 / 中央统计处编 .-- 南京：中央统计处刊，民国 24 年［1935］.--690 页：图；26cm ［国图］

此书为合订本。

中国国民党指导下之政治成绩统计：民国二十四年八月份 / 中央统计处编 .-- 南京：正中书局刊，民国 24 年［1935］.--10, 208 页：表；25cm ［国图］ .-- 南京：中央统计处刊，民国 24 年［1935］.--208 页 ［重图］

分国务、行政、立法、司法、考试、监察、地方建设等 7 类。

中国国民党指导下之政治成绩统计：民国二十四年九月份 / 中央统计处编 .-- 南京：正中书局刊，民国 24 年［1935］.--10，220 页；25cm ［国图］

分国务、行政、立法、司法、考试、监察、地方建设等 7 类。

中国国民党指导下之政治成绩统计：民国二十四年十月份 / 中央统计处编 .-- 南京：正中书局刊，民国 24 年［1935］.--10，210 页：表；25cm ［国图］

分国务、行政、立法、司法、考试、监察、地方建设等 7 类。

中国国民党指导下之政治成绩统计：民国二十四年十一月份 / 中央统计处编 .-- 南京：正中书局刊，民国 24 年［1935］.--10，196 页：表；25cm ［国图］

分国务、行政、立法、司法、考试、监察、地方建设等 7 类。

中国国民党指导下之政治成绩统计：民国二十四年十二月份 / 中央统计处编 .-- 南京：正中书局刊，民国 24 年［1935］.--10，214 页：表；25cm ［国图］

分国务、行政、立法、司法、考试、监察、地方建设等 7 类。

中国国民党指导下之政治成绩统计：民国二十五年一月份 / 中央统计处编 .--［南京］：中央统计处刊，民国 29 年［1940］.--226 页；26cm ［国图］

分国务、行政、军政、财政、实业、教育、交通、电政等类。

中国国民党指导下之政治成绩统计：民国二十五年二月份 / 中央统计处编 .-- 南京：中央统计处刊，民国 25 年［1936］.--210 页；26cm ［重图］

中国国民党指导下之政治成绩统计：民国二十五年三月份 / 中央统计处编 .-- 南京：中央统计处刊，民国 25 年［1936］.--264 页；26cm ［重图］

中国国民党指导下之政治成绩统计：民国二十五年四月份 / 中央统计处编 .-- 南京：中央统计处刊，民国 25 年［1936］.--238 页；26cm ［重图］

中国国民党指导下之政治成绩统计：民国二十五年五月份 / 中央统计处编 .-- 南京：正中书局刊，民国 25 年［1936］.--1 册；26cm ［国图］

中国国民党指导下之政治成绩统计：民国二十五年六月份 / 中央统计处编 .-- 南京：正中书局刊，民国 25 年［1936］.--198 页；26cm ［国图］

中国国民党指导下之政治成绩统计：民国二十五年七月份 / 中央统计处编 .-- 南京：正中书局刊，民国 25 年［1936］.--142 页；26cm ［国图］

中国国民党指导下之政治成绩统计：民国二十五年八月份 / 中央统计处

编 .-- 南京：中央统计处刊，民国 25 年［1936］.--150 页：26cm. ［国图］

中国国民党指导下之政治成绩统计：民国二十五年九月份 / 中央统计处编 .-- 南京：中央统计处刊，民国 25 年［1936］.--154 页：表；26cm ［国图］

中华民国统计简编 / 国民政府主计处统计局编 .-- 重庆：中央训练团刊，民国 30 年［1941］.--131 页；25cm ［南图，吉图，重图，湘图，国图，上图］

全国各省统计表，包括党务、政治、土地与人口、保甲与警卫、农矿、工商、交通、财政、教育、卫生、禁烟、赈济、战绩等 15 类。书前冠编著例言。

中华民国统计提要：民国廿四年辑 / 国民政府主计处统计局编 .-- 上海：商务印书馆刊，民国 25 年［1936］.--1247 页；26cm ［南图，重图，津图，晋图，国图，浙图，赣图，上图］

中华民国统计提要：民国三十四年辑 / 国民政府主计处统计局编 .-- 重庆：国民政府主计处统计局刊，民国 34 年［1945］.--187 页；26cm ［南图，重图，津图，国图，上图］

分土地与人口、农业、工商、财政与金融、交通、教育、社会与卫生暨政治组织等 8 类。胪列民国二十六年（1937）至三十三年（1944）之变迁与进步。每类含文字概述、中英文对照统计表。书前冠陈其采序。

中华民国统计提要：民国三十六年辑 / 国民政府主计处统计局编 .-- 南京：国民政府主计处统计局刊，民国 36 年［1947］.--140 页；26cm ［南图，重图，国图，浙图，上图］

中英文对照全国各地统计表，分土地与人口、农业、矿工商业、财政金融、交通、教育、社会与卫生、政治组织等类。书前冠序、中英文对照全国各地统计表。

内政调查统计表 . 第 1—9 期 / 内政部编 .-- 内政部刊，民国 22 年至 23 年［1933—1934］.--1 册；26cm ［国图］

内政调查统计表 . 第三期 / 内政部编 .-- 内政部刊，民国 22 年［1933］.--20 页；27cm ［国图，夏图］

内政调查统计表 . 第四期 / 内政部编 .-- 内政部刊，民国 22 年［1933］.--22 页；27cm ［国图］

内政调查统计表 . 第五期 / 内政部编 .-- 内政部刊，民国 23 年［1934］.--24 页；27cm ［国图］

内政调查统计表 . 第六期 / 内政部编 .-- 内政部刊，民国 23 年［1934］.--22 页；24cm ［国图］

内政调查统计表 . 第七期 / 内政部编 .-- 内政部刊，民国 23 年［1934］.--23 页；27cm ［国图］

内政调查统计表．第九期 / 内政部编 .-- 内政部刊，民国 23 年［1934］.--20 页；27cm　　［国图］

内政调查统计表．第十一期 / 内政部编 .-- 内政部刊，民国 23 年［1934］.--30 页；26cm　　［国图］

内政调查统计表．第十七期 / 内政部编 .-- 内政部刊，民国 24 年［1935］.--32 页；27cm　　［国图］

2.1.2　各类公报报告

第二次民政年报 / 民政部总务司资料科 .-- 国务院民政部刊，民国 25 年［1936］.--370 页　　［馆藏地不详］

共 6 章。分总说、地方行政、警察行政、土木行政、卫生行政、土地行政等部分。

第二次全国内政会议报告书 / 第二次全国内政会议秘书处编 .-- 南京：内政部刊，民国 21 年［1932］.--366 页：图像；26cm　　［重图，津图，国图，浙图，上图］

内分第二次全国内政会议宣言、会议始末情形纪要、会议记录、提案总目录、会员姓名录等 5 项。有附件（分为文件及法规、报告及演说词、提案选录、秘书处职员姓名录 4 部分）。

第二次全国内政会议提案汇编 / 内政部编 .-- 南京：内政部刊，民国 21 年［1932］.--2 册；26cm　　［南图］

内收整顿警政案、县保卫团改为人民保卫队并采用征兵制度案、修改警察官吏任用暂行条例案等数十件。

第三次全国内政会议报告书 / 第三次全国内政会议秘书处编 .-- 重庆：内政部刊，民国 31 年［1942］.--344 页：图像；26cm　　［南图，重图，国图，上图］

内分训词讲演词及宣言电文、会议经过、会议报告、提案与决议等 5 编。

第三届国民参政会第二次大会参政员对内政报告询问案答复 .-- 重庆：内政部刊，民国 32 年［1943］.--1 册；25cm　　［南图］

各省高级行政人员奉召南昌集会记录 / 国民政府军事委员会委员长南昌行营第二厅编辑室编辑 .-- 南昌：南昌印记印刷所印，民国 23 年［1934］.--450 页：图；26cm　　［国图，吉图，浙图，重图，津图］

内分工作报告摘要、建议及其处理、工作总评、处理建议之文件等 4 部分。有蒋介石在会上的讲词 3 篇。

各省厅长专员南昌集会报告建议之总评及应行改进之意见 / 杨永泰讲述 .-- 南昌：中国文化学会印，民国 23 年［1934］.--39 页：表；20cm　　［重图］

1934 年 3 月蒋介石在南昌召集各省民政厅长、省府秘书长、各行政督察专员考询政绩报告会，本书是该会的总结及总评。内外类编，第43册，内外通讯社编辑。

冀察绥靖主任公署训令（抄件）令军警各机关.-- 油印本 .-- 民国26年［1937］.--3页；28cm　［国图］

内政部半年工作报告撷要：自十七年四月一日起至九月三十日止/国民政府内政部编 .-- 南京：国民政府内政部刊，民国17年［1928］.--44页：图像；27cm　［上图］

报告内政部成立经过、组织系统及半年工作摘要等。有薛笃弼弁言。

内政部第一期民政会议纪要/内政部第一期民政会议秘书处编 .-- 南京：内政部总务司刊，民国18年［1929］.--425页：图像；26cm　［南图，津图，重图，国图，浙图，上图］

共3编。包括大会规程图像及大会经过概况、审查报告及决议等。附开会闭会词、讲演、文电、会议筹备概况、经费决算、秘书处职员一览等。有赵戴文弁言。

内政部二十六年度行政计划书/内政部编 .-- 内政部刊，民国26年［1937］.--106页；26cm　［国图］

内政部工作报告/内政部编 .-- 内政部刊，民国28年［1939］.--40页；26cm　［国图］

1938年11月至1939年1月内政部工作报告。

内政公报.第11卷第7—9期/内政部公报处编 .-- 重庆：内政部公报处刊，民国27年［1938］.--252页；27cm　［国图］

分国民政府命令、总务、民政、警政、地政、礼俗、卫生、禁烟、统计、附录、特载等11部分。

全国内政会议报告书/全国内政会议秘书处编 .-- 内政部总务司刊，民国20年［1931］.--528页；26cm　［上图］

内分内政会议之经过、提案原文、附录8编。有韩昌黎弁言。

全国内政会议章则辑览/国民政府内政部编 .-- 南京：国民政府内政部刊，民国17年［1928］.--24页；15cm　［南图］

辑录呈国民政府拟召集全国内政会议文（附指令）和全国内政会议规程、议事规则、提案办法、秘书处简章及办事细则等。附录全国内政会议议事纲要。

政府公报分类汇编.民国约法大总统选举法约法会议.-- 上海：扫叶山房北号刊，民国4年［1915］.--1册；18cm　［国图］

北洋政府公报。

政府公报分类汇编.四议会下造法机关参政院政治会议政纲祭天祀孔.-- 上海：扫叶山房北号刊，民国4年［1915］.--1册；18cm　［国图］

北洋政府公报。

政府公报分类汇编．五礼制官等官俸.-- 上海：扫叶山房北号刊，民国 4 年［1915］.--1 册；19cm　　［国图］

北洋政府公报。

政府公报分类汇编．九农商总交通总外交.-- 上海：扫叶山房北号刊，民国 4 年［1915］.--1 册；19cm　　［国图］

北洋政府公报。

政府公报分类汇编．十陆海军陆军上.-- 上海：扫叶山房北号刊，民国 4 年［1915］.--18，14，162 页；19cm　　［国图］

北洋政府公报。

政府公报分类汇编．十二海军.-- 上海：扫叶山房北号刊，民国 4 年［1915］.--156 页；19cm　　［国图］

北洋政府公报。

政府公报分类汇编．十三教育上.-- 上海：扫叶山房北号刊，民国 4 年［1915］.--18，174 页；19cm　　［国图］

北洋政府公报。

政府公报分类汇编．一八大理院.-- 上海：扫叶山房北号刊，民国 4 年［1915］.--74 页；19cm　　［国图］

北洋政府公报。

政府公报分类汇编．二六路政上.-- 上海：扫叶山房北号刊，民国 4 年［1915］.--1 册；18cm　　［国图］

北洋政府公报。

政府公报分类汇编．三三商业.-- 上海：扫叶山房北号刊，民国 4 年［1915］.--1 册；19cm　　［国图］

北洋政府公报。

政府公报分类汇编．三五渔业茶坊蚕桑赛会报纸.-- 上海：扫叶山房北号刊，民国 4 年［1915］.--1 册；19cm　　［国图］

北洋政府公报。

政府公报分类汇编．三六律诗宗教党会华侨国籍服制.-- 上海：扫叶山房北号刊，民国 4 年［1915］.--1 册；19cm　　［国图］

北洋政府公报。

政府公报分类汇编．三七公文程式弭乱.-- 上海：扫叶山房北号刊，民国 4 年［1915］.--10，18，144 页；19cm　　［国图］

北洋政府公报。

政府公报分类汇编．三八酬勋褒扬特赦优待皇室旗务.-- 上海：扫叶山房北号刊，民国 4 年［1915］.--1 册；19cm　　［国图］

北洋政府公报。

政府公报分类汇编．三九蒙藏事务赈抚禁烟保存祠墓、修史.-- 上海：扫叶山房北号刊，民国 4 年［1915］.--1 册；19cm　　［国图］

北洋政府公报。

政府公报分类汇编．四十杂类.--上海：扫叶山房北号刊，民国4年［1915］.--14，114页；19cm　［国图］

北洋政府公报。

中华民国二十五年行政总报告/行政院秘书处编.--行政院秘书处刊，民国35年［1936］.--776页；26cm　［国图］

分中央、地方2部。中央之部包括内政、外交、财政、实业、教育等13章；地方之部概述各省各市的民政、财政、教育、建设等方面情况。

中央政治会议广州分会月刊：两册/中央政治会议广州分会秘书处编辑股编辑.--广州：中央政治会议广州分会秘书处编辑股刊，民国17年［1928］.--12册：图表；1981页　［馆藏地不详］

1928年1月至12月合订本（2册）。原为12册，每月1册。书名据合订本书名题。

中央政治委员会政治报告（1940年4月1日—10月10日）/中央政治委员会秘书厅编辑，民国29年［1940］，262页　［馆藏地不详］

共7个部分。包含警政部工作章节。包括法令事项、编制事项、人事事项、经费事项、治安事项、训练事项、政警事项、特警事项、会议事项等内容。

行政院公报/行政院秘书处编.--行政院秘书处刊，民国19年［1930］.--2册（1800页）：27cm　［馆藏地不详］

分法规、府令、院令3部分。其中1册为1930年1月4日第113号至本年3月29日第137号，另1册为1931年10月21日第298号至本年12月30日第318号。

行政院工作报告/行政院编.--行政院刊，民国23年［1934］.--560页：表；26cm　［国图，南图］

行政院工作报告/行政院编.--南京：行政院刊，民国24年［1935］.--560页：表；27cm　［首图，国图，上图］

1934年至1935年工作报告。分内政、外交、军政、财政、实业、教育、交通、侨务等14项。

行政院工作报告/行政院秘书处编.--南京：行政院秘书处刊，民国24年［1935］.--568页：表；25cm　［南图，湘图，国图］

1931年至1935年工作报告。分总述、内政、外交、教育、财政、教育等12项。

行政院二十五年七月份工作报告/行政院编.--南京：行政院刊，民国25年［1936］.--46页；28cm　［国图］

行政院工作报告/行政院秘书室编.--行政院刊，民国26年［1937］.--256页；27cm　［南图，国图，上图］

分内政、外交、军政、实业、教育等12项。

行政院工作报告 / 行政院编 .-- 行政院刊，民国 27 年［1938］.--106 页：表；26cm　［国图］

分内政、外交、经济、教育、交通等 10 项，其中军政、财政另印。

行政院工作报告 / 行政院秘书处编 .-- 油印本 .-- 民国 28 年［1939］.--88 页：表；27cm　［国图］

1938 年 4 月至年底工作报告。分内政、外交、财政、经济、教育等 9 项。

行政院工作报告 / 行政院编 .-- 民国 29 年［1940］.--188 页：表；25cm　［国图］

1939 年 1 月至 10 月工作报告。分内政、外交、财政、经济、教育等 9 项。

行政院工作报告：三十年一月至九月 / 行政院编 .-- 重庆：行政院刊，民国 30 年［1941］.--168 页：表；26cm　［南图，国图］

分内政、外交、军政、财政、经济、教育等 14 项。

行政院工作报告：三十年十月至三十一年八月 / 行政院编 .-- 重庆：行政院刊，民国 31 年［1942］.--203 页：表；27cm　［南图，国图］

分内政、外交、军政、财政、经济、教育等 16 项。

行政院工作报告：三十一年九月至三十二年六月 / 行政院编 .-- 重庆：行政院刊，民国 32 年［1943］.--242 页：表；26cm　［南图，国图］

分内政、外交、军政、财政、经济、教育等 17 项。

行政院工作报告：三十二年七月至三十三年三月 / 行政院编 .-- 重庆：行政院刊，民国 33 年［1944］.--230 页：表；26cm　［南图，国图，上图］

分内政、外交、军政、财政、经济、教育等 18 项。书末附检讨。

行政院工作报告 / 行政院编 .-- 重庆：行政院刊，民国 34 年［1945］.--160 页：表；27cm　［南图，国图，上图，首图］

分内务、外务、财政与粮食、经济建设等 7 项。有序。封面题：中国国民党第六届全国代表大会。

行政院召集第二次省市会议议决录 / 行政院编 .-- 重庆：行政院刊，民国 28 年［1939］.--84 页；26cm　［国图］

收官规、地方制度、绥靖、警察、水利等 17 个方面的提案。正文前书名题：二十八年八月七日行政院召集第二次省市会议议决录。

2.2　警察组织人事

第一种官警品格测验 / 丁祖荫编 .-- 内政部刊，民国 32 年［1943］.--34 页；26cm　［馆藏地不详］

精神讲话集 . 第一辑 / 张学骞述 .--

汉口：汉口特别市警察局刊，民国 30 年［1941］.--264 页；19cm ［南图，武汉大学］

包括养成警察人格、陶冶警察品性、锻炼警察体魄、提高警察知识等内容讲话 100 多篇。

警察官任用送审须知 / 内政部警察总署编 .-- 内政部警察总署刊，民国 36 年［1947］.--30 页；19cm ［重图，国图］

收入警察官任用送审须知 10 条，警察人员任用法规 10 种。

警察官任用条例 .--［1936?—1937?］.--6 页；26cm ［南图］

警察官任用条例及施行细则．边远省份及县政府以下警察官适用警察官任用条例暂行变通办法合刊 / 铨叙部编 .-- 铨叙部刊，民国 25 年［1936］.--7 页；26cm ［南图，中图］

警察人事管理 / 余秀豪著 .-- 重庆：商务印书馆刊，民国 34 年［1945］.--214 页；18cm ［南图，重图，国图］

分 9 章，包括政府与警察人员、警察人事行政项目与机关、职位分类、考选、考核、警察待遇、警察训练、警察行政领袖等。有徐中齐序和自序。

警察人事管理 / 张闻乐编 .-- 中央警官学校刊，［1912?—1949?］.--144 页；18cm ［南图，重图，国图］

共 3 编，14 章。讲述了人事管理的意义、我国人事管理的发展、各国警察人事管理的比较。封面题：中央警官学校讲义。附警察人事管理的重要性及有关参考书 33 种。

警察人员的修养 / 福建省保安处警务科编辑 .-- 福建：福建省保安处刊，民国 31 年［1942］.--56 页；19cm ［国图］

部分地方有虫蛀。

警察训练概要 / 王鸿翱著 .-- 民国 10 年［1921］.--98 页；23cm ［上图］

共 8 章。介绍了普通警察的任用、训练、管理、勤务、奖惩等。

警察智力测验 / 丁祖荫著 .-- 南京：内政部警察总署刊，民国 36 年［1947］.--112 页；19cm ［南图，吉图，重图］

共 6 章。介绍了警察智力测验的意义、发展、采用、材料、实施、结果等。

警察智力测验法 / 中央警官学校编译股编 .-- 民国 26 年［1937］.--108 页；18cm ［南图］

有中央政治学校研究部图书室印章。上编介绍了团体测试智力的方法，包括主试须知、测验场所、测验材料、测验方法、正确答案、计分方法、成绩标准等。下编介绍了个体测试方法。包括主试须知、测验场所、测验材料、测验方法等。

警官心理测验：第二种 / 丁祖荫编 .-- 南京：内政部警察部署刊，民国

35 年［1946］.--17 页；27cm ［重图］

警官智慧测验：甲类第二种 / 萧孝嵘主编 .-- 重庆：内政部刊，民国 29 年［1940］.--11 页；25cm ［国图］

警官智慧测验：乙类第五种 / 萧孝嵘主编 .-- 重庆：内政部刊，民国 29 年［1940］.--10 页；25cm ［国图］

共有测试题 6 套，还有例题。

警官智力测验指导录 / 内政部编 .-- 重庆：内政部刊，民国 30 年［1941］.--48 页；26cm ［国图］

本书为第二卷，分上、下篇，上篇介绍纲要，下篇介绍实施。

警政人员心理测验 / 丁祖荫著 .-- 重庆：商务印书馆刊，民国 35 年［1946］.--146 页；18cm ［重图，津图，国图］.-- 沪初版 .-- 上海：商务印书馆刊，民国 35 年［1946］.--146 页；18cm ［南图，鲁图，重图，津图，国图，赣图，上图］

分 5 章。包括警政人员之心身特质与心理测验、警员智力之分析研究与测验材料、警察能力之客观测量与测量方法、官警品格之观察诊断与评测工具、心理测验之实施办法与运用方式等。人事心理研究社丛书，第 8 种。

普通警察智力测验指导录 . 第 1 卷 / 内政部警政司警察智力测验室编 .-- 重庆：内政部刊，民国 28 年［1939］.--84 页：图；27cm ［国图，上图］

共 2 卷。第 1 卷分为 3 篇：上篇普通警察智力测验之编制；中篇团体测验指导录；下篇个别测验指导录。第 2 卷分为 2 篇：上篇警官智力测验之编制；下篇警官智力测验之实施。

普通警察智力测验指导录 . 第 2 卷 / 内政部警政司警察智力测验室编 .-- 重庆：内政部刊，民国 30 年［1941］.--48 页；27cm ［馆藏地不详］

共 2 卷。第 1 卷分为 3 篇：上篇普通警察智力测验之编制；中篇团体测验指导录；下篇个别测验指导录。第 2 卷分为 2 篇：上篇警官智力测验之编制；下篇警官智力测验之实施。

普通警察智力测验指导录简篇 / 内政部编 .-- 民国 31 年［1942］.--66 页；25cm ［南图，辽图，重图，津图，国图］

普通警察智力测验指导录的节本。分为普通警察智力测验的团体测验和个别测验 2 个部分。

人事法令汇编 . 第 1 集 /（伪）河南省公署秘书处人事科编 .-- 开封：（伪）河南省公署秘书处刊，民国 29 年［1940］.--190 页；27cm ［国图］

北平临时政府及伪河南省公署人事法令汇编，所收法规截至 1940 年 5 月。

人事行政学 / 张金鉴编著 .-- 重庆：商务印书馆刊，民国 28 年［1939］.--2 册（820 页）；23cm ［南图，吉图，津图，重图，湘图，国图，赣图，上图］

共 4 编。分述人事行政学的概念、

发展、原理与技术，外国公务制度，中国吏治制度等。附专名原译对照表及四角号码索引表。

人事行政与组织 / 杨礼恭著 .-- 重庆：青年书店刊，民国 29 年［1940］.--76 页：表；19cm ［重图］

论述人事行政的意义，组织关系及公务员的任用、训练、考核、赏罚、升调等。

人事行政之理论与实际 / 何伯言著 .-- 重庆：正中书局刊，民国 32 年［1943］.--208 页；21cm ［重图，黔图，湘图，国图，赣图，浙图］

共 11 章。介绍人事行政的内容、机关，政府职位分类制度，公务员俸给制度，考试制度，分发与任用制度及劳保制度等。

人事行政之原理与实施 / 吴胜己著 .-- 再版 .-- 桂林：广西省政府编译委员会刊，民国 29 年［1940］.--134 页；19cm ［国图，赣图，浙图］

论述职位分类、登庸、考绩、升迁、降免、人事行政组织、人事行政法规等问题。附录广西省政府人事行政刊物。

人事心理问题 / 萧孝嵘著 .-- 重庆：商务印书馆刊，民国 33 年［1944］.--309 页；19cm ［辽图，重图，津图，国图，赣图，浙图］

.-- 上海初版 .-- 上海：商务印书馆刊，民国 34 年［1945］.--309 页；19cm ［南图，重图，鲁图，国图，赣图，首图］

.-- 再版 .-- 上海：商务印书馆刊，民国 36 年［1947］.--309 页；19cm ［吉图，国图］

分析不同年龄、不同职业的人们的心理差异，进而论述教育的多样性、特殊性。全书分为一般人事心理问题、军警心理问题、实业心理问题、教育心理问题，共 4 部分。

如何实施警察官心理测验 / 李兴唐撰 .-- 南京：内政部警察总署刊，民国 37 年［1948］.--13 页；18cm ［南图］

内政部警察总署警察心理丛书：警察心理测验指导录之一。

实施刑事警察智力测验注意要项 .-- 油印本 .--［1930?—1949?］.--4 页；25cm ［国图］

首都警察厅二十一年度教育计划表 / 首都警察厅编 .-- 南京：首都警察厅刊，民国 21 年［1932］.--21 页；35cm ［国图］

首都警察厅二十二年度教育计划表 / 首都警察厅编 .-- 南京：首都警察厅刊，民国 22 年［1933］.--1 册；28cm ［国图］

首都警察厅二十三年度教育计划表 /.-- 南京刊，［1935?—1936?］.--78 页；27cm ［鄂图］

四川各县法警员丁之改善 / 伏怀刚等执笔 .-- 四川：四川地方实际问题

研究会刊，［1912?—1949?］.--36 页；19cm　　［重图］

四川地方实际问题研究会丛刊之八。

县政府政务警察训练纲要 / 国民政府内政部编 .-- 民国 17 年［1928］.--75 页；15cm　　［南图，国图］

分总纲、训练方法、考察、结论 4 章。附录县政府政务警察章程、本部整顿警务训令等 18 篇。

县政工作人员问题 / 张觉人著 .-- 重庆：青年书店刊，民国 29 年［1940］.--78 页；18cm　　［南图，重图，国图，赣图，浙图］

阐述县政工作人员的重要性，县政工作人员的选任、训练、保障、考绩、管理等问题。

现行专门职业及技术人员考试制度述要 / 卢毓骏讲 .-- 中央训练团党政军人事管理人员训练班刊，民国 36 年［1947］.--42 页；19cm　　［馆藏地不详］

现职警官 / 郑诚元编 .-- 南京：当涂营业税局刊，民国 33 年［1944］.--218 页；19cm　　［南图］

乡镇干部教程合订本 / 中央国民党中央执行委员会训练委员会编 .-- 重庆：中央国民党中央执行委员会训练委员会刊，［194?］.--1 册；18cm　　［馆藏地不详］

本教程分为国父遗教、地方自治、户籍行政、地方警卫、地方财政、国民教育、社会行政、公共卫生等篇。

刑事警察智力测验指导录：警察智力测验指导录．第 4 卷 / 内政部警察智力测验室编 .-- 重庆：内政部刊，民国 31 年［1942］.--40 页：图；26cm　　［重图，国图］

共 10 节。分为工作总述、研究举要、测验运用、主试须知、测验场所、材料内容等。

政军警各机关工作人员参加测验须知 / 中央训练部编 .-- 中央训练部刊，民国 17 年［1928］.--10 页；20cm　　［国图］

中央政军警各机关工作人员第二期党义测验总报告 / 中国国民党中央执行委员会训练部编 .-- 南京：中国国民党中央执行委员会训练部刊，民国 20 年［1931］.--58 页：图像；27cm　　［南图，湘图，国图］

中央政军警各机关工作人员参加第二次党义测验须知 / 中国国民党中央执行委员会训练部编 .-- 中国国民党中央执行委员会训练部刊，［1912?—1949?］.--10 页；19cm　　［国图］

内有应注意事项、测验场规约、测验做法、测验结果处理办法等。

中央政军警各机关工作人员党义测验成绩统计 / 中央统计处编 .-- 南京：中央统计处刊，民国 19 年［1930］

.--15 页；27cm　［国图，浙图］

各省市警察员警追悼大会纪实 / 各省市县殉职警察员警追悼大会筹备委员会编 .-- 南京：各省市县殉职警察员警追悼大会筹备委员会刊，民国 28 年［1939］.--70 页；22cm　［国图］

共 6 个部分，介绍缘起、筹备经过、文牍、秩序单、插图、祭文。

安徽省政府职员录 / 安徽省政府人事室编 .-- 民国 37 年［1948］.--249 页；18cm　［国图］

安徽省政府职员录 / 安徽省政府秘书处第三课编 .-- 民国 31 年［1942］.--218 页；25cm　［国图］

安徽省政府职员录 / 安徽省政府人事室编 .-- 安庆：安徽省政府人事室刊，民国 35 年［1946］.--300 页；20cm　［国图］

安徽省政府职员录 / 安徽省政府人事室编 .-- 民国 36 年［1947］.--317 页；17cm　［国图］

北京特别市公署警察局职员录 /（伪）北京市警察局编 .-- 北平：（伪）北京市警察局刊，民国 28 年［1939］.--132 页；22cm　［国图］

北京特别市公署警察局职员录 /（伪）北京市警察局编 .-- 北平：（伪）北京市警察局刊，民国 30 年［1941］.--151 页；22cm　［国图］

北京特别市公署职员录 /（伪）北京特别市公署秘书处编 .-- 北京：（伪）北京特别市公署秘书处刊，民国 28 年［1939］.--15 页；19cm　［国图］

北京特别市政府职员录 / 第一科总务股制 .-- 北平：第一科总务股制刊，民国 18 年［1929］.--46 页；25cm　［馆藏地不详］

北平市政府公安局职员录 / 北平市政府公安局第一科编 .-- 北平：北平市政府公安局第一科刊，民国 24 年［1935］.--96 页；19cm　［吉图，国图］

范县县政府暨公安局职员录 .-- 手写本 .-- 范县：范县县政府刊，［1912?—1949?］.--1 册；26cm　［国图］

非常时期专门人员总调查名册：三册 / 中央建教合作委员会编纂 .-- 重庆：中央建教合作委员会刊，民国 29 年［1940］.--3 册（1130 页）；19cm　［南图，国图］

中央各直属及附属机关专门人员的总调查登记，共登记人员 7626 名。上册为理、工科人员；中册为农、商、医科人员；下册为法、文、教育、军事、特职科人员。有顾毓琇引言。附录 4 卷。

福建省行政各机关职员录 / 福建省政府秘书处编 .-- 福建省政府秘书处刊，民国 29 年［1940］.--168 页；22cm

［国图］

福建省行政各机关职员录 / 福建省政府人事室编 .-- 福建：福建省政府秘书处刊，民国 36 年［1947］.--154 页；20cm　［南图，国图］

福建省行政各机关职员录 / 福建省政府人事室编 .-- 福建：福建省政府秘书处刊，民国 37 年［1948］.--178 页；20cm　［重图，国图］

福建省人事行政统计 / 福建省政府秘书处第一科编 .-- 环筒页装 .-- 福建：福建省政府秘书处第一科刊，民国 28 年［1939］.--63 页：图；19cm　［南图，重图，国图，浙图，赣图］

统计图表 54 幅。分组织系统、公务人员年龄籍贯学历统计、公务人员任免奖惩抚恤统计等 3 类。有引言及闽政丛刊总书目。闽政丛刊。

福建省人事行政与训练 / 福建省地方行政干部训练团编 .-- 福建：福建公训服务社出版部刊，民国 29 年［1940］.--92 页；19cm　［南图，国图，浙图］

陈仪言论集。有编者说明。

福建省人事制度的建立与推行 / 福建省政府秘书处第一科编辑 .-- 福建：福建省政府秘书处第一科刊，民国 30 年［1941］.--86 页；19cm　［南图，浙图，上图］

收集陈仪关于福建省公务人员人事制度的言论及有关资料选辑等。人事行政丛刊第 1 辑，第 1 种。

福建省政府职员录 / 福建省政府秘书处编 .-- 福建省政府秘书处刊，民国 35 年［1946］.--104 页；21cm　［国图］

福建省政府组织概况 / 福建省政府统计室编 .-- 福建：福建省政府统计室刊，民国 32 年［1943］.--30 页；26cm　［南图，国图］

本书分 5 个部分介绍了福建省省政府委员会、省政府合署办公各厅处室、直隶省政府各附属机关、各厅处主要附属机关、区行政督察专员兼保安司令公署及市县特区。

福建省政府组织系统图 / 福建省政府统计室编 .-- 福建：福建省政府统计室刊，民国 32 年［1943］.--41 页：图；18cm　［南图，国图］

复兴座谈会会员录 .-- 民国 36 年［1947］.--28 页　［国关］

甘肃省政府职员录 / 甘肃省政府秘书处编 .-- 兰州：甘肃省政府秘书处刊，民国 29 年［1940］.--66 页；19cm　［国图］

甘肃省政府股长以上职员录 / 甘肃省政府秘书处人事科编 .-- 油印本 .-- 兰州：甘肃省政府秘书处人事科刊，民国 34 年［1945］.--18 页；19cm　［国图］

甘肃省政府股长以上职员录 / 甘

肃省政府秘书处人事科编 .-- 油印本 .-- 兰州：甘肃省政府秘书处人事科刊，民国35年［1946］.--19页；19cm　　［国图］

甘肃省政府股长以上职员录 / 甘肃省政府秘书处人事科编 .-- 油印本 .-- 兰州：甘肃省政府秘书处人事科刊，民国36年［1947］.--21页；19cm　　［国图］

甘肃省政府股长以上职员录 / 甘肃省政府秘书处人事科编 .-- 兰州：甘肃省政府秘书处人事科刊，民国37年［1948］.--46页：表；19cm　　［国图］

广西省政府所属各机关职员录 / 广西省政府秘书处编 .-- 桂林：广西省政府秘书处刊，民国21年［1932］.--467页：表；27cm　　［国图］

广西省政府招待各学会来桂开会委员会职员表 .-- 民国24年［1935］.--19页；17cm　　［国图］

广西省政府职员录 / 广西省政府总务处编 .-- 广西省政府总务处刊，民国23年［1934］.--74页；19cm　　［国图］

有编者例言。

广西省政府职员录 / 广西省政府总务处编 .-- 环筒页装 .-- 桂林：广西省政府总务处刊，民国24年［1935］.--196页；19cm　　［国图］

有编者例言。

广西省政府职员录 / 广西省政府人事管理委员会编 .-- 广西省政府人事管理委员会刊，民国25年［1936］.--114页；13cm　　［国图］

广西省政府职员录 / 广西省政府秘书处编 .-- 广西省政府秘书处刊，民国30年［1941］.--166页；19cm　　［国图］

贵州省政府职员录 / 贵州省政府秘书处编 .-- 贵阳：贵州省政府秘书处刊，民国27年［1938］.--72页；26cm　　［国图］

贵州省政府职员录 / 贵州省政府编 .-- 贵阳：贵州省政府刊，民国36年［1947］.--187页；19cm　　［重图，国图］

国民政府各院部会科员以上职员录 / 国民政府文官处印铸局编 .-- 国民政府文官处印铸局刊，民国33年［1944］.--836页；26cm　　［南图，重图，国图，上图，首图］

除国民政府各院、部、会之外，尚包括部分署、处职员。

国民政府各院部会科员以上职员录 . 财政部分订本 / 国民政府文官处印铸局编 .-- 重庆：国民政府文官处印铸局刊，民国33年［1944］.--178页；27cm　　［国图］

除国民政府各院、部会之外，尚包括部分署、处职员。书前冠例言。

国民政府各院部会科员以上职

员录．蒙藏委员会分订本 / 国民政府文官处印铸局编 .-- 国民政府文官处印铸局刊，民国 33 年［1944］.--14 页；26cm　　［上图］

详细记载了科员以上职员的姓名、性别、籍贯、学历、职务等。

国民政府行政院职员录 .-- 行政院刊，民国 18 年［1929］.--15 页；25cm　［国图］

国民政府任免文武职官一览表．中华民国十八年一月 .-- 南京：国民政府文官处印铸局刊，民国 18 年［1929］.--48 页；26cm　　［国图］

国民政府任免文武职官一览表．中华民国十八年二月 .-- 南京：国民政府文官处印铸局刊，民国 18 年［1929］.--42 页；26cm　　［国图］

国民政府任免文武职官一览表．中华民国十八年三月 .-- 南京：国民政府文官处印铸局刊，民国 18 年［1929］.--26 页；26cm　　［国图］

国民政府任免文武职官一览表．中华民国十八年四月 .-- 南京：国民政府文官处印铸局刊，民国 18 年［1929］.--46 页；26cm　　［国图］

国民政府任免文武职官一览表．中华民国十八年五月 .-- 南京：国民政府文官处印铸局刊，民国 18 年［1929］.--32 页；26cm　　［国图］

国民政府任免文武职官一览表．中华民国十八年六月 .-- 南京：国民政府文官处印铸局刊，民国 18 年［1929］.--30 页；26cm　　［国图］

国民政府任免文武职官一览表．中华民国十八年七月 .-- 南京：国民政府文官处印铸局刊，民国 18 年［1929］.--33 页；26cm　　［国图］

国民政府直辖各机关职员录．中华民国十八年第一期 / 国民政府文官处编 .-- 国民政府文官处刊，民国 18 年［1929］.--276 页；27cm　　［重图］

国民政府重要职员表 / 南满洲铁道株式会社总裁室情报课编 .-- 大连：南满洲铁道株式会社总裁室情报课刊，民国 19 年［1930］.--82 页；19cm　［国图］

书前有国民政府机关系统略表。附支那本部陆海军要人派别。

汉口市政府职员录 / 汉口市政府人事室编 .-- 汉口：汉口市政府人事室刊，民国 37 年［1948］.--106 页；18cm　［南图，国图］

汉口特别市政府职员录：中华民国三十二年 .-- 民国 32 年［1943］.--194 页；28cm　　［国图］

行政院县政计划委员会委员暨职员通讯录 / 行政院县政计划委员会编 .-- 行政院县政计划委员会刊，［1912?—

1949?].--36 页；19cm ［国图，南图］

行政院职员录.-- 石印本.-- 南京：行政院刊，民国 37 年［1948］.--36 页；19cm ［重图，国图，上图］

详细介绍了行政院职员的姓名、籍贯、到院年份等。

河南省政府职员录 / 河南省政府编.-- 河南：河南省政府刊，民国 35 年［1946］.--318 页；27cm ［国图］

有刘茂恩序（写于 1946 年 10 月）。

湖北省政府职员录 / 湖北省政府秘书处编.-- 石印本.-- 湖北省政府秘书处刊，民国 30 年［1941］.--164 页：表；19cm ［国图］

湖北省政府职员录 / 湖北省政府人事处编.-- 湖北省政府人事处刊，民国 35 年［1946］.--144 页：表；18cm ［国图］

湖北省政府职员录：中华民国三十六年三月 / 湖北省政府人事处编.-- 湖北省政府人事处刊，民国 36 年［1947］.--189 页：表；19cm ［国图］

湖北省政府职员录：中华民国三十七年十月 / 湖北省政府人事处编.-- 湖北省政府人事处刊，民国 37 年［1948］.--190 页：表；18cm ［国图］

湖南省各机关人员简历册 / 湖南省政府秘书处编.-- 湖南省政府秘书处刊，民国 32 年［1943］.--496 页；23cm ［国图，南图，湘图］

湖南省政府及所属各机关组织系统图 / 湖南省政府秘书处统计室编.-- 环筒页装.-- 湖南省政府秘书处统计室刊，民国 25 年［1936］.--18 页：图；20cm ［国图］

湖南省政府及所属各机关截至 1935 年底的主要职员录。

湖南省政府委员会暨秘书处职员姓名一览表 / 湖南省政府秘书处编.-- 湖南省政府秘书处刊.--1 页；37cm ［国图］

湖南省政府职员录 / 湖南省政府秘书处编.-- 环筒页装.-- 湖南省政府秘书处刊，民国 22 年［1933］.--79 页：图；19cm ［国图］

湖南省政府职员录 / 湖南省政府秘书处编.-- 湖南省政府秘书处刊，民国 24 年［1935］.--101 页：表；22cm ［国图］

湖南省政府职员录 / 湖南省政府人事处编.-- 湖南省政府人事处刊，民国 36 年［1947］.--322 页；26cm ［国图］

己未同年录.-- 民国 9 年［1920］.--84 页；26cm ［国图，上图］

1919 年第二届文官高等考试典试职员和考生名录。

江苏省政府淮南行署职员录 / 江苏省政府淮南行署秘书处编 .-- 江苏省政府淮南行署秘书处刊，民国 34 年［1945］.--22 页；23cm ［馆藏地不详］

江苏省政府秘书处职员录 / 江苏省政府秘书处编 .-- 江苏省政府秘书处刊，民国 17 年［1928］.--40 页；23cm ［国图］

江苏省政府职员录 / 江苏省政府人事处编 .-- 江苏省政府人事处刊，民国 35 年［1946］.--57 页；18cm ［国图］

分正编、附录 2 部分。正编录省政府委员会及所属单位股主任以上的职员名单，附录省田赋粮食管理处股主任以上职员及各专区署县市政府暨本府附属各机关主管人员名单。

江苏省政府职员录 / 江苏省政府人事处编 .-- 江苏省政府人事处刊，民国 36 年［1947］.--186 页；19cm ［国图，南图］

分正编、附录 2 部分。

江苏省政府职员录 / 江苏省政府人事处编 .-- 江苏省政府人事处刊，民国 37 年［1948］.--194 页；19cm ［国图，南图］

江西省政府全体职员录 / 江西省政府编 .-- 江西省政府刊，民国 17 年［1928］.--64 页；26cm ［国图］

江西省政府职员录：中华民国三十年一月 / 江西省政府秘书处编 .-- 江西省政府秘书处刊，民国 30 年［1941］.--98 页；21cm ［国图］

江西省政府职员录：中华民国三十六年三月 / 江西省政府秘书处编 .-- 南昌：江西省政府秘书处刊，民国 36 年［1947］.--200 页；21cm ［国图］

江西省政府职员录 / 江西省政府人事处编 .-- 南昌：江西省政府人事处刊，民国 37 年［1948］.--170 页；21cm ［国图，重图］

京都市政公所职员录 /.-- 北京：北京日报刊，民国 5 年［1916］.--31 页；18cm ［国图］

京都市政公所及附属机关职员录 / 京都市政公所庶务科编 .-- 北京：京都市政公所庶务科刊，民国 15 年［1926］.--26 页；23cm ［国图］

书后有本公所各处电话号码一览表。封面书名题：督办京都市政公所职员录。

京师警察厅职员录 / 京师警察厅总务处编 .-- 北京：京师警察厅总务处刊，民国 9 年［1920］.--66 页；18cm ［国图］

京师警察厅职员录 / 京师警察厅总务处编 .-- 北京：京师警察厅总务处刊，民国 14 年［1925］.--82 页；20cm

［国图］

京师警察厅职员录 / 京师警察厅总务处编 .-- 北京：京师警察厅总务处刊，民国 15 年［1926］.--80 页；20cm ［国图］

环筒页装。

京师警察厅职员录 / 京师警察厅总务处编 .-- 北京：京师警察厅总务处刊，民国 16 年［1927］.--104 页；21cm ［国图］

京兆尹公署职员录 / 京兆尹公署编 .-- 北京：京兆尹刊，民国 16 年［1927］.--42 页：表；19cm ［国图］

环筒页装。

辽宁全省警官录 / 辽宁全省警务处编 .-- 沈阳：辽宁全省警务处刊，民国 19 年［1930］.--652 页：图；26cm ［国图］

满华职员录 .-- 东京：满蒙资料协会刊，民国 31 年［1942］.--1305，137，16 页；18cm ［国图］

收中华民国、蒙古、伪满政府及会社、团体等部分的职员录。书前冠序、凡例。

民政厅职员手册 / 曾仲成著 .-- 四川：新闻印刷部印刷，民国 31 年［1942］.--34 页；17cm ［重图］

南京市政府职员录 / 南京市政府编 .-- 南京：南京市政府刊，民国 19 年［1930］.--96 页；19cm ［馆藏地不详］

南京市政府职员录 / 南京市政府秘书处编 .-- 南京：南京市政府秘书处刊，民国 24 年［1935］.--156 页；21cm ［国图］

南京市政府职员录 / 南京市政府人事处编 .-- 南京：南京市政府人事处刊，民国 37 年［1948］.--210 页；22cm ［国图，上图］

分会计处、人事处、民政局、财政局、教育局、社会局、地政局、工务局、计生局、市银行、自来水管理处、园林管理处、铁路管理处等。

南京特别市政府职员录 / 南京特别市政府编 .-- 南京：南京特别市政府刊，民国 18 年［1929］.--100 页；24cm ［国图］

内务部职员录 / 内务部庶务科编 .-- 北京：内务部庶务科刊，民国 4 年［1915］.--25 页；19cm ［上图］

详细收录内务部人员姓名、籍贯、委任日期、住址、电话。

内务部职员录（中华民国七年二月重编） / 内务部文书科编 .-- 第 1 版 .-- 北京：内务部文书科刊，民国 7 年［1918］.--61 页；15cm ［国图］

内务部职员录（中华民国八年

七月重编）/ 内务部文书科编 .-- 北京：内务部文书科刊，民国 8 年［1919］.--76 页；18cm　［国图］

内务部职员录 / 内务部文书科编 .-- 北京：内务部庶务科刊，民国 9 年［1920］.--92 页；18cm　［国图］

内务部职员录 / 内务部文书科编 .-- 北京：内务部庶务科刊，民国 12 年［1923］.--76 页；23cm　［国图］

内政部职员录 / 内政部总务司编 .-- 重庆：内政部总务司刊，民国 23 年［1934］.--36 页；21cm　［南图，国图］

内政部职员录 / 内政部总务司编 .-- 重庆：内政部总务司刊，民国 29 年［1940］.--44 页；18cm　［国图］

内政年鉴 / 内政部年鉴编纂委员会编 .-- 上海：商务印书馆刊，民国 25 年［1936］.--4 册：图像；23cm　［南图，吉图，重图，湘图，国图，浙图，上图，首图］

分总述、民政、警政、土地、水利、礼俗、卫生等 7 篇，每篇附法规及统计。

内政消息第六号 / 内政部内政消息社编辑 .-- 南京：内政部刊物发行处刊，［1912?—1949?］.--1 册；25cm　［国图］

分民政、警政、土地、礼俗、统计、附录、补白、内政问题研究等 8 部分。

宁夏省政府职员录 / 宁夏省政府秘书处编 .-- 民国 33 年［1944］.--45 页；19cm　［国图］

青海省政府科长以上职员录 / 青海省政府人事室编 .-- 西宁：青海省政府人事室刊，民国 37 年［1948］.--16 页；19cm　［国图］

青海省政府职员录 .--［1912?—1949?］.--50 页；27cm　［国图］

封底有“廿六年四月八日直接赠送”字样。

全国道县等级员名表 / 内务部民治司编 .-- 民国 8 年［1919］.--156 页；24cm　［辽图，国图］

全国考铨会议汇编 / 考试院编 .-- 民国 24 年［1935］.--240，30 页；27cm　［上图］

考试院于 1934 年 1 月在南京召开会议。本书分宣言、法规、开会词、议事录、议案、重要文件等 9 部分。

全国考铨会议考选类议案 / 考试院编 .-- 全国考铨会议秘书处刊，［1912?—1949?］.--1 册；26cm　［国图］

全国人民团体统计 / 中国国民党中央执行委员会民众运动指导委员会制 .-- 民国 24 年［1935］.--66 页；27cm　［重图］

全国人民团体统计：中华民国

三十二年十二月底 / 社会部统计处编 .-- 重庆：社会部统计处刊，民国 32 年［1943］.--40 页；25cm ［重图，国图］

已履行登记暨总登记后新成立业经社会部核准备案。民国三十二年（1943）十二月底，限于浙江、安徽、江西、湖北、湖南、四川、西康、河南、陕西、甘肃、青海、福建、广东、广西、云南、贵州、绥远、宁夏、重庆等 19 省市，统计的人民团体为 19871 个，会员人数计为 4239439 名。分为农会、渔会，工会，商会，教育会，新闻记者、会计师、技师、医师、中医师、牙医师、护士、药剂师、助产师、律师公会，文化、宗教、公益、兵役、体育卫生及其他社会人民团体。

全国人民团体统计：中华民国三十三年十二月底 / 社会部统计处编 .-- 重庆：社会部统计处刊，民国 33 年［1944］.--62 页；26cm ［南图，重图，国图，上图］

社会部核准备案，包括系统、提要、表 25 份。

全国人民团体统计：民国三十四年度 / 社会部统计处编 .-- 重庆：社会部统计处刊，民国 35 年［1946］.--79 页；27cm ［重图］

分人民团体静态统计和人民团体组训统计两部分。有本部改隶行政院以来历年全国人民团体及其会员数、本部有案之全国人民团体及其会员数（民国三十四年年底）、本部核准组织之人民团体及其会员数、本部核准改选改组整理之人民团体、全国人民团体干部及会员训练人数、历年全国人民团体干部及会员训练人数等。

铨叙局职员录 .-- 民国 14 年［1925］.--20 页；19cm ［国图］

铨叙年鉴续编：民国二十至二十二年 / 铨叙部秘书处第三科编辑 .-- 南京：铨叙部秘书处第二科刊，民国 23 年［1934］.--1 册：肖像；27cm ［重图，浙图］

内分约法、官制、官规、主管院暨会部之组织、铨叙法规及铨叙行政等 7 类。有林翔续刊铨叙年鉴序、仇鳌铨叙年鉴序、马洪焕我国铨叙机关沿革。附录本部现职人员录等。

铨叙须知 / 铨叙部秘书处编 .-- 铨叙部秘书处刊，［1912?—1949?］.--52 页；25cm ［国图］

分 8 部分。办理铨叙之机关、法规、分发、任用、级俸、考绩、登记、奖励、恤金等。

任免文武职官一览表：国民政府十七年二月份 .-- 民国 17 年［1928］.--28 页；26cm ［国图］

介绍民国政府对外交、交通、司法、内政、工商、农矿、审计等部院及政府各处局、各省政府、军事官佐的任免情况。

任免文武职官一览表：国民政府十七年三月份 .-- 民国 17 年［1928］.--28 页；26cm ［国图］

任免文武职官一览表：国民政府十七年四月份 .-- 民国 17 年［1928］.--26 页；26cm ［国图］

任免文武职官一览表：国民政府十七年五月份 .-- 民国 17 年［1928］.--24 页；26cm ［国图］

任免文武职官一览表：国民政府十七年六月份 .-- 民国 17 年［1928］.--30 页；26cm ［国图］

任免文武职官一览表：国民政府十七年七月份 .-- 民国 17 年［1928］.--24 页；26cm ［国图］

任免文武职官一览表：国民政府十七年八月份 .-- 民国 17 年［1928］.--32 页；26cm ［国图］

任免文武职官一览表：国民政府十七年九月份 .-- 民国 17 年［1928］.--16 页；26cm ［国图］

三十五年临时挑取县长训练班同学录 / 考试院编 .-- 民国 35 年［1946］.--1 册；26cm ［国图］

1946 年高考及格人员临时挑取县长训练班的同学录，均为标准头像。有贾景德序（写于 1947 年 5 月）及戴传贤等题辞。

山东省民政厅职员录 / 秘书处统计股编 .-- 济南：秘书处统计股刊，民国 22 年［1933］.--16 页；25cm ［国图］

上海工部局华员总会会员名录 / 上海工部局华员总会编 .-- 上海：上海工部局华员总会刊，民国 22 年［1933］.--96 页；23cm ［馆藏地不详］

工部局各部门中国职员姓名录。

上海市公安局职员录 / 上海市公安局编 .-- 上海：上海市公安局刊，民国 23 年［1934］.--76 页；23cm ［馆藏地不详］

上海市公所全体职员录 .-- 上海刊，民国 15 年［1926］.--28 页；23cm ［馆藏地不详］

1926 年 8 月编。

上海市警察局保安警察第二总队员警通讯录 /.-- 上海刊，民国 36 年［1947］.--148 页；19cm ［馆藏地不详］

根据 1947 年 7 月前的人事登记编成。

上海市警察局各分局第一股股长通讯录 / 上海市警察局编 .-- 上海：新新新闻半月刊社刊，民国 37 年［1948］.--13 页；19cm ［馆藏地不详］

上海市政府科员以上职员通讯录 / 上海市政府编 .-- 上海：上海市政府刊，民国 35 年［1946］.--42 页；14cm ［馆藏地不详］

上海市政府科长以上附属机关主管人员通讯录 / 上海市政府人事处编 .-- 上海：上海市政府人事处刊，民国 36

年［1947］.--67 页；19cm　　［国图］

上海市政府职员录 / 上海市政府编 .-- 上海：上海市政府刊，民国 23 年［1934］.--266 页；22cm　　［国图，上图］

收录姓名、性别、年龄、籍贯、现在住址、电话等信息。

上海市政府职员录 / 上海市政府秘书处编 .-- 上海：上海市政府秘书处刊，民国 26 年［1937］.--332 页；22cm　　［馆藏地不详］

上海特别市政府及所属各机关荐任职以上职员名册 /（伪）上海特别市政府编 .-- 上海：（伪）上海特别市政府刊，民国 27 年［1938］.--9 页；27cm　　［国图］

绍兴县保长通讯部第二次通讯录 .-- 绍兴：绍兴县保长通讯部刊 .--9 页；18cm　　［浙图］

首都警察厅内、外部科所长以上人员驻在地址名册 / 首都警察厅人事室编 .-- 南京：首都警察厅人事室刊，民国 37 年［1948］.--21 页；19cm　　［国图］

包括各处、办公室、厅、局、学校、大队等的人员名册。

首都警察厅现有中央训练团毕业人员听训名单 .-- 南京：首都警察厅刊，［1946?—1949?］.--1 册；26cm　　［南图］

首都警察厅职员录 / 首都警察厅总务科编 .-- 南京：首都警察厅总务科刊，民国 23 年［1934］.--84 页；23cm　　［国图］

首都警察厅职员录 / 首都警察厅总务科编 .-- 南京：首都警察厅总务科刊，民国 25 年［1936］.--84 页；26cm　　［国图］

包括各处、办公室、厅、局、学校、大队等的人员名册。

首都警察厅职员录 / 首都警察厅总务科第三股编 .-- 南京：首都警察厅总务科第三股刊，民国 20 年［1931］.--63 页；27cm　　［馆藏地不详］

绥远省托克托县暨所属公安局区公所现职人员表 /.-- 托克托，［1912?—1949?］.--1 页；33cm　　［国图］

台湾省各机关职员录 / 台湾省行政长官公署人事室编，民国 35 年［1946］.--356 页；21cm　　［国图，浙图］

台湾省各机关职员录 / 台湾省政府人事处编，民国 36 年［1947］.--431 页；18cm　　［国图］

县市行政讲习所第九期同学录 .-- 民国 26 年［1937］.--41 页；26cm　　［国图，浙图］

内收县市行政讲习所所长、主任、

教官、职员及学员的标准照片。有蒋作宾序。

云南昆明市政公所职员录 .--［1912?—1949?］.--22 页；23cm ［馆藏地不详］

云南省各机关职员录 / 省政府委员会编 .-- 昆明：云南省政府委员会刊，民国 22 年［1933］.--240 页；20cm ［国图］

云南省各机关职员录：截止二十四年八月底 / 省政府秘书处编 .-- 昆明：省政府秘书处刊，民国 24 年［1935］.--16 页；27cm ［国图］

云南省各机关职员录：截止二十四年九月底止 / 省政府秘书处编 .-- 昆明：云南省政府秘书处刊，民国 24 年［1935］.--16 页；27cm ［国图］

云南省各机关职员录：截止二十四年十月底止 / 省政府秘书处编 .-- 昆明：省政府秘书处刊，民国 24 年［1935］.--16 页；27cm ［国图］

云南省各机关职员录：截止二十四年十一月底止 / 省政府秘书处编 .-- 昆明：云南省政府秘书处刊，民国 24 年［1935］.--16 页；27cm ［国图］

云南省各机关职员录：截止二十五年六月底止 / 省政府秘书处编 .-- 昆明：省政府秘书处刊，民国 25 年［1936］.--15 页；27cm ［国图］

云南省各机关职员录：截止二十五年九月底止 / 省政府秘书处编 .-- 昆明：省政府秘书处刊，民国 25 年［1936］.--15 页；27cm ［国图］

云南省各机关职员录：截止二十五年十二月底止 / 省政府秘书处编 .-- 昆明：省政府秘书处刊，民国 26 年［1937］.--16 页；26cm ［国图］

云南省各机关职员录：截止二十八年七月底止 / 省政府秘书处编 .-- 昆明：省政府秘书处刊，民国 28 年［1939］.--52 页；26cm ［国图］

云南省政府暨所属各机关职员录 / 云南省政府秘书处编 .-- 昆明：云南省政府秘书处刊，民国 36 年［1947］.--146 页；21cm ［国图］

云南省政府暨所属各厅组织与职员之年龄籍贯教育程度统计册 / 云南省政府秘书处统计室编 .-- 石印本 .-- 昆明：云南省政府秘书处统计室刊，民国 23 年［1934］.--35 页；27cm ［国图］

内分组织、年龄、籍贯、教育程度、附录 5 类。

云南省政府组织系统图 / 云南省政府秘书处统计室编制 .-- 石印本 .-- 昆明：云南省政府秘书处统计室刊，民国 35 年［1936］.--15 页；26cm ［馆藏地不详］

浙江省各行政机关主管人员名册：民国廿四年十一月一日 / 浙江省政府秘书处第二科编制股编 .-- 浙江省政府秘书处第二科编制股刊，民国 24 年［1935］.--26 页；21cm　　［国图］

浙江省政府职员录 / 浙江省政府秘书处编 .-- 浙江省政府秘书处刊，民国 17 年［1928］.--42 页；24cm　　［国图］

浙江省政府职员录 / 浙江省政府秘书处第三科编 .-- 浙江省政府秘书处第三科刊，民国 30 年［1941］.--182 页；26cm　　［国图，浙图］

支那职员表 . 第 2 卷第 5 号 /（日）波多野乾一编 .-- 北京：燕尘社刊，民国 13 年［1924］.--112 页；19cm　　［馆藏地不详］

收大总统府、国会、国务院、各部署局、各省、各海关、各邮局等职员名录。英汉对照本。卷末另收王正廷、颜惠庆、顾维钧等 7 人传略（日文）。

职官任免年月表 / 印铸局官书科编辑 .-- 北京：印铸局经理科刊，民国 6 年［1917］.--236 页；27cm　　［南图，津图，国图，上图］

自民国政府成立至 1916 年中央及地方官员任免事宜，按年分类列表说明。

职员录 / 司法部编 .-- 南京：司法部刊，民国 16 年［1927］.--116 页；19cm　　［馆藏地不详］

国民政府各部院局 1927 年职员名录。

职员录：十八年第二期 / 国民政府文官处印铸局编 .-- 南京：国民政府文官处印铸局刊，民国 18 年［1929］.--582 页；19cm　　［馆藏地不详］

国民政府 1929 年第 2 期职员录。

职员录：十九年第一期 / 国民政府文官处印铸局编 .-- 南京：国民政府文官处印铸局刊，民国 19 年［1930］.--566 页；22cm　　［国图，上图］

国民政府 1930 年第 1 期职员录。本期以驻京（南京）内各机关为限，包括各院、部、委及首都卫戍司令部、南京市政府等机关。

职员录：二十年一月第一期 / 民国政府文官处印铸局编 .-- 南京：国民政府文官处印铸局刊，民国 20 年［1931］.--626 页；21cm　　［馆藏地不详］

包括国民政府、五院、参谋本部、训练总监部、各省政府职员。

中央各机关职员录 / 国民政府文官处印铸局编 .-- 南京：国民政府文官处印铸局刊，民国 22 年［1933］.--276 页；23cm　　［上图］

各院部职员通讯名录。

中央暨各省市党政机关高级人员名册 / 中国国民党中央执行委员会编 .-- 南京：中国国民党中央执行委员会刊，民国 20 年［1931］.--116 页；

21cm　［国图］

中央暨各省市党政机关高级人员名册 / 中国国民党中央统计处编 .-- 民国 21 年［1932］.--117 页；21cm　［馆藏地不详］

中央暨各机关高级人员名册 / 中国国民党中央统计处编 .-- 南京：中国国民党中央统计处刊，民国 22 年［1933］.--16 页；27cm　［馆藏地不详］

封面有截至二十二年（1933）十二月底止字样。

中央暨各省市行政机关高级人员名册：截止二十二年十二月底止 / 中国国民党中央统计处编 .-- 民国 23 年［1934］.--16 页；26cm　［国图，上图］

收录姓名、性别、年龄、籍贯、现在住址、电话等信息。

中央暨各省市行政机关高级人员名册：截止二十三年三月底止 / 中国国民党中央统计处编 .-- 民国 23 年［1934］.--20 页；26cm　［国图，上图］

收录姓名、性别、年龄、籍贯、现在住址、电话等信息。

中央暨各省市行政机关高级人员名册：截止二十三年六月底止 / 中国国民党中央统计处编 .-- 民国 23 年［1934］.--20 页；26cm　［国图，上图］

收录姓名、性别、年龄、籍贯、现在住址、电话等信息。

中央暨各省市行政机关高级人员名册：截止二十三年九月底止 / 中国国民党中央统计处编 .-- 民国 23 年［1934］.--20 页；26cm　［国图，上图］

收录姓名、性别、年龄、籍贯、现在住址、电话等信息。

中央暨各省市行政机关高级人员名册：截止二十四年三月底止 / 中央统计处编 .-- 民国 24 年［1935］.--20 页；26cm　［国图］

中央暨各省市行政机关高级人员名册：截止二十四年九月底止 / 中央统计处编 .-- 民国 24 年［1935］.--20 页；26cm　［国图］

中央暨各省市行政机关高级人员名册：截止二十五年三月底止 / 中央统计处编 .-- 民国 25 年［1936］.--20 页；26cm　［重图，国图，上图］

收录姓名、性别、年龄、籍贯、现在住址、电话等信息。

中央暨各省市行政机关高级人员名册：截止二十五年六月底止 / 中央统计处编 .-- 民国 25 年［1936］.--18 页；26cm　［国图］

中央暨各省市行政机关高级人员名册：截止二十五年九月底止 / 中

央统计处编 .-- 民国 25 年［1936］.--18 页；26cm　［重图，国图］

中央暨各省市行政机关高级人员名册：截止二十五年十二月底止 / 中央统计处编 .-- 民国 26 年［1937］.--19 页；26cm　［国图，上图］

收录姓名、性别、年龄、籍贯、现在住址、电话等信息。

中央暨各省市行政机关高级人员名册：截止二十六年三月底止 / 中央统计处编 .-- 民国 26 年［1937］.--19 页；26cm　［国图］

分中央各机关和各省市政府两部分。所列各行政机关以国民政府所属各院部会与各省政府及隶属行政院之市政府为限，高级人员文官自简任以上，武官只限将官。

最近官绅履历汇录 . 第 1 集 / 敷文社编辑 .-- 北京：敷文社刊，民国 9 年［1920］.--87，258 页；24cm　［吉图，重图，浙图，首图］

编录清末民初官绅姓氏、年龄、籍贯、出身、历任何职等，按姓氏笔划为序。版权页题：北京商务印书馆寄售。

2.3　警察勤务

建议改革乡区制度之屯堡警区制 / 柳维垣著 .-- 汉口：华中图书公司刊，民国 27 年［1938］.--64 页；18cm　［重图］

讲述了建立屯堡警区制的理由、屯堡警区制的效能、通用性及实施办法等。屯堡政策之一。

警察勤务 / 河北省津海道乙种教练所编 .--62 页；19cm　［馆藏地不详］

共 9 章。包括勤务之意义、原则、礼节、风纪、勤务、警械之使用、户口调查、乡村警察与城市警察，以及巡回章程等。

警察勤务 / 黄亮编述 .-- 浙江：浙江省战时警察训练所刊，民国 28 年［1939］.--132 页；19cm　［重图］

共 8 章。讲述了警察的概念，警察勤务的区分及其重心，巡逻、守望及守卫，密行及密状，押送与看守人犯，警士内勤勤务，中国警察勤务制度等。

警察勤务 / 马造编 .--［1912?—1949?］.--77 页；27cm　［馆藏地不详］

讲解了警察勤务的要旨、制度、分类等。

警察勤务分配 / 张闻乐编著 .-- 长沙：湖南省地方行政干部训练团刊，民国 30 年［1941］.--1 册　［西南政法］

警察勤务概要 / 马天佐编辑 .-- 北京：警声社刊，民国 32 年［1943］.--96 页；18cm　［首图］

本册为日本商法论第四、五编。第四编手形，包括总则、为替手形、约束手形、小切手 4 章；第五编海商，包括船舶及船舶所有者、船员、运送、海损、保险、船舶债权者 6 章。

警察勤务讲义 / 马造，钱学福编，民国 24 年［1935］.--122，146 页：图表；27cm　［赣图］

警察勤务讲义 / 项作梁编述 .-- 中央警官学校编审处刊，民国 35 年［1946］.--82 页；19cm　［重图，津图，赣图，上图］

分 2 编。第 1 编为勤务概论，讲述了警察勤务的意义、认识、机能、实体，以及勤务分配、武器及警笛的使用等；第 2 编为勤务监督，讲述了勤务监督的制度与方法、外勤勤务的稽查、警察人员的修养等。

警察勤务讲义 / 中央警官学校第一分校甲级警官训练班学员总队编 .-- 民国 36 年［1947］.--82 页　［馆藏地不详］

警察勤务精论 / 张永竹著 .-- 上海：中华书局刊，民国 25 年［1936］.--10，296 页；19cm　［南图，吉图，辽图，津图，湘图，国图，赣图，上图，首图］

讲解了警察勤务制度及中外各国实况。附警察应勤常识及其必备物品。

警察勤务论讲义 / 伍树芬编述 .--［1935?—1939?］.--72，128 页；27cm　［鄂图］

警察勤务试行通则 / 内政部警察总署编辑 .-- 民国 37 年［1948］.--30 页；16cm　［重图］

警察勤务手册 /.-- 北平：武学印书馆刊，民国 36 年［1947］.--46 页；13cm　［馆藏地不详］

警察勤务须知 / 河南民政厅编 .-- 开封：河南民政厅刊，民国 17 年［1928］.--60 页；15cm　［重图，国图］

警察勤务须知 / 朱雅正编 .-- 中英印务局刊，民国 36 年［1947］.--27 页；13cm　［中图］

警察勤务制度 / 广东省政府民政厅编 .-- 广州：民政厅刊，民国 29 年［1940］.--24 页；19cm　［浙图］

广东省各县局长警训教材，第 5 册。

警察外勤分配汇编 / 伍树芬著 .-- 南京：内政部警官高等学校总务处刊，民国 23 年［1934］.--52 页：照片；25cm　［国图］

警官巡逻勤务论 / 郑宗楷著 .-- 重庆：正中书局刊，民国 32 年［1943］.--78 页；19cm　［国图，浙图，南图，重图］

著者 1940 年在中央警官学校主讲的警察勤务学讲稿，根据学员宋剑虹笔记整理出版。分 12 章。讲述了巡逻勤务的意义、地位、机能、种类，以及巡逻路线、时间、速度等。

警管区制的析疑 / 马造著 .--［1912?—1949?］.--32 页；19cm　［重图］

警管区制之研究 / 程法编 .-- 江苏

省警官学校刊，民国25年［1936］.--180页：表；19cm　　［国图，重图］

分9章。讲述了警管区的意义、功用和必要性，警管区的组织机构、勤务方法、警察人员等。江苏省警官学校讲义。

警管区制之研究 / 卢政纲编 .-- 福州：中国警察学会福建分会刊，民国35年［1946］.--54页；19cm　　［闽图］

警察丛书之二。

警勤区勤务：警察之窍！治安之路！/ 李万里编著 .--3版 .-- 上海：万里书屋刊，民国37年［1948］.--66页；17cm　　［馆藏地不详］

介绍了警勤区与警员的历史、性能，警员担任警勤区勤务的基本认识，警察的目的、方式、路线、手段等。附违警罚法。本书原名：警管区勤务。第3版时略加增补，改用今名。

模范乡村警察制度 / 郝遇林编著 .-- 上海：独立出版社刊，民国37年［1948］.--246页　　［馆藏地不详］

介绍了乡村警察之意义与重要性及其所研究之范围、乡村警察之经费、乡村警察之组成、乡村警力之分配、警察之挑选、合理的乡村警察教育。附战时警察勤务方案纲要、战时警察方案、如何办理地方警察行政答案。

宁波警察局第二分局实施警员警勤区制：周年纪念专刊 / 毛衍主编 .-- 宁波：警察月刊社刊，民国37年［1948］.--88页：照片；21cm　　［重图，浙图］

收今后警察的新任务（蒋介石）、宁波警察局第二分局实施警员警勤制概况（毛衍）、实验警员警勤区制工作计划纲要等篇及有关法令。

勤务须知 /.-- 上海：世界书局，民国18年［1929］.--47页；19cm　　［国图，上图，浙图］

介绍勤务支配、内勤与外勤、行动人和物、携带物件、容装、礼式、警械使用。附录北平各区巡长任务章程。最新警察全书之八。

勤务须知讲义 / 河北省会公安局警察教练所编辑 .-- 天津：协成印刷局刊，民国22年［1933］.--116页；22cm　　［津图］

分绪论和12章。分述警察之养成、警察之勤务和技能、分局长以下警察勤务、警察纪律、禁令、警械使用之限制和赏罚章程等。

勤务要则＝勤务要则讲义 .-- 民国19年［1930］.--110页；19cm　　［馆藏地不详］

浙江省警官学校附属警士教练所讲义。

勤务要则 .-- 北京：北京特别市公署警察局警察教练所刊，民国32年［1943］.--166页；19cm　　［国图］

共6章。分述规例、容装、携带品、勤务、内务整理等。附录请假、惩罚、退休等规则。

勤务要则讲义 / 董锡祺编 .-- 浙江：浙江省警官学校附属警士教练所刊，［1912?—1949?］.--126 页；19cm ［南图］

分警察勤务通则和通常警察2部分。

勤务要则讲义 / 辛特兰编 .-- 杭州：浙江省警官学校刊，民国 19 年［1930］.--1 册；19cm ［浙图］

勤务要则讲义 .--46 页；19cm ［上图］

分通常勤务、非常勤务、应勤常识、勤务配置、警械使用等 7 章。

勤务要则讲义 .-- 南京：首都警察厅刊，民国 24 年［1935］.--80 页；19cm ［南图］

首都警察厅警士教练所讲义。分绪论等 7 章，讲述警察修养、各种勤务、勤务中临时发生的勤务、应勤常识、警察勤务之稽核等。

勤务章程要则 / 青岛市公安局警士教练所编 .-- 再版 .-- 青岛：青岛市公安局警士教练所刊，民国 21 年［1932］.--32 页；27cm ［国图］

共 6 章。分别介绍了警察的服务通规、纪律、勤务及技能等。

警察实务 /（美）克赫兰（Come-linsF.Cahalane）著；黄振译述 .-- 警察研究社刊，民国 26 年［1937］.--270 页；18cm ［浙图］

分 24 章。讲述了巡逻、观察、逮捕、交通管理、犯罪伎俩、侦察方法、结社集会的取缔、娼妓及麻醉品的取缔以及急救方法等。

警察实务 / 贵州省地方行政干部训练委员会编 .-- 贵州：贵州省地方行政干部训练委员会刊，民国 31 年［1942］.--362 页；19cm ［重图］

分 6 节。介绍了卫生、刑事、外事等警察，以及违警罚法、警察勤务、消防救护等。

警察实务 / 江西省地方行政干部训练委员会编 .-- 江西：江西省地方行政干部训练委员会编刊，民国 31 年［1942］.--48 页；21cm ［赣图］

各县训练所训练乡镇干事教材。

警察实务 / 上海市警察局警察训练所编 .-- 上海：上海市警察局警察训练所刊，［1912?—1949?］.--28 页；19cm ［上图］

讲解了警察勤务中主要法则的分配、执行、监督等。卷首题：警察实务摘要讲义。

警察实务 / 首都警察厅警员训练所编 .-- 南京：首都警察厅警员训练所刊，民国 36 年［1947］.--42 页；18cm ［国图］

分 5 章。包括概论、警察勤务、警察勤务的分配、警察勤务的监督等。

警察实务 / 谭传恺编 .-- 政法学社刊，［1912?—1949?］.--195 页；23cm

［上图］

据日本人藤井秀雄讲授编写。分上、下编。讲述了行政警察及司法警察的权力、工作性质及工作内容。附司法警察官执务心得及手续等。政法述义，第 19 种。

警察实务纲要 / 李倬著 .-- 上海：商务印书馆刊，民国 26 年［1937］.--363 页；19cm ［南图，重图，湘图，国图］

分 3 编：警务、行政警察、刑事警察。

上海警察丛书三辑 / 王鲁编 .-- 上海：上海市警察局秘书室刊，民国 37 年［1948］.--3 册；18cm ［南图］

第一辑为经济警察的理论与实际，包括经济警察（俞叔平）和经济警察之理论与实践（朱佑模、俞汉高、陈文杰、李衍诚）4 篇；第二辑为上海市警察局警员警勤区制施行概况，共 9 章，介绍了警员警动区的组织体系、行政设施、勤务制度、教育概况、考核经过、实施成效、改进意见等；第三辑为乡村警察的理论与实验，包括乡村警察（余秀豪）和上海的郊区警察（张雄世）、论乡村警察制度（言忠信）、上海乡村警察的时代使命（张雄世）、龙华分局实施乡村警察制度概况（稽中仑）、新泾分局试办乡村警察概况（张雄世）、新泾分局乡村警察勤务实况（张君泽）等。

上海市警察局警员警勤区制施行概况 / 王鲁编 .-- 上海：上海市警察局秘书室刊，民国 37 年［1948］.--87 页；18cm ［重图，国图，上图］

介绍组织系统、行政设施、勤务制度、教育概况、考核经过、实施成绩、改进意见等。附录上海市警察局实施警员警勤区制纲要、上海市警察局实施警勤区制分局辅导制实施办法等 6 篇及编者编后。上海警察丛书，第 2 辑。

上海市警察局实施警员管区制纲要 /.-- 上海：上海市警察局常熟路分局刊，［1912?—1949?］.--10 页；9cm ［上图］

乡村警察的理论与实验 / 王鲁编辑 .-- 上海：上海市警察局秘书室刊，民国 37 年［1948］.--79 页；18cm ［国图，上图］

收入乡村警察（余秀豪），上海的郊区警察、上海乡村警察的时代使命、新泾分局试办乡村警察概况（张雄世），论乡村警察制度（言忠信），乡村警察与犯罪（杨经文），龙华分局实施乡村警察制度概况（稽中），新泾分局乡村警察勤务实况（张君泽）8 篇。有丛书总序：献给全国警察工作者。附上海市警察局郊区分局实施乡村警察制度计划大纲等 14 篇。上海警察丛书，第 3 辑。

中国警管区制的理论与实际 / 韦瑞墀著 .-- 上海：中华书局刊，民国 26 年［1937］.--122 页；19cm ［辽图，重图，津图，国图，赣图，浙图，上图］.-- 再版 .-- 上海：中华书局刊，民国 29 年［1940］.--122 页；19cm ［南图，

国图］

以江苏昆山县公安局警管区为例，论述了基层警察制度之理论与实际。

自卫勤务草案 / 绥远省政府乡村建设委员会训练处军训组编 .-- 内蒙：绥远省政府乡村建设委员会训练处军训组刊，民国 35 年［1936］.--118 页；16cm ［上图］

分 5 编：壮丁须知、侦察勤务、警戒勤务、联络勤务、交通勤务。

2.4 警察保障

财政说明书 / 经济学会编 .-- 北京：经济学会：财政部印刷局刊，民国 4 年［1915］.--2 册（648 页）：表格；26cm ［上图］

清末宣统年间编制的 22 省财政说明书，内容为清理光绪一朝各省的各项财政收支，并详述其沿革变迁等。22 省包括奉天、直隶（734 页），吉林、黑龙江（560 页），山西（673 页），河南、山西（663 页），河南（558 页），江苏（672 页），浙江（452 页），江西、安徽（498 页），福建（444 页），山东（749 页），湖南、湖北（706 页），广东（2 册 620 页、666 页），广西（2 册 818 页、634 页），新疆、四川（186 页），贵州（410 页），云南（604 页），陕西（692 页），甘肃（698 页）。

国民政府财政概况论 / 杨汝梅著 .-- 南京：杨汝梅刊，民国 25 年［1936］.--216 页；22cm ［吉图，国图，上图］

分四章，介绍了中央财政状况、分析与比较收支状况、国债概况、地方财政等。

国民政府财政概况论 / 杨汝梅著 .-- 广州：中华书局有限公司发行，民国 27 年［1938］.--512 页；19cm ［南图，辽图，重图，国图，浙图，上图］

先叙述清季及民初改革财政的概要，接着叙述国民政府中央财政、地方财政及国债概况。中国计政学会丛书。

河南省彰德县警察所民国三十年度岁出预算书 .-- 油印本 .-- 彰德：彰德县警察所刊，民国 29 年［1940］.--2 页；25cm ［国图］

湖北省学生食粮及团队警察粮饷划分统筹办法 / 湖北省政府秘书处编 .-- 湖北：湖北省政府秘书处刊，民国 29 年［1940］.--5 页；19cm ［南图］

首都警察厅十八年度经费收支报告：自十九年二月至同年六月末日止 / 首都警察厅总务科编 .-- 南京：首都警察厅刊，民国 19 年［1930］.--8 页；27cm ［馆藏地不详］

四川巡警道试办川江巡警宣统四年预算受协各款岁入报告专册 .-- 手抄本 .-- 四川刊，民国 1 年［1912］.--1 册；34cm ［津图］

封面题名：川江巡警宣统四年预算受协各款岁入报告专册。

四川巡警道试办宣统四年国家岁入预算报告册 .-- 手抄本 .-- 四川刊，民国元年［1912］.--1 册；34cm ［津图］

巡警道试办宣统四年预算受拨各项入款报告专册 .--1 册 ［津图］

警察服制施行细则 / 内务部定 .-- 民国 7 年［1918］.--1 册：表 ［法研所］

附施行日期令及细则。

军警服制图说 .--1 册：图；27cm ［金图］

内有 63 幅彩图，前有赵秉钧、段祺瑞签署的命令部令。

修正警察服制条例 .-- 南京：内政部警察总署刊，民国 36 年［1947］.--1 册；27cm ［南图］

2.5 地方警政

安徽

安徽省会警务一览表 / 安徽省警察厅编 .-- 合肥：安徽省警察厅刊，民国 5 年［1916］.--1 册 ［法研所］

安徽大通警务一览表 / 大通警察专局编 .-- 大通：大通警察专局刊，民国 5 年［1916］.--1 册 ［法研所］

安徽概览 / 李品先著 .-- 安庆：安徽省政府刊，民国 33 年［1944］.--620 页；25cm ［南图］

其中警政章节分 4 部分：机构、人事及装备、长警及干部训练、重要业务推进情形。

报告书 / 李品仙著 .-- 民国 31 年［1942］.--20 页；26cm ［南图，国图］

三年来安徽省党政军各部工作概况报告。分党务、政务两部分。封面题：安徽省执行委员会主任委员安徽省政府主席李品仙呈。

安徽省政年刊：中华民国三十一年度 /（伪）安徽省政府秘书处编 .-- 民国 31 年［1942］.--15，398 页：照片；26cm ［国图］

分省政总论、民政、财政、教育、建设、警务、社运、粮食、保安等 9 编。有高冠吾序。

安徽省政年刊：中华民国三十二年度 /（伪）安徽省政府秘书处编 .-- 民国 32 年［1943］.--15，342 页：照片；26cm ［国图］

目录与安徽省政年刊（中华民国三十一年度）相同。有高冠吾序。

安庆市公安概要 / 安庆市公安局编 .-- 安庆：安庆市公安局刊，民国 17 年［1928］.--316 页；27cm ［法研所］

介绍了安庆市公安局的沿革、制度、警务设施、卫生行政等。

芜湖警务一览表 / 芜湖警察厅编 .-- 民国 6 年［1917］.--1 册 ［法研所］

安徽第二区第二次行政会议会议录 / 安徽第二区第二次行政会议编 .-- 民国 23 年［1934］.--68 页：照片；26cm ［国图］

1934 年 6 月 25 日至 28 日的会议纪要。分报告和讨论事项。

第二次行政会议专刊 / 安徽第六区行政督察专员公署编 .-- 安徽第六区行政督察专员公署刊，民国 23 年［1934］.--78 页；25cm ［国图］

收安徽第六区行政督察专员公署第二区行政会议暂行组织章程、议事细则、办事规则及会议记录（1934 年 4 月 20 日—4 月 23 日）等。

安徽第十区行政汇刊：中华民国二十三年七月份起至九月份止 / 安徽第十区行政督察专员公署编 .-- 民国 23 年［1934］.--39 页；27cm ［国图］

分章则、计划、会计 3 部分（1934 年 7 月至 9 月）。有附录。目次书名题：第七集行政汇刊。

安徽省政府二十三年度行政成绩报告 / 安徽省政府编 .-- 安徽：安徽省政府刊，民国 24 年［1935］.--2 册；27cm ［重图，国图，首图］

1934 年度报告。上册分民政、财政、教育 8 编；下册分建设、保安、救灾、剿匪、特种教育 5 编。下册未见。

安徽省第一届行政会议汇编 / 安徽省政府秘书处编 .-- 安徽：安徽省政府秘书处刊，民国 25 年［1936］.--400 页；27cm ［馆藏地不详］

分会议经过、议案、图表 3 编。

安徽省二十九年度行政计划 .-- 民国 29 年［1940］.--84 页；26cm ［南图，国图］

分总则、民政、财政、教育、建设、保安、会计 7 项。

安徽省二十九年度全省行政会议录 .-- 民国 29 年［1940］.--256 页；25cm ［国图］

分筹备及开会经过、大会宣言、演词、重要文电、会员审查委员及职员、记录、章则统计等 8 项。

安徽省三十年度行政计划 .-- 民国 30 年［1941］.--128 页；24cm ［南图，国图］

分一般行政、民政、财政、教育、建设、军事、会计、粮食管理 8 项。

安徽省三十一年度行政计划 / 安徽省政府编 .-- 民国 31 年［1942］.--326 页；25cm ［南图，国图］

内分普通政务计划、特别建设计划两项。

安徽省卅一年度全省行政会议录 / 安徽省政府秘书处编 .-- 民国 31 年［1942］.--252 页；25cm ［国图］

内分筹备及开会经过、演词、重要文电、会议记录、检讨会记录、报告记录等 9 项。

一年来皖南行政剪报：中华民国三十一年八月起至三十八年八月止 / 皖南新闻社编辑 .-- 屯溪：皖南新闻社刊，民国 32 年［1943］.--210 页；25cm ［国图］

内分施政方针、整饬官方、惩治贪污、禁绝烟毒、管制物价、增进生产、推行粮政、一般工作等 9 类。附录：中央日报及皖报评论等 8 篇。有编者前言。

安徽行政工作检讨：三十一年度上半年 / 安徽省政府秘书处编译室编 .-- 民国 31 年［1942］.--51 页；25cm ［重图，国图］

分一般行政、民政、财政、教育、建设、保安、会计、粮政、驿运 9 项。本书为安徽政治月刊第 5 卷第 7 期（民国三十一年七月号）抽印本。

安徽省行政工作报告：中华民国三十四年三月 / 李品仙著；安徽省政府编 .-- 安徽：安徽省政府刊，民国 34 年［1945］.--98 页；26cm ［南图，国图，上图］

分一般行政、民政、财政、教育、建设、物价管制、计政、田粮、保安、役政、干部训练 11 项。

安徽省行政会议纪录：卅五年度 / 安徽省政府编 .-- 民国 35 年［1946］.--98 页；25cm ［南图，国图］

分演词、电文、会员及职员、会议记录、大会宣言、安徽省革新运动纲领暨推行方法 6 项。

安徽省行政会议纪录：卅六年度 / 安徽省政府编 .-- 民国 36 年［1947］.--118 页；25cm ［南图，国图］

分演词、电文、会员一览、会议记录、宣言 5 项。

安徽省政府三十六年度工作简报表 / 安徽省政府设计考核委员会编 .-- 民国 37 年［1948］.--56 页；26cm ［国图］

1947 年度工作简报表。分行政和事业两大类。

安徽省行政会议会员手册 / 安徽省行政会议秘书处编 .-- 安徽：安徽省行政会议秘书处刊，民国 36 年［1947］.--24 页；17cm ［国图］

会议规程、秘书处组织规则、议事规则及会员一览。

安徽省民政报告书：中华民国十七年十二月 / 吴醒亚著 .-- 安徽省民政厅刊，民国 17 年［1928］.--1 册；26cm ［国图］

1928 年期间关于整顿吏治、警察、土地、户口及改组县政府等报告 7 篇。

安徽省民政报告书 / 安徽省民政厅编 .-- 安庆：安徽省民政厅刊，民国 21 年［1932］.--22，328 页：图像；26cm ［国图］

报告县政、警政、保卫、土地、水利、地方自治、粮食整理、社会救济、地方卫生行政等有关情况，并收统计图表。

安徽省民政统计：中华民国二十三年度 / 安徽省政府民政厅编 .-- 安徽：安徽省政府民政厅刊，［1934］.--133 页；27cm　　［上图］

包括土地、人口、县政、保甲、粮食、社会等方面的统计图表（1934 年度）。

安徽省民政工作纪要 / 安徽省民政厅编 .-- 安庆：安徽省民政厅刊，民国 25 年［1936］.--450 页；23cm　　［国图］

其中公安章节分 5 部分：积极整理原有各公安局队、训练警佐巡官、训练各县长警、实施警卫联击、确定各县警察经费。

安徽省民政厅工作报告：三十五年元月份至六月份 / 安徽省民政厅编 .-- 安徽：安徽省民政厅刊，民国 35 年［1946］.--22 页；17cm　　［馆藏地不详］

内分专县、乡镇保甲及地方自治、民意机关、优待征属、处理逆产、礼俗、禁烟禁毒、军队补给及废除摊派、地政、警政、户政、卫生 12 项。

安徽省政府行政报告：中华民国十九年四、八月份，廿二年六至十一月份，廿三年一月份 / 安徽省政府秘书处编 .-- 安徽省秘书处刊，民国 20 年—23 年［1931—1934］.--9 册（432 页）；26cm　　［国图］

环筒页装。每月 1 册。书名据北京图书馆馆藏合订本书名著录，合订本书脊书名题：安徽省政府行政报告。

安徽省政府行政报告：中华民国二十三年一至十二月 / 安徽省政府秘书处编 .-- 安徽省政府秘书处刊，民国 24 年［1935］.--12 册（480 页）；26cm　　［国图］

环筒页装。每月 1 册，国家图书馆合订本为 1 册。书脊书名题：安徽省二十三年度行政报告。

安徽省政府行政报告：中华民国二十四年一至十二月 / 安徽省政府秘书处编 .-- 安徽省政府秘书处刊，民国 25 年［1936］.--12 册（438 页）；26cm　　［国图］

环筒页装。每月 1 册，国家图书馆合订本为 1 册。书脊书名题：安徽省二十四年度行政报告。

安徽省政府工作报告：中华民国二十八年度 / 安徽省政府秘书处编 .-- 民国 29 年［1940］.--128 页；26cm　［国图］

1939 年度工作报告。分民政、财政、教育、建设、保安、会计 6 项。

安徽省政府二十九年度工作报告 / 安徽省政府编 .-- 民国 30 年［1941］.--119 页　　［南图，国图］

1940 年度工作报告。分民政、财政、教育、建设、保安、会计 6 项。

安徽省政府工作报告：民国三十年一至十二月份 / 安徽省政府秘书处编 .-- 民国 31 年［1942］.--1 册；26cm　　［国图］

1941 年工作报告。每月 1 册，北

京图书馆合订本为1册，书名据合订本书名著录。

安徽省政府工作报告：民国三十一年一至九月 / 安徽省政府秘书处编 .--［194?］.--7册（373页）；26cm ［国图］

1942年1至9月份工作报告。除7至9月为1册外，其余每月1册，北京图书馆合订为1册，书名据合订本书名著录。

安徽省政府工作报告：民国三十五年一至六月份 / 安徽省政府秘书处编译室编 .-- 民国35年［1946］.--129页；26cm ［南图，国图］

1946年上半年工作报告。内分奉行中央法令事项、颁行本省单行法规事项、省政府委员会议决议事项摘要、一般行政、民政、教育、建设、会计、保安、训练、社会、田粮、工作计划与进度对照表等14项。

安徽省政府工作报告：中华民国三十六年一月至六月份 / 安徽省政府设计考核委员会编 .-- 民国36年［1947］.--174页；26cm ［南图，国图］

内分奉行中央法令事项、颁行本省单行法规事项、省政府委员会议决议事项摘要、行政部分、事业部分5项。有说明，附新闻处工作概况。

安徽省政府工作报告：中华民国三十七年一月至六月份 / 安徽省政府设计考核委员会编 .-- 民国37年［1948］.--70页；26cm ［国图］

1948年上半年工作报告。与1947年上半年工作报告项目相同。有说明，附安徽省防空指挥部工作报告。

安徽省临时参议会第二次大会会刊 / 安徽省临时参议会秘书处编 .-- 民国29年［1940］.--125页；26cm ［南图，国图］

收开会、休会词、文电、提案一览表、会议记录、决议案、询问书、正副议长暨参议院名单、秘书处职员名单等。附录本会二十九年的经费概算等8种。

安徽省临时参议会第三次大会会刊 / 安徽省临时参议会秘书处编 .-- 民国30年［1941］.--182页；25cm ［重图，国图］

收法规、开会词、文电、提案一览表、会议记录、决议案、询问书、休会词、参议院出席表及席次图。有附录。

安徽省临时参议会第二届第一次大会会刊 / 安徽省临时参议会编 .-- 民国32年［1943］.--174页；25cm ［南图，国图］

收法规、文电、演词、提案、询问等。有附录。

安徽省政府民国三十二年度施政计划 / 安徽省政府编 .-- 民国32年［1943］.--12，104页；24cm ［南图，国图］

1943年度施政计划。分计划撮要、各部门计划两项。书前有安徽省政府代电（1942年12月）。

安徽省政府民国三十三年度施政计划 / 安徽省政府设计考核委员会编 .-- 民国32年［1943］.--14，236页；25cm　［国图］

1944年度施政计划。分计划撮要、各部门计划两项。

安徽省政府民国三十五年度施政计划 / 安徽省政府设计考核委员会编 .-- 民国35年［1946］.--10，154页；25cm　［南图，国图］

1946年度施政计划。分行政部门和事业部门两项。

安徽省政府民国三十八年度施政计划 / 安徽省政府设计考核委员会编 .--［194?］.--88页；26cm　［国图］

1949年度施政计划，分行政和事业两项。书前有计划提要。

安徽省政府三十年度政绩比较表 / 安徽省政府秘书处编 .-- 民国31年［1942］.--69页；35cm　［南图，国图］

分一般行政、民政、财政、教育、建设、军事、会计、粮政等8类。

安徽省政府三十四年度政绩比较表 / 安徽省政府秘书处编 .-- 民国35年［1946］.--99页；25cm　［国图］

分一般行政、民政、财政、教育、建设、会计、田粮、保安、训练9类。

安徽省政府三十五年度政绩比较表 / 安徽省政府设计考核委员会编 .-- 民国36年［1947］.--94页；26cm　［南图，国图］

分一般行政、民政、财政、教育、建设、计政、社会、保安、役政、干部训练、田粮11类。

安徽省政府三十六年度政绩比较表 / 安徽省政府设计考核委员会编 .-- 民国37年［1948］.--66页；26cm　［南图，国图］

分行政部分和事业部分2大类。

安徽政治建设实绩 / 安徽省政府设计考核委员会编 .-- 民国32年［1943］.--50页；18cm　［南图，重图，国图］

分11章。介绍安徽全省形势、行政组织、一般行政、民政、财政、教育、建设、粮政、会计、保安、役政等概况。

安徽政绩简编 / 安徽省政府编 .-- 民国35年［1946］.--184页；18cm　［南图，吉图，辽图，黔图，国图］

分战时施政概况、一般行政、民政、财政、教育、建设、社会等13项。

安徽省政府委员会会议纪录 / 安徽省政府秘书处编 .-- 民国19年［1930］.--1册（446，298页）：肖像；25cm　［南图，国图］

上册为1927年11月省政府成立起至1928年12月底的会议记录，下册为议案汇编（附录）。合订本。

安徽省政府委员会会议汇要：

民国十六年十一月至廿一年六月 / 安徽省政府秘书处编 .-- 安庆：安徽省政府秘书处刊，民国 21 年［1932］.--1 册；25cm ［南图，国图］

分民政、财政、建设、教育、其他行政事项 5 编。

安徽省政府委员会会议汇编 / 安徽省政府秘书处编 .-- 民国 22 年［1933］.--1 册；25cm ［国图］

1932 年 7 月至 1933 年 6 月的会议记录汇编。分民政、财政、建设、教育及其他行政事项 5 编。

安徽省政府委员会会议录汇编：中华民国三十四年一至十二月 / 安徽省政府委员会编 .-- 民国 35 年［1946］.--141 页；25cm ［国图］

1945 年会议记录汇编。

安徽省政府委员会会议录汇编：中华民国三十五年一至十二月 / 安徽省政府委员会编 .-- 民国 36 年［1947］.--193 页；24cm ［国图］

1946 年会议记录汇编。

安徽省政府委员会会议录汇编：中华民国三十六年一至十二月 / 安徽省政府委员会编 .-- 民国 37 年［1948］.--304 页；26cm ［国图］

1947 年会议记录汇编。

安徽全省治安会议特刊 / 安徽省政府民政厅秘书处编 .-- 民国 20 年［1931］.--432 页；25cm ［国图］

1931 年 1 月，安徽民政厅长朱熙召集各县县长治安会议。收入治安报告、自卫团队编制、各县提案及有关法规等。

安徽省暨豫鄂边区党政军工作检讨会会议纪录 / 安徽省政府编 .-- 民国 33 年［1944］.--68 页；25cm ［国图］

内分演词、会员及职员、会议记录 8 部分。

皖南政治谈话会剪报 / 皖南新闻社编 .-- 屯溪：皖南新闻社刊，民国 34 年［1945］.--52 页；19cm ［浙图，赣图，上图］

1945 年皖南行署召集各界人士举行民主政治谈话会。是当时报刊发表的会议记录、报导、舆论等。

安徽省会公安局一年来工作报告 /.-- 安庆：安徽省会公安局刊，民国 22 年［1933］.--1 册；26cm ［南图］

一年来之安徽政治 / 安徽省政府秘书处编 .-- 安徽省政府秘书处刊，民国 22 年［1933］.--42，848 页：图像；26cm ［南图，国图，上图］

分总论、民政、财政、教育、建设、保安、附录 7 编。有编辑例言和吴忠信序。

安徽省会公安局两年来工作概要 / 安徽省会公安局编辑处编 .-- 安庆：安徽省会公安局刊，民国 23 年［1934］.--183 页：图像；23cm ［国图］

1932年6月至1934年6月工作报告。附安徽省会公安局职员录、纪念局长莅任两周年诗文颂词等。

一年来安徽各部门工作及今后之设施/李品仙著.--安徽省政府秘书处刊，民国31年［1942］.--26页；18cm ［南图，国图］

《安徽政治月刊》第五卷第2、3期合刊，抽印本。李副司令长官品仙训词。

安徽第六区行政督察专员公署民国二十四年份工作汇报/安徽第六区行政督察专员公署秘书室编.--泗县：安徽第六区行政督察专员公署秘书室刊，民国25年［1936］.--120页：图像；25cm ［国图］

分民政、财政、教育、建设、保安5编。有鲁佩璋引言。

安徽第七区专员公署保安司令部二十九年上半年度工作概况/安徽第七区专员公署编.--安徽：安徽第七区专员公署刊，民国29年［1940］.--167页；26cm ［国图］

安徽省第一清乡区工作报告/安徽省第一区清乡督察专员公署编.--安徽：安徽省第一区清乡督察专员公署刊，民国34年［1945］.--63页；27cm ［上图］

新安徽之建设/李品仙著.--安徽省政府秘书处编译室刊，民国30年［1941］.--208页；19cm ［国图］

内收建设新安徽、现阶段地方政治应有之努力、党政军一元化、我们所需要的教育等23篇。新安徽建设丛书。

石门新指南/张鹤魂编.--石门：石门新报社刊，民国31年［1942］.--334页：图；19cm ［津图，国图，首图］

分上、中、下3编。上编总论，分3章；中编机关、会社、规程，分2章；下编为商号一览。书后补遗有交通、习俗、名胜、娱乐、街巷名考5项。敌伪出版物。书前冠石门新指南序。

李宗仁将军主皖以后/枕画辑.--民团周刊社刊，民国27年［1938］.--36页；18cm ［南图，国图］

内收安徽政治在好转中（长江），从信阳到六安、在六安访李宗仁将军（陆治），安徽省施政方针、告安徽全省民众书（李宗仁）5篇。

抗建中之安徽/安徽省政府秘书处编.--安徽省政府秘书处刊，民国29年［1940］.--428页；26cm ［南图，重图，国图］

收李宗仁、廖磊、李品仙、白崇禧等40余人的文章57篇。按内容分政治、军事、经济、文化、民众动员等6编。有编者弁言和修正安徽省战时施政纲领。

战时安徽政治设施/安徽省政府秘书处编译室编.--安徽省政府秘书处编译室刊，民国31年［1942］.--194页；19cm ［南图，吉图，重图，国图］

介绍安徽省1938年至1940年1月战时政治设施。分民政、财政、教育、建设、粮政、计政、保安、结论等10部分。附安徽省三十一年度中心工作提要。

战时皖南行政资料 / 大江编 .-- 民国34年[1945].--388页；19cm [南图，吉图，浙图，上图]

辑集当地报刊报导。分总论、经济建设、财政金融、文化教育等12类，约200篇。

八年来之安徽 / 安徽省政府秘书处编 .-- 民国35年[1946].--164页；25cm [南图，重图，国图]

内收李品仙八年来大别山抗战的回忆、八年来大别山的保卫战，以及苏民、黄同仇、濮孟九、汪少伦、刘贻燕、扬中明、范任、王和、张湘泽、陈敢、黄绍耿、刘兆瑸、汪幼平、常恒芳、李则纲等关于抗战八年来安徽省各项工作的概况介绍，共17篇。有李品仙前言。

北京

京师内城巡警总厅统计书 / 京师警察厅总务处编 .-- 北京：京师警察厅总务处，民国元年[1912].--1册：图 [首图]

京师内外城巡警总厅统计书 / 京师警察厅编辑 .-- 北京：京师警察厅刊，民国5年[1916].--2册(132，150页)：图表；24cm [国图]

内分京师内城巡警总厅统计书和京师外城巡警总厅统计书，1910年的总务、行政、司法、卫生等事项的统计。

京师内外城巡警总厅统计书 / 京师警察厅总务处编 .-- 北京：京师警察厅总务处刊，民国6年[1917].--194页：图表；26cm [国图]

包括总务、行政、司法、卫生4类。

宣统元年己酉京师内外城巡警总厅统计书 / 京师警察厅编辑 .-- 北京：撷华印刷局印，民国5年[1916].--322页：彩图；24cm [馆藏地不详]

北方快览：中华民国二十六年 / 北平民社编 .-- 北平：北平民社刊，民国25年[1936].--1册：图表；25cm [重图，国图]

分言论、发时、党务、法令、教育、实业、村政、交通、人事、楹联、卫生、常识等15部分，介绍中国北方冀、晋、豫、热河、陕、察、绥7省概况。

北京地方维持会报告书．上册 / (伪)北京地方维持会编 .-- 北京：(伪)北京地方维持会刊，民国27年[1938].--1册；26cm [国图]

(伪)北京地方维持会于1937年8月成立，此为5个月的工作报告。上册有总务、行政、司法、社会、财政、公安、交通、文化、议案、视察、附表等，共16项。卷首有弁言和序。

北京地方维持会报告书．下册 / (伪)北京地方维持会编 .-- 北京：

（伪）北京地方维持会刊，民国27年［1938］.--1册；26cm　［国图，首图］

（伪）北京地方维持会于1937年8月成立，此为5个月的工作报告。上册有总务、行政、司法、社会、财政、公安、交通、文化、议案、视察、附表等，共16项。下册有该会第五组文化、物质、金融委员会的报告。

北京警察沿革纪要 / 蔡恂著 .-- 民国33年［1944］.--10，273页；21cm　［国图］

介绍北京警察机构设置的变迁、附属机关的兴废、警察官吏的增减、经费与薪饷的消长，以及警察的服制、组织和办事章则等。有著者序及游伯麓序。

北京特别市公署暨各局组织章则 /（伪）北平特别市公署编 .-- 北平：（伪）北平特别市公署刊，民国28年［1939］.--92页；26cm　［国图］

伪临时政府1938年4月25日公布的北京特别市公署及所属各局的组织规则和人员情况表。

北京特别市公署警察局业务报告：中华民国二十七年度 /（伪）北京特别市公署警察局秘书室编 .-- 北平：（伪）北京特别市公署警察局秘书室刊，民国27年［1938］.--2册（410，346页）：照片；26cm　［国图］

1938年度工作报告。分组织、规章、司法重要案件、会议、教育及训练、财政、统计等11项。有余晋龢弁言。有附录。

北京特别市公署警察局业务报告：中华民国二十八年度 /（伪）北京特别市公署警察局秘书室编 .-- 北平：（伪）北京特别市公署警察局秘书室刊，民国28年［1939］.--1册：图像；26cm　［国图］

分组织、规章、计划及工作、司法重要案件、财政、统计等10项。有余晋龢弁言及照片16张。有附录。

京师警务一览图表 / 京师警察厅编 .-- 北京：京师警察厅，民国6年［1917］　［国图］

北平警政概观 / 姜春华著 .-- 民国23年［1934］.--90页；26cm　［国图］

介绍了北平警政的沿革、组织系统、警队编制、一般勤务及其督查、警队教练、员警待遇等。以1933年资料为主。

北平市警政提要 / 北平市警察局统计室编 .-- 北平：北平市警察局统计室刊，民国36年［1947］.--1册　［馆藏地不详］

一年来之北平警政 .-- 北京刊，民国36年［1947］.--69页：照片；26cm　［重图，国图］

北平社会概况统计图 / 陶孟和等审定 .-- 北平：社会调查所刊，民国20年［1931］.--20页；26cm　［吉图，国图，上图］

包括二十年来内外域人口数、居

民结婚人数、市政府全年经费预算、全市房屋间数、全市商铺数、妓女人数、犯罪人数等统计图表 20 幅。书前冠编者序。

北平市公安局统计图表 / 北平市公安局编 .-- 北平：北平市公安局刊，民国 18 年［1929］.--26 页　［馆藏地不详］

北平市统计览要 / 北平市政府秘书处第一科统计股编 .-- 北平：北平市政府秘书处第一科编纂股刊，民国 25 年［1936］.--113，35 页：图；26cm　［吉图，重图，国图，上图，首图］

均为统计表格。包括市区面积、交通、人口、户口、教育、北平市政府组织系统及职员调查、工商业、财政、建设、公安、卫生、公用、救济、自治等部分。书后附旧都文物整理第一期实施工程概览。

北平市政府二十二年下半年行政纪要 . 第一期 / 北平市政府编 .-- 北平：北平市政府刊，民国 23 年［1934］.--14，136 页；25cm　［南图，国图，首图］

袁良任北京市长半年来的工作报告。包括社会、公安、财务、公务、教育、卫生、土地、公用、自治等事项。有袁良序言（写于 1934 年）。

北平市政府二十二年度行政统计 / 北平市政府秘书处第一科统计股编 .-- 北平：市政府秘书处第一科编纂股刊，民国 24 年［1935］.--150 页：图表；26cm　［南图，吉图，重图，国图，上图］

统计表。分社会、教育、公安、财政、工务、卫生、公用、自治 8 类。有袁良引言、北京市区域图、1933 年度北京市各区户口统计表等。

北平市政府公安局业务报告：民国二十二年七月至二十三年六月止 / 北平市政府公安局编 .-- 北平：北平市政府公安局刊，民国 23 年［1934］.--822 页：图像；26cm　［津图，国图］

收录北平市政府公安局署组织章程、办事细则、暂行办法及各机关章程等。

北平市政府民国二十三年度预定行政计划书 / 北平市政府编 .-- 北平：北平市政府刊，民国 23 年［1934］.--56 页；26cm　［国图］

分社会、公安、财政等项。

北平市政府民国二十四年度预定行政计划书 / 北平市政府编 .-- 北平：北平市政府刊，民国 24 年［1935］.--68 页；26cm　［国图］

分社会、公安、财政、工务等项。

北平市政府民国二十五年度预定行政计划书 / 北平市政府编 .-- 北平：北平市政府刊，民国 25 年［1936］.--53 页；26cm　［国图］

分社会、公安、财政、工务、教育等项。

北平市政府政绩比较表：中华

民国三十五年度 / 北平市政府设计考核委员会编 .-- 北平：北平市政府设计考核委员会刊，民国 35 年［1946］.--45 页；26cm　［国图］

分一般行政、社会、财政、警察、工务、卫生、公用、地政、教育、会计 10 类，均为统计表格。

北平市政府三十六年度政绩比较表 / 北平市政府编审室编 .-- 北平：北平市政府编审室刊，民国 37 年［1948］.--44 页；26cm　［国图］

统计表。分民政、财政、教育、社会、地政、卫生、工务、公用、警察、会计、人事 11 类。

北平市政统计：创刊号 / 北平市政府统计室编 .-- 北平：北平市政府秘书处刊，民国 35 年［1946］.--128 页；26cm　［国图，首图］

北平市政统计 . 第二期 . 户口与生命统计专辑 / 北平市政府秘书处编 .-- 北平：北平市政府秘书处刊，民国 35 年［1946］.--118 页；26cm　［重图］

北平市自民国二十六年（1937）起十年来户口与生命统计图表，包括户口分布、市民年龄、市民职业、出生与死产、人口死亡等 5 类。

北平市政统计 / 北平市政府秘书处统计室编 .-- 北平：北平市政府秘书处刊，民国 36 年［1947］.--119 页；26cm　［南图］

为气象、人口、财政、社会、地政、警卫统计合辑。

北平市政统计 . 第二卷第一期教育统计专辑 / 北平市政府统计室编 .-- 北平：北平市政府统计室刊，民国 36 年［1947］.--97 页：表；27cm　［国图］

月刊，中华民国三十六年（1947）一、二月合刊。

北平市政统计：民国三十七年上半年度公务季报 / 北平市政府秘书处编 .-- 北平：北平市政府秘书处刊，民国 37 年［1948］.--157 页；26cm　［国图］

北平特别市各委员会委员题名录 / 市政府秘书处第一科总务股编 .-- 北平：市政府秘书处第一科总务股刊，民国 19 年［1930］.--1 册；21cm　［国图］

北平学术机关指南 / 李文裿编 .-- 北平：北平图书馆协会刊，民国 22 年［1933］.--14，354 页；20cm　［南图，吉图，辽图，津图，湘图，国图，浙图，上图，首图］

分 6 部分。介绍北平学会、研究院、博物院及陈列所、图书馆、大学等学术机关的沿革、组织、将来计划等。

北平指南 / 北平民社编 .-- 北平：北平民社刊，民国 18 年［1929］.--550 页：图；18cm　［吉图，重图，津图，国图，上图］

分 10 编。记北平的地理、街巷地

名、法规、名胜古迹、政治机关及社会团体、交通、风俗习尚、食宿游览、街巷地名及名胜古迹。按名称首字笔划顺序排列。书前冠发刊词。

地方行政委员会会务纪要 /（伪）北京地方行政委员会编 .-- 北京：（伪）北京地方行政委员会刊，民国 27 年［1938］.--98 页；26cm ［国图］

内分章则、演词、各组事务摘要、会计书类、姓名表、各项表式 6 项。书口、目录书名题：北京地方维持会地方行政委员会会务纪要。

房山县公署警察所三十一年度工作概况 / 房山县警察所编 .-- 房山：房山县警察所刊，民国 31 年［1942］.--64 页：图像；26cm ［国图］

分警察沿革、组织及奖惩、有关人口户口职业等统计表，以及禁烟、治安、经济警察活动等 92 项。

光复一年之北平市政 / 北平市政府编 .-- 北平：北平市政府刊，民国 35 年［1946］.--150 页：图；26cm ［国图，上图，重图，浙图，首图，津图］

概述 1945 年至 1946 年北京市政府的社会、财政、警察、教育、工务、卫生、公用、地政、会计、人事等方面的行政设施。有熊斌序言。

京都市政汇览：中华民国三年六月至七年十二月 / 京都市政公所编纂 .-- 北京：京都市政公所刊，民国 8 年［1919］.--20，630 页：图；26cm ［南图，吉图，津图，重图，上图，首图］

介绍北京市政概况。包括市政机关的设置、行政、经费等项。

京师军警联合公所记事汇编：1912 年 4 月 10 日至 1913 年 12 月 / 军警联合公所编 .-- 军警联合公所刊，民国 3 年［1914］.--1 册 ［法研所］

包括凡例、图画、序言、祝词、缘起、记事类别、军警员名表、陆海军大元帅命令、正误表。

京师军警联合公所记事汇编 .-- 民国 3 年［1914］.--500 页：图像；25cm ［国图，津图，首图］

记述京师军警联合公所 1911 年 4 月至 1912 年 12 月间的各种事务。分 6 项：祝词、缘起、记事、类别、军警员名表、陆海军大元帅命令。

治理京兆计划书 / 薛笃弼撰；京兆尹公署编 .-- 京兆尹公署刊，民国 14 年［1925］.--92 页；25cm ［国图，首图］

分概论、预备时期、施行时期、改进时期、结论 5 章。

福建

第三次全国内政会议福建报告书 / 福建省政府编 .-- 民国 30 年［1941］.--126 页；26cm ［南图，重图，国图］

内分省制实施、市制实施、县制实施 3 部分。

福建省地方自治五年计划 / 福建省政府民政厅编 .-- 福建：福建省政府刊，民国 29 年［1940］.--56 页；27cm ［厦门，上图］

分两部分。第一部分为地方自治理论及有关论著 7 篇；第二部分为民政、财政、教育、建设、卫生等 10 个方面的五年计划。

福建省概况 / 福建省政府编 .-- 福州：福建省政府刊，民国 26 年［1937］.--110 页：表；20cm ［南图，吉图，国图，上图］

分自然环境、人文环境、党务、行政机构、经济、建设、教育、警保等 10 章。书中有表格多幅。

福建省会公安局统计表：中华民国二十三年二月十五日至二十六年二月十四日 / 福建省会公安局编 .-- 福州：福建省会公安局刊，民国 26 年［1937］.--1 册：表；19cm ［闽图］

包括民国二十二、二十四、二十五年收发公文职员统计表、长警士兵更动统计表、省会各种枪械数目调查表。

福建省民政概况 / 潘守正编 .-- 福建省县政人员训练所刊，民国 25 年［1936］.--240 页：表；26cm ［国图，上图］

分 12 章。介绍福建省区划、面积、人口、资源，以及行政制度、经费、警察、禁烟、救济、礼俗、卫生、土地等概况。

福建省政府施政报告 / 刘建绪著 .-- 福建：福建省政府刊，民国 33 年［1944］.--59 页：图；26cm ［南图，国图］

内分概述、政治、经济、文化、军事、战后建设展望 6 项。

福建省政府施政报告 / 刘建绪著 .-- 福建：福建省政府刊，民国 34 年［1945］.--16 页：表；26cm ［南图，国图，上图］

内分简化政务、地方自治、财政粮政、经济、教育、卫生、军事 7 项。

福建省政府施政报告：民国三十五年 / 刘建绪编 .-- 福建：福建省政府刊，民国 35 年［1946］.--54 页；26cm ［国图］

福建省三十六年度施政纲要 / 福建省政府编 .-- 福建省政府刊，民国 35 年［1946］.--8 页；18cm ［国图］

1947 年度的民政、财政、教育、建设四方面的施政纲要。

福建省政府施政报告：民国三十七年 / 刘建绪编 .-- 福建：福建省政府刊，民国 37 年［1948］.--42 页；27cm ［国图］

福建省仙游示范县施政概况 / 杨品吉编 .-- 民国 36 年［1947］.--52 页：图；27cm ［南图］

仙游县民政、财政、教育、建设、军事、社会、救济、地政、警政、卫生、人事、田粮等方面的施政概况及计划。

有编者序。

福建省银行概况 / 福建省银行编 .-- 环筒页装 .-- 永安：福建省银行刊，民国 28 年［1939］.--10，76 页；19cm ［南图，重图，湘图，国图，上图］

讲述福建省银行之创办、发展、管理实务及其对金融、农业、工商、建设事业等方面的作用。卷首有本刊引言。

福建省政府行政报告：中华民国二十四年一至十二月份 / 福建省政府行政秘书处编 .-- 环筒页装 .-- 福建省政府行政秘书处刊，［193?］.--12 册（552 页）：表；26cm ［国图］

1935 年度行政报告，每月 1 册。书名据收藏者合订本书名题，合订本书脊处书名题：福建省政府二十四年度行政报告。

福建省政府行政报告：中华民国二十五年一至十二月份 / 福建省政府秘书处编 .-- 环筒页装 .-- 福州：福建省政府秘书处刊，民国 25 年［1936］.--12 册（694 页）：表；27cm ［国图］

1936 年度行政报告，每月 1 册。书名据收藏者合订本书名题，合订本书脊处书名题：福建省政府二十五年度行政报告。

福建省政府民国二十九年度行政计划 / 福建省政府秘书处编 .-- 环筒页装 .-- 福建省政府秘书处刊，［194?］.--110 页；26cm ［国图］

分民政、财政、教育、建设、保安、会计、卫生、农业、地政、赈济、统计 11 项。

福建省政府三十四年度工作计划 / 福建省政府编 .-- 福建省政府刊，民国 34 年［1945］.--124 页；26cm ［国图］

分民政、计政、教育、建设、田粮、社会、赈济、新运、防空、兵役等 15 项。有计划提要。

福建长泰县政纪要 / 福建长泰县政府秘书处编 .-- 福建：福建长泰县政府秘书处刊，民国 26 年［1937］.--222 页：图；22cm ［南图，国图］

分 5 编。叙述长泰县的沿革，介绍 1934 年秋至 1937 年 1 月间的县行政、事务管理、民政、财政、教育、建设等各方面概况。有编后语。

福建之警察 / 福建省政府编 .-- 福州：福建省政府刊，民国 29 年［1940］.--58 页 ［重图，厦大］

福建之警政 / 福建省保安处编 .-- 永安，民国 28 年［1939］.--1 册；19cm ［闽图］

论述了各县区警察局、永安警察局、厦门警察局、福州警察局、水警总队的组织变化和现状，以及警力配置、装备、业务和警察教育等概况。

福州警察局抗战时期业务纪略：民国二十七年八月十五日至二十九年一月十五日 / 福州警察局编 .-- 福州：

福州警察局刊，民国 29 年［1940］.--56 页：表；19cm ［馆藏地不详］

福州警察局抗战时期业务纪要 / 福州警察局编 .-- 福州：福州警察局刊，民国 29 年［1940］.--1 册；19cm ［闽图］

论述了警务改进、抗战准备、救济等问题。

福州市公安局征信录 / 福州市公安局编 .-- 福州：福州市公安局刊，民国 16 年［1927］，--1 册；25cm ［闽图］

福州市警察局业务检讨会议汇刊 / 福州市警察局编 .-- 福州：福州市警察局刊，民国 36 年［1947］.--146 页：照片；26cm ［国图，南图，闽图］

目录页题名：福州市警察局卅六年度业务检讨会议汇刊。

刘主席言论集 / 刘建绪著；福建省政府秘书处编辑室编辑 .-- 再版增订本 .-- 福州：福建省政府秘书处编辑室刊，民国 31 年［1942］.--423 页；19cm ［南图，上图］

辑集 1941 年 9 月至 1942 年 9 月的报告等 94 篇。分行政、干训、党务、动员、教育、文化、社会、经济、治安、救济 10 类。

闽侯县建设计划草案 / 闽侯县政府编 .-- 福建：闽侯县政府刊，民国 23 年［1934］.--20 页：图表；26cm ［馆藏地不详］

本书个别地方破损。

闽警 / 福建人著 .-- 上海：复初书社刊，［1912?—1949?］.--72 页；22cm ［南图，国图］

分 10 章。记述近代以来福建失地、失矿产、失航利的史实，学界及兵事腐败的情况，并记载了日本对福建的野心等。

闽政一年 / 福建省政府秘书处编译室编 .-- 民国 31 年［1942］.--326 页；26cm ［南图，吉图，津图，国图］

刘建绪 1941 年 9 月至 1942 年 12 月主持闽政的施政情况。包括各厅处局、各科室主管人员的工作概述等共 50 篇。附录一年来本省大事日志。

区政概况 / 福建省政府编 .-- 福建：福建省政府刊，［1912?—1949?］.--10，136 页：表；19cm ［重图］

内分分区设署之举办、区政人员之甄审、区政人员之训练、区署经费之筹划、区署组织之充实、区政人员人事之管理等 9 章。有引言。附录福建省候选区政人员一览表。书口书名题：福建省区政概况。闽政丛书。

仙游学治录 / 陈嘉言编著 .-- 北京：京师第一监狱刊，民国 8 年［1919］.--18，24，308 页：照片；23cm ［重图，国图］

著者在福建仙游县任县令时的书牍、文告辑。内分演说、公牍、饬类、示告、批谕、判词类、函电、杂附等项。

有许世英、赵尔巽、张元奇等人的序和自序。有汪洋跋。注：仙游县现属莆田市。

一年来工作概况 / 福建省抗敌后援会龙溪县分会编 .-- 龙溪：福建省抗敌后援会龙溪县分会刊，民国 28 年［1939］.--96 页；19cm　　［国图，赣图］

1938 年至 1939 年 9 月的工作概况。有华孟根弁言。书末有职员一览表。

云霄县政 / 陈文照编 .-- 云霄：云霄县政府刊，民国 30 年［1941］.--158 页；19cm　　［上图］

分总务、民政、财政、教育、建设、军事、会计、兵役、警察、组训、干训等项。有附录。

战时的福建 / 徐学禹著 .-- 上饶：战地图书出版社刊，民国 29 年［1940］.--36 页；19cm　　［南图，国图］

分 6 部分。介绍抗战三年来福建省的党务、政治、保卫、金融、经济、交通诸方面的措施和成绩。战地文化综合小丛书。

战时闽政概要 / 福建省政府秘书处公报室编 .-- 福建省政府秘书处公报室刊，民国 29 年［1940］.--412 页；22cm　　［国图，浙图］

共 49 篇。有全民族战争准备、省政府迁治的意义（陈仪），最近省县行政机构调整的意义（高登艇），福建省战时专员制度之透视（潘守正），现阶段福建省保甲概况（袁国钦），福建省电力事业近况（包可永），福建之警政（黄珍吾）等。

征信录 / 福州市公安局编 .-- 福州：福州市公安局刊，民国 16 年［1927］.--20 页；26cm　　［馆藏地不详］

治梅六月 / 金惠著 .-- 福建刊，民国 30 年［1941］.--47 页；19cm　　［重图］

著者自 1941 年 4 月 11 日至 10 月 10 日主持闽清县政的工作情况。有许敬功书后。注：闽清县古称梅溪，现属福州市。

甘肃

甘肃省政府三十年度工作计划及进度表 / 甘肃省政府编 .-- 环筒页装 .-- 皋兰：甘肃省政府刊，民国 30 年［1941］.--113 页；27cm　　［南图，重图］

兰州市政一周年：三十年七月至三十一年六月 / 兰州市政府编 .-- 兰州：兰州市政府刊，民国 31 年［1942］.--191 页；19cm　　［南图］

本书内容有施政纲领、兰州概述、工作纪实、市长建市言论摘要。

兰州市政二周年：三十年七月至三十二年六月 / 兰州市政府编 .-- 兰州：兰州市政府刊，民国 32 年［1943］.--92 页；18cm　　［国图］

收 1941 年 7 月至 1943 年 6 月的市政、工务、财政、社会、警察、卫生等工作报告 6 篇。著者有蔡孟坚、蔡晱、孙汝楠、郭西园、沈觐康、齐连星。

广东

八个月来广东省政之设施 / 李汉魂著 .-- 广东省政府秘书处编译室刊，民国 28 年［1939］.--1 册：图像；18cm　［南图，国图］

分省政要点、民政、财政、教育、建设等 6 项。

番禺县第二期新运计划辑要 / 番禺县新生活运动促进会编 .-- 番禺：番禺县新生活运动促进会刊，民国 26 年［1937］.--110 页；22cm　［国图］

内收番禺县新生活运动促进会第二期工作计划大纲、三化方案初步实施办法、非常时期工作实施办法、防空运动宣传大纲、民众劳动服务团组织简介等 13 篇。

番禺县政纪要：建国廿四年九月 / 番禺县政府总务科编辑处编辑 .-- 番禺：番禺县政府总务科编辑处刊，民国 24 年［1935］.--26，480 页：图像；26cm　［国图］

内分县政统计、番禺县行政报告、法规、通令、会议记录 5 项。有林世恩序。目录页书名题：番禺县政纪要第一期创刊号。

非常时期之广东民政工作 / 广东省政府民政厅编 .-- 广东省政府民政厅刊，民国 27 年［1938］.--84 页；19cm　［国图］

记述广东省县、乡、镇等地方政府机关的调整、改进，警政的改革及非常时期工作的推进等问题。附录广东省政府民政厅二十六年度施政纲要、非常时期的广东民政（吴铁城）。

丰顺四年：二十八年三月一三十二年三月一日 / 丰顺县政府丰顺四年编辑委员会编 .-- 丰顺：广东丰顺县政府刊，民国 32 年［1943］.--130 页：图；20cm　［国图，吉图］

1940 年—1943 年的县政工作表解。有刘禹轮照片及简介、罗善政木刻、卷首语。书后有我怎样做县长（刘禹轮）等。

复员以来广东民政概况统计 / 广东省政府民政厅编 .-- 广州：广东省政府民政厅刊，民国 36 年［1947］.--40 页：图；19cm　［南图，国图，浙图］

1945 年至 1947 年民政统计。包括民政厅工作方向、地方自治、警政、户政等方面的统计图表 20 幅及文字说明。有李扬敬、钟盛麟序，陈寿仁编前话。

广东地方自治概况 / 陆宗骐讲 .-- 中央陆军军官学校特别班，民国 25 年［1936］.--198 页：表；26cm　［国图］

讲述 1931 年至 1935 年期间的广东地方自治工作概况。分组织、经费、人事、户籍、保甲等方面。附录广东省地方自治改进大纲及实施办法。另收录自治制度讲义（刘竞渡）、保安制度（未署名）。书口题：中央陆军军官学校特别班讲义。

广东地方自治讲义：地方自治 / 内务部编定 .-- 上海：泰东图书局刊，民

国 11 年［1922］.--176，44 页；17cm ［南图，吉图，国图，首图］

广东警务状况：广东民政厅民政公报特刊 / 广东省民政厅编 .-- 广州：广东省民政厅刊，民国 17 年［1928］.--2 册（1224 页）：图像；26cm ［国图］

分 6 部分。介绍广东警政的沿革，并收有各县市警务统计比较表，调查统计总、分表，以及整理广东警政意见书等。有李济深序和刘栽甫序。

广东民政 / 广东省政府秘书处编译室编 .-- 曲江：广东省政府秘书处编译室刊，民国 30 年［1941］.--66 页：表；18cm ［国图，重图］

分 5 章。介绍民政工作的意义、范围，广东省政府民政厅史略、组织、工作概况及展望。1941 年版本丛书项题：广东省政丛书之一。

广东民政 / 广东省政府秘书处编译室编 .-- 曲江：广东省政府秘书处编译室刊，民国 32 年［1943］.--60 页；18cm ［南图，国图，重图］

分 5 章。介绍民政工作的意义、范围，广东省政府民政厅史略、组织、工作概况及展望。

广东民政厅筹办地方自治实况 / 林翼中编 .-- 广州：广东省政府民政厅刊，民国 20 年［1931］.--232 页；20cm ［国图，浙图］

讲述筹办地方自治的先决条件、工作进行情况。附有关讲话等。

广东省五年来民政概况：民国二十年六月至二十五年五月 / 广东民政厅编 .-- 广州：广东民政厅刊，民国 25 年［1936］.--154 页：图；26cm ［厦门，国图，上图］

收录条例、规定、法规、一览表等 86 种。分吏治、公安、救济、卫生、自治、救侨 6 部分。有编者绪言。

广东民政厅二十八年一年来工作概要 / 广东省民政厅编 .-- 广东：广东省民政厅刊，民国 28 年［1939］.--48 页：表；27cm ［重图］

广东民政统计提要 / 广东省政府民政厅编 .-- 广州：广东省政府民政厅刊，民国 35 年［1946］.--40 页：图；27cm ［南图，国图］

图 40 幅。分总纲、人口、吏治、基层组织、民意机关、户政、警政、自卫、禁政、狱政、礼俗 11 类。有李扬敬序和陈寿仁编前话。

广东全省地方纪要 / 广东省政府民政厅编 .-- 广州：广东省政府民政厅刊，民国 23 年［1934］.--3 册（368，396，376 页）：地图；26cm ［津图，重图，湘图，国图，上图］

第一册 25 编，第二册 45 编，第三册 30 编，每编一县（市）。各编均为图与说两部分，收该县（市）最新地图，介绍各县（市）的面积位置及地势、人口及风俗、实业物产及富力、行政组织、警卫、财赋、监狱、交通、教育、卫生及慈善事业、镇市、名胜古迹。书后附索引、图。

广东全省第二届警务会议汇辑 /（伪）广东省警务处编辑统计股主编 .--（伪）广东省警务处编辑统计股刊，民国 29 年［1940］.--64 页：图；26cm ［国图］

介绍会议筹备经过，收录大会规则、文电、各方面报告及各类提案等 98 种。有李道轩弁言。

广东社会处三十二年度工作报告书 / 广东省社会处编 .-- 广东省社会处刊，民国 33 年［1944］.--21 页：表；26cm ［国图］

分一般行政、民众组训、社会运动、社会福利、检讨及业务改进意见 5 部分。附表 12 种。

广东省地方自治概况 / 林翼中，广东民政厅编 .-- 广州：广东民政厅刊，民国 23 年［1934］.--794 页；22cm ［国图］

广东省地方自治概况 / 林翼中著；广东民政厅编 .-- 广州：广东民政厅刊，民国 24 年［1935］.--24 页：表；21cm ［国图］

介绍自 1931 年 7 月起，四年来广东省地方自治概况。

广东省会警察局惩教场民国二十四年、二十五年概况 / 黄祖荫编纂 .-- 广州：惩教场第八工厂刊，民国 26 年［1937］.--120 页：图；19cm ［上图］

包括工作及犯罪的教养概况。有李洁之序言。有附录。

广东省会警察局统计汇刊 / 广东省会警察局编 .-- 广州：广东省会警察局刊，民国 26 年［1937］.--131 页 ［陕图］

广东省会警务纪要 / 广东省会公安局统计股编辑 .-- 广州：广东省会公安局统计股刊，民国 25 年［1936］.--370 页：图；23cm ［重图，国图］

分 4 编 12 章。概述了广东省会警务机构的编制、法规、训练及设备、户籍、消防、审判、缉捕等问题，并介绍了警察医院及家属学校概况等。

广东省三年施政计划简表 / 国民革命军第一集团军总司令部政治部训练处编 .-- 广州：国民革命军第一集团军总司令部政治部训练处刊，［1937?—1949?］.--54 页；19cm ［上图］

以表格形式介绍 1933 年至 1935 年的各种施政计划。分整理之部、建设之部。附 1936 年至 1937 年的计划纲要。

广东省三年施政计划说明书 / 广东省政府秘书处编 .-- 广东：广东省政府秘书处刊，民国 22 年［1933］.--24，710 页：图；25cm ［吉图，国图］

1933—1935 年的施政计划说明。内分民政类、财政类、教育类、建设类 4 编。书脊印有“两广参观团主任王庆泰重订”字样。

广东省实施新县制工作概况 / 广

东省政府民政厅编 .-- 广东：广东省政府民政厅刊，民国 30 年［1941］.--242 页：表；27cm ［南图，重图］

内分县财政、县金库、计政、区乡（镇）保甲之调整、县各级警察机构之配合、编查户口、合作事业、卫生事业、地政等 19 项。有附录。

广东省五年建设计划 / 广东省五年建设计划起草委员会编 .-- 广州：广东省五年建设计划起草委员会刊，民国 36 年［1947］.--138，52，72 页：26cm ［南图，吉图，国图，上图］

广东省文化、政治、经济三项建设的五年计划介绍。

广东省政府工作报告：中华民国三十年九至十二月份 / 广东省政府秘书处编 .-- 广州：广东省政府秘书处刊，民国 30 年［1941］.--4 册（44，48，62，42 页）：表；27cm ［国图］

1941 年 9 月至 12 月工作报告。分奉行中央法令事项、颁行本省单行法规事项、省政府委员会决议事项摘要、一般要政、民政、财政、教育、建设、保安、计政、粮政、卫生、赈济等 15 项。

广东省政府工作报告：中华民国三十一年一月至九月份 / 广东省政府秘书处编 .-- 广州：广东省政府秘书处刊，民国 31 年［1942］.--7 册（467 页）：表；26cm ［国图］

1942 年 1 月至 9 月份工作报告。项目基本同 1941 年 9 月份工作报告。7 月至 9 月工作报告为 1 册。

广东省政府工作报告：中华民国三十二年一至九月份：3 期 / 广东省政府秘书处编 .-- 广州：广东省政府秘书处刊，民国 32 年［1943］.--3 册（143，138，160 页）：表；26cm ［国图］

第 1、2 期内分奉行中央法令事项、颁行本省单行法规事项、省政府委员会决议事项摘要、行政、教育文化、经济及交通、卫生、社会及救济、保警、财务等 11 项；第 3 期增加实业公司概况 1 项。每 3 个月 1 册。

广东省政府工作报告：中华民国三十五年一月至六月 / 广东省政府秘书处编 .-- 广州：广东省政府秘书处刊，民国 35 年［1946］.--256 页：表；26cm ［南图，国图］

项目与 1941 年 9 月工作报告基本相同，无“计政”“赈济”项，增加“地政”“侨务”“兵役”项。

广东省政府工作报告：中华民国三十六年一月至六月 / 广东省政府新闻处编 .-- 广州：广东省政府新闻处刊，民国 36 年［1947］.--176 页：表；26cm ［南图，吉图，国图，上图］

内分奉行中央法令事项、颁行本省单行法规事项、省政府委员会议决议事项摘要、工作概况等 16 项。

广东省政府工作计划：中华民国三十七年 / 广东省政府设计考核委员会编 .-- 广州：广东省政府设计考核委员会刊，民国 37 年［1948］.--2 册（200 页）；27cm ［辽图，国图，上图］

1948 年度施政计划。分为上半年、下半年 2 册。分民政、财政、教育、建设 4 项。

广东省政府行政设计与考核概况 / 广东省政府行政效率促进委员会编 .-- 广州：广东省政府行政效率促进委员会刊，民国 30 年［1941］.--80 页：表；19cm ［南图，重图，国图］

附录各机关三十一年度计划编造办法、各机关拟定分层负责办事细则之原则与方式、党政工作考核办法等中央及地方有关法规 14 种。

广东省政府年刊：十七年份 / 广东省政府秘书处编 .-- 广州：广东省政府秘书处刊，民国 18 年［1929］.--763 页：图；25cm ［南图，国图，上图］

收法规、议事录、委任令、调查报告、计划统计等。有陈铭枢序（写于 1929 年 10 月）。

广东省政府三十年度施政报告 / 广东省政府秘书处编 .-- 广州：广东省政府秘书处刊，民国 30 年［1941］.--202 页：表；26cm ［国图］

分一般行政、民政、财政、教育、建设、计政、救济粮食、举办各级干部训练等 14 项。

广东省政府三十年行政会议纪要 / 广东省政府秘书处编 .-- 广州：广东省政府秘书处刊，民国 30 年［1941］.--311 页：表；26cm ［国图，上图］

分讲话、工作报告、文电、会议记录、提示事项等 6 项。附录出列席人员、审查委员、秘书处职员一览，会议章则及日程表。

广东省政府三十一年度施政计划 / 广东省政府行政效率促进委员会编 .-- 广州：广东省政府行政效率促进委员会刊，民国 31 年［1942］.--272 页：表；26cm ［南图，国图］

1942 年度施政计划。分民政、财政、教育、建设、保安 5 项。

广东省政府重要施政报告：自三十年十一月至三十一年十月 / 广东省政府编 .-- 广州：广东省政府刊，民国 31 年［1942］.--22 页；26cm ［国图］

1941 年 11 月至 1942 年 10 月施政概况报告。分新县制、民政、财政、教育、建设、保安、粮政、兵役、人事行政、救济、计政、干部训练等 12 项。

广东省政府三十五年度工作计划 / 罗卓英编 .-- 广州：广东省政府刊，民国 35 年［1946］.--290 页：表；28cm ［国图］

1946 年度工作计划。分行政、事业、营业类 8 编。每编单有书名页。

广东省政府三十五年度政绩比较表 / 广东省政府设计考核委员会编 .-- 广州：广东省政府设计考核委员会刊，民国 35 年［1946］.--234 页；26cm ［国图］

1946 年行政、事业、营业 8 方面

的政绩统计表。

广东省政府施政报告 / 广东省政府秘书处编 .-- 广州：广东省政府秘书处刊，民国 33 年［1944］.--70 页；26cm ［国图，首图］

1939 年 1 月至 1944 年 4 月期间的施政报告。分民政、财政、教育、建设、粮政、物价管制、计政、地政、卫生、社会、救济、干训、兵役、保卫 14 项。附广东省战后复员计划纲要草案。

广东省政府施政报告：民国三十四年九月至三十五年二月 / 广东省政府秘书处编 .-- 广州：广东省政府秘书处刊，民国 35 年［1946］.--8 页；27cm ［上图］

1945 年 9 月至 1946 年 2 月的施政报告。分民政、财政、教育、建设、人事等 15 项。

广东省政府四年来重要施政概述：中华民国廿八年一月至三十二年五月十五日 / 广东省政府秘书处编 .-- 广州：广东省政府秘书处刊，民国 32 年［1943］.--24 页；26cm ［南图，国图］

1939 年 1 月至 1945 年 5 月 15 日施政概况。

广东省政府特刊第二号 / 广东省政府秘书处编 .-- 广州：广东省政府秘书处刊，民国 16 年［1927］.--900 页：图；26cm ［国图］

收宣言、法规、议事录、委任令、办事报告、调查资料等，共 114 种。有彭一湖序。

广东省政概况 /（伪）广东省政府秘书处编 .-- 广州：（伪）广东省政府秘书处刊，民国 31 年［1942］.--672 页：图；26cm ［国图］

分 7 编。介绍伪广东省政府的民政、财政、教育、建设、宣传、警务等方面的概况。有陈耀祖序。

广东政治现况 / 陈铭枢等著 .-- 民国 18 年［1929］.--30 页；21cm ［国图］

内收目前广东政治之要著（陈铭枢）、广东的建设事业（邓彦华）、广东财政实况报告（范其务）。

广东之边政报道 / 胡耐安著；广东省政府边政指导委员会编 .-- 广东省政府边政指导委员会刊，民国 31 年［1942］.--74 页；20cm ［重图，国图，上图］

山区少数民族地区的工作报导。分连阳安化教育区之创置、粤北边疆施教区之改称、边政指导委员会之设立 3 部分。后另收说徭、边疆教育的涵义及其实施。有著者前言。

最近的广东民政概况 / 广东省民政厅编 .-- 曲江：广东省民政厅刊，民国 30 年［1941］.--38 页；27cm ［南图，重图］

介绍自 1939 年起，三年来广东省民政工作概况。包括整饬吏治、实施新县制健全基层组织、推进自治、充实地方警卫力量、禁绝烟毒、增扩兵源等项。

广州市公安局民国十七年份行政经过情形概况 / 广州市公安局编 .-- 广州：广州市公安局刊，民国 17 年［1928］.--60 页：图；26cm ［重图］

内收广州市公安局民国十七年行政概况总论、公安局十七年补充警械纪实、广州市民警队组织大纲、本局裁汰老弱长警经过概略、广州市公安局保安队现行编制名额一览表等篇。

广州市公安局年刊：中华民国十八年 / 广州市公安局编 .-- 广州：广州市公安局刊，民国 18 年［1929］.--327 页：图；26cm ［甘图，国图］

广州市警察区域全图 / 广东警察厅测绘所绘 .-- 民国元年［1912］ ［上图］

地图一整张。

广州市警政概览 / 广州市警察局编纂 .-- 广州：广州市警察局刊，民国 37 年［1948］.--146 页：照片；26cm ［馆藏地不详］

广州市社会局业务报告：民国二十二年五月至二十三年六月 / 广州市社会局编 .-- 广州：广州市社会局刊，民国 23 年［1934］.--1 册：照片；21cm ［国图］

广州市市政报告汇刊：民国十二年 / 广东省市政厅总务科编 .-- 广州：广东省市政厅总务科刊，民国 12 年［1924］.--434，84 页：图；26cm ［国图，上图，津图，湘图，首图］

收市行政委员会会议记录和有关财政、公务、公安、卫生、教育等事项的报告。有孙科、冯百砺序。附录广州市沿革史略。

广州市市政报告汇刊：民国十三、十四年 / 广州市市政厅总务科编辑股编辑 .-- 广州：广州市市政府印刷所印，民国 15 年［1926］.--334 页：图；26cm ［国图，上图］

介绍 1924 年 8 月至 1925 年 12 月期间的市政府组织及市财政、工务、公安、卫生、教育等方面的概况。有孙科、陈剑如序各 1 篇。戴季陶题封面。

广州市市政报告汇刊：民国十七年 / 广州市市政厅编辑股编 .-- 广州：广州市政厅刊，民国 17 年［1928］.--780 页；26cm ［上图］

介绍 1927 年 7 月至 1928 年 6 月有关财政、工务、卫生、公安、教育、土地、公用、银行等方面概况。

广州市市政概要：民国十年 / 广州市市政厅总务科编辑股编 .-- 广州：广州市市政厅总务科编辑股刊，民国 11 年［1922］.--623 页：表；26cm ［南图，辽图，国图，上图］

收财政、卫生、教育、工务、公用、公安等方面的报告书 6 份。有孙科序及吴飞跋。

新年特刊：十六年度之总报告 / 广州市市政厅编辑股编 .-- 广州：广州市政厅刊，民国 17 年［1928］.--140 页：

图像；26cm　［国图］

分论说、大事记、各局行政概况、补白 4 部分。有编辑的几句话。

广州市市政公报十八年新年特刊 / 广州市市政厅总务科编辑股编 .-- 广州：广州市市政厅刊，民国 18 年［1929］.--190 页；26cm　［国图］

1929 年新年特刊。分市政、一年来行政大事记、各局行政概况 8 项。

广州市市政公报十九年新年特刊 / 广州市政府编 .-- 广州：广州市政府刊，民国 19 年［1930］.--226 页：图；26cm　［国图］

项目同广州市市政公报民国十八年新年特刊。

广州市市政公报二十年新年特刊 / 广州市市政府第一科编辑股编 .-- 广州：广州市政府刊，民国 20 年［1931］.--236 页：图；26cm　［国图］

分特载、议政录、大事记、各局及各机关行政工作概况 4 项。

广州市市政纪要：中华民国二十年 / 广州市政府编 .-- 广州：广州市政府刊，民国 20 年［1931］.--180 页：图；26cm　［南图，津图，国图，上图］

1931 年市政纪要。分区域、交通事业、公用及营业事业、教育事业、娱乐事业、社会救济、卫生事业、土地行政、财政之整理 9 章。有林云陔序（写于 1932 年 7 月）。

广州市新生活运动辑要 . 第 1 辑 / 广州市新生活运动筹备委员会编 .-- 广州：广州市新生活运动筹备委员会，民国 26 年［1937］.--315 页；21cm　［国图］

分新运理论、工作概述、规章录要、调查统计、会议记录、职员名单项。

广州市政府两年来施政报告书：民国二十年七月起至二十二年六月止 / 广州市政府编 .-- 广州：广州市政府刊，民国 22 年［1933］.--138 页；26cm　［上图］

1931 年 7 月至 1933 年 6 月的施政报告。包括社会、财政、工务、教育、卫生、土地、公用等方面。

广州市政府三年来施政报告书 / 刘纪文编 .-- 广州：广州市政府刊，民国 24 年［1935］.--466 页；26cm　［国图，上图］

报告自 1932 年 8 月至 1935 年 12 月期间市政各部门施政情况。

广州市政府新署落成纪念专刊 / 广州市政府编 .-- 广州：广州市政府刊，民国 23 年［1934］.--22，314 页：图；25cm　［厦大，南图，吉图，国图，上图］

记述广州市府新署筹建经过及广州市各项市政概略等。有刘纪文小引。

广州市政会议录 . 第 1 辑 / 广州市政府编 .-- 广州：广州市政府刊，民国 23 年［1934］.--2 册（1396，2724 页）：表；26cm　［国图，南图，上图］

汇集广州市政府市行政委员会会议，1921 年 2 月至 1934 年 2 月（第一百三十次会议）的议决案。有刘纪文序（1934 年 12 月）、编辑例言。据序文写作时间及所收资料，出版年月有误。附录历任市长暨所属各局局长姓名及到任卸任日期表、补遗。

一岁之广州市 / 黄炎培编 .-- 上海：商务印书馆刊，民国 11 年［1922］.--109 页；21cm ［国图，赣图，上图，首图］

.-- 再版 .-- 上海：商务印书馆刊，民国 11 年［1922］.--109 页；21cm ［国图，浙图］

.--3 版 .-- 上海：商务印书馆刊，民国 15 年［1926］.--109 页；21cm ［馆藏地不详］

.--4 版 .-- 上海：商务印书馆刊，民国 16 年［1927］.--109 页；21cm ［重图，国图，浙图，上图］

介绍 1920—1921 年广州情况。分沿革、制度、组织及人物、行政委员会、财政、工务、公安、卫生、公用、教育、参事会、审计等 12 章。书前有敬告读者（一岁之广州市）。附录汕头市。

民国十八年广州市市政府统计年鉴第一回 / 广州市政府编 .-- 民国 18 年［1929］.--466 页；26cm ［津图，重图，国图，上图］

共 10 章。包含广州市公安局组织系统图、广州市公安局历任局长调查表、广州市警察区域面积表等内容。

模范之广州市 / 李宗黄著 .-- 再版 .-- 商务印书馆刊，民国 17 年［1928］.--351 页：图像；21cm ［南图，国图］

--3 版 .-- 民国 18 年［1929］.--352 页：图像；21cm ［首图］

分概论、市条例、市政府、市财政、市公务、市公安、市卫生、市公用、市教育、市土地等 14 章。书前有蒋介石题字、自序、图画 9 幅。

花县一年 / 花县县政府编 .-- 广东花县县政府刊，民国 37 年［1948］.--40 页：图；26cm ［国图］

介绍花县政府 1947 年工作概况。分民政、财政、教育、建设、田粮、土地管理、社政、警政、卫生、人事、计政、干部、军事、承审及各种统计图表 15 项。有林志君序。

惠阳县施政计划：民国二十五年 / 惠阳县政府编 .-- 惠阳县政府刊，民国 25 年［1936］.--134 页：图；18cm ［国图］

分地方警卫队编练、公安、地方自治、建设、农业水利、筹建农民银行、救济、财政管理、教育 9 篇。有黎葛天序。

抗战中之梅县社会概观 / 黄文英主编 .-- 中国复兴文化社刊，民国 35 年［1946］.--108 页；19cm ［吉图，国图］

分 5 编。包括抗战初期的梅县社会、潮汕陷敌到南阳沦胥、省府东迁后对梅县之影响、胜利的前夕、敌人屈膝后之种种。后附今后的展望、梅县历任县长一览表。

岭表纪蛮 / 刘锡蕃著 .-- 上海：商务印书馆，民国 23 年［1934］.--307 页：照片；23cm　［重图，津图，晋图，湘图，国图，赣图，上图］

.-- 再版 .-- 上海：商务印书馆，民国 24 年［1935］.--307 页：照片；23cm　［吉图，重图，国图，赣图，上图，首图］

包括诸蛮种属及其南移之大势、性质与体质、住域与居室、饮食与食具、集会的种种、农业概况、工商概况等 30 章。书前冠黄序等。

曲江县概况 / 广东省曲江县政府编 .-- 曲江：广东省曲江县政府刊，民国 30 年［1941］.--72 页；23cm　［南图，重图，国图］

介绍曲江县历史、疆域、气候、物产、户口、风俗、民政、建设、军事、警政、党务诸方面情况。有附录 28 种。多为表格。

去来之一页 / 李又元编辑 .-- 民国 29 年［1940］.--58 页：图；19cm　［国图］

有财政部粤东盐务管理局饶埔官运办事处处长唐素豪任职前后的讲话、函件、视察及欢迎欢送概况等。有龚子和弁言。

沙面特别区署成立纪念特辑 .-- 民国 31 年［1942］.--42 页：照片；26cm　［国图］

记 1942 年 8 月日军在广州占领沙面英租界及成立伪沙面特别区署时的情况。有郭卫民序。

汕头市市政例规章程汇编 / 汕头市市政厅秘书处编 .-- 汕头：汕头市市政厅公报编辑处刊，民国 17 年［1928］.--220 页；27cm　［上图］

收总务、财政、工务、卫生、教育、公安等 6 类规程章则。有肖冠英等序。有附录。

汕头市政府施政纪略：汕头市更生二周年纪念 /（伪）汕头市政府秘书处编 .-- 汕头：（伪）汕头市政府秘书处刊，民国 30 年［1941］.--34 页：图表；26cm　［南图，吉图，国图］

记述伪汕头市政府成立两年的施政概况。内收汕头市政府施政纪略（许少莫）。有何丽闻序。附从庆祝汕头市更生二周年纪念、我的工作经过（何丽闻）等 8 篇及图表。

汕头市政概况 / 汕头市政府编 .-- 汕头：汕头市政府刊，民国 37 年［1948］.--70 页：图像；26cm　［南图，国图］

1948 年度上半年施政概况。分民政、户政、财政、建设、教育、兵役、人事、统计等 12 项。有李国俊弁言。附编后。

中山县县政汇刊 / 中山县政府编 .-- 中山：中山县政府刊，民国 21 年［1932］.--1 册；26cm　［国图］

中山县训政实施委员会会务汇刊 / 中山县训政实施委员会编 .-- 中山：中山县训政实施委员会刊，民国 21 年［1932］.--16，448 页：图像；26cm

［国图］

分法规、纪录、报告、要案、经费、公牍、特载7项。有唐绍仪序。

中山县训政实施委员会年刊：民国二十一年度 / 中山县训政实施委员会编 .-- 中山：中山县训政实施委员会刊，民国21年［1932］.--194页：图像；26cm ［国图］

分纪录、要案、报告、经费、公牍、特载5项。有唐绍仪弁言。

中山县政府工作报告：五月号 / 中山县政府宣传委员会编 .-- 中山：中山县政府宣传委员会刊，民国29年［1940］.--19页；26cm ［国图］

1940年5月份工作报告。

中山县政年刊 / 中山县政府编 .-- 中山：中山县政府刊，民国25年［1936］.--1册：图像；27cm ［重图，国图］

中山县政年刊：二十五年二月至二十六年二月 / 中山县政府编 .-- 中山：中山县政府刊，民国26年［1937］.--1册：图像；27cm ［国图］

广西

白健生先生论三自政策与广西建设 / 钱实甫编 .-- 南宁：建设书店刊，民国27年［1938］.--148页；19cm ［重图，国图，浙图］

记述广西建设纲领、三自政策的理论与实施、三民主义与三自政策、三自政策与广西建设等问题。民团周刊社乙种丛书。广西建设丛书。

广西的三位一体制 / 亢真化著 .-- 南宁：民团周刊社刊，民国27年［1938］.--34页；18cm ［重图，国图］

.-- 再版 .-- 南宁：民团周刊社刊，民国27年［1938］ ［国图］

.--3版 .-- 南宁：民团周刊社刊，民国29年［1940］ ［重图］

“三位一体制”即由村长兼任民团后备队队长与国民基础学校的校长。本书讲述广西三位一体制的产生、办法、意义、效能、必要性，及干部有关问题。丙种丛刊，第4种，民团丛刊，第1辑，第4种。梁上燕主编。

广西各县施政准则参考文电章则 / 广西省政府编 .-- 广西省政府刊，民国23年［1934］.--130页：图表；18cm ［南图，国图］

收1928年至1934年颁布的规则章程43种。有广西各县组织大纲、广西各县县政府办事细则、广西各县政务警察章程等。

广西建设初编 / 杨煊编 .-- 南宁：大成印书馆发行，民国24年［1935］.--466页；26cm ［重图，国图］

分6章。介绍广西的政治、经济、文化、军事建设情况。

广西民政施政纲要：广西省县政公务员政治训练班函授讲义 / 雷殷讲

述 .-- 桂林：广西印刷厂印，民国 16 年［1927］.--492 页：表；19cm ［国图，浙图］

内分行政区划与组织、各县应办的主要政务、乡村应办事项等 8 编。

广西省第一次行政会议报告 / 省政府秘书处编 .-- 南宁：省政府秘书处刊，民国 22 年［1933］.--660 页：图；26cm ［国图，浙图，首图，上图］

会议于 1933 年 5 月 1 日至 10 日召开。内分规程、提案标准、开幕词、闭幕词、提案总目表、会议记录、文电、会员录等 14 项。有黄旭初弁言，李宗仁、白崇禧等题词。附录讲演词、广西省行政概况。

广西省行政概况：民国二十年至二十二年 / 广西省第一次行政会议秘书处编 .-- 广西：广西省第一次行政会议秘书处刊 .--48 页：图表；27cm ［上图］

记述广西省 1931 年至 1933 年民政、财政、教育、建设、团务等方面的情况。

广西省行政摘要问答 / 广西省政府编 .-- 广西：广西省政府刊，民国 24 年［1935］.--128 页：表；19cm ［国图，浙图，上图］

以问答形式介绍广西省政府行政、民团、电政、航业、略政及广西普及国民基础教育研究院组织等情况。有卷头语。

广西省三十一年度地方行政会议汇刊 / 广西省三十一年度地方行政会议秘书处编 .-- 广西：广西省三十一年度地方行政会议秘书处刊，民国 31 年［1942］.--468 页：图；22cm ［国图，南图］

会议记录。有黄旭初弁言、题词。有大会会场座次鸟瞰图等。

广西省施政纪录：二十二年度 / 广西省政府编辑室编 .-- 南宁：广西省政府刊，民国 24 年［1935］.--721 页：图；27cm ［国图，浙图，重图］

1933 年度施政情况。分人事、民政、财政、教育、建设等项。有黄旭初弁言。

广西省施政纪录：二十三年度 / 广西省政府编辑室编 .-- 广西：广西省政府编辑室刊，民国 25 年［1936］.--858 页：图；26cm ［国图］

1934 年度施政情况。分施政计划、省政府委员会会议录、省政府各项事务工作概况等项。

广西省施政计划：二十三年度 / 广西省政府委员会秘书处编 .-- 环筒页装 .-- 广西：广西省政府秘书处，民国 23 年［1934］.--26 页；17cm ［国图］

1934 年 5 月 11 日广西省政府委员会第 134 次会议决议。分政治建设、经济建设、文化建设等 8 项。

广西省施政计划纲要：二十四年度 / 广西省政府委员会制定 .-- 环筒页装 .-- 桂林：广西省政府印，民国 24 年［1935］.--18 页；19cm ［国图］

1935 年 7 月 17 日广西省政府委

员会第188次会议决议。分政治、经济、文化等8项。

广西省施政计划纲要：二十五年度：广西省政府委员会第217次会议决议.-- 环筒页装.-- 广西省政府刊，民国25年[1936].--16页；19cm　［国图］

分人事行政、行政组织、保安、保健、地政、社会救济、乡村政务、财政、农林、矿业、工业、商业、交通、教育及军事训练等项。

广西省施政计划纲要：二十七年度/广西省政府委员会制.-- 广西省政府委员会刊，民国27年[1938].--22页；19cm　［国图，上图］

1938年8月12日广西省政府委员会第338次会议通过。分政治、经济、文化等8项。

广西省施政计划纲要/广西省政府编.-- 广西省政府刊，民国28年[1939].--8页；19cm　［国图］

1939年制定。分政治、经济、文化等项。

广西省议会第一届第二次常会报告书.-- 桂林：广西省政府刊，民国5年[1916].--4册(162，216，244，194页)；19cm　［国图］

收会议文电以及民政、财务、教育、实业、质问、请愿等项议案。

广西省政府办事细则/广西省政府委员会编.-- 广西省政府委员会刊，民国24年[1935].--34页；19cm　［国图，南图］

1935年2月6日广西省政府委员会第167次会议决议修正通过，并于同日公布。共11章94条。

广西省政府工作报告/广西省政府编.-- 广西：广西省政府刊，民国33年[1944].--242页：表；18cm　［国图，浙图，南图，上图］

分6章。介绍各部门施政情况、战时四大要政（征兵、征粮、征工等）之实施、行政三联制之推行、桂南沦陷期间及收复后之行政措施等。附广西建设计划大纲、桂南作战期间颁行各项单行法令选录等。

广西省政府工作报告：民国三十四年一至六月份/广西省政府秘书处编译室编.-- 广西：广西省政府秘书处编译室刊，民国34年[1945].--133页：表；27cm　［国图］

1945年上半年工作报告。分奉行中央法令、颁行本省单行法规、省政府委员会决议事项摘要，以及人事、民政、地政、财政、教育等项。附有关法规和图表。

柳城概况/广西统计局编.-- 南宁：广西统计局刊，民国23年[1934].--69页：图；18cm　［南图，国图］

分柳城调查之缘起及经过、史地、民族、人口、农民、经济、农业、森林概况、财政、货币金融、教育、度量衡概况等12部分。书前有柳城县图。书后附调查员人名录、广西政治实验区调查队留别纪念合影、柳城县新分区乡户口表、柳城县新分区乡图广西统计丛书。

南宁警察局复局周年特刊 / 费文骝编 .-- 南宁：南宁警察局刊，民国 35 年［1946］.--1 册　［桂林］

新广西 / 国民革命军第四集团军总政训处编 .-- 广西：国民革命军第四集团军总政训处刊，民国 24 年［1935］.--46 页；19cm　［吉图，国图，上图］

记述 1935 年两广事件后，广西桂系政府依据广西建设纲领实施其政治、经济、文化、军事发展计划的情况。分政治、经济、财政、金融、教育、军事、民团、司法等 8 章。

一年来之广西：民国廿二年元旦特刊 / 南宁民国日报编 .-- 南宁：南宁民国日报刊，民国 22 年［1933］.--150 页；27cm　［首图］

记述 1932 年广西的国民党党务、政治、军事、民政等方面的概况。

宜山县警察局工作纪要 / 施绍曾编述 .-- 民国 32 年［1943］.--1 册　［馆藏地不详］

贵州

贵州经济 / 张肖梅编著 .-- 上海：中国国民经济研究所发行，民国 28 年［1939］.--736 页：地图；26cm　［国图，首图，吉图］

.-- 再版 .-- 上海：中国国民经济研究所，民国 28 年［1939］　［南图，吉图，津图，黔图，国图］

分 17 章。汇集有关该省的自然环境、行政区划、土地人口、民族分布、交通运输、农业、森林、灾荒赈济、地质矿产、工商企业、金融财政等资料，并载录该省颁行的经济法规多种。书前冠吴序等。西北经济资料丛书。

贵州省行政会议纪要 / 贵州省政府编 .-- 贵阳：贵州省政府刊，民国 34 年［1945］.--115 页；27cm　［重图，国图］

收开幕词、闭幕词、文电、会议纪要等有关文件。会期为 1945 年 7 月。附录大会出席人员名单等。

贵州省行政会议纪要 / 贵州省政府秘书处编 .-- 贵阳：贵州省政府刊，民国 36 年［1947］.--184 页：图；26cm　［国图］

内分法规、文电、工作报告（选录）、议案、业务提示要点、主席讲评、专题演讲、专员县长与会心得及感想录（选录）、训词及讲词、附录 10 项。有杨森序。

贵州省临时参议会第一次大会记录 / 贵州省临时参议会秘书处编 .-- 贵阳：贵州省临时参议会秘书处刊，民国 28 年［1939］.--112 页：表；27cm　［馆藏地不详］

收会议记录、文电、议长副议长参议员名单、演词、提案原文等。会期为1939年5月。

贵州省三十四年度施政报告 / 贵州省政府秘书处编辑 .-- 贵阳：贵州省政府秘书处刊，民国34年［1945］.--82页；25cm　　［国图］

分16章。包括民政、财政、教育、建设、计政、卫生、合作、社会、地政、保安、兵役、人事管理、设计考核、干部训练、边胞文化。有杨森绪言。附录民国三十四年度十二月十七日对省临参会报告。

贵州省政府行政报告：二十年一月至十一月 / 贵州省政府秘书处编 .-- 贵阳：贵州省政府秘书处刊，民国21年［1932］.--337页；26cm　　［国图］

内分奉行中央法令事项、颁行本省单行法规事项、省政府委员会、民政、财政、教育、建设、农矿（自8月份以后无农矿类）8项。附1931年度2至3季度行政计划及1932年度1、2季度行政计划。每月1册，每册均有书名。缺5月份。现书名据收藏者合订本书名题。

贵州省政府行政报告：中华民国二十四年五至十二月份 / 贵州省政府秘书处编 .-- 贵阳：贵州省政府秘书处刊，民国24年［1935］.--212页；26cm　　［国图］

内分奉行中央法令事项、颁行本省单行法规事项、省政府委员会、民政、财政、教育、建设、保安8项。五月份报告无"保安"项。每月1册，每册均有书名。现书名据收藏者合订本书名题。

贵州省政府行政报告：二十五年度一至十二月份 / 贵州省政府秘书处编 .-- 贵阳：贵州省政府秘书处刊，民国25年［1936］.--440页；26cm　　［国图］

项目基本同1935年行政报告。10月份增加"农业""工商"，11月份另加"矿业"，8、9月份另加"国民经济建设"。每月1册，每册单有书名。现书名据收藏者合订本书名题。

贵州省政府民政厅出巡汇刊：第1号 / 贵州民政厅秘书室编 .-- 贵阳：贵州民政厅第一科刊，民国21年［1932］.--169页：图；26cm　　［国图］

民政厅长黄道彬巡视贵州西路各县的有关事项摘要。分特载、论著、讲演、公牍、文艺、表册、附录等项。有黄道彬弁言。封面书名题：出巡汇刊。书口题：贵州省政府民政厅出巡汇刊。书名据版权页著录。

黔政概况 / 贵州省政府秘书处编 .-- 贵阳：贵州省政府秘书处刊，民国34年［1945］.--10，108页；17cm　　［南图，重图，黔图，国图，上图］

分15项。介绍贵州省民政、财政、教育、建设、保安、粮政、兵役、社会行政、地政、计政、卫生、合作、训练、视察、贵阳市政等概况。

国民政府军事委员会委员长南昌行营处理剿匪省份政治工作报告 / 国民政府军事委员会委员长南昌行营第二厅编 .-- 南昌：国民政府军事委员会委员长南昌行营第二厅刊，民国23年

［1934］.--530 页；26cm　［重图，津图，上图，首图，国图］

报告关于地方财政、教育、建设、保安、农村、司法、禁烟禁毒、处置投诚俘虏及散兵游勇等方面的工作情况。

黑龙江

哈尔滨特别市市政局报告书．第2册 / 哈尔滨特别市市政局编纂 .-- 哈尔滨：哈尔滨特别市市政局刊，民国 20 年［1931］.--224，144 页：图；27cm　［重图］

分 8 章。介绍市沿革、市自治会、市参事会、市政局附属机关等。为 1927 年的工作情况。

哈尔滨特别市市政局报告书．第3册 / 哈尔滨特别市市政局编纂 .-- 哈尔滨：哈尔滨特别市市政局刊，民国 20 年［1931］.--62，304 页：图；27cm　［重图］

分 8 章。介绍市沿革、市自治会、市参事会、市政局附属机关等。为 1927 年的工作情况。

哈尔滨特别市市政局报告书．第4册 / 哈尔滨特别市市政局编纂 .-- 哈尔滨：哈尔滨特别市市政局刊，民国 20 年［1931］.--374 页：图；27cm　［重图］

分 8 章。介绍市沿革、市自治会、市参事会、市政局附属机关等。为 1927 年的工作情况。

东三省纪略 / 徐曦著 .-- 上海：商务印书馆刊，民国 4 年［1915］.--546 页：图；22cm　［重图，国图］

.-- 再版 .-- 上海：商务印书馆刊，民国 4 年［1915］.--546 页：地图；22cm　［国图，上图］

.--3 版 .-- 上海：商务印书馆刊，民国 4 年［1915］.--546 页：图；22cm　［重图，赣图］

.--4 版 .-- 上海：商务印书馆刊，民国 5 年［1916］.--16，546 页：图；20cm　［重图，赣图，赣图，上图］

分疆域纪略（上下）、山川纪略、海疆纪略、边塞纪略（上、中、下）、铁路纪略（上、下）、附录等 10 卷。书前冠序等。书末附东三省电线表等。

东省特别区警察总管理处各项章程规则汇编 / 东省特别区警察总管理处编辑 .-- 哈尔滨：哈尔滨道外新华印书馆刊，民国 16 年［1927］.--1 册；30cm　［辽图］

东省特别区警察总管理处统计报告书 / 东省特别区警察总管理处编纂 .-- 民国 13 年［1924］.--1 册：图像；30cm　［辽图，国图，上图，首图］

共 4 部分。统计了总务、行政、司法、卫生等事项。统计期限为 1923 年 5 月至 1924 年 8 月。

东省特别区路警处统计书：民国十七年 / 东省特别区路警处编 .-- 东省特别区路警处刊，民国 17 年［1928］.--1 册：彩图及地图；31cm　［国图，辽图］

东省特别区路警处统计书：民国十八年 / 东省特别区路警处编 .-- 东省特别区路警处刊，民国 18 年［1929］.--1 册；照片；31cm　　［国图，辽图］

分总务、行政、司法、会计 4 编，每编又分图、表、公牍辑要 3 部分。附本处图书室藏书目录等。

东省特别区路警处统计书：民国十九年 / 东省特别区路警处编 .-- 东省特别区路警处刊，［1912?—1949?］.--398 页：照片；32cm　　［辽图］

最近之东三省 / 许阶平编 .-- 沈阳：新中国书店刊，民国 18 年［1929］.--502 页；21cm　　［南图，辽图，重图，津图，湘图，国图，上图］

全书分 3 篇，共 36 章。第 1 篇，东三省之现势，介绍东北与日苏关系、东北的工商业等。第 2 篇，俄国侵略东三省的实况。第 3 篇，日本侵略东三省的实况。书后附支那解决论、日本并吞中国之计划书两篇文章。

湖南

常德县庶政概况 / 李祖茂编 .-- 常德：常德县政府刊，民国 26 年［1937］.--52 页：图像；26cm　　［国图］

内分党务、县政、警卫、商业、物产、交通、农村及合作事业、教育、工业等 31 部分。有李祖茂绪言。

第三次全国内政会议湖南省报告书 / 湖南省政府编 .-- 湖南：湖南省政府刊，民国 30 年［1941］.--164 页：表格；27cm　　［南图，重图］

衡山县政报告 / 衡山县政府编 .-- 衡山：衡山县政府刊，民国 27 年［1938］.--142 页：图；27cm　　［国图］

记述 1936 年 7 月至 1938 年 8 月的县政概况。包括地方概况、县政建设等项。有彭一湖序等。附县政府职员录。

湖南党政 / 薛岳著 .--56 页：表；13cm　　［国图］

内收湖南省第二次扩大行政会议开幕训词（薛岳）、湖南省政府三十年度施政纲要、湖南省国民兵战时任务队组训及服务实施计划 3 篇。

湖南的实验县衡山 / 中华平民教育促进会编 .-- 长沙：中华平民教育促进会刊，民国 26 年［1937］.--29 页；23cn　　［国图，首图］

介绍衡山实验县的成立、衡山社会概况，以及实验县施政原则和方针、计划等。

湖南民政统计图表：中华民国二十四年度 / 湖南省民政厅编 .-- 湖南省民政厅刊，民国 25 年［1936］.--79 页：图；27cm　　［南图，重图，国图］

1935 年 7 月 1 日至 1936 年 9 月的民政统计表，分厅务、县政、警卫、保甲、仓储、赈吴、地政、卫生 8 类。

湖南全省第三次扩大行政会议湖南省建设厅报告：余籍传报告 /

湖南省政府建设厅编著.-- 民国30年［1941］.--106页：表；27cm　［国图］

内分农林、工业、商业、矿业、交通、水利、合作、度政、会计等10项。

湖南全省警察局业务纪要：民国二十五年 / 湖南省水上警察局编.-- 民国25年［1936］.--587页：图；25cm　［国图］

分工作概况、中央及本省法规、图表等4项。有汤新昭弁言。附录沪杭警察参观记、二十六年施政计划等11篇。

湖南全省扩大行政会议汇编 / 湖南省政府秘书处编.-- 湖南省政府秘书处刊.-- 民国29年［1940］.--292页：图；26cm　［国图］

内分图表、法规、纪事、会议记录、审查报告、决议案全文辑览、文电、训词、宣言等10项。附湖南全省扩大行政会议决议案一览表。会期为1939年12月25日至31日。

湖南省第二次扩大行政会议汇编 / 湖南省政府秘书处编.-- 耒阳：湖南省政府秘书处刊，民国30年［1941］.--530页：图；26cm　［国图，上图，南图，湘图，吉图，重图］

内分特载、法规、会员职员表、训词、演词、工作报告、视察讲评、会议记录、审查报告、决议案全文辑览、文电、宣言等13项。卷端、逐页、书脊名题：湖南省第二次扩大行政会议汇编。附剿查会议记录4种。会期为1940年12月25日至30日。

湖南省第一期实施新县制各县筹备会议记录 / 湖南省政府秘书处编.-- 湖南省政府秘书处刊，民国29年［1940］.--168页：图；19cm　［国图，上图，南图，赣图］

内分训词、出席人员、会议记录、审查报告（修正案）、章则（修正案）5项。附县各级组织纲要、县各级党政关系调整办法等13种。

湖南省二十九年度政治的检讨 / 薛岳著.-- 湖南省政府刊，民国29年［1940］.--16页；18cm　［国图，南图］

内分检讨的意义、一年来的政果、三十年度的展望3部分。

湖南省各级地方政府战时应变方案 / 湖南省政府秘书处编.-- 湖南省政府秘书处刊，民国29年［1940］.--32页；18cm　［国图］

内分总则、战区之工作、野战区（游击战区）之工作、备战区之工作4章，共10条。1940年12月3日湖南省政府委员会第163次常会通过。

湖南省行政计划：民国廿九年度 / 湖南省政府秘书处编.-- 湖南省政府秘书处刊，民国29年［1940］.--204页：表；26cm　［国图］

分民政、财政、教育、建设、保安5项。

湖南省会警察局参与二三两次长沙会战抗敌纪略 / 湖南省会警察局

编.-- 抄本.-- 民国31年［1942］.--1册：照片　　［馆藏地不详］

中日战事史料征辑会收藏文献。

湖南省民政厅第一期行政会议汇刊/湖南省民政厅编.-- 湖南省民政厅刊，民国19年［1930］.--188页：图；26cm　　［国图］

内分章程、会员及职员、宣言及刊词、文件、议案5项。

湖南省民政统计：二十九年度/湖南省民政厅编.-- 湖南省民政厅刊，民国30年［1941］.--179页；27cm　　［国图，南图］

1940年民政统计表。内分县政、自治保甲、警卫、仓储、卫生、地政、礼俗、出版及取缔等9类。

湖南省民政统计：三十年度/湖南省民政厅编.-- 耒阳：湖南省民政厅刊，民国31年［1942］.--213页；27cm　　［重图，南图］

1941年民政统计表。内分厅务、县政、自治保甲、警政、地政、礼俗6类。有李扬敬序。

湖南省民政统计：三十一年度/湖南省民政厅编.-- 湖南省民政厅刊，民国32年［1943］.--93页；27cm　　［国图］

统计图表。内分厅务、县政、自治保甲、警政、户政、禁政等7类。有周斓序。

湖南省三十年度党政军联合视察组视察各县总检讨/湖南省政府秘书处编.-- 湖南省政府秘书处刊，民国31年［1942］.--176页：图；26cm　　［国图］

内分训词、开会词、出列席人员、会议记录、检讨部门5项。附第1—16组主持人的视察讲评16篇。

湖南省三十年度工作计划/湖南省政府编.-- 湖南省政府刊，民国30年［1941］.--16，156页：表；26cm　　［国图，南图，重图，吉图］

1941年度工作计划。项目同1940年度工作计划。附湖南省政府会计处、湖南省银行、湖南全省防空司令部的1941年度工作计划。

湖南省三十年度施政方针/湖南省政府秘书处编.-- 湖南省政府秘书处刊，民国29年［1940］.--8页；19cm　　［国图］

1940年10月4日经湖南省政府委员会第149次常会通过。

湖南省实施新县制之成果/湖南省政府统计室编.-- 湖南省政府统计室刊，民国30年［1941］.--22页；18cm　　［国图，上图，重图］

内分健全县政机构、调训县政人员、整理县财政、充实基层组织、健全基层干部、建立乡政财政、兴办经济事业、推进公共卫生等11章。卷首书名题：湖南省三十年度实施新县制之成果。

湖南省县政报告：民国十九年度

/ 湖南省政府秘书处编 .-- 湖南：湖南省政府秘书处印，民国 20 年[1931].--490，8 页：表；23cm　［国图，上图，重图］

收湖南省长沙、湘潭、宁乡、平江、浏阳、醴陵等 75 县 1930 年度县政报告。附各县县长一览表。封面题民国二十年八月印行。

湖南省新县制实施前后概况比较 / 湖南省政府统计室编 .-- 湖南省政府统计室刊，民国 31 年［1942］.--15 页；27cm　［国图，南图］

1939 年至 1942 年的统计图表。分政治、经济、教育文化、卫生等建设情况 4 类。

湖南省战时施政纲领 / 湖南省政府秘书处编 .-- 湖南省政府秘书处刊，民国 28 年［1939］.--12 页；18cm　［国图］

湖南省政府第一次三年施政计划 / 湖南省政府秘书处编 .-- 湖南省政府秘书处刊，民国 24 年［1935］.--141 页；19cm　［国图，南图，湘图］

1935 年至 1937 年施政计划。分总纲、民政、财政、建设、教育、保安等 6 项。有何键序。

湖南省政府二十一年度第一期行政计划：二十一年七、八、九三个月 / 湖南省政府编 .-- 环筒页装 .-- 湖南：湖南省政府刊，民国 21 年［1932］.--15 页；27cm　［国图］

分民政、财政、教育、建设 4 项。

湖南省政府二十一年度第二期行政计划：二十一年十、十一、十二三个月 / 湖南省政府编 .-- 环筒页装 .-- 湖南：湖南省政府刊，民国 21 年[1932].--20 页；27cm　［国图］

项目同当年第一期行政计划。

湖南省政府二十一年度第三期行政计划：二十二年一、二、三三个月 / 湖南省政府编 .-- 环筒页装 .-- 湖南：湖南省政府刊，民国 22 年［1933］.--20 页；27cm　［国图，吉图］

湖南省政府二十一年度第四期行政计划：二十二年四、五、六三个月 / 湖南省政府编 .-- 环筒页装 .-- 湖南：湖南省政府刊，民国 22 年［1933］.--20 页；27cm　［国图］

湖南省政府二十二年度第一期行政计划：二十二年七、八、九三个月 / 湖南省政府编 .-- 环筒页装 .-- 湖南：湖南省政府刊，民国 22 年［1933］.--20 页；27cm　［国图］

湖南省政府二十二年第二期行政计划：二十二年十、十一、十二三个月 / 湖南省政府编 .-- 环筒页装 .-- 湖南：湖南省政府刊，民国 23 年［1934］.--20 页；29cm　［国图］

湖南省政府二十一年度行政纲要 / 湖南省政府秘书处编 .-- 环筒页装 .-- 湖南省政府秘书处刊，民国 21 年［1932］.--16 页：27cm　［国图］

1932年行政纲要。分民政、财政、建设、教育4项。

湖南省政府工作报告：中华民国二十九年三月份 / 湖南省政府秘书处编 .-- 湖南省政府刊，民国29年［1940］.--40页；27cm　［国图］

1940年3月份工作报告。分颁行本省法规事项、省政府委员会决议事项摘要、民政、财政、教育、防空、附录等11项。

湖南省政府工作报告：中华民国二十九年四月份 / 湖南省政府秘书处编 .-- 湖南省政府刊，民国29年［1940］.--42页：表；27cm　［国图］

项目同当年三月份报告。

湖南省政府工作报告：中华民国二十九年五月份 / 湖南省政府秘书处编 .-- 湖南省政府刊，民国29年［1940］.--46页：表；27cm　［国图］

项目同当年三月份报告。

湖南省政府工作报告：中华民国二十九年六月份 / 湖南省政府秘书处编 .-- 湖南省政府刊，民国29年［1940］.--82页；27cm　［国图］

比同年三月份报告增加附篇项。

湖南省政府工作报告：中华民国二十九年七月份 / 湖南省政府秘书处编 .-- 湖南省政府刊，民国29年［1940］.--96页；27cm　［国图］

项目同当年三月份报告。

湖南省政府工作报告：中华民国二十九年八月份 / 湖南省政府秘书处编 .-- 湖南省政府刊，民国29年［1940］.--68页；27cm　［国图］

项目同当年三月份报告。

湖南省政府工作报告：中华民国二十九年九月份 / 湖南省政府秘书处编 .-- 湖南省政府刊，民国29年［1940］.--50页；27cm　［国图］

项目同当年三月份报告。

湖南省政府工作报告：中华民国二十九年十月份 / 湖南省政府秘书处编 .-- 湖南省政府刊，民国29年［1940］.--56页：表；27cm　［国图］

项目同当年三月份报告。

湖南省政府工作报告：中华民国二十九年十一月份 / 湖南省政府秘书处编 .-- 湖南省政府刊，民国29年［1940］.--64页；27cm　［国图］

项目同当年三月份报告。

湖南省政府工作报告：中华民国二十九年十二月份 / 湖南省政府秘书处编 .-- 湖南省政府刊，民国30年［1941］.--64页；27cm　［国图］

项目同当年三月份报告。

湖南省政府工作报告：中华民国三十一年一月份 / 湖南省政府秘书处编 .-- 湖南省政府刊，民国31年［1942］.--64页：表；27cm　［国图］

1942年一月份工作报告。内分奉

行中央法令事项、颁行本省单行法规事项、省政府委员会决议事项摘要、民政、财政、教育、建设、计政、保安、卫生、粮政、防空、赈济、附录14项。

湖南省政府工作报告：中华民国三十一年二月份 / 湖南省政府秘书处编 .-- 湖南省政府刊，民国31年［1942］.--62页：表；27cm ［国图］

项目同当年一月份工作报告。

湖南省政府工作报告：中华民国三十一年三月份 / 湖南省政府秘书处编 .-- 湖南省政府刊，民国31年［1942］.--56页：表；27cm ［国图］

项目同当年一月份工作报告。

湖南省政府工作报告：中华民国三十一年四、五、六月份 / 湖南省政府秘书处编 .-- 湖南省政府刊，民国31年［1942］.--102页：表；27cm ［国图］

比同年一月份工作报告多社会、地震2项。

湖南省政府工作报告：中华民国三十一年七、八、九月份 / 湖南省政府秘书处编 .-- 湖南省政府刊，民国31年［1942］.--80页：表；27cm ［国图］

项目同当年四月份工作报告。

湖南省政府工作报告：中华民国三十一年十、十一、十二月份 / 湖南省政府秘书处编 .-- 湖南省政府刊，民国32年［1943］.--74页：表；27cm ［国图］

项目同当年四月份工作报告。

湖南省政府工作报告：中华民国三十二年一至三月份 / 湖南省政府秘书处编 .-- 湖南省政府刊，民国32年［1943］.--74页：表；27cm ［国图］

1943年1月至3月的施政报告。分奉行中央法令事项、颁行本省单行法规事项、省政府委员会决议事项摘要、调整省县行政机构、民政、财政、教育、建设、计政、警务、防空、附录等16项。

湖南省政府工作报告：中华民国三十二年四至六月份 / 湖南省政府秘书处编 .-- 湖南省政府刊，民国32年［1943］.--74页：表；27cm ［国图］

内分奉行中央法令事项、颁行本省单行法规事项、省政府委员会决议事项摘要、民政、财政、教育、建设、计政、警务、防空、附录11项。

湖南省政府工作报告：中华民国三十二年七至九月份 / 湖南省政府秘书处编 .-- 湖南省政府刊，民国32年［1943］.--70页：表；27cm ［国图］

项目同当年四至六月份报告。

湖南省政府工作报告 / 湖南省政府编 .-- 湖南省政府刊，民国33年［1944］.--22页；22cm ［馆藏地不详］

分民政、财政、教育、建设、军事5项。

湖南省政府工作报告纲要 / 湖南

省政府秘书处编 .-- 湖南省政府秘书处刊，民国 29 年［1940］.--12，58 页：表；26cm　［国图，南图，湘图，重图］

1939 年 7 月至 1940 年 2 月的工作报告纲要。分民政、财政、教育、建设、保安、防空 6 项。

湖南省政府工作实施报告：中华民国二十九年份 / 湖南省政府秘书处编 .-- 湖南省政府秘书处刊，民国 30 年［1941］.--190 页：表；26cm　［国图］

1939 年 7 月至 1940 年 2 月的工作报告纲要。内分民政、财政、教育、建设、保安、干训 6 项。

湖南省政府行政报告：中华民国二十年四、六月份，二十二年四至十二月份，二十三年一至三月份 / 湖南省政府秘书处编 .-- 湖南省政府秘书处刊，民国 23 年［1934］.--12 册（360 页）：图；27cm　［国图］

1931 年 4 月、6 月份，1933 年 4 月至 12 月份，1934 年 1 月至 8 月份工作报告。书名据收藏者合订本题。

湖南省政府行政报告：中华民国二十三年一至十二月 / 湖南省政府秘书处编 .-- 环筒页装 .-- 湖南省政府秘书处刊，民国 24 年［1935］.--12 册（318 页）：图；27cm　［国图］

1934 年度工作报告。分奉行中央法令事项、颁行本省单行法规事项、省政府委员会决议事项摘要、民政、财政、教育、建设 7 项。每月 1 册，书名据收藏者合订本书名题。

湖南省政府行政报告：中华民国二十四年一至十二月 / 湖南省政府秘书处编 .-- 环筒页装 .-- 湖南省政府秘书处刊，民国 25 年［1936］.--12 册（390 页）：图；27cm　［国图］

1935 年度工作报告。每月 1 册。与 1934 年度项目相同。其中 11 月和 12 月份报告另加禁烟项。书名据收藏者合订本书名题。

湖南省政府行政报告：中华民国二十五年一至十二月 / 湖南省政府秘书处编 .-- 环筒页装 .-- 湖南省政府秘书处刊，民国 26 年［1937］.--12 册（604 页）：图；27cm　［国图］

1936 年度工作报告。分奉行中央法令事项、颁行本省单行法规事项、民政、建设、保安、禁烟等 9 项。其中 1 至 8 月份另加赈务项。每月 1 册。书名据合订本书名题。

湖南省政府一月份工作报告：中华民国三十年度 / 湖南省政府秘书处编 .-- 湖南省政府秘书处刊，民国 30 年［1941］.--76 页：表；26cm　［馆藏地不详］

内分奉行中央法令事项、颁行本省单行法规事项、省政府委员会决议事项摘要、民政、财政、教育、建设、保安、卫生、防空、赈济、附录、附篇 13 项。

湖南省政府二月份工作报告：中华民国三十年度 / 湖南省政府秘书处编 .-- 湖南省政府秘书处刊，民国 30 年［1941］.--68 页：表；27cm　［馆

藏地不详］

比同年一月报告少附篇项。

湖南省政府三月份工作报告：中华民国三十年度/湖南省政府秘书处编.--湖南省政府秘书处刊，民国30年［1941］.--72页：表；27cm ［国图］

项目同当年一月份工作报告。

湖南省政府四月份工作报告：中华民国三十年度/湖南省政府秘书处编.--湖南省政府秘书处刊，民国30年［1941］.--64页：表；26cm ［国图］

项目同当年二月份工作报告。

湖南省政府五月份工作报告：中华民国三十年度/湖南省政府秘书处编.--湖南省政府秘书处刊，民国30年［1941］.--62页：表；26cm ［国图］

项目同当年二月份工作报告。

湖南省政府六月份工作报告：中华民国三十年度/湖南省政府秘书处编.--湖南省政府刊，民国30年［1941］.--66页：表；27cm ［国图］

项目同当年二月份工作报告。

湖南省政府七月份工作报告：中华民国三十年度/湖南省政府秘书处编.--湖南省政府刊，民国30年［1941］.--58页：表；27cm ［国图］

1942年七月份工作报告。项目同当年二月份工作报告。

湖南省政府八月份工作报告：中华民国三十年度/湖南省政府秘书处编.--湖南省政府秘书处刊，民国30年［1941］.--54页；表；29cm ［馆藏地不详］

项目同当年二月份工作报告。

湖南省政府九月份工作报告：中华民国三十年度/湖南省政府秘书处编.--湖南省政府刊，民国30年［1941］，--58页：表；27cm ［国图］

项目同当年二月份工作报告。

湖南省政府十月份工作报告：中华民国三十年度/湖南省政府秘书处编.--湖南省政府秘书处刊，民国30年［1941］.--46页：表；26cm ［重图，吉图］

项目同当年二月份工作报告。

湖南省政府十一月份工作报告：中华民国三十年度/湖南省政府秘书处编.--湖南省政府秘书处刊，民国30年［1941］.--48页：表；26cm ［重图，吉图］

同年一月份工作报告少附篇项，增加了粮政项。

湖南省政府十二月份工作报告：中华民国三十年度/湖南省政府秘书处编.--湖南省政府秘书处刊，民国31年［1942］.--52页：表；26cm ［馆藏地不详］

项目同当年二月份工作报告。

湖南省政府三十四年工作报告/

湖南省政府秘书处编 .-- 湖南省政府秘书处刊，民国 34 年［1945］.--49 页；27cm ［国图］

分民政、财政、教育、建设、警卫、军法、卫生、地政、会计、统计等 18 项。

湖南省政府三十二年度施政计划 / 湖南省政府编 .-- 湖南省政府刊，民国 32 年［1943］.--18, 196 页；26cm ［国图，重图］

1943 年度施政计划。分计划撮要和计划正文。

湖南省政府三十年度政绩比较表 / 湖南省政府编 .-- 湖南省政府刊，民国 30 年［1941］.--74 页；37cm ［国图］

1941 年度施政统计表。内分民政、财政、教育、建设、军事、卫生、计政、粮政、干训 9 类。

湖南省政府三十一年度政绩比较表 / 湖南省政府编 .-- 湖南省政府刊，民国 31 年［1942］.--88 页；37cm ［国图］

1942 年度施政统计表。分民政、财政、教育、军事、防空、卫生、计政、粮政、干训等 10 类。

湖南省政府施政成绩报告：民国二十九年十月份 / 湖南省政府秘书处编 .-- 湖南省政府秘书处刊，民国 25 年［1936］.--40 页：表；26cm ［国图，首图］

分一般行政、财政、教育、建设、实业等 6 项。湖南省政府统计丛刊。

湖南省政府委员会会议记录刊汇：第 5 编 / 湖南省政府秘书处编 .-- 环筒页装 .-- 湖南省政府秘书处刊，民国 20 年［1931］.--175 页；27cm ［国图］

收 1931 年省政府委员会 144 次至 236 次常会会议记录。

湖南省政府委员会会议记录刊汇：第 6 编 / 湖南省政府秘书处编 .-- 环筒页装 .-- 湖南省政府秘书处刊，民国 21 年［1932］.--164 页；27cm ［国图］

收 1932 年省政府委员会第 237 次至 333 次常会会议记录。

湖南省政府委员会会议记录刊汇：第 7 编 / 湖南省政府秘书处编 .-- 环筒页装 .-- 湖南省政府秘书处刊，民国 22 年［1933］.--158 页；27cm ［国图］

收 1933 年省政府委员会第 334 次至 425 次常会会议记录。

湖南省政府委员会会议记录刊汇：第 8 编 / 湖南省政府秘书处编 .-- 环筒页装 .-- 湖南省政府秘书处刊，民国 23 年［1934］.--131 页；27cm ［国图］

1934 年省政府委员会第 426 次至 525 次常会会议记录。

湖南省政府委员会会议记录刊汇：第 9 编 / 湖南省政府秘书处编 .-- 环筒页装 .-- 湖南省政府秘书处刊，民国 24 年［1935］.--190 页；27cm ［国图］

1935 年省政府委员会第 526 次至 622 次常会会议记录。

湖南省政府委员会会议记录刊汇：第10编 / 湖南省政府秘书处编 .-- 环筒页装 .-- 湖南省政府秘书处刊，民国30年［1941］.--32页；26cm ［国图］

1936年省政府委员会第623次至719次常会会议记录。

湖南省政府湘南行署重要文电汇刊 / 湖南省政府湘南行署编 .-- 湖南省政府湘南行署刊，民国34年［1945］.--10，98页：表；19cm ［国图］

内分总类、民政、财政、教育、建设、警察保甲、主计7类。有周嫻序。

湖南省政府政治报告 / 湖南省政府秘书处编 .-- 湖南省政府秘书处刊，民国22年［1933］.--20，246页：图；20cm ［国图］

1929年8月至1931年8月的施政报告。分行政、法令、考试、清乡4项。

湖南省政府政治报告 / 湖南省政府秘书处编 .-- 湖南省政府秘书处刊，民国23年［1934］.--258页：表；20cm ［国图，上图］

1931年至1933年的政府施政报告。分行政、法令、考试、清乡4项。有何键弁言。

湖南省政府政治报告：中华民国三十年度 / 湖南省政府秘书处编 .-- 湖南省政府秘书处刊，民国20年［1931］.--246页：表；20cm ［国图］

1929年8月至1931年8月的施政报告。分行政、法令、考试、清乡4项。有何键弁言。

湖南省政府政治工作总报告 / 湖南省政府秘书处编 .-- 环筒页装 .-- 湖南省政府秘书处刊，民国20年［1931］.--64页：表；22cm ［国图］

1928至1930年省政府工作报告。包括军事、民政、财政、教育、建设、会议等方面。

湖南实施新政丛书．第一辑 / 张治中著 .-- 长沙：民治书局刊，民国27年［1938］.--24页：图像；18cm ［国图］

.-- 第3版 .-- 民国17年［1928］ ［首图］

内收湖南省政府施政纲要及组训民众方案、革命的乐观主义、发动民众运动的真意义与真精神、湖南民众训练计划纲要、指示对于民训运动应有之认识与努力等12篇。

两湖善后会议录 / 两湖善后会编 .-- 两湖善后会刊，［1912?—1949?］.--348页：图像；26cm ［国图］

收录军政、民政、财政、清乡、北伐等项提案，两湖善后会议规则等。有李宗仁序。书末有程潜开会词、闭会词。

浏阳县政府三十二年度施政计划 / 浏阳县政府编 .-- 浏阳：浏阳县政府刊，民国31年［1942］.--65页；19cm ［重图］

三年来湖南民政之检讨 / 陶履谦编 .-- 湖南省民政厅刊，民国30年［1941］

.--132 页；22cm　　［南图，重图，国图，浙图］

内分实施新县制、吏治、县政机构、基层组织、户籍、警政、地政、仓储、卫生等 10 项。有编者引言。书中内容为 1938 年 9 月至 1941 年 10 月三年间的有关资料。

鲁主席主湘任内政治汇编 / 湖南省政府秘书处编 .-- 合订本 .-- 湖南省政府秘书处刊，民国 18 年［1929］.--3 册（72，320，370 页）：图；26cm　　［国图，上图］

鲁涤平任湖南省政府主席时（1928 年 6 月—1929 年 2 月）的施政概况。上卷收湖南省政府成立宣言、湖南省政府十七年度施政大纲；中卷为民政、财政、教育、建设概况；下卷收湘省政府委员会会议录、市政府秘书处组织系统表及职员表。有陈容弁言。

湘潭县自治汇刊 / 湘潭县自治调查委员会编 .-- 湘潭：湘潭县自治调查委员会刊，民国 19 年［1930］.--660 页；27cm　　［国图］

收自治报告、专著、法规等。有叙言及题词。

湘乡史地常识 / 谭日峰编 .-- 湘乡：湘乡县教育会刊，民国 24 年［1935］.--242 页：地图及照片；21cm　　［南图，吉图，国图］

分沿革、疆域、户口、山脉、水系、气候、地质、县城、古迹、语言和民性、职业、风俗习惯、宗教、新闻事业、县府组织、警务、教育、文化、财政、司法、物产、交通、文献、人物等 99 节。书中附地图 4 种、表格 22 种、照片 23 幅、歌谣 11 首。书前冠例言。

湘乡县政刊要 / 湘乡县政府编 .-- 湘乡：湘乡县政府刊，民国 20 年［1931］.--1 册；图像；27cm　　［国图］

1928 年至 1931 年县政概括介绍。有田稗丰弁言。

湘乡县政统计图 / 湘乡县政府统计室编 .-- 湘乡：湘乡县政府统计室刊，民国 31 年［1942］.--58 页；44cm　　［重图］

1941 年 1 月至 1942 年 6 月的统计。分总类、民政、财政、教育、建设、军事、社会、粮政等 9 类。有张中宁序言。

湘政一年 / 湖南省政府秘书处公报室编 .-- 湖南：湖南省政府秘书处公报室刊，民国 29 年［1940］.--356 页：表；25cm　　［南图，浙图，重图，国图］

收 1939 年度省政府各部门工作概况报告 35 篇。报告人有李扬敬、陶履谦、胡善恒、朱经农、李树森等。内容包括民政、财政、教育、建设、治安、审计、司法、兵役、干训、金融、贸易、卫生、交通等项。

湘政二年 / 湖南省政府秘书处公报室编 .-- 湖南：湖南省政府秘书处公报室刊，民国 30 年［1941］.--488 页：图像；26cm　　［南图，吉图，上图，国图］

.-- 湖南：湖南省政府秘书处公报室刊，

民国 29 年［1940］.--486 页：表；27cm　［重图］

收省政府各部门 1939 年至 1940 年的工作概况报告 27 篇。报告人有薛岳、李扬敬、朱经农、余籍传、周森、雍家源等人。

湘政三年 / 湖南省政府秘书处编译室编 .-- 湖南：湖南省政府秘书处编译室刊，民国 30 年［1941］.--508 页：图；26cm　［吉图，上图，重图，国图］

收 1939 年至 1941 年省政府各部门概况报告 32 篇。报告人有薛岳、胡迈、余籍传、廖鸣欧、仇鳌、张维、赵恒惕等。

一年来之长沙市政 / 汪浩编 .-- 长沙，民国 36 年［1947］.--72 页；21cm　［国图］

1946 年 5 月至 1947 年 5 月的市政情况。分民政、财政、教育、工务、地政、社会、军事、卫生、税捐、会计、统计、总务 12 项。有汪浩序言。附各重要部门复员情况比较表。

岳阳地方自治概况：民国二十二年 / 侯厚宗编辑 .-- 岳阳：岳阳县财政局刊，民国 23 年［1934］.--166 页；19cm　［重图，国图］

内分地理、历史、岳阳县改为自治县的由来、岳阳县实施自治的筹备和现状、赋税 5 章。附自治预算表 8 份。

长沙市政：第二十八期—三十三期合刊 / 长沙市政府秘书处编 .-- 长沙：长沙市政府秘书处刊，民国 25 年［1936］.--1 册：照片；27cm　［重图］

本书内容分插图、论述、法规、公牍、工作纪要、计划、统计、专载、附录九大部分。

长沙市政纪略：特刊号 / 长沙市政处编 .-- 长沙：长沙市政处刊，民国 21 年［1932］.--80 页：图像；27cm　［南图］

记载长沙市市政状况。分工程的沿革、计划、进度及教育的改良等 12 项。封面书名题：市政纪要。

中国国民党第五届中央执行委员会第九次全体会议湘政报告 / 湖南省政府编 .-- 湖南省政府刊，民国 30 年［1941］.--36 页；22cm　［国图，南图］

分基层政治、经济、社会、教育文化、粮食管理、征募兵役 6 项。正文前书名题：九中全会湘政报告。

中国国民党第五届中央执行委员会第十次全体会议湘政报告 / 湖南省政府编：湖南省政府刊，民国 31 年［1942］.--64 页；22cm　［国图，湘图］

分基层政治、经济、社会、教育文化建设、粮政、兵役 6 项。

中国国民党第五届中央执行委员会第十一次全体会议湘政报告 / 湖南省政府编 .-- 湖南省政府刊，民国 32 年［1943］.--26 页；22cm　［国图，南图］

分卫生、经济、文化、政治、社会、军事 6 项。目录前书名题：十一中全会湘政报告。

中华民国十八年湖南全省赋税国防警察司法统计概要 / 湖南全省地方自治筹备处编 .-- 湖南：湖南全省地方自治筹备处刊，民国 20 年［1931］.--1 册；34cm　［首图］

河北

保定特种公安局周年事务纪实 / 保定特种公安局编 .-- 保定：保定特种公安局刊，民国 22 年［1933］.--468 页；26cm　［馆藏地不详］

察哈尔民政汇刊 / 察哈尔省民政厅编辑 .-- 民国 25 年［1936］.--1 册：图表；24cm　［国图］

1935 年 11 月至 1936 年 7 月杨兆庚任民政厅长期间的民政工作择要汇编。

察哈尔省会警察局半年来工作概况 /.-- 察哈尔：察哈尔省会警察局刊，民国 36 年［1947］.--84 页：照片；18cm　［国图］

察哈尔省会警察局光复后一年来之工作概况 / 靳书科 .-- 民国 36 年［1947］.--169 页　［馆藏地不详］

共 4 章。分业务报告、法规、附录、统计等部分。附领导照片、题字。

大中华直隶省地理志 / 林传甲总纂；苏莘分册编纂 .-- 北京：武学书馆刊，民国 9 年［1920］.--22，320 页；20cm　［辽图，津图，晋图，国图，首图］

本书为林传甲总纂大中华分省地理志的一册。介绍直隶省各县地势、水系、物产、实业、户口、教育、城市、乡镇、交通等。封底为上徐大总统呈送大中华直隶省地理志书。书前冠自序。书末附直隶四道百十九县歌等。

定县公安实验记：河北省县政建设实验区 / 邵清淮著 .-- 天津：大公报社（代售），民国 23 年［1934］.--404 页；19cm　［上图］

记述了定县公安经费、设备、训练、组织、勤务、查勤、奖惩等情况。

河北省概况 /（伪）河北省公署编 .--（伪）河北省公署刊，民国 33 年［1944］.--172 页：地图；25cm　［国图］

分沿革、位置、地势、地质、气候、山脉、河流、海岸、湖泊、教育、交通等 24 章。书前有河北省道县全图、河道图，书后附录省辖机关、省公署组织经过。日伪出版物。书末附省辖机关（一）行政机关等。

河北省警政会议纪实 / 王子扬，杜振雄编 .-- 河北：河北省政府警务处刊，民国 36 年［1947］.--24 页：图；26cm　［南图，津图］

分规章、讲词、报告、决议案 4 类。有河北警政人员信条。

河北省民政概况 / 河北省政府民政厅编 .-- 保定：河北省民政厅刊，民国 36 年［1947］.--194 页；18cm　［南图，

国图，首图］

共11章。其中二、建立行政机构：寅、直辖及市县警局。

河北省省政举要 / 林荣等编著 .-- 清苑：河北省地方行政人员训练所发行，民国22年［1933］.--56页；27cm ［国图］

收堤工（林荣），河北省公路电话施政概况、短期义务教育实施办法大纲、查验外人入境护照规则（王朝凤）等。河北省地方行政人员训练所讲义之一。

河北省顺德道周年特刊 /（伪）河北省顺德公署编 .-- 河北：（伪）河北省顺德公署刊，民国37年［1941］.--1册：图；26cm ［国图］

分总务、民政、财政、教育、建设、警务6项。书前冠河北省顺德道周年特刊弁言；书口处题名：河北省顺德道公署周年特刊。

栾城县公署四周年施政纪要 / 张化五编著 .-- 栾城，民国31年［1942］.--1册：图像；26cm ［国图］

伪栾城县公署成立四年来的施政状况撮要。分单行法规、教育、计划、建设、警政、警备队等8项。书前冠张化五弁言（写于1942年2月）。

视察特刊．第一号 / 河北省政府民政厅视察室编 .-- 河北省政府民政厅刊，民国17年［1928］.--1册：图像；26cm ［国图］

河北省民政厅1928年第一届视察资料。分章则、记载、公牍、报告、意见、表册、统计7项。书前冠凡例、序言。

视察特刊．第二号 / 河北省民政厅编 .-- 河北省民政厅刊，民国18年［1929］.--1册：图像；26cm ［国图］

视察特刊．第三号 / 河北省民政厅编 .-- 石家庄：河北省民政厅刊，民国19年［1930］.--496，64，14页：图表；26cm ［国图］

装订后书脊题名：河北省民政厅特刊。河北省民政厅1929年10月至1930年1月第三届视察资料。分摄影、章则、纪载、公牍、条陈、报告、表册、考试、统计9项。

涞水县警察所警务一览表：中华民国六年份 / 涞水县警察所编 .-- 涞水县：涞水县警察所刊，民国6年［1917］.--1册；27cm ［首图］

正定县警察所警务一览表：中华民国六年份 / 河北正定县公署编制 .-- 河北：河北正定县公署刊，民国6年［1917］.--1页；24cm ［国图］

图1张，折23开。共8张表。

直隶安平县警务一览表：中华民国六年份 / 安平县警察所编 .-- 安平：安平县警察所刊，民国6年［1917］.--1册：26cm ［首图］

折纸一张。

**直隶沧县警务一览表：中华民

国六年份 / 沧县警察所编 .-- 沧县：沧县警察所刊，民国 6 年［1917］.--18 页：折图；24cm　［国图］

共 8 张表。

直隶昌黎县警务一览表：中华民国六年份 / 昌黎县警察所编 .-- 昌黎：昌黎警察所刊，民国 6 年［1917］.--1 页；24cm　［国图，首图］

图 1 张，折 21 开。

直隶赤城县警务一览表：中华民国六年份 / 赤城县警务所编 .-- 赤城：赤城县警务所刊，民国 6 年［1917］.--18 页：折图 1 张；24cm　［国图］

直隶东光县警务一览表：中华民国六年份 / 东光县警察所编 .-- 东光县：东光县警察所刊，民国 6 年［1917］.--1 页；96cm　［国图］

直隶东明县警务一览表：中华民国六年份 / 东明县警察所编 .-- 东明县警察所刊，民国 6 年［1917］.--1 册；26cm　［首图］

折图 1 幅。

直隶各县警察所警务一览表：中华民国六年份 .-- 民国 6 年［1917］.--115 页　［馆藏地不详］

包括直隶肃宁县警务一览表、直隶大城县警务一览表、直隶蠡县警务一览表。

各县警务一览表：中华民国六年份 .-- 石印本 .-- 民国 6 年［1917］.--59 幅：图；26cm　［国图］

直隶安新县警务一览表：中华民国六年份 / 安新县警察所编 .-- 安新县警察所刊，民国 6 年［1917］.--1 册；93cm　［首图］

折图 1 幅。

直隶束鹿县警务一览表：中华民国六年份 / 束鹿县警察所编 .-- 束鹿：束鹿县警察所刊，民国 6 年［1917］.--1 册：93cm　［首图］

折图 1 幅。

直隶河间县警务一览表：中华民国六年份 / 河间县警察所编 .-- 河间：河间县警察所刊，民国 6 年［1917］.--1 册；25cm　［首图］

折图 1 幅。

直隶晋县警务一览表：中华民国六年份 / 晋县警察所编 .-- 晋县：晋县警察所刊，民国 6 年［1917］.--1 册；24cm　［国图］

直隶任县警察所警务一览表：中华民国六年度 / 任县警察所编 .-- 任县：任县警察所刊，民国 6 年［1917］.--1 册；24cm　［国图］

直隶深县警务一览表：中华民国六年份 / 深县警察所编 .-- 深县：深县警察所刊，民国 6 年［1917］.--1 册；24cm　［国图］

图 1 张，折 18 开。

直隶巨鹿县警务一览表：中华民国六年份 / 巨鹿县警察所编 .-- 巨鹿：巨鹿县警察所刊，民国 6 年［1917］.--1 页；24cm　［国图］

图 1 张，折 19 开。共 9 张表。

直隶涞水县警务一览表：中华民国六年份 / 涞水县警察所编 .-- 涞水县：涞水县警察所刊，民国 6 年［1917］.--1 册；27cm　［首图］

折纸一张。

直隶徐水县警察所警务一览表：中华民国六年份 / 徐水县警察所编 .-- 徐水：徐水县警察所刊，民国 6 年［1917］.--1 册；24cm　［国图］

直隶蔚县警务一览表：中华民国六年份 / 蔚县警察所编 .-- 蔚县：蔚县警察所刊，民国 6 年［1917］.--1 册；24cm　［国图］

直隶新城县警务一览表：中华民国六年份 / 新城县警察所编 .-- 新城：新城县警察所刊，民国 6 年［1917］.--1 册；26cm　［首图］

折图 1 幅。

直隶新乐县警务一览表：中华民国六年份 / 新乐县警察所编 .-- 新乐：新乐县警察所刊，民国 6 年［1917］.--1 页；24cm　［国图］

图 1 张，折 18 开。

直隶邢台县警务一览表：中华民国六年份 / 邢台县警察所编 .-- 邢台：邢台县警察所刊，民国 6 年［1917］.--1 册；24cm　［国图］

直隶涿鹿县警务一览表：中华民国六年份 / 涿鹿县警察所编 .-- 涿鹿：涿鹿县警察所刊，民国 6 年［1917］.--1 册；24cm　［国图］

共 7 张图表。

直隶大城县七年度警务一览表 / 大城县警察所编 .-- 大城县：大城县警察所刊，民国 7 年［1918］.--1 册；27cm　［首图］

折纸一张。

直隶定县七年度警务一览表 / 定县警察所编 .-- 定县：定县警察所刊，民国 7 年［1918］.--1 册：26cm　［首图］

折纸一张。

直隶高阳县七年度警务一览表 / 高阳县警察所编 .-- 高阳县：高阳县警察所刊，民国 7 年［1918］.--1 册；27cm　［首图］

折纸一张。

直隶各县民国七年度警务一览表 .-- 石印本 .-- 民国 7 年［1918］.--65 幅：图；26cm　［国图］

直隶广宗县七年度警务一览表 / 广宗县警察所编 .-- 广宗县：广宗县警察所刊，民国 7 年［1918］.--1 册；27cm　［首图］

折纸一张。

直隶怀来县七年度警务一览表 / 怀来县警察所编 .-- 怀来：怀来县警察所刊，民国 7 年［1918］.--1 册；26cm ［首图］

折纸一张。

直隶冀县七年度警务一览表 / 冀县警察所编 .-- 冀县：冀县警察所刊，民国 7 年［1918］.--1 册；26cm ［首图］

折纸一张。

直隶临城县七年度警务一览表 / 临城县警察所编 .-- 临城县：临城县警察所刊，民国 7 年［1918］.--1 册；27cm ［首图］

折纸一张。

直隶临榆县七年度警务一览表 / 临榆县警察所编 .-- 临榆县：临榆县警察所刊，民国 7 年［1918］.--1 册：27cm ［首图］

折纸一张。

直隶宁晋县七年度警务一览表 / 宁晋县警察所编 .-- 宁晋县：宁晋县警察所刊，民国 7 年［1918］.--1 册；26cm ［首图］

折纸一张。

直隶平山县七年度警务一览表 / 平山县警察所编 .-- 平山县：平山县警察所刊，民国 7 年［1918］.--1 册：27cm ［首图］

折纸一张。

直隶清丰县七年度警务一览表 / 清丰县警察所编 .-- 清丰：清丰县警察所刊，民国 7 年［1918］.--1 册；26cm ［首图］

折纸一张。

直隶庆云县七年度警务一览表 / 庆云县警察所编 .-- 庆云县：庆云县警察所刊，民国 7 年［1918］.--1 册；26cm ［首图］

折纸一张。

直隶饶阳县七年度警务一览表 / 饶阳县警察所编 .-- 饶阳县：饶阳县警察所刊，民国 7 年［1918］.--1 册；27cm ［首图］

折纸一张。

直隶唐山县七年度警务一览表 / 唐山县警察所编 .-- 唐山县：唐山县警察所刊，民国 7 年［1918］.--1 册；27cm ［首图］

折纸一张。

直隶武强县七年度警务一览表 / 武强县警察所编 .-- 武强县：武强县警察所刊，民国 7 年［1918］.--1 册；27cm ［国图］

折纸一张。

直隶雄县七年度警务一览表 / 雄县警察所编 .-- 雄县：雄县警察所刊，民国七年［1918］.--1 册；27cm ［首图］

折纸一张。

直隶阳原县七年度警务一览表 / 阳原县警察所编 .-- 阳原县：阳原县警察所刊，民国 7 年［1918］.--1 册；27cm ［首图］

折纸一张。

直隶易县七年度警务一览表 / 易县警察所编 .-- 易县：易县警察所刊，民国七年［1918］.--1 册：27cm ［首图］

折纸一张。

直隶元氏县七年度警务一览表 / 元氏县警察所编 .-- 元氏县：元氏县警察所刊，民国 7 年［1918］.--1 册；27cm ［首图］

折纸一张。

直隶赞皇县七年度警务一览表 / 赞皇县警察所编 .-- 赞皇县：赞皇县警察所，民国 7 年［1918］.--1 册；26cm ［首图］

折纸一张。

直隶枣强县七年度警务一览表 / 枣强县警察所编 .-- 枣强县：枣强县警察所刊，民国 7 年［1918］.--1 册；27cm ［首图］

折纸一张。

直隶遵化县七年度警务一览表 / 遵化县警察所编 .-- 遵化县：遵化县警察所刊，民国 7 年［1918］.--1 册；26cm ［首图］

折纸一张。

河南

大中华河南省地理志 / 林传甲纂 .-- 北京：武学书馆刊，民国 9 年［1920］.--20，320 页；24cm ［津图，晋图，国图］

.-- 再版 .-- 北京：佩文书社刊，民国 21 年［1932］.--20，320 页；23cm ［国图］

林传甲总纂大中华分省地理志之一册，体例同其他册一样。分 5 篇，160 章。介绍河南省概况。书前有上徐大总统进呈新印大中华河南省地理志书、林翰等人题词、凡例、总编纂自序、河南四道百八县歌。书前冠题词等。

东里学制录 / 杨一峰编著；陈寿裳，陈兆新校对 .-- 郑州：云章印刷所刊，民国 31 年［1942］.--352 页；18cm ［南图，重图，国图］

辑录著者在第一区专署任职四年期间所汇集的公牍、函电、讲演及诗文等。分民政、财政、建设、教育、保安、防空等类。书前冠序。

二年来之河南民政 / 河南省政府民政厅编 .-- 河南：河南省政府民政厅刊，民国 24 年［1935］.--140 页；27cm ［上图］

分吏治、公安、保甲、土地、查禁烟毒、卫生等 10 项。

河南民政特刊 / 河南省民政厅秘书处编 .-- 开封：河南省民政厅秘书处

刊，民国 18 年［1929］.--1 册：图；26cm　［国图］

分特载、厅令、公牍、法规、文艺、讲演、纪实7部分。有冯玉祥、韩复榘像。

河南民政厅办理自治组织总报告 / 河南民政厅编 .-- 河南民政厅刊，民国 20 年［1931］.--106 页；26cm　［南图，国图］

内分本省单行法令、进行办法、各县办理自治经过分报告、自治人员奖惩、各县自治筹备事务所结束方案、增设督察员实施方案等 8 项。

河南民政厅第二期行政计划大纲：民国十七年二月一日 / 河南民政厅编 .-- 石印本 .-- 河南：河南民政厅刊，民国 17 年［1928］.--32 页；19cm　［上图］

内分上期应办未完事项、本期应办事项（1928年2月1日至4月30日）。有薛良弼弁言。

河南省第一区三十六年度行政治安会议纪录 .-- 油印本 .-- 河南：河南省第一区刊，民国 36 年［1947］.--1 册；24cm　［南图］

河南省各警察机关呈报三十一年七月至十二月份三种月报表清单 .-- 手写本 .-- 民国 32 年［1943］.--1 册；26cm　［国图］

收录 45 个警察所和警察教练所的报表。

河南省辉县一般概况 / 李怀仁汇编 .-- 辉县：李怀仁刊，民国 32 年［1943］.--106 页；25cm　［国图］

分沿革、疆域、山脉、河流、气候、人口、保甲、文化教育、商业、农业、工业、物产、交通、土地、生活状况、礼制、宗教、名胜、古迹、歌谣谚语等 42 节。书中插有地图及统计表。

河南省会公安局业务纪要 / 河南省会公安局秘书室统计室编 .-- 开封：河南省会公安局刊，民国 25 年［1936］.--600 页：图；27cm　［国图］

为该局 1934 年 10 月至 1935 年 9 月的业务纪要。分总务、行政、司法、卫生、督察、训练、法规、统计等 10 项。有王尊五序言。

河南省会警察局业务纪要：中华民国三十四年十月至三十五年十月 / 河南省会警察局秘书室主编 .-- 开封：河南省会警察局秘书室刊，民国 35 年［1946］.--134 页：图；26cm　［馆藏地不详］

河南省警务厅长视察夏防报告书 / 河南省警务厅编 .-- 河南：河南省警务厅刊，民国 34 年［1945］.--64 页　［馆藏地不详］

河南省警政各项统计图表 / 河南省公署警政厅编 .-- 油印本：河南省公署警政厅刊，民国 29 年［1940］.--1 册；26cm　［国图］

河南省民政厅行政会议记录 / 河南省民政厅行政会议秘书处编 .-- 开封：河南省民政厅刊，民国 21 年［1932］.--202 页：图；26cm ［辽图，国图］

记述河南省民政厅行政会议的章则、组织、决议案及会议经过。有李敬斋序。附录慰劳东北义勇军电等 2 篇。

河南省民政厅施政统计 . 二十一年度第一期 / 河南省民政厅编 .-- 开封：河南省民政厅刊，民国 21 年［1932］.--34 页；19cm ［国图］

1932 年第 1 期统计。分行政、吏治、自治、救济、警政、卫生、禁烟、土地、统计、文件、经费等 13 类。附法规。

河南省民政厅施政统计 . 二十一年度第二期 / 河南省民政厅编 .-- 开封：河南省民政厅刊，民国 21 年［1932］.--12，44 页；19cm ［国图］

1932 年 4 季度统计图表。分行政、吏治、自治、救济、土地、警政、禁烟、卫生、诉愿、统计、编辑、文件、经费 13 类。附法规。

河南省民政厅十九年度政治总报告 / 河南省民政厅编 .-- 河南省民政厅刊，民国 19 年［1930］.--172 页：图；27cm ［国图］

分 10 项：整顿吏治、完成县自治、整顿警务、肃清盗匪、筹办赈灾、公共卫生、禁烟、训练民众、宗教寺庙、统计。

河南省民政统计：中华民国三十二年度 / 河南省政府民政厅编 .-- 油印本 .-- 河南：河南省政府民政厅刊，民国 32 年［1943］.--170 页：图；27cm ［重图］

本书共分厅务类、县政类、区乡镇保甲类、警政类、禁政类、礼俗类、社会行政类等十大类。

河南省实行新县制简报：民国三十九年九月 / 河南省政府民政厅编 .-- 河南省政府民政厅刊，民国 30 年［1941］.--176 页；18cm ［南图，重图，国图］

1940 年 9 月至 1941 年 9 月实施新县制情形及有关章则。分订定实施计划、组织设计委员会、普遍宣传、筹划新县制经费、划分省县财政、整理财政机构等 32 项。有方策序。

河南省县政建设实验区计划草案 / 河南民政厅拟 .-- 民国 22 年［1933］.--11 页；26cm ［国图，南图］

内收河南县政建设实验区设置办法、河南县政建设研究院组织大纲、县政建设实验区内县政府组织大纲、河南县政建设研究院附设专门委员会组织大纲等 4 篇。

河南省政府二十二年度行政报告：5—10、12 月份 / 河南省政府秘书处编 .-- 河南省秘书处刊，民国 22 年［1933］.--1 册（338 页）：图；26cm ［国图］

内分奉行中央法令事项、颁行本省单行法规事项、省政府委员会议决议事项摘要、民政、财政、教育、建设、农矿、工商9项。每月1册，各册项目相同。书名据合订本书名题。

河南省政府二十三年度行政报告：2—12月份 / 河南省政府秘书处编 .-- 河南省政府秘书处刊，民国23年［1934］.--446页：表；26cm　［国图］

分项与河南省政府二十二年度行政报告相同。每月1册。书名据收藏者合订本书名题。

河南省政府二十五年度行政报告：中华民国二十五年一月份 / 河南省政府秘书处编 .-- 河南省政府秘书处刊，民国26年［1937］.--28页；27cm　［国图］

内分奉行中央法令事项、颁行本省单行法规事项、省政府委员会议、民政、财政、教育、建设、农矿、工商、保安、农村合作、河务等13项。每月1册，书名据收藏者合订本题。

河南省政府二十七年度行政总报告 / 河南省政府秘书处编 .-- 民国28年［1939］.--36页；26cm　［国图］

分民政、财政、建设、教育、保安等五编。其中第一编民政二警政，包括警察机关之调整、警察经费之整理、警察局长之奖惩等内容。

河南省政府二十八年度行政总报告 / 河南省政府秘书处编 .-- 河南省政府秘书处刊，民国28年［1939］.--130页；26cm　［南图，国图］

与河南省政府二十七年度行政总报告项目相同。

河南省政府二十九年度行政总报告 /.-- 河南省政府秘书处刊 .--292页　［国图］

其中警政章节包括厘订各县警察组织、调整直属警察局队、编助战区警察队、策划粮饷分给制、办理警察教育、奖恤抗战官警、充实警察武器、改善政务警察队等内容。

河南省政府二十九年度二月份工作报告 /.-- 河南省政府秘书处编印 .--58页　［国图］

共10章。其中第4章民政乙警政。包括整理警政之经过等内容。

河南省政府二十三年度行政计划 / 河南省政府编 .-- 河南：河南省政府刊，民国23年［1934］.--62页；27cm　［国图］

目录页书名题：河南省政府民国二十三年行政计划。

河南省政府民国二十五年度行政计划 / 河南省政府秘书处编印 .--92页　［国图］

共9章。其中甲关于民政者三公安，包括改革警制、推行巡逻区制、任用警官之限制、充实武装、练习技术及设备新用品等内容。

河南省政府二十九年度行政计划 / 河南省政府秘书处编 .-- 河南省政府秘书处刊，民国29年［1940］.--52页；

26cm ［南图，国图］

分民政、财政、建设、教育、保安5项。目录前题名：河南省政府二十九年度行政计划纲要。

河南省政府工作报告：三十三年八月至三十四年十二月 / 河南省政府编 .-- 河南省政府刊，民国35年［1946］.--12，116页；25cm ［吉图，国图］

1944年8月至1945年12月河南省政府工作报告。分民政、财政、教育、建设、会计、卫生、社会、合作、其他9项。

河南省政府工作报告：中华民国三十六年一至六月份 / 河南省政府秘书处编 .-- 河南省政府秘书处刊，民国36年［1947］.--278页；26cm ［国图］

分民政、财政、建设、教育、计政、田粮、社会、合作、警政、卫生、训练、地政、统计、人事、役政、保安16项。

河南省政府年刊：民国二十年 / 河南省政府秘书处公报室编辑 .-- 河南省政府秘书处公报室刊，民国21年［1932］.--573页：图；26cm ［南图，国图］

分法规、会议录、行政计划、行政报告、调查、统计、预算、任免等8项。有刘峙、张廷休等序7篇。

河南省政府年刊：民国二十三年 / 河南省政府秘书处公报室编辑 .-- 河南：河南省政府秘书处公报室刊，民国23年［1934］.--698页：照片；26cm ［国图］

分法规、会议记录、行政计划、工作报告、统计、预算等6项。有刘峙序。附录：1934年河南省各县县长任免、奖惩一览表2种。

河南省政府年刊：民国二十四年 / 河南省政府秘书处统计室编 .-- 河南省政府秘书处统计室刊，民国25年［1936］.--54，500页：图；26cm ［国图］

分总类、民政、财政、建设、教育、保安等6项。附河南省五年大事记。有刘峙及商震序。

河南省政府年刊：民国二十五年 / 吴人望主编；河南省政府秘书处统计室编辑 .-- 河南省秘书处刊，民国26年［1937］.--44，618页：照片；26cm ［国图］

与民国二十四年（1935）河南省政府年刊项目相同。附录河南省本年大事记。有商震序。

河南省政府委员会会议记录.第1辑 / 河南省政府秘书处编辑 .-- 开封：河南省政府秘书处刊，民国20年［1931］.--482页；25cm ［国图，上图］

1930年10月28日第1次会议至1931年2月13日第30次会议的会议录。分民政、财政、建设、教育、法规、其他6项。

河南省政府委员会会议记录.第2辑 / 河南省政府秘书处编 .-- 开封：河南省政府秘书处刊，民国20年［1931］.--480页；25cm ［国图］

1931年2月17日第31次会议至

6月19日第66次会议的会议录。分诠叙、财政、建设、赈务、其他5项。残本，仅存第31至43次会议记录。

河南省政府委员会会议记录．第3辑/河南省政府秘书处编辑.--河南省政府秘书处第一科刊；民国21年［1932］.--252页：表；27cm　［上图］

1931年6月22日第61次会议至9月21日第84次会议的会议录。分铨叙、法规、民政、财政、建设、教育、赈务、其他8项。注：书名后括弧内题第12辑应为第3辑。

河南省政府委员会会议记录．第4辑/河南省政府秘书处公报室编辑.--河南省政府秘书处刊，民国21年［1932］.--264页；25cm　［国图］

1931年9月15日第85次会议至12月29日第114次会议的会议录。

河南省政府委员会会议记录．第5辑/河南省政府秘书处公报室编辑.--开封：河南省政府秘书处刊，民国21年［1932］.--428页；25cm　［国图］

1932年2月2日第124次会议至5月6日第150次会议的会议录。书残。

河南省政府委员会会议记录．第6辑/河南省政府秘书处公报室编辑.--河南省政府秘书处刊，民国22年［1933］.--416页；27cm　［国图］

1932年5月10日第151次会议至8月26日第180次会议的会议录。

河南省政府委员会会议记录．第7辑/河南省政府秘书处公报室编辑.--河南省政府秘书处刊，民国22年［1933］.--324页；27cm　［国图，上图］

1932年8月30日第181次会议至12月9日第210次会议的会议录。

河南省政府委员会会议记录．第8辑/河南省政府秘书处公报室编辑.--开封：河南省政府秘书处刊，民国23年［1934］.--462页；27cm　［南图］

1932年12月13日第211次会议至1933年5月9日第250次会议的会议录。

河南省政府委员会会议记录．第9辑/河南省政府秘书处公报室编辑.--河南省政府秘书处刊，民国23年［1934］.--454页：肖像；26cm　［国图］

1933年5月12日第251次会议至11月17日第300次会议的会议录。

河南省政府委员会会议记录．第10辑/河南省政府秘书处公报室编辑.--河南：河南省政府秘书处公报室刊，民国24年［1935］.--454页：表；26cm　［国图］

1933年11月21日第301次会议至1934年5月18日第350次会议的会议录。

河南省政府委员会会议记录．第11辑/河南省政府秘书处公报室编辑.--河南：河南省政府秘书处刊，民国24年［1935］.--488页；27cm　［馆藏

地不详]

1934年5月22日第351次会议至1934年11月8日第400次会议的会议录。

河南省政府委员会会议记录.第12辑/河南省政府秘书处公报室编辑.--河南：河南省政府秘书处，民国25年[1936].--516页；27cm　[上图]

1934年11月13日第401次会议至1935年5月17日第450次会议的会议录。

河南省政府委员会会议记录.第13辑/河南省政府秘书处公报室编辑.--河南：河南省政府秘书处，民国25年[1936].--478页；27cm　[国图]

1935年8月20日第477次会议至12月31日第513次会议记录。本书无目次，页码自441页开始至938页。

河南省政府委员会会议记录.第14辑/河南省政府秘书处公报室编辑.--河南省政府秘书处刊；民国25年[1936].--580页：表；27cm　[上图]

1936年1月10日第514次会议至5月15日第549次会议的会议录。

河南市区街村自治暂行章程/河南民政厅编.--开封：河南民政厅刊，民国17年[1928].--55页；18cm　[国图，上图]

收录河南省的市区街村自治暂行章程4种。附河南省试办模范街和新农村章程。

河南政治视察.1—6册/河南省政府秘书处编.--河南：河南省政府秘书处刊，民国25年[1936].--6册(2798页)；26cm　[国图]

河南省政府1934年12月派遣视察团视察全省各县的报告及视察主任日记。按六个视察区分装6册。每册前均有河南省某区视察人员姓名、视察县名、县治等次暨行政组织概况，后附视察日记。有刘峙及商震序各1篇。国家图书馆仅收藏1—3册。

河南自治史略/河南自治学社编.--河南自治学社刊，民国20年[1931].--10，138页：表；27cm　[国图]

分11章。记述河南省自治运动的创办、发展、中断、恢复等各时期概况。有段剑岷等序言3篇。附录河南自治学社备案文。

获嘉县政要览/王成雷著.--(伪)获嘉县公署刊，民国31年[1942].--40页：图；27cm　[国图]

分15章。介绍获嘉县的沿革、地志、风俗、行政、财政、警察、卫生、教育、宗教等情况。有王成雷序、杜景唐序。

南阳农村社会调查报告/冯紫岗，刘端生编.--上海：黎明书局刊，民国23年[1934].--86页；22cm　[南图，辽图，重图，津图，国图，浙图，上图，首图]

分南阳县概况、土地、人口、农业生产、农家副业、租佃、农民生活及其负担、商业、教育、交通、习俗、自卫及自治，共12章。

五年来河南省民政统计：二十七年至三十一年 / 河南省政府民政厅编 .-- 民国32年［1943］.--148页；30cm ［重图，国图］

1938年至1942年的民政统计。分厅务、县政、区乡镇保甲、警政、禁政、地政、社会行政、军事征用等9类。

五年来河南政治总报告：刘主席主豫五周年纪念特刊 / 河南省政府秘书处公报室编 .-- 民国24年［1935］.--406页：图像；25cm ［南图，国图］

刘峙主持豫政自1931—1935年的总报告。分民政、财政、建设、教育、保安5项。有刘峙等照片。

豫北道县巡视报告书：中华民国三十年度 /（伪）河南省公署警务厅编 .-- 开封：（伪）河南省公署警务厅刊，民国30年［1941］.--128页；26cm ［国图，首图］

分8部分。记伪河南省警务厅长出巡。介绍巡视的意义、巡视团的编成、巡视的经过略图及日程表、视察报告及讲评等。

豫鄂皖三省剿匪总部剿匪区内各省民团整理条例 .-- 成都：中央陆军军官学校成都分校刊，民国25年［1936］.--28页：图；14cm ［重图］

分通则、保安队、铲共义勇队或壮丁队、附则等4章，共32条。

镇平县自治概况 / 镇平县十区自治办公处编 .-- 镇平：镇平县十区自治办公处刊，民国22年［1933］.--264页；26cm ［南图，重图，国图，上图］

共13章。为1930年9月至1932年10月间镇平县自治委员会之议决案与十区自治办公处执行经过情形的简略报告。附彭禹廷讲演词44篇。书前冠编辑大意。

湖北

汉口市公安局统计年刊：民国二十三年 / 陈希曾编 .-- 汉口：汉口市公安局刊，民国24年［1935］.--88页；27cm ［中图］

财政统计：民国二十九年度 / 汉口特别市政府财政局编 .-- 汉口：汉口特别市政府财政局刊，［194?］.--88页；27cm ［国图］

日伪政权出版物。

财政统计：民国三十年度 / 汉口特别市政府财政局编 .-- 汉口：汉口特别市政府财政局刊，［194?］.--74页；27cm ［国图］

财政统计：民国三十年春季 / 汉口特别市政府财政局编 .-- 汉口：汉口特别市政府财政局刊，［194?］.--1册；27cm ［国图］

财政统计：民国三十年夏季 / 汉口特别市政府财政局编 .-- 汉口：汉

口特别市政府财政局刊，民国30年［1941］.--43页；27cm　［国图］

财政统计：民国三十年秋季/汉口特别市政府财政局编.--汉口：汉口特别市政府财政局刊，［194?］.--90页；27cm　［国图］

财政统计：民国三十一年度/汉口特别市政府财政局编.--汉口：汉口特别市政府财政局刊，［194?］.--78页；26cm　［国图］

财政统计：民国三十一年上半年度/汉口特别市政府财政局编.--汉口：汉口特别市政府财政局刊，［194?］.--102页；27cm　［国图］

非常时期之湖北省政/湖北省政府秘书处编译室编.--湖北省政府秘书处编译室刊，民国27年［1938］.--150页：表；26cm　［南图，国图］

分述抗战以来湖北省政府施政情况、重要章则、计划、方案等。包括民政、财政、教育、建设、保安5项。每项均附重要章则。有何成濬前言。附湖北省政府战时调查队工作纲要等。

汉口市警察局三十五年工作纪要/任建鹏编.--汉口：汉口市警察局刊，民国35年［1946］.--119页；27cm　［武大］

汉口市警察局三十六年度工作纪要/汉口市警察局编.--汉口：汉口市警察局刊，民国36年［1947］.--64页：照片；26cm　［重图，国图］

汉口市警察局统计总报告表：民国三十六年上半年度/汉口市警察局统计股编制.--汉口：汉口市警察局统计股刊.--45页；27cm　［武大］

汉口市警察局业务：民国二十一年十月至二十三年十二月.--316页；27cm　［鄂图］

汉口市警察局业务纪要：民国二十四年一月起至二十五年十二月止/汉口市警察局编.--汉口：汉口市警察局刊，民国26年［1937］.--240页；27cm　［上图］

包括人事、统计、装械、户籍、治安、外事、公用、卫生、消防、司法等业务报告及实施方针等。

汉口市警察局业务纪要.--民国35年［1946］.--314页；27cm　［武大］

汉口市政报告/汉口市政府秘书处编.--汉口：汉口市政府秘书处刊，民国35年［1946］.--1册：图；26cm　［南图，重图，国图］

内分工作报告、抗战损失调查、行政计划等8编。为1945年10月至12月期间的市政报告，其中行政计划为1946年度计划。有徐会之前言。

汉口市政概况：中华民国二十一年/汉口市政府编.--武汉：汉口市政府刊，民国22年［1933］.--376页；27cm

［国图］

分汉口市政府之组织、工作报告（包括主要工作一览、社会、教育、公安、卫生、财政、土地、工务、公用等11项）、市民须知（包括各项注册手续、法规摘要等47项）等三部分，介绍该市民国二十一年至二十二年度的市政概况。

汉口市政概况：中华民国二十二年 / 汉口市政府编 .-- 汉口：汉口市政府刊，民国23年［1934］.--342页：图；26cm　［国图，浙图］

1932年10月—1933年12月的市政概况。分工作报告和市民须知两部分。书前有汉口市全图、汉口市政府之组织（附表）。附汉口市政府及附属机关职员略表。

汉口市政概况：中华民国二十三年 / 汉口市政府编 .-- 汉口：汉口市政府刊，民国24年［1935］.--404页：图；27cm　［国图，浙图］

1934年1月至1935年6月的市政概况。分汉口市政府之组织（附组织规则及表）、工作报告、市民须知8部分。书前有汉口市全图。

汉口市政概况：中华民国二十四年七月至二十五年六月 / 汉口市政府编 .-- 汉口：汉口市政府刊，民国25年［1936］.--380页：图；27cm　［国图］

1935年7月—1936年6月的市政概况。项目同汉口市政概况：中华民国二十三年。

汉口特别市市政计划概略 / 汉口特别市政府秘书处编 .-- 汉口：汉口特别市政府秘书处刊，民国18年［1929］.--140页：图；26cm　［辽图，国图，上图］

分工务、公用、卫生、社会、教育、公安、土地、财政8项。书前有导言、汉口特别市工务局中华民国十八年度行政事业经费预算比较表等。刘文岛题书名。

汉口特别市市政统计年刊·民国十八年度 .-- 民国19年［1930］--413页　［馆藏地不详］

共7类。取材自1929年7月1日至1930年6月30日，其中第六类公安，包含汉口特别市命案统计表等。

汉口特别市政府十九年度行政报告 .--747页　［馆藏地不详］

共11章。其中第九章警务事项，包括公安与消防、户口调查等内容。

湖北地方政治整理会议 / 湖北省政府秘书处编 .-- 湖北省政府秘书处刊，民国21年［1932］.--156页：图；26cm　［湘图，国图］

汇集1932年7月13日至15日召开的湖北地方政治整理会议的命令、训词、报告。附录有关章程和细则。有夏斗寅序、蒋介石手谕等。

湖北第一次全省行政会议汇编 / 湖北省政府秘书处公报室编 .-- 汉口：湖北省政府秘书处公报室刊，民国24年［1935］.--286页：图；26cm　［南图，

国图］

共7部分。有开会词、训词及演词、重要文电、议案原文审查及决议、闭会词等。

湖北省二十三年度行政报告.1—12册/湖北省政府秘书处编.-- 湖北：湖北省政府秘书处刊，民国23年［1934］.-- 12册（496页）：表；27cm　［馆藏地不详］

1934年度行政报告。每月1册。书名据北京图书馆合订本书名题。

湖北省行政会议记录/湖北省政府编.-- 湖北省政府刊，民国34年［1945］.--256页：表；26cm　［国图］

分会议经过记略、法规、文电、训词、会议记录5项。附提案、审查委员会名单及大会职员录。正文前书名题：湖北省三十四年度行政会议记录。

湖北省会公安局推行新生活之实况.-- 武昌，民国23年［1934］.--44页：照片；19cm　［馆藏地不详］

附清洁运动、规矩运动、员警新生活训练。封面有“李委员赐阅，职蔡孟坚”字样。

湖北省会公安局业务纪要：民国二十二年/湖北省会公安局业务纪要编纂委员会编.-- 汉口：湖北省会公安局刊，民国23年［1934］.--549页：图；24cm　［南图，国图］

包括总务、行政、司法、督察、警察、教练所、保安警察队、统计、学术研究、法则章则、事务摘记、附录12类。

湖北省会警察厅警务一览表/湖北省警察厅编制.-- 汉口：湖北省警察厅刊，民国5年［1916］　［法研所］

湖北省民政报告书/湖北省民政厅编.-- 湖北省民政厅刊，民国19年［1930］.--180页：图；27cm　［重图，国图］

分整顿吏治、自治、保安、整顿警政、禁烟、卫生、土地整理、救济、统计9项。有吴醒亚弁言。

湖北省民政厅：政令辑要.第一册/蒋介石说.-- 民国23年［1934］.--84页　［同济］

湖北省民政统计/湖北省政府民政厅秘书室编.-- 湖北：湖北省政府民政厅秘书室刊，民国31年［1942］.--42页：图；27cm　［重图］

本书内容有新湖北建设计划民政工作表解、湖北省三十一年度行政计划民政工作表解、民政厅编制表、行政督察区分区图、县政府编制及经费比较表等。

湖北省三十年度行政会议党政军工作总检讨大会汇编/湖北省政府编.-- 湖北省政府刊，民国31年［1942］.--738页：表；26cm　［国图］

共10部分。有特载、法规、文电、训词、专题演讲、工作报告、督导团报告、会议记录、议案辑览等。

湖北省三十年度施政纲要内容与实施概况 / 刘千俊讲 .-- 湖北：湖北省地方行政干部训练团刊，民国 30 年［1941］.--36 页；19cm ［重图］

1941 年 10 月在湖北省地方行政干部训练团的讲话。内分前言、实施纲要的理论依据与内容、实施的概述、结论 4 部分。卷首、书口书名题：本省三十年度施政纲要的内容与实施概况。

本省三十一年度施政计划内容及其实施要领 / 刘千俊著 .-- 湖北：湖北省地方行政干部训练团刊，民国 31 年［1942］.--37 页；19cm ［重图］

1942 年元月 8 日在省干训团的讲话，分前言、本省的施政方针、实施要领、结论 4 部分。

湖北省三十一年度施政计划大纲 / 湖北省地方干部训练团编 .-- 湖北省地方干部训练团发行，民国 31 年［1942］.--30 页；19cm ［重图］

1942 年 7 月在湖北省暑期学生集训总队的讲话（讲话者不详）。卷首、书口书名题：湖北省三十一年度施政计划大纲的说明。

湖北省三十一年度施政计划大纲 / 湖北省政府编 .-- 湖北省政府刊，民国 30 年［1941］.--42 页；19cm ［南图，重图］

分总则、经济、政治、文化 4 项。书前有湖北省政府委员会第三百六十六次会议讨论第一案。

湖北省收复区紧急善后会议纪要 / 湖北省政府编译室编 .-- 武昌：湖北省政府编译室刊，民国 34 年［1945］.--106 页：图；25cm ［南图，国图］

分会议经过、训词、决议案、规程、文电 5 项。附录出席会议人员姓名表等。会期为 1945 年 10 月 15 日。新湖北建设丛刊甲辑。

湖北省政府对全国行政会议四项问题研究意见 / 湖北省政府编 .-- 湖北省政府刊，民国 33 年［1944］.--240 页：表；18cm ［南图，吉图，国图］

对全国行政会议关于确立中央与地方行政之关系案、加强推行地方自治准备实施宪政案、安定物价稳定经济案、战后复员准备案 4 件议案的研究意见。附湖北省战时分级负责实施办法、新湖北建设计划大纲等 5 篇。

湖北省政府二十九年度中心业务概要 /.-- 湖北：湖北省地方行政干部训练团刊，民国 30 年［1941］.--102 页；19cm ［重图］

分一般政务、民政、财政、教育、建设、保安、会计 7 项。

湖北省政府二十三年全年施政纲要实施情形报告 / 湖北省政府秘书处公报室编 .-- 湖北省政府秘书处公报室刊，民国 24 年［1935］.--122 页：图；27cm ［国图］

分民政、财政、教育、建设、保安 5 项。湖北省政府二十三年全年施政纲要未能实施事项、湖北省政府二十三年全年施政纲要未列重要事项等。

湖北省政府二十四年度行政报告：一月至十二月份 / 湖北省政府秘书处编 .-- 环筒页装 .-- 湖北：湖北省政府秘书处刊，民国 24 年［1935］.--12 册（456 页）：表；27cm ［国图］

1935 年度行政报告。每月 1 册。书名据北京图书馆合订本书名题。

湖北省政府三十年度行政计划 / 湖北省政府秘书处编 .-- 湖北省政府秘书处刊，民国 30 年［1941］.--45 页；26cm ［国图］

分一般行政、民政、财政、教育、建设、保安、役政、会计 8 项。

湖北省政府三十年度施政纲要 / 湖北省政府编 .-- 湖北：湖北省政府秘书处刊，民国 30 年［1941］.--16 页：图；19cm ［南图，重图，浙图］

分民政、财政、教育、建设、保安、役政、会计 7 项。有总则。

湖北省政府三十年度施政纲要行政计划 / 湖北省政府编 .-- 湖北省地方行政干部训练团发行，民国 30 年［1941］.--197 页；19cm ［上图，重图］

内收湖北省政府三十年度施政纲要、湖北省政府三十年度行政计划。

湖北省政府施政报告：中华民国二十九年九月起至三十年三月止 / 湖北省政府编 .-- 湖北省政府刊，民国 30 年［1941］.--48 页：表；27cm ［国图］

分一般设施、民政、财政、教育、建设、保安、役政、会计 8 项。

湖北省政府业务检讨报告：中华民国三十年一月至六月 / 湖北省政府秘书处编 .-- 湖北省政府秘书处刊，民国 30 年［1941］.--124 页：表；26cm ［国图］

收湖北省政府秘书处、民政厅、财政厅、教育厅、建设厅、保安厅、会计处的业务检讨。书前有省政府主席的讲词，书后有总评。

湖北县政概况 . 第一、二、三、四、五、六册 .-- 湖北省政府民政厅刊，民国 23 年［1934］ ［馆藏地不详］

本书系就 1934 年以前，各县县政实际情况，依民政厅长巡视报告，及分别函令各县所征集之报告汇编而成。各县公安事务也编列其中。

民国十四年汉口特区市政报告 / 汉口特区管理局编 .-- 汉口：汉口特区管理局刊，民国 15 年［1926］.--136 页；27cm ［津图］

1925 年各项工作年报，各项附件等。

市政概况：二周纪念 /（伪）汉口特别市政府秘书处编辑 .-- 汉口：（伪）汉口特别市政府秘书处刊，民国 30 年［1941］.--［246］，68 页：照片；26cm ［国图］

分总纲、社会、财务、教育、工务、卫生、公用、警务、食粮、房地 10 部分。

书前冠弁言、编例。书末附法规等。版权页题：市政概况汉口特别市政府市政二周年纪念特刊。

市政概况：三周年纪念／（伪）汉口特别市政府秘书处编辑 .-- 汉口：（伪）汉口特别市政府秘书处刊，民国31年［1942］.--［226］，86页：图像；27cm　　［国图］

1941年至1942年（包括1939年至1940年）的市政概况。分总纲、社会、财政、教育、警察、公用、工务、卫生、社运、房地等11章，每章后均附表。有张仁蠡弁言，汉口市区略图等。附：法规、职员录、1942年度施政纲要。张仁蠡题书名：汉口特别市政府成立三周年纪念刊。

市政概况：四周年纪念／（伪）汉口特别市政府秘书处编辑 .-- 汉口：（伪）汉口特别市政府秘书处刊，民国32年［1943］.--293页：图像；26cm　　［国图，浙图］

目录页书名：汉口特别市政府四周年市政概况。汉口特别市政府成立四周年纪念刊。附法规和1943年施政计划。

武昌的新生活运动：关于三年来武昌警察执行新生活的总报告／尤崇新编 .-- 武昌：湖北省会公安局学术研究会刊，民国25年［1936］.--244页；21cm　　［鄂图］

武昌县政周年汇刊／（伪）武昌县政府编 .-- 武昌：（伪）武昌县政府刊，民国29年［1940］.--210页：图像；26cm　　［南图，国图］

内分武昌县政府筹备处成立宣言、演讲词、呈报事项、命令、表章之类别、法规草案、警察局署实施概况、县务会议、图表9部分。附武昌各区成立以来之概况。

武汉警备司令部二十二年四月至十月各种统计图表：武汉警备专刊 .-- 武汉刊，民国［1934?—1935?］.--89页；26cm　　［鄂图］

武汉市特别市政府周年纪念特刊／（伪）武汉特别市政府编 .-- 武汉：（伪）武汉特别市政府刊，民国29年［1940］.--38，516页：图表；28cm　　［国图］

收1940年度伪武汉市长张仁蠡的有关讲话，伪市政府的组织机构，各部门统计资料及警务、财政、教育、社会事业、建设、卫生、宣传等方面概况。

武汉特别市市政府工作概况：中华民国二十九年一月十日市长招待武汉新闻记者讲述／（伪）武汉特别市宣传局编 .-- 武汉：（伪）武汉特别市宣传局刊，民国29年［1940］.--28页；19cm　　［国图］

1940年1月10日伪武汉特别市市长张仁蠡的工作报告。

武汉特别市政府周年纪念摄影册／（伪）武汉特别市政府编 .-- 武汉：

（伪）武汉特别市政府刊，民国 29 年［1940］.--160 页；27cm ［辽图，津图，国图］

介绍市容、市政建设。另收伪武汉特别市政府人员照片。注：相册未标页码。

武汉特别市政府周年纪念特刊 /（伪）武汉特别市政府编 .-- 武汉：（伪）武汉特别市政府刊，民国 29 年［1940］.--38，516 页；28cm ［国图］

本书共 9 章：总纲、一年来之府政、一年来之警务、一年来之财政、一年来之教育、一年来之社会事业、一年来之建设、一年来之卫生事业、一年来之宣传。书前有张仁蠡作的弁言。

武汉政治分会李主席宗仁欢宴驻汉领事演说词 / 李宗仁著 .-- 武汉：国民革命军第四集团军前敌总指挥部政治训练部刊，民国 17 年［1928］.--16 页；19cm ［国图］

应山县政府行政概况：中华民国二十九年度 /（伪）应山县政府秘书科编辑 .-- 汉口：（伪）应山县政府秘书科刊，民国 30 年［1941］.--68 页：肖像；27cm ［国图］

1940 年度行政概况特辑。分铨叙、公牍、法规、图表、附录 6 部分。有韩尚德发刊词和伪湖北省政府令。

中华民国三十五年度湖北省政府工作计划：行政、事业部分 / 湖北省政府编 .-- 湖北省政府刊，民国 35 年［1946］.--166 页；27cm ［国图］

目录前书名题：中华民国三十六度湖北省政府工作计划。

江苏

常熟民政署报告：中华民国元年 / 丁祖荫编 .-- 常熟，民国元年［1912］.--262 页；24cm ［馆藏地不详］

编者自 1911 年 9 月 22 日至 1912 年 6 月 29 日任职期间的工作纪要，按月日记述内容，包括文牍、批答、判决、移交清册等。

常熟县县政概况 / 常熟县政府编 .-- 常熟：常熟县政府刊，民国 37 年［1948］.--91 页：地图；20cm ［国图］

分自然环境、土地、人口、政治组织、经济、财政金融、教育文化、土地改革、交通、卫生、救济、地方治安、今后县政建设之重点等 13 部分。书中有地图、统计表等。

丹阳县政概略 /（伪）丹阳县政府编 .-- 丹阳：（伪）丹阳县政府刊，民国 28 年［1939］.--174 页；26cm ［国图］

分专载、组织、民政、财政、教育、建设等 8 部分。有梁鸿志、陈群、陈则民等题字。

第一、二届江苏省政府会议统计书：第一次至第五十次政务会议第一次至第一五六次委员会会议 / 江苏省政府秘书处统计股编 .-- 镇江：江苏省政府秘书处统计股刊，民国 18 年［1929］.--35 页；33cm ［国图］

第一届省政务会议（1927年5月2日至1927年11月1日）和第二届省政府委员会会议统计表。各部分前均有简单说明。附彩色（第一、二届）江苏省政府政务委员会会议统计图19幅。

第三届江苏省政府会议统计书：第一五七次至第二七三次委员会会议 / 江苏省政府秘书处统计股编 .-- 镇江：江苏省政府秘书处统计股刊，民国19年［1930］.--1册；31cm　　［国图，上图］

1928年11月12日至1930年8月18日第三届江苏省政府委员会会议统计图表。有说明。附彩色（第一、二、三届）江苏省政府政务委员会会议统计图19幅。

第一回无锡年鉴 / 无锡市政筹备处编 .-- 无锡：无锡市政筹备处刊，民国19年［1930］.--804页；27cm　　［南图，津图，上图］

分党务、政治、司法、警卫、财政、交通、建设、农业、工业、商业、教育、卫生、公用、公益、宗教共15部分。缺封面、封底、版权页。

第一届武进市董事会报告书 / 武进市公益事务所编辑 .-- 武进：武进市公益事务所刊，民国5年［1916］.--320页；23cm　　［南图，国图］

武进市董事会自1910年7月成立至1914年8月止的工作报告。分市公所、调查户口、选举、学务、卫生、农工商务、公共营业等14章。有钱以挣序。

二十年来之南通 / 南通县自治会印行 .-- 民国27年［1938］.--262页　［馆藏地不详］

共13章。其中第九章南通之市政第二节关于市政之机关第二目商埠警察厅。

工作概况：民国二十一年度 / 吴县第二区区公所编述 .-- 苏州：吴县第二区区公所刊，民国22年［1933］.--88页：图；19cm　　［国图］

介绍吴县第二区沿革、组织概况及系统、区域、人口、经费来源、产业概况、市政建设等情况。吴县第二区区公所刊物。

海门县概况：江苏省南通区概况之三 / 江苏省南通区行政督察专员公署编 .-- 南通：江苏省南通区行政督察专员公署刊，民国24年［1935］.--58页：表；26cm　　［国图］

分8章。介绍海门县的自然环境、县政府及县自治概况（至1935年底）。

海门县公署初周纪念刊 /（伪）海门县公署秘书处编 .-- 上海：（伪）海门县公署秘书处刊，民国29年［1940］.--106页：图；27cm　　［国图］

分论著、章则、民政、财政、教育与建设等9部分。

海州地方计划大纲 /（伪）建设总署都市局编 .-- 海州：（伪）建设总署都市局刊，民国29年［1940］.--6页；26cm　　［南图，国图，首图］

中日文对照。

行政报告：民国二十五年一至十二月份 / 南京市政府秘书处编 .-- 南京：南京市政府秘书处刊 .--12 册（324 页）：图表；27cm　［国图］

南京市政府 1936 年行政报告，每月 1 册。每册均单有书名。现书名据收藏者合订本题。合订本书脊书名题：南京市政府二十五年行政报告。

淮海省概观 /（伪）中央电讯社出版委员会编 .-- 南京：（伪）中央电讯社出版委员会刊，民国 33 年［1944］.--156 页；19cm　［国图］

淮海省为汪伪政府分划的一个省，位置与安徽省大致相同。本书介绍淮海省设立前之经纬、淮海省之设立及其意义、增产概况、通货、文化概况等。有卷头语。时事通信，第 20 期。

淮阴风土记：二册 / 张煦侯编辑 .-- 秋怀室主人发行，民国 25 年［1936］.--20 页：图；19cm　［国图］

本书分为上、下两册，按该县行政区划分为 6 章。介绍淮阴的城建、政府机构、名胜古迹、文化设施、名人轶事、民间传说、乡土风情。每册前有序、题辞、职员名录。有地图及照片多幅。书前冠序。

检阅特刊：江苏省第一区水陆公安员警大检阅 / 吴县公安局编辑室编 .-- 吴县：吴县公安局编辑室刊，民国 24 年［1935］.--40 页：图；27cm　［国图］

江苏省民政厅主持，1935 年 4 月 3 日举办。

江宁村制初编 / 江宁县政府村政处编 .-- 南京：江宁县政府村政处刊，民国 17 年［1928］.--296 页：图；26cm　［国图，南图，吉图］

概述江宁县自治的经验和办法。介绍村制育才馆情况，村制施行纲要及考察记要等。有周浩序、秦亚修引言和江宁县新村村界略图。

江宁县政概况：自民国二十二年二月至民国二十三年八月 / 江宁自治实验县县政府编 .-- 江宁：江宁自治实验县县政府秘书室发行，民国 23 年［1934］.--316 页；26cm　［国图，南图，上图，重图］

介绍江宁县 1933 年 2 月至 1934 年 8 月的民政、财政、教育、建设、公安、土地陈报、事务管理等方面的概况，共 36 章。附江苏省江宁自治实验县组织规程等。书前冠绪言。

江宁自治县政实验 / 吴椿著 .-- 民国 25 年［1936］.--43 页：表；18cm　［国图］

介绍江苏省江宁自治实验县的组织，实验工作与步骤，村里、乡镇的自治制度。燕京大学政治学丛刊，第 29 号。

江苏警政计划之一 .-- 民国 9 年［1920］.--32 页；24cm　［南图］

江苏民政厅工作报告：中华民国三十五年六月 / 江苏省民政厅编 .-- 江苏省民政厅刊，民国 35 年［1946］.--29 页；18cm ［馆藏地不详］

江苏全省警务处行政汇编：卷一 .--221 页 ［法研所］

江苏省公报新年特刊 /（伪）江苏省政府秘书处第二科编 .-- 苏州：（伪）江苏省政府秘书处第二科刊，民国 28 年［1939］.--672 页：图；26cm ［国图］

内分论著、职员任免、章程法规、统计图表、大事记、转载 6 项。有弁言。书脊书名题：江苏省公报二十八年新年特刊。

江苏省会辑要 / 贾子彝编；冷適，包诛校 .-- 镇江：江南印书馆印刷，民国 25 年［1936］.--378 页：图；20cm ［国图，南图，重图，上图，吉图］

介绍镇江的沿革、区划、地位、居民、风俗、形势、山川、党务、政治、教育、建设、公安、交通、实业、市政、港埠、社会、名胜等概况。韩国钧题书名。书前有洪兰友序文、作者自序、编辑例言、江苏省会全图、风景照片 28 幅；书前冠序言。

江苏省江南两年来政情述要：民国二十八年一月至二十九年十二月 .-- 民国 30 年［1941］.--104 页：表；25cm ［国图］

江苏省江南行署 1939 年至 1940 年政绩概要。分县行政、自治、保甲、组训、积谷、禁烟等 24 项。有冷欣弁言（写于 1941 年 1 月）。

江苏省警政改良刍议 / 承树声著 .-- 民国 23 年［1934］.--42 页；22cm ［馆藏地不详］

概述了江苏省警政沿革及现状，并提出了警政改良的计划。

江苏省临时参议会第一次大会会刊 / 江苏省临时参议会秘书处编 .-- 镇江：江苏省临时参议会秘书处刊，民国 35 年［1946］.--164 页：表；26cm ［国图，津图］

记述大会情况。收宣言、会议录、提案决议等。

江苏省临时参议会第二次大会会刊 / 江苏省临时参议会秘书处编 .-- 镇江：江苏省临时参议会秘书处刊，民国 36 年［1947］.--140 页：图；26cm ［国图，津图］

记述大会情况。项目基本同第一次大会会刊。

江苏省临时参议会第三次大会会刊 / 江苏省临时参议会秘书处编 .-- 镇江：江苏省临时参议会秘书处刊，民国 36 年［1947］.--82 页：表；26cm ［国图］

记述大会情况。收宣言、会议录、提案决议等。

江苏省临时参议会第四次大会会刊 / 江苏省临时参议会秘书处编 .-- 镇江：

江苏省临时参议会秘书处刊，民国37年［1948］.--72页；26cm　　［南图］

收大会记录、提案及决议、省政府各厅处工作报告审查决议案等。

江苏省临时参议会第一次大会决议执行情形报告表 / 江苏省临时参议会秘书处编 .-- 镇江：江苏省临时参议会秘书处刊，民国36年［1947］.--71页；18cm　　［上图］

江苏省临时参议会第二次大会决议执行情形报告表 / 江苏省临时参议会秘书处编 .-- 镇江：江苏省临时参议会秘书处刊，民国36年［1947］.--38页；18cm　　［上图］

江苏省临时参议会第二届驻会委员会重要工作报告及历次会议纪录 / 江苏省政府临时参议会秘书处编 .-- 江苏：江苏省政府临时参议会秘书处刊，民国36年［1947］.--67页；18cm　［上图］

收工作报告和会议记录（第一至十一次会议）等。

江苏省民政厅冬防会议汇刊 / 江苏省民政厅编辑 .-- 无锡：江苏省民政厅，民国20年［1931］.--164页：图；26cm　　［国图，南图］

1930年10月召开的冬防暨整顿警务会议录，分会议经过、重要训话、审查报告及各组提案等项。有胡扑安序。

江苏省内务行政报告书 / 江苏省行政公署内务司编辑 .-- 上海：江苏省行政公署内务司刊，民国3年［1914］.--950页：图；26cm　　［国图，南图，上图，吉图］

分3编。介绍江苏省、县、市机关组织，土地、人口、礼教、警察、土木、卫生、救恤等方面概况。有韩国钧、马士杰序言。

江苏省社会处工作报告：三十五年六月 / 江苏省社会处编 .-- 江苏：江苏省社会处刊，民国35年［1946］.--22页；18cm　　［上图］

1945年底至1946年上半年度工作报告。分一般行政、人民团体组训、社会运动、社会福利、社会救济、合作事业等7项。

江苏省吴县县政府工作报告：民国三十五年十二月至三十六年四月 / 吴县县政府编 .-- 江苏吴县：吴县县政府刊，民国36年［1947］.--21页；26cm　　［吉图］

1946年12月至1947年4月的工作报告。包括民政、财政、教育、建设、保安等11项。

江苏省政府成立初周纪念概况 /（伪）江苏省政府秘书处第二科编辑 .-- 苏州：（伪）江苏省政府秘书处第二科刊，民国28年［1939］.--238页：图；26cm　　［国图，吉图，南图，上图］

分施政概述、政绩图表、审查报告、公牍及记录等10章。书前有陈则民的言词2篇，有梁鸿志等照片、题词。有附录。

江苏省政府行政报告：中华民国二十五年二月份 / 江苏省政府秘书处编 .-- 江苏省政府秘书处刊，民国 25 年［1936］.--54 页：表；29cm ［国图］

分省政府委员会、民政、财政、教育、建设等 7 项。

江苏省政府行政报告：中华民国二十五年三月份 / 江苏省政府秘书处编 .-- 江苏省政府秘书处刊，民国 25 年［1936］.--55 页：表；29cm ［国图］

分奉行中央法令事项、省政府委员会、民政、财政、教育、建设等 7 项。

江苏省政府行政报告：中华民国二十五年四月份 / 江苏省政府秘书处编 .-- 江苏省政府秘书处刊，民国 25 年［1936］.-- 表；29cm ［国图］

项目同上月份报告。

江苏省政府三十四、三十五年政情述要 / 江苏省政府编 .-- 南京：江苏省政府刊，民国 35 年［1946］.--498 页：表；27cm ［国图］

1945 年至 1946 年的施政述要。分民政、财政、教育、建设、社会、田粮、卫生、地政、会计、人事、保安、训练、统计等 13 项。

江苏省政府三十五年度工作计划 / 江苏省政府编 .-- 镇江：江苏省政府刊，民国 35 年［1946］.--156 页：表；26cm ［国图］

内分计划提要、计划表、分月进度表 3 部分。计划具体内容与 1946 年 1 月出版的版本不尽相同。

江苏省政府三十五年度工作计划 / 江苏省政府编 .-- 镇江：江苏省政府刊，民国 35 年［1946］.--122 页：表；26cm ［南图］

1946 年度工作计划。分计划提要和计划正文两部分。每个部门的计划后均附分月进度表（油印）。

江苏省政府三十五年度政绩比较表 / 江苏省政府编 .-- 南京：江苏省政府刊，民国 35 年［1946］，--24，600 页；26cm ［国图］

分民政、财政、建设、教育、保安、社会、地政、卫生、会计、人事、统计等 13 类。每类含地绩提要、政绩比较表。其中油印表格 600 页（环筒页）。

江苏省政府三十六年一至六月工作报告 / 江苏省政府秘书处编 .-- 南京：江苏省政府秘书处刊，民国 36 年［1947］.--180 页；29cm ［上图］

报告 1947 年上半年工作概况。

江苏省政府三十七年工作计划 / 江苏省政府编 .-- 南京：江苏省政府秘书处刊，民国 37 年［1948］.--128 页；29cm ［国图］

1948 年度工作计划。分甲、乙二部，均为表格。

江苏省政府十七年施政大纲 / 江

苏省政府编 .-- 江苏省民政厅刊，民国17年［1928］.--18页；26cm ［国图，南图］

1928年度施政大纲。分施政之原则、施政之纲目两部分。有江苏省民政厅训令（第3312号）。

江苏省政府委员会会议记录：第一次至第一五六次 / 江苏省政府编 .-- 民国17年［1928］.--228页；26cm ［国图］

十六年十一月三日至十七年十一月九日。

江苏省政府政务会议记录 / 江苏省政府秘书处编 .-- 镇江：江苏省政府秘书处刊，民国16年［1927］.--228页；26cm ［上图］

第一至第五十次会议记录。分决议、讨论、报告等项。

江苏省政年刊：中华民国二十九年度 /（伪）江苏省政府秘书处编 .-- 苏州：（伪）江苏省政府秘书处刊，民国30年［1941］.--384页：图；26cm ［国图，首图，南图，浙图］

介绍1940年省政概况。分民政、财政、教育、建设、警务等6编。有照片及高冠吾叙。

江苏省政年刊：中华民国三十年度 /（伪）江苏省政府秘书处编 .-- 苏州：（伪）江苏省政府秘书处刊，民国30年［1941］.--422页：图；26cm ［国图，首图，南图，浙图］

1941年度省政令汇编。分省政总论、民政、财政、教育、建设、警务、社运7编。有照片及高冠吾叙。

江苏省政县政建设纲领 / 江苏省政府编 .-- 镇江：江苏省政府刊，民国35年［1946］.--35页；18cm ［国图，上图，重图］

内收江苏省政建设纲领、江苏县政建设纲领。

江苏县政计划 / 王培槐著 .-- 南京：花牌楼书店刊，民国23年［1934］.--92页；18cm ［国图］

分治安、财政、教育、建设、司法、卫生6项。有顾祝同、刘绍基序言，著者编辑大意。附录县组织法、县组织法施行法。

江苏暂行县制并选举章程 .-- 南京：江苏省立印刷厂刊，民国2年［1913］.--280页；20cm ［馆藏地不详］

包括江苏暂行县制、暂行县制选举章程、修正条文施行细则等。省议会议决。

江阴县公署一周年纪念刊 /（伪）江阴县公署编 .-- 江苏江阴：（伪）江阴县公署刊 .-- 民国28年［1939］.--366页；27cm ［上图］

分特载、摄影、图表、工作概况、会议录5部分。有何佩萱序言。

江阴县警察暂行规约 / 陆绍基拟定 .--20页；24cm ［上图］

分为包括巡长巡警职守条规、巡长巡警功过规则、巡长巡警赏功罚过办法等 3 章。

江阴县警政简报 / 江阴县政府编 .--8 页；27cm ［国图］

有郝遇林弁言。介绍了行政、司法、卫生、训练。

江浙太湖巡剿杂记 / 沈惟块编 .-- 民国 23 年［1934］.--1 册：地图；19cm ［浙图］

江浙战史 / 上海宏文图书馆编著 .-- 上海：上海宏文图书馆刊，民国 13 年［1924］.--3 册（44，68，70 页）：图；19cm ［上图］
.--2 版 .-- 上海：上海宏文图书馆刊，民国 13 年［1924］ ［馆藏地不详］

记江苏齐燮元与浙江卢永祥之间的军阀混战。包括战前及战时有关电文、文告、公约等，也有当时和平运动文件。

进展一年之苏北地区行政概况 / （伪）苏北行政专员公署情报宣传本部编 .-- 苏北：（伪）苏北行政专员公署刊，民国 28 年［1939］.--130 页：图；19cm ［首图］

记述伪苏北专员公署民政科、财政科、建设科等工作概况及庶政设施概况等。

靖江县概况 / 江苏南通区行政督察专员公署编 .-- 南通：江苏南通区行政督察专员公署刊，民国 23 年［1934］.--64 页；26cm ［国图］

分 8 章。介绍江苏靖江县的自然环境、县政府各部门概况和自治概况等。江苏省南通区概况之四。

句容县县政概况 / 杜沄编 .-- 句容县：江苏句容县政府刊，民国 20 年［1931］.--12 页；19cm ［上图］

介绍编者任句容县县长期间的宪政概况。包括风俗民情、行政现状和施政计划等。附中国优待国际俘虏的情形。有编者序。

抗战以来之江苏民政 .-- 江苏：江苏省政府刊，民国 28 年［1939］.--20 页；14cm ［上图］

介绍江苏省抗战以来的史治、自治保甲、警察、卫生等概况。

抗战中的江南 / 冷欣著 .-- 上饶：战地图书出版社刊，民国 29 年［1940］.--20 页；19cm ［国图］

记述著者任江苏省政府江南行署主任时所辖 26 个县的民政、财政、经济、教育、文化、军事概况。

昆山县县政报告 / 昆山县政府编辑 .-- 昆山：昆山县政府刊，民国 25 年［1936］.--138 页：图；23cm ［南图，国图，上图］

包括地方情形、县政府、自治、保甲、公安、保卫、救济、卫生、仓储、财政、土地、教育、农业、建设、合作、司法、禁烟 17 项。

两年来江苏省政述要 / 江苏省政府编 .-- 南京：江苏省政府刊，民国 29 年［1940］.--148 页；26cm ［南图，国图］

1938 年 5 月至 1940 年 4 月的省政述要。分民政、财政、教育、建设、警务 5 项。有陈则民序（写于 1940 年 5 月）。

南京警察概况：中华民国二十七年、八年度 /（伪）南京维新政府警察厅编 .-- 南京：（伪）南京维新政府警察厅刊，民国 29 年［1940］.--390 页：图像；27cm ［国图］

介绍 1938 年 1 月至 1939 年底工作情况。分警务、教育、行政、司法 4 编。有徐仲仁序，陈群等人的照片 130 张（包括警察训练、工作照）。

南京市参议会第一届第二次大会休会期间警政卫生、地政、社会事业委员会例会议事记录 / 南京市参议会编 .-- 油印本 .-- 南京：南京市参议会刊；民国 36 年［1947］.--1 册；25cm ［上图］

南京市地理及社会概况 / 首都警察厅编 .-- 南京：首都警察厅刊，民国 35 年［1946］.--78 页；18cm ［国图］

首都警察厅警员训练所讲义。

南京市民政统计年刊：中华民国三十六年度 / 南京市政府民政局统计室编 .-- 南京：南京市政府民政局统计室刊，民国 37 年［1948］.--67 页；25cm ［国图］

南京市政府工作概况：民国二十一年四月至十一月 / 南京市政府秘书处编 .-- 南京：南京市政府秘书处刊，民国 21 年［1932］.--32 页；27cm ［重图，国图］

1932 年 4 月至 12 月的工务、社会、财政、卫生等方面工作概况。

南京市政府工作概况：民国二十二年一月至二十三年十月 / 南京市政府秘书处编 .-- 南京：南京市政府秘书处刊，民国 23 年［1934］.--56 页；27cm ［南图，重图，国图，上图］

1933 年 1 月至 1934 年 10 月的工务、社会、财政、卫生、公园、铁路等方面工作概况。有石瑛序言（1934 年 12 月）。

南京市政府工作概况：民国二十四年四月至二十五年十二月 / 南京市政府秘书处编 .-- 南京：南京市政府秘书处刊，民国 26 年［1937］.--80 页；27cm ［南图，重图，上图］

1935 年 4 月至 1936 年 12 月的社会、教育、财政、地政、工务、自治等方面工作概况。

南京市政府民国十九年工作总报告 / 南京市政府秘书处编译股编 .-- 南京：南京市政府秘书处刊，民国 20 年［1931］.--18，154 页：图；25cm ［夏图，南图，吉图，国图，上图］

共 7 章。记述南京市政府 1930 年的社会、财政、工务、教育、卫生、土地等方面的工作情况。有魏道明弁言。

南京市政府图书室图书目录 / 南京市政府图书室编 .-- 南京：南京市政府图书室刊，民国 26 年［1937］.--254 页；18cm ［重图，湘图，国图，浙图，上图］

收 1937 年 2 月以前入藏图书。分中日文、西文两类，依杜定友杜氏图书分类法编排。

南京市政概况：中华民国二十七年度 / 督办南京市政公署秘书处编辑 .-- 南京：督办南京市政公署秘书处刊，民国 28 年［1939］.--184 页：图像；26cm ［国图，上图］

分史地、行政组织、社会、财政、工务、教育、实业、卫生、警政、赈务等 10 章。有梁鸿志、陈群、任援道等照片，高冠吾、孙叔荣序 2 篇。

南京市政概况：中华民国二十八年度 / 南京特别市政府秘书处编辑 .-- 南京：南京特别市政府秘书处刊，民国 28 年［1939］.--226 页：图；26cm ［国图］

伪南京特别市政府所属各机关 1939 年度工作概况，共 8 章。有梁鸿志等照片及高冠吾序。

南京市政概况：中华民国二十九年七月至十二月 / 南京特别市政府秘书处编辑 .-- 南京：南京特别市政府秘书处刊，民国 30 年［1941］.--145 页：图；26cm ［南图，国图，上图］

分社会、财政、教育、工务、地政、卫生等 7 项。有蔡培绪言、南京特别市政府组织系统表等。

南京市政概况：中华民国卅一年上半年度 / 南京特别市政府秘书处编辑 .-- 南京：南京特别市政府秘书处刊，民国 31 年［1942］.--114 页：图像；26cm ［国图］

分市长演词、社会、财政、工务、宣传、社运等 10 项。有照片及南京特别市组织系统表。

南京市政概况：中华民国卅一年七月至卅二年六月 / 南京特别市政府秘书处编辑 .-- 南京：南京特别市政府秘书处刊，民国 32 年［1943］.--128 页：照片；26cm ［南图，国图］

分 12 项。有周学昌等照片、南京特别市政府强化组织梗概等。

南京市政讲义 .-- 南京：首都警察厅刊，民国 24 年［1935］.--64 页；19cm ［南图］

首都警察厅警士教练所讲义，附首都简明地图。

南京特别市市政法规汇编 . 初集 / 南京特别市市政府编 .-- 南京：民智书局刊，民国 18 年［1929］.--888 页；21cm ［南图，吉图，重图，国图，浙图，上图］

收入 1927 年 4 月市政府成立至 1929 年 1 月 15 日南京市政法规。分市政府、公安局等10辑。

南京特别市政府工作总报告 / 南京特别市政府秘书处编译股编 .-- 南京：南京特别市政府秘书处刊，民国19年［1930］.--20，274页；照片，图表；25cm　［南图，国图，上图］

共9章。分述南京市政府秘书处、财政局、工务局、公安局、教育局等及附属机关的工作情况。有刘纪文像和弁言。

南通县第四次行政会议专刊 / 徐履曾编辑 .-- 南通：江苏南通县政府刊，民国21年［1932］.--32页：像；26cm　［国图］

内分会议规程、大会记录、地方预算3项。

南通县防务专刊 / 徐履曾编辑 .-- 南通：江苏南通县政府刊，民国21年［1932］.--30页：图；26cm　［国图］

内分特载、会议录、法规、公牍等6项。有张栋弁言。

南通县警察状况 .-- 江苏，［1912?—1949?］.--1册：照片；25cm　［南图］

南通县政概况 /（伪）南通县公署编辑 .-- 南通：（伪）南通县公署刊，民国28年［1939］.--160页；27cm　［国图］

报告伪南通县自治会1938年4月至1939年4月概况。收论著、公牍、章程法规、统计图表、职员录及专载等。有薛郢生弁言。

如皋县政纪要：民国二十三年度 / 江苏如皋县政府编 .-- 如皋：江苏如皋县政府刊，民国24年［1935］.--33，47页：图像；27cm　［南图，国图，上图］

1934年度工作概况。分保甲、财政、教育、建设、禁烟等7项。有张骏弁言。

三周岁之徐公桥 / 陆叔昂编著；姚惠泉校订 .-- 上海：中华职业教育社刊，民国20年［1931］.--134页；23cm　［南图，吉图，晋图，国图，浙图，上图］

分8章。介绍江办昆山县徐公桥的乡村改进会组织，以及建设、农事、教育、保安等概况。附录7篇。封面题：昆山徐公桥乡村改进事业试验第三次报告。书前冠卷头语。书末附录武秀才抖擞精神试石担等7篇。农村教育丛书。

善人桥的真面目 / 王洁人，朱孟乐编 .-- 吴县：吴县善人桥农村改进会委员会刊，民国23年［1934］.--106页：图；23cm　［南图，吉图，国图，上图］

分6章。介绍善人桥的一般概况、农村改进会的筹备过程、行政组织、事业概况、社会赞助等。

首都警察概况 / 首都警察厅编 .-- 南京：首都警察厅刊，民国23年［1934］.--318页：图像；23cm　［南图，国图，上图］

分总务、保安、司法、勤务、教

育5部分。有首都警察厅管辖区域图2幅，照片29幅。

首都警察手册 / 首都警察厅编译室编 .-- 南京：首都警察厅刊，民国36年［1947］.--342页；13cm ［南图］

内有国父遗嘱、中华民国国歌、警魂歌、中国国民党守则、警察读训、新生活须知、警察须知等内容。

首都警察厅曹王二警士纪念集 /.-- 南京：首都警察厅刊，民国22年［1933］.--1册；24cm ［南图］

首都警察厅复员一周年纪念专刊 / 首都警察厅编译室编 .-- 南京：首都警察厅编译室刊，民国35年［1946］.--164页：图像；26cm ［南图，吉图，辽图，重图，国图，浙图］

包括首都警察厅一年来的工作、一年来的大事纪要、组织法和各种单行章则、统计表以及警务一年的回顾与前瞻等。

首都警察厅复员二周年纪念专刊 / 首都警察厅编译室编 .-- 南京：首都警察厅刊，民国36年［1947］.--86页；26cm ［重图，国图，浙图］

共12章。介绍了组成与人事、训练与教育、文书及统计、会计与庶务、行政警察、刑事警察、消防警察、外事警察、勤务分配和勤务督察、警备工作、通信与经理、警察医院。附首都警察厅复员二周年一年来大事记。

首都警察厅工作报告 / 首都警察厅 .-- 南京：首都警察厅刊，民国36年［1947］.--54页；22cm ［南图］

本报告自中华民国三十六年（1947）八月起至十月止。为向南京市参议会第一届第四次大会报告。

首都警察厅工作报告 .-- 南京：首都警察厅刊，民国37年［1948］.--18页；27cm ［南图，国图］

首都警察厅配合总动员计划暨工作报告：自中华民国三十六年四月起至七月止向南京市参议会第三次大会报告 .-- 南京：首都警察厅刊，民国36年［1947］.--12页；23cm ［南图］

首都警察厅统计手册：三十七年一月至六月 / 首都警察厅统计室制 .-- 油印本 .-- 南京：首都警察厅统计室刊，民国37年［1948］.--59页；26cm ［国图］

首都警察一览 / 首都警察厅编 .-- 南京：首都警察厅刊，民国21年［1932］.--172页：图像；26cm ［重图，国图］

介绍了1919年至1921年南京警察厅的工作情况。分组织、警力、经费、员警概况、户籍、交通、消防、卫生、治安风化、违警、刑事、特务工作、教育、厅务会议选录等16项。

首都市政 / 南京特别市政府秘书处编译股编 .-- 南京：南京特别市市政府秘书处编译股刊，民国18年［1929］.--76

页：图像；26cm　［国图］

分2章。叙述南京的历史及市政组织机构概况，介绍南京市财政、土地、工务、公安、教育、社会、卫生等情况。

首都市政/南京市政府编.--南京：南京市政府刊，民国37年［1948］.--130页；21cm　［南图，吉图，重图，国图，浙图，上图］

分12章。介绍南京市的史地概况，交通，行政、财政、地政、教育、经济、建设、公用事业、卫生事业、社会事业的情况，市政计划等。附南京市名胜古迹介绍及1947年市政府主管人员名册。另有外编市长沈怡讲话8篇以及（美）毛理尔的促进南京现代化应由自来水和下水道着手等文章。

首都市政要览/南京特别市市政府编.--南京：南京特别市市政府刊，民国18年［1929］.--110页：图表；25cm　［重图，国图］

共7章。介绍首都沿革、首都市政之滥觞、南京特别市之成立、行政组织，以及市财政、土地、工务、公安、教育、社会、卫生等方面的情况。

首都市政要览：南京特别市成立二周年纪念/南京特别市市政府秘书处编译股编.--南京：南京特别市市政府秘书处出版股刊，民国18年［1929］.--108页：图像；23cm　［南图，国图］

共10章。介绍市政沿革、市区域范围、组织及职权，以及市财政、土地、工务、公安、教育、社会、卫生等方面的情况。有刘纪文序言。

首都新生活运动概况/首都新生活运动促进会编.--南京：首都新生活运动促进会刊，民国24年［1935］.--62页：照片；19cm　［南图，国图，上图］

收录首都新生活推进的阶段、最近首都新运工作概述（王漱芳），本会工作概况。并选载首都新生活运动促进会简章、首都各学校新生活劳动服务团组织通则等13种法规。附录首都新生活运动促进会负责人员一览、首都宪警学校劳动服务团团长名单。

苏北行政概况/刘以琳著.--（伪）苏北行政专员公署刊，民国30年［1941］.--1册；26cm　［国图］

简述苏北地区的位置、地势、气候、人口情况，并介绍伪苏北行政专员公署的由来、工作实施和计划等。书前冠引言。

苏北行政概况：三十年度/（伪）苏北行政专员公署编.--江苏：（伪）苏北行政专员公署刊，民国30年［1941］.150页；26cm　［国图］

分总务、民政、财政、警务、建设、教育、畜产管理、经济封锁等11项。有郝鹏序、孙嘉彦发刊词。大部分为统计表。

苏浙皖各地施政概况.第一辑/（伪）内政部中华青年团指导部编.--民国28年［1939］.--110页；16cm　［南图，国图，上图］

伪维新政府派往苏浙皖各地的指导员工作报告集。本辑为江苏省、浙江省、安徽省和上海市的概况。有陈明德引言（写于1939年12月）。

苏州市政筹备处半年汇刊：民国十六年七月至十二月 / 苏州市政筹备处编 .-- 苏州：苏州市政筹备处刊，民国17年［1928］.--1册：图像；26cm　［国图］

包括公牍选载、工务计划与实施、教育卫生之设施等5部分。有王纳善、柳士英绪言。附规程及单据表式等。

苏州现况 / 江苏民政厅著 .-- 南京：江苏民政厅刊，民国28年［1939］.--45页：图；19cm　［南图，国图］

敌伪出版物。分政治、户口、教育、工商、建设、交通、卫生、警卫、市容等11部分。有卷头语。

泰兴政治工作三个月报告 . 第二期十七年一月至三月 / 泰兴县政府编 .-- 泰兴：泰兴县政府刊，民国17年［1928］.--128页：图像；26cm　［国图］

内分特载、行政公牍、财政、司法公牍、会议录、日记6项。

泰兴政治工作三个月报告 . 第四期十七年七月至九月 / 泰兴县政府编 .-- 泰兴：泰兴县政府刊，民国17年［1928］.--1册：肖像；26cm　［国图］

维新政府初周纪念册 / 行政院宣传局编 .-- 南京：行政院宣传局刊，民国28年［1939］.--344页；29cm　［南图，吉图，津图，国图，上图］

介绍伪"维新政府"的政纲、宣言，各院部、各省市施政概况及未来计划等。包括内政部陈部长在警官学校开学典礼演讲等内容。

伪首都警察厅概况 / 江南问题研究会编辑：江南问题研究会刊，民国38年［1949］.--29页；18cm　［中图］

无锡县公安局年鉴：二十一年度 / 无锡县公安局年鉴编纂处编 .-- 无锡：无锡县公安局年鉴编纂处刊，民国22年［1933］.--1册：照片；26cm　［南图，国图］

共7部分。分大事记（1932年7月至1933年6月）、法规章程、会议记录、业务报告、调查统计、撰著、职员录等。

无锡县临时参议会纪念册 / 钱少明等编 .-- 无锡：无锡县临时参议会刊，民国36年［1947］.--61页：图；26cm　［南图，国图］

书前有照片及题词。

吴江清乡 /（伪）吴江特别区公署编 .-- 吴江：（伪）吴江特别区公署刊，民国31年［1942］.--1册：图像；21cm　［国图］

内收吴江清乡大事记、工作概况、吴江名胜古迹记略、吴江县党部工作概况、吴江全区巡视纪实等9篇及统计表。有杨彦斌弁言。

吴江清乡 /（伪）吴江特别区公署编辑 .-- 吴江：（伪）吴江特别区公署刊，民国 32 年［1943］.--116 页：图像；25cm ［国图］

记述清乡概况，有大事记、会议记录等。有杨彦斌弁言。

吴江县政纪要：中华民国二十二年度 / 吴江县政府编 .-- 吴江：吴江县政府刊，民国 22 年［1933］.--108 页：图像；26cm ［国图］

分民政、自治、公安、教育、财政、建设、农业、工商、地政、司法、监狱等 12 项。有王绳高弁言。

吴江县自治委员会一周年纪念概况 / 吴江县自治委员会编 .-- 吴江：吴江县自治委员会刊，民国 28 年［1939］.--112 页：图像；26cm ［国图］

共 16 章。收文告、县区乡镇组织规程及总务处、财政处、学务局、警察局工作报告等。伪政府出版物。

吴县 / 乔增祥主纂；梅成分纂 .-- 吴县：吴县县政府社会调查处刊，民国 19 年［1930］.--521 页；26cm ［国图，上图，南图］

共 27 章。其中第 8 章为公安，包括公安及军警自卫团体、警察队编组表等内容。

吴县参议会第一届第一次大会会刊：中华民国三十六年四月 / 吴县参议会编 .-- 吴县：吴县参议会刊，民国 36 年［1947］.--150 页：图像；26cm ［国图，上图］

收录大会宣言、开会词、休会词、施政报告、会议记录、审查报告、修正意见、提案、文电、法规等 12 项。有编辑例言（未署名）。

吴县参议会第一届第二次大会会刊 / 吴县参议会编 .-- 吴县：吴县参议会刊，民国 36 年［1947］.--119 页；26cm ［吉图］

收演词、会议记录、提案及决议、工作报告等。有附录。

吴县参议会第一届第三次大会会刊 / 吴县参议会编 .-- 吴县：吴县参议会刊，民国 36 年［1947］.--96 页：图像；26cm ［吉图，国图，上图］

收演词、会议记录、提案及决议、电文等。

吴县参议会第一届第四次大会会刊 / 吴县参议会编 .-- 吴县：吴县参议会刊，民国 37 年［1948］.--62 页；27cm ［南图，吉图，上图］

收演词、会议记录、提案及决议等。

吴县警察 / 吴县警察局编 .-- 吴县：吴县警察局刊，民国 36 年［1947］.--76 页；27cm ［上图］

一年来各科处室及局队所工作概况及各项单行章则等。

武进县参议会第一届第一次大会会议纪录 / 武进县参议会第一届第一次大会编 .-- 武进：武进县参议第一届

第一次大会刊，民国36年［1947］.--64页；27cm　　［上图］

收开会、闭会词、各机关施政工作报告、质询记录、会议记录、附录及法规等。

武进县政府民国二十三年九月份政治工作报告 / 武进县政府编 .-- 武进：武进县政府刊，民国23年［1934］.--23页；27cm　　［国图］

1934年9月份工作报告。有县长侯厚宗署名。

武进县政府民国二十三年十月份政治工作报告 / 武进县政府编 .-- 武进：武进县政府刊，民国23年［1934］.--16页；26cm　　［国图］

县警察行政实录 . 第1辑 / 汤鹤龄主编 .-- 昆山：万元斋印书社刊，民国36年［1947］.--288页；27cm　　［重图］

记录了昆山县警察局1946年的工作情况。分总务、行政、司法、勤务等。附：三十六年度中心工作实施大纲。

新南京 / 南京市政府秘书处编 .-- 南京：南京市政府秘书处刊，民国22年［1933］.--1册：照片；18cm　　［南图，重图，国图，上图］

分史地概略、名胜古迹、市行政组织、警政、市财政、教育、水陆空交通、公共卫生、救济事业、农工商业、机关社团等11章。

新南京 / 中报编辑 .-- 南京：中报刊，民国30年［1941］.--254页；19cm　　［吉图］

汪伪政权还都南京一周年纪念刊。书中载有国民政府还都宣言、南京概况一年来之市政建设、一年来之京市党务、一年来之警务、还都一年来大事记等15部、介绍日伪统治下的南京概况。中报一周纪念特刊。

兴化县政府周年特刊 /（伪）兴化县政府编 .-- 兴化：（伪）兴化县政府刊，民国31年［1942］.--440页：图像；27cm　　［上图］

分总论、民政、财政、教育、建设、社会6编。有李恭简序。

训宪政时期江苏市制之商榷 / 董修甲著 .-- 上海：青年协会书报部刊，民国17年［1928］.--108页；22cm　　［南图，津图，国图，上图］

研讨江苏城市的分类、各市市权、监督制度、市政府组织、市选举制度、文官任用、警察行政、市制规章则等问题。

一年来南京市政 / 南京市政府秘书处编 .-- 南京：南京市政府秘书处刊，民国24年［1935］.--10，130页：图像；27cm　　［津图，国图，上图］

内分社会、教育、工务、财政、土地、卫生、自治、公园、市铁路9项。有马超俊序。

一年来吴县县政概况 / 吴企云编辑 .-- 吴县：吴县县政府刊，民国24年［1935］.--280页：图表；26cm　　［国图］

分外务、自治与保甲、财政、社会行政、禁烟、公安、保卫、教育、建设、土地及附录 11 项。有编者弁言。

一年来之首都市政 / 南京特别市市政府秘书处编 .-- 南京：南京特别市市政府秘书处刊，民国 17 年［1928］.--［10］，204 页：照片；25cm ［国图，首图］

记述 1927 年 4 月至 1928 年 9 月南京市政情况，共 12 章。包括南京沿革、特别市成立经过、区域变更、权限划分、行政组织、职员考试及财政。工务、土地、公安、教育、卫生等情况。有刘纪文等照片及编者弁言。

一年来之新无锡 / 李行编辑 .-- 维新文化研究社刊，民国 28 年［1939］.--166 页；19cm ［南图］

敌伪出版物。分人口、政治、司法、建设、教育、交通、农业、工业、商业等章。维新文化丛书。

仪征县县政概况 / 仪征县政府第二科编辑 .-- 仪征：仪征县政府第二科刊，民国 19 年［1930］.--48 页；26cm ［国图］

分 5 部分。介绍江苏省仪征县的史地、政治、经济、社会等概况。有田斌序。版权页书名题：仪征县县政公报第三十二期。

宜兴县参议会第一届第一次大会会议记录 / 宜兴县参议会编 .-- 宜兴：宜兴县参议会刊，民国 36 年［1947］.--30 页；21cm ［国图］

宜兴县第四次行政会议专刊 / 钟竟成报告 .-- 宜兴：宜兴县政府刊，民国 23 年［1934］.--1 册；27cm ［国图］

宜兴县政概况 /（伪）宜兴县公署编 .-- 宜兴：（伪）宜兴县公署刊，民国 28 年［1939］.--392 页：图像；26cm ［国图］

介绍伪宜兴县公署成立一周年期间的县政概况。分组织、县政咨询会、民政、财政、教育、建设、专载等 9 项。有臧砺成弁言。

镇江清乡地区半年政工报告书 /（伪）江苏省镇江清乡地区政治工作团编辑 .-- 镇江：（伪）江苏省镇江清乡地区政治工作团刊，民国 32 年［1943］.--29 页：图；22cm ［国图］

伪江苏省镇江清乡地区政治工作团 1943 年 8 月至 10 月间的工作报告。

镇江县各界拥护参战言论集 / 镇江县政府宣传科辑 .-- 镇江：镇江县政府宣传科刊，民国 32 年［1943］.--44 页；17cm ［南图，国图］

日伪宣传品。呼应汪伪政权对英美宣战所发表的电文及言论等。

镇江县三周纪念特刊 /（伪）镇江县政府编辑 .-- 镇江：江南印书馆刊，民国 30 年［1941］.--1 册：图像；26cm ［吉图，国图，首图］

1938 年 8 月到 1941 年的概况，

分民政、财政、教育、建设等10章。有汪曾武等题词、孙叔荣镇江县三周年纪念特刊、郭志诚序言。

镇江县政府工作报告/郭志诚著.--镇江：（伪）镇江县政府刊，民国32年［1943］.--34页；19cm ［国图］

1942年度工作报告。分县政府、民政、财政、教育、建设、经济、宣传等项。

镇江在行进中/（伪）镇江县政府编.--镇江：（伪）镇江县政府刊，民国34年［1945］.--21页；19cm ［上图］

1945年8月和4月的县政实施概况介绍。

镇江自治委员会工作、丹徒县公署施政一周年纪念汇刊/（伪）镇江自治委员会宣传委员会编.--镇江：（伪）丹徒县公署刊，民国28年［1939］.--552 ［国图］

1938年1月至8月的施政概况。分机构、民政、财政、教育、建设、统计图表、会议录、专载、文艺等项。

江西

赣北三年：康专员督政赣北三周年纪念特刊/赣北三年编辑委员会编.--赣北三年编辑委员会刊，民国32年［1943］.--116页：图；26cm ［国图］

记述1940年11月至1943年10月赣北的政治、经济、文化、军事等方面的情况。书前有江西省第九区行政督察专员兼保安司令公署现任职员表、饶德潜康专员督政赣北三年之回顾与展望（饶德潜）。注：康专员指康景濂。

赣政十年：熊主席治赣十周年纪念特刊.--民国30年［1941］.--100页：图；25cm ［南图，重图，国图，浙图，上图］

内收宣誓就职答辞、赣人治赣的真精神（熊式辉）、十年赣政之回顾与展望（胡家凤）、十年来之江西民政（王次甫）、十年来之江西财政（文群）、十年来之江西保安（廖士翘）、十年来之江西司法（梁仁杰）等各部门工作概述共45篇。有熊式辉语录20则、李烈钧等纪念诗词17首。有胡先骕序及编后（未署名）。

江西财政报告书/江西省政府财政厅编.--江西省政府财政厅印刷，民国28年［1939］.--202页 ［国图］

江西财政纪要/翁燕翼，傅汝楫主编.--南昌：江西省政府财政厅发行，民国19年［1930］.--5册；1496页 ［国图］

分概要、赋税、会计、金融、公债、盐务附捐、表牍、法规8编，记述民国以后江西财政沿革，以及当时江西财政状况，并辑集有关的规章制度、整理财政计划等资料。

江西民政厅任内巡视文稿汇存/朱怀冰著.--南昌：新记合群印刷公司印，民国23年［1934］.--137页；26cm

［国图］

记著者在民政厅任职时巡视及工作情况。

江西民政厅长第一期出巡特刊 / 江西民政厅编 .-- 南昌：江西民政厅刊，民国 19 年［1930］.--184 页：表；25cm ［国图］

记载民政厅长王尹西出巡赣河一带的活动。收演词 8 篇、公牍 19 件、表册 7 幅。有王尹西卷头语。附载考察纲要，徐克文、王赞贤西巡随行记（写于 1930 年 4 月至 5 月）。

江西民政统计 / 李中襄编 .-- 南昌：戊子牌新盛祥刊，民国 36 年［1947］.--84 页：地图；26cm ［国图，南图］

江西省各县市之警政 .-- 油印本 .-- 江西：民国 26 年［1937］.--1 册；28cm ［南图］

有中央政治学校研究部图书室印章。

江西省会警察局统计年刊 / 江西省会警察局编 .-- 民国 25 年［1936］.--1 册：图片；22cm ［赣图］

江西省政府二十三年度行政报告 / 江西省政府秘书处编 .-- 南昌：江西省政府秘书处刊，民国 24 年［1935］.--12 册（548 页）：表；27cm ［国图］

1934 年度行政报告。项目与 1933 年度江西省政府行政报告相同。每月 1 册，国家图书馆馆藏为合订本。

江西省政府二十四年度行政报告 / 江南省政府秘书处编 .-- 南昌：江南省政府秘书处刊，民国 25 年［1936］.--2 册（494 页）：表；27cm ［国图］

1935 年度行政报告。项目与 1933 年度行政报告相同。每月 1 册，国家图书馆馆藏为合订本。

江西省政府二十五年度行政报告 / 江西省政府秘书处编 .-- 南昌：江西省政府秘书处刊，民国 26 年［1937］.--12 册（644 页）：表；27cm ［国图］

1936 年行政报告。每册内均分为奉行中央法令事项、颁行本省单行法规事项、省政府委员会、民政、财政、教育、建设、农矿、工商、保安、合作、附表 12 项。每月 1 册，国家图书馆馆藏为合订本。

江西省政府二十九年度工作实施报告 / 江西省政府秘书处编 .-- 南昌：江西省政府秘书处刊，民国 29 年［1940］.--270 页：表；27cm ［国图，南图］

1940 年度工作报告。分民政、财政、教育、建设、保安 5 编。

江西省政府行政报告 / 江西省政府秘书处编 .-- 南昌：江西省政府秘书处刊，民国 23 年［1934］.--12 册；574 页；27cm ［国图］

1933 年度行政报告。分奉行中央法令事项、颁行本省单行法规事项、省政府委员会、民政、财政、教育、建设、农矿、工商、附表等 10 项。每月 1 册，国家图书馆馆藏为合订本，书名据合订本书名题。

江西省政府民政厅工作报告撮要：十六年九月至十七年十月 / 江西省政府民政厅编 .-- 江西省政府民政厅刊，民国 17 年［1928］.--13 页；19cm ［上图］

1927 年 9 月至 1928 年 10 月工作报告。

江西省政府三十年度行政总检阅报告提要 / 江西省政府秘书处编 .-- 南昌：江西省政府秘书处刊，民国 30 年［1941］.--82 页；26cm ［国图，南图］

附江西省行政检阅通则、江西省政府三十年度行政总检阅办法及检阅程序、人员名单等。内分熊主席（即熊式辉）对检阅团的指示、全省行政总检阅报告讲评、各团报告提要 3 部分。

江西省政府三十一年度行政计划 / 江西省政府编 .-- 江西省政府，民国 31 年［1942］.--340 页；25cm ［国图，南图］

分普通政务计划和特别建设计划（1942 年度）。

江西省政府三十三年度工作计划 / 江西省政府编 .-- 江西省政府，民国 33 年［1944］.--386 页；26cm ［国图］

分计划提要、计划正文、工作计划简明表等 8 部分。

江西省政府三十五年度政务考察团报告汇编 / 江西省政府设计考核委员会编 .-- 江西省政府设计考核委员会刊，民国 36 年［1947］.--440 页；27cm ［国图］

分训示、考察报告、检讨会议及附录 4 部分。

江西省政府三十七年下半年度工作计划 / 江西省政府设计考核委员会编 .-- 江西省政府设计考核委员会刊，民国 37 年［1948］.--310 页：表；26cm ［国图］

全书均为表格。分行政、事业、营业 3 部分（1948 年下半年度）。

江西省政府施政纪要 /（伪）江西省政府宣传科编辑 .-- 九江：（伪）江西省政府宣传科刊，民国 32 年［1943］.--56 页；19cm ［国图，南图］

分正编和附载两部分。正编收伪江西省省长讲词 9 篇，另有今后之江西政务（杨志清）、今后之江西财政（燕琦暄）、今后之江西教育（赵宝芝）、今后之江西建设（周乐山）、今后之江西警务（陆容笺）5 篇。附载收江西省政府筹备工作总报告（杨志清）、江西省政府成立以后（鄢克定）。江西省政府丛书，第 1 种。

江西省政府政治报告 / 江西省政府秘书处编 .-- 南昌：江西省政府秘书处刊，民国 18 年［1929］.--190 页：表；27cm ［国图］

分省政府委员会、民政厅、财政厅、

建设厅、南昌市政府、清乡总局、赈务会工作报告等 9 项。

江西省政府政治汇编：民国二十一年二月 / 江西省政府编 .-- 江西：江西省政府刊，民国 21 年［1932］.--418 页：图；26cm ［国图，重图］

分总纲、政务、法规、省务会议决议案纪要等 8 部分。

江西省政年刊 /（伪）江西省政府政务厅编 .--（伪）江西省政府政务厅，民国 33 年［1944］.--1 册：图像；26cm ［国图］

分省政概论、财政、教育、建设、保安、警务 6 编。

江西新喻统计：民国卅六年十月 / 新喻县政府编 .-- 石印本 .-- 江西新喻：新喻县政府刊，民国 36 年［1947］.--48 页；27cm ［国图］

收录有关新喻县人口、教育、经济、警务、参议员及民众团体的统计图表 44 种。有周圣梦序。注：该县 1957 年改为新余县，后改为新余市。

蒋经国手令 / 黄寄慈编辑 .-- 南京：新闻杂志社刊，民国 37 年［1948］.--92 页：19cm ［上图，南图］

蒋经国在赣南主政六年中颁布的手令。新闻杂志丛书，第 1 种。

今日的赣南 / 蒋经国著 .-- 新赣南出版社刊，民国 29 年［1940］70 页：19cm ［上图］

记述 1940 年江西南部各县的政治、教育、交通、民生情况。新闻杂志丛书，第 2 种。

九江县政府筹备处周年纪念特刊 / 九江县政府筹备处编 .-- 九江：九江县政府筹备处刊，民国 29 年［1940］.--346 页：图；26cm ［国图］

分论文、周年大事记、法规、公牍、内政、财政、司法、警察、社团、杂俎、特载 11 项。有王国瑞发刊词及编后小启。

九江指南 / 秦山僧著 .-- 九江：九江指南社刊，民国 21 年［1932］.--1 册：图；19cm ［湘图，国图，上图］

分概要、疆域、街巷名称、地方行政、公共事业、食宿、游览、交通、实业、教育、卫生、宗教等 18 篇、共 144 节。附余兴一章。有大量风景图片。

临川县县政概况 / 临川县政府编 .-- 临川：临川县政府刊，民国 23 年［1934］.--18，469 页：图；26cm ［国图，赣图，首图］

分 21 项。包括保甲、警卫、县政实验、筑路、封锁、清乡善后、财政、公安、教育、卫生行政、农林水利、市政、电政、禁烟等。有周作孚序。

临川县政实验最近概况 / 临川县政府编 .-- 江西：临川日报社刊，民国 25 年［1936］.--109 页：照片；19cm ［赣图］

南昌市警察局统计表 / 黄光斗编 .-- 民国 26 年［1937］.--1 册：图表；34cm ［赣图］

本书收录了总务、行政、司法、勤务、训练、禁烟、救济、保甲等 76 张图表。

南昌市政五年计划草案 .--［192?］.--130 页；20cm ［国图，上图］

分工务、教育、社会、地政、警政、财政 6 项，每项均有说明及计划表。附各项事业经费支出总表。

南康县精神建设手册 / 南康县政府编 .-- 南康：南康县政府刊，民国 32 年［1943］.--54 页；19cm ［重图，国图］

收南康县颁布的有关精神建设的各类实施办法 23 种。其中有南康县推行精神建设完成地方自治实施方案、推行精神建设完成地方自治各乡（镇）应办事项、住户卫生最低限度标准、实施土地政策计划纲要、各乡乡村警察所实施警管区办法等。书前有为开展精神建设完成地方自治告工作干部（高清岳）。

新赣南五年建设计划 / 江西省第四区行政督察专员兼保安司令公署编 .-- 江西：江西省第四区行政督察专员兼保安司令公署刊，民国 32 年［1943］.--108 页；19cm ［上图］

分新赣南建设五大目标、六大要求等项。

新赣南五年建设计划草案：自民国三十三年至三十七年 / 蒋经国拟定 .-- 中华正气出版社刊，民国 37 年［1948］.--18 页；19cm ［国图］

分建设目标、建设纲领、所需完成的工作、所需干部、所需经费及物资等项。

新南康县政建设 / 南康县政府编 .-- 南康：南康县政府刊，民国 32 年［1943］.--224 页；19cm ［南图，吉图，重图，国图，浙图］

南康县政府自 1941 年起至 1943 年推行建设新赣南三年计划的情况。分县政概况、业务概况、改进意见等 8 章。

一年行政总报告 / 南昌县政府秘书处编 .-- 南昌：南昌县政府秘书处刊，民国 25 年［1936］.--138 页：图像；26cm ［国图］

分总纲、筹办手续、事业要项、章则、附件等 6 章。为南昌县县长李万里及许作懿、吴柱、王治平、刘跻东、刘炳汉等在 1935 年 8 月至 1936 年 8 月期间所作县政各项工作报告三十余篇。有编余。南昌县县政旬报特大号。

一年来之赣政 / 任师尚等著 .-- 民国 36 年［1947］.--248 页：肖像；26cm ［南图，国图］

分插图、特载、专文 8 部分。介绍 1945 年 4 月至 1946 年 4 月江西的省政概况。专文有一年来江西政治之检讨（任师尚）、一年来之江西民政（李中襄）、一年来之江西财政（洪轨）等 23 篇。

吉林

吉林哈尔滨警务总局民国七年第一期报告书：第三编规章.--哈尔滨：哈尔滨工艺美术教养所刊.--48页　［法研所］

吉林省城警务一览表：中华民国五年/吉林省会警察厅编.--吉林省会警察厅刊，民国5年［1916］.--18页：表；22cm　［国图，法研所］

包括6张折叠表。

满洲国际关系/（美）杨格窝尔德（C.WalterYoung）著；蒋景德译.--上海：神州国光社刊，民国20年［1931］.--455页；18cm　［南图，吉图，辽图，重图，津图，湘图，国图，浙图，上图］

评述1895—1931年期间内，日、俄（苏）、英、法、美等国在中国东北的地位，与中国的关系及其相互关系，以及有关的条约、合同等。附：所谓1905年中日秘密议定书。书名原文：The international relations of manchuria 书前冠译者叙言、原序。

满洲快览/（日）河村清编．长春：满洲事情案内所刊，民国28年［1939］.--61页：地图；22cm　［国图］

.--3版.--改订本.--长春：满洲事情案内所刊，民国30年［1941］.--61页；22cm　［国图］

满洲事情案内所报告（63）。伪满出版物。

伪满现状/中央设计局东北调查委员会编.--油印本.--中央设计局东北调查委员会刊，民国34年［1945］.--26cm　［上图］

共10章。其中第1章第3节警察，包括警察机构、警察类别等内容。

长春市警察局一年来工作概况/长春市警察局编.--长春：长春市警察局刊，民国36年［1947］.--104页；25cm　［国图］

中华民国六年吉林长春商埠警务一览表/吉林长春商埠警察厅编.--长春：长春商埠警察厅刊，民国6年［1917］.--1册：表；24cm　［首图］

折图1幅。

内蒙古

归绥市警察局年刊：中华民国三十五年度.--民国35年［1946］.--91页：图；23cm　［馆藏地不详］

绥远省地方自治讲义．第一编/樊库等编；乔允中，孟世勋校；赵培远等制图.--北平：绥远社会教育所刊，民国20年［1931］.--24，133页；24cm　［国图］

绥远省地方自治讲义．第二编/樊库等编；乔允中，孟世勋校；赵培远等制图.--北平：绥远社会教育所刊，民国20年［1931］.--104页；25cm　［国图］

绥远省地方自治讲义．第三编/

樊库等编；乔允中，孟世勋校；赵培远等制图 .-- 北平：绥远社会教育所刊，民国 20 年［1931］.--108 页：图；25cm ［国图］

绥远省地方自治讲义 . 第四编 / 樊库等编；乔允中，孟世勋校；赵培远等制图 .-- 北平：绥远社会教育所刊，民国 20 年［1931］.--32，432 页；25cm ［国图］

绥远省分县调查概要 / 绥远省民众教育馆编 .-- 绥远省民众教育馆总务部刊，民国 23 年［1934］.--544 页：图表；22cm ［黑图，津图，国图］

包括绥远省各县旗沿革、位置、境界、面积、山脉、河流、名胜、物产、乡镇、户口、交通、教育、财政、农工商等方面的调查记载。书前冠自序。书末附察哈尔蒙旗概况。

绥远省政府民国十九年度年刊 .-- 民国 20 年［1931］.--530 页：图像；27cm ［国图］

分统计、法规、任命、工作报告、调查、计划、重要文件等 8 部分。

绥远通志采访要点 / 绥远省通志馆编，民国 20 年［1931］.--86 页；26cm ［国图］

即绥远通志的编纂大纲。注出各卷、节应收的基本内容。书前有绥远通志凡例、绥远拟目等。书前冠弁言、绥远通志凡例。

宁夏

宁夏省第二次全省省政会议实录 / 宁夏省政府秘书处编 .-- 民国 24 年［1935］.--290 页：图像；26cm ［重图，国图］

收省政会议宣言、记录、提案、纪事、法规、姓名录等。有马鸿逵序。附录省政会议筹备处工作概况、省政会议秘书处工作概况。

宁夏省政府二十四年度行政计划 / 宁夏省政府秘书处编 .-- 民国 24 年［1935］.--54 页；27cm ［国图］

1935 年行政计划。分民政、财政、教育、建设 4 项。

宁夏省政府二十五年度行政计划 / 宁夏省政府秘书处编 .-- 宁夏：宁夏省政府秘书处刊，民国 25 年［1936］.--66 页；27cm ［甘图，上图］

1941 年行政计划。分总则、民政、财政、教育、建设、地政、卫生 7 项。

宁夏省政府三十年度行政计划 / 宁夏省政府编，民国 30 年［1941］.--130 页；27cm ［国图］

1941 年行政计划。分总则、民政、财政、教育、建设、地政、卫生 7 项。

宁夏省政府行政报告：民国二十五年十一月份 / 宁夏省政府秘书处编 .-- 民国 25 年［1936］.--38 页；27cm ［甘图，国图］

宁夏省政府廿五年行政总报告 / 宁夏省政府编 .-- 宁夏省政府秘书处刊，民国 25 年［1936］.--62 页：图像；27cm ［国图］

内分民政、财政、教育、建设、地政、禁烟 6 项。

宁夏省政府工作报告：中华民国二十六年三月份 / 宁夏省政府秘书处编 .-- 民国 26 年［1937］.--48 页：图像；27cm ［南图，国图］

宁夏省政府工作报告：中华民国二十六年四月份 / 宁夏省政府秘书处编 .-- 宁夏省政府秘书处刊，民国 26 年［1937］.--34 页：图表：27cm ［馆藏地不详］

内分奉行中央法令事项、颁行本省单行法规事项、省政府委员会、民政、财政、教育、建设、地政等 9 项。

宁夏省政府廿九年度行政报告 / 宁夏省政府编 .-- 民国 29 年［1940］.--62 页；26cm ［国图］

内分民政、财政、教育、建设、地政、卫生 6 项。

宁夏省政府工作报告：中华民国三十五年度一至六月份 / 宁夏省政府秘书处编，民国 35 年［1946］.--68 页；26cm ［国图］

1946 年上半年工作报告。内分省政府委员会决议事项摘要、一般行政、民政、财政、建设、农林、地政、合作、会计等 13 项。

宁夏省政府工作报告：三十六年度元月至六月份 / 宁夏省政府秘书处编 .-- 民国 36 年［1947］.--120 页；25cm ［国图］

1947 年上半年工作报告。内分一般行政、统计、民政、建设、教育、地政、会计、水利、天赋粮食、合作、卫生等 15 项。

宁夏省政府工作报告：三十七年度元月至六月份 / 宁夏省政府秘书处编 .-- 宁夏：宁夏省政府秘书处刊，民国 37 年［1948］.--62 页；25cm ［馆藏地不详］

宁夏省政府三十五年度政绩比较表 / 宁夏省政府秘书处编，民国 35 年［1946］.--68 页；26cm ［国图］

内分一般行政、民政、保安、财政、教育、建设、农牧业、水利、地政、卫生、合作、会计 12 项。

十年来宁夏省政述要 / 翦敦道主纂；宁夏省政府编 .-- 宁夏省政府秘书处刊，民国 31 年［1942］.--4 册：图；26cm ［国图，重图，甘图，国图］

8 册合订为 4 册。1933 年 2 月至 1942 年底省政概要。第 1 册总类，第 2 册民政，第 3 册财政，第 4 册教育，第 5 册建设，第 6 册地政，第 7 册保安和卫生，第 8 册粮政。有马鸿逵总序，各册有弁言。有主纂者跋。

辽宁

奉天全省警察报告书 / 王家勋编 .-- 民国 9 年［1920］.--2 册（476，278 页）：图像；26cm ［馆藏地不详］

奉天全省警甲报告书 / 于珍著 .-- 奉天：作新印刷局印，民国 14 年［1925］.--2 册；27cm ［国图，法研所］

奉天全省警甲报告书 . 上册 / 黄耀凤，赵宗诚总编辑 .-- 奉天：作新印刷局印，民国 14 年［1925］.--702 页；25cm ［首图］

本册分章则类（第 3 编）、公牍类（第 4 编）。

奉天全省警甲报告书 . 下册 / 黄耀凤，赵宗诚总编辑；高作人，张乃弓校订 .-- 奉天：作新印刷局印，民国 14 年［1925］.--200，42 页：图；25cm ［津图，首图］

原为上、下二册。下册分图表（第 3 编）、杂录类（第 4 编）。

奉天市要览 /（日）藤田文友编辑 .-- 奉天：奉天市长官房文书科刊，民国 32 年［1943］.--161 页：23cm ［国图］

辽宁省民国十六年度财政统计年鉴 / 辽宁省财政厅第四科编 .-- 辽宁：辽宁省财政厅印刷处印刷，民国 19 年［1930］.--20，418 页；25cm ［国图］

全部为表。内分支出、收入、杂录、附图 4 部分。

辽宁省民国十七年度财政统计年鉴 / 辽宁省财政厅第四科编辑 .-- 辽宁：辽宁省财政厅印刷处印刷，民国 19 年［1930］.--1 册：图；26cm ［国图］

辽宁省民政厅统计专刊 / 辽北省民政厅编 .-- 辽北省民政厅刊，民国 19 年［1930］.--134 页；26cm ［重图，国图］

1929 年至 1930 年的民政统计图表。

民国三年奉天省城警察厅警察统志 / 宋文郁总纂；赵廷襄编辑兼校正 .-- 奉天：奉天省城警察厅刊，民国 3 年［1914］.--212 页：图；25cm ［馆藏地不详］

沈阳市警察局一年来工作纪实 / 沈阳市警察局秘书室编 .-- 沈阳：沈阳市警察局秘书室刊，民国 36 年［1947］.--53 页：图；26cm ［国图］

青海

青海 / 周振鹤编 .-- 长沙：商务印书馆刊，民国 27 年［1938］.--318 页：图；19cm ［夏图，重图，津图，国图］
.-- 再版 .-- 长沙：商务印书馆刊，民国 28 年［1939］.--318 页：图；18cm ［南图，重图，国图，上图，首图］

全书分 17 章：绪言、位置与境界、气候、地形及地层、山脉、水系、沙漠、种族、历史、政情、民主、教育、宗教与寺院、交通、产业、风俗、结论。史地小丛书。

青海省工作计划：中华民国三十七年度 / 马步芳编 .-- 青海：青海省政府刊，民国 36 年［1947］.--22，89 页；27cm ［馆藏地不详］

分民政、财政、教育、地政、合作、社会、田粮、统计等 12 项。

青海省政府二十五年施政报告 / 青海省政府秘书处编 .-- 青海：青海省政府秘书处刊，民国 25 年［1936］.--184 页；27cm ［馆藏地不详］

内分会议、行政、讲演、法规等项。

青海省政府工作报告：中华民国二十七年四月份 / 青海省政府秘书处编 .-- 西宁：青海省政府秘书处刊，民国 27 年［1938］.--24 页；26cm ［南图，国图］

内分奉行中央法令事项、颁行本省单行法规事项、民政、财政、教育、建设、保安、禁烟、地政等 9 项。附行政计划与工作进度对照表等。

青海省政府工作报告：中华民国二十七年五月份 / 青海省政府秘书处编 .-- 西宁：青海省政府秘书处刊，民国 27 年［1938］.--28 页；25cm ［国图］

内分奉行中央法令事项、颁行本省单行法规事项、民政、财政、教育、建设、保安、禁烟、地政等 10 项。附录行政计划与工作进度对照表等 2 篇。

青海省政府工作报告：中华民国二十七年七月份 / 青海省政府秘书处编 .-- 西宁：青海省政府秘书处刊，民国 27 年［1938］.--26 页；26cm ［国图］

内分奉行中央法令事项、民政、财政、教育、建设、保安、禁烟、地政等 9 项。

青海省政府工作报告：中华民国二十七年八月份 / 青海省政府秘书处编 .-- 西宁：青海省政府秘书处刊，民国 27 年［1938］.--32 页；26cm ［国图］

内分奉行中央法令事项、颁行本省单行法规事项、保安、地政、禁烟等 10 项。附行政计划与工作进度对照表、各税局新定每月经费表。

青海省政府工作报告：中华民国二十七年九月份 / 青海省政府秘书处编 .-- 西宁：青海省政府秘书处刊，民国 27 年［1938］.--32 页；26cm ［国图］

内分奉行中央法令事项、颁行本省单行法规事项、民政、建设、保安等 9 项。

青海省政府工作报告：中华民国二十七年十月份 / 青海省政府秘书处编 .-- 西宁：青海省政府秘书处刊，民国 27 年［1938］.--28 页；26cm ［国图］

内分奉行中央法令事项、财政、教育、禁烟等 8 项。

青海省政府工作报告：中华民国二十七年十一月份 / 青海省政府秘书处编 .-- 西宁：青海省政府秘书处刊，民国 27 年［1938］.--24 页；26cm ［国图］

青海省政府工作报告：中华民国

二十七年十二月份 / 青海省政府秘书处编 .-- 西宁：青海省政府秘书处刊，民国 27 年［1938］.--24 页；26cm　［国图］

青海省政府工作报告：中华民国二十八年元月份 / 青海省政府秘书处编 .-- 西宁：青海省政府秘书处刊，民国 28 年［1939］.--36 页；26cm　［国图］

内分奉行中央法令事项、颁行本省单行法规事项、教育、建设、地政、禁烟等 10 项。

青海省政府工作报告：中华民国二十八年二月份 / 青海省政府秘书处编 .-- 西宁：青海省政府秘书处刊，民国 28 年［1939］.--42 页；26cm　［国图］

分项与一月份工作报告相同。

青海省政府工作报告：中华民国二十八年三月份 / 青海省政府秘书处编 .-- 西宁：青海省政府秘书处刊，民国 28 年［1939］.--36 页；26cm　［国图］

分项与一月份工作报告相同。

青海省政府工作报告：中华民国二十八年四月份 / 青海省政府秘书处编 .-- 西宁：青海省政府秘书处刊，民国 28 年［1939］.--34 页；26cm　［国图］

分项与一月份工作报告相同。

青海省政府工作报告：中华民国二十八年五月份 / 青海省政府秘书处编 .-- 青海省政府秘书处刊，民国 28 年［1939］.--54 页；26cm　［国图］

分项与一月份工作报告相同。

青海省政府工作报告：中华民国二十八年六月份 / 青海省政府秘书处编 .-- 青海省政府秘书处刊，民国 28 年［1939］.--50 页；26cm　［国图］

分项与一月份工作报告相同。

青海省政府工作总报告：中华民国二十八年七月份起至二十九年十二月份止 / 青海省政府秘书处编 .-- 西宁：青海省政府秘书处刊，民国 30 年［1941］.--118 页；25cm　［南图，国图］

内分民政、财政、教育、建设、保安等 6 项。有马步芳叙言。附录单行法规 18 种、图表 4 幅。

青海省政府工作报告：中华民国三十一年一月份起至六月份底止 / 青海省政府秘书处编 .-- 西宁：青海省政府秘书处刊，民国 31 年［1942］.--114 页；25cm　［南图，国图］

内分奉行中央法令事项、颁行本省单行法规事项、财政、教育、保安、地政、粮政、卫生等 11 项。附单行法规、关系书表。

青海省政府工作报告：中华民国三十二年份 / 青海省政府秘书处编 .-- 西宁：青海省政府秘书处刊，民国 33 年［1944］.--50 页；26cm　［国图］

报告 1943 年工作。分民政、财政、教育、建设、田粮、兵役等 7 项。

青海省政府工作报告：中华民国三十五年上半年 / 青海省政府秘书处编 .--

西宁：青海省政府秘书处刊，民国35年［1946］.--14，104页；26cm ［国图］

内分省政府委员会决议事项择要、民政、建设、田赋、社会、会计、统计、保安等15项。

青海省政府三十四年度政绩比较表/青海省政府秘书处编.--民国34年［1945］.--32页；26cm ［国图］

内分财政、教育、建设、保安、田赋粮食管理、合作事业管理、社会等10类。全部为表。

青海省政府三十五年度政绩比较表/青海省政府秘书处编.--西宁：青海省政府秘书处刊，民国35年［1946］.--34页；26cm ［国图］

内分民政、财政、教育、建设、保安、田粮、统计等12类。全部为表。

西北考察记·青海篇/马鹤天著.--南京：新亚细亚学会刊，民国25年［1936］.--253页：图；22cm ［津图，重图，晋图，国图，赣图，上图］

1934年青海地区考察报告，分两卷。上卷为日记，分由兰州至西宁、由西宁至青海岸往返、留居西宁、由西宁至循化、由循化至拉卜楞等7部分；下卷分6章，介绍青海的沿革、地理、民族、政治、经济、社会。

玉树近事记/青海南部边区警备司令部编.--青海：青海南部边区警备司令部刊，民国22年［1933］.--160页：图；26cm ［重图，国图，上图］

分两编。上编记自民国元年至二十一年玉树县军政大事；下编记述玉树地区的地理、交通、民族、寺院、土地、垦殖及民国二十一年（1932）至二十二年（1933）中央政府与玉树政府之间往来文件、电函等。

最近之青海/青海省政府民政厅编.--南京：新亚细亚学会刊，民国23年［1934］.--398页；21cm ［南图，重图，国图，首图］

分政务设施及调查事项两部分。政务设施分务厅、建置、吏治、公安、地方自治、水利、社会事业、垦殖状况8节。调查事项分民族、人口、风俗、宗教、气温5节。附录各种计划书4种，新县县城内与城郊、县署分置图4种。有王玉堂序、照片68幅。新亚细亚学会边疆丛书。

重庆

九年来之重庆市政/重庆市政府秘书处编.--重庆：重庆市政府秘书处刊，民国25年［1936］.--142页：照片；25cm ［国图，上图，皖图］

收1926年7月—1935年7月间有关重庆市工程、公用、社会、教育、土地、公安、卫生、团务等9个方面的工作概况。有潘文华序。

西南交通要览/西南导报社编.--重庆：西南导报社刊，民国27年［1938］.--61页：地图；18cm ［重图，国图，浙图，赣图，上图］

.-- 再版 .-- 重庆：西南导报社刊，民国28年［1939］.--50页；17cm　［重图，国图］

.--3版 .-- 重庆：西南导报社刊，民国28年［1939］.--50页；17cm　［南图，重图，国图］

中华民国三十四年度重庆市政府工作计划 / 贺耀组，杨绰庵著 .-- 重庆刊，民国34年［1945］.--108页；27cm　［重图］

本书从行政和事务两部分概述了民国三十四年（1945）重庆市政府工作的计划。

重庆市警察局单行法规汇编 / 重庆市警察局法规整理委员会主编 .-- 重庆：重庆市警察局督察处刊，民国35年［1946］.--226页：表；19cm　［重庆档案馆，公安大学］

重庆市警察局工作报告：廿九年三月至八月 / 重庆市警察局编 .-- 油印本 .-- 重庆：重庆市警察局刊，民国29年［1940］.--1册；27cm　［重图］

重庆市警察局工作报告：廿九年九月至卅年二月 / 重庆市警察局编 .-- 油印本 .-- 重庆：重庆市警察局刊，民国30年［1941］.--1册；27cm　［重图］

重庆市警察局工作报告：三十年九月至三十一年二月 / 重庆市警察局编 .-- 油印本 .-- 重庆：重庆市警察局刊，民国31年［1942］.--137页；27cm　［重图］

重庆市警察局工作报告：三十六年一月至四月 / 重庆市警察局编 .-- 油印本 .-- 重庆：重庆市警察局刊，民国36年［1947］.--6页；27cm　［重图］

这是重庆市警察局三十六年一月至四月的工作报告。本报告全部采用表格的形式，记录了类别、项别、计划、实施情形、备注5个方面。如对加强警察教育提高警察素质一项、就从训练学警、训练户籍警、加强常年教育、严格预警考验、举行常警工作座谈会5个计划来实施，各个计划的实施具体情况怎样也详加叙述，读来一目了然。有利于了解警察工作。

重庆市警察局工作一年概况 / 重庆市警察局编辑委员会编 .-- 重庆：重庆市警察局，民国37年［1948］.--78页：图表；19cm　［重图］

重庆市警察局二十九年度统计年鉴 / 重庆市警察局总务科统计股编 .-- 石印本 .-- 重庆：重庆市警察局总务科统计股刊，民国30年［1941］.--95页：地图；26cm　［重图，国图］

重庆市警察局三十年度统计年鉴 / 唐毅等编 .-- 重庆：重庆市警察局总务科统计股刊，民国31年［1942］.--99页；27cm　［南图，重图］

重庆市政府工作报告：廿八年九月至廿九年二月 .-- 油印本，民国

29 年［1940］.--11 册；27cm　　［重图］

包括重庆市政府工作概况和重庆市营建委员会、国民兵团本部、烟民劝诫所、动员委员会、社会局、警察局、财政局、工务局、卫生局、市政府会计室工作报告。

重庆市政府工作报告：三十一年四至六月份 .-- 重庆刊，民国 31 年［1942］.--114 页；27cm　　［重图］

报告内容有：奉行中央法令事项、颁行本市单行法规事项、市政会议议事项、社会（附教育）、警察（附兵役）、财政（附土地）、工务（附公用）卫生、粮政等 11 项。附录重庆单行法规 26 项、统计资料图表 31 项。

重庆市政府工作报告：三十二年四、五、六月份 .-- 重庆刊，民国 32 年［1943］.--120 页；27cm　　［重图］

内分奉行中央法令事项、颁行本市单行法规事项、市政会议决议事项、工作进度 4 项。附不属本年度施政计划工作、重庆单行法规 11 项、统计资料图表 24 项。

重庆市政府工作报告：三十二年十月至三十三年三月 .-- 油印本 .-- 重庆刊，民国 33 年［1944］.--1 册；27cm　　［重图］

内有社会、教育、警察（附兵役）、财政、地政、工务（附公用）、卫生、粮政、会计、统计、国民兵、日用品供销、防空洞管理、图书杂志审查等 15 项。补编为重庆市政府四、五两月份工作概况。

重庆市政府工作报告：三十三年四至六月份 .-- 重庆刊，民国 33 年［1944］.--38 页；27cm　　［重图］

内分奉行中央法令事项、颁行本市单行法规事项、工作进度 3 大项。内含社会、教育、警察（附兵役）、财政、地政、工务（附公用）、卫生、粮政、会计、统计、国民兵、日用品供销、防空洞管理、图书杂志审查等 15 项报告内容。

重庆市政府工作报告：三十四年一至六月份 .-- 民国 34 年［1945］.--40 页；26cm　　［南图，重图，国图］

内分奉行中央法令事项、颁行本省单行法规事项、工作进度等 8 项。

重庆市政府工作报告：三十四年七月至十二月份 .-- 油印本 .-- 重庆刊，民国 34 年［1945］.--76 页；27cm　　［重图］

全书为表格，内含社会、教育、警察（附兵役）、财政、地政、工务（附公用）、卫生、粮政、会计、统计、国民兵、日用品供销、防空洞管理、图书杂志审查等 15 项报告内容。

重庆市政府工作报告：三十六年一至六月份 .-- 民国 36 年［1947］.--28 页；27cm　　［重图］

全书为表格，内含社会、教育、警察（附兵役）、财政、地政、工务（附公用）、卫生、粮政、会计、统计、国民兵、日用品供销、防空洞管理、图书杂志审查等 15 项报告内容。

重庆市政府核定物价运价工资汇编 / 重庆市政府编 .-- 重庆：重庆市政府刊，民国 32 年［1943］.--1 册；19cm ［国图，上图］
.-- 修订本 .-- 重庆：德光印书局刊，民国 32 年［1943］.--1 册；19cm ［南图，国图］

全部为表。内容为重庆市当时各种商品的市价、运价和各业工人工资数。

重庆市政府会计处工作报告：二十九年九月至卅年二月 / 重庆市政府会计处编 .-- 油印本 .-- 重庆：重庆市政府会计处刊，民国 30 年［1941］.--27 页；27cm ［重图］

重庆市政府会计处工作报告：三十二年三月至九月 / 重庆市政府会计处编 .-- 油印本 .-- 重庆：重庆市政府会计处刊，民国 32 年［1943］.--10 页；27cm ［重图］

重庆市政府会计处工作报告：三十六年五月至八月 / 重庆市政府会计处编 .-- 油印本 .-- 重庆：重庆市政府会计处刊，民国 36 年［1947］.--4 页；27cm ［重图］

本报告对重庆市政府会计处民国三十六年（1947）五月一日至八月十五日实施的主要工作作了简明扼要的叙述，书末附重庆市三十六年度财务收支概况表（民国三十六年一月一日起至七月三十一日止）。对我们今天了解和研究当时重庆的财政状况有一定的参考价值。

重庆市政府民国三十二年度施政计划 / 重庆市政府编 .-- 重庆：重庆市政府刊，民国 32 年［1943］.--84 页：表格；27cm ［重图］

收重庆市 1943 年度社会、警察、财政、工务、卫生、仓储救济、礼俗、文化、警察、交通、外事等方面的施政计划。

重庆市政府三十一年度政绩比较表 / 重庆市政府秘书处编 .-- 重庆：重庆市政府秘书处刊，民国 32 年［1943］.--1 册；27cm ［重图］

收录了社会、警察、财政、工务、卫生、粮政、国民兵团、图书杂志审查、防空洞工程、防空洞管理、会计、统计共 12 个方面的工作项目、计划、实施等。

重庆市政府三十二年度政绩比较表 / 重庆市政府秘书处编 .-- 重庆：重庆市政府秘书处刊，民国 33 年［1944］.--1 册；27cm ［重图，国图］

收重庆市 1943 年度社会、教育、警察、财政、工务、卫生、粮政、国民兵团、图书、防空、日用品供销、会计、统计等概况表。附重庆市议价物品价格调正比率表。

重庆市政府三十三年度政绩比较表 / 重庆市政府秘书处编 .-- 重庆：重庆市政府秘书处刊，民国 34 年［1945］.--116 页；27cm ［重图］

收录了社会、民政、教育、警察、财政、地政、工务、卫生、清洁、粮食管理、会计、统计、国民兵团、图书杂志审查、日用品供给、防空洞管理共16个方面的工作项目、计划、实施等。

重庆市政府三十四年度政绩比较表 / 重庆市政府秘书处编 .-- 重庆：重庆市政府秘书处刊，民国35年［1946］.--84页；26cm　［国图］

重庆市政府1945年行政和事业政绩概况表。书前冠前言。

重庆市政府三十五年度政绩比较表 / 重庆市政府秘书处编辑 .-- 重庆：重庆市政府秘书处刊，民国36年［1947］.--68页；27cm　［重图，国图］

重庆市政府1946年行政和事业政绩概况表。

重庆市政府施政报告 / 重庆市政府秘书处编 .-- 重庆：重庆市政府秘书处刊，民国37年［1948］.--18页；17cm　［重图］

这是重庆市政府秘书处于民国三十七年（1948）十一月编印的重庆市政府施政报告，主要是为参议会所作的政府工作报告。大致有拥护经改运动稳定物价金融、配合戡乱国策充实自卫武力、整理税收公产自治财源、加强训练工作提高干部素质、发展国民教育展开建校运动、兴建嘉陵江大桥展拓本市区域、加紧工程建设完成未竣工作、继续整理户籍建立庶政基础、整理土地册籍开展地政工作、健全人事制度增进行政效率等，后附重庆市三十七年下半年度施政纲要。从这份施政报告中可以看出国共战争时期，国民党无论在政治、经济、教育等方面都表现出他的失败的迹象，在物价飞涨的情况下，政府只有不断地加强基层控制，压迫搜刮人民的血汗来维持即将垮台的反动政府。

重庆要览 / 贺耀组著 .-- 重庆：重庆市政府刊，民国34年［1945］.--114页；19cm　［南图，吉图，重图，国图，中山］

共14章。其中包括警卫一章。

梓潼县政府二十四、五、六年度行政汇刊 / 梓潼县政府秘书室编 .-- 梓潼：梓潼县政府秘书室刊，民国28年［1939］.--206页：图像；26cm　［国图］

1935年、1936年、1937年的行政概况。分民政、财政、教育、团警、司法、禁烟、新运等项。并收规章计划、经费、图表、公牍、杂录等。注：梓潼县现属绵阳市。

自贡市市政概况 .-- 油印本 .-- 自贡刊，民国37年［1948］.--1册；折表；27cm　［重图］

介绍自贡市设市经过、市政组织及概况、市财政情形以及目前工作重心。

自贡市政府工作报告 / 刘仁庵编 .-- 自贡：四川自贡市政府刊，民国33年［1944］.--52页；25cm　［国图］

1943年7月1日至1944年6月30日的工作报告。有刘仁庵说明。

上海

1947 上海 .-- 民国 36 年［1947］.--90 页；26cm　　［上图］

收有关上海市政情况的文章。有上海市市政施政概况（吴国桢）、警察建制问题（俞叔乎）、怎样挽救工人失业问题（水祥云）。书中大部分为商业广告。

川沙县政公报二十三年度第一次行政会议专刊 / 川沙县政府公报编辑处编辑 .-- 上海：川沙县政府公报编辑处刊，民国 23 年［1934］.--60 页：照片；26cm　　［国图］

1934 年度第一次行政会议记录。

大道年刊 . 第一辑 / 大道年刊筹备委员会编辑组编 .-- 民国 28 年［1939］.--368 页：图像；26cm　　［国图］

大道市政府为抗日军队撤出上海后成立的伪上海市政府，后改组为上海特别市政府。本书是伪大道市政府成立周年纪念年刊。分社会、警察、财政、教育、交通、土地、政务、肃检、塘工、专载等 10 部分。书前有大道旗彩图、照片，苏锡文、编者序 2 篇，张景惠、王揖唐等题辞和各项统计表等。

大上海指南 / 柳培潜编 .-- 上海：中华书局有限公司刊，民国 25 年［1936］.--394 页：图；19cm　　［南图，吉图，国图，上图，首图］

分沿革、交通、娱乐、行政、教育、生活、公益事业、农工商业、地名屋名、法规等 12 章，另附小小统计、经验之谈、上海市政府、市中心各局处电话表。书前有卷头语、大上海地图。书中有图表多幅。

大上海指南 / 王昌年编著 .-- 上海：东南文化服务社刊，民国 36 年［1947］.--412 页：图；17cm　　［重图，国图，上图］

分沿革、交通、娱乐、公益事业、工业、教育、生活、商业、农业、路名、屋名、法规 12 章。书前冠凡例。

市政概况 / 上海特别市政府秘书处编 .-- 上海：上海特别市政府秘书处刊，民国 17 年［1928］.--86 页：图；19cm　　［国图，晋图，浙图，上图］

介绍市政沿革、市区域范围、政府组织及职权，以及财政、土地、社会、公务、公安、卫生、教育、公用等方面情况。附上海特别市十七年度施政大纲。

市政公报 / 上海市人民政府办公室 .-- 上海刊，民国 38 年［1949］.--26cm　　［浙大］

二年间之南汇县政府：十九年八月十一日至二十一年八月十日 / 南汇县政府编 .-- 南汇：南汇县政府刊，民国 21 年［1932］.--152 页；26cm　　［国图］

1930 年 8 月 10 日的业务报告。介绍南汇县筹办自治、举办清乡等活动，奉行仪节、革新公报等内务概况。

有孔冲序。

各局业务汇报：上海特别市市政府公报副刊 / 上海特别市市政府秘书处编 .-- 上海：上海特别市市政府秘书处刊，民国 16 年［1927］.--250 页：图；27cm　　［上图］

上海市财政、工务、公安、卫生、教育、土地、农工商、公益等局的业务报告及布告。附各局办事细则、计划草案和职员录。

沪租界前后经过概要 / 王臻善著 .-- 王臻善刊，民国 14 年［1925］.--20 页；22cm　　［国图］

记述欧美列强在上海建立租界的经过，有关租界的章程、制度。有李佳白序及著者弁言。

黄浦分局概况 / 上海市警察局黄浦分局编 .-- 上海：上海市警察局黄浦分局刊，民国 37 年［1948］.--164 页：表；21cm　　［国图，上图］

介绍了黄浦分局沿革及各股、室职掌事项以及各种表格。

嘉定县议事会会务报告三编 / 嘉定县议事会编 .-- 嘉定县议事会刊，民国 16 年［1927］.--144 页：表；26cm　　［国图］

分表类、规则、议决案、代议决案、文电、附录等项。有序言（写于 1927 年 4 月）。注：嘉定县原属江苏省，现属上海市。

嘉定县政概况 / 嘉定县政府编 .-- 嘉定县政府，民国 24 年［1935］.--406 页：图；26cm　　［国图］

分民政、财政、建设、禁烟、警卫、教育、土地、司法 8 编。有许次玄发刊词（写于 1934 年 2 月）和县况统计。附嘉定县 1934 年度施政纲要、1935 年度中心工作实施大纲及县政府职员录。

嘉定县政概况 /（伪）嘉定县公署 .--（伪）嘉定县公署刊，民国 28 年［1939］.--230 页：图；22cm　　［国图，上图］

分行政、治安、财政、教育、建设、卫生、司法等 8 章。有冯诚求序。

金山县第一届第二、三、四次参议会会刊 / 金山县政府编 .-- 金山：金山县政府刊，［1912?—1949?］.--30 页；27cm　　［国图］

三次参议会会刊合订本。会期分别为：1947 年 7 月 28 日、10 月 28 日及 1948 年 4 月 11 日。

金山县警察状况 / 徐侠儿编辑；张啸山，程相如校订 .-- 金山：金山县第一警察分所刊，民国 5 年［1916］.--24，122 页：图；23cm　　［国图，南图］

分沿革、饬文、详文、批示、公牍、记事、传记、表册、丛录 9 部分。有詹亮畴弁言、徐亚伯发刊词及姚凤石等序 5 篇。附录捐助警察状况经费诸君姓氏数目一览表。

上海公共租界工部局年报：中华

民国十九年即西历一九三零年 / 上海公共租界工部局编 .-- 上海：上海公共租界工部局刊，民国 19 年［1930］.--332 页：图表；27cm　［南图，国图，上图］

收公务报告 28 件。有商团、火政、警务、监狱、卫生、工务、地产等报告。另收收入比较表等。

上海公共租界工部局年报：中华民国二十年即西历一九三一年 / 上海公共租界工部局编 .-- 上海：上海公共租界工部局刊，民国 20 年［1931］.--404 页：图表；27cm　［国图］

上海公共租界工部局年报：中华民国二十一年即西历一九三二年 / 上海公共租界工部局编 .-- 上海：上海公共租界工部局刊，民国 21 年［1932］.--440 页：图表；26cm　［津图，国图］

上海公共租界工部局年报：中华民国二十二年即西历一九三三年 / 上海公共租界工部局编 .-- 上海：上海公共租界工部局刊，民国 22 年［1933］.--574 页：图表；26cm　［国图，上图］

收公务报告 40 件（包括国际关系、特区法院、废除银两、重估地价等）及收入比较表等。

上海公共租界工部局年报：中华民国二十三年即西历一九三四年 / 上海公共租界工部局编 .-- 上海：上海公共租界工部局刊，民国 23 年［1934］.--590 页：图表；26cm　［南图，国图，浙图，上图］

收公务报告 26 件及收支一览表等。封面题：华文处译述（第 5 期）。

上海公共租界工部局年报：中华民国二十四年即西历一九三五年 / 上海公共租界工部局编 .-- 上海：上海公共租界工部局刊，民国 24 年［1935］.--651 页：图表；26cm　［重图，国图，浙图，上图］

收公务报告 27 件（关于工业法规及电话公司、自来水公司、制造电气公司等的报告）及收支一览表等。封面题：华文处译述（第 6 期）。

上海公共租界工部局年报：中华民国二十五年即西历一九三六年 / 上海公共租界工部局编 .-- 上海：上海公共租界工部局刊，民国 25 年［1936］.--683 页；26cm　［国图，浙图，上图］

收公务报告 27 件及收支一览表等。封面题：华文处译述（第 7 期）。

上海公共租界工部局年报：中华民国二十六年即西历一九三七年 / 上海公共租界工部局编 .-- 上海：上海公共租界工部局刊，民国 26 年［1937］.--704 页：图表；26cm　［国图，上图］

收公务报告 26 件及执照捐比较表、收支一览表等。封面题：华文处译述（第 8 期）。

上海公共租界工部局年报：中华民国二十七年即西历一九三八年 / 上海公共租界工部局编 .-- 上海：

上海公共租界工部局刊，民国27年［1938］.--735页；26cm ［国图，上图］

收公务报告24件及房捐一览表、收支一览表等。封面题：华文处译述（第9期）。

上海公共租界工部局年报：中华民国二十八年即西历一九三九年/上海公共租界工部局编.--上海：上海公共租界工部局刊，民国28年［1939］.--623页：图表；26cm ［国图，上图］

收公务报告25件及预算摘要、收支一览表等。封面题：华文处译述（第10期）。

上海公共租界工部局年报：中华民国二十九年即西历一九四零年/上海公共租界工部局编.--上海：上海公共租界工部局刊，民国29年［1940］.--635页；26cm ［国图，上图］

收公务报告24件及收支一览表等。封面题：华文处译述（第11期）。

上海公共租界工部局年报：中华民国三十年即西历一九四一年/上海公共租界工部局编.--上海：上海公共租界工部局刊，民国30年［1941］.--210页；26cm ［国图，上图］

收公务报告19件（工业社会处、公用事业公司、电话公司、音乐队等），捐税及收费税率表等。封面题：华文处译述（第12期）。

上海公共租界工部局年报：中华民国三十一年即西历一九四二年/上海公共租界工部局编.--上海：上海公共租界工部局刊，民国31年［1942］.--155页；26cm ［上图］

收公务报告18件及收入比较表等。封面题：华文处译述（第13期）。

上海市地方协会第二届年报：民国二十三年/上海市地方协会编.--上海：上海市地方协会刊，民国23年［1934］.--78页；26cm ［国图］

包括会务概览、特载、总纲、会议纪要、各组工作报告等。

上海市地方协会第四届年报：民国二十五年/上海市地方协会编.--上海：上海市地方协会刊，民国25年［1936］.--45页；27cm ［馆藏地不详］

包括会务及工作概览、特载、会议记录等。

上海市地方自治人员训练班同学通讯录.--民国37年［1948］.--42页：图像；19cm ［馆藏地不详］

上海市第一届参议会第三次大会会刊/上海市第一届参议会秘书处编.--上海：上海市第一届参议会秘书处刊，民国36年［1947］.--300页：肖像；25cm ［南图，国图］

收施政报告、会议记录、决议案等。

上海市第一届参议会第四次大会会刊/上海市第一届参议会秘书处

编 .-- 上海：上海市第一届参议会秘书处刊，民国 36 年［1947］.--410 页：肖像；25cm ［国图］

分开会词、休会词、施政报告、质询记录、会议录、提案一览表、决议案等 9 项。有附载。会议于 1946 年 9 月 22 日开幕，10 月 31 日召开第 8 至 11 次会议。

上海市第一届参议会第五次大会会刊 / 上海市第一届参议会秘书处编 .-- 上海：上海市第一届参议会秘书处刊，民国 37 年［1948］.--400 页：肖像；25cm ［南图，国图］

收大会施政报告、会议记录、决议案等。

上海市第一届参议会第六次大会会刊 / 上海市参议会秘书处编 .-- 上海：上海市参议会秘书处刊，民国 37 年［1948］.--400 页：肖像；25cm ［南图，国图］

收开会词、闭会词、施政报告、质询记录、会议记录、提案、决议案等。

上海市第一届参议会第七次大会会刊 / 上海市第一届参议会秘书处编 .-- 上海：上海市第一届参议会秘书处刊，民国 37 年［1948］.--230 页：肖像；25cm ［南图，国图］

收施政报告、质询记录、会议记录、提案等。

上海市第一届参议会第八次大会会刊 / 上海市第一届参议会第八次大会秘书处编 .-- 上海：上海市第一届参议会第八次秘书处刊，民国 38 年［1949］.--210 页；27cm ［馆藏地不详］

收施政报告、质询记录、会议记录、提案一览表、决议案、专案报告等。有附载。

上海市第一届参议会第二次大会决议案办理情形摘录：中华民国三十六年五月 / 上海市第一届参议会秘书处编 .-- 上海：上海市第一届参议会秘书处刊，民国 36 年［1947］.--244 页；18cm ［国图，上图］

内分民政、警政、社会、教育、工务、卫生、公用、财政、法规、地政等项。有附录。

上海市第一届参议会第三次大会决议案办理情形摘录 / 上海市第一届参议会秘书处编 .-- 上海：上海市第一届参议会秘书处刊，民国 36 年［1947］.--120 页；19cm ［馆藏地不详］

摘录民政、社会、教育、财政、工务、卫生、法规、警政等决议案办理情况。

上海市第一届参议会第四次大会决议案办理情形摘录 / 上海市第一届参议会秘书处编 .-- 上海：上海市第一届参议会秘书处刊，民国 37 年［1948］.--173 页；19cm ［黑图，上图］

摘录民政、警政、社会、教育、财政、工务、公用、地政、卫生等决议案办理情况。

上海市第一届参议会第五次大会决议案办理情形摘录 / 上海市第一届参议会秘书处编 .-- 上海：上海市第一届参议会秘书处刊，民国 37 年［1948］.--146 页；19cm ［黑图，上图］

摘录民政、警政、社会、教育、财政、工务、公用、地政、卫生、法规等议案办理情况。

上海市第一届参议会第六次大会决议案办理情形摘录：中华民国三十七年九月 / 上海市参议会秘书处编 .-- 上海：上海市参议会秘书处刊，民国 37 年［1948］.--134 页；19cm ［黑图］

卷首题：对上海市政府施政报告决议案办理情形。附决议案检讨委员会报告。

上海市第一届参议会第七次大会决议案办理情形摘录 / 上海市第一届参议会秘书处编 .-- 上海：上海市第一届参议会秘书处刊，民国 37 年［1948］.--72 页；19cm ［上图］

卷首题：对上海市政府施政报告决议案办理情形。

上海市第一届参议会第三次大会决议案 / 上海市第一届参议会秘书处编 .-- 上海：上海市第一届参议会秘书处刊，民国 36 年［1947］.--220 页；27cm ［上图］

分民政、警政、社会、教育、财政、公务、公用、地政、卫生及法规等 10 项。

上海市第一届参议会警政协委员会工作报告 / 上海市第一届参议会秘书处编 .-- 上海：秘书处刊，［1912?—1949?］.--4 册；19cm ［上图］

据第二、三、四册著录。

上海市第一届参议会警政委员会工作报告：第 2、3 辑 / 上海市第一届参议会秘书处编 .-- 上海：上海市第一届参议会秘书处刊，民国 36 年［1947］.--2 册（6，11 页）；19cm ［馆藏地不详］

第 2 辑收 7 至 10 次会议记录，第 3 辑收 11 至 19 次会议记录。

上海市第一届参议会自治委员会工作报告：第 2、3、4 辑 / 上海市第一届参议会秘书处编 .-- 上海：上海市第一届参议会秘书处刊，民国 36 年［1947］.--3 册（6，5，3 页）；19cm ［上图］

第 2 辑收 7 至 11 次会议记录，第 3 辑收 12 至 17 次会议记录，第 4 辑收 18 至 19 次会议记录。

上海市各区概况 / 王晖等编 .-- 上海：上海市政府刊，民国 19 年［1930］.--324 页；19cm ［上图］

共 13 讲。介绍上海市塘桥、法华、杨思、漕泾、陆行、高行、殷行、江湾、彭浦、高桥、真如、蒲淞、吴淞 13 个区的沿革、土地、户口、财政、教育、警卫、交通、河道等概况。演讲人有王晖、杨洪钧、陈天锡、杨心正、张企文等。

上海市公安局警察常识汇编 .--［1912?—1949?］.--200 页；19cm ［上图］

汇集了新生活运动纲要（上海市公安局督察处新运股编）、警察勤务讲义（郑泽光编）、侦探常识（司徒材编）、防空常识（徐怒涛编）、上海社会概况（杨正安编）等10篇。

上海市公安局新生活运动特刊：新运二周年纪念 / 上海市公安局第一科编纂股编 .-- 民国25年［1936］.--212页；16cm　［上图］

上海市警界新生活运动资料汇编。分3篇。上篇特载，有蒋介石、吴铁城等讲话；中篇论著；下篇报告，主要介绍新生活运动实施情况。

上海市公训同学抗战纪念刊 / 曾庆榞编 .-- 上海：上海市公训同学联谊会筹备会刊，民国35年［1946］.--162页：图像；27cm　［上图］
.-- 增订本 .-- 南京：中国文化企业股份有限公司刊，民国36年［1947］.--1册；26cm　［上图］

介绍上海历届公民训练处训练情况。

上海市警察概况 / 方澄辉编 .-- 上海：上海市警察局警士教练所刊，［1912?—1949?］.--52页；19cm　［上图］

介绍了上海市警察的组织及行政概况。

上海市警察局保警第二总队成立二周年纪念刊 / 保二总队部副官室编 .-- 上海：保二总队部刊，民国37年［1948］.--76页：图像；23cm　［上图］

收入应随时准备应付非常动乱（宣铁吾）、写于保二拨编二周年（王税含），以及业务报导、大事记等。

上海市警察局工作报告：三十四年九月至三十五年八月 / 上海市警察局编 .-- 上海：上海市警察局刊，民国35年［1946］.--22页；27cm　［上图］

附上海盗窃杀人案件统计表等9件。

上海市警察局老闸分局三十六年度年刊 / 年刊编辑委员会编辑 .-- 上海：上海市警察局老闸分局刊，民国37年［1948］.--302页：图像；21cm　［上图］

上海市警察局统计年报：三十五年度 / 上海市警察局统计室编辑 .-- 上海：上海市警察局统计室刊，民国36年［1947］.--186页；19cm　［津图，国图］

共30种，127个表。包括统计图和员警概况、义务警察、违警事件、刑事案件、烟毒人犯、侨民动态、枪械护照、火灾等统计表。有俞沔说明。

上海市市政报告 / 上海市政府秘书处编 .-- 上海：上海市政府秘书处刊，民国25年［1936］.--1册：图表；26cm　［南图，吉图，国图，浙图，上图］

本书为1932年7月至1935年6月的市政报告。分总纲、社会、公安、财政、工务、教育、卫生、土地、公用、保安等10章。书名据合订本书脊处书名题。书前冠编者例言。

上海市政府十九年度行政报告 / 上海市政府编 .-- 上海：上海市政府刊，民国 20 年［1931］.--2 册（340 页）；26cm　　［国图］

1930 年 1 月至 12 月份行政报告。每月 1 册，每册书名中均有年月。书名据合订本书名题。注：上海图书馆藏 9 月份行政报告。合订本。

上海市政府二十二年七月份行政报告 / 上海市政府编 .-- 上海：上海市政府刊，民国 22 年［1933］.--1 册；26cm　　［重图］

上海市政府行政报告：廿二年一至十、十二月 / 上海市政府编 .-- 上海：上海市政府刊，［1933?—1949?］.--11 册（460 页）；27cm　　［甘图］

1933 年 1 月至 10 月和 12 月份行政报告。每月 1 册，每册书名均题年、月份。书名据合订本题。注：上海图书馆藏 12 月份工作报告。

上海市政府二十三年度行政报告 / 上海市政府编 .-- 上海：上海市政府刊，民国 23 年［1934］.--1 册；26cm　　［国图］

1934 年 1 月至 12 月份行政报告，每月 1 册，每册书名均题年月份。书名据合订本书脊处书名题。注：上海图书馆藏 1 月份行政报告。合订本。

上海市政府二十四年度行政报告 / 上海市政府编 .-- 上海：上海市政府刊，民国 24 年［1935］.--1 册（320 页）；26cm　　［国图］

1935 年度行政报告，每月 1 册，每册书名均题年月份。书名据合订本书脊处书名题。注：上海图书馆藏 2 至 7 月份行政报告。

上海市政府二十五年度行政报告 / 上海市政府编 .-- 上海：上海市政府刊，民国 25 年［1936］.--1 册（340 页）；27cm　　［国图］

1936 年度行政报告，每月 1 册，每册书名均题年月份。书名据合订本书脊处书名题，本书为 12 册合订。合订本。

上海市政府工作报告：三十四年九月至三十五年二月 / 上海市政府编 .-- 上海：上海市政府刊，民国 35 年［1946］.--29 页；27cm　　［上图］

1945 年 9 月至 1946 年 2 月的工作报告。分民政、警政、社会行政、教育、地政、公用事业、工务、卫生、财政等 9 项。

上海市政府工作计划：中华民国三十五年度 / 上海市政府编 .-- 上海：上海市政府，民国 35 年［1946］.--126 页；表；27cm　　［上图］

内分施政方针、民政、警政、社会、教育、财政、工务、公用、地政、卫生等 10 项。

上海市政府秘书处暨各局办事细则 / 上海市政府秘书处编 .-- 上海：

上海特别市政府刊，民国 20 年［1931］.--92 页；27cm　［上图］

包括社会局、公安局、财政局、工务局、教育局、卫生局、土地局、公用局的办事细则。

上海市政府三十六年度中心工作计划 / 上海市政府设计考核委员会编 .-- 上海：上海市政府设计考核委员会刊，民国 36 年［1947］.--28 页；25cm　［国图，上图］

1947 年度计划。收民政、警政、社会、教育、财政、公用、地政、卫生等方面的计划提要及计划表。

上海市政府施政报告 . 三十五年三月三十日市长在临时参议会提出 .-- 上海刊，民国 35 年［1946］.--17 页；26cm　［国图］

上海市长 1946 年 8 月 30 日发表的有关治安、工潮、建设事业、民政等方面的施政报告。

上海市政府施政报告 / 上海市政府编 .-- 上海：上海市政府刊，民国 37 年［1948］.--112 页；27cm　［津图，上图］

1948 年 9 月至 12 月的施政报告。分民政、警政、社会、教育、财政、工务、公用、地政、卫生 9 项。

上海市政府最近行政概要 / 上海市政府编 .-- 上海：上海市政府刊，民国 19 年［1930］.--30 页；25cm　［上图］

1929 年上海市政府工作概略。内分关于建设市中心区域、工务、财政、土地、社会、公安、卫生、教育行政、公用事业、地方自治 10 项。

上海市政概要 / 上海市政府秘书处编 .-- 上海：上海市政府秘书处刊，民国 23 年［1934］.--288 页：图像；26cm　［南图，津图，吉图，国图，浙图，上图］

内分总纲、社会、公安、财政、工务、卫生、土地、公用、保安、自治等 11 章。有吴铁城序。

上海特别市常熟保甲区装置警铃收支征信录 .-- 上海，民国 33 年［1944］.--118 页；19cm　［上图］

捐款总清，包括具体收据单号、保甲户、捐款人姓名、捐款数目。

上海特别市反日会检查委员会工作一览 . 第 1 集：中华民国十七年六月份至十月份 .--［192?］.--150 页：图像；27cm　［馆藏地不详］

1928 年 6 月至 10 月的工作概况。有组织、条例、报告等项。

上海特别市公安局业务纪要：十六年八月至十七年七月 / 上海特别市公安局编 .-- 上海：上海特别市公安局刊，民国 17 年［1928］.--1 册：照片；26cm　［南图，国图］

介绍了关于总务类各种章程、教育，关于行政类各种章程、户口、会议记录、公牍选载、统计图表等。

上海特别市公安局业务报告：十七年七月至十八年六月 / 上海特别市公安局编 .-- 上海：上海特别市公安局刊，民国 18 年［1929］.--316 页：图像；26cm ［国图］

分组织、纪事、规章、计划、报告、会议、文牍选载、统计、教育、财政共 10 项。出版年据副题名。有袁良（局长）弁言。附职员姓名表。

上海市公安局业务报告：民国十八年七月至十九年六月 / 上海市公安局编 .-- 上海：上海市公安局刊，民国 19 年［1930］.--195，65 页；26cm ［国图，上图］

附录袁局长演讲录等 5 篇及职员通信录。

上海市公安局业务报告：民国十九年七月至二十年六月 / 上海市公安局编 .-- 上海：上海市公安局刊，民国 20 年［1931］.--220 页；25cm ［国图，上图］

包括要务日记、科处业务报告、人事事项、训育事项、械弹补充及整理、服装、编纂事项、会计出纳、治安、外事、商事、交通、保健、救济、户籍消防、协助刑事案件等若干项。

上海市公安局业务报告：民国二十年七月至二十一年六月 / 上海市公安局第一科编纂股编 .-- 上海：上海市公安局第一科编纂股刊，民国 21 年［1932］.--302 页；26cm ［国图］

上海特别市警察局政治常识 / 萧作人著 .-- 上海：上海特别市警察局刊，［1940?—1943?］.--33 页；25cm ［南图］

共分 4 个部分，第一部分介绍了国家的性质、要素和国家与民族的区别，第二部分介绍了集权的政府、分权的政府、政府职务分配，第三部分介绍了宪法的意义、内容、类别、趋势，第四部分介绍了行政法。

上海特别市市政概况 / 上海特别市政府编 .-- 上海：上海特别市政府刊，民国 16 年［1927］.--86 页；19cm ［上图］

介绍上海特别市市政沿革、区域、组织及 1927 年度财政、土地、社会、工务、公安、卫生、教育、公用等方面情况。附录上海特别市政府十七年度施政大纲。

上海特别市市政统计概要中华民国十六年度 / 上海特别市市政府秘书处编 .-- 上海：上海特别市市政府秘书处刊，民国 17 年［1928］.--15，240 页；27cm ［吉图，重图，中山，国图，浙图］

分财政类、土地类、社会类、工务类、公安类、卫生类、教育类、公用类等部分。

上海特别市政府初周纪念特刊 /（伪）上海特别市政府秘书处编 .-- 上海：（伪）上海特别市政府秘书处刊，民国 29 年［1940］.--542 页：图像；26cm ［南图，吉图，国图，首图］

收成立宣言、施政大纲、市府、

各区局的工作报告和计划等。有傅宗耀弁言、梁鸿志等题词。

上海指南 / 商务印书馆编译所编 .-- 1919 版增订本 .-- 上海：商务印书馆刊，民国 11 年［1922］.--1 册：地图；19cm ［国图］

附上海地图地名表。

松江县行政概况：中华民国二十六年七月 /（伪）松江县公署编 .-- 松江：（伪）松江县公署刊，民国 28 年［1939］.--96 页；26cm ［南图，国图］

介绍松江县成立县公署一年来的概况、教育及社会事业等计划，并有统计图表及大事记等。有弁言。

松江县警察所概况 / 松江县警察所总务组编 .-- 松江：松江县警察所刊，民国 28 年［1939］.--1 册：图像；26cm ［南图，国图］

分报告、总务、业务、公牍、章则、会计、统计、记事等 9 部分。介绍 1938 年 4 月至 1939 年 6 月该所概况。

嵩山年刊：中华民国三十七年度 / 上海市警察局嵩山分局年刊编辑委员会编 .-- 上海：上海市警察局嵩山分局年刊编辑委员会刊，民国 37 年［1948］.--73 页：图像；19cm ［上图］

收入题词、工作报告、大事记、统计等。

特别市组织汇要 / 增淞沪自治制；淞沪市区督办署官制；中华图书馆编 .-- 上海：中华图书馆刊，民国 14 年［1925］.--246 页；22cm ［重图，上图］

分 4 部分。介绍各国和中国特别市的组织及上海特别市等。有淞沪市自治制和淞沪市区督办官制。

统计表中之上海 / 罗志如著 .-- 南京：国立中央研究院社会科学研究所刊，民国 21 年［1932］.--14，143 页；26cm ［南图，津图，重图，国图］

分 10 部分：气象、土地建设、人口、卫生、教育、交通、工业及劳动、商业、社会、市政。气象部分图表由竺可桢供给及审定，人口、卫生两部分由朱祖晦审查，商业部分由胡纪常核阅。附参考目录 157 条。国立中央研究院社会科学研究所集刊。

新崇明 /（伪）崇明自治会警务局宣传股编辑 .-- 崇明：（伪）崇明自治委员会刊，民国 28 年［1939］.--83 页；23cm

［馆藏地不详］

伪崇明县各机关的报告及日军占领崇明后的状况等。有黄稚卿新崇明特刊序和发行者序。注：崇明自 1958 年由江苏省划归上海市。

新上海 /（伪）上海特别市政府秘书处编 .-- 上海：（伪）上海特别市政府秘书处刊，民国 28 年［1939］.--136 页：照片；27cm ［南图，国图，上图］

包括履历、上海特别市政府大厦、上海特别市政府成立典礼、各局局长、各局大厦、市政府行政大纲、市政府财政概况、各科工作概况等16章。有弁言、上海特别市区域图等。

政绩比较表（中华民国三十五年度）/上海市政府编.-- 上海：上海市政府刊，民国35年［1946］.--68页；26cm　［上图，国图］

全部为表。分民政、警政、社会、教育、财政、工务、公用、地政、卫生等9类。

山东

复员后之青岛警察/青岛市警察局编.-- 青岛：青岛市警察局刊，民国36年［1947］.--92页：图；27cm　［津图，国图］

介绍了1946年1月至1947年1月青岛警察的情况。分组织及人事、行政、司法、户政、外事、训练、警察、总务8部分。附录各种单行法规、青岛警察沿革及各种重要统计图表。

济南警政研究/宋耀林著.-- 济南：宋耀林刊.-- 民国26年［1937］.--142页：表；25cm　［国图，重图］

共14章。叙述了济南的警政沿革、警察局组织系统、警察勤务、教育、警队编制、女子警察、财政来源及其分配、官警任用及待遇、奖惩及抚恤的规定等。

济南市概要/（伪）济南市公署秘书处编.-- 济南：（伪）济南市公署秘书处刊，民国29年［1940］.--82页：图；18cm　［国图］

分总论（沿革、地理条件、市公署组织）及财政、建设、教育、社会事业、畜牧、水道等7类图表。

济南市概要/（伪）济南市公署秘书处编.-- 济南：（伪）济南市公署秘书处刊，民国31年［1942］.--80页：图；18cm　［国图］

1938年至1942年的济南市概况。内分沿革、地理、名胜古迹、行政概况4部分。附官署、旅舍等表及济南市区图。

济南市政府二十六年度行政计划/济南市政府编.-- 济南：济南市政府刊.--21页；27cm　［国图］

1937年度行政计划。分工务、社会、财政、教育、外事5项。

济南市政府工作报告：民国廿年九月九日至廿一年九月九日/济南市政府秘书处编.-- 济南：济南市政府秘书处刊，民国21年［1932］.--12页；26cm　［国图］

1937年度行政计划。分工务、社会、财政、教育、外事5项。

济南市政府周年工作报告：民国廿三年九月至廿四年九月/济南市政府秘书处编.-- 济南：济南市政府秘书处刊，民国24年［1935］.--14页；26cm　［国图］

内分总务、工务、财政、教育、外事5项。

济南市之一年 / 济南市政府秘书处编 .-- 民国 37 年［1948］.--12，210 页：图；26cm　　［国图，上图］

济南市政府 1947 年度工作报告。内分一般行政、民政、社会、工商、农政、卫生、合作、军事、财政、地政、教育、工务、公用等 14 项。附录王市长就职广播词、环市公路巡视等 12 篇。有王崇五序言。

济南指南 / 叶春墀编辑 .-- 大东日报社刊，民国 3 年［1914 年］.--212 页　［国图］

分地势、户口、官厅、公益团体、工商业、金融业、交通机关、游览食宿及杂录 9 章。书后附济南街市图、民国三年六月山东第一次展览会纪略。

警务统计 / 青岛市警察局统计室编 .-- 油印本 .-- 青岛：青岛市警察局统计室刊，民国 36 年［1947］.--1 册；26cm　　［国图］

鲁政一年 / 山东省政府秘书处编 .-- 山东省政府秘书处刊，民国 36 年［1947］.--226 页：图表；21cm:　　［南图，国图，上图］

介绍王耀武主持山东省政府一年来的施政情况。分总类、民政、财政、教育、建设、警保、田粮、卫生、社会、地政、选政等项。有王耀武序言（写于 1947 年 10 月）。

蒙城县政书 / 汪篪著 .-- 蒙城：甲子孟冬刊，民国 13 年［1924］.--1 册：表；26cm　　［南图，国图，首图］

著者在安徽蒙城县任职时的文轶汇编。分舆图、吏治、教育、实业、财政、司法、防务、水利、风土调查、统计报告表等 10 编。全书无标点。

青岛警察沿革 / 骆金铭编著；曹佩兰校对 .-- 青岛：兴华印刷局刊，民国 23 年［1934］.--2 册：图表；19cm　［上图］

上编第 1 册包括警务组织沿革和巩固水陆治安 2 部分，第 2 册包括改良消防设备、补充警察教育、改善一般待遇及扩张警察技术等 4 部分；下编第 1 册包括厉行保安方法、管理交通行政、实行清查户口、改善司法待遇、注重清洁卫生等 6 部分。

青岛市公安局二十年度业务报告：1931.7—1932.6 / 青岛市公安局编 .-- 青岛：青岛市公安局刊，民国 21 年［1932］.--1 册：图像；26cm　　［国图］

青岛市公安局行政年刊：民国二十三年七月至二十四年六月 / 青岛市公安局编 .-- 青岛：青岛市公安局刊，民国 24 年［1935］.--1 册：图表；25cm　　［重图］

青岛市公安局业务报告 / 青岛市公安局编 .-- 青岛：青岛市公安局刊，民国 20 年［1931］.--1 册：图像；26cm　［重图，国图］

1930 年 7 月至 1931 年 6 月的工作报告。分为组织、规章、计划及工作、司法重要案件、会议、教育、财政等 10 项。附警察共济社概况等 3 篇。

青岛市公安局业务报告：民国二十七年七月至二十一年六月止 / 青岛市公安局编 .-- 青岛：青岛市公安局刊，民国 21 年［1932］.--430 页：图像；27cm　［上图］

分为组织、规章、计划及工作、司法重要案件、会议、教育、财政、统计等 9 项。

青岛市警察共济社年报：中华民国十九年度 / 青岛市公安局编 .-- 青岛：青岛市公安局刊，民国 20 年［1931］.--38 页：图像；26cm　［国图］

分为文件、规则、职员、启事、奖励、收支、记录 7 项。

青岛市警察共济社年报：中华民国二十年度 / 青岛市公安局编 .-- 青岛：青岛市公安局刊，民国 21 年［1932］.--38 页：图像；26cm　［国图］

分为筹建警察住舍、文件、规则、职员、奖励、收支、记录、杂记 8 项。

青岛市社会局行政統计：民国二十三年份 / 青岛市社会局编 .-- 青岛：青岛市社会局刊，民国 24 年［1935］.--57 页；27cm　［国图］

收 1934 年份农工商、劳动、公益、卫生等 4 类统计图表。

青岛市社会局十九年份行政纪要 / 青岛市社会局编 .-- 青岛：青岛市社会局刊，民国 20 年［1931］.--506 页；27cm　［南图；国图］

内分组织、总务、农工商行政、劳动行政、公益行政及特载等 7 编。

青岛市社会局现行规程汇编 / 青岛市社会局编 .-- 青岛：青岛市社会局刊，民国 24 年［1935］.--246 页；27cm　［馆藏地不详］

辑录青岛市社会局办事细则、度量衡划一程序、合作人员训练班简则等规程，共 144 种。

青岛市市政法规汇编 / 青岛市政府编 .-- 青岛：青岛市政府刊，民国 25 年［1936］.--9 册（1200 页）；26cm　［南图，国图，首图］

收入该市法规，止于 1935 年 12 月。分总务、公安等 9 类。每类 1 册。

青岛市统计年鉴 / 青岛市政府统计室编 .-- 青岛：青岛市政府统计室刊，民国 36 年［1947］.--13，245 页：图像；26cm　［南图，国图，浙图，赣图，上图，首图］

1946 年统计图表。分行政组织、户口与保甲、民政、气象、地政、社会、教育、警卫、财政、经济及金融、卫生、港务与运务、工务、公用、农林、司法、禁烟、经济等 18 类。附趸售物价及零售物价表。

青岛市政府复员计划 / 青岛市政府秘书处编审室编 .-- 青岛：青岛市政府秘书处编审室刊，民国 35 年［1946］

.--102 页；27cm ［重图，国图］

分民政、社会、教育、工务、港务、财政、地政、卫生、警察、人事、农林、气象、保安等 14 项。

青岛市政府行政报告：中华民国二十年一月至十二月 / 青岛市政府秘书处编 .-- 青岛：青岛市政府秘书处刊，民国 20 年［1931］.--1 册（464 页）；27cm ［国图］

收藏者合订本书名题：青岛市政府二十年度行政报告。合订本。

青岛市政府行政报告：中华民国二十一年一至十二月 / 青岛市政府秘书处编 .-- 青岛：青岛市政府秘书处刊，民国 21 年［1932］.--1 册（424 页）；26cm ［国图］

收藏者合订本书名题：青岛市政府二十一年度行政报告。合订本。

青岛市政府行政报告：中华民国二十二年一月至十二月 / 青岛市政府秘书处编 .-- 青岛：青岛市政府秘书处刊，民国 22 年［1933］.--1 册（490 页）；26cm ［国图］

1933 年度行政报告，每月 1 册。收藏者合订本书名题：青岛市政府二十二年度行政报告。合订本。

青岛市政府行政报告：中华民国二十三年一月至十二月 / 青岛市政府秘书处编 .-- 青岛：青岛市政府秘书处刊，民国 23 年［1934］.--1 册（532 页）；27cm ［国图］

1934 年度行政报告，每月 1 册。收藏者合订本书名题：青岛市政府二十三年度行政报告。合订本。

青岛市政府行政报告：中华民国二十四年一月至十二月 / 青岛市政府秘书处编 .-- 青岛：青岛市政府秘书处刊，民国 24 年［1935］.--1 册（486 页）；27cm ［国图］

1935 年度行政报告，每月 1 册。收藏者合订本书名题：青岛市政府二十四年度行政报告。合订本。

青岛市政府卅五年度政绩比较表 / 青岛市政府秘书处编审室编 .-- 青岛：青岛市政府秘书处编审室刊，民国 36 年［1947］.--60 页；27cm ［南图，重图，国图］

分民政、财政、教育、社会、地政、卫生、人事、农林等 14 类。全部为表。市秘编字第拾壹号。

青岛市政府卅六年度政绩比较表 / 青岛市政府秘书处编审室编 .-- 青岛：青岛市政府秘书处编审室刊，民国 37 年［1948］.--86 页；27cm ［国图］

市秘编字第贰拾号。

青岛市政府三年来行政摘要：自二十一年至二十三年 / 青岛市政府秘书处编 .-- 青岛：青岛市政府秘书处刊，民国 23 年［1934］.--1 册：图；26cm ［南图，重图，国图］

内分总务、社会、公安、财政、公务、教育、港务、观象、农林 9 项。摘要自

1932年至1934年。

青岛市政工作报告：三十五年一至六月/青岛市政府秘书处编.--青岛：青岛市政府秘书处刊，民国35年［1946］.--48页：表；27cm　［重图］

内分民政、社会、教育、工务、港务、财政、地政、卫生、警政、人事、会计、统计、农林、观象、自来水厂等15类。

青岛市政工作报告：三十五年七至十二月/青岛市政府秘书处编.--青岛：青岛市政府秘书处刊，民国35年［1946］.--81页：表；27cm　［重图］

内分民政、社会、教育、工务、港务、财政、地政、卫生、警政、人事、会计、统计、农林、观象、自来水厂等15类。

青岛特别市公署工作报告：三十年七月份/（伪）青岛特别市公署编.--青岛：（伪）青岛特别市公署刊，民国30年［1941］.--52页；27cm　［吉图］

1941年7月份工作报告。分总务、社会、警察、财政、教育、建设、卫生、海务、乡区行政9项。卷首及书口书名题：青岛特别市公署二十年七月份工作报告。

青岛特别市市公署行政年鉴：中华民国二十八年度/（伪）青岛特别市公署总务局编.--青岛：（伪）青岛特别市公署总务局刊，民国28年［1939］.--1册：肖像；26cm　［吉图，国图，首图］

内分总务、社会、警察、财政、教育、建设、卫生、海务、乡政等9章。除最后2章外，其余每章均有小结文字和图表。

青岛特别市公署行政年鉴：民国二十九年度/（伪）青岛特别市公署总务局编.--青岛：（伪）青岛特别市公署总务局刊，民国31年［1942］.--148页：图像；26cm　［国图，首图］

内分总务、社会、警察、财政、教育、建设、卫生、海务、乡政、警备、农事合作事业等11章。主要为图表。有赵琪序。另有附表数10份。

青岛特别市公署施政述要/（伪）青岛特别市公署编.--青岛：（伪）青岛特别市公署刊，民国32年［1943］.--30页：图像；23cm　［国图］

记述市机关的设置、人事更迭、经济、治安、财政、教育、工程建设等施政概要。

三周纪要：青岛特别市市公署成立三周纪念/（伪）青岛特别市公署编.--青岛：（伪）青岛特别市市公署刊，民国31年［1942］.--104页：图像；23cm　［国图，首图］

内分总务、社会、警察、财政、教育、建设、卫生、海务、乡区行政、警备、农事合作社11章。有赵琪弁言。

山东省第一次警务会议报告书/（伪）山东省公署编.--山东：（伪）山东省公署刊，民国28年［1939］　［国图］

山东省公署第一周年工作概要报告 /（伪）山东省公署秘书处编 .-- 民国 28 年［1939］.--30 页；21cm ［国图］

分省政会议、任免、单行章则、公报、宣传等 8 项。

山东省公署二十七、八年工作报告 /（伪）山东省公署编 .-- 济南：（伪）山东省公署刊，民国 29 年［1940］.--266 页；26cm ［国图，首图］

内分山东省公署组织经过、公布及废止规章事项、任免官吏事项、民政、财政、建设、教育、警务、宣传等 11 项。有唐仰杜序言。

山东省公署二十九年工作报告 /（伪）山东省公署编 .-- 济南：（伪）山东省公署刊，民国 30 年［1941］.--1 册；27cm ［南图，国图］

1940 年工作报告。分总务、民政、财政、建设、教育、警务、宣传等 8 项。有唐仰杜序言。

山东省公署各厅处暨所属机关各项章则 . 第一册 /（伪）山东省公署编 .-- 民国 27 年［1938］.--1 册；26cm ［国图］

第 1 册收 1938 年伪山东省公署、秘书处、参事室、民政厅的各项章则。

山东省公署各厅处暨所属机关各项章则 . 第三册 /（伪）山东省公署编 .-- 民国 27 年［1938］.--1 册；26cm ［国图］

山东省公署省政会议汇编 /（伪）山东省公署编 .-- 民国 30 年［1941］.--96，520 页；24cm ［国图］

1940 年 7 月 1 日至 1940 年 12 月省政会议议案。分庶政、民政、财政、建设、教育、警务等项。

山东省会警察概况 / 山东省会警察局编 .-- 民国 26 年［1937］.--496 页：图像；26cm ［国图］

分总务、行政、司法、卫生、教育、勤务及附录 7 部分。

山东省会警察局季刊：胜利创刊号 / 山东省会警察局秘书室编 .-- 山东省会警察秘书室刊，民国 35 年［1946］.--119 页；26cm ［国图］

分组织系统表、论著、法令、章则、文告、公牍、工作概况、统计图表等 13 个部分。

山东省会警察厅警务一览表 / 山东省警察厅编 .-- 济南：山东省警察厅刊，民国 5 年［1916］.--1 册 ［法研所］

山东省会员警署报告 / 山东省会员警署编 .-- 油印本 .-- 民国 32 年［1943］.--1 册 ［馆藏地不详］

山东省警政书表略图 .-- 油印本 .-- 民国 28 年［1939］.--1 册；28cm ［国图］

山东省鲁南道公署第一期施政辑要 /（伪）山东省鲁南道公署编 .-- 民国

27年［1938］.--326页；27cm ［国图，首图］

分秘书室、警务科、财政科、建设科、教育科等6部分。记述伪鲁南道公署成立三个月以来的经办事项并道尹视察记等。书前冠引言。

山东省鲁南道公署第二期施政辑要／（伪）山东省鲁南道公署编.-- 民国27年［1938］.--164页；27cm ［国图，首图］

附庆祝汉口陷落大会讲演词（方永昌）等5篇。

山东省鲁南道公署第三期施政辑要／（伪）山东省鲁南道公署编.-- 民国28年［1939］.--414页；27cm ［国图］

1939年上半年施政辑要。有方永昌引言和鲁南道行政区域图。附山东省鲁南道公署职员姓名年龄籍贯略历一览表等。

山东省政府第三届第二周年工作报告／山东省政府编.-- 济南：山东省政府，民国21年［1932］.--104页；图像；27cm ［馆藏地不详］

分民政、财政、建设、教育、实业等6项。有韩复榘引言。

山东省政府第三届第五周年工作报告／山东省政府秘书处编.-- 济南：山东省政府秘书处刊，民国24年［1935］.--1册：图像；26cm ［国图］

山东省政府第三届第六周年工作报告／山东省政府秘书处编.-- 济南：山东省政府秘书处刊，民国25年［1936］.--122页：照片；26cm ［南图，国图］

收民政厅、财政厅、建设厅、教育厅、河务局及济南市政府等的工作报告。

山东省政府行政报告／山东省政府编.-- 济南：山东省政府刊，民国22年［1933］.--1册：图像；27cm ［国图］

书名据收藏者合订本书名题。合订本。

山东省政府委员会政务会议决案汇编／山东省政府秘书处编.-- 民国20年［1931］.--2册：图像；26cm ［国图，浙图］

辑集山东省1930年9月至1931年4月第一至第五十次政务会议议决案。分财政、民政、建设、教育、实业等项。有韩复榘、李树春、王向荣、何思源、王芳亭等的像及序言。

双周纪要：青岛特别市市公署成立二周纪念／（伪）青岛特别市公署编.-- 青岛：（伪）青岛特别市公署刊，民国30年［1941］.--98页：图像；22cm ［国图，首图］

内分总务、社会、警察、财政、教育、建设、卫生、海务、乡区行政、警备等11章。（1939年1月至1941年1月）。有赵琪序。

威海收回周年纪念敬告地方父

老书 / 徐祖善编 .-- 民国 20 年［1931］.--18 页；19cm　　［国图］

收回后一年的经济、实业、财政、民政、社会风气情况报告。附财政收支及公共事业报表 8 幅。

威海卫筹收接管行政工作报告书 / 威海卫管理公署编 .-- 威海卫：威海卫管理公署刊，民国 20 年［1931］.--1 册：地图；26cm　　［重图，国图，首图］

1930 年 6 月至 1931 年 4 月期间接管威海卫报告书。包括租借及筹收经过、英国管理威海卫时期的有关情况等。有徐祖善序。

威海卫管理公署二十三年度行政报告 / 威海卫管理公署秘书处编 .-- 威海卫：威海卫管理公署秘书处刊，民国 24 年［1935］.--1 册；26cm　　［国图］

1934 年度行政工作概况。每月 1 册，每册分奉行中央法令事项、颁行本行政区单行法规事项、行政会议决议事项摘要、财政事项、土地事项、社会行政事项、教育文化风纪事项、工务事项、警务事项、卫生事项 10 部分。缺 1 月份 1 册。书名据收藏者合订本书脊处书名题，原各册书名题：威海卫管理公署行政报告（中华民国二十三年某月份）。合订本。

威海卫管理公署二十四年度行政报告 / 威海卫管理公署秘书处编 .-- 威海卫：威海卫管理公署秘书处刊，民国 25 年［1936］.--1 册；26cm　　［国图］

1935 年行政工作概况，每月 1 册，每册均分 10 部分（与 1934 年报告同）。缺 6 月份一册。书名据收藏者合订本书脊处书名题，原各册书名题：威海卫管理公署行政报告（中华民国二十四年某月）。合订本。

威海卫管理公署年报：民国二十三年 / 威海卫管理公署编 .-- 威海卫：威海卫管理公署刊，民国 24 年［1935］.--161 页：照片；26cm　　［吉图，国图，赣图］

分 16 章。介绍威海卫的沿革、疆域、党务、民政、警政、建设、社会、教育、农业、工业、商业、水产、交通、卫生、外交、人事等情况。

威海卫行政区市政规章汇编 . 初集 / 威海卫管理公署秘书处编 .-- 威海卫：威海卫管理公署秘书处刊，民国 20 年［1931］.--1 册；26cm　　［国图］

所收规章、条例截止到 1931 年 5 月底。分总务、公安等 6 类。

威海卫行政区市政规章汇编 . 二集 / 威海卫管理公署秘书处编 .-- 威海卫：威海卫管理公署秘书处刊，民国 22 年［1933］.--128 页；27cm　　［南图］

共分 6 个部分，第一部分是总务类，第二部分是财务类，第三部分是工务类，第四部分是公安类，第五部分是秘书类，第六部分是医院类。

威海卫收回周年特刊 / 威海卫管理公署秘书处编 .-- 威海卫：威海卫管理公署秘书处刊，民国 20 年［1931］.--105 页；25cm　　［南图，国图］

共4部分：威海卫筹收及接管纪略、威海卫收回后一年来之重要工作、特载、艺文。其中公安章节包括英管时代之警政、接收后之警政等内容。

威海卫收回第二周年工作报告书.-- 民国21年［1932］.--330页：图；25cm　　［重图，国图，浙图］

分图片、工作报告、特载、会议录、附录等项。共5章。其中第4章公安，包括公安局之沿革、扩充警额、训练长警等内容。有徐祖善序（写于1932年10月）。附录本署特赠接收威海卫纪念章函并人名单等19篇。

威海卫收回第三周年工作报告.-- 民国22年［1933］.--220页：照片；26cm　　［国图］

共5章。其中第4章公安，包括查禁乡村小票、演习实弹射击、成立济良所等内容。

威海问题／朱世全著.-- 上海：商务印书馆刊，民国20年［1931］.--170页：照片；22cm　　［南图，重图，津图，湘图，国图，赣图，上图，首图］

记述威海卫租界地于1930年订约收回的经过、英国管理时的地方概况。包括地方政府、财政金融、商业物产、教育、交通、公安、司法及卫生等项。书前冠序一。

烟台警察厅警务一览表／烟台警察厅编.-- 烟台：烟台警察厅刊，民国5年［1916］.--1册　　［法研所］

一年大事记：青岛特别市公署成立周年纪念.-- 民国29年［1940］.--55页；21cm　　［国图，首图］

共9章。记伪青岛特别市成立一年来各方面的情况。书前冠序言。

山西

山西地方制度调查书／郭葆琳等编辑.-- 山东公立农业专门学校农业调查会刊，民国14年［1925］.--270页；26cm　　［馆藏地不详］

共8编。其中第四编整理内务一切计划及进行情形的第一章整顿内务一切计划及进行情形的第一节为警察之整顿。包括警材之养成、警察机关之组织、各县区村警察之计划、全省保安警察计划等内容。

山西地方自治纲要／内务部编.-- 增订9版.-- 上海：泰东图书馆刊，民国14年［1925］.--476，42页；19cm　　［重图，国图，上图］

分8章，介绍了地方自治制度、吏治、内务、教育、农业、财政、司法、军政等具体内容。

山西警察报告书／山西警察厅编.-- 民国8年［1919］.--1册（218，158页）：图像；26cm　　［国图］

合订本。

山西省第一次政治统计：警察之部民国七年份／山西省公署统计处编.-- 太原：山西省公署统计处刊，民国9年

［1920］.--117 页；26cm　［南图，国图］

收入全省警察人员比较图、全省警察岁入经费统计表等 40 种统计表。

山西省第一次政治统计：司法之部民事民国四年至七年刑事三年至七年／山西省公署统计处编 .-- 太原：山西省公署统计处刊，民国 9 年［1920］.--102 页；25cm　［国图］

山西省第二次政治统计：警察之部民国九年份／山西省长公署统计处编纂 .-- 太原：山西省长公署统计处刊，民国 11 年［1922］.--91 页；26cm　［南图，国图］

收入全省警察官署及人员比较图、警察配置区域人数、警察救护事项等 44 种统计表。

山西省第二次政治统计：司法之部民国八年／山西省长公署统计处编纂 .-- 太原：山西省长公署统计处刊，民国 10 年［1921］.--402 页：图表；26cm　［南图，国图］

山西省第二次政治统计：总务之部／山西省长公署统计处编 .-- 太原：山西省长公署统计处刊，民国 13 年［1924］.--138 页；26cm　［国图］

山西省第三次政治统计：警察之部民国十年份／山西省长公署统计处编纂 .-- 太原：山西省长公署统计处刊，民国 12 年［1923］.--91 页；26cm　［南图，国图］

为 1920 年政治事项统计表。

山西省第三次政治统计：总务之部／山西省政府统计处编 .-- 太原：山西省政府统计处刊，民国 20 年［1931］.--254 页；26cm　［南图，国图］

收 1923 年至 1928 年 3 月的总务职官比较图和 1923 年至 1927 年的公文数目比较图，以及职官员额表、公文调查表和区村制表等。

山西省第四次政治统计：警察之部民国十二年份／山西省长公署统计处编纂 .-- 太原：山西省长公署统计处刊，民国 14 年［1925］.--70 页；26cm　［南图，国图］

山西省第五次政治统计：警察之部民国十三、四年份／山西省政府统计处编纂 .-- 太原：山西省长公署统计处刊，民国 17 年［1928］.--128 页；25cm　［南图，国图］

山西省第六次政治统计：警察之部民国十五、六年份／山西省政府统计处编纂 .-- 太原刊，民国 20 年［1931］.--134 页；26cm　［南图，国图］

山西省第六次政治统计：司法之部民国十二年份／山西省长公署统计处编纂 .-- 太原：山西省长公署统计处刊，民国 14 年［1925］.--328 页；26cm　［南图，辽图，重图，国图］

1923年度司法统计。

山西省第七次政治统计：司法之部民国十三年份 / 山西省政府统计处编纂 .-- 太原：山西省政府统计处刊，民国17年［1928］.--106，18页；26cm ［南图，国图］

1924年度司法统计。书末附全省新旧各监狱人犯名数等。

山西省第八次政治统计：司法之部民国十四年份 / 山西省政府统计处编纂 .-- 太原：山西省政府统计处刊，民国18年［1929］.--104，18页；26cm ［南图，国图］

1925年度司法统计。分民事、刑事两编。书末附全省新旧各监狱人犯名数、监狱作业状况等表。

山西省第九次政治统计：司法之部 / 山西省政府统计处编纂 .-- 太原：山西省政府统计处刊，民国18年［1929］.--42，85页；25cm ［南图，国图］

1926年度司法统计。分民事、刑事两编。书末附全省新旧各监狱人犯名数、监狱作业状况等表。

山西省第八次经济统计：正集民国十五年份 / 山西省政府统计处编纂 .-- 民国19年［1930］.--12，402，52页；26cm ［吉图，国图］

山西省会公安局周年工作实录：中华民国二十二年八月至二十三年七月 / 山西省会公安局编 .-- 太原：山西省会公安局刊，民国23年［1934］.--248页：图像；26cm ［国图］

分总务、行政、司法、卫生、市政、督查等6编。书前有题词和山西省会公安局组织系统表。

山西省会警察局工作辑要：民国三十四年九月至三十六年九月 .-- 山西，［1947?—1949?］.--1册：图；25cm ［馆藏地不详］

山西省会警务一览表：中华民国五年 / 山西全省警务处兼省会警察厅编 .-- 太原：山西全省警务处兼省会警察厅刊，民国5年［1916］.--1册；24cm ［国图］

图表1张，折21开。

山西省会警察厅警务一览表：中华民国六年 / 省会警察厅编 .-- 太原：省会警察厅刊，民国6年［1917］.--1册；26cm ［首图］

图表1张，折21开。

山西省警政会议实录 .-- 太原，民国29年［1940］.--1册；26cm ［晋图］

山西省警政年鉴 .-- 太原：山西省公署警务厅刊，民国31年［1942］.--720页；26cm ［晋图］

山西省政十年建设计划革新警政专案 .-- 山西：山西省政府刊，［1928?—1949?］.--1册；26cm ［南图］

共分 4 个部分，第一个部分是提高警察能力及待遇并健全其组织，第二部分是健全省会警察派出所，第三部分介绍了特种警察，第四部分是结论。

山西现行政治纲要 / 山西政书编辑处编 .-- 山西政书编辑处刊，民国 10 年［1921］.--454 页；25cm　［重图，国图］

分总述、分纂 2 编。其中第 2 编分纂的第 3 章内务的第 1 节为警察之整顿，包括警材之养成、警察机关之组织、省会警察储金计划、各县城市警察计划、各县区村警察计划、全省保安警察计划等内容。

太原指南 / 山西民社编 .-- 太原：山西民社刊，民国 24 年［1935］.--198 页：图；19cm　［南图，国图，首图］.-- 再版 .-- 北平：北平民社刊，民国 25 年［1936］.--198 页：图；19cm　［国图］

分地理、街巷、法规、名胜古迹、机关学校及社会团体、交通、风俗习尚、食宿游览、题名录、附录等 10 部分。附录有关货币、翰墨、乞丐、户口调查、专科学校以上毕业生统计、街巷名称等资料。书前冠太原指南序。

四川

成都市临时参议会第一次工作报告书：中华民国 32 年 / 傅无双等编 .-- 成都：成都市临时参议会刊，民国 32 年［1943］.--246 页：图像；26cm　［南图，国图］

分记事、姓名录、宣言、会议记录、政府施政报告、议案等项。有傅无双序。附录本会秘书室办事细则、论文、会场花絮等 8 部分。

成都市临时参议会第二次工作报告书：中华民国 33 年 / 傅无双等编 .-- 成都：成都市临时参议会刊，民国 32 年［1943］.--222 页；26cm　［国图］

分大会开会经过、宣言、会议纪录、政府报告、议案、审查意见、演词、文电等 11 项。附录本会第二次大会敬致市民书等。

成都市市政年鉴．第一期 / 杨吉甫等编；晏碧如等校勘 .-- 成都：成都市市政公所刊，民国 17 年［1928］.--18，720 页：肖像；25cm　［国图］

共 9 章。分沿革、组织、交通、教育、卫生、救恤事业、公用事业、警政、财政。有邓锡侯、罗泽洲、陈光藻、赵渭宾、杨伯谦等序。

二十九年度秋季民政视导手册 / 四川省政府民政厅编 .-- 成都：四川省政府民政厅刊，民国 29 年［1940］.--126 页；17cm　［南图，重图，国图］

内收四川省政府二十九年度秋季民政视导计划、视导前应考之法令、县地方行政视导座谈会报告纲要等 7 篇。另收统计、调查、记录表 25 种。

犍乐盐区警察局周年纪念刊 / 李春信 .-- 四川省犍乐盐区警察局刊，民国 33 年［1944］.--64 页　［馆藏地

不详]

共5章。分特载、业务报告、论著、转载、法规等部分。附张群等人题词。

宁属行政会议纪要 / 国民革命军第二十四军边务处编 .-- 民国17年[1928].--142页；26cm [南图，重图，国图]

记录国民革命军第二十四军准备开拓川康边防地区宁远，于1928年3月开会讨论宁属民众的意见、需要以及当地风俗等情况。有刘文辉弁言。目录页及书口书名题：国民革命军第二十四军宁属行政会议纪要。

四川财政录 / 黄云鹏等编 .-- 民国15年[1926].--728页；26cm [重图，国图，上图]

分5编。侧重辑录该省各种赋税、官产、银行、公债、财政支出、财务行政机构等方面的官案档册资料，以及该省颁行的有关法令章则，并以事实为据，记载所论各题的沿革和现状。书前冠序等。出版年月据作序时间。

四川富顺警察局概况：三十年度 / 凌云程编 .-- 富顺：富顺警察局刊，民国30年[1941].--112页：图；19cm [国图]

介绍了题词、局歌、序言、工作、总务、行政、司法、卫生、督察、训练和集会。

四川警务官报．第一年第三册 / 四川警务公所高等巡警警学堂编辑 .-- 四川：四川警务官报事务所刊，宣统3年[1911].--1册；24cm [津图]

四川民政年报：二十八年度 / 四川省政府民政厅秘书室编 .-- 成都：四川省政府刊，民国29年[1940].--154页；18cm [南图，国图]

1939年工作报告。分内务行政、行政机构、行政人员、保甲行政、警察行政、边地行政等9项。有胡次威弁言。附本厅与在川各大学联合考察县政纪要。四川省民政厅民政丛刊，四川省政府民政厅主编。

四川省第三行政督察区区政概况统计图表 / 沈鹏编 .-- 永川：第三行政督察专员公署刊，民国27年[1938].--40页；33cm [南图，重图]

统计图表。分民政、财政、教育、建设、保安5类。

四川省第四次行政会议纪录辑要 / 四川省政府秘书处编 .-- 成都：四川省政府秘书处刊，民国32年[1943].--106页；26cm [国图]

会期1943年6月21日至7月15日。内分会议区域参加单位及会议日程、出席长官及各区出席人员、总裁训词要旨、本省长官训词、各厅处局长业务提示等6项。有张耀枢弁言。

四川省第五次行政会议纪录辑要 / 四川省政府编 .-- 成都：四川省政府刊，民国33年[1944].--100页；26cm [重图，国图]

内分中央长官训词、本省长官训

词、各厅处局长业务提示、附录等6项。有编者弁言。

四川省二十九年度民政统计 / 四川省政府民政厅编 .-- 成都：四川省政府民政厅刊，民国30年［1941］.--135页；26cm　［南图，重图，国图］

内分厅务、县政、警政、仓储、卫生、抚恤、地方、经费8类。有胡次威弁言。

四川省概况：25—26年 / 四川省政府编 .-- 成都：四川省政府秘书处刊，民国28年［1939］.--1册：地图；25cm　［重图，国图，上图］

分5编：自然环境（5章）、政治概况（4章）、经济概况（6章）、教育概况（6章）、卫生概况（7章）。介绍抗战初期四川概况。书前有孙中山及四川省负责人照片13幅、蒋介石告川省同胞书。

四川省各县民政概况 / 四川省政府民政厅汇制 .-- 石印本 .-- 成都：四川省政府刊，民国28年［1939］.--134页；27cm　［南图，国图］

四川省第1至第16行政督察区各县民政概况表。分保甲、警卫、仓储、救济、卫生、禁烟、备考等项。有胡次威弁言（写于1939年12月）。附万县、宜宾县、泸县警察局组织概况表。

四川省会公安局工作年报 / 四川省会公安局工作报告编纂委员会编纂 .-- 成都：四川省会公安局刊，民国23年［1934］.--435页；27cm　［重图，国图］

包括言论、总务、行政、司法、卫生、督察、会计等11项。

四川省会警察局三十四年度统计年鉴 / 徐中齐等编 .-- 四川：省会警察局刊，民国34年［1945］.--88页；25cm　［南图］

四川省警政概况 / 惠晋编 .-- 成都：四川省政府民政厅刊，民国29年［1940］.--32页；18cm　［南图，重图，国图］

包括组织、经费、人事、训练、装备等6部分。附四川省设局与未设局县份一览表、四川省各级警察人员任免统计表等17篇。四川省民政厅民政丛刊。

四川省民政厅人事财物文书档案管理办法 / 四川省民政厅秘书室编 .-- 成都：四川省民政厅刊，民国29年［1940］.--89页；18cm　［重图，国图］

共6编。介绍四川省民政厅人事管理规则、财务管理办法、现金出纳及保管办法、公文处理办法、档案管理办法等。四川省民政厅民政丛刊。

四川省民政统计 / 四川省民政厅编 .-- 成都：四川省民政厅刊，民国28年［1939］.--95页；26cm　［南图，重图，国图］

1939年民政统计。分厅务、县政、保甲、仓储、禁政、救济、警政、工役等9类。有胡次威弁言。

四川省内务统计报告书：中华民国五年度 / 四川省长公署政务厅内务科编 .-- 成都：四川省长公署政务厅内务科刊，民国 9 年［1920］.--691 页；25cm ［重图，国图］

四川省 1916 年度各县所报表册汇编。分土地、人口、选举、礼教、警察、土木、卫生、救恤 8 编。有序言。

四川省三十五年度民政部门工作计划之指示 / 陈开泗编 .-- 成都：四川省政府民政厅刊，民国 35 年［1946］.--34 页；19cm ［重图］

四川省现行法规汇编 / 四川省政府秘书处法制室编 .-- 成都：四川省政府秘书处法制室刊，民国 29 年［1940］.--2 册（800 页）；23cm ［重图，国图］

收入该省 1940 年 12 月以前法规。分民政、保安等 10 编。

四川省新县制民政法规汇编 . 第一辑 / 四川省政府民政厅秘书室编 .-- 成都：四川省政府民政厅秘书室刊，民国 29 年［1940］.--184 页；19cm ［南图，国图］

分县、区、乡镇、保甲 4 类。所辑民政法规共 36 种，其中有四川省各县县政府组织规程、四川省各县区署组织规程、四川省各县乡镇划分办法、四川省各县联保办公处组织章程等。

四川省政府二十九年度施政计划民政部份总纲 / 四川省政府编 .-- 四川：四川省训练团刊，民国 29 年［1940］.--7 页；27cm ［重图］

收二十九年度四川省民政部份施政总纲及计划。

四川省政府工作报告：自三十五年一月起至六月止 / 四川省政府编 .-- 民国 35 年［1946］.--128 页；26cm ［国图］

内分奉行中央法规事项、颁行本省单行法规事项、民政、财政、教育、建设等 14 项。有附录。

四川省政府工作报告：自三十六年一月起至六月止 / 四川省政府编 .-- 四川：四川省政府刊，民国 36 年［1947］.--146 页；26cm ［国图］

内分奉行中央法规事项、颁行本省单行法规事项、保安、社会、地政、卫生、会计等 15 项。

四川省政府工作计划：中华民国三十五年度 / 四川省政府编 .-- 四川省政府刊，民国 34 年［1945］.--110 页；32cm ［馆藏地不详］

表格形式。分行政和营业 2 部分。封面有“秘密第 00007 号”字样。

四川省政府民政概况 / 四川省民政厅汇制 .-- 油印本 .-- 成都：四川省政府民政厅刊，民国 28 年［1939］.--135 页：表；27cm ［重图］

本书收入全省各市县保甲组织、警察及自卫队、仓储、救济、卫生等部门的基本概况。

四川省政府民政厅联合在川各

大学考察县政总报告 / 四川省民政厅编 .-- 成都：四川省民政厅刊，民国 28 年［1939］.--84 页；19cm ［南图，重图，国图］

四川省政府三十六年度改进县政建设实施方案 / 四川省政府编 .-- 四川省政府刊，民国 35 年［1946］.--84 页；26cm ［国图］

分方案提要、方案分类两部分。附分期进度表、督导考核办法。封面有“秘密第 386 号”字样。

四川省政府三十年度施政计划：教育部分 / 四川省政府编 .-- 成都：四川省政府刊，民国 30 年［1941］.--1 册；25cm ［国图］

有该省教育施政述要、施政计划，以及该省参议会对施政计划的审查意见等。附四川省政府三十年施政计划分期进度表（教育部分）。

四川省政府三十一年度工作计划 / 四川省政府编 .-- 四川省政府刊，民国 31 年［1942］.--98 页；27cm ［馆藏地不详］

分民政、财政、教育、建设、保安、地政、会计、统计、禁烟、粮政、总类 11 项。

四川省政府三十三年度工作计划 / 四川省政府编 .-- 四川：四川省政府刊，民国 33 年［1944］.--270 页：表格；26cm ［重图］

内分民政、财政、教育、建设、保安、社会、地政、粮政、卫生、禁烟、会计、统计、组训民众、管制物价、总类 15 项。有张群计划撮要。

四川省政府三十五年度政绩比较表 / 四川省政府编 .-- 四川省政府刊，民国 35 年［1946］.--135 页；27cm ［国图］

内分民政、财政、教育、建设、保安、社会、地政、卫生、禁烟、会计、统计、总类 12 类。附田赋。

四川省政府社会处三十二年度工作报告 .-- 成都：四川省政府社会处刊，民国 32 年［1943］.--28 页；26cm ［国图］

四川省政府施政报告：自三十五年六月起至十一月止 / 四川省政府编 .-- 四川省政府刊，民国 35 年［1946］.--198 页；26cm ［国图］

分民政、财政、教育、建设、保安、社会、地政、卫生、禁烟、会计、统计、田粮、总类 13 项。

西康概况 / 西康省政府秘书处编 .-- 西康：西康省政府秘书处刊，民国 28 年［1939］.--298 页；26cm ［南图，重图，国图］

内分西康政情总述、各项行政概况、西康疆域沿革志、西康特殊问题、杂俎 5 章。有刘文辉弁言。

西康警备特刊 .--［1912?—1949?］.--120 页：冠像；27cm ［国图］

介绍了西康警备工作概况。包括发刊词、论文、专著、业务、杂俎、文艺等部分。

西康警政 / 西康省地方行政干部训练团编 .-- 西康：西康省地方行政干部训练团刊，民国 30 年［1941］.--62 页；19cm　［重图］

本书内容分概论、本省警政实施计划等。附现行违警罚法与修正草案之比较。

西康民政统计：三十六年度 / 西康省政府民政厅主编；西康省政府民政厅统计室编制 .-- 康定：西康省政府民政厅刊，民国 36 年［1947］.--49 页；27cm　［南图，国图］

1947 年度统计表。分厅务、县政、户政等 8 部分。

西康特区政务委员会周年汇刊 / 西康特区政务委员会编 .-- 西康：西康特区政务委员会刊，民国 19 年［1930］.--384 页；27cm　［南图］

内分会务、内务、司法、财务、教育、外交、将设、垦务等项。有刘文辉发刊词、胡鹤如序、编者弁言。刘文辉题署封面书名题：西康政务汇刊。

西康图经：境域篇 / 任乃强著 .-- 南京：新亚细亚学会刊，民国 22 年［1933］.--246 页：图表；21cm　［上图］

西康图经是根据作者在西康的考察札记编写的，计划出版 11 册，本册为第一篇境域篇，全篇共 10 部分：部分（即部落）、辨名、疆域、省会、界务（上、中、下）、县界问题、境域篇后记、境域篇补记。书中有图片和地图 40 幅，并附有目录。书前冠自记、叙例。新亚细亚学会边疆丛书。

西康图经：民俗篇 / 任乃强著 .-- 南京：新亚细亚学会刊，民国 23 年［1934］.--334 页：图；20cm　［重图，黑图，津图，晋图，黔图，国图］

西康图经：地文篇 / 任乃强著 .-- 南京：新亚细亚学会刊，民国 24 年［1935］.--208 页：插图；22cm　［重图，津图，黔图，国图］

西康综览 / 李亦人编著 .-- 金华：正中书局刊，民国 30 年［1941］.--12，470 页；22cm　［重图，黔图，湘图，国图，上图］

.-- 沪 1 版 .-- 上海：正中书局刊，民国 36 年［1947］.--470 页；22cm　［南图，重图，国图］

分 14 篇，记述西康地理、政治、种族、土司、宗教、军事、教育、交通、财政金融、工商业、农牧业、矿产、社会等情况。书中插有太平洋交通形势图，康印、康缅国际路线图。书前冠自序、例言。书末附参考书目举要。

台湾

陈长官通知辑要 . 第 1 辑 / 台湾省行政长官公署机要室编 .-- 台湾：台湾省行政长官公署机要室刊，民国 35

年［1946］.--38 页；18cm　　［国图］

陈仪赴台任职至 1946 年 7 月期间所发通知选编。分人事、文书、设计考核、经济建设、教育、市行政 6 类。有编者说明。

陈长官治台言论集．第一辑 / 陈仪著；台湾省行政长官公署宣传委员会编 .-- 台北：台湾省行政长官公署宣传委员会刊，民国 35 年［1946］.--90 页：图像；19cm　　［南图，国图］

收著者 1945 年 11 月至 1946 年 5 月发表的讲演词 17 篇。有对台湾的施政方针、勖公务人员、出巡观感、关于粮食与用人问题、关于台湾经济建设计划的指示等。附中国战区台湾受降典礼广播词。

高雄市概况 / 高雄市政府秘书室汇编 .-- 高雄：高雄市政府秘书室刊，民国 35 年［1946］.--135 页；21cm　［南图，吉图，国图］

书前冠：序言。分一般概况、行政机关、民政、财政、教育、建设、地政、警政、市政计划重点、港口 10 个部分。

基隆市政府三十五年度工作报告表 .-- 环筒页装 .--38 页；28cm　［馆藏地不详］

1946 年度民政、财政、教育、建设等各项工作计划实施概况报告表。

今日的台湾 / 徐子为，潘公昭著 .-- 2 版 .-- 上海：中国科学图书仪器公司，民国 37 年［1948］.--564 页：图；19cm　［上图］
.-- 上海：中国科学图书仪器公司，民国 34—35 年［1945—1946］.--2 册（564 页）：地图；19cm　　［国图，上图，重图，南图，晋图，鄂图］

分 18 篇，全面介绍台湾的地理、城市、住民、历史、政治、抗日救国运动、经济、建设、社会、文化等方面状况。书前有序 3 篇，图片近 10 幅。

台北市政概况 / 台北市政府秘书室编 .-- 台北：台北市政府秘书室刊，民国 37 年［1948］.--336 页；19cm　［厦门，南图，国图，浙图，上图］

共 11 章。其中第 9 章警务，包括接收经过、组织现况、业务概况等内容。

台南市政二年 / 卓高宣编著 .-- 台南：台南市政府刊，民国 37 年［1948］.--200 页：图像；27cm　［馆藏地不详］

介绍台湾台南市政府组织系统、人员编制、施政概况，以及地理、气象、人口、古迹等。

台南县乡镇长会议工作检讨总报告 / 袁国钦著 .-- 台南刊，民国 35 年［1946］.--36 页：肖像；17cm　［南图，国图］

台南县政表解 / 台湾省台南县政府编 .-- 台南：台湾省台南县政府刊，民国 36 年［1947］.--92 页；21cm　［南图，吉图，国图］

包括气象、人口、行政组织、民意机关、财政、地政等 18 类。

台湾（又名台湾视察报告书）/ 汪洋编 .-- 上海：中华书局刊，民国 6 年［1917］.--196 页：图像；21cm ［赣图］
-- 再版 .-- 上海：中华书局刊，民国 17 年［1928］.--196 页：图像；21cm ［重图，国图］

1916 年著者赴台湾考察的报告。共 29 章。包括土地、行政区划、气候、户口、教育、财政等。附录日本占领后台湾重要史表、中日度量和对照表、台湾日记。有著者序言、照片 70 余幅。

台湾概览 / 柯台山编著 .-- 重庆：正中书局刊，民国 34 年［1945］.--172 页；19cm ［重图，国图］
.-- 沪 1 版 .-- 上海：正中书局刊，民国 35 年［1946］.--172 页；18cm ［南图，重图，国图，赣图，上图］

分台湾的历史、台湾的地理、台湾的政治、台湾的经济 4 章。书前冠序言。时事月报社丛书。

台湾警务 . 第一辑 .-- 民国 35 年［1946］.--1 册：图像；26cm ［国图］

介绍抗战胜利后一年台湾省警务情况。附录台湾概说、台湾省警务法规辑要、台湾省各县市警察派出所一览表 3 篇。书前冠序。

台湾警务（第二辑三十五年十一月至三十六年十二月）/ 台湾省警务处编 .-- 台湾：台湾省警务处刊，民国［194?］.--230 页：图像；27cm ［馆藏地不详］

包括组织现状和业务概况 2 编。有弁言及照片。附有关警务法规续辑、台湾省各县市警察派出所一览表等 3 篇。

台湾考察报告 / 福建省政府编 .-- 福州：福建省政府刊，民国 24 年［1935］.--570 页：图像；22cm ［南图，国图，上图，首图］

收考察团组织大纲、考察团团员录、考察日记、考察报告等。附台湾现行法令摘要、中日纪年对照表。书前冠陈主席序。精装本残缺。

台湾民政 . 第一辑 / 台湾省行政长官公署民政处编 .-- 台北：台湾省行政长官公署民政处刊，民国 35 年［1946］.--469 页：地图；21cm ［国图，浙图，上图］

分 3 编：台湾概观、接管记述、施政实况。

台湾省参议会第一届第一次大会台湾省行政长官公署施政报告 / 台湾省行政长官公署秘书处编辑室，民政处秘书室编 .-- 台北：台湾省行政长官公署刊，民国 35 年［1946］.--1 册：图；25cm ［吉图，湘图，国图，浙图］

包括施政报告及警备司令部、警务处、民政处、日侨管理委员会等 20 个部门的工作报告。书前有蒋介石电文、张励生电文、陈仪颂词等、附书面答复省参议会询问案、闭幕词、宣言。

台湾省参议会第一届第二次大会决议案办理情形报告书 / 台湾省参议会编 .-- 民国 36 年［1947］.--25 页；

26cm　　［南图，国图］

分民政、财政、建设、教育、农林、交通、保警、人事、会计、卫生、粮食 11 项。

台湾省行政工作概览 / 台湾省行政长官公署宣传委员会编 .-- 台北：台湾省行政长官公署宣传委员会刊，民国 35 年［1946］.--118 页；25cm　　［南图，国图，上图］

1946 年 2 月至 5 月间台湾省行政工作概况。分民政、财政、教育、农林、工矿、交通、会计、警务、法制、宣传、人事等项。

台湾省行政长官公署第一、二卷公报索引 / 台湾省行政长官公署秘书处编辑室编 .-- 台湾：台湾省行政长官公署秘书处编辑室刊，民国 35 年［1946］.--38 页；18cm　　［国图］

分法令、命令、政令等 4 类，全部为表格形式。

台湾省行政长官公署工作报告：中华民国三十五年度 / 陈仪著 .-- 民国 36 年［1947］.--162 页；26cm　　［馆藏地不详］

报告 1946 年度的行政、民政、财政、教育、农林、工矿、交通、警务、会计、粮政、贸易等方面的工作。

台湾省行政长官公署工作计划：中华民国三十五年度 / 台湾省行政长官公署编 .-- 台北：台湾省行政长官公署刊，民国 35 年［1946］.--620 页；26cm　　［国图］

1946 年度民政、财政、教育、农林、工矿、交通、警务、会计、宣传、法制、粮食、专卖、贸易、气象、图书、博物、人事、训练、研究等 20 项工作计划。附日侨管理委员会计划。

台湾省行政长官公署公报春字号索引 / 台湾省行政长官公署秘书处编辑室编 .-- 台湾：台湾省行政长官公署秘书处编辑室刊，民国 35 年［1946］.--26 页；19cm　　［馆藏地不详］

分法令、命令、附录等类。

台湾省行政长官公署接收详报 / 台湾省行政长官公署编 .-- 台北：台湾省行政长官公署刊，民国 35 年［1946］.--123 页；26cm　　［南图，国图］

内分领土、人民、民政、财政金融会计、教育、农林渔牧粮食、工矿、交通、警务、宣传、司法法制、总务 12 项。

台湾省行政长官公署三月来工作概要：三十四年十月二十五日—三十五年一月二十四日 / 台湾省行政长官公署编 .-- 民国 35 年［1946］.--118 页；26cm　　［南图，国图，上图，首图］

分总述、民政、财政、教育、农林、工矿、交通、警务、会计、宣传、法制、人事 12 项。附台湾省气象局工作报告。

台湾省行政长官公署提出省参议会第一届第一次大会施政报告 .--302 页　　［馆藏地不详］

共 21 章。其中第 3 章警务处工作

报告，包括接收情形、现在概况等内容。

台湾省接收工作报告.-- 民国35年［1946］.--42页；20cm ［南图，重图，国图］

1945年11月1日开始接受日方所有军民机构，并监管日方各公司事业资产等工作的简略报告。分民政、财政、金融会计、教育、农林渔牧、工矿、司法等14项。

台湾省警察训练所一年来之工作概况／台湾省警察训练所编 .-- 台湾省：台湾省警察训练所刊，［1912?—1949?］.--92页：肖像及图表；19cm ［浙图，首图］

台湾省台南县政府四个月来工作概要：卅五年一月至四月／台南县政府编 .-- 台南：台南县政府刊，民国35年［1946］.--53页；26cm ［南图，国图］

内分略况、工作报告2部分。

台湾省台南县政府四个月来工作概要：中华民国卅五年五月至八月／台南县政府编 .-- 台南：台南县政府刊，民国35年［1946］.--89页；21cm ［国图，上图］

报告总务、民政、财政、会计、教育、建设、警察、日产处理等部门的工作概况。书前有袁县长施政报告。附录台南县立农林场管理所工作报告。内分略况、工作报告2部分。

台湾省台南县三十五年度九月至十一月工作概要／台湾省台南县政府编 .-- 台南：台湾省台南县政府刊，民国35年［1946］.--90页；21cm ［国图］

台湾省五十一年来统计提要／台湾省行政长官公署统计室编 .-- 台北：台湾省行政长官公署统计室刊，民国35年［1946］.--1384页；26cm ［南图，津图，国图，浙图，上图］

该省五十一年来各项统计的综合记录。包括历象、土地、人口、行政组织、司法、农业、水产、工业、商业、财政、教育等24类。

台湾省县市行政人员手册／台湾省行政长官公署民政处编 .-- 台北：台湾省行政长官公署民政处刊，民国35年［1946］.--339页；15cm ［南图，国图］

内收行政组织法规（20种）和民意机关法规（19种）。附录有关台湾省的规程、条例、工作要领等15种。书末附陈长官的施政方针等。

台湾省政府施政报告.-- 台北刊，民国36年［1947］.--320页；25cm ［国图］

1947年6月至11月施政报告。包括民政厅、财政厅、教育厅、建设厅、交通厅、农林厅、社会处、警务处、会计处、统计处等20个部门。附国立台湾大学施政报告。

台湾要览／胡元璋著 .-- 永安：战

时中国出版社刊，民国 34 年［1945］.--138 页；16cm ［中图，赣图］

共 17 章。其中第 16 章为警政，包括警政组织、警察职务、警察官署及人员、保甲等内容。

台湾一年来之警务 / 台湾省行政长官公署警务处编 .-- 台北：台湾省行政长官公署宣传委员会刊，民国 35 年［1946］.--90 页；19cm ［重图，国图］

介绍抗战胜利后一年来台湾省警务情况。分接收经过、组织现状、业务概况 3 编。

台湾一年来之民政 / 台湾省行政长官公署民政处编 .-- 台北：台湾省行政长官公署宣传委员会刊，民国 35 年［1946］.--32 页；19cm ［吉图，重图，国图］

介绍台湾省县市区域的划定及机构的建立、民意机关的设置与公民训练的实施、户籍行政、社会行政、合作事业、都市营建、日侨管理等。

台湾政治现状报告书 / 闽台通讯社编 .-- 民国 35 年［1946］.--36 页；19cm ［南图，津图，国图］

概述台湾光复后台胞的心理变化，台湾的政治、军纪、教育、交通、经济、粮食、日俘日侨等问题及台胞对台政的希望和建议等。

台中县参议会第一届第三次会议议事录：中华民国三十五年十月二日起十月四日止 / 台中县参议会编 .-- 台中：台中县参议会刊，民国 35 年［1946］.--53 页；27cm ［国图］

天津

大沽警务一览图表 / 大沽警察总局编，民国 6 年［1917］.--1 册 ［法研所］

二十八年天津特别市警察局警察年刊 /（伪）天津特别市警察局编 .-- 天津：（伪）天津特别市警察局刊，民国 28 年［1939］.--256 页：图像；26cm ［法研所］

天津警察厅工巡捐务处修正各项章程 / 天津警察厅工巡捐务处编 .-- 天津：天津警察厅工巡捐务处刊，民国 4 年［1915］.--66 页：图像；26cm ［国图］

收录天津警察厅工巡捐务处现行规则及有关呈文批示等（1912—1915）。附该处办事系统图及查捐执照等捐税凭证。书前冠天津警察厅工巡捐务处现行规则重刊序。

天津市警察局工作报告 / 天津市警察局编 .-- 天津：天津市警察局刊，民国 37 年［1948］.--15 页；26cm ［津图］

自民国三十六年（1947）一月至民国三十七年（1948）五月底。

天津市警察局工作报告：民国三十七年十月 .-- 民国 37 年［1948］

.--28 页　　［津图］

天津市警务概况 / 天津丛刊编辑委员会编 .-- 天津：天津丛刊编辑委员会刊，民国 37 年［1948］.--98 页；19cm　　［国图］

分上、下两篇。上篇为总论，介绍警察勤务之范围等。下篇为当前警察局概况，介绍实务等。附录两则。

天津市税捐概况（十七年度至二十一年度） / 天津市政府统计委员会编 .-- 天津：天津市政府统计委员会刊，民国 24 年［1935］.--106 页；26cm　　［南图，吉图，津图，国图，上图，首图］

总共 4 章。涉及警察所收房捐、铺捐等内容。

天津特别市公安局周年纪念特刊 / 公安局秘书处编 .-- 天津：公安局秘书处印，民国 18 年［1929］.--198 页：图；26cm　　［馆藏地不详］

天津特别市公安局二周年纪念特刊 / 天津特别市公安局秘书处编 .-- 天津：天津特别市公安局秘书处刊，民国 19 年［1930］.--60 页：图像；26cm　　［国图］

天津特别市公署警察局办理经济概况：民国三十年七月至三十二年六月 .-- 油印本 .-- 天津，民国 32 年［1943］.--1 册：表；26cm　　［馆藏地不详］

天津特别市公署警察局第一分局警务一览 / 天津特别市公署警察局第一分局编 .-- 天津：天津特别市公署警察局第一分局刊，民国 31 年［1942］.--46 页　　［馆藏地不详］

天津特别市公署警察局二十八年年刊 . 第三号 /.-- 天津，民国 28 年［1939］.--256 页：图；25cm　　［馆藏地不详］

天津特别市公署警察局工作报告摘要：民国三十年七月至三十二年六月 /（伪）天津市警察局编 .-- 天津，［194?］.--36 页；26cm　　［津图］

详细分月份进行了报告。

天津特别市行政撮要：民国二十八年度 /（伪）天津特别市公署秘书处编 .-- 天津：天津特别市公署刊，民国 28 年［1939］.--1 册：图；26cm　　［国图，浙图，首图］

天津特别市水灾救济实录 / 天津水灾救济委员会，华北救灾委员会天津分会编 .-- 天津：天津水灾救济委员会，华北救灾委员会天津分会刊，民国 28 年［1939］.--384 页：图；26cm　　［南图，津图，国图，首图］

包括灾况、章则、组织、工作概况、会议纪录等。书前冠：弁言。

天津县警察局工作报告书 .-- 油印本 .-- 天津，民国 36 年［1947］.--24 页：地图；26cm　　［国图］

天津租界及特区 / 南开大学政治学会著 .-- 上海：商务印书馆刊，民国15年［1926］.--114页；19cm　［南图，辽图，重图，津图，中山，湘图，国图，浙图，上图］

共9章。其中第5章为警察，包括英国租界、法国租界、日本租界、美国租界、比国租界、特别第一区、特别第二区、特别第三区等内容。

新天津指南 / 甘眠羊编 .-- 天津：绛雪斋书局刊，民国16年［1927］.--1册：肖像；26cm　［津图，国图，上图］

分沿革、位置、气候、区域、海疆、河流、古迹、名胜、宗教、学校、司法、医药卫生、军政、财政、工商业等300余节。

云南

云南全省公安行政条例草案 / 钱用中拟 .--［1912?—1949?］.--13页；26cm　［国图］

共19章85条。讲述了公安局的组织及办理团警的产生、警察与警备队、民团与义务民兵，以及团警的军械、服装、教练、任务等。

滇西五月报政录 / 杨毅廷著 .-- 民国1年［1912］.--200页：像；24cm　［国图］

内分杂文、内政、边务、关务、外交5卷。有序，附文26篇。

昆明实验县工作报告书 .-- 昆明：云南崇文印书馆刊，民国26年［1937］.--81页：图；27cm　［国图］

收昆明实验县全图、县组织情形、各机关职员表、县政建设工作计划方案、工作概况报告等。有黄广布绪言。

昆明市政报告书 / 昆明市政公所编 .-- 昆明：昆明市政公所刊，民国12年［1923］.--500页；27cm　［上图］

昆明市政公所各项工作概况报告。残本。

昆明市政第一年报告书：警务 / 昆明市政府编 .-- 昆明：昆明市政府刊，民国12年［1923］.--64页；26cm　［国图］

共21章。内分警察教育、署所、警察之扩充、警员之添设、警额之增加、消防队、警察队、乡警、俸给、集会结社等。

昆明市政第一年报告书：总务 / 昆明市政公所编 .-- 昆明：昆明市政公所刊，民国12年［1923］.--140页：图；26cm　［国图］

共12章。介绍昆明市政公所沿革、制股条例、考核职员办法、市公产清查、税收等概况。

昆明市政府第一期计划书 .--［1912?—1949?］.--10，254页；26cm　［国图］

内分市区范围、区域分配、市工程、市财政、市教育、市卫生、市警察、公益事业、感化事业等13章。

昆明市政府三十五年度政绩比较表 / 昆明市政府编 .-- 昆明：昆明市政府刊，民国 35 年［1946］.--24 页：表；27cm ［重图］

分民政、财政、工务、教育、警察、会计、统计、人事等 8 类。

昆明市政府中心工作报告：民国廿八年份下半年 / 昆明市政府秘书室编 .-- 昆明：昆明市政府秘书室刊，民国 29 年［1940］.--22 页；26cm ［国图］

分财政、社会、工务、地政、教育等 5 项。有呈省政府文、省政府指令。

昆明市政府中心工作计划书：民国廿九年份 / 昆明市政府秘书室编 .-- 昆明：昆明市政府秘书室刊，民国 29 年［1940］.--20 页；26cm ［国图］

1940 年的社会、财政、教育、地政、工务等方面工作计划。有呈报省政府文、省政府指令。

两年来之昆明市政 / 何必明编 .-- 昆明：昆明市政府刊，民国 24 年［1935］.--1 册：图；27cm ［国图］

介绍昆明市的社会、财政、工务、教育 4 方面的概况。有陆亚夫序言、编者导言和编后。

一年来之云南民政 / 云南省民政厅编 .-- 昆明：云南省民政厅刊，民国 33 年［1944］.--226 页；18cm ［南图，黔图，国图］

1944 年度民政工作计划和 1943 年至 1944 年 7 月的工作报告。有陆崇仁叙言（写于 1944 年 7 月）。云南民政厅民政丛刊。

云南警务报告书：第一期 / 云南警务处编 .-- 云南警务处刊，民国 10 年［1921］.--1 册 ［馆藏地不详］

云南昆明市八课成绩表 .-- 民国 15 年［1926］.--26 页；23cm ［国图］

收云南昆明市政府总务、工程、公用、警务、卫生、教育、社会等 8 课成绩表，1922 年至 1926 年间的工作简要报告表。

云南民政概况 / 云南省民政厅编 .-- 昆明：云南省民政厅刊，民国 25 年［1936］.--240 页；26cm ［南图，重图，国图］

记述自 1928 年至 1936 年间民政概况。分区域、人口、沿革、吏治、自治、团防、警务、救济、卫生、礼俗等 10 项。

云南省会公安局第三周年工作纪要 .-- 民国 23 年［1934］.--134 页：图；26cm ［国图］

分总务、保安、卫生、司法、统计 5 类。

云南省会公安局第一周年工作报告书 / 昆明市公安局编 .-- 昆明：昆明市公安局刊，民国 12 年［1923］.--1 册 ［云图］

云南省会警察局廿五周年度业

务纪要 / 昆明市警察局编 .-- 昆明：昆明市警察局刊，民国 26 年［1937］.--1 册　［云图］

云南省社会处三十二年度工作报告 / 云南省社会处编 .-- 昆明：云南省社会处刊，民国 32 年［1943］.--22 页；26cm　［国图］

1943 年工作报告。有前言。附录本处组织规程、本处三十三年工作计划纲要。

云南省政府行政报告 / 云南省政府秘书处编 .-- 昆明：云南省政府秘书处刊，民国 22 年［1933］.--1 册；27cm　［国图］

一二三月合编，四五六月合编，七八月合编，九十月合编，十一十二月合编。

云南省政府行政报告 / 云南省政府秘书处编 .-- 昆明：云南省政府秘书处刊，民国 23 年［1934］.--1 册；27cm　［国图］

缺少六月份报告。

云南省自治筹备委员会第一年工作报告书 / 云南省自治筹备委员会文书处编辑 .-- 昆明：云南财政厅印刷局刊，民国 23 年［1934］.--1 册（332 页）：图像；25cm　［国图］

内分会议记录、题案原文及审查报告、法规、重要公牍及图表等项。有龙云、丁兆冠、陆崇仁序各 1 篇。附第一次常会朱委员长报告本会之组织概况及云南省推行自治经过情形。

新疆

视察新疆报告 / 褚民谊述，［1912?—1949?］.--32 页；19cm　［重图］

1931 年著者前往新疆视察的报告书。包括党务、政治、军事、财政、实业、习俗等方面情况。

现在的新疆 / 杨缵绪，汪日昌著 .-- 北平：文化学社刊，民国 22 年［1933］.-- 130 页；19cm　［津图，国图］

分 6 编。记述新疆的财政、军事、外交、内政、实业、教育等状况。有弁言、序和叙言各 1 篇。

新疆纪略 / 林竞著 .-- 新疆：天山学会刊，民国 7 年［1918］.--47 页：图；22cm　［南图，国图，上图，首图］

分 10 部。介绍新疆的吏治、军政、财政、外交、实业、教育、司法、各种族与汉人感情及现在趋向等。书前有 8 张照片，附地图 1 幅。

新疆民众第二次全体代表大会政治工作报告："四一二"二周年纪念 / 李溶报告 .-- 新疆：新疆民众第二次全体代表大会刊，民国 24 年［1935］.--27 页；25cm　［国图］

分民政、军政、财政、教育、交通、司法、市政、禁烟等 14 项。

新疆省政府向第六次全国代表大会提出之工作报告 / 新疆省政府编著 .--

新疆省政府刊，民国 34 年［1945］.--30 页；26cm ［南图，国图］

内分民政、财政、建设、教育、卫生 5 项。全部为表。

新疆省政府三十二年度政绩比较表 / 新疆省政府编 .-- 民国 32 年［1943］.--54 页；28cm ［国图］

内分民政、地方财政、粮政、计政、建设、教育、警政、市政、公路等 9 类。全部为表。

新疆省政府施政纲领：汉维对照 / 新疆省政府编著 .-- 新疆省政府刊，民国 35 年［1946］.--33 页；26cm ［国图］

内分政治、民族、外交、经济、财政、交通、教育、文化、卫生等 9 项。1946 年 7 月 18 日新疆省政府委员会第二次会议通过。有张治中、阿合买提、鲍尔汉等致词。汉、维二种文字。

西藏

藏政撷要 / 马吉符著；王常印编 .-- 民国 2 年［1913］.--200 页：图像；24cm ［国图］

分地理、种族、宗教、政法、社会、西藏所以不能进化之原因、西藏与中国关系 7 章，介绍西藏概况。书前有序。

西藏的政教合一制 / 行政院新闻局编 .-- 南京：行政院新闻局刊，民国 36 年［1947］.--12 页；18cm ［南图，吉图，辽图，重图，津图，国图，赣图，上图，首图］

概述西藏的佛教渊源及政教合一的形成、特质、政教组织及现状等。

西藏纪要 / 尹扶一，杨耀卿编 .-- 南京：蒙藏委员会编译室刊，民国 19 年［1930］.--210 页；19cm ［重图，上图］

共 18 章。介绍西藏之起源及于中国历代关系概况，清代与西藏之关系，西藏之境界广袤及人口区分，西藏的政治、兵制、贸易、物产、风俗、宗教，民国初年边藏之乱等。有阎锡山、郑宝善序及自序。

浙江

半年来之杭州市政：民国卅五年七至十二月 / 杭州市政府秘书处编 .-- 杭州：杭州市政府秘书处刊，民国 36 年［1947］.--92 页：图表；26cm ［上图］

1946 年 7 至 12 月市政概况。分民政、财政、教育、建设、军事、社政、卫生、田粮、地政、会计、警政 11 章。有周象贤序。

大战中的县政 / 董中生著 .-- 民族日报社刊，［1912?—1949?］.--245 页；19cm ［馆藏地不详］

分 6 卷。著者总结自己抗日时期担任浙江昌化县县长时的实证经验。注：昌化县 1960 年撤销并入临安县。

德清县公署成立初周纪念暨施政概况汇刊 /（伪）德清县公署编辑 .-- 德清：（伪）德清县公署刊，民国 28 年

［1939］.--1 册；图像；26cm ［南图，国图，首图］

介绍伪德清县公署成立前后，县行政区划、行政机构，以及治安、警务、自治、财政、土地、教育、司法、农工商业、防疫、救济、建设等状况。附青年团状况等。书前有梁鸿志、陈群等题词及嵇少梅序。

第三次行政会议总结 / 浙西行署秘书处编 .-- 浙江：浙西民族文化馆刊，民国 30 年［1941］.--128 页；19cm ［上图］

收浙西行署有关政治建设、地方军务、行政管理等方面的工作总结等。

东阳县政府三十四年度施政计划 .-- 东阳刊，民国 34 年［1945］.--98 页；19cm ［上图］

1945 年度施政计划。附东阳县政府 1945 年度施政计划分期进度表和 1944 年度施政概要。

二十九年之海北政治 / 李粹龢等编 .-- 浙西：浙西民族文化馆刊，民国 31 年［1942］.--152 页；19cm ［国图，浙图］

分 10 章。介绍海北地区的环境、敌伪活动、各县组织情况，以及对日伪的军事、政治、经济、财政、教育战的成果等。有黄绍竑、贺扬灵序各 1 篇（写于天目山行署），末有李粹龢的半年来海北敌后视察纪略及编者的编后记。编者还有徐樾、程梓彬。浙西对敌斗争丛书。注：海北为旧嘉兴府属地，战时简称海北，包括嘉兴、海宁、嘉善、海盐、平湖 5 县。

二十九年之天南政治 / 陆宗英等编 .-- 浙西民族文化馆刊，民国 30 年［1941］.--200 页；19cm ［国图，浙图］

分 5 章。介绍浙西天南地区的政治、经济、自然和社会等情况，并提出对敌伪的斗争方针和策略。有黄绍竑、贺扬灵序各 1 篇。封面题：陆宗英、李熊瑞、罗贤晋合编。版权页题：刘广惠编辑。

奉化县政概况 / 奉化县政府秘书处编 .-- 奉化：奉化县政府秘书处刊，民国 18 年［1929］.--110 页；26cm ［上图］

收录有关章程、政治工作报告及计划等。

奉康学治录 /（清）陈嘉言著 .--2 版 .-- 北京：京师第一监狱第三科作业股印刷，民国 3 年［1914］.--248 页；23cm ［国图，首图］

.-- 初版 .-- 北京：第一监狱第三科作业股刊，宣统 3 年［1911］ ［馆藏地不详］

.--3 版 .-- 北京：京师第一监狱刊，民国 8 年［1919］.--26，248 页：29cm ［国图］

辑录著者在奉化、康平两县任职期间（光绪三十三年三月至民国元年六月）手拟文件。分演说、示谕、函件、公牍等类。有许世英、房宗岳、汪洋等序。

富阳县行政会议特刊 .-- 浙江，民国 19 年［1930］.--54 页；27cm ［上图］

包括会议章程、办事细则、办事规则、审查委员会规则、提案须知、会员一览表、会场席次图会议记录、典礼记录、会议案原文等。书残。

海宁县建设行政一览 / 海宁县政府编 .-- 海宁：海宁县政府刊，民国 21 年［1932］.--126 页：图；26cm ［国图］

内分报告、统计、法规、经费 4 项。有楼荃序。有附录 14 篇。

海宁县政府第一次行政会议特刊 / 海宁县政府第一次行政会议办事处议事股编 .-- 海宁：海宁县政府第一次行政会议办事处议事股刊，民国 19 年［1930］.--118 页；26cm ［国图，浙图］

分章则、图表、议程及记录、提案原文 4 部分。附海宁县政府 1929 年度工作概况。

海盐县公署纪念特刊 /（伪）浙江省海盐县公署编 .-- 海盐：（伪）浙江省海盐县公署刊，民国 29 年［1940］.--452 页：图；26cm ［国图，上图］

分特载、论著、法规、公牍、报告计划、统计图表等 10 部分。有梁鸿志、陈群、汪瑞闿等题字。

杭州市公安局业务纪要 / 杭州市公安局编 .-- 杭州：杭州市公安局刊，民国 18 年［1929］.--1 册：照片；26cm ［浙图］

杭州市警察局工作报告 .-- 民国 36 年［1947］.--46 页；26cm ［中图］

杭州市市政特刊 / 杭州市政府秘书处编辑室编 .-- 杭州：杭州市政府秘书处刊，民国 24 年［1935］.--1 册：图像；27cm ［国图］

1934 年 8 月 1 日至 12 月 31 日期间的施政概况。内分行政纪要、调查统计、法规 3 部分。

杭州市政纪念特刊 /（伪）杭州市政府秘书处编 .-- 杭州：（伪）杭州市政府秘书处刊，民国 28 年［1939］.--365 页：图；27cm ［国图，上图］

伪杭州市政府成立周年刊。分工作报告、调查统计、公牍、章则法规 4 部分。附万松岭之樱花等 6 篇。书前有杭州市政府成立一周年纪念（吴念中）、杭州市政府成立初周纪念感言（谢恪）。

杭州市政府纪念特刊 /（伪）杭州市政府秘书处编 .-- 杭州：（伪）杭州市政府秘书处刊，民国 29 年［1940］.--281 页：图；27cm ［国图］

伪杭州市政府成立 2 周年纪念刊。记述 1939 年 6 月至 1940 年 6 月间的施政概况。分工作报告、调查统计、专载等 8 部分。有吴念中弁言。

杭州市政府十周年纪念特刊 / 杭州市政府秘书处编辑室编 .-- 杭州：杭州市政府秘书处，民国 26 年［1937］.--1 册：图像；27cm ［南图，吉图，国图，浙图］

分征文、市政述要、调查统计 3

部分。附录修正杭州市政府组织规则等2篇。有周象贤序。

杭州市政特刊 /（伪）杭州市政府秘书处编 .-- 杭州：（伪）杭州市政府秘书处刊，民国27年［1938］.--212页；26cm　　［国图］

收伪杭州市政府暂行组织条例、市政府工作状况报告、市政府暨所属各局公牍及章程法规等。有何瓒序。

吉安县各界代表大会会刊 / 代表大会秘书处编 .-- 江西吉安：吉安县政府刊，民国18年［1929］.--62页；19cm　　［国图］

收吉安县各界代表大会预备会会议录、吉安县各界代表大会正式会会议录及金汉鼎等的演词。

警政检讨会议纪录：浙江省三十一年度 / 浙江省民政厅编 .-- 杭州：浙江省民政厅刊，民国31年［1942］.--76页；19cm　　［浙图］

兰溪实验县县政府二十三年一月至六月工作总报告 / 兰溪县县政府编 .-- 兰溪：兰溪县县政府刊，民国23年［1934］.--38，214，10页；21cm　　［国图，浙图］

分总务、民政、财政、公安、建设、教育、土地7项。有编者弁言。兰溪实验县县政府出版物之三。

兰溪实验县县政府行政整理时期工作总报告 / 兰溪县县政府编 .-- 兰溪：兰溪县县政府刊，民国23年［1934］.--91页；22cm　　［国图，浙图］

分9部分。报告兰溪实验县的社会、总务、民政、财政、公安、建设、教育、土地等方面的概况。兰溪实验县县政府出版物。

兰溪实验县县政府行政整理时期县政视察报告 / 兰溪县县政府编 .-- 兰溪：兰溪县县政府刊，民国23年［1934］.--66页；21cm　　［国图，浙图］

兰溪实验县县政府整顿城区花舫纪实 / 兰溪实验县县政府编 .-- 兰溪：兰溪实验县县政府刊，民国24年［1935］.--26页；22cm　　［国图，浙图］

内收对舫主的训话，以及调查、整顿计划，制定区域集中停泊及编号等项。兰溪实验县县政府出版物之九。

丽水县县政工作报告书：廿七年十二月至廿八年七月 / 朱章宝编 .-- 丽水：朱章宝刊，民国28年［1939］.--71页；27cm　　［上图］

1938年12月至1939年7月的县政府工作报告。分民政、财政、教育、建设、兵役、军事、警政、政工、社训9项。附疏散人口与建设乡村。

民政厅工作报告 / 浙江省民政厅编 .-- 浙江省民政厅刊，民国34年［1945］.--16页；19cm　　［南图，国图，浙图］

分新县制、警政、地政、户政4部分。

战时镇海七七抗建两周年纪念特刊 / 毛崇芳编辑 .-- 镇海：镇海县抗日自卫委员会战时教育文化事业委员会刊，民国28年［1939］.--36页；19cm ［馆藏地不详］

收录抗战时论、政论及纪念性短文等10篇。注：镇海县现属宁波市。

宁波警察概况 / 宁波公安局编辑 .-- 宁波：宁波公安局刊，民国25年［1936］.--304页：图；22cm ［中图］

宁波警察局工作报告：自民国三十四年九月十二日起至十一月十五日止 /.-- 宁波：宁波警察局刊，民国34年［1945］.--31页；21cm ［浙图］

宁波市公安局勤务督查处稽查服务规则 .-- 油印本 .-- 宁波市公安局勤务督察处刊，［1912?—1949?］.--1册；27cm ［浙图］

宁波市之过去现在和将来 / 宁波市政府秘书处编 .-- 宁波：宁波市政府秘书处刊，民国18年［1929］.--50页：图像；19cm ［夏图，南图，国图，浙图］

介绍市沿革、地位，市政府的成立、行政组织及将来的计划等。

庆祝浙江省政府杭州市政府成立纪念刊 / 新浙江日报社编 .-- 杭州：新浙江日报社刊，［1912?—1949?］.--32页；19cm ［上图］

日伪宣传品。

衢县三十年度第一次县行政会议纪录 / 衢县县政府编 .-- 衢县：衢县县政府刊，民国29年［1940］.--94页；27cm ［馆藏地不详］

收预备会议记录、提案汇录、各组审查报告等。

衢县县政府三十年工作报告 / 衢县县政府编 .-- 衢县：衢县县政府刊，民国30年［1941］.--100页；27cm ［馆藏地不详］

分总务、民政、粮管、卫生、财政、教育及动员等15章。介绍1941年工作概况。

三个月之杭州市政：The Three months' Municipal Progress on the City of Hangchow / 杭州市政府编辑股编 .-- 杭州：杭州市政府刊，民国16年［1927］.--526页；26cm ［南图，国图，浙图］

介绍邵元冲任杭州市长三个月以来的杭州市政概况。杭州市周刊特刊。

三年来之宁海县政 / 宁海县政府编 .-- 宁海：宁海县政府刊，民国32年［1943］.--328页；27cm ［南图，国图，浙图］

内分县政工作、县属各机关业务、附录等8编。有方引之序言。

三年来之浦江县政 / 浦江县政府编 .-- 浦江：浦江县政府刊，民国 30 年［1941］.--266 页；18cm ［南图，重图，国图，浙图］

1938 年至 1941 年的施政概况。内分精神建设、政治建设、县各项单行法规等 8 编。有代序三年来之浦江县政（金平欧）、弁言、三年工作鸟瞰等。

十个月来之杭州市政 / 杭州市政府编 .-- 杭州：杭州市政府刊，民国 35 年［1946］.--75 页：表；26cm ［南图，国图，浙图，上图］

1945 年 9 月至 1946 年 6 月市政概况。分民政、社政、地政、财政、教育、卫生、工务、军事、人事 9 章。有周象贤前言。书末有人员编制及财务会计统计附表。

松阳县政府年刊：民国十九年 / 浙江省松阳县政府编 .-- 松阳：浙江省松阳县政府刊，民国 20 年［1931］.--286 页：图像；27cm ［吉图］

分 9 部分。包括一年来政治工作之回顾、法规、计划、提案、统计图表、政治工作报告、文件摘要及各机关职员一览等。

松阳县政府三年来工作概况 / 松阳县政府秘书室编 .-- 松阳：松阳县政府刊，民国 29 年［1940］.--184 页；27cm ［南图，浙图，上图］

1937 年 1 月至 1939 年 12 月的县政工作概况。分民政、财政、会计、教育、建设、经济、警政、兵役、军事、社会、军法、政工等项。附职员表。

桐乡年鉴：民国三十五年 / 桐乡县政府编 .-- 桐乡刊，民国 35 年［1946］.--1 册：图；22cm ［南图，国图，浙图］

收桐乡志略，一年来大事记，一年来的党务、参议会、农业、新闻事业、县政等方面的概况，以及县长言论选载等。有居正、沈鸿烈等题词，陈毅成序，范文治序（写于 1947 年 4 月）。

县各级组织纲要浙江省第一年实施报告 / 浙江省民政厅编 .-- 民国 30 年［1941］.--342 页；26cm ［南图，国图，浙图］

内分实施新县制有关法令和县各级组织纲要本省实施报告两部分。包括中央有关法令县各级组织纲要、县各级党政关系调整办法、县各级组织纲要实施办法原则、各省厘定县等办法、县行政人员任用条例等 49 件，浙江省法令修正浙江省县政府组织规程等 31 件。

县各级组织纲要浙江省实施总报告：中华民国二十九年至三十一年 / 浙江省民政厅编 .-- 浙江：浙江省民政厅刊，民国 32 年［1943］.--284 页；27cm ［重图，浙图］

分 8 编。介绍浙江省新县制实施的设计、实施情形及实施考核。

新富阳 / 富春新青年文化教社编 .-- 富阳：（伪）富阳县政府刊，民国 32 年［1943］.--102 页：照片；19cm ［国图］

汪伪出版物。书中有论文、富春新青年文化教社概况、县政、新富阳歌、生活写真、本县特产等 7 部分。另有题词、摄影、卷首语。

一年来的杭县政情：中华民国三十五年 / 陈文编 .-- 浙江刊，民国 35 年［1946］.--82 页；27cm ［浙图］

1946 年度的施政情况。注：杭县现并入余杭县，为杭州市属县。

一年来之海宁县政 / 谭裕卿著 .-- 海宁：（伪）海宁县公署刊，民国 28 年［1939］.--240 页：图像；26cm ［国图，浙图］

内分总务、财政、教育、建设、司法、警政等 8 项。书前有著者自述和题词。

鄞县第三次县行政会议专刊 / 鄞县县政府秘书处编 .-- 鄞县：鄞县县政府刊，民国 20 年［1931］.--54 页：图像；26cm ［国图，浙图］

收有关规则、开幕词、会议录及陈宝麟鄞县县政府过去的工作及将来拟办的纲领报告等。书口书名题：鄞县政府第三次行政会议专刊。会期为 1931 年 1 月。

鄞县第四次县行政会议专刊 / 鄞县县政府秘书处编 .-- 鄞县：鄞县县政府刊，民国 20 年［1931］.--82 页：图像；27cm ［馆藏地不详］

1931 年 7 月召开第四次县行政会议。收开幕词、会员名单、会议记录及陈宝麟报告过去工作及将来拟办纲领等。书口书名题：鄞县政府第四次行政会议专刊。

鄞县第五次县行政会议专刊 / 鄞县县政府编 .-- 鄞县：鄞县县政府刊，民国 21 年［1932］.--74 页：图像；26cm ［国图，浙图］

1932 年 1 月召开第五次县行政会议。收开幕词、会议记录、工作报告等。书口书名题：鄞县政府第五次行政会议专刊。

浙东行政纪念刊 /（伪）浙东行政公署编 .-- 浙东：（伪）浙东行政公署刊，民国 32 年［1943］.--63 页：图像；26cm ［国图］

伪浙东行政公署自 1942 年 7 月成立九个月的纪念刊。内收沈尔乔浙东行政九个月之论述及公署所属民政部、财政部等的工作报告和职员录。有沈尔乔发刊辞、国府还都三周年纪念告国民书（汪兆铭）等。有孙大洲编后。

浙江海盐县属公报 . 第 6 册 / 薛聿龙著 .-- 浙江海盐：海盐县公署刊，民国 7 年［1918］.--42 页；19cm ［上图］

辑录电文、呈文、咨文、公函、训令、指令、批示、布告、判词等。有附录。

浙江警察志略 / 丁耀南著 .-- 宁波：宁波警察月刊社刊，民国 36 年［1947］.--18 页；19cm ［国图，浙图］

介绍了浙江警察的编制、教育、任用、待遇等。

浙江民政年刊 / 浙江省民政厅编 .-- 杭州：浙江省民政厅刊，民国 18 年［1929］.--2 册；25cm　［南图，重图，国图，浙图］

1928 年 1 月至 1929 年的工作概况。上册分本省法规和行政概况两部分；下册分预算、统计图表、会议录、本厅所属机关职员一览表 4 部分。有朱家骅民政年刊序（1929 年 5 月于杭州）。

浙江民政年刊：中华民国十八年 / 浙江省民政厅编 .-- 杭州：浙江省民政厅刊，民国 19 年［1930］.--1 册：图表；26cm　［国图］

1929 年的民政概况。上册分法规、民政、警政、地方自治 4 部分，下册分社会事业、公共卫生、土地行政、厅务概况等 5 部分。有朱家骅民政年刊序文。

浙江民政手册 / 浙江民政丛书编审委员会编 .-- 杭州：浙江民政丛书编审委员会刊，民国 37 年［1948］.--312 页；19cm　［南图，重图，浙图］

包括民政业务、行政执行与争讼、民政工作人员守则等 4 章。浙江民政丛书。

浙江民政统计特刊 . 第 1 集 / 浙江省民政厅第七科第一股编 .-- 杭州：浙江省民政厅第七科第三股刊，民国 19 年［1930］.--1 册；26cm　［津图，国图，浙图］

浙江宁波警察厅警务概略 / 周琮撰 .-- 宁波：浙江宁波警察厅刊，民国 7 年［1918］.--1 册；26cm　［浙图］

浙江省各县市政府廿四年度行政计划汇刊 / 浙江省政府秘书处编 .-- 杭州：浙江省政府秘书处刊，民国 24 年［1935］.--642 页；27cm　［馆藏地不详］

书口书名题：浙江省各县市政府二十四年度行政计划汇刊第一编。

浙江省各县市政府廿四年度行政计划汇刊 . 第三编 / 浙江省政府秘书处编 .-- 杭州：浙江省政府秘书处刊，民国 25 年［1936］.--298 页；27cm　［浙图］

书口书名题：浙江省各县市政府二十四年度行政汇刊第三编。

浙江省各县市政府廿四年度行政计划汇刊 . 第四编 / 浙江省政府秘书处编 .-- 杭州：浙江省政府秘书处刊，民国 25 年［1936］.--455 页；27cm　［浙图］

书口书名题：浙江省各县市政府二十四年度行政计划汇刊第四编。

浙江省各县市政府廿四年度行政计划汇刊 . 第五编 / 浙江省政府秘书处编 .-- 杭州：浙江省政府秘书处刊，民国 25 年［1936］.--266 页；27cm　［馆藏地不详］

书口书名题：浙江省各县市政府二十四年度行政计划汇刊第五编。

浙江省各县市政府廿四年度行政计划汇刊 . 第六编 / 浙江省政府秘书

处编 .-- 杭州：浙江省政府秘书处刊，民国 25 年［1936］.--552 页；27cm ［南图］

书口书名：浙江省各县市政府二十四年度行政计划汇刊第六编。

浙江省各县市政府廿四年度行政计划汇刊 . 第七编 / 浙江省政府秘书处编 .-- 杭州：浙江省政府秘书处刊，民国 25 年［1936］.--360 页；27cm ［南图，浙图］

书口书名题：浙江省各县市政府二十四年度行政计划汇刊第七编。

浙江省各县市政府廿四年度行政计划汇刊 . 第八编 / 浙江省政府秘书处编 .-- 杭州：浙江省政府秘书处刊，民国 25 年［1936］.--272 页；27cm ［南图，浙图］

书口书名题：浙江省各县市政府二十四年度行政计划汇刊第八编。

浙江省海宁县警察所成立以来工作摘要汇编 / 镜吾编 .-- 民国 29 年［1940］.--26 页 ［上图］

浙江省杭县县公署成立初周纪念特刊 /（伪）杭县县公署编 .--（伪）杭县县公署刊，民国 28 年［1939］.--204 页：图像；26cm ［国图，浙图］

分特载、论著、法规、章则、公牍、图表、工作报告 7 部分。书前有宋复弁言及梁鸿志等题词。附录杭县县公署初周纪念会议录、杭县县公署职员录。

浙江省会公安局年刊：民国二十四年 / 浙江省会公安局编 .-- 杭州：浙江省会公安局刊，民国 25 年［1936］.--10，246 页：照片；26cm ［国图］

分 3 部分。包括组织、编制、经费、警区勤务、督察制度、人事管理制度、市容整理与营业管理、交通管理、户籍、外事、保安、验枪室报告、侦缉制度、侦缉工作的实绩、上仓桥案始末记、刑事犯的假预审、违警案件、自杀他杀案件等。

浙江省会公安局业务纪要：民国二十年一月至二十二年六月 / 浙江省会公安局编 .-- 杭州：浙江省会公安局刊，民国 22 年［1933］.--24，457 页：图像；26cm ［国图，浙图，上图］

1931 年 1 月至 1933 年 6 月业务纪要。分组织、规程、记事、文牍选载、户口、会议记录、统计图表、经费概况、杂载 9 部分。

浙江省廿九年行政概要 / 浙江省政府秘书处编 .-- 杭州：浙江省政府秘书处刊，民国 29 年［1940］.--150 页；19cm ［浙图］

浙江省二十九年全省专员县长会议专刊之一。

浙江省人口及粮食问题 / 李钦予著 .-- 民国 18 年［1929］.--56 页；23cm ［浙图］

分前、后编。前编为户口调查、男女人数等；后编为耕地面积、粮食产量等。附浙江省第一期调查户口办法。

浙江省三年施政计划纲领 / 浙江省地方行政干部训练团编 .-- 杭州：浙江省地方行政干部训练团刊，民国 29 年［1940］.--96 页；19cm ［南图，吉图，国图，浙图］

分精神建设、政治建设两部分。有编辑例言和绪言。附县政中心工作公务员修养问题。训练丛书。

浙江省三年施政计划之总检讨：三十一年全省行政会议特种审查报告 / 浙江省政府编 .-- 杭州：浙江省政府刊，民国 31 年［1942］.--16 页；19cm ［重图，浙图］

分绪论、计划、执行、考核、结论 5 部分。

浙江省三十年全省行政会议汇刊 / 浙江省政府秘书处编 .-- 杭州：浙江省政府秘书处刊，民国 30 年［1941］.--224 页：图像；26cm ［南图，国图，浙图，温州］

介绍浙江省 1941 年行政会议情况。分法规、文电、与会人员、会议概况、讲演词、工作报告、审查报告 7 部分。正文书名后有“上辑”二字。

浙江省三十一年全省行政会议汇刊 / 浙江省政府秘书处编 .-- 杭州：浙江省政府秘书处刊，民国 31 年［1942］.--350 页：图像；25cm ［南图，国图，浙图，上图］

介绍浙江省 1942 年行政会议情况。内分法规、文电、会议概况、讲演词、指示、工作报告、政治总检讨、审查报告等 10 项。

浙江省三十四年全省行政会议汇刊 / 浙江省政府秘书处编 .-- 杭州：浙江省政府秘书处刊，民国 34 年［1945］.--264 页；27cm ［津图，浙图］

介绍浙江省 1945 年行政会议概况。内分法规、文电、会议概况、讲演词、指示、工作报告、政治总检讨、审查报告等 10 项。项目同浙江省三十一年全省行政会议汇刊。

浙江省三十五年全省行政会议汇刊 / 浙江省政府秘书处编 .-- 杭州：浙江省政府秘书处刊，民国 35 年［1946］.--132 页；27cm ［国图，浙图］

介绍浙江省 1946 年行政会议概况。分法规、文电、与会人员、会议概况、讲演词、工作报告、中心提案、一般提案、审查报告、讨论会记录 10 部分。

浙江省三十六年全省行政会议汇刊 / 浙江省政府编 .-- 杭州：浙江省政府刊，民国 36 年［1947］.--246 页；26cm ［南图，国图，浙图，温州］

浙江省 1947 年行政会议介绍。分会议概况、与会人员、演讲词、中心议案、一般议案 5 部分。有附录。

浙江省三十五年全省行政会议重要议决案 / 浙江省政府秘书处编 .-- 杭州：浙江省政府秘书处刊，民国 35 年［1946］.--62 页；26cm ［南图，

国图，浙图，上图］

收1946年7月29日浙江省政府委员会临时会议通过的决议案及沈鸿烈讲话。

浙江省宣传委员会成立初周纪念特刊/（伪）浙江省宣传委员会秘书室编辑.--（伪）浙江省宣传委员会刊，民国29年［1940］.--116页；26cm ［南图，国图，浙图］

内分工作报告、计划、职员录、图表、法规、公牍、会议录、特载8项。有蔡滐弁言，林柏生、王瑞闿等题词。

浙江省战时警察训练所概况.--民国29年［1940］.--32页；22cm ［中图］

浙江省战时民政/浙江省民政厅编.--浙江省动员委员会战时教育文化事业委员会书刊发行部刊，民国28年［1939］.--128页；19cm ［南图，重图，国图，浙图，赣图，上图］

内分行政机构、警政、兵役、户籍、仓储、救灾恤贫、难民救济、卫生、地政、二五减租10章。新胆丛书，第2种。浙江省动员委员会战时文化事业委员会征编组主编。

浙江省政府成立初周纪念特刊/（伪）浙江省政府秘书处第一科编.--浙江：（伪）浙江省政府刊，民国28年［1939］.--2册；26cm ［浙图］

分论著、法规、省政府及各厅处工作记录等10项。

浙江省政府成立二周年工作概况：中华民国二十九年六月/（伪）浙江省政府编.--浙江：（伪）浙江省政府刊，民国29年［1940］.--52页；28cm ［浙图］

1939年6月—1940年5月工作概况。分民政厅、财政厅、教育厅、建设厅、警务处等6部分。

浙江省政府二十年度施政方针及过去一年来之政绩/浙江省政府编.--杭州：浙江省政府刊，民国20年［1931］.--90页；25cm ［国图］

记述1931年度民政、财政、教育、建设、防务等方面的施政方针及1930年施政情况。

浙江省政府二十一年度施政方针及过去一年来之政绩/浙江省政府编.--浙江省政府刊，民国21年［1932］.--76页；25cm ［南图，国图］

记述1932年度民政、财政、教育、建设、保安5个方面的施政方针及1931年政况。

浙江省政府二十二年度施政方针及过去一年来之政绩/浙江省政府编.--浙江省政府刊，民国22年［1933］.--106页；25cm ［国图］

浙江省政府二十五年度行政计划书/浙江省政府秘书处编.--浙江省政府秘书处刊，民国25年［1936］.--148页；26cm ［南图，国图］

1936年度行政计划书。分概论、

民政、财政、教育、建设、保安 6 部分。

浙江省政府工作报告：中华民国三十六年一月份 / 浙江省政府秘书处编 .-- 浙江省政府秘书处刊，民国 26 年［1937］.--52 页；26cm ［国图］

内分奉行中央法令事项、颁行本省单行法规事项、省政府委员会、民政、财政、教育、建设、农业、工商、合作事业、保安 11 项。附行政计划与工作进度对照表、浙江省地方收支统计表、职官表 8 篇。

浙江省政府工作报告：中华民国三十六年一至六月份 / 浙江省政府设计考核委员会编 .-- 杭州：浙江省政府设计考核委员会刊，民国 36 年［1947］.--11，134 页；26cm ［国图］

内分奉行中央法令事项、颁行本省单行法规事项、省政府委员会议决议事项摘要、一般行政、民政、财政、教育、建设、保安、社会、卫生、田粮、地政、役政、会计、训练、人事 17 项。

浙江省政府行政报告：1—12 期中华民国二十年一月份至十二月份 / 浙江省政府秘书处编 .-- 浙江：浙江省政府秘书处刊，民国 21 年［1932］.--12 册（600 页）；27cm ［厦门，浙图］

1931 年度工作报告，每月 1 册。另有上海交通大学图书馆硬画精装合订本，书名据合订本名题。

浙江省政府行政计划：二十一年度第四期（二十二年四月至六月） / 浙江省政府秘书处编 .-- 浙江省政府秘书处刊，民国 22 年［1933］.--54 页；26cm ［国图］

1933 年 4 月至 6 月行政工作计划。分保安、民政、财政、教育、建设 5 项。卷首书名题：浙江省政府二十一年度第四期行政计划（二十二年四月至六月）。

浙江省政府三十六年工作计划 / 浙江省政府设计考核委员会编 .-- 杭州：浙江省政府设计考核委员会刊，民国 36 年［1947］.--252 页；25cm ［吉图，国图］

浙江省政府施政报告 / 浙江省政府秘书处编 .-- 浙江省政府秘书处刊，民国 28 年［1939］.--126 页；26cm ［国图］

浙江省政府施政报告：政务部门民国二十八年一至六月 / 浙江省政府编 .-- 浙江省政府刊，民国 28 年［1939］.--74 页；26cm ［南图，国图，浙图］

1939 年上半年施政报告。分民政、财政、教育、建设、会计、政工指导、铨叙 7 项。有黄绍竑弁言。

浙江省政府施政报告：政务部门民国二十八年七月 / 浙江省政府编 .-- 浙江省政府刊，民国 28 年［1939］.--22 页；26cm ［国图］

1939 年 7 月份施政报告，分民政、财政、教育、建设、会计、政工指导 6 项。

浙江省政府施政报告：政务部门

民国二十八年八月 / 浙江省政府编 .-- 浙江省政府刊，民国 28 年［1939］.--27 页；26cm　［国图，上图］

1939 年 8 月份施政报告。项目同 7 月份施政报告。

浙江省政府施政报告：政务部门民国二十八年九月 / 浙江省政府编 .-- 浙江省政府刊，民国 28 年［1939］.--21 页；26cm　［南图，国图］

1939 年 9 月份施政报告。项目同 7 月份施政报告。

浙江省政府施政报告：政务部门民国二十八年十月 / 浙江省政府编 .-- 浙江省政府刊，民国 28 年［1939］.--19 页；26cm　［南图，国图］

1939 年 10 月份施政报告。项目同 7 月份施政报告。

浙江省政府十九年度施政方针及其最近政绩 / 浙江省政府秘书处编 .-- 浙江省政府秘书处刊，民国 19 年［1930］.--46 页；26cm　［国图］

内收浙江省政府十九年度施政方针、浙江省政府最近政绩报告。

浙江省政概况 / 浙江省政府秘书处编 .-- 方岩：浙江省政府秘书处刊，民国 28 年［1939］.--91 页；27cm　［南图，重图］

以图表及文字说明介绍浙江省的面积与人口、行政机构、自治保甲、保安与警卫、社会救济、卫生与禁烟、财政与会计、农林水利，以及渔业、矿业、工商业、交通、教育方面的情况。

浙江省政概况 /（伪）浙江省政府编 .-- 杭州：（伪）浙江省政府刊，民国 33 年［1944］.--10，282 页：图像；26cm　［吉图，国图，浙图，上图］

分民政、财政、建设、经济、教育文化、警务保安、清乡 7 编。有傅式说弁言。附录浙江省政府高级职员名录等。

浙江省重要施政报告 / 浙江省政府编 .-- 浙江省政府刊，民国 33 年［1944］.--14 页；27cm　［国图］

报告浙江省自 1940 年至 1943 年底实行新县制情况及各项政务设施情形。分警政、兵役、自治、财政、粮政、教育、粮食、工业设施、水利、合作事业、卫生行政、医疗防疫、社会救济、人事管理、设计考核 15 项。

浙江沿海各县渔盐概况 / 浙江省立宁波民众教育馆编 .-- 宁波：浙江省立宁波民众教育馆刊，民国 25 年［1936］.--28 页；27cm　［重图，国图］

浙江余姚地区清乡办事处总报告 /（伪）浙江省余姚地区清乡办事处秘书室编 .-- 余姚：（伪）浙江省余姚地区清乡办事处秘书室刊，民国 32 年［1943］.--112 页：图；26cm　［国图］

分保甲、治安、封锁、盐务、建设、财政、教育、政工、总务、法规、工作简要报告、大事记、重要文献等 13 项。有沈尔乔弁言。有附录和编后语。

浙警十年 / 陈贤编 .-- 浙江：中华警察学术研究社浙江分社，中国警察学会浙江分会刊，民国 36 年［1947］.--110 页；24cm　［南图，津图，重图，浙图］

记述了 10 年来浙江警政设施和训练所概况，以及抗战和宪政时期的浙江警察等。

浙西对敌行政统计总报告：中华民国三十年 / 浙江省政府浙西行署秘书处统计室编 .-- 浙江：浙西民族文化馆刊，民国 31 年［1942］.--161 页；24cm　［浙图］

1941 年报告。分行政、警卫、民政、财政、经济、教育文化、政治工作、民力动员等 8 类统计表。浙西抗建丛刊。

浙西对敌行政统计总报告：中华民国三十一年 / 浙江省政府浙西行署秘书处统计室编 .-- 临安：浙西民族文化馆刊，民国 32 年［1943］.--141 页；24cm　［浙图］

1941 年报告。分行政、地方警卫、民政设施、财政状况、经济斗争、粮食征购、教育文化、社会救济等 8 类统计表。浙西抗建丛刊。

浙西二十九年度对敌行政总检讨 / 贺扬灵编述 .-- 浙江：浙西民族文化馆刊，民国 31 年［1942］.--82 页；24cm　［上图］

总结 1940 年政治、经济、军事等方面的对敌行政工作。附录：浙西 1940 年敌我政治势力一览表等。有黄绍竑序。

浙西三十年对敌行政总检讨 / 贺扬灵编述 .-- 浙江：浙西民族文化馆刊，民国 31 年［1942］.--84 页；24cm　［浙图］

总结 1941 年军事、政治、经济等方面的对敌斗争情况。浙西抗建丛刊。

浙西三十一年对敌行政总检讨 / 贺扬灵编述 .-- 临安：浙西民族文化馆刊，民国 31 年［1942］.--86 页；24cm　［浙图］

浙西抗建丛刊。

浙西三十三年对敌行政总检讨 / 贺扬灵编述 .-- 浙江：浙西民族文化馆刊，民国 34 年［1945］.--68 页；19cm　［浙图］

总结 1944 年军事、政治、经济等方面的对敌斗争情况。浙西抗建丛刊。

中共武装侵扰浙西黄主席发表重要讲话 / 浙江省保安第三纵队编 .-- 浙江：浙江省保安第三纵队刊，民国 34 年［1945］.--8 页；17cm　［馆藏地不详］

琼崖临时政府施政概略 / 琼崖临时政府秘书处编 .-- 琼崖：琼崖临时政府秘书处刊，民国 31 年［1942］.--172 页；22cm　［国图］

分文电、法规、调查 3 项。有赵士桓序。

陕西

陕北廿三县民众代表清愿政府撤消陕甘宁边区政府及绥米葭吴清警备区请愿书.-- 民国 28 年［1939］.--30 页；19cm　　［南图］

陕西民政概况 / 陕西省民政厅视察室编 .-- 西安：陕西省民政厅视察室刊，民国 29 年［1940］.--1 册；图；25cm　　［南图，重图，甘图，国图］

共 8 章。说明陕西省的吏治、保甲、禁烟、警察、地政、救济、卫生、礼俗等概况。

陕西省民政厅第一次行政会议汇刊 / 陕西省民政厅第一次行政会议秘书处编 .-- 西安：陕西省民政厅刊，民国 21 年［1932］.--1 册；图像；27cm　　［南图，吉图，国图，浙图］

收法规、报告、决议案、讲演、宣言等。

陕西省农村调查 / 行政院农村复兴委员会编 .-- 上海：商务印书馆刊，民国 23 年［1934］.--180 页；23cm　　［南图，重图，津图，国图，浙图，首图］

.-- 再版 .-- 上海：商务印书馆刊，民国 23 年［1934］.--180 页；23cm　　［吉图，晋图，青岛，黔图，国图，上图］

内分两部分。第一部分土地关系，调查渭南、凤翔、绥德三县的土地关系；第二部分乡村政治及税捐，调查政治组织、公务人员地位、警卫实力、税捐等情况。书前冠序等。书末附录调查日记。行政院农村复兴委员会丛书。

西京快览 / 鲁涵之，张韶仙编 .-- 西安：西京快览社刊，民国 25 年［1936］.--［376］页：图表；19cm　　［吉图，国图，上图］

分 8 编，介绍西安的交通、食宿游览、名胜古迹、机关团体、公共事业、工商业等。

香港

香港市政考察记 / 谭炳训著 .-- 庐山管理局刊，民国 26 年［1937］.--85 页：图像；23cm　　［国图，上图，首图］

内分行政组织与财政状况、香港与九龙市区概况、警察、公共卫生行政、工务、香港市政考察记尾言 6 章。有著者序。

3 警察法

3.1 警察法总论

警察法/（日）草刈融住著，姜竞华译.--奉天：奉天大东印刷局刊，民国25年［1936］.--248页；19cm ［辽图］

本书有警察的基本概念、警察的沿革、警察的行使及其限制、警察的类别等10讲。

警察法/（伪）治安总署警政局编.--修订6版.--北京：（伪）治安总署警政局刊.--民国33年［1944］.--134页；18cm ［津图，国图］
.--再版.--北京：（伪）治安总署警政局刊.--民国31年［1942］.--134页；18cm ［津图］
.--修订版.--北京：（伪）治安总署警政局刊.--民国31年［1942］.--176页；18cm ［津图］

该所警察法讲义。除绪言外，分国家的统治与警察地位，以及警察本质、组织、作用4章。乙种警察教训所教材用书。

警察法表解/张诚一编辑.--民国2年［1913］.--1册 ［西北政法］

警察法概要/黄振编.--浙江：浙江省战时警察训练所刊，民国28年［1939］.--28页；17cm ［重图，浙图］

警察法各论/胡存忠讲述.--［1912?—1949?］.--394页；19cm ［浙图］

讲述了保安、卫生等各类警察行政法规。中央警官学校教材。

警察法各论/胡福相编，民国26年［1937］.--212，60页；27cm ［鄂图］

附录豫戒法等若干篇。

警察法各论/黄俊山讲.--中央警官学校第四分校甲级警官班刊，民国37年［1948］.--154页；19cm ［上图］

警察法各论/中央警官学校研究部编.--民国36年［1947］.--258页；19cm ［津图，赣图］

分5章，论述了保安、建筑、营业、风俗、卫生等各种警察行政法规。中央警官学校教材。

警察法各论.上/罗伯文著.--民生公司印刷社印，民国26年［1937］.--366页 ［南图］

警察法规 / 丁光昌编 .--2 版 .-- 上海：大东书局刊，民国 35 年［1946］.--272 页；18cm　［上图］
.--3 版 .-- 上海：大东书局刊，民国 36 年［1947］.--278 页：表；17cm　［吉图，国图，重图］

收入国民政府成立至 1945 年 7 月底颁行的警察法规。分组织、执行、人事保卫、戒禁、户籍、风化等类。现行重要法规丛刊。

警察法规 / 朱雅正编 .-- 广州，［1930?—1937?］.--2 册　［中山大学］

第 1 册于 1930 年出版；第 2 册于 1937 年出版。

警察法规：二卷 / 王杨滨编 .-- 武昌 .--2 册（109，65 页）；19cm　［重庆档案馆］

警察法规汇编 / 保安处警务科编 .-- 福建，民国 32 年［1943］.--476 页　［重图］

警察法规汇编 / 内政部警察总署编 .-- 南京：中国警察出版社刊，民国 36 年［1947］.--653 页；19cm　［国图］

分通则、组织、人事、教育、司法、外事、保安、卫生、交通、特别警察、附录 11 类。

警察法规汇编 / 山东省公署警务厅编纂 .-- 济南：山东省公署刊，民国 30 年［1941］.--828 页：图；22cm　［馆藏地不详］

警察法规汇编 / 浙江省民政厅编 .-- 民国 23 年［1934］.--2 册（358，314 页）　［法研所］

警察法规汇编 / 周开福编 .-- 福建省保安处警务科编，民国 31 年［1942］.--476 页；27cm　［南图，重图］

分为组织、任用、俸给、经费、旅费、考试、奖恤、惩处、警察教育、分发迁调、登记铨叙、特种警察、邮电戏剧电影、集会结社、宣传广告、司法警察、保安、保护、卫生、户籍、外事、护照、防空、征用、兵役、优待抗属、暂时特别法令及其他等项目，包括中央和地方警察法规。

警察法规汇编 . 第 1 辑 / 首都警察厅编 .-- 南京：首都警察厅刊，民国 23 年［1934］.--2 册（461，358 页）；22cm　［南图，重图，国图］

收入的警察法规自 1926 年 7 月至 1933 年 12 月止，包括国民政府和南京市政府及该厅公布的 3 个部分，其中有中华民国国徽国旗法、南京市路上交通管理规则等。

警察法规汇编 . 第 1 辑 / 首都警察厅编 .-- 上海：中央警官学校编刊，民国 35 年［1946］.--1150 页；23cm　［重图］

警察法规汇编 . 第 2 辑 / 首都警察厅编 .-- 南京：首都警察厅刊，民国 24 年［1935］.--2 册（276，238 页）；22cm　［南图，重图，国图］

分国民政府中央、地方及该厅公布法规 3 个部分。自 1934 年 1 月至 12 月止。收入海关缉私条例、电影剧本审查登记办法、取缔妇女奇装异服办法等。

警察法规汇编．第 3 辑 / 首都警察厅编 .-- 南京：首都警察厅刊，民国 25 年［1936］.--2 册（498，226 页）；23cm ［国图，首图］

收入制售党国旗商店管理办法、提审法、邮政法、修正电影检查施行规则等。

警察法规辑览．第 1 篇 / 范扬主编 .-- 浙江：浙江省警官学校刊，民国 19 年［1930］.--662 页；21cm ［上图］

分 3 章：基本法令、行政组织、官规章。

警察法规辑要 / 江西省政府民政厅编 .-- 江西：江西省政府民政厅刊，民国 28 年［1939］.--180 页；21cm ［赣图］

警察法规辑要 / 警政组编 .-- 南京：警政组刊，民国 26 年［1937］.--356 页；23cm ［馆藏地不详］

庐山暑期训练。

警察法规辑要．上册 / 浙江省警察训练所编 .-- 杭州：浙江省警察训练所刊，民国 26 年［1937］.--406 页；19cm ［上图］

全书分上、下册。分官制、官规、考绩及奖惩、服装及枪械、教育、保安、风俗、营业、户籍、外事、卫生、交通、司法、兵役等 15 类。本册包括户籍以前各类。

警察法规讲义：三卷 / 警官高等学校编 .-- 民国 23 年［1934］.--108，61，65 页；17cm ［鄂图］

警察法监狱学问题义解 / 日本普文学会编；共和法政学会编译部译 .-- 上海：共和法政学会编译部刊，民国 2 年［1913］.--108，18 页；17cm ［国图，首图，南图］

根据日本警察法章次及一般监狱学提出问题，并加义解。

警察法教程 / 胡福相编 .-- 重庆：宪兵学校刊，民国 31 年［1942］.--130 页；19cm ［南图，重图］

分总论和各论。总论概述了警察的定义、种类、根据、作用、组织及警察诉讼等；各论论述了保安、风俗、卫生、交通等各类警察及法规。

警察法教程：警察法教程草案 .-- 宪兵学校刊，民国 25 年［1936］.--78 页；21cm ［重图］

宪兵军士用。

警察法教程 .-- 宪兵学校刊，民国 31 年［1942］.--76 页；19cm ［重图］

警察法令 / 鲍潜编 .-- 四川：四川省警察训练所刊，民国 33 年［1944］

.--202 页；17cm　　［重图］

警察法令 / 河南省民政厅编 .-- 开封，民国 17 年［1928］　　［重庆］

警察法令 / 湖南省地方行政干部训练团编 .-- 民国 30 年［1941］.--1 册　　［西南政法］

警察法令 / 江西省地方行政干部训练委员会编 .-- 江西：江西省地方行政干部训练委员会刊，民国 31 年［1942］.--50 页；21cm　　［赣图］

警察法令 / 康乐英编 .--［1912?—1949?］.--90 页；19cm　　［上图］

本书为抗战期间出版。江西省战时警官补习班讲义。

警察法令 / 上海市参议会秘书处编 .-- 上海：上海市参议会秘书处刊，民国 35 年［1946］.--98 页；19cm　　［馆藏地不详］

警察法令 / 上海市警察局警察训练所编 .-- 上海：上海市警察局警察训练所刊，民国 19 年［1930］.--24 页；19cm　　［上图］

警察法概要，共 7 章。包括警察法的意义、警察分类、机关、官吏及警察权行使原则、警察行为等。附警长警士服务规程（1930 年 3 月 4 日内政部公布）。

警察法令 / 杨之朴编 .-- 南京：首都警察厅刊，民国 36 年［1947］.--2 册；226，186 页；18cm　　［国图］

警察法规集。分中央法规、首都警察厅单行章程 2 编及附录。第 1 编包括组织、执行、教育、人事、保安、外事、交通、司法、行政救济、特种警察、礼俗、营建、卫生 13 类。第 2 编包括首都警察厅取缔深夜喧哗及噪音办法、管理摊贩办法等 15 种法规；附南京国民身份证使用规则等 6 种。首都警察厅警员训练所讲义。

警察法令、违警罚法合订本 / 上海市警察局警察训练所编 .-- 上海：上海市警察局警察训练所刊，民国 36 年［1947］.--179 页；19cm　　［上图，华东政法］

本书由两部分组成。警察法令包括警长警士服务规程等单行法令；违警罚法是根据 1943 年 9 月 3 日国民政府公布、同年 10 月 1 日施行案编写的讲义，论述了违警罚法的一般理论，并概括介绍了其内容。

警察法令 .-- 成都：中央陆军军官学校刊，民国 25 年［1936］.--94 页；19cm　　［重庆］

警察法令 .-- 民国 32 年［1943］.--146 页；19cm　　［上图］

警察法令纲要 / 河南省民政厅编 .-- 开封：河南省民政厅刊，民国 17 年［1928］.--162 页；20cm　　［国图］

分通则和行政警察 2 编。概述了

警察通用规则、警察权及其行使、警察机关，以及各种行政警察。

警察法令纲要 / 青岛市公安局警士教练所编辑 .--2 版 .-- 青岛：同文印书局公记印，民国 23 年［1934］.--82 页；22cm　［馆藏地不详］

警察法令纲要 / 青岛市公安局警士教训所编 .--2 版 .-- 青岛：青岛市公安局警士教训所刊，民国 21 年［1932］.--90 页；27cm　［国图］

共 4 编。介绍了保安、消防、文化、卫生、商业等行政警察，司法、外事警察及警察各种规则。

警察法令辑要 / 湖北省政府民政厅编印 .-- 湖北：湖北省政府民政厅刊，民国 24 年［1935］.--192 页；19cm　［鄂图］

警察法令辑要 / 台湾省行政长官公署警务处，秘书处编辑室编 .-- 台湾：台湾省行政长官公署警务处刊，民国 35 年［1946］.--131 页；17cm　［国图］

警察法令讲义 / 河北省会公安局警察教练所编辑 .-- 天津：协成印刷局刊，民国 22 年［1933］.--88 页；23cm　［津图］

分 2 编，分别介绍了警察官制和官规。

警察法令讲义 / 四川省警察训练所编 .-- 郫县：四川省警察训练所刊，民国 29 年［1940］.--394 页；17cm　［重图］

共 4 编。分概论、警察机关组织、警察服务法、警察执行法。附有关法规 47 种。

警察法令讲义 / 吴玠讲述 .-- 四川：四川省警察训练所刊，民国 39 年［1940］.--294 页：表；19cm　［重图］

全书分 4 编：第一编概论，第二编警察机关之组织，第三编警察之服务法，第四编警察之执行法。有附录。

警察法令讲义 .-- 民国 34 年［1945］.--1 册；472 页　［南图］

包括 6 编，分中华民国宪法、违警罚法、民刑法概要、刑事诉讼法大纲、警察基本法令、首都警察厅单行规章。附警察精神讲义。

警察法令手册 / 程家騄编 .-- 民国 36 年［1947］.--224 页　［上图］

警察法总论 / 广西省警察训练所编 .-- 民国 22 年［1933］　［桂林］

附警官补习班讲义。

警察法总论 / 胡存忠编 .-- 中央警官学校刊，［1912?—1949?］.--294 页；18cm　［南图，国图］

除绪言概述警察的定义、作用及警察法的研究外，分警察法与警察学之区别及系统、警察之要件、警察之观念、警察之分类、警察法之观念、警察法之种别、警察权、警察机关、警察官吏、警察行为，共10章。中央警官学校讲义。

警察法总论 / 郑宗楷著 .-- 上海：商务印书馆刊，民国35年［1946］.--315页；21cm ［重图，湘图，国图，上图］
.-- 沪2版 .-- 上海：商务印书馆刊，民国36年［1947］.--315页；21cm ［重图，首图］
.-- 沪3版 .-- 上海：商务印书馆刊，民国36年［1947］.--315页；21cm ［首图］

分5章。概述警察的概念、组织、警察权的作用及诉愿、行政诉讼等。后附警察各种法令。

警察法总论 / 郑宗楷著 .-- 渝1版，增订本 .-- 重庆：商务印书馆，民国33年［1944］.--315页；21cm ［辽图，重图，国图］

初版分4章，增订版增为5章。概述了警察的概念和组织、警察权的作用及诉愿、行政诉讼等。附警察各种法令。

警察法总论 / 郑宗楷著 .-- 长沙：商务印书馆刊，民国27年［1938］.--194页；23cm ［南图，重图，津图，国图，赣图］

警察法总论 / 中央警官学校编 .-- 台北：中央警官学校刊，民国36年［1947］.--40页 ［台湾"中央警察大学"］

警察法总论 / 中央警官学校编 .-- 中央警官学校编审处刊，［1936?—1949?］.--40页；21cm ［赣图］

警察法总论 / 中央警官学校第二分校编 .-- 中央警官学校第二分校刊，民国35年［1946］.--36页；18cm ［中图］

警察法总论 / 中央警官学校研究室编 .-- 中央警官学校研究室刊，民国25年［1936］.--44页；19cm ［重庆公安］

行政警察教程之一。

警察法总论：警察勤务 / 中央警官学校第四分校著；中央警官学校第四分校讲义审查委员会校阅 .-- 北平：北平市警察局合作社印刷所刊，民国35年［1946］.--50，92页：表；19cm ［馆藏地不详］

中央警官学校第四分校课程科讲义室校对。

警察行政法 / 范扬著 .-- 长沙：商务印书馆刊，民国29年［1940］.--234页；21cm ［南图，吉图，津图，国图，赣图，上图，首图］

系警察法论。分概论、各论2章。概论讲述了警察观念、种类、权限、组织、作用、警察法规与民刑法的关系；各论介绍了保安警察、行政警察等各种警察。大学丛书。

警察基本法令 / 何保鑫，何世观编 .-- 民国21年［1932］.--96页；19cm ［重图］

1932年12月28日国民政府公布施行。

警察有关法令问答 / 楼望春编著 .-- 重庆：新中国文化供应社刊，民国 36 年［1947］.--192 页；19cm ［重庆档案馆］

警务法令辑要 . 第一辑 / 台湾省行政长官公署警务处秘书处编辑室编 .-- 台湾省行政长官公署警务处秘书处编辑室刊，民国 35 年［1946］.--131 页；18cm ［南图，国图］

分中央警务法令、本省警务法令 2 类。收入违警罚法、台湾省行政长官公署警务处组织规程、行政执行法（1932 年国民政府公布）等 32 种。

警章：警察法令 / 李士珍著 .-- 中央训练团党政训练班刊，民国 28 年［1939］.--20，40 页；18cm ［南图，重图，国图］

系作者于 1939 年 5 月 3 日在中央训练团党政训练班的讲稿。分警察概况、警察法令渊源与种类、制定警章注意事项、警察法令的实施 5 个部分。

警政法规汇编 / 内政部警察总署编审室编 .-- 中国警政出版社印行 .-- 民国 36 年［1947］.--1 册（682 页）；19cm ［南图］

共 11 类。本编凡经中央命令颁布，将最近修正现行有效之警察法规及其解释摘要辑入，依警察学理，分为通则、组织、人事、教育、司法、外事、保安、卫生、交通特种警察、附录等 11 类。类以下复分为目，并注明每法规之公布机关、公布年月、修正日期、修正条文，俾便查考。

警政法规汇编 / 浙江省警士教练所编 .-- 浙江省警士教练所刊，民国 29 年［1940］.--332 页；19cm ［浙图］

警政法规选辑 / 内政部警察总署编 .-- 南京：内政部警察总署刊，民国 36 年［1947］.--220，30 页；19cm ［重图，国图］

警政法令 / 上海市参议会秘书处编 .-- 上海：上海市参议会秘书处刊，民国 35 年［1946］.--98 页；19cm ［上图］

收录警政法规 48 种。

日本警察法释义 / 李信臣译 .-- 内务部编译处刊，民国 8 年［1919］.--60 页；26cm ［首图，国图］

内务部编译处出版第 19 种。介绍了警察的观念、种类、警察权的界限，警察组织及作用等。

日本警察法总论 /（日）高楼雄豺著；陈祖国译述 .-- 江苏第一监狱刊，民国 22 年［1933］.--104 页；19cm ［南图］

共 5 章。包括警察之观念、警察机关、非常时期之警察组织、警察作用、对警察作用之行政救济。

通行警察法规汇编 / 中央警官学校编审处，中华警察学术研究社编 .-- 上海：中央警官学校编审处，中华警察学术研究社刊，民国 35 年［1946］.--1150

页；19cm ［吉图，津图，重图，国图，浙图，上图］

收入1925年7月国民政府成立至1946年12月底全国通用的警察应用法规。分法规准则、基本法令、官制、官规、教育、保安、外事、交通、经济、其他等15类。其中有法规制定标准法（1943年6月4日国民政府修正公布）等。

通行警察法规辑览 / 中央警官学校编 .-- 重庆：中央警官学校刊，民国29年［1940］.--604页；25cm ［南图，吉图，重图，国图］

收入国民政府成立至1940年2月全国通行的警察法规。分基本法、执行法令、官制、官规、教育、保安、外事、交通、信用、经济、卫生、司法、军事、行政救济、附表15类。

现代警察法规 /（日）铃木常杉著；傅长民译 .-- 民国32年［1943］.--1册 ［重图］

现行警察法规 / 内务部警政司编 .-- 内务部警政司刊，民国5年［1916］.--1册 ［重图］

现行警察法规辑要．第一辑 / 朱雅正编纂 .-- 广州：中英美记印务局刊，民国34年［1945］.--106页；19cm ［中图］

现行警察法规．第二辑 / 朱雅正编纂 .-- 广州：中华民记印务局刊，民国35年［1946］.--1册；18cm ［中图］

现行警察法规汇编．第四辑 / 朱雅正编纂 .-- 广州：中英印务局刊，民国36年［1947］.--63页：表；19cm ［中图］

现行警察法规汇编 / 浙江省民政厅编 .-- 杭州：浙江省民政厅刊，民国28年［1939］.--2册；19cm ［浙图］

现行警察法规汇编正编 / 浙江省民政厅编 .-- 杭州：浙江省民政厅刊，［1912?—1949?］.--2册；19cm ［浙图］

现行警察法集解 / 赵志嘉编著 .--2版 .-- 上海：上海警察学社刊，民国19年［1930］.--4册；322，466，258，392页；19cm ［津图］

分总务、行政、司法、卫生、附录5卷。

现行警察法令汇辑 / 广东省会警察局编 .-- 广州：广东省会警察局刊，民国33年［1944］.--1册；26cm ［中图］

现行警察法令集解：第二卷行政 / 赵志嘉编著 .--2版 .-- 上海：上海警察学社刊，民国19年［1930］.--11，466页；19cm ［国图］

现行警察法令集解：第三卷司法 / 赵志嘉编著 .--2版 .-- 上海：上海警察学社刊，民国19年［1930］.--258页：19cm ［国图］

现行警察法令集解：第四五卷行政附录 / 赵志嘉编著 .--2 版 .-- 上海：上海警察学社刊，民国 19 年［1930］.--190，102 页；19cm　［国图］

现行警察法令辑要 / 林君武编 .-- 广东：广东省地方行政干部训练团刊，民国 29 年［1940］.--62 页；19cm　［重图，中图］

收入国民政府及广东省警察法令，包括警察官任用条例、戒严法、广东省各县区署及警察机构调整办法等。

现行警察法令摘要 / 粤汉区铁路管理局警务处警察教练所编 .-- 粤汉区铁路管理局警务处警察教练所刊，民国 36 年［1947］.--36 页；19cm　［中图］

现行警察例规 / 内务部警政司编 .-- 北京：内务部警政司刊，民国 7 年［1918］.--2554 页；27cm　［首图］

收录自 1912 年至 1917 年底的法规。分通则、警察教育及会议、保安警察及其关系法令、行政警察及其关系法令、司法警察及其关系法令、卫生警察及其关系法令、行政诉讼等 8 篇。清末各项法规有效者、国际战事关系法令亦收入在册。

现行警察例规 / 内务部警政司编 .-- 北京：内务部警政司刊，民国 8 年［1919］.--2 册；3866 页；25cm　［国图］

收入 1912 年至 1918 年各项警察法规。

现行警察例规汇编 / 内务部警政司 .-- 民国 7 年［1918］.--1 册　［南图，国图］

现行警察法令集解：第一卷总务 / 赵志嘉编著 .--2 版 .-- 上海：上海警察学社刊，民国 19 年［1930］.--11，322 页：照片；19cm　［浙图］

新辑中国警察法令集．第二卷总务篇 /（日）稻津秀也编纂 .-- 北京：听鸿阁印书局刊，民国 31 年［1942］.--378 页：表；19cm　［国图］

修正江苏省县警察所编制章程、修正江苏省县知事监督警察权限规则、修正江苏省县警察所警察官吏奖励惩戒章程、修正江苏省县警察所长警赏罚规则 .--［1912?—1949?］.--22 页；27cm　［上图］

中国警察法．上册 / 郭宗茀编著 .-- 重庆：警学编译社刊，民国 36 年［1947］.--278 页；19cm　［国图］

根据著者在中央警官学校的讲稿补充修订而成。内分 3 编。第 1 编绪论，讲述了警察法及警察的定义、性质、种类、效力、研究法等；第 2 编总论，分 8 章，介绍了警察权、警察机关、警察官、警察行为、警察处罚、警察诉愿等；第 3 编各论，为警察工作的执行法规。

中国警察法．下册 / 郭宗茀编著 .-- 重庆：警学编译社刊，民国 36 年［1947］.--324 页；19cm　［国图］

据著者中央警官学校的讲稿补充

修订而成。

法规汇编．第 8 集 / 光秉镠，李瑞呈编 .-- 北平：北平律师公会刊，民国 22 年［1933］.--162 页；19cm　［国图］

法规汇编．第 9 集 / 光秉镠，李瑞呈编 .-- 北平：北平律师公会刊，民国 22 年［1933］.--148 页；19cm　［国图］

法规汇编．第 10 集 / 光秉镠，李瑞呈编 .-- 北平：北平律师公会刊，民国 22 年［1933］.--138 页；19cm　［国图］

法令辑览 / 印铸局官书科编 .-- 北京：印铸官书科刊，民国 8 年［1919］.--10 册；24cm　［重图，国图，首图］

收民国元年至 1916 年 12 月 31 日止北洋政府公布施行的法令、章程、条例及历年北洋政府公报所载具有法规性质的官文书。分宪法、国会、法例、公文程式、公报、官制、官规、外交、内务、财政、军政、司法、教育、农商、交通、行政审判及诉愿、审计、服制徽章、赏恤、统计等 20 类。书前有黎元洪、冯国璋、段祺瑞等人的题字。

法令辑览 .6/ 印铸局编 .-- 北京：印铸局刊，民国 6 年［1917］.--340 页　［重图］

法令辑览 .7/ 印铸局编 .-- 北京：印铸局刊，民国 6 年［1917］.--348 页　［重图］

法令辑览 .8/ 印铸局编 .-- 北京：印铸局刊，民国 6 年［1917］.--1 册　［重图］

法令辑览备考 / 印铸局编 .-- 北京：印铸局刊，民国 9 年［1920］.--20 页；25cm　［重图，国图，浙图］

法令辑览续编 / 印铸局编 .-- 北京：印铸局刊，民国 8 年［1919］.--3 册；25cm　［国图］

法令辑览续编 / 印铸局编校科编 .-- 北京：印铸局编校科刊，民国 9 年［1920］.--4 册；24cm　［南图，津图，国图，首图］

法学大意 / 赵志嘉著 .-- 上海：世界书局刊，民国 18 年［1929］.--57 页；18cm　［津图，重图，国图，浙图，上图］

分法之概念、法律之分类、法律之成立变更及废止、法律之效力、法律之制裁、法律之解释、法律之适用、权利、义务等。

法学通论 / 顾福漕编 .-- 浙江省警官学校刊，民国 20 年［1931］.--150 页　［南图］

包括绪论 3 章，分法则之观点、法律之字义、法学通论之意义。本论 4 编，分国家、法、权力与义务、法学。

法学通论 / 贾宗复编 .-- 湖南省：警察训练所刊，民国 27 年［1938］.--30

页　　［南图］

共8章。包括法律的概念、法律的种类、组成法律的各种资料、法律的成立与改废、法律的权利、法律的解释、法律的制裁、法律上的权利义务。

法学通论/施宏动编.--福建：警警官训练所刊，民国26年［1937］.--66页　　［南图］

包括绪论及正文8章，分法律之概念、渊源、效力、解释，法律的成立与消灭，法律的制裁、分类，权力与义务等。

法学通论/首都警察厅警员训练所编.--南京：首都警察厅警员训练所刊，民国35年［1946］.--80页；18cm　［南图］

首都警察厅警员训练所讲义。

法学通论/张璇编.--浙江省警官学校印，［1912?—1949?］.--258页［南图］

包括绪论、总论3编，包括法学、法律、权力与义务。各论8编，分宪法、行政法、刑法、国际公法、民法、商法、民事诉讼法、刑事诉讼法。

法学摘要/中央警官学校编.--中央警官学校刊，［1912?—1949?］.--344页　［南图］

中央警官学校讲义摘要。

法学摘要/中央警官学校编.--中央警官学校刊，［194?］.--162页；18cm　　［重图，国图］

中央警官学校讲义摘要（三）。

法制经济通论/（日）户水宽人等原著；何燏时，汪兆铭等译述.--6版.--上海：商务印书馆刊，宣统3年［1911］.--1册；23cm　　［上图］

.--8版.--上海：商务印书馆刊，民国2年［1913］.--1册；22cm　　［湘图，国图，浙图，赣图，上图］

.--9版.--上海：商务印书馆刊，民国6年［1917］.--1册；22cm　　［浙图］

分法制、经济两卷。法制卷包括法律学纲领（户水宽人著）、宪法（清水澄著）、行政法（松本顺吉著）、民法（铃木喜三郎著）、刑法（平沼骐一郎著）、商法（老田钾太郎著）、民事诉讼法（横田五郎著）、刑事诉讼法（丰岛直通著）、国际公法（中村进午著）、国际私法（中村进午著）等10篇。

非常时期之法律知识/阮毅成编著.--上海：中华书局刊，民国26年［1937］.--92页；18cm　　［国图，南图，吉图，辽图，重图，赣图］

将国民政府各种法规分类析述，包括社会治安、行政与司法、国民义务、人民自由、将士和官吏、犯罪行为等8类，中国新论社非常时期丛书。

改订司法例规/余绍宋编辑.--北京：司法部参事厅刊，民国11年［1922］.--2册；1，953页；26cm　［辽图，国图，首图］

将初编和正编重新改订，并增订

出版，收北洋政府颁行的司法法令（自1912年1月至1921年12月止）。1921年12月至1922年9月关于司法各项例规为补录，附后。分约法、官制、官规（附勋位勋章）、审判、民事、刑事、监狱、外交、公式、服制、礼仪、公报、戒严、行政诉讼等17类。

国民政府内政法规.第一编/内政部编.-- 南京：内政部刊，民国17年［1928］.--1册；27cm ［南图，国图］

所收内政法规自1928年4月至7月底止。分官制、官规、民政、警政、土地、卫生、附录等7类。

国民政府司法例规补编/司法院编译处编.-- 重庆：司法院秘书处发行，民国35年［1946］.--2册；1152页；26cm ［重图，国图，浙图，上图］

继1936年6月改订本国民政府司法例规之后出版的补编本，收1940年5月1日至1944年9月30日止颁行的司法各项重要法令。分党务、国民大会、约法、官制、审判、民事、刑事、司法行政、礼俗、审计等13类。

立法院专刊.第1辑/立法院编译处编.-- 南京：立法院编译处编辑科发行，民国28年［1939］.--190，58，182页；26cm ［国图，首图］

伪维新政府立法院专刊。分法院、专载、图表、议事录4栏，收伪维新政府组织大纲、立法院组织法、行政院组织法，以及文教、财经、外事等类法规、条例59种。书前冠序言。

两年来解释判例汇编/（伪）最高法院书记厅编.-- 南京：（伪）最高法院书记厅刊，民国31年［1942］.--242页：肖像；26cm ［南图，吉图，国图］

所收为汪伪政府最高法院解释判例，判例自1940年4月1日至1942年3月底止。

临时、维新两政府法令辑览/（日）泷川政次郎编.-- 北京：新民印书馆刊，民国28年［1939］.--344，160页；25cm ［津图，国图，首图］

伪临时政府（1937年12月成立）及南京伪维新政府（1938年3月成立）法令汇编，由其成立日至1939年3月1日止。前者收308种，后者收129种。分基本法、官规、官制、会计、营缮工程、服制奖惩、文书统计、寺庙、地方制度、军事、社会事业、警察卫生、治安、司法、财政、交通、经济等17类。

孟德斯鸠法意：简编版/（法）孟德斯鸠著；严复译.-- 长沙：商务印书馆刊，民国28年［1939］.--4册；600页；19cm ［津图，上图］

本书原名法意，列为严译名著从刊时将书名改为孟德斯鸠法意，并于书后增附孟德斯鸠法意译名表。

民政法规辑要.-- 重庆，民国37年［1948］.--186页：表；19cm ［重图］

收录市组织法、重庆市区公所组织法规、重庆市各区区代表会组织规程、重庆市各区公所办事规则、重庆市甲长选举实施办法等42种法规，所载法规自1937年至1947年止，以重庆市政府公布为限。

民政法规辑要.第2编/山东省民政厅公报编辑室编辑.-- 济南：山东省民政厅公报编辑室发行，民国18年［1929］.--88页：肖像；21cm ［国图］

分官规、民政、警团、防务、公产、党义、农业、杂录8类。所载法规自1929年7月至同年12月止，以山东省政府公布为限。版权页编辑者为山东省民政厅公报编辑室。

民政法令辑要/江西省民政厅编.-- 南昌：江西省民政厅刊，民国30年［1941］.--68页；19cm ［重图，国图，赣图］

收江西省县政府组织规程、江西省县政府办事规则等8种。

民政法令辑要.二/江西省政府民政厅专员室编.-- 南昌：江西省民政厅刊，民国30年［1941］.--80页；19cm ［南图，重图，国图，赣图］

收县各级组织纲要、户口普查条例等20种。

民政法令辑要.三/江西省政府民政厅专员室编.-- 南昌：江西省民政厅刊，民国30年［1941］.--64页；19cm ［重图，国图，赣图］

收县警察组织大纲等18种。

民政法令辑要.四/江西省政府民政厅专员室编.-- 南昌：江西省民政厅刊，民国30年［1941］.--72页；19cm ［重图，国图，赣图］

收肃清烟毒善后办法、禁烟禁毒治罪暂行条例等17种。附录解释烟犯论罪令等5种。

民政法令辑要.五/江西省政府民政厅专员室编.-- 南昌：江西省民政厅刊，民国30年［1941］.--62页；19cm ［重图，国图，赣图］

收县参议会组织暂行条例、姓名使用限制条例等11种。

民政法令辑要.六/江西省政府民政厅专员室编.-- 南昌：江西省民政厅刊，民国30年［1941］.--110页；19cm ［重图，国图，赣图］

收江西省救济难民实施办法、非常时期难民移垦条例等28种。

民政法令辑要.七/江西省政府民政厅专员室编.-- 南昌：江西省民政厅刊，民国31年［1942］.--136页；19cm ［重图，国图，赣图］

收各省赈济会组织规程、办赈人员惩罚、江西儿童教养院组织规程等34种。

民政法令辑要.八/江西省政府民政厅专员室编.-- 南昌：江西省民政厅刊，民国31年［1942］.--68页；19cm ［重图，国图，赣图］

收颁发公民资格证明书式令、皖豫鄂赣苏浙6省协缉烟毒暂行办法等22种。

民政法令辑要 . 九 / 江西省政府民政厅编 .-- 江西：江西省政府民政厅刊，民国 31 年［1942］.--220 页；21cm ［赣图］

收颁发公民资格证明书式令、皖豫鄂赣苏浙 6 省协缉烟毒暂行办法等 22 种。

民众法律顾问 / 吴瑞书编著 .-- 上海：春明书店发行，民国 36 年［1947］.--310 页；18cm ［国图］

分民事、刑事、违警 3 章。后附诉状程式。封面印有"最新编纂、民刑案件、法律顾问"的字样。封面、书脊题名：民众法律常识。书末附诉状程式。

内务法令、例规辑览 / 内务部编辑处编 .-- 北京：内务部编辑处刊，民国 7 年［1918］.--4 册；24cm ［重图，津图，国图，首图］

1—4 合订。

内政法规：方域类 / 内政部编 .-- 南京：内政部刊，［1928?—1949?］.--24 页：图；19cm ［南图］

所收法规自 1928 年 4 月该部成立至 1947 年 8 月底止，分行政区域、志书、测量、地图审查等 4 类。

内政法规：民政类 / 内政部编 .-- 南京：内政部刊，［1928?—1949?］.--412 页；19cm ［南图］

内政法规：禁烟类 / 内政部编 .-- 南京：内政部刊，民国 36 年［1947］.--144 页：表；18cm ［重图，上图，国图，辽图，黔图］

自 1938 年 3 月禁烟委员会改隶内政部时起至 1946 年 11 月底止，凡禁烟法令、公约、法令释例均收集在册。

内政法规汇编：警政类 / 内政部总务司第二科编 .-- 巴县：内政部总务司第二科刊，民国 30 年［1941］.--1 册；26cm ［重图，津图，国图］

所收法规自 1928 年 4 月至 1941 年 10 月底止。

内政法规汇编：通则类 / 内政部总务司第二科 .-- 巴县：内政部总务司第二科刊，民国 29 年［1940］.--112 页；27cm ［南图］

所收法规自 1928 年 4 月至 1940 年 7 月底止，其中包括修正内政部组织法、公务员惩治法等。

内政法规汇编 . 第 1 辑 .-- 内政部刊，民国 20 年［1931］.--874 页；27cm ［南图］

附冠像 1 页、表。

内政法规续编 / 内政部总务司第二科编 .-- 重庆：中央执行委员会秘书处刊，民国 33 年［1944］.--270 页；25cm ［南图，辽图，重图，国图］

接 1940 年 8 月至 1941 年 11 月出版的内政法规汇编，续编 1940 年 10 月至 1943 年底止内政各类新颁法规。分通则、民政、户政、警政、礼俗、营建、人事、禁烟等 8 类。

司法院法令解释总集 . 第一集 /

郭卫，周定枚编 .-- 上海：上海法学书局发行，民国 23 年［1934］.--764 页；26cm ［国图，上图，首图］

第 1 集收院字第 1—1000 号（1929 年 2 月至 1933 年 11 月）。国民政府解释法令权初属最高法院，后改属司法院。最高法院用解字编号，司法院改用院字编号。

四川省民政法规汇编．第 1 辑 / 四川省政府民政厅编 .-- 成都：四川省政府民政厅刊，民国 28 年［1939］.--324，12 页；19cm ［南图，重图］

收录四川省 1935 年 3 月至 1939 年 2 月各种民政法规，共 9 类，其中第 4 类为警察。

调查法权委员会报告书 / 法律评论社编 .-- 北京：法律评论社刊，民国 15 年［1926］.--218 页；26cm ［南图，辽图，国图，浙图，上图］

1921 年 12 月 10 日限制军备会议的第五议决案规定要组织美、比、英、中、法、意、日、荷、丹麦、挪威、葡萄牙、西班牙、瑞典等国成立调查中国治外法权委员会。该委员于 1926 年 1 月 12 日在北京开第一次会议。本书为其调查报告书。分治外法权实行之现状、中国的法律司法及监狱制度、中国施行法律的情形、建议 4 编。封面印有“法律评论社第 182 期增刊”的字样。

现行铨叙法规汇编 / 铨叙部秘书处第三科编 .-- 南京：考试院铨叙部刊，民国 25 年［1936］.--168 页；26cm ［南图，重图，津图，国图，赣图，浙图，首图］

分任用、分配、官等官俸、考绩、授勋、补习教育、抚恤等 7 类。附铨叙部组织法、铨叙处组织条例。

现行司法法令 / 商务印书馆编译所编纂 .-- 上海：商务印书馆刊，民国 3 年［1914］.--4 册；19cm ［国图，赣图］

分刑律、诉讼律、法律编制法、解释法令、司法事务规程、律师、监狱、公文式、统计月报等 10 类。所收司法法令至 1913 年 12 月止，清政府法规在民国初年有效者亦收入。书前冠中华民国现行司法法令例言。封面题名中华民国现行司法法令。

新县制法规汇编．第一辑 / 行政院县政计划委员会编 .-- 重庆：正中书局刊，民国 30 年［1941］.--162 页；19cm ［湘图，国图，赣图，上图］

.-- 沪 1 版 .-- 上海：正中书局发行，民国 35 年［1946］.--162 页；19cm ［南图，重图，国图，浙图］

.--6 版 .-- 重庆：正中书局刊，民国 35 年［1946］.--162 页；19cm ［国图］

收县各级组织纲要、县政会议规则等 36 种法规。分中央公布及核定、解释。附录 4 类。县政制丛书。

新刑法总则大纲 / 张隽清编著 .-- 上海：中华书局有限公司刊，民国 25 年［1936］.--20 页 ［国图］

.--3 版 .-- 上海：中华书局刊，民国 30 年［1941］.--20 页 ［馆藏地不详］

.--4 版 .-- 上海：中华书局刊，民国 36 年［1947］.--20，210 页；22cm ［吉图，黔图，赣图，国图］

原为著者在上海大厦大学法院讲授该课的讲义，据 1935 年刑法及著者从事司法工作的经验编著。对该刑法总则中的各种问题、学说，均有扼要论述，并列有判例和解释，以便参证。分绪论、犯罪论、刑罚论 3 编。后附该法施行法、总则条文、刑度表及参考目录。

袖珍六法汇编 / 徐百齐，吴鹏飞编注 .-- 上海：商务印书馆刊，民国 26 年［1937］.--1088，110 页；16cm ［首图］

包括中华民国宪法草案、民法、刑法、诉讼法、商法、行政法等 130 种。后附分章重要名词索引。书末附袖珍六法汇编索引说明、袖珍六法汇编索引。

中国法理自觉的发展 / 蔡枢衡著 .-- 北平：蔡枢衡发行，民国 36 年［1947］.--270 页；23cm ［吉图，津图，国图，赣图，首图］

法律论文集。共收 42 篇，其中有抗战建国与法的现实、法哲学及法史学上一大问题、沈家本派及其反对派、建立新中国法学之基本原则和前提条件、西洋法律的输入、人治礼治与法治、法律万能与法律无能、中国法学病和药、中国法学之贫困与出路等。均发表在抗战后方的报刊上，著者在整理出版时根据内容分类编排，加了新中国之文明与文化、四年来中国法律及其意识批判、法之本质之再认识、中国法学及法学教育、宪政与法治、中国司法之理想、犯罪原因及其他等 7 个标题。

中华民国法规大全 . 第 1 册 . 根本法民法刑法民事诉讼法刑事诉讼法官制官规 / 徐百齐编 .-- 上海：商务印书馆刊，民国 25 年［1936］.--499 页；23cm ［吉图］

.-- 再版 .-- 上海：商务印书馆刊，民国 25 年［1936］.--1320 页；23cm ［吉图］

收 1936 年 10 月以前国民政府中央机关所颁行的法规，分根本法、民法、刑法、民事诉讼法、刑事诉讼法、官规官制、行政、立法、司法、考试、监察、党务等 12 类。附四角号码索引一册（236 页）。

中华民国法规大全 . 第 4 册 . 军政 / 徐百齐编 .-- 上海：商务印书馆刊，民国 25 年［1936］.--1965—2694 页；23cm ［吉图］

.-- 再版 .-- 上海：商务印书馆刊，民国 25 年［1936］.--4297—5758 页；23cm ［吉图］

收 1936 年 10 月以前国民政府中央机关所颁行的法规，分根本法、民法、刑法、民事诉讼法、刑事诉讼法、官规官制、行政、立法、司法、考试、监察、党务等 12 类。附四角号码索引一册（236 页）。

中华民国立法史 / 谢振民编著；张知本校订 .-- 南京：正中书局刊，民国 26 年［1937］.--1457，80 页；21cm ［重图，津图，湘图，国图，浙图，

赣图，上图］

.-- 沪 1 版 .-- 上海：正中书局刊，民国 37 年［1948］.--1457，80 页；21cm ［湘图，国图］

分绪论、总论、各论 3 编。叙述立法的一般概念、中国法制沿革与立法运动的起源、立法制度及立法机关，阐明立法宗旨和精神。介绍法律制定与修订的经过、编制要点及差不多全部经民国立法机关通过的法规。书中所录立法史料较详。

中华民国现行六法全书 / 文公直编 .-- 上海：教育书店刊，民国 24 年［1935］.--1124 页；19cm ［国图］

分基本法、民刑法、诉讼法、司法法、行政法、自治法、商业法、实业法、专门法、特种法、教育法、团体法等 12 类。收国民政府颁行的法规 200 种及经修改的法规 40 余种，其中包括破产法、职业介绍法、民事诉讼法、邮政法、提审法等。书前冠中华民国现行六法全书序。

特种刑事法规 / 郭卫校勘 .-- 上海：上海法学编译社刊，民国 34 年［1945］.--26 页；19cm ［馆藏地不详］

.-- 增订本 .-- 上海：上海法学编译社刊，民国 35 年［1946］.--32 页；17cm ［重图］

.-- 增订本 .-- 上海：上海法学编译社刊，民国 36 年［1947］.--32 页；17cm ［上图］

收惩治汉奸条例（1945 年 12 月 6 日颁布）、军法审判审限规则、危害民国紧急治罪法等 17 种法规。

特种刑事法令义例 / 刘焕文，林干编纂 .-- 贵阳：京汉印书馆刊，民国 33 年［1944］.--368 页；19cm ［馆藏地不详］

现行特别刑事法规 / 吴赓虞著 .-- 成都：中国文化服务社四川分社刊，民国 30 年［1941］.--240 页；18cm ［南图，重图，国图］

分上、中、下 3 编，辑单行刑事法规及各单行法规有关刑事、刑事诉讼条款。

现行刑事特别法规 / 祝宗海编校 .-- 永嘉：中国文化服务社刊，民国 32 年［1943］.--131 页；19cm ［馆藏地不详］

现行刑事特别法释例汇纂 / 黄荣昌编纂 .-- 上海：上海法政学社刊，民国 21 年［1932］.--1 册；22cm ［馆藏地不详］

新编刑法概论 / 郭卫编著 .-- 上海：上海法学编译社刊，民国 26 年［1937］.--146 页；21cm ［南图，吉图，国图，浙图］

分总论和各论。总论包括绪论、犯罪论、刑罚论 3 篇；各论分绪论、关于个人法益之罪、关于社会法益之罪、关于国家法益之罪 4 篇。

刑法 / 胡存忠编 .-- 中央警官学校

刊 .--256 页　　［南图］

刑法 / 徐石松编著 .-- 上海：商务印书馆刊，民国 25 年［1936］.--2 册；530 页；19cm　　［南图，重图，津图，国图，浙图，首图］

分绪论和总论。绪论共 7 章，讲述什么是刑法、刑法的解释及法律与道德的关系等；总论包括犯罪、刑罚 2 编，以刑法施行法为据提出一些与民众密切相关的刑法问题，加以通俗化解说。书前冠例言。实用法律丛书。

刑法 / 赵卿廉编 .-- 浙江省警官学校刊，民国 20 年［1931］.--416 页　　［南图］

浙江省警官学校讲义。

刑法 / 中央警官学校研究部编 .-- 中央警官学校研究部刊，民国 36 年［1947］.--150 页　　［南图］

刑法 / 朱学山编 .-- 上海：大东书局刊，民国 35 年［1946］.--240 页；14cm　　［吉图，国图］

对 1935 年 1 月 1 日公布、同年 7 月 1 日施行的刑法（共 357 条）研究其各条内容，标注要旨，列举参考法条。后附警察逃亡惩治条例、中华民国战时军律、惩治汉奸条例等 23 种单行法规。现行基本法典丛刊，一名六法全书。

刑法：违警律 / 吴一心编 .-- 上海：中华书局刊，民国 37 年［1948］.--32 页：表格；18cm　　［上图］

刑法大意 / 湖南省警察训练所 .-- 民国 27 年［1938］.--46 页　　［南图］

包括绪论 4 章，解释了刑法的意义和效力；本论 6 章，论述犯罪的概念、刑罚、缓刑及假释；各论 4 编，讨论各种罪行。

刑法大意 / 俞启人编 .-- 浙江省战时警察训练所刊，民国 28 年［1939］.--190 页；19cm　　［浙图］

刑法分则 / 张琢如编 .-- 福建：警官训练所刊，民国 26 年［1937］.--228 页　　［南图］

共 35 章，包括内乱罪、外患罪、妨碍国交罪、渎职罪、妨碍公务罪等。

刑法概论 / 陈盛清编 .-- 江苏省警官学校刊，民国 26 年［1937］.--238 页　　［南图］

刑法概论 / 葛管成编 .-- 首都警官学校刊，民国 37 年［1948］.--116 页　　［南图］

.--2 版 .-- 首都警官学校刊，民国 37 年［1948］.--115 页　　［南图］

刑法概要：急救学，捕绳术 / 杨车膺，孙英凯编 .-- 郫县：四川省警察训练所刊，民国 29 年［1940］.--148 页；14cm　　［重图］

战时用的综合训练讲义。概要为杨氏著；急救为该所编；捕绳术为孙氏著，讲述了逮捕人犯捆绑方法。

刑法纲要 / 徐镜清著 .-- 上海：上海法学社刊，民国 18 年［1929］.--160 页；15cm ［赣图］
.--2 版 .-- 上海：上海法学社刊，民国 18 年［1929］.--160 页；15cm ［津图，上图］

刑法纲要 / 中央警官学校警政高等研究班编 .-- 中央警官学校刊 .--29 页 ［南图］

刑法讲义 / 中央警官学校编审处编辑 .-- 中央警官学校刊，民国 35 年［1946］.--220 页；22cm ［重图，赣图］

刑法实用议义 / 张琢如编 .-- 福建省警察训练所刊，民国 26 年［1937］.--214 页 ［南图］

刑法提要 / 何任清著 .-- 上海：大东书局刊，民国 36 年［1947］.--288 页；17cm ［南图，吉图，重图，湘图，国图，浙图，上图］

分总则和分则。总则概述刑法的定义、性质、效力、解释、沿革及刑法学、刑罚权的根据、刑罚的目的等；分则按国民政府 1935 年刑法扼要介绍各种犯罪。社会科学提要丛书。

刑法要论讲义：刑法总论 / 郑丙刚编 .-- 浙江省警官学校刊，民国 18 年［1929］.--70 页 ［南图］

分 8 章。介绍刑法之定义及名称、界说、沿革、根本原则、与其他特别法之关系、解释、国际成例之限制及国际司法之互助。

刑法要义 / 世界书局编 .-- 上海：世界书局刊，［193?］.--35，141 页；19cm ［吉图，重图，国图，浙图］

刑法与犯罪研究 / 余天民编著 .-- 重庆：正中书局刊，民国 34 年［1945］.--174 页；18cm ［重图，津图，湘图，国图，赣图，浙图，上图］
.-- 沪 1 版 .-- 上海：正中书局刊，民国 36 年［1947］.--174 页；18cm ［南图，重图，湘图，国图］

共分 30 章。研究了刑法原理和各家学说，分析了犯罪原因，提出了预防犯罪方案，尤其对缓刑、假释等阐明较详。

刑法原理 / 郗朝俊著 .-- 上海：商务印书馆刊，民国 19 年［1930］.--54，482，167 页；21cm ［南图，吉图，重图，津图，湘图，国图，浙图，上图，首图］

本书除绪论外，分刑法总论、犯罪论、刑罚论 3 编。论述刑法的根本原理，阐明国民政府刑法的要义，介绍外国刑事立法例，指出刑法趋势。书前冠魏序、自序。书末附现行刑法与暂行刑律之对照。

刑法总论 / 江镇三编 .-- 民国 22 年［1933］.--184 页；29cm ［国图］

上海法政学院刑法总论。

刑法总论：刑法各论 / 成应琼，俞峻编，俞成铣阅校 .-- 再版 .-- 政法学社刊，民国 2 年［1913］.--174，138 页；23cm ［首图］

刑法总则讲义 / 陈瑾昆编 .-- 北平：好望书店刊，民国 23 年［1934］.--546 页；22cm ［南图，吉图，国图，浙图，首图］

除绪论外，分刑法论、犯罪论、刑罚论 3 篇。书前冠自序。

刑法总则讲义 / 赵琛编著 .-- 沈阳：中央警官学校第三分校刊，民国 36 年［1947］.--348 页；19cm ［馆藏地不详］

刑法总则要义 / 郭卫著 .-- 上海：上海法学书局刊，民国 23 年［1934］.--142 页；22cm ［国图］

共 15 章。论述刑法在法律中的地位、内容，刑法的目的、种类，以及犯罪的构成，量刑标准，刑的执行等。举例多采自 1928 年刑法条文，并吸收外国学者的一些观点。

刑事特别法通义 / 陈朴生编著 .-- 上海：商务印书馆刊，民国 37 年［1948］.--420 页；21cm ［南图，重图，国图］

本书着重讲述单行的特别刑法及特别刑事诉讼法，如陆海空军刑法、妨害兵役治罪条例、妨害国币惩治条例，以及陆海空军审判法、特别刑事案件诉讼条例等。后附罪犯赦免减刑令、罪犯减刑办法等。

增订现行特别刑事法规 / 吴赓虞著 .-- 成都：中国文化服务社四川分社刊，民国 32 年［1943］.--228 页；19cm ［南图，浙图］

.-- 再版 .-- 成都：中国文化服务社四川分社刊，民国 32 年［1943］.--230 页；18cm ［重图，国图］

包括单行特别刑事法规、附属特别刑事法规（即其他法规中有关刑事条款）及特别刑事诉讼法规。增订部分有修正中华民国战时军律第一、十条等 2 种。

中国特别刑事法通论 / 陈璞生著 .-- 上海：中华书局刊，民国 26 年［1937］.--244 页；23cm ［重图，上图］

.--2 版 .-- 上海：中华书局刊，民国 28 年［1939］.--244 页；22cm ［厦大，辽图，重图，国图，浙图，赣图］

.-- 再版 .-- 上海：中华书局刊，民国 30 年［1941］.--244 页；22cm ［国图］

特别刑事法指规定特定人、特定时间、特定地点或事项适用的刑法，即普通刑法以外的规定犯罪与刑罚的单行法规或部分条文，如禁烟治罪暂行条例等。本书通论这些单行刑事法规或有关条文。除绪论外，分特别刑法及附属特别刑法、特别刑事诉讼法及关系法条 2 卷。

中国新刑法总论 / 陈文彬编著 .-- 上海：商务印书馆刊，民国 25 年［1936］.--380 页；21cm ［津图，国图，浙图，上图］

.-- 再版 .-- 上海：商务印书馆刊，民国 25 年［1936］.--380 页；21cm ［吉图，重图，黔图，国图］

根据1935年7月1日施行的中华民国刑法编纂而成。分绪论和本论。绪论概述刑法学说、分类及欧洲、日本、中国刑法发展的历史等；本论包括刑法典、犯罪论、刑罚论3编。结合案例对中国刑法主要理论加以阐述。如刑事责任及刑之减免、未遂、数罪并罚，增设保安处分等。据1935年7月1日施行的中华民国刑法编纂而成。

中国刑法溯源 / 徐朝阳著 .-- 上海：商务印书馆刊，民国22年［1933］.--300页；19cm　［重图，湘图，国图，赣图，浙图］

共分4编。第1编总论，概论刑法名称、意义、编制、目的、公布、施行，以及国家刑罚权的根据等；第2编犯罪，包括族罪考、犯罪要素、犯罪状态等；第3编刑罚，包括刑罚的意义、种类、适用、执行等；第4编监狱，包括监狱的名称、种类、构造、刑具及监犯管理等。

中华民国新刑律白话解附违警罚法 .-- 上海进化书局代售，［1912?—1949?］.--130页　［南图］

分2编53章。第1编包括法例、不为罪、未遂罪、累犯罪、俱发罪、共犯罪、刑名、加减、自首、酌减、加减例、缓刑、假释、赦免、时效、时例、文例，第2编包括侵犯皇族罪、内乱罪、外患罪等36罪。

中华民国刑律论 / 赵欣伯著 .-- 奉天：法学研究会刊，民国17年［1928］.--467页；22cm　［南图，吉图，辽图，津图，国图］

根据民国元年援用的清刑律及历代刑律，参考外国学说总论中国刑法。包括刑律的意义、种类，中外刑法的沿革、基本原理，以及犯罪的构成、要件、种类和刑法的概念、刑种、运用等。

民法大要 .-- 中央警官学校印，［1912?—1949?］.--124页　［南图］

中央警官学校警政高等研究班讲义。

民法概要 / 葛管成编 .-- 首都警察学校刊，民国37年［1948］.--1册　［南图］

民法讲义 / 中央警官学校编审处编 .-- 中央警官学校刊，民国35年［1946］.--133页；19cm　［南图，津图，浙图，赣图］

概述民法的立法精神、民法上的权利义务、人和物，以及法律行为等，并把国民政府公布的民法与民初公布的民律草案相比较。中央警官学校教材。

民法要论 .--福建省警官训练所刊，民国26年［1937］.--160页　［国图］

民刑法概要 / 江西省地方行政干部训练委员会编 .-- 江西：江西省地方行政干部训练委员会刊，民国31年［1942］.--40页；21cm　［赣图］

民刑法概要 .-- 民国35年［1946］.--66页；18cm　［南图］

首都警察厅警员训练所讲义。

现行民事特别法释例汇纂 / 黄荣昌编 .-- 上海：上海法政学社刊，民国22年[1933].--600页；21cm　［国图，赣图，浙图，上图］

收除民法典以外的各种与司法有关的民事法令。分庙产、调处、登记、讼费、涉外、执行、破产、地产8类。其中有民事调解法（1930年1月20日公布，1931年1月1日施行）、登记通例（1922年5月21日公布施行）、不动产登记条例（1923年1月1日公布施行）等。有判例、解释例、电函等附后。

新民六法 /（日）泷川政次郎编 .-- 北京：新民印书馆发行，民国27年［1938］.--508页；13cm　［津图，国图］

伪临时政府法规汇编。对国民政府公布的法令，伪政府认为有效者予以收录，截止1938年9月。分组织法、法院组织法、民法、商事法、民事诉讼法、刑法、刑事诉讼法7类。书名页印有"新民印书馆刊版"的字样。

国民政府县行政法 . 上册 / 民国法政学会编 .-- 上海：民国法政学会刊，民国17年［1928］.--348页；19cm　［重图］

平装本分上、下册，精装本合订一册。

行政法 / 黄俊编 .-- 高等警官学校刊，民国28年［1939］.--143页　［馆藏地不详］

共9章。分行政之意义、行政之原理原则、行政法之意义、行政法之渊源、行政法与其他科学之关系、公权、行政组织、行政行为、行政救济等部分。

行政法：附警察学 / 陈启钊著 .-- 上海：上海法学书局刊，民国23年［1934］.--261页；19cm　［浙图］

行政法大纲 . 上卷 / 白鹏飞著 .-- 再版 .-- 北平：好望书店刊，民国24年［1935］.--330页；20cm　［国图］

.-- 北平：好望书店刊，民国21年［1932］.--246页；20cm　［津图，重图，浙图，上图］

上卷总论，分行政法上基础观念及基础规律、行政组织、行政争讼3章。该卷曾于1927年作为学艺丛书由商务印书馆出版，原分2章，此为修订出版，对行政观念、行政行为章节增订不少内容，并于行政组织章加入地方自治制度一节；下卷各论分警察、保育、法政、财政、军政5章。书前冠白序。

行政法大纲 . 下卷 / 白鹏飞著 .-- 再版 .-- 北平：好望书店刊，民国23年［1934］.--406页；21cm　［国图，首图］

.-- 北平：好望书店刊，民国22年［1933］.--406页；20cm　［津图，重图，国图］

上卷总论，分行政法上基础观念及基础规律、行政组织、行政争讼3章。

该卷曾于1927年作为学艺丛书由商务印书馆出版，原分2章，此为修订出版，对行政观念、行政行为章节增订不少内容，并于行政组织章加入地方自治制度一节；下卷各论分警察、保育、法政、财政、军政5章。书前冠自序。

行政法泛论/（日）清水澄著；商务印书馆编译所译.--6版.--上海：商务印书馆刊，民国2年［1913］.--284页；22cm ［吉图，首图，重图，国图］

行政法概要/张定夫著.--上海：上海昌明书屋刊，民国37年［1948］.--88页；19cm ［中山，国图］

共2编。其中第二编行政作用法第二章警察行政法，包括警察的概念、行使警察权的基本原则、警察命令、警察许可、警察强制等内容。

行政法各论/（日）清水澄著；商务印书馆编译所译.--4版.--上海：商务印书馆刊，民国元年［1912］.--13，152页；22cm ［国图］

.--5版.--上海：商务印书馆刊，民国2年［1913］.--13，152页；23cm ［吉图，首图，浙图］

.--7版.--上海：商务印书馆刊，民国6年［1917］.--13，152页；20cm ［重图，中山，上图］

分财务行政、司法行政、军务行政、内务行政（含警察）、外务行政等。

行政法各论/管欧著.--上海：商务印书馆发行，民国25年［1936］.--314页；21cm ［重图，国图，浙图，上图］

分内务、财务、外交、军事4类。其中内务包括警察、保育两类，保育则包括国籍、户籍、交通邮电、农林工矿、商业、文教等12个行政部门法规。此分类把国家大部分行政管理囊括在保育之下。书前冠自序。

行政法各论/清水澄著.--上海商务印书馆刊.--152页 ［馆藏地不详］

共5编。其中第四编内务行政第一章警察，包括警察之观念、警察之分类、警察权之基础、警察权之强制、警察费、保安警察等内容。

行政法各论/宣巽东读.--国立北平大学：聚魁装订讲义书局刊.--民国26年［1937］.--218页；29cm ［国图］

共3编。其中第一编基本行政作用甲警察，包括警察通论、保安警察、特务警察等内容。

行政法各论/赵琛著.--4版.--上海法学编译社：会文堂新记书局发行.--民国23年［1934］四版（民国21年初版）.--14，372；20cm ［国图］

共5部分。其中第一部纯粹行政第一编内务行政。第二章警察行政，包括警察之观念、警察权之限界、警察权之发动、警察之种类、保安警察、非常警察等内容。

行政法总论讲义/刘邦绂编.--中央警官学校研究部刊，［1912?—1949?］

.--60 页；19cm　　［南图，津图，浙图］

市行政法 / 国民政府行政全书 .-- 民国法政学会刊 .--2 册；258，200 页；19cm　　［馆藏地不详］

市行政法 / 民国法政学会编辑 .-- 民国法政学会刊，民国 17 年［1928］.-- 728 页；19cm　　［黑图，上图］

共 4 编。其中第 2 编法规，包括属于公安之法规。

县行政法 / 民国法学会编辑；国民政府各部长各委员鉴定 .--2 版 .-- 上海：民国法政学会刊，民国 18 年［1929］.--1 册；19cm　　［上图］

第二复本为一册装订。

县区行政法规解释集成 / 姚谷孙编 .-- 上海：大东书局刊，民国 25 年［1936］.--2 册；1516，126 页：图；19cm　　［南图，津图，重图，国图］

收国民政府颁行的与县区行政有关的法规，并辑各解释机关的法规解释要旨。时间自 1928 年至 1936 年以前。全书共 6 册，第 1 册法源、组织法官规；第 2 册民政；第 3 册警卫自治；第 4 册财政教育；第 5 册实业；第 6 册土地法并附录。

县区行政法规解释集成：6 册 / 姚谷孙编辑 .-- 上海：大东书局刊，民国 25 年［1936］.--6 册；1515，148 页；19cm　　［上图］

收入 1928 年至 1936 年以前国民政府颁行的与县区行政有关的法规及法规解释。全书共 6 册，第 3 册为警卫自治。

现行行政法规 / 富维骥编 .-- 河北：河北地方行政人员训练所刊，民国 17 年［1928］.--118 页；24cm　　［国图］

包括国民政府援用北洋政府和至 1928 年 12 月止经国民政府颁行的行政法令。分概论、官制、官规、民政、财务、教育、建设、实业、行政执行法、诉愿法等 10 章。河北省地方行政人员训练所讲义。

现行行政法令大全 / 吴树滋编 .-- 上海：普益书局刊，民国 19 年［1930］.--4 册；15cm　　［南图，国图］

辑 1925 年广东革命政府、国民政府颁行的行政法令，至 1930 年 6 月底止。共分 13 类，第 1 册官制、官规、内政；第 2 册财政、外交、教育；第 3 册军政、交通、铁道、卫生；第 4 册农矿、工商、地方制度。书前冠国民政府行政法令大全编例。

战时民政法规 .-- 油印本 .-- 湖南，民国 27 年［1938］.--1 册；27cm　　［重图］

内收战区各县县政府组织纲要、沦陷区域行政统一办法、战时雇员公役因公伤亡给恤暂行标准、湖南省邻近战区县地方财政之紧急措施办法、湖南省各行政机关战时停办例行公事暂行办法、湖南省各县裁并骈枝机关原则等法规。

中国行政法各论 . 第 1 卷警察行

政法 / 林纪东著 .-- 重庆：北斗书店刊，民国 33 年［1944］.--124 页；23cm　　［南图，重图，吉图，国图］

凡 1944 年 5 月以前公布的行政法令均收入在册。本卷共 16 章，概述了警察观念、警察权界限、警察与私法的关系、警察责任、警察许可、警察强制、警察机关、警察种类等。

中国行政法总论 / 林纪东编著 .-- 金华：正中书局刊，民国 32 年［1943］.--273 页；21cm　　［辽图，重图，津图，湘图，国图，浙图］

.--3 版 .-- 重庆：正中书局刊，民国 33 年［1944］.--273 页；21cm　　［重图，赣图］

.--5 版 .-- 重庆：正中书局刊，民国 33 年［1944］.--273 页；21cm　　［吉图，国图］

.--6 版 .-- 重庆：正中书局刊，民国 34 年［1945］.--273 页；21cm　　［重图，赣图］

.-- 沪 1 版 .-- 上海：正中书局刊，民国 35 年［1946］.--273 页；20cm　　［重图，湘图，国图，赣图，首图］

.-- 沪 5 版 .-- 上海：正中书局刊，民国 36 年［1947］.--273 页；20cm　　［南图，国图，浙图，赣图，上图］

中国行政法总论 / 马君硕著 .-- 上海：商务印书馆刊，民国 36 年［1947］.--400 页；20cm　　［辽图，重图，津图，浙图，湘图，国图，赣图］

中国行政法总论 / 陶天南著 .-- 上海：中华书局有限公司刊，民国 26 年［1937］.--148 页；22cm　　［国图］

以实证方法和孙中山的五权宪法为基础，研究中国行政法。分基础概念、行政组织、公务之法律地位、行政行为、弹劾及惩戒、诉愿审理及行政审判等 6 章。书后附中外文参考书目。另有吴叔同私人出版、中华书局发行本，内容同，未注出版时间及版次。大学用书。书前冠序言。书末附参考书目。

中国行政法总论 / 王建今编 .-- 重庆：中央警官学校刊，［1912?—1949?］.--82 页；19cm　　［南图，国图，浙图］

分 5 章。论述行政法的定义、原则及中国行政法的特点，行政行为等。编者对行政法下的定义是：国内公法中，规定行政权之组织及居于行政主体地位的国家及公共团体与其所属人民之关系的法规。实际上行政法即有关国家行政机关的活动原则和制度等法规的总称。

司法指南 . 大理院刑事判决例 / 天虚我生编 .--2 版 .-- 上海：中华图书馆刊，［1919?—1921?］.--4 册；200 页，19cm　　［上图］

大理院解释判例刑事诉讼条例汇览 / 周东白编 .-- 再版 .-- 上海：世界书局刊，民国 13 年［1924］.--440 页；23cm　　［重图，赣图］

大理院判决例全集 / 郑爰诹编辑；朱鸿达主编 .-- 上海：世界书局刊，民国 22 年［1933］.--1140 页；21cm　　［南图，

吉图，辽图，国图，浙图，首图］

现行法有效。

大理院判决例全集 / 郑爰诹编辑；朱鸿达主编 .-- 上海：世界书局刊，民国22年［1933］.--1140页；21cm ［南图，吉图，辽图，国图，浙图，首图］

现行法有效。

大理院刑事判决例：甲编 / 天虚我生编 .-- 上海：中华图书馆刊，［1912?—1949?］.--204页；19cm ［重图］

.-- 再版 .-- 上海：中华图书馆刊，民国10年［1921］.--152页；19cm ［津图］

司法指南。

大理院刑事判决例：乙编 / 天虚我生编 .-- 再版 .-- 上海：中华图书馆刊，民国8年［1919］.--202页；19cm ［津图］

.-- 再版 .-- 上海：中华图书馆刊，民国10年［1921］.--202页；19cm ［重图］

司法指南。

大理院刑事判决例：丙编 / 天虚我生编 .-- 再版 .-- 上海：中华图书馆刊，民国10年［1921］.--162页；19cm ［重图］

大理院刑事判决例：丁编 / 天虚我生编 .-- 上海：中华图书馆刊，民国7年［1918］.--152页；18cm ［津图］

.-- 再版 .-- 上海：中华图书馆刊，民国10年［1921］.--152页；19cm ［重图］

司法指南。

大理院刑事判决例：戊编 / 天虚我生编 .-- 再版 .-- 上海：中华图书馆刊，民国9年［1920］.--160页；19cm ［津图，重图，国图］

司法指南。

大理院刑事判决例：己编 / 天虚我生编 .-- 上海：中华图书馆刊，民国6年［1917］.--190页；18cm ［浙图］

司法指南。

大理院刑事判决例：庚编 / 天虚我生编 .-- 上海：中华图书馆刊，民国6年［1917］.--190页；18cm ［浙图］

司法指南。

大理院最高法院司法院解释类编 / 老遇春编 .-- 天津：老遇春刊，民国20年［1931］.--446，26页；27cm ［吉图，津图，赣图，国图］

辑大理院统字解释2012号，最高法院解字解释245号，司法院院字解释400号，时间自1913年1月15日至1931年1月14日。分民法、刑法、民事诉讼法、刑事诉讼法、各种单行法令5类。书末附检查解释号数一览表。

改正刑事诉讼法问题义解 / 日本普文学会著，共和法政学会编译部编译 .-- 上海：共和法政学会编译部刊，民国2年［1913］.--86页；17cm ［国图，首图］

按日本刑诉法章次列出主要问题，并加义解。目次题名：改正刑事诉讼法问题义解。

解判合一：卷二，法与政事 / 袁柳编 .-- 民国 33 年［1944］.--216 页；19cm　　［南图，黔图，国图］

解判合一．卷三，民事实体 / 袁柳编 .-- 民国 33 年［1944］.--346 页；19cm　　［国图］

解判合一．卷四，民事程序 / 袁柳编 .-- 民国 33 年［1944］.--290 页；19cm　　［黔图，国图］

解判合一．卷五，刑事实体 / 袁柳编 .-- 民国 33 年［1944］.--372 页；19cm　　［国图］

解判合一．卷六，刑事程序 / 袁柳编 .-- 民国 33 年［1944］.--232 页；19cm　　［国图］

民刑事诉讼常识 / 朱焕文编著 .-- 上海：商务印书馆刊，民国 23 年［1934］.--183 页；19cm　　［南图，重图，湘图，国图，浙图，上图，首图］
.--2 版 .-- 上海：商务印书馆刊，民国 23 年［1934］.--183 页；19cm　　［赣图，上图］

分总纲、民事诉讼、刑事诉讼 3 编。

诉愿法释义 / 徐家齐释义 .-- 上海：会文堂新记书局刊，民国 25 年［1936］.--208 页；20cm　　［湘图，国图，赣图］
.-- 再版 .-- 上海：上海法学编译社刊，民国 26 年［1937］.--208 页；20cm　　［重图，国图］

对 1930 年 3 月 24 日国民政府公布的诉愿法（14 条）和 1932 年 11 月 17 日公布，1933 年 6 月 23 日施行的行政诉讼法（27 条）逐条释义。以实用为主，参考判例、解释等说明学理。附行政诉讼法释义，有关法令文件、格式等。书前冠凡例。现行法律释义丛书。

现代刑事诉讼法论 / 王锡周编著 .-- 上海：世界书局刊，民国 22 年［1933］.--222，62 页；21cm　　［南图，国图，浙图］

分绪论、本论、各论。绪论叙述刑诉法的定义、刑诉法和刑法的关系及刑事诉讼的种类等。其余部分按国民政府 1928 年 9 月 1 日施行的刑诉法章节、体例综合编述。附刑诉法全文及施行条例。书前冠绪论。

新刑事诉讼法精义 / 江海飒著 .-- 上海：中华书局有限公司刊，民国 25 年［1936］.--240 页；22cm　　［南图，重图，津图，国图，浙图，赣图］
.--2 版 .-- 上海：中华书局有限公司刊，民国 30 年［1941］.--240 页；22cm　　［吉图，国图，赣图］

原为著者在上海法政学院等校讲授刑事诉讼课的讲义，经修订成书。据 1935 年 1 月 1 日国民政府颁布的刑事诉讼法编述，共 9 编。除解释原条文外，对重要法理亦略加叙述。大学用书。书前冠例言。

新刑事诉讼法要论 / 郑民著 .-- 上

海：新业书局刊，民国 36 年［1947］.--324 页；22cm ［南图，津图，黔图］

分绪论、本论、各论。绪论就刑事诉讼的定义、种类、关系、条件，以及刑事诉讼法的定义、地位、渊源、解释、效力、沿革、法例、与其他法律的关系、各派学说等挈领叙述；本论分诉讼主体、程序 2 编，解释条文，阐述法理；各论分第一审、上诉、控告、再审、非常上诉、简易程序、执行程序、附带民诉讼等 8 编。

刑事审检实务 / 陈纲编著 .-- 重庆：正中书局刊，民国 32 年［1943］.--324 页；21cm ［重图，湘图，国图］
.-- 沪 1 版 .-- 上海：正中书局刊，民国 36 年［1947］.--324 页；20cm ［南图，吉图，重图，国图］

审检实务指审判和检察实务的合称。分上、下编。上编为检察实务，包括检察官、侦查、起诉及不起诉、陈述及辩论、上诉及答辩、裁判的执行 6 章；下编为审判实务，包括审判机关、刑式、实质，以及审理、裁判等 7 章。

刑事诉讼法 / 郭卫校勘 .-- 上海：上海法学书局刊，民国 23 年［1934］.--114 页；22cm ［国图］

1928 年 7 月 28 日公布，同年 9 月 1 日施行。

刑事诉讼法 / 立法院制定 .-- 上海：新学会社刊，民国 19 年［1930］.--180 页；19cm ［国图］

国民政府立法院三读通过案。1928 年 28 日由国民政府公布，同年 9 月 1 日施行。书末附该法施行条例。

刑事诉讼法 / 梁启瑨编 .-- 福建：警官训练所刊，民国 26 年［1937］.--90 页 ［南图］

刑事诉讼法 / 平衡校阅 .-- 再版 .-- 上海：中央书店刊，民国 24 年［1935］.--92，10 页；19cm ［国图，皖图］
.--4 版 .-- 上海：中央书店刊，民国 25 年［1936］.--92，10 页；19cm ［国图，湘图］

全书分绪论和本论二部分，绪论有刑事诉讼法之意义、地位、沿革、原则等 4 章；本论有诉讼主体、诉讼程序、第一审、上诉等 10 编。

刑事诉讼法 / 孙绍康编 .-- 上海：商务印书馆刊，民国 24 年［1935］.--23 页 ［馆藏地不详］
.--2 版 .-- 上海：商务印书馆刊，民国 25 年［1936］.--335 页；19cm ［国图，首图］

依据国民政府 1935 年 1 月 1 日公布，同年 7 月 1 日施行的刑事诉讼法（共 516 条）编写。除将刑事诉讼及刑事诉讼法的定义、效力、学说等在绪论中简明叙述外，按三级三审制程序介绍其立法原理及内容，并加释义。后附刑事诉讼法施行法（1935 年 4 月 1 日公布，同年 7 月 1 日施行）。书前冠绪论。实用法律丛书。

刑事诉讼法 / 谢盛堂编 .-- 北京：

北京法律学堂蜀社刊，［1912?—1949?］.--271 页；23cm　　［重图］

内分诉讼主体、诉讼客体、诉讼行为裁判之执行等 4 编。

刑事诉讼法 / 熊元翰编 .--3 版 .-- 成都：安徽法学社刊，民国 2 年［1913］.--225 页；23cm　　［重图］
.--4 版 .-- 北京：安徽法学社刊，民国 2 年［1913］.--225 页；23cm　　［津图，上图，首图］

封面题名：京师法律学堂笔记。

刑事诉讼法 / 熊元襄编 .-- 成都：安徽法学社刊，民国 3 年［1914］.--225 页；21cm　　［重图］

分绪论、诉讼本体、诉讼客体、诉讼行为、裁判之执行 5 编。

刑事诉讼法 / 张隽青编 .-- 上海：商务印书馆刊，民国 25 年［1936］.--28，324 页；19cm　　［南图，重图，国图，浙图］

原系著者在上海大夏大学法学院编的讲义，据 1935 年的刑诉法及著者从事司法实际工作经验编著。书中对刑诉法的各种程序均加详细说明，指出与 1928 年刑诉法之不同，并举判例解释。分绪论、总则、第一审、上诉、抗告、再审、非常上诉、简易程序、执行、附带民事诉讼 10 编。

刑事诉讼法 / 赵卿康编 .-- 浙江省警官学校刊，民国 21 年［1932］.--255 页　　［南图］

刑事诉讼法大纲 / 葛管成著 .-- 首都警察学校刊，民国 37 年［1948］.--83 页　　［南图］

分绪论和本论。绪论包括刑事诉讼法之意义、地位、效力、要件。本论包括诉讼主体、行为，通常诉讼程序，特别诉讼程序，裁判之执行。

刑事诉讼法大纲 / 首都警察厅警员训练所编 .-- 首都警察厅警员训练所刊，民国 35 年［1946］.--88 页；19cm　　［南图］

分绪论和本论。绪论包括刑事诉讼法之意义、地位、效力、要件。本论包括诉讼主体、行为，通常诉讼程序，特别诉讼程序，裁判之执行。

刑事诉讼法集解 / 郑爰诹编著 .-- 上海：世界书局刊，民国 17 年［1928］.--333 页；21cm　　［津图，国图，赣图，浙图］
.--2 版 .-- 上海：世界书局刊，民国 18 年［1929］.--333 页；21cm　　［重图，国图，津图，浙图］
.--4 版 .-- 上海：世界书局刊，民国 20 年［1931］.--333 页；21cm　　［赣图］
.-- 修正版 .-- 上海：世界书局刊，民国 22 年［1933］.--506 页；23cm　　［重图］

就 1928 年 7 月 28 日国民政府公布，同年 9 月 1 日施行的刑事诉讼法（513 条）逐条释义，并说明立法理由。

刑事诉讼法讲义 / 侯发瑞编 .-- 上海：中央警官学校刊，民国 36 年［1947］.--88 页；17cm　　［重图］

中央警官学校教材。封面题名：刑事诉讼法。

刑事诉讼法教程 / 宪兵学校审编 .-- 重庆：宪兵学校刊，民国 31 年［1942］.-- 14，268 页；19cm ［南图，重图，国图］

绪论泛论刑事诉讼法的定义、地位、沿革、原则、效力等基本理论。本论分诉讼主体、诉讼程序、第一审、上诉、抗告、非常上诉、简易程序、裁判之执行、附带民事诉讼等 10 编。

刑事诉讼法论 / 郭卫修编 .-- 新 1 版 .-- 上海：上海法学编译社刊，民国 35 年［1946］.--325，20 页；20cm ［吉图，黑图］

分绪论、本论、各论。绪论概述刑事诉讼和刑事诉讼法的定义、学说流派、刑事诉讼的要件等；本论讲述法院、当事人、文书、送达、期日、被告之传唤以及鉴定、审判等。各论按三级三审制程序讲述。举例以 1935 年刑事诉讼法及修正条文为准。后附刑事诉讼法修正条文（1935 年 12 月 26 日公布）。

刑事诉讼法论 / 康焕栋，俞钟骆著 .-- 上海：上海法学编译社刊，民国 19 年［1930］.--12，348 页；20cm ［辽图，重图，国图］

.--3 版 .-- 上海：上海法学编译社刊，民国 20 年［1931］.--12，348 页；20cm ［浙图］

.--4 版 .-- 上海：上海法学编译社刊，民国 21 年［1932］.--12，348 页；20cm ［首图］

.--5 版 .-- 上海：上海法学编译社刊，民国 22 年［1933］.--12，348 页；20cm ［厦门，南图，津图，国图，上图，首图］

除绪论概述刑事诉讼的定义、渊源、效力及刑事诉讼法与刑法的关系、刑事诉讼的各种学说等外，分总则、各论两部分。总则讲法例、法院的管辖、回避制度及传唤、拘提、讯问、羁押、证人、鉴定人、勘验、辩护、裁判等规定；各论则介绍第一审、上诉、抗告、非常上诉、再审、简易程序、执行、附带民诉法等诉讼程序的规定。

刑事诉讼法论 / 康焕栋著 .-- 上海：上海法学编译社刊，民国 25 年［1936］.-- 325 页；22cm ［首图］

.--2 版 .-- 上海：会文堂新记书局刊，民国 26 年［1937］.--325 页；21cm ［重图，津图，国图，上图］

.--3 版 .-- 上海：会文堂新记书局刊，民国 31 年［1942］.--325 页；21cm ［浙图］

.-- 新 1 版 .-- 上海：会文堂新记书局刊，民国 35 年［1946］.--325，22 页；21cm ［上图］

本书依 1935 年刑诉法论述。在内容上分绪论、本论、各论三大部分，有较大修改。如绪论由原来的 10 章缩为 5 章。本论前书有法例 1 章，本书全部删去，其理论观点并无变化。

刑事诉讼法释疑 / 夏勤著 .-- 重庆：司法行政部刊，民国 33 年［1944］.--386

页；23cm　　［重图］

.--2 版 .-- 重庆：司法行政部刊，民国 34 年［1945］.--374 页；23cm　［辽图，重图］

.--3 版 .-- 重庆：司法行政部刊，民国 35 年［1946］.--374 页；23cm　［津图，国图］

.--4 版 .-- 上海：中国印书馆刊，民国 35 年［1946］.--14，374 页；22cm　［国图］

.--5 版 .-- 南京：法律评论社刊，民国 36 年［1947］.--374 页；19cm　［国图］

.--7 版 .-- 南京：中央宣传部刊，民国 37 年［1948］.--14，374 页；22cm　［国图］

1935 年 1 月 1 日国民政府公布的刑事诉讼法，共 516 条，本书对前 335 条逐条释义，并列有疑难问题和解答。

刑事诉讼法释义 / 朱甘霖释义 .-- 上海：大东书局刊，民国 18 年［1929］.--442 页；19cm　［重图，津图，国图，浙图，首图］

对 1928 年 7 月 28 日国民政府公布，同年 9 月 1 日施行的刑事诉讼法（513 条）逐条注释。大部分采原案理由，并在条文后附前大理院判解、判例。附录刑事诉讼法施行条例。

刑事诉讼法释义：下册 / 戴修瓒著 .--6 版 .-- 上海：上海法学编译社刊，民国 22 年［1933］.--314 页；21cm　［国图］

.-- 再版 .-- 上海：上海法学编译社刊，民国 26 年［1937］.--233，530 页；21cm　［重图，国图］

据 1928 年 7 月 28 日国民政府公布，同年 9 月 1 日施行的刑事诉讼法（513 条）逐条释义。前有绪论，共 9 章，概述刑事诉讼法的定义、效力、沿革及诉讼行为、要件、能力等一般理论。

刑事诉讼法通论 / 郁懿新编 .-- 广州：中华书局刊，民国 27 年［1938］.--376 页；19cm　［重图，津图，黔图，浙图，上图，首图］

分绪论、总论、各论。概述刑诉法的一般理论及诉讼主体、诉讼程序，包括第一审、上诉、抗告、再审、非常上诉、简易程序、执行及附带民事诉讼等。

刑事诉讼法通义 / 徐朝阳著 .-- 上海：商务印书馆刊，民国 23 年［1934］.--441 页；23cm　［南图，吉图，重图，津图，湘图，国图，赣图，浙图］

除绪论泛论刑事诉讼法外，依据 1928 年的刑事诉讼法（9 编，513 条）章次，讲述其立法理由、意义，并举例判例。

刑事诉讼法新论 / 朱采真著 .-- 上海：世界书局刊，民国 18 年［1929］.--12，237 页；20cm　［厦门，南图，吉图，重图，津图，国图，赣图，浙图，上图，首图］

分绪论、诉讼主体、通常诉讼程序、简易诉讼程序、执行、附带民事诉讼 7 编。其中绪论较详，论述刑事诉讼制度和学说。据国民政府 1928 年刑诉法阐明各级诉讼程序。

刑事诉讼法要论 / 夏勤编著，司法院法官训练所主编 .-- 重庆：商务印书馆刊，民国 35 年［1944］.--280 页；18cm ［南图，吉图，重图，国图，上图］

据 1935 年 1 月 1 日国民政府公布的刑事诉讼法及当时的法院组织法、海陆空军审判法、律师法等对朝大版进行了修改，绪论内容基本相同，仍为 12 章，本论增加 2 编。书中着重阐述刑事诉讼与刑法之关系、渊源、效力、种类、诉讼主体、诉讼行为、诉讼程序、执行，以及附带民事诉讼等。

刑事诉讼法要义 / 叶在均，叶于绍著 .-- 上海：昌明书屋刊，民国 36 年［1947］.--224 页；20cm ［赣图］

刑事诉讼法要义 / 朱观编著 .-- 重庆：大东书局刊，民国 33 年［1944］.--452 页；18cm ［南图，吉图，重图，津图，黔图，国图］

根据 1935 年刑事诉讼法逐条诠释，516 条。释义中引用判解、命令和刑事诉讼文件较多。

刑事诉讼律释义 / 邵羲编辑 .-- 再版 .-- 上海：中华书局刊，民国 6 年［1917］.--286 页；20cm ［国图］

刑事诉讼实务 / 孙潞著 .-- 重庆：商务印书馆刊，民国 33 年［1944］.--43，256 页；18cm ［南图，重图，湘图，国图，浙图］

.--3 版 .-- 上海：商务印书馆刊，民国 37 年［1948］.--43，256 页；18cm ［吉图，国图］

分审检述要和审检程序及方式两编。依据刑事诉讼法的理论，结合当时司法部门的判解、判例、部令等，从检察、审判两方面简要叙述刑诉法理论和应用。注重实用，多有举例和格式。

刑事诉讼须知 / 司法行政部编 .-- 沪初版 .-- 上海：中国文化服务社刊，民国 35 年［1946］.--56 页；18cm ［南图，吉图，辽图，重图，津图，国图，浙图，上图，首图］

介绍法院管辖、刑事诉讼各程序、期日及期间、回避、辩护等制度。

浙江司法一年纪 /（伪）浙江高等法院编 .-- 杭州：（伪）浙江高等法院刊，民国 28 年［1939］.--170 页：图表；26cm ［国图］

伪维新政府浙江高等法院 1938 年至 1939 年度工作报告。包括成立经过、人事、诉讼、会计、监所等概况。书前冠序言。书末有附录。

中国刑事诉讼法精义．上册 / 刘澄清编 .-- 贵州：刘澄清律师事务所刊，民国 37 年［1948］.--208 页 ［馆藏地不详］

中华民国新刑事诉讼法判解汇编 / 郑静渠，郭羹尧编 .-- 上海：大东书局刊，民国 25 年［1936］.--2 册；524 页；19cm ［南图，重图，国图］

对 1935 年 1 月 1 日国民政府公布

的刑事诉讼法逐条注释。均采原案理由和修正案要旨，并将民初至 1935 年 6 月的大理院、司法院、最高法院判解、判例附在相应各条之后。附录中华民国刑事诉讼法施行法。

中华民国刑事诉讼法 / 戴渭清编辑 .-- 上海：民治书店刊，民国 17 年［1928］.--180 页；17cm　　［厦大，重图］

1928 年 7 月 28 日国民政府公布，同年 9 月 1 日施行，共 9 编 513 条。

中华民国刑事诉讼法 / 湖南省地方行政干部训练团编 .-- 湖南：湖南省地方行政干部训练团刊，民国 30 年［1941］.--80 页；19cm　　［重图］

1935 年 1 月 1 日国民政府公布的刑诉法，共 9 编 516 条。警官组专业训练讲义。

中华民国刑事诉讼法 / 上海法政学社编 .-- 上海：广益书局刊，民国 17 年［1928］.--168 页；15cm　　［重图］

内分总则、第一审、上诉、抗告、非常上诉、再审、简易程序、执行、附带民事诉讼等 9 编，附录中华民国刑事诉讼救行条例。

中华民国刑事诉讼法 =The Code of Criminal Procedure of the Republie of China/ 公共租界工部局法律部译注 .-- 上海：商务印书馆刊，民国 25 年［1936］.--1 册；22cm　　［国图］

中华民国刑事诉讼法解释：国民政府中华民国刑事诉讼法解释 / 上海新时代法政学社编 .-- 上海：上海新时代法政学社刊，民国 17 年［1928］.--222 页；19cm　　［重图］

内分总则、第一审、上诉、抗告、非常上诉、再审、简易程序、执行、附带民事诉讼等 9 编，附录中国华民国刑事诉讼救行条例。

中例东律比：中国历代诉讼选要 / 李宗藩编著 .-- 中国图书公司刊，民国 2 年［1913］.--84，18 页：肖像；22cm　　［国图］

选中国历代著名刑事案例 20 个，用日本刑律解释。书末附奏请添设商业审判庭等。

最新中华民国刑事诉讼法 / 郭卫校勘 .-- 上海：上海法学书局刊，民国 23 年［1934］.--128 页；22cm　　［国图］
.--2 版 .-- 上海：上海法学书局刊，民国 24 年［1935］.--128 页；22cm　　［国图］

1934 年 12 月立法院通过，共 516 条。书前冠刑事诉讼法修正案要旨。

各种警务章程 / 丁永铸编 .-- 上海：科学书局刊，民国 33 年［1944］.--370 页；23cm　　［上图］

包括各类章程，如民政部各类章程、巡警部各类章程、外城巡警各类章程、天津南段巡警各类章程等。

岁计法令汇编 / 国民政府主计处岁计局编 .-- 南京：国民政府主计处岁计局发行，民国 22 年［1933］.--32，

424 页；26cm　［南图，吉图，国图］

关于岁计各种法令摘要的续编，尚行重要法令仍被选录。全书分上、下两卷。上卷包括约法、官制、官规、官俸、岁计、会计、统计、审计 8 类，辑入有关法规及其附则 76 种；下卷辑入国民政府所发关于岁计事务训令 167 件。书前冠编者、例言。

刑事诉讼法释义 / 戴修瓒原著，康焕栋修编 .-- 上海：上海法学编译社刊，民国 25 年［1936］.--2 册（530 页）；20cm　［重图，国图，赣图］

.-- 再版 .-- 上海：上海法学编译社刊，民国 26 年［1937］.--232 页；21cm　［重图］

据 1935 年 1 月 1 日国民政府公布，同年 7 月 1 日施行的刑事诉讼法（516 条）修编。内容较原著有增加。后附该法施行法。

3.2　违警罚法

违警罚法 / 李万丰主编；中国警察学会编 .-- 沈阳：辽宁书店刊，民国 34 年［1945］.--96 页　［南图］

分 2 编，为总则和分则。总则包括 14 节，介绍了违警之法例、责任、未遂、再犯、共犯、罚则、时效、拘留和释放等。分则包括妨害安宁之违警罚、妨害秩序之违警罚、妨害公务之违警罚等。附违警罚法。

违警罚法 / 孙懋铣编 .--113 页［闽图］

警官高等学校讲义。

大日本汉文台湾违警例注解 / 蔡奇泉编 .-- 台北：彀音编辑室刊，民国 12 年［1923］.--86 页，19cm　［国图］

介绍了日本统治台湾时期的违警条例及注释。

广东现行违警律 .-- 民国 11 年［1922］.--1 册　［南图，中图］

国府颁行分条注解违警罚法 / 张文注解 .-- 上海：法政学社刊，民国 18 年［1929］.--68 页；14cm　［南图］

附录警察服制条例。

国民政府公布违警罚法释义 / 汪文玑著 .-- 浙江长兴印刷所，民国 19 年［1930］.--1 册　［华东政法］

国民政府违警罚法 / 国民政府 .-- 南京：军用图书社刊，民国 20 年［1931］.--32 页；19cm　［重庆档案馆］

国民政府违警罚法释义 / 黄宪生编纂，戴渭清校 .-- 第 1 版 .-- 上海：上海法学书社刊，民国 18 年［1929］.--199 页；20cm　［赣图］

行政执行法、修正违警罚法：中日文对照 /（伪）临时政府编 .-- 南京：（伪）临时政府刊，民国 27 年［1938］.--84 页；19cm　［馆藏地不详］

分行政执行法和修正违警罚法。

上半部分为中文，下半部分为日语。行政执行法共 12 条。还介绍了调度警察章程。

警察法令违警罚法 / 上海市警察局警察训练所编 .-- 上海：上海市警察局警察训练所刊 .--1 册；图；19cm ［上图］

第二复本共 180 页。

警政（司法警察） / 江苏省民政厅苏民丛刊编辑委员会编辑 .-- 江苏：江苏省民政厅秘书室刊，民国 34 年［1945］.--81 页；23cm ［上图］

汇编违警罚法（1943 年 9 月 3 日公布）全文及疑义解释，并收入各有关章则择要。

日本违警治罪法 / 群学社译 .-- 群学社刊，［1912?—1949?］.--8 页；19cm ［国图］

介绍了日本违警治罪条例，包括 95 种违警治罪办法。

违警案判例集解 / 何甘露编；共和书局校阅 .--2 版 .-- 上海: 共和书局刊，民国 20 年［1931］.--136 页；19cm ［上图］

卷端题名前有现行违警罚法字样。

违警案判例集解 / 何甘露编 .-- 上海: 共和书局刊，民国 26 年［1937］.--176 页；19cm ［重图］

现包括违警罚法条文、总纲解释、警察案判例 3 个部分。附现行违警罚法。

违警罚法 .--23 页；19cm ［上图，西南政法］

除 1943 年国民政府公布的违警罚法全文外，还包括违警印纸规则（10 条）、违警印纸发售及粘贴办法（11 条）。

违警罚法：白话解释 / 施沛生编 .-- 上海：大东书局刊，民国 15 年［1926］.--66 页；19cm ［上图］

.-- 再版 .-- 上海：大东书局刊，民国 17 年［1928］.--66 页；19cm ［国图］

.--4 版 .-- 上海：大东书局刊，民国 22 年［1933］.--66 页；19cm ［南图，首图］

对 1915 年 11 月 7 日由北洋政府公布实行的违警罚法的逐条解释。

违警罚法 / 福建省保警训练所编 .-- 福建：福建省保警训练所刊，民国 32 年［1943］.--152，32 页；18cm ［国图］

本书为警官补习班用本。本部书个别地方虫蛀。分上、中、下篇介绍违警和违警罚。

违警罚法 / 广西省政府编 .-- 民国 30 年［1941］.--1 册 ［桂林］

违警罚法 / 郭卫校勘 .-- 上海：上海法学编译社刊，会文堂新记书局发行，民国 35 年［1946］.--22 页；19cm ［辽图，津图，南图］

.-- 民国 36 年［1947］.--23 页；19cm ［上图，西南政法］

1943 年 9 月 3 日国民政府公布、同年 10 月 1 日施行的违警罚法全文。

共9章。

违警罚法 / 国民政府制订 .-- 长春：国民图书公司刊，民国35年［1946］.--25页；19cm　　［辽图］

违警罚法 / 汉口市警士教练所编 .--1册　　［武大］

违警罚法 / 河北省会警察局警察教练所编 .-- 民国24年［1935］.--88页；19cm　　［馆藏地不详］

共9章。除第1章总纲外，第2至第9章分述了妨害安宁、秩序、公务之违警处罚，诬告伪证、消灭证据以及妨害交通、风俗、卫生、他人身体财产之违警处罚。

违警罚法 / 华北政务委员会内务厅警政局警察教科用书编审委员会编辑 .--6版 .-- 北京：警声社刊，民国33年［1944］.--79页；18cm　　［馆藏地不详］

违警罚法 / 临时政府治安部警政局警察教科用书编审委员会编辑 .--2版 .-- 北京：警学书局刊，民国29年［1940］.--82页；19cm　　［馆藏地不详］

违警罚法 / 刘向青编 .-- 浙江：浙江省战时警察训练所刊，民国28年［1939］.--356页；19cm　　［上图］

分上、下篇。上篇为法例，13章；下篇为实则，9章，有附录。

违警罚法 / 内务部编 .-- 北京：内务部刊，民国6年［1917］.--34页　　［法研所］

违警罚法 / 内政部编 .-- 南京：内政部刊，民国17年［1928］.--36页：肖像；16cm　　［国图］

1928年7月21日国民政府公布，同年9月1日施行。书后附警察十二要。违警罚法今亦称治安管理处罚法，民国时期第一个违警罚法是1915年11月7日由北洋政府公布施行的，共分9章53条。1928年国民政府内政部另行起草违警罚法，同年7月21日由国民政府公布。本书是这个法的全文。此法亦分9章53条，但内容与前法较有不同，如前法规定未满12岁违警时不罚，此法不罚年龄则规定为未满13岁。

违警罚法 / 青岛市公安局警士教训所编 .-- 再版 .-- 青岛：青岛市公安局警士教训所刊，民国21年［1932］.--26页：26cm　　［国图］

按1928年7月21日国民政府公布的违警罚法逐条释义。全书共9章，分妨害安宁、妨害秩序、妨害公务、诬告伪证及湮灭证据、妨害风俗、妨害卫生、妨害他人身体财产等。青岛市公安局警士教练所教科书。

违警罚法 / 丘汉平编著 .-- 上海：商务印书馆刊，民国24年［1935］.--54页；19cm　　［津图，湘图，国图，赣图，浙图，首图］

.--2版 .-- 上海：商务印书馆刊，民国24年［1935］.--54页；19cm　　［重图，

首图］
.--3 版 .-- 上海：商务印书馆刊，民国 24 年［1935］.--54 页；19cm ［重图］
.--5 版 .-- 上海：商务印书馆刊，民国 25 年［1936］.--54 页；29cm ［吉图，国图］
.--6 版 .-- 上海：商务印书馆刊，民国 26 年［1937］.--54 页；29cm ［南图，重图，国图］

以 1928 年 7 月 21 日修正公布，同年 9 月 1 日施行的违警罚法为根据，论述了该法的基本理论和内容。共 17 章。前 9 章为总则，讲述了什么是违警罚法，违警行为的责任、罚则，处罚的加重及减免，违警的传讯和时效等；其余各章讲述了各种违警行为和罚则，如妨害安宁，妨害秩序，妨害公务，妨害卫生及妨害他人身体、财产的处罚等。著者认为违警罚法大体分为两种，一是按罚则分类，一是按违警行为分类。当时中国的违警罚法是按违警行为的性质，参以罚则的轻重而分类的。

违警罚法 / 首都警察厅训练所编 .-- 南京：首都传统训练所刊，民国 35 年［1946］.--28，42 页；18cm ［国图］

1943 年 9 月 3 日国民政府公布、同年 10 月 1 日施行的违警罚法。首都警察厅警员训练所讲义。

违警罚法 / 王泰兴编 .-- 重庆，160 页 ［南图］

违警罚法 / 王心恒编 .--［1912?—1949?］.--215 页；表；17cm ［重图］

违警罚法 / 武学印书馆编 .-- 武学印书馆印行刊，民国 37 年［1948］.--42 页；14cm ［南图］

本书分总论和分论。总论有 5 章，包括法例、违警责任、违警罚、违警罚之加减、该罚程序。分论分 7 章、包括妨害安宁秩序、交通、风俗、卫生、公务、他人身体财产之违警，诬告伪证或湮灭证据之违警。

违警罚法 / 宪兵司令部编 .-- 再版 .-- 重庆：宪兵司令部刊，民国 34 年［1945］.--66 页；17cm ［津图，重图］

根据 1943 年 9 月 3 日国民政府修正公布、同年 10 月 1 日施行的违警罚法讲述，共 12 章。包括该法的沿革、定义、责任要件、罚则、程序及各具体规定等。

违警罚法 / 张清华著 .-- 郫县：警察训练所刊，民国 29 年［1940］.--86 页；17cm ［重图］

除绪论概述违警罚法一般理论外，分 9 章讲述了违警罚之各种规定。附 1928 年 7 月 21 日国民政府公布的与 1937 年 1 月内政部起草的违警罚法对照比较。四川省警察训练所丛书。

违警罚法 / 张虚白注解 .-- 再版 .-- 上海：上海法政学社刊，民国 18 年［1929］.--68，24 页；19cm ［国图］

分条注解。

违警罚法 / 张琢如编 .-- 福建：福建省警官训练所刊，民国 26 年［1937］.--

114 页；19cm　［南图］

本书包括绪论 8 章，本论 9 章。绪论包括违警罚法之意义、性质、效力、沿革、编制、解释、类别、概念、违警事件之审判管辖。本论包括妨害安宁、秩序、公务、交通、风俗、卫生、他人财产之违警罚，诬告伪证及湮灭证据之违警罚。

违警罚法 / 治安总署警政局警察教科用书编审委员会编辑 .-- 修订版 .-- 北京：治安总署警政局刊，民国 31 年［1942］.--84 页；19cm　［馆藏地不详］

甲乙种警察教练所教科用书，分 2 编，有总则和分则。

违警罚法：中华民国三十二年九月三日 / 国民政府公布同年十月一日施行 .-- 昌明书屋刊，民国 32 年［1943.9］.--28 页；18cm　［浙图］

违警罚法 / 朱士斌编 .-- 浙江：浙江省警官学校刊，民国 20 年［1931］.--224 页；23cm　［吉图］

根据 1928 年 7 月 21 日国民政府公布的违警罚法编写。绪论 7 章，总论 3 章，逐条释义。

违警罚法：白话解释 / 施沛生编 .-- 上海：大东书局刊，民国 15 年［1926］.--66 页；19cm　［上图］

对 1915 年 11 月 7 日由北洋政府公布实行的违警罚法的逐条解释。

违警罚法：附行政执行法 / 福建省保警训练所编 .-- 福建：福建省保警训练所刊，民国 32 年［1943］.--152，32 页；18cm　［国图］

本书为警官补习班用本。本部书个别地方有虫蛀。

违警罚法：湖北省警察学校警员班讲义 .-- 汉口：湖北省警察学校刊，民国 36 年［1947］.--1 册；19cm　［武大］

违警罚法：三十五年六月十九日 / 昌明法学编译社校勘 .-- 上海：昌明书屋刊，民国 35 年［1946.8］.--20 页；21cm　［赣图］

违警罚法：三十五年六月十九日国民政府修正公布同日施行 .-- 再版 .-- 上海：昌明书屋刊，民国 36 年［1947］.--20 页；18cm　［浙图］

违警罚法 .-- 湖南：湖南省警察训练所刊，民国 27 年［1938］.--1 册；19cm　［南图］

共 9 章。介绍了妨害安宁、秩序、公务、交通、风俗、卫生、他人身体财产之违警罚，诬告伪证湮灭证据之违警罚。附违警罚法二十则、违警罚法修正草案全文。

违警罚法 .-- 上海市警察局司法处刊，华艺印刷厂 .--23 页　［馆藏地不详］

介绍法例、违警责任、违警罚、违警罚之加减、妨害各类违警罚。

违警罚法 .-- 说文社刊，民国 35

年［1946］.--44 页；14cm　　［南图］

本书分总论 5 章，包括法例、违警责任、违警罚、违警罚之加减、处罚程序。分则 7 章，包括妨害安宁、秩序、公务、交通、风俗、卫生、他人身体财产之违警罚，诬告伪证湮灭证据之违警罚。

违警罚法.-- 再版 .-- 杭州：集益合作书屋刊，民国 18 年［1929］.--26 页；18cm　　［浙图］

违警罚法 / 郭卫校 .-- 上海：会文堂新记书局发行，上海法学编译社出版，民国 36 年［1947］.--22 页　　［上图，南图］

本书介绍了法例，违警责任，处罚程序，妨害安宁秩序、交通、卫生之违警等等。

违警罚法比较本：现行违警罚法、违警罚法修正案 / 中央警官学校第三分校 .-- 民国 27 年［1938］.--39 页；19cm　　［重庆档案馆］

违警罚法比较本：现行违警罚法、违警罚法修正草案 / 中央警官学校编 .-- 再版 .-- 中央警官学校印刊，民国 30 年［1941］.--36 页　　［南图］

包括现行违警罚法和违警罚法两部分组成。

违警罚法读本 / 周开福编著 .-- 警察研究社刊，民国 26 年［1937］.--2 册；380 页；19cm　　［浙图］

上册总论；下册分述各种违警行为及其罚则，共分 39 课，每课分法条、解释、实例、习题 4 部分。书前有赵龙文等人的序 10 余篇，书后附违警罚法修正草案。

违警罚法概论 / 龙泽洲著 .-- 上海：中华书局刊，民国 37 年［1948］.--168 页；18cm　　［南图，吉图，国图，上图］

根据 1943 年 9 月 3 日修正公布、同年 10 月 1 日施行的违警罚法（共 79 条），参考违警罚法释义（林振镛）、刑法讲义（徐相阳）、民法总则（李宜琛）、行政法总论（范扬）等 10 余种著作编述，分绪论、本论 2 编。绪论概述了违警罚法的概念、性质及与刑法的关系；本论讲述了违警处罚的原则及违警罚法的效力、构成，违警行为责任，违警罚的种类，违警处罚程序等，并按原法次序诠义。

违警罚法讲义 / 陈千炤编述 .-- 广东：广东省地方行政干部训练团刊，民国 30 年［1941］.--50 页；19cm　　［重图］

分概说、违警、违警罚 3 章。

违警罚法讲义 / 河北省会公安局警察教练所编辑 .-- 天津：协成印刷局刊，民国 22 年［1933］.--138 页；23cm　　［津图］

分为绪论等 3 编。绪论讲述了违警罚法之沿革、概念、违警与普通犯罪以及违警罚与普通刑罚并其他行政处罚之区别；第 1、2、3 编分述了违警普通成立要件、违警类别和违警之处罚与执行等。

违警罚法讲义 / 江西省各县警察队训练班教材编纂委员会编 .-- 江西 .-- 82 页；22cm ［赣图］

违警罚法讲义 / 李宏编 .-- 浙江：浙江省警官学校附属警士教训所刊，民国 19 年［1930］.--142 页；19cm ［上图］

分上、下篇。上篇为绪论，概述违警罚法的定义及一般理论；下篇根据 1928 年 7 月 21 日国民政府公布的违警罚法逐条解释。浙江省警官学校附属警士教训所讲义。

违警罚法讲义 / 刘向青编 .-- 浙江：浙江省战时警察训练所刊，民国 28 年［1939］.--356 页；19cm ［上图］

分上、下篇。上篇为法例，13 章；下篇为实例，9 章。

违警罚法讲义 / 屈开国编著 .-- 南京：首都警察学校刊，民国 37 年［1948］.--92 页；18cm ［南图，吉图，国图］

分绪论、总则、分则 3 编。概述中国违警罚法的演进，违警罚法的定义，违警与普通犯罪及其他行政罚则的区别，违警罚法的效力、构成要件，违警及违警罚法的种类、处罚程序等。

违警罚法讲义 / 武汉卫戍司令部宪兵团编 .-- 武汉：武汉卫戍司令部宪兵团刊，民国 18 年［1929］.--57 页；19cm ［上图］

逐条解释国民政府 1928 年的违警罚法。

违警罚法讲义 / 许活根编述 .-- 广东：广东省警察训练所刊，民国 36 年［1947］.--89 页；17cm ［上图］

包括总则 10 章、分则 7 章及警察应用文牍等。广东省警察训练所警察教本。

违警罚法讲义 / 中央警官学校编审处编 .-- 中央警官学校编审处刊，民国 33 年［1944］.--2 册（34，104 页）；19cm ［津图，赣图，上图］

分 2 册。第 1 册为绪论、总则；第 2 册为分则。

违警罚法讲义 / 中央警官学校研究部编 .-- 中央警官学校研究部刊，民国 35 年［1946］.--136 页；19cm ［重图，津图］

第 1 编总则，共 6 章；第 2 编分则，共 7 章。

违警罚法讲义 / 中央陆军军官学校特别训练班编 .-- 中央陆军军官学校特别训练班刊，民国 26 年［1937］.--126 页；19cm ［南图，重图］

分绪论、本论两部分。绪论有 7 章，概述违警罚法的沿革、意义、立法例、即决、解释、与刑法及其他警察法规之关系；本论有 9 章，介绍违警法的具体内容及条款，包括妨害安宁、秩序、公务、交通、风俗、卫生及他人身体财产之违警罚。附录首都警察厅办案须知、刑事诉讼法摘要、刑事警察用语摘要。

违警罚法讲义：违警罚法 / 梁伯恒

编 .-- 上海：上海市警察局警士教练所刊，［1912?—1949?］.--104 页；19cm　［重图］

违警罚法讲义 /.-- 中央警官学校第一分校甲级警官训练班学员总队刊，民国 36 年［1947］.--34 页　［馆藏地不详］

违警罚法讲义 . 下卷 / 警察教训所编 .-- 警察教训所刊，［193?］.--594 页；23cm　［国图］

清以前无警察，亦无违警罚法。清光绪三十一年（1905）始设立巡警部，创办警察，1906 年颁发违警罪章程，1908 年 4 月修正为违警律（10 章，45 条）；1915 年 11 月北洋政府在此基础上修正为 9 章 53 条，改名为违警罚法；1928 年 7 月 21 日国民政府又加修正公布。本书根据此法加以论述。包括违警罚法的概念沿革、违警与普通犯罪的区别、违警之审判管辖等，并逐条解释。

违警罚法教程 .-- 宪兵学校刊，民国 34 年［1945］.--38 页；18cm　［中图］

违警罚法释论 / 杨槐春著 .-- 南京：中华警察学术研究社刊，民国 37 年［1948］.--214 页；19cm　［南图］

对 1943 年违警罚法逐章释义。

违警罚法释义 / 郭卫著 .-- 上海：上海法学编译社刊，民国 19 年［1930］.--90 页；21cm　［辽图，津图，国图］
.--3 版 .-- 上海：上海法学编译社刊，民国 20 年［1931］.--90 页；20cm　［馆藏地不详］
.--4 版 .-- 上海：上海法学编译社刊，民国 21 年［1932］.--90 页；图表；表格；21cm　［上图］
.--6 版 .-- 上海：会文堂新记书局刊，民国 23 年［1934］.--90 页；21cm　［国图，首图］
.--7 版 .-- 上海：会文堂新记书局刊，民国 23 年［1934］.--90 页；21cm　［国图］
.--9 版 .-- 上海：会文堂新记书局刊，民国 26 年［1937］.--90 页；图表；表格；18cm　［上图］

根据 1928 年 7 月 21 日国民政府公布、1928 年 9 月 1 日施行的违警罚法逐条释义，共 53 条。附警察服制条例、各级公安局编制大纲、警察官吏任用暂行条例、警察录用暂行办法、惩治官吏法。

违警罚法释义 / 黄宪生编纂 .-- 上海：法学书社刊，民国 18 年［1929］.--199 页；21cm　［浙图］

违警罚法释义 / 世界书局编 .-- 上海：世界书局刊，民国 17 年［1928］.--88 页；19cm　［南图，津图，重图，国图，浙图］

据 1928 年 7 月 21 日国民政府公布的违警罚法（9 章 53 条）逐条释义。

违警罚法释义 / 汪文玑编 .--3 版 .-- 杭州：浙江群进编译社刊，民国 8 年［1919］.--206 页；13cm　［首图］

附录中央警察法规、浙江水陆警察章程。

违警罚法释义 / 赵安仁编著 .-- 重庆：说文社刊，民国 35 年［1946］.--232 页；表；19cm ［重图］

违警印纸规则、违警印纸发售及粘贴办法、违警裁决书格式等。

违警罚法通诠 / 靳巩著 .-- 上海：大东书局刊，民国 18 年［1929］.--1 册；22cm ［南图，吉图，津图，晋图，国图，浙图，上图，首图］

分通论和分诠 2 篇。通论包括违警罚法的起源、定义、执行机关、效力，以及违警犯的分类、构成和违警罚等 9 章；分诠根据 1928 年 7 月 21 日国民政府公布的违警罚法逐条诠释，并列立法理由。

违警罚法问话 .--1 册；18cm ［浙图］

违警罚法详解 / 吴道南编著 .-- 北京：顺天时报社刊，民国 5 年［1916］.--152 页；23cm ［首图］

根据北洋政府 1915 年 11 月 7 日颁行的违警罚法逐条释义。

违警罚法详解 / 赵志嘉编 .-- 上海：世界书局刊，民国 18 年［1929］.--105 页；19cm ［国图，赣图，浙图］
.-- 再版 .-- 上海：世界书局刊，民国 18 年［1929］.--105 页；19cm ［国图］
.--3 版 .-- 上海：世界书局刊，民国 19 年［1930］.--105 页；19cm ［赣图］
.--5 版 .-- 上海：世界书局刊，民国 22 年［1933］.--105 页；19cm ［重图］

分总纲、各种违警罚、附则 3 个部分。国民政府颁布。书前冠例言；封面题：赵子嘉编辑。

违警罚法修正草案 / 内政部印 .--90 页 ［复旦］

内容包括违警罚法修正草案之经过与说明、弁言。附录现行违警罚法。

违警罚法要义 / 吴源瀚编 .-- 北京：内务部编译处刊，民国 7 年［1918］.--120 页；25cm ［国图，首图］

违警罚法摘要 / 京兆尹公署编 .-- 北京：京兆尹公署刊，民国 14 年［1925］.--11 页；15cm ［国图］

摘录了北洋政府违警罚法分则各条（第 32 至 53 条）。

违警罚犯罪心理学 .-- 北平：内政部警官学校刊，［1928?—1936?］.--1 册；24cm ［南图］

内政部警官学校讲义。有内政部警官学校印章。

违警律通俗解说 / 潘承锷编辑；朱寿朋校订 .--7 版 .-- 上海：中国图书公司和记刊，民国 4 年［1915］.--30 页；21cm ［首图］

维新政府修正违警罚法释义 / 张君维编著 .-- 苏州文怡书局刊，民国 27 年［1938］.--76 页 ［南图］

本书共 9 章 52 条。包括妨害安宁之违警罚、妨害秩序之违警罚、妨害公务之违警罚、诬告伪证及湮灭证据之违警罚、妨害交通之违警罚、妨害风化之违警罚法、妨害卫生之违警罚、妨害他人身体财产之违警罚等。

现行实用违警罚法问答 / 施沛生编著 .-- 再版 .-- 上海：中央书店刊，民国 35 年［1946］.--75 页；19cm ［国图］

按 1928 年 7 月 21 日国民政府公布的违警罚法设问作答。每一问答后附诉状实例。正文前题：诉讼问题法律顾问。

现行违警罚法释义 / 汪文玑编 .-- 上海：商务印书馆刊，民国 25 年［1936］.--22，149 页；19cm ［南图，重图，国图，浙图，首图］

清宣统元年始颁违警律，1915 年北洋政府改名违警罚法，内容略有修改，1928 年 7 月 21 日国民政府又经修正公布。本书按照此修正法章次逐条释义。前有绪论概述该法沿革、定义及原理原则。书前有吴贯因序及著者自序。附首都警察厅办案须知、刑事诉讼法摘要、刑事警察用语摘要。书前冠序等。

现行违警罚法详解 / 浙江书局编辑 .-- 杭州：浙江书局刊，民国 11 年［1922］.--80 页；19cm ［浙图］

现行违警罚法详解 / 朱鸿达编辑 .-- 订正 5 版 .-- 上海 .--62 页；19cm ［中图］

现行违警律详解 / 吴道南著；吴临翰校订 .-- 再版 .-- 顺天时报社刊，民国 2 年［1913］.--84 页；23cm ［首图］

新颁违警罚法 / .-- 重庆：日新书店刊，民国 32 年［1943］.--34 页；13cm ［国图］

分 9 章，共 79 条。1943 年 9 月 3 日国民政府公布，同年 10 月 1 日施行。

新编违警罚法释义全书 / 张性之著 .-- 再版 .-- 成都：成城出版社刊，民国 34 年［1945］.--168 页：图表；23cm ［重图］

新违警罚法 / 宋安民，孙书益著 .-- 重庆：华夏，民国 33 年［1944］ ［北碚图书馆］

新违警罚法集解 / 应业韶编 .-- 再版 .-- 应业韶发行，民国 35 年［1946］.--104 页；19cm ［上图］

根据 1943 年颁布的违警罚法（共 79 条）逐条诠解。

新违警罚法实用 / 胡燕翔编著 .-- 江北［重庆］.--188 页：表；19cm ［重图］

内分绪言、总则、分则三编，解释违警罚法的意义以及各种违警条例。

新违警罚法释义 / 林振镛著 .-- 重庆：商务印书馆刊，民国 34 年［1945］.--138 页；18cm ［黑图，津图，国图］.-- 上海初版 .-- 上海：商务印书馆刊，民国 35 年［1946］.--138 页；19cm ［重图，国图，赣图］

.--2 版 .-- 上海：商务印书馆刊，民国 36 年［1947］.--138 页；18cm　［上图］

据 1943 年 10 月 1 日国民政府施行的违警罚法（79 条）逐条释义。前有导言，泛论警察及违警法一般理论。书末附办案须知（39 条，南京警察厅修正颁行）。

修改违警罚法刍议 / 蒋琰著 .-- 上海：新学会社刊，民国 26 年［1937］.--150 页：19cm　［南图］

本书由绪言、修改违警罚法刍议提要、修改违警罚法刍议与违警罚法编第章名章次对照表、修改违警罚法刍议理由说明书等部分组成。书末有附录。

中国违警罚法总论 / 钱定宇著 .-- 上海：正中书局刊，民国 36 年［1947］.--167 页；21cm　［南图，重图，津图，湘图，国图］

根据 1943 年违警罚法阐述，除绪论外，分法例、违警论、违警罚论、处罚程序 4 编。书末附新违警罚法。

最新违警罚法精义 / 沈鸣时编著 .-- 再版 .-- 上海：中国文化供应社刊，民国 35 年［1946］.--204 页；19cm　［津图，上图］
.-- 增订版 .-- 南京：中国文化供应社刊，民国 35 年［1946］.--230 页；19cm　［南图，重图，津图］

除概述违警法的一般理论外，主要是对 1943 年 10 月 1 日国民政府所颁行违警罚法之解说。

最新违警罚法释义要览 / 张清渠编辑 .-- 上海：上海合记书局刊，民国 18 年［1929］.--104，86 页；20cm　［重图，赣图，浙图，首图］

3.3 专业警察法规

冀东警团法规 / 河北省冀东道公署编 .-- 河北 .--192 页；26cm　［国图］

收伪冀东防共自治政府民政厅警务局警务法规 25 种。

警政法规辑要 / 山西省政府警务厅编 .-- 山西：山西省政府警务厅刊 .--26，979 页　［馆藏地不详］

警政法规辑要 .-- 太原：山西省公署警务厅刊，民国 30 年［1941］.--572 页；26cm　［晋图］

新辑.中国警察组织法令集 /（日）稻田秀也编 .-- 听鸿阁印书局刊，民国 30 年［1941］.--330 页　［法研所］

北京市警察法规汇编 / 北京特别市公署警察局编 .-- 北京：北京特别市公署警察局刊，民国 27 年［1938］.--580 页；25cm　［国图］

华北伪政权出版物，分总务、行政、司法、督察 4 类。

惩治贪污条例释义 / 孙仁山编著 .-- 重庆：大东书局刊，民国 33 年［1944］.--66 页；18cm　［吉图，重图，津图，

国图］

.-- 再版 .-- 上海：大东书局刊，民国 35 年［1946］.--66 页；18cm　［重图］

.--3 版 .-- 上海：大东书局刊，民国 35 年［1946］.--66 页；18cm　［上图］

东省特别区警察管理处章则汇编 / 东省特别区警察管理处编辑 .-- 东省特别区警察管理处刊，民国 20 年［1931］.--1 册；26cm　［国图］

非常秩序维持法 .-- 南京，民国 26 年［1937］.--96 页　［闽图］

广西省公安局举行章则汇编 / 广西省会公安局编 .-- 民国 26 年［1937］.--244 页　［南图］

湖北省公教团警人员给与法令汇编 / 湖北省政府编 .-- 湖北：湖北省政府刊，［1912?—1949?］.--168 页；18cm　［南图］

书末附修正国内出差旅费规则等。原件个别地方有虫蛀。

湖南保安法令辑要：续编 / 湖南省政府保安处编 .-- 长沙：湖南省政府保安处刊，民国 26 年［1937］.--40 页；24cm　［南图，吉图，国图］

湖南省保安法令汇编 . 二 / 湖南省保安处编 .-- 长沙：湖南省保安处刊，民国 29 年［1940］.--108 页；27cm　［国图］

湖南省保安法令辑要 / 湖南省保安处编 .-- 长沙：湖南省保安处刊，民国 25 年［1936］.--468 页　［南图］

湖南省禁烟委员会法令汇刊 / 湖南省禁烟委员会编 .-- 长沙：湖南省禁烟委员会刊，民国 25 年［1936］.--1 册；22cm　［湘图，国图］

收特载、法规、命令及附录。

湖南省禁烟委员会法令汇刊续编 / 湖南省禁烟委员会第一科编 .-- 长沙：湖南省禁烟委员会第一科刊，民国 26 年［1937］.--150 页；27cm　［重图，湘图］

华捕职务须知（上海公共租界工部局警务处） / 上海公共租界工部局警务处编 .-- 上海：上海公共租界工部局警务处刊，民国 17 年［1928］.--142 页；12cm　［上图］

收违警处罚章则、华捕职责范围、工作规则等。另收交通开车章程 62 条。中、英文本。

缉私例规 / 葛修建著 .--88 页；19cm　［重庆档案馆］

吉林省单行警察章程 / 张兆丰辑 .--1 册　［吉大］

江苏警务处法规 /（伪）江苏省警务处编 .-- 南京：（伪）江苏省警务处刊，民国 27 年［1938］.--24 页；26cm　［国图］

江苏省会警察厅办事细则 / 内务部规定 .--12 页　　［法研所］

江苏省会警察厅各种行政单行章程 .-- 民国 9 年［1920］.--1 册　　［北大］

江苏省禁烟法令汇刊 / 江苏禁烟委员会编 .-- 江苏禁烟委员会刊，民国 24 年［1935］.--220 页　　［南图］

京师警察法令汇纂 / 京师警察厅编 .-- 北京：京师警察厅刊，民国 4 年［1915］.--5 册（228，428，118，174，32 页）；25cm　　［重图，国图］
.-- 再版 .-- 北京：撷华书局刊，民国 5 年［1916］.--908 页；25cm　　［国图，首图］

分总务、行政、司法、卫生、消防 5 类，其中有京师警察厅官制、修正警察服制令、中华民国国籍法、行政执行法、出版法、著作权律等。

京师警察法令汇纂 / 京师警察厅编 .-- 北京：撷华书局刊，民国 1 年［1912］.--908 页；25cm　　［国图，首图］
.-- 北京：撷华书局刊，民国 5 年［1916］.--908 页；25cm　　［国图，首图］

共收入公安警察法规 227 种，其中有京师警察厅官制、修正警察服制令、中华民国国籍法、出版法、著作权法、违警罚法、取缔药摊执行细则、采用消防兵士规则等。

警察参考法令 .-- 沪 1 版 .-- 上海：上海市警察局刊，民国 34 年［1945］.--440 页；19cm　　［上图］

收录中华民国刑法、违警罚法、中华民国战时军律、危害民国紧急治罪法等 55 种。有宣铁吾序。

警察教育法令 / 郑宗楷讲；于一笔记 .-- 重庆：中央警官学校刊，民国 28 年［1939］.--24 页；19cm　　［重图］

警政部组织法草案 .-- 新中印刷公司 .--［1912?—1949?］.--8 页；23cm.　　［南图］

吗啡治罪条例 .-- 油印本 .-- 民国 3 年［1914］.--10 册　　［法研所］

满洲帝国满文警察实务法规类纂 / 警察法制研究学会编 .-- 新京：大学书房刊，民国 27 年［1938］.--1 册；19cm　　［辽图］

取缔军警政机关部队及所属人员强用电流规则：军政部 .--1 页；39cm　　［国图］

日本劳动法令补编 / 国民政府财政部驻沪调查货价处编 .-- 上海：国民政府财政部驻沪调查货价处刊，民国 16 年［1927］.--52 页；19cm　　［南图，国图］

内有劳动争议调停法施行令、佃户调停法、工业劳动者最低年龄法及其施行细则、关于船员最低年龄及健康证明之法律、船员法、治安警察法、治安维持法、行政执行法、关于暴力行为等处罚之法律等 11 种。

山东省警政章则 .-- 油印本，［1930?—1949?］.--1 册; 27cm ［国图］

上海市警察局法规汇编．第一辑 / 上海市警察局编 .-- 上海：上海市警察局刊，民国 36 年［1947］.--112 页；26cm ［国图，上图］

汇集该局自 1946 年 9 月 12 日至 1947 年 3 月 31 日止颁行的法规。分组织、保安、勤务、消防、外事、教育、人事、计政、事务、其他 10 类。

上海特别市公安局规程汇编 / 上海特别市公安局编 .-- 上海：上海特别市公安局刊，民国 17 年［1928］.--122 页；27cm ［国图］

1927 年 8 月淞沪警察厅改组为上海特别市公安局。本书汇集改组后的公安局规程 45 种，其中包括上海特别市市政府公安局章程、拘留所章程、狩猎取缔规则等。

维新政府法令汇编．第一辑 / 中华联合通讯社编 .-- 南京：中华联合通讯社南京本社刊，民国 28 年［1939］.--396 页; 19cm ［南图，重图，国图］

伪中华民国维新政府（1938 年 3 月成立）法令汇编。分组织法、官规官制、行政（内政、外交、财政、教育、司法、立业）三大类。附维新政府组织系统及重要职员等。

武汉市暂行条例暨各局处章程 / 武汉市市政委员会秘书处编 .-- 汉口：武汉市市政委员会秘书处刊，民国 18 年［1929］.--34 页；23cm ［馆藏地不详］

收市政委员会暂行条例，及秘书处、财政局、公安局、工务局、社会局、卫生局等的组织章程及会议规则。

现行章程规则 / 黄浦讲述 .-- 北京：京师警察厅刊，［1912?—1949?］.--186 页; 78cm ［上图］

新疆巡警章程折稿 / 吴引孙撰 .-- 传抄本 .-- 民国 26 年［1937］.--1 册 ［国图］

（袖珍）警察法规 / 陈锡桐主编 .-- 民国 36 年［1947］.--405 页：表；13cm ［辽图］

浙江海塘巡警局章程 / 浙江海塘巡警局编 .-- 石印本 .--12 页；27cm ［浙图］

重庆市警察法规汇编 / 重庆市警察局勤务科编 .-- 重庆，民国 26 年［1937］.--98 页; 27cm ［重庆档案馆］

最新宪兵法规 / 宪兵司令部总务处编 .-- 民国 22 年［1933］.--1 册 ［法研所］

3.4 地方法规

澳门法例 / 大众报社编 .-- 澳门：大众报社刊，民国 38 年［1949］.--130 页：图像；27cm ［国图］

介绍澳门的治安、交通、民政等的法例及行政机关概况。有澳门政府人员像及经历概述。

北平市筹备自治暂行条例汇编 / 北平特别市筹备自治委员会编 .-- 北平：北平特别市筹备自治委员会刊，民国 20 年［1931］.--60 页；26cm ［国图］

收该市筹备自治法规 33 种。

北平市地方维持会各项章则文告 /（伪）北平市地方维持会编 .-- 北平：（伪）北平市地方维持会刊，民国 26 年［1937］.--42 页；26cm ［国图］

收北平市地方维持会简章，办事细则及物质、金融、文化、学校等委员会章程，维持会通告、布告等。附该会委员、顾问、专门委员等名单。

北平市市政法规汇编 . 第一辑 / 北平市政府参事室编 .-- 北平：北平市社会局救济院刊，民国 23 年［1934］.--1 册；26cm ［南图，重图，国图，浙图，首图］

所收法规自 1928 年至 1934 年 12 月底止。分正、补、附 3 编。正编包括社会、公安、财政、工务、教育、卫生、土地、公用、自治等 10 类。补、附两编不分类。

北平市市政法规汇编 . 第二辑 / 北平市政府参事室编 .-- 北平：北平市社会局救济院刊，民国 26 年［1937］.--1 册；26cm ［国图，首图］

地方自治法规 / 国民政府秘书处编 .-- 南京：国民政府秘书处，民国 20 年［1931］.--75 页；24cm ［馆藏地不详］

地方自治法规 / 戴渭清编 .-- 上海：民治书店刊，民国 18 年［1929］.--92 页；16cm ［重图］
.--2 版 .-- 上海：民治书店刊，民国 18 年［1929］.--1 册；16cm ［上图］

国民政府颁行。

地方自治法规 / 瞿世镇编 .--3 版 .-- 上海：三民公司刊，民国 21 年［1932］.--120 页；17cm ［重图］

地方自治法规 / 萨师炯编 .-- 重庆：大东书局刊，民国 35 年［1946］.--208 页；18cm ［国图］
.-- 再版 .-- 上海：大东书局刊，民国 35 年［1946］.--208 页；17cm ［南图，吉图，重图，津图，国图］
.--3 版 .-- 上海：大东书局刊，民国 36 年［1947］.--208 页；17cm ［重图，浙图］

分总纲、组织、选举考试、会议规则、户籍等 7 类。辑国民政府颁行的地方自治法规及部分条文的解释。现行重要法规丛刊。

地方自治法规辑要 / 中央地方自治计划委员会辑 .-- 南京：正中书局刊，民国 25 年［1936］.--526 页；19cm ［南图，重图，湘图，国图，浙图，上图］

分正编、附编、附录 3 编。国民政府公布的自治法规入正编，其中包括地方自治开始实行法、市组织法、市参议会组织法等；内政部及其他政府机关公布的自治法规入附编，其中包括县自治法、市自治法等；军事机关颁布的自治法入附录，其中包括各省保安制度改进大纲、江西省会编组保甲实施办法等。

改订广东省单行法令汇编 / 广东省政府秘书处编 .-- 广州：广东省政府秘书处刊，民国 22 年［1933］.--1 册；照片；26cm ［南图，国图］

收入该省公布或上级公布有关该省的法规。

工矿法规 / 罗渊祥编 .-- 上海：大东书局发行，民国 35 年［1946］.--164 页；17cm ［南图，吉图，辽图，重图，黑图，津图，湘图，国图，赣图，上图］

内分工业、矿业、工矿复原 3 编，辑入有关法规 40 余种。书前冠编者例言。现行重要法规丛刊。

工商法规汇编 / 上海机制国货工厂联合会编 .-- 上海：上海机制国货工厂联合会刊，民国 19 年［1930］.--584 页；19cm ［吉图，国图，浙图，赣图，上图］

内分工厂法、工会法、商会法、商标法等类，辑入有关法规 42 种。书前冠序。

关于统计各种法规摘要 / 国民政府主计处统计局编 .-- 南京：南京正中书局刊，民国 22 年［1933］.--326 页；26cm ［南图，吉图，重图，国图，浙图］

所统计的各种法规至 1933 年 6 月底止，以国民政府颁行的为限。分国民政府、内政、外交、军事、财政、实业、教育、交通、建设、立法、司法、考试、监察、省市县政府等 14 类。书前冠弁言、凡例。

广西民政现行法规汇编 / 王庆泰重订 .-- 桂林：两广参观团刊，民国 22 年［1933］.--350 页；27cm ［国图］

分编制、任用、巡视、赴任及交代，经费及奉给、礼俗、救济、绥靖、路政及市政、户籍、禁令、其他等 13 类。国民政府公布的民政法规亦收入。书脊印有“两广参观团主任王庆泰重订”字样。题名依卷端。

广州市市政规章集刊 / 广州市市政府第一科编辑股编辑 .-- 广州：广州市市政府第四科会计股刊，民国 19 年［1930］.--2 册；885，658 页；26cm ［国图］

所辑规章自国民政府成立至 1930 年 6 月底止。分市制、财政、工程、公安、卫生、公用、教育、土地、社会、特载等 10 类。书脊印有“两广参观团主任王庆泰重订”字样。

广州市市政例规章程汇编：中华民国十年 / 广州市政厅总务科编辑股编 .-- 广州：广州市政厅总务科编辑股刊，民国 10 年［1921］.--14，330 页；26cm ［国图］

收入 1921 年 2 月至 1922 年 2 月底颁行的章程、规则。分市制、公安局等 8 类。

广州市市政例规章程汇编：中华民国十三年 / 广州市市政厅总务科编辑股编 .-- 广州：广州市市政厅总务科编辑股刊，民国 13 年［1924］.--734 页；25cm ［国图，上图］

汇集条例、通则、规章、细则、办法、简章等。分市制、财政、工程、公安、卫生、教育、审计等 8 部分。有冯百砺序、编辑大意。

贵州省单行法规汇编：1—3 辑 / 贵州省政府秘书处编 .-- 贵州：贵州省政府秘书处刊，民国 27 年［1938］.--3 册；1026，102 页；27cm ［南图］

分民政、保安等 8 类。

贵州省单行法规汇编 . 第三辑 / 贵州省政府秘书处法制室编 . 贵阳：贵州省政府秘书处法制室刊，民国 27 年［1938］.--2 册（102，36 页）：肖像；25cm ［重图，国图］

贵州省单行法规汇编 . 第四辑 / 贵州省政府秘书处编 .-- 贵阳：贵州省政府秘书处刊，民国 36 年［1947］.--4 册：肖像；22cm ［重图，国图］

贵州省各县县与乡镇权责划分方案暨有关法令汇编 / 贵州省政府编 .-- 贵阳：贵州省政府刊，民国 32 年［1943］.--420 页；19cm ［南图，国图］

收录贵州省各县县与乡镇权责划分方案、地方自治实施方案、成立县各级民意机关步骤、战时征补兵员实施办法、国民工役法、商业登记法、新生活运用纲要等 67 篇。

国际公法 .-- 首都：警察学校刊，民国 37 年［1948］.--49 页 ［南图］

共 10 章。包括国际公法的主体与客体、国际条约、外交机关与外交人员、领事制度及领事人员、国际争议及其解决方法、国际联盟解决国际争议的方法、国际争议的司法解决、战争法、中立法。又 1 部 1 册。

国际公法原论 / 谭焯宏著 .-- 上海：中华书局刊，民国 23 年［1934］.--392 页；22cm ［南图，吉图，重图，津图，黔图，湘图，国图，浙图，赣图，上图，首图］

共 3 编。第 1 编总论，论述国际公法的由来、定义、性质、分类、渊源、学派等；第 2 编平时国际公法，概述国际法权利义务主体的国家，包括国家的成立、灭亡、权利义务、版图、国际机关、条约，以及国际纷争和解决方法等；余编战时法，概论战争及陆、海、空战法规，中立法规等。书前冠谢序等。书末附参考书。

国际航空公法 /J.Kroell 著；徐砥平译；上海法学编译社编 .-- 上海：会文堂新记书局发行，民国 24 年［1935］.--406 页；21cm　　［津图，重图，国图，浙图］

.-- 再版 .-- 上海：会文堂新记书局发行，民国 26 年［1937］.--406 页；20cm　［重图，国图］

本书只研究国际公法平时法方面的航空问题，不包括国内及战时法的航空问题。

国际私法 / 金德著 .-- 首都警察学校，民国 37 年［1948］.--42 页　　［南图］

共 12 章。包括国籍及住所、外国人的地位、外国法人的地位、法域管辖权的冲突、法律通用的准则、外国法的通用、反致说、既得权的尊重、窃法舞弊、法律命义说、外国判决。又 1 部 1 册。

国际私法 / 王毓英编 .-- 上海：商务印书馆发行，民国 20 年［1931］.--18，197，32 页；22cm　　［重图，津图，湘图，国图，赣图，上图］

共 3 编。概述国际私法的定义、范围、沿革、学派、研究方法、国籍、住所、外国人的地位、法律之抵触，以及国际民法、国际商法、国际民事诉讼法、国际破产法等。著者对国际私法的定义是：定法律在国际上之性质之规则。附录法律适用条例（1918 年 8 月 5 日公布）、国籍法及国籍施行法条例（1919 年 2 月 5 日公布）、关于外国人地位之法令。书前冠例言等。书末附法律适用条例。

国际私法 / 吴道南著 .-- 再版 .-- 北京：顺天时报社发行，民国 3 年［1914］.--144 页；23cm　　［国图，首图］

国际私法是在国际交往中形成，调整一定的涉外民事法律关系的规范之总称。其特点是世界国家所公认而发生于各国独立主权之下的法律。本书分上、下两卷。上卷总论，包括国际私法的概念、性质、演变沿革、学说流派、范围等；下卷各论，比较各国涉外民事法律的事实，其中有国籍、外国人的地位、国际民法等。

国际私法 / 于能模编 .-- 上海：商务印书馆发行，民国 21 年［1932］.--160，38 页；19cm　　［南图，重图，国图，赣图，浙图］

著者给国际私法下的定义是：属公法之一种，它以确定各个人的国籍，确定外国人所享有的权利，以及解决关于这种权利的产生或消灭的冲突，并以保证这种权利必受尊重为对象的法律。按此定义国际私法的对象有三，即国籍、外国人的地位、法律的冲突及尊重已得的权利。附国籍法、管辖在华外国人实施条例案。书末附国际法等。

国际私法大纲 / 于能模著 .-- 上海：商务印书馆刊，民国 20 年［1931］.--254 页；23cm　　［南图，黔图，国图，赣图，浙图，上图］

分国籍、外国人之地位、法律之适用等。

国际私法纲要 / 瞿楚编著 .-- 重庆：

国立编译馆刊，民国34年［1945］.--318页；21cm　［辽图，重图，湘图，国图，上图］

.-- 沪1版.-- 上海：国立编译馆刊，民国35年［1946］.--318页；21cm　［南图，重图，国图，赣图，浙图，上图］

.-- 沪5版.-- 上海：国立编译馆刊，民国36年［1947］.--318页；20cm　［国图］

部定大学用书。书末附录重要法规等。除绪论概述国际私法的定义、性质、学派、沿革、渊源及研究方法，分国籍及住所、外国人之地位、法律之冲突3编。书后附图表目次及重要法规，包括国籍法（1929年2月5日国民政府公布）、国籍法公约（1930年12月27日立法院通过，未批准）、法律适用条例（1918年北洋政府公布）、日本法例（1898年公布）、海牙公约（1902年6月12日签字）。

国际私法新论／梅仲协编著.-- 重庆：大东书局刊，民国33年［1944］.--308页；23cm　［南图，重图，湘图，国图］

本书据著者讲稿增删而成。绪论概述国际私法的定义、性质、名称、沿革、学派、研究方法及范围等；本论分为4编，论述国籍及住所、外国人的地位及权利、法律抵触，以及涉外的民事法律，包括债权、物权、婚姻、继承。附国籍法（1929年2月5日颁行）等。书前冠序。

国际私法新论／周敦礼编著.-- 上海：中华书局发行，民国20年［1931］.--217页；20cm　［南图，吉图，辽图，重图，津图，湘图，国图，赣图，浙图，上图］

分泛论和本论。泛论包括国际私法的概念、定义、范围、性质，国际私法与国际公法的关系及区别，国际私法的立法沿革、学派、渊源等；本论包括国籍、住所及居所、外国人的地位、国际民法和国际商法。书前冠自序、凡例。

国际私法要义／陈顾远著.-- 上海：上海法学书局刊，民国23年［1934］.--35，269页；21cm　［南图，国图，上图］

分两编。第1编包括6章，讲述国际私法的产生、定义、性质、立法，以及国际私法的研究，介绍各种学说；第2编包括6章，论述有关国籍、外国人的地位、法律适用、法院管辖及外国判决效力的法律。著者主张国际私法的定义与国际私法学的定义分开叙述，前者指一国遇有涉外的法律关系，决定国内法是否适用的法则；后者指在涉外事件中研究法律的冲突、法律的适用、法院的管辖、判决的效力等问题的学科。书前冠序。

国民政府公布县政汇编／谬切言编纂；张景孚校订.-- 上海：中国民治研究社刊，民国18年［1929］.--2册：肖像；19cm　［重图，国图］

分县治、公安、户口、司法、烟政等16编。

国民政府公布县政汇编：县政汇编．第三册/谬切言编纂；张景孚校订.-- 上海：中国民治研究社刊，民国18年［1929］.--1册；19cm　　［重图］

杭州市政府现行法规汇刊/杭州市政府秘书处编辑室编.-- 杭州：杭州市政府秘书处庶务室刊，民国19年［1930］.--420页：照片；23cm　　［南图，国图，浙图］

收1927年5月杭州市政府成立至1930年2月底杭州市政法规。分组织、社会、公安等10类。

河北省公署单行规章汇编/河北省公署编.-- 河北省公署刊，民国32年［1943］.--408页；25cm　　［国图］

分总务、民政、财政、教育、建设、警务、宣传7类。

河北省灵寿县区国民训练讲堂自治法规课本.-- 石家庄：河北省灵寿县刊，［1912?—1949?］.--160页；26cm　　［国图］

介绍国民政府、河北省有关地方自治法规39种。目录页书名题：自治法规。

河北省政府法规类编/河北省政府秘书处编.-- 北平：河北省政府秘书处刊，民国18年［1929］.--1册；26cm　　［南图，重图］

分组织、任用、考试、视察、治安、司法、村政、禁烟、财政、金融、河务、交通、林矿、农事、教育、工商、杂项等17类。封面题名：河北省政府周年纪念特刊法规类编。

河南省筹办模范街新农村章程规约汇编.-- 石印本.-- 河南省政府刊，民国17年［1928］.--55页；19cm　　［上图］

收试办模范街、新农村章程、进行程序、公约及各项规则须知等。有弁言。

湖北省法令汇编/湖北省政府编.-- 汉口：湖北省政府刊，民国24年［1935］.--3册；3000页：肖像；22cm　　［国图］

收入该省单行法令至1935年6月止。共3册。第2册包括交通、保安、保甲、公安、禁烟等8类。

湖南省现行法规汇编．第三集/湖南省政府秘书处编.-- 长沙：湖南省政府秘书处刊，民国26年［1937］.--524页：照片；27cm　　［湘图，国图］

收入1934年5月至1937年8月以前该省法规。分民政、保安、禁烟等9类。

华北政务委员会法规汇编/（伪）华北政务委员会政务厅法制局编.-- 北京：（伪）华北政务委员会政务厅法制局发行，民国30年［1941］.--3册；26cm　　［南图，津图，重图，晋图，国图，首图］

所收法规自1937年12月华北临时政府成立至1940年12月底止，凡属伪华北政务法规均编录。分官制、官规、内务、财务、治安、教育、实业、建设、交通、法务等11类。

华洋诉讼例案汇编 / 姚之鹤编 .-- 上海：商务印书馆发行，民国 4 年［1915］.--2 册；796 页；18cm ［辽图，津图，国图，浙图，上图，首图］

有关涉外民刑诉讼法规、国际有关条约摘录及案例汇编。辑自 1842 年至 1915 年 3 月。共分 6 编。包括国际条约有关中外诉讼规定及中国有关涉外法令、中国人诉外国人及外国人诉中国人的例案、特别诉讼案例、上海租界诉讼例案等。书前冠徐序。

缉私有关之国际法令 / 郭寿华编 .--98 页；19cm ［重庆档案馆］

建设法规汇编 . 第 1 辑 / 河南省建设厅编 .-- 开封：河南省建设厅刊，民国 23 年［1934］.--1 册；26cm ［吉图，国图］

内收与建设有关的各种法规，分为中央法规、总部法规、本省法规 3 大类。

江苏省单行法规汇编 / 江苏省政府法规编审委员会编 .-- 镇江：江苏省政府秘书处庶务股刊，民国 24 年［1935］.--9 册；27cm ［南图，国图］

收 1927 年 5 月至 1934 年 11 月底止该省颁行的单行法规。分官制、官规、民政、财政、教育、建设、土地、保安 7 类。除教育、建设两类各 2 册外，其余每类 1 册。此册为第四类财政。

江西省现行法规汇编 / 江西省政府编 .-- 南昌：江西省政府刊，民国 21 年［1932］.--2 册；730，1264 页；23cm ［国图］

收入 1927 年至 1932 年江西地方法规。分民政、警保等 9 类。

江西省现行法规汇编 / 江西省政府秘书处法制室编 .-- 南昌：江西省政府秘书处法制室刊，民国 28 年［1939］.--5 册；1968 页；26cm ［南图，赣图］

收入该省 1939 年 12 月底以前的各类法规。分民政、保安等 7 类。

江西省现行法规汇编：民政类 / 江西省政府秘书处法制室编 .-- 江西省政府刊，民国 29 年［1940］.--458 页 ［馆藏地不详］

收 1927 年至 1932 年江西省地方法规。分官制、官规、民政、财政、建设、教育、警保、农林合作、附载等 9 类。

晋西北法令辑要 / 晋西北行政公署编 .-- 晋西北行政公署刊，民国 31 年［1942］.--1 册 ［人大］

军用刑事法令汇编 / 军事委员会军法执行总监部编 .-- 军事委员会军法执行总监部刊，民国 27 年［1938］.--338 页：肖像；19cm ［南图，重图，津图，上图］

坎那大中华移民律 / 邵挺译 .-- 民国 6 年［1917］.--38 页；19cm ［上图］

介绍加拿大对华侨的移民法律。

考铨法规 / 罗志渊编 .-- 上海：大

东书局发行，民国 36 年［1947］.--270 页；17cm　［吉图，辽图，重图，国图，上图］

收录国民政府关于考试的法规，分为组织、考选、任用—铨选、待遇—叙俸、服务、进修、考绩、惩戒、退休、奖恤等 10 类。现行重要法规丛刊。

考铨法规集：二辑 / 考试院参事处编 .-- 南京：考试院秘书处刊，民国 36 年［1947］.--2 册；430，348 页；19cm　［国图，上图］

分官制、官规、考选、铨叙 4 类。所辑法规自该院成立至 1946 年 12 月 31 日止。书前冠凡例。

蒙古律例：十二卷 .-- 北平：文殿阁书庄刊，民国 25 年［1936］.--129 页；19cm　［国图］

清政府制订的关于蒙古地区及蒙古族的法规条例。据清嘉庆年刊本重排。分官衔、户口差徭、朝贡、会盟行军、边境卡哨、盗贼、人命、首告、捕亡、杂犯、喇嘛例、断狱等 12 卷。附增例。国学文库。

平时航空法 / 中央航空学校教育处编 .-- 再版 .-- 杭州：中央航空学校教育处刊，民国 25 年［1936］.--412 页；19cm　［重图，国图］

介绍欧美各国航空法规。分 10 章。内容包括空中主权论，飞行器的国籍、注册、标志、执照核许及人员任用，飞行的一般条件及规则，飞行器的检查，飞机场，刑法与公安，赔偿义务等。附录：1. 航空行政；2. 国际航空条约论；3. 国民政府军政部航空条约论；4. 航空署拟订航空禁航区域条例、草案；5. 国际航空运输条例；6. 英国航空法条文；7. 美国商业航空条例；8. 德国航空条例；9. 苏联空法；10. 日本航空法。

日本刑事诉讼法论 /（日）松室致著；陈时夏译 .--3 版 .-- 上海：商务印书馆刊，民国 2 年［1913］.--330 页；22cm　［重图，国图，浙图，首图］

除绪论外，共分 10 编。第 1 编总则，叙述裁判管辖和回避等制度，以及证据、时效的具体规定；第 2—4 编讲述公诉和自诉、起诉手续和预审；余编讲述上诉、再审、特别诉讼等程序及裁判执行和消灭原因。

上海市市政法规汇编 .-- 上海：上海市政府刊，［1930?—1936?］.--6 册（432，398，394，222，412，450 页）：表；26cm　［上图］

收入 1929 年 7 月至 1935 年 6 月底该市政府颁行的法规，分总务、公安等 10 类。缺少第一册和第二册。

上海市政府法规汇编 / 上海市政府编 .-- 上海：上海市政府刊，民国 36 年［1947］.--724 页；26cm　［吉图，津图，国图］

收入 1945 年 9 月至 1947 年 12 月上海地方法规。分总类、民政、警察等 10 类。

上海特别市市政法规汇编．初集 / 上海特别市政府秘书处编 .-- 上海：上海特别市政府秘书处刊，民国 17 年［1928］.--2 册；286 页；27cm ［南图，国图，上图］

所收法规以该市政府及所属各机关颁布为限，截至 1928 年 6 月 30 日。分总务、财政、工务、公安、卫生、公用、教育、农工商、土地、其他 10 类。

上海特别市市政法规汇编．二集 / 上海特别市政府编 .-- 上海：上海特别市政府刊，民国 18 年［1929］.--588 页：照片；26cm ［国图，上图］

续初集，收 1928 年 7 月 1 日至 1929 年 6 月 30 日该市政府颁行的法规。分总务、财政、土地、社会、卫生、教育、公用等 9 类。书前有该市市长张岳军（张群）照片及序。

上海特别市政府法规汇编 /（伪）上海特别市政府秘书处编 .-- 上海：（伪）上海特别市政府秘书处刊，民国 32 年［1943］.--2 册；438 页；20cm ［国图，上图］

含警察法规。

审计法令汇编：附审计成例 / 审计部编 .-- 上海：商务印书馆发行，民国 37 年［1948］.--351 页；26cm ［南图，吉图，重图，津图，国图，浙图］

辑入 1947 年 12 月以前的有关法令 210 种。

实业法规 / 实业部参事厅编 .-- 南京：实业部总务司发行，民国 22 年［1933］.--503，18 页：照片；26cm ［南图，吉图，津图，国图，浙图，上图］

所收法规自 1928 年 3 月至 1932 年 12 月，经行政院及实业部或会同其他各部公布施行。分官制、官规、总务、林垦、农业、工业、商业、渔牧、矿业、劳工 10 类。书后有补遗，至 1933 年 5 月底。书前冠例言。书末附人民团体设立程序案等。

市民要览 / 广东省会公安局统计股编 .-- 广州：广东省公安局庶务股刊，民国 23 年［1934］.--400 页；27cm ［南图，上图，首图］

介绍广州市的法令、禁例、取缔章则、公共事业交通等。

苏俄刑事诉讼法 / 张君悌译 .-- 长春：东北书店刊，民国 38 年［1949］.--83 页；19cm ［吉图，重图，国图，皖图］

据 1937 年苏联司法人民委员部出版的俄文原本译。

台湾民政法规辑要：地方机关官制官规 / 台湾行政干部训练班编 .-- 重庆：台湾行政干部训练班刊，民国 34 年［1945］.--146 页；19cm ［重图］

本书内容有：台湾总督府地方官官制，州事务、厅事务、郡事务、市事务分掌规程及准则，州及厅、郡、市之地方理事官、地方警视、地方技师及委员会之员额等。

台湾省单行法令汇编．第一辑 / 台湾省行政长官公署法制委员会编 .-- 台北：台湾省行政长官公署法制委员会刊，民国 35 年［1946］.--2188 页；22cm　［国图，浙图］

收入 1945 年 10 月 25 日台湾光复至 1946 年 8 月底该省单行法令。分行政纲领、交通、警政、日侨管理、日产处理等 15 类。

西康省单行法规汇编．第二辑 / 西康省政府秘书处法制室编 .-- 康定：西康省政府秘书处庶务股刊，民国 29 年［1940］.--2 册；380，374 页；24cm　［国图］

西康省单行法规汇编．第三辑 / 西康省政府秘书处法制室编 .-- 康定：西康省政府秘书处庶务股刊，民国 31 年［1942］.--2 册；362，204 页；24cm　［南图，国图］

介绍官制、官规、民政、财政、教育、建筑、保安、粮政、交通和其他。

西康省单行法规汇编．第一辑 / 西康省政府秘书处编 .-- 康定：西康省政府秘书处刊，民国 28 年［1939］.--394 页；24cm　［国图］

县区行政法规解释集成．第四册财政、教育专著 / 姚谷孙编 .-- 上海：大东书局刊，［1912?—1949?］.--833，1122 页：表格；19cm　［上图］

县司法法令判解汇编 / 朱观编 .-- 重庆：正中书局刊，民国 33 年［1944］.--100 页；19cm　［重图，湘图，国图］.-- 沪 1 版 .-- 上海：正中书局刊，民国 37 年［1948］.--100 页；18cm　［国图］

辑有关县司法法规 12 种，中央院部令 40 余种，各种解释、命令约 200 种，均取于司法公报，以 1932 年以后颁布者为限。后附民事诉讼费用法、刑事诉讼审限规则等。

县政法规辑要 / 河北省政府编 .-- 民国 35 年［1946］.--222 页；20cm　［国图］

收入户籍法、警察制服条例，以及国籍法、处理汉奸案件条例等 49 种。

县政辅导法令汇编．第二辑 / 广东省政府民政厅编 .-- 广东：广东省政府民政厅刊，民国 34 年［1945］.--76 页；18cm　［馆藏地不详］

县政辅导法令汇编．第三辑 / 广东省政府民政厅编 .-- 第 1 版 .-- 广东：广东省政府民政厅刊，民国 34 年［1945］.--120 页；18cm　［馆藏地不详］

第 72—79 页编码错误（应为第 73—80 页）；第 92—119 页编码错误（应为第 93—120 页）。

县政辅导法令汇编．第一辑 / 广东省政府民政厅编 .-- 广东省政府民政厅刊，民国 34 年［1945］.--88 页；19cm　［吉图，国图］

国民政府统治区地方行政法令汇编。收入修正防止汉奸、间谍办法大纲等13种。

现行地方自治法令讲义 / 内务部编 .-- 上海：泰东图书局刊，民国11年［1922］.--222页；19cm　［南图，吉图，津图，国图］

地方自治讲义，第2种。

现行地方自治法令解释汇编 / 苏松芬编 .-- 上海：商务印书馆刊，民国23年［1934］.--178页；19cm　［重图，国图，浙图，赣图，上图］

.-- 再版 .-- 上海：商务印书馆刊，民国24年［1935］.--21，178页；19cm　［南图，重图，国图］

所收地方自治法令解释自1928年至1934年5月止，其中有县市组织法、县市参议会组织法、区自治施行法等的解释。书前冠自序、例言。

现行地方自治制度及地方自治实施法 / 蒋锡曾辑 .-- 民国20年［1931］.--188页；26cm　［国图］

讲述地方自治的意义，各国地方自治制度的优点，中国地方自治制度的优点、沿革、实施，河北省筹备地方自治的状况等。有河北省地方行政人员训练班教学纲要。书前冠序。河北省地方行政人员训练所讲义。

现行关系地方自治各项法规 / 内务部编 .-- 上海：泰东图书局刊，民国11年［1922］.--162页；19cm　［赣图］

现行关系地方自治各项法规 / 内务部编 .-- 上海：泰东图书局刊，民国11年［1922］.--208页；19cm　［津图，国图］

据当时施行的有关法令讲述政治制度、行政组织及行政诉讼、内政、财政等行政法规。封面题名：地方自治讲义。书末附附省参事会条例。

现行县政法规汇编 / 王后哲编 .-- 上海：大东书局刊，民国21年［1932］.--796页；19cm　［南图，津图，湘图，赣图，浙图］

分官规、自治、警卫、禁烟等12类国民政府颁行的县政法规。

现行乡村法令汇编 / 广西省政府编 .-- 桂林：广西省政府刊，民国26年［1937］.--250页；19cm　［南图，吉图，国图，浙图］

分户籍、人事、保安、交通、风俗改良等13类。

香港移民条例 .-- 香港：中央编译社刊，民国29年［1940］.--10页；19cm　［国图］

收入香港政府1940年10月公布统制移民条例（1940年12月17日施行）。

修正出版法及施行细则 / 内政部警政司编 .-- 南京：内政部警政司刊，民国26年［1937］.--22页；27cm　［南图，重图，国图］

修正出版法于1937年7月8日由国民政府公布，共54条。修正出版法施行细则于1937年7月28日由内政部公布，共28条。

有关地方自治法规辑要/柯琴辑；内政部编纂.-- 重庆：商务印书馆刊，民国33年［1944］.--148页；18cm ［重图，国图］

.-- 渝再版.-- 重庆：商务印书馆刊，民国35年［1946］.--148页；18cm ［南图，国图］

共6篇。包括基本法规、有关组成者、有关选举者、有关考试检核者、有关会议者、有关造产之财政者。

云南省单行法令汇编/云南省政府秘书处法制室编.-- 昆明：云南省政府秘书处法制室刊，民国36年［1947］.--369页；26cm ［南图，重图，津图，国图］

收入该省1947年12月以前法规。分民政、警务等13类。

增订考试院法规汇刊/考试院秘书处文书科编.-- 南京：考试院秘书处文书科刊，民国23年［1934］.--282页；26cm ［南图，国图］

增订铁道法规汇编.第二册业务类/铁道部编.-- 南京：铁道部刊，［193?］.--2册；1156页；26cm ［国图］

分客运、货运、联运、行车、电报等6类，辑入1936年前后公布的有关法规、办法及附件等近百种。

战事关系法规汇纂/管理特种财产事务局编.-- 北京：管理特种财产事务局刊，民国8年［1919］.--400页；25cm ［国图，首图］

收第一次世界大战中中国政府对德奥宣战的布告及因参战而发布的对内对外适用的法规，如处置敌国兵营办法、处置敌国武器办法、邮局检查办法、俘虏收容所规则、管理敌国租界办法、接收敌侨财产办法、上海敌产转契办法等341种。

浙江省民枪登记给照暂行办法.--［1912?—1949?］.--16页；19cm ［浙图］

中国国际私法论/唐纪翔著.-- 上海：商务印书馆刊，民国19年［1930］.--229页；22cm ［南图，吉图，重图，浙图，赣图，上图，首图］

.-- 订正本.-- 上海：商务印书馆刊，民国22年［1933］.--289页；22cm ［赣图］

.-- 国难后1版.-- 上海：商务印书馆刊，民国23年［1934］.--229页；22cm ［重图，湘图，国图］

.-- 国难后2版.-- 上海：商务印书馆刊，民国28年［1939］.--229页；22cm ［首图］

中国涉外法律研究。分绪论、总论、各论。绪论概述国际私法的定义、渊源、学说、法系等；总论概述法律的适用、适用的限制及国籍冲突等；各论则分别研究关于人、财产、继承等涉外法，以及法律行为等。依当时现行法为对象，择引中外学说，并加评论。附录有法律适用条例、日本法例、德国民法施行法等4种，且内容多加修改。教本。书前冠序、例言。大学丛书。

中国森林法/安事农编著.--上海：华通书局刊，民国22年［1933］.--316页：表；22cm　［辽图，重图，晋图，国图，浙图，上图］

附林业法规一览表，包括各种细则、条例、章程、规则。

中华民国地方自治法规汇编/郭卫编校.--上海：会文堂新记书局刊，民国22年［1933］.--268页；21cm　［南图，重图，国图］

收国民政府建国大纲、地方自治开始实行法、地方自治专门委员会条例。封面题有“上海法学编译社”字样。

重庆市政法规/重庆市政府编.--重庆：重庆市政府刊，民国36年［1947］.--304页；16cm　［重图，国图］

收入1938年10月至1947年10月底该市颁行法规。分民政、警察等9类。

重庆市政府法规汇编/重庆市政府秘书处编.--重庆：重庆市政府秘书处刊，民国28年［1939］.--26页；27cm　［重图］

本书有重庆市政府组织规则、重庆市赈济会组织规程、重庆市政府取缔收容训练及救济乞丐办法、重庆市日用必需品公卖处董事会组织规程、重庆市设立中心学校暂行办法大纲等法规。

重庆市政府法规汇编.第二册组织及服务类中/重庆市政府参事室编.--油印本.--重庆：重庆市政府参事室刊，民国31年［1942］.--107页；27cm　［重图］

重庆市政府法规汇编.第四册社会类/重庆市政府参事室编.--油印本.--重庆：重庆市政府参事室刊，民国31年［1942］.--107页；27cm　［南图，重图］

重庆市政府法规汇编.第五册警察类上/重庆市政府参事室编.--油印本.--重庆：重庆市政府参事室刊，民国31年［1942］.--94页；27cm　［重图］

重庆市政府法规汇编.第六册警察类下/重庆市政府参事室编.--油印本.--重庆：重庆市政府参事室刊，民国31年［1942］.--185页；27cm　［重图］

重庆市政府法规汇编.第七册财政类/重庆市政府参事室编.--油印本.--重庆：重庆市政府参事室刊，民国31年［1942］.--65页；27cm　［重图］

重庆市政府法规汇编.第八册工务卫生类/重庆市政府参事室编.--油印本.--重庆：重庆市政府参事室刊，民国31年［1942］.--20，50页；27cm　［重图］

最高法院年刊/最高法院年刊编辑委员会编辑.--南京：最高法院书记厅第三科刊，［1941?—1945?］.--1册；图；27cm　［国图］

张韬题写刊名。

4 刑事侦查

4.1 刑事侦查总论

刑事警察/华北政务委员会内务厅警政局警察教科用书编审委员会编 .--6 版 .-- 修订本 .-- 北京：警声社刊，民国 33 年［1944］.--61 页；18cm ［馆藏地不详］

乙种警察教练所教科用书。

刑事警察/华北政务委员会内务厅警政局警察教科用书编审委员会编辑 .--6 版 .-- 修订本 .-- 北京：警声社刊，民国 33 年［1944］.--110 页；19cm ［馆藏地不详］

甲种警察教练所教科用书。

刑事警察/临时政府治安部警政局警察教科用书编审委员会编辑 .--2 版 .-- 北京：警学书局刊，民国 29 年［1940］.--66 页；19cm ［馆藏地不详］

共 3 编。包括总则、防止犯罪和搜查。具体介绍了刑事警察之概念、根本之防止犯罪、搜查手续、搜查实务等。

刑事警察/上海市警察局警察训练所编 .-- 上海：上海市警察局警察训练所刊 .--183 页；19cm ［上图，华东政法］

分 7 章。包括刑事警察与其他学科的关系，刑事警察的意义、任务、范围、组织，以及上海市警察局刑事警察业务实况等。

刑事警察/首都警察厅警员训练所编 .-- 南京：首都警察厅警员训练所刊，民国 35 年［1946］.--54 页；18cm ［国图，南图］

.-- 南京：首都警察学校刊，民国 37 年［1948］.--54 页；18cm ［国图］

共 6 章。讲述了刑事警察的概念、机构、应具备的条件、工作中应遵守的原则，以及刑事警察的勤务和几种常用学术的常识等。附调度司法警察条例。首都警察厅警员训练所讲义。

刑事警察·违警罚法·行政执行法/师连舫等编著；中央训练委员会内政部审订 .-- 中央训练委员会内政部刊，民国 30 年［1941］.--230 页；18cm ［南图，吉图，重图，国图，浙图］

刑事警察分刑事警察之重要、刑事警察一般应注意之事项、犯罪现场之保全与侦查、侦探技术、质问术、怎样逮捕犯人 6 章；违警罚法分总论、违警、违警罚 3 编；行政执行法分行政意义及行政之界限、行政作用、行政之强制执行等4章。书前冠例言。书末附附载。县各级干部人员训练教材。

刑事警察纲要 / 毛文佐编著 .-- 中央警官学校刊 .--76页; 18cm ［南图，中图，国图］

共8章。讲述了刑事警察的概念、设备、训练、人事、勤务、审问及指挥等问题。目录页题：刑事警察讲义摘要。

刑事警察纲要 / 俞叔平著 .-- 中央警官学校刊，民国29年［1940］.--312页；18cm ［国图，重图，南图］

共15章。介绍了刑事警察概论，刑事警察与各种法律的关系，刑事警察的组织、训练、调查勤务、侦察勤务等。

刑事警察合编 / 中央警官学校编审处编 .-- 中央警官学校刊，民国36年［1947］.--668页：图；19cm ［重图，首图，津图］

共7章。讲述了刑事警察与有关法律的关系，刑事警察的组织、勤务、审问等问题。刑事警察教程：中央警官学校教材。

刑事警察讲义 / 湖北省会警察局编 .-- 民国26年［1937］.--1册；19cm ［重庆档案馆］

警察小丛书之八。

刑事警察讲义 .--68页；19cm ［浙图］

分上、下编。上编为总论，包括刑事警察概念，司法警察的由来及其与行政警察、检察官的关系；下编为本论，包括告诉、告发、自首、现行犯与准现行犯、被告人、证人、鉴定人以及扣押、搜索、勘验等。

刑事警察讲义摘要 / 毛文佐著 .-- 中央警官学校刊，民国32年［1943］.--108页；19cm ［重庆档案馆］

刑事警察教科书 / 治安部警务司编纂 .-- 新京："满洲国"警察协会刊，民国29年［1940］.--172页; 23cm ［津图］

刑事警察学 / 张洁鎏著 .-- 广东：广东省地方行政干部训练团刊，民国29年［1940］.--122页：折表；19cm ［重图］

刑事警察与犯罪侦查 / 俞叔平著 .-- 上海：远东图书股份有限公司刊，民国35年［1946］.--305页；21cm ［国图，上图］

.--4版 .-- 上海：远东图书股份有限公司刊，民国36年［1947］.--305页；21cm ［南图，津图］

.-- 修正4版 .-- 上海：远东图书股份有限公司刊，民国36年［1947］.--305页：图表；21cm ［重图，上图］

.--5版 .-- 上海：远东图书股份有限公司刊，民国37年［1948］.--305页：图表；21cm ［上图］

著者为上海市警察局副局长。本书根据外国刑事侦查大全编述，共16章。内分刑事警察概论、刑事警察与诸种法律之关系、刑事警察之组织、刑事警察之调查勤务、刑事警察之侦查勤务、死体检验、审问心理与技术、重要刑事案件之侦察等。

刑事警察摘要/毛文佐著.--58页;17cm　［中图］

实用警探学/郑诚元著.--当涂:当涂营业税局刊,民国33年［1944］.--218页;19cm　［国图,上图］

书前有著者序7篇,分警探学和侦探学两编,共27章。

修正天津市公安局侦缉队组织规则/.--油印本.--天津.--2页;28cm　［国图］

德国刑事警察制度之研究/曾磊译著.--民国37年［1948］.--63页;19cm　［中图］

犯罪侦查/刘天凤著.--南京:中华警察学术研究社刊,民国37年［1948］.--192页;20cm　［南图］

共12章。第一章:犯罪侦查概说,分犯罪侦查之概念、犯罪侦查之意义、犯罪侦查之目的、犯罪侦查之要素、侦查人员必备之精神条件5节;第二章:侦查机关之组织与人员选训,分侦查机关之组织、侦查人员应具备之资格、侦查人员之训练3节;第三章:侦查运用之方式,分情报员之运用、秘密通讯、化妆侦查、跟踪侦查4节;第四章:逻辑侦查术之法则,分逻辑侦查术之立脚点、逻辑侦查术之推理方法、推理之运用3节;第五章:推理错误之原因,分观察不周之错误、观察不当之错误、无根据观察之错误、因果观察之错误、类推之错误5节;第六章:侦查资料,分侦查资料之价值、侦查资料之发现、侦查资料之鉴识3节;第七章:现场侦查,分现场及嫌疑犯地之价值、现场侦查前之准备、现场之鉴识、现场应注意之事项、现场之保存、现场搜索6节;第八章:侦查途径,分"犯人"侦查之途径、被害者之侦查、现场证迹侦查3节;第九章:犯罪动机与犯罪定刑,分犯罪动机、犯罪定刑2节;第十章:分类侦查,分9节;第十一章:逮捕方法,分5节;第十二章:审问技术,分4节。

犯罪侦查/吴贵长编.--中央警官学校刊.--122页;19cm　［国图,上图,南图］

.--中央警官学校刊.--168页:图;19cm　［浙图,重图,国图］

中央警官学校讲义。分犯罪侦查概论、现场侦查、痕迹侦查、分类侦查4章。

签呈天津市公安局侦缉队组织规则意见/桂步骥拟.--油印本.--民国25年［1936］.--2页;28cm　［国图］

上海特别市警察局:司法警察.--25页;27cm　［馆藏地不详］

上海特别市警察局警士教练所司法警察讲义/吴吟和编.--上海:上海特别市警察局.--25页　［南图］

共7章。包括司法警察的概念、搜索、人犯的拘捕、假预审、违警的即决、拘留所、检验。附表10张。

司法警察 / 陈英，方庚编辑 .--150页　［桂图］

司法警察 / 世界书局编 .-- 上海：世界书局刊，［1925?—1937?］.--41页；19cm　［浙图，南图，上图，吉图，重图，国图］

分司法警察之概念、搜索、人犯之拘捕、假预审、违警之即决、居留所、检验等7类。最近警察全书，第4种。

司法警察 / 首都警察厅警员训练所编 .-- 南京：首都警察厅警员训练所刊，民国35年［1946］.--42页；18cm　［国图，南图］

内分两编。第1编总论包括3章，讲述司法警察的意义和要则；第2编本论包括15章，分述侦查、传唤、拘提、逮捕、讯问、羁押、搜索等司法警察的工作程序。每章后有讨论题。

司法警察 / 章鸿宾汇编 .-- 杭州：浙江省警官学校刊，民国19年［1930］.--116，54页；22cm　［浙图］

司法警察（高等巡警学堂讲义） / 王家襄编述 .--152页；20cm　［上图］

讲述了司法警察的机关、权限、章程、侦探工作等。

司法警察（司法警察讲义） / 上海市警察局警察训练所编 .-- 上海：上海市警察局警察训练所刊，民国30年［1941］.--34页；19cm　［上图，吉图］

分绪论、司法警察的任务、处理有关外事的案件3章。

司法警察服务及奖惩规则 / 司法部二十九年二月二十八日公布，民国29年［1940］.--8页　［法研所］

司法警察讲义 / 河北省会公安局警察教练所编纂 .-- 天津：协成印刷局印，民国22年［1933］.--72页；19cm　［津图］

分3编14章。第1编总论；第2编侦查；第3编各论。

司法警察讲义 / 李华编 .--100页　［南图］

共13章。包括司法警察的制度与行政警察的关系、官吏、职责，侦查的意义及着手的原因，侦查概说、被告人、保管扣押、搜索、勘验、侦察时间的处理、人犯的护送及附录（附录包括首都警察厅修正办案须知等）。

司法警察讲义 / 张洵，刘泽传汇述 .-- 民国24年［1935］.--138页；22cm　［南图，赣图］

司法警察学 / 邵心洵，陈枤编著 .-- 上海：世界书局刊，民国21年［1932］.--100页；19cm　［南图，国图］

共24章。前5章叙述了刑警的定

义、工作范围、权限；第8至11章叙述了刑法及刑罚；第12至20章详述违警罚法及各种违警罚则；其余各章为预审、处分及警察局规则。

司法警察要则讲义 / 谢盛戡，孙懋铣撰 .-- 线装本 .-- 民国初年排印本 .-- 三册；24cm ［浙图］

司法警察要则讲义 / 章鸿宾著 .-- 杭州：浙江省警官学校刊，民国19年［1930］.--116，54页；22cm ［浙图］

天津市公安局侦缉队组织规则 /.-- 油印本 .-- 天津 .--2页；28cm ［国图］

天津市公安局侦缉队组织规则修正案 / 张棣生，王耕木拟 .-- 油印本 .-- 天津 .--7页；28cm ［国图］

现代犯罪侦查 / 余秀豪著 .-- 上海：商务印书馆刊，民国35年［1946］.--186页；20cm ［辽图］
.-- 上海：商务印书馆刊，民国34年［1945］.--219页；20cm ［浙图］
.-- 上海：商务印书馆刊，民国36年［1947］.--209页；21cm ［吉图，辽图，津图，国图，南图，上图，重图，中图］

包括11章。论述了犯罪的原因、动机、方式，以及刑事侦查中的个人识别法、现场探查、讯问技术、科学利用、侦查人员的选训、侦查机关的组织、各国犯罪侦查密探等。系著者赴美考察、研究警政之成果。

现代犯罪侦查 / 余秀豪著 .-- 沈阳：沈阳市警察局刊，民国35年［1946］.--286页 ［南图］

刑事警察概论 .--656页；18cm ［中图］

修正检察官指挥司法警察证暂行细则 / 司法部二十八年二月十八日公布 .--1册 ［法研所］

侦查方法概要 / 华山编著 .-- 山地书店刊，民国22年［1933］.--92页；13cm ［中图］

侦查概要 / 郑诚元著 .--1册；27cm ［南图］

侦查要义讲义 .-- 江西省各县警察队训练班委员会刊 .--1册 ［赣图］

侦探丛书：上下册 / 夏全印主编 .-- 南京：京华印书馆刊，民国24年［1935］.--2册（560，534页）：照片；20cm ［重图，南图，吉图，上图，首图，国图，赣图］

共14种，合订2册。上册包括侦探学、侦查罪犯之钥、侦查罪犯心理法、罪犯之相、科学侦查之钥、侦探之法医常识、侦探心得、缉务琐谈8种；下册包括指纹学术、指纹实验录、警犬学术、警犬之管育、侦探破案汇录、手枪使用法6种。

侦探诀要 / 张福荫著 .-- 公记印

书局刊，民国 17 年［1928］.--50 页；19cm　［首图］

侦探秘笈必读 / 宪兵司令部宪兵杂志社编辑 .-- 南京：宪兵司令部宪兵杂志社刊，民国 22 年［1933］.--244 页；19cm　［上图］

这本书是日本人安东禾村所著，详举近代科学的侦探术实例，既是世界最著名的侦探秘闻，也以此谋取搜查犯罪方法的革新。共两编，第一编犯罪侦查术及其实例，第二编世界大侦探密录。

侦探术 / 宪兵司令部宪兵杂志社编 .-- 南京：宪兵司令部宪兵杂志社刊，民国 23 年［1934］.--192 页；19cm　［吉图，人大，武大，国图，西北政法］

本书是该司令部参议高蓚堪根据日本警察厅搜查科长恒冈恒所著译述而成。除绪论叙述了警察的历史、搜查犯罪的变迁等外，共分 4 编，包括搜查犯罪的要领、原则、检查现场、搜查杀人事件及各类盗窃案件等。著者主张搜查犯罪者应具有精密的思虑、决定的意志、敏捷的行动和广博的学识。

侦探术 .--48 页；13cm　［国图］

侦探须知 .-- 南京：南京武学书局刊，民国 35 年［1946］.--14 页；18cm　［馆藏地不详］

侦探学 / 国民政府军事委员会委员长南昌行营编 .-- 上海：中华书局刊，民国 24 年［1935］.--34 页；17cm　［上图］

.--6 版 .-- 上海：中华书局刊，民国 24 年［1935］.--34 页　［重图］

.-- 上海：中华书局刊，民国 25 年［1936］.--34 页　［陕图］

共 6 章。讲解了侦探之组织及种类、侦探应具备之学识性能、侦探之动作等。各省保安团队及壮丁训练适用书籍。

侦探学 / 刘绍复著 .-- 刘绍复刊，民国 8 年［1919］.--170 页；19cm　［人大，公安大学］

侦探学 / 刘紫苑编 .-- 江苏省警官学校刊，民国 18 年［1929］.--202 页　［吉大］

共 5 编，包括总论、侦查部、反探部、侦探部和结论。具体介绍了侦探学之意义、目的、侦探之起源和观念，侦探之性能，反探的意义，侦查政治之研究等。

侦探学 / 上海法总巡捕房编 .-- 上海：上海法总巡捕房刊 .--68 页；19cm　［上图］

侦探学 / 夏全印著 .-- 民国 9 年［1920］.--220 页　［陕图］

侦探学 / 余晋和著 .-- 青岛：青岛市公安局刊，民国 20 年［1931］.--1 册　［北大］

侦探学 / 郑诚元著 .-- 江苏省区长训练所刊，民国 29 年［1940］.--393 页；

23cm [国图]

该所侦探学讲义。除绪论外，分刑事侦探、政治侦探2章。末附侦探常识10种及结论（写于1940年11月）。

侦探学概要 / 上海市警察局警察训练所编 .-- 上海：上海市警察局警察训练所刊 .--51页；19cm [吉图，陕图，上图]

讲解了各种侦缉业务知识。

侦探学讲义 / 卢政纲编述 .-- 杭州：浙江省警官学校刊，民国22年［1933］.--246页；21cm [上图]

分总论、侦探部、反侦探部等3编。讲述了侦探学的基本原理、各种侦探技术及反侦探工作等。

侦探学例讲义 / 军用图书社编 .-- 再版 .-- 南京：军用图书社刊，民国20年［1931］.--36页；14cm [馆藏地不详]

侦探学入门 / 今文编辑社编 .-- 上海：友利公司刊，民国29年［1940］.--1册 [南图]

收录箱中女尸、黑夜哭声、鬼屋、审判心理学、抢劫银行、沼泽中的凶案、小丑的自杀、水中的尸体、遗书的字迹、男人的脚印等案件。侦探丛书。

侦探学识 / 何觉明著 .-- 广州：广州侦探讲习所刊，民国17年［1928］.--94页 [陕图]

侦探学术新编 / 刘紫菀编 .-- 南京：中华民国指纹学术研究会刊，民国18年［1929］. 26，318页：图表；19cm [重图，国图]

.-- 南京：黄埔同学会刊 .--1册；19cm [南图]

内分总论、侦探部、反探部、侦查部、结论5编。讲述侦探学的意义、对象、目的，侦探的起源、性能、类别，以及侦探的道德、待遇、技术等。附侦探特务问答目录。

侦探学研究 / 赵志嘉编 .-- 上海：世界书局刊，民国18年［1929］.--10，122页；19cm [南图，重图，上图，津图，首图，浙图，国图]

论述了侦探的种类、工作方法，以及侦探的意义、组织、性能、言语等。

侦探学要义讲义 / 江西省各县警察队训练班教材编委员会编 .-- 江西：江西省各县警察队训练班教材编委员会刊 .--104页；22cm [赣图]

侦探学要旨 / 张澄志编著 .-- 上海：商务印书馆刊，民国20年［1931］.--115页；18cm [国图，重图，上图，津图，浙图，大连，赣图]

.-- 上海：商务印书馆刊，民国22年［1933］.--115页；19cm [湘图，陕图，赣图]

.-- 再版 .-- 上海：商务印书馆刊，民国23年［1934］.--115页；19cm [馆藏地不详]

.--3版 .-- 上海：商务印书馆刊，民国

24年[1935].--115页；19cm　[南图，国图]
.--4版.--长沙：商务印书馆刊，民国28年[1939].--115页；19cm　[重图]

分绪论、侦探应备之学识、侦探应知之方法、各国侦探队之组织法、侦探命案之研究等6章。万有文库，第1集，第261种。

侦探要旨.--上海：世界书局刊，民国18年[1929].--40页；19cm　[南图，上图，浙图]

本书共有5章，分别是侦探的种类、警察侦探、制图、杀害之观察、盗窃之观察等。最新警察全书之十二。

侦探指南/林占元编.--上海：会文堂书局刊，民国11年[1922].--88页；19cm　[首图，陕图]
.--8版.--上海：会文堂新记书局刊，民国17年[1928].--88页；19cm　[上图，首图]

辑集历代有关侦探的故事80余篇。

中国司法警察概况讲义/王扬滨.--1册；图；27cm　[鄂图]

概述了司法警察的基础、机关、侦查的开始，司法警察于侦查开始的行动，司法警察行动的细部分析。附有关司法警察的各项章程、公文样式。警官高等学校讲义。

中国之侦探学/金鲁淮著.--成都：昌福公司刊.--82页；22cm　[重图，首图，上图]

介绍了中国人自己各种案件的侦破方法，包括闻声辨奸、有功见疑、破验鼠矢等。

最新侦探学/卢政纲编.--杭州：浙江省警官学校刊，民国22年[1933].--246页　[闽图，浙图，上图，兰大，西南政法]

最新侦探学/卢政纲编.--南京：南京书店刊，民国21年[1932].--262页；19cm　[南图，浙图，国图]

共8章，包括侦探概论、侦探德行、侦探学识、侦探技术、侦探方法、侦探组成、侦探勤务、侦探研究。附：侦探之通规、窃贼之名称、盗匪之切口。

4.2　侦查技术与方法

犯罪搜查法/(日)南笔杰太郎著；徐苏中译.--上海：会文堂新记书局刊，民国25年[1936].--2册　[陕图]

犯罪搜查法/(日)南波杢三郎原著；徐苏中译述.--上海：上海法学编译社刊，民国21年[1932].--2册(690页)；20cm　[南图，吉图]
.--上海：上海法学编译社刊，民国21年[1932.1].--2册(690页)；20cm　[津图，浙图]
.--再版.--上海：上海法学编译社刊，民国21年[1932.9].--2册(690页)：插图；21cm　[浙图]

.-- 上海：上海法学编译社刊，民国 22 年［1933］.--2 册（690 页）；20cm ［厦门，辽图，津图，上图，中图，北大，国图，首图］

分总论和各论。总论讲述了搜查上可足额的利用，犯罪痕迹的研究及证据的搜查等；各论分别讲述了盗窃、杀人、赌博、恐吓、过时死亡等罪的侦查方法。法学丛书。

犯罪搜查法 / 阮光铭编著 .-- 上海：商务印书馆刊，民国 24 年［1935］.--302 页：图表；19cm ［吉图，辽图，津图，湘图，国图，上图，首图，浙图，北大］
.-- 再版 .-- 上海：商务印书馆刊，民国 24 年［1935］.--302 页；19cm ［重图，浙图，中图］

分 2 编。第 1 编总论，包括犯罪搜查的观念、犯罪现场论等；第 2 编各论，包括杀害之研究、盗贼被教唆的侦察、个人识别之研究、警察官搜查心得等 10 章。

犯罪搜查法：上册 /（日）南波杢三郎原著；徐苏中译述 .-- 上海：上海法学编译社刊，民国 22 年［1933］.--298 页；21cm ［首图，吉图］
.-- 上海：上海法学编译社刊，民国 26 年［1937］.--298 页；21cm ［首图］

分总论和各论。总论包括搜查上科学的利用，犯罪痕迹的研究及证据的搜查等；各论分别讲述盗窃、杀人、赌博、恐吓、过失死伤等罪的侦察方法。法学丛书。

犯罪搜查法：下册 /（日）南波杢三郎原著；徐苏中译述 .-- 上海：上海法学编译社刊，民国 22 年［1933］.--392 页 ［首图，吉图］
.-- 上海：上海法学编译社刊，民国 26 年［1937］.--392 页；21cm ［首图］

分总论和各论。总论包括搜查上科学的利用，犯罪痕迹的研究及证据的搜查等；各论分别讲述盗窃、杀人、赌博、恐吓、过失死伤等罪的侦察方法。法学丛书。

犯罪搜查学 / 王扬滨著 .-- 北平：国立北平商学院 .--1 册 ［北大，人大］

犯罪搜索学 / 林几著 .-- 冀察县：冀察县司法审判官训练所刊 .--2 册；704 页；27cm ［公安大学］

个人识别法 / 户政纲编 .-- 杭州：浙江省警官学校警士教练所刊，民国 22 年［1933］.--65 页；19cm ［南图］

共 5 章。介绍了个人识别法的概论、预防犯罪的个人识别法、缉捕罪犯的个人识别法、个人识别时应有的要则和结论。

观人术 / 王道远编 .-- 南京：警声印刷厂印刷，民国 36 年［1947］.--90 页；18cm ［南图］

共 5 章。包括观人术概述、人类个性的分析、心理现象的观察、犯罪行为的辨识和结论。

警官办案手册 / 郑宗楷编著 .-- 重

庆：正中书局刊，民国32年［1943］.--210页；19cm　［南图，鄂图，津图，重图，国图，赣图］

.--4版.--重庆：正中书局刊，民国32年［1943］.--210页；19cm　［津图，重图，国图］

系统介绍办案知识。分司法警察官吏、案件的进展及其办理手续、对于抢案的处置、对于杀伤案的处置等8章。附中华民国刑法等法令9种和重庆市警察局办案所用书类之缩形。

科学的犯罪侦查法 / 薛光远编.--上海：华通书局刊，民国6年［1917］.--92页；18cm　［吉图，南图，中图］

.--上海：华通书局刊，民国19年［1930］.--92页；19cm　［厦门，浙图，首图，国图］

共9章。叙述了刑事侦查应用的各种科学技术，研究犯罪现场遗留的痕迹、物品及犯人的身体、衣服、书信，介绍了讯问证人、被告人的方法等。

实际的犯罪搜查必携 /（日）竹下胜著；郭庆秀译.--长春：大学书房刊，民国32年［1943］.--250页；18cm　［首图，国图］

刑事侦查实务。分搜查的概念、搜查资料的搜集、利用指纹照相等鉴别材料、犯人之逮捕及搜查法医学、犯罪的各种类型等9章。介绍刑侦的基本知识与方法。

刑事警察搜查提要 /（日）饭岛博修著.--4版.--新京：满洲警察协会刊，民国28年［1939］.--35，66页；19cm　［津图］

附司法警察职务规范。

修正办案须知 / 首都警察厅编.--南京：首都警察厅刊，民国23年［1934］.--44页；16cm　［南图］

共8个部分。介绍了报案、搜捕押解、侦讯处理、解送及呈报、协助法院、协助市政、协助其他之行政、附则。附录6则，分别为刑事诉讼法摘要、陆海空军刑法摘要、陆海空军审判法摘要、检察官指挥司法警察证暂行细则摘要、宪警服务互应遵守规则、协助市政执行证。

侦查汉奸的方法 / 蔡力行著.--黑白丛书社刊，民国26年［1937］.--36页；19cm　［中山大学］

.--再版.--汉口：黑白丛书社刊，民国27年［1938］.--36页；19cm　［重图，国图，赣图，上图，陕图］

介绍了汉奸的危害、活动手段、成分，侦查汉奸的方式、准备工作及要点等。黑白丛书战时特刊，第17种。

侦探常识 / 广东省政府民政厅编.--20页；19cm　［南图］

侦探概要 / 郑诚元编.--1册；26cm　［南图］

分9个部分。介绍了侦探的品性、侦探的能力、侦探的学术、警犬、化装、监视、验枪、隐蔽和各种报告。

侦探和间谍 / 吕一舟编 .-- 长沙：商务印书馆刊，民国 27 年［1938］.--2 册；29，30 页：图；19cm ［赣图，国图］

小学生战时常识丛书。

侦探化装术 / 吕诉上编著 .-- 台北：台湾艺术社刊，民国 36 年［1947］.--78 页：图；19cm ［吉图，上图］

分两编。讲述了化装的意义及化装法等。

侦探化装术与侦探术 / 吕诉上撰 .-- 增 2 版 .-- 台北：银华出版部刊，民国 36 年［1947］.--96 页；19cm ［台湾“中央警察大学”］

引自“台湾中警校”书目。

侦探秘笈必读 / 宪兵司令部译 .-- 南京：宪兵司令部刊 .--234 页 ［武大］

侦探勤务 /（奥）潘立希著；蒋易均译 .-- 镇江：民权社刊，民国 19 年［1930］.--1 册 ［国图］

侦探术 / 何庆颐著 .-- 湖北，民国 33 年［1944］.--100 页 ［重图］

侦探谈二 / 渡边为藏著；冷血译 .-- 上海：开明书店刊 .--95 页；19cm ［南图］

东西两小贼合传（关口太三郎、格儿特奇），附三常贼（松野贯一、梅脱、落勃脱）。

侦探心得讲义 / 吴贵长编 .-- 南京：首都警察厅警士教练所刊，民国 23 年［1934］.--70 页；19cm ［上图］

共 10 章。讲述了侦探的性能、责任、种类、道德及观察、检查、侦察等。附：指纹学摘要。首都警察厅警士教练所讲义。

警察犬之研究 /（日）山本正一原著；中国警犬学术研究所译 .-- 中国警犬学术研究所刊，民国 7 年［1918］.--174 页：照片；22cm ［国图，南图，辽图，津图］

共 16 章。介绍警犬的种类、特性、饲育、使用、训练、警犬的嗅气等。后附军用犬。

警狗的研究 / 高延庆著 .-- 上海：中央警狗研究社刊，民国 38 年［1949］.--110 页：图；19cm ［上图］

共 5 章。介绍了警狗的功用、种类、选购、管理、疾病等。养狗丛书，第 1 种。

警犬 / 夏孙桂编译 .-- 上海：世界书局刊，民国 30 年［1941］.--5，6，170 页；19cm ［上图，国图，吉大］

.-- 再版 .-- 上海：世界书局刊，民国 36 年［1947］.--11，170 页；19cm ［重图，吉图］

.--3 版 .-- 上海：世界书局刊，民国 37 年［1948］.--170 页；19cm ［国图，上图，陕图，吉图，鄂图］

分 12 章。介绍警犬的史略及重要性，警犬的功用、种类、训练、饮食及其运动与整洁、产婴与育婴等。

警犬教养新编/董翰良著.-- 南京:中华警察学术研究社研究股刊，民国36年［1947］.--83页：图表；19cm ［国图，津图，首图，鄂图，南图］

共10章。介绍了警犬的生活、种类、训练方法、考核及使用等方面情况。附警犬五代系统表及警犬怀孕推算表等4篇。

警犬学/董翰良编.-- 中央警官学校刊，民国27年［1938］.--118页：图；19cm ［重图，南图］

分论述、管育法、警犬之训练、警犬之使用4编。

警犬学/董翰良编.-- 民国28年［1939］.--10，60页：表；19cm ［陕图，重图，南图］

讲述了警犬的饲育、训练及使用等。中央警官学校讲义。

警犬学/董翰良著.-- 南京：首都警察学校刊，民国37年［1948］.--40页：表；19cm ［国图，南图］

共6章。讲述了警犬的生活、训练及使用等。

警犬学.-- 中央警官学校第三分校刊，民国36年［1947］.--20页；19cm ［南图］

警犬训养管理法/钱锡霖译.-- 北京：联兴印务局刊，民国5年［1916］.--3册；27cm ［浙图］

警犬侦探密法/陈健著.-- 南京：拔提书店刊，民国22年［1933］.--88页：照片；19cm ［重图］

共30章。介绍警犬的种类、训练方法及运用。

军用犬/范晓六编.-- 上海：商务印书馆刊，民国22年［1933］.--51页：图；18cm ［辽图，津图，重图，国图，浙图，上图，大连，赣图］
.-- 上海：商务印书馆刊，民国23年［1934］.--51页：图；18cm ［重图，浙图，上图，赣图，黑图］

分7章：绪言、适于军用的犬种、军用犬的参战故事、军用犬的勤务、基本教练、野外教练等。百科小丛书，万有文库，第1集，第260种。

青岛市公安局警犬教练法/青岛市公安局编辑处编.-- 青岛：青岛市公安局编辑处刊，民国20年［1931］.--57页：图像；22cm ［国图］

分犬种、训练、管理、疾病4章。

实用警犬学/梁泰嵩编.-- 中央警官学校第二分校刊.--69页；18cm ［中图］

实用警犬学=The Police Dog/（美）布罗克韦尔（David Brockwell）著；余振焜译.-- 上海：商务印书馆刊，民国25年［1936］.--126页：图像；19cm ［辽图，重图，津图，国图，浙图，首图］
.-- 再版.-- 上海：商务印书馆刊，民国26年［1937］.--126页：图像；19cm

［南图，重图，上图］
.--3 版 .-- 上海：商务印书馆刊，民国 39 年［1950］.--126 页：图像；19cm
［中图，南图，首图，上图］
.--4 版 .-- 上海：商务印书馆刊，民国 40 年［1951］.--126 页：图像；19cm
［上图］

分 7 章。分述了警犬的体态、性情、教养、管理、训育等。

警鸽管训常识 / 陈其惠编著 .--43 页：图；19cm ［上图］

介绍了警鸽的饲养、训练及繁殖等。中央警官学校讲义。

警鸽讲义 / 赵年禄编 .-- 首都警察学校刊，民国 37 年［1948］.--66 页；18cm ［国图］

分 4 章。包括警鸽之素质、管理及饲养、训练及通讯、疾病防治。

警鸽学 / 黄琛编 .--44 页；19cm ［南图，上图］

介绍了警鸽的素质、技能、饲养、训练等。中央警官学校讲义。

青岛市公安局讯鸽教练法 / 青岛市公安局编辑处编 .-- 青岛：青岛市公安局编辑处刊，民国 20 年［1931］.--34 页；22cm ［国图］

介绍繁殖、训练、设备、疾病。

谍报通信勤务 / 军令部第二厅第四处编 .-- 民国 30 年［1941］.--42 页；19cm ［馆藏地不详］

军事通讯方法 / 赵曾珏编著 .-- 重庆：正中书局刊，民国 33 年［1944］.--67 页：图；19cm ［国图，重图，辽图］
.-- 沪 1 版 .--.-- 上海：正中书局刊，民国 34 年［1945］.--67 页：图；18cm ［重图，首图，赣图］
.-- 沪 2 版 .-- 上海：正中书局刊，民国 36 年［1947］.--67 页；18cm ［南图，国图］

分 5 章：概论、电信通信、军邮、补助通信、通信器材。附录交通部电政特派员办事处组织通则等 3 种。

实用催眠术 / 庞靖编 .-- 上海：中华书局刊，民国 11 年［1922］.--84 页；20cm ［首图］
.-- 再版 .-- 上海：中华书局刊，民国 12 年［1923］.--84 页；19cm ［国图］
.--6 版 .-- 上海：中华书局刊，民国 18 年［1929］.--84 页；19cm ［首图，浙图］
.--8 版 .-- 上海：中华书局刊，民国 20 年［1931］.--84 页；19cm ［重图］

分 12 章，叙述催眠术的理论与方法。

刑事采证学总论 /（澳）格洛斯著；周德仁译 .-- 北京：刑政评论社刊，民国 17 年［1928］.--288 页 ［人大］
.-- 周宅出版部刊，民国 14 年［1925］.--288 页 ［北大］

4.3 审讯

关于审讯工作诸问题 .-- 某军政治部锄奸部翻印，民国31年[1942].--51页；19cm　[公安部]

附看守工作须知。

审判心理学 / 陈大齐编著 .--50，68页；23cm　[国图]

共2篇。第1篇7章，分感觉、知觉、知觉之错误、联想、记忆、感情及意志、男女老幼之差异，论述了认识事实所应注意的各种条件，审判者、陈述者的精神作用；第2篇3章，分审问时之注意事项、推理及论证、推理之误谬，论述了审问、判决时注意的各种条件及判断的一些方法。

审讯学 / 张继悦著 .-- 汉口：军事委员会特别训练班刊，民国27年[1938].--48页；18cm　[国图]

主要讲述了形式审讯方法与经验，包括审讯前的准备方法、审讯方法、军法会审、审讯员应有的常识等。技术丛书，第5种。

4.4 案例

特甫侦探谈三集 / 吴雄昌译 .--3版 .-- 上海：中华书局刊，民国9年[1920].--122页；19cm　[南图，国图]
.--5版 .-- 上海：中华书局刊，民国19年[1930].--122页；19cm　[上图]

包括十二红玉、黄象、断半臂、水酸毒、无音枪、中尉行渔、铁钩、灰色发七茎、露水池、隐文书等侦探故事。

北平侦探案 / 张瑞林编著 .-- 北平：文美书店刊，民国19年[1930].--200，30页　[馆藏地不详]
.-- 北平：文美书庄刊，民国21年[1932].--1册：冠照片；19cm　[吉图]

分上、下编。上编收入北平的各类刑事案件26例；下编为侦探要义，包括侦探的基本知识、侦探的分类、侦探应备的基本学识。

陈锦涛案 / 京师地方检察厅编 .-- 北京：京师地方检察厅刊，民国6年[1917].--64页；25cm　[国图]

陈锦涛为当时北洋政府财政总长，因收受贿赂、诈财案被审。本书包括起诉书等全部案卷材料。

斐案始末记 / 胶澳商埠局编 .-- 青岛：胶澳商埠局刊，民国17年[1928].--164页：照片；25cm　[南图，津图，浙图，首图，辽图，国图]
.-- 新华打字局刊，民国17年[1928].--14，164页　[北大]
.-- 青岛：青岛华昌大刊，民国17年[1928].--164页：图；25cm　[上图]

记述了1926年德商斐师恒在青岛被杀害的案件始末情况。

故宫博物院舞弊案实录 / 司法行政部编辑 .-- 南京：司法行政部刊，民国24年[1935].--142页；26cm　[重图，浙图，国图]

该案自1933年4月经国民政府最高法院检察署检举公诉，本书辑全部有关文件。

诡案真相初编 / 苏高中电讯社编.-- 小说林书店刊，民国21年［1932］.--110页；18cm ［北碚图书馆］

诡案真相二编 / 苏高中电讯社.-- 说林书店刊，民国21年［1932］.--98页；19cm ［北碚图书馆］

诡案真相三编 / 苏高中电讯社.-- 说林书社刊，民国21年［1932］.--196页；18cm ［北碚图书馆］

诡案真相四编 / 苏高中电讯社.-- 说林书店刊，民国21年［1932］.--210页；19cm ［北碚图书馆］

国际侦探秘记 / 吴雄倡译.-- 上海：中华书局刊，民国6年［1917］.--102页；19cm ［上图，首图］
.--3版.-- 上海：中华书局刊，民国9年［1920］.--102页；19cm ［国图，首图］
.--5版.-- 上海：中华书局刊，民国15年［1926］.--102页；19cm ［浙图］
.--6版.-- 上海：中华书局刊，民国17年［1928］.--102页；19cm ［上图］

收雷士蔚夫人、俄德草约、电眼、连梅福二号等侦探故事。

哈尔滨交通银行破获伪汇票案始末记 / 哈尔滨交通银行编.-- 哈尔滨：哈尔滨交通银行刊，民国14年［1925］.--59页；25cm ［国图］

此案1925年4月24日发生，主犯为俄国犹太人斯木罗维斯基等，骗五万七千余元。

轰动全国的十大奇案 / 胡景明著.-- 上海：时代出版社刊，民国37年［1948］.--108页；18cm ［上图］

包括十万港币巨骗案、教育厅长骗婚案、原子笔大王探险脱逃案、震动古都的大凶杀案、重庆的奇冤案、骇人听闻的疯人案、轰动平津的马甲藏宝案、九年不食的奇案、上海杨妹与西安杨妹、陈伟达奸淫生女案等二十大案。

李闻案调查报告书 / 梁漱溟，周新民著.-- 北平：中国民主同盟总部刊，民国35年［1946］.--37页：图；19cm ［国图，上图］

报告了李公朴、闻一多两位先生遇害经过及调查本案后的论断。调查报告。

历代奇案大观：秦汉以迄至今 / 王非编；义荪校订.-- 上海：中华图书馆刊，民国9年［1920］.--8册；19cm ［上图］

本书选编从周秦至民国离奇之案，既有遇贤明判官得以伸张正义，也有遇昏官含冤者，提醒当今人们事关人命需谨慎判案。

马阁老洗冤录 / 姚大荣撰.-- 民国23年［1934］.--1册 ［人大］

民国奇案大观/襟亚总纂.-- 上海: 襟霞阁刊，民国 8 年［1919］.--2 册；119，112 页：肖像；20cm　［吉图，津图］
.--5 版.-- 上海: 襟霞阁刊, 民国 10 年［1921］.--2 册；肖像；19cm　［浙图］
.--7 版.-- 上海：襟霞阁刊，民国 15 年［1926］.--2 册；肖像；19cm　［浙图］

收宋案纪略（襟亚）、天马巫（指严）、月儿（瘦鹃）、康定奇案（梅痴）、殉节二姬（江声）、夫妇同命（西生）、借刀杀人（忆红）等 79 篇。

民国三百件稀奇案：实事小纪/平襟亚（海虞）总纂.-- 上海: 宏文图书馆刊，民国 13 年［1924］.--4 册; 19cm　［上图］
.-- 上海：宏文图书馆刊，民国 15 年［1926］　［馆藏地不详］

包括筹饷惨杀、死女结婚、奸杀自首、追租奇冤等。

签注天津市政府转据公安局呈请对伪钞案酌定暂行条例意见/何运衡签.-- 油印本.-- 天津.--4 页；29cm　［国图］

施案纪要.-- 民国 24 年［1935］.--50 页：照片；19cm　［上图］

"施案"指施从滨被孙传芳杀害，而后施的女儿施剑翘又将孙传芳刺死一案。施为山东将领，不与孙合作。1925 年 11 月 3 日被孙俘获，杀害于蚌埠车站。1935 年 11 月 13 日下午，施剑翘在天津居士林将孙击毙，后自首。本书辑全部案情以及有关函电、评论等。

收回天津比租界案：欧美第 7 号/中华民国国民政府外交部编.-- 南京：中华民国国民政府外交部刊，民国 20 年［1931］.--26 页：图表；25cm　［浙图］

1929 年 8 月 31 日签订，1931 年 1 月 15 日实行交收。协定全文共 8 条（中英文本）。另收换文、声明书、中方批准书（法文）及互换批准证书（英文）。另本题白皮书第 20 号，内容与本书相同。

韦肇隆被方星楼焚火杀劫掠毁坟弃骨之大惨案/韦肇隆拟.-- 广西: 韦肇隆刊，民国 22 年［1933］.--42 页; 20cm　［国图］

韦肇隆向国民党西南政务委员会的诉状及其有关材料。

一二·一惨案实录/昆明市中等以上学校反内战罢课联合会编.-- 昆明：昆明市中等以上学校反内战罢课联合会刊，民国 34 年［1945］.--1 册　［上图］

尹福保案纪实.-- 北平：个人刊，民国 19 年［1930］.--80 页；23cm　［国图］

北平义兴银号谢霖会计诉北平社会局工作人员尹福保恐吓诈财一案的卷宗材料。

浙江省立第一师范学校毒案纪实.-- 民国 12 年［1923］.--424 页: 图像; 22cm　［国图，浙图］

1923 年 3 月 10 日浙江省立第一师范学校 3 名职工因贪污公款被发现，于是放毒毒害学生，造成 213 人中毒，24 人死亡。本书收有亡生的传略、毒案纪略、医生鉴定书等。卷首有死难者遗像。书前冠弁言、编辑的话。

中国暗杀案 / 陶啸秋编 .-- 上海：交通图书馆刊，民国 11 年［1922］.--200 页；20cm　　［吉图，大连］

5 刑事技术

5.1 刑事技术总论

现代科学侦察全书 / 杨瑞廖著 .-- 昆明: 云南开智公司刊，民国28年[1939] .--386 页；19cm [云南公安]

全书30篇，包括现代犯罪与反科学之趋势、讯问技术之运用、侦查人员之准备、犯罪现场之履勘与测绘、命案及毒药案件之侦查、个人容貌之鉴别、掌指爪牙足鞋印痕迹之采集、血迹毛发精液粪便及一切排泄物斑污之检查、枪弹及炸药痕迹之比较、服装绳索铁器之检证、笔记印鉴之辨识、车辙破窗及纵火原因之研究、秘密通讯之检查、刑事警犬之驯养、紫外光及比较显微镜之妙用、刑事摄影之技术、犯罪原因之观察与救济等。

刑事警察科学知识全书 / 冯文尧编 .-- 增订版 .-- 上海：冯文尧刊，民国37年[1948] .--560 页：图；25cm [上图，浙图，国图]

.-- 增订版 .-- 上海：冯文尧刊，民国38年[1949] .--560 页：图像；26cm [吉图，首图]

.-- 上海：世界书局刊，民国38年[1949] .--560 页；25cm [山东警院，上图，南大，人大，公安大学]

共10部分。分刑事侦查、自杀与谋杀、审讯、痕迹、枪弹检验、笔迹鉴定与匿名信、勤务技术、亨利氏十指纹制度、伯利氏单指纹制度、犯罪与预防等。

刑事警察学 / 惠洪编著 .-- 上海：商务印书馆刊，民国25年[1936] .--236 页；19cm [国图，上图，重图，南图，津图，晋图，首图，中图，浙图]

共10章。分各国刑事警察概况、刑事警察事务之一般、刑事警察之一般科学、足迹及其检查、测量身体法、摄影及容貌记载、手背静脉丛、警犬、紫外线、验枪等。市政丛书。

5.2 痕迹学

法国式指纹学 / 蔡庆伟编著 .-- 指纹学会出版部刊，民国22年[1933] .--116，20 页；22cm [中图]

.-- 广东指纹法学会编纂委员会刊，民国22年[1933] .--120 页 [中山大学，中图]

“满洲国”指纹学之理论与实习 / 郭正福著 .-- 奉天：益文印书局刊，民国26年[1937] .--200，116 页：照片；

19cm　　［辽图，国图，黑图］

共3编。伪满出版物。

命运指纹学 /（日）长谷川滔浦著；殷鉴译 .-- 上海：大通图书社刊，民国25年［1936］.--154页；19cm　　［国图］
.-- 上海：大通图书社刊，民国26年［1937］.--154页；19cm　　［上图，赣图］

青岛市公安局指纹处理规程 / 青岛市公安局编 .-- 青岛：青岛市公安局刊，民国21年［1932］.--12页：图；22cm　　［国图］

系该局对指纹处理的程序规定，共33条。

实用指纹学 / 徐圣熙著 .-- 南京：中华警察学术研究社研究股刊，民国36年［1947］.--67页；19cm　　［首图，南图］
.--2版 .-- 南京：中华警察学术研究社研究股刊，民国37年［1948］.--67页；18cm　　［吉图，津图，浙图，中图，国图，南图］

共10章。分概论、指纹捺印、种类、指纹分析、残缺指纹的分析、亨利制的扩大分析、指纹的储藏检查对比与鉴定、指纹发现法、指纹采取法、指纹问答等。

刑事联合演习报告书 / 李士珍等 .-- 中央警官学校刊 .-- 民国28年［1939］.--60页　　［馆藏地不详］

共20篇。包括讲评纪要、刑事联合演习计划、现场封锁报告、警犬追踪报告、现场照相报告、警医诊察报告、嫌疑犯指纹鉴定报告书、现场测绘报告、笔迹鉴定书、枪弹鉴定书、预审口供记录、教唆犯通缉令等。

一指指纹法：指纹法参考书 /（日）古畑种基著；康心铭译 .-- 警官高等学校刊，民国3年［1914］.--18页：图；23cm　　［南图，吉图，国图，上图］

据著者指纹学之一篇一指指纹法译。一指指纹法是由一个指指纹推定犯人的方法，在此之前都用十指指纹法。

指纹法 /（日）山田一隆编；雷荣明译 .-- 民国21年［1932］.--141页；19cm　　［南图］

共12章。包括指纹及指纹法，指纹法之发达、效用，指纹法实施上之效用，隆线之种类及名称，内端及外端，指纹之种类，日本指纹法，指纹捺印法，指纹原纸之排列之索引，现场指纹，比较指纹法。附3章内容，包括单指指纹之梗概，Charles Storkey Colince氏之远隔地指纹通信法，在指纹隆线上汗腺开孔口之研究。浙江省警官学校讲义，第2期。

指纹法 / 程华鹏编 .-- 中央警官学校刊，民国34年［1945］.--128页：图；19cm　　［津图，重图，赣图，国图，上图］

分总论、十指指纹、单指指纹、现场指纹、标准指纹5篇。附指纹号表。中央警官学校讲义。

指纹法 / 王江盛编 .-- 中央警官学校刊 .--88 页：图；27cm ［重图］

指纹法 / 俞叔平，毛文佐著 .-- 中央警官学校刊，民国 26 年［1937］.--174 页；18cm ［国图，重图，南图］

分 4 编。第 1 编指纹概论，包括指纹特性、用途、名称、分类等；第 2 编十指指纹，介绍捺印、十指指纹分析、储藏、检查方法；第 3 编标准指纹，包括用途、内容等；第 4 编单指指纹，包括现场指纹之对比及鉴定法等。

指纹法 / 中央警官学校第二分校编 .-- 中央警官学校第二分校刊 .--32 页；19cm ［广东警院］

指纹法; 警察自卫术 / 徐圣熙著 .-- 昆明：云南开智公司刊，民国 28 年［1939］.--241 页；19cm ［云南警院］

指纹法 =Dactylography/ 夏勤编纂 .-- 北京：朝阳大学刊，民国 7 年［1918］.--96 页：插图；20cm ［重图，国图，首图，吉大］

指纹法大意 / 邵希康著 .-- 油印本 .--1 册；27cm ［南图］

指纹法讲义 / 毛成序编著 .-- 重庆：中央警官学校刊 .--143，10 页 ［国图，重图］

分指纹总论、十指指纹、单指指纹、现场指纹、参考资料 5 编。中央警官学校讲义。

指纹法讲义 / 沈维翰讲述 .-- 杭州：浙江省警官学校刊，民国 19 年［1930］.--88 页；19cm ［南图，浙图］

指纹法讲义 / 夏全印编，［1935?—1939?］.--72，128 页；19cm ［鄂图］

指纹法述要 / 马鸿儒译著 .-- 马鸿儒刊，民国 19 年［1930］.--27 页；22cm ［国图］

讲述了指纹识别法，指纹的定义、特征、效用、分类，中外指纹法的沿革，以及指纹的采取、利用指纹发现犯人等。附指纹参考书目 7 种。

指纹摄影教程 / 宪兵学校编 .-- 宪兵学校刊，民国 33 年［1944］.--122 页；18cm ［中图］

指纹实验录 / 夏全印著 .-- 北京：北京指纹鉴定事务所刊，民国 15 年［1926］.--16，24 页：照片；21cm ［国图，中图］

辑录上海御木本珠宝店被窃案、北京英公使馆参赞宅被窃案、奉天张树权诈财上诉案、北京坤伶孟小冬女仆被杀案等 21 个刑案的指纹鉴定录。

指纹实验录 / 夏全印编 .-- 南京：宜春阁印刷局刊，民国 19 年［1930］.--20 页 ［陕图］
.-- 再版 .-- 北京：北京指纹鉴定事务所刊，民国 19 年［1930］.--20 页：照片；21cm ［重图］

指纹术大纲 / 吴秉彝讲 .-- 南京：武学书局刊，民国 35 年［1946］.--1 册　［中图］

指纹学 / 胡福相著 .-- 杭州：浙江省警官学校刊，民国 22 年［1933］.--164 页　［闽图］

指纹学 / 俞叔平著 .-- 上海：远东图书股份有限公司刊，民国 36 年［1947］.--136 页；21cm　［国图，上图，陕图，南图，中图，吉图，重图，津图，晋图，江西警院，山东警院，浙图］

分指纹学概论、十指指纹、标准指纹、单指指纹 4 篇。原为作者在维也纳大学刑事学研究所及奥国首都警察厅指纹局实习笔记，后为国民党中央警校刑事学科教材。附指纹鉴定实例和指纹符号表。

指纹学 . 下册 / 陆军宪兵学校编 .-- 陆军宪兵学校刊，民国 34 年［1945］.--296 页；14cm　［陕图，南图］

接上册内容继续介绍，包括手指残缺、储藏、检查、指纹拍照及放大、照相、指纹家之要求。

指纹学大纲 / 吴秉彝讲 .-- 南京：武学书局刊，民国 35 年［1946］.--12 页：图；19cm　［中图］

指纹学讲义 / 夏全印编 .--［1931?—1935?］.--202 页：图；23cm　［重图，赣图］

指纹学术 / 见徽知著 .--2 版 .--218 页；19cm　［南图］

指纹学术 / 夏全印编著 .-- 北京：内务部警官高等学校刊，民国 11 年［1922］.--188 页：图及肖像；25cm　［首图］

.-- 北京：北京指纹学会刊，民国 13 年［1924］.--176 页；27cm　［国图］

分指纹之原理、指纹之法术、指纹之实施 3 编。为侦探丛书中的单行本。

指纹学术 / 夏全印编 .-- 光华美术印刷公司刊，民国 11 年［1922］.--1 册　［重图］

.--3 版 .-- 南京：宜春阁印刷局刊，民国 19 年［1930］.--176 页　［国图，中图］

.--7 版 .-- 南京：京华印书馆刊，民国 24 年［1935］.--176 页：图，24cm　［国图，中图］

指纹学研究 / 王日叟编 .-- 上海：世界书局刊，民国 19 年［1930］.--136 页：图；18cm　［津图，湘图，国图，南图，中图，浙图，赣图］

分上、下编。上编总论，概述指纹的定义、沿革、作用、与侦查的关系、指纹的分类、指纹的组织、指纹生长顺序、指纹的毁坏等一般理论；下编为指纹的运用，包括纹线的种类、各种指纹、似同而异的指纹图解、捺印、分析、检查及保藏方法等 17 章。附录特别标记（指疤、斑、痣、刺花纹等）。

指纹照相教程 / 宪兵学校编 .-- 宪兵学校刊，民国 31 年［1942］.--80，30 页；19cm　［重图］

共 3 编。分总论、指纹方法与技术、储藏与检查。

中华指纹学 / 刘紫菀著 .-- 上海：上海法学编译社刊，民国 20 年［1931］. 22 页　［辽图，津图，国图，浙图，首图，中图，北大，人大］

.-- 再版 .-- 上海：上海法学编译社刊，民国 26 年［1937］.--22，476 页；20cm　［津图，浙图，重图，北大］

本书分 6 编。概述指纹学的定义、功用、指纹纹线、类部、指纹各种简记、指纹的捺用法和检查法、各种指纹法，以及人体描写学、测身学、照相学等，并介绍各种捺印及用具图解、指纹编号、纹纸式样等。后附各国指纹实验功能表、世界各国指纹名称式样及通信地址。法律技术丛书。

办理指纹须知 / 司法部监狱司编 .-- 北京：京师第一监狱刊，民国 5 年［1916］.--37 页　［法研所］

北平市政府公安局指纹处理规程 / 北平市公安局编辑处编 .-- 北平：北平市公安局编辑处刊，民国 23 年［1934］.--16 页；24cm　［国图］

内政部警官高等学校指纹实验室工作记录：民国二十四年份 / 内政部警官高等学校编 .-- 内政部警官高等学校刊，民国 25 年［1936］.--56 页；24cm　［国图，上图］

记述了自 1935 年开始该校指纹实验室工作实况，包括实验设置、实验工具、设备及指纹参考资料。

实验单指纹法 / 吴旭旦著 .-- 杭州：吴旭旦刊，民国 22 年［1933］.--150 页；19cm　［浙图］

介绍了 14 种指纹识别法。封面书名题：识别指导。

痕迹学 / 卿克定编 .-- 福建警官训练所刊，民国 26 年［1937］.--148 页；22cm　［国图］

共 7 编 26 章。包括指纹、足迹、车辙、血迹、文书图画之痕迹、其他痕迹及遗留物。讲述如何依靠各种痕迹，作为侦查、鉴别的方法。

痕迹学讲义 / 卢政纲编 .-- 杭州：浙江省警官学校刊，民国 25 年［1936］.--142 页：图；23cm　［上图］

分 12 章。包括指纹之生理、特性、取印、鉴别、储存，以及现场指纹处理、单指纹法等。该校指纹学讲义。

现代验枪术 / 杨瑞麐编著 .-- 再版 .-- 仁德印刷所刊，民国 26 年［1937］.--211 页；19cm　［国图］

现代科学侦查丛书。

现代验枪术 / 杨瑞麐编著 .-- 上海：仁德印刷所刊，民国 26 年［1937］.--332 页：图；20cm　［重图］

共 25 章。叙述了验枪的历史、发

展、理论基础，鉴验，枪种辨认，介绍了各国出产的手枪及手枪的构造等。

现代验枪术纲领 / 杨瑞麐编著 .-- 再版 .-- 中央警官学院, 民国 26 年［1937］.--128 页：图，表；19cm ［重图］

验枪术 / 徐圣熙编 .-- 重庆：中央警官学校刊，民国 30 年［1941］.--58 页；19cm ［南图］

共 15 章。包括验枪术概论，验枪之史迹，验枪术之新发展、理论基础，枪弹检验之部门，枪弹登记与查验之程序，现场之检验与侦查，枪种之识别，手枪机械之解析，弹药之识别，弹头弹壳纹痕之识别，比较识别法，储藏之方法等。中央警官学校讲义。

验枪术纲领 / 杨瑞麐编 .-- 内政部警官高等学校刊 .--36 页：图；20cm ［上图］

介绍了验枪史、方法，及该校有关设备和工作。编者考证验枪术始于 1920 年。

5.3 文书检验

笔迹检证 / 徐圣熙著 .-- 南京：中华警察学术研究社研究股刊，民国 36 年［1947］.--38 页；18cm ［津图，赣图，上图］

共 21 章。包括笔迹检证的历史、笔迹检证的理论基础、用纸及墨水鉴识、改造字迹鉴别、破坏或燃烧之文书、笔画之先后、接触字迹侦查法、模仿笔迹、中国字体分析、笔法研究、比较证明等。

笔迹检证 .-- 中央警官学校刊，民国 36 年［1947］.--46 页；19cm ［重庆档案馆］

故宫博物院舞弊案珠宝部分鉴定书 / 李芸轩，杨慕儒鉴定 .-- 南京：司法行政部刊，民国 24 年［1935］.--87 页；26cm ［重图，国图］

附假珠缺件简表。

检验详义 / 牛永清编 .-- 吉林：东方印刷局，民国 21 年［1932］.--2 册；122，108 页 ［人大］

5.4 司法化学

裁判化学实验法 /（日）服部健三著；汪良寄译 .-- 长沙：商务印书馆刊，民国 29 年［1940］.--71 页；17cm ［国图，上图］

法医学中的化学检查法，主要是对各种毒物检查的方法。除总论概述毒物的分类及实施上的一般注意事项外，分挥发性毒物、第二属毒物（包括各种毒物特异反应）、金属毒的检查法、第四属毒物（包括氯酸钾、硫酸等）4 章。

毒及爆发 / 高铦编 .-- 上海：商务印书馆刊，民国 23 年［1934］.--133 页：图；19cm ［辽图，重图，津图，黔图，

国图，浙图，上图]
.-- 再版 .-- 上海：商务印书馆刊，民国24年[1935].--133页；19cm　[重图，湘图，国图，浙图]

介绍了各种毒物的毒性、危害、处理以及各种解救方法。百科小丛书。

毒剂问答 / 中华全国基督教协进会拒毒委员会编 .-- 再版 .-- 上海：中华国民拒毒会刊，民国14年[1925].--16页；18cm　[南图，上图，国图]

介绍了各种毒质麻醉药品的成分、性质及对人的毒害。

毒理学 =Manual of Toxicology/ 伊博恩（B.E.Read）编著；李雨田译；鲁德馨校 .-- 上海：中国博医会刊，民国21年[1932].--10，153页：图；20cm　[国图，浙图]

参考本草纲目、洗冤录及西方的毒理学、法医学等编写。按中毒症状，分为腐蚀性、动植物性、中枢神经、周围神经性、心脏性毒物以及有机、无机类毒品等，共15章。介绍了毒物品性、中毒症状、检验和急救方法。

毒物 / 叶峤著 .-- 上海：商务印书馆刊，民国19年[1930].--66页；18cm　[津图，国图，浙图，上图，浙大，鄂图，重图，青岛，赣图]
.-- 国难后1版 .-- 上海：商务印书馆刊，民国20年[1931].--66页；19cm　[国图]
.-- 国难后1版 .-- 上海：商务印书馆刊，民国22年[1933].--66页；19cm　[重图，赣图，浙图，首图]
.-- 上海：商务印书馆刊，民国23年[1934].--66页；18cm　[大连]
.-- 国难后2版 .-- 上海：商务印书馆刊，民国24年[1935].--66页；19cm　[馆藏地不详]

1927年8月初版时书名题为毒物浅说。百科小丛书，万有文库，第1集，第534种。

毒物分析化学 / 黄鸣驹编 .-- 上海：医药学杂志社刊，民国21年[1932].--464页；20cm　[津图，晋图，上图，浙大，浙图]
.-- 增订再版 .-- 杭州：新医书局刊，民国40年[1951].--538页：图；21cm　[上图]
.-- 再版 .-- 北京：人民卫生出版社刊，民国46年[1957].--556页：图；21cm　[上图]

讲解了水溶毒物、醇浸毒物、金属毒及其他毒物的试验法。

毒物浅说 / 叶峤著 .-- 上海：商务印书馆刊，民国16年[1927].--82页；18cm　[厦门，上图，南图，重图，津图，湘图，鲁图，国图，赣图]

百科小丛书，第12辑，第144种。

毒物学 =Toxicology or the Effects of Poisons/（美）F.P.Underhill著；余小宋译 .-- 上海：商务印书馆刊，民国25年[1936].--314页：图；19cm　[津图，国图，湘图，浙图]
.--2版 .-- 上海：商务印书馆刊，民国

26年[1937].--314页；19cm　［晋图］.--3版.-- 上海：商务印书馆刊，民国35年［1946］.--314页：图；18cm　［首图］

医学丛书。

毒药樽 /（法）嘉波留原著；商务印书馆编译所译述.-- 再版.-- 上海：商务印书馆刊，民国3年［1914］.--130页；18cm　［国图，首图，浙图，吉图］

说部丛书。

钩吻中毒 / 朴柱秉著.-- 上海：中华医学杂志社刊，民国25年［1936］.--8页；26cm　［上图］

中华医学杂志第22卷第4期油印本。介绍了毒草钩吻的种类、成分及食后中毒的现象和救治方法。

鉴定检验暂行办法 / 林几编.-- 民国24年［1935］.--8页　［中国社会科学院法学研究所］

附所能鉴验事件及其分类表。

侦毒班教练草案 / 军政部防毒处编.-- 重庆：军政部防毒处刊；民国30年［1941］.--84页；13cm　［中图］

侦毒技术 / 中英陆军军官学校特科干部教育班编.-- 重庆：军政部学兵总队刊，民国32年［1943］.--22页；19cm　［南图］

侦毒勤务草案 / 军政部防毒处编.-- 重庆：军政部防毒处刊.--58页：有插图；14cm　［南图，重图］

共4章，包括侦毒班之任务、组成及其装备、毒气侦查勤务、毒气侦查之要点等。军队防毒丛书，第6种。

侦毒勤务纲要草案 / 军政部防毒处编.-- 重庆：军政部防毒处刊，民国29年［1940］.--28页；14cm　［南图］

共4章，包括侦毒班之任务、组成及其装备、毒气侦查勤务、毒气侦查之要点。

5.5　刑事照相

刑事照相 / 高电编.-- 中央警官学校第二分校刊，民国35年［1946］.--1册　［中山大学］

5.6　法医学

变死尸体的外表检查 / 苏华译.-- 旅大：关东公安总局刊.--16页；19cm　［公安大学］

业务丛书之二。

法医大要.-- 油印本.--48页　［南图］

法医讲义 / 姚文伟著.--156页；27cm　［馆藏地不详］

法医学 / 邓纯棣著.-- 华光医院刊，民国12年［1923］　［西南政法］

法医学 / 刘兆霖编 .-- 北平：朝阳学院刊，民国 24 年［1935］.--133 页；27cm　［上图，北大，法研所］

包括总论与各论。总论概述了法医的义务与权利、检查事项、报告等；各论分外伤性健康障碍及死亡、中毒论、男女关系论、尸体现象论、异同论、诈病论、精神异常论、各种物质检查法等 10 章。

法医学 / 俞叔平编述 .-- 上海：远东图书股份有限公司，民国 36 年［1947.3］.--120 页：图；18cm　［国图，上图］
.-- 上海：远东图书股份有限公司，民国 35 年［1946］.--120 页　［陕图］
.-- 再版 .-- 上海：远东图书股份有限公司刊，民国 36 年［1947.4］.--120 页：图；19cm　［上图，陕图，国图，浙图］

分法医概论、生体检验、死伤检验、物体检验 4 章。

法医学 / 张伯恂编 .-- 北平：国立北平大学刊，民国 26 年［1937］.--166 页　［吉大］

法医学 / 张崇熙编 .--5 版 .-- 杭州：宋经楼书店刊，民国 25 年［1936］.--62 页；22cm　［国图］

分析了器械损伤、生前损伤及死亡后损伤，自杀与他杀，绞死、缢死、扼死、电死、中毒死等各种死因；讲述了血痕、毛发等各种生体、死体、物体的检查与鉴定。最新实用医学各科丛书。

法医学 /.--124 页　［南图］

共总论 3 章，介绍了法医学的检查、鉴定与鉴定书之方法、关于鉴定人之法律。各论分 5 编、介绍异同论、损伤论（机械的损伤、窒息死论、其他死伤）、杀婴论（被杀儿发育之程度、活产与死产之区别）、精神异常论、男女关系论。另有附表 5 张。

法医学大全 /（日）石川清忠著；王佑，杨鸿通译 .-- 上海：商务印书馆刊，民国 10 年［1921］.--34，654，87 页：图；22cm　［浙图，中图，国图］

本书与 1908 年版所根据的原本都是日本石川清忠的实用法医学。书脊及版权页书名题：法医学。

法医学各论二卷 / 林几著 .-- 大东印书馆刊 .--2 册　［川图］

法医学讲义 / 范启煌编 .-- 上海：上海政法学院刊 .--142 页；27cm　［上图］

上海政法学院讲义。

法医学讲义 / 林几著 .-- 司法行政部法官训练所刊 .--1 册　［重图，南图］

法医学讲义 / 鲁一勤编著；李达夫辑，［1912?—1935?］.--106 页；27cm　［赣图］

法医学讲义 / 毛咸编 .-- 杭州：浙江省警官学校刊，民国 21 年［1932］.--80 页；20cm　［上图］

分总论、各论2部分。总论概述了法医学的检查、检查报告、鉴定及书式，以及关于法医的法律等；各论共3编，包括男女关系论、暴力的健康障碍及死亡论、尸体现象论。浙江省警官学校讲义，第2期。

法医学讲义 / 宪兵学校编 .-- 重庆：宪兵学校刊，民国31年［1942］.--108页；19cm　［重图］

本书总论部分与编者的法医学教程之总论部分基本相同，各论部分较前书增加了鉴定一编，共6编。

法医学教程 / 宪兵学校编 .-- 重庆：宪兵学校刊，民国31年［1942］.--38页；19cm　［重图］

分总论和各论。总论讲述了法医学的定义、沿革、范围、现场检查等；各论共5章，介绍验伤、验尸、中毒尸的处理、物证检查、个人鉴定、奸淫问题及伪病、伪伤等。

法医学内几个问题摘要 / 孙达方述 .-- 重庆：中央警官学校刊 .--40页；19cm　［南图］

介绍尸体外表检查、死亡诊断、因循环停止而发生之诸现象、尸斑在法医学上的价值、内脏之坠积性充血、尸温变更在法医学上的价值、尸体僵硬之恒数及僵硬之次序、尸体痉挛、腐败最初之现象、尸体腐败进行时之现象、挫伤外表之形态、伤痕外表之检查、擦伤在法医学上的价值、血斑血瘤血肿，等等。中央警官学校讲义。

法医学总论 / 林几著 .-- 尚文印刷所刊 .--1册　［川图］

附中毒论。司法行政部法官训练所讲义。

法医学最近之进展 / 圣德纳 斯密斯，约翰·格纳斯脱著；余小宋译 .-- 上海：商务印书馆刊，民国26年［1937］.--203页；23cm　［上图，陕图，首图，西南政法］

.-- 上海：商务印书馆刊，民国26年［1937］.--103页：图；20cm　［晋图］

分枪弹射击伤痕之鉴定、枪弹之鉴定、毛发之鉴定、血清检查或沉淀素检查法在法医学上应用、血液中一氧化碳之定量检查、紫外线光在法医上应用、在血液与尿液中醇之定量检查等12章。

骨质上生前受伤痕迹之持久性 / 孙逵方，胡兆炜，赵广茂编 .-- 法医学研究会刊 .--11页：照片；26cm　［上图］

本书列举了各种受伤后骨质上血斑实例及实验之结果，断定是否是生前受伤。

国立北平大学医学院法医学教研室鉴定检验暂行办法 / 林几著 .-- 北平，民国24年［1935］.--8页；19cm　［公安大学］

基氏法医学 /（英）G.H.Glffen著；E.J.Stuckey译 .-- 上海：中国博医会刊，民国1年［1912］.--48页；20cm　［北大，刑警学院］

论述了法医学的证据，包括书面证、口头证、实验证等；分析了各死因，介绍了各种辨认的特征与方法等。

基氏法医学 / 北京协和医学堂编译 .-- 上海：美华书馆刊，民国 2 年［1913］.--1 册　　［北大］

基氏法医学 =Medical Jurisprudence/（英）G.H.Glffen 原著；E.S.Stuckey 编译 .-- 上海：中国博医会刊，民国 16 年［1927］.--48 页；22cm　　［国图，重图，浙图，黔图，中图］

讲述医学的证据，包括书面证、口头证、实验证等；分析各死因，介绍各种辨认的特征与方法等。

近世法医学 /（日）田中祐吉，（日）上官悟尘编译 .-- 上海：商务印书馆刊，民国 15 年［1926］.--367，15 页：插图；21cm　　［上图，刑警学院，广东警院］
.--2 版 .-- 上海：商务印书馆刊，民国 17 年［1928］.--394 页　　［馆藏地不详］
.-- 国难后 1 版 .-- 上海：商务印书馆刊，民国 21 年［1932］.--367，15 页：图；23cm　　［国图，南图］

原著为法医学讲义。分 3 册，译者合为 1 册。除总论外，各论分 10 编，其中有男女关系论、妊娠论、娩产论、暴力的健康障碍及死亡论、尸体现象论、个人异同识别论、犯罪学提要等。与丁福佑译述本内容不同。

近世法医学 /（日）田中祐吉著；徐蕴宣，丁福佑译 .-- 上海：医学书局刊，民国 15 年［1926］.--276 页；20cm　　［上图，南图］

包括总论 5 章，介绍法医检查生体、死尸、物体的方法及检查报告鉴定书填写方法等。各论有 10 编，包括男女关系论、妊娠论、娩产论、小儿杀害论、器械的损伤、窒息死论、中毒论、基于他种原因之死亡论、尸体现象论、尸体异同论等。丁氏医学丛书。

实用法医学 / 刘钧著 .-- 沈阳：益智书店刊，民国 28 年［1939］.--136 页；19cm　　［首图］

司法行政部法医研究所筹备经过情形暨现在处事务及将来计划概略 / 中华民国法医研究所编 .-- 上海：法医研究所刊，民国 21 年［1932］.--1 册：图及表；20cm　　［国图］

新法检验书（一名新洗冤录） / 万青选著 .-- 上海：广益书局刊，民国 3 年［1914］.--2 册；532 页；20cm　　［津图］
.-- 上海：广益书局刊，民国 4 年［1915］.--2 册；532 页；20cm　　［津图］
.--3 版 .-- 上海：广益书局刊，民国 11 年［1922］.--2 册；532 页；20cm　　［津图］
.--4 版 .-- 上海：广益书局刊，民国 13 年［1924］.--2 册；532 页；20cm　　［津图］
.-- 续版 .-- 上海：广益书局刊，民国 21 年［1932］.--2 册；532 页；20cm　　［津图，中图］

分上、下卷。上卷 18 章，包括尸体变化现象论、中毒总论等；下卷 19 章，包括酸类中毒、药毒、虫毒、金石中毒等检验方法。

言词写真学 / 卢政纲编著 .-- 上海：商务印书馆刊，民国 25 年［1936］.--192 页：图像；23cm　［南图，浙图，津图，湘图，鄂图，赣图，国图］

.-- 再版 .-- 上海：商务印书馆刊，民国 36 年［1947］.--192 页：图像；23cm　［重图］

言词写真是用一种特定文字，描写人体外形、鉴别个人的技术。本书除讲述了言词写真的定义、历史外，分言词写真的依据、法则、各部位及言词写真的卡片、实施教练、电码等 9 章。警政丛书。

最新法医学 / 邓纯棣著 .-- 上海：华光医院刊，民国 22 年［1933］.--258 页；26cm　［中图］

5.7 其他技术

洗冤录集证大全 / 浦士钊校阅 .-- 上海：鸿文书局刊，民国 25 年［1936］.--231 页；19cm　［上图］

.-- 上海：鸿文书局刊，民国 29 年［1940］.--231 页；19cm　［重图］

包括洗冤录集证 5 卷，清王又槐辑；洗冤录辨证 3 卷，清瞿中溶著。是中国古代法医名著洗冤录的研究著作。

增补注释洗冤录集证大全 / 浦士钊著 .-- 上海：鸿文书局刊，民国 25 年［1936］.--231 页；19cm　［上图］

本书包括洗冤录集证五卷，清王又槐辑；洗冤录辨证 3 卷，清瞿中溶著。是中国古代法医名著洗冤录的研究著作。

6 政治侦查

6.1 政治警察

政治警察 / 刘向青编述 .-- 浙江省战时警察训练所刊，民国 28 年［1939］.--160 页；19cm　　［上图］

分 13 章。包括政治警察的意义、任务、机关组织的发展、政治警察的选择和培养、必须具备的条件、工作的事先准备、工作基本原则、怎样推动工作、主要本能、防谍除间等内容。

政治警察 / 广西省警察训练所编 .-- 民国 32 年［1943］.--1 册　　［桂林］

附警察补习班讲义

政治警察 / 李秀生著 .-- 北平：中华警察学术研究社北平分社刊，民国 37 年［1948］.--550 页；19cm　　［南图，重图，浙图，津图，国图］

讲述了政治警察的业务和技术。书前有政治警察典范。附各党派之认识、非法党派取缔之根据。

政治警察大意 / 周骞著 .-- 警察书屋刊，民国 36 年［1947］.--180 页；19cm　　［国图，南图］

收入 38 篇。有谁说不要政治警察、要有秘密的组织、如何选择干部、哪些值得怀疑的等。

政治警察概要 / 余鸣三著 .-- 军事委员会特别训练班刊，民国 27 年［1938］.--77 页；19cm　　［重庆档案馆］

技术丛书之九。

政治警察讲义 / 刘向青编述 .-- 浙江省战时警察训练所刊，民国 28 年［1939］.--160 页；19cm　　［上图］

共 13 章。讲述了政治警察的意义、任务、秘密机关组织、素质等。

政治警察学术 / 锄非编 .-- 四川：四川省会警察局警察训练所刊 .--110 页：表；19cm　　［重图］

内分概论、方法、技术、情报等 4 章。

政治侦探 /（俄）布尔林编；关葛民译述 .--193 页；26cm　　［国图］

讲述了侦探与反间谍的意义，侦探的任务、机构，密探的任务、组织、征募、检查、外交，经济间谍和内政密探，以及有关的工作方法等。

政治侦探 / 戴笠著 .-- 重庆：中央陆军军官学校刊，民国 27 年［1938］.--

152 页；19cm [上图，南图，重图]
.-- 重庆：国民政府军事委员会政治部刊，民国 27 年［1938］.--244 页；19cm [浙图，国图]
.-- 影印本：国民政府军事委员会政治部刊，民国 27 年［1938］.--244 页；21cm [川图，南图]
.--152 页；19cm [国图]

共 8 章。介绍政治侦探的意义及任务，各国政治侦探概况，政治侦探与国民革命，政治侦探的对象、工作方法、修养、纪律等。国民政府军事委员会题：军事学校战时政治教程。黄埔丛书，第 24 种。

政治侦探 / 王培槐编著 .-- 中央陆军军官学校特别训练班教务组刊，民国 26 年［1937］.--138 页：图；19cm [上图]

分 3 章。讲述了政治侦探的组织与技术、政治侦探人员自身应有的修养等。

政治侦探技术原则 .-- 民国 30 年［1941］.--21 页；19cm [公安部]

秘密工作 / 余鸣三著 .-- 军事委员会特别训练班刊，民国 27 年［1938］.--82 页 [国关]

秘密工作讲授提纲 .-- 手抄本，民国 31 年［1942］.--12 页；19cm [公安部]

请确立政治警察体制建议书 / 符国秩草稿 .-- 民国 36 年［1947］.--10 页；表；26cm [重图，国图]

论述政治警察之任务，及工作范围与对象、组织、人事训练等。

特别高等警察教科书 / 宪兵司令部编译 .-- 宪兵司令部宪兵杂志社刊，民国 22 年［1933］.--30，284 页；19cm [重图，国图]

共 8 章，分总论、各论 2 个部分。总论概述了特高警察的概念及对象，社会主义理论及社会运动；各论包括集会结社、群众运动及出版物取缔规定等问题。

侦讯匪谍须知 / 国防部总政治部编 .-- 国防部总政治部刊 .--24 页；14cm [国图]

政治工作的实施 / 郑传益编著 .-- 武昌：拔提书店刊，民国 27 年［1938］.--228 页；19cm [南图，吉图，重图，湘图，赣图]

共 12 章。分述政治工作中的调查统计、政治宣传、编查保甲、社会军训、民众教育、战时政训、民众动员、侦缉汉奸、救济难民等项工作的实施。

6.2 间谍与情报

戴笠将军及其事业 / 黄楫清 .-- 南京：扫荡丛刊社刊，民国 35 年［1946］.--95 页；19cm [上图]
.-- 新善本 .-- 南京：扫荡丛刊社刊，民国

35年［1946］.--95页；18cm　［国图］

收入特务批判（黄楫清）、戴笠之死（陈公恕）、敌伪国特闻见记（罗仪）3篇。有特务批判序（达摩）。封面题书名及出版社为托名出版。扫荡丛刊，第1种。

戴先生遗训.第1辑/戴笠（原题：戴雨农）著.-- 民国37年［1948］.--264页；19cm　［国图］

辑录了戴笠生前历次讲话及所颁发手令共42篇。包括语录、工作与行动、人生观、组织纪律、训练、创造论、生命论、治兵等12类。附戴先生的信条与行动（郭寿华）。

非常时期之情报工作/皮宗明.-- 上海：汗血书店刊，民国26年［1937］.--110页；19cm　［重图，鄂图，国图，赣图，上图］

本书分5个部分：绪言、非常时期之宣传政策、各国情报组织、非常时期情报组织方案、反间谍制度。国防实用丛书，第14种。

各国情报活动之内幕.-- 民国21年［1932］.--14，186页；20cm　［南图，上图］

共5章。介绍了德、苏、英、法、日等国的情报活动内幕。

江苏通泰海启实业特务警察队委员会工作报告.第1期/姚香饮编辑；李子馨校对.-- 民国20年［1931］.--138页：图；26cm　［国图］

分沿革、组织、法规、经费、体恤、大事记、会议录、公牍、报告、收发文等10项。有汪大遂、韩国钧弁言各1篇，张栋等序8篇。

军事情报/（美）史威来（W.C.Sweeney）著；袁进荣编译.-- 重庆：军用图书社刊，民国29年［1940］.--179页；19cm　［国图］

.-- 南京：军用图书社刊，民国35年［1946］.--180页；19cm　［上图，国图］

分10章。讲述了军事情报的演讲、定义、收集、判断、分配，各级情报员的必需条件，以及现代战争的各种问题等。

军事情报.--148页：图；22cm　［国图］

共5章。包括情报之重要、组织与发展、训练时期、工作时期、组织完备后之情报功用。附参谋本部国际情报研究处组织条例等。

陆军大学校情报业务讲演录/骆梅苍讲述；李达夫编译.-- 陆军大学校刊.--64页：表；24cm　［国图］

分12章。分情报教育感言、情报工作人员及要素、情报之进取、地方电报分解、爆破工作、情报技术等。

陆军情报手册：陆情第1号/陆军总司令部编.-- 陆军总司令部刊，民国37年［1948］.--102页；18cm　［南图，国图］

分6篇。包括概说、情报勤务、

情报业务、防谍与保密、反情报、情报训练。

美国作战情报教范 / 陆军总司令部译 .-- 陆军总司令部刊，民国 36 年［1947］.--64 页：表；19cm　［重图］

窃听危险及其预防法 / 陆军大学校编 .--12 页；19cm　［重庆公安］

情报八大战法 / 国防部第二厅编 .-- 国防部第二厅刊，民国 37 年［1948］.--62 页：表；19cm　［国图］

共 8 章。包括组织战、谍报战、防谍战、保密战、策反战、俘虏战、密码战、宣传战。每章均先述共产党战法，再述国民党的对策。

情报常识 / 广东省政府民政厅编 .-- 广东：广东省政府民政厅刊 .--22 页；19cm　［南图］

广东省各县局长警训练教材之六。

情报活页范例 / 国防部情报军官训练班编 .--15 页；表；19cm　［国图］

国防部情报军官训练班讲义。

情报技术 / 国防部新闻局编 .-- 民国 35 年［1946］.--36 页　［国关］

情报联络工作的一般问题 /.-- 油印本 .-- 民国 31 年［1942］.--54 页；19cm　［公安部］

情报勤务 / 陆军大学编 .--2 版 .-- 北平：武学印书馆刊，民国 36 年［1947］.--124，10 页：图；19cm　［津图，国图］

分 5 篇：概论、平时情报、战时情报、秘密情报、防卫情报。

情报业务 / 侯腾讲述 .-- 军官训练团刊 .--43 页；19cm　［重庆公安］

情报业务演讲录 / 骆梅苍讲述；李达夫编译 .--64 页；19cm　［重庆公安］

情报业务之研究 / 陈震东编 .-- 南岳干训班（监印），民国 28 年［1939］.--36 页：表；19cm.--（环筒页装）　［国图］

共 9 章。包括国家之存亡与情报关系、情报之来源、情报网组织原则、情报员应具备特殊之条件、交通员应具备之条件等。

情报战务教育资料 / 山西省政府警务厅编 .-- 太原：山西省政府警务厅刊，民国 34 年［1945］.--1 册　［人大］

共 21 章。包括山西省中共概论、山西敌情、情报搜集要领、关于共产党之民主集中制度、间谍使用上注意事项、刑事警察能力之重要性、中共之谍报之谋略、现世略思想趋势、尾行和守望、中共之民族教育等。

情报之搜集：空中照相与侦察 / 国防部情报军官训练班编 .--20 页：表；19cm　［国图］

国防部情报军官训练班讲义。

情报之搜集：气象与地形 / 国防部情报军官训练班编 .--12 页：图；19cm ［国图］

国防部情报军官训练班讲义。

苏联特务之研究（上）.-- 民国 37 年［1948］.--50 页：表；19cm ［国图］

特务工作之理论与实际 / 顾顺章著，民国 22 年［1933］.--237 页；19cm ［湘图，国图］

分绪论、特务组织、特务工作的方法、特务观念、秘密、特务技术、特务常识、特务人员的修养的问题等 9 章。

特务工作之一般理论 . 第 1 编 /.--252 页；19cm ［国图］

概述特务工作的重要性、任务、纪律及修养等。注：残缺。

特务警察 / 华北政务委员会治安总署警察教科用书编审委员会编 .--3 版 .-- 北京：警学书局刊，民国 29 年［1940］.--92 页；19cm ［馆藏地不详］

特务警察 / 治安部警务司编纂 .-- 新京 .--112 页；21cm ［津图］

警察教科书草案（满文）。

特务警察 / 治安总署警政局警察教科用书编审委员会编 .-- 修订版 .-- 北京 .--54 页；19cm ［馆藏地不详］

乙种警察教练所教科用书。介绍特务警察之纪念、思想警察、宗教警察、经济警察、出版警察。

特务警察 / 治安总署警政局警察教科用书编审委员会编辑 .--2 版 .-- 北京：治安总署警政局刊，民国 31 年［1942］.--368 页；19cm ［馆藏地不详］

甲种警察教科用书。本书分总论、各论和外事警察。总论介绍特务警察之概念、特务警察之特征及信条、社会思想。各论介绍政治警察、经济警察、社会思想运动之取缔、劳动运动警察、农民运动警察、宗教警察、特务警察之组成、特务警察之服务。外事警察介绍外事警察之任务、九国条约、外交基本之方针、外事警察之服务。

特务批判：中国法西斯特务往哪里去？ / 黄榠清，陈公恕，罗仪著 .-- 华中新华书店刊，民国 35 年［1946］.--95 页；19cm ［上图］

.-- 胶东新华书店刊，民国 36 年［1947］.--91 页；19cm ［吉图，重图］

.-- 新善本：胶东新华书店刊，民国 36 年［1947］.--91 页；19cm ［国图］

.-- 辽东新华书店刊，民国 36 年［1947］.--91 页 ［人大］

.-- 胶东新华书店刊，民国 37 年［1948］.--95 页；19cm ［青岛，辽图］

共 4 编：特务批判序、特务批判、戴笠之死、敌伪国特闻见记。

特务长手册 / 第十二集团军总司令部特务长训练班编 .-- 第十二集团军总司令部特务长训练班刊，民国 32 年［1943］.--208 页；18cm ［中图］

野战情报业务教令 / 军事委员会

军令部编 .-- 中央陆军军官学校教育处刊，民国 31 年［1942］.--102 页：图；19cm　［国图，重图，南图，首图，上图］

共 7 章。分总则、野战情报业务之实施要旨、各级指挥官对于情报搜索之责任、搜索之手段及获得情报之方法、各搜索队之部署及其实施、情报之整理、情报人员之训练。附军攻击间情报搜索计划等。

野战情报业务实施之参考 .--150 页；19cm　［南图］

分 4 章。介绍了情报业务概要、各种情报搜集计划、各种搜索命令、各种情报的整理及登记图标范例等。附日寇之防谍法规。

战斗情报表式范例：参考资料 .-- 国防部第二厅刊 .--24 页：表；19cm　［国图］

包括 3 个部分：登记、计划、情报分发。

政治情报 / 陈强立著 .-- 成都：中央军校政治部刊，民国 33 年［1944］.--126 页；19cm　［国图，浙图，上图］

分 9 章。讲述了情报工作的重要意义及具体方法。

政治情报工作纲要 / 闵泽编著 .-- 闵泽刊，民国 30 年［1941］.--167 页：图；19cm　［南图，重图，国图］

共 10 章。讲述了情报工作的意义、目的、分类，情报组织及工作要点，以及青洪帮内幕等。

组训情报技术 /.-- 南京 .--110 页；18cm　［国图］

（汉译）战斗情报 /（美）汤玛斯著；唐君铂译 .-- 重庆：军学编译社刊，民国 34 年［1945］.--133 页；19cm　［国图，辽图］

共 8 章。包括世界上一件最有意义的工作、挑选你的部下、了解你的任务、携带你的装备、运动战、攻击、防御、不要犯的毛病。有白崇禧、译者、海尔玛爱力序各 1 篇。

北京特别市公署防谍运动纪实 /（伪）北京特别市公署宣传处编 .-- 北平：（伪）北京特别市公署宣传处刊，民国 31 年［1942］.--36 页：图像；19cm　［国图］

报导伪北京市政府 1942 年 5 月 18 日开始举行的防谍运动。收余晋龢发表为防谍敬告市民书及第 17 号教示警察官吏应为民作则，领导民众完成防谍阵，不听谣言，检举间谍，一切公文应严守秘密（吴承湜）等讲话 12 篇和报导 5 篇。时局丛书，第 14 种。

大众谍报知识 / 明凡著 .-- 上海：战时大众知识社刊，民国 27 年［1938］.--105 页；19cm　［南图，吉图，重图，浙图，上图，国图，赣图］

讲述了间谍的定义、种类、基本任务、活动及抗战时期民众的间谍工作等。战时大众知识丛书。

党派情报工作 / 公论出版社编 .-- 公论出版社刊，民国 30 年［1941］.--62 页；19cm　　［国图］

讲述了党派情报工作的意义、信条，情报的范围、来源、判断及编辑工作等。

谍报参谋训练班第四五期现地战术 .-- 重庆 .--50 页；26cm　　［重庆档案馆］

谍报参谋训练图上战术第一想定 /.-- 重庆 .--67 页; 26cm　　［重庆档案馆］

谍报参谋训练图上战术第二想定 / .-- 重庆 .--107 页; 26cm　　［重庆档案馆］

谍报勤务 / 第四战区党政干部训练团编 .-- 民国 28 年［1939］.--262 页：折图 2 幅；14cm　　［重图］

谍报勤务 / 枸正隆著；中央陆军军官学校教育处编审委员会编审 .-- 中央陆军军官学校教育处图书馆印刷所刊，民国 28 年［1939］.--198 页；19cm　　［重图］

谍报勤务 .-- 民国 28 年［1939］.--265 页：折图 1 幅；14cm　　［重图］

谍报勤务 /(俄)布尔霖著 .--2 版 .-- 重庆：军用图书社刊，民国 29 年［1940］.--198 页：图；22cm　　［国图］

介绍了谍报的意义和发展历史，参谋本部与谍报勤务，平时谍报的组织、性能、任务等。附谍报机关系统表等。

谍报勤务 .-- 国民政府军事委员会刊，民国 29 年［1940］.--49 页；19cm　　［重图］

谍报勤务 / 第三战区干部训练团将校班编 .--（江西）铅山：第三战区干部训练团刊，民国 30 年［1941］.--48 页：图；19cm　　［重图］

谍报勤务 / 张振国，向元编 .-- 第九战区干部训练团刊，民国 30 年［1941］.--260 页：图；19cm　　［重图］

包括概论、组织、训练、谍工技术、工作实施之要务、下层社会组织认识、运用社会各种组织应注意事项及方法、结论等，共 7 编。目录页、正文书名题：谍报业务讲义。

谍报勤务 / 杨诚宣讲 .-- 中央训练团刊，民国 31 年［1942］.--27 页；19cm　　［重图］

谍报勤务 / 郑介民著 .-- 南京，民国 32 年［1943］.--26 页；19cm　　［重庆档案馆］

谍报勤务 .-- 东北军用图书社刊，民国 36 年［1947］.--191 页；19cm　　［馆藏地不详］
.-- 新善本：东北军用图书社刊，民国 36 年［1947］.--191 页；19cm　　［国图］

谍报勤务 .-- 训练总监部刊 .--182 页；21cm ［国图］

国民军事教育教材。介绍了谍报与密探的意义、任务、组织、工作等。

谍报勤务参政材料 / 第十八集团军参谋部第二局编 .-- 第十八集团军参谋部第二局刊，民国 29 年［1940］.--246 页；19cm ［公安部］

书前刊印有毛泽东、王明、王稼祥、周恩来、滕代远题词。

谍报勤务草案 / 郑介民著 .-- 国民政府军事委员会政治部刊，民国 27 年［1938］.--278 页；19cm ［国图，津图］

.-- 再版：国民政府军事委员会政治部刊，民国 28 年［1939］.--278 页；19cm ［津图］

.-- 修正再版：国民政府军事委员会政治部刊，民国 30 年［1941］.--278 页；19cm ［津图，南图，上图］

共 6 篇。包括总纲、平时谍报、战时谍报、密探业务、防御侦探业务、宣传与破坏。政训丛书。

谍报勤务简述 / 游击干部干训班 .-- 民国 28 年［1939］.--46 页；19cm ［法研所］

谍报勤务讲义 .-- 陆军炮兵学校刊，民国 29 年［1940］.--96 页；19cm ［重图］

分 3 篇，包括平时谍报、战时谍报、密探业务。

谍报勤务演习 / 第三战区干部训练团编 .--（江西）铅山：第三战区干部训练团刊，民国 29 年［1940］.--36，10 页：图；19cm ［重图］

分第三战区干部训练团将校班情报演习说明、情报原则说明、情报搜集计划之作为法 3 个部分。

谍报与宣传 / 军事委员会政训处 .-- 96 页；19cm ［重庆档案馆］

谍报战与其防卫 / 叶德浩著 .-- 北平：同林堂印刷局，民国 36 年［1947］.--84 页：图像；20cm ［国图，重图，辽图］

共 2 编。上编 4 章，介绍有关防谍、国民防谍、各国谍报机关等知识；下编 3 章，介绍谍报战与其防卫方法等。附录军机防护法等 5 种。

谍话 / 谷啸著 .-- 桂林：新知书店刊，民国 30 年［1941］.--108 页；19cm ［国图，上图］

分 8 章。包括民族革命中谍工的重要性、间谍制度的演行、谍工三部曲、间谍的训练问题、中国谍工的“今日”主义等。

法国军事情报及观察业务令 /（法）达拉第颁布；魏文海译 .-- 重庆：陆大季刊社刊，民国 30 年［1941］.--58 页；19cm. ［重图，国图，上图］

共 2 篇：情报、观察。陆大丛书。

反间谍与反战争 / 长征著 .-- 上海：

前进书店刊，民国27年［1938］.--104页；19cm ［国图］

共7章。分述间谍的意义与作用，间谍制度及工作原则，反间谍制度及方法，日本、德国、苏联等国的间谍活动等。

反情报计划 / 国防部情报军官训练班编 .--8页：表；19cm ［国图］

分3个部分：反情报计划之重要性、作战部队（师以下）反情报工作之方法、反情报计划之作为。国防部情报军官训练班讲义。

防谍保密（参考资料） / 国防部第二厅编 .--68页；19cm ［国图］

共4章："防""保"概论、防谍实施、保密要领、"防""保"军官工作概要。附陆海空联勤各级司令部及部队防谍网布置计划纲要、军机防护法。

防谍保密条例草案 / 苏北区党委社会部编 .-- 苏北区党委社会部刊，民国38年［1949］.--16页；19cm ［公安大学］

防谍常识：通俗反共丛书第二号 / 新民会调查部编 .-- 民国31年［1942］.--28页；19cm ［南图，首图］

介绍了间谍的作用和如何侦探共产党间谍。

防谍教令 / 军事委员会军令部 .-- 军事委员会军令部刊，民国31年［1942］.--59页；19cm ［南图，上图］

共9章。讲述了防谍业务的一般实施要旨及各系统防谍要领。

防谍教令 / 军事委员会交通警备司令部干部训练班编 .-- 重庆：军事委员会交通警备司令部干部训练班刊，民国33年［1944］.--58页；19cm ［南图］

全书共9章。包括防谍业务的一般实施要点、各级部队如何防范、军事建筑物及军需品的防范、交通的防范、通讯的防范、机关学校的防范、经济的防范等。附录军机防护法、要塞堡垒地带法。

防谍教令 .-- 陆军军官学校刊，民国37年［1948］.--63页 ［重图］

工作经验集（一）侦察工作．反间工作 / 程天翔著 .--125页 ［重庆档案馆］

关于间谍防范之演讲 .-- 庐山暑期训练团刊，民国26年［1937］.--30页：图；14cm ［上图］

并收入间谍防止之概要与实施。

刽子手 / 西风社编 .-- 上海：西风社刊，民国30年［1941］.--283页；19cm ［湘图，国图，首图，重图］
.-- 桂1版 .-- 桂林：西风社刊，民国31年［1942］.--283页；19cm ［国图，南图］

暴露西方社会黑暗面的译文集——社会·暴露文集。包括愤怒盗贼15篇、警探11篇、刑狱13篇。

间谍·汉奸·俘虏 / 茅盾编 .-- 上海：明明书局刊 .--90 页；19cm ［国图］

共收入 18 篇文章。揭露了在华日本间谍及汉奸的活动情况和日伪军被俘经过等。

间谍常识 / 夫棠著 .-- 重庆：华中图书公司刊，民国 29 年［1940］.--120 页；18cm ［重图，国图］

通俗地讲解了间谍的类型、条件和如何进行间谍工作等。附倭寇间谍侵华简史、我们为什么要作间谍。

间谍工作 / 曹中岳著 .-- 重庆：青年书店刊，民国 29 年［1940］.--198 页；19cm ［陕图，重图，浙图，赣图］.-- 再版 .-- 重庆：青年书店刊，民国 30 年［1941］.--198 页；19cm ［国图，南图，湘图，浙图］

讲述了间谍的概念、组织、运用、类别、训练、选派等，以及反间谍的意义及组织、人选、女间谍的运用等。

间谍三部曲谍话 / 谷啸著 .-- 重庆：新的书店刊，民国 31 年［1942］.--120 页；19cm ［重图，国图，浙图，上图］

分谍工三部曲、间谍和间谍的间谍、中国谍工的“今日”主义等 8 章。

间谍战争 / 朱良椿著 .-- 民国 28 年［1939］.--10，198 页；20cm ［赣图］

间谍之诠释 / 军事委员会军令部第二厅编 .-- 军事委员会军令部第二厅刊，民国 285 年［1939］.--8 页；15cm ［中图］

间谍组织与侦探技术 / 韦若松编著 .-- 桂平：华泉书局刊，民国 27 年［1938］.--112 页；19cm ［吉图，上图］

讲述了民族解放斗争中谍探的重要性、间谍史的发展、间谍与战争、间谍侦探的训练和方法等。阳春小丛书，第 1 种。

军事谍报 .--558 页；19cm ［重庆档案馆］

军事情报学 / 郑介民著 .-- 民国 32 年［1943］.--260 页；19cm ［国图，南图］

共 8 章。包括概论、情报组织及业务、情报工作之实施、防御间谍、情报员之训练与任用、情报技术、现代情报概况、结论。

抗战来侵华敌谍之活动 .--2 版 .-- 军令部第二厅第三处刊，民国 30 年［1941］.--86 页；19cm ［重庆档案馆］

抗战与间谍 / 黄敬斋著 .-- 长沙：商务印书馆刊，民国 26 年［1937］.--57 页：图；19cm ［陕图，重图，鄂图］.-- 再版 .-- 长沙：商务印书馆刊，民国 27 年［1938］.--57 页：图；19cm ［国图，赣图］

.--3 版 .-- 长沙：商务印书馆刊，民国 27 年［1938.2］.--57 页；19cm ［国图，重图，赣图］

.--4 版 .-- 长沙：商务印书馆刊，民国 27 年［1938.3］.--57 页；19cm ［赣图］

共 6 章。分述间谍工作的基本原则、威胁世界的日本间谍网、日本在华的间谍情报组织及活动、如何消灭间谍及汉奸等。抗战小丛书。

沦陷区政治工作要领 / 浙江省政府编 .-- 浙江省政府刊，民国 27 年［1938］.--31 页；13cm ［国图］

从中国抗战的长期性及沦陷区政治工作的重要性考虑，制定沦陷区政治工作要领，包括宣传、组训、除奸、除暴、破坏及情报等项工作。

论剿匪谍报工作 / 国防部新闻局编 .-- 中央训练团戡乱建国干部训练班刊，民国 37 年［1948］.--42 页；14cm ［国图］

共 6 节。分前言、谍报工作之重要、匪我谍报工作比较、防谍与保密、打入的工作、结论。

美国谍报研究部 / 李士珍主编；中央警官学校编译室 .-- 南京：拔提书店刊，民国 26 年［1937］.--176 页；19cm ［南图，国图，人大，赣图］

介绍了美国谍报研究部的组织过程、工作概况、业务技术等。中央警官学校丛书。

民众组织与谍报工作 / 刘祖澄著 .-- 汉口：黎明书局刊，民国 27 年［1938］.--44 页；19cm ［重图，赣图］
.--2 版 .-- 广州：黎明书局刊，民国 27 年［1938］.--44 页；19cm ［国图］

介绍了间谍制度的功能及历史、从事间谍活动的方法，以及民众组织与谍报工作的关系等。战时民众丛书。

情报勤务 / 高植明编著 .-- 南京：军用图书社刊，民国 36 年［1947］.--81 页 ［南图，国图］

分 7 章。包括绪言、情报勤务之性质、军事情报之定义与区分、战场情报、情报之搜集、情报整理、情报传布。军事自修丛书，第 3 集。

日本怎样防谍 / 汪宇平译；邵冲霄校 .-- 重庆：时与潮社刊，民国 31 年［1942］.--62 页；19cm ［重图，南图，吉图，人大，国图］

记述了各国在日本的间谍组织活动，研讨个人、团体、学校应怎样进行防谍工作。

什么是——敌人的防谍工作 / 社会问题研究会编 .-- 社会问题研究会刊，民国 32 年［1943］.--104 页：表；19cm ［国图］

分 6 节。介绍“防谍工作”的内容与范围，敌军“自身防谍”的组织及办法，对第三国外交人员的防谍办法等。附敌人防谍工作问题选辑，收有 9 种文件及表。书前有几点声明。是什么小丛书。

苏联在华特务活动真相 / 中联出版社编 .-- 中联出版社刊，民国 36 年［1947］.--104 页；18cm ［国关］

苏日的间谍活动 / 苏日问题丛书社编译 .-- 涛声文艺出版社刊，民国 27 年［1938］.--28 页；20cm　［上图］

分 3 节：日本间谍在苏联、苏联境内的间谍活动、外国间谍的代理人。苏日问题小丛书。

未来大战中的国际间谍战 / 罗思（原题：罗威，R.W.Rowan）著；于熙俭译 .-- 上海：生活书店刊，民国 25 年［1936］.--312 页；19cm　［国图，重图，津图，赣图］

.--2 版 .-- 上海：生活书店刊，民国 25 年［1936］.--312 页：图；19cm　［上图，津图］

.-- 上海：生活书店刊，民国 26 年［1937］.--312 页；19cm　［湘图］

.-- 再版 .-- 汉口：生活书店刊，民国 26 年［1937］.--312 页：图；19cm　［国图，重图，南图］

.-- 上海：生活书店刊，民国 27 年［1938］.--312 页；19cm　［重图，晋图］

共 14 章。分述间谍战斗之组织、将来大战中可怕的武器、做间谍事业的人物、间谍秘密与通讯检查、间谍中的天才、以冒险为动机的女间谍等。

严重警戒叛徒事件公函：哈警特秘第 69 号 / 伪满哈尔滨警察厅撰 .-- 打印稿 .-- 哈尔滨：民国 30 年［1941］.--6 页；26cm　［国图］

英美罪恶史 / 伪华北政务委员会情报局编 .-- 华北政务委员会情报局刊 .--18 页；18cm　［南图，国图］

分述英、美在亚非拉进行殖民扩张的情况。第四次治安强化运动丛书。

怎样做一个县的特务工作 .--42 页　［重图］

战时间谍问题 / 袁哲编 .-- 上海：正中书局刊，民国 27 年［1938］.--74 页；19cm　［国图，重图］

.--3 版 .-- 上海：正中书局刊，民国 28 年［1939］.--74 页；19cm　［国图］

本书分别叙述了间谍的必要、人员的罗致与训练、间谍组织及种类、情报的搜集与传递、日本在华间谍组织及反间谍工作等共 9 章。战时民众训练小丛书。

战争与间谍=Spy and Counterspy, the Development of Modern Espionage/ 罗思（原题：罗威，R.W.Rowan）著；胡愈之译 .-- 上海：生活书店刊，民国 25 年［1936］.--155 页；19cm　［吉图，上图，重图，晋图，国图］

.-- 再版 .-- 上海：生活书店刊，民国 25 年［1936］.--155 页；19cm　［国图，吉图］

.--3 版 .-- 上海：生活书店刊，民国 26 年［1937］.--155 页；19cm　［南图，重图，上图，吉图，国图］

.--6 版 .-- 上海：生活书店刊，民国 27 年［1938］.--155 页；19cm　［国图］

.--3 版 .-- 重庆：生活书店刊，民国 28 年［1939］.--155 页；19cm　［国图］

.--4 版 .-- 重庆：生活书店刊，民国 28 年［1939］.--155 页；19cm　［国图，重图］

.--6 版 .-- 重庆：生活书店刊，民国 28 年［1939］.--155 页；19cm ［国图］
.--7 版 .-- 重庆：生活书店刊，民国 28 年［1939］.--155 页；19cm ［吉图］

共 14 章。分述间谍战斗之组织、将来大战中可怕的武器、做间谍事业的人物、间谍秘密与通讯检查、间谍中的天才、以冒险为动机的女间谍等。世界知识丛书，第 8 种。

政工情报纲要 .-- 民国 29 年［1940］.--23 页 ［重图］

中国间谍讲话（原名：谍话）/ 谷啸编著 .--92 页；19cm ［国图］

分 8 章。包括民族革命中谍工的重要性、间谍制度的演行、谍工三部曲、间谍的训练问题、中国谍工的“今日”主义等。

中华中共党政军分布图 / 日本大使馆中支警务部编 .-- 上海：日本大使馆中支警务部刊，民国 31 年［1942］.--1 张；78cm ［南图］

最新中共内幕 . 第 2 集：中共与 CC 团蓝衣社的斗争 / 大华一士著 .-- 北京：思想战社刊，民国 34 年［1945］.--88 页；19cm ［国图］

思想战小丛书。

6.3 锄奸

处理汉奸案件条例浅释 / 孙元杰编 .-- 余姚：正则出版社刊，民国 34 年［1945］.--46 页；19cm ［浙图，上图］

附录特种刑事法令。包括处理汉奸案件条例、修正处理逆产条例等 12 种法令，并释义。

防奸与防匪 / 福建省政府民政厅第三科编 .-- 永安：福建省政府民政厅刊，民国 30 年［1941］.--32 页；17cm ［馆藏地不详］

铲除特种汉奸参考资料 . 第 1 辑 / 民国 29 年［1940］.--22 页；19cm ［重图］

介绍了特种汉奸的阴谋与手段，以及铲除特种汉奸的方法等。

惩治汉奸法 / 钱清廉著 .-- 重庆：正中书局刊，民国 30 年［1941］.--80 页；19cm ［吉图，西南政法，国图，上图，浙图］
.-- 金华：正中书局刊，民国 30 年［1941］.--80 页；19cm ［重图］

根据有关惩治汉奸的一些法令综合编述。分汉奸行为的法定意义、包庇纵容汉奸罪及汉奸的刑罚、审判等 11 章。后附汉奸自首条例等 5 种。法学会小丛书。

锄奸论 / 独立出版社编 .-- 重庆：独立出版社刊，民国 28 年［1939］.--52 页；19cm ［吉图，上图，重图，国图，赣图］

共 4 章。论述了汉奸的由来、傀

儡现形经过（包括满、蒙、新民会、维新政府等傀儡组织）以及铲除汉奸的办法等。战时综合丛书，第 4 辑。

敌国近情 / 天白编 .-- 上海：明明书局刊，［1912?—1949?］.--80 页；19cm ［国图，吉图］

收短文 13 篇。有日本面孔、日本朝野的动态、太阳旗下阴霾四布、日本见闻录、日德意防共协定全文等。

防谍肃奸须知 .--232 页；19cm ［浙图，鄂图，南图，重图，人大，国图］

分 3 编。第 1 编介绍了间谍的意义和活动，日、德的间谍情况，防谍工作的要领和方法；第 2 编介绍了汉奸的定义、种类及其活动、肃奸的方法；第 3 编为法规辑要，包括防止汉奸间谍办法大纲、军机防护法、中华民国战时军律等 24 篇。

防止与检举后方间谍方案及其实施办法 .--33 页：表；19cm ［重庆档案馆，国图］

辑录了国民政府制定的防止与检举后方奸谍方案（30 条）、各机关秘密监察与反间工作人员奖惩暂行条例（13 条）、公务员家属及同僚间相互检察奖励暂行条例（19 条）、防止与检举后方间谍方案实施办法（20 条）等 5 种。

国民防奸常识 / 国民政府教育部编 .-- 吉安 .--24 页；19cm. ［国图，南图，赣图］

分敌探汉奸、防御实施、防御侦察网等 5 章。国民月会讲材丛书。

汉奸的产生和扑灭 / 傅于琛著 .-- 上海：杂志公司刊，民国 26 年［1937］.--78 页；20cm ［国图］

.-- 再版 .-- 上海：杂志公司刊，民国 26 年［1937］.--78 页；18cm ［国图，黑图］

.-- 广州：杂志公司刊，民国 26 年［1937］.--78 页 ［重图］

.-- 广州：杂志公司刊，民国 27 年［1938］.--78 页 ［重图］

.-- 汉口 3 版 .-- 汉口：上海杂志公司刊，民国 27 年［1938］.--78 页；18cm ［上图］

本书分汉奸是什么东西、研究汉奸的观点和方法、中国产生汉奸的原因、汉奸的发展和消灭、除奸是抗敌运动中的紧急任务、汉奸的阴谋和工作、怎样扑灭汉奸等 8 个问题。大时代丛书。

汉奸的认识和防范 / 教育部民众毒物编审委员会编著 .-- 武汉 .--21 页：图；15cm ［重图，国图］

非常时期民众丛书，第 2 集，近事，第 7 册。

汉奸问题 / 唐崇慈著 .-- 重庆：中山文化教育馆刊，民国 27 年［1938］.--42 页；19cm ［重图，国图］

共 9 章。分导言、怎样叫做汉奸、我国历史上的汉奸和伪组织、敌人为什么要利用汉奸、汉奸产生的原因、汉奸的阴谋与丑态、消灭和制止汉奸的方法、除奸运动中的应有的认识、为误入歧途者进一忠告等。抗战丛书，第42种。

汉奸侦查之研究 / 黄振编著 .-- 方岩战时分报社刊，民国28年［1939］.--48页；19cm ［浙图］

河北省敌奸概况年报 / 军令部第2厅 .--20页；19cm ［重庆档案馆］

祸国纪实 .-- 上海 .--70页；14cm ［国图］

内收企之县国民党特务的卖国行为、汉奸国民党特务分子王正朝的滔天罪行、国民党特务分子霍延堂悔过书等5篇。

奸匪暴行纪实 / 国防部工政局编 .-- 南京：国防部工政局刊，民国36年［1947］.--68页；12cm ［馆藏地不详］

卖国纪实 .-- 新善本 .-- 上海：新中国书局刊，民国32年［1943］.--1册；68页；14cm ［国图］

介绍了企之县国民党特务的卖国行为、汉奸国民党特务分子王正朝的滔天罪行、公审企之县汉奸特务巨案大会纪实、国民党特务分子王洪慈霍延堂的悔过书。

闽台汉奸罪行纪实 / 第三战区金厦汉奸案件处理委员会编 .-- 厦门：江声文化出版社刊，民国36年［1947］.--160页：图像；19cm ［上图，南图］

抗日战争胜利后，国民党政府在厦门成立第三战区金厦汉奸案件处理委员会。本书包括该委员会所处置的166个汉奸的罪行和事略，处置汉奸的经过及战犯条例等10部分内容。

侵略者的魔手：日本间谍 / 许范译 .-- 汉口：中苏文化杂志社，民国27年［1938］.--38页；19cm ［国图，上图，重图，南图］

共9节。分述了日本间谍组织在中国、蒙古，及前苏联的活动情况。中苏文化杂志社丛书。

日本的间谍 / 范士白自述；尊闻译 .-- 三联书记刊，民国28年［1939］.--315页；19cm ［南图，国图，首图，重图］

.--4版 .-- 重庆 .--315页：照片；19cm ［湘图，上图］

.--5版 .-- 重庆：生活书店刊，民国28年［1939.6］.--315页：图；19cm ［重图］

本书叙述作者在日本驻满洲特务机关充当日本间谍的见闻，揭露了日本侵略军统治满洲的种种内幕。

日本的间谍 / 天戈编译 .-- 上海：博览书局刊，民国34年［1945］.--58页；19cm ［陕图，上图］

.-- 再版 .-- 上海：博览书局刊，民国34年［1945］.--58页；19cm ［重图］

叙述了日本间谍组织在中国及远东各地的活动情况。

日本间谍 /（意）范斯伯著；集贤译 .-- 上海：文华出版社刊，民国34

年［1945］.--143 页；19cm　［湘图，南图，国图］

本书共 14 章，介绍了一个意大利人作为日本间谍在华活动情况。

日本间谍的自述 / 费斯白著 .-- 自由出版社刊，民国 34 年［1945］.--42 页；18cm　［国图，上图］
.--2 版：自由出版社刊，民国 35 年［1946］.--42 页；18cm　［上图］

本书以第一人称记叙日本在满洲的特务工作。顿比烈作序。

日本间谍与汉奸 / 海童编 .-- 金华：正义社刊，民国 28 年［1939］.--14.--
增订本 .-- 金华：正义社刊，民国 29 年［1940］.--14，72 页；19cm　［浙图，上图］

分 5 章：日本间谍在中国，何谓间谍与汉奸，间谍与汉奸的组织、活动，怎样侦查等。

日本间谍与汉奸的组织 / 黄先明著 .-- 桂林：桂林扫荡社刊，民国 31 年［1942］.--72 页　［桂林］

日本间谍在中国 / 黄先明著 .-- 桂林 .--46 页；19cm　［重图］
.-- 桂林 .--46 页；19cm　［吉图，南图，国图，赣图］

叙述了日本间谍的组织及历史、日本在华间谍机关及其活动，以及土肥原、川岛芳子、喜多诚一等的罪行。

日本侵华之间谍史 / 钟鹤鸣著 .-- 汉口：华中图书公司刊，民国 27 年［1938］.--236 页；19cm　［吉图，重图，国图，赣图］
.--2 版 .-- 汉口：华中图书公司刊，民国 27 年［1938.6］.--236 页；19cm　［上图］
.-- 影印本 .-- 汉口：华中图书公司刊，民国 27 年［1938］.--236 页；21cm　［南图］
.-- 重庆：华中图书公司刊，民国 27 年［1938］.--236 页；19cm　［厦大］
.--3 版 .-- 重庆：华中图书公司刊，民国 30 年［1941］.--236 页；19cm　［重图，南图，国图］

共 12 章。主要有日本间谍史之鸟瞰、日本在华特务工作发展的经过、使领馆之谍报组织及其动态、日军部参谋部在沪之谍报机关、惊人的桃色间谍网、日本驻华特务机关、秘密报告书、侵华最著名的几个日本间谍、间谍活动之形形色色等。附冯玉祥对付国际大滑头土肥原之手段、川岛芳子浪漫史之一页。

日本特务机关在中国 / 谢远达编著 .– 汉口：新华日报馆刊，民国 27 年［1938］.--69 页：图；19cm　［南图，重图，湘图，陕图］
.-- 新善本 .-- 重庆 .--69 页；19cm　［国图］

分 9 章。叙述了日本在中国的特务机关的起源、发展、组织、工作纲领、活动方式等。附日军部对华北的军事侵略计划。新群丛书，第 5 种。

日本在华的间谍活动 /（意）万斯白著；文缘社译 .-- 再版 .- 上海：国

光印书馆刊，民国 34 年［1945］.--12，247 页：照片；19cm　［国图，首图，上海师大，湖北大学］

.-- 上海：国光印书馆刊，民国 28 年［1939］.--247 页；19cm　［陕图，公安大学］

.--3 版 .-- 上海：国光印书馆刊，民国 34 年［1945］.--247 页：冠像；19cm　［上图，上海师大，郑大，暨大，浙大］

.--4 版 .-- 上海：国光印书馆刊，民国 35 年［1946］.--247 页：冠像；19cm　［湘图］

.-- 上海：文缘出版社刊，民国 28 年［1939］.--248 页：冠像；19cm　［津图］

.-- 影印本 .-- 上海：文缘出版社刊，民国 28 年［1939］.--12，247 页：图；19cm　［上海师大］

.--3 版 .-- 上海：文缘出版社刊，民国 34 年［1945］.--248 页：冠像；19cm　［津图］

.-- 上海 .--12，247 页：照片；19cm　［国图］

本书叙述作者在日本驻满洲特务机关充当日本间谍的见闻，揭露了日本侵略军统治满洲的种种内幕。译报丛书之一。

日本在华的间谍网 / 郭洛文著 .-- 战时出版社刊 .--54 页；19cm　［重图，吉图，国图］

共 14 篇。有日本在华的间谍网、日本在华的间谍活动、日本在华的间谍工作、日本的间谍、日本间谍的手段、广州的敌人间谍、赤色外蒙潜行记、日本间谍密布远东等。战时小丛书，第 34 种。

日本在华间谍活动摘要 / 谭翼鹏编著 .-- 军委会干训第三团政治部刊，民国 27 年［1938］.--60 页；22cm　［中图］

日本在华间谍网 / 林克多著 .-- 上海：上海杂志公司刊，民国 26 年［1937］.--64 页；19cm　［陕图，吉图，湘图］

.-- 再版 .-- 汉口：上海杂志公司刊，民国 26 年［1937］.--64 页；19cm　［重图，国图］

.--3 版 .-- 汉口：上海杂志公司刊，民国 27 年［1938］.--64 页；19cm　［重图，国图］

记述了日本在华间谍主要人物、组织机构、工作纲要、人选及工作方式等。大时代丛书，第 2 种。

日本在华侦探网 /L.K 编 .-- 上海：时事新闻刊行社刊，民国 26 年［1937］.--42 页；19cm　［湘图，浙图］

共 9 节。叙述了日本在华侦探网的建立及组织、间谍活动的方式、女间谍及日本指挥下的白俄间谍、松室少将的秘密情报、郑州间谍案及山西特务机关的活动纲领等。时事小册子。

如何消灭汉奸 / 郭沫若著 .-- 救亡文化出版社刊，民国 27 年［1938］.--44 页；19cm　［国图，重图，吉图］

共收入如何消灭汉奸（周昂）、从三方面入手（茅盾）、明定国策与组织群众（夏衍）、不要怕死（郭沫若）、扫除汉奸（郑振铎）等 18 篇短文。

三个日本女间谍：抗战实录 / 凌度年著 .-- 桂林：春秋出版社刊，民国 30 年［1941］.--68 页；19cm　［国图］

著者在抗战前线工作时所见实录，揭露了日本间谍在中国的活动情况。

杀何瓒 .-- 中正书局刊，民国 28 年［1939］.--74 页；13cm　［国图，浙图］

收入扩大除奸运动（吴一飞）和汉奸的机构工作及论调（曹聚仁）2 篇文章。另收入汉奸何瓒受戮经过的新闻报道 6 则，及有关处置汉奸的通令、条例等 4 种。

肃奸与惩贪：时代日报社论 . 第 2 集 / 胡秋原编著 .-- 汉口：时代日报社刊，民国 27 年［1938］.--88 页；19cm　［吉图，重图，桂图，国图，上图］

收录了 1938 年 1 月 1 日到 1 月 31 日时代日报的社论 32 篇，包括民国廿七年奋斗之目标、在国际大风暴之前、进退维谷的日寇与极有办法的中国、复兴国民党、清除汉奸、严惩贪污、再论复兴国民党、国际局势的现在与将来等。书前有胡秋原序。

肃清汉奸 / 陈延进 .-- 福建：福建省抗敌后援会刊，民国 27 年［1938］.--66 页；16cm　［馆藏地不详］

我怎样做了日本的间谍 / 费斯白著；谢德风译 .-- 国民政府军事委员会政治部刊，民国 27 年［1938］.--42 页；19cm　［吉图，重图，南图，国图，赣图］

本书叙述作者在日本驻满洲特务机关充当日本间谍的见闻，揭露了日本侵略军统治满洲的种种内幕。

西江间谍战 / 王正之著 .-- 广州：广州华美文化艺术研究所刊，民国 35 年［1946］.--56 页；19cm　［国图］

记叙了抗战时期国民党“达德”敌后部队派驻西江一带的第一谍报组的工作实录。收入了短文 12 篇，包括生命！情报！——追悼三十七号谍报员、炸尽人间的血仇——爆炸敌寇民治指导部、不入虎穴焉得虎子——我怎样活擒密侦队长等。

一个妙龄日本女间谍的自白：挣脱了枷锁 /（日）希伦著 .-- 上海：文光书店刊 .--71 页；19cm　［重图］

一个日本间谍的自述 /（意）范士白（AmletoVespa）著，民国 28 年［1939］.--44 页；19cm　［重图］

怎样惩治汉奸 / 张天百著 .-- 上海：中国书报社刊，民国 34 年［1945］.--30 页；19cm　［南图，吉图，上图］

讲述汉奸的定义、怎样惩治汉奸等。附修正惩治汉奸条例、处理汉奸条例等 5 种法规。中国文库，第 5 种。

怎样清除汉奸 / 童振华著 .-- 广州：黑白丛书社刊，民国 26 年［1937］.--27

页；19cm　［吉图，南图］
.--2 版 .-- 汉口：黑白丛书社刊，民国 26 年［1937］.--27 页；19cm　［上图，重图，国图］

介绍了抗战中清除汉奸的具体办法。黑白丛书，战时特刊。

浙西伪组织傀儡名录 / 浙江省第四区战时政治工作指导室编 .-- 香港 .--58 页；13cm　［国图］

辑浙西沦陷区（杭州、嘉兴、吴兴等）伪组织官员名录及南京、江苏、安徽部分伪组织官员名录。浙江省第四区战时政治工作指导室丛书，第 3 种。

6.4　间谍活动

神秘的间谍 /（德）露德维. 格兰（LudwizGrcan）著；艾珑译 .-- 重庆：新潮出版社刊，民国 35 年［1946］.--237 页；19cm　［重图］

世界间谍内幕 / 卓希陶著 .-- 重庆：宇宙出版社刊，民国 38 年［1949］.--247 页；26cm　［重图］

德国间谍 /（德）格赖恩著；纽曼英，楚之译 .-- 上海：世界书局刊，民国 27 年［1938］.--301 页　［重图］

德国间谍 / 格澜（Grein）著；楚之译 .-- 上海：世界书局刊，民国 28 年［1939］.--301 页；19cm　［重图，国图］
.-- 上海：世界书局刊，民国 28 年［1939］.--301 页；19cm　［重图，浙图，上图］

本书主要写欧战时期，对德国间谍行为的谴责，以及对我们的意义。

德国间谍 /（德）格兰著；艾珑译 .-- 远东书局刊，民国 31 年［1942］.--234 页　［重图］

德国间谍史 .--170 页：插图；19cm　［重图］

第五号情报员 / 仇章著 .-- 再版 . 广东曲江：图腾出版社刊，民国 32 年［1943］.--206 页；19cm　［重图，国图］
.--3 版 .-- 广东曲江：正光书局刊，民国 32 年［1943］.--143 页；19cm　［国图，湘图，吉图］
.-- 成都：远东图书公司刊，民国 33 年［1944］.--138 页；18cm　［重图，津图，国图，黔图］
.--4 版 .-- 曲江：正光书局刊，民国 34 年［1945］.--174 页；20cm　［吉图］
.-- 沪 4 版 .-- 上海：远东图书公司刊，民国 38 年［1949.4］.--137 页；18cm　［上图］
.-- 上海：铁风出版社刊，民国 38 年［1949.4］.--137 页；18cm　［湘图］

大战前夜的国际间谍活动实况 / 龚小洛编译 .-- 汉口：大声出版社刊，民国 27 年［1938］.--118 页；19cm　［国图，陕图，重图，南图，上图］

分 5 章。包括间谍概要、法西斯日本的间谍、希特拉的侦探、赤色国家的 G.P.V、世界女间谍。

第五纵队内幕 / 朱国桢编 .-- 桂林：文献出版社刊，民国 31 年［1942］.--111 页；19cm　［重图，国图，赣图］

.-- 再版 .-- 桂林：文献出版社刊，民国 31 年［1942.5］.--111 页；19cm　［上图］

分 13 篇。有纽约时报周刊的第五纵队的透视、杜格凡与莫瓦尔的第五纵队的形成、新人的第五纵队的指挥者——希墨尔速写、读者文摘的第五纵队的纳粹党海外部、F.K.Wey 第五纵队在各国、拉斯基的第五纵队的阴谋在美国的结果、斯宾克斯等的第五纵队在东京等。

国际谍报 / 李端浩讲述 .-- 国民政府军事委员会陆军军官训练团刊 .--32 页；22cm　［中图］

国际间谍 /（日）木村缘编；杨宝琛译 .-- 广州：群力书店刊，民国 27 年［1938］.--175 页；19cm　［上图，重图，南图］

共 7 篇。记述了各国著名政治、军事间谍的活动。原名：国际间谍实话。

国际间谍活动 /（美）斯巴伐克著；郑陀译 .-- 世界新闻社刊，民国 28 年［1939］.--210 页；19cm　［国图］

揭露了德国和意大利间谍机关在捷克、法国、美国、墨西哥、巴拿马等地的间谍活动情况。

国际间谍活动实录 / 刘唯实编译：日曜社刊，民国 27 年［1938］.--141 页；19cm　［湘图，国图］

共 5 章。叙述了第一次世界大战中的间谍活动，包括日本的特务工作、德国的间谍组织、苏联的政治密探队，以及几个女间谍的故事。

国际间谍史话 / 曾广勋著 .-- 南京：拔提书店刊 .--436 页；21cm　［南图，上图］

共 26 章。包括间谍时代之到来、国际间谍之技术、军缩会议中间谍之活跃、苏联之格伯乌、美国之黑室等。有自序（1935 年 2 月）。附现代国际间谍讲话 12 篇。残缺。

国际女间谍玛妲哈丽秘史 / 笃行著 .-- 上海：明明书局刊，民国 27 年［1938］.--90 页；19cm　［国图］

介绍了第一次世界大战时国际女间谍荷兰人玛妲哈丽的生活经历。根据荷兰查理·海门的玛妲哈丽真相一书，并参考法、英、西班牙等国的有关书籍编写。

国际情报内幕 / 李绍忠编译 .-- 政经编译社刊，民国 34 年［1945］.--82 页；19cm　［南图，上图］

日伪统治区出版物。内容包括第五纵队、英国秘密情报局、美国战时情报局、斯大林与“格匹乌”、几个著名的女间谍等。

国际情报史 / 曾虚白，沈寿宇编 .-- 上海：新中国建设学会刊，民国 22 年

［1933］. 19 页　［国图，辽图，重图，湘图，浙图，首图，北碚图书馆，赣图，上图］

.-- 影印本 .-- 上海：新中国建设学会出版科刊，民国 22 年［1933］.--14，168 页；26cm　［南图］

.-- 再版 .-- 上海：新中国建设学会刊，民国 23 年［1934］.--14，168 页；22cm　［国图，南图］

讲述了德、苏、英、法、日 5 国情报史。新中国建设学会丛书。

荷法远东殖民地行政 =Foreign Colonial Administration in the Fareast/（英）贝尔（S.H.Bell）著；苏鸿宾，张昌祈译述 .-- 上海：商务印书馆刊，民国 23 年［1934］.--224 页；21cm　［南图，吉图，重图，津图，湘图，国图，上图］

叙述荷属东印度及法属越南的行政制度。书前冠例言等。

间谍 /（美）彭道甫（H.R.Berndorff）著；陶兹人译 .-- 上海：商务印书馆刊，民国 23 年［1934］.--250 页；19cm　［津图，浙图，首图，国图］

.--2 版 .-- 上海：商务印书馆刊，民国 24 年［1935］.--250 页；19cm　［国图，重图，上图］

.--5 版 .-- 长沙：商务印书馆刊，民国 27 年［1938］.--250 页；19cm　［重图］

共 14 篇。主要有战前的间谍、警察充间谍、奥匈参谋长来特尔上校、一名理想的间谍、一名最伟大的德国女间谍等。

间谍的故事 /（法）鲍克特著；赵君嶷译 .-- 桂林：良友复兴图书印刷公司，民国 32 年［1943］.--181 页；17cm　［国图，湘图］

.-- 重庆：良友复兴图书印刷公司，民国 34 年［1945.5］.--181 页；17cm　［浙图，重图］

间谍的故事 /（法）鲍克特著；赵家琛译 .-- 上海：晨光出版公司刊，民国 36 年［1947］.--181 页；19cm　［重图］

间谍横行的世界 / 国际时事研究会编 .-- 国际时事研究会刊，民国 27 年［1938］.--100 页；19cm　［吉图，重图，上图，国图］

分 5 个部分，共 19 篇。有国际间谍之史的考察（莫斯科新闻报）、海底间谍秘史（星期六邮报）、德国的密探、日本间谍网密布远东（莫斯科真理报）和日本在华的间谍活动（方秋苇）、赤色外蒙潜行记（布利秋）、未来在帝都活动的某国间谍（上野三郎）等。时事问题小丛书，第 2 种。

间谍花絮 / 于冲平编译 .-- 桂林：新艺书店刊，民国 33 年［1944］.--109 页；18cm　［国图］

.-- 重庆：新学艺书局刊，民国 33 年［1944.4］.--109 页；18cm　［重图］

.-- 重庆：陪都书店刊，民国 34 年［1945］.--109 页；18cm　［重图，国图］

.-- 重庆：陪都书店刊，民国 35 年［1946］.--109 页；18cm　［重图］

记述德国、波兰、英国、日本、苏联等国间谍的活动情况。

今日的间谍 / 华德（A.G.Wade）原著；冯之安译 .-- 重庆：大时代书局刊，民国 29 年［1940］.--186 页；18cm ［国图］
.-- 再版 .-- 重庆：桂林：大时代书局刊，民国 29 年［1940］.--186 页；18cm ［浙图，赣图，南图，重图］
.--3 版 .-- 重庆：大时代书局刊，民国 30 年［1941］.--186 页；18cm ［重图］

分别在重庆、桂林、上海、香港发行。本书系作者从事间谍活动的回忆录。

惊心动魄的国际间谍战 / 约翰生 .--78 页；19cm ［国图，重图，上图，赣图］

收入 10 篇文章。包括惊心动魄的国际间谍战（佚名）、间谍横行下的美国（约翰生）、美国的劳工间谍网（胡伯曼）、苏联政治密探队（怀特）、未来在日本活动的苏联间谍（上野）、德国的密探（史披法）、威胁苏联的德国间谍（乌拉诺）、德国在西班牙的间谍机关（恩氏）、西班牙叛军的间谍（佚名）、四个著名的间谍（路威）。战时小丛刊，第 35 种。

蓝衣社内幕 / 陈恭澍著 .-- 上海：国民新闻图书印刷公司，民国 31 年［1942］.--126 页；19cm ［晋图，津图，南图，国图］
.-- 再版 .-- 上海：国民新闻图书印刷公司，民国 31 年［1942］.--126 页；19cm ［浙图］
.--3 版 .-- 上海：国民新闻图书印刷公司，民国 31 年［1942］.--126 页：图；19cm ［南图，吉图］
.--5 版 .-- 上海：国民新闻图书印刷公司，民国 32 年［1943］.--126 页：图；19cm ［津图，吉图，首图，上图］

记述了国民党特务组织蓝衣社的组织、活动和暴行。国民新闻丛书，第 6 种。

蓝衣社内幕：蒋党内幕特辑 / 越生著 .-- 上海：大同出版社刊，民国 38 年［1949］.--41 页；19cm ［南图，上图］

介绍了蓝衣社的构成、训练及活动情况。

纳粹间谍活动 /（美）史丕伐克（J.L.Spivak）著；刘若村译 .-- 文化正气出版社刊，民国 35 年［1946］.--190 页；19cm ［上图，重图，国图］

本书分 12 章。叙述纳粹密探在美国、墨西哥和中美等地的间谍活动。

纳粹女间谍 =Women of the Gestapo/（英）巴士德（Richard Baxter）著；默君译 .-- 重庆：五十年代出版社刊，民国 33 年［1944］.--98 页；18cm ［重图，南图，国图］

本书共 10 章，介绍了纳粹女间谍在世界各地的活动情况。

男女间谍传奇录 /（日）木村毅著；

雷通群编译 .-- 广东曲江：环球图书公司刊，民国 31 年［1942］.--164 页　［重图］

欧美间谍战术史实 /（日）平路社编；穆超译 .-- 重庆：军事编译社刊，民国 31 年［1942］.--162 页；19cm　［重图，吉图，国图］
.-- 再版 .-- 重庆：军事编译社刊，民国 33 年［1944］.--162 页；19cm　［重图，南图］

共 14 章。叙述了间谍的由来，第一次世界大战前欧美各国间谍的活动方式、种类、战术，以及对战争胜败的关系等。

破获献县天主教国际间谍案 / 冀南三地委宣传部编 .-- 冀南三地委宣传部刊，民国 37 年［1948］.--16 页；19cm　［国图］

介绍了冀中解放区公安部门于 1947 年 10 月在献县张家庄天主教堂内破获国际间谍组织的经过，并收辑了献县张家庄天主教区总堂耶稣会院长崔步云等联名通电及外籍修女赴津返国时函谢解放区民主政府等报道。

希特勒的间谍 /（美）史丕伐克（J.L.Spivak）著；刘若村译 .-- 上海：海潮社刊，民国 29 年［1940］.--190 页；19cm　［国图，重图，上图］

分 12 章。叙述了纳粹密探在美国、墨西哥和中美等地的间谍活动。

希特勒的秘密军队 /（美）史丕伐克著；郑陀译 .-- 世界新闻社刊，民国 28 年［1939］.--210 页；19cm　［吉图］
.-- 新 1 版：世界新闻社刊，民国 30 年［1941］.--210 页；19cm　［南图，上图，国图］

分 12 章。叙述了纳粹密探在美国、墨西哥和中美等地的间谍活动。

英国的间谍 /（英）柯尔斯（C.H. Coles）著；张尚之译 .-- 永安：改进出版社刊，民国 32 年［1943］.--116 页；18cm　［重图，南图，国图］

本书为纪实文学，讲述了一个在德国的英国间谍的故事。改进文库，第 16 种。

中国法西斯派的恐怖特务组织 / 薛樵 .--46 页；19cm　［国图］
.-- 新善本：太岳新华书店刊，民国 35 年［1946 年］.--46 页；18cm　［国图］

内收中国法西斯派的恐怖特务组织（薛樵），东南中美第七特训班的内幕（陈世民），及军统局内幕、我不愿做人民的公敌、我是“戴先生的人”、我也来自地狱。附录司派狂（郭沫若，诗）。

中日战争中的女间谍 / 杨宝琛编译 .-- 汉口：战时读物编译社刊，民国 27 年［1938］.--153 页；19cm　［上图，津图］
.-- 汉口：群力书店刊，民国 27 年［1938］.--153 页；19cm　［重图］

共 5 篇。包括日本的世界间谍网、日本在华北的间谍工作、鸽子姑娘、敌人杜撰中的中日女间谍战、川岛芳子小史。附敌人假想的日苏间谍战等 3 篇。

6.5 秘密社会

家礼须知．遗训十规 / 何茂清选印 .-- 北平：安清总会刊，民国 20 年［1931］.--205 页；19cm ［国图］

根据清帮帮规“漕运通草”编纂，阐明了其教义，介绍了历史沿革、人物，以及各种规矩、仪式等。

九流三教．江湖秘密规矩 / 金老佛著 .-- 上海：大通图书社刊，民国 26 年［1937］.--146 页；19cm ［上图，首图］

介绍了白莲会、天地会、三合会、青洪帮等的密规、江湖法术秘诀，通用切口等，共 6 个部分。附江湖法术通用切口。

清门考源 / 陈国屏著 .-- 再版 .-- 上海：上海道德善堂刊，民国 28 年［1939］.--12，336 页：图；20cm ［上图，国图，浙图］

.--3 版 .-- 上海：联谊出版社刊，民国 35 年［1946］.--314 页：图；19cm ［国图，重图，首图］

本书分 18 章，内有清门的起源、沿革，各帮的组织、分类，香堂规范、清门法规、家庙传录等。

安亲系统录 / 常圣照著 .--3 版 .-- 北平：同义征集家谱通讯处刊，民国 24 年［1935］. 192 页 ［馆藏地不详］

.-- 北平：同义家谱修正通讯社刊，民国 25 年［1936］.--150 页：图；19cm ［国图］

安清证源 .-- 民国 24 年［1935］.--126 页：图像；15cm ［国图］

叙述了安清道的历史沿革及现状。包括运河、淮河、黄河水势考，漕运沿革考，安清列祖考，安清家祠考，各省帮名及船只数目，清代对于安清帮之态度，安清帮名之由来，小香堂仪式，安清问答摘要等。

道义正宗 / 张煜山编辑 .-- 民国 23 年［1934］.--212 页：图；19cm ［国图，津图］

为安清道各帮家庙文录的选辑。包括道义正宗原序、安清序言、始祖传法考、大小香堂次序、六大青帮家谱等内容。

道义正宗 / 张振元著 .-- 北平：正修堂刊，民国 25 年［1936］.--198，82 页：图；19cm ［国图］

道义指南 / 王云清辑 .-- 北平：悟真道社 .--254 页：图；19cm ［国图，吉图］

介绍了安清道宗祖、历史、各青帮家谱、前人录、帮规等。

海底 / 李子峰编 .-- 民国 29 年［1940］.--370 页；19cm ［南图，国图，上图，首图］

共6编。介绍了洪门的沿革、组织、会物、规律、一般应用诗句等。中国秘密结社丛书，第1种。

海底诠真 / 王蕴兹纂修 .-- 民国35年［1946］.--114页；13cm　［上图］

介绍了袍哥组织的内幕。包括中国哲学上的袍哥之价值、哥老会条规、香堂仪式、哥老会略史、杂记5章。

汉留大观 / 刘师亮著；廖恒升校勘 .-- 上海：刘师亮：陈俊良刊，民国24年［1935］.--90页；19cm　［上图，重图］

本书包括汉留之原起、汉留之定义、汉留之沿革、汉留之海底、汉留之组织等19章。卷首有白桑、任汉钦、廖恒升、文劲涛、吕次文等11人的序各1篇及作者自序。

汉留全史 / 李耘夫编 .-- 再版 .-- 重庆：星星书报杂志社刊，民国27年［1938］.--136页：图；22cm　［国图，南图，浙图，重图，上图］

介绍了汉留组织的起源、沿革、组织系统、香堂规则、对内对外规则等，共19章。

汉留史 / 刘师亮著 .--2版 .-- 成都：师亮茶楼刊，民国27年［1938］.--112页；27cm　［南图，吉图，重图］
.--3版 .- 成都：刘师亮遗作出版社刊，民国35年［1946］.--122页：冠像；19cm　［南图，吉图，国图，重图］

分12章。记述了汉留的源起、定义、沿革、海底、中落、复兴、组织、系统、联名、运用、规则、例书、杂条等。

汉留溯源 / 胡利民编 .-- 民国29年［1940］.--92页；19cm　［上图］

叙述了洪帮的考源及开香堂细则等。

汉留问答 / 雷发声搜集 .-- 重庆：五洲印刷厂刊，民国35年［1946］.--32页；19cm　［上图］

以问答形式，介绍了汉留组织的历史、沿革及内幕。

汉留研究 / 邓潮浚著 .-- 重庆：说文社刊，民国36年［1947］.--36页；19cm　［南图，重图，国图］

共11章。研究了汉留的组织、礼节、思想、性质、源流及改进的途径。附罗白帮会应走的道路一文。

汉流演义 / 白玉山著 .-- 民兴社刊，民国37年［1948］.--64页；19cm　［上图］

介绍了汉流组织的沿革、现状、内部情况、各种社规等。书后有“本书专供本社社员参阅”字样。

汉流组织研究 / 刘鹰遐编著 .-- 上海：益社刊，民国36年［1947］.--83页；18cm　［国图］

汉流组织为明末清初的秘密会党，以恢复汉室为宗旨。此书介绍了汉流的史略与组织、香堂仪式、中国秘密会党传统。书前有益社出版委员会的发行益社丛书缘起、洪深的清代秘密会党（代序）。附汉流名词术语、汉流条规、汉流系统表。益社丛书，第1种。

红帮汉留人物故事 / 卫聚贤（卫大法师）著 .-- 重庆：说文社刊，民国25年［1936］.--74页；18cm　［国图，上图］

讲述了红帮汉留所崇拜的义气人物民族英雄的故事。包括羊角哀与左相桃、桃园结义刘关张、瓦岗寨的群英、水浒的一百零八人、民族英雄郑成功等。

洪门常识问答 / 龙襄三著 .-- 上海：诚正学塾刊，民国29年［1940］.--122页；19cm　［上图］

.--2版 .-- 上海：诚正学塾刊，民国31年［1942］.--1册；15cm　［上图］

讲述了洪帮的历史、现状、香规、内幕等。洪门丛书，第1种。

洪门史 / 戴魏光编 .-- 上海：和平出版社刊，民国36年［1947］.--176页；19cm　［南图，吉图，重图，津图，晋图，国图，上图，首图］

记述了洪门之发展与变革。包括序论、萌芽时期、培养时期、灿烂时期、大成时期—辛亥革命5章。

洪门志 / 朱琳编 .-- 上海：中华书局刊，民国36年［1947］.--238页；19cm　［国图，津图，上图，首图］

.-- 再版 .-- 上海：中华书局刊，民国37年［1948］.--238页；19cm　［津图，南图，吉图］

共21章，叙述了洪门历史和历代山堂会社，介绍了其组织纲要规律、汉留文字、隐语、暗号、应用俗语、入会手续、开山仪式、香堂等。

华北安清道义总会纲纪要略 / 夏荫轩撰述 .-- 北平：华北安清道义总会刊，民国31年［1942］.--8页；19cm　［国图］

记述华北安清道义总会之历史、现状及会运要领。

家理宝鉴 / 孙悦民著 .-- 沈阳 .--122页：图像；19cm　［津图，上图］

介绍了青帮、洪帮和清理（即三理）的演变过程，总称为理教。

江湖话 / 卫聚贤（原题卫大法师）编 .--3版 .-- 重庆：说文社刊，民国36年［1947］.--213页；14cm　［重图］

.-- 重庆：说文社刊，民国35年［1946］.--213页：图；14cm　［重图］

.-- 再版 .-- 重庆：说文社刊，民国36年［1947］.--213页：图；14cm　［重图］

.--6版 .-- 重庆：说文社刊，民国37年［1948］.--213页：图；14cm　［重图］

介绍了江湖界问答、隐语、行动等。

教会源流考 / 陶成章著 .-- 广州：国立中山大学语言历史学研究所刊，民国17年［1928］.--20页；21cm　［国图，吉图，上图］

包括教会兴起之原因、教会之发源地及蔓延之区域、教会之联合及其分裂、教会之制度及其弊窦等6部分。国立中山大学语言历史学研究所史料丛书。

抗战与帮会 / 王晋伯编著 .-- 重庆：独立出版社刊，民国 27 年［1938］.--52 页；15cm ［吉图，重图，国图，上图］

共 8 部分。介绍了帮会的起源，论述了如何发挥帮会特点，使之成为抗战的辅助力量。包括从革命斗争中发展起来的帮会、敌寇帮会工作的列举、帮会纲领的确定、帮会组织的改造、开展帮会工作的途径等。抗战建国小丛书。

理门金鉴 / 任秉为审定 .-- 民国 23 年［1934］.--74 页；图像；19cm ［国图］

叙述了清帮历史源流、帮规遗训等。

袍哥内幕 / 山逸编 .-- 重庆：民间报刊，民国 35 年［1946］.--26 页；19cm ［国图，上图］

包括袍哥起源、袍哥跑码头拿上覆、单刀会与吃讲茶、红棍执法、开山堂设议事庭、十条十款、江湖裁香令等 20 小题，介绍了四川各码头袍哥组织。民间社会丛书，第 1 辑。

袍哥入门 / 卫聚贤（原题卫大法师）著 .-- 重庆：说文社刊，民国 36 年［1947］.--29 页：图；19cm ［国图，重图］

包括袍哥的历史、袍哥的名称、袍哥的组织，及加入袍哥的手续、袍哥发的凭证等 8 项。

清帮实录 / 朱光慈编 .-- 新生文化社刊，民国 35 年［1946］.--26 页；19cm ［国图，重图］

分安清史述、清规戒守、历代字辈、各帮兴废及现况、香堂仪则、家常问答、帮中隐语、惯语、江湖技术等 10 部分。

清规拾遗 / 鲁逸民编 .-- 民国 19 年［1930］.--227 页；17cm ［上图］

清帮帮规，书前有序。

清门考源 / 陈一帆著；山林居士校对 .-- 上海：一帆通信社刊，民国 22 年［1933］.--314 页：图；19cm ［上图］

分 18 章。主要内容有清门的起源、沿革，各帮的组织、分类，香堂规范、清门法规、家庙传录等。

清谱纪略 / 贯溥龄选辑 .-- 通义悟学社刊，民国 22 年［1933］.--188 页；19cm ［国图，吉图，上图］

讲述了清帮的历史源流、沿革、总帮数目、各地分帮情况、帮规遗训、香堂琐录等。

三庵宝鉴 .--148 页；19cm ［上图］

介绍了清帮内幕。包括立帮原始、帮务兴废、宗派继传、帮头、香堂规矩等 26 章。

三庵密集 / 姚绍坤编 .-- 民国 22 年［1933］.--124 页；19cm ［国图］

介绍了安清帮的历史及组织情况。包括乾集安清帮之历史及宗教、艮集安清帮之漕规及衔名、震集安清帮之帮头及船只旗号、巽集安清帮之赴名录及三帮九代、离集安清帮之香堂办法及款式、坤集安清帮之香堂慈悲及问答、兑集安清帮之地志及船学等 7 部分。

山东省的封建迷信团体 / 书报简讯社渤海分社编 .-- 书报简讯社渤海分社刊，民国 37 年［1948］.--83 页；19cm ［公安部］

世界秘密结社 /（日）纳武津著；华通书局编译所译 .-- 上海：华通书局刊，民国 19 年［1930］.--270 页；18cm ［南图，重图，津图，国图，浙图，上图，首图］

包括神秘的秘密结社、民主主义的秘密结社、民族主义的秘密结社、犯法的秘密结社、破坏主义的秘密结社，反革命主义的秘密结社棒喝团等 6 篇。书前冠序言、绪论。

世界之秘密结社 / 东方杂志社编 .-- 上海：商务印书馆刊，民国 13 年［1924］.--76 页；15cm ［厦门，津图，鲁图，国图，浙图］

包括中国之秘密结社（白莲会、三合会、哥老会等）、欧美之秘密结社（棒喝团、三 K 党等）2 篇。东方文库，第 12 种。附欧洲密谈。

四川哥老会改善之商榷 / 宋促堪等执笔 .-- 成都：四川地方实际问题研究会刊，民国 29 年［1940］.--27 页；17cm ［重图，国图］

内含哥老会之简史、哥老会之检讨、改善哥老会之方法、哥老会会员训练之要点。附代拟简章 22 条。四川地方实际问题研究会丛刊。

天地会文件 / 罗汉校录 .-- 民国 25 年［1936］.--16 页；27cm ［上图］

天地会属洪门会的一支。广州学报，第 1 卷第 1 期。

天地会文献录 / 罗尔纲编 .-- 重庆：正中书局刊，民国 32 年［1943］.--98 页；20cm ［国图，重图，湘图，上图］.-- 沪 1 版 .-- 上海：正中书局刊，民国 36 年［1947］.--98 页；20cm ［上图，南图］

包括贵县修志局发现的天地会文件、守先阁本天地会文件、陶成章教会源流考、水浒传与天地会、论近代秘密社会史料的本子 5 篇。史地丛刊。

天地会研究 /（荷）施列格（G.Schlegel）著；薛澄清译 .-- 长沙：商务印书馆刊，民国 29 年［1940］.--297 页：图；19cm ［国图，南图，重图，上图，首图，黔图］

西方研究天地会的专著。包括天地会的历史、会堂及其附属物、天地会的组织行政、新会员的入会、天地会律法及规约、供家号头口语 6 编。

通漕金鉴 / 郑长庚选辑 .-- 上海：博义堂刊，民国 27 年［1938］.--110 页；19cm ［上图］

汇集了帮会组织内部的暗语、规矩、法流等。

通漕精华辑要：青帮规训 / 傅佑常，王鹏程编 .-- 洗新堂同人刊 .--146 页；14cm ［重图，上图］

收录了青帮的十大帮规及其祖爷考等。

通草纲要：帮会书 / 上海鸿文书局编 .-- 上海：上海鸿文书局刊，民国 23 年［1934］.--99 页；19cm ［上图］

收录了帮会的行语、帮规等。

现代华北秘密宗教 / 李世瑜著 .-- 成都 .--176 页：图；27cm ［重图，南图］

共 4 章。介绍了黄天道、一贯道、皈一道、一心天道、龙华圣教会的情况，包括历史、源流、概况、教义、经典研究等。

学道须知 / 王镜潭编 .-- 民国 33 年［1944］.--78 页；14cm ［国图］

介绍安清道（即青帮）的源流、沿革、内部规律、仪式、各帮船只旗号等。

一贯道脉图解 / 琴冈修齐编，民国 26 年［1937］.--28 页 ［陕图］

一贯道新介绍 / 无线痴人著 .-- 石印：聚珍阁印书局刊，民国 23 年［1934］.--10 页；19cm ［国图，上图］
.-- 石印 .-- 上海：崇华堂刊，民国 31 年［1942］.--24 页；19cm ［国图，上图］

介绍了一贯道之意义，性理，降世之原因、沿革、功用、功夫等。

一贯道信不得 / 察哈尔省公安厅编 .-- 民国 38 年［1949］.--40 页；14cm ［公安大学］

群众读物之一。

遗训十规 .--187 页；19cm ［馆藏地不详］

中国的帮会 / 卫聚贤（原题卫大法师）著 .-- 重庆：说文社刊，民国 35 年［1946］.--202 页：图像；19cm ［南图，国图］

分帮会史、洪帮 2 编，介绍了中国的帮会组织。卷首有著者的中国的帮会。封面题：帮（中国帮会洪帮汉留）。

中国各省秘密生涯：中国无职业人生活问题 / 中国生计调查会编 .-- 上海：世界书局刊，民国 9 年［1920］.--2 册；127，250 页；20cm ［重图，上图］

论述了全国各地无业游民、帮会组织的内幕及生活情况。分中十七省、北六省、南五省、东三省 4 编。

中国汉流团体改进论 / 赵郑著 .-- 四川合江：文心实业社刊，民国 31 年［1942］.--114 页；19cm.--（环筒页装） ［重图，津图，上图］

共 8 章。包括起论、汉流团体之起源及现况、汉流团体之民族精神及其优点、改进汉流团体之要言等。

中国秘密帮会之研究 / 宪兵司令部警务处编 .-- 宪兵杂志社刊，民国 27 年［1938］.--33 页；19cm ［上图］

包括孙中山叙述会党之起源、宪

兵勤务与秘密帮会、洪门会安清帮之概况、如何运用青洪帮等。

中国秘密社会史/(日)平山周著.--上海：商务印书馆刊，民国1年[1912].--180页；19cm [国图，浙图，重图]
.--新善本.--上海：商务印书馆刊，[1911].--169页；19cm [国图]
.--再版.--上海：商务印书馆刊，民国2年[1913].--169页；19cm [首图，吉图]
.--5版.--上海：商务印书馆刊，民国12年[1923].--169页；19cm [国图]
.--6版.--上海：商务印书馆刊，民国16年[1927].--169页；19cm [吉图，重图，首图，南图]
.--国难后1版.--上海：商务印书馆刊，民国23年[1934].--180页；19cm [重图，国图，首图]
.--国难后2版.--上海.--商务印书馆刊，民国24年[1935].--180页；19cm [上图，重图，国图]
.--铅印本.--上海：商务印书馆刊，民国24年[1935].--1册 [浙图]

内分6章。介绍了中国的秘密结社组织白莲会、天地会、三合会、哥老会、兴中会及同盟会、光复公会等。史地小丛书。

中华洪门联合会成立大会特刊/中华洪门联合会宣传处编.--上海：中华洪门联合会宣传处刊，民国32年[1943].--52页：图；27cm [馆藏地不详]

洪门原系一种秘密结社的组织。该特刊内容包括宣言、论文、洪门史略、工作报告、附载、会议记录6项。

中正亭附近枪杀案办理经过报告书/李士珍.--重庆：中央警官学校刊，民国28年[1939].--60页：图像；19cm [重图]

本校第一次刑事联合演习。包括演习讲评纪要、刑事联合演习计划、有关演习报告等。有李士珍卷首语及俞叔平导言。

重订加注清门考源/陈国屏著.--3版.--上海：联谊出版社刊，民国35年[1946].--314页：图；18cm [重图，国图，首图]

本书分18章。内有清门的起源、沿革，各帮的组织、分类，香堂规范，清门法规，家庙传录等。书前冠汪序等。

7 行政警察

7.1 行政警察、治安警察

行政警察 / 陈纯白编 .-- 杭州：浙江省警官学校刊，民国 18 年［1929］.--146 页；19cm ［浙图］

附交通警察讲义。

行政警察 / 李达夫编 .--246 页 ［赣图］

行政警察 / 上海市警察局警察训练所编 .-- 上海：上海市警察局警察训练所刊 .--56 页；19cm ［上图］

讲述了保安、风俗、户籍 3 种警察。卷首题：行政警察讲义。

行政警察 / 徐望霓编 .-- 福建省警察训练所刊，民国 26 年［1937］.--126 页；19cm ［上图］

分 2 编。讲述了保安、风俗、卫生、消防、户籍等警察。福建省警察局警察训练所讲义。

行政警察 / 赵志嘉编 .--2 版 .-- 上海：世界书局刊，民国 18 年［1929］.--187 页；19cm ［重图，南图，南图，浙图］

分为总论、本论 2 部分。总论讲述行政警察的意义、种类、作用形式、执行方法，本论介绍保安警察、普通安宁警察、风俗警察、交通警察、营业警察、建筑警察、水上警察等。最新警察全书，第 3 种。

行政警察．上册 / 高希贤编 .-- 湖南 .--245 页；19cm ［重图］

分行政警察概念、保安警察、风俗警察等 3 章。

行政警察法规 .-- 杭州：浙江省警官学校附属警士教练所刊，民国 19 年［1930］.--130 页；19cm ［浙图］

浙江省警官学校附属警士教练所讲义。

行政警察概要：行政警察讲义 /（日）稻津秀也述 .-- 民国 32 年［1943］.--1 册；26cm ［津图］

行政警察讲义 / 河北省会公安局警察教练所编纂 .-- 天津：协成印刷局刊，民国 22 年［1933］.--76 页；19cm ［津图］

共 10 章。分绪论和保安、建筑、交通、风俗、营业、水上、铁路、盐场，以及矿业、森林、狩猎、农业、垦牧、渔业等警察。

行政警察讲义 / 天津市公署警察局警察教练所编 .-- 天津：天津市公署警察局警察教练所刊，民国 30 年［1941］.--134 页；19cm　［津图］

行政警察摘要 / 湖北省会警察局 .-- 民国 26 年［1937］.--52 页；19cm　［重庆档案馆］

警察小丛书之十六。

治安警察 /（伪）治安总署警政局警察教科用书编审委员会编辑 .-- 修订再版 .-- 北平：（伪）治安总署警政局刊，民国 31 年［1942］.--98 页；19cm　［国图，津图］

乙种警察教练所教科用书。内分通则、治本工作、治标工作、谍报、防谍、防空与灯火管制、保甲条例等章。

北京市四次治运新闻集 /（伪）北京特别市公署宣传处编 .-- 北平：（伪）北京特别市公署宣传处刊，民国 31 年［1942］.--268 页；18cm　［国图］

介绍伪市公署开展第四次治安强化运动概况，包括各部门官员讲话、布告以及工作进行情况等。时局丛书，第 15 种。

北京特别市第四次治安强化运动总报告书 /（伪）北京特别市公署秘书处编 .-- 北京：（伪）北京特别市公署宣传处刊，民国 31 年［1942］.--298 页；26cm　［国图］

北京特别市第五次治安强化运动实施计划一览表 /（伪）北京特别市公署治安强化运动本部编 .-- 北京：（伪）北京特别市公署治安强化运动本部刊，民国 31 年［1942］.--1 册；27cm　［国图］

北京特别市公署第四次治强运动广播讲演集 / 余晋龢等著 .-- 北京：（伪）北京特别市公署宣传处刊，民国 31 年［1942］.--62 页：图；19cm　［国图］

收广播讲演稿 20 篇。有第四次治强运动敬告市民书（余晋龢），勤俭增产与统制经济（张淳）、日本的政治（王养怡）等。时局丛书。

第五次强化治安运动解说 / 山东省公署编 .-- 山东省公署刊，民国 31 年［1942］.--30 页；18cm　［国图］

非常时期维持治安紧急办法及有关法令汇编 / 国民政府军事委员会政治部编 .-- 国民政府军事委员会政治部刊，民国 29 年［1940］.--21 页；18cm　［重图］

.-- 重庆：国民政府军事委员会政治部刊，民国 30 年［1941］.--21 页；18cm　［国图］

收入非常时期维持治安紧急办法，共 10 条，其中第 5 条规定："违犯本办法所列举人犯之同居家属、雇佣人，或受雇佣人，有共犯嫌疑者，得并予逮捕。"

非常时期维持治安紧急办法及

有关法令汇编 /.-- 重庆：中央秘书处文化驿站管理处刊，民国 29 年［1940］.--20 页；19cm　　［南图］

本书介绍了非常时期维持治安紧急办法，附与本办法有关法令摘要。共 8 条，包括惩治汉奸条例第二条全条条文、危害民国紧急治罪法、中华民国战时军律、陆海空军刑法、惩治盗匪暂行办法、惩治偷漏关税暂行条例、非常时期农矿工商管理条例、中华民国刑法。

巩固武汉平时治安办法辑要 / 武汉警备司令部编 .-- 武汉警备司令部刊，民国 37 年［1948］.--44 页；13cm　　［鄂图］

巩固治安 / 广西省训练团编 .-- 民国 37 年［1948］.--46 页　　［桂林］

广东省会治安纪实 / 广东省会公安局统计股编 .-- 广州：广东省会公安局统计股刊，民国 20 年［1931］.--276 页：图；23cm　　［上图，国图］

介绍了维持治安机关及警务范围、地方秩序及犯罪统计、重大案件概略等。警务统计丛刊，第 1 种。

河北省办理强化治安运动经过报告书 .-- 石印本 .-- 民国 31 年［1942］.--22 页；27cm　　［国图］

河北省第四次强化治安运动总报告书：中华民国三十一年三月三十日至六月十五日 / 河北省公署编 .-- 油印本 .-- 河北省公署刊，民国 31 年［1942］.--1 册；27cm　　［国图］

华北政务委员会第五次治强运动实施会议议事录 / 华北治强运动总本部编 .-- 华北治强运动总本部刊，民国 30 年［1941］.--82 页　　［国图］

卢沟桥事变后北京治安纪要：民国二十六年 /（伪）北京市警察局编 .-- 北平：（伪）北京市警察局刊 .--278，42 页：图；26cm　　［国图］

记录北京 1937 年 7 月 29 日至 1938 年 1 月 15 日的治安情况。有潘毓桂序言及照片 17 幅。

民户商户治安须知 / 北平公安局著；北平民社校勘 .-- 北平：北平民社刊，民国 23 年［1934］.--12 页；19cm　　［国图］

关于住户街门、商号铺门、院落墙垣窗牖、银钱行等营业时间及设备、移送货款及盘结存置、雇佣仆役等 16 个方面应注意的事项。

内政部南京区治安督察专员办事处工作报告 /（伪）内政部编 .--（伪）内政部刊，民国 30 年［1941］.--14，242 页：图；26cm　　［国图］

本书为 1939 年 3 月至 1941 年 3 月间的工作报告，分 15 部分：内政部南京区治安督察专员办事处组织系统表、本处二周年收文统计表、派员视察事项、谈话会事项等。

强化治安与光荣的责任 / 华北政

务委员会情报局编 .-- 华北政务委员会情报局刊，民国 30 年［1941］.--44 页：照片；18cm　［国图］

强化治安运动行政机关职员训练之教材治安重要法令 / 山西省公署秘书处选编 .-- 太原：山西省公署秘书处刊，民国 30 年［1941］.--112 页；20cm　［国图］

强化治安运动实施之必要性 / 中华民国新民会中央总会编 .-- 北京：中华民国新民会中央总会刊，民国 28 年［1937］.--8 页；13cm　［国图］

强化治安运动专刊 .-- 山西省情报处刊，民国 30 年［1941］.--172 页；19cm　［南图，国图］

本书包括国民政府还都一年汪主席广播报告政况、华北政府王委员长二十日广播之一、华北政府王委员长三十日广播之二、强化治安运动之实施及宣传计划山西省公署训令、山西省强化治安运动实施要目、省长对国民政府还都暨华北政务委员会成立一周年纪念日感言等。现代认识丛刊之八。

青岛特别市第四次强化治安运动实施情况 / 青岛特别市公署编 .-- 青岛特别市公署刊，民国 31 年［1942］.--307 页；22cm　［国图］

青岛治安维持会行政纪要汇编 /（伪）青岛治安维持会编 .-- 青岛：（伪）青岛治安维持会刊，民国 28 年［1939］.--694 页；26cm　［吉图，津图，国图］

内分本会经办事项、代管中央各机关事项 2 编，共 12 章。有赵琪序。

青岛治安维持会经办事项简明报告：民国二十七年份 .-- 青岛：治安维持会刊，民国 27 年［1938］.--1 册；28cm　［南图］

山东省第一、二、三次治安强化运动纪略 / 山东省治强运动本部编 .-- 山东省治强运动本部刊，民国 31 年［1942］.--128 页；26cm　［国图］

山东省第四次治安强化运动纪略 / 山东省第四次治安强化运动本部编 .-- 济南：山东省第四次治安强化运动本部刊，民国 31 年［1942］.--128 页；26cm　［国图］

收山东省第四次治安强化运动之实施要领、宣传要领、标语稿、各县视察督导要领等 16 项。有序言。

山东省第五次治安强化运动实施办法．山东省第五次治安强化运动宣传要领 / 山东省治强运动本部等编 .-- 山东省治强运动本部刊，民国 31 年［1942］.--16 页；26cm　［国图］

山东省会治安概况清册 / 山东省公署秘书处编 .-- 油印本 .-- 济南：山东省公署秘书处刊 .--15 册　［馆藏地不详］

山东省强化治安运动特刊 / 山东

省文化教育委员会编 .-- 山东省文化教育委员会刊，民国30年［1941］.--36页：照片；25cm ［国图］

山西省第五次治安强化运动实施办法案 .-- 油印本 .-- 民国31年［1942］.--1册；25cm ［国图］

乡镇保维持地方治安须知 / 李承谟编 .-- 重庆：商务印书馆刊，民国33年［1944］.--81页；18cm ［南图，吉图，重图，国图］

讲述管、教、养的地方治安的关系，怎样使用自卫力量，怎样查禁烟、赌、娼，怎样防止汉奸、间谍等治安办法。内政丛书。地方自治业务参考丛刊。内政部编纂。

浙江省治安讨论会议录 / 浙江省保安司令部编 .-- 杭州：该部刊，民国37年［1948］.--110页；地图；19cm ［浙图］

整理郊区治安宣传工作人员手册 / 整理浙江省会郊区治安办事处宣传队编 .-- 杭州：整理浙江省会郊区治安办事处宣传队刊，民国30年［1941］.--26页；18cm ［浙图］

治安部第一次警政会议纪事 / 治安部刊，民国28年［1939］.--168页；26cm ［首图］

共11章。分弁言、摄影、筹备经过、会议简则及提案格式、出席列席人员、会场席次及会议程序、开会式、会议、闭会式、各省市厅局提案及报告书意见书、特录等部分。

治安富强之连锁政策 / 马壁著；邬崇音校 .-- 上海：道德书局刊，民国21年［1932］.--30页；19cm ［南图，国图］

共6章。从政教、道德、土地、人民等方面论述治与富、安与强、富与治、强与安的关系。

治安强化图解 .-- 新善本 .-- 太原：三和成印刷馆刊，民国30年［1941］.--1册；25页；20cm ［国图］

治安强化运动征文选 / 万象等著 .-- 北平：（伪）华北政务委员会情报局刊，民国30年［1941］.--94页；18cm ［首图，南图，国图］

内容包括论文、戏剧、漫画和歌谣的优秀征文。

7.2 走私问题、匪盗问题

走私问题 / 中国问题研究会编 .-- 上海：中国问题研究会刊，民国25年［1936］.--363页；19cm ［浙图，南图，吉图，重图，津图，晋图，上图，首图，厦大，国图］

文集。论述日货走私问题，内有华北走私之发生与进展、走私问题及其对策、华北走私与关税问题、华北走私在国际中之影响等论文16篇。中国问题研究丛书，第1种。

查缉业务 / 彭加友著 .--104 页；19cm　［重庆档案馆］

如何防止走私 / 中国国民党中央执行委员会宣传部编 .-- 中国国民党中央执行委员会宣传部刊，民国 31 年［1942］.--45 页；18cm　［国图，浙图，重图，南图，人大］

本书分 3 个部分：敌人经济掠夺的阴谋、各种各样的走私毒害、战胜走私的方法。

惩治盗匪法（1914 年 11 月参政院议决公布）.--8 页　［法研所］

惩治盗匪法施行法（1914 年 12 月参政院议决）.--6 页　［法研所］

惩治盗匪暂行条例（1938 年 3 月 21 日临时政府公布）.--4 页　［人大］

惩治盗匪暂行条例施行细则（1938 年 5 月 21 日临时政府公布）.--2 页　［法研所］

中国盗匪问题之研究 / 何西亚编 .-- 上海：泰东图书局刊，民国 14 年［1925］.--102 页；19cm　［国图］

本书主要研究了中国盗匪问题，全书共分为 11 部分，内容包括绪言、盗匪之定义、盗匪之起源、盗匪之种类等。

7.3　卖淫问题

卖淫问题 / 朱皓著 .-- 上海：人生研究社刊，民国 23 年［1934］.--144 页；19cm　［南图］
.-- 上海：华通书局刊，民国 23 年［1934］.--144 页；19cm　［浙图］

共 11 章。包括女性地位的变迁、卖淫制度的起源及古代的卖淫制度、中国的卖淫制度史、卖淫的定义及其范围、卖淫的原因、卖淫所构成的恐怖、国家对于卖淫的态度等。

本所近况：半年工作报导 / 首都警察厅游民习艺所编 .-- 南京：首都警察厅游民习艺所刊，民国 37 年［1948］.--35 页；19cm　［国图］

1948 年 2 月 1 日至 7 月 31 日工作概况。分管训、教练、生产、经费等 8 项。

娼妓问题 / 鲍祖宣著 .-- 上海：女子书店刊，民国 24 年［1935］.--124 页；19cm　［上图，吉图，重图，津图，首图，国图］

分 12 章。讲述了娼妓的起源、娼妓发生的原因、娼妓与道德观、娼妓与婚姻制度、娼妓与民族、娼妓与社会、娼妓与妇女运动等。女子文库，现代中国妇女问题丛书。

东方各国禁贩妇女问题：一九三七年爪哇万隆会议 / 国联秘书厅情报处编；谢康译 .-- 日内瓦：中国国际印字局刊，民国 27 年［1938］.--80 页；

19cm. ［国图］

堕落的妇女 / 孔忧译述 .-- 上海：北新书局刊，民国 19 年［1930］.--178 页；23cm ［吉图，上图，重图，首图］

论述了资本主义社会中的妓女问题。包括堕落的妇女总论、败落的家庭与少女的堕落、娼妓与劳工等 8 章。

废娼与灵肉 / 赵林少著 .-- 上海：女子青年图书馆刊，民国 18 年［1929］.--150 页；19cm ［浙图，吉图，上图］

分总论、治标的废娼论（包含警察与废娼之关系）、恋爱的认识 3 章。

国民生活之敌：烟、赌、嫖之毒害 / 内政部编 .-- 国民精神总动员会刊，民国 28 年［1939］.--48 页；19cm ［南图，重图，国图，赣图］
.-- 国民政府军事委员会政治部刊 .--48 页［重图］

包括社会三害及戒除方法、腐败生活与政府禁令 2 个部分。特载蒋介石民国二十八年（1939）禁烟百年纪念日训词等。国民月会教材丛书，第 1 种。

花界姊妹风月史：花园轶事大观 / 华洋图书馆编 .-- 上海：华洋图书馆刊，民国 10 年［1921］.--88 页：图像；19cm ［上图］

包括各地妓女之比较表、上海妓院之沿革考、上海妓女之今昔观、上海卖淫业之盛况等。

妓女的生活 / 觉悟生编 .-- 上海：青年书店刊，民国 20 年［1931］.--174 页；19cm ［国图，上图］
.--4 版 .-- 上海：春明书店刊，民国 30 年［1941］.--174 页；19cm ［馆藏地不详］
.-- 上海：文艺书社刊 .--174 页；19cm ［重图］

记述了妓女生活情况及冶游门径等。封面及书脊题：九尾鱼续集。

欧美淫业史 /LeoMarkun 著；张仕章译 .-- 上海：人生研究社刊，民国 20 年［1931］.--289 页；19cm ［吉图，上图，国图］

包括上古时代、中古时代、近世时代及美国的淫业 4 编。

嫖赌百弊大观 / 章秋谷编 .-- 上海：秋谷出版部刊，民国 8 年［1919］.--108 页；19cm ［上图］
.--3 版 .-- 上海 .--1 册：照片；22cm ［国图］

上海妓业问题 . 第 2 号 / 上海进德会编 .-- 上海：上海进德会刊，民国 8 年［1919］.--30 页；14cm ［上图］

论述了公共租界中的情况，以及上海妓馆等有关问题。

天津市妓户妓女调查报告 / 天津市社会局编 .-- 天津：天津市社会局刊，民国 19 年［1930］.--70 页：照片；26cm ［国图］

分调查经过、妓户、妓女、特种妓业、妓业对于社会的影响、救济妓女的办法6个部分。

闲话娼门/沧海生著.--上海：镜花书店刊，民国24年［1935］.--58页；19cm　［上图］

记述了上海娼妓情况及其内幕。

中国娼妓史/王书奴著.--上海：生活书店刊，民国23年［1934］.--358页；21cm　［津图，首图，国图］
.--2版.--上海：生活书店刊，民国24年［1935］.--358页；21cm　［上图，首图，重图，湘图，国图］

包括巫娼时代、奴隶娼及官娼发生时代、家妓及奴隶娼骈进时代、官妓鼎盛时代、私人经营娼妓时代等6章。

罪恶的都市/国民新闻社译述.--上海：国民新闻图书印刷公司，民国31年［1942］.--77，109页；18cm　［国图］

记述了香港、澳门、横滨、东京、上海、新加坡等沦陷城市的社会弊病，如娼妓、赌博等。此书后半部为“东京间谍网”。国民新闻丛书，第17种。

戒赌/河北省教育厅编.--保定：河北省教育厅刊，民国20年［1931］.--6页；16cm　［国图］

宣传了赌博对家庭的危害。民众小丛书，第1种。

禁赌概览/广东省禁赌委员会编.--广州：广东省禁赌委员会刊，民国25年［1936］.--280页：图；22cm　［南图，津图，陕图，上图，国图］

内容包括禁赌的论著、演讲词、征文、禁赌舆论、禁赌法规及章则、禁赌案例、禁政之推进、图表、禁赌文献等11个部分。

禁赌运动/广西各界禁赌运动宣传周宣传部编.--广西各界禁赌运动宣传周宣传部刊，民国17年［1928］.--55页；19cm　［国图，上图］

包括省政府禁赌宣言、禁赌的问题、禁赌与建设、从赌的狂热说到禁赌运动、禁赌宣传大纲等。

目前中国社会的病态/张振之著.--上海：民智书局刊，民国18年［1929］.--190页；19cm　［国图，南图，吉图，重图，津图，湘图，浙图，上图，首图］

包括出洋人数的激增、被杀与流亡的众多、死亡率的激增、自杀的流行、失业者与贫民的遍布、目前社会病态的救济等8章。

7.4 毒品问题

北京禁烟分局公务员考绩表/北京禁烟分局编.--抄本，民国30年［1941］.--1册　［馆藏地不详］

二十五年度禁烟年报/内政部禁烟委员会编.--内政部禁烟委员会刊，民国25年［1936］.--69页；21cm　［中图］

禁烟与抗战之关系/阴棠，曹骏编著.--重庆：建康日报社刊，民国31

年［1942］.--20 页；18cm　［馆藏地不详］

最新实验.戒烟指南 / 朱振声编 .-- 再版 .-- 上海：国光书店刊，民国 29 年［1940］.--82 页；19cm　［津图，赣图，上图］

共收文 34 篇。说明了鸦片之害、戒烟须知、戒烟方剂等。

安徽省烟毒三项检举报告书 / 安徽省查禁种烟特派员兼检举烟民登记禁毒检举专员办公处编 .-- 安徽省禁毒检举处刊，民国 25 年［1936］.--308 页：图表；23cm　［重图，国图］

包括禁毒法规、文告、演词专论、公牍、工作概况及禁政改进意见、统计、附载等内容。

彻底改革禁烟办法建议案 / 中华国民拒毒会云南分会提 .-- 石印本 .-- 云南 .--1 册；26cm　［国图］

东阳永康缙云丽水青田宣平龙泉松阳八县禁烟概况 / 吴望伋编 .-- 浙江：吴望伋刊，民国 22 年［1933］.--274 页：图；22cm　［国图，浙图］

包括督禁八县烟毒概述、一年来工作纪略、公查后工作概况、禁烟方案法规 4 部分。

毒祸鉴 / 朗啸苍著 .-- 北平：国难专报社刊，民国 23 年［1934］.--372 页：图；19cm　［国图，津图，上图］

宣传了鸦片的危害及禁毒的意义。包括鸦片的渊源、鸦片祸华之沿革等 3 编。书前有全国禁烟会议大会宣誓、嫉毒如仇之伟人像等。附禁烟法令 38 则。

毒品问题 / 罗运炎著 .-- 上海：商务印书馆刊，民国 25 年［1936］.--248 页；19cm　［国图，南图，重图，首图，上图，鄂图，津图，赣图］

.-- 上海：商务印书馆，民国 25 年［1936.3］.--2 册；248 页；19cm　［鄂图，津图，浙大］

分毒品类别、毒品致瘾、毒品贸易、国内禁毒之经过、国际禁毒沿革等 6 章。附国内禁烟禁毒条规（12 种）、国际禁烟禁毒公约（4 种）。现代问题丛书。

毒品问题与公共卫生 / 伍连德著 .-- 上海：中华国民拒毒会刊 .--16 页；19cm　［上图］

论述了鸦片、海洛因对公共卫生的影响。拒毒小丛书。

毒品之害：吗啡 / 河北省教育厅编绘 .-- 保定：河北省教育厅刊，民国 20 年［1931］.--4 页：图；17cm　［国图］

以图画的形式宣传了吗啡毒品对人的危害。通俗教育画丛刊，第 6 号。

毒品之害：鸦片 / 河北省教育厅编绘 .-- 保定：河北省教育厅刊，民国 20 年［1931］.--8 页；17cm　［国图］

以图画的形式宣传了鸦片对人的危害。通俗教育画丛刊，第 5 号。

反对鸦片公卖言论集 / 拒毒月刊

社编 .-- 上海：中华国民拒毒会刊，民国 20 年［1931］.--175 页；19cm ［上图，南图，浙图］

包括特载、本届名论、重要言论、短评、历届抗争文件、附载等章节。

菲律宾华侨清毒委员会报告书 / .-- 菲律宾：菲律宾华侨清毒委员会刊，民国 26 年［1937］.--74 页：图像；24cm ［国图，南图］

收菲律宾华侨清毒委员会宣言、简章、工作概况、职员表、会议记录及函件等。

福建省禁烟概况 / 福建省政府秘书处编 .-- 永安：福建省政府秘书处刊，民国 28 年［1939］.--106 页；19cm.--（环筒页装） ［国图］

共 8 章。分前言、查禁种烟、统制运售、管理烟民、戒烟、禁毒、调整禁政机构等。闽政丛刊。

福建省禁烟统计 / 福建省民政厅编 .-- 福建：福建省民政厅刊，民国 30 年［1941］.--97 页；26cm ［浙图，南图，国图］

分查禁种烟、登记烟民、施戒烟民、烟毒案件 4 部分。书前有福建省 6 年来完成禁烟工作概述。民政统计丛刊，第 1 种。

赴英办理禁烟报告 / 章通骏编 .-- 民国 2 年［1913］.--16 页 ［同济］

复兴农村中的鸦片问题 / 罗运炎著 .-- 上海：兴华报社刊，民国 22 年［1933］.--21 页；19cm ［上图］

论述了乡村种植鸦片及鸦片抽税问题。

甘肃省禁烟总报告 / 甘肃省政府民政厅编 .-- 兰州：国民印刷局刊，民国 29 年［1940］.--60 页：图；25cm ［国图，甘图］

包括禁种、禁运、禁售、禁吸之经过及处理情形、禁烟各项统计、省颁禁烟单行法规等。

广东省政府民政厅禁烟工作报告书 / 广东省政府民政厅编 .-- 曲江：广东省政府民政厅刊，民国 28 年［1939］.--52 页；27cm ［重图］

包括查禁种烟、办理烟民登记、统制运售、调整禁烟机构、提前禁绝鸦片、加紧禁烟宣传、禁戒经费、戒烟药物等 13 章。附广东省政府民政厅民国二十九年度禁烟实施计划。

广东省政府民政厅廿九年度禁烟实施计划 / 广东省民政厅编 .-- 曲江：广东省民政厅刊，民国 29 年［1940］.--76 页；19cm ［重图］

包括工作进度、工作纲要、征集人才、经费预算、准备药物 5 个部分。附广东省各县局查禁鸦片督导团组织办法、广东省各县局戒烟医所设置办法等 8 种。

广西省禁吸鸦片实施办法 / 广西省政府编 .-- 广西 .--8 页；19cm ［国图］

分总则、调查登记、限制购吸、缴毁烟具、附则等7章。附广西省烟民调查申报表。

贵州省政府六年来禁烟工作总报告.-- 油印本.-- 贵州省政府刊，民国29年［1940］.--1册；图表；25cm　［国图］

国际禁烟公约汇编/禁烟委员会编.-- 禁烟委员会刊，民国23年［1934］.--76页；19cm　［重图，国图］

包括海牙禁烟公约、日内瓦禁烟协定、日内瓦禁烟公约、限制制造及调节分配麻醉药品公约4种。

国际禁烟要文/国民政府禁烟委员会宣传科编.--38页；19cm　［南图，法研所］

介绍了清外务部致英使禁烟节略、中英禁烟条约、禁运吗啡及药针章程、国际鸦片委员会上海会议议定书、清外务部订立禁限吗啡来华新章、第一次国际鸦片会议议定书、第二次国际鸦片会议议定书、第三次国际鸦片会议议定书、海牙国际鸦片条约。

国际禁烟要文/行政院禁烟委员会宣传科编.-- 南京：行政院禁烟委员会宣传科刊，民国18年［1929］.--38页；22cm　［津图，国图］

共收入9份文件。包括清外务部致英使禁烟节略、中英禁烟条约、禁运吗啡及药针章程、第一次国际鸦片会议议定书、海牙国际鸦片条约等。

国联禁烟顾问委员会第二十五届会议中国代表禁烟报告.-- 油印本，［1938?—1945?］.--1册；27cm　［馆藏地不详］

国民政府军事委员会禁烟总会组织规章.-- 民国25年［1936］.--1册；26cm　［中图］

河南省六年禁烟总报告/河南省政府编.-- 开封：河南省政府刊，民国20年［1931］--172页：表；25cm　［国图，南图］

共12章。包括禁烟机构、禁种、禁吸、禁运、禁售、禁毒、烟毒案件之审判、禁烟经费、禁政人员之考成、与禁政有关事项、游击战区之禁政、禁政之善后。

湖南省六年来禁烟报告/薛岳著.-- 湖南省禁烟委员会刊，民国29年［1940］.--42页；26cm　［馆藏地不详］

湖南省六年来禁烟总报告/湖南省禁烟委员会编.-- 长沙.--192页：图；36cm　［重图，浙图，国图］
.-- 长沙.--193页：图；26cm　［南图，国图］

包括该省禁烟计划、该省各级禁烟行政机构沿革、禁种、禁吸、禁运、禁售、禁存、禁毒、办理禁烟考成、禁烟经费等12部分。

虎门禁烟纪念特刊.-- 民国28年［1939］.--1册；肖像5幅；27cm

［重图］

本书有林文忠公禁烟的百年纪念（蒋廷黻）、禁烟百年纪念日感言（邹琳）、国人对鸦片的百年抗战（任可澄）、六三禁烟纪念（甘乃光）、禁烟治罪暂行条例、禁毒治罪暂行条例、各省市登记烟民人数统计表、三年来各省市戒除烟民人数比较表等内容。

吉林省拒毒工作经过情形纪要.-- 吉林，民国 18 年［1929］.--72 页；19cm　［南图，上图］

附吉林禁种烟草暂行简章（刊于民国九年十一月）。

济南禁烟分局公务员考绩表：民国三十年总考 / 济南禁烟分局编 .-- 油印本 .-- 济南：济南禁烟分局刊，民国 31 年［1942］.--1 册；27cm　［国图］

济南禁烟分局临清办事处十月份报解吸食鸦片人执照费清册 .-- 济南 .--2 页；28cm　［国图］

江苏禁烟年刊：民国廿四年 / 叶秀峰编 .-- 江苏 .--458 页：图像；27cm　［馆藏地不详］

江苏全省禁烟总局宣传委员会会刊 / 江苏全省禁烟总局宣传委员会编 .-- 江苏全省禁烟总局宣传委员会刊，民国 17 年［1928］.--52 页；26cm　［国图］

江苏省禁烟概况 / 江苏省民政厅编 .-- 江苏：江苏省民政厅刊，民国 25 年［1936］.--74 页；22cm　［重图，南图，国图］

分 13 个部分。包括烟民登记、设立戒烟院所、烟民传戒、烟民管理、烟民救济、烟民抽查、戒烟技术、烟犯自首及烟毒犯总检举、禁烟经费等。报告丛书，第 1 种。

江西省政府禁烟委员会工作概要报告表 .--104 页：照片；27cm　［馆藏地不详］

蒋委员长训词：禁烟百年纪念日发表 / 中央组织部编 .-- 中央组织部刊，民国 28 年［1939］.--27 页；19cm　［重图，上图］

汉、回两种文字合刊。

蒋主席禁烟言论集 / 蒋中正讲 .-- 南京：内政部禁烟委员会刊，民国 37 年［1948］.--52 页；19cm　［国图，重图，南图，吉图，浙图，首图，上图］

收入蒋介石有关禁绝鸦片的演词及文告各 9 篇。卷首有王德溥的序。附禁烟禁毒治罪条例、肃清烟毒善后办法、收复地区肃清烟毒办法。

戒烟宝筏 / 文琢之编 .-- 成都：四川医学改进社刊，民国 29 年［1940］.--17 页；19cm　［国图］

四川医学改进社丛书。

戒烟必读 / 徐锡骥著 .-- 上海：新药社刊，［1911］.--162 页：图；20cm

［国图，上图］

讲述了鸦片的危害、历史、产地、成分、醉性以及成瘾之原因、戒烟方法等。卷首有丁义华、王家襄、冯国璋、黎元洪等人的题词。

戒烟戒毒与戒心 / 胡安仁著 .-- 重庆：中华强民建国社刊，民国 36 年［1947］.--55 页；19cm　　［重图］

介绍鸦片类毒物的危害，以及成功戒毒的方法。

戒烟经验谈 / 上海福寿公司编 .-- 上海：上海福寿公司刊，民国 25 年［1936］.--16 页；18cm　　［上图］

福寿公司推销其戒烟药福寿米的宣传品。书前有蔡元培、蒋中正等人的题词。

戒烟快乐奇书 / 顾海帆著 .-- 上海：大鸣书局刊，民国 16 年［1927］.--2 册；343 页；19cm　　［浙图，上图］

共 12 篇。主要介绍了戒除鸦片烟之方法。包括戒烟常识、戒烟实验良方、鸦片与人体之害、鸦片与生活之害、鸦片与职务之害、鸦片与家庭之害。

戒烟调验及治疗 / 张崇熙编 .-- 增订 5 版 .-- 杭州：宋经楼书店刊，民国 38 年［1949］.--26 页；19cm　　［浙图，上图］

.--6 版 .-- 杭州：宋经楼书店刊，民国 40 年［1951］.--18cm; 19cm　　［国图］

共 9 章。包括鸦片之历史、鸦片之成分、鸦片之毒性、现代各种戒烟法等。附国府公布的禁毒治罪暂行条例、内政部何部长报告全国禁烟情形。最新实用医学各科全书，第 1 种。

戒烟新法大全 /H.Willams 著；汪奎东编译 .-- 上海：汪奎东刊，民国 17 年［1928］.--164 页；19cm　　［上图］

戒烟指南 / 夏慎初编 .-- 上海：诊疗医报社刊，民国 25 年［1936］.--158 页；19cm　　［湘图，浙图，国图，上图］

分 3 编。论述了鸦片的成分，介绍了各种戒烟方法及烟毒调验法。附国府公布的禁烟禁毒治罪暂行条例等。

禁烟 / 辜孝宽编 .-- 金华：浙江省地方行政人员讲习所刊，民国 28 年［1939］.--380 页；20cm　　［浙图，重图］

共 4 章。包括禁毒概述、鸦片祸华史实、抗战与禁烟的联系、浙江省禁烟概况。附现行中央禁烟法令和现行浙江省禁烟法令。地方行政丛书，第 15 种。

禁烟 / 贵州省地方行政干部训练委员会编 .-- 贵州：贵州省地方行政干部训练委员会刊，民国 31 年［1942］.--21 页；19cm　　［重图］

包括绪言、中央禁烟法案、贵州省禁烟经过、彻底肃清烟毒与现行禁烟法令、结语 5 章。

禁烟督察处湖北稽核处及关系机关职员录 / 禁烟督察处湖北稽核处编 .-- 湖北：禁烟督察处湖北稽核处刊

.--14 页；27cm ［重图］

禁烟赌专刊 / 中国国民党广东省党部宣传科编 .-- 广州：中国国民党广东省党部宣传科刊 .--82 页 ［馆藏地不详］

禁烟罚金充奖办法 / 行政院司法部公布 .-- 民国 27 年［1938］.--6 页 ［法研所］

禁烟法规 / 国民政府行政院禁烟委员会辑 .-- 南京：国民政府行政院禁烟委员会刊 .--1 册；27cm ［重图，国图，浙图］

禁烟法规 / 国民政府行政院禁烟委员会辑 .-- 南京：国民政府行政院禁烟委员会刊，民国 11 年［1922］.--144 页：表；18cm ［国图］

辑录了肃清烟毒善后办法等禁烟法令 22 种、海牙禁烟公约等国际禁烟公约 3 种，并有禁烟法令释例。卷首有王德溥的修订禁烟法规的动机与作用。

禁烟法规 / 华北政务委员会编 .-- 华北政务委员会刊 .--26 页 ［馆藏地不详］

禁烟法规 / 内政部禁烟委员会编 .-- 重庆：内政部禁烟委员会刊 .--120 页 ［南图］

禁烟法规汇编 / 罗建中编 .-- 南京：正中书局刊，民国 26 年［1937］.--197 页；18cm ［国图，南图，吉图，西北政法，鄂图］

汇集了特载、组织法规、罪刑法规、审判犯规、查禁法规、调研法规、统制法规等 8 项，及有关禁烟的训词、宣言、训令、规程、细则、条例、事项等 50 余篇。

禁烟法令概要 / 广东省政府民政厅编 .-- 曲江：广东省政府民政厅刊，民国 28 年［1939］.--1 册 ［中图］

禁烟法令汇编 / 江苏省民政厅编 .-- 江苏：江苏省民政厅刊，民国 25 年［1936］.--240 页；22cm ［中图］

汇集了国民政府、国民政府军事委员会、江苏省政府颁布的各种禁烟条例、章程、办法、命令等 142 种。法令丛书，第 2 种。

禁烟法令汇刊 / 江苏省民政厅编 .-- 南京 .--240 页；22cm ［国图］

禁烟法令撷要 / 黄祖汉编 .-- 福州：福建省警官训练所刊，民国 27 年［1938］.--92 页；21cm ［闽图］

禁烟法全述要 / 四川省总局编纂 .-- 四川省总局刊，民国 17 年［1928］.--72 页 ［同济］

禁烟概况 / 福建省政府编 .-- 福州：福建省政府刊，民国 28 年［1939］.--106 页；19cm ［重图，南图］

本书有查禁种烟、统制运售、管

理烟民、调整禁政机构等 8 章。附录福建省烟民限戒管理年规则及福建省土膏行店税货改装零包及制膏装盒监视。

禁烟概要 / 潘守正编 .--78 页；27cm ［上图］

包括总述、禁烟情形、国际公约及我国重要法令。

禁烟公报民国十九年汇编 / 禁烟委员会总务处第二科编 .-- 南京：禁烟委员会总务处第二科刊，民国 20 年［1931］.--262 页；26cm ［国图，辽图，上图，鄂图］

收录了该年全年颁行的法规、命令及会议记录。

禁烟公约 / 万国拒士会编 .-- 万国拒士会刊 .--14 页 ［法研所］

禁烟行政 / 程维嘉著 .-- 民国 29 年［1940］.--34 页；19cm ［重图］

包括禁烟运动史略、四川禁烟之经过、四川二十九年提前禁绝烟毒之经过、奉行烟民总检查、禁烟重要法令，共 5 章。四川省训练班教材。

禁烟行政 /.-- 江西赣县：江西地方政治讲习院刊，民国 29 年［1940］.--90 页；19cm ［重图］

共 6 章。包括鸦片与毒品、现行禁烟计划概要、禁种、禁运、禁售、调验、禁吸等。分组训练教材，第 4 种。

禁烟行政：民政概要 / 江西地方政治讲习院编 .-- 赣县：江西地方政治讲习院刊，民国 29 年［1940］.--76 页；18cm ［重图］

包括鸦片与毒品、现行禁烟计划概要、禁种、禁运禁售、调验、禁吸等 6 章，每章后均附该章提要、问题讨论及参考资料。

禁烟行政 / 程维嘉编 .-- 中央训练委员会内政部刊，民国 30 年［1941］.--92 页；19cm ［南图，吉图，重图，浙图，鄂图，国图］

共 5 章。包括禁烟之沿革、禁烟行政之机构、今后禁烟之实际办法、禁烟与国际关系等。书前有各县级干部人员训练教材编辑大意。县各级干部人员训练教材。

禁烟行政 / 江西省地方行政干部训练委员会编 .-- 南昌 .--18 页；19cm ［重图］

本书有鸦片与毒品、赓续查禁烟毒计划、禁烟改进事项等内容。

禁烟行政 / 四川省训练团编 .-- 成都 .--34 页；19cm ［重图］

全书共分 5 章。第一章禁烟运动史略，第二章四川禁烟之经过，第三章四川二十九年提前禁绝烟毒之经过，第四章禁烟重要法令，第五章乡镇长对于禁绝烟毒应行注意事项。

禁烟行政 / 西康省地方行政干部训练团编 .-- 西康省地方行政干部训练团刊，民国 30 年［1941］.--72 页；

19cm　　［重图］

本书有全国六年禁烟概况、本省六年禁烟概况、禁政善后等内容。附禁烟禁毒治罪暂行条例。

禁烟行政关系法令集 / 禁烟总局编 .-- 长春：禁烟总局刊，民国 29 年［1940］.--432 页；22cm　　［国图］

禁烟纪念特刊 / 内政部禁烟委员会编 .-- 南京：内政部禁烟委员会刊，民国 24 年［1935］.--290 页：图；25cm　［南图，上图］

包括论文、报告、统计、章则、国际禁烟公约、转载 6 个部分。

禁烟纪念特刊 / 内政部禁烟委员会编 .-- 内政部禁烟委员会刊，民国 28 年［1939］.--50 页：图像；27cm　［国图，南图，上图］

包括论文（6 篇）、报告（3 篇）、公牍（22 篇）、专载（4 篇）、法规（11 篇）、统计（10 篇）6 个部分。书前有总理遗像、遗嘱、总理拒毒遗训等。

禁烟禁毒法规 / 行营军法处编，民国 25 年［1936］.--1 册　　［法研所］

禁烟禁毒法令概要 / 丁嘉藩编 .-- 福州：福建省警官训练所刊，民国 27 年［1938］.--76 页：21cm　　［闽图］

禁烟禁毒运动 / 中国国民党安徽省党部编 .-- 合肥 .--60 页；19cm　　［馆藏地不详］

包括禁鸦片烟令、禁烟总监训词、禁毒治罪暂行条例等。中国国民党安徽省党部宣传丛书，第 6 种。

禁烟禁毒治罪暂行条例实用 / 黄瑞华著 .-- 重庆：中央训练团刊，民国 33 年［1944］.--26 页　　［馆藏地不详］

禁烟禁赌 / 黎达睿编，民国 26 年［1937］.--86 页；19cm　　［南图，国图，浙图］

广西县政公务员政治训练班函授部讲义。本书包括禁烟之意义、本省禁烟的实况两部分。

禁烟拒毒 / 陕西省拒毒委员会编 .-- 民国 25 年［1936］.--20 页　　［陕图］

禁烟拒毒政策解说 / 中央禁烟促进委员会 .-- 中央禁烟促进委员会刊，民国 28 年［1939］.--31 页：图；23cm　［首图］

禁烟论丛 . 第 1 集 / 禁烟委员会编 .-- 禁烟委员会刊 .--136 页：图像；19cm　　［首图，上图］

包括摄影、宣言、演词、论著等。

禁烟年报（民国二十四年度） / 军事委员会禁烟总会编 .-- 军事委员会禁烟总会刊，民国 25 年［1936］.--62 页；20cm　　［南图，重图，陕图，国图］

禁烟年报（民国二十五年度） / 内政部禁烟委员会编 .-- 南京：内政部

禁烟委员会刊，民国25年［1936］.--70页：图；21cm　［重图，南图，鄂图，国图］

内容有各种禁烟统计图表及禁烟推进情形。

禁烟年报（民国二十六年度）/内政部禁烟委员会编.--南京：内政部禁烟委员会刊，民国26年［1937］.--63页：图；20cm　［南图，鄂图，重图，陕图，浙图，国图］

禁烟手册/内政部禁烟委员会编.--南京：内政部禁烟委员会刊，民国36年［1947］.--214页；19cm　［南图，吉图，重图，上图，鄂图，黔图，国图］

分8个部分。包括训词、训令、禁烟工作总提示、法令、部函、法令解释、国际禁烟公约、附录。

禁烟特刊/俞葆濂编.--浙江：兰溪县禁烟委员会刊，民国22年［1933］.--66页；19cm　［上图］

收入禁烟法令条例及有关文章。

禁烟条规汇编/财政部统税公署编.--20页：表；21cm　［馆藏地不详］

禁烟条例政令辑要/拒毒委员会编.--北京：中华全国基督教协进会拒毒委员会刊，民国13年［1924］.--33页　［上图］

禁烟条约：政令辑要/中华全国教协会拒毒委员会编.--北京：中华全国教协会拒毒委员会刊，民国13年［1924］.--34页；22cm　［中图］

禁烟委员会办理第一次全国禁烟会议决议案经过概况一览表/禁烟委员会编.--禁烟委员会刊，民国19年［1930］.--12页；22cm　［国图］

简述了案由、经办概况及总结禁烟工作。

禁烟委员会公报增刊/禁烟委员会编.--禁烟委员会刊，民国20年［1931］.--16页：图；23cm　［津图，国图］

包括插图、法规、报告、统计4个部分。

禁烟问题/陈豹隐编.--重庆：中央训练团党政训练班刊，民国28年［1939］.--28页；19cm　［南图，国图］

讲述了禁烟简史，禁烟的意义、政策、步骤和方法，六年禁烟计划的实施及成就，抗战建国与提前禁绝的必要及可能，共5个部分。中央训练团党政训练班讲演录。

禁烟问题/李仲公讲.--重庆：中央训练团党政训练班刊，民国29年［1940］.--22页；19cm　［馆藏地不详］

禁烟问题/李仲公，程维嘉编著.--金华：正中书局刊，民国30年［1941］.--96页；19cm　［重图］

全书共分5章。第一章绪言，第二章禁烟史要，第三章革命政府的禁烟，第四章抗战时期的禁烟，第五章结论。

禁烟小册 / 浙江省民政厅编 .-- 浙江：浙江省民政厅刊，民国 22 年［1933］.--48 页；19cm　［上图］

内容包括鸦片的害处、红丸和其他代用品的害处、栽种罂粟的害处、浙江省严禁种烟概况等 7 个部分。附总理拒毒遗训、浙江省禁烟方案等。

禁烟宣传大纲 / 江苏省禁烟委员会编 .-- 江苏省禁烟委员会刊，民国 13 年［1924］.--30 页；13cm　［国图］

分 5 章部分。讲述烟祸之由来、鸦片之祸害、禁烟运动史略、该省禁烟之设施、人民对政府禁烟应持之态度。

禁烟宣传纲要 / 南京市教育局编 .-- 南京：南京市教育局刊，民国 36 年［1947］.--10 页；18cm　［馆藏地不详］

禁烟宣传汇刊 / 中国国民党中央执行委员会编 .-- 中国国民党中央执行委员会刊，民国 18 年［1929］.--150 页：表；19cm　［南图，浙图，鄂图，国图，陕图，上图］

包括总理禁烟的遗教、禁烟的重要言论、禁烟的法令、全国禁烟会议的决议案、附录 5 个部分。

禁烟宣传小册 / 全国禁烟委员会编 .-- 全国禁烟委员会刊，民国 24 年［1935］.--40 页：图片；21cm　［南图，中图，赣图］

介绍了总理遗像及遗嘱、总理拒毒遗训、禁烟历史。附一个漏网红丸犯的自述、枪毙新闻两则、戒烟打油诗。

禁烟演说词选刊 / 江苏省禁烟委员会编 .-- 江苏省禁烟委员会刊，民国 24 年［1935］.--218 页；20cm　［国图，上图，人大］

汇集了江苏省举办全省中小学学生禁烟演说竞赛经过、优胜讲员题名、演词选刊（53 篇）。

禁烟运动宣传纲要 / 中国国民党中央执行委员会宣传部编 .-- 中国国民党中央执行委员会宣传部刊 .--36 页；19cm　［南图，浙图，陕图，上图］

包括鸦片的祸害及其流布概况、禁烟运动的意义及史略、铲除烟祸的实施办法、对禁烟应有的努力、标语口号，共 5 个部分。

禁烟政策商榷书 / 王鲲徙著 .-- 杭州：浙江禁烟局刊，民国 16 年［1927］.--34 页；19cm　［浙图］

禁烟之理论与实践 / 国民党中央执委会宣传委员会编 .-- 国民党中央执委会宣传委员会刊，民国 24 年［1935］.--232 页；19cm　［国图，南图，浙图］

包括总理禁烟的遗教、禁烟的重要言论、禁烟的法令、全国禁烟会议的决议案、禁烟的情形、禁烟的统计等。

禁政 / 江苏省民政厅苏民丛刊编辑委员会编 .-- 江苏：江苏省民政厅秘

书室刊，民国 34 年［1945］.--20 页；19cm　［上图］

收入有关禁烟条例、麻醉品管理条例等 11 个文件。苏民丛刊，第 6 期。

禁政特刊 / 行营四川省查禁种烟特派员办公处秘书室编 .-- 四川：行营四川省查禁种烟特派员办公处秘书室刊，民国 25 年［1936］.--259 页：图；25cm　［国图，津图，上图］

为查禁鸦片的工作报告。刊有讲演、转载、论文、工作概要、统计图表、重要公文牍告、一般舆论、章则法规、表格、附载。

禁政问题 / 李仲公讲 .-- 重庆：中央训练团党政训练班刊，民国 29 年［1940］.--22 页；19cm　［南图，重图，上图］

讲述了烟毒与国家民族的关系、日寇的毒华政策、我国禁烟政策。中国训练团党政训练班讲演录。

禁种烟苗报告书 . 第一期 / 福建省政府禁烟委员会编 .-- 福州：福建省政府禁烟委员会刊，民国 19 年［1930］.--1 册；26cm　［馆藏地不详］

拒毒特刊 / 汉口市扩大禁烟拒毒宣传筹备会编 .-- 汉口：汉口市扩大禁烟拒毒宣传筹备会刊，民国 25 年［1936］.--186 页：图；27cm　［国图］

收入举行禁烟拒毒宣传周的意义、禁烟禁毒之紧张阶段、禁烟与禁毒等 5 篇，及汉口市中小学生禁烟拒毒讲演比赛讲词、汉口市禁烟宣传纪事、禁烟报告及法令等。

拒毒运动丛刊 / 中国国民党浙江省执行委员会宣传部编 .-- 浙江：中国国民党浙江省执行委员会宣传部刊，民国 19 年［1930］.--188 页：表；19cm　［上图，浙图，吉图，国图］

禁烟运动宣传品。包括总理拒毒遗训全文、全国禁烟会议宣传、严行禁烟与社会制裁、中日鸦片问题之观察、中国与毒品问题等 14 篇。附国民政府禁烟法等 3 种。

拒毒运动之过去与将来 / 中华国民拒毒会编 .-- 上海：中华国民拒毒会刊，民国 19 年［1930］.--32 页；19cm　［上图］

记述了中华国民拒毒会自 1924 年成立以来的工作情况。包括五年大事记、章程、该会执行委员、职员名单一览表。

拒毒运动指南 / 中华国民拒毒会 .-- 上海：中华国民拒毒会刊，民国 18 年［1929］.--154 页　［同济］

拒毒运动指南：民国十九年度 / 中华国民拒毒会编 .-- 上海：中华国民拒毒会刊，民国 19 年［1930］.--188 页；18cm　［国图，上图］

共 28 个部分。包括鸦片战争小史、全国烟祸概况、毒况调查表、拒毒分会组织大纲、拒毒同志社调查表等。

拒毒运动指南：民国二十年增刊 / 中华国民拒毒会编 .-- 上海：中华国民拒毒会刊，民国 20 年［1931］.--228 页；19cm　［浙图，上图］

快乐之路（戒烟者须知） / 江苏省戒烟委员会编 .-- 江苏 .--49 页；13cm　［国图］

介绍了戒烟的好处、戒烟的手续、戒烟的章则等。

林文忠公禁烟奏稿 /（清）林则徐著；李元度辑 .-- 民国 19 年［1930］.--1 册　［法研所］

六三禁烟纪念特刊 / 江西省禁烟委员会编 .-- 江西泰和：江西省禁烟委员会刊，民国 29 年［1940］.--34 页；27cm　［重图］

收入发刊词、扫除数百年之毒祸、纪念六三应加紧完成禁烟、禁烟成败的关键、敌人的毒化政策等。

六三禁烟纪念宣传大纲 / 禁烟委员会编 .-- 南京：美利生印书馆刊，民国 19 年［1930］.--18 页；19cm　［国图］

讲述了为什么要纪念六三、六三禁烟运动的前因后果、六三以后的烟毒概况及禁烟情形、纪念六三应有之认识与努力。

六三禁烟节纪念特刊 / 四川省禁烟委员会编 .-- 四川省禁烟委员会刊，民国 26 年［1937］.--200 页：照片；27cm　［国图，南图，重图，上图］

包括禁烟与训政（刘湘）、心理禁烟（邓汉祥）、六三禁烟感言（嵇祖佑）、六三禁烟节感言（唐华）、纪念六三应有的认识（董宗骥）等 9 篇，各报纪念六三禁烟社评 14 篇，专载 16 篇，附载数十篇。

内政部禁烟委员会办事细则 .-- 油印本 .-- 重庆：内政部刊，民国 29 年［1940］.--37 页；28cm　［馆藏地不详］

内政部禁烟委员会禁烟禁毒工作报告书 / 内政部禁烟委员会编 .-- 内政部禁烟委员会刊，民国 27 年［1938］.--18 页；27cm　［南图，上图］

附表 15 幅。

内政部禁烟委员会三十一年度行政计划 / 内政部禁烟委员会编 .-- 油印本 .-- 重庆：内政部禁烟委员会刊 .--1 册；28cm　［馆藏地不详］

内政部禁烟委员会组织条例 / 国民政府修正公布 .-- 重庆，民国 27 年［1938］.--4 页；26cm　［馆藏地不详］

拟办云南禁烟牌照税实行禁吸藉增收入而肃烟禁提议案 / 丁兆冠著 .-- 石印本，［1912?—1920?］.--7 页；26cm　［国图］

宁晋县禁毒特刊 . 第一号 / 宁晋县政府编 .-- 石印本 .-- 宁晋 .--36 页：图；26cm　［国图］

包括关于禁毒的法令、细则、告

民众书等6篇，转载禁毒论、戒毒歌、禁毒方法等8篇。

青岛禁烟分局一周年工作纪要 / 青岛禁烟分局编 .-- 青岛 .--98 页：图；24cm　［国图］

包括工作概况及各项图表。内容有该局成立及组织经过、接收青岛统税局清查课、青岛市禁烟委员会结束经过、职员之采用及考核等。

青岛禁烟分局职员三十年年终考绩表：届满一年者 .-- 青岛：青岛禁烟分局刊，民国30年［1941］.--1 册；26cm　［国图］

青岛禁烟局吸食鸦片人撤销登记清册：自三十二年一月份起至三月份止 .-- 油印本 .-- 青岛：青岛禁烟局刊，民国32年［1943］.--1 册；27cm　［国图］

全国各省市县戒烟医院一览 / 禁烟委员会统计室编 .-- 禁烟委员会统计室刊，民国24年［1935］.--63 页；24cm　［南图，重图，上图，陕图，国图］

为全国各戒烟医院统计表。分县市、医院名称、性质、成立年月、经费书目、职员人数、一年来成绩等项。

全国禁烟会议汇编 / 禁烟委员会宣传科出版股编 .-- 南京：禁烟委员会宣传科出版股刊，民国17年［1928］.--496 页：照片；25cm　［国图，上图］.-- 南京：禁烟委员会宣传科出版股刊，民国18年［1929］.--496 页　［重图］

包括图画、法规、图表、开会训词、演说词、议程、审查报告、专载等10个部分。

全国禁烟会议决议录 / 全国禁烟会议编 .-- 全国禁烟会议刊，民国18年［1929］.--82 页；22cm　［国图］

包括禁种、禁运、禁吸、总务、国际5类。

三十年度禁烟年报 .-- 油印本 .-- 重庆 .--1 册；27cm　［馆藏地不详］

山西省禁毒汇编 / 山西省政府查禁毒品委员会编辑处编 .-- 太原：撷华石印馆刊，民国23年［1934］.--2 册；982 页；25cm　［南图，国图，上图］

记载了查禁毒品委员禁毒状况、计划等。包括诰谕、法规、公牍、纪录、表式等类。

上海市禁烟禁毒之概况：二十一年一月至二十四年六月 / 上海市政府秘书处编 .-- 上海：上海市政府秘书处刊，民国24年［1935］.--40 页：照片；31cm　［国图，浙图，上图］

包括公安局禁烟禁毒工作、淞沪警备司令部禁毒工作、卫生局戒毒戒烟工作以及推进计划等，共4章。卷首有吴铁城的导言。

四川禁烟汇报 / 四川省禁烟督办公署，四川省禁烟委员会编 .-- 成都：四川省禁烟督办公署，四川省禁烟委员

会刊，民国 29 年［1940］.--294 页：图；27cm　　［南图，重图］

本书有廿四年至廿九年禁烟机构组织情形、四川省禁烟委员会规程、四川省禁烟督办公署组织规程、廿四年至廿九年禁种情形、廿四年至廿九年禁吸经过、廿四年至廿九年禁运情形等内容。附四川省各县市办理禁政成绩考核总表、四川省各级办理禁政人员一览表。

四川省二十九年度禁烟方案 / 四川省政府拟定 .-- 油印本 .-- 成都：四川省政府刊 .--1 册；28cm　　［馆藏地不详］

四川省禁烟汇报 / 四川省禁烟督办公署，四川省禁烟委员会编 .-- 成都：四川省禁烟督办公署，四川省禁烟委员会刊，民国 29 年［1940］.--305 页：图；27cm　　［重图］

包括导言、机构、禁种、禁吸、禁运、禁售、禁毒、肃清存土、总论、大事记、附载、编后记 12 个部分。

四川省禁烟善后法令汇编 / 四川省政府禁烟善后督理处编 .-- 成都 .--104 页；20cm　　［国图，重图］

包括中央法规及重要电令（15 件）、省府公布章程及重要电令（30 件）、组织规程等（6 件）。附载 3 篇。

四川省禁烟实施办法大纲 · 四川省禁烟善后计划大纲草案 / 四川省训练团编 .-- 四川 .--30 页；19cm　　［重图，南图］

包括扩大禁烟宣传动员党政军学、统一禁烟机构、厉行禁种、加紧禁吸、改进禁运、禁售办法、彻底肃清民间存土、彻底肃清川东余毒等 11 条实施办法。

四川省三十年度禁政概况 / 四川省政府禁烟善后督办处编 .-- 成都：四川省政府禁烟善后督办处刊，民国 31 年［1942］.--34 页；27cm　　［南图，重图］

分办理禁政机构、禁种概况、禁吸概况、肃土概况、查缉概况、禁毒概况、烟案审判处理概况、办理禁政人员之奖惩等 9 章。

肃清私土法令 . 第 2 集 / 督办四川省肃清私存烟土公署编 .-- 成都 .--54 页；18cm　　［国图］

汇集了四川地方政府公布的禁止私藏烟土法令及其宣传要点等。

肃清烟毒 / 行政院新闻局编 .-- 南京：行政院新闻局刊，民国 36 年［1947］.--26 页；19cm　　［国图，南图，吉图，重图，津图，浙图，上图，首图，陕图］

共 6 个部分：鸦片战争发生的原因和影响、六年禁烟计划的实施、抗战胜利后政府的禁烟措施、光复后台湾及东北的禁烟问题、国际禁烟合作、禁政的现阶段及其展望。

台湾鸦片专卖法令 .-- 抄本 .--1 册　　［北大］

台湾烟禁一瞥 / 黄嘉惠编 .-- 中华国民拒毒会刊，民国 21 年［1932.1］.--56 页；19cm　［南图，浙图］

全书共 7 章。包括绪论、鸦片政策、渐禁政策的采用、渐禁政策的罪恶、新旧鸦片政策的比较、反对新特运动及附录。

统计汇报：民国二十年 / 禁烟委员会编 .-- 禁烟委员会刊，民国 20 年［1931］.--1 册；27cm　［南图，国图，上图］

关于禁烟的各种统计。包括合法入口麻醉药品统计、各地办理禁烟成绩统计、非法贩运鸦片及麻醉毒品统计等，共 38 种。

统计汇报：民国二十一年 / 禁烟委员会编 .-- 民国 23 年［1934］.--104 页；26cm　［上图］

万行断禁烟毒政策告海外侨胞书 / 内政部禁烟委员会编 .-- 油印本 .-- 重庆：内政部禁烟委员会刊，民国 30 年［1941］.--1 册；27cm　［馆藏地不详］

亡国灭种的鸦片烟祸 / 梅公任编 .-- 北平：民友书局刊，民国 24 年［1935］.--460 页
.-- 影印本 .-- 北平：民友书局刊，民国 24 年［1935］.--356，104 页；21cm　［南图］

共 15 章。介绍了烟祸的严重性、鸦片的来源、鸦片的毒烈性、鸦片的刺激性、鸦片毒害、烟祸与帝国主义、历代政府的禁烟运动史、各省政府的禁烟运动、各省民众的禁烟运动、国际的禁烟运动、革命与鸦片、最近各省的烟祸情形、蒋委员长的严禁烟祸办法、烟祸难禁的症结在哪里、禁绝鸦片的根本办法。附中国最近的禁烟法令、国际禁烟公约。

威海卫行政区禁烟年刊 . 民国二十五年份：第一次 / 威海卫管理公署烟毒案件审判处编 .-- 威海：威海卫管理公署烟毒案件审判处刊，民国 26 年［1937］.--143 页：图；26cm　［中图，国图］

收图照、论述、纪要、公牍、规章、专载，共 6 部分。

五届三中全会禁烟工作报告：民国二十六年二月 .-- 民国 26 年［1937］.--12 页；19cm　［上图］

分 8 个部分。包括禁烟政策之制定机关、制定禁烟禁毒法规、禁种区域及期限、禁吸与禁烟、禁运禁售等。封面题：军事委员会委员长兼禁烟总监禁烟工作报告。

武汉禁烟概况 .-- 民国 29 年［1940］.--112 页：图像；20cm　［国图］

分 12 个部分。包括沿革、组织、基本法规、特商及烟民之登记、鸦片之购运及分配、违章案件之处理以及奖金分配等。

西安市禁烟协会工作实录 / 曹洁天，胡子良编 .-- 西安刊，民国 36 年

［1947］.--157 页：图像；26cm　［国图］

西北鸦片之产销状况及其禁绝办法 / 沈宗瀚等编 .-- 油印本 .-- 资源委员会农垦组刊，民国 26 年［1937］.--23 页；28cm　［国图］

现行禁烟法令汇编 / 内政部禁烟委员会编 .-- 南京 .--128 页；19cm　［重图，吉图，国图，黔图］

包括肃清烟毒善后办法、禁烟禁毒治罪暂行条例、消灭各省私存烟土办法等 20 余种。

现行禁烟法令汇编 / 内政部禁烟委员会编 .-- 南京 .--128 页；19cm　［吉图，重图，黔图，国图］

汇集了肃清烟毒善后办法、禁烟禁毒治罪暂行条例、消灭各省私存烟土办法等 20 余种。

现行禁烟法令辑要 / 江西省政府民政厅编 .-- 江西：江西省政府民政厅刊，民国 29 年［1940］.--176 页；19cm　［重图，浙图］

.-- 江西省政府民政厅刊，民国 30 年［1941］.--180 页；19cm　［馆藏地不详］

包括总理拒毒遗训、蒋委员长二十八年六三禁烟纪念日训词、禁烟禁毒实施规程、禁烟禁毒考成规则、公务员调验规则等 27 部分。附禁烟报告表式 11 种。

现行禁烟禁毒治罪条例释义 / 蒋应杓著 .-- 长沙：商务印书馆刊，民国 27 年［1938］.--150 页；19cm　［中图，国图，赣图］

逐条释义了禁烟治罪暂行条例和禁毒治罪暂行条例。

新加坡拒毒会报告书：民国廿二年三月一日至廿五年十二月卅一日 .-- 新加坡：南洋印务公司刊，民国 25 年［1936］.--1 册：图；26cm　［国图］

巡回督禁嘉兴平湖崇德海监嘉善桐乡富阳海宁八县烟毒报告 / 浙江省特派禁烟委员会编 .-- 浙江：浙江省特派禁烟委员会刊，民国 24 年［1935］.--255 页；23cm　［国图，浙图］

鸦片 / 顾学裘著 .-- 上海：商务印书馆刊，民国 25 年［1936］.--110 页；19cm　［国图，南图，津图，晋图，湘图，浙图，上图，赣图］

共 10 节。介绍了鸦片之史略、种类，罂粟植物之形状及鸦片之判取法、鸦片或吗啡之中毒及其检验法、鸦片成瘾之原理及戒烟法等。医学小丛书。

鸦片戒除法 / 曹炳章著 .-- 上海：中医书局刊，民国 20 年［1931］.--156 页；19cm　［上图，浙图，吉图，国图］

共 4 编 40 章。介绍了鸦片的危害、戒除办法、戒烟处方等。

鸦片流毒 / 罗运炎著 .-- 上海：中华国民拒毒会刊，民国 18 年［1929］.--18 页；19cm　［上图］

.-- 再版 .-- 上海：中华国民拒毒会刊，

民国 19 年［1930］.--18 页；16cm ［浙图，南图］

拒毒小丛书，第 5 种。

鸦片与吗啡之流毒 / 俞凤宾著 .--11 页；19cm ［上图］

中华卫生教育小丛书，第 33 种。

鸦片与卫生 / 童振藻著 .-- 中华国民拒毒会云南分会刊，民国 17 年［1928］.--22 页；19cm ［上图］

包括罂粟移植及鸦片输入中国之略史、中国种植及吸毒状况、生理上受毒之影响，以及彻底消除鸦片之方法等。

鸦片之今昔 / 陶亢德编 .-- 上海：宇宙风社刊，民国 26 年［1937］.--194 页；19cm ［国图，重图，浙图，上图，首图，辽图，桂图］

文集。收有四海之内皆鸦片也（洛黎）、华北的烟祸（青石）、河北边境的烟禁（念祖）、鸦片在闽南（易奔楞）等 16 篇。附鸦片事略。

烟毒 / 洪福增著 .-- 福建 .--202 页；18cm ［厦大］

烟毒 / 中央通讯社编 .-- 台北：中央通讯社刊，民国 36 年［1947］.--1 册 ［台湾“中央警察大学”］

烟祸痛史 / 罗运炎著 .-- 再版 .-- 上海：中华国民拒毒会宣传部刊，民国 25 年［1936］.--41 页；19cm ［重图，浙图］

记鸦片战争经过。

烟禁汇刊 / 欧阳钧辑 .-- 民国 20 年［1931］.--1 册；26cm ［中图］

烟禁问题 / 李仲公，程维嘉编著 .-- 重庆：正中书局刊，民国 30 年［1941］.--96 页；19cm ［南图，国图］

包括禁烟史要、革命政府的禁烟、抗战时期的禁烟等 5 章。宪政小丛书。

烟台禁烟分局威海办事处报解吸食鸦片人执照费清册 .-- 民国 33 年［1944］.--1 册 ［馆藏地不详］

严禁腹地省份种烟取缔采办边省产土章程 .--1 册；19cm ［馆藏地不详］

一年来属县烟禁概况：廿一年十一月至廿二年底 / 王惟英编 .-- 浙江 .--170 页：图；26cm ［国图，南图，陕图，上图，浙图］

记载了浙江省永嘉等 6 县在 1934 年的禁烟概况。包括禁种时期实际工作概况、禁制贩售吸时期实际工作概况、属县办理烟禁状况、统计图表、重要文件、重要法规等 7 部分。

远东调查团与鸦片专卖：对于列强远东殖民地鸦片吸食问题之商榷（拒毒单行本 2） / 戴秉衡著；洪道译 .-- 上海：中华国民拒毒会刊，民国 18 年［1929］.--24 页；19cm ［浙图，上图］

共 7 部分。包括提案之缘起、华

人吸烟者之噩运、中国舆论、鸦片专卖之实况、荷属南洋政府等。附华侨所在地鸦片专卖统计表。

云南禁烟纪实/喻宗泽著.--昆明：云南禁烟局刊，民国24年［1935］.--272页 ［陕图］

云南禁烟纪实/云南省禁烟委员会编.--石印本.--民国26年［1937］.--3册；648页：表；27cm ［国图］

汇集了该省历年禁烟各种工作记载。包括沿革、规章、公牍、纪录、表类、经济概况和专载7类。

云南禁烟纪实：2、3/云南省禁烟委员会编.--云南：云南省禁烟委员会刊.--2册；338页 ［馆藏地不详］

云南禁烟局规章汇编/云南禁烟局编.--云南禁烟局刊，民国10年［1921］.--60页；16cm ［国图］

包括云南禁烟处罚暂行章程、各属禁烟处罚事宜办理规程、禁烟委员服务规则、奖罚地方官吏及委员条例、禁烟委员旅费支给规则等10余份文件。

浙江禁烟成绩书/浙江巡按使公署编.--浙江：浙江巡按使公署刊，民国4年［1915］.--200页；27cm ［津图，上图］

记述了浙江禁烟的情况。包括章程、禁令、文牍、交涉、成绩图表5个部分。

浙江禁烟问题/王鲲徙编.--民国16年［1927］.--54页；19cm ［浙图，上图］

为编者和马贾初辩论有关浙江禁烟的文章汇集。

浙江省杭湖台各属禁烟总报告：民国二十二年八月至二十四年六月/陈凌云编.--民国24年［1935］.--420页：图像；22cm ［南图，国图，浙图］

收录了临黄天仙宁象南七县禁烟总报告、杭州市暨杭馀临吴长德七县总报告、奉调转赴台属各县分别督禁总报告等。

浙江省检举禁毒工作报告/国民政府军事委员会浙江省检举禁毒专员办公处编.--杭州：国民政府军事委员会浙江省检举禁毒专员办公处刊，民国25年［1936］.--86页：照片；22cm ［馆藏地不详］

浙江省禁烟方案/浙江省民政厅编.--浙江：浙江省民政厅刊，民国21年［1932］.--80页；19cm ［上图］

共5章。包括总则、禁栽种、禁运输贩卖、禁制造、禁吸用。附中央及本省禁烟法规。

浙江省禁烟史略/辜孝宽著.--杭州：辜孝宽刊，民国20年［1931］.--206页；18cm ［国图，浙图］

共5章。包括烟祸邻绝时期、烟禁废弛及红丸替兴时期、禁烟政策纷更时期、最近厉禁时期、结论。

浙江省拒毒会第二届年会报告/浙江省拒毒会编.--浙江：浙江省拒毒会刊，民国21年［1932］.--68页：图；19cm　［馆藏地不详］

共7章。记述鸦片之起源、输入和毒害，中国禁烟立法之发展和禁烟情况。附参考书目、禁烟条例。

浙江省拒毒会总报告.--浙江，民国24年［1935］.--140页；22cm　［南图，国图，浙图］

介绍了该会组织之经过，包括全浙巡回拒毒运动之使命、闭幕宣言、筹备举行禁毒宣传大会择要等15个部分。

浙江台属各县肃清烟苗总报告/陈凌云编.--浙江：陈凌云刊，民国22年［1933］.--96页：冠图像；23cm　［津图，国图］

共8个部分。包括吕民政厅长出巡台属禁种烟草纪要、特派禁烟委员陈凌云办理各县禁种工作记录、第一期下种时之查勘宣传、各县禁种烟草概要等。

镇海各界第二次举行拒毒运动大会报告书/镇海各界第二次拒毒运动大会编.--镇海：镇海各界第二次拒毒运动大会刊，民国19年［1930］.--28页；19cm　［国图］

中国禁烟法令变迁史/于恩德编.--上海：中华书局刊，民国23年［1934］.--332页；21cm　［南图，吉图，重图，津图，湘图，国图，浙图，上图，首图，浙大，北大，上海师大，上海社科院，中图，辽图］
.--影印本.--上海：中华书局刊，民国23年［1934］.--332页；21cm　［上海师大］

中国禁烟问题/罗运炎著.--上海：大明图书公司刊，民国23年［1934］.--235页：图；19cm　［上图］

介绍了鸦片的毒烈、烟祸、禁烟史略，以及亟待解决的问题等，共7章。附中华民国禁烟法例。

中国鸦片问题/罗运炎著.--上海：协和书局等刊.--360页：图；19cm　［国图，南图，上图，首图，浙大］
.--影印本.--上海：兴华报社刊，民国18年［1929］.--360页：图；19cm　［南图］

共11章。包括鸦片溯源、鸦片流毒、鸦片产额、鸦片贸易、国际鸦片会议、各国现行鸦片政策、国内现行鸦片政策、国内鸦片概况、解决中国鸦片问题之办法等。

中国烟祸年鉴：中华民国十四年秋至十五年秋/中华国民拒毒会编.--上海：中华国民拒毒会刊，民国16年［1927］.--36页：图；26cm　［国图，吉图，上图］

记述了1925年秋至1926年秋，鸦片毒物流祸我国各省的情况。卷首有各种图片。附各国毒况概观。

中国烟祸年鉴：民国十六年秋至十七年秋.第2集/中华国民拒毒会调查科编.--上海：中华国民拒毒会调

查科刊，民国 17 年［1928］.--64 页；25cm ［首图，陕图］

包括禁烟行政之变迁、禁烟成绩统计、外国人与烟祸、各省烟祸概述、拒毒运动等。

中国烟祸年鉴：民国十六年秋至十七年冬 . 第 3 集 / 中华国民拒毒会调查科编 .-- 上海：中华国民拒毒会刊，民国 18 年［1929］.--94 页：图；25cm ［国图，上图，重图］

包括禁烟行政之变迁、禁烟成绩统计、外国人与烟祸、各省烟祸概述、拒毒运动等。

中国烟祸年鉴 . 第 4 集 / 中华国民拒毒会调查科编 .-- 上海：中华国民拒毒会调查科刊，民国 20 年［1931］.--146 页：表格；26cm ［上图，重图，浙图］

收录了各省烟祸与拒毒运动概况、全国禁烟统计及禁烟法规。

中华国民拒毒会第五年度事业进行概要：自民国十七年十月十一日起至十八年十月十日止 / 中华国民拒毒会编 .-- 上海：中华国民拒毒会刊，民国 18 年［1929］.--14 页；26cm ［馆藏地不详］

中华国民拒毒会第一年度报告 / 中华国民拒毒会编 .-- 上海：中华国民拒毒会刊，民国 14 年［1925］.--156 页：图；22cm ［首图，浙图，国图］

报告了全国拒毒运动概况和反对鸦片公卖情形等。卷首有黎元洪、冯玉祥、阎锡山等人的题字、题词、祝词等。

中华国民拒毒会分会组织须知 / 中华国民拒毒会编 .-- 上海：中华国民拒毒会刊，民国 15 年［1926］.--14 页；19cm ［国图］

包括发端、目的、组织手续、对总会之关系、组织大纲、事业进行大纲等 7 章。

中华国民拒毒会五年大事记：自民国十三年八月至十八年十月 / 中华国民拒毒会编 .-- 上海：中华国民拒毒会刊，民国 18 年［1929］.--18 页；19cm ［上图］

8 户政学

8.1 户政行政

户籍行政 / 广东省地方行政干部训练团编 .-- 广东 .--189 页 ［重图］

由户籍行政、户籍实务（黄仕钦编）、国际法纲要（周炳洽编）合编而成。民政类丛书之九。

户籍行政 / 江西省地方行政干部训练团编 .-- 赣县：赣县城市印刷合作社，民国 35 年［1946］.--1 册 ［赣图］

户籍行政 / 雷殷著 .-- 军政部兵役训练班刊，民国 29 年［1940］.--90 页；19cm ［鄂图，南图］

介绍了户籍人事登记的办理机关、户籍登记、人事登记以及统计、稽查等。

户籍行政 / 李柳溪编 .-- 江西赣县：江西省地方行政干部训练团刊，民国 30 年［1941］.--3 册（221，90，132 页）：图；19cm ［上图，重图］

上编为户籍概要，共 8 章，介绍户籍沿革的意义、户籍行政组织、步骤、程序、申请登记方法、户籍人员训练及修养；中编为户口调查与整理，讲述户口调查的意义、作用、步骤、方法等，附户口普查条例；下编为户籍统计，共六章，介绍户籍统计工作中审查、制表、绘图、计算等工作。共同训练教材之一。

户籍行政 / 西康省地方行政干部训练团编 .-- 西康省地方行政干部训练团刊，民国 31 年［1942］.--92 页；19cm ［重图］

本书有户籍行政的涵义、户籍行政的回顾、各国户籍行政的沿革、户籍行政的实务等内容。

户籍行政 / 严进编著 .-- 西安：中国文化服务社刊，民国 32 年［1943］.--343 页：表；19cm ［陕图，重图，津图，国图］

分户籍要义和户籍实务 2 编。介绍了户政法规及户籍行政的方法，供县政府及乡镇户籍行政人员应用。卷首有编著者序。附户籍法、姓名使用限制条例、编查员手册等 9 种。

户籍行政 / 中国国民党中央执行委员会训练委员会编 .-- 中国国民党中央执行委员会训练委员会刊，民国 32 年［1943］.--56 页：表；19cm ［浙图］

户籍行政 / 胡次威，李廷梁著 .-- 四川：四川省训练团刊，民国 33 年［1944］

.--1 册；19cm　　［南图］

介绍了户籍行政之要旨、保甲制度、户口异动登记、户籍法规提要。

户籍行政：民政概要 / 李柳溪编 .-- 江西 .--199 页；20cm　　［重图，赣图］

共 6 章。介绍了户籍行政概要、户籍行政机关以及户口调查、户籍统计等。附户籍法等 5 种。分组训练教材之一。

户籍行政 4/ 江西省政府民政厅编 .-- 南昌：江西省政府民政厅刊，民国 23 年［1934］.--158 页　　［辽图］

户籍行政概要 / 徐中齐讲 .-- 重庆 .--114 页：表；19cm　　［重图，鄂图，浙图，南图，国图，上图］

全书共分 3 篇：第 1 篇户籍法摘要，第 2 篇对于推行户籍行政的几点意见，第 3 篇户籍行政关系法令。

户籍行政纲要 .-- 民国 34 年［1945］.--46 页：表；19cm　　［重图，国图，浙图，津图，上图］

分 4 部分。讲述了户政的意义、演进，各国户政制度，我国户政制度，户政实施程序及展望等。附户籍法、暂居户口登记办法等 9 种。中央训练团台湾行政干部训练班讲演录。

户籍行政讲义 / 包惠僧讲授 .-- 中央训练团地政人员训练班刊，民国 38 年［1949］.--62 页；19cm　　［国图，南图，上图］

分 5 章。讲述了户政制度的沿革、我国现行的户政制度、户政实施的程序以及今后户政的展望等。

户籍行政讲义 / 吕秉仁讲 .-- 中央训练团东北分团刊 .--24 页；19cm　　［辽图］

户籍行政经验集 / 薛城材著 .-- 浙江：南雷日报社刊，民国 35 年［1946］.--82 页；19cm　　［南图，浙图］

共 9 章。包括中国户籍行政之史的研究、如何加强各级户政机关、如何健全各级户政人员、各级户政机构应有的设备、各级户政人员必具的条件、户政干部的训练与考核、户政工作的督导、户政会议与小组会议、工作竞赛与工作检讨。

户籍行政须知 / 陈振荣编 .-- 重庆：商务印书馆刊，民国 33 年［1944］.--37 页：表；18cm　　［鄂图，上图，重图，国图，南图，吉图，南大，黔图］

分 2 章。第 1 章概论，介绍了户籍行政的意义、演进及重要性；第 2 章现行户籍行政，介绍了户籍行政的机构、人员、经费，以及户籍与人事登记。内政丛书，第 4 辑，地方自治业务参考丛刊。

户籍警察 / 李泝讲 .-- 广东 .--74 页；19cm　　［重图］

讲述了户籍警察的作用，办理户籍行政的法令依据，户口的分类、编查、普查等。附户口普查条例等 7 种。警政类之二。

户籍警察 / 韦淡明编著；中央警官学校编审处编 .-- 中央警官学校编审处刊 .--90 页：表；18cm ［陕图，上图，重图，南图，国图］

分户籍行政、制度、户籍法、户籍警察等 10 章。附户籍法、南京市户籍证格式等 5 种。目录页及正文书名为户籍警察讲义。行政警察教程之一。

户籍警察行政：户籍警察讲义 / 屠仲翰著 .--2 版 .-- 上海：大公出版社刊，民国 35 年［1946］.--84 页 ［辽图，上图］

全书分 2 编。第 1 编 8 章，介绍户籍警察的职责和组织、户口的意义和价值；第 2 编 4 章，介绍了户口调查及户口管理各项业务如何开展。

户籍警察讲义 / 韦淡明编著 .-- 中央警官学校第三分校刊 .--90 页 ［重图］

分户籍行政、制度、户籍法、户籍警察等 10 章。附录户籍法、南京市户籍证格式等 5 种。

户籍浅说 . 第 1 辑 / 广东省政府秘书处编译室编 .-- 广东曲江：广东省政府秘书处第二科刊，民国 31 年［1942］.--40 页：表；19cm ［国图，重图］

共 7 章。讲述了户籍行政之沿革、户籍行政之范围、户籍登记、人事登记、暂居户口登记、户籍统计、户籍行政实施问题等。政治常识小丛书，第 7 种。

广东户政 / 广东省政府民政厅编 .-- 广东 .--156 页；18cm ［馆藏地不详］

户籍登记要义 / 薛城材编著 .-- 南京：文华印刷所刊，民国 35 年［1946］.--95 页；19cm ［南图，浙图］

共 10 章。介绍新旧户籍法概观、户籍登记概念、户籍登记书簿、户籍登记程序、籍别登记、身分发记、迁徙登记、变更更正及撤销登记、户籍登记统计、统计比率及图表。

户籍概论 / 周灵钧编 .-- 民国 29 年［1940］.--56 页；19cm ［南图，重图］

论述了户籍的意义、范围，以及户籍行政组织、户口调查、户口异动登记、户口统计等。四川省训练团讲义。

户籍概要 / 李柳溪编 .-- 赣县 .--221 页：表；19cm ［重图，上图］

本书有户籍行政的分述、户籍行政机关、举办户籍的步骤与登记程序、户籍人员的训练与修养等 8 章内容。

户籍概要 / 西康省地方行政干部训练团编 .-- 西康省地方行政干部训练团刊，民国 31 年［1942］.--188 页；19cm ［重图］

全书共分 3 章：第 1 章总论，第 2 章户籍登记，第 3 章人事登记。

户籍概要 / 严进编著 .-- 西安：陕西省地方行政干部训练团刊，民国 31 年［1942］.--195 页；19cm ［重图］

全书分上、下编：上编户籍概念（4 章），下编户籍实务（3 章）。

户籍及人事登记制度概要 / 青海省地方行政干部训练团编 .-- 民国 35 年［1946］.--37 页　［馆藏地不详］

户籍辑要 / 高雄县政府民政局编 .-- 台湾高雄 .--1 册　［馆藏地不详］

户籍实务 / 杨国庆编 .-- 张家口：察哈尔省政府民政厅刊 .--148 页：插图；19cm　［南图，中图］

户籍手册 / 黄震亚编；无锡县政府户政室校 .-- 无锡：无锡县政府户政室刊，民国 36 年［1947］.--85 页：表；19cm　［国图］

收入户籍法概论、保甲整编概要、户口调查要点、查记须知、户口统计实务、全县实施户口总调查注意事项等 9 篇。

户籍须知 / 杨文定编；郑培仁校 .-- 昆明：云南民政厅刊，民国 32 年［1943］.--66 页；19cm　［南图］

共 6 章。包括户籍登记、人事登记、职业分类简要说明、死因分类简要说明、户口统计、暂居户口。附录户籍法、修正户籍法施行细则（附申请书簿及统计表式）、暂居户口登记办法、云南省各厅户籍室主任请委办法、云南省各厅户政人员奖惩办法。

户籍要义 / 浙江警官学校 .-- 民国 19 年［1930］.--1 册；19cm　［浙图］

户籍要义讲义 / 湖南省警察训练所编 .-- 民国 26 年［1937］.--43，11 页；19cm　［浙图］

户籍要义与实务 / 杨兆暄著 .-- 再版 .-- 西安：大成印书馆刊，民国 36 年［1947］.--142 页；19cm　［国图］

分户籍要义与户籍实务 2 编。介绍了户政的含义、户籍法的内容及户籍工作的具体施行细则等。附户籍法、国籍法等 6 种。

户籍疑义解答 / 西康民政厅编 .-- 雅安 .--56 页；17cm　［南图］

西康民政厅户政丛书。

户口调查须知讲义 / 河北省会公安局警察教练所编 .-- 天津：协成印书局刊，民国 22 年［1933］.--72 页：表；23cm　［津图］

包括绪言和 14 章。讲述了户口调查的意义、户口调查制度的沿革、列强人口增加与我国人口递减的原因、各国的人口政策、各国历年人口统计比较及调查方法、人口登记、户口图编制、户口调查表格编制、调查簿册及执照类别等。

户口要义 / 青岛市公安局警士教练所编 .-- 青岛：青岛市公安局警士教练所刊，民国 21 年［1932］.--45 页；26cm.--（环筒页装）　［国图］

共 10 章。讲述了户籍法的效用，户口调查的心得，调查的总则、户数、口数，呈报的方式、事项，户口簿册表照类别及登记方法等。

户口要义 .-- 上海：世界书局刊 .-- 73 页；19cm ［南图，重图，国图，浙图，上图］

.--2 版 .-- 上海：世界书局刊，民国 18 年［1929］.--73 页：表；19cm ［上图］

.-- 民国 21 年［1932］.--73 页：表；19cm ［上图］

内分户口调查之心得、调查规则之制定、调查总则、调查户数、调查口数、呈报、接受呈报、调查簿册表票执照及呈报书之类别、登记凡例、办理户籍所用表式等 10 章。最新警察全书，第 10 种。

户口要义讲义 .--76 页：表；28cm ［上图］

存第 2 编本论。附首都警察厅调查户口暂行章程。字缝“有军士学兵班用”字样。

户口异动查报 / 广东省民政厅编 .-- 广东曲江 .--18 页：表；19cm ［国图］

讲述了户籍的意义及查报的办法。附户籍登记簿及出生报告书等的表式。基层组织丛刊，第 1 种。

户政 / 梁国海编讲 .-- 民国 27 年［1938］.--108 页：表；19cm ［馆藏地不详］

广西县政公务员政治训练班讲义。

户政工作须知 / 湖北省民政厅编 .-- 湖北省民政厅刊，民国 32 年［1943］.--196 页；19cm ［武大］

阐述了办理户政的意义、编查保甲户口、办理户籍（户籍登记、人事登记、暂居户口登记）、办理国民身份证及户政法令疑义的解释。

户政讲习会教材 . 第一辑 / 浙江省民政厅户政科编 .-- 杭州：浙江省民政厅户政科刊，民国 35 年［1946］.--60 页；19cm ［浙图］

1946 年度县市各级教材。

户政理论基础与范畴 / 唐叔光撰 .-- 杭州：中国户政研究所刊，民国 34 年［1945］.--32 页；21cm ［南图，赣图］

附宪草与户籍、姓名使用限制问题。

户政人员查记手册 / 天津县政府编 .-- 天津：详记纸行刊，民国 36 年［1947］.--70 页：图表；19cm ［津图］

内容包括户籍法、户籍法实施细则、户籍法疑义解释第一辑、户籍簿卡书证填写说明等。

户政手册 / 上海市政府编 .-- 上海：上海市政府刊 .--56 页；19cm ［上图］

收录修正户籍法及其施行细则纲要、上海市户籍登记处理规则等 10 种。

户政问题（编教三十一） / 陈长蘅讲 .-- 重庆 .--52 页；19cm ［南图，津图，国图，上图］

共分 3 章。包括户政意义及内容、我国户政法律简要说明、人口问题概观与人口政策商榷等，附人口政策纲领草案。

户政问题（教廿六）/陈长蘅著；中央训练团党政高级训练班编 .-- 重庆 .--81 页：表；19cm ［国图，重图，津图］

分现代化的户政或人口统计行政之基本概念及内容范围、我国户籍法的内容要点说明、人口普查的要点说明、人口普查的统计或整理工作、参考法规5章。附户籍法等6种。

户政问题参考资料：参编三/陈长蘅选 .-- 中央训练团党政高级训练班编 .-- 重庆 .--42 页；19cm ［国图，辽图，津图，上图］

收入户籍法、暂居户口及其异动登记办法、户口普查条例等5种。

警察与户口/张廷荣编 .-- 大明印书馆刊，民国 36 年［1947］.--68 页；21cm ［赣图］

历代户口通论/黎世衡著 .-- 上海：世界书局刊，民国 11 年［1922］.--190 页 ［重图，国图，闽图，上图，津图］

分上、下集，共 7 编。论述了马尔萨斯主义、新马尔萨斯主义等有关人口问题，户籍的意义、目的，历代户口统计的比较，编审及质疑，清代户口概数，关于人口概数的学说。书前有黄炎培题词。新时代经济丛书，第 2 种。

人口行政/行政院新闻局编 .-- 南京 .--44 页：表；19cm ［南图，津图，重图，晋图，国图，浙图，上图，首图，黔图］

分人口行政简史、行政设施概况、户口普查之设计、户籍登记之推进、户口统计之编制、人口政策之厘订等6章。

人口政策/高廷梓著 .-- 广州：国立中山大学出版部刊，民国17年［1928］.--42 页；21cm ［国图］

包括人口学说、人口统计、中国人众之原因、人口政策 4 节。

日本统治下的台湾户政概要/中央设计局台湾调查委员会编 .-- 台湾 .--52 页：表；19cm ［南图，津图，国图，浙图］

共 5 章。包括沿革、户籍事务之掌理与监督、户口调查簿、户口异动登记之申请、外勤警察官户口调查之勤务。中央训练团台湾行政干部训练班参考资料。

实施户籍法须知/广东省人口调查事务处编 .-- 广州：广东省人口调查事务处刊，民国 25 年［1936］.--400 页 ［上图，南图］

共 11 章。介绍了户籍法概要、手续、户籍管辖区之组成及其监督官署、户籍之编定、登记簿、登记程序、登记之变更或更正、诉愿、户籍统计之编造、罚则等。附广东民政厅关于实施户籍法及变更办理手续各文件、户籍法。

现行户籍行政制度/周中一著 .-- 内政部刊，民国 35 年［1946］.--162 页：

表；19cm ［南图，津图，吉图，国图，赣图］

共5章。分概论、户籍行政之史略、调查、登记、户籍行政之设施。户政干部人员训练教材之一。

训政时期调查户口之意见／许崇灏著 .-- 再版 .-- 上海：民智书局刊，民国17年［1928］.--24页：表；19cm ［南图，浙图，上图］

讲述了人口清查的目的、年限、日期、款目、机关、筹备次序、手续等。

中国户口行政／周祥光著 .-- 重庆：商务印书馆刊，民国32年［1943］.--142页；19cm ［南图，吉图，重图，湘图，西南政法，国图，上图］

.-- 商务印书馆刊，民国36年［1947］.--142页；19cm ［西南政法］

.-- 赣县：商务印书馆赣县分馆刊，民国32年［1943］.--1册 ［赣图］

分4编。介绍了户籍行政、户口普查及中国户政之实施问题等。附户籍法等6种。

中国人口之分布／胡焕庸著 .-- 南京：钟山书局刊，民国24年［1935］.--42页；26cm ［南图，重图，国图，上图，浙图］

包括引言、人口统计、人口分布、结论4部分。附全国各县人口统计及分布密度图。

8.2 户政实务

办理国民身份证手册／唐叔光编 .-- 南昌：中国户政研究社刊，民国36年［1947］.--82页：表 ［赣图，南图］

甘肃省查记户口组训民众工作报告／甘肃省政府编 .-- 兰州 .--31页：表；20cm ［甘图，国图］

内分筹办经过、查记户口、调查学龄儿童及失学民众、组训民众暨民兵训练、加强自卫、制发国民身份证、考核与奖惩、工作总检讨8项。

各省市户籍干部人员训练班办法 .--1册；27cm ［南图］

各省市县警察机关办理户口查记须知 .--56页；19cm ［重图］

湖北省各县办理户籍人事登记须知 .--10页；27cm ［武大］

户籍登记参考资料汇辑／倪裕恭编 .-- 杭州：新中国印刷厂，民国37年［1948］.--46页；19cm ［浙图］

户籍登记手册／湖南省民政厅编 .-- 长沙：湖南省民政厅刊，民国35年［1946］.--94页；18cm ［中图］

户籍登记手册／郑明哲，郑宝庆编 .-- 吴兴：吴兴县政府刊，民国36年［1947］.--54页；19cm ［浙图］

户籍登记书簿填写说明 / 上虞县政府编 .-- 上虞：上虞县政府刊，民国36年［1947］.--17页；19cm ［浙图］

分户籍登记申请书部分、户籍登记簿部分、户籍登记卡片部分等。附年龄换算表。

户籍及人事登记书表册簿程式 / 上海法学编译社编校 .-- 上海：上海法学编译社刊，民国24年［1935］.--62页 ［南图，重图，国图］
.-- 上海：会文堂新记书局刊，民国26年［1937］.--1册；21cm ［厦大］

户籍警察须知 / 重庆市警察局警察训练所编 .-- 重庆：重庆市警察局警察训练所刊，民国26年［1937］.--18页：表；48开 ［上图］

分调查户口之目的、户籍员巡官长警关于调查户口之职权、户口调查表之内容填写之注意事项、间接调查事项、户口之抽查等10项。

户籍实务 / 江西省民政厅编 .-- 南昌：江西省民政厅刊，民国31年［1942］.--32页：表；18cm ［辽图］

户籍室：枪支登记 .-- 广安 .--16页；19cm ［重庆档案馆］

户口查记行政 .-- 油印本，民国36年［1947］.--30页；27cm ［国图］

户政人员手册 / 李廷梁编著 .-- 西部印刷公司印刷，民国32年［1943］.--104页 ［南图］
.--4版 .-- 成都：成都协美印刷局，民国32年［1943］.--101页；19cm ［重图］

户政人员手册 / 李廷梁编著 .-- 西部印刷公司印刷，民国32年［1943］.--104页 ［南图］
.--4版 .-- 成都：成都协美印刷局，民国32年［1943］.--101页；19cm ［重图］

共4章，包括保甲概要、户口调查、户口统计、户口异动登记。

户政实务 /（浙江）瑞安县政府户政室编 .-- 瑞安：瑞安县政府户政室刊，民国31年［1942］.--37页；19cm ［浙图］

县市乡镇各级户政人员处理户政事务参政用书。

户政实务讲义 / 方远尧编 .-- 四川 .--152页：表；19cm ［重图］

共5章。讲述了户口与户籍、户口的编查、登记、统计等。

清查户口 / 国防部新闻局编 .-- 民国35年［1946］.--76页：表；18cm ［重图，国图，南图］

分8节。介绍了清查户口的意义、历史、目的、困难、方法、准备、实施、结果等。附户籍法等3种。

清查手册 / 上海市户口清查换发国民身份证及配购证委员会编 .-- 上海：上海市户口清查换发国民身份证及配购证委员会刊 .--26页：表；14cm ［上图］

汇集上海市清查户口换发国民身份证及配购证委员会组织纲要、清查员须知、区保甲人员办理户口清查换发国民身份证须知等 5 种。附身份证图样等 2 种。

如何编查保甲及清查户口 / 钱大钧编 .-- 上海：上海市政府民政处刊，民国 35 年［1946］.--6 页；19cm ［吉图，上图］

1946 年 1 月 10 日上海市举办公民宣誓登记时对市民的广播讲话。

上海市户口清查人员手册 / 上海市政府编 .-- 上海：上海市政府刊 .--47 页：表；19cm ［上图］

收入修正户籍法（1946 年 1 月公布）、户口清查实施细则、户口清查须知等 9 种规章。

上海游民习勤所报告 . 第二编 / 上海游民习勤所编 .-- 上海：上海游民习勤所刊，民国 26 年［1937］.--231 页；26cm ［国图，上图］

报告该所的沿革、组织、规程、经费、管理、工作、训育、卫生等。

上海游民习勤所第一届报告 / 上海游民习勤所编 .-- 上海：上海游民习勤所刊，民国 20 年［1931］.--250 页；26cm ［上图，国图］

介绍该所的沿革、组织、规程、经费、管理、工作、训育、营养、卫生等。

首都警察厅游民习艺所半年概况 / 首都警察厅游民习艺所编 .-- 民国 37 年［1948］.--16 页；19cm ［上图］

介绍了该所的管训、教练、生产、经费等方面的情况。

县单位户籍办法概要 / 吴顾毓编 .-- 上饶：地方行政研究所出版；战地图书出版社发行，民国 30 年［1941］.--80 页；19cm ［南图，浙图，中图，赣图］

分为 12 个部分。包括某县户籍及人事登记暂行办法、某县编订门牌规则、户籍及人事登记简要说明表、某县各级户籍人员职掌分类表等。

现行户政法制与业务 / 吴顾毓著 .-- 江西省户政干部人员训练班刊，民国 31 年［1942］.--242 页：表；19cm ［鄂图］

县市乡镇各级户政人员处理户政事务参政用书。

修正四川通省团练总局清查户口办法 .--24 页；27cm ［重庆档案馆］

云南省户籍示范工作报告 / 云南环湖市县户籍示范实施委员会编 .-- 云南呈贡：国立清华大学国情普查研究所刊，民国 33 年［1944］.--383 页：图；27cm ［重图，上图，国图，晋图，首图］

分 9 章。报告云南户籍示范的缘起、经过、组织、经费等，以及户籍资料与我国和国际的人口研究的关系等。附户籍法及施行细则等。

8.3 户籍法规

户籍法择要 / 上海市公安局警士教练所 .-- 民国 23 年［1934］.--122 页：图；26cm　　［上图］

全书共 2 编。第 1 编户籍法 6 章，介绍了户籍管理相关法律；第 2 编户籍调查 12 章，介绍了户籍调查的程序和方法。

德国户籍法 / 国民政府立法院编译处译 .-- 油印本 .-- 国民政府立法院刊，民国 19 年［1930］.--15 页；26cm　　［国图］

广东省各县户口异动查报暂行办法 / 广东省民政厅编 .-- 广东 .--28 页：19cm　　［重图，浙图］

1937 年 11 月 27 日广东省政府民政厅颁行。共 16 条。附各款册簿表格填报通则。广东省各县市局乡镇长保甲长讲习教材，第 10 种。

广东省实施户籍法宣传大纲 / 广东省政府民政厅编 .--18 页；19cm　［南图］

介绍了户籍及实施户籍法之意义、各国户籍行政的趋势、我国户籍行政的沿革、户籍与抗战建国之关系、户籍对于人民的利益、户籍及人事登记之解释、户籍法与现行户口异动查报办法之分例、申请的手续、各有关人员对户籍及人事登记之代报、呈报不实之处罚，等等。

户籍法 / 周成编辑 .-- 上海：泰东图书局刊，民国 18 年［1929］.--410 页；18cm　　［国图，首图］

据北洋政府法制局所拟的户籍法案及内务部所拟户籍条例草案编成。共 4 编。第 1 编总论，讲述户籍法的概念、中外户籍制度的沿革与比较、户籍法的效用等；第 2、3 编为身份登记及户籍管理；第 4 编为罚则。

户籍法：中法文对照 / 天津工商学院编 .-- 天津：天津工商学院刊，民国 23 年［1934］.--1 册　　［北大］

户籍法 .-- 民国 23 年［1934］.--32 页；27cm　　［国图］

1931 年 12 月 12 日国民政府公布，共 8 章 132 条。附户籍法施行细则共 37 条，为 1934 年 6 月公布。

户籍法 .-- 河北省保卫团干部教练所刊，民国 24 年［1935］.--22，64 页；20cm　　［国图］

分 2 编。第 1 编对户籍法的论述；第 2 编对 1931 年 12 月 12 日公布的户籍法（共 132 条）逐条释义。

户籍法 .-- 南京：军用图书社刊，民国 24 年［1935］.--42 页；19cm　［重庆档案馆］

户籍法 / 郑宗楷编 .-- 中央警官学校刊，民国 29 年［1940］.--48，18 页；19cm　　［重图，国图，浙图，上图］

据编者在该校第一期高级班的讲义摘录而成，共 7 章。附编者的由我国户籍史论到户籍问题、户籍法应如何实施2篇论文。书口书名题：中国户籍法概要。中央警官学校讲义。

户籍法 / 国民政府修正公布 .-- 上海：昌明书屋刊，民国35年［1946］.--12页　［南图］

介绍了通则、户籍登记、身份登记、迁徙登记、登记之变更更正及撤销、登记之申请、罚则、分则、户口调查、国民身份证、户口统计。

户籍法 / 昌明法学编译社校勘 .-- 上海：昌明书屋刊，民国36年［1947］.--11页　［南图，上图］

附户籍法施行细则。民国三十五年一月三日，国民政府修正同日实施。介绍了通则、户籍登记、身份登记、迁徙登记、登记之变更更正及撤销、登记之申请、罚则、分则、户口调查、国民身份证、户口统计。

户籍法 / 王树材讲述 .-- 陕西 .--44，38页；19cm　［国图］

共7章。讲述了户籍法之概念、我国户籍制度之沿革、户籍法之效用、户籍之籍别与管辖区域、户籍之事务机关、户籍事务之救济、户口调查。附户籍法。

户籍法登记法问题义解 / 日本普文学会编；共和法政学会编译部译 .-- 上海：共和法政学会刊，民国2年［1913］.--96页；18cm　［上图，国图，首图，人大］

按日本户籍法、登记法章次列出问题，并逐一义解。

户籍法概论 / 郑宗楷著 .-- 上海：法学书局刊，民国24年［1935］.--108页；19cm　［南图，上图，西南政法］

共10章。讲述了户籍法的概念和效用、户籍事务、户籍机关，登记簿及登记申请、程序、变更、更正、撤销，统计报告，惩罚、行政救济等。附户籍法（1931年12月公布，1934年7月施行，132条）及户籍法施行细则（1934年6月公布，同年7月施行，37条）。

户籍法概要 / 福建省地方行政干部训练团编 .-- 福建：福建公训服务社刊，民国29年［1940］.--26页；19cm　［浙图］

户籍法规汇编 / 四川省政府民政厅编 .-- 成都：西南印书局刊，民国31年［1942］.--79页　［西南政法］

户籍法规汇编 / 四川省政府民政厅编 .-- 成都：四川省政府民政厅刊，民国31年［1942］.--75页　［南图］

四川省政府民政厅民政丛刊民参之十。

户籍法规摘要 /（河南）荥阳县地方行政干部训练所编 .-- 荥阳：（河南）荥阳县地方行政干部训练所刊，民国33年［1944］.--1册　［北大］

户籍法讲义 / 黑龙江省警务处编 .--

哈尔滨：黑龙江省警务处刊，民国 6 年［1917］.--55 页：表格；24cm　　［辽图］

户籍法讲义 / 内务部编 .-- 上海：泰东图书局刊 .--410 页；19cm　　［吉图，上图］

分总论、身份登记、户籍、罚则 4 编。内容与周成编户籍法讲义相同，只是变更了编者署名。地方自治讲义，第 4 种。

户籍法讲义 / 周成编 .-- 上海：泰东图书局刊，民国 18 年［1929］.--410 页；19cm　　［上图］

.-- 上海：泰东图书局刊，民国 18 年［1929］.--409 页；19cm　　［上图，南图］

根据北洋政府法制局所拟的户籍法案及内务部所拟户籍条例草案编成。共 4 编。第 1 编总论，讲述了户籍法的概念、中外户籍制度的沿革与比较、户籍法的效用等；第 2、3 编为身份登记及户籍管理；第 4 编为罚则。

户籍法令：第 1、2 辑 / 广东省民政厅编 .-- 广东曲江 .--124 页：表；19cm　　［国图，南图，鄂图，浙图］

收入户籍法（1931 年 12 月 12 日公布，1934 年 3 月 31 日修正，同年 7 月 1 日施行）、修正户籍法施行细则（内政部 1941 年 12 月 1 日咨送）、暂居户口登记办法（内政部 1942 年 1 月 7 日咨送），及关于解释户籍法疑义的各项文件等共 14 种（其中包括国籍法、广东地方户籍处理办法）。

户籍法令 .-- 内政部公布，民国 32 年［1943］.--1 册　　［中图］

户籍法令．第三辑 .-- 民国 33 年［1944］.--84 页；19cm　　［浙图，浙大］

户籍法令释疑 / 江西省政府民政厅编 .-- 江西：江西省政府民政厅刊，民国 35 年［1946］.--68 页；20cm　　［赣图］

户籍法施行细则 / 天津工商学院编 .-- 天津：天津工商学院刊，民国 23 年［1934］.--1 册　　［北大］

户籍法施行细则及关系书表册簿程式 / 内政部编 .-- 南京：内政部刊，民国 23 年［1934］.--102 页：表；27cm　　［南图，重图，国图］

分 2 个部分。第 1 部分为国民政府内政部 1934 年 6 月公布的户籍法施行细则（37 条）；第 2 部分为户籍及人事登记书表册簿程式，分 15 类共 51 种表格。

户籍法释义 / 瞿曾泽著 .-- 上海：会文堂新记书局刊，民国 23 年［1934］.--142 页；20cm　　［厦门，国图，上图，浙图，鄂图，人大］

.-- 再版 .-- 上海：会文堂新记书局刊，民国 26 年［1937］.--142 页；20cm　　［南图，重图］

分总则、登记簿、登记之申请、登记程序、登记之变更或更正、诉愿、罚则、附则 8 章，对 1931 年 12 月 12

日公布，1934 年 3 月 31 日修正的户籍法 132 条逐条加以解释。附户籍法施行细则（37 条）。现行法律释义丛书。

户籍法释义 / 内政部编 .-- 内政部刊，民国 33 年［1944］.--1 册　［中图］

户籍法通论 / 刘瑞著 .-- 民国 36 年［1947］.--150 页；19cm　［南图，浙图］

共 6 章。介绍户籍法之概念、户籍之本质、户籍事务、登记之申请、登记程序和罚则。中央保甲函授训练班讲义。

户籍法详解 / 陈芝云编著 .-- 南京：内政部刊，民国 35 年［1946］　［南图，吉图，国图，赣图］

对 1946 年 1 月经国民政府修正公布的户籍法及同年 6 月公布的修正户籍法施行细则的解释。分户籍的定义、通则、户口调查、户籍登记、公民身份证、罚则、行政诉讼 7 章。户政干部人员训练教材，第 2 种。

户籍法要论 / 江海飚著 .-- 上海：商务印书馆刊，民国 25 年［1936］.--168 页：表；19cm　［南图，津图，吉图，重图，湘图，浙图，上图，国图，西南政法，鄂图，浙图，黑图］

根据 1931 年 12 月 12 日国民政府公布的户籍法，参考各国户籍法编成。理论与实务并重。分绪论总则、户籍登记、人事登记、诉愿、罚则等 6 编。新时代法学丛书。

户籍法疑义解释第三辑 /.--16 页；27cm　［南图］

户籍法与户籍行政 / 黄伦著 .-- 重庆：中国文化服务社刊，民国 33 年［1944］.--14，372 页；19cm　［上图，武大］

.-- 复制本 .-- 上海：中国文化服务社刊，民国 33 年［1944］.--372 页；20cm　［武大］

内分 12 章。论述了户籍的概念、中外户政的纵横发展变化及法规运用方法，并比较品评其得失，探讨改进途径。

户籍警察法 / 韦淡明编著 .-- 民国 36 年［1947］.--90 页：表；19cm　［中图］

中央警官学校讲义。

户籍人事登记申请书簿填写说明 .--32 页；23cm　［馆藏地不详］

户口编查人事登记实施法 / 河南省政府编 .-- 开封：河南省政府刊，民国 25 年［1936］.--1 册　［北大］

户口编查与人事登记法 / 瞿世镇编；吴拯寰校 .-- 增订 2 版 .-- 上海：三民公司刊，民国 21 年［1932］.--46 页：表；19cm　［重图，南图］

户口规则 / 大连市政府颁布 .-- 大连：大连市政府，民国 35 年［1946］.--12 页；19cm　［公安大学］

户口普查条例诠解 / 吴顾毓著 .--

重庆：商务印书馆刊，民国31年［1942］.--54页；18cm　［重图，国图，浙图］

.--2版.--重庆：商务印书馆刊，民国31年［1942］.--54页；19cm　［重图］

.--赣2版.--重庆：商务印书馆刊，民国33年［1944.3］.--54页；18cm　［上图，南图］

户口条例汇集（一）/旅大公安总局编.--旅大：旅大公安总局刊，民国38年［1949］.--19页；19cm　［公安大学］

户口调查编钉门牌规则图表.--1册；18cm　［中图］

户口调查法/李达才编.--56页；19cm　［中图］

户政法规/安东省民政厅编.--安东省政府民政厅刊，民国36年［1947］.--184页：表；19cm　［辽图］

户政法规/北培管理局编.--重庆，民国34年［1945］.--66页；19cm　［重庆档案馆］

户政法规/浙江省民政厅第一科编.--杭州：浙江省民政厅第一科刊，民国35年［1946］.--120页；19cm　［上图］

分中央的户政法规和浙江省的户政法规第2个部分。附户籍法规疑义问答第1、2辑。

户政法规：浙江省三十六年县级研究班资料.--浙江.--80页；29cm　［浙图］

户政法规汇编/福建省民政厅编.--福建.--122页；18cm　［中图］

户政法规汇编/河北省政府编.--石家庄.--94页；19cm　［津图］

收户籍法、户籍法施行细则、户口查记实施办法、户政经费概要编列原则、办理户口查记设备标准、户籍簿卡书证填写说明、户籍登记表解及户口普查法等法规。

户政法规汇编/遂宁县政府编.--四川：遂宁.--57页：折表21页；19cm　［重图］

户政法规辑要/内政部户政司编.--重庆：内政部户政司刊，民国34年［1945］.--116页：图；19cm　［南图，吉图，中图，国图］

收入户籍法（1931年12月12日公布，1934年3月31日修正）、兵役及龄男子调查规则（1936年7月公布，1937年4月军政部修正）等12种户政法规。

户政法令汇编/福建省政府民政厅编印.--福建：福建省政府民政厅印，民国36年［1947］.--158页；18cm　［馆藏地不详］

户政法令汇编/胡久复编.--杭州：

新中国印刷厂，民国37年［1948］.--175页：图表；19cm　［浙图］

户政法令汇编 / 西康民政厅编 .-- 雅安 .--1册　［北大］

户政法令汇编（福建部分） / 福建省政府民政厅编 .-- 永安 .--122页；18cm　［闽图］

包括省保甲户口编查、方法、市户口查报登记，及修正户籍法施行细则等。

江苏省户籍各例 .--8页；19cm　［南图］

江苏省户籍条例暨施行细则 / 江苏省会议编 .-- 南京：民国11年［1922］.--44页；27cm　［南图，上图］

收入江苏省施行户籍各区组织大纲。

江苏省户籍条例施行细则草案 / 江苏省公署编 .-- 南京：江苏省公署刊 .--46页；27cm　［南图］

共9章。分为总则、户籍事务所之组织及职员之任用、编查方法、户籍、身份登记、统计、公费和邮费、诉愿、附则等。

江西省户政法规辑要 / 江西省政府民政厅编 .-- 江西省政府民政厅刊，民国35年［1946］.--78页　［馆藏地不详］

兰溪实验县户籍及人事登记 / 兰溪实验县县政府秘书室编 .-- 兰溪县 .--1册；23cm　［中图］

日本户籍法 / 立法院编译处编译 .-- 南京：立法院编译处刊，民国19年［1930］.--1册；26cm　［南大］

私拟户籍法草案 / 吴顾毓著 .-- 上饶：地方行政研究所刊，民国31年［1942］.--62页；19cm　［上图，浙图，中图］

共11章。包括总则、登记簿、登记申请、登记程序、变更、更正、户口普查、诉愿、罚则等。地方行政丛书，第6种。

四川省各县实施新县制整编保甲清查户口法规汇编 / 四川省政府编 .-- 成都 .--160页：折表；19cm　［重图］
.-- 四川：资中 .--53页；27cm　［重图］

本书有四川各县整编保甲清查户口实施办法、四川省各县整编保甲清查户口实施程序、四川省各县办理联保连坐实施办法、修正抽查保甲户口须知等内容。

四川省各县实施新县制整编保甲清查户口汇编 / 四川省民政厅编 .-- 重庆：四川省民政厅刊，民国29年［1940］.--116页；19cm　［重庆档案馆］

四川省实施新县制乡镇保甲户籍法规解释辑要 / 李廷梁编 .-- 成都：四川省政府民政厅刊，民国30年［1941］

.--20 页：表；19cm　　［国图］

四川省民政厅民政丛刊。

绥远省户政法规汇编 .-- 民国 33 年［1944］.--1 册　　［中图］

现行户籍基本法规 / 湖北省民政厅编 .-- 民国 37 年［1948］.--1 册；27cm　　［武大］

现行户籍基本法规 / 内政部户政司编 .-- 南京：内政部户政司刊，民国 35 年［1946］.--32 页：图；27cm　　［吉图，重图，中图，国图，南图］

收入户籍法（国民政府 1946 年 1 月 3 日修正公布）、户籍法施行细则（行政院 1946 年 6 月 21 日修正公布）、各省市户口查记实施办法（内政部 1946 年 7 月 16 日公布）、各省市户政经费概算编列原则、县市政府及乡公所办理户口查记设备标准 5 种。

现行户籍基本法规 / 内政部户政司编 .-- 南京：内政部户政司刊，民国 35 年［1946］.--32 页；25cm　　［吉图，重图，国图］

现行户籍基本法规 .-- 民国 36 年［1947］.--54 页：图表；27cm　　［重图］

现行户籍基本法规 .-- 民国 36 年［1947］.--55 页；27cm　　［重庆档案馆］

现行户籍基本法规暨实施办理程序 / 武昌市政府编 .-- 汉口：武昌市政府刊，民国 36 年［1947］.--60 页；27cm　　［馆藏地不详］

新户籍法概要 / 徐哲陶著 .-- 上海：龙门联合书局刊，民国 36 年［1947］.--97 页；20cm　　［南图，上图，人大，浙图］

共 14 章。包括绪论、户籍的意义、户籍登记与户口调查、掌理户籍机关、户籍登记的内容、户口统计等。附修正户籍法等 12 种。

新户籍法释义 / 俞斯锦编著 .-- 上海：户政学社刊，民国 35 年［1946］.--63 页；19cm　　［南图，辽图，上图］
.-- 再版 .-- 上海：户政学社刊，民国 35 年［1946.10］.--63 页；19cm　　［浙图］
.--4 版 .-- 上海：户政学社刊，民国 36 年［1947］.--63 页；19cm　　［国图］

包括通则、籍别登记、身份登记、迁徙登记、登记之变更更正及撤销、登记之申请、罚则、附则 8 章。封面书名由吴国桢题签。

修订四川省现行户政法规汇编 / 四川省政府民政厅第四科编 .-- 成都：四川省政府民政厅第四科刊，民国 33 年［1944］.--180 页：图；19cm　　［重图］

分组织、训练、管理、保甲户口编查、户口登记 5 类。附国民政府公布的有关法规。

修正户籍法 .-- 内政部印 .--24 页；27cm　　［南图］

共 8 章。介绍了登记簿、登记之

申请、登记程序、登记之变更或更改、诉愿、罚则、附则等。

修正户籍法施行细则草案 .-- 油印本 .--1 册；26cm　　［中图］

英国户籍法 / 立法院编译处译 .-- 立法院刊 .--1 册　　［南大］

中国颁布户籍法规汇编 / 四川省民政厅编 .-- 成都：西南印书局刊，民国 31 年［1942］.--76 页　　［重图］

中国户籍法概要 / 郑宗楷编 .-- 民国 29 年［1940］.--1 册　　［南图］

中央警官学校讲义。

8.4　户口统计

户口统计实务 .--1 册：表；18cm　［馆藏地不详］

办理户籍及人事登记概要 / 李廷梁著 .-- 再版 .-- 成都：自立出版社刊，民国 34 年［1945］.--84 页；19cm　［重图］
.-- 成都：自立出版社刊，民国 33 年［1944］.--64 页；18cm　［吉图，国图］
.--5 版 .-- 成都：自立出版社刊，民国 34 年［1945.9］.--84 页；19cm　［重图］

本书有一般概念、登记之效用、变更或更正之申请、户籍及人事统计之编造、暂居户口登记等 13 章内容。

办理户籍及人事登记须知 / 湖南省民政厅编 .-- 重庆：湖南省民政厅刊 .--118 页；19cm　［南图］

介绍了户口调查、户口登记、人事登记、暂居户口登记、迁徙户口登记、统计报告、登记簿、登记之申请、登记程序、诉愿、罚则等。户政须知之一。

北平市政府公安局户口统计图表 / 北平市政府公安局编制 .-- 北平：北平市政府公安局刊，民国 25 年［1936］.--65 页；19cm　［吉图］

1935 年上半年统计图表。内容包括总理遗像、委员长近影、市长近影、局长近影、第二科科长近影、北平市自民国元年来户口统计表、北平市 24 年来户口异动比较图、北平市户口统计表分区人口、住户比较图、人口男女百分比较图、分区公共处所男女人口统计表、人口比较图、寺庙户口统计表、寺庙人口百分比较图、分区男子壮丁统计表等若干表。

北平市政府警察局户口统计 /（伪）北平市政府警察局编 .-- 北平：（伪）北平市政府警察局刊，民国 26 年［1937］. 95 页：图像；27cm　［国图］

收户口概况、浮动人口、户口异动、宗教、籍贯、职业、外侨等户口统计图表。有潘毓桂序。附外国人租房月别表等 6 种。

北平市政府警察局户口统计图表 / 北平市政府警察局编 .-- 北平：北平市政府警察局刊，民国 26 年［1937］.--68 页：图；26cm　［国图］

福建省省会户口统计 / 福建省会公安局制 .--102 页；27cm ［国图］

为 1932 年户口调查分类统计概况，包括职业、教育、党员、宗教、浮动人口、外侨状况等 9 类。附调查表及报告表等 21 种。

福建省长乐县人口农业普查报告 / 福建省政府编 .-- 福建 .--113 页；26cm ［国图，重图，浙图］

内分调查之始末、调查结果之分析、统计表、分布图、附录等部分。

各省市户口统计 .-- 民国 30 年［1941］.--96 页；27cm ［南图］

包括户口统计总说明、全国人口总数、各省市行政区户口统计总表、各省市户口统计等，附各省市保甲统计。

各省市户口统计 / 内政部统计处编 .-- 重庆：内政部统计处刊，民国 33 年［1944］.--50 页；27cm ［南图，重图］

内容为各省市户口统计总说明，总表和各省分表 19 个。

广东省会警区现住户口统计：民国二十四年八月调查 / 广东省会公安局编 .-- 广州 .--104 页：图；27cm ［国图，浙图］

统计表包括户口概况、户类、人口、籍贯、年龄、职业、婚姻状况、教育程度、宗教等 10 部分。书前有广东省会公安局民国二十四年八月调查户口报告、广东省会警区与市区比较图。

杭州市公安局调查户口特刊 / 杭州市公安局编 .-- 杭州 .--138 页：表；27cm ［上图］

共 2 部分。法规部分收入法规 9 种；公牍部分收入呈文 10 种、全文 71 种、布告 5 种、图表 30 种。

横滨第一次调查华侨户籍总报告 / 驻横滨总领事馆编 .-- 北京：驻横滨总领事馆刊，民国 11 年［1922］.--164 页；19cm ［国图］

据封面识语，本书易名日本华侨浩劫录，以纪念 1923 年横滨大地震灾难。内收 1922 年调查统计表 20 余种。包括人数、职业、团体、工商业、婚姻等情况。

后方各省市户口统计 / 内政部编 .-- 民国 32 年［1943］.--1 册 ［重图］
.-- 油印本 .-- 内务部刊，民国 32 年 ［馆藏地不详］
.--27 页：图表；25cm ［南图，重图，国图］

包括后方各省市户口统计表、各省户口统计（户口、性别、壮丁），共当时的 18 个省。

湖北人口：三十五年冬季户口总复查实施纪要 / 湖北省政府民政厅编 .-- 汉口 .--178 页：图；26cm ［国图］

户籍人事登记（广西省县政公务员政治训练班函授部讲义） / 梁国海编 .-- 桂林 .--88 页：表；19cm ［国图，浙图，重图，南图］

共6章。分户口调查、人事登记、户籍人事、登记之稽查指导、促进户籍行政、整理户籍册的办法等。附广西户籍人事登记暂行办法等4种。

户籍人事登记浅说 / 湖北省民政厅编 .-- 湖北省民政厅刊，民国34年［1945］.--72页；19cm　［浙图］

户籍调查法：上、下卷 / 广西省村治学院编 .--2册　［桂林］

户籍统计 / 苏崇礼著 .-- 上海：商务印书馆刊，民国22年［1933］.--224页：图表；19cm　［重图，国图，浙图，上图，鄂图，闽图，大连，赣图］
.-- 上海：商务印书馆刊，民国23年［1934］.--224页：图表；19cm　［南图，重图，国图，浙图，上图，鄂图］

本书阐述了户籍统计的重要原理，书中对人口增减速率的计算、康健程度的推测尤其精密，是办理户口统计者的重要参考。

户籍统计 / 王云五编；苏崇礼著 .-- 上海：商务印书馆刊，民国22年［1933］.--224页；18cm　［重图，国图，浙图，上图，大连，赣图］
.-- 上海：商务印书馆刊，民国23年［1934］.--224页；18cm　［南图，重图，国图，浙图，上图］

共9章。包括统计材料之搜集、表列法、图示法、平均数、差量与偏态型、可靠度、比率与生殖指数。附三角函数之正弦及其余弦表等10个表。百科小丛书。万有文库，第1集，第121种。

户籍统计 / 韩景琦编 .-- 福建：福建省地方行政干部训练团刊，民国29年［1940］.--46页：图表；27cm　［重图］

本书主要论述了户籍统计之程序、统计表之种类及如何制作统计图表等。

户籍统计须知 / 湖南省地方行政干部训练团编 .-- 长沙 .--28页：折表；19cm　［重图］

本书主要介绍了编制户籍的具体做法及注意事项。

户口编查 / 福建省政府民政厅第三科编 .-- 福州：福建省政府民政厅第三科刊，民国29年［1940］.--36页　［闽图］

自治指导读物，第6种。

户口查记手册 / 吴顾毓编著 .-- 南京：南京中华印书馆刊，民国36年［1947］.--132页；19cm　［国图，浙图，南图，上图］

内分章，包括查记前准备、户口调查、申请与登记、登记之稽核与督导、户口统计之编制。附新户籍法规述略。

户口登记统计释例 / 刘绳武，王树藩合编 .-- 江西：江西省政府民政厅刊，民国34年［1945］.--71，64页；19cm　［浙图］

户口普查概要 / 包惠僧讲 .-- 内政部人口局刊，民国37年［1948］.--30页；

19cm　［南图，国图］

讲述了户口普查的基本概念、经过、对象、内容、时间、人员经费、实施及统计等9个问题。有著者序（1948年9月）。

户口普查条例诠解 / 吴顾毓著 .-- 重庆：商务印书馆刊，民国31年［1942］.--54页；19cm　［重图，浙图，国图］.-- 赣2版 .-- 重庆：商务印书馆刊，民国33年［1944］.--54页；19cm　［南图，上图］

附户口普查与户籍行政之分别。

户口调查 / 首都警察厅警员训练所编 .--46页：表；19cm　［国图，南图］

分15章。讲述了户口调查的意义、类别、要则、方法等。附就旧历虚岁推算国历实足年龄表4种。首都警察厅警员训练所讲义。

户口调查 .--80页：表；19cm　［上图］

介绍了户口调查的概念、方式，户口整理、户口异动登记及处理、户口统计等，共6章。

户口调查登记与管理细则（草案） / 皖北公安局编 .-- 皖北公安局刊，民国38年［1949］.--13页；19cm　［安徽公安，公安大学］

户口调查概要 / 张国权编著 .-- 内政部刊，民国35年［1946］.--22页；19cm　［厦门，南图，津图，吉图，国图，浙图］

分5章。讲述了户口调查的意义、种类、步骤，户口调查表册的填写及报告的编制。户政干部人员训练教材之三。

户口调查须知 / 湖北省会警察局 .-- 民国26年［1937］.--18页；14cm　［重庆档案馆］

警察小丛书之十七。

户口调查要义 / 丁嘉藩编 .-- 长沙：商务印书馆刊，民国29年［1940］.--218页：表；19cm　［南图，吉图，重图，国图］

共8章。介绍了调查方法、户口调查表及登记方法、户口调查材料内部整理法、户口调查日报册及手折、户口异动、户口统计等。有赵龙文、酆裕坤等序文。

户口调查要义 / 徐维新编 .-- 重庆：中央警官学校刊 .--50页；19cm　［南图］

共12章。包括户口之意义、户口调查之意义及其目的、户口调查之种类与方法、调查机关与调查分配、调查之监督与考询、调查之强调力、调查事项、调查要则、户口异动登记之申请及其处理、调查材料之整理、户口统计、调查心得。

户口调查与人事登记 / 梁上燕，蒋卉著 .-- 南宁：民团周刊出版社刊，民国27年［1938］.--44页：表；19cm　［南图，国图］

分6章。介绍了户籍法规节要、户籍人事登记疑点解释、办理户口调查、人事登记的方法等。丙种丛刊，第2种。基层建设丛刊，第2辑，第5种。

户口统计 / 韩景琪编 .-- 福州：福建地方行政干部训练团刊，民国29年［1940］.--68页　［闽图］

户口统计 / 内政部统计处编 .-- 重庆：内政部统计处刊，民国27年［1938］.--67页：表；27cm　［南图，重图，国图，浙图，辽图］

.-- 重庆：内政部统计处刊，民国30年［1941］.--96页：表；27cm　［南图，重图，国图，辽图，厦大，重庆档案馆］

.--73页；27cm　［南图］

包括办理户口统计之经过、各表编制总说明、各省户口统计表等。战时内务行政应用统计专刊，第1种。

户口异动登记 / 叶忠熙编 .-- 民国29年［1940］.--64页；19cm　［浙图］

户口异动登记 / 潘嘉林著 .-- 重庆：商务印书馆刊，民国32年［1943］.--107页：表；19cm　［吉图，湘图，国图，浙图，重图，南图，黔图］

.-- 赣县初版 .-- 重庆：商务印书馆刊，民国33年［1944］.--107页：表；19cm　［上图］

分6章。介绍了人事登记方法及其发展、保甲制度下的户口异动登记及其办理方法、实施方案等。

户口异动登记方案草案 .-- 油印本 .--36页；27cm　［南图］

江宁自治实验县二十二年户口调查报告 / 江宁自治实验县政府编 .-- 江宁自治实验县政府刊，民国24年［1935］.--172页：图；26cm　［重图，南图，国图］

江宁自治实验县政府户口调查报告 / 江宁自治实验县政府编 .-- 江宁自治实验县政府刊 .--184页：图；26cm　［馆藏地不详］

本馆所藏书残，依书口题名著录。

江西省户政法规汇编 / 江西省政府民政厅编 .-- 江西省政府民政厅刊，民国31年［1942］.--148页：表格；19cm　［辽图］

江西省历届办理户口统计方法上之检讨 / 江西省政府统计室编 .-- 南昌：江西省政府统计室刊，民国25年［1936］.--32页：表；27cm　［南图，浙图，上图，国图］

分历届办理户口调查或清查缺之统计之基本条例、户口普查与户籍登记（注册）、历届办理人事登记办法之检讨等12个部分。江西经济丛刊，第14种。

民国二十五年度南京市户口统计报告 / 南京市户口统计专门委员会办事处编 .-- 南京：南京特别市地方自治推进委员会刊，民国26年［1937］.--180页：插图；27cm　［国图，南图，上图］

分4篇。包括业务概况、统计分析、全市户口统计、各区户口统计。

民国十七年各省市户口调查统计报告 / 内政部统计司编 .-- 南京 .--657 页：图；27cm　［南图，重图，上图，国图］

系统计表格。按县别、普通户、船户、寺庙、公共处所5项编排。书前有各省区人口比较图、民国十七年各省人口比较图、民国十七年户口调查之始末及户数统计表总说明。

民政部户口调查及各家估计 / 王士达著 .-- 北平：社会调查所刊 .--200 页：表；26cm　［南图，国图，上图］

系社会科学杂志第3卷第3期及第4卷第1期的抽印合订本。共7节。包括民政部户口调查的沿革、章程，各地办理情形，各项报告、批评，宣统年间全国户口及人口状态的新推测，以及对于以往各家估计的批评等。附民政部具奏调查户口章程折单等6种。

全国各省市户口调查表 .-- 民国30年［1941］.--96 页：表；27cm　［国图］

收入全国人口总数表、各省市行政区户口统计总表及28个省的分省户口统计表等。书前有户口统计总说明。附1941年编制的各省市保甲统计。

全国户口统计：民国三十六年下半年 / 内政部人口局编 .-- 南京：内政部人口局刊，民国36年［1947］.--85 页；26cm　［国图，南图］

全国户口统计：民国三十七年上半年 / 内政部人口局编 .-- 南京 .--79 页；27cm　［南图］

全国户口统计总表 .-- 民国19年［1930］.--96 页；27cm　［馆藏地不详］

.-- 油印本，民国33年［1944］.--73 页；25cm　［国图］

按户口、性别、壮丁分别编排。书前有户口统计总说明、全国人口总数、各省市行政区户口统计总表3部分。附各省市保甲统计。

人口动态统计方法 / 李蕃著 .-- 南京：正中书局刊，民国24年［1935］.--104 页；19cm　［吉图，重图，国图，上图，首图，浙图］

分概论、划记法、票计法，附马克统计机之构造与应用。共4部分。中国计政学会丛书。

人口统计新论 / 朱祖晦著 .-- 武昌：朱祖晦刊，民国23年［1934］.--284 页：表；22cm　［吉图，辽图，重图，国图，浙图，上图］

内容包括人口统计之意义、各国人口清查法之比较、各国生命注册法之比较、中国人口统计正讹、用拣样调查法调查中国人口问题之建议等。附近三十年中拣样调查法之应用、户口调查统计报告规则、美国人口统计重要表格。中国统计学社丛书。

人口统计学：户籍学 / 周炳浛编 .--

广东 .--138 页；19cm　　［重图］

包括概论、我国人口调查统计及估计概述、现代国家科学的人口统计、人口资料之整理及分析 4 篇。

生命统计方法 / 张世文编著 .-- 重庆：金华：正中书局刊，民国 32 年［1943］.--90 页；20cm　　［辽图，重图，国图］

.-- 上海：正中书局刊，民国 36 年［1947］.--90 页；20cm　　［重图，湘图，国图，上图］

包括生命统计学之意义与重要、生命统计学简史、人口清查、人口清查材料之统计分析、人口估计、人事登记、出生率、死亡率、自然增加率与生殖指数、婚姻率、疾病率等 12 章。

生命统计学概论 =Vital Statistics：an Introduction to the Science of Demography/（美）辉伯尔（G.C.Whipple）著；张世文译 .-- 上海：商务印书馆刊，民国 25 年［1936］.--906 页；19cm　　［重图，津图，国图，浙图，上图，首图，吉图］

. 再版 . 上海：商务印书馆刊，民国 25 年［1936］.--73，906 页；19cm　　［南图，国图，吉图，重图，上图，首图］

包括人口统计学、统计的算学、统计的图解、调查与注册、人口、未来人口之推测、概率、生命表等 16 章。书名原文：Vital Statistics：an Introduction to the Science of Demography。

首都户籍第一次调查 / 南京特别市政府社会局著 .-- 南京 .--164 页：图；26cm　　［浙图，上图，重图，南图，国图］

包括市府令前社会处办理户籍调查全文、南京特别市第一次户籍调查区域图、南京市各区户口及概况分类统计摘要总表等。

首都户口统计：中华民国十九年 / 首都警察厅编 .-- 南京：首都警察厅刊，民国 20 年［1931］.--214 页：图；27cm　　［上图，南图］

均为南京市户口统计图表。

四川省选县户口普查方案 / 四川省选县户口普查委员会编 .-- 选县 .--207 页；27cm　　［南图，津图，重图，国图，浙图，上图］

包括选县户口普查的意义、任务、实施程序与办法等。附户口普查条例。

四川省选县户口普查总报告：彭县、双流、崇宁 / 国民政府主计处统计局编 .-- 国民政府主计处统计局刊，民国 32 年［1943］.--173 页：表；26cm　　［南图，吉图，重图，上图，国图，浙图］

四川彭县、双流、崇宁 3 县 1942 年户口普查总报告。分办理经过及统计结果 2 个部分，共 5 章。

台湾户政：第 1—3 期 / 台湾省行政长官公署民政处第四科编 .-- 台北：台湾省行政长官公署民政处第四科刊，

民国36年［1947］.--3册　　［国关］

第1期：督导专刊（1946）。第2期：初次设籍登记专刊（1946）。第3期：法令专刊（1947）。

我国户口调查方案之商榷/王仲武著.--21页；27cm　　［南图］

县户口普查方案/.--186，32页：表；27cm　　［南图，重图，国图，浙图］

包括2部分。第1部分讲述了户口普查要旨，县户口普查的意义、任务及工作人员纲要；第2部分介绍了实施方案、程序及办法等。附户口普查条例等5种。

现代人口问题/柯象峰著.--南京：正中书局刊，民国23年［1934］.--492页　　［国图］

内容有人口问题之理论、人口之自然增加及其趋势、人口问题之国际观等。书前有柯象峰先生现代人口问题序。大学丛书。

云南通志馆征集云南省各县户口资料/云南通志馆汇辑.--民国20年［1931］至民国23年［1934］抄本.--4册　　［云图］

怎样做户口调查工作说明丛书/中华平民教育促进会华西实验区编.--中华平民教育促进会华西实验区刊，民国33年［1944］.--22页；19cm　　［重庆档案馆］

整理路街巷，建立门牌及颁发居民证工作计划纲要/户籍整理委员会编.--大连：户籍整理委员会刊，民国38年［1949］.--34页；19cm　　［公安大学］

中国户口调查方法之商榷/郑尧拌著.--南京：立法院秘书处统计科刊，民国23年［1934］.--22页：表；27cm　　［南图］

著者所拟中国户口调查计划大纲。附户口调查票等各种表格。

中国人口论/陈长衡编纂.--上海：商务印书馆刊，民国7年［1918］.--178，55页；19cm　　［浙图，辽图，津图，国图］

.--再版.--上海：商务印书馆刊，民国8年［1919］.--150页；19cm　　［上图，津图，国图］

.--3版.--上海：商务印书馆刊，民国9年［1920］.--150页；19cm　　［国图］

.--4版.--上海：商务印书馆刊，民国9年［1920］.--150页；19cm　　［重图，国图］

.--5版.--上海：商务印书馆刊，民国11年［1922］.--150页；19cm　　［上图，国图］

.--6版.--上海：商务印书馆刊，民国13年［1924］.--150页；19cm　　［国图，重图］

.--7版.--上海：商务印书馆刊，民国15年［1926］.--150页；19cm　　［浙图，重图，上图］

.--8版.--上海：商务印书馆刊，民国

17 年［1928］.--178，55 页；19cm ［馆藏地不详］

.-- 国难后第 1 版 .-- 上海：商务印书馆刊，民国 21 年［1932］.--14，178，55 页：图；19cm ［浙图，重图］

包括绪论、人口原理、人口编查法略说、世界诸国与我国人口之现情、人口疏密孳生疾徐与国家强弱种族盛衰国民贫富生活文野之关系、婚姻室家之改良、世界进化之趋势、吾国图强之指针，共 8 章。附英文参考书籍及参考论文目录。尚志学会丛书。

中华民国二十年份山西省户口统计 / 山西省政府秘书处编 .-- 太原 .-- 218 页；27cm ［上图］

重庆市市民居住证申请表填写说明 / 重庆卫戍总司令部编 .-- 重庆：白鹤印刷社刊，民国 30 年［1941］.--12 页；19cm ［重图］

附重庆市市民居住证办法及施行细则。

邹平二年来之户籍行政及其统计 / 吴顾毓编述 .-- 邹平：乡村建设研究院刊，民国 26 年［1937］.--42 页；25cm ［重图，国图］

记述了邹平县 1935 年至 1937 年的户籍行政概况、经过情形及统计结果。分户籍行政和户籍动静态统计 2 个部分。附邹平实验县户籍及人事登记办事细则、邹平实验县政府户籍室办理人员管理卡片暂行规则等。

邹平实验县户口调查报告：民国二十四年 / 吴顾毓编 .-- 上海：中华书局刊，民国 26 年［1937］.--647 页：图表；19cm ［上图］

山东乡村建设研究院主持组成邹平实验县政府设计委员会，在邹平作了户口调查。报告分调查经过和各种统计 2 个部分。统计表达 130 多种。

最近江西省之户口统计 / 李成谟著 .-- 社会科学研究社刊，民国 21 年［1932］.--7 页；27cm ［国图，上图，南图，浙图］

社会科学研究 1 卷 4 期抽印本。

最近中国人口的新估计 / 王士达著 .-- 国立中央研究院社会科学研究所刊，［1931?—1949?］.--75 页；27cm ［重图，国图］

社会科学杂志第 6 卷第 2 期抽印本。20 世纪 20 年代末 30 年代初的中国人口调查。书中有各地户口统计表 10 幅。

8.5 保甲

湖南省整理保甲复查户口工作报告 .-- 油印本 .-- 长沙，民国 28 年［1939］.--1 册；27cm ［馆藏地不详］

保甲户籍概要 / 西康省地方行政干部训练团编 .-- 西康：西康省地方行政干部训练团刊，民国 30 年［1941］.--116 页：表格；19cm ［重图］

本书内容有保甲概要、户籍概要。附各县保甲编整办法。

保甲户籍概要 / 徐在潜著 .-- 西康省 .--116 页　［重图］

各省市乡镇保甲户口统计 / 中华民国内政部统计处编 .-- 中华民国内政部统计处刊，民国 35 年［1946］.--80 页：表；27cm　［吉图，重图，南图，国图，上图］

收入全国各省市乡镇保甲户口总表及 35 个省的分省乡镇保甲户口表。书前有编制说明。附全国各省业经核准与实有县市局数比较表、各省各县市局人口数分组统计表。

湖南省保甲户口总整查须知 / 湖南省民政厅编 .-- 湖南省民政厅刊，民国 30 年［1941］.--70 页：折图；19cm　［南图，国图］

分为保甲概要、户籍概要、湖南省各县重整保甲总整查户口须知，共计 3 篇。

湖南省乡镇保甲户口壮丁及自治保甲经费统计 / 湖南省民政厅编 .-- 油印本 .-- 长沙：湖南省民政厅刊，民国 28 年［1939］.--1 册；31cm　［馆藏地不详］

户籍与保甲纲要 / 刘景纯编 .-- 甘肃 .--30 页：表 19cm　［重图］

分户籍与保甲的意义及其关系、本省办理保甲的经过、本省办理保甲的总检讨及今后的改进办法、户口总编查办法、户口异动查报登记等 5 章。

江北县整编保甲清查户口各级层人员特应注意事项 .-- 重庆 .--8 页；19cm　［重庆档案馆］

双流县整编保甲清查户口报告书 .-- 油印本 .-- 四川，［1928?—1949?］.--1 册；29cm　［馆藏地不详］

四川省三十年度编查保甲户口纪要 / 李廷梁编著 .-- 成都：四川省政府民政厅刊，民国 31 年［1942］.--108 页：表；19cm　［国图，重图］

包括绪言、筹备经过、实施概况、厉行奖惩、办理户口异动登记、整编结果等 7 章。四川省民政厅民政丛刊。

县保甲户口编查办法诠释 / 吴顾毓编 .-- 重庆：商务印书馆刊，民国 32 年［1943］.--52 页；19cm　［吉图，上图，重图，湘图，国图］

对国民政府内政部 1941 年 9 月颁布的县保甲户口编查办法 22 条进行了逐条释义。

9　外事警察

9.1　外事警察总论

外事警察 / 北宁铁路警察教练所编 .-- 北宁铁路警察教练所刊，[1912?—1949?] .--52 页；19cm　　[津图]

共 7 章。分意义、效力、外事行政警察、外事司法警察、应对礼仪、国籍以及关于领事裁判权之解释等。

外事警察 / 程德受编著 .-- 中央警官学校刊，[1912?—1949?] .--40 页：表；18cm　　[国图，重图]

共 12 章。讲述了外事警察的定义、意义、条件、机构、训练、人事，以及外国人的识别、限制、保护，外国罪犯的引渡和有关战时问题的处理等。

外事警察 / 赵志嘉编 .-- 上海：世界书局刊，[1925?—1937?] .--54 页；19cm　　[南图，国图，重图，浙图]
.--2 版 .-- 上海：世界书局刊，民国 18 年 [1929] .--54 页；19cm　　[上图]

介绍了外事警察根据、执行、类别，战时的外事警察。附录内政部颁布内地外国教会租用土地房屋暂行章程。最新警察全书，第 9 种。

外事警察 / 中央警官学校编著 .-- 中央训练委员会刊，民国 31 年 [1942] .--348 页：表；19cm　　[吉图，陕图，南图，重图，国图]

共 4 编。第 1 编讲述了外事警察的意义、根据及执行；第 2 编讲述了外事行政警察，包括国籍、外国人的类别、保护限制及外国人在华之各种特权等；第 3 编讲述了外事司法警察，包括诉讼管辖、领事裁判权、特区法院等；第 4 编讲述了外事战时警察，包括敌国人民及敌国财务的处置等。附本会及中央各机关编印书刊择要介绍。县各级干部人员训练教材。

外事警察 / 岑士麟讲授 .-- 南京：首都警察厅警员训练所刊，民国 35 年 [1946] .--66 页；18cm　　[南图，吉图，国图]

共 6 章。讲述了外事警察的沿革、工作范围及机构，外国人的分类和在华权利，对外国人的管理、保护、不法行为的处置及罪犯引渡等问题。

外事警察必携 .-- 民国 25 年 [1936] .--198 页；13cm　　[黔图]

密件。

外事警察讲义 / 河北省会公安局

警察教练所编 .-- 天津：协成印刷局印刷，民国 22 年［1933］.--40 页；23cm ［津图］

共 6 章。包括外事警察之意义、根据、施运、对象、执行机关和分类等。

外事警察讲义 / 吕瑜校述 .-- 南京：首都警察厅刊，民国 23 年［1934］.--57 页；26cm ［南图］

首都警察厅警士教练所讲义。全书共 6 章，包括外事警察之意义，外事警察权之根据、范围，国际关系之羁束，外国人之地位，平时外事警察之类别，琐屑事项等。附录有约国无约国名大概。

外事警察讲义 / 首都警察厅警士教练所编 .-- 南京，民国 24 年［1935］.--30 页：表；19cm ［国图］

共 3 章。介绍了外事警察的对象、管辖权，以及行政、司法方面的外事警察等。首都警察厅警士教练所讲义，第 9 种。

外事警察讲义 / 上海市警察局警察训练所编 .-- 上海：上海市警察局警察训练所刊，民国 34 年［1945］.--32 页；19cm ［馆藏地不详］

共 9 章。分外事警察之意义、外事警察权之根据、国籍问题、外事警察之机构、外人之分类、外人在华特权之废除、外人之保护、外人之限制、犯人之引渡等。

外事警察实务 / 宪兵学校编 .-- 重庆：宪兵学校刊，民国 31 年［1942］.--16，310 页；19cm ［南图，重图］

分总论、平时实务、战时实务 3 编。

外事警察实务讲义 / 张希成编 .-- 上海：上海警声书局 .--282 页；19cm ［馆藏地不详］

外事警察手册 / 余秀豪著 .--2 版 .-- 宪兵学校刊，民国 34 年［1945］.--110 页；13cm ［馆藏地不详］

外事警察要论 / 阮笃成编著 .-- 杭州：法云书屋刊，民国 25 年［1936］.--178 页；22cm ［南图］

全书共 3 编，第 1 编 3 章，包括总论、外事警察的意义、外事警察的根据、外事警察的执行；第 2 编 6 章，包括国籍问题、外国人管理、租借情况；第 3 编 4 章，包括法律适用、诉讼管辖、领事裁判权、特区法院等。附录有约国一览表等 6 个表格。

外事警察英语会话 =English Conversation for Police for Alin Affairs/ 邓裕坤，余秀豪著 .-- 南京：中国警政出版社刊，民国 36 年［1947］.--157 页；19cm ［上图，南图］

专业术语英文说法，包括入境检查、申请居留证、出境登记、户口调查，等等。

外事警察与国际关系 / 林东海著 .-- 上海：商务印书馆刊，民国 26 年［1937］.--346 页：表；22cm ［陕图，浙图，重图，南图，吉图，辽图，

黔图，国图，西南政法］

共10章。论述了国家的权利和义务、国籍等问题。介绍了中外交通与条约，商埠租界、租借地及使馆界，内河航行及内地贸易，中国关税与外国人的关系。叙述了外国人在中国的权利，领事裁判权，外国人的出境入境，外国人的保护及犯罪。附外事警察法、请领护照及签证须知、外国人来中国护照签证办法及中英文参考书目。

外务警察学 / 陈秩，邵心洵编 .-- 上海：世界书局刊，民国21年［1932］.--85页；19cm ［国图，南图，浙图，吉图］

共24章。讲述了外务警察权、国家责任、外侨的权利与义务、外务司法警察官职责及战时任务，以及外务官制、国家条约、国籍、通商、游历、传教、犯罪引渡等方面的知识。

中国外事警察 / 赵炳坤编 .-- 上海：商务印书馆刊，民国24年［1935］.--14，382页：表；23cm ［南图，鄂图，津图，湘图，国图，辽图，浙图，首图，重图，浙大，赣图］

.-- 影印本 .-- 上海：商务印书馆刊，民国24年［1935］.--14，382页；21cm ［南图］

.-- 再版 .-- 上海：商务印书馆刊，民国25年［1936］.--14，382页；23cm ［南图，吉图，重图，国图］

.--3版 .-- 上海：商务印书馆刊，民国26年［1937］.--14，382页；23cm ［重图，上图，首图］

共3编14章。讲述了外事警察的根据、对象，以及国籍、租界、使馆界、外国军队屯驻权、内河航行权、外人在华的限制与保护、外事警察实况等。警察丛书。

中国外事警察概况讲义 / 赵炳坤述 .--480页；27cm ［馆藏地不详］

为警察高等学校讲义。共3编。有绪论、本论、租界、租借地、使馆界、铁道附属地等内容。

中国外事警察概要 / 丁鹤编著 .-- 南昌：丁鹤著译室刊，民国26年［1937］.--10，152页：图；22cm ［国图，赣图，湘图］

包括中国外事警察应注意的事项，外人在华的权利、待遇、义务、限制等。附中央公布之涉外法规及文令22种。

国际警察讲义 / 肖亚雄，刘泽传编述 .-- 民国24年［1935］.--54页；22cm ［赣图］

国际警察讲义 / 朱士斌编 .-- 杭州：浙江省警官学校刊，民国19年［1930］.--88，8页；23cm ［浙图］

国际警察论 / 陈千炤编述 .--［1912?—1949?］.--328页；26cm ［重图］

分2编。第1编总论，包括国、国之国际的关系、外国人之地位、外国法律之适用等6章；第2编各论，包括国际行政警察、国际司法警察、国际战时警察3章。封面书名题：国际警察。

注：书残。

国际警察学 / 上海青年书社编 .-- 上海：上海青年书社刊，民国 19 年［1930］.--114 页；15cm　［津图］

警士必读。分 3 编，分别是总论和国际行政警察、国际司法警察。介绍了国际警察之观念、国际警察权发展之渊源、国际警察学作用之范围、外国人、国籍、内地杂居、通商、游历、传教、国外驱逐、外国船舶、列国司法权作用之范围、中国司法权作用之特别、国际犯罪之管辖、犯罪人引渡、国籍法，等等。

国际警察学讲义 / 王扬滨述 .--［1912?—1949?］.--409 页；28cm　［上图］

分绪论、本论 2 编。绪论讲述国、国际局部联合、民族国际与国际联盟；本论讲述国际警察与国内警察、国际警察之权源、国际行政警察等。附外事警察概说及国际战时警察。

9.2　管理规章

外事警察法令汇编 / 刘继编 .-- 上海：世界书局刊，民国 36 年［1947］.--77 页；18cm　［南图，吉图，国图，赣图，人大］

国民政府有关外事法令汇编。包括中华民国境内外人出入及居留规则（行政院 1947 年 4 月 1 日公布）、中华民国关于外人护照签证办法（1947 年 4 月 1 日行政院公布）、外侨居留证填发规则（1947 年 4 月 1 日行政院公布）、无国籍侨民居留规则（1947 年 4 月 1 日行政院公布）、国籍法（1929 年 2 月 5 日国民政府公布）等 33 种。世界集刊。

签发外人游历内地护照须知之商榷 / 宪兵司令部编 .-- 宪兵司令部刊，民国 25 年［1936］.--57 页；19cm　［馆藏地不详］

查验外国人入境护照规则 / 行政院公布，民国 19 年［1930］.--6 页；27cm　［国图］

1930 年 8 月 22 日由行政院长谭延闿公布。附施行细则及查验表示。

查验外人入境须知 / 宪兵司令部编 .-- 南京：宪兵司令部刊，民国 25 年［1936］.--56 页：表；19cm　［上图］

分 3 编。介绍了国际及各国间查验入境外国人、物制度及其根据，中国今后对外人入境查验工作的各种实施方案。

管理外人须知 / 宪兵司令部编 .-- 宪兵司令部刊，民国 22 年［1933］.--129 页；14cm　［上图］

讲述了中国国籍法、外国人在中国的地位、查验外人入境护照规则等。

管辖在华外国人实施条例案 / 中华民国国民政府外交部编 .-- 南京 .--6 页；27cm　［上图，中图，湘图，国图］

包括 1931 年 5 月 4 日国民政府公布的管辖在华外国人实施条例（12 条，中英文对照）及国民政府颁行命令。

国籍变更一览表 / 内政部编 .-- 哈尔滨：内政部刊，民国 20 年［1931］.--66 页；26cm　［国图］

内政部核准。

签发外人游历内地护照须知 / 外交部国际司编 .-- 外交部国际司刊，民国 25 年［1936］.--24 页：表；22cm　［吉图，国图］

介绍外人游历内地各项护照的签发手续及游历区域的限制等事项。附录在华有无领事裁判权各国一览表等。

请领护照及签证须知 / 外交部国际司编 .--22 页；20cm　［南图，吉图，上图，国图］

收入请领护照及签证条例等。

涉外法规述要 / 赵炳坤编著 .-- 南京：赵炳坤刊，民国 25 年［1936］.--476 页；19cm　［国图］

分 14 章。对外国人适用的法律以及国籍、入境、驱逐出境、居住、传授、游历内地、摄制电影、营业、管理及教育、保护、犯罪等各项涉外事项作首要说明，并介绍实施办法。

外国人来中国护照签证办法 / 外交部编 .-- 南京：外交部刊，民国 25 年［1936］.--30 页：表；22cm　［南图，国图］

自 1936 年 7 月 1 日施行。

中美关于处理在华美军人员刑事案件换文 / 中华民国国民政府外交部编 .-- 南京：中华民国国民政府外交部刊，民国 37 年［1948］.--12 页　［吉图，南图，重图，上图，国图］

1943 年 5 月 21 日签换于重庆，同日生效。白皮书，第 70 号。

国籍法概论 / 王崇本编著 .-- 南京：内政部刊，民国 36 年［1947］.--90 页；19cm　［吉图，津图，国图，浙图］

户政干部人员训练教材，第 5 种。

国籍法及国籍法施行细则、法律适用条例 / 法权讨论委员会编 .-- 北京：法权讨论委员会刊，民国 14 年［1925］.--29 页；26cm　［国图，首图］

附英译。

条约法令辑要 / 程滋，阮笃成编 .-- 杭州：法云书屋刊，民国 25 年［1936］.--98 页；22cm　［南图，国图］

中国涉外法令及条约集。分国籍、外国人的保护、外国人的限制 3 类。

中国国籍法 / 董霖著 .-- 重庆：国民图书出版社刊，民国 32 年［1943］.--90 页；19cm　［南图，吉图，辽图，重图，黔图，湘图，国图，赣图，浙图，上图］

详述了中国国籍法之制定、获得方式及丧失方式、现行法规和过去法规、施行细则等。

中国国籍法规汇编 / 内政部编 .-- 南京：内政部刊，民国 35 年［1946］.--64

页；19cm　［南图，吉图，辽图，重图，津图，国图，上图］

收入国籍法（20条，1929年2月5日国民政府公布）和处理日人、朝鲜人入籍办法，内政部发给国籍许可证规则，内政部发给旅外侨民证明书规则。附国际联合会国籍法公约等。

中华民国国籍法 / 内政部编 .-- 南京 .--22页；27cm　［国图，上图，辽图］

1929年2月5日公布。附该法施行条例、各项书类程式、内政部法发给国籍许可证书规则。

中华民国国籍法施行规则 / 内政部民政司第五科编 /.-- 内政部民政司第五科刊 .--1册　［吉大］

中外国籍法 / 九思氏编 .-- 上海：中华图书馆刊，民国2年［1913］.--294页；19cm　［南图，上图，首图，中图］

包括中、美、英、德、法、意、俄、日、葡、荷、西班牙等国国籍法。

中外国籍法比较论 / 萧惠著 .-- 北京：北京大学刊，民国7年［1918］.--1册　［北大］

北京大学法科毕业论文。

保护侨民论 / 薛典曾著 .-- 上海：商务印书馆刊，民国26年［1937］.--210页；21cm　［南图］

讲述国家与个人的关系、侨民的地位、外侨的公私权、国家的国内外责任、外交保护的适用、受保护者的资格及外交保护的限制等。

东省韩民问题 / 陈作梁著 .-- 燕京大学政治学系刊，民国20年［1931］.--134页；18cm　［津图，国图，上图］

太平洋国际学会中国分会调查东三省韩民问题报告书，共8章。分述东北韩民户籍统计、管理方针、延边韩民状况、行政及整顿计划、日本在延边的侵略机关等。附录辽宁省管理韩侨及调查韩侨户口办法等8种。书前冠序言。书末附辽宁省管理韩侨及调查韩侨户口办法等。政治学丛书。

9.3　侨民问题

各国待遇华侨苛例概要 / 王辟尘编纂 .-- 上海：商务印书馆刊，民国22年［1933］.--55页；18cm　［津图，湘图，国图，浙图，南图，上图］
.--2版 .-- 上海：商务印书馆刊，民国23年［1934］.--55页；18cm　［南图，重图，国图，上图］

记述美洲、亚洲、大洋洲及非洲各国或地区限制华侨的有关条例。书前冠自序、凡例。

归侨须知 / 大众出版社编 .-- 广东遂溪：大众出版社刊，民国31年［1942］.--44页；19cm　［国图］

介绍了来中国的入境规定和手续。

汉口市日德侨民管理处工作报告

/汉口市日德侨民管理处编 .-- 汉口：汉口市日德侨民管理处刊，民国35年[1946].--82页：折图；19cm [上图]

分3部分。本处组织人事及经费、配备机关、业务全部。正本书名题：汉口市日德侨民管理处工作总报告。

荷印居留指南 / 鲁葆如编译 .-- 吧城：南洋出版社刊，民国19年[1930].--111页；20cm [国图]

包括印尼入境条例、惯例、居留常识问答等。

接收汉口日法租界实录 /（伪）汉口特别市政府秘书处编 .-- 汉口：（伪）汉口特别市政府秘书处刊，民国32年[1943].--75页：图；19cm [国图]

日伪宣传品。收对"撤废"治外法权中日协定八条，汪伪官员广播讲话及"收回"日、法租界经过等。

内政部发给旅外侨民国籍证明书规则 / 内政部编 .-- 内政部刊，民国18年[1929].--6页；26cm [辽图]

台湾省日侨管理法令辑要 / 台湾省日侨管理委员会秘书室编 .-- 台北：台湾省日侨管理委员会刊，民国35年[1946].--124，221页；18cm [南图，国图]

本书分3个部分，第1部分为中央法令，包括遣送计划、集中管理、待遇、征用、检查、其他。第2部分为本省法令，包括一般法规、调查法规、管理法规、输送法规。第3部分为附录，包括重要文电、有关法规、各项图表。

鲜万案件与韩民问题 / 徐淑希著 .-- 北平刊，民国20年[1931].--8页；24cm [国图]

摘录著者1931年8月5日在北大学生会讲话。讲述韩民移居东北的处理、朝鲜迫害华侨事件、万宝山惨案及中日关系等问题。

战后华侨问题 / 丘汉平著 .-- 永安：福建省银行经济研究室刊，民国34年[1945].--54页；19cm [国图，闽图]

评述第二次世界大战后关于侨民管理及保护、华侨经济的复员、华侨教育改革，以及华侨国籍等问题。

浙江管理日侨概况 / 浙江省政府日侨管理所编 .-- 杭州：浙江省政府日侨管理所刊，民国36年[1947].--80页；24cm [浙图]

10 保安警察、军警

10.1 保安警察总论

湖南保安法令辑要 .-- 长沙 .--512 页：像；24cm ［馆藏地不详］

保安法规辑要 / 西康省地方行政干部训练团编 .-- 西康 .--82 页；19cm ［重图］

保安概要 / 四川省训练团编 .-- 四川：四川省训练团刊，民国 29 年［1940］.--43 页；18cm ［南图，重图］

分 5 章。包括四川保安团队沿革、四川保安经费、民枪问题、清剿问题、匪案处理。区训练班讲义。

保安警察 / 黄振编 .-- 浙江：浙江省战时警察训练所刊，民国 28 年［1939］.--88 页：图；19cm ［陕图，重图］

介绍了通常保安警察、非常保安警察、风俗保安警察及营业警察等。

保安警察 / 李承谟编著 .-- 重庆：中央训练委员会：内政部刊，民国 31 年［1942］.--164 页；18cm ［鄂图，陕图，南图，重图，国图，黑图］

共 5 章。讲述了保安警察的意义、性质、分类、系统、编制，保安警察的训练、业务，保安警察与自治自卫力量的联系等。县各级干部人员训练教材。

保安警察 / 治安部警务司编纂 .--3 版 .-- 新京（长春）：“满洲国”警察协会刊，民国 29 年［1940］.--286 页；22cm ［津图］

警察教科书草案（满文）。

保安警察 .-- 南京：首都警察厅刊 .--36 页；19cm ［南图］

共 22 章。介绍戒严、自卫枪炮的查验、群集及暴动的处理、不良习俗的禁止和取缔、精神病者的取缔、旅店和其他公共处所的取缔、娼妓的取缔、娱乐场所的取缔等。首都警察厅警官训练所讲义。

保安警察讲义 / 许广武编述 .-- 南京：（伪）首都警察厅警士教练所刊，民国 29 年［1940］.--10，64 页；19cm ［国图］

讲述公安、私安、营业警察的任务及有关注意事项。

保安警察讲义 / 易敬简编述 .-- 广东：广东省地方行政干部训练团刊，民国 30 年［1941］.--84 页 ［重图］

本书有保安警察之概念、通常保安警察、非常保安警察等3章。

保安警察教材汇辑/韩文焕著.--南京：首都警察厅特别警备大队刊，民国36年［1947］.--1册；18cm　［南图］

共6编。1.介绍中华民国宪法。2.介绍违警罚法，附行政执行法，违警印纸规则、发售及粘贴办法，警察机关没入物品处分规则，首都警察厅办案须知。3.介绍民刑法概要。4.介绍刑事诉讼法大纲。5.介绍基本法令。6.介绍首都警察厅单行章程。

第二次保安会议工作总评及今后保安事业改进/南昌内外通讯社编.--南昌：南昌中国文化学会刊，民国23年［1934］.--1册　［赣图］

现行保安制度/程懋型编.--上海：中华书局刊，民国25年［1936］.--242页：图；19cm　［国图，首图，陕图，重图，津图，中图］

.--上海：中华书局刊，民国25年［1936］.--276页；19cm　［上图，赣图］

.--2版.--上海：中华书局刊，民国25年［1936］.--242页：表格；19cm　［上图］

.--再版.--上海：中华书局刊，民国25年［1936］.--276页：表格；19cm　［上图］

共6章，分总说和结论。介绍了剿匪区内各省民团整理条例、各省保安制度改进大纲、与各省保安制度改进大纲相辅而行之重要条规、保安团管区暂行条例及附属条规。附县保卫团法等9篇。

现行保安制度续编/程懋型编.--上海：中华书局刊，民国25年［1936］.--1册；19cm　［人大］

10.2　警卫

办理警卫/梁乃怡编著.--浙江云和：浙江省民政厅刊，民国33年［1944］.--108页；18cm　［重图，南图］

分9章。介绍警卫的意义、乡镇警卫的特点及重要性、办理乡镇警卫的必具条件、乡镇警卫的实际工作、警保卫的联系等。乡镇自治指导读物，第13种。

敌13D及22D警备配置之研究/军令部第二厅第一处编.--军令部第二厅第一处刊，民国29年［1940］.--48页：图；19cm　［重图，上图］

本书分7章。对该警备的态势、内容真相、最近企图进行分析研究。

第二种警卫组特种教材参考资料汇编/教育部编.--南京：教育部刊，民国26年［1937］.--420页；22cm　［南图］

二十年冬防专案/武汉警备司令部参谋处订.--武汉，民国23年［1934］.--1册；27cm　［鄂图］

广东地方警卫队编练经过 / 胡仲弢著 .-- 广东：广东地方警卫队编练委员会刊，民国 17 年［1928］.--336 页：表；18cm　　［国图］

包括绪言、各县编练经过情形、综合研究、附录 4 部分。附录 35 县学员编练经过报告。

国防与警保 / 周亚卫著 .-- 中央训练团刊，民国 18 年［1929］.--16 页；19cm　　［重庆档案馆］

国防与警保：军队本质及军官本分兵役与警察保安 / 周亚卫讲 .-- 重庆：中央训练团刊，民国 29 年［1940］.--1 册；18cm　　［南图］

包括 2 篇：军队本质及军官本分、论兵役与警察保安。

国民会议警卫录 / 国民会议总务科编 .-- 南京：国民会议总务科刊，民国 20 年［1931］.--122 页：图像；26cm　［国图］

分国府命令、法规、编制、公牍、工作报告等 6 部分。

江西警卫专刊 / 江西省民政厅编 .-- 南昌 .--1 册：图像；26cm　　［国图］

警保半年 / 福建省政府警保处编 .-- 福州：艺卢图书印刷所刊，民国 37 年［1948］.--98 页；19cm　　［南图，闽图］

分 5 个部分，包括福建省警保简史、警保处成立经过、半年来工作概况、工作检讨。另附一章内容，包括福建省警保处组织规程、福建省各县市警察机关组织概括表、福建省各县市警察机关编制概况表、福建省警保处三十六年度警保经费预算表、三十六年度警保经费表、剿匪成果统计表、报刊通讯社统计表、违警事件统计表、刑事案件统计表、各县市警察局破获烟毒案件统计表、外侨人数统计表。

警备警察 / 治安部警务司编纂 .--3 版 .-- 新京："满洲国"警察协会刊，民国 29 年［1940］.--166 页；22cm　　［津图］

警察教科书草案（满文）。

警备须知 / 江西全省防空司令部第三科编 .-- 江西：江西全省防空司令部第三科刊，民国 27 年［1938］.--6 页；20cm　　［赣图］

警卫概要 / 吴骥编述 .-- 江西：江西省地方政治讲习院刊，民国 29 年［1940］.--38 页；19cm　　［重图］

本书内容有省保安团队、民自卫队、战时民众军事训练之要点。附违警罚法。

警卫篇 / 徐亮，高行健著 .-- 重庆：正中书局刊，民国 28 年［1939］.--289 页；19cm　　［鄂图，南图，吉图，国图］

根据 1936 年度教育部颁布中等学校特种教育纲要编辑。分警察、侦缉、斥候、情报、交通、毒气、消防、伪装、防护、防空演习 10 章。适用于中等学校特种教育。

警卫全书 /（瑞士）郎士君著；思惠译 .-- 文华书局刊，民国 18 年 [1929] .--1 部 1 册　　[人大]

警卫全书 / 承季厚编著 .-- 北平：丹明庆印刷部，民国 24 年 [1935] .--2 册（458，488 页）：图；21cm　　[上图，人大]

分上、下册。上册包括剿匪、清乡、保甲 3 篇；下册包括团队、警察、碉堡 3 篇。

警卫与消防 / 吕朋编著 .-- 长沙：商务印书馆刊，民国 27 年 [1938] .--31 页；15cm　　[重图，国图]

讲述了警卫与消防的意义、保甲组织的运用、战时警卫及消防的实施等。民众战时常识丛书。

警卫知识 / 朱泽普著 .-- 上海：战时大众知识社刊，民国 26 年 [1937] .--49 页；18cm　　[陕图，重图，赣图]

.-- 再版 .-- 汉口：战时大众知识社刊，民国 26 年 [1937] .--49 页；17cm　　[国图]

.--3 版 .-- 上海：战时大众知识社刊，民国 27 年 [1938] .--49 页；18cm　　[吉图，重图，人大，上图]

分 3 章，分别介绍了战时消防、治安、避难等知识。战时大众知识丛书。

军警联合公所记事录 .-- 民国 3 年 [1914] .--310 页：图；24cm　　[国图]

1912 年 4 月至 1913 年 12 月记事录。

军警小部队讨伐战法 / 赵壮飞编 .-- 北平：燕赵兵书馆刊，民国 32 年 [1943] .--127 页：图；19cm　　[国图]

分 8 章：关于部队指挥及指挥官决心概说、宿营、行军、攻击、退却、防御、追击、对匪讨伐。日伪出版物。书前冠序。

省县警卫 / 叶青著 .-- 上海：大东书局刊，民国 37 年 [1948] .--122 页；19cm　　[重图]

台湾省警备司令部周年工作概况报告书 / 台湾省警备司令部编 .-- 台北：台湾省警备司令部刊，民国 35 年 [1946] .--208 页；26cm　　[国图]

报告台湾军事接收工作的准备及概况、战俘及日侨的管理与遣送、警备教育、人事及整编，以及情报、后方勤务、军法等工作情况。

武汉警备司令部各种统计表：二十二年四月至十月 .-- 民国 22 年 [1933] .--1 册；27cm　　[鄂图]

武汉警备司令部取缔火警专案摘要 / 武汉警备司令部办公厅编辑 .-- 武汉：武汉警备司令部办公厅刊，民国 23 年 [1934] .--344 页；19cm　　[重图，国图]

武汉警备专刊 / 武汉警备司令部编 .-- 武汉：武汉警备司令部刊，民国 20 年 [1931] .--1 册：图；26cm　　[馆藏地不详]

游击队的警戒与侦察 / 明凡著 .-- 汉口：上海杂志公司刊，民国 27 年［1938］.--70 页；18cm ［上图，吉图］
.-- 再版 .-- 汉口：上海杂志公司刊，民国 27 年［1938］.--70 页；17cm ［重图，吉图，国图］

分 5 章：绪论、警戒、侦察、警戒与侦察的联合应用、结论。游击队小丛书。

怎样办理警卫 / 李士珍编著 .-- 金华：正中书局刊，民国 30 年［1941］.--70 页；18cm ［重图，国图，浙图］
.-- 沪 1 版 .-- 重庆：正中书局刊，民国 36 年［1947］.--70 页；18cm ［馆藏地不详］

共 7 章。分警卫之意义、过去警卫之检讨、目前警卫失效之客观分析、未来警卫之改善、警卫工作实施主要的对象、警卫力量之强化与扩大等。宪政小丛书。

重庆警备司令部警备区各县市民众自卫组训手册 / 重庆警备司令部编 .-- 重庆：重庆警备司令部刊，民国 36 年［1947］.--64 页：折图；17cm ［重图］

抗战胜利以后，国民党蓄谋内战，为对付共产党，除了国民党的正规军的军事行动以外，国民党开始在地方基层成立民众自卫组训，企图组织广大民众来扰乱共产党的地方组织。这本重庆警备司令部警备区各县市民众自卫组训手册，主要有重庆警备司令部警备区各县（市）民众自卫组训实施方案、行政院颁布各县市民众自卫队组织规程、国民政府颁布战乱时期危害国家紧急治罪条例、行政院颁布后方共产党处置办法。通过这些宣传，国民党故意扰乱民众视听，诬蔑共产党，企图让民众来反对共产党，并用严酷的处置和收编政策来对付共产党员。从这些我们可以看到国民党在失败面前的丑恶表现，他的反人民和反和平的真面目最终被人民抛弃。

驻卫警察必读 / 上海市警察局驻卫警察总队部编 .-- 上海：上海市警察局驻卫警察总队部刊，民国 38 年［1949］.--267 页：图；13cm ［上图］

包括政治常识、警察实务及法令规程等。

10.3 战时警察、义勇警察

防空警察 / 陆绍基著 .-- 长沙：商务印书馆刊，民国 27 年［1938］.--180 页；19cm ［闽图，赣图，陕图，厦大，南图］
.-- 再版 .-- 长沙：商务印书馆刊，民国 27 年［1938］.--180 页；19cm ［重图，国图］
.--3 版 .-- 长沙：商务印书馆刊，民国 27 年［1938］.--180 页；19cm ［湘图］

分 24 章。介绍了防空警察的缘起、意义、组织机构、地位、目的、权利及义务、教育及法则、宣传教育，以及消防、防毒、救护、交通管制、灯火管制、警报、演习等。战时常识丛书。

防空警察常识 / 贾宗复编 .-- 湖南：省警察训练所刊，民国 27 年［1938］.--64 页；22cm　［南图］

共 13 章。介绍了防空的概要、飞机的种类及其识别、炸弹种类及其威力、警报、灯火管制、警备须知、消防须知、毒气的种类测知及预防法、避难与救护、伪装与遮蔽、防空监视、防空与警报。

战时警察 / 吴光韶著 .-- 重庆：中山文化教育馆刊，民国 28 年［1939］.--58 页；18cm　［南图，重图］
.-- 渝版 .-- 重庆：中山文化教育馆刊，民国 28 年［1939］.--56 页；17cm　［吉图，国图，陕图，西南政法］

共 7 节。介绍了战时警察的任务、组织、勤务制度、人事管理、教育及几种基本业务等。抗战丛刊，第 78 种。

战时警察必携 / 张树勋编 .-- 吉安：吉安专员公署刊，民国 27 年［1938］.--1 册　［赣图］

战时警察方案 / 内政部订 .-- 福州：福建省政府翻印，民国 26 年［1937］. 19 页；19cm　［闽图］

战时警察教本 / 陈为潢著 .-- 九江：九江警察大队学警训练班刊 .--98 页　［南图］

本书共 7 章。包括政治常识、警察常识、军事常识、防空常识。前附九江警察大队队歌、警察口号。后附国民精神总动员纲领问答警械使用法。

战时警察论文集 / 郑宗楷著；庄严辑 .-- 重庆：七七书局刊，民国 27 年［1938］.--45 页；19cm　［南图］

包括英国战时的义勇警察、战时警察之暴力取缔、由我国户籍史论到户籍问题、由重庆大火说到警察、日本之犯罪鸟瞰、英国战时的女警察。

战时警察勤务 / 四川省警察训练所编 .-- 四川：四川省警察训练所刊，民国 29 年［1940］.--49 页　［南图］

战时警察任务 / 高岳岱编述 .-- 浙江：浙江省战时警察训练所刊，民国 28 年［1939］.--156 页；19cm　［重图］

共 8 章。讲述了调查、民众宣传、民众训练、实务提要、实施动员等。

战时警察业务 / 李士珍著 .--296 页　［国图］

共 5 篇。分战时警察之组织与训练、战时警察之一般业务、战时警察之警卫与警备、战时警察之清查与统制、战时警察之防奸与除奸等部分。

战时警察业务 / 李士珍著 .-- 长沙：商务印书馆刊，民国 27 年［1938］.--421 页；19cm　［南图，国图，西南政法］

分 5 编。讲述了战时警察的组织与训练、一般业务、警卫与警备、清查与统制、防奸与除奸等。附中华民国战时法规。

战时警察业务 / 杨春同编 .-- 湖南：湖南省地方行政干部训练团刊，民国 30

年［1941］.--88页：图；19cm　［重图］

讲述了战时警察组织的调整、训练及设备的充实，战时警察的组织民众工作，外事业务、防空业务、除奸业务，战争后的警察业务等。

战时警察业务附录：中华民国战时法规.--128页；21cm　［国图］

所收法规分党员信约、军人奖惩、防奸除奸、警察奖恤及警察教育、敌人及敌产等12类，其中有陆海空军奖励条例、中华民国战时军律、俘虏处理规则、战时敌产处理办法等。

战时警察业务摘要／广西省政府编.--广西省政府刊.--30页；19cm　［国图］

分5编。介绍了战时警察的组织、训练、一般业务、警卫与警备、清查与统制、防奸与除奸等。

战时警察业务摘要／赵海源著.--42页；13cm　［南图］

共5篇，介绍战时警察之组织与训练、战时警察之一般业务、战时警察之警卫与警备、战时警察之清查与统治、战时警察之防奸与除奸。

战时军事警察行政／范扬编.--国民政府军事委员会政治部刊.--122页；19cm　［重庆档案馆，人大，南图］

共2章，介绍了战时军事行政、战时警察行政。

战时军事警察行政／范扬著.--再版.--重庆：青年书店刊，民国29年［1940］.--122页；19cm　［上图，皖图，人大］

.--122页；19cm　［重图，国图］

分2章：战时军事行政、战时警察行政。

战时治安／蒋舜年编.--上海：世界书局刊，民国25年［1936］.--48页；16cm　［国图，重图］

.--新1版.--上海：世界书局刊，民国26年［1937］.--48页；16cm　［南图，陕图］

.--上海：世界书局刊，民国28年［1939］.--48页；16cm　［南图］

讲述了战时治安的重要性、性质、训练实施，战时的治安组织，以及战时治安与消防、道德、社会互助的关系。战时常识丛书。

灯火管制和交通管制／白启荣著.--武汉：正中书局刊，民国27年［1938］.--21页：图；16cm　［国图，重图］

封面印有“战时国民义务”字样。抗战常识讲话。

毒气防护／江西省防空协会编.--江西：江西省防空协会刊，［193?］.--18页；22cm　［赣图］

附毒气警报。

防毒／刘献捷编.--南京：军用图书社刊，民国24年［1935］.--116页；19cm　［重图，国图，赣图］

防毒常识 / 国民政府军事委员会委员长南昌行营编 .--3 版 .-- 上海：中华书局刊，民国 24 年［1935］.--52 页：图；19cm ［赣图］

防毒常识 / 程炎泉编 .-- 上海：世界书局刊，民国 25 年［1936］.--49 页；15cm ［重图，国图，赣图］
.-- 上海：世界书局刊，民国 26 年［1937］.--49 页；15cm ［南图，重图］

防毒常识 / 上海中华基督教青年会编 .-- 上海：中华基督教青年会刊 .--12 页：图片；21cm ［赣图］

防毒概要 / 裘宏达编 .-- 南京：正中书局刊，民国 25 年［1936］.--74 页；19cm ［厦大，重图，湘图，国图，浙图，首图，辽图，赣图］

本书分 7 章：毒气战争的略史、毒气总论、军用毒气的性能、毒气攻击的技术、毒气的防护、防毒训练和组织、毒气中毒后的急救和疗法。童子军小丛书。

防毒概要 / 胥苹荪编著 .--176 页：图；15cm ［赣图］

防毒讲话 / 李忍涛编 .-- 中央训练团党政训练班刊，民国 29 年［1940］.--22 页；18cm ［重图，国图，赣图］
.-- 再版：中央训练团印刷所，民国 30 年［1941.1］.--21 页；19cm ［重图，国图］
.--22 页；18cm ［重图，国图，黔图，南图］
.--22 页；21cm ［赣图］

防毒勤务 / 军事委员会办公厅顾问事务处译 .-- 航空委员会防空总监部民防处刊，民国 30 年［1941］.--70 页；19cm ［重图，赣图］

防毒人员必携 / 胥苹荪编著 .-- 民国 27 年［1938］.--90 页；15cm ［赣图］

防毒实施 / 龚作人编 .-- 南京：军用图书社刊，民国 24 年［1935］.--10 页 ［馆藏地不详］
.-- 再版 .-- 南京：军用图书社刊，民国 25 年［1936］.--10，92 页：图；19cm ［重图，赣图］

防毒实施 / 胥苹荪编 .-- 南昌：江西全省防空司令部刊，民国 28 年［1939］.--56 页；21cm ［赣图］

防毒手册 .-- 民国 27 年［1938］.--50 页：图；21cm ［南图，赣图］

共 2 章，第 1 章为化学战，介绍化学战剂、化学兵器、气象对于化学战的影响。第 2 章为防毒，介绍了各个防御、集团防御、毒气侦查、消毒、毒气创伤治疗。

防毒须知 / 胥苹荪编 .-- 江西：江西省战时警官补习班讲义 .--24 页；20cm ［赣图］

防毒须知 .--78 页：图；21cm

［赣图］

防毒学浅说 / 傅炎光编述 .-- 防空总监部民防处刊，民国 31 年［1942］.--136 页；19cm　［国图，重图］

防空参考丛书。

防毒训练 / 大路社专门委员会编 .-- 上海：国防常识出版社刊，民国 25 年［1936］.--84 页：图；15cm　［重图，南图，赣图］

共 10 章，介绍了什么是毒、什么是防毒、防毒的工作、防毒的器具、防毒器具使用法、个人防毒、集体防毒、消毒法、急救法、防毒的预测和警报。

防毒要领 / 军事委员会军令部编 .-- 军事委员会军令部刊，民国 28 年［1939］.--26 页；19cm　［南图，重图，赣图］

共 6 章。介绍了防毒概论、毒气之种类及其性能、毒气施放法及天候地形之影响、毒气与烟幕之识别和结论。附俘获敌使用毒具及文件内容之研究、我军对敌使用毒气防护经验（附统计表）。抗战参考丛书，第 20 种。

防空 / 李士珍主编 .-- 南京：拔提书店刊，民国 26 年［1937］　［浙大］

中央警官学校丛书。

防空防毒防火常识 / 四川省防空协会合江县支会编 .-- 合江：四川省防空协会合江县支会刊，民国 26 年［1937］.--12 页；19cm　［国图］

防空警报 / 国民政府军事委员会防空委员会编 .-- 南京：国民政府军事委员会防空委员会刊 .--4 页：附图；19cm　［重图］

防空警报 / 武汉防空筹备处编纂股编订 .-- 湖北：禁烟督察处刊，民国 26 年［1937］.--18 页：折表 2 页；15cm　［重图］

本书有防空警报的意义和重要、种类和行动、传达和系统、手段和设施、市民对于各种警报时的行动等内容。

防空警报信号大纲 / 防空总监部编 .-- 防空总监部刊，民国 30 年［1941］.--6 页：图 3 幅；15cm　［重图］

1944 年 3 月公布，共 11 条。附实施细则 12 条。

简明防毒教材及嫌气性菌噬菌体 / 陈述翻译 .-- 东北军区卫生部刊，民国 37 年［1948］.--58 页；18cm　［辽图，重图，国图］

戒严法、卫戍条例、卫戍勤务令（1937 年训练总监部颁布） / 训练总监部编：训练总监部刊，民国 26 年［1937］.--1 册　［北大］

警察防空勤务须知 / 广西省政府编 .-- 广西：广西省政府刊 .--60 页；19cm　［国图］

介绍警察防空勤务之意义、编配，警察防空常识之训练，保安警察防空勤务，消防警察防空勤务，卫生、交通警察防空勤务，义勇警察之编配及训练。

抗战防空、防毒、消防、救护常识 / 抗战救亡社编 .-- 上海：万有出版社刊，民国 26 年［1937］.--57 页；19cm ［重图］

分 4 章，介绍防空、防毒、消防、救护的基本常识。

抗战与民众训练 / 陈端志著 .-- 长沙：商务印书馆刊，民国 26 年［1937］.--66 页；19cm. ［辽图，重图，国图］
.-- 再版 .-- 长沙：商务印书馆刊，民国 27 年［1938］.--66 页；19cm ［赣图］
.--3 版 .-- 长沙：商务印书馆刊，民国 27 年［1938］.--66 页；19cm ［重图，国图，赣图］
.--4 版 .-- 长沙：商务印书馆刊，民国 27 年［1938］.--66 页；19cm ［南图，吉图，国图，赣图］
.--5 版 .-- 长沙：商务印书馆刊，民国 27 年［1938］.--66 页；19cm ［重图，国图］

分 7 章。讲述民众训练的意义与本质，训练的目标、实施、准备工作及其办法。书前冠本丛书发刊旨趣。抗战小丛书。

燃烧弹与防火问题 / 浦同烈编著 .-- 成都：铁风出版社，民国 29 年［1940］.--24 页；16cm ［南图，重图］

分 4 个部分，介绍了空袭中的火、燃烧弹的本质、防空中的防火问题和结论。

人民自卫须知 / 北平人民自卫指导委员会编 .-- 北平：北平人民自卫指导委员会刊，民国 22 年［1933］.--66 页：图；19cm ［南图，国图］

介绍防空、防毒、救急、防火知识。附录人民自卫办法方案。

上海警察．二卷九期 / 金瑞林主编，王鲁编 .-- 上海：上海市警察局秘书室刊，民国 37 年［1948］.--96 页：照片；21cm ［国图］

汇集了义警干部训练的要旨（宣铁吾）、义警干训班概述（黄东升）、怎样才是一个理想的义勇警察（王凤）等 23 篇。

上海市警察局义勇警察干部训练班第一期毕业同学录 / 同学录筹备委员会编 .-- 上海：同学录筹备委员会刊，民国 37 年［1948］.--106 页；27cm ［吉图］

义务警察教本 / 内政部编 .-- 民国 28 年［1939］.--124 页：图；20cm ［国图，南图，重图］
.--2 版 .-- 湖南省地方行政干部训练团刊，民国 30 年［1941］.--88 页；19cm ［国图］

分义务警察要则、政治常识、情报常识、侦探常识、法令摘要等 5 部分。编者刊本有周钟岳序。

义勇警察教本 / 内政部编 .-- 民国 24 年［1935］.--138 页：图；19cm ［国图］

共6章。讲述了义勇警察要则，以及有关政治、军事、防空、调查、召集、征发、雇募方面的常识。书前有蒋介石题的认真训练警察推行新运动及何健序。

战时国土防空之理论与实际 / 卓献书著 .-- 上海：商务印书馆刊，民国23年［1934］.--656页：图；23cm　［重图，津图，湘图，国图，赣图，浙图］
.-- 再版 .-- 上海：商务印书馆刊，民国24年［1935］.--656页；23cm　［吉图，重图，国图，上图］
.--3版 .-- 上海：商务印书馆刊，民国28年［1939］.--656页：图；21cm　［津图，黔图，湘图，国图］

分3篇：总论、政府之设施、民众之准备。介绍空战、防空的历史及实际，政府防空的要领及施设，民众防空常识，日本、苏联等国的防空组织等。书前冠自序。

10.4　地方保安

地方警察 / 内政部编 .-- 南京：内政部刊，民国27年［1938］.--271页；27cm　［南图］

本书残缺不全。介绍本部督帅办理全国警察行政之经过、警察机关之设置、警察官吏之任用及待遇、警察经费、警察教育、战区警察之处理和省市警政实施概况、本部办理全国警政统计之经过等。

地方警卫 / 李允森编述 .-- 杭州：浙江省地方自治专修学校刊，民国18年［1929］.--210页；22cm　［浙图］

地方警卫讲义 / 张尔超著 .-- 中国国民党广东省执行委员会党务工作人员训练所编译部刊，民国20年［1931］.--164页；18cm　［馆藏地不详］

地方警卫讲义 / 朱士斌编 .-- 杭州：浙江省地方自治专修学校刊 .--86，82页；22cm　［浙图］

地方警卫组织和训练 / 瞿世镇编；孙墓迦校 .-- 上海：三民公司刊，民国21年［1932］.--108，18页；19cm　［馆藏地不详］
.-- 增订再版 .-- 上海：三民公司刊，民国21年［1932］.--108，18页；19cm　［国图，南图，重图，湘图］

分上、下编。上编为组织，讲述警卫机关及团体、纪律和经费等；下编为训练，介绍各种训练方法及军事常识等。附学生义勇军教育纲领等5篇。

地方长官保卫人员须知 / 蒋介石 .-- 民国23年［1934］.--1册；21cm　［南图］

共5个部分，介绍中国的立国精神、信徒与叛逆之分、研究中华民族致弱之由来与日本立国精神之所在、自述研究革命哲学经过的阶段、革命哲学的重要。

地方长官保卫人员须知 / 蒋介石

讲 .-- 国民政府军事委员会委员长行营刊，民国 22 年［1933］.--85 页；17cm ［重图］

.-- 四川：峨眉军官训练团刊，民国 24 年［1935］.--86 页；17cm ［重图］

地方自治人员与地方警卫队 .-- 50 页；20cm ［中图］

福建省第四区行政督察专员兼保安司令公署三十一年度工作报告 / 福建省第四区行政督察专员兼保安司令公署编 .-- 福建：福建省第四区行政督察专员兼保安司令公署刊，民国 31 年［1942］.--19 页：表；27cm ［闽图］

各省保安团队训练大纲 / 国民政府军事委员会委员长南昌行营编 .-- 上海：中华书局刊，民国 24 年［1935］.--24 页；15cm ［上图］

介绍了保安团队的训练科目、训练实施之要领等，共 7 节。

贵州全省保安处两年来工作概况 / 贵州全省保安处编 .-- 贵州：贵州全省保安处刊，民国 26 年［1937］.--156 页：图；19cm ［上图］

讲述了该处 1935 年 6 月至 1937 年的工作概况。附本省治安之过去与现在。

湖北全省保安处法令汇编 . 第 1 集 / 湖北全省保安处编 .-- 汉口：湖北全省保安处刊，民国 22 年［1933］.--365 页：地图；21cm ［国图，南图］

分编制、保甲、征补、编练、任免、抚恤、军法、杂录等 10 类。

湖北省保安处法令汇编 / 湖北省保安处编 .-- 湖北：湖北省保安处刊，民国 30 年［1941］.--1 册；27cm ［南图］

湖北省保安处法令汇编 . 第一集 / 湖北全省保安处编 .-- 汉口：湖北全省保安处刊，民国 22 年［1933］.--590 页；20cm ［馆藏地不详］

分编制、保甲、任免、抚恤、编练、军法等 11 类。

湖北省保安处法令汇编 . 第三集经理类 / 湖北省保安处编 .-- 油印本 .-- 汉口：湖北省保安处刊，民国 30 年［1941］.--1 册；28cm ［国图］

湖北省保安团队经理法规 . 上 / 湖北省保安团队总经理处编 .-- 湖北省保安团队总经理处刊，民国 29 年［1940］.--1 册；19cm ［武大］

江苏省保安处特别党部筹备委员会工作总报告 / 黄秋凡编 .-- 南京：江苏省保安处特别党部筹备委员会刊，民国 23 年［1934］.--72 页 ［陕图］

江苏省保安司令部工作报告 / 贾韫山报告；江苏省保安司令部编 .-- 江苏：江苏省保安司令部刊，民国 35 年［1946］.--9 页；19cm ［上图］

分绥靖、整训、防空、经理、卫生、军法等项。

江西省保安处现行法令汇编 / 江西省保安处编 .-- 南昌：江西省保安处刊，民国 23 年［1934］.--2 册（262，377 页）；26cm　　［国图］

江西省保安处现行规程．第一集 / 江西省保安处编 .-- 南昌：江西省保安处刊，民国 22 年［1933］.--1 册　　［北大］

江西省保安工作概况 / 保安处编 .-- 保安处刊，民国 25 年［1936］.--160 页：照片；26cm　　［国图］

分编组、教育、征兵、绥靖、防务、碉堡、交通、军法、经理、稽核、人事、卫生、运动 13 部分。

江西省保安旅周年纪念 / 江西省保安旅司令部参谋处编 .-- 南昌：江西省保安旅司令部参谋处刊，民国 22 年［1933］.--1 册　　［重图］

江西省保安业务报告 / 江西省政府保安处编 .-- 江西省政府保安处刊，民国 29 年［1940］.--20 页；26cm　［国图］

分编组、绥靖、抗战、谍报、国防工程、教育、经理、人事、卫生、交通、军法、党务、政训。

江西省第四区行政督察专员公署保安司令部三十年度工作报告 .-- 江西省第四区行政督察专员公署保安司令部刊，民国 30 年［1941］.--18 页；19cm　　［南图］

包括民政、财政、教育、建设、保安等 5 个方面的工作。保安分为健全自卫组织、加强部队教育、充实自卫武装、切实组编民枪、肃清残余奸匪、改善囚犯教养等内容。

江西省全省行政会议保安处工作报告 / 江西省保安处编 .-- 南昌：江西省保安处刊，民国 26 年［1937］.--28 页：表；27cm　　［国图］

附防空协会工作报告。

民团政策与民族革命 / 白崇禧著 .-- 南宁：民团周刊社刊，民国 27 年［1938］.--24 页；18cm　　［国图，上图］
.-- 再版 .-- 南宁：民团周刊社刊，民国 27 年［1938］.--24 页；18cm　　［南图，重图，国图］

转载抗战漫画。

青海省保安处暂行组织壮丁条例 / 青海省保安处编 .-- 青海：青海省保安处，民国 27 年［1938］.--105 页；19cm　　［南图］

包括各区壮丁组织大纲、各区壮丁训练科目总纲、各区壮丁编练征集细则、各公务人员军事训练办法、训练壮丁人员奖惩条例、各区视察壮丁规程、各区壮丁视察人员服务细则、壮丁干部教育团组织规程。

四川保安队干部训练班班务概况记录 / 四川保安队干部训练班编 .-- 民国 25 年［1936］.--86 页：图　　［国图］

乡镇保处理警察业务须知 / 蒋天

擎编 .-- 重庆：商务印书馆刊，民国 33 年［1944］.--71 页；18cm ［南图，吉图，重图，国图］

共 4 编，第 1 编为乡镇保与警察的关系，第 2 编为警察行为的手段，第 3 编为违警案件的处理，第 4 编为刑事案件的处理。

一年来河北保安：民国三十五年度 / 河北省保安处编 .-- 民国 36 年［1947］.--1 册 ［法研所］

云南全省保卫团队现行法规汇编 / 云南省政府编 .-- 昆明：云南省政府刊，民国 23 年［1934］.--40 页；26cm ［国图］

1933 年 12 月云南省政府将保甲、保卫队、常备队合为保卫团，并公布云南全省团务常备队暂行条例等一系列法规，本书汇编其全部。

浙保年刊：民国三十五年 .-- 民国 35 年［1946］.--330 页；21cm ［国图，浙图］

浙江省保安处抗战八年来总报告（附改进意见）暨本省第二次三年计划保安部分总检讨 / 浙江省保安处编 .-- 杭州：该处刊，民国 34 年［1945］.--42 页；18cm ［浙图］

浙江省保安处两年来工作总报告 / 浙江省保安处编 .-- 杭州：浙江省保安处刊，民国 22 年［1933］.--810 页：图照；26cm ［国图，浙图，上图］

收录 1930 年 2 月至 1933 年 2 月的工作总报告。包括绥靖、教育、医务、经理、军法、卸任处长竺鸣涛移交情形纪要 6 方面内容。

浙江省保安第二纵队第二支队驻天台整训官兵花名册 /.-- 民国 33 年［1944］.--1 册；27cm ［浙图］

浙江省保安第三纵队第二支队本部民国三十三年九月份官佐简历册 .--［1912?—1949?］.--1 册；27cm ［浙图］

浙江省保安第三纵队第二支队九至十二月官佐士兵花名册 .--［1944?—1945?］.--5 册；27cm ［浙图］

浙江省清乡汇刊 / 浙江省清乡总局编 .-- 浙江省清乡总局刊，民国 20 年［1931］.--358 页：图像；26cm ［国图］

分法规、计划、重要文件、表式、统计、总局工作概况等 8 项。有张难光弁言。

10.5 保甲

安徽省各县乡（镇）保甲组织章则汇编 / 安徽省政府编 .-- 安徽：安徽省政府刊，民国 28 年［1939］.--18 页；18cm ［馆藏地不详］

办理保甲须知 / 蔡天石编著 .-- 成都：四川省政府民政厅刊，民国 28 年

［1939］.--66 页：表；19cm ［国图，重图］

分保甲法规、编组、职员、经费、运用及户口调查等 7 章。有编者绪言。

宝应县保甲须知汇编 / 宝应县政府编 .-- 宝应：宝应县政府刊，民国 23 年［1934］.--42 页；19cm ［馆藏地不详］

保村指南 / 李东著 .-- 北平：民社刊，民国 22 年［1933］.--44 页；26cm ［国图］

分 3 卷：乡兵劝谕、乡兵章程、乡兵杂说。有李炳卫序。原名：乡兵管见。民社丛书，第 1 种。

保甲编组与民众服务演讲大纲 / 刘书传讲 .-- 国防部新闻局印，民国 35 年［1946］.--10 页；19cm ［上图］

分甲、乙部。概述保甲制度的历史、新县制、警察制度与保甲制度、民众组织与民众服务等。原书名题：编组保甲及各种民众服务。

保甲的理论与实施 / 刘沛然著 .-- 刘沛然刊，民国 25 年［1936］.--216 页；19cm ［南图，辽图］

分 2 编。介绍中国历史上的保甲制度及保甲实施办法。

保甲读本 / 甘肃省地方行政干部训练委员会编 .--［甘肃］.--48 页；19cm ［重图，甘图］

分 44 课。结合甘肃施政要点讲述国家、国歌、政府、人民、主义、领袖、生活、自治、保甲、节日、乡村等有关常识。

保甲法令 / 福建省县政人员训练所编 .-- 福州 .--239 页；19cm ［浙图，上图］

详述了豫鄂皖三省剿匪总司令部施行保甲训令、修正条例、施行办法、实况报表、保甲奖励章程等。

保甲法令辑要 / 余姚县政府编 .-- 余姚：余姚县政府刊，民国 37 年［1948］.--85 页；19cm ［浙图］

保甲法令摘要 / 浙江省嘉兴区嘉兴县保长训练队教育股编 .-- 民国 25 年［1936］.--1 册；21cm ［浙图］

保甲附编 .-- 民国 24 年［1935］.--114 页；22cm ［赣图］

保甲概况 / 福建省政府编 .-- 福建省政府刊 .--64 页 ［南图，重图，国图］

.-- 福建 .--64 页；19cm ［浙图］

介绍福建省自 1934 年至 1938 年的保甲工作概况。内分保甲之编组、保甲之训练、保甲之经费、户口之抽查及复查、联保联坐之实施、保甲规章之编订、保甲工作之考核等 11 章。有闽政丛刊引言。目录页书名题：福建省保甲概况。闽政丛书。

保甲概论 / 赵如珩著 .-- 镇江：江

苏省保卫委员会刊，民国 22 年［1933］.--260 页：表；20cm ［南图，国图，浙图］

分 10 章。汇集有关保甲的文件、史料、政书、典籍，阐述保甲的精义及要旨。有冷遹序、著者序。附录剿匪区内各县编查保甲户口条例全文、邻右连坐暂行办法、蒋中正对于整理豫鄂皖三省团防之意见书、修正江苏省县保卫团法施行细则草案等 8 篇。

保甲概要 / 浙江省边区社会军事训练特种干部训练班编 .-- 浙江：浙江省边区社会军事训练特种干部训练班刊，民国 26 年［1937］.--36 页；19cm ［馆藏地不详］

保甲概要 .-- 江西：江西省地方政治讲习院刊，民国 29 年［1940］.--116 页：表；19cm ［重图］
.-- 江西：江西省地方政治讲习院印，民国 28 年［1939］.--119 页；18cm ［浙图］

分 13 章。讲述保甲制度的沿革、保甲户口编查、保甲的编组、保甲长、保甲经费、保甲会议与保民大会等。共同训练教材，第 8 种。

保甲概要 .-- 江西：江西省地方行政干部训练委员会刊，民国 31 年［1942］.--14 页；19cm ［鄂图，重图］

本书讲述了保甲的普通常识，供教学时之用。内容有保甲与抗战、建国、自治的关系，保甲的编制，保甲名称的排定，保甲长的职责，保甲规约等。

保甲概要 .-- 江西：江西省地方政治讲习院教务组出版股刊 .--120 页 ［重图］

分 13 章。讲述保甲制度的沿革、保甲户口编查、保甲的编组、保甲长、保甲经费、保甲会议与保民大会等。

保甲干部训练参考资料 / 江西省地方行政干部训练委员会编 .-- 江西：江西省地方行政干部训练委员会刊，民国 31 年［1942］.--76 页；20cm ［赣图］

保甲公文程式 / 姚乃麟编 .-- 上海：春明书店刊，民国 36 年［1947］.--164 页；18cm ［国图］

封面加题：依据最新法规编纂。

保甲公文程式 .-- 重庆：新新书局刊，民国 37 年［1948］.--68 页；19cm ［重图］

依据最新法规编纂，省市县保甲机关及区公所乡镇公所保长甲长一律适用。

保甲公约 .-- 广安：广安县县政府刊，民国 25 年［1936］.--12 页；18cm ［国图］

保甲规约 .-- 婺源大兴笑和印刷社刊 .-- 民国 31 年［1941］.--1 册；20cm ［赣图］

保甲辑要 / 蔡宗熙编 .--［1928?—

1949?］.--138 页；26cm ［馆藏地不详］

保甲讲话 / 王仁佳编 .-- 广东：广东省地方行政干部训练团刊 .--24 页；19cm ［重图］

内分保甲之意义及其重要性、保甲之沿革、保甲之编组、保甲运用之方法、保甲长之人事问题等 5 讲。附录保甲有关规章目录。

保甲讲述 / 吕咸编 .-- 民国 23 年［1934］.--46 页；20cm ［浙图，首图，上图，赣图］

讲述保甲制度的沿革、兴废，保甲制度与三民主义、自治的关系等。

保甲教科全书 / 治安总署编 .-- 北京：治安总署刊，民国 31 年［1942］.--1 册；19cm ［馆藏地不详］

保甲警卫法令大要 / 陶希贤编 .-- 石印本 .-- 上海：启文书局刊，民国 24 年［1935］.--182 页 ［馆藏地不详］

保甲课本 / 福建省地方行政干部训练委员会编 .-- 福建省永安：福建省地方行政干部训练委员会刊，民国 31 年［1942］.--64 页；19cm ［重图］

本书内容为保长必须和实用的常识和法令。

保甲浅说 / 湖南省民政厅编 .-- 湖南：湖南省民政厅刊，民国 25 年［1936］.--26 页；19cm ［馆藏地不详］

保甲浅说 / 宜兴县立实验民众教育馆编 .-- 宜兴：宜兴县立实验民众教育馆刊，民国 23 年［1934］.--8 页；19cm ［馆藏地不详］

保甲浅说 / 广东省政府秘书处编译室编辑 .-- 曲江：广东省政府秘书处刊，民国 31 年［1942］.--53 页；19cm ［重图］

讲述保甲的意义、沿革、编组、执行机关、议事机关、保甲规约等。附县保甲户口编查办法。

保甲勤务 / 杨叔咸著 .-- 成都：四川省保甲干部训练班刊，民国 26 年［1937］.--144 页；19cm ［浙图］

保甲实务 .--54 页；20cm ［重图］

内分总述、怎样编组保甲、保甲职员怎样遴选和任用、保甲会议、保甲经费、保甲运用等 11 章。

保甲实务须知 / 徐州市警察局编 .-- 徐州：徐州市警察局刊，民国 30 年［1941］.--48 页；19cm ［南图］

共 10 章。包括保甲概念、编查、役员的资格和职责、会议、规约、自卫团、民有枪支、户口异动、训练、经费。附保甲条例、自卫团服务规程、自卫团赏罚抚恤暂行办法、户口编查暂行条例。

保甲手册 / 王锦华编著 .-- 成都：四川省政府刊，民国 31 年［1942］.--96 页；18cm ［馆藏地不详］

保甲述要 / 吕咸讲述 .-- 江西 .--213 页：表；20cm　［上图，赣图］

分 3 章。讲述中国保甲制度的历史沿革、江西省办理保甲的经过及改进计划等。附录保甲实施办法表解等 3 种。有讲述者卷头语。县训丛刊，第 1 种。

保甲条例、户口调查规则、保甲自卫团训练纲要、保甲模范制大纲、保甲人员奖恤办法 .-- 北平 .--34 页：表；19cm　［国图］

收 5 种条例全文，内容同书名。

保甲统计 / 内政部统计处编 .-- 重庆：内政部统计处刊，民国 27 年［1938］.--107 页：表；27cm　［南图，吉图，重图，国图］

收全国各省市办理保甲概说、全国保甲统计总表、全国各省保甲统计分表等。战时内务行政应用统计专刊，第 2 种。

保甲须知 / 崇庆县政府汇辑 .-- 崇庆：崇庆县政府刊 .--1 册；19cm　［重图］

内收四川省各县壮丁训练实施暂行规则、公民须知、公民常识、党义、新生活运动纲要、国耻史要讲义等。

保甲须知 / 董浩著 .-- 上海：法学编译社刊，民国 25 年［1936］.--150 页；19cm　［重图，浙图］

.--3 版 .-- 上海：法学编译社刊，民国 26 年［1937］.--150 页：表；19cm　［南图］

.-- 上海：会文堂新记书局刊 .--150 页；19cm　［鄂图］

分 10 章。讲述保甲的沿革、组织方法、实施程序，保甲人员的责任、工作、训练，保甲制度的公牍、法规等。

保甲须知 / 王硕如著 .-- 兰溪：浙江省兰溪区保长训练班刊 .--86 页；19cm　［馆藏地不详］

保甲须知 / 中国国民党安徽省党务整理委员会宣传部编 .-- 安徽 .--80 页：图表；19cm　［上图］

内收县保卫团法、安徽省县保卫团法施行细则、广东省暂行保甲法、保甲实行准则等 6 篇。

保甲须知、保安法令 / 梁枢庭，苑钟秀编 .-- 湖北 .--1 册；19cm　［馆藏地不详］

保甲须知 / 李泝著；广东省政府民政厅编 .-- 广东省政府民政厅刊，民国 28 年［1939］.--15 页；18cm　［浙图］

保甲须知 /（伪）丹徒县公署编 .-- 江苏丹徒：（伪）丹徒县公署刊，民国 28 年［1939］.--27，10 页：表；20cm　［南图，国图］

保甲规章制度汇辑。内分编查保甲、坊村保甲户长的任务、人事登记、联保连坐切结、保甲规约、船舶登记、民有枪炮登记、保甲训练等 10 章。有郭志诚序言。附录伪维新政府内政绥靖部颁订的清乡区内各县编查保甲户口暂行条例、江苏省各县城组织暂行章程等

4篇。

保甲巡回督导员须知 / 张梅谷 .-- 陕西省保甲巡回督导员训练所刊，民国25年［1936］.--144页：表；19cm ［国图］

分4编29章。论述保甲巡回督导员应有的涵育、任务、认识及准备。附录陕西省编查保甲图解、陕西省实施保甲方案等6篇。

保甲训练讲义 .-- 大塘县保甲职员训练所刊，［1912?—1949?］.--1册；19cm ［南图，国图］

共26课，包括保甲制度概述，保甲组织体系，保甲编组方法和步骤，特编保甲和临时保甲，编组注意事项，保甲编整，户口清查，保甲职员资格、任用和待遇，保甲任用的职责、经费、训练等。

保甲训练教材 / 湖南省民政厅秘书室编辑 .-- 长沙：洞庭印务馆刊，民国25年［1936］.--1册；19cm ［馆藏地不详］

保甲研究 / 周中一编著 .-- 南京：独立出版社刊，民国36年［1947］.--224页：图表；19cm ［南图，吉图，国图，津图，浙大，重图］
.-- 影印本 .-- 南京：独立出版社刊，民国36年［1947］.--224页；21cm ［南图］

阐述保甲的起源、沿革、性质、整编及户口的调查等问题。有周钟岳、贺国光与著者序各1篇。

保甲要义（上编） / 喻国华编 .-- 杭州：浙江印刷公司印，民国25年［1936］.--56页；19cm ［上图］

修正浙江省保甲章程及办理保甲的补充办法，共3编。只见上编，分4章讲述保甲概念、作用、编组及保甲人员。

保甲与警察之关系 / 闻钧天著 .-- 江苏：江苏省警察训练所刊，民国24年［1935］.--134，58页：表；21cm ［国图］

内分保甲之意义及运用、警察之性质及效用、保甲行政与警察行政异同之分际、保甲编查对于警察之工作、警管区制对于保甲之运用等8章。附警察保甲应用册式示例。

保甲与治安 / 朱元懋编著 .-- 正中书局刊，民国27年［1938］.--29页：图；17cm ［吉图，国图］

收抗战时期捉汉奸的小故事，讲述查户口、保甲、联保联坐的意义和方法等。有抗战常识讲话的总说明。抗战常识讲话。

保甲与壮丁 / 广东第五区战时民众训练委员会干部训练所编 .-- 广东第五区战时民众训练委员会干部训练所刊，民国26年［1937］.--214页：图表；19cm ［国图］

内分非常时期的广东保甲问题、修正广东省编办保甲章程、自治法规、编组义勇壮丁队实施办法、违反兵役法治罪条例、国民工役法等16种。

保甲与自治 / 朱沛人编著 .-- 浙江省动员委员会战时教育文化事业委员会刊，民国 28 年［1939］.--34 页；13cm ［国图］

封面题：浙江省动员委员会战时教育文化事业委员会出版。介绍地方自治、自治团体及保甲制度的组织机构等问题。

保甲运动丛刊 / 中国国民党浙江省执行委员会宣传部编 .-- 杭州 .--126 页：图表；19cm ［国图，浙图］

介绍保甲运动的效用、常识、设施，浙江省保甲运动概况，并收有关法规准则等。

保甲运动宣传纲要 / 中国国民党中央执行委员会宣传部编 .--36 页：表；19cm ［重图，上图］

共 4 章：宣传保甲运动的意义、常识，办理保甲应有的设施及民众应有的努力等。附保甲运动宣传标语。

保甲运动之理论与实际 / 朗擎霄著 .-- 广州 .--153 页：图表；19cm ［重图，浙图，首图，上图，南图，鄂图］

.-- 上海：大东书局刊，民国 19 年［1930］.--134 页：图表；19cm ［南图，重图，津图，湘图，浙图，鄂图，国图，赣图，桂图］

.-- 再版 .-- 上海：大东书局刊，民国 20 年［1931］.--134 页；19cm ［浙图］

共 7 章。阐述保甲运动的意义和重要性，介绍中国历代保甲运动、粤省保甲运动的趋势、保甲运动实施方案等。附录县保卫团组织法、广东省暂行保甲方法、广东省保卫团抚恤规程、广东南区保甲施行准则 4 篇。

保甲运动之理论与实际 / 黄永伟编著 .-- 南京：拔提书店刊，民国 20 年［1931］.--392 页：表；19cm ［重图］

.-- 增补订正 3 版 .-- 南京：拔提书店刊，民国 25 年［1936］.--392 页：表；19cm ［南图，重图］

分 10 章。阐述保甲运动的意义、由来、现状及改进方法等。有史维焕保甲运动的前提。附内政部函复中央宣传部关于保甲运动之意见、县保卫团法、户籍法等 24 篇。

保甲韵语教材 / 范金镕著 .-- 杭州：浙江正楷印书局刊，民国 25 年［1936］.--122 页；19cm ［国图，浙图］

以韵文形式讲解保甲的意义、组织、编组、性质、任务等。

保甲章则汇刊 / 江西省政府编 .-- 江西，民国 27 年［1938］.--26 页；22cm ［南图，赣图］

包括江西省政府颁发保甲章则训令、各县整理保甲章则实施程序、修正剿匪区内各县编查保甲户口条例、江西省对于奉颁修正剿匪区内各县编查保甲户口条例应行变通办理各点对照表等 32 项规章。

保甲长须知 / 黄永伟编著 .-- 中国国民党中央执行委员会组织部刊 .--90 页；20cm ［重图］

内分5章。介绍保甲长的选任及其应有的修养，以及保甲长的主要工作和应注意之点等。

保甲长须知/徐西明编著.--铜山：铜山县保长训练所刊，民国24年[1935].--150页；19cm [馆藏地不详]

保甲长须知/张笃伦著.--江西省第八区行政督察专员公署刊，民国24年[1935].--8页；18cm [国图]

保甲长须知/苏儒善编著.--南平：南平县政府印，民国25年[1936].--28页；23cm [国图]

有关保甲和禁烟方面的法规、条例汇编。封面印有"福建省第二区行政督察专员公署编订"字样。

保甲长之任务/高亨庸著.--重庆：正中书局刊，民国30年[1941].--84页；18cm [津图，辽图，浙图，国图].--3版.--重庆：正中书局刊，民国33年[1944].--84页；18cm [国图，重图].--沪1版.--上海：正中书局刊，民国36年[1947].--84页；18cm [南图，津图]

分7章。阐述保甲长的地位、职责、知识与品行，怎样应付社会环境，工作的原则、方法等。宪政小丛书。

保甲侦探.--11页；19cm [浙图]

保甲之理论与实际/刘绳武编.--江西：江西省政府民政厅刊，民国32年[1943].--76页；18cm [南图]

共4章。包括保甲的来历、保甲之一般研究、保甲之实际问题。

保甲制度/官尚清编.--福州：福建省保训合一干部训练所刊，民国28年[1939].--88页；19cm [重图]

共17章。介绍保甲的意义、沿革、编组、户口调查、枪支、土地登记、查禁烟毒、保护交通、征工服役等。福建省保训合一干部训练所丛书，第1种。

保甲制度(内政部警官学校讲义)/赵如珩编.--(伪)内政部警官学校刊.--130页：图表；27cm [国图]

分12讲。讲述保甲概念、保甲与地方自治等的关系、各时期保甲制度概况。续编收中国保甲制度新论、保甲制度之社会的考察、日本五人组制度等5篇。有编者序。附录清乡区内各县编查保甲户口暂行条例。

保甲制度概论/闻钧天编著.--中央保甲函授训练班刊.--109页；22cm [浙图]

保甲制度讲演录/袁良编述.--南昌：江西省保安处刊，民国21年[1932].--50，26页；19cm [南图，国图，首图]

介绍保甲制度的特性、效能和运用，保甲与三民主义的关系，实施保甲的方法和步骤等。

保甲制度讲义.--民国24年[1935]

.--86 页；20cm　　［赣图］

保甲制度详释．第 1 编 / 喻国华著 .-- 杭州：浙江印刷公司印，民国 25 年［1936］.--52 页；18cm　　［浙图］

保甲制度须知 / 瞿世镇编辑 .-- 上海：三民图书公司刊，民国 24 年［1935］.--80 页　　［馆藏地不详］
.-- 再版 .-- 上海：三民图书公司刊，民国 24 年［1935］.--80 页
.--3 版 .-- 上海：三民图书公司刊，民国 24 年［1935］.--80 页　　［馆藏地不详］
.--4 版 .-- 上海：三民图书公司刊，民国 26 年［1937］.--52，28 页；19cm　［南图，国图］

保甲制度研究 / 西北研究社编 .-- 西北研究社刊，民国 30 年［1941］.--242 页：表；19cm　　［国图，首图］

共 6 章。叙述保甲制度的历史，介绍保甲组织法、乡镇保甲会议、保甲工作实施内容及保甲制度的弊端和前途等。西北丛书。

保甲制度之实验 / 茅仲英撰 .-- 无锡：江苏省立教育学院刊，民国 24 年［1935］.--50 页：表；26cm　　［国图］

分 5 部。介绍无锡炒米滨地区及灰场滨地区的棚户区实验保甲制度的经过，总结保甲的编制、机构、经验，以及推进经济建设、扫除文盲的经过等。

保甲重要法令 / 贵州省保甲训练干部讲习所 .-- 贵州 .--128 页；19cm　［馆藏地不详］

保民大会的理论与实际 / 孙越舫编著 .-- 绍兴：越王魂社刊，民国 28 年［1939］.--48 页；19cm　　［馆藏地不详］

保民大会须知 / 广东省政府民政厅编 .-- 曲江：广东省政府民政厅刊，民国 32 年［1943］.--22 页；19cm　［重图］

保卫制度 / 师连舫编 .-- 中国国民党中央执行委员会组织部刊 .--154 页；20cm　　［国图，南图，重图］

分绪论、县保卫团、民团 3 章。介绍保卫制度的意义、性质、沿革，保卫团的编制、训练、任务、奖惩、经费，民团的编组、征集、待遇、训练、任务、权责等。保甲函授讲义，第 2 种。

北京特别市四郊自卫团工作概要 / 北京特别市公署警察局编 .-- 北平：北京特别市公署警察局刊，民国 27 年［1938］.--190 页：图表；21cm　　［国图］

介绍自卫团的缘起、筹备经过、训练情形、服务办法等。有余晋龢卷头语。附公文、演讲词、章则、职别录等。

北平市郊区举办保甲实施程序 .-- 北平，民国 24 年［1935］.--7 页；23cm　　［南图，津图，国图］

介绍了详细程序、各区编查保甲人员、应受各区分所长及各区署署长之

监督指挥、北平市四郊实施保甲暂行办法及关于清查户口之章则。

北平市四郊保甲办法答问 / 北平市政府自治事务监理处编 .-- 北平：北平市政府自治事务监理处印，民国 24 年［1935］.--16 页；23cm　　［国图，津图］

用问答的形式解释为什么要办保甲，保甲的作用及内容等有关问题。

北平市四郊实施保甲暂行办法 .-- 北平，民国 24 年［1935］.--10 页；23cm　　［国图，浙图］

北平市政府编组郊区保甲告民众书 / 北平市政府自治事务监理处编 .-- 北京：北平市政府自治事务监理处刊，民国 24 年［1935］.--6 页；22cm　［国图］

北平四郊保甲办法答问 .-- 北平：北平市政府自治事务监理处刊，民国 24 年［1935］.--16 页；19cm　　［馆藏地不详］

薛主席告全省保甲长书 .-- 湖南 .-- 32 页；19cm　　［中图］

编查保甲人员须知 / 江苏民政厅第二科编 .-- 无锡 .--66 页；19cm　　［国图，上图］

内分保甲组织、编组保甲时应注意之事项、户口调查、保甲规约、民有枪炮登记、户口统计与壮丁清册之编造等 9 章。

编查保甲人员须知初稿 / 江苏省民政厅第二科编 .-- 油印本 .-- 江苏：江苏省民政厅第二科刊，［1928?—1937?］.--1 册；29cm　　［馆藏地不详］

编整保甲须知 / 周中一编 .-- 重庆：商务印书馆刊，民国 33 年［1944］.--72 页：表；19cm　　［吉图，重图，南图，国图，上图］

内分编整的意义、编整前的准备、编整的步骤、编整后的工作、结论 5 章。有前言及编者的话。附录县保甲户口编查办法。内政丛书，地方自治业务参考丛刊，第 5 种。

编组保甲及各种民众服务队 / 国防部新闻局编 .-- 南京：国防部新闻局刊，民国 35 年［1946］.--36 页；18cm　　［馆藏地不详］

村街甲长须知 / 广西省政府民政厅编 .-- 桂林：广西省政府民政厅刊，民国 26 年［1937］.--494 页：图表；19cm　　［南图，国图，浙图］

内分要做个好的国民、要做个称职的村街甲长、每月要开村街民大会、村街内随时要禁止的事情等 20 课。附与各课有关的章则 61 种。广西各县村街甲长短期训练班讲义。

地方保卫团条例章程汇编 / 福建省地方保卫团编 .-- 福州：福建省地方保卫团刊，民国 4 年［1915］.--86 页；23cm.　　［国图］

收地方保卫团条例等 5 种，国务

卿徐世昌公布。有当时福建巡使许世英发布的施行细则。

地方团队讲稿 / 李士珍讲 .-- 中央训练团党政训练班刊，民国 28 年［1939］.--32 页；19cm　［南图，国图，浙图，重图］

中央训练团党政训练班讲演录。

地方团队与警政 / 周亚卫讲 .-- 中央训练团刊，民国 29 年［1940］.--10 页；19cm　［南图，重图，国图］

中央训练团党政训练班讲演录。包括保安队、国民兵团、民团等与警政的关系。

地方团队与警政 / 东北力行图书社辽宁支社编 .-- 辽宁：东北力行图书社辽宁支社刊，民国 35 年［1946］.--8 页　［南图］

地方自卫及自治讲义 .--280 页；21cm　［国图］

讲述地方自卫的目的、效用、基本法规及实施，地方自治的目的、效用、法规、筹办，并介绍自卫、自治实例等。

地方自治与保甲制度 / 阮毅成等执笔 .-- 重庆：独立出版社刊，民国 28 年［1939］.--48 页；19cm　［国图］

.--7 版 .-- 重庆：独立出版社刊，民国 28 年［1939］.--48 页；19cm　［南图，吉图，国图］

内分地方自治之概念、地方自治在今日中国之重要、保甲之流弊及其补救方法、地方自治与保甲制度等 7 章。执笔者还有牟震西、陈高佣、黄永伟、刘沛然等。附最近公布修正保甲条例及讨论大纲。战时综合丛书，第 8 辑。

地方自治与民团制度 / 钱实甫著 .-- 南宁：民团周刊社刊，民国 28 年［1939］.--20 页；18cm　［吉图，重图，国图］

简述中国地方自治的特点、实行前提，民团制度的特质与地方自治，民团的活动与地方自治工作的推进等。丙种丛刊，第 9 种。地方自治丛刊，第 1 辑。

地方自治与自卫 / 军事委员会委员长行营政训处编 .--［1912?—1949?］.--91 页；19cm　［重图］

地方自治与自卫 / 薛伯康，竺允迪编著；叶朋竹校对 .-- 重庆：独立出版社刊，民国 31 年［1942］.--102 页；19cm　［南图，重图，赣图］

分 6 章。讲述地方自治和自卫的关系，地方自卫制度的沿革、组织、现状及其将来。

鄂北见闻录 / 马伯援著 .-- 民国 21 年［1932］.--38 页；19cm　［上图］

著者 1931 年到湖北枣阳、鹿镇等地推行保安合作社的见闻录。附救国我见。

非常时期地方治安 / 郑肇著 .-- 上海：汗血书店刊，民国 26 年［1937］.--114 页；19cm　［鄂图，国图，重图，赣图，上图］

包括清查户口、编组保甲、组织壮丁队、训练团队、严密警队、组织宪兵、严防奸细、设备交通及通讯机关。国防实用丛书，第16种。

甘肃省政府办理保甲各种规章.-- 油印本 .--1 册；27cm ［馆藏地不详］

各省保甲制度比较及调整意见 . 第1编 / 喻国华著 .-- 杭州：世界书局刊，民国25年［1936］.--60页；19cm ［浙图］

关于合并增删及修改内政部所拟乡镇保甲组织规程草案十四种之重要理由 .-- 油印本 .-- 南京 .--4 页；27cm ［馆藏地不详］

广西的民团 / 冯璜著 .-- 南宁：民团周刊社刊，民国27年［1938］.--32页；18cm ［重图，湘图，南图］

.-- 再版 .-- 南宁：民团周刊社刊，民国28年［1939］.--32页；18cm ［国图］

分5节，介绍三民主义在广西创办民团的动机，民团的特质、任务和方式，民团制度与中国革命等。丙种丛刊，第4种。民团丛刊，第11种。

广西民团的演进 / 梁上燕著 .-- 南宁：民团周刊社刊，民国27年［1938］.--26页；18cm ［南图，湘图，国图，重图］

分3节：广西与广西的民团、几个划时期的演进、从自卫到自治自给。

广西民团概要 / 国民革命军第四集团军总司令部团务处编 .-- 广西：国民革命军第四集团军总司令部团务处刊 .--28 页：表；19cm ［吉图，重图］

分13节。介绍民团的性质、运动方式、现行系统、机关沿革、团队编组及经费来源等。

广西民团概要 / 李作砺著 .-- 广西：广西公务人员训练班刊，民国26年［1937］.--24页：表；19cm ［南图，重图，国图］

分13节。介绍民团的内容、性质、任务、沿革、编制，以及现行制度、训练状况等。

广西民团条例章则汇编 / 第五路军总司令部，广西省政府汇订 .-- 广西：第五路军总司令部刊，民国27年［1938］.--179页；21cm ［南图，重图，湘图］

收广西民团条例、广西民团干部学校组织大纲、广西公务人员军事训练办法、广西民团后备队编练规程等17种。

贵阳县保甲训练集 .-- 贵阳，民国28年［1939］.--1册，19cm ［馆藏地不详］

贵州省保甲法令摘录 / 贵州省政府民政厅编 .-- 贵阳，民国28年［1939］.--134页；22cm ［黔图，浙图］

贵州省保甲概况 / 贵州省政府民

政厅编 .-- 贵阳 .--196 页；20cm ［南图，吉图，重图，湘图，浙图，上图，黔图，国图，赣图］

共 10 章。分筹备情形、编组清查、办理保甲各项事务、保甲训练、保甲整理、区保经费、保甲奖恤、保甲推进等。

国民月会暨保甲会议之实施办法 .-- 镇平（河南）：中国国民党河南省镇平党部刊，民国 28 年［1939］.--46 页；19cm ［馆藏地不详］

衡山县保长训练讲义 .-- 民国 26 年［1937］.--340 页：图像；18cm ［重图］

分政治训练（甲）和军事训练（乙）两部分。甲部有党义摘要、新生活纲要、户籍、兵役须知、保长办事须知等；乙部有陆军理解摘要、步兵操典、侦探要旨等。

湖北省各县三十五年冬季户口总复查暨整编保甲实施办法 / 湖北省政府民政厅编 .-- 武昌：湖北省政府民政厅刊，民国 35 年［1946］.--1 册；18cm ［馆藏地不详］

湖南省民众抗日自卫团暂行章程实施方案 / 湖南省民众抗日自卫团总团部办公厅编 .-- 湖南省民众抗日自卫团总团部办公厅刊，民国 27 年［1938］.--24 页；18cm ［湘图，国图］

收湖南省民众抗日自卫团暂行章程、湖南省民众抗日自卫团实施方案。

甲长的训练与运用 / 梁上燕著 .-- 南宁：民团周刊社刊，民国 27 年［1938］.--30 页；18cm ［南图，国图］

讲述基层建设工作与甲长责任、训练甲长的需要和方法、怎样运用甲长。

甲长集中办公的实施 / 梁上燕著 .-- 南宁：民团周刊社刊，民国 27 年［1938］.--24 页；18cm ［国图］

讲解推行村街政务与甲长责任、甲长集中办公的意义及方法等。附录广西各县甲长集中办公办法。

江苏保甲 / 张立瀛著 .-- 镇江：江苏省民政厅刊，民国 37 年［1948］.--126 页；19cm ［上图，南图］

记述江苏省举办保甲的经过、办理保甲事务的法令和方法等。

江苏民政厅保甲讲习会纪录 / 江苏省民政厅第二科编 .-- 江苏：江苏省民政厅第二科刊，［1928?—1937?］.--1 册；28cm ［馆藏地不详］

江苏省保甲法令汇编 / 江苏省民政厅编 .-- 江苏省民政厅刊，民国 23 年［1934］.--210 页；21cm ［上图］

户籍管理法令汇编。

江苏省保甲总报告 / 江苏省民政厅编辑 .-- 江苏省民政厅刊，民国 25 年［1936］.--290，68 页：图表；27cm ［重图，浙图，上图，南图，国图］

报告 1934 年 4 月至 1935 年 12 月

江苏省办理保甲之经过、步骤、实施概况，收有关规程、法令、统计图表等。有陈果夫、余井塘序。

江苏省清乡地区县区联合协议会乡镇保甲自治会教本 / 江苏省民政厅宣传处编 .-- 江苏 .--42 页；18cm ［馆藏地不详］

江西省保甲组织概况 / 江西省政府编 .-- 江西省政府刊 .--3 页：表；22cm ［国图］

简述江西省自 1931 年改建保甲组织以来的概况，有江西省保甲编制表。

警保联系之理论与设施 / 闻钧天著 .-- 重庆：商务印书馆刊，民国 31 年［1942］.--127 页；18cm ［吉图，重图，浙图，首图，津图，人大，黔图，国图］
.-- 商务印书馆刊，民国 30 年［1941］.--127 页；18cm ［馆藏地不详］
.-- 赣 1 版 .-- 重庆：商务印书馆刊，民国 32 年［1943］.--127 页；18cm ［馆藏地不详］
.-- 重庆：商务印书馆刊，民国 33 年［1944］.--127 页；18cm ［上图］

共 9 章。论述了警察性质及其效用、保甲涵养及其运用、保甲与警察异同的分际、编查保甲与警察工作的关系等。

军事委员会委员长行营修正剿匪区内各县保甲条例 /.-- 上杭：福建省上杭县政府刊，民国 24 年［1935］.--26 页；18cm ［国图］

抗战与保甲运动 / 陈高佣 .-- 长沙：商务印书馆刊，民国 26 年［1937］.--82 页：19cm ［国图，辽图］
.-- 再版 .-- 长沙：商务印书馆刊，民国 27 年［1938］.--82 页：19cm ［赣图］
.--3 版 .-- 长沙：商务印书馆刊，民国 27 年［1938］.--82 页：19cm ［重图］
.--4 版 .-- 长沙：商务印书馆刊，民国 27 年［1938］.--82 页：19cm ［赣图］
.--5 版 .-- 长沙：商务印书馆刊，民国 27 年［1938］.--82 页：19cm ［浙大］

分 9 章。论述中国保甲制的源流及其作用、抗战时期的保甲制，以及战时组织、训练、指导民众的方法。附录最近公布修正保甲条例。有本丛书发刊旨趣（潘公展）。抗战小丛书。

联乡自卫概论 / 于彦胜讲 .-- 民国 21 年［1932］.--46 页；23cm ［上图，桂图］

在江苏省保卫团训练员教官补习所的演讲。分 8 节。包括古代之保甲、近年之保卫团、现今之需要农村武力、自卫之真精神、联乡自卫之组织等项。有孙几伊序及自序。附录晓庄村自卫信条等 4 篇。

民团的训练问题 / 陆镇亚著 .-- 再版 .-- 南宁：民团周刊社刊，民国 28 年［1939］.--34 页；18cm ［重图，国图］
.-- 南宁：民团周刊社刊，民国 27 年［1938］.--34 页；18cm ［南图，国图］

本书分 6 个部分：民团训练与抗

战、抗战中的教训、今后民团训练的方针、训练的内容、怎样拟定演习计划、训练上应注意的事项。

民团与军训 / 李宗仁，白崇禧著 .-- 南宁：民团周刊社刊，民国 28 年［1939］.--36 页；19cm ［重图，国图］

本书收两篇文章：寓兵于团寓将于学以养成民众武力（李宗仁）、军训与民团（白崇禧）。

民团运动与基层建设 / 潘景佳著 .-- 南宁：民团周刊社刊，民国 27 年［1938］.--26 页；18cm ［重图，国图，南图］

分 4 节。介绍民团运动的意义、内容及双重使命，民国运动下的基层建设，基层建设的连环性和整个性等。

民团之研究 / 张梦华编 .-- 北平：民社刊，民国 22 年［1933］.--178，25 页；19cm ［重图］
.-- 再版 .-- 北平：民社刊，民国 25 年［1936］.--1 册；19cm ［国图］

分 13 章，论述民团的理论、性质、组织与训练、目的、战斗与武器，以及办理民团应有的程序等。

民团制度与自卫 / 梁上燕著 .-- 南宁：民团周刊社刊，民国 28 年［1939］.--20 页；18cm ［重图，国图］

分 3 章：民团演进与自治政策、民团推动下的自治工作、自治政策在广西的检讨。

民众自卫组织纲要 / 国民政府军事委员会委员长南昌行营编 .-- 上海：中华书局刊，民国 24 年［1935］.--16 页；19cm ［上图］
.--5 版 .-- 上海：中华书局刊，民国 24 年［1935］.--16 页；19cm ［重图，赣图］
.--10 版 .-- 上海：中华书局刊，民国 24 年［1935］.--16 页；19cm ［浙图］
.--14 版 .-- 上海：中华书局刊，民国 25 年［1936］.--16 页；19cm ［国图］

供各省保安团队及壮丁训练用。介绍了编组保甲、清查户口、编练团队、制备武器等。

民众自卫组织纲要 / 王少祥编著 .-- 中央军校特别训练班教务组刊，民国 24 年［1935］.--204 页；20cm ［上图］

介绍民团（保安队）的组织、编制与训练方法等。政治丛书，第 10 种。

民众组织及民团训练 / 朱怀冰编 .-- 军事委员会委员长行营刊 .--106 页：表；15cm ［重图］

分绪言、民众组织、民团训练、结论等 4 章。附录豫鄂皖三省剿匪总部剿匪区内各县编查保甲户口条例、本行营整理江西保卫团队计划纲要等。

南昌行营召集第二次保安会议记录 / 国民政府军事委员会委员长南昌行营第二厅第一课编 .-- 南昌：国民政府军事委员会委员长南昌行营第二厅第一课刊，民国 23 年［1934］.--256 页：照片；22cm ［南图］

收入蒋介石训词、工作报告摘要、建议及其处理、工作总评、附录等，共5部分。

南充县保甲训练班讲义 .--1 册；21cm　［重图］

收社会建设、军民合作大纲、剿匪区土地处理条例、农村合作社讲义、保甲制度等篇。

南京市乡区保甲汇编 / 南京市政府编 .-- 南京：南京市政府秘书处刊，民国 24 年［1935］.--61 页：表；27cm　［南图，上图］

收训练编查保甲人员讲习纲要（段麟郊编）、南京市乡清查户口编组保甲规则、南京市乡区户口异动查报暂行办法、南京市乡区保甲户口编查服务细则4编。版权页题：编辑专员段麟郊。封面题：南京市政府编。

南京特别市保甲教材 .-- 南京，民国 28 年［1939］.--160 页；18cm　［馆藏地不详］

莆田县整理保甲办法及实施步骤 / 陈万基编 .-- 福建：莆田县政府刊 .--1 册：表；19cm　［馆藏地不详］

青海省保甲法规 / 青海省政府编 .-- 西宁：青海省政府刊，民国 27 年［1938］.--154 页；26cm　［南图，重图］

收青海省各县编组保甲实施规程等有关保甲法规7种。有附录。

清查户口与编组保甲及各种民众服务队 / 国防部新闻局编 .--103 页；19cm　［南图，吉图，上图，国图］ .-- 国防部新闻局 .--78 页；19cm　［馆藏地不详］

分清查户口、编组保甲及各种民众服务队、附录3部分。附录户籍法、县保甲户口编查法等5种。军事新闻丛书。

区保甲制问答 / 刘沛然著 .-- 汉口：刘沛然刊，民国 25 年［1936］.--56 页；19cm　［南图，重图］

共10章。介绍编制划界和名称、区的组织、联保的组织、保的组织、甲的组织、护长的任务、保甲经费、保甲规约、保甲会议、奖惩事项和其他。附怎样发挥保甲效用。

区县训练的要义与实施 / 王一帆编 .-- 江西省地方行政干部训练区县训练指导处刊，民国 33 年［1944］.--86 页；19cm　［国图，赣图］

本书与区县训练所与县政府工作联系问题合订。

区乡镇保甲新公文 / 郑一鸣编著 .-- 杭州：增智书局刊，民国 30 年［1941］.--142 页；19cm　［重图］ .-- 增订版 .-- 杭州：增智书局刊，民国 33 年［1944］.--140 页；19cm　［浙图］

分保甲长应用公文、乡镇长应用公文、区署应用公文3编内容。

山西省保甲补充办法 .-- 油印本，

民国 30 年［1941］.--1 册　［馆藏地不详］

陕西保甲暂行法规 / 中部等县保甲特种训练委员会编 .-- 中部等县保甲特种训练委员会刊 .--52 页　［馆藏地不详］

陕西省保甲史 / 张寄仙编著 .-- 陕西：保甲研究社刊，民国 25 年［1936］.--300 页；19cm　［浙图］

陕西省整理保甲总报告 / 陕西省民政厅编 .-- 陕西［1940］.--252 页：图表；27cm　［南图，重图，国图，上图］

内分讲习及动员情形、整理工作、确定保甲经费、甄训保甲干部、户口异动查报、保甲奖惩、推动保甲运用工作、整理保甲发生之困难及补救之有效办法等 11 章。有主席为整理保甲告各专员县长书（蒋鼐文）。

上海市编查保甲须知 / 上海市政府编 .-- 上海：上海市政府刊，民国 35 年［1946］.--8 页；19cm　［上图］

内分总纲、编户、编甲、编保、抽查 5 部分，并有填表须知及附表。

上海特别市第一区编组保甲暂行办法 /.-- 上海 .--11 页：图表；18cm　［上图］

1944 年 2 月 24 日（伪）上海特别市市政府“沪市四字第一八九九号”训令核定，共 39 条。

上海万国商团华队公会之三十年 / 上海万国商团华队公会编 .-- 上海：上海万国商团华队公会刊，民国 24 年［1935］.--215 页：图像；23cm　［国图］

介绍驻上海外国商团的武装组织——华队公会成立三十年来的概况。

四川省保甲概况 / 四川省政府民政厅编；蔡天石编 .-- 成都：四川省政府民政厅刊，民国 28 年［1939］.--160 页：表；19cm　［南图，国图，重图，上图］

分保甲编组、整理、职员、经费、联保组织、壮丁组训、调整计划及保甲研究 8 章。有胡次威弁言。

四川省保甲考察报告 / 陈富钢编 .-- 四川，［1928?—1940?］.--1 册；28cm　［馆藏地不详］

苏浙皖各地保甲概况 . 第 1 辑 /（伪）内政部中华青年团指导部编 .-- 南京：（伪）内政部中华青年团指导部刊，民国 29 年［1940］.--68 页；17cm　［南图，上图］

伪政权苏浙皖三省各县保甲编组办理情况。引言写于 1939 年 12 月。

天台县现行乡镇保甲法规汇编 / 天台县政府民政科编 .-- 天台：天台县政府民政科刊，民国 30 年［1941］.--138 页：表；20cm　［浙图］

现行保甲法令汇编 .-- 民国 29 年［1940］.--104 页；21cm　［国图］

日伪出版物，分“现行保甲法令”

和“各省市保甲章则选录”两部分，前者包括保甲条例、户口调查规则、保甲自卫团训练纲要3种；后者包括河南省保甲连坐规程、北京特别市有关保甲章则等5种。

现行保甲警卫法令大全/张学伦，朱其正著 .-- 上海：华中书局刊，民国24年［1935］.--134页；26cm ［重图，浙图］

现行保甲制度/程懋型编 .-- 上海：中华书局刊，民国25年［1936］.--276页：表格；19cm ［重图，津图，浙图，上图，首图，国图，赣图］

.-- 再版 .-- 上海：中华书局刊，民国25年［1936］.--276页：表格；19cm ［上图］

分10章。叙述中国保甲制度的沿革、效能，保甲编组方法及完成期限，保甲的训练及奖惩。

现行保甲制度/李宗黄著 .-- 重庆：中华书局刊，民国32年［1943］.--194页：表格；19cm ［重图，上图］

.-- 再版 .-- 重庆：中华书局刊，民国33年［1944］.--194页；19cm ［重图］

.--3版 .-- 上海：中华书局刊，民国34年［1945］.--194页：表；19cm ［南图，上图，重图，首图，浙图，赣图］

共8章。叙述历代的保甲制度、南昌行营创编的保甲制度、保甲的流弊及补救、保甲评议及前途等。有自序。

现行保甲制度（各级保甲人员办公顾问）/董浩编纂；刘文煜校阅 .-- 上海：春明书店刊，民国31年［1942］.--221页：图表；19cm ［国图，上图，津图］

共12章。叙述保甲运动的基本工作，保甲编组方法及完成期限，保甲户口的复查与抽查，保甲人员的责任、训练、奖惩及保甲经费等。有编纂者旨趣。

现行保甲制度及法令 .-- 民国25年［1936］.--22, 228页：表；19cm ［国图］

分两部分。前部分共3章，叙述保甲的意义、保甲的编查、户口调查及户口异动查报；后部分收录保甲法规20种。

现行保甲制度辑要/无锡县政府保甲指导部宣传股编纂 .-- 无锡 .--232页；20cm ［馆藏地不详］

现行保甲制度续编/程懋型编 .-- 上海：中华书局刊，民国25年［1936］.--154页：表；19cm ［厦大，南图，吉图，重图，湘图，浙图，上图，国图，赣图］

内分解释法令、各省省会编组保甲办法、特别区域保甲法规、修正法规4编。

现行乡镇保甲法规汇编/永嘉县政府编 .-- 永嘉：永嘉县政府刊，民国28年［1939］.--56页；18cm ［浙图］

乡镇保甲人员全书/贺次君，朱徵兰编 .-- 桂林：侨兴出版社刊，民国

32年［1943］.--488页；17cm ［桂图］

介绍管、教、养和地方治安的关系，怎样使用自卫力量，怎样查禁烟、赌、娼，怎样防止汉奸、间谍等治安办法。

乡镇保甲人员手册／张大良编.--绍兴：自治通讯半月刊社刊，民国35年［1946］.--187页；18cm ［浙图］

修正广东省编办保甲章程.--广州，［1928?—1937?］.--1册；30cm ［馆藏地不详］

修正浙江省保甲章程及整理保甲计划大纲.--杭州：浙江省民政厅刊，民国24年［1935］.--46页；19cm ［浙图，上图］

分二十几条详述了施行计划。

勖勉调集讲习的乡镇保甲长书／李汉魂撰.--广东省政府秘书处编译室刊，民国28年［1939］.--18页；14cm ［赣图］

一个良好保甲长之作法／余如南执笔；四川地方实际问题研究会编辑.--成都：四川地方实际问题研究会刊，民国30年［1941］.--26页；19cm ［国图，重图］

做保甲长的作法有4点：一、对保甲长之检讨；二、保甲长处境之困难；三、良好保甲长之标准与修养；四、保甲长职务上之要点。四川地方实际问题研究会丛刊，第5种。

鄞县保甲长短期训练教材辑要／陈宝麟编.--宁波.--58页；27cm ［浙图］

永川县廿七年整理保甲概况／沈鹏编述.--永川：四川省第三区行政督察专员公署刊，.--74页；17cm ［重图，国图］

怎样实施民团政治训练／亢真化著.--南宁：民团周刊社刊，民国27年［1938］.--24页；18cm ［国图，南图，重图］

概述广西民团政治训练的意义、要求及方式。丙种丛刊，第2种。基层建设丛刊，第5种。

怎样做个好保长／葛苓编著.--赣县：新赣南出版社刊，民国31年［1942］.--18页；15cm ［重图，国图］

讲述保长的人选、保长处事的基本精神及标准、保甲的四个原则等问题。

怎样做一个好的保甲长／海琴编.--重庆：国民图书出版社刊，民国32年［1943］.--20页；13cm ［重图，国图］

从“勤敏”“公平”“廉洁”“慎重”几方面讲述一个好的保甲长应具备的品行。

战时保甲的实施／毛独时著.--宁波，民国27年［1938］.--92页；19cm ［浙图］

战时民众训练丛书。

战时的地方自卫 / 何炯著 .-- 渝版 .-- 重庆：中山文化教育馆刊，民国28年［1939］.--24页；17cm ［南图，重图，国图］

讲述战时地方自卫的重要性，以及自卫的组织、训练及任务。

浙江省办理保甲补充办法 .--14，6页；19cm ［浙图］

附保甲规约。

浙江省保甲规章汇编 .-- 浙江 .--80页；19cm ［馆藏地不详］

浙江省保甲施行准则 .-- 浙江於潜：於潜县清乡局印，民国20年［1931］.--76页：图表；19cm ［上图］

内收浙江省保卫团法施行细则、浙江省各县长办理保卫团须知、区团长须知、甲长之职务、牌长之职务、户主之职务等6篇。

浙江省保甲章程及实施程序 / 浙江省民政厅编 .-- 浙江：浙江省民政厅刊，［1912?—1949?］.--32页；19cm ［浙图，上图］

1934年8月公布。

浙江省乡镇保甲规程草案 .-- 杭州：浙江省民政厅刊，民国30年［1941］.--124页；20cm ［浙图］

整理保甲法规汇编 / 四川省政府编 .-- 四川 .--1册；27cm ［重图］

本书有四川省各县整理保甲施行规则、四川省政府二十七民字第零九九四四号训令、修正剿匪区内各县编查保甲户口条例等内容。

整理保甲须知 / 陕西省民政厅编 .-- 陕西 .--64页：表；19cm ［重图］

收陕西省各县整理保甲的实施计划大纲、注意要点、分期施行简表及有关规则办法。

整理川黔两省各县保甲方案 / 军事委员会委员长行营编 .-- 军事委员会委员长行营刊，民国28年［1939］.--176，31页：表；23cm ［国图，重图］

中国保甲法规新编 / 沈策编著 .-- 安徽省民政厅刊，民国31年［1942］.--16，192页：肖像；19cm ［南图，国图］

汪伪政权出版物。内分6部分：一、论著，收中国保甲制度新论（赵如珩）、保甲与地方自治之关系、对区长训练献辞（沈策）；二、各地施行之保甲法规，收4种；三、清乡委员会清乡地区保甲法规，收9种；四、自卫团组织规程，收2种；五、附录，收6种；六、转载，收清乡与教育（沈策）。

中国保甲实验新编 / 黄强编著 .-- 南京：正中书局刊，民国24年［1935］.--574页；21cm ［辽图，国图，浙图，津图，上图，首图，浙大，赣图］

分12章。论保甲的一般意义、中

国保甲的沿革、保甲在现代政治上的需要等。社会科学丛刊。

中国保甲制度 / 闻钧天著 .-- 汉口：直学轩刊，民国 22 年［1933］.--686 页：图表；22cm ［重图，国图，上图，津图，赣图］

.-- 上海：商务印书馆刊，民国 24 年［1935］.--576 页：图表；22cm ［辽图，重图，湘图，国图，浙图］

.-- 再版 .-- 上海：商务印书馆刊，民国 24 年［1935］.--576 页：图表；22cm ［南图，重图，上图，首图］

.--3 版 .-- 上海：商务印书馆刊，民国 25 年［1936］.--576 页：图表；22cm ［上图，首图，国图，浙图，赣图］

.--4 版 .-- 长沙：商务印书馆刊，民国 28 年［1939］.--576 页：表；20cm ［国图］

阐述中国历代保甲制度的形式、演进、复兴及其内容、问题等。有蒋介石序。

中国保甲制度之发展与运用 / 叶木青著 .-- 上海：世界书局刊，民国 25 年［1936］.--150 页；19cm ［重图，湘图，浙图，国图］

.--2 版 .-- 上海：世界书局刊，民国 26 年［1937］.--150 页；19cm ［馆藏地不详］

分 3 编。论述保甲制度的发展、运用方法及保甲制度的内容等。附录各省保甲章则。

重庆市保甲人员须知 .-- 重庆刊，民国 33 年［1944］.--120 页；19cm ［重图］

重庆市保甲须知 / 重庆市警察局编 .-- 重庆：重庆市警察局刊，民国 26 年［1937］.--130 页；14cm ［重图］

自卫组训读本参考材料 / 潘立本编 .-- 石浦：浙江省立宁波民众教育馆刊，民国 28 年［1939］.--196 页；19cm ［馆藏地不详］

共 23 课。讲述战争、武器防空、防毒、消防、救护、运输等知识。封面、正文前、书口书名题：战时民众学校自卫组训读本参考材料。战时民众教育辅导刊物。

自治保甲 / 灵钧编著；四川省训练团编 .-- 成都：四川省训练团刊，民国 29 年［1940］.--100 页；18cm ［重图］

本书分上篇自治、中篇保甲、下篇户籍。

自治连环保甲法 / 许冀公著 .-- 民国 20 年［1931］.--18 页；19cm ［馆藏地不详］

著者个人草拟的自治法规 120 条。分总纲、组织、团务、实业、交通、教育、户籍、财政等章。

自治制度概要 / 赵如珩编 .-- 内政部县政人员训练所刊，［1912?—1949?］.--127 页；25cm ［国图］

分 8 章。讲述地方自治概念，地方自治团体的特质、构成、权限、监督，地方自治制度的重要性，欧美、日本、中国的地方自治制度等问题。附日本五人组制度概说和中国保甲制度新论等4篇。

自治组织、财政、警卫、农村教育 / 文公直编著 .-- 上海：时还书局刊，民国22年［1933］.--1册：图；19cm ［赣图］

讲述区、乡、镇三级组织机构，地方警卫行政的沿革、现状、实施，农村教育的重要性、现状、改进等。

邹平乡村自卫实验报告 / 山东邹平实验县政府编 .-- 山东：邹平乡村书店刊，民国25年［1936］.--162页；24cm ［南图，上图，赣图］

组织民众与训练民众 / 阮毅成等著 .-- 广州：战时出版社刊，民国27年［1938］.--177页；18cm ［吉图，辽图，重图，国图］

内收蒋委员长论全民动员、组织民众与训练民众（阮毅成）、战时民运工作的八个基本原则（洛甫）、一个民众动员的具体方案（童蒙圣）、组织广大的群众到抗日战线上来（振农）、动员运动与煽动（叶溯中）、动员民众与改良保甲制度（杨执）、更广大地把民众组织起来（潘念之）等27篇。

10.6 宪兵

蒋匪宪兵司令部 / 江南问题研究会编 .-- 南京：江南问题研究会刊，民国38年［1949］.--27页；18cm ［南图］

南京调查资料，宪政篇之五。

论宪兵与警察 /（日）加藤著 .-- 民国20年［1931］.--20页；19cm ［重图］

论述警察之渊源与各国警察制度之概观、现世界各国宪兵与确立宪兵制度之趋势、普通警察之弱点与威力警察之特色等。

宪兵必携 / 宪兵司令部编 .-- 宪兵书局刊，民国24年［1935］.--912页；13cm ［国图］
.--3版：宪兵书局刊，民国30年［1941］.--1册；13cm ［南图，重图］

分4类，介绍了政治、军事、普通、外事警察法规。资料截止日期为1935年3月底。

宪兵常识问答 / 宪兵第十五团编 .-- 宪兵第十五团刊，民国21年［1932］.--188页；19cm ［上图］

共9辑。介绍了宪兵实务通论，军事、普通、政治、外事、司法等警察的实务，刑事诉讼法，陆海空军审判法，以及总理遗教、总理言行等。

宪兵第一团警护卫勤务演习计划 .--10页；26cm ［南图］

宪兵服务须知 / 国民政府军事委员会委员长南昌行营编 .-- 上海：中华书局刊，民国24年［1935］.--74页；15cm ［上图，国图］

保安团队及壮丁训练适用书籍。

分 4 编，包括总论、平时宪兵之勤务、战时宪兵之服务、宪兵战斗。书前有蒋介石批示及训词。

宪兵各科问答．第 1 部 / 宪三团一营编 .-- 宪三团一营刊，民国 35 年［1946］.--86 页：表；19cm　［国图］

包括国父遗教、作战纲要、射击教范、军队内务规则、海陆空军惩罚法等 16 科。

宪兵行政警察实务 .--230 页；14cm　［上图］

分 3 部分：宪兵行政警察实务、宪兵行政警察法、宪兵非常警察实务。

宪兵教育参考书：1—5 种 / 首都宪兵司令部译述 .-- 南京：首都宪兵司令部刊，民国 21 年［1932］.--3 册（746 页）　［馆藏地不详］

.-- 南京：南京印刷公司印刷，民国 21 年［1932］.--302 页：图表；20cm　［上图］

宪兵教育参考书．第 1 种 / 首都宪兵司令部译述 .-- 南京：首都宪兵司令部刊，民国 20 年［1931］.--302 页；19cm　［馆藏地不详］

宪兵军事警察实务 / 宪兵学校编 .-- 宪兵学校刊，民国 29 年［1940］.--22，336 页：折图；19cm　［重图］

.-- 重庆：宪兵学校刊，民国 31 年［1942］.--20cm　［馆藏地不详］

.-- 重庆：宪兵学校刊，民国 34 年［1945］.--84 页　［重图］

宪兵军事警察实务教程 / 宪兵学校审 .-- 重庆：宪兵学校刊，民国 33 年［1944］.--18，272 页：图；19cm　［重图，津图］

共 19 章。讲述了有关宪兵军事警察的职权、处理军事调查案件、处理违律案件、查验军用证书、防护军事机密等。

宪兵普通警察实务 / 宪兵学校编 .-- 宪兵学校刊，民国 29 年［1940］.--130 页；19cm　［国图］

.-- 宪兵学校刊，民国 31 年［1942］.--136 页；19cm　［重图］

分 10 章：概说、社会调查、处理社会纠纷、监视社会活动、维护国家尊严、纠察教育戏剧、处理非常灾害、处理妨害公益、处理违禁走私、掌握民团保甲等。附录湖南省乡镇保甲规程等 4 种及“研究问题”。

宪兵普通警察实务 / 宪兵司令部编 .-- 再版 .-- 重庆：宪兵司令部刊，民国 34 年［1945］.--68 页：折图 5 幅；19cm　［重图］

宪兵上等兵教程 / 宪兵司令部编 .-- 宪兵司令部刊，民国 20 年［1931］.--150 页；12cm　［上图］

分 3 编：宪兵非常警察实务、宪兵野外战时勤务、科学的犯罪侦查摘要。

宪兵上等兵教程 / 宪兵司令部编 .-- 宪兵司令部刊，民国 20 年［1931］.--232 页；14cm　　［上图］

分 4 部分。包括约法大意、行政法大意、违警罚法、国际公法摘要。

宪兵上等兵教程 . 第 1 部第 1、2 辑 / 宪兵司令部编 .-- 宪兵司令部刊，民国 27 年［1938］.--2 册（23，44 页）：表；19cm　　［国图］

根据凡例，宪兵上等兵教程收宪兵上等兵应修得之学科，合编为 3 部。第 1 部为政治学，共 2 辑；第 2 部为军事学，共 12 辑；第 3 部为宪兵学，共 10 辑。本书为第 1 部，2 辑分别为总理遗教表解、宪兵士兵精神教育。

宪兵上等兵教程 . 第 3 部第 2—9 辑 / 宪兵司令部编 .-- 宪兵司令部刊，民国 27 年［1938］.--8 册；606 页：图；36 开　　［国图］

第 3 部分为宪兵学。第 2 至 9 辑分别为宪兵军事实务、宪兵外事实务、宪兵普通实务、宪兵司法实务、宪兵政治实务、法学通论教程、行政法教程、警察法教程。

宪兵上等兵教程: 第 2 集第 1—4，7—13 册 / 宪兵司令部编 .-- 再版：宪兵司令部刊，民国 34 年［1945］.--11 册；826 页：图；18cm　　［国图］

第 1 册，步兵操典草案。第 2 册，步兵轻兵器设计教范。第 3 册，作战纲要草案（上册）。第 4 册，作战纲要草案（中、下册）。第 7 册，陆军军队内务规则。第 8 册，陆军礼节条例。第 9 册，军语摘要。第 10 册，各兵种性能及识别法。第 11 册，卫兵服务要领。第 12 册，防空常识。第 13 册，军队卫生。据初版本凡例，第 2 集（初版本称第 2 部）应是军事学。

宪兵上等兵教程 . 第 3 集第 3、5、6、9、11 册 / 宪兵司令部编 .-- 再版 .-- 重庆：宪兵司令部刊，民国 34 年［1945］.--5 册（364 页）：图；19cm　　［南图］

第 3 册，特别刑法。第 5 册，宪兵实务通论。第 6 册，宪兵军事警察实务。第 9 册，宪兵普通警察实务。第 11 册，宪兵特高勤务。根据初版凡例，第 3 集（初版本称第 3 部）为宪兵学。

宪兵实务通论 / 宪兵司令部编 .-- 再版 .-- 重庆：宪兵学校刊，民国 34 年［1945］.--92 页：图；19cm　　［重图］

宪兵实务通论教程 / 宪兵学校编 .-- 宪兵学校刊，民国 31 年［1942］.--100 页：图；19cm　　［重图，国图］

共 7 章。分宪兵之定义、宪兵职责与地位、宪兵应有之素质、宪兵服务时应注意事项、武器之使用等。

宪兵实务通论教程 / 宪兵学校编 .-- 重庆：宪兵学校，民国 31 年［1942］.--240 页：图；19cm　　［重图］

讲述了宪兵的定义和地位，警务与法令条约及时间空间的关系，武器、戒具的使用等，共 15 章。

宪兵司法警察实务 / 宪兵司令部编 .-- 再版 .-- 重庆：宪兵司令部刊，民国 34 年［1945］.--2 册（24，34 页）；19cm ［津图，重图］

分上、下册。上册 5 章，包括侦查概说、执行职务应注意事项、现场保存等；下册 7 章，包括搜索、扣押、拘提、逮捕、送达、看守勤务等。宪兵上等兵教程，第 3 辑，第 10 册。

宪兵司法警察实务 / 宪兵司令部编 .-- 南京：宪兵司令部刊，民国 22 年［1933］.--136 页；19cm ［国图］

宪兵士兵教程。介绍了司法警察之重要性、行政警察与司法警察、侦查上宪兵之地位、司法警察之职责、侦查之概况、侦查事件之处理、令票之执行。

宪兵司法警察实务 / 宪兵学校编 .-- 重庆：宪兵学校刊，民国 31 年［1942］.--154 页；19cm ［重图］

.-- 宪兵学校刊，民国 31 年［1942］.--10，258 页；19cm ［重图］

.-- 重庆：宪兵学校刊，民国 33 年［1944］.--104 页；18cm ［津图］

包括总论、侦查 2 编。概述了司法警察的责任、机关、与普通警察的关系，以及侦查程序、注意事项等。

宪兵司法警察实务 · 宪兵司法警察手续：宪兵上等兵教程 / 宪兵司令部编 .-- 宪兵司令部刊，民国 20 年［1931］.--268，79 页：图；14cm ［上图］

宪兵司法警察实务分犯罪搜查术和鉴识大要 2 编；宪兵司法警察手续讲述了宪兵司法警察的地位、权限及工作方法等，共 8 章。

宪兵司法警察实务教程 / 宪兵学校审 .-- 宪兵学校刊，民国 28 年［1939］.--206 页；28cm ［上图］

阐述了司法警察的意义、职责，及其与行政警察、军事司法警察的关系等。

宪兵特高勤务 / 宪兵司令部编 .-- 再版 .-- 重庆：宪兵司令部刊，民国 34 年［1945］.--50 页；19cm ［重图］

宪兵学 / 杭毅讲 .-- 陆军军官学校刊 .--242 页；18cm ［上图］

分 8 编，讲述了宪兵的沿革，宪兵学大意，战时宪兵的编组、配属、补充、教育、服务等。

宪兵政治警察勤务 / 宪兵学校编 .-- 重庆：宪兵学校刊，民国 31 年［1942］.--138 页；19cm ［重图］

.-- 宪兵学校刊，民国 31 年［1942］.--54 页；19cm ［重图］

宪兵学员生用书，共 9 章。分调查统计、政治调查、出版品检查、邮件检查、新闻检查。

宪兵政治警察实务 / 宪兵司令部编 .-- 再版 .-- 重庆：宪兵司令部刊，民国 34 年［1945］.--20 页；19cm ［重图］

本书有宪兵政治警察之意义、出版检查、邮电检查、新闻检查、电影戏剧检查、间谍侦查、汉奸侦查、贪污检举等 8 章。

宪兵政治警察实务 / 宪兵学校编 .-- 重庆：宪兵学校刊，民国 31 年［1942］.--54 页；19cm ［上图］

宪兵军士用书。共 8 章。包括政治调查、反动侦查、间谍汉奸侦查、新闻检查等。

宪兵政治警察实务教程 / 宪兵学校编 .-- 宪兵学校刊，民国 28 年［1939］.--44 页；26cm ［上图］

分 8 章，包括政治调查、反动侦查、间谍汉奸侦查、出版品检查、邮件检查等。

宪兵政治警察实务教程 / 宪兵学校审编 .-- 宪兵学校刊，民国 29 年［1940］.--138 页；19cm ［重庆档案馆］

宪警常识 / 徐志道编著 .-- 再版 .-- 南京：宪兵杂志社刊，民国 26 年［1937］.--189 页：表；19cm ［南图，国图，皖图］

内政部、军政部、训练总监部、宪兵司令部审定军事委员会核定。共 7 章，讲述了宪警起源及我国宪警之沿革，宪警的组织、职责及相互间的业务联系，宪警警察权的根据及勤务概要等。

宪警常识 / 军学编译社编 .-- 重庆：军学编译社刊，民国 34 年［1945］.--60 页；14cm ［南图］

军训部审定军事学校教科书。

宪警常识 / 训练总监部审定 .-- 宪兵杂志社刊 .--166 页；19cm ［重庆档案馆］

战时宪兵学 / 武学书局编 .-- 上海：武学书局刊，民国 14 年［1925］.--66 页；17cm ［上图］

共 5 编，讲述了战时宪兵的编组、补充、教育、服务等问题。有杭毅序。

中外宪兵概说纲领 / 方涤瑕编述 .-- 油印本 .-- 宪兵第八团刊，民国 30 年［1941］.--1 册；19cm ［南图］

11 交通警察

11.1 交通警察总论

东省特别区警察总管理处管理道路车马行人通行规则、汽车驶行规则、驾驶汽车规则：汉俄对照 / 东省特别区警察总管理处编 .-- 东省特别区警察总管理处刊，民国 13 年［1924］.-- 27 页；19cm ［国图］

都市交通警察：美国警察制度社会统计学讲义 / 中央警官学校编 .-- 中央警官学校刊 .--206 页; 27cm ［鄂图］

概述了交通警察的性质、目的、组织、配置、交通设备、交通调查、交通管理、车辆登记检验、驾驶人员训练以及交通知识等。

蒋匪第一交通警察总局 / 江南问题研究会编 .-- 南京：江南问题研究会刊，民国 38 年［1949］.--42 页；18cm ［南图］

包括概况、组成与业务、附属机关、人物介绍和地址。南京调查资料警宪篇之四。

交通警察 / 阮光铭编 .-- 民国 21 年［1932］.--132 页；19cm ［南图］

交通警察 / 首都警察厅警员训练所编 .-- 南京：首都警察厅警员训练所刊，民国 35 年［1946］.--110 页：图；18cm ［国图］

分总论、交通警察机关、交通整理上之道路、交通整理法、停车法、交通优先权、交通警察之指挥手势、交通警察之管理范围、车辆违章及肇祸之处理、公众之交通训练等 12 章。附陆上交通管理规则等 12 篇。封面题：首都警察厅警员训练所讲义。

交通警察 / 徐励编 .-- 杭州：浙江省警官学校刊，［1912?—1949?］.-- 158，24 页：表；21cm ［上图］

分总论、交通、交通整理等 3 编。

交通警察 .-- 南京：中央陆军军官学校特别训练班刊，民国 35 年［1946］.--176 页；19cm ［南图］

共 4 章，包括交通警察之目的、交通警察机关、交通警察左右诸条件、关于交通上警察取缔概要。附交通取缔法令，共 3 节，分陆上、水上、航空。

交通警察大要 / 徐维新编 .-- 中央警官学校刊，民国 28 年［1939］.--89 页：图；19cm ［国图，南图，重图］

共10章。讲述了交通警察及交通整顿的意义，交通警察机关，人员的选拔、训练与职责，交通整理中的道路设计、设备，交通整理法、停车法，车辆管理以及民众训练等。

交通警察概论/（日）高桥雄豺著；张仲英，刘大勋译 .-- 上海：大东书局刊，民国20年［1931］.--129页：图；19cm　［浙图，南图，吉图，上图，重图，国图，西南政法，津图，湘图，首图，赣图］

分4章。包括交通警察之目的、交通警察机关、左右交通警察之诸条件、关于交通上之警察取缔概要。市政丛书。

交通警察讲义/王雄编述 .-- 上海：上海市警察局警察训练所刊，［1912?—1949?］.--63页；19cm　［陕图，上图］

共12章。讲述了交通警察机关及官吏，交通整理中的道路及设备，交通事故处理法、停车法，车辆管理，水上交通管制，航空警察勤务等。

交通警察讲义 .-- 民国24年［1935］.--70页；19cm　［南图］

首都警察厅警士教训所讲义，第7种。

交通警察讲义 .--88页：19cm［馆藏地不详］

分11章。讲述交通警察的意义、交通警察的目的、交通事故发生的原因等。

交通警察讲义 .-- 南京：首都警察厅刊，民国35年［1946］.--100页；19cm　［南图］

首都警察厅警员训练所讲义。

交通警察讲义/中央警官学校研究部编 .-- 中央警官学校刊，民国36年［1947］.--42页；19cm　［南图，重图］

共10章。包括总论，交通警察机关，交通警察官吏，交通整理上之道路设计、设备，停车法，交通优先权，公众交通训练，车辆管理。附录10则，为陆上交通管理规则、交通警察指挥手势、驾驶人行车手势、牌道标志之设置线道标志之设置、全国公路行车示意图、汽车管理规则、汽车驾驶人管理规则、通行公路人力权利车辆管理规则、改进市区及公路交通管理办法、卫兵指挥交通规则。

交通警察手册/重庆市警察局编 .-- 重庆：重庆市警察局刊，民国35年［1946］.--24页　［重图］

这是重庆市警察局在中华民国三十五年（1946）一月编印的交通警察手册，主要分交通警察的意义、交通警察的目的、交通警察服务要则、交通手势、交通管理及取缔事项、关于紧急事故的处置。后附录有违警罚法有关交通的条款，刑法有关交通的条款。这份手册的编写，是为了防止交通上发生危害，维持秩序，增进交通便利，保护交通设备，维护人民的交通安全、正确、愉快、迅速等。这有利于交通道路的正常运行和百姓的生命财产安全，也便利了交警处理各种问题，是重庆交通史上的一个进步。

交通警察学 / 徐恩科著 .-- 徐恩科刊，民国 24 年［1935］.--181，28 页：图；19cm　　［首图，国图］

讲述了交通的意义、事故、设备、信号、整理、法规及交通警察。附张学良等题字。

交通警察智力测验指导录：警察智力测验指导录第 3 卷 / 内政部警察智力测验室编 .-- 重庆：内政部刊，民国 31 年［1942］.--38 页：图；26cm　［重图，国图］

分为工作总述、材料研究、测验常模、主试须知等 10 节。附速视片、号码单等 5 种。

内政部召集都市交通警察专员会议记录 / 内政部编 .-- 内政部刊，民国 23 年［1934］.--70 页：图像；26cm　［国图］

会议于 1934 年 7 月召开。分训词、现状报告、建议、决议和处理办法、意见总评述 5 部分。附会议经过、出席人员一览表等。

青岛市公安局检验人力车时对于车夫训话 / 青岛市公安局编 .-- 青岛：山东印书馆刊，民国 20 年［1931］.--8 页；18cm　　［国图］

共 11 条。

青岛市公安局交通指挥法 / 青岛市公安局编 .-- 青岛：青岛市公安局刊，民国 20 年［1931］.--16 页；15cm　　［国图］

汇集了该市交通指挥规则，包括指挥注意事项、指挥方法、手势等。

青岛市公安局训练人力车夫等补助工作纪要 / 青岛市公安局编 .-- 青岛：青岛市公安局刊，民国 21 年［1932］.--30 页；27cm　　［国图］

分要义、规则、策进、统计 4 项。有青岛市公安局训练人力车夫补助办法、青岛市公安局汽车行及司机向公安局报案奖励办法、车夫须知等。

山西省城马路及巡警岗位图 / 警务公所户籍所绘 .-- 太原：警务公所户籍所刊，民国元年［1912］.--1 页；19cm　　［上图］

图表 1 张，折 32 开。

中国都市交通警察 / 刘垚［尧］.-- 上海：商务印书馆刊，民国 24 年［1935］.--12，395 页：图像；23cm　　［厦大，南图，吉图，重图，鄂图，浙图，辽图，国图，政法大学，津图，湘图，首图，黔图，赣图］

.--2 版 .-- 上海：商务印书馆刊，民国 24 年［1935］.--395 页：图；23cm　　［上图］

讲述了交通警察的性质、意义、目的，都市交通警察的机构、训练、配置、服装、设备、整理，以及车辆管理、交通宣传、法规依据等。附各大城市交通法规 60 余种。警察丛书。

大东亚共荣圈交通综观 / 饭尾祯著 .-- 东京：东洋堂刊，民国 31 年［1942］.--356 页；22cm ［浙大］

大东亚共荣圈史料。

都市交通整理 / 阮光铭著 .-- 上海：远东图书公司刊，民国 36 年［1947］.--238 页：图；22cm ［上图］

论城市交通安全管理问题。

非常时期之交通 / 胡祥麟，陈世材编 .-- 上海：中华书局刊，民国 26 年［1937］.--82 页；18cm ［重图，浙图，赣图，浙大，国图］

.-- 再版 .-- 上海：中华书局刊，民国 26 年［1937］.--82 页；19cm ［国图］

.--3 版 .-- 上海：中华书局刊，民国 27 年［1938］.--82 页；19cm ［赣图］

叙述第二次世界大战前，各国备战时期的路政、邮政、电政、航政状况，以及我国的现状与改良的途径。非常时期丛书。

广西交通问题：广西大学经济研究室研究报告 / 陈晖著 .-- 长沙：商务印书馆刊，民国 27 年［1938］.--10，107 页；23cm ［南图，吉图，重图，国图，浙大］

论述广西交通建设的原则及与本省社会经济的关系，并介绍河运、公路、铁路运输的情况及战时运输的管理问题等。

江西公路处业务报告：中华民国十七年六月起至十八年十月止 / 江西公路处编订委员会编 .-- 南昌：江西公路处刊，民国 18 年［1929］.--16，630 页：照片；27cm ［国图，南图，赣图］

内收有关规则、章程 58 种及总务报告、工务报告、工程图表、车务报告等。附折表。附录处务会议一览表等共 132 页。

交通概要与交通行政及市政工程之整理 / 黎樾廷编 .-- 广西：广西县政公务员政治训练班刊，民国 26 年［1937］.--152 页；19cm ［南图，重图］

分 2 章。讲述广西公路、电话电报、河道等交通、通讯的建设与管理，城市设计、卫生工程、房屋建筑的有关法规和原则。

交通学摘要 / 军事委员会交通警备司令部干部训练班编 .-- 军事委员会交通警备司令部干部训练班刊，民国 33 年［1944］.--106 页；19cm ［南图］

共 6 章，分为道路、铁路、汽车、船舶、航空、交通遮断等。

交通政策 /（奥）菲里波维（Philippovich）著；马君武译 .-- 上海：中华书局刊，民国 13 年［1924］.--183 页；19cm ［辽图，重图，津图，黔图，国图，浙图］

.--3 版 .-- 上海：中华书局刊，民国 16 年［1927］.--183 页；19cm ［津图］

.--4 版 .-- 上海：中华书局刊，民国 16 年［1927］.--183 页；19cm ［国图，津图］

.--5 版 .-- 上海：中华书局刊，民国 17 年［1928］.--183 页；19cm　［重图，津图，浙图，赣图，首图］
.--6 版 .-- 上海：中华书局刊，民国 18 年［1929］.--183 页；19cm　［津图，吉图，重图，首图］
.--7 版 .-- 上海：中华书局刊，民国 20 年［1931］.--183 页；19cm　［厦大，吉图，黑图，国图，赣图，浙图］

内分交通事业通论、铁路、国内水路、海上航业 4 部分。叙述各国交通概况及政策、制度、经营管理等。新文化丛书。

交通政策 / 菲里波罗著；马君武译 .-- 上海：中华书局刊，民国 16 年［1927］.--183 页；18cm　［浙大］

新文化丛书。

京汉旅行指南 / 京汉铁路车务处编辑 .-- 北京：京汉铁路局，民国 2 年［1913］.--180 页：图；19cm　［国图，首图］

介绍沿途各站概况。书前有总论、京汉铁路全图、商旅须知、载客运货现行价章、行车时刻表、食宿价目表、附交通部及路局要员照片。书中有风景片多幅。该年发行一至四期，内容基本相同。

京汉旅行指南 . 第 1 期 / 京汉铁路车务处编辑课编 .-- 北京：京汉铁路局，民国 2 年［1913］.--61，240 页；19cm　［馆藏地不详］
.-- 北京：京汉铁路局，民国 2 年［1913］.--240 页：图；19cm　［馆藏地不详］
.--4 版 .-- 北京：京汉铁路局，民国 2 年［1913］.--246 页；18cm　［津图，国图］
.-- 北京：京汉铁路局，民国 3 年［1914］.--2 册（240，110 页）；18cm　［津图，国图，首图］
.--6 版 .-- 北京：京汉铁路局，民国 4 年［1915］.--2 册（111，240 页）：图；19cm　［国图］
.-- 北京：京汉铁路局，民国 12 年［1923］.--350 页；19cm　［津图］

考察欧美交通报告 / 交通部考察团编 .-- 上海：商务印书馆刊，民国 24 年［1935］.--937 页：照片；30cm　［南图，重图，津图，国图，浙图，上图，浙大］
.-- 再版 .-- 上海：商务印书馆刊，民国 25 年［1936］.--937 页：照片；29cm　［厦大，湘图，赣图，上图］

1934 年以交通部政务次长俞飞鹏为首的赴欧美各国考察团对意、德、英、美等国的民用交通及军事交通情况的考察报告。内容包括铁路、邮电、民航、航政 4 编。各章节后有附录。

两年来之第七区公路：民国三十五、三十六年 / 交通部公路总局第七区公路工程管理局、第七运输处编 .-- 交通部公路总局第七区公路工程管理局；交通部公路总局第七运输处刊，民国 36 年［1947］.--143 页：照片；26cm　［吉图，国图，上图］

第七区以兰州为中心，辖甘肃、绥远、宁夏、陕西、湖北、四川、新疆诸省。本书系该区管理局就工程、运输等方面进行的总结。

世界交通状况 / 杨哲明著 .-- 上海：大东书局刊，民国 19 年［1930］.--140 页；19cm ［南图，吉图，辽图，重图，津图，晋图，湘图，国图，赣图，浙图，上图，首图］

共 3 编。分世界的铁路、世界的道路、世界的航务等。

台湾交通．第一辑 / 严家淦等编 .-- 台北：台湾省行政长官公署交通处刊，民国 35 年［1946］.--143 页：地图；26cm ［津图，国图，上图］

分 10 章。除叙述台湾省交通行政管理机构、系统以及铁路、公路、邮电、航运、港务、转运仓储等各项交通运输事业的管理、设施、业务情况等外，并辑入 1945 年 11 月至 1946 年台湾省行政长官公署交通处所属各交通事业机关的工作报告、统计资料。附录该省交通单行法规 7 种。出版年、月据卷首严家淦作序时间。

台湾一年来之交通 / 台湾省行政长官公署交通处编 .-- 台湾：台湾省行政长官公署交通处刊，民国 35 年［1946］.--184 页；18cm ［南图，重图，国图，浙图］

分为 8 个部分：序言、铁路、公路、航运、通运、港务、邮电等。

中国之交通 / 葛绥成著 .-- 上海：中华书局刊，民国 16 年［1927］.--176 页：地图；18cm ［辽图，重图，津图，国图，浙图，上图］

.-- 再版 .-- 上海：中华书局刊，民国 18 年［1929］.--176 页：地图；18cm ［津图，国图，重图，首图］

内分航路、铁路及长途汽车、电报及电话、邮政及航空、旧交通工具等 6 章，介绍中国交通邮电的情况。常识丛书，第 32 种。

11.2 铁路警察

东省铁路路警处统计报告书：中华民国十一年 / 东省铁路路警处编 .-- 东省铁路路警处刊，民国 12 年［1923］.--186 页；31cm ［津图，国图，上图］

内分 6 章。包括编制、经费、教育、规章以及统计图表。附录国庆日之演讲词、东省铁路路警处之沿革、路警教练所应规定之教育方针。卷首有王景春、俞人凤、温应星序。

东省铁路路警处统计报告书 / 东省铁路路警处编 .-- 哈尔滨东省铁路路警刊，民国 23 年［1934］.--1 册；图表 ［馆藏地不详］

淮南矿路警务处警察教练所讲义 / 淮南矿路警务处警察教练所编 .-- 淮南矿路警务处警察教练所刊，民国 35 年［1946］.--1 册；19cm ［上图］

警察业务讲义。包括矿业警察、铁路警察、消防警察、卫生警察四科概要，侦探须知，暴动处置，指纹术，捕绳术，防空常识等9部分。

交通部浙赣铁路局警务处教练所警长训练班第一期毕业同学录.--［1912?—1949?］.--1册：图表；20cm ［浙图］

京奉铁路警察法规汇编/京奉警务处第三课编.--京奉警务处第三课刊，民国16年［1927］.--182页；23cm ［国图］

京汉铁路警察法规汇编/京汉铁路管理局警察处第一课编.--京师铁路警务处印刷所刊，民国12年［1923］.--1册 ［北大］

京汉铁路警务规章摘要/京汉铁路管理局警察处编.--红格纸抄本.--1册 ［北大］

京沪区铁路管理局警务处交通警察教练所讲义汇要/徐松龄主编.--京沪区铁路管理局警务处警察教练所刊，民国36年［1947］.--318页：冠像；19cm ［馆藏地不详］

平汉铁路警察教练所警察讲义.下册/平汉铁路警察教练所编.--平汉铁路警察教练所刊，民国26年［1937］.--341页：图；19cm ［馆藏地不详］

铁道部路警规章汇编/铁道部直属路警管理局编.--铁道部直属路警管理局刊，民国24年［1935］.--314页 ［法研所］

铁道部铁路警务会议汇刊/铁道部铁路警务会议编.--铁道部铁路警务会议刊，民国20年［1931］.--538页；26cm ［馆藏地不详］

内容包括大量肖像照片、例言、规程、议案、审查案件、审查报告、会议日程、会议记录、公牍等。

铁道部直辖路警管理局派驻平汉铁路警察署警察教练所第一期同学录：民国二十三年十月十日/金延禄等编.--北平：金延禄刊，民国23年［1934］.--38页：图；27cm ［国图］

摄影集。

铁道警备教令草案.--国防部刊.--42页；13cm ［中图］

铁路警察/李古春编.--沈阳：沈阳区铁路警务处刊，民国37年［1948］.--128页；18cm ［津图，浙图，南图，国图］

共3编。前两编以阐明铁路与国家的关系、铁路警察与铁路的关系、警察与铁路警察的概念及应有的品德修养等问题为主；末编分别论述铁路行政警察（包括交通警察、经济警察、卫生警察、消防警察、外事警察）、铁路司法警察、铁路警备警察、铁路特种警察的概念、意义、编制、职责及工作方法等。铁路警察丛书，第1种。

铁路警察常识讲义/粤汉区铁路

管理局警务处警察教练所编 .-- 粤汉区铁路管理局警务处警察教练所刊，民国 36 年［1947］.--18 页；18cm　［馆藏地不详］

铁路警察大意 / 王祖岐编 .-- 北京：内务部编译处刊，民国 9 年［1920］.--1 册；25cm　［首图，国图］

本书分两编。总论编叙述铁路警察的意义、性质、权限、作用等；分论编收入负担不同职责的各类铁路警察的总则、服务须知等资料。

铁路警察法规汇编 / 平汉区铁路管理局警务处编 .-- 平汉区铁路管理局警务处刊，民国 36 年［1947］.--314 页：图；19cm　［重图］

分基本法令、官制、官规、司法、保安、教育 6 大类。

铁路警察论 / 纪春书著 .-- 民国 15 年［1926］--224 页　［馆藏地不详］

共 5 编。分总论、编制、服务、策励、附论等部分。

铁路警察勤务要则 / 粤汉区铁路管理局警务处警察教练所编 .-- 民国 36 年［1947］.--38 页；19cm　［馆藏地不详］

铁路卫生警察讲义 / 铁道队警总局编 .-- 铁道队警总局刊，民国 25 年［1936］.--36 页；21cm　［国图］

讲述铁路医务常识、卫生勤务、不符合铁路卫生要求的取缔范围等知识。附灭蚊、蝇方法。

中东铁路路警处统计报告书：第 10 次 / 中东铁路路警处编 .-- 哈尔滨：新华印书馆刊，民国 21 年［1932］.--117 页：图；36cm　［南图］

中国国家京张铁路行车养路机车巡警电报规则 .--53 页；21cm　［国图］

共 33 章。包括公守规则十条、正副站长规则十条、售票司事规则六条、火车路签规则二十条、行车简明规则十八条、电报规则七条等。

道清铁路卅周纪念 / 道清铁路管理局编 .-- 汉口：道清铁路管理局刊，民国 22 年［1933］.--20，340 页：照片；26cm　［重图，浙图，国图］

内分沿革、现状、展线 3 章。汇辑该线自光绪二十九年（1903）筑路起至 1932 年的路史资料以及有关组织机构、行政事务、路产设备、车务运输、财务状况、卫生公益、警务、展线计划等方面的材料。各章节后附录有关章程、规则及统计图表。

德国铁道调查记 / 萧仁源著 .-- 上海：协会书局刊，民国 21 年［1932］.--341 页：照片；22cm　［南图，重图，晋图，国图，浙图，上图，首图］

共 8 编。前 6 编专述德国国有铁道的沿革、组织、管理、设备、运输、财政问题；第 7 编介绍非国有铁路及柏林交通情况；第 8 编世界交通作为附录编入。

国民政府铁道部规定铁路营业用款分类则例.--6版.--民国19年［1930］.--143页；20cm　［馆藏地不详］
.--7版.--南京：国民政府铁道部，民国23年［1934］.--122页；21cm　［国图］

汉猛德将军视察中国国有铁路报告/（英）汉猛德著.--民国26年［1937］.--138页：地图；26cm　［国图，南图，上图］

1935年作者应孔祥熙邀请，对中国铁路情况进行考察的报告。内容包括工程、机车行驶、机厂、车务、商运、材料、会计、汽车之竞争、职员、教育、管理、铁道部路警、财政部与铁道部之关系、财务等18项。

交通管理ABC/杨隽时著.--上海：ABC丛书社刊，民国19年［1930］.--95页；19cm　［南图，上图，首图，国图，赣图］
.--上海：世界书局刊，民国19年［1930］.--95页；18cm　［吉图，重图，津图，湘图，浙图］

叙述中国及美、德、日等国铁路管理之制度与组织情况。ABC丛书。

统一铁路会计委员会议事录：民国二年至三年/统一铁路会计委员会编.--民国22年［1933］.--244页；26cm　［国图］

该委员会在北京召开的第一届至第四届会议的议事录。末附该会简章、筹备统一铁路会计办法说贴、顾问亚士的意见书等。

胶济铁路接收六周纪要/胶济铁路管理局编.--胶济铁路管理局刊，民国18年［1929］.--69页；20cm　［国图，上图］

民国铁路一年史：元年八月至二年八月/铁路协会编辑部编辑.--北京：铁路协会编辑部刊，民国3年［1914］.--260页；25cm　［津图，国图，上图，首图］

内分绪论、总论、业务、工务、会计及施工线路、收归国有线路、商办线路的概况介绍等10章。卷首附最新铁路全图。版权页印有“中国铁路协会会报第三年度临时增刊”字样。

平绥：民国二十三年七月一日至二十四年六月三十日．第二册/平绥铁路管理局编.--平绥铁路管理局总务处刊，民国24年［1935］.--274页：图；26cm　［国图］

叙述该年度平绥路之工程、车务、机务、财物、材料、地产、警务、卫生、员工福利等各项工作概况。卷末有参加第三届铁展会记等。书前冠叙言等。

铁道部人事法令汇编/铁道部总务司编辑.--南京：铁道部秘书厅研究室第四组刊，民国25年［1936］.--489页；27cm　［国图］

内分总则、薪费、奖惩、养恤、给假、票证、教育、资历、纪律、附录10类，辑入1928年冬至1936年9月底公布的有关法规及附件共186种。

铁路常识 / 李树人著 .-- 上海：商务印书馆刊，民国24年[1935].--254页；19cm ［重图，津图，晋图，湘图，国图，浙图，上图，首图，赣图］

.--4版 .-- 上海：商务印书馆刊，民国25年[1936].--254页；19cm ［南图］

分6编。浅谈中国铁路概要及车务、工程、机务等各项工作概况。

中国国家京张铁路行车养路机车巡警电报规则 .--53页；21cm ［国图］

共33章。包括公守规则十条、正副站长规则十条、售票司事规则六条、火车路签规则二十条、行车简明规则十八条、电报规则七条等。

中国铁路史 / 曾鲲化著 .-- 北京：新化曾宅刊，民国13年［1924］.--40，954页：冠像；23cm ［南图，国图，浙图，首图，津图，重图，上图］

材料多取自晚清政府及北京政府交通部、局的档牍资料。分绪论、路政、路线3编，述及铁路兴建过程、路政机构、政策、路线建设、运输、财政、法规、对外事务以及当年国营、民营铁路的路况等。

中华民国铁路货物运输办事细则 / 国民政府铁道部公布 .--4版，民国25年［1936］.--133页：图；21cm ［国图，重图，上图］

.--5版，民国32年［1943］.--81页；20cm ［馆藏地不详］

封面题：国民政府铁道部公布，民国二十五年八月一日施行。

11.3 航空警察

航空警察 / 陈莹冰编著 .-- 长沙：民治书局刊，民国22年［1933］.--41页；18cm ［湘图，国图］

本书仅含原书的第9、10章，即航空警察勤务和对于创办航空警察之我见。附录内政部通令各厅署警察加授航空常识、全国航空警察训练办法。

航空警察学 / 余晋龢编 .-- 青岛：青岛市公安局警士教练所刊，民国22年［1933］.--42页：图像；22cm. ［国图］

分航空事业概念，中国航空事业概念，国家领空权，航空警察权及服务等4章。附青岛管理航空邮运规则等4篇。青岛市公安局警士教练所教科书。

11.4 水警

福建省水警法规汇编 / 福建省水警总队部编 .-- 福州：福建省水警总队部刊，民国25年［1936］.--3446页；26cm ［馆藏地不详］

汇集了中央公布法规、本部单行法规细则。

福建省水警总队部二十四年份工作报告 / 福建省水警总队编 .-- 福州：福建省水警总队部刊，民国25年［1936］.--1册；27cm ［闽图］

包括水警总队部人员、巡船哨船等统计表。

福建省水警总队部二十五年份工作报告 / 福建省水警总队部编 .-- 福州：福建省水警总队部编刊，民国 26 年［1937］.--1 册；27cm　［闽图］

包括水警概述及图表。

湖南全省水上警察局业务纪要：民国二十五年 / 湖南省水上警察局编 .-- 民国 25 年［1936］.--587 页：图；25cm　［国图］

包括工作概况、中央法规、本省法规、图表等 4 项。附沪杭警察参观记、二十六年施政计划等 11 篇。

建设水警刍议 / 张业编 .-- 湖北，民国 35 年［1946］.--50 页；19cm　［重图］

介绍湖北水警情形、论述水警的重要性与今后水警建设的刍议。

江西水上公安局业务报告 / 江西全省水上公安局编 .-- 南昌：江西全省水上公安局刊，民国 22 年［1933］.--1 册：照片；26cm　［国图］

水警必读 / 浙江省水上警察第一大队编 .-- 杭州：浙江省水上警察第一大队，民国 22 年［1933］.--1 册；19cm　［浙图］

水上警察概论 / 刘怀璞编著 .-- 南京：中华警察学术研究社刊，民国 37 年［1948］.--96 页：图；18cm　［南图，浙图，上图，国图］

讲述了水上警察的沿革、意义、分类，训练及编制工作，设备及勤务，中国航政简史及第二次世界大战前的列强水上警察概况等。附辑盗护航章程等 7 编。警察丛书。

水上警察讲义 / 张明堡编著 .-- 中央警官学校第二分校刊 .--161 页；19cm　［中图］

四川省警察局长警服务须知 .-- 民国 35 年［1946］.--68 页：表；14cm　［重图］

内收党员守则、警察读训、四川省水上警察训练所所歌、水警法令摘要、水上警察实务摘要、四川省水上警察训练所毕业员警通讯社组织规程及办事细则等 10 篇。

四川省水上警察局长警服务须知 .-- 民国 35 年［1946］.--68 页：表；14cm　［重图］

浙江省内河水上警察局三十六年度工作报告 .-- 油印本 .-- 浙江省内河水上警察局刊，民国 36 年［1947］.--1 册；27cm　［重图］

12　消防警察

消防警察/陆绍基，韦惠匀著 .--中央警官学校刊 .--90 页；32 开　［重庆档案馆］

消防警察/首都警察厅警员训练所编 .--南京：首都警察厅警员训练所刊，民国 35 年［1946］.--16 页；19cm　［南图，桂林］

共 10 章。包括消防警察的意义、火灾的损害、火灾发生的原因、火灾的预防、扑灭火灾的方法、消防笛音的使用、火灾场的实务、消防人员应守的纪律、战时消防的计划、充实消防组织和演习。

消防警察/文艺辉著 .-- 湖北：警察专科学校刊，民国 36 年［1947］.--167 页　［重图］

消防警察 .--2 版 .-- 上海：世界书局刊，民国 18 年［1929］.--21 页；19cm　［南图，重图，国图，上图］

共 11 章。分述消防的意义、目的、性质、概要等。最新警察全书，第 1 种。

消防警察工作暂行条例/旅大公安总局制定 .-- 旅大：旅大公安总局刊，民国 38 年［1949］.--6 页；19cm　［公安大学］

消防警察讲义/黄士方编述 .--浙江：浙江省警官学校刊，民国 19 年［1930］.--142 页；19cm　［赣图］

共 16 章。讲述了消防警察的概念、意义、种类，消防与市政、建筑的关系，各国消防队的创设，各国消防行政比较，消防警察机关的组织及权限等。

消防警察讲义 .-- 南京：首都警察厅警士教练所刊，民国 29 年［1940］.--18 页；19cm　［南图］

共 14 章。介绍消防之意义、沿革、制度，水火之关系，火灾之时期，火灾扩大之原因，消防通讯网之建设，消防人员之手段，消防之方法，火灾场中之任务，消防之设备，火灾之预防，建筑物之取缔，战时消防之任务。

消防警察学/邱尚质著 .-- 北平：北平市警察局消防大队刊，民国 36 年［1947］.--94 页：图；19cm　［重图］

分 6 章。介绍消防警察须知、消防常识、防火执行、消防实务、战时消防警察、消防器材。

中国消防警察/包明芳编 .-- 上海:

商务印书馆刊，民国24年［1935］.--266页　［鄂图，中山大学，浙图，辽图，南图，上图，重图，津图，首图，吉图，国图］

.-- 再版 .-- 上海：商务印书馆刊，民国24年［1935］.--266页；23cm　［首图，吉图，国图］

共3编17章。介绍了消防警察的意义、沿革、种类，各种消防制度的利弊，消防组织及教育，消防实务及消防器械等。警察丛书。

汉口市公益联合会三十五分会汉口市汽车筹备委员会纪念特刊 /.-- 民国37年［1948］.--34页；27cm　［武大］

三十五分会的前身为战前的堤口下段保安会和清和保安会。本刊收录了该会辖区有关消防资料。

消防 / 白动生著 .-- 重庆：正中书局刊，民国27年［1938］.--34页；15cm　［重图，国图］

共8节。介绍了燃烧弹及其处置方法、战时消防组织及消防方法等。抗战常识讲话，第3集，应用军事常识。

消防 / 国民政府军事委员会防空委员会编 .-- 翻印本 .-- 重庆：四川省重庆市政府刊，［1912?—1949?］.--6页：附图；19cm　［重图］

消防常识 / 教育部民众读物编审委员会编 .-- 重庆：正中书局刊，民国27年［1938］.--21页：图；15cm　［国图］

共8节。介绍了消防的意义、要点、方法、用具等。非常时期民众丛书，第3辑，第7册。

消防汇编 / 董玉虎辑 .-- 北京：京师警察厅刊，民国8年［1919］.--2册（1函）　［吉大，北京警院］

消防警训练学习用书。

消防须知 / 军事委员会防空委员会编 .-- 军事委员会防空委员会刊，民国24年［1935］.--16页　［陕图］

消防学 / 王承垣编著 .-- 重庆：中央训练委员会刊：内政部，民国30年［1941］.--51页：图像；19cm　［南图，重图，湘图，国图，赣图］

讲述了消防种类、消防机关的组织及人员训练、火灾预防、战时消防计划、以及消防用具等。县各级干部人员训练教材。

消防训练 / 大路社专门委员会编辑 .--4版 .-- 上海：国防常识出版社刊，民国26年［1937］.--96页；18cm　［陕图，上图，鄂图，国图］

.-- 上海：国防常识出版社刊，民国25年［1936］.--96页；18cm　［重图，津图，国图，赣图］

讲述了消防的一般常识。国防常识丛书。

消防之理论与实际 / 王德乾著 .-- 上海：新真知社刊，民国26年［1937］.--56页；19cm　［浙图，上图］

论述了消防机构的组织、消防设

备、消防训练以及现场工作等。

防水防火物料制造法 /（日）藤田龙藏著，蔡弃民译，谭勤余校订 .-- 长沙：商务印书馆刊，民国 27 年［1938］.--293 页；19cm ［津图，重图，国图，浙图］

上海特别市泸南区救火联合会章程细则 .-- 民国 17 年［1928］.--1 册 ［华东政法］

附公安局义勇消防事务督理规则。

首都北区第一救火会纪念特刊 / 首都北区第一救火会编 .-- 南京：首都北区第一救火会刊，民国 36 年［1947］.--50 页：图像；26cm ［国图］

包括沿革、筹备经过、救火人员姓名及捐款数额、收支报告、财产状况表等。有序言。

星子县防空司令部消防队员手册 / 星子县防空司令部编 .-- 中央陆军军官学校特别训练班刊，民国 26 年［1937］.--26 页；19cm ［重图］

本书有消防常识、火灾消灭法、药沫灭火机使用法、瓦斯唧筒使用法等内容。

长沙火灾纪实 / 湖南省政府主席行署宣导处编 .-- 长沙：湖南省政府主席行署宣导处刊，民国 27 年［1938］.--42 页：20cm ［南图，国图］

记述抗战中长沙遭火的经过。附载湖南省民众抗战统一委员会为长沙火灾敬告全省同胞书等 3 篇。

重庆市消防法规 .-- 重庆：重庆市消防联合救火队员训练班刊，民国 26 年［1937］.--56 页：折表 1 页；27cm ［重图］

13　其他警察业务

13.1　卫生警察

警察教科书草案：卫生警察/治安部警务司编纂.--“满洲国”警察协会发行，民国29年［1940］第2版（民国28年［1939］第1版）--207页　［馆藏地不详］

共13课。分卫生警察之意义、卫生警察之实务、医事、药事、阿片（鸦片）及麻药、饮食物、法定传染病、传染病之预防、消毒、慢性传染病及地方病、家畜传染病、清洁、救急法等部分。

卫生警察.-- 上海：上海世界书局刊，清光绪三十三年［1907］.--61页；19cm　［南图，国图］

.--2版.-- 上海：世界书局刊，民国18年［1929］.--61页；19cm　［上图］

本书内容分为绪论、卫生警察之概念、关于清洁之警察、关于保健之警察共6章。最新警察全书之五。

卫生警察/楼筱琨编述.-- 浙江：浙江省战时警察训练所刊，民国28年［1939］.--34页；19cm　［重图］

全书分概说、防疫警察、保健警察、医药警察4章。

卫生警察/首都警察厅警员训练所编.-- 南京：首都警察厅警员训练所刊，民国35年［1946］.--46页：图；18cm　［南图，国图］

首都警察厅警员训练所讲义。本书内容分为总论、保健、医政、防疫、急救共5章。

卫生警察/曾香亭编.-- 南京：首都警察学校刊，民国37年［1948］.--64页：图；18cm　［国图，南图］

共4章。分总论、健康保护、医药行政、疾病防预，附急救法。警察丛书。

卫生警察/王益，徐傅笃编辑.--147页；22cm　［桂图］

卫生警察讲义/许广武编.-- 南京：警察厅警士教练所刊，民国28年［1939］.--72页；22cm　［南图］

介绍了传染病防御警察、传染病防治条例、保健警察、医药警察死体检埋及墓地管理。

卫生警察学/陈秋，尤一鹤编著.-- 上海：世界书局刊，民国21年［1932］.--85页：表；19cm　［津图，南图，重图，国图］

共20章。介绍了衣、食、住、行等日常生活卫生，城市卫生制度与法规制定，城市公共卫生管理方法等。

卫生警察训练纲要 / 黄士扬，尹昌检编 .-- 莆田：福建省莆田县政府，民国25年［1936］.--62，63页；27cm ［闽图］
.-- 油印本 .-- 莆田：福建省莆田县政府刊，民国25年［1936］.--62，34页；25cm ［闽图］

厦门市公安局卫生办事处年刊．第二期 / 厦门市公安局编 .-- 厦门 .--58页：图；25cm ［馆藏地不详］

北平市公安局第一卫生区事务所第七年年报 / 北平市公安局编 .-- 北平：北平市公安局刊，民国21年［1932］.--128页；26cm ［国图］

共6章。包括总论，第一股工作报告，第二股、第三股、第四股和第五股工作报告。附本所董事及现任议员一览。书前有该所董事会全体成员合影。又附清河卫生事务所第一年试办经过。

北平特别市公安局公共卫生事务所第二年暨第三年年报 / 北平特别市公安局编 .-- 北平：北平特别市公安局刊，民国17年［1928］.--120页；24cm ［国图］

书前有该所全体职员合影。包括具体业务和各种工作统计表。

公众卫生警察学 / 余明长编 .-- 重庆：中央警官学校刊，民国33年［1944］.--118页；19cm ［国图，桂林］

共8章。介绍了空气、土地、水、衣服、家屋、废物除去法、饮食物、传染病。中央警官学校讲义。

江苏省会警察厅卫生警察各项规则汇编 .-- 民国13年［1924］.--1册 ［北大］

南京特别市市政府公安局卫生行政汇报 / 南京特别市市政府公安局卫生课编 .-- 南京：南京特别市市政府公安局卫生课刊，民国16年［1927］.--258页；16cm ［上图］

包括本课编制系统表、本课主管机关系统表、本课章程、本课呈报卫生行政进行计划文、根据前项报告进行第一步之事项。

饮食物卫生警察法 / 永岛忠讲授 .--［1912?—1949?］.--88页；22cm ［浙图］

13.2 盐税警察

财政部川康盐务警官训练所．第一期术科研究笔记 / 李志亲主编 .-- 四川，民国28年［1939］.--1册：表；19cm ［南图］

包括密集教练、射击教练、战斗准备教练、阵中勤务教练、夜间教育、现地战术及筑城作业、图上作业、教育计划表、军歌集等。

财政部鄂岸盐务税警士训练所第六期同学录 / 财政部鄂岸盐务税警士训练所编 .-- 汉口：财政部鄂岸盐务税警士训练所刊，民国 26 年［1937］.--86 页：照片；26cm　［国图］

共 8 章。包括总理遗像、毕业证章、题词、长官像、指导班长像、同学像、术科技术、通信录。

财政部税警总团步兵第二团参加淞沪抗日回顾录 / 腾铁珊主编 .-- 民国 21 年［1932］--163 页　［馆藏地不详］

共 5 章。分战纪、传记、论著、杂俎、附录等部分。包含本团之沿革、本团抗日阵亡将士传略、征人日记、本团同官录等内容。宋子文、朱庭祺、温应星、邓树仁、古鼎华等人作序。

财政部税警总团暂编迫击炮营特刊 / 财政部税警总团暂编迫击炮营编 .-- 民国 24 年［1935］.--218 页；21cm　［国图］

书前有大量照片。介绍了沿革、训练、第一期参加第三路军剿匪概略、奉命移闽及回师剿匪经过、第二期参加第三路军剿匪概略、广昌训练第三路军迫击炮队纪要、报告、命令、演训词、组织系统暨饷械及官佐简历各表、官兵死亡统计表、财政部税警总团暂编迫击炮营特刊。

财政部盐务稽核总所税警章则汇编 / 财政部盐务稽核总所编 .-- 南京：财政部盐务稽核总所刊，民国 24 年［1935］.--144 页；26cm　［国图，人大，南图，津图］

分总则、编制官等及薪饷额、职责、辑务、人事、会计、军需物品、训育、统计等 10 章，辑入有关总则及附件。

财政部盐务总局税警教育计划表 / 财政部盐务总局编 .-- 南京：财政部盐务总局刊，民国 37 年［1948］.--24 页：表；19cm　［国图，南图，吉图］

介绍教育大纲、教育计划时间配当表、士警教练所第一周及第十四周日期使用表、士警教练所星期日作业表、士警教练所学科教授纲要表、士警教练所术科教育纲要表、士警教练所全期学术科进度预定表、新警训练第一周及第十二周日期使用表、新警训练学术科教育纲要表、新警训练全期学术科进度预定表、常年教育学术科教育计划纲要表、起居作息时间表等。

川盐纪要 / 林振翰编 .-- 再版 .-- 上海：商务印书馆刊，民国 8 年［1919］.--606，12 页：图；27cm　［南图，吉图，重图，闽图，湘图，国图，浙图］

.--2 版 .-- 上海：商务印书馆刊，民国 8 年［1919］.--26cm　［上图］

叙述四川盐务沿革及产、运、销概况。附录有关章则、文件、统计图表等 44 种。

鄂岸税警新警教育课本 .-- 民国 24 年［1935］.--42 页；15cm　［馆藏地不详］

海州区盐务年报.-- 民国 30 年[1941].--302 页；25cm　[浙大]

.-- 海州：海州区盐务管理局刊，民国 32 年[1943].--302 页：图；26cm　[国图]

民国二十二年盐务稽核总所税警年报 / 盐务稽核总所税警科编 .-- 南京：盐务稽核总所税警科刊，[193?].--39 页；27cm　[南图，吉图，国图，上图]

包括税警行政之组成及重要用途、训练及整顿、枪械之配备、驻地及分防情形、查缉私盐情形、广行改革事件、产销盐诉增减原因和结论。附二十二年各区税警现有械弹统计表等。

山东盐务税警一览 / 山东盐务税警局编 .-- 济南：山东盐务税警局收发处刊，民国 22 年[1933].--46，140 页：图；26cm　[国图，上图]

介绍当时成立山东盐务税警局的情况及其工作。内容包括机关变迁、税警沿革、编制、训练、勤务、防务、关隘等。附录训令摘要、法令规程、三年（1930 年至 1932 年）盐税收入及缉私成绩表等。

税警缉私概要 / 余炳勋等编 .-- 南京：盐务缉私督察人员训练班刊，民国 24 年[1935].--356 页；22cm　[南图，国图，吉图]

主要叙述盐务税警章制、全国各盐区税警沿革及缉私实务。

税警战时读物 / 鄂岸盐务办事处编 .-- 湖北：鄂岸盐务办事处刊，民国 27 年[1938].--44 页；18cm　[吉图，国图，南图]

包括敌情的认识、国际一般的情势、我们自己的检讨及应有的努力、抗战期中税警的重要工作 4 章。

盐法起草经过及社会舆论 / 杨兴勤著 .-- 盐务缉私督查人员训练班刊，民国 24 年[1935].--60 页；20cm　[国图，浙大]

本书主要讲述了民国盐法起草的经过和社会舆论。

盐警人事管理规则 / 财政部盐政总局 .-- 南京：财政部盐政总局刊，民国 36 年[1947].--56 页：表；24cm　[南图，国图，人大]

盐务通令汇编七。

盐警章则 / 财政部盐政总局编 .-- 南京：财政部盐政总局刊，民国 36 年[1947].--116 页；24cm　[南图，国图，人大]

盐务通令汇编五。

盐务合作问题 / 景学铸著 .-- 重庆：独立出版社刊，民国 30 年[1941].--10，143 页；19cm　[南图，吉图，重图，国图，浙图]

全书分 4 章：先来一个个例、解决两大问题、盐务合作化、结语。讲述改革盐务、废除专商、组织盐业合作社等。附录：1. 张謇改革全国盐政计划；2. 盐法（1931 年 5 月 30 日公布）；3. 合作社法（1934年3月1日公布）；4. 合作社法施行细则。中央政治学校研究部新政丛书。

盐务年鉴：民国十八年 / 财政部盐务署编辑 .-- 南京：财政部盐务署刊，民国 19 年［1930］.--1 册：图；26cm ［重图，国图，浙图，赣图，上图，浙大］

分总务、场产、运销、征榷、缉私 5 部分，辑入盐政法令章则及当年盐务主要事项。卷末"丛录"收民国十八年盐务大事记及编辑民国盐政史概况两篇文章。书脊题名：民国十八年盐务年鉴。

盐务税警惨杀扰民之事实及各报评论 / 盐政杂志社编辑 .-- 南京：盐政杂志社刊，民国 23 年［1934］.--56 页；19cm ［浙图，国图，上图］

汇集了救国日报、时报、大公报等报道奉贤、青岛、长芦、余姚、大名等地税警惨杀民众的电讯、短评等。

盐务税警作战纲要 / 张中立著 .-- 环球印书馆刊，民国 28 年［1939］.--118 页；22cm ［南图］

中国盐务改革史 / 陈省方，周倬著 .-- 南京：盐务缉私督查人员训练班刊，民国 24 年［1935］.--192 页：表；22cm ［国图，浙大］

内分历代沿革、民国以后之改革、附载 3 章。附载中包括朱总办视察各盐区域整理报告、财政部解决十二圩帆轮运纠纷一案办法大纲提案、历代盐制简表、中外盐制一览表及左树珍著征管篇与述刘篇。

中国战时盐务问题 / 杨兴勤著 .-- 广西：国民出版社刊，民国 32 年［1943］.--294 页；20cm ［国图，浙图，浙大］
.-- 修订再版 .-- 广西：国民出版社刊，民国 33 年［1944］.--288 页 ［馆藏地不详］
.--3 版 .-- 广西：国民出版社刊，民国 34 年［1945］.--270 页；19cm ［上图，赣图］

论证抗战时期中国盐务的种种问题。分绪论、盐务机关人事管理章程摘要、盐专卖重要法规、培养盐务干部、结论 5 章。书前有李济深序及作者自序，书后附录盐务总局暂行组织规程、盐训干部人员名录。封面有作者题赠。

13.3 其他

财政警卫 / 文公直编著 .-- 上海：东南新书局刊，民国 20 年［1931］.--68 页；18cm ［浙大］

自汉丛书。

风俗警察 / 沈维翰编 .-- 浙江，民国 22 年［1933］.--141 页；19cm ［重庆档案馆］

风俗警察讲义 .--24 页；19cm ［馆藏地不详］

建筑警察 / 李寒秋编 .-- 南京：江苏省警官学校刊，［1912?—1949?］.--176 页；26cm　　［南图］

本书封面页题名：建筑学。

晋北矿务局第一次报告书：自民国十八年五月起至十九年十二月底止 / 晋北矿务局编 .-- 大同：晋北矿务局刊，民国 20 年［1931］.--112 页：图；27cm　　［国图，首图］

共 16 篇。内容有凿井、采煤、土木、铁路等项工程和会计报告，平津沽办事处、矿工医院、矿警管理处等情况，职员表、工人状况统计，以及各项规章等。

经济警察 / 蒋经国讲 .-- 民国 37 年［1948］.--238 页；13cm　　［上图］

内容包括蒋经国于 1948 年 9 月 12 日在上海青年军联谊会大会上的讲话上海往何处去及俞叔平撰写的经济警察一文，并收录上海市警察局制订的经济警察注意事项和有关经济管制法令等资料。

经济警察的理论与实际 / 王鲁编 .-- 上海：上海市警察局秘书室刊，民国 37 年［1948］.--66，21 页：图；19cm　　［上图，重图，国图］

收入经济警察（俞叔平）、经济警察的理论与实际（朱佑模）、经济警察的组织与训练（张雄世）、经济警察与物价管制（楼成翰）等。附对于经济紧急处分令、人民所有金银外币处理办法等 9 篇。上海警察丛书，第 1 辑。注：封面书名为经济警察之理论与实际（附经济管理法制令）。

经济警察关系法规辑要 / 中央警官学校编 .-- 中央警官学校刊，［1912?—1949?］.--134 页；17cm　　［重图］

本书有国家总动员法、水陆交通统一检查条例、民用空运统一检查实施规则、全国铁路公路水路驿路沿线交通治安维护奖惩办法等内容。

码头警察服务要则 / 余晋龢编 .-- 青岛：青岛市公安局警士教练所刊，民国 21 年［1932］.--34 页：图；26cm　　［国图］

本书为青岛市公安局警士教练所的讲义。

农林警察 / 周恺编 .-- 杭州：浙江省警官学校刊，民国 20 年［1931］.--354 页；22cm　　［南图］

浙江省警官学校讲义，第 2 期。

14 犯罪学

14.1 总论

犯罪社会学 / 李剑华著 .-- 上海：上海法学编译社刊，民国 24 年［1935］.--236 页；21cm ［津图，国图，首图，赣图］

.-- 上海：会文堂新记书局刊，民国 24 年［1935］.--236 页 ［陕图，浙图］

.-- 再版 .-- 上海：上海法学编译社刊，民国 26 年［1937］.--236 页；21cm ［国图，辽图］

.--2 版 .-- 上海：会文堂新记书局刊，民国 26 年［1937］.--236 页；19cm ［南图，北大，西南政法］

.-- 影印本 .-- 上海：会文堂新记书局刊，民国 26 年［1937］.--236 页；21cm ［南图］

分上、中、下 3 编。上编为绪论，分析犯罪现象，阐明犯罪学的产生和任务；中编为犯罪原因之社会学的研究，从气候、地理、灾荒、贫穷、失业、教育、家庭、迷信、奸淫、烟毒、饮酒赌博、奢侈、遗传、年龄、性别等方面分析犯罪原因；下编为犯罪的对策，包括刑事对策。

犯罪学 / 李剑华著 .-- 上海：上海法学编译社刊，民国 20 年［1931］.--14，148 页：表；21cm ［津图，国图，浙图，中图］

.-- 再版 .-- 上海：上海法学编译社刊，民国 20 年［1931］.--14cm ［馆藏地不详］

.-- 影印本 .-- 上海：上海法学编译社刊，民国 21 年［1932］.--148 页；21cm ［南图］

.--3 版 .-- 上海：上海法学编译社刊，民国 21 年［1932］.--148 页；20cm ［国图，上图，北大］

.-- 上海：上海法学编译社刊，民国 22 年［1933］.--148 页：表；21cm ［上图，津图，吉图，首图，重图，北大］

.-- 上海：上海法学编译社刊，民国 23 年［1934］ ［馆藏地不详］

.-- 上海：上海法学编译社刊，民国 25 年［1936］.--148 页；22cm ［北大，国图］

.--7 版 .-- 上海：上海法学编译社刊，民国 26 年［1937］.--14cm ［馆藏地不详］

.--7 版 .-- 上海：会文堂新记书局刊，民国 26 年［1937］.--148 页：表；21cm ［上图，陕图］

分 7 章。讲述了犯罪学的历史、任务、研究方法，以及犯罪的概念、分类、原因及对社会的影响，提出了救治犯罪的方法、措施等。附录犯罪学家及其文献。法学丛书。

犯罪学 / 陈文藻，孙晓楼著 .-- 上海：犯罪学研究会刊，民国 23 年［1934］.--140 页；23cm　［南图，上图，厦大］

师范学校教本。共 11 章。讲述了犯罪的原因，包括自然环境、社会环境、文化、生理、心理、经济等方面的原因，以及预防犯罪等。

犯罪学 / 王克继著 .-- 浙江武康：群益书局刊，民国 25 年［1936］.--216 页；20cm　［浙图，北大，上图，南图］

共 7 章。包括犯罪、犯罪的原因、犯罪之影响于社会现象、犯罪之心理现象的研究、犯罪和司法制度的关系、犯罪之救治、犯罪学。法学丛书。

犯罪学 / 张良修著 .-- 广州：中山大学刊，民国 25 年［1936］.--1 册　［中山大学］

犯罪学 / 卢政纲编 .-- 福建省警官训练所刊，民国 26 年［1937］.--78 页；19cm　［南图］

犯罪学 / 周又溪编 .-- 重庆：成丰印刷厂印刷，民国 36 年［1947］.--150 页；21cm　［赣图］

犯罪学大纲 / 梁经枚讲；湖南省地方行政干部训练团编 .-- 湖南：湖南省地方行政干部训练团刊，民国 31 年［1942］.--22 页；19cm　［重图］

犯罪学大纲 / 刘仰之著 .-- 上海：大东书局刊，民国 35 年［1946］.--232 页；22cm　［首图］
.-- 再版 .-- 上海：大东书局刊，民国 35 年［1946］.--232 页；22cm　［国图，重图，津图，人大，皖图，黔图］
.--3 版 .-- 上海：大东书局刊，民国 36 年［1947］.--232 页；20cm　［国图，浙图，南图，吉图］
.-- 影印版 .-- 上海：大东书局刊，民国 36 年［1947］.--232 页；21cm　［南图，上图］

共 6 章。前 2 章讲述了犯罪的定义、分类，犯人与犯罪，犯罪构成学说，以及构成犯罪的社会与自然环境、个人的原因；第 3 至第 4 章讲述了犯罪对于民族、国家的影响；第 5 至第 6 章讲述了犯罪学的产生和任务及犯罪学的理论，包括犯罪人类学、精神病理学、犯罪生物学、犯罪社会学的理论及动力学的犯罪观。

犯罪学概论 / 鲍如为著 .-- 上海：大东书局刊，民国 22 年［1933］.--88 页：表格；19cm　［国图，上图，津图，湘图，赣图］

分 5 章。第 1 章绪论，概述了犯罪及犯罪学的定义、犯罪学史及研究对象等；其余各章分别从政治、经济、都市乡村、自然环境等方面分析研究了犯罪。社会科学基础丛书，第 1 种。

犯罪学纲领 / 杨瑞麟编 .-- 中央警

官学校研究部刊，民国36年[1947].--18页；19cm　［重图］

犯罪学及刑罚学/（美）齐林（J.L. Gillin）著；查良鉴译.-- 上海：商务印书馆刊，民国25年[1936].--3册（1313页）：表格；18cm　［上图］
.-- 长沙：商务印书馆刊，民国27年[1938].--3册（1313，42页）；18cm　［国图，重图，浙图，西南政法，黑图］
.-- 影印本.-- 长沙：商务印书馆刊，民国27年[1938].--3册（1313，42页）；18cm　［南图］

汉译世界名著。

犯罪学及刑罚学/（美）齐林（J.L. Gillin）著；查良鉴译.-- 上海：商务印书馆刊，民国26年[1937].--6册（1313，42页）；18cm　［国图，重图，浙图，津图，大连］

分犯罪学和刑罚学2卷。上卷犯罪学，包括犯罪与犯罪问题、犯罪的构成2编，研究了罪与罪犯的定义及犯罪的各种原因；下卷刑罚学，包括刑罚史、近代刑罚制度、司法上的工具3编，叙述了刑罚的沿革及理论，介绍了各国的刑罚制度及警察、法院等。万有文库，第2集，第150种。汉译世界名著。

犯罪学讲义/张宪昌讲述；中央警官学校第4分校警官班编.-- 中央警官学校第4分校警官班刊，民国36年[1947].--126，54页；19cm　［公安大学］

附监狱学讲义，54页。

犯罪学教程/宪兵学校审编.-- 重庆：宪兵学校刊，民国31年[1942].--190页；19cm　［重图］

为该校学员修习本。绪论概述了犯罪现象，犯罪学的产生、任务；正文分关于犯罪原因之社会的研究、关于犯罪的几个对策2编。

犯罪学研究/孙雄著.-- 昆明：中华书局刊，民国28年[1939].--274页：表；23cm　［津图，黔图，国图，浙图，上图，首图，赣图］
.-- 上海：中华书局刊，民国28年[1939].--274页；24cm　［重图］

共5编。前4编论述了犯罪与犯罪学、犯罪的分类及原因、犯罪的救治与预防等；第5编为附录，包括比利时犯罪学之理论与实验、苏联犯罪学研究之迈进、法国之种族犯罪学等5章。附国民政府统计局入监人犯1936年12月份统计18表。

朗伯罗梭氏犯罪学/（意）朗伯罗梭（C.Lombroso）编著；刘麟生译.-- 上海：商务印书馆刊，民国11年[1922].--431页；19cm　［重图，津图，湘图，国图，上图，首图］
.-- 再版.-- 上海：商务印书馆刊，民国17年[1928].--431页；20cm　［重图，赣图，首图］
.-- 上海：商务印书馆刊，民国18年[1929].--2册（227，204页）；18cm　［上图，国图］
.-- 国难后1版.-- 上海：商务印书馆刊，民国22年[1933].--431页；19cm

［南图，国图，上图］

.-- 国难后 2 版 .-- 上海：商务印书馆刊，民国 24 年［1935］.--10，395 页；19cm ［国图，浙图］

.-- 长沙：商务印书馆刊，民国 28 年［1939］.--2 册（227，204 页）；18cm ［上图］

.-- 影印本 .-- 上海：商务印书馆刊，民国 22 年［1933］.--11，431 页；21cm ［南图］

本书分犯罪原因论、犯罪之预防法及治疗法、综合论与应用论 3 编。著者主张按照罪犯本身而不按罪恶来刑罚。认为罪犯渊源有二，一为遗传性，一为堕落性，前者如身体上的缺点及心灵上的物质隔世遗传等，后者如身体未完全发育及疾病等，即病理原因。社会经济丛书。

伦勃罗梭犯罪人论 /（日）水野鍊太郎著；徐天一译；刘芦隐校编 .-- 南京：立法院编译处刊，民国 18 年［1929］.--166 页；22cm ［南图，吉图，津图，重图，浙图，上图，中图，北大，国图，赣图］

.-- 上海：民智书局刊，民国 18 年［1929］.--166 页；19cm ［南图］

根据伦勃罗梭的女儿和研究助手琴娜所著伦勃罗梭的犯罪人一书写成。共分 7 章。第 1 章绪论；第 2 章犯罪人各论；第 3 章犯罪的原因；第 4 章犯罪的预防、治疗；第 5 章犯罪者的调查；第 6 章刑事人类学的应用；第 7 章余论。本书第 2 至 6 章基本上是琴娜著述的译文，但著者增加了政治的犯罪、女性犯罪 2 节。

实证派犯罪学 =Positive School of Criminology/（意）阜利（EnricoFerri）编；许桂庭译 .-- 上海：商务印书馆刊，民国 25 年［1936］.--85 页；19cm ［南图，吉图，重图，黑图，津图，鄂图，湘图，陕图，浙图，上图，首图，黔图，国图］

本书为著者犯罪社会学的要点概说，包括 3 篇讲演稿，即实证派犯罪学之历史背景、实证派犯罪学之犯罪观、实证派犯罪学之犯罪政策。汉译世界名著。

刑事政策 .-- 重庆：商务印书馆刊，民国 34 年［1945］.--1 册 ［南大］

刑事政策学 / 黄右昌著 .-- 北京：北京大学刊，民国 9 年［1920］.--1 册 ［西北政法］

刑事政策学 / 山冈万之助著；何启澧译 .-- 北京：北京大学出版部刊，民国 9 年［1920］.--280 页；21cm ［浙图］

刑事政策学 / 赵韵逸著 .-- 上海：上海法政学院刊 .--130 页；26cm ［华东政法］

刑事政策学 / 郭卫著 .-- 上海：法学编译社刊，民国 22 年［1933］.--278 页；21cm ［上图，厦大，首图，辽图，国图，黔图］

分绪论、刑事学说、刑事学派概论、刑事政策之基本见解、犯罪之发生、犯罪之防压等8章。著者为刑事政策学下的定义是：关于研究人类犯罪行为如何发生、如何防止，以及关于刑事法规的制定和运用的科学。实际上就其所讲的内容看，是属犯罪学范围。书中介绍犯罪学中的人类学派、社会学派的主要观点。包括绝对说、极应主义、相对说、预防主义、契约说、道德说等。著者把犯罪的原因归结为身体、遗传、习惯、年龄、气候、地理等诸多因素，抹杀了犯罪的阶级性。法学丛书，第1种。

刑事政策学 / 范仲雄著 .-- 德光印书局刊，民国29年［1940］.--126页；19cm　［中图］

刑事政策学：监狱学 / 夏勤，贺绍章编述 .-- 北京：朝阳大学刊，民国9年［1920］.--174页；24cm　［国图］

刑事政策学大纲 / 张定夫编述 .-- 上海：上海法政学院刊，［1912?—1949?］.--60页；27cm　［国图］

上海法政学院讲义。

刑事政策学要义 / 张定夫著 .-- 上海：上海法学书局刊，民国23年［1934］.--150页；22cm　［吉图，上图，南图，国图，浙图］

分绪论、犯罪的原因、犯罪的对策3个部分。刑事政策学即研究预防犯罪和用刑及其他镇压犯罪的方法。本书提出预防方案等。

最新刑事政策学 / 郭卫著 .-- 上海：上海法学编译社刊，民国19年［1930］.--26，278页：图；21cm　［吉图，津图］

.-- 再版 .-- 上海：上海法学编译社刊，民国19年［1930］.--278页；21cm　［津图，上图，北大］

.--3版 .-- 上海：上海法学编译社刊，民国20年［1931］.--278页；21cm　［吉图，津图］

.--4版 .-- 上海：上海法学编译社刊，民国21年［1932］.--278页；20cm　［中图］

.-- 上海：上海法学编译社刊，民国22年［1933］.--278页；21cm　［吉图，津图］

.--5版 .-- 上海：上海法学编译社刊，民国23年［1934］.--278页；21cm　［首图，南图］

.--6版 .-- 上海：会文堂新记书局刊，民国26年［1937］　［馆藏地不详］

.--7版 .-- 上海：上海法学编译社刊，民国26年［1937］.--278页：图表；21cm　［重图，浙图，首图，北大］

.-- 新1版 .-- 上海：会文堂新记书局刊，民国38年［1949］.--26，278页　［北大］

分绪论、刑事学说、刑事学派概论、刑事政策之基本见解、犯罪之发生、犯罪之防压等8章。法学丛书。

犯罪浅说 / 韦端民著 .-- 盐城：肇基书局刊，民国28年［1939］.--60页；19cm　［国图］

分3个部分。概述了犯罪、犯罪的体系、犯罪学的演进、犯罪学的研究方法、犯罪学在社会科学中的地位，以及犯罪行为、犯罪行为之责任的分析、犯罪的类别和原因、犯罪问题的解决、道德与犯罪的关系等。

犯罪社会学 /（日）胜水淳行著；郑玑译 .-- 上海：北新书局刊，民国 18 年［1929］.--216 页；19cm ［南图，重图，津图，上图，首图，陕图，中图，国图］

共 11 章。包括犯罪研究的对象、犯罪社会学的概念、犯罪社会学的研究法、社会生活及其目的、犯罪的诸方面的观察、犯罪的性质、犯罪及其影响、犯罪发生的条件、犯罪的原因、对于犯罪的刑罚等。社会科学丛书。

犯罪学大纲 / 许鹏飞著 .-- 上海：大学书店刊，民国 23 年［1934］. 284 页；22cm ［浙图，南图，人大，厦大，国图］

分 4 编。包括概论、原因论、影响论、救治论。法律丛书。

北京犯罪之社会分析 / 严景耀著 .-- 北平：燕京大学社会系刊，民国 17 年［1928］.--45 页；27cm ［津图］

系燕大社会学系学生在两个监狱调查犯罪原因的分析报告。

北京司法部犯罪统计的分析 / 张镜予著 .-- 北平：燕京大学社会系刊，民国 17 年［1928］.--66 页；26cm ［北大，上图］

分析的项目有中国犯罪的数目问题、犯罪的地域分布、犯罪的类别、犯罪的年龄分配、犯罪的两性分配、犯罪与家庭状况等。原载社会学界第 2 卷（1928 年 6 月）。燕京大学社会学系出版物，丙组第 11 号。

北京司法部犯罪统计的分析 / 张镜予著 .-- 北平：燕京大学社会系刊，［1928—1931］.--1 册；25cm ［北大］

燕京大学社会学系出版物；丙组第十一编—第十二编；第二十七编—第三十三编；第三十五—第四十一编。

变态行为 / 孙雄编著 .-- 上海：世界书局刊，民国 28 年［1939］.--182 页；19cm ［重图，湘图，国图，上图，赣图］

研究因精神病、变态行为而犯罪及犯罪心理学的专著。包括通论、分论、犯罪人精神能力与讯问关系 3 编。概述变态行为与精神病犯罪，列举违反自然法则的行为，以及应由国家惩罚的各种行为。阐明犯罪及犯罪心理学的定义，分析犯罪的心理和环境，并概括 5 种类型犯罪，即病性犯罪、生来性犯罪、习惯性犯罪、偶发性犯罪、感情性犯罪。附美国犯罪学者齐林对于精神病患者主张的社会策略。

犯罪研究 .--40 页；17cm ［中图，重图］

中央警官学校第二分校讲义摘要。

犯罪研究讲义 / 刘仰之编 .-- 重庆：中央警官学校刊，［1941?—1945?］.--242 页；18cm ［国图，陕图］

分犯罪的概念、犯罪的原因、犯

罪对国家的影响 3 章。著者认为，贫困者犯罪自然多于有产者，并列举金华、瑞安、萧山等地的犯罪统计，说明他这一结论。

犯罪研究资料 / 郭卫著 .-- 重庆：中央警官学校刊，［1912?—1949?］.--50 页；19cm　［重图］

分析了中外社会各种情况，列表对比，阐明了犯罪的根本原因。中央警官学校讲义。

犯罪原因之研究 / 程载之编 .-- 无锡：无锡县学术研究会刊，民国 27 年［1938］.--64 页；19cm　［南图］

共 3 章。包括绪论、犯罪发生之根本原因、犯罪发生之临时动机。

教唆犯论 / 耿文田著 .-- 上海：商务印书馆刊，民国 24 年［1935］.--80 页；19cm　［国图，上图，浙图，南图，吉图，重图，湘图，首图，北大，中山大学，黑图，赣图］

共 12 章。前 5 章论述教唆犯的定义、构成要件、性质分类及教唆方法等；第 6—9 章，论述教唆犯的成立、教唆犯与其他犯罪的比较及教唆犯各种形态；最后 3 章对教唆犯问题进行讨论。著者认为教唆犯是教唆他人使其发生犯意而实施犯罪者。百科小丛书。

经济与犯罪 / 谭友谷著 .-- 杭州：浙江警官学校刊，民国 25 年［1936］.--327 页；20cm　［浙图，南图］
.-- 长沙：商务印书馆刊，民国 29 年［1940］.--327 页；21cm　［重图，湘图，国图，赣图，浙图，上图］
.-- 再版 .-- 香港：商务印书馆刊，民国 29 年［1940］.--327 页；20cm　［国图，上图］

介绍了中外各国经济犯罪情况，论述了经济与犯罪的关系，包括贫穷、资产、职业、无业、失业、食物、灾荒等与犯罪的关系，提出了预防犯罪的方法。

蛮族社会之犯罪与风俗 /（波兰）Malinowski 著；林振镛译 .-- 上海：华通书局刊，民国 19 年［1930］.--142 页：图像；19cm　［南图，重图，津图，国图，上图］

分上、下卷。上卷野蛮的法律与秩序，收入有风俗自动服从性问题、经济义务的拘束力、风俗律例之定义与其类别等 13 章；下卷蛮族之犯罪与其施罚，收入有犯法与赎罪问题、法律制度之冲突等 4 章。介绍新几内亚东北特洛布陇岛上的马来人犯罪处理办法、他们的风俗及社会制度。

性与犯罪 / 周光琦编著 .-- 重庆：正中书局刊，民国 25 年［1936］.--158 页：图；19cm　［津图，吉图，首图］
.-- 南京：正中书局刊，民国 25 年［1936］.--158 页：图；19cm　［重图，浙图，国图，陕图，南图］
.-- 再版 .-- 金华：正中书局刊，民国 31 年［1942］.--158 页；19cm　［重图］
.--4 版 .-- 重庆：正中书局刊，民国 32 年［1943.11］.--158 页：图；19cm　［赣图］

.-- 沪 1 版 .-- 上海：正中书局刊，民国 36 年［1947］.--158 页：图；18cm ［国图，浙图，中图］

内容有性与犯罪的关系、性与犯罪的研究、古代贞操与性的犯罪、贞操破坏与性的犯罪、古代性的犯罪之制裁及其刑罚、现代性的犯罪之制裁及其刑罚。正中科学知识丛书。

证据法要论 / 周荣编著 .-- 上海：商务印书馆刊，民国 25 年［1936］.--260 页；19cm ［南图，重图，湘图，浙图，首图，国图］
.-- 再版 .-- 上海：商务印书馆，民国 26 年［1937］.--260 页；19cm ［馆藏地不详］

证据法学。中国的证据法采用自由心证主义，英、美则采法定证据主义。本书共 11 章。除绪论讲述证据的定义及证据法的性质、范围、学说、分类外，分举证责任、证据调查、人证、鉴定、书证、勘验、证据保全、证据的评说等专题研究。以本国证据法为根据，略述英美证据法。每章末附中外判例。新时代法学丛书。

证述心理学 / 吴南轩讲 .-- 盐务缉私督察人员训练班刊，民国 24 年［1935］.--58 页；19cm ［南图，国图］

审判心理学。分 5 章。从心理学角度分析证人供述的特点，判断证人供述是否准确，研究审判心理与犯罪心理。

证物处理须知 .-- 民国 36 年［1947］.--26 页；21cm ［赣图］

罪犯汇编 / 夏全印编 .-- 南京：宜春阁印刷局，民国 19 年［1930］.--92 页 ［陕图，吉大］

罪犯情绪态度和个性倾向的实验研究 / 萧孝嵘编 .-- 国立中央教育学院心理学系 .--44 页 ［陕图］

14.2 犯罪心理学

犯罪心理 / 虞淑庄著 .-- 上海：私立沪江大学文学院社会学系刊，民国 26 年［1937］.--150 页 ［陕图］

犯罪心理讲义 / 心灵科学书局编 .-- 上海：心灵科学书局刊，民国 22 年［1933］.--122 页；19cm ［南图，国图］

共 12 章。包括犯罪心理学、犯罪之发生、自然犯罪与人为犯罪、犯罪者之种类、病理之犯罪、生来的犯罪者、习惯的犯罪者、偶发的犯罪者、感情的犯罪者、社会适应性、犯罪行为之过程、年龄与犯罪。

犯罪心理学 /（日）寺田精一编著；张廷健译 .-- 上海：商务印书馆刊，民国 16 年［1927］.--126 页；18cm ［国图，上图，南图，重图，津图，鲁图，赣图，中图，首图］

共 12 章。分犯罪心理学（犯罪心理学的定义、客观的犯罪心理学、主观的犯罪心理学及犯罪心理学研究法等）、犯罪的发生、自然犯罪与人为犯罪、犯罪人的种类、病理的犯罪者、偶发的犯罪者、感情的犯罪者、社会适应犯罪行为的过程、年龄与犯罪等。百科小丛书，第124种。

犯罪心理学／（日）寺田精一编著；吴景鸿译述.-- 上海：上海法学编译社刊，民国21年［1932］.--468页：图；20cm　［津图］

.-- 上海：上海法学编译社刊，民国22年［1933］.--468页；21cm　［津图，首图，南图，上图，国图］

.-- 影印本.-- 上海：上海法学编译社刊，民国22年［1933］.--468页；21cm　［南图］

根据日本寺田精一的犯罪心理学一书译述，内容与原著有很大不同。除绪论外，共分12章。第1章概述了犯罪的发生；第2章分析了人对于一定的刺激所引起的先天的反应作用（即本能），以及社会适应性与环境；第3章介绍了各种遗产；第4至7章讲述了各种异常情况，包括知能、感情、意志、性欲等异常；第8至11章讲述了模仿与犯罪、多数人与犯罪、年龄与犯罪、气候与犯罪的关系；第12章介绍了观察犯罪行为过程的经验。法学丛书。

犯罪心理学／（日）寺田精一原著；吴景鸿译.-- 上海：上海法学编译社刊，民国22年［1933］.--468页；21cm　［北大，南大］

法学丛书。

犯罪心理学／郑国屏编著.-- 中华指纹学会广东分会刊，民国22年［1933］.--38页；27cm　［南图］

介绍了犯罪心理学之概念及其研究法、犯罪人之种类、犯罪行为之心理的经过。中华指纹法学练习所讲义录。

犯罪心理学／光晟著.-- 司法行政部法官训练所刊.--1册　［北大］

犯罪心理学大纲／杨瑞麐著.-- 昆明：云南开智公司刊，民国28年［1939］.--284页；19cm　［云南公安］

审判心理学／周定枚著.-- 重庆：中央训练团刊，民国33年［1944］.--30页：表；19cm　［南图］

共5章。分为心理学概说、犯罪心理与审判之关系、证人供述之心理、事实诊断法、意思行为等。

审判心理学大意／（德）马勃（K.Marbe）著；陈大齐译.-- 上海：商务印书馆刊，民国11年［1922］.--194页；19cm　［重图，湘图，浙图，首图，南图，西南政法，国图，赣图］

.-- 上海：商务印书馆刊，民国14年［1925］.--194页；19cm　［吉图］

.-- 上海：商务印书馆刊，民国19年［1930］.--194页：图；20cm　［首图］

.--4版.-- 上海：商务印书馆刊，民国21年［1932］.--194页；19cm　［吉图］

.-- 国难后第1版.-- 上海：商务印书馆刊，民国21年［1932］.--194页；19cm　［吉图，上图］

著者为德国费尔滋堡大学教授兼

心理学研究所主任。1913年5月在德国某邦司法部高级司法官讲习会主讲审判心理学，本书是著者的讲义稿。分心理指南、犯罪心理学及审判心理学、证人供述之心理、心理现象在审判上的意义、事实诊断法、意志行为等8章。尚志学会丛书。

14.3 对策学

保安处分论 / 黄得中著 .-- 上海：好望书店刊，民国24年［1935］.--1册 ［国图，北大］

防犯的理论与实际 / 李时雨著 .-- 上海：光华出版社刊，民国34年［1945］.--12页；19cm ［上图］

结合上海防犯工作的实际，论述了防止犯罪的基本观念，防犯工作的性质、特点，推行防犯的必要工作等。

少年犯罪之刑事政策 / 赵琛著 .-- 长沙：商务印书馆刊，民国28年［1939］.--232页；19cm ［津图，国图，赣图，上图，首图］

.-- 重庆：商务印书馆刊，民国34年［1945］.--230页；18cm ［南图，重图，黔图，湘图，国图］

.-- 上海：商务印书馆刊，民国26年［1937］.--232页；18cm ［浙大］

共分9章。前3章讲述少年犯罪的定义、各国少年犯罪情况简介、阐述对少年犯罪研究的必要性；第4—6章，分析少年犯罪的原因、动机、外遇等问题；余章则研究对少年犯罪的刑事立法及司法、社会等方面的政策。百科小丛书。

世界刑法保安处分比较学 / 翁腾环著 .-- 上海：商务印书馆刊，民国24年［1935］.--728页；22cm ［南图，吉图，重图，晋图，湘图，国图，首图］

保安处分是有些国家刑法中规定的一种社会防卫处分。保安处分以所谓感化教育、监护处分、流放等为主。适用于少年人、精神病人、吸毒者、累犯及被政府认为妨害国家与社会的人等。本书分总论和分论。总论概述保安处分的一般概念，分论则将世界各国之各种保安处分详加比较，并对中外的保安处分学说进行评述。书前冠序一等。

刑法上之保安处分 / 黄得中著 .-- 北平：国立北平大学法商学院刊，民国24年［1935］.--198，26页；20cm ［津图，国图，浙图，首图］

保安处分是刑罚以外，用以补充或代替刑罚的维护社会治安的一种措施。保安处分的内容与范围的标准不是由犯罪行为决定的，而是由行为者的危险性的有无与深浅来决定的，就是说，保安处分适用对象不限于有犯罪行为的人，也包括有犯罪嫌疑或妨碍社会秩序嫌疑的人，因此反动统治者往往利用保安处分的规定来破坏革命者。本书概述保安处分的发展和社会依据，各学派的观点，以及刑罚与保安处分的区别和各种保安处分的规定。附德国保安矫正处分法上的“去势”等。

15　监狱学

15.1　监狱管理总论

监狱学 / 贺国昌，萧仲祁编辑 .-- 东京：东京并木活版所刊，［1905］.-- 160 页；22cm　［首图］

监狱学 / 廖维勋编辑 .-- 政法学社刊，［1907］.--182 页；23cm　［首图］

监狱学 / 熊元翰编 .-- 北京：安徽法学社刊，民国元年［1912］.--433 页　［津图］
.--3 版 .-- 北京 .--433 页　［馆藏地不详］
.--4 版 .-- 北京 .--433 页；21cm　［首图，重图］

分总论、犯罪、刑罚 3 编。所附监狱律为草案，共 241 条。法学丛书，第 18 种。

监狱学 / 廖维勋编 .--183，160 页；21cm　［重图］

本书为监狱学（廖维勋编）、监狱学（日本小河滋二郎口授，贺国昌、萧仲祁编）合订。

监狱学 / 刘英山编著 .-- 复印本 .-- 北京：蜀社印，民国 3 年［1914］.--1 册　［西北政法］

监狱学 / 王元增著 .-- 北京：京师第一监狱刊，民国 6 年［1917］.--368 页　［国图，辽图，浙图，南图，北大］

附京师第一监狱全图及美国伊利诺伊州监狱图。

监狱学 / 贺绍章讲述；朝阳大学编 .-- 朝阳大学校刊，民国 11 年［1922］.--90，386 页；24cm　［赣图］

监狱学 / 王元增著 .-- 北京：京师第一监狱刊，民国 13 年［1924］.--368 页；23cm　［浙图，南图，国图，北大］
.-- 北京：朝阳大学刊，民国 16 年［1927］.--190 页；21cm　［北大］

分 13 章。包括监狱的沿革、万国监狱会议、犯罪、刑罚、执行自由刑的方法、刑责无能力者、犯罪的预防、监狱构造法、监狱管理法、监狱监督权及监狱会计、统计、感化教育。朝阳大学法律科讲义。

监狱学 / 北京大学编 .-- 北京：北京大学刊 .--152 页　［华东政法］

监狱学 / 胡逸民编述 .-- 上海：大

陆印书馆刊，民国 19 年［1930］.--296 页；21cm　［上图］

内容包括监狱学及陆海空军监狱条例草案、陆海空军监狱处务规则草案、监狱看守服务规则、陆海空军刑法、陆海空军审判条例、陆海空军惩罚令草案等。

监狱学 / 朱士斌编著 .-- 杭州：浙江省警官学校刊，民国 19 年［1930］.--90 页；20cm　［上图，中图］
.-- 杭州：浙江省警官学校刊，民国 21 年［1932］.--192 页；20cm　［上图，中图］

分 10 章。概述了监狱定义、种类、沿革及管理等。浙江省警官学校，第 2 期讲义。

监狱学 . 第 3 册 / 大东书局法律函授学社编 .-- 上海：大东书局刊 . 44 页　［上图］

本册为监狱学全书的第 9 章（监狱教育）至第 13 章（犯罪）。法律函授学社讲义。

监狱学 / 上海法政学院编 .-- 上海：上海法政学院刊［1931］.--254 页　［上图］

介绍了狱制沿革史、监狱学、监狱法讲义、狱事谈、狱务览要、监狱法提要、欧美监狱制度等。

监狱学 / 施行泽著 .-- 杭州：浙江高等警监学校刊 .--178，16 页；21cm　［上图］

共 10 章。讲述了监狱的定义、沿革、犯罪与刑罚等。附监狱作业论一文。

监狱学 / 赵琛编著 .-- 上海：上海法学编译社刊，民国 20 年［1931］.--358 页：图表；20cm　［北大，浙图，国图，华东政法，津图，上图］
.-- 再版 .-- 上海：上海法学编译社刊，民国 21 年［1932］.--358 页；20cm　［浙图，津图］
.-- 上海：上海法学编译社刊，民国 22 年［1933］.--358 页；21cm　［北大，浙图，津图］
.-- 上海：会文堂新记书局刊，民国 22 年［1933］.--358 页　［陕图，西南政法］
.-- 影印本 .-- 上海：上海法学编译社刊，民国 22 年［1933］.--16，358 页；21cm　［南图，上图］
.--4 版 .-- 上海：会文堂新记书局刊，民国 23 年［1934］.--358 页：图；21cm　［国图］
.-- 上海：上海法学编译社刊，民国 26 年［1937］.--358 页；20cm　［南图］
.--6 版 .-- 上海：会文堂新记书局刊，民国 26 年［1937］.--358 页：图；21cm　［国图］
.-- 会文堂新记书局刊，民国 37 年［1948］　［西南政法］

分绪论、监狱与监狱学、监狱史及监狱学史、犯罪与刑罚、监狱之主体与客体、监狱之制度、犯罪之预防、监狱构造法 8 编。法学丛书。

监狱学 / 李剑华著 .-- 上海：中华书局刊，民国 25 年［1936］.--258 页；19cm　［吉图，辽图，津图，国图，

上图，首图，陕图，西南政法，北大，浙图，中图，西北政法，华东政法，赣图]

共21章。介绍监狱与监狱学，中国监狱状况、种类、制度、构造、组织、管理等。附录和监狱学有关之各种文件。

监狱学 / 孙雄编著 .-- 上海：商务印书馆刊，民国25年[1936].--286页：图；22cm [国图，陕图，上图，首图，北大馆，南图，吉图，湘图，浙图，中图，西南政法，华东政法，赣图]
.-- 影印本 .-- 上海：商务印书馆刊，民国25年[1936].--10，286页；26cm [南图]

共6编。第1编监狱学通论，叙述监狱学的概念、监狱的性质、中外监狱的沿革及中国监狱的改良经过等。其余各编分别讲述监狱的制度、构造、教育，以及历次国际监狱会议的议案等。

监狱学 / 张良修著 .-- 广州：中山大学刊，民国25年[1936].--1册 [中图]

民国二十五年（1936）国立中山大学法学院讲义。

监狱学 / 李友仁讲述 .-- 重庆：中央训练团刊，民国33年[1944].--44页；19cm [国图，南图]

分绪论、本论。绪论讲述了监狱与监狱学、各国监狱制度的沿革等；本论讲述了监狱制度、建筑、管理等。中央训练团军法人员训练班讲义。

监狱学表解 / 王毓炳编 .-- 上海：科学书局刊，民国2年[1913].--60页；17cm [上图，闽图]

包括犯罪、刑罚等15章表解。法律政治经济学表解丛书。

监狱学大纲 / 蔡枢衡著 .-- 北京：北京大学刊 .--134页；23cm [首图]

监狱学概要 / 郑爰诹编著 .-- 上海：世界书局刊，民国18年[1929].--93页；15cm [浙图，南图，厦大，重图，津图，国图]

分10章。以问答体形式，讲述了监狱的定义，执行自由刑的方法，监狱的建筑、管理、监督权、统计、教育等。“考试准备”政法概要丛书。

监狱学纲要 / 徐朗容编著 .-- 上海：上海法学社刊，民国18年[1929].--152页；15cm [上图，津图]

共16章。介绍了监狱史、各国监狱、万国监狱会议，以及监狱组织、预防犯罪方法、监狱管理等。考试丛书。

监狱学及实务 / 京师第一监狱编 .-- 北京：京师第一监狱 .--92页 [中山大学]

监狱学讲义 / 杜灵俊编述 .-- 上海：上海法政学院刊 .--254页；27cm [上图]

包括泛论6章、各论15章。附监狱法令。

监狱学教程 / 宪兵学校编 .-- 重庆：宪兵学校刊，民国 31 年［1942］.--93 页；19cm　［上图］

附监狱规则、国际刑法会修正囚犯待遇最低标准规则等。

监狱学教程 / 宪兵学校审编 .-- 重庆：宪兵学校刊，民国 28 年［1939］.--66 页；26cm　［馆藏地不详］

.-- 重庆：宪兵学校刊，民国 31 年［1942］.--178 页；19cm　［国图，重图］

共 21 章。分监狱与监狱学、监狱种类、制度、组织、管理、出狱人保护问题等。附监狱规则、国际刑法会修正囚犯待遇最低标准规则等。

监狱学精义 / 蒋士杰著 .-- 绍兴：绍兴法政学堂刊 .--126 页；20cm　［上图］

绍兴法政学堂讲义。共 14 章，用文言文叙述。

监狱学要义 / 康焕栋著 .-- 上海：上海法学书局刊，民国 23 年［1934］.--110，20 页；22cm　［国图，上图，南图，西南政法］

分绪论、监狱的定义、监狱的种类、监狱的历史、犯罪及犯罪者、刑罚、行刑制度、监狱构造法、监狱官任用法、看守训练法等 10 章。附监狱规则。

监狱学总论 /（日）小河滋次郎讲授；刘英山编 .-- 北京：蜀社刊，民国 3 年［1914］.--390 页；20cm　［重图］

封面题名：监狱学。

监狱制度论 / 芮佳瑞编著 .-- 上海：商务印书馆刊，民国 23 年［1934］.--11，191 页：表；19cm　［南图，吉图，重图，津图，湘图，国图，上图，西南政法，辽图，黑图，赣图］

分 4 编。第 1 编总论，概述了监狱制度的定义、种类及演进；第 2 编各论，分别论述了监狱的杂居制、分房制、阶级制、自治制、不定刑期制、家庭制、军队制及学校制；第 3 编结论，分别叙述了丹麦、瑞士、比利时、意、英、德、美、日等 12 国监狱制状况及我国狱制史；第 4 编附录，包括司法行政部改良狱方案等 3 种。新时代法学丛书。

刑事政策学 · 监狱学 / 夏勤，贺绍章编述 .-- 北京：朝阳大学刊，民国 9 年［1920］.--174 页；23cm　［馆藏地不详］

刑事政策学为夏勤著，讲述了犯罪预防的理论和实际运用；监狱学为贺绍章著，讲述了犯罪、刑罚、监狱之主客体、种类、囚禁制、假释及犯罪预防等。

监狱警察讲义录 /（日）新藤银藏讲授 .-- 东京：警监研究社刊，民国 6 年［1917］　［馆藏地不详］

共 17 章，讲授侦探学的知识。附录日本各政治机关参观详记。

监狱作业论 /（日）小河滋次郎著；徐金熊译 .-- 东京：警监学校刊，民国 14 年［1925］.--93 页；21cm　［华东政法］

附监狱作业规程。

司法部暂定各县实施监犯教育计划书 / 张筌溪参定；司法部编 .-- 司法部刊 .--8 页; 27cm　　［国图,法研所］

司法与监狱之改良及管理 / 杨兆龙讲 .-- 警政组刊，民国 26 年［1937］.--144 页：表；22cm　　［国图，南图］

分 2 章。论述了司法及监狱、看守所以外的司法制度之弊，提出了改革方案，指出了监狱之缺点和改良措施等。

童犯查验制度研究 / 张少微著 .-- 上海：光华大学刊，民国 26 年［1937］.--5 页；27cm　　［南图］

刑事件数计算规则（司法部训令第 239 号）.-- 北京监狱刊 .--2 页　［法研所］

刑事统计年表记载规则：司法部训令第240号.-- 北京: 北京第一监狱刊，民国 2 年［1913］.--12 页　　［法研所］

刑事统计年表填载方法 .-- 北京：京师第一监狱刊 .--1 册　　［法研所］

折狱新语十卷 / 李映碧著 .-- 上海: 中央书店刊，民国 24 年［1935］.--194 页　　［人大］

15.2　监狱管理法规

监狱律草案 .--270 页；23cm　［首图］

独逸监狱法 / 柳大谧编 .--4 版 .-- 天津：丙午社刊，民国 2 年［1913］.--331 页；22cm　　［中图］

原书 1897 年出版，是当时日本唯一讲述欧西各国监狱法的著作。编者据日人小河滋次郎口述编译。分前编、后编两部分。前编包括犯罪及刑罚、犯罪防治、监狱构造及管理等；后编专述司狱官吏。

管狱员参考法令摘要 / 河北高等法院编 .-- 保定：河北高等法院刊，民国 25 年［1936］.--64 页　　［法研所］

河北疏通监狱暂行办法草案(甲) .-- 油印本，民国 25 年［1936］.--2 页；28cm　　［国图］

河北高等法院公函字第八一四九号。

监所法令 / 司法行政部监狱司编 .-- 江苏第一监狱第三科刊，民国 22 年［1933］.--430 页　　［人大］

监所看守训练所规则（司法部公布）.-- 民国 27 年［1938］.--1 册　［法研所］

监所内粮管理规则(司法部公布) .-- 民国 26 年［1937］.--1 册　　［法研所］

监所枪支保管规则（司法部公布）.-- 民国 28 年［1939］.--1 册　［法研所］

监所人员须知 .-- 民国 25 年［1936］.--12 页　［法研所］

附河北高等法院训令 3 篇。

监所职员俸津规则、修正监所看守薪饷规则 / 司法部民国 27 年 12 月 2 日公布 .-- 民国 28 年［1939］.--1 册　［法研所，人大］

监所职员任用审查暂行办法、监所职员官俸暂行规则（司法部 1940 年 3 月 1 日公布施行）.--1 册　［法研所］

监所重要法令（自 1937 年 10 月至 1944 年 9 月）.--63 页　［法研所］

监狱法 / 徐正逵著 .--160，19 页；21cm　［上图］

分绪论、监狱律（131 条）2 编。附日本监狱法施行细则。

监狱法讲义 / 周子益编著 .-- 重庆：中央警官学校刊，［194?］.--124 页；18cm　［国图，南图］

分 4 篇，包括监狱与监狱法、监狱机构、监狱制度、监狱业务。讲述了监狱法的定义、沿革，介绍了各有关制度、业务内容，并予以古今中外比较叙述。中央警官学校讲义。

监狱法令 / 司法部监狱司编辑 .-- 北京：司法部监狱司刊，民国 5 年［1916］.--156 页；26cm　［国图，上图］

辑录了 1916 年 4 月以前通行全国的法令 70 多种，其中有监狱规则（1913 年 12 月 1 日公布，103 条）、监狱处务规则（30 条）、监狱看守服务规则（149 条）等。

监狱法论 / 李卓崧编著 .-- 民国 36 年［1947］.--1 册　［中山大学］

监狱法论 / 芮佳瑞编著 .-- 上海：商务印书馆刊，民国 23 年［1934］.--354 页：图表；19cm　［国图，浙图，上图，首图，南图，津图，湘图，黑图，赣图］

分 5 编。论述了监狱及监狱法的定义，监狱法的要素，中外监狱的管辖、种类，人犯的申诉，以及监禁戒护、管理等。新时代法学丛书。

监狱各项规则汇编 / 中央陆军军官学校军官研究班编 .-- 中央陆军军官学校军官研究班刊，民国 18 年［1929］.--1 册　［南图］

监狱工厂管理法 / 芮佳瑞编纂 .-- 上海：商务印书馆刊，民国 23 年［1934］.--231 页：表；19cm.　［南图，湘图，浙图，黔图，国图］

.--2 版 .-- 上海：商务印书馆刊，民国 24 年［1935］.--231 页：表；19cm　［上图］

共 17 章。除第 1 章总论概述监狱工厂的目的、管理的意义、效率等外，其余各章分别对监狱工厂的建筑、设备、组织制度、作业方法、生活管理等加以具体介绍。附监狱工厂关系法令。新时代法学丛书。

监狱官考试暂行章程 .-- 民国 8 年［1919］.--1 册　　［国图］

监狱管理法 / 陈金度讲述 .-- 浙江：浙江高等警监学校：全浙监狱专门学校刊 .--160 页；21cm　　［上图］

分泛论 9 章，本论 5 章。

监狱规则（1913 年 12 月司令部公布） / 王元增编 .-- 司法部刊 .--136 页　　［南图，北大］

监狱规则讲义 / 王元增编著 .-- 北京：京师第一监狱刊，民国 6 年［1917］.--134，42 页；22cm　　［首图，国图］

清光绪三十四年（1908）京师法律学堂附设监狱专修科，聘日本人小河为教师，并兼订监狱律草案。民国元年（1912）十一月开办北京监狱（即京师模范监狱），1913 年 1 月颁布监狱图式，12 月颁布监狱规则共 103 条。此规则以小河监狱草案为蓝本。本书即以其为据，或直录原文或截取大意加以说明。附监狱律草案，共 240 条。

监狱作业规则 / 司法部编 .-- 北京：司法部刊，民国 9 年［1920］.--59 页：表；25cm　　［国图］

北洋政府司法部 1920 年 7 月 1 日公布施行的监狱业务工作规则，共 4 条。附各种簿式、表格。

理想之监狱制度 / 黄海明著 .-- 天成印务局刊，民国 38 年［1949］.--1 册　　［中山大学，中南财经］

修正监犯保外服役暂行办法：1938 年 1 月 30 日司法部公布 .--1 册　　［法研所］

修正监狱官任用暂行标准：1938 年司法部公布 .-- 民国 27 年［1938］.--1 册　　［法研所］

修正看守所暂行规则讲义 / 吴焕成编 .-- 保定：河北监所看守训练所刊 .--104 页　　［法研所］

修正司法官、监狱官审案委员会细则（1938 年 3 月 3 日司法部公布） .--1 册　　［法研所］

重编监所法令辑要 / 浙江高等法院编 .-- 浙江 .--318 页；19cm　　［馆藏地不详］

15.3　措施方法

京师第一监狱作业实务汇编 / 屠濂编辑 .-- 北京：京师第一监狱刊，民国 5 年［1916］.--42 页：照片；23cm　　［国图］

封面印有“嘉定王元增先生鉴定”字样。本书分 10 编介绍概况、组织及管理，汇编了有关该监狱对人犯劳动作业的管理规程、表册、制度等。所列内容自1913年12月至1918年12月止。

北京第一监狱报告：民国三十年度 / 周占元编 .-- 北京：北京第一监狱第三科刊，民国31年［1942］.--70页；27cm ［首图］

北京第一监狱前身为京师第一监狱、河北第一监狱。伪华北临时政府接管后改此名。本书为该监自1941年1月至1941年12月31日的工作报告。包括简介、各种报表、工作情况。

浙江慈溪县司法处看守所落成纪念册 / 慈溪县监所筹建委员会编 .-- 慈溪：慈溪县监所筹建委员会刊，民国38年［1949］.--22页；27cm ［馆藏地不详］

附募款征信录。

重订 . 江苏省捐款改良监狱奖励章程 .-- 民国13年［1924］.--1册 ［南图］

北京第一监狱报告：中华民国二十九年 / 周占元编 .-- 北京：北京第一监狱第三科刊，民国30年［1941］.--72页：照片；26cm ［国图］

北京第一监狱前身为京师第一监狱、河北第一监狱。伪华北临时政府接管后改此名。本书为该监自1940年1月至1940年12月31日的工作报告。包括简介、各种报表、工作情况。

北京监狱布道报告书 / 刘钖廉编 .-- 北京：京师第一监狱刊，民国7年［1918］.--60页 ［重图］

北京监狱纪实 / 王元增编 .-- 北京：北京监狱刊，民国2年［1913］.--42，78页：照片；21cm ［陕图，浙图，国图，上图］

.-- 北京：北京监狱刊，民国6年［1917］.--42，80页：照片；23cm ［重图，国图］

.-- 再版 .-- 北京：北京监狱刊，民国14年［1925］.--42，80页：图；23cm ［国图］

.-- 石印版 .--1册 ［国图］

民初的北京监狱又称京师模范监狱，宣统二年（1910）四月始建，民国元年（1912）五月二十八日司法部派员验收。本书记述了其成立经过，介绍了收监、戒护、给养、卫生、释放等对人犯的管理事项。

北平河北第一监狱报告书 / 吴峙源编 .-- 北平：河北第一监狱刊，民国25年［1936］.--52页 ［北大，国图］

北平监狱教诲与教育 / 严景耀著 .-- 北京：燕京大学社会学系刊，民国19年［1930］.--35，52页；27cm ［国图，重图，上图］

研究监狱教育的目的、历史、方法等。封面印有“见社会学界第四卷，一九二九年六月”字样。燕京大学社会学系丛书。

部辖二监试行累进制度的准备 / 司法行政部直辖第二监狱编 .-- 上海：司法行政部第二监狱刊，民国26年［1937］.--89页；20cm ［上图］

司法行政部直辖的上海第二监狱试行累进制度准备工作的报告。累进制度是按照一定程序使犯人的地位、待遇不断改善，并不断予以感化的一种监狱管理制度。

福建军人监狱之现状 / 福建军人监狱编 .-- 石印本 .-- 福州：福建军人监狱刊，民国 25 年［1936］.--56 页：照片；27cm　［国图］

该监狱办于 1934 年夏。本书包括概况、管教、各种照片、图表等。

各省监所作业会计制度 / 司法行政部编 .-- 南京：司法行政部刊，民国 35 年［1946］.--62 页；19cm　［上图，南图］

共 8 章。分会计报告、会计科目、会计簿籍、处理程序等。

河北第二监狱二十五年度工作概况报告书（1936 年） / 田立勋纂述 .-- 保定：河北第一监狱第三科发行，民国 26 年［1937］.--1 册　［法研所］

河北第二监狱纪要 / 河北第二监狱编 .-- 北平：河北第二监狱刊，民国 21 年［1932］.--14 页：图；21cm　［国图］

河北第四监狱报告书 / 吴峙沅著 .-- 保定：河北第四监狱刊，民国 23 年［1934］.--144 页：图；26cm　［国图］

摘要记载该监自 1930 年 6 月间筹备开办至 1933 年 12 月各项工作。

河北第一监狱报告书（1936 年） / 吴峙源编 .-- 保定：河北第一监狱第三科刊，民国 26 年［1937］.--48 页　［法研所，吉大］

河北第一监狱一览 / 梁锦汉编 .-- 石家庄：河北第一监狱刊，民国 18 年［1929］.--13 页：图；21cm　［国图］

京师第一监狱 1928 年更名为河北第一监狱，隶属河北高等法院。

湖北第二监狱报告 / 沈子宜编 .-- 湖北：湖北第二监狱刊，民国 24 年［1935］.--78 页：图表；27cm　［重图］

吉林第三监狱报告书 / 吉林第三监狱编 .-- 吉林第三监狱刊，民国 19 年［1930］.--1 册　［北大］

监狱出品陈列处成立始末记 / 司法部监狱司编 .-- 司法部监狱司刊，民国 10 年［1921］.--14 页：照片；26cm　［上图］

记述了该处成立前后的概况，并附照片、呈文、出品数目表、收支清单等。

监狱改良 / 行政院新闻局编 .-- 南京：行政院新闻局刊，民国 36 年［1947］.--28 页：图；18cm　［国图，浙图，上图，首图，南图，吉图，重图，津图，湘图，辽图，赣图］

概述清末至 1947 年 6 月的监狱改良史，监犯管理、生活等，有各种统计材料。

监狱改良纪要 / 王文豹编撰 .-- 民国 13 年［1924］.--20 页　［辽图，法研所］

监狱官练习要书 / 监狱研究社编 .-- 监狱研究社刊，民国 34 年［1945］　［中南财经］

监狱累进制度处遇法 / 司法行政部直辖第二监狱编 .-- 上海：司法行政部直辖第二监狱刊，民国 28 年［1939］.--90 页；21cm　［首图］

司法行政部直辖上海第二监狱试行累进制度准备工作的报告。累进制度为监狱管理的一种制度，是按照一定程序使犯人的地位、待遇不断改善，并不断予以“感化”的一种制度。

监狱卫生概要 / 胡起鹏编著 .-- 上海：商务印书馆刊，民国 24 年［1935］.--154 页：图表；19cm　［国图，浙图，上图，首图，南图，湘图，辽图，黑图，赣图］

共 6 章。根据著者管理监狱的经验，并参照欧美各国监狱卫生状况和国内情况编著。包括卫生设施、饮食、治疗等。

监狱作业论 /（日）小河滋次郎著；徐金熊译 .-- 东京：警监学校刊，民国 34 年［1945］.--102 页；19cm　［馆藏地不详］

附监狱作业规程。

建筑电白县新监狱筹备经过 / 苏萍生编 .-- 广东：电白县政府刊，民国 21 年［1932］.--162 页：照片；27cm　［上图］

介绍了该监狱筹建经过。编者是该县县长。

江苏第四监狱工作报告 / 孙雄编 .-- 南通：江苏第四监狱刊，民国 22 年［1933］.--196 页；27cm　［上图］

介绍了沿革、坐落地点、建筑形式、监房容貌、年度报告等。内含大量图片材料。

江苏第一监狱报告 / 李竹勋编 .-- 江苏第一监狱刊 .--1 册　［人大］

江苏第一监狱监犯调查之经过及其结果之分析 / 汪龙著 .-- 南京：国民政府主计处统计局刊，民国 24 年［1935］.--71 页；27cm　［上图］

包括成立之沿革、经费、内部组机、作业、教诲、收容人员、调查之动机、项目表等。附监犯调查表。

江苏上海第二特区监狱三年来工作报告 / 孙雄编 .-- 江苏：上海第二特区监狱刊，民国 26 年［1937］.--186 页；27cm　［上图］

介绍了收回与成立经过、组织与处务规程、管理、戒护、执行人犯、作业、教育等概况。

江西第一监狱纪实 / 乌立本编辑 .-- 昌明印刷局刊，民国 6 年［1917］.--150 页：图；25cm　［国图］

此监原为江西全省模范监狱、南昌监狱，1917年3月改此名。本书介绍该监建筑、设备、组织及业务概况。

教诲浅说（二卷）/邵振瑊（邵韵笙）著 .-- 江苏第一监狱印，民国15年［1926］.--2册；180，42页　［法研所］

教诲浅说（二卷）/邵振瑊（邵韵笙）著；司法行政部审定 .-- 民国20年［1931］.--2册　［法研所］

教诲浅说．上卷/邵韵笙著 .-- 南京：司法部：司法行政部刊，民国20年［1931］.--180页；20cm　［上图］

收入对监狱人犯进行感化教育的文章共60篇。

京师第二监狱报告/李竹勋编辑 .-- 北京：京师第二监狱刊，民国12年［1923］.--84页：照片；22cm　［国图，人大］

本报告介绍该监狱概况及管理。所列内容自1921年6月至1923年12月。

京师第二监狱报告书/梁锦汉编辑 .-- 北京：京师第二监狱刊，民国8年［1919］.--184页：照片；24cm　［国图，人大］

汇编有关该监对人犯劳动作业的管理规程、表册、制度。

京师第一监狱报告/王元增编 .-- 北京：京师第一监狱刊，民国4年［1915］.--106页：图；23cm　［国图，陕图，北大］

.-- 再版 .-- 北京：京师第一监狱刊，民国6年［1917］.--106页：照片；23cm　［国图］

.--3版 .-- 北京：京师第一监狱刊，民国14年［1925］.--106页：图；22cm　［国图］

北京监狱1914年10月改名为京师第一监狱，隶属司法部。报告内容包括职员、经费、制度以及人犯管理事项。

京师第二监狱报告书（1918）/梁锦汉编 .-- 北京：京师第二监狱刊，民国8年［1919］.--92页　［国图，法研所］

京师第一监狱笔记/王用宾编 .-- 民国8年［1919］.--46页　［法研所］

附改良监狱意见。

京师第一监狱教育图说/王瑞彬，汪溶编 .-- 北京：京师第一监狱刊，民国17年［1928］.--1册　［法研所］

京师第一监狱一览 .-- 民国13年［1924］.--1册　［北大］

京外改良各监狱报告录要/朱深编 .-- 北京：司法部监狱司刊，民国8年［1919］.--200页：照片；24cm　［国图，上图，津图］

民初经过改革的北洋政府监狱共有30余处，其中详细报告者13处（京师第一、二、三监狱及直隶、奉天、吉林、山东、山西、江苏、安徽、江西、浙江、湖北等十省的第一监狱），本书将其摘要汇编。凡监狱名称、位置、建筑、沿革，以及内部组织、犯人活动、管理等均有详细说明，并附平面图及各种照片。

军人监狱组织大纲 .--928 页；19cm ［重庆档案馆］

开封监狱实记 / 冯稷编 .-- 开封：开封监狱印，民国 3 年［1914］.--85 页 ［法研所］

看守须知 / 京师第一监狱编 .-- 北京：京师第一监狱刊 .--66 页；19cm ［国图］

民国初年出版物。内容包括官吏服务令、监狱规则、京师第一监狱看守服务细则等。

两次监狱出品展览会图表：1915—1919/ 司法部编 .-- 司法部刊，民国 9 年［1920］.--34 页；26cm ［上图］

各地监狱人犯手工业制品展览图片。

美国感化教育 /（英）斯宾达报告；张恺译 .--28 页；22cm ［国图，首图，上图］

介绍了美国青少年的感化教育设置及组织情况。

青岛监狱报告：1941 年度 / 邱炳烽编 .-- 青岛：即兴诚印刷局印，民国 31 年［1942］.--78 页；26cm ［国图］

入监人犯统计 / 国民政府主计处统计局编 .-- 南京：国民政府主计处统计局刊，民国 26 年［1937］.--713 页；26cm ［南图］

1935 年 7 月至 1936 年 11 月的统计。

山东第六监狱纪略 / 屠濂编 .-- 济南：山东第六监狱刊，民国 21 年［1932］.--42 页 ［法研所］

山东第五监狱报告 .-- 石印本，民国 14 年［1925］.--1 册 ［法研所］

山西第一监狱报告 / 厉家祯编 .-- 太原：山西第一监狱刊，民国 7 年［1918］.--1 册 ［政法大学］

十五国审判监狱调查记 / 王树荣校录 .-- 石印本 .-- 太原：太原监狱 .--61 页 ［西北政法］

司法部第三次监狱出品展览会暨监狱会议文件汇编 / 司法部监狱司编 .-- 北京：司法部监狱司刊，民国 13 年［1924］.--28 页 ［法研所］

司法部监狱出品展览会暨监狱会议文件汇编 / 司法部监狱司编 .-- 北京：京师第一监狱刊 .--66 页 ［法研所］

太原监狱纪要 / 许伯华编 .-- 石印本 .-- 太原：启明印刷公司，民国 2 年［1913］.--112 页 ［法研所］

五十个强盗：浙江省第二监狱罪

犯调查之分析 / 梁绍文著 .-- 佛子书屋刊，民国 21 年［1932］.--156 页：表格；19cm　［上图］

从地方、时间、气候、刑期、性别、家庭环境、父母、配偶、子女、兄弟姊妹、社会教育、职业、经济状况等各方面对犯罪问题进行了分析。

训授笔记 .-- 北京：北京第一监狱刊，［1912?—1949?］.--70 页；23cm　［国图］

根据日本人藤泽著述，介绍了监狱管理经验。附官吏服务令、监狱规则、看守服务规则。

疑狱集四卷 /（清）陈芳生撰 .-- 朱丝拦抄本 .--4 册　［国图］

由监狱实验说到监狱改良 / 汪励吾著 .-- 上海：新时代书局刊，民国 24 年［1935］.--48 页；19cm　［上图］

著者曾一度入狱，经过监狱生活以后，写本书提倡改良监狱。全书共 24 章。

狱务大全 / 孙雄编纂 .-- 上海：商务印书馆刊，民国 24 年［1935］.--19，999，24 页：表；23cm　［国图，上图］.-- 商务印书馆，民国 25 年［1936］［西南政法，山东警院］

共 7 编。第 1—3 编摘录有关监所的法条，辑录监所及与之有密切关系的法令，难懂之处有释义；第 4 编选录各监所、法院及其他机关对狱务有价值的公文材料；第 5 编为指纹概述；第 6 编辑录监狱教育的各种专题讲演词及适用监狱所播放的乐谱；第 7 编为簿册用纸格式。附各省新监一览表及监狱法草案、看守所法草案。

狱务类编 / 王元增编 .-- 北京：北京监狱刊，民国 2 年［1913］.--230 页：图；23cm　［国图］

收录了当时通行全国的监狱规则、命令、草案等。

摘译英国监狱报告 / 谢澜译 .--10 页；26cm　［上图］

介绍了英国监狱概况，包括教育、管理、待遇、监狱工业及地方等。

折狱奇闻：四卷 .-- 线装本 .-- 上海：会文堂书局刊，民国 6 年［1917］.--4 册　［法研所］

直隶第一监狱报告书 / 许伯华编 .-- 直隶第一监狱刊，民国 8 年［1919］.--222 页　［辽图，法研所］

中国新旧监狱比较录 / 朱紫垣编 .-- 北京：朱紫垣刊，民国 5 年［1916］.--194 页：图表；23cm　［国图，上图，浙图，首图］

将北洋政府北京监狱的各种规章制度、管理、设置等与京外未经改良的旧监狱之设置、制度、管理等进行比较。

江苏监狱感化会丙寅年收支纪信录 .-- 上海：佛教净业社刊，民国 15 年［1926］.--18 页；21cm　［馆藏地不详］

第八次万国监狱报告提要 / 王树荣著 .-- 北京：京师监狱刊，民国元年［1912］.--348 页；23cm ［国图，首图］

1871 年在英国开第一次万国监狱协会会议，第七次会议是 1905 年在匈牙利召开，1910 年在美国华盛顿召开第八次会议。本报告提要分 8 编，包括监狱协会缘起、美国改良监狱之成绩、各国改良监狱之成绩，以及改良监狱、改良刑法、预防犯罪等议案。此外本书尚包括考查各国监狱制度报告书提要、十五国审判监狱调查记、各国监狱制度译略三部分内容。

第八次万国监狱大会报告书 / 许世英，徐谦著 .-- 油印本：孔繁藻（承印），民国元年［1912］.--1 册 ［国图，中山大学，法研所］

东京警监学校学则 .--19 页；19cm ［南图］

感化教育 / 陆人骥著 .-- 上海：商务印书馆刊，民国 20 年［1931］.--78 页；19cm ［辽图，重图，国图，上图］.-- 上海：商务印书馆刊，民国 23 年［1934］.--78 页；19cm ［厦门，南图，重图，黑图，湘图，赣图，上图，首图］

共 6 章。包括感化教育的定义、范围，感化教育发展的原因、历史及各国感化教育的状况与实施等。著者提出感化教育的方法有二，一为家庭感化，二为集合感化，即将不良儿童集合于公立或私立的感化机关中，施以感化教育。

感化录 / 金兆銮，黄庆澜编著 .-- 上海：商务印书馆刊，民国 12 年［1923］.--112，59 页；23cm ［厦门，吉图，重图，津图，湘图，首图，上图，青图，辽图，国图］

监狱教育资料。分上、下卷。上卷为感化法规、监狱宣传记略；下卷为劝诫性的文章或择录。

各国监狱制度译略 / 王树荣著 .-- 石印本 .-- 太原：太原监狱刊 .--51 页 ［法研所，西北政法］

考察各国监狱制度报告书提要 / 王树荣著 .-- 石印本 .-- 太原：太原监狱刊 .--18 页 ［法研所，西北政法］

考察各国监狱制度纪要五种 / 王树荣著 .--2 版，民国 12 年［1923］.--364 页；24cm ［国图］

1910 年在美国华盛顿召开万国监狱会，清政府派金绍城、李芳、王树荣、许世英、徐谦、沈其昌与会，并考察了俄、奥、德、瑞士、法、比、荷、英、美等国的监狱、审判制度。考察纪要包括第八次万国监狱协会报告书提要，第八次万国监狱协会报告书原本，考察各国监狱制度报告书提要，十五国审判监狱调查记，各国监狱制度译略（包括美、法、荷、意、匈、奥 6 国）。

苏联监狱 /（德）柯勃（L.VonKoerber）编著；费祖贻译 .-- 上海：商务

印书馆刊，民国26年［1937］.--196页；19cm　［国图，上图，重图，陕图，湘图，赣图］

.-- 上海：商务印书馆刊，民国27年［1938］.--196页；19cm　［南图］

.-- 再版 .-- 长沙：商务印书馆刊，民国30年［1941］.--196页；18cm　［重图，国图，南图］

著者于1932年5月参观了前苏联监狱。本书从前苏联刑罚制度的责任、囚犯的空间时间、治病、少女教养、入狱的红军士兵和党员、囚徒的评论等方面介绍了前苏联监狱的情况。苏联小丛书。

苏联监狱制度 /（德）薛尔文特（E.Schirwindt）编著；黄觉非译 .-- 北平：好望书店刊，民国22年［1933］.--75页；21cm　［国图，重图］

根据大村哲三日译本转译。著者把前苏联当时的监狱与资本主义国家的监狱扼要地进行了比较，并说明了怎样对待犯人才能达到刑罚的目的。

16 人民公安

16.1 保卫工作、锄奸

1946年以来各地政策指示中有关保卫工作材料汇集 / 中央社会部秘书处编 .-- 民国 37 年［1948］.--19 页；27cm ［公安部］

保卫工作的基本问题 .-- 华北军区政治部保卫部刊，民国 37 年［1948］.--86 页；19cm ［公安部］

保卫干部训练班讲义之一。

保卫工作文献第一号 .-- 油印本 .--“梁山”翻印，民国 30 年［1941］.--45 页；19cm ［公安部］

收入中央关于反奸细斗争的规定、关于锄奸政策及锄奸工作的指示、关于清查内奸问题、锄奸人员守则、关于公安局任务职权及与其他机关的关系问题的指示、军队战斗时保卫工作纲要等。

保卫工作指南（一）—（三） / 中央社会部秘书处编 .--［1940—1941］.--3 册（60，141，187 页）；19cm ［公安部］

城市保卫工作须知（1—4 册） / 黑龙江省公安厅编 .-- 哈尔滨：黑龙江省公安厅刊，民国 38 年［1949］.--4 册 ［黑龙江警校］

公安保卫工作必读 .-- 民国 38 年［1949］.--72 页；19cm ［安徽公安，公安大学］

关于目前反奸保卫工作的传达与布置 .-- 红色油印本 .-- 晋城 .--10 页；18cm ［馆藏地不详］
.-- 新善本 .-- 红色油印本 .-- 山西晋城 .-- 晋城县社会部刊，民国 36 年［1947］.--10 页；18cm ［国图］

关于苏区肃反工作决议案 /1932 年 1 月 7 日中共苏区中央局通过 .-- 油印本 .-- 中华苏维埃共和国国家政治保卫局湘鄂赣省分局翻印，民国 21 年［1932］.--9 页；18cm ［国图］

肃反工作干部训练班参考材料之一种。

华北局机关保卫工作文选 / 华北局社会部编 .-- 民国 37 年［1948］.--21 页；27cm ［公安部］

警卫人员须知 / 皖北区党委社会部编 .-- 皖北区党委社会部刊，民国 38

年［1949］.--13 页；19cm ［安徽公安］

警卫人员须知 .-- 中共中央晋绥分局翻印，民国 38 年［1949］.--16 页；19cm ［公安大学］

康生同志在陕甘宁边区保卫工作人员大会开幕时的讲话：记录稿 .-- 民国 28 年［1939］.--4 页；19cm ［公安部］

巡逻工作 / 黑龙江省公安厅编 .-- 哈尔滨：黑龙江省公安厅刊，民国 37 年［1948］.--16 页；27cm ［黑龙江警校］

政治保卫局组织纲要 / 毛泽东等著 .-- 翻印本，油印本 .-- 国家政治保卫局湘鄂赣省分局刊，民国 21 年［1932］.--1 册 5 页；18cm ［国图］

肃反工作干部训练班参考材料之二种。

政治保卫局组织纲要 / 中央执行委员会制定 .-- 油印本：国家政治保卫局湘鄂赣省分局翻印，民国 21 年［1932］.--9 页 .--（环筒页装） ［人大，国图，赣图］

纲要全称为中华苏维埃共和国国家政治保卫局组织纲要，共 14 条。规定该局的任务是“在苏维埃境内依照中华苏维埃共和国宪法之规定，在临时中央政府人民委员会管辖之下，执行侦察，压制和消灭政治上、经济上一切反革命的组织活动，侦探盗匪等”。由毛泽东主席，项英、张国焘副主席签署，于 1932 年 1 月 17 日公布。

中华苏维埃共和国国家政治保卫局湘鄂赣省分局办事细则 / 中华苏维埃共和国国家政治保卫局湘鄂赣省分局制定 .-- 油印本 .-- 中华苏维埃共和国国家政治保卫局湘鄂赣省分局刊，民国 21 年［1932］.--5 页；19cm ［国图］

共 18 条。

中华苏维埃共和国国家政治保卫局湘鄂赣省分局通令第四号 / 国家政治保卫局湘鄂赣省分局编 .-- 油印本 .-- 国家政治保卫局湘鄂赣省分局刊，民国 21 年［1932］.--2 页；19cm ［国图］

关于严禁偷盗与造谣惑众的通令，由该局代局长涂正坤与 1932 年 7 月 12 日签发。

中华苏维埃共和国国家政治保卫局训令 / 国家政治保卫局制定 .-- 油印本 .-- 国家政治保卫局湘鄂赣省分局翻印，民国 21 年［1932］.--5 页；19cm ［国图］

该分局将 1931 年 1 月 24 日接到的国家政治保卫局的训令印发下属。内容是对当时该局的中心工作如肃反等的指示。

中华苏维埃共和国湘鄂赣省苏维埃政府、中华苏维埃共和国国家政治保卫局湘鄂赣省分局通令第六、八号 / 王显德，彭德怀令 .-- 油印本 .--（湘鄂赣）省苏维埃政府：省政治保卫分

局，民国 21 年［1932］.--3 页；19cm
［国图］

关于各级保卫局在肃反中贯彻“自首自新”的政策，以瓦解一切反革命组织。这项通令由该省苏维埃政府主席王显德、副主席彭德怀签发。

锄奸教材 / 鄂豫军区第三军分区政治部编 .-- 红色油印本 .-- 鄂豫军区第三军分区政治部刊 .--5 页；19cm ［馆藏地不详］

汪伪 . 七十六号杀人魔窟之秘密 .--23 页；19cm ［法研所］

城市锄奸治安工作参考材料 4/ 第四野战军政治部保卫部编 .-- 民国 38 年［1949］.--141 页 ［群众出版社］

锄保工作文件汇编：1、2、3/ 东北局社会部编 .-- 沈阳：东北局社会部刊，民国 38 年［1949］.--52 页；27cm
［黑龙江警校］

锄保工作须知汇编 / 合江省公安处编 .-- 合江省公安处刊，民国 37 年［1948］.--23 页; 27cm ［黑龙江警校］

锄保工作在土改中的作用 .-- 民国 37 年［1948］.--7 页；27cm ［公安部］

锄奸保卫工作 . 第 1 集 / 东北局社会部编 .-- 民国 35 年［1946］.--34 页；19cm ［公安部］

锄奸教材 . 第 2 册 / 哈尔滨市公安局编 .-- 哈尔滨：哈尔滨市公安局，民国 38 年［1949］.--55 页；27cm
［黑龙江警校］

锄奸教材第一期 / 一二九师政治部锄奸部编 .-- 一二九师政治部锄奸部，民国 27 年［1938］.--1 册 ［公安部］

锄奸网员 / 某军政治部锄奸部编 .-- 油印本 .-- 民国 31 年［1942］.--37 页；19cm ［公安部］

防奸教材 / 胶东区行政公署编 .--33 页 ［人大］

关于反奸问题 /.-- 西北局印发，民国 32 年［1943］.--6 页；19cm ［公安部］

军队锄奸保卫组织及工作暂行条例（草案） / 第 18 集团军野战政治部编 .-- 民国 32 年［1943］.--54 页；14cm ［公安部］

抗战时期锄保文件 . 第 1 册 / 中共中央社会部编 .-- 中共中央社会部，民国 37 年［1948］.--202 页；19cm
［公安大学］

抗战时期锄保文件 . 第 2 册：审干材料汇集 / 中共中央社会部编 .-- 中共中央社会部，民国 38 年［1949］.--176 页；19cm ［公安大学］

抗战以来锄奸保卫工作材料汇集.二 / 中央社会部秘书处编.-- 民国31年［1942］.--112页；26cm ［公安部］

群众锄奸组织纲要（草案）.--11页；27cm ［公安部］

群众反奸经验汇编（1、2） / 合江省公安厅编.-- 合江省公安厅刊，民国36年［1947］.--23页；27cm ［黑龙江警校］

日本投降以来锄奸保卫工作指示汇集 / 陕甘宁边区保卫处编.-- 民国35年［1946］.--50页；27cm ［公安部］

陕甘宁边区锄保文件辑要（抗日战争时期） / 西北社会部编.-- 西北社会部刊，民国32年［1943］.--127页；27cm ［公安部］

战时法规汇编的锄奸几个问题 / 国民政府军事委员会政治部编.-- 国民政府军事委员会政治部（八路军政治部翻印），民国27年［1938］.--15页；19cm ［公安部］

北平解放前后的特务情况 / 北平市公安局编.-- 民国38年［1949］.--1册 ［北京警院］

东厂实录 / 高一轩编.-- 上海：光华书局刊，民国32年［1943］.--47页；14cm.--（环筒页装） ［国图］

收入了要求国民党取消在敌后的特务政策（新华日报北版社论）、国民党内的反动派破坏敌后抗日根据地的罪行（新华社）、山东国民党省党部反动计划书、太岳区三青团修正反共工作手册、国民党特务配合敌寇谋杀害抗日军民纪实等5篇。

关于特务工作.-- 油印本.--241页；19cm ［公安部］

国民党特务政策的真相.-- 群众出版社刊.--35页；19cm ［重图］

时论选辑。

国民党在敌后的特务政策.-- 濮县：冀鲁豫书店刊，民国32年［1943］.--84页；14cm ［国图］

内收要求国民党取消在敌后的特务政策、再论国民党在敌后的特务政策、国民党内的反动派破坏敌后抗日根据地的罪行、麻田公审特务汉奸（王大可）等5篇。时事丛刊。

揭露坦白与控诉 / 金肇野著.-- 东北书店刊，民国35年［1946］.--55页；19cm ［国图，南图，辽图］

内收国民党反动派破坏敌后抗日根据地的罪行一班（金肇野）、一个失足的青年自白（贺一麟）、解放区日俘的坦白与改造（富尔曼）、国民党特务怎样陷害青年（陈世民）、蒋特罪恶的一鳞半爪等7篇。

魔爪血影——控诉国特暴行 / 太

岳新华书店编 .-- 太岳新华书店刊，民国35年［1946］.--47页；19cm ［国图，人大］

内收朱总司令在延安反内战反特务大会上的讲话、向全国同胞控诉、特务现形记、下关空前大血案、魔爪血影等16篇。

扑灭特务暴行 / 太岳新华书店编 .-- 太岳新华书店刊，民国35年［1946］.--28页；19cm ［国图］

内收抗议五福涧惨案、血海深仇、安泽三青团的罪行、阎特制造浮峪河岗头惨案、国特在我三分区的阴谋活动、济源破获特务案、王屋破获国特组织、扑灭阎特8篇。

取消万恶的特务政治 / 东北军政大学政治部编 .-- 东北军政大学政治部刊，民国36年［1947］.--55页；19cm ［吉图，津图，国图］

内收谁爱护青年，谁戕害青年？（邓发），人间地狱——上饶集中营（东流），戴笠是中国的什么人（马西努），要求国民党取消敌后特务政策、取消万恶的特务政治（萧三）等8篇。

人民英烈：李公朴闻一多先生遇刺纪实 / 李闻二烈士纪念委员会编 .-- 李闻二烈士纪念委员会刊，民国35年［1946］.--380页：图；19cm ［上图，重图，津图，晋图，国图，浙图，首图］

本书包括李公朴、闻一多传记，暗杀事件经过，各界的吊唁和慰问，抗议与呼吁及国内外舆论等。书中还辑录了廖成志、郭沫若、田汉等人写的悼念文章若干篇。

特务的活动与中央对特务的方针 / 任弼时 .-- 民国32年［1943］.--12页；19cm ［公安部］

任弼时同志1943年4月9日、12日在中央直属机关工作人员会议上的报告。

特务工作 .-- 手抄本 .--142页；19cm ［公安部］

特务工作概论 .-- 油印本，民国30年［1941年］.--241页；19cm ［公安部］

中国法西斯特务真相 / 成都新华书店 .-- 成都：成都新华书店刊，民国32年［1943］.--86页；17cm ［国图，重图］

中国法西斯特务真相 / 黄楫清著 .-- 佳木斯：东北书店刊，民国37年［1948］.--86页；19cm ［重图，津图，国图，南图］

内收中国法西斯特务往哪里去？（黄楫清），敌伪国特见闻记（罗仪），戴笠之死与军统（陈公恕），军统局内幕（一个重庆特务给一个昆明特务的信），血和泪的控诉（一个忏悔的特务），第七中美特训班的内幕（陈世民），我是蒋匪的一个大特务（胡忠毅）等7篇。

敌占区与伪军工作参考材料 / 联

防保安处编 .-- 联防保安处刊，民国 30 年［1941］.--15 页；14cm ［公安部］

锄奸教材之一。

关于反奸细斗争文选 .--157 页；19cm ［公安部］

分 3 个部分：关于反奸细斗争问题、日特国特的工作做法、锄奸组织与工作问题。

16.2 情报工作

谍报工作的几个经验与教训 .-- 晋冀鲁豫中央局社会部刊，民国 37 年［1948］.--57 页；19cm ［公安部］

内有杨奇清所作的前言。

革命的秘密工作 / 孔恩著 .-- 手抄油印本 .-- 民国 24 年［1935］.--49 页；19cm ［公安部］

革命秘密工作者的经验 / 社会问题研究会编 .-- 社会问题研究会刊，民国 29 年［1940］.--99 页；14cm ［重图］

革命秘密工作者底经验 / 孔恩著 .-- 苏联外国工人出版社，民国 24 年［1935］.--105 页；16cm ［国图］
.-- 油印本，民国 24 年［1935］.--71 页；19cm ［馆藏地不详］

国民党之谍报教材（缴获文件）.-- 晋冀鲁豫军区司令部（翻印），民国 34 年［1945］.--146 页：图表；19cm ［国图］

参考材料。分概论、谍报技术、谍报工作 3 编。附录破坏军需生产的简便方法。

国民党之防谍教令 / 晋冀鲁豫军区司令部编 .-- 晋冀鲁豫军区司令部刊 .--46 页 ［馆藏地不详］

历史的伪造者：苏联情报局所发表的历史记录 / 苏联大使馆新闻处编 .-- 南京：苏联大使馆新闻处刊，民国 37 年［1948］.--69 页；18cm ［国图，南图，杭州，重图，上图，首图，中南财经，南大，华南农大，武大，浙大，河北师大，吉图，吉大，浙图］

介绍了德国侵略的准备是如何开始的、孤立苏联的政策、苏德互不侵犯公约、德国对苏联的进攻。

情报保卫人员必读 / 黑龙江省公安厅编 .-- 哈尔滨：黑龙江省公安厅刊，民国 37 年［1948］.--37 页；19cm ［黑龙江警校］

情报保卫人员必读 .-- 民国 37 年［1948］.--112 页；19cm ［安徽公安，公安大学］
.-- 新善本，民国 37 年［1948］.--112 页；19cm ［国图］

特别党建 / 康生讲授记录 .-- 中共中央社会部教委会刊 .--112 页：19cm ［公安部］

康生在中共中央社会部训练班上

作关于情报保卫工作建设的讲授记录。

中国特务内幕 / 何文龙著 .-- 香港：风雨书屋刊，民国 36 年［1947］.--51 页；19cm ［吉图，国图］

分 8 节。有中国特务的历史沿革、戴笠是何等样人、二陈所领导的中统局等。

16.3 侦查

侦查 . 工作概论 .-- 油印本：军政治部锄奸部 .--173 页；19cm ［公安部］

办理刑事案件应注意的方法与程序 / 王乃堂编著 .-- 石家庄：华北人民政府司法部刊，民国 38 年［1949］.--20 页；19cm ［国图］

解放区出版物。本书是关于刑事诉讼方面的工作经验总结。

犯罪检查技术概论 /（日）宝来正芳著；晋察冀军区政治部保卫部译 .-- 晋察冀军区政治部保卫部刊，民国 37 年［1948］.--222 页；19cm ［公安大学］

本书分为 4 个部分。第 1 部分为侦察工作要领，第 2 部分为侦察技术，第 3 部分侦察鉴识技术，第 4 部分为侦察技术辅助科学。

犯罪检查技术概论 . 第二册：对外秘密 /.-- 太行区党委社会部刊，民国 37 年［1948］.--1 册；19cm ［馆藏地不详］

.-- 新善本：太行区党委社会部翻印，民国 37 年［1948］.--1 册；19cm ［国图］

犯罪检查技术概论 . 第三册：对外秘密 / 太行区党委社会部编 .--59 页；19cm ［馆藏地不详］

.-- 新善本 .-- 太行区党委社会部编 .--59 页；19cm ［国图］

犯罪检查技术概论 . 第一部分 /（日）宝来正芳著；晋察冀军区政治部保卫部译 .-- 华北军区政治部保卫部，民国 38 年［1949］.--58 页；19cm ［公安大学］

农村侦察工作 / 淮南行署保卫处编 .-- 油印本 .--21 页；19cm ［公安部］

审讯工作基本条例 / 中央社会部制定 .-- 民国 32 年［1943］.--10 页；19cm ［公安部］

侦查工作须知 /.-- 中华苏维埃共和国湘鄂川黔省肃反委员会翻印 .--354 页；14cm ［公安部］

侦察工作规程 / 西北社会局社会部编 .-- 民国 38 年［1949］ ［人大］

侦探工作技术参考资料 / 华北军区政治部保卫部编 .-- 北京：华北军区政治部保卫部刊，民国 38 年［1949］

.--209 页；19cm　［公安大学］

审讯学 / 谭政文著 .-- 再版：晋绥边区公安局编委会刊，民国 33 年［1944］.--225 页；19cm　［公安部］

书中印有作者 1942 年 5 月 24 日所写有关出版本书的几点说明、审讯研究小组 1942 年 5 月 20 日的出版说明以及 1944 年 10 月 10 日晋绥边区公安总局编委会的再编说明。

盗匪小偷活动内幕 / 关东公安总局编 .-- 旅大：关东公安总局刊，民国 37 年［1948］.--27 页；19cm　［公安部，公安大学］

业务丛书之一。

16.4　政策法规

晋察冀边区现行法令汇集 / 晋察冀边区行政委员会编 .-- 晋察冀边区行政委员会，民国 34 年［1945］.--380 页；20cm　［晋图］

1931—1934 年中华苏维埃时期的肃反文件：清样 .-- 民国 20 年［1931］.--5 册（147 页）；27cm　［公安部］

颁发居民证具体办法 / 大连市户籍委员会制定 .-- 大连：大连市户籍委员会刊，民国 38 年［1949］.--8 页；19cm　［公安大学］

表格说明书 / 关东公安总局编制 .-- 旅大：关东公安总局刊，民国 38 年［1949］.--10 页；19cm　［人大］

内含职业分类统计表、特殊户口统计表。

城市政策 . 第 2 辑 / 中共中央华东局秘书处编 .-- 中共中央华东局秘书处刊，民国 38 年［1949］.--114 页；19cm　［重图，南图，上图］

文件汇编，共 8 部分。第 1 部分收中国人民解放军平津前线司令部布告等 4 种；第 2 部分收关于中国职工运动当前任务的决议等 7 种；第 3 部分收保护国家财产，保护公共财产等 3 种。

城市政策汇编 . 第 1 辑 / 东北书店编 .-- 东北书店刊 .--15 页；18cm　［辽图，上图，吉图，国图，重图，赣图］ .-- 再版 .-- 哈尔滨：东北书店刊，民国 37 年［1948］.--15 页；18cm　［吉图，重图，国图，辽图，上图］

内收中共中央东北局关于保护新收复城市的指示、东北野战军新区作战入城布告、东北人民解放军司令部颁布部队入城纪律、陕甘宁边区政府关于保护工商布告等 7 篇。

城市政策纪律教材 / 中国人民解放军华北军区政治部编 .-- 中国人民解放军华北军区政治部刊，民国 37 年［1948］.--10 页；19cm　［重图］

共 6 条。讲述保护城市、维持城市革命秩序的纪律教材。

赣东北特区苏维埃暂行刑律.--闽北分区革命委员会翻印，民国20年［1931］　［馆藏地不详］

各种条例细则/军政治部制定.--民国31年［1942］.--37页；19cm　［公安部］

内容包括逮捕、看守、侦察、反侦察以及锄奸保卫等工作条例、细则。

公安法规：草案/皖北人民行政公署编.--皖北人民行政公署刊，民国38年［1949］.--29页；19cm　［人大］

关东公安总局《警察规章（草案）》/关东公安总局研究委员会编.--旅大：关东公安总局研究委员会刊，民国36年［1947］.--127页；19cm　［公安大学］

关于颁发居民证工作的指示/关东户籍整理委员会编.--旅大：关东户籍整理委员会刊，民国38年［1949］.--18页；19cm　［公安大学］

关于城市政策的几个文献/.--邯郸：华北新华书店刊，民国37年［1948］.--46页；18cm　［南图，津图，赣图，国图］

.--邯郸：华北新华书店刊，民国38年［1949］.--46页；18cm　［南图，吉图，重图，津图，国图，上图］

内收解放区有关城市政策的文件10篇。有中共东北中央局关于保护新收复城市的指示、人民解放军华东军区与济南人民约法七章、济南军管会颁布入城守则十一条、人民解放军总部发布惩处战争罪犯命令、关于中国职工运动当前任务的决议、中共中原局宣传部关于宣传工作的指示等。

关于城市政策的几个文献.--邯郸：华北新华书店刊，民国38年［1949］.--58页；18cm　［南图，津图，晋图，国图］

内收人民解放军平津前线司令部与人民约法八章、中共东北中央局关于保护新收复城市的指示、关于中国职工运动当前任务的决议、保护国家财产（东北日报社论）等11篇。

东北公安总处关于户口管理暂行办法.--冀东行署公安局翻印，民国38年［1949］.--9页；19cm　［公安大学］

关于管理居民证及户口工作手册（草稿）/旅大公安总局编.--旅大：旅大公安总局刊，民国34年［1945］.--29页；19cm　［公安大学］

海口检查站工作暂行条例/旅大公安总局颁布.--旅大：旅大公安总局刊，民国38年［1949］.--6页；19cm　［公安大学］

华北人民政府法令汇编．第1集/华北人民政府秘书厅编.--华北人民政府秘书厅刊，民国38年［1949］.--218页；26cm　［国图，吉图，南图］

收入1948年10月至1949年5月

的重要法令，分总则、民政、司法、公安、交通等 11 类。

华北人民政府法令汇编：第 2 集 / 华北人民政府秘书厅编 .-- 北平：华北人民政府秘书厅刊，民国 38 年［1949］.--2 册（218，132 页）；26cm　［国图］

华北区完全解放后，为统一执行华北各项法令而编。所收华北人民政府公布施行的法令自 1948 年 10 月至 1949 年 5 月底止，共 10 个月的重要法令。分总则、民政、生产建设、文化教育、金融、工商、交通、财政、司法、公安、其他等 11 类。后附董必武主席在华北人民政府第二次委员会会议上关于本府成立以来的工作概况报告等。

江苏省苏北清乡地区政治工作团工作报告 /（伪）苏北清乡地区政治工作团编 .-- 江苏：（伪）苏北清乡地区政治工作团刊，民国 32 年［1943］.--136 页：图；26cm　［国图］

分行政、工作概况及计划 3 项。有孙永刚总论（写于 1943 年 12 月）、苏北清乡地区交通图、共产党活动图等。

解放区入城布告条例汇辑：财政及物资管理之部 / 西北财经委员会编 .-- 西北财经委员会刊，民国 38 年［1949］.--169 页：折表；19cm　［重图］

晋察冀边区行政委员会现行法令汇集 / 晋察冀边区行政委员会编 .-- 晋察冀边区行政委员会刊，民国 34 年［1945］.--2 册（704 页）；18cm　［馆藏地不详］

收入有关公安、禁烟禁毒法规、条例 10 余件。

晋冀鲁豫边区法令汇编：2 册 / 晋冀鲁豫边区政府编 .-- 韬奋书店刊，民国 34 年［1945］.--2 册；18cm　［国图，人大］

.-- 第一二分册合订本：晋冀鲁豫边区政府，民国 35 年［1946］.--64 页　［人大］

.-- 新善本 .-- 射阳：韬奋书店刊，民国 34 年［1945］.--2 册；19cm　［国图］

晋冀鲁豫边区法令汇编 . 第一分册 / 晋冀鲁豫边区政府编 .-- 韬奋书店刊，民国 34 年［1945］.--39 页；18cm　［晋图，津图，国图，人大，重图］

收录晋冀鲁豫边区土地使用暂行条例、晋冀鲁豫地区劳工保护暂行条例、晋冀鲁豫边区婚姻暂行条例。附施行细则。

晋冀鲁豫边区法令汇编 . 第二分册 / 晋冀鲁豫边区政府编 .-- 韬奋书店刊，民国 34 年［1945］.--34 页；18cm　［国图，晋图，人大］

看守教材 / 嫩江省公安处编 .-- 嫩江省公安处刊，民国 37 年［1948］.--21 页；19cm　［公安大学］

抗日根据地政策条例汇集：晋察冀之部 .-- 民国 30 年［1941］.--2 册（472 页）；19cm　［馆藏地不详］

抗日根据地政策条例汇集：晋察冀之部．第2辑.-- 民国31年［1942］.--1册　［馆藏地不详］

抗日根据地政策条例汇集：陕甘宁边区.-- 民国30年［1941］.--475页　［人大］

抗日根据地政策条例汇集：陕甘宁之部．下.-- 延安，民国31年［1942］.--294页；19cm　［馆藏地不详］
.-- 新善本 .-- 延安，民国31年［1942］.--294页；19cm　［国图］

南京市军管会人民政府政策法令汇编／南京市军管会人民政府编 .-- 西南服务团办公室刊，民国38年［1949］.--206页；18cm　［国图］

内战时期肃反文件．上／中共中央社会部编 .-- 中共中央社会部 .--270页；19cm　［公安部，公安大学］

陕甘宁边区二流子的改造.-- 新华书店刊，［1912?—1949?］.--40页；17cm　［南图，国图］

包括边区二流子的改造、把二流子变成好劳力、刘生海从二流子变成劳动英雄，共3部分。

陕甘宁边区行政区划、户口、土地面积统计参考资料／陕甘宁边区政府民政厅编 .-- 陕甘宁边区政府民政厅刊，民国38年［1949］　［人大］

陕甘宁边区政策条例汇集：续编／陕甘宁边区政府办公厅编 .-- 再版 .-- 民国33年［1944］.--273页；19cm　［吉图，重图，晋图］

分总纲、政制、民政、建设、财政、教育、保安、司法等8类50余种。

陕甘宁晋绥边区缉私办法.-- 油印本 .-- 民国37年［1948］.--26页　［人大］

上海市军管会、人民政府政策法令汇编／上海市军管会、人民政府编 .-- 西南服务团办公室刊，民国38年［1949］.--282页；18cm　［国图］

上海市军管时期法令汇集／中共中央华东局政策研究室编 .-- 上海：新华书店刊，民国38年［1949］.--213页；18cm　［重图，国图，上图］

分就职布告、金融、贸易、外汇、税务、文教出版、电台、专门人才登记、交通管理、卫生、治安、房地产等13类。

十四种条例：晋察冀边区第一届参议会通过／晋察冀边区行政委员会编 .-- 晋察冀边区行政委员会刊 .--125页；14cm　［人大］

肃反令文集：内含《中华苏维埃共和国惩治反革命条例》1934年4月8日中华苏维埃共和国中央执行委员会中字第6号命令公布　［馆藏地不详］

肃反委员会暂行组织条例／西北

政治保卫局刊 .-- 民国 25 年［1936］［人大］

肃清特务土匪巩固革命秩序 .-- 中国人民解放军华东军区第三野战军政治部刊，民国 38 年［1949］.--17 页；19cm ［重图］
.-- 新善本 .-- 中国人民解放军华东军区第三野战军政治部刊，民国 38 年［1949］.--17 页；19cm ［国图］

太原市军事管制委员会政策法令汇集 . 第一册 / 军管会办公室编 .-- 太原：军管会办公室刊，民国 38 年［1949］.--60 页；18cm ［晋图，浙图］

太原市军事管制委员会政策法令汇集 . 第二册 / 太原市人民政府办公室编 .-- 太原：太原市人民政府办公室刊，民国 38 年［1949］.--99 页 ［国图］

天津市军管会、人民政府政策法令汇编 / 天津市军管会、天津市人民政府编 .-- 西南服务团办公室刊，民国 38 年［1949］.--316 页；18cm ［黔图，国图］

法令分民政、公安、财政等 9 类。

天津市军事管制时期政策法令汇编 . 第一册 / 天津市军管会秘书处编 .-- 天津：天津市军管会秘书处刊，民国 38 年［1949］.--51 页；18cm ［重图，国图］

分施政总纲、治安、交通等 9 类。

天津市军事管制时期政策法令汇编 . 第二册 / 天津市军事管制委员会秘书处编 .-- 天津：天津市军事管制委员会秘书处刊，民国 38 年［1949］.--67 页；18cm ［津图，国图］

包括华北人民政府和天津市军管会的法令。分市政、治安等 8 类。

现行法令汇集：续编 / 晋察冀边区行政委员会编，［1912?—1949?］.--276 页 ［人大］

新中国手册 / 新中国报社编 .-- 上海：新中国报刊，民国 30 年［1941］.--94 页：图；15cm ［南图，上图，国图］
.-- 上海：新中国报刊，民国 31 年［1942］.--93 页；15cm ［上图］
.-- 上海：新中国报刊，民国 31 年［1942］.--11，252 页；14cm ［南图，国图］
.-- 再版 .-- 上海：新中国报刊，民国 32 年［1943］.--421 页；15cm ［国图，上图，南图］
.-- 上海：新中国报刊，民国 33 年［1944］.--30，558 页；14cm ［上图，国图］

新中国报周年纪念，辑集有关国民党、国民政府及经济、文化等方面常用资料。

铸刻印刷暂行管理办法 / 关东公署公布 .-- 旅大：关东公署刊，民国 37 年［1948］.--9 页；19cm ［公安大学］

关东地区交通规则 / 关东公安总局编 .-- 旅大：关东公安总局刊，民国 38 年［1949］.--31 页；19cm ［公安大学］

书名索引

B

C

D

E

F

G

H

J

K

L

M

N

O

P

Q

R

S

T

W

X

Y

Z

『十三五』國家重點圖書出版規劃項目
2011—2020年國家古籍整理出版規劃項目
2020年度國家出版基金資助項目
國家社會科學基金重大項目『國家圖書館藏未刊稿整理與研究』（13&ZD107）

國家出版基金項目
NATIONAL PUBLICATION FOUNDATION

國家圖書館藏未刊稿叢書

主編 劉玉才 陳紅彦

書札編

張蔭桓致劉毓森書札
龔易圖致劉毓森書札

（清）張蔭桓 龔易圖 著
董馥榮 整理

鳳凰出版社

圖書在版編目（CIP）數據

張蔭桓致劉毓森書札 /（清）張蔭桓著.龔易圖致劉毓森書札 /（清）龔易圖著. -- 南京：鳳凰出版社，2021.8

（國家圖書館藏未刊稿叢書 / 劉玉才，陳紅彦主編. 書札編）

ISBN 978-7-5506-3355-1

Ⅰ. ①張… ②龔… Ⅱ. ①張… ②龔… Ⅲ. ①書信集 - 中國 - 清代 Ⅳ. ①I264.9

中國版本圖書館CIP數據核字（2020）第261637號

書　　名　張蔭桓致劉毓森書札　龔易圖致劉毓森書札
著　　者　（清）張蔭桓　龔易圖著　董馥榮整理
責任編輯　王　劍　姜　嵩
裝幀設計　姜　嵩
出版發行　鳳凰出版社（原江蘇古籍出版社）
　　　　　發行部電話 025-83223462
出版社地址　江蘇省南京市中央路165號，郵編：210009
出版社網址　http://www.fhcbs.com
照　　排　南京新華豐製版有限公司
印　　刷　南京凱德印刷有限公司
　　　　　江蘇省南京市江寧濱江開放區寶象路16號，郵編：211161
開　　本　787毫米×1092毫米　1/16
印　　張　21
字　　數　344千字
版　　次　2021年8月第1版
印　　次　2021年8月第1次印刷
標準書號　ISBN 978-7-5506-3355-1
定　　價　478.00圓

《國家圖書館藏未刊稿叢書》編委會

主　編

劉玉才　陳紅彦

分主編

樊長遠　陳紅彦（日記編）

董馥榮　謝冬榮（書札編）

盧芳玉（金石題跋編）

田曉春（手卷題贊編）

孫　俊　林世田（中法漢學研究所編）

張學謙　王宣標（著作編）

委　員（以姓氏筆畫爲序）

王　劍　王宣標　卞惠興　田曉春　白謙慎　林世田

姜小青　陳紅彦　孫　俊　張學謙　董馥榮　樊長遠

劉玉才　薛龍春　盧芳玉　謝冬榮

序

中國國家圖書館以庋藏中國古籍善本宏富著稱，其中宋元舊槧、珍稀印本，向爲學界推重，頗獲利用。相較之下，約佔館藏善本總量三分之一的寫本類文獻，利用還遠遠不够，堪稱有待發掘的文獻寶藏。國圖藏寫本文獻以著作稿抄本爲主，兼及日記、書札、題跋、校語、文書檔案等類文字形式，因多爲唯一傳本，故有别於刊印文獻，具有獨特的文物、藝術和文獻價值。根據館方專家調查，〔一〕館藏宋元抄本即有十五部，明抄本則多達一千二百四十六部，其中一百七十餘部爲内府所抄。如宋仁宗親撰《洪範政鑒》，僅此一部内府抄本秘藏宫内，從無刊刻傳抄，彌足珍貴。明嘉靖間《永樂大典》抄本，世存殘卷亦以國圖收藏最夥。許多早期抄本與原本成書年代接近，而原本或有亡佚殘缺情形，抄本遂具有無可替代的校勘與輯佚價值。國圖所藏明清抄本中，著名學者、藏家抄本佔有相當比例，許多是影抄宋元舊本和珍稀本，僅毛晋汲古閣影抄本即有近八十部。在清抄本五千餘部中，還包括有盧文弨、鮑廷博、吴騫、翁方綱、陳鱣、黄丕烈、焦循、管庭芬、楊守敬、王國維等名家手稿本。著作類稿抄本之外，國家圖書館還藏有明清以至民國一百五十餘家日記稿抄本，三四百種書札文獻，數

〔一〕陳紅彦《國家圖書館藏抄本述略》，《國家圖書館學刊》，2016年第4期。

千款金石題跋，以及數量不菲的圖卷題詠、批校文字、文書檔案等類寫本文獻。上述寫本文獻，除部分著作抄本之外，大多未經刊行，均可歸爲未刊稿之列。

寫本文獻存量稀罕，往往具有孤本性質，加之多數未經整理，字迹辨識不易，閲覽亦不方便，這都成爲限制其發掘利用的重要原因。有鑒於此，我們組織國家圖書館古籍館與北京大學中文系合作的學術團隊，在對館藏寫本文獻全面調查的基礎上，首先選擇具有重要學術價值、讀者利用不便的未刊文獻，予以整理刊布。並在國家社科基金申請設立『國家圖書館藏未刊稿整理研究』重大課題，以保證整理研究工作的實施。經過課題組同人的共同努力，陸續完成部分階段性成果，今擬分作日記、書札、金石題跋、手卷題贊、中法漢學研究所、著作諸編，依次予以刊布。

《日記編》整理收録顔懋价、葉鈞、張廷濟、何紹基、趙宗建、黄彭年、江標七位清人未刊稿本日記。其中如黄彭年、江標，不僅參與過重大政治活動，在學術領域亦有較高成就，屬於政學兼通的重要歷史人物。黄彭年《黄陶樓先生日記》、江標《笘誃日記》，所載均長達數十年，可稱一生行迹的詳盡記録，涉及朝章典故、交遊見聞、日常讀書生活等諸多内容，極其豐富。張廷濟《張叔未日記》、顔懋价《顔脩來日記》、葉鈞《壺中日記》、何紹基《東洲草堂日記》、雖然記述時間不長，但是内容各有所長，據之不僅可以考察日記主人的生平交遊，還可豐富清代學術史的場景。晚清藏書家趙宗建的《舊山樓日記》《非昔居士日記》《庚子非昔日記》，内容跨越清同治元年（1862）至光緒二十一年（1895）共三十多年的時間，記録了趙氏的日常生活、藏書收購及與衆多友人交遊情形，還有對圍剿太平軍的見聞記述，頗能反映江南地方士人的生活與眼界。

《書札編》從館藏各類書札文獻中選取黄彭年、趙宗建、張蔭桓、袁昶、王懿榮、吴重憙、繆荃孫、葉德輝等十餘家往還書札，予以整理刊布。因所涉人物都是晚清、民國間重要官員和學術文化界名流，書札内容豐富，且未經前人揭示，具有無可替代的文獻價值。如《黄子壽先生遺札》收録清光緒年間黄彭年在江蘇布政使任内與按察使朱之榛之間往來信件六十七通，涉及漕運與海運之流弊、來蘇流民之安置、正誼書院並藏書樓之籌建等諸多政務。黄彭年著述宏富，但大多未經刊布，本課題同時整理其日記、書札，預期將會推動學界對黄氏的深入研究。《趙宗建友朋書札》收録趙宗建光緒年間所撰詩歌、隨筆、抄經、墓誌銘、祝壽帖及其友人李芝綬、季錫疇的書札共一百四十餘件，不僅内容豐富，還可與《日記編》所收趙氏三種日記互相參照，促進學界對這位重要藏書家的全面研究。《袁昶友朋書札》收録劉履芬、丁丙、馮煦、孫詒讓、楊守敬、沈曾植、戴望、張謇、李文田、孫衣言、張鳴珂、張之洞、陸潤庠、王頌蔚、王懿榮、翁同龢等人信札二百餘通，袁昶親自整理粘貼爲十二巨册，涉及歷史人物衆多，堪稱是晚清學者的群體資料。《王懿榮往還書札》收録王懿榮與師友、親屬往還書札數百通，基本可以反映其後半生的主要經歷與交遊關係。王懿榮光緒年間授翰林院編修，三任國子監祭酒，博覽書史，精於鑒藏，與當世金石學者來往密切。書札所涉人物包括潘祖蔭、陳介祺、繆荃孫、吴大澂、盛昱、汪鳴鑾、孫汝梅、黄紹箕、吴重憙諸名流，以及女兒女婿等家人。書札内容多爲討論金石碑拓釋讀、古籍收藏、科舉學問，以及時務政治、爲人處世、家務瑣事，據之可以考察同光時期精英士大夫鑒藏金石之風尚，以及業餘生活趣味的豐富細節。《藝風堂同人尺牘》是晚清著名學者繆荃孫的友朋書札稿本集，收録惲祖翼、繆朝荃、劉炳照、吴慶坻、陳慶年等人致繆荃孫書札一百餘通。書札的撰寫時間多在光緒時期，内容比較廣泛，除家常瑣事之外，還涉及刻書、詩詞交往、方志編纂等方面，是研究繆荃孫學術交遊、晚清政治與文化教育的重要資料。葉德輝致松崎鶴雄書札（《郎園手札》）是著名學者葉德輝 1910 年至 1920 年間致日本學者松崎鶴雄的書信，涉及研治經學、小學等多方面内容，可稱現代中日學術交流史的重要文獻。

《書札編》收録書札出自名家之手，書法用箋考究，文獻價值之外，兼具有藝術觀賞價值，故採取録文整理與選擇影印結合的方式予以刊布。此外，我們還特邀白謙慎先生、薛龍春先生精選館藏十餘種名家尺牘，製作法書字帖，集爲《國家圖書館藏清代名家書札叢書》，以饗書法愛好者。

國圖收藏金石拓本豐富，題跋數量衆多。如宋元合璧拓本《廣政石經》即有名家題跋、批校百餘款，宋拓《嘉祐石經》亦有吴昌碩、丁晏、葉昌熾、沈增植、羅振玉、陳寶琛、楊守敬、曹元忠、繆荃孫、柯劭忞等多人題跋和批校。《金石題跋編》甄選館藏金石題跋七十餘種，以拓本爲單位，撰寫提要，著録題名、拓本、裝幀、行款、書體、責任者、遞藏源流等項信息，並對題跋文字進行輯録整理，可爲金石證史、拓本源流研究、金石學者交遊研究提供全新的資料。

《手卷題贊編》率先刊布長達十六餘米的《明渤海孫氏積善堂題贊手卷》，該手卷是河北滄州孫楷第家族世守之寶，彙集明代前期朝廷重臣、翰苑侍從、書法名家四十三人的題贊墨迹，爲明代文化史、文學史、書法史研究的重要實物與文獻。諸家題贊，書法風格各異，可稱難得的藝術珍品。其中如明代第一大和尚姚廣孝的題贊，可能是其唯一的傳世手迹；而明初賢相『三楊』（楊士奇、楊榮、楊溥）和書法大家『二沈』（沈粲、沈度）的墨迹傳世甚罕，手卷所存可謂吉光片羽，彌足珍貴。此次刊布改卷裝爲經折裝，採用原版影印與題贊釋文相結合的整理方式，前半部分展示手卷原貌，後半部分爲題贊釋文、印章釋讀及題贊者小傳，既能滿足學術界對此珍貴文獻的研究需求，又可據之勾勒明初京師文化圈的面貌。

中法漢學研究所是法國中法教育基金委員會 1941 年在北京資助成立的漢學研究機構，設有民俗學組、語言歷史組、通檢組、圖書館、法文研究班等部門，開展文獻搜集整理和研究、翻譯工作。該研究所 1953 年撤離中國時，部分申請出關的圖書資料被中國政府徵購或没收，輾轉存藏於國家圖書館。《中法漢學研究所編》對其中曾毅公《五十年來之甲骨學》、陸翔《敦煌學著述考》、傅惜華《漢代畫像全集》三編、徐宗元《古今本竹書紀年合校》、柯昌泗《漢晋石刻略録》、羅常培《蒙古字韻跋》、魏建功《完全本王仁昫刊謬補缺切韻初次的討論》等未刊論著稿本以及神禡相關資料，進行整理研究，以求揭示這批珍貴稿本資料的學術價值，豐富敦煌學、甲骨學、民俗學等專題學術史，爲深入瞭解中法漢學研究所的學術活動，探究現代漢學研究史，提供文獻幫助。

著作稿抄本在國圖館藏寫本文獻中數量居多，近年頗有影印出版，加之閱覽方便，已漸爲學界所關注，因此未列爲本課題重點對象。不過考慮到有些著作稿抄本學術價值很高，甚至關涉重要學術論争，有必要予以刊布揭示，更便利學界研究，我們選擇方邁、王鳴盛、周廣業、孔廣栻、吴騫、王念孫、王引之、姚文田、李鋭、李文田等清代學者稿抄本予以影印，并分别撰寫研究解題。其中如李鋭《周易注疏校勘記》殘稿，是阮元主持纂修《十三經注疏校勘記》的重要文獻見證，有助於釐清當年校勘工作的緣起與修訂過程。《經義述聞》涉及王念孫、王引之父子著作權的争議，是清學研究界關注的熱門問題。爲便於展開深入研究，我們將國圖館藏《經義述聞》初刻、二刻、三刻所據稿本及《校書録》稿本合併影印。其餘諸家稿抄本，亦精彩紛呈，各有可觀。

以上未刊文獻，雖然形式有别，但是日記、書札、題跋及著作稿抄本内容多有關聯，甚至可以相互印證，子課題實際都是總課題的有機組成部分。我們希望通過對這批未刊文獻的發掘整理，爲學界提供第一手的資料，以推動明清以至近現代學術史研究的深入。在整理過程中，根據文獻樣式的不同，我們分别採取釋讀、點校、輯録、影印、解題、小傳等整理研究形式，以期最大限度地發揮未刊文獻的功用。因爲未刊文獻的隨意書寫特性，文字辨識、内容整理難度很高，整理成果想必仍有不少訛誤，期待學界同人不吝指正。此項整理研究工作得到國家圖書館古籍館、北京大學中文系的大力支持，浙江大學文化遺産研究院白謙慎先生、薛龍春教授在文字釋讀方面給予無私的幫助，鳳凰出版社慨允出版，謹表衷心感謝。

北京大學中文系、中國古文獻研究中心　劉玉才

二〇一八年五月

目録

張蔭桓致劉毓森書札

（清）張蔭桓 著　董馥榮 整理

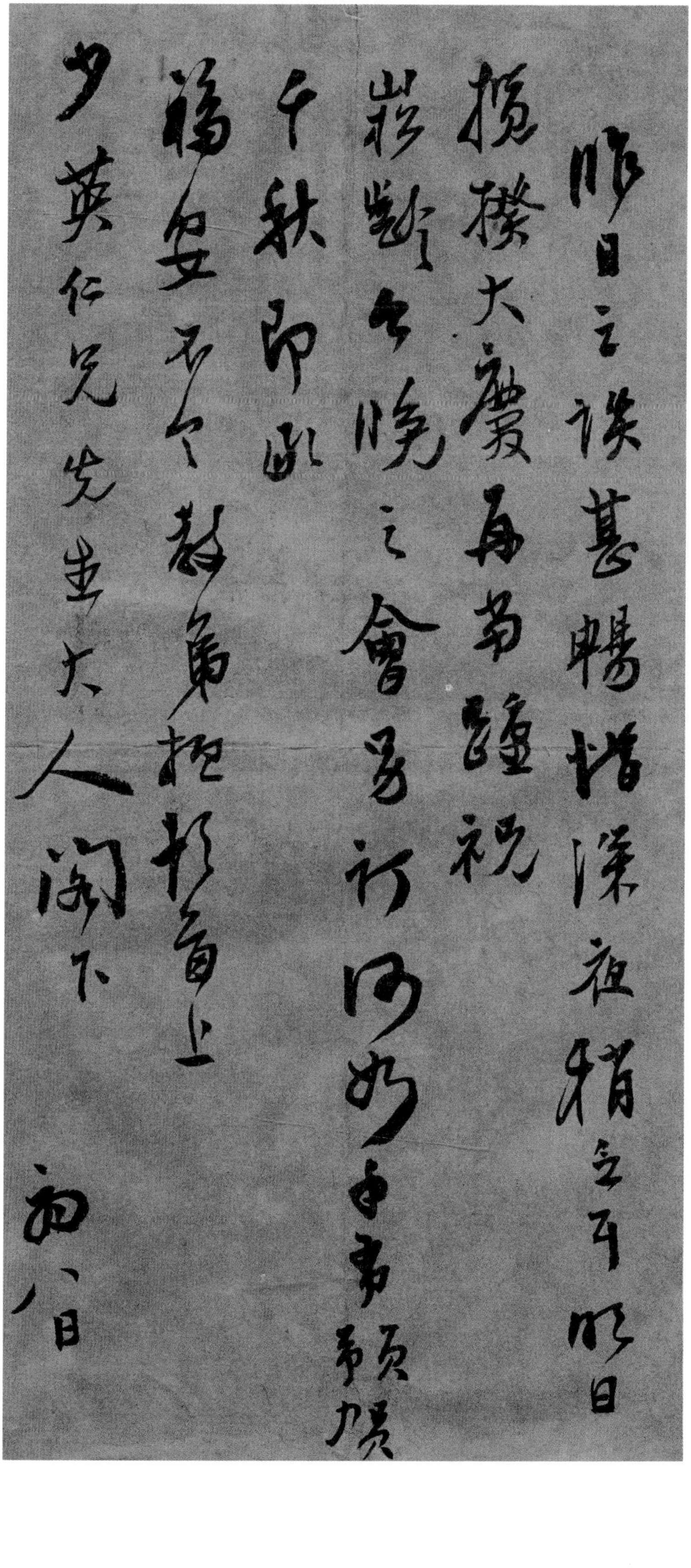

昨日敬祝
嵩齡，叨飫
壽酒，未晤
壽星，為歉。手辱
桂謝，除汴甲也。乡晚之會，不獲趨陪，歉
所明年菊而擬約同人賞興七十
兩訂，以便菊未齊，復即函
少甫先生二兄大人閣下　弟楨頓首　初十日

連日暑酷，將烟台罕見之境，未及趋
數里忽良切徐老伯母壽屏須〻膝正
送呈
以篆核內中人名有無遺漏也
再細披閱，應免錯誤。此時打擺子七月半
天氣稍涼，桐園讓暇亦不甚費力，乎弟
連日避暑烟台山閣，頗得清涼之致
昨歸，除偶訪譚頌三外，皆家滿遂有

執事所閑稍覺頭洵
尊處有鮮藿者乞
見惠多許爲幸此承
暑安不一　樸弟薩模頓首上
少英二兄先生大人閣下
六月晦日
[illegible]啟

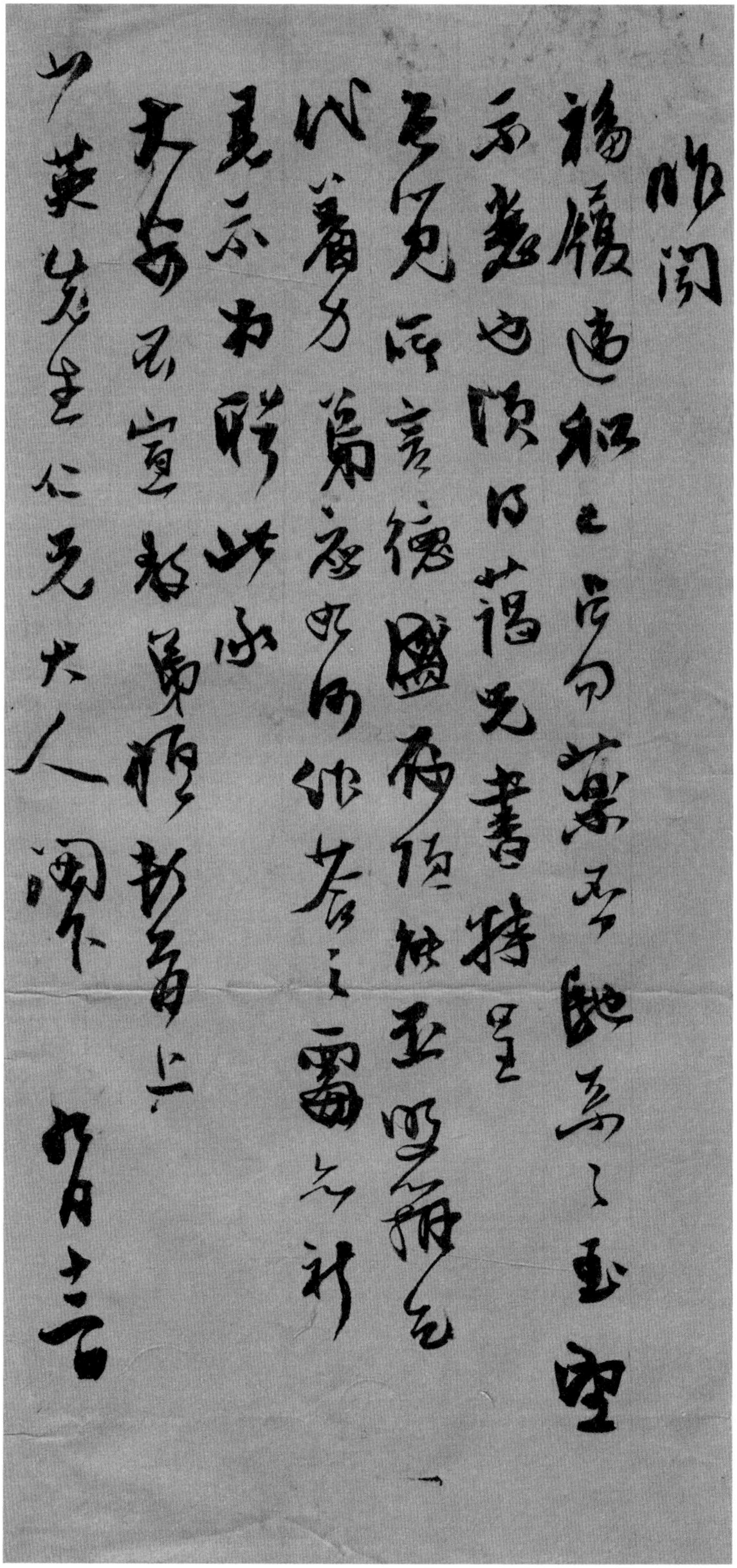

武亭先生仁兄大人閣下：别後廿二日抵大沽，則為火輪舶擱淺，易小舟而進，抵閣署時已晡矣。廿三日謁伯祖、叔祖暨義地兩家，大灌米湯，并款留小住，為對以急於進省，不便久留，廿五日出色飲一杯，精饌、電燈、煤氣燈，風味津門仿西學，具體而微矣。作脯年詳并函申保案，仰蒙俯允，六日

之收年增撥遞減衰大更改也視
諸君子宦運何如耳但相依言
兮帥已到京日昨晤過增請安計到東
須七月杪矣冬日勿因道遠以宴義意多
資准假最長登舟沿衛河至德州准可
趕及七夕以前到滬也輪船煤將告罄
圖守備商及到滬購煤之說應購
荔平讀

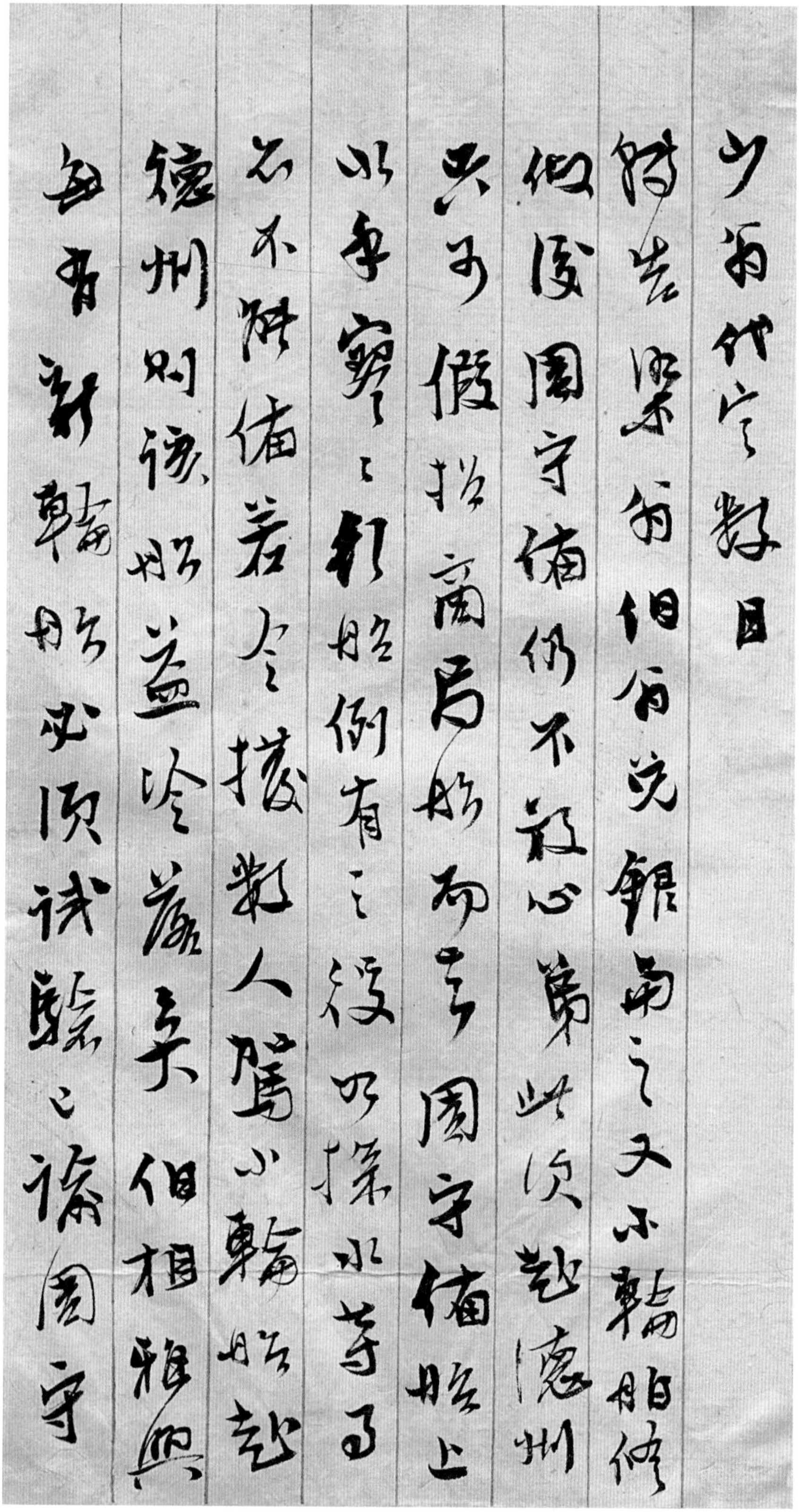

少尉代官對目
隨告梁翁但肯先銀兩之又不轉賄修
假使國守備仍不放心需此須赴德州
與之假招商局招而吉國守備招上
水手寧之打招倒有之從此操水等事
否不能備若令撥數人駕小輪招赴
德州則該招並冷落矣但相雅與
無有新輪招必須試驗之後國守

佃矣大約花朝期之伯相學可到崇
文林臨於園守佃自當伺應也瀛閣
郎物藹翁寬假兩月閣中攢疑宏處
春有大大心細慷慨任事籌經不辭
老謀計
著每不見報不識藹翁有信來否
春安雖僕於藹翁信到即宜付之
也園守佃回時須換樱公尚有複信

擇好展輪，否則暑積於申江，不如坐
輪於烟台耳。署中有可諸費
清理，如遇掃院，客驛謝并望
時賜教言，樹驛遇首為本年李升
送錯冊之四件，即今隨寄安於匣寄
後了再段何今回記於可也。率布即頌
道安，惟祈
鑒原不一。教弟蔭樾頓首　六月廿七日
津門信紮
丁丑六月廿九日到

少英先生仁兄大人閣下：初八日荅玉壽
手書，計沾上一椷，以邀
乞覽，依承
寄示伯和兄稿及規摺，情形閱悉之
玉他日已蒙為外
指勇縱去，率闖與利，除弊并為伯和
顧恐家不令良友，實心也，譙兄之懷
果既言而竿而免，萬益無此言即

前日蠡測軒定議附上稿矣尚未指定矣
稅一項乃此句前議根無可如何之中換
生波瀾而推論限如清議何此乃已經
三變而所定局六年繼續駐兵兩年
地
經
執事調停無須藉破鈔此方事必無
勸悔矣擬約文未定劉約俟銷案
辦後始副交付又擬從寬稅先啟

瞻前頓首大弟台劉鄉兄已在
営中藹兄允頗深洞注感此何羅握請
執事代酬可耳萬喚廠商取中外情
卬公論安人間萬金須置辦也藹兄
東回為速萬擬後之省門不遠於頗安
計藹翁假期八月望翁報滿所先返
烟台如閣下首則如日甚涕亂九月
初不能見面差所議請江下首則八

月杪手抵歷下，隨亦甚難，後至是時
也。斑都中迎捕來信，午平晚定，十六日始
到。二十左右出都，萬至津七回，但相至看
候。惟午平將并屬何福錄，渴年中
函時告以都人看看面候，似未傳家達
來道話久不見，一見烟至入首正遠千
里，頗覺到姑之難，亦遂報達此等
候。惟近自首中是以甚多，前月杪

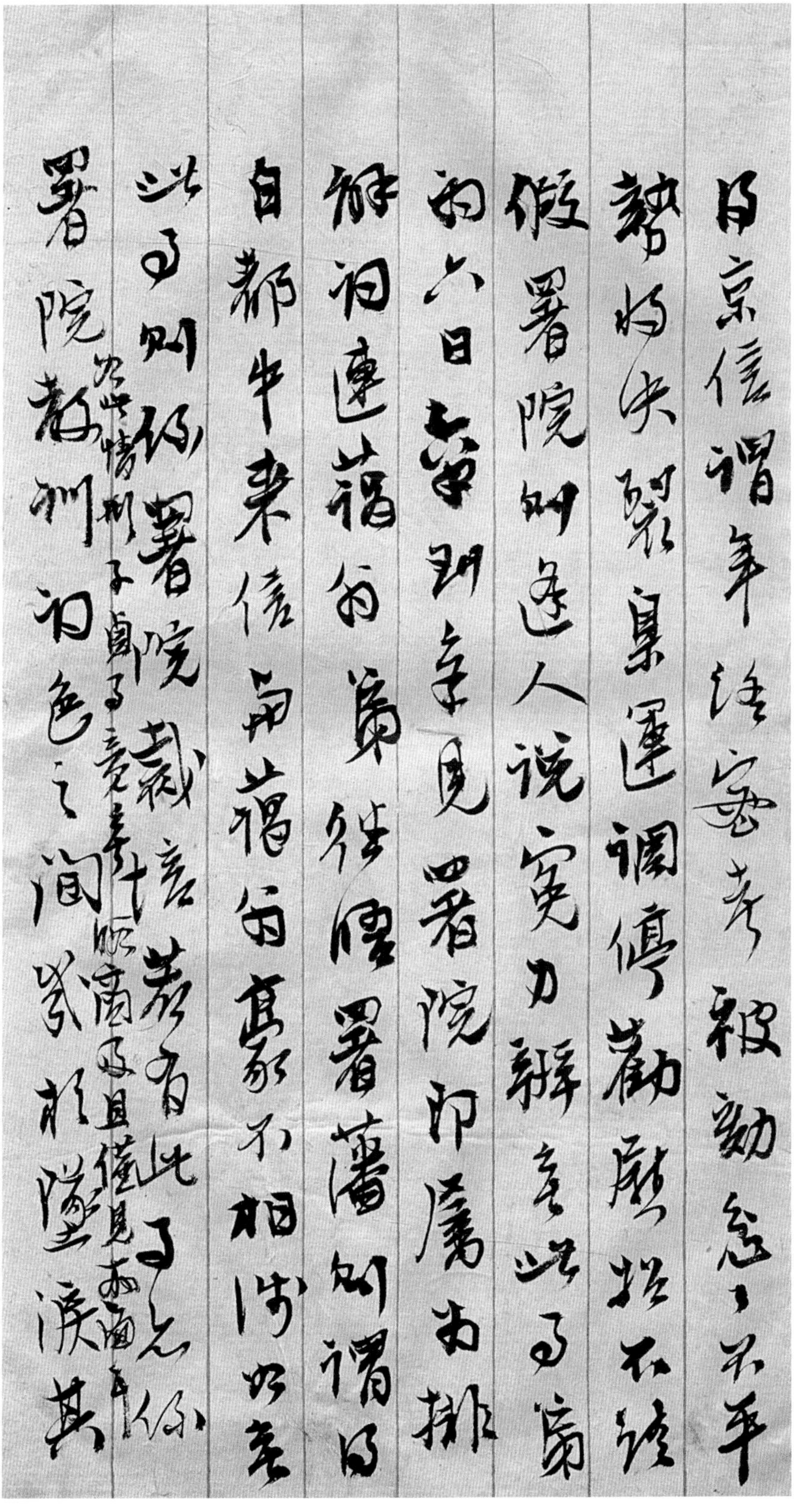
昨京信謂年後安老被劾，意不平，
諸將史與泉運調停勸慰，始不談。
假署院明遣人說定，力辦意之節。
初六日吳到，再見署院，即屬由排
解，因連福而廣維，但署藩則謂以
自都中來信，再福而直家不相涉，以是
此可則仍署院裁言，甚有此可也，係
署院欲州因意之間，然於謀溪其

滿腔憂慮著有難向盡言之隱詢彬翁
亦甚爲難若補牘不置一詞以飾國寅
之詛倘深相排擠又屬從身彬翁平
日以心謹飭遇此等事宜其郁鬱也第
恐不便參末議亦難處之國烟惟以
年內迎到未期近在眼前不少函并飭
素者奏稿有坐此詞近要決不下
報乃用以搪塞也第此次奉有署院

相見謙光之甚。書札枕不頒，只門包
費郡百十金千，今日蒙招飲於江南
會館，酣醼異常，加以連日應酬，寢
食俱廢，歸寓力懇聽艳雨撰出
門簿的
等札，遂即作答，揮汗草草，諸未詳
盡。或代期近，諸乞
代籌委任，戚畯，玉諸兩如言，於政

煤價之頭難萬之所迫促此可識誤
交諸伴託係玉甫錫承所擬稿嘗有
玉甫手出條子出證實成萬言意首目
此乃宗閣玉甫有信與福甫過於
年信之請玉甫補即福甫一切言
明玉甫閱切之之悪由鄰人寄與差
福甫不見怪則幸甚矣又昨晤徐
仲甫言樵翁已來到京須轉於代

匯如圖善弢東西兩公專爲配炮架
所言無有窒礙何宜購兩炮至滬上廠
裝圖如圖善弢兩煙即令將西營大
炮裝之配架以備匯豐所購之炮
可也豐銀爲有出來此項炮價即宜
討定驗之嘉以前繼來者購去提
西營及轅輪船所需軍火即請
尊處逕函滬中購買無須與圖善弢

商訂也

尊意謂此書細繹諸例其心緒似
雜亂蓋書出六月所發來署七月十九又
行〻那有萬之分歎其部署一切
認未能就緒所云八月東來殆屬疑
悃唱年諸翁久任通商深得人
長〻技所〻一策前本宮歷竭財
運不足矣〻欲薦台兩西精華全

盛時謔白豈能劉裳無從追思時日
衡衡鄂人亦第少有閒作鷗鷺業
林林想亦自空空洞洞惟弟安命而已
署院及司道諸公方以藩先辰假為
鄂人華安於此局面引氣相需季
年諸函
敢益即使遠如故亦深感
厚愛於今盡函

對諸伯瀛之言尤細
雅聚繞侯晤時敬謝也署中諸君不
及一一致出場之
代致拳拳　惠感手澤即頌
秋安　惟新
澄鑒　不宣　敬箋頓首　七月初八燈下
諸翁均此　并候
伯和如也

聲幾付便附
劉君季蔭條之友律因
必肯以實告之也　弟子行

丁丑七月七日到

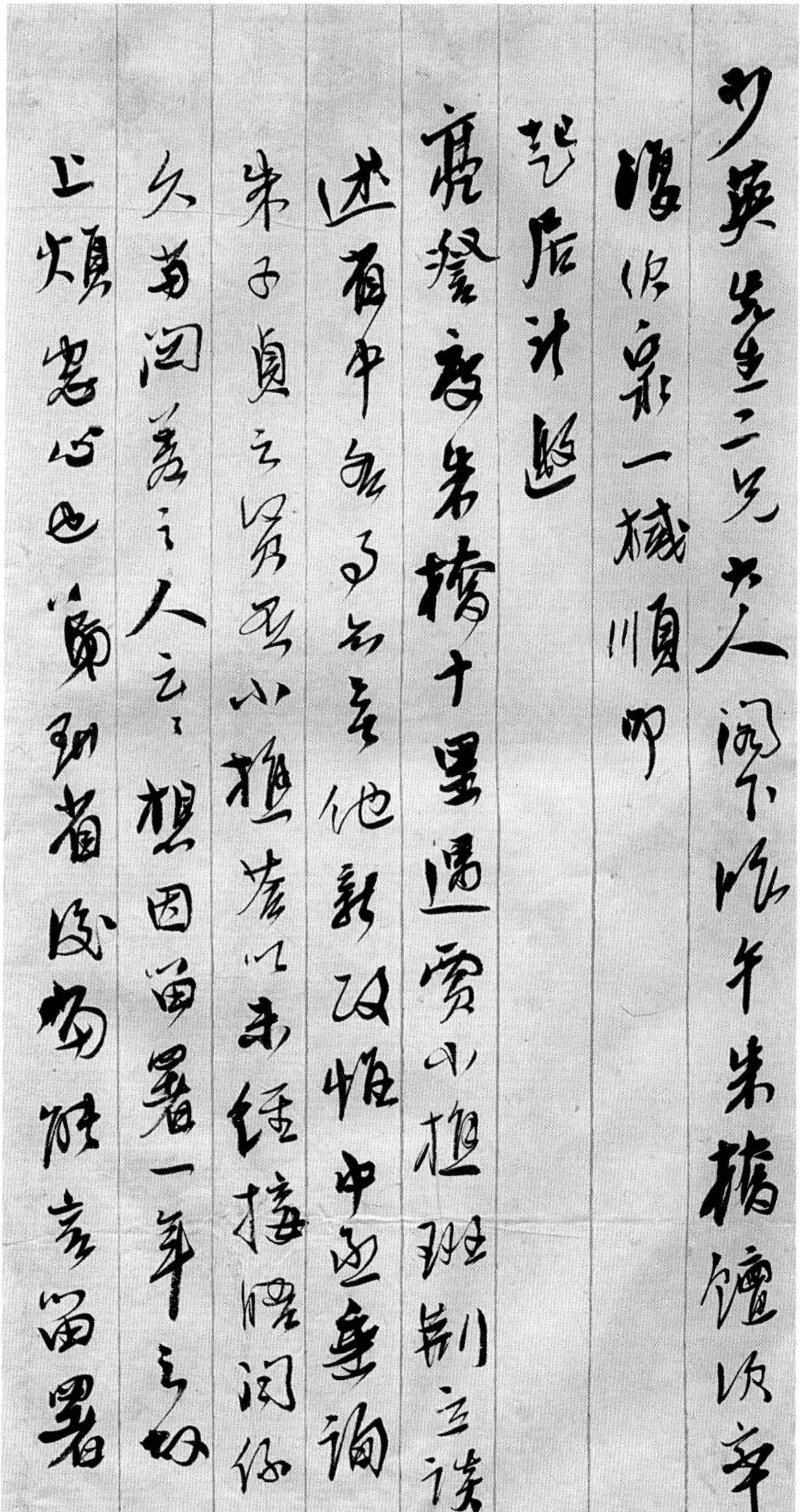
少英先生二兄大人閣下：昨朱樓饋次辛
復候泉一祺，順叩
起居。升頓
亮登朱樓十里遇賈小樓班劇之談
述。宿中無可言他新政惟中西集論
朱子負之賢，然小樓慕以來經接陪閱係
久別聞蕃之人之，想因留署一年之好
上煩寬心也。翁到省後，爲陳言留署

之所以無但視子貞運氣何如耳於
時諾可貞情毋庸附和人說項庶免矯（內藩名霧名不必）
揉是為至要不推又云李東所屬節
追看我名上將有語來又到也不推云
中丞尚須謹飭一路出處旋不稍驚矣
自暇補少豐所言又異旋屬魯豐循
應酬之物少豐之論誠是也南中鋪墊
未至甚急中丞書日後十二日遞國

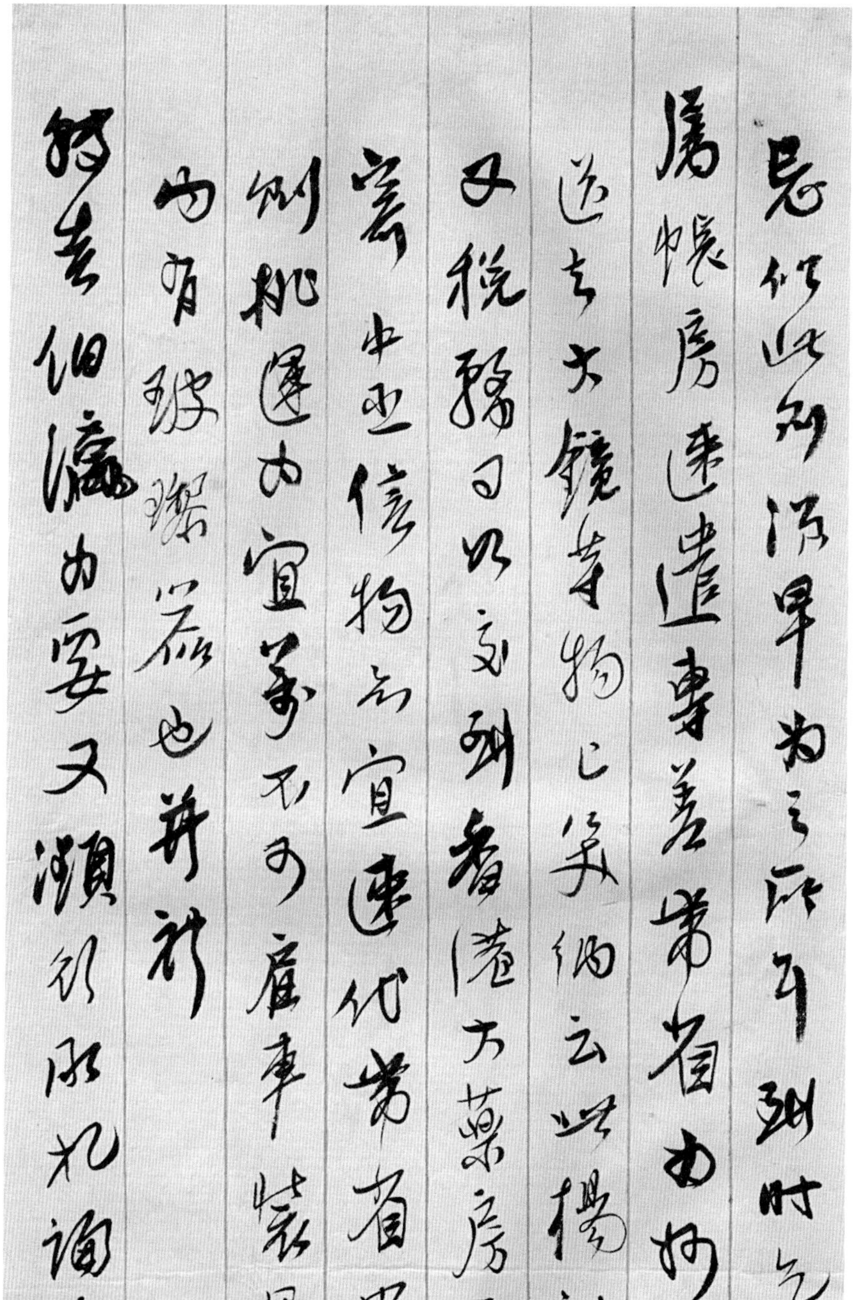
是何此刻須早爲之所耳到時允
隱帳房速遣專差常駐西報以農濟
送去大鏡等物已交納云此樓鐘之二三也
又税務司以交到者藩大藥房屋所
寄中西信物亦宜速代常駐如有積匯
則我選內宜等不可雇車裝運運匯
均可辦理也并祈
鈞安　細瀛内安又頃到承札詢海防續行

撥二万金以累以爲借題發揮

尊論云云然算每每一攬未能順會此時

處境困難操心危而慮患深然畏首

畏尾之念何自處以累之項留報銷地

步此仔細思慮不磨之論然如何酬留之

處允

執事尚須累代酬一安前穩實之法附識

總年來進深矣此等弟經理失宜愧

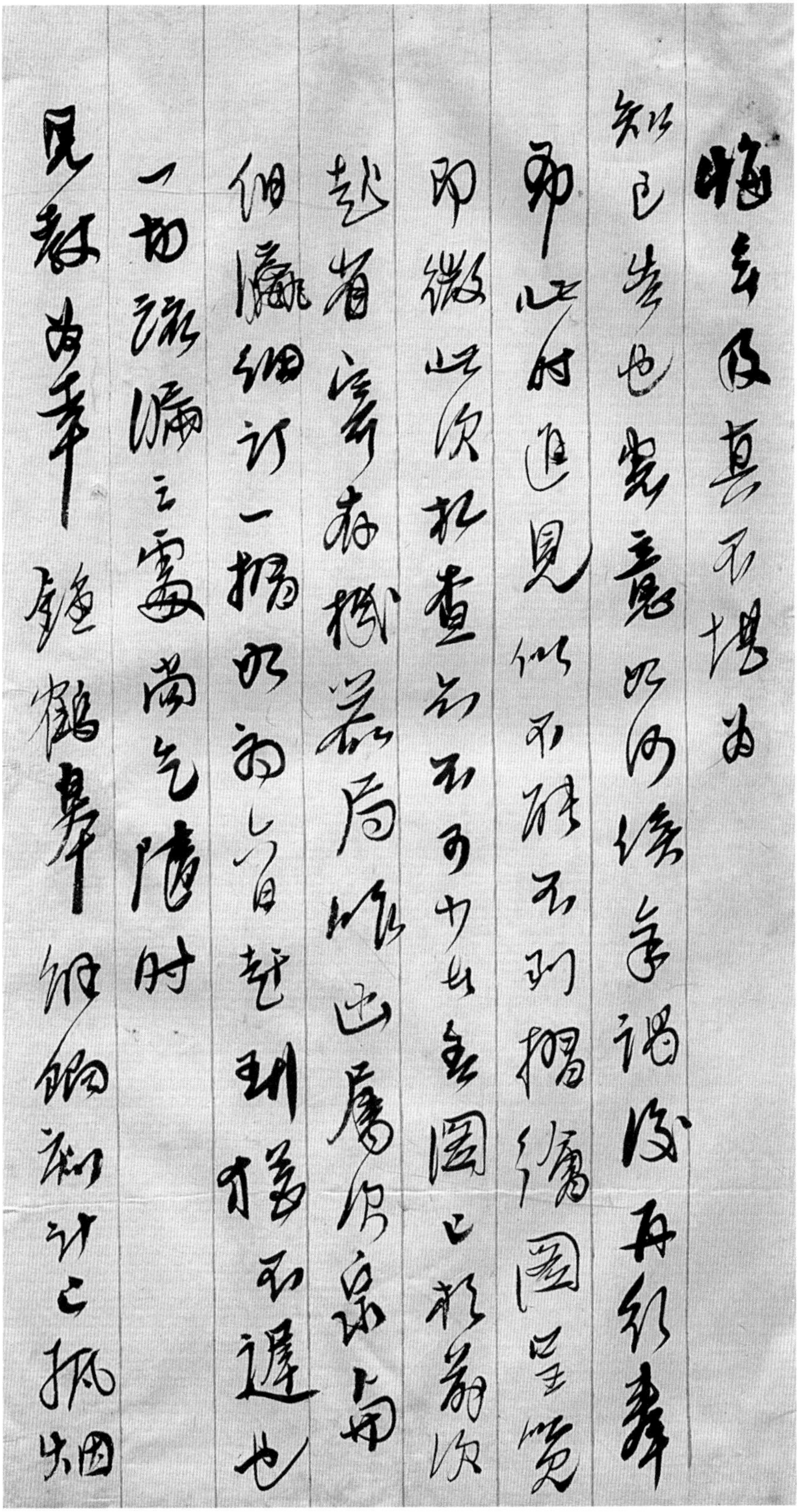
[illegible]夕及真不堪為
知己告也嘗意此時條緒謂後再行奉
聞此時進見似不能不到摺繪圖呈覽
即繳此須扎查所不可少余圖已於前須
趙省齋存檔[illegible]局由[illegible]處抄[illegible]由
細繙細計一摺然未曾趕到恐不遲也
一切疏漏之處尚乞隨時
見教為幸[illegible]

石屋年丈鶴蓀年丈閣下：兩絵閣像冊已收悉，
許之每之，未及備謝，悵悵。請
轉告伯瀛，薄送四十金，聊以備質，已許之而不
願其納，以數筭之，聊以見意。久筭稷
子之懷想，鍾君之事，見原也。萬頒首
宿親何擬于五日抵省晤談
動止不宣　顧頓首　月　葉
伯瀛附先相此致候
丁丑十月初四日

少英先生老兄大人閣下：十七晚寄弟一函，剡
計議著已馳悉。遇西署首申丞子諒，遂
公筆吳稼差役，是役即得辦拘
諸兄計避替人，他處全局情獨此付惟
弟預為安成計乎久細
垂愛一切，仍賴
至籌任感。姑蒙前此三日未有而露載
馳除行不快，今年于總鄉巡討期因

令弟生臘八付手書誦悉一切惠寄奉特
比時輪船歸程未能露送萬之候
追罷再候姪也四日冷謁之華藩札因
院上集議奉不獲一同行大約初旬但
到弁錢門之諫諟之示詳頫薦卿為
之海烟台粗國振蕃蕃已將蕃札寄請
收泉閱文未後摺國圖烟台子楨汎
從諫如快之兴捻縱賣素安若是大

可畏也。此等情節之詳，須與函牛相見
甚近，統宗函聲也。洋稅不專撥作海軍
乃伯瀛裳到任後既據衙卷伯相之意與可
聽之。承
代商捐級，新可為座，鼎子許伯留函致吳瑞
庭代捐兩級，多加至已足，圍備可及任
方君計贈飛不到，此鼎交卸撥去
二月尋料理之頃，俟亦遂登道中以

矣中丞圖遺甚爲繁懷惜殊深愧
耳洋艦不識何如閩花聲尚暢咸
可為東陽之府也安布郎承
近安惟祈
朗鑒不宣　叔彝頓首　十二月二日莱署
梅孫
丁丑十二月初六日到

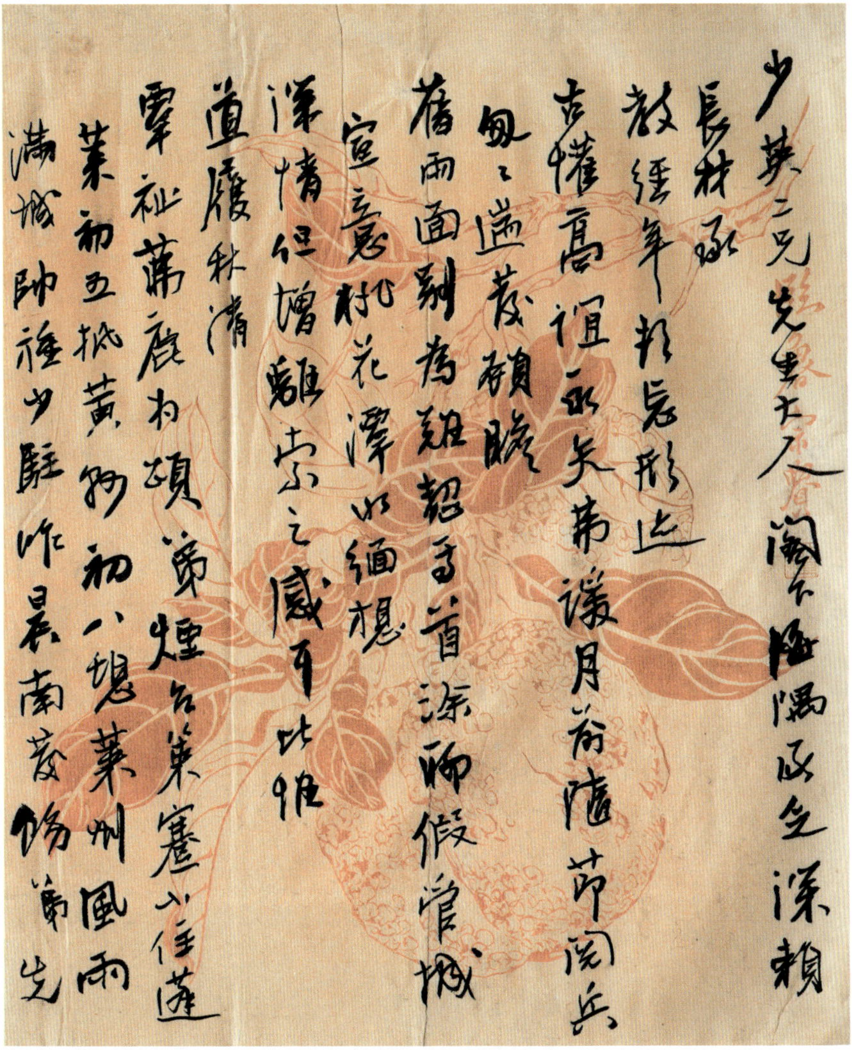

少英二兄先生大人閣下：睽隔既久，深賴

長材

教經年，相忘形迹。

去樣高誼，承矢弟議，月前蒞節閱兵，

匆匆遄發，頫臨

舊雨，面別為難。超首涂師，假滬城

宣慰，村花澤以緬想

深情，但增離索之感耳。此佈

道履秋清

寧祉，蕭辰為頌。弟煙台巢蹇小住，蓬

萊初五抵黃縣，初八想萊州風雨

滿城，帥旌少駐，昨晨南旋。蕩弟先

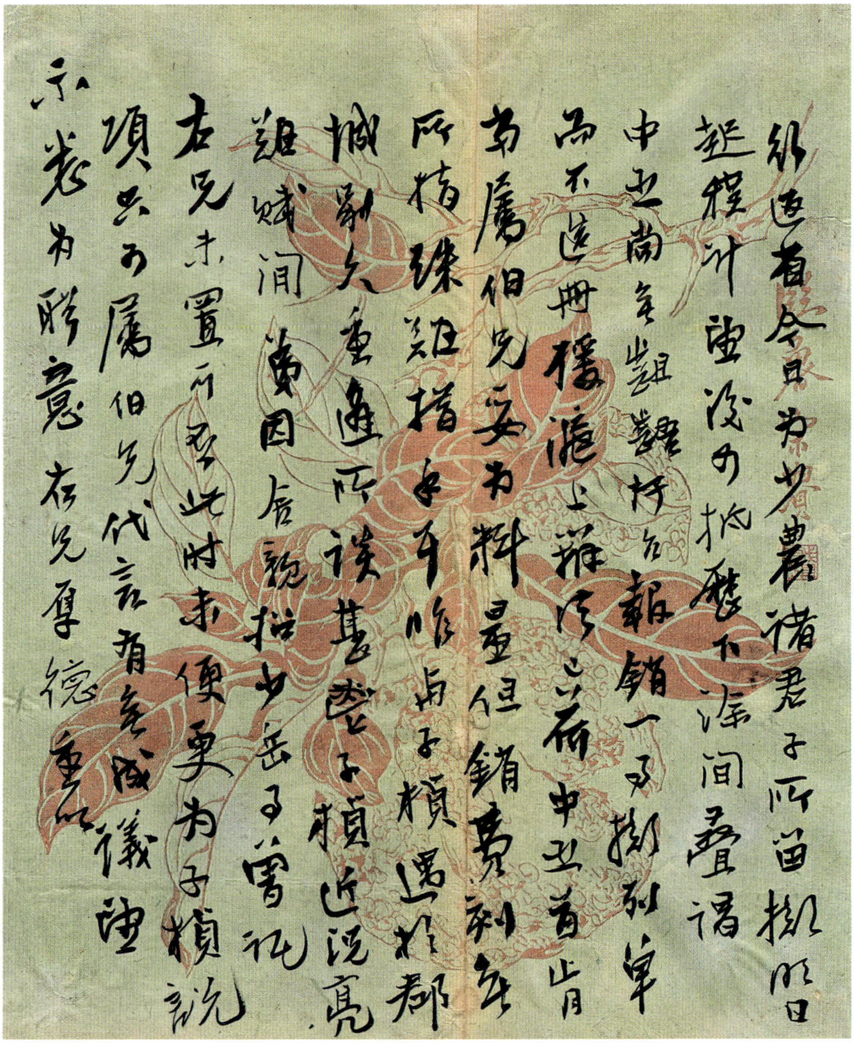
外邊看今日為少農諸君子所留椒明日
延程計留後可抵饗下除間疊謂
中丞尚無斟酌存名報銷一分捌列單
為不進冊檔滬上諸行之所中丞首肯
弟屬伯兄安為料量但銷費剩無
所指發經措手惟卣子植遇於鄰
城劉大臣進所談甚詳子植近況亮
蹟緒聞黃因舍親抵此岳子曾記
右兄未置可否此時未便更為子植說
項也可屬伯兄代言有無成議望
示悉為盼意存兄厚德重訛

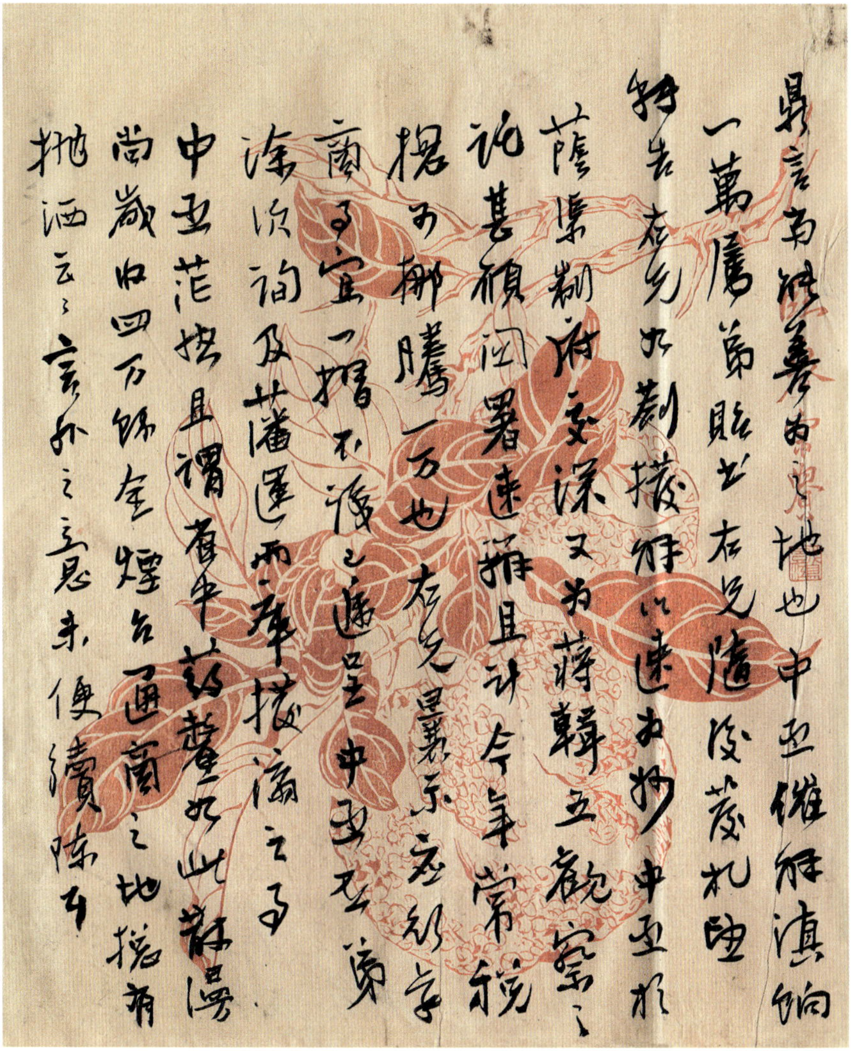

縣言甫能善為之地也中丞催解滇餉
一萬隨節赴京右允隨後發札陸
續告左右如劃撥解以速為妙中丞於
蔭渠觀察交深又為蔣韓五觀察之
托甚殷聞署速籌且計今年常稅
摺可挪騰一万也右允[illegible]紀字
商可宜一摺不獲之處呈中丞為荷
涂頃詢及甘藩匯西庫撥滿之事
中丞茫然且謂藩庫藥[illegible]如此[illegible]
尚藏內四万餘金煙臺通商之地撥補
挑洒云云言外之意未便續陳耳

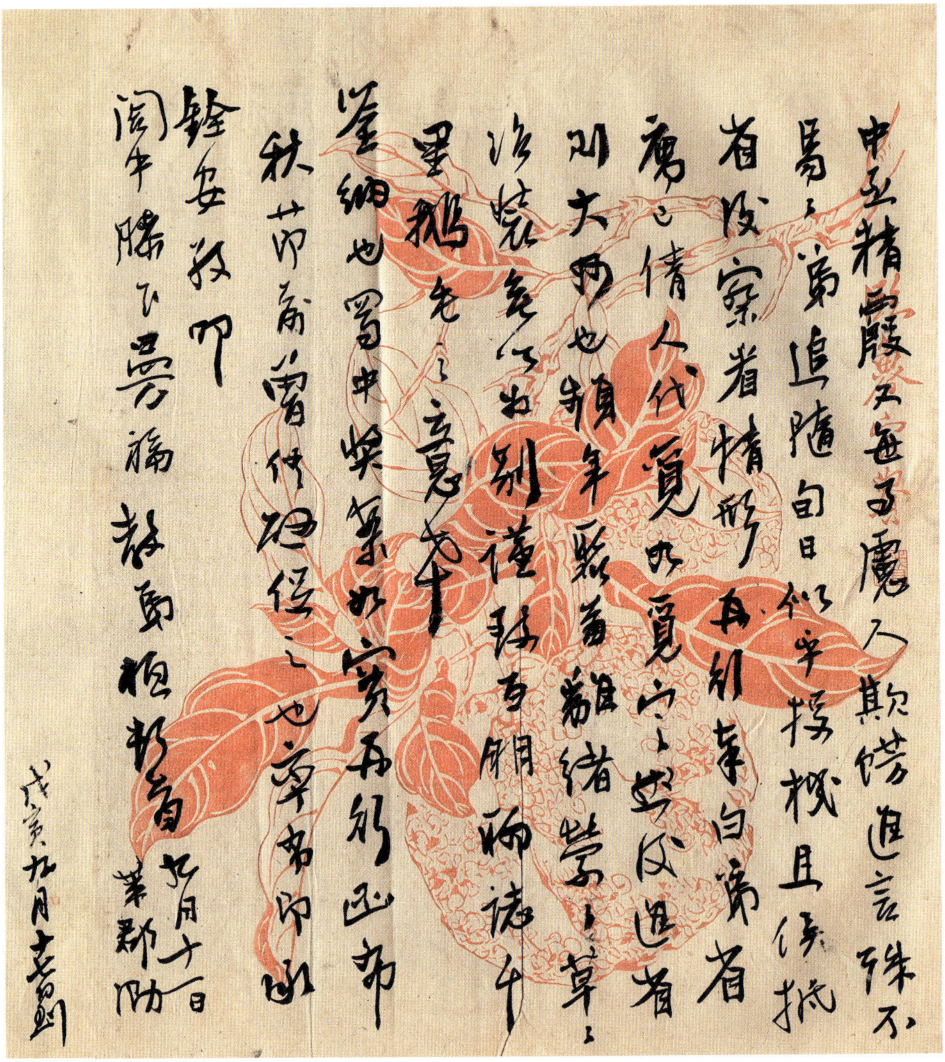
中丞精嚴又無可處人欺偽進言殊不
易〻翁追隨白日作牢接機且倭撫
看後察看情形再行奉白翁看
庫〻情人代覓如覓穴〻安皮進看
則大約也頗年聚𦍑雜緒縈〻草〻
活燒無以別謹拜手朝諭外
星翹先〻意光千
箋細也寫中悞案如實再行函布
秋節前當作極促〻也牽布印函
銓安教叩
閣中勝飞思禱　教弟桓頓首　九月十日　葉郡附
戊寅九月十三日到

少英二兄先生大人閣下：睽別

芝宇，匆匆兩月，積思成癡，何時可忘。比際

來書到

惠書敬承

讀註惜別之感，而地同之伏惟

道履綏龢

覃禧納祜為頌。頃每每追省奉及去辭

美美之微詞，以誌別重荷

謙抑尤深歎服容於名世原約儀
之端目缺收再歸趙壁剞劂
戒意爲轉念振藻遊筆諸承
指誨得免隕越受
賜良厚決不可再及此事也他日
營鍵善地算循作儀
劉之想所望尤奢想
雅量高致必不見拒幸留此有餘不盡之

意乎留文已到，前何日接信乞
彭歷也。所集如琵及雅帥決不會言，惟所
改緣紙表並課已經彈劾，星使之摺，聊報見
之，此乎瑣瑣。
詢之伯瀛，其洞悉也，子楨調回驪雞，詳詢
左右元來出言，已我俊，候左右元來看每排
我用未單手操意旨，然後留司亦甚周
洽，與子楨計擬以已班內上著爲之甚莫

君云然否？損貧累，五有不可一日賦閒之況，
真難爲懷矣。蒲文仍日來看，計年內第可
把臂聯歡。新居去歷山頂密邇，是亦
以象惠書以其數晨夕旅中樂事也。
其甄別之勇，日詳尚未到院，日中積壓殊
甚。王託柏翁代復，已矣。鮑託伯瀛代述，乞
德音時來，不盡在遠，爲感。此承
動定。君宜教。弟蔭桓頓首。十月廿四日

戊寅十月廿六夕到

少英二兄先生大人閣下：頃泉、孫補文兩兄先後回閩，

毋々未及專函奉候，

道履睽違，

台教疏其，餞臘緬想

芝標，瀏洄何已。比維

升祉翔華，

覃祺樂介。弟頃屆節首，憊羈寓舍，不告

閣近狀，姊々已託頃泉代達。

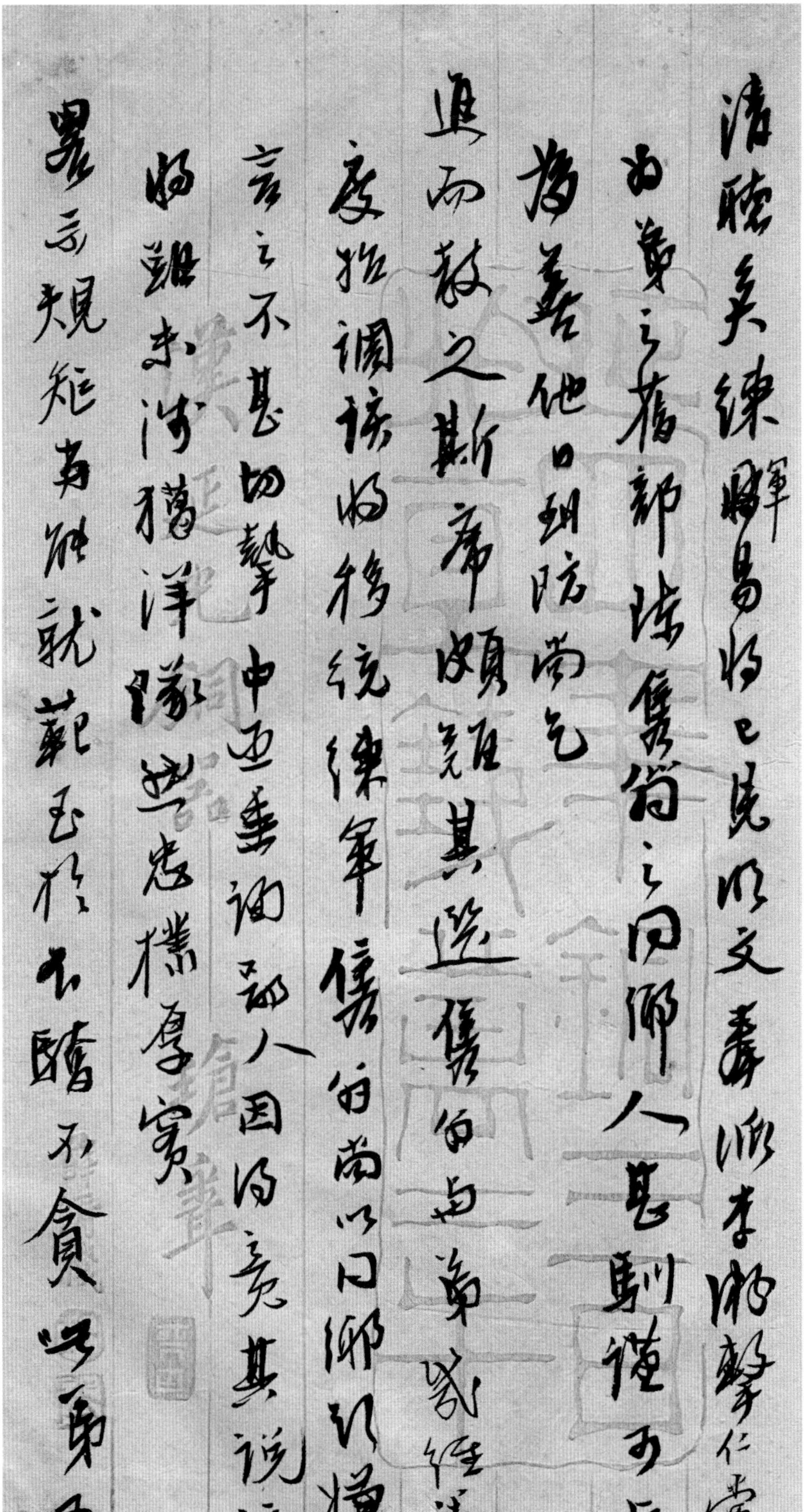
清聽矣。練軍將易將，已派汪文壽、李將擊仁堂
為貴之舊部，陳雋翁之同鄉人，甚馴謹，可與
爲善。他日興防，尚乞
進而教之。斯席頗難其選，雋翁與弟幾經籌
度，擬調撥將移統練軍，雋翁尚以同鄉引嫌，
言之不甚切摯。中丞垂詢鄙人，因得竟其說。該
將雖未涉獵洋操，然忠樸厚實，
略示規矩，雖就範圍，不隨不貪，此弟所

力保我也萬分荷

青垂國紀鹽蔫甚中丞過于嚴實亦能鹽聽之

比一切情形詳晰萬鍾之言之不識左右必諒也

再又貢愚瑣聖旨謂中丞飭論及此因曹札攤

順保三州何以雜而徐州何以推歸海州

中丞謂遍檢署中並無此州雜貢之案後

樹何以歷年貢獻之物指漢之籍之較量然

並不聞有借聯兩方但祭之言之而並未詢鄒

東海函詢此難之獨微窺憲意殆欲爲
左右覓肯此一章耶他日如有片牘函詢亦宜據
舊例向州判推擬似爲合拍節署中豈直檢
不出舊案我公之意或別有在
晤左右見詩之兩郎之議曾向憲諭函述矣又承
屬代覓令弟婚事日前適有一富何紳與藉在
東執幕姓張者女郎年十七美而莊特父年
老而母病瘠境況頗累難歸圍不得偏且恐

須畧贈醴錢百金始能成禮萬不後其
人然亮在政以緣者之綢繆也已囑儀損看了
一遍似尚甚佳
尊意合否望
示復再為行實以如但可宜速定因其世家
貧甚久承風誼鶴矣乞
酌之弟擬為之復之薦春結閱胄美言之示
稿冊可交來價攜回弟將收排閱也獻歲

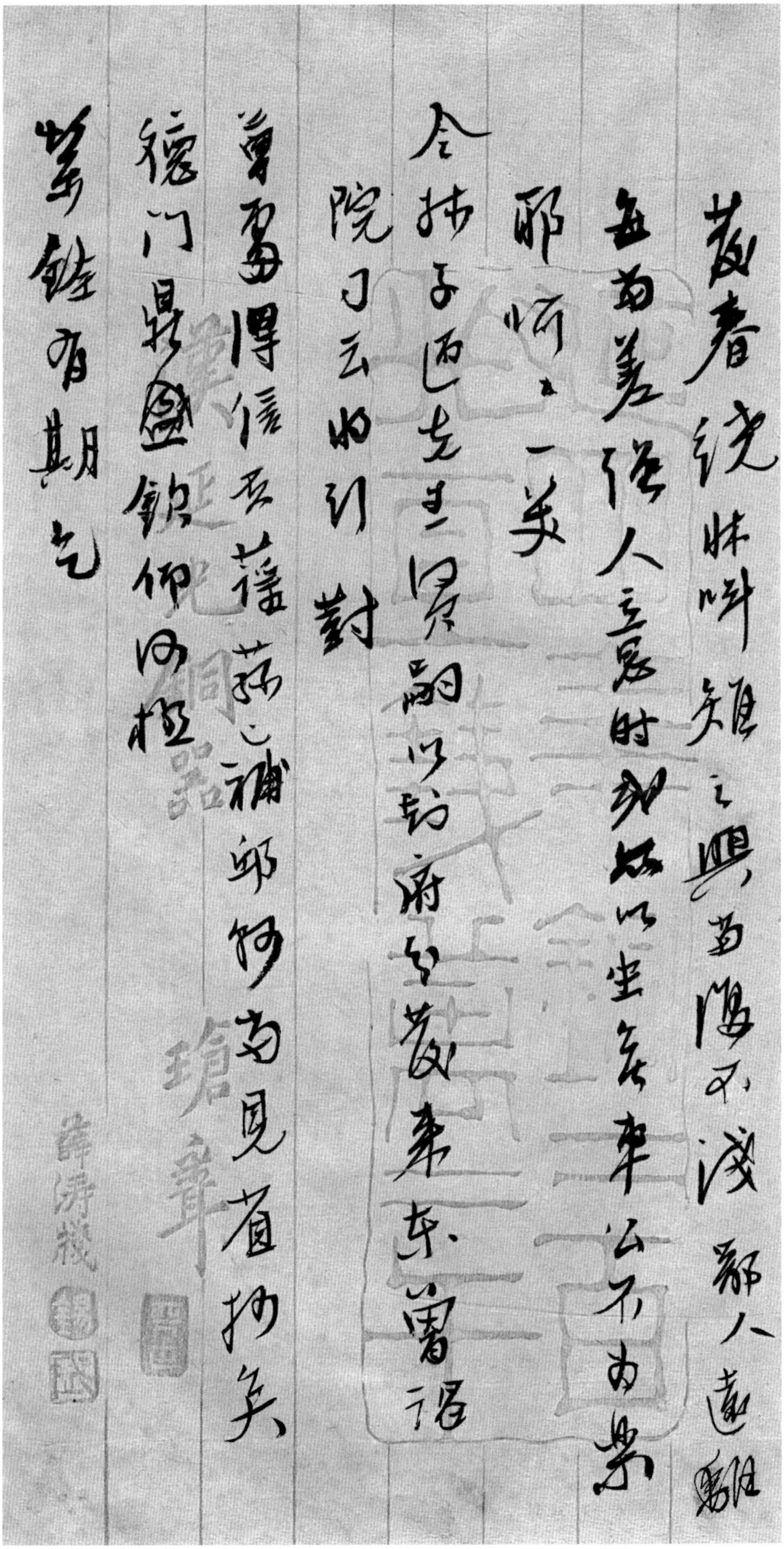

手示也儀者暫屬烟台縣組來看黃河歲朔
南遊之意以請段成式來烟航海南下延時
蔚園長觀烟屬瑣瑣諸務
垂問並接伯兄來書手任感篆弟即叩即頌
歲安并叩
尊祉諸姐
康發不宣教弟楊樹勛頓首　臘月十八日虞山廬居
書同子諸君統此附候

戊寅十一月廿八日到

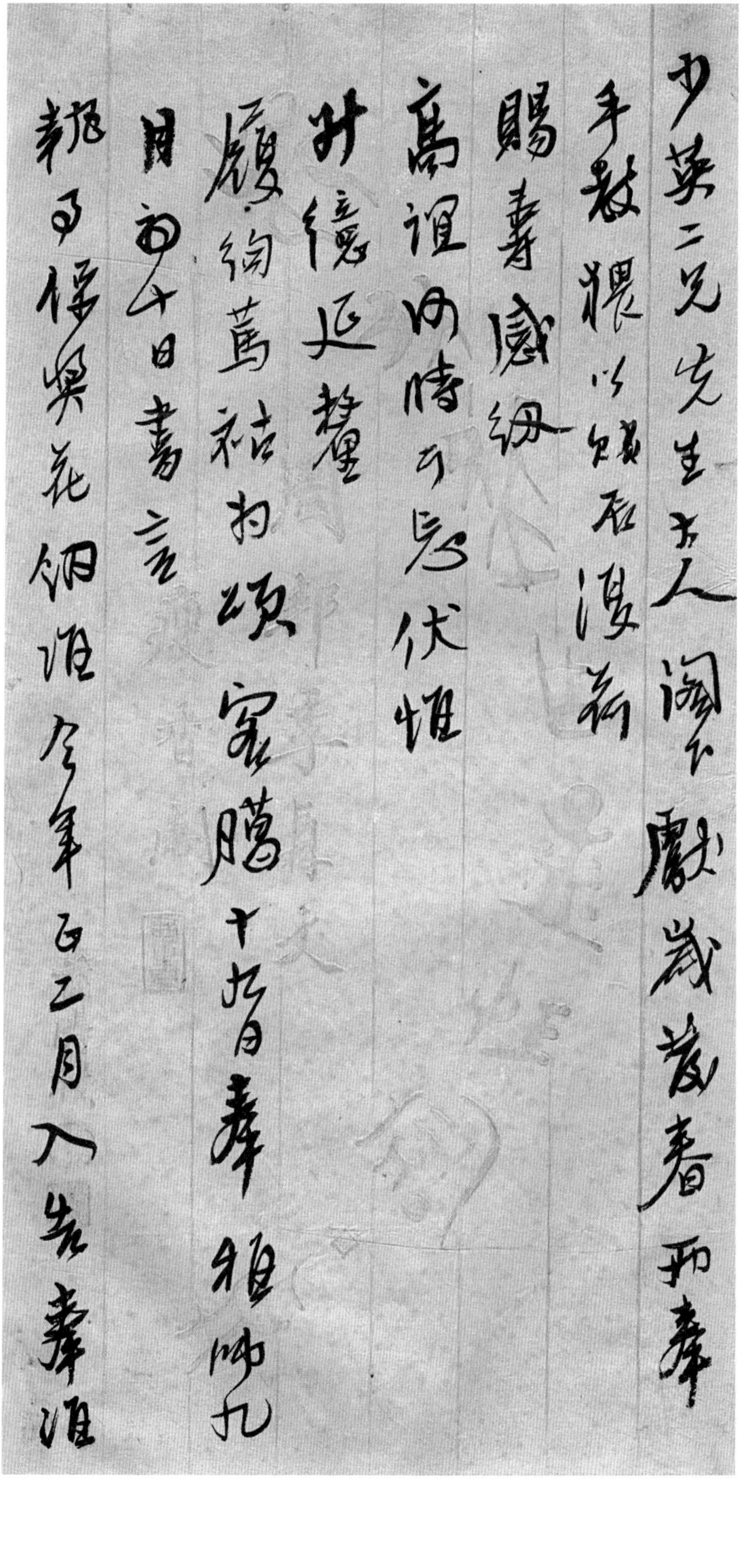
少藥二兄先生大人閣下：歲莫春和，奉
手教，猥以蟣蝨遠荷
賜壽，感佩
高誼，何情可忘。伏惟
升綏延釐，
履綸萬祜，以頌寵膺。十指奉相帥九
月初十日書言
報及保舉花翎，謹於本年正月入告，奉旨

際此填劇寒至弟處對玉
多端又以淫弟情江跪爲數増不便列傳屬弟
爲其論之似此一眼一鼓必多厘意日來
東江的意亦宜留爲他用不可滋滋指雜且
繁罔信來時再定可手蕭文次第兄代
回烟自是文壇健將不特美談人意已
也函
承指弟婚事我之南中自後不離甚嚴

議論聽人言續加查詢甚有王滿者搢
之處弟即赴之矣非有前任黄河典史
前營壇之女問尚待聘正擬託請劉觀察
爲之撮姻維來自以鄉里近學比者物
尊意討諸
鄉里誠的弟也佳耦兜把尚新
示知作書先抵省頓相晤言聞乃僞名之
行年所幾亦以爲甚的宜帽梲梲楚莅

昨日知有兩師已來附擊源已第務計月
內革可翻姻其人太拙强之轄兵之中洋操
都而須練習但此統帶對年漸就廢
弛，新募一將或冀少振朝氣耶？右見言
進三深識鄙人以為當收實際鄙意爲
郡不肯不認盡心為統是以而廢弛乃爾
中亟須加整頓，第若不分爲易將，更有
何策？且亦非勝職之所也。右見言。進三憤

甚至不追看銷差尤可慮矣天下豈有不
辦之追處之一差使兩處之名意的
何居且上司難整頓而不可得安用此總局
將軍如此只人須自克試問坐賊營執戈
時指念此曾及此聯翁頹後右萬廣然
里追矣李游擊此來接統練營必有
韓精進之儀不盡人可思其思之所識
北議之已屬李游擊爲別爭辨地有

篤雅如親之覆誦淋擊亦无能示年　院請

示也誦淋擊再日尚望

賜之以拂拭禱梓禎臣班可喜以藥雅

一二幕尤可自顧遂養時晦一半年萬策

賢到見鈕箱中是

時傳之

成餘之也好毛的錄後回看在兌已為言之

亦懷勇對於是長流風雪高年踐謝

殊深馳系不論何時可以撥借予伯羲不
善處久不見不能自寧前日始以鼎書論
之詳矣伯羲來書每以弟當處清塗此
章緩弟思交代名可已行
之端鼎身攝合參他轉萬幅先紙批款撥
以收存業變價歸還及任內要精頗草
函託其香雅條其可也然此予尤為伯羲
相商伯羲當就不繫於鄙人之交代伯羲

於官了不甚了了，無郁邑之處，每篇每接

其來書，輒似數日，惡如一月，十函直追丁然

誠矣，省中局面更亂，細瀛所能遙付，鄉

閱悉，宦場垂二十年，豈尚在鄉鄰枕上邪

至好閱切，原求直言，益以新響，銘擬之詞

相勸勉，殊覺雅人雅意也。便乞

代道之，每不及另函矣。年甫後謝，即承

撰安，不具。叔[illegible]弟[illegible]蔭頓首 正月十六晚

己卯正月廿六日到

少英二兄先生大人閣下：曾由差遞奉三月晦
手教，備荷
垂注，藹厚感何可言。欲惟
履綏綏餘
覃祺萬結，甚以頌惆。節迎上之紛，稽留
匝月，臥病經旬，會勘壩工，手不能附和，原
緒之弟卒段舊制，深慮差池，復命奉旨
浙帥以近河兵撥，以部議為難，頗蒙屢

壞其實並不能得終情形，亦已詳述中丞
而目共睹之耳。中丞亦甚歷艱也，但是役
賠款二百五十金，且并年誤護集舊資
錄械不然，則早罷矣。溯上年誤前風
味病年賴以消遣，茲須不卷亦望
日延看三台雲邊，終送舊迎新，亦止住典
尊幾春了上復閱珊，于見朋舊惜餘之托
焉耳也。但濕辭情甚是，特請左右於其

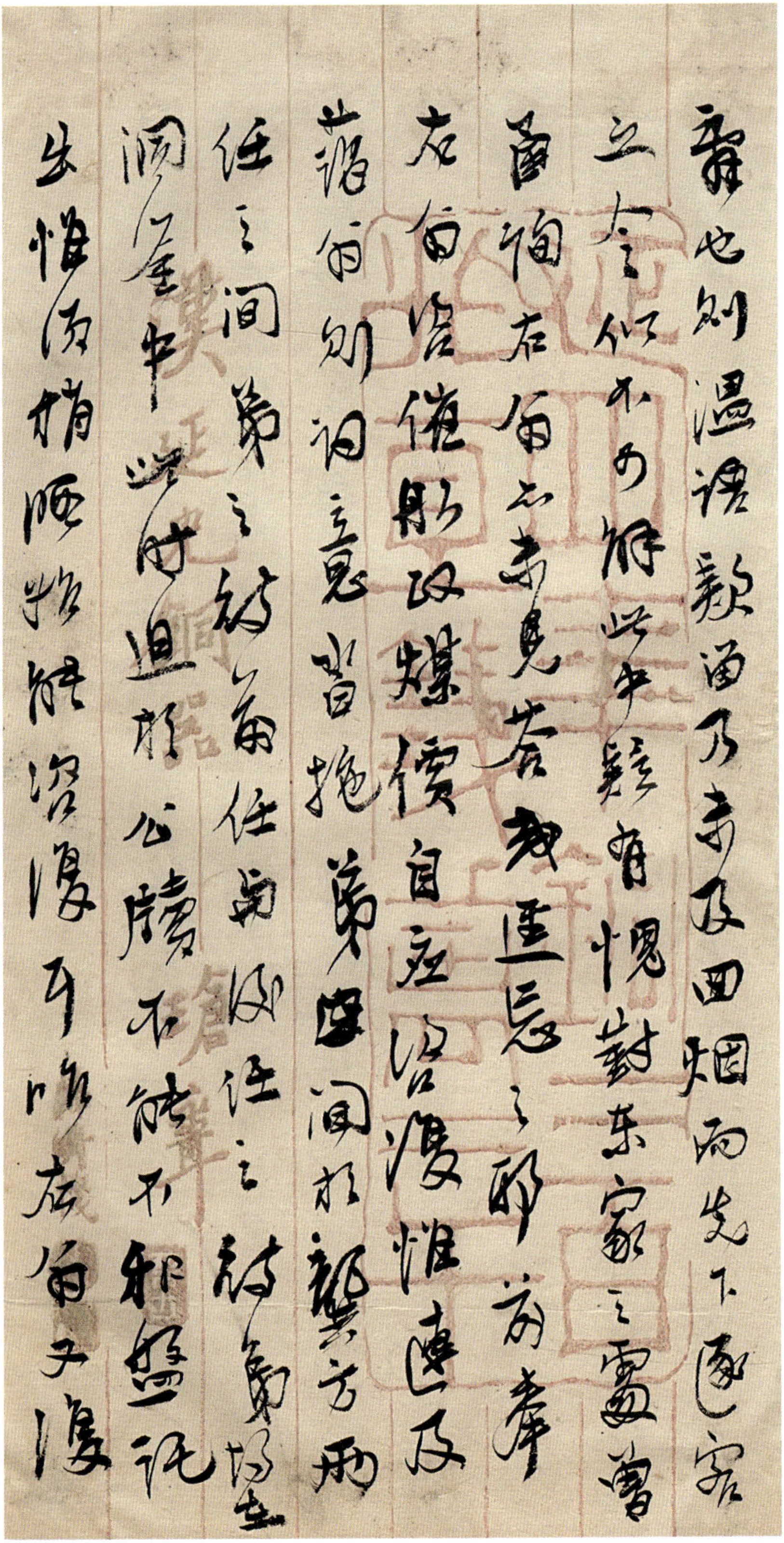

圖僕弟兆不能內官清此現值中西交錯

且議游也律年易明同考益鉅難左右甫欠紅

端緒遠出大言矣矣儀迎合于政客子

以中西左右不得頭頭煩瀆且屢教

至不能及遠快快置之與某諸擊之蘇

意直可憐手擠

寬弟意見佳甚惜拙出於怖乎常布印函

近安 教弟蔭桓頓首 閏月廿八日

己卯四月初八到

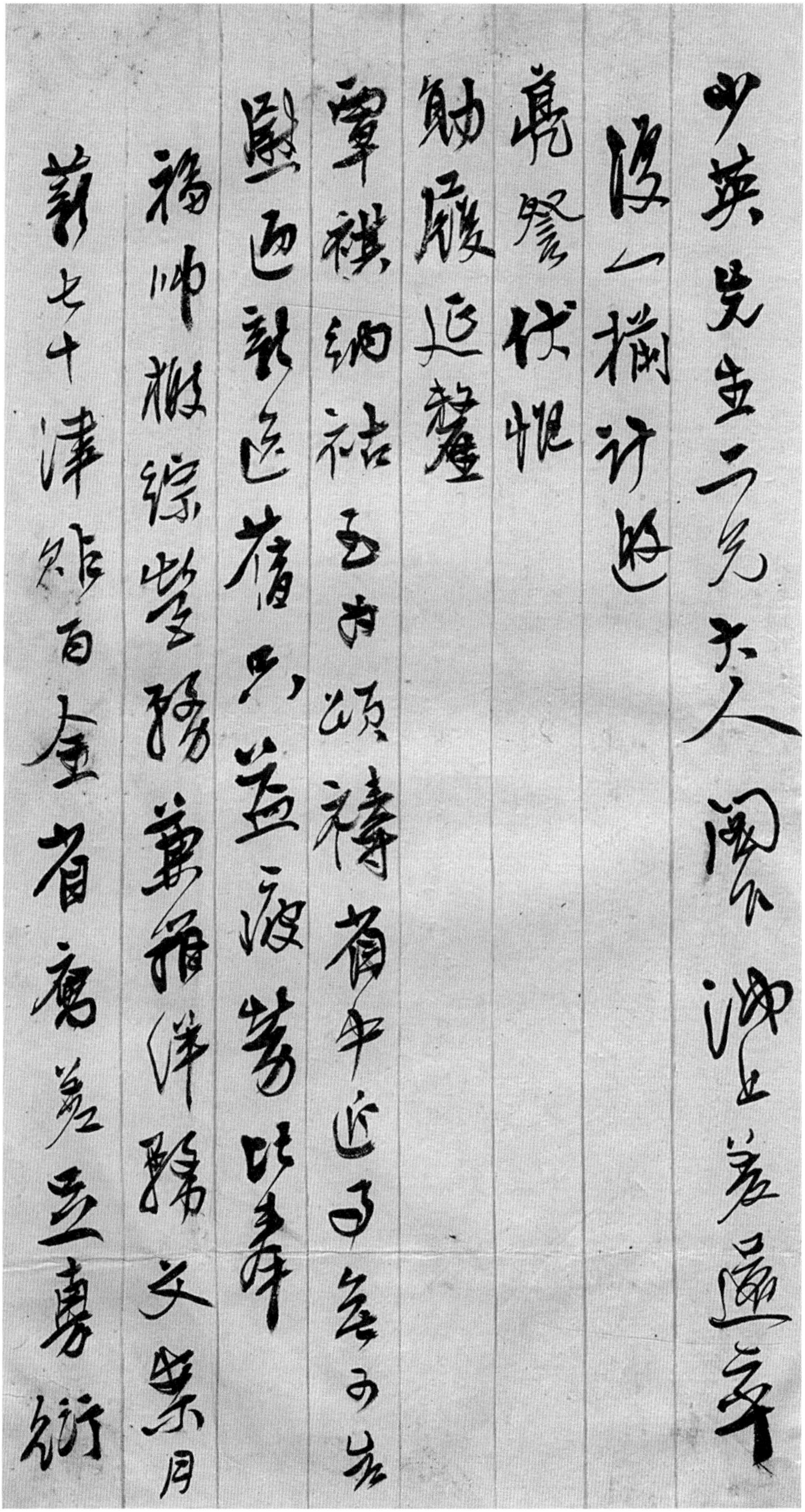
少英先生二兄大人閣下
復一椾，計邀
亮鑒。伏惟
勛履延釐

博雅之相讓中副學術淵深也屬乎
筆下甚爲詳務出多甚文淵詩有
疑難語之手段或可一藉以藏拙耳
福帥聯章相當動閣擇撥節相中
勸方伯叶耀閣峰好段僅一項如
李玉帥生閣漢可代南學安現在閣
爲一新直無洽詳佳耳
等處有改國藉關之傳也

錢一言於餘由閩鯖悵則福公之意
是學材福公乃是名手雅明是在
畏言閩臣年黃節蔣子鄉平安
筌中印使始以蔽催名為揚辦第
一系退出算可比明泡若要其繁任
藕僂小聲閣閩者省為可任署可留
已薦之第伯之之復何薦右省聽
右省推屈高之叢弟可[illegible]用蘭於

賜之玉誡，俾免隕越，著則拜惠
者還不特身受之錄軍李將擊
實不勝任，我帥之撤省不能同時遵之
不來，作福帥裕之德之求以為損益
等，雖備允兵于值林清門之格，初二日
入圖，請帥相援，兼將任下之員來京
義旅，云率師奉弟即函
動定，不宣。敬頌
蔭想頓首 五月六日

己卯五月十四到

少芰乡先生大人閣下：七月朔夕由帥
并四弟寄四月廿八日
惠書，敬叔
存注渥仁，節届重五，序符
垂鑒。多任感悚，伏承
履禧。近移
覃祺納祜為頌。寓中居恒一新，旋於
酬應萬月，右有來此暄相數日知

無懷之趣，以視海天空闊，名纖
狎鷗不可同年語也。律筆子馬一
持從津門繞來，洋隊鐵甲不少，
人地相宜，至其材畢勝其絕，如
當信耳。
照拂之，弟可玉成也。前借萬水筆
無可告
謝秋涼後擲酒烟各種，着來看

惟憤塵甚雖一枝之借於此其棘
手況罷補半年尚缺乎可憐也
蕭文無着經月相叙函
屬云云自前函意相同中前首載若
鄰壹未氣契潤上游無作記懷
以季鶴補缺盡以鎮門遠帝保
蕭前尚與着中函氣較易為力
晶侍　七十

賜函屢屢閱子犢之準，調閱甚懈之，皆
調閱章程精覈，不及此分之利矣。
烟台申報
尊處每閱後乞
擲交敝處，彙五日一寄，省垣費
神，容謝。此泐
著安，維祈
垂鑒，不一。教弟楊邦彥頓首　七月初二日
壓下

己卯七月初八日到

少英二兄先生大人閣下：秋間憶看近宿

諸蒙

閣從盛意蒙念，相伯兄常到

寬書諄細

厪注迢迢千里如在

尊前，擬掌時少闊，離别之概。伏惟

勛綏春餘

掌祺日懋爲頌。闔府煤價一頃萬近

穆俶來閩并為世託在前錢俶赴閩可
此處障又耗姦君豈比凶徒償一日藉
路在先生前錢俶中必奏塔并屬草帶
中凶詳代付已形式蒙日莅擢并將擢
蓋壽量在先以便郡中指峰意寄在
費為亦凶擬大此而了着耶奔泥萬藤
一切切之
此請
才禧
厲歲莅春

曼趣何如？暌違兩地，何時再得謀良覿。

言念

風度，為之馳溯。石臞一落，兄有書來否？聞

其在閩藉鹽場以存也。

公諭有書致閩乞

執政壽之母七十稱觴，尚無書賀之，此承

歲安否？乞即

奉示。即敬頌

勛祺。弟期頓首。廿三日

庚辰新正廿二到

叔英元先生大人閣下客臘奉第一緘

逕啟

年春路指草草未盡所懷茲春奉

惠書厚承

記注欣慰

德門喜氣嶽要成圖

台端撰力經營欽仰

長材肆應他日竹林濟美定相徵祥

雅懷如鑒：前者前月來詢，悉
起居玉寬，馳系。泉自家秋别後，今春
始接來圖，因於返里一行，復將數月，竟不
得此，後來出直不於繅絲首中之於烟台之
絲。烟台之視首尊近想
權縣好爲善，後人意獻文權蒙，雖好美
缺無毅，岡善爲勝，意必揚練，烟台垂
尋舊雨，此景之來當多得趣，首

尊齋神如之往弟有門旅贅酬應紛
繁，看循之會談於接應中，巡於前三日
起節巡河，省中畧事，少總恒湖舊淵
綿祺，家日少殊之意趣平，家渭鳥
南八受蒙孫已亭比已到館，道署可商
玉翁殊相宜也，明日來城之子趟閣重依
蒞翁第力書託弟商及叢雜關軒二
弟之款屬滙交

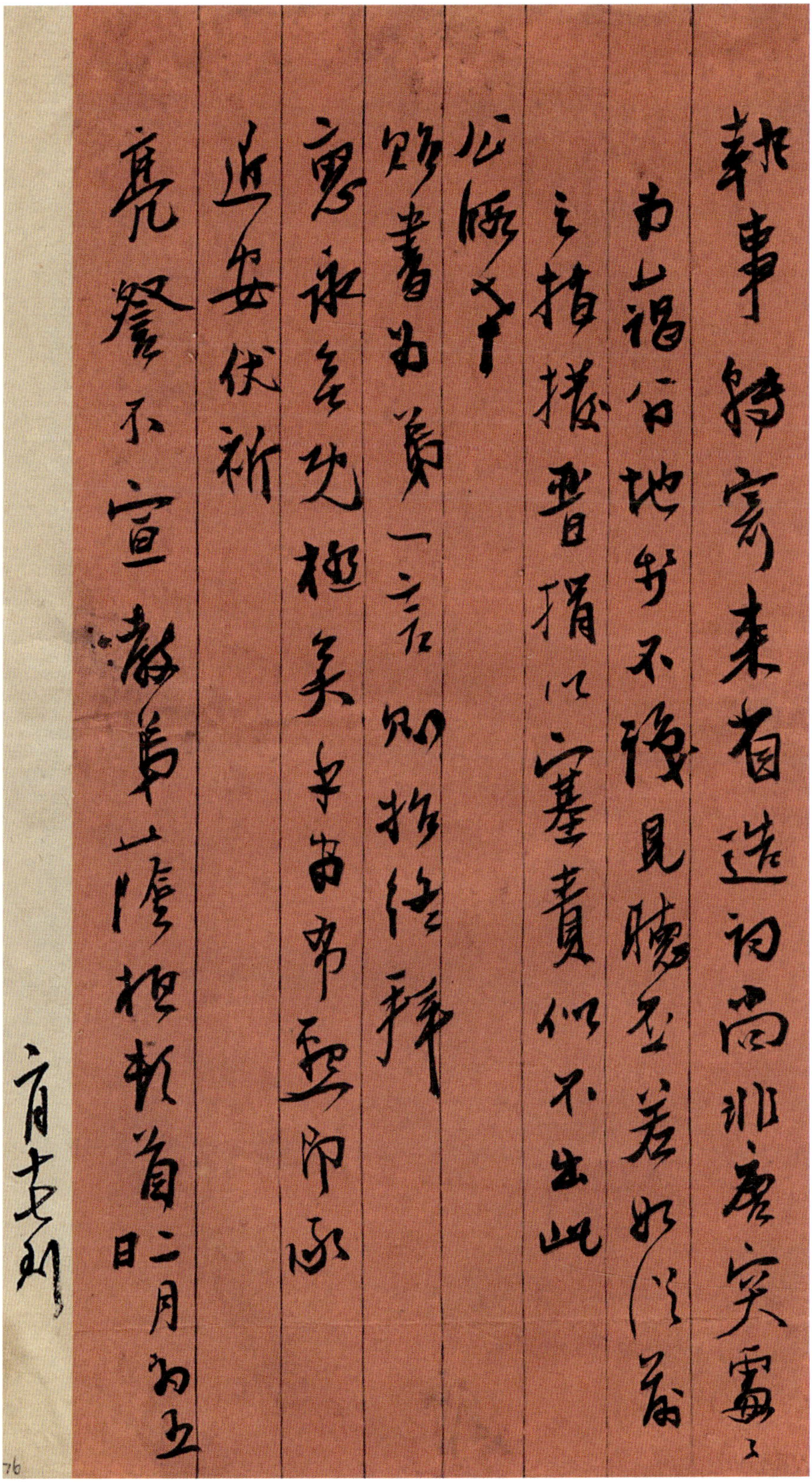

執事歸家來省造詣尚非虛實霸〻
南山福谷地所不能見聽惡若此後落
之指授習揖以塞責似不出此
公緣之耳
餘書為貴一言即於經拜
惠承各費極矣年當节煩即函
近安伏祈
亮鑒不宣　教弟蔭桓頓首　二月初五日
肯士老兄

76

少英先生大人閣下前月承頒見示

手書備承

垂注猥以諸凡雜未及頓啟

兹屆東陸

帷惟玉深馳戀昨李升來奉

惠復並春闈冊圖謹邀

台察俯筆代牋聊紓遠懷伏惟

履綏凝釐

覃祺，納祜爲頌。
楨翁猶官山左，人地相宜，遂依
左右，時承
教益，尤不致久滯一官，有英俊沈下僚
之歎。現佔權閩文案，一切均可學習矣。
國條約尤爲扼要之急務，
屬留意及之。時乎孔棘，需材良亟，
以其所贊地之美，正宜及時努力也。萬

馬齒日增記性日差比來眼力遠遜侍

教之年蓋時方三四省門旅況動用太繁

而署任首尾仍有輕轄窘乏所欲煤價

之極寔力比接右兄世交所欲函府一款尚

有後命須將實收寄還更換云云弟

急急海工程准收官員貽欵內府者有

戚案而戶部尚掛塞其漏危若歸

入南苑工程辦理戶部准駮與否由府

恐無把握彼此洽商了所帶有獨無如
第恐駮例限八月到期部章甚嚴不容
進物以之任之官已交之款恐罣吏議
於心安乎記此項曾於交卸時備文四百
金若蒙左兄早爲補繳則無今日之慮
矣而府收數係去年十二月十九而部定
新章則今年正月廿五日章准由府
必待稟齊咨部切碍新章若就東

海関一票單洽部中第等予詰駁内府收
背着力此国順理成章也即擬歸入
南苑工程出在辦安收再擬實收因此項
實收原系人以遷擾並非以之洽部撥
駁者也内府籌之向不講理録到使耗
直人今經手人作結耳曾昨復右兄甚請
先辦妥收換實收如不諧務於六月内
見復已將部票藩洽挪寄右兄處商

閣下由鄙人設一免咎之後因由期滿退舉捐
者省藩庫代收一層尚自不利恒之交迄
四百此時了照新章須七百金是一款而
重繳綿力殊謂難耳若其前年受代
日籌儲及此知爲數稍多然易爲力此時
羅掘維易天淵矣究應如何籌備統乞
見教至任感禱如府實收須另作據并祈
示知弟里居皆有淄濰之行因直隸

派員東來商辦礦務，中丞諭筠同往
察看能辦與否，部示可行，並是從諒
不免干藩兄之頃作函
錢約翁詢甚感
高誼。筠既弟了接據決不頓頓瀆兌
肘逕藩兄垂諒也。幸弟即函
夏安。敬候
回玉不宣。教弟薩桂招頓首　五月初八日

五月十日到

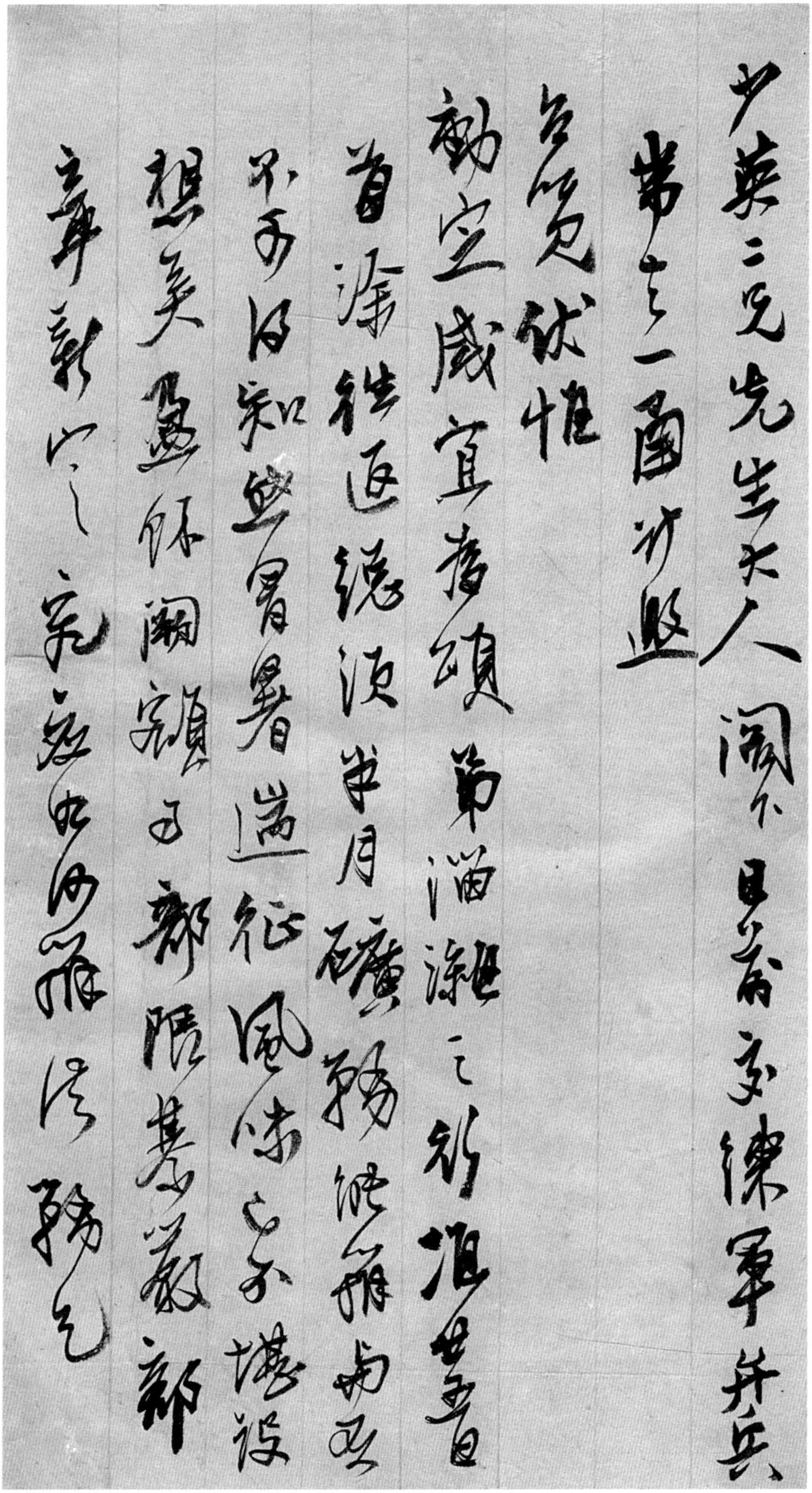

賜壽免發之件，是所拜禱。簡以為
任之官已定之難，務為此輕轄益發
任宦之難也。茲因藉舫令于牌蛟于幾懷
來烟年當奉布藉舫近狀，甚累弱
壁框左右之惠贈，伏望傳年
懷拂又傳湖生丁難再撲江浦交倒留
閱弟均之圖，恐左右見之亦印函
近安如示。教弟楊恆頓首　五月廿二日

六月初九到

少荚先生二兄大人閣下：比以轉坊行已鋳，
餉餉便申弟一牋，東路泥濘，不識何時得達
台覽。伏惟
勛猷鞏華，
履綏舊祜，為頌。黃年擬備直隸東賓
奮勵礦產，自滇而滇，著兩載馳[illegible]。
初六日抵灘，行五可三日可至，雨阻
不能，初七始返省，谷[illegible]越，又并甚

形無報謝，自愧也。匆餘短紙一一，□拜讀
清單兩部文數目冊，後據外間按袁
駐月計算，部中但按月核計，均尔
在差那細繹部文，或百六十餘冊
尚係陳奏，竟照六成之外，無就四成
中按月計算，尊未見四年報銷
照文云奉尚書大人圖諸，祇是暗中
摸索，既照部案新章解繳，尊

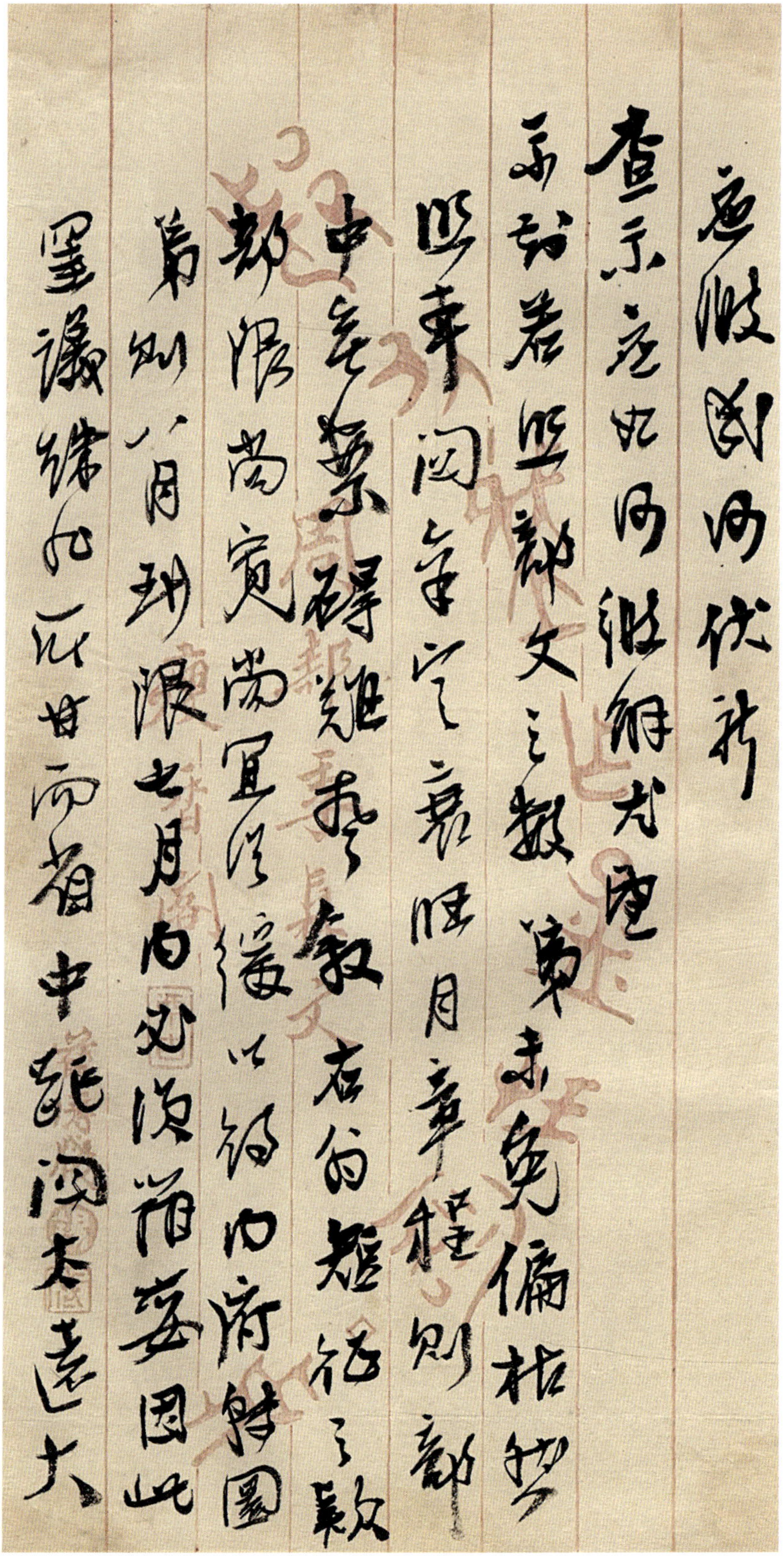

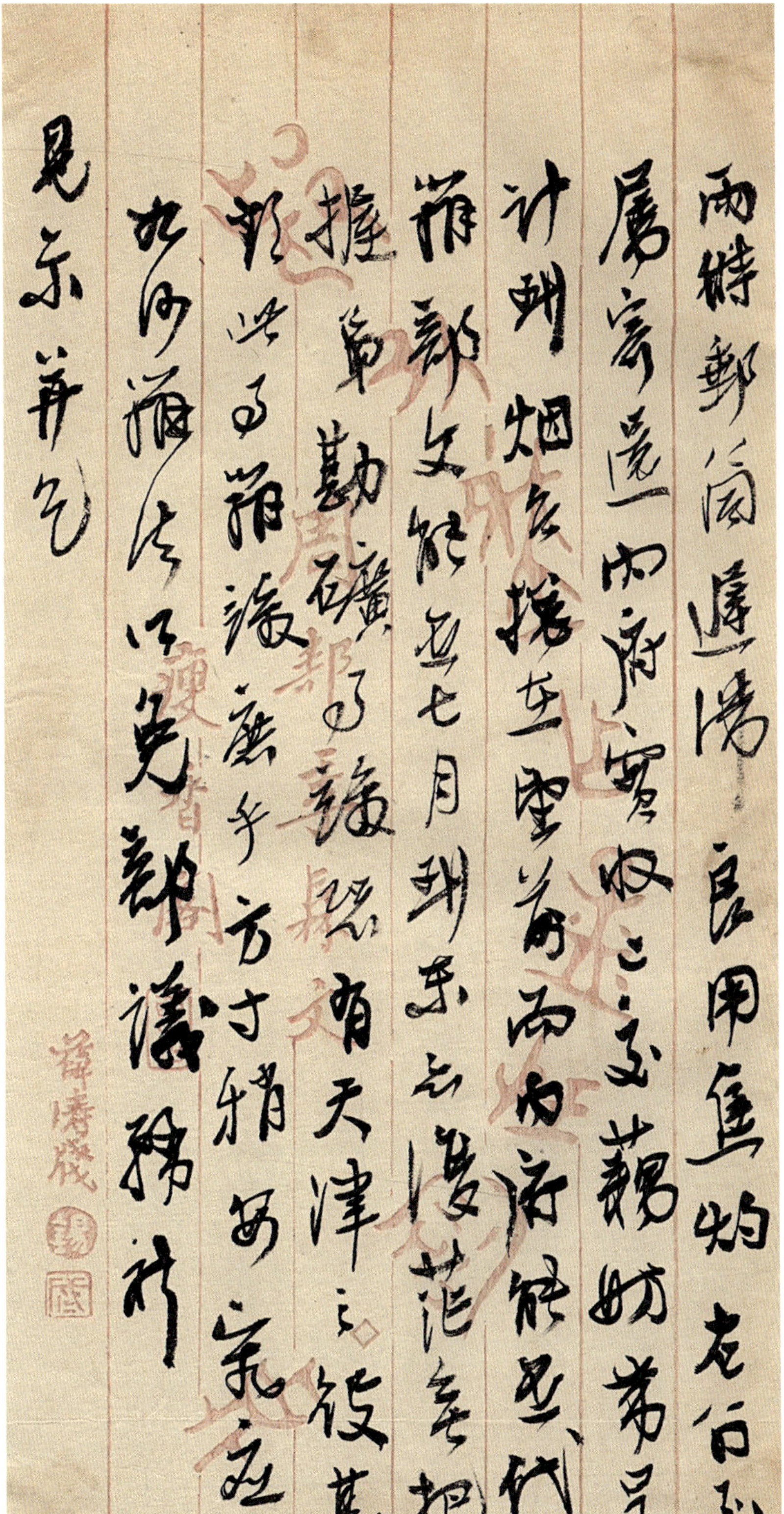
雨時郵局遞傳
良用集紉
老伯函
屬寄還內府寫收之宜藉妨弟呈
計划烟台撥查全部而內府能照代
辦鄭文館無七月到東云復花無把
握弟勤石廣了緣瑣需天津之設甚
難從子辦緣慈手方寸猜奸亂極
故仍擬請以先勤鄭議務行
見示并乞

少英二兄先生大人閣下：差次灘師，幸布
一椾，寄謝並鑒，諒達
鐵宝，不遴之邀
垂詧。頃竹庭刺史來，奉六月九日
惠書并
示，鄙友復萊怡司馬信，謹聆種切。此
項賬款不能歸入南苑工程，鄙意亦平
而中睨，鄙友又復設法呈請農部

經查內府此單較南苑工程由得法
內府之收之款不能不退，特農部將
來亦只照實銀收款，未必准予
撥一兌三也。玉云不必急，雖措交儘可
再緩。撥還自係要義，惟實所缺不及
一半。今年八月即已到限，若於右所自
以緩撥為是。貴藩限將屆，雖不甚
愛惜之，切無亦不願輕於一擲也。部

章之詳查數，青可延緩之。再每勇六
河渠者此前日函商左翁就近籌
司請右翁將前奏之項撥還，并將
任內應撥之二百五十二兩并齎由庫
勇額七月速改指解北左翁劃捐雜
差款勇目頭存減合可從來由庫中
設法措撥，曾承藩台商定前日并
函中速取諸司詳料日即予照部

頃右丞出言由粟怡園託部奏請辰
於部議果蒙即須安户部奏納合由
前途代爲辦理總部議甚緊要
而和闐均無新章雜出何以
續云此右丞有未接濟出月望後之蘭
亦未見崇方伯轉行部文再無閏
請實缺所輕撥備千數兆臣内
恨愈寬自應落商辦此事二

年後必有善本，特目前新華甫出
驪龍銜圖乎，至謂郡議舊具文
無並深慮，舊曾見原任湖南教主
多不以濟米南了谿黄太張伯瑞以
造引不足論，南村均不經意，段
郡議坩東，多不甚知，此二處之力
花郡舉條，金指以為金張伯瑞附
物年猶未聞，漫郡議輕重未可

以之懇務之員並非證此一官動生畏
葸但以之參之類橫置吏議職非所堪
所有函商左右就近維持之處伏乞
俯賜言贊成俾早了此葛藤則感沐
宏施必益無既極矣手此奉懇即頌
暑安並頌
閣中勝下不另禱好緣
回玉不宣　教弟蔭桓頓首　六月廿八日
[illegible]

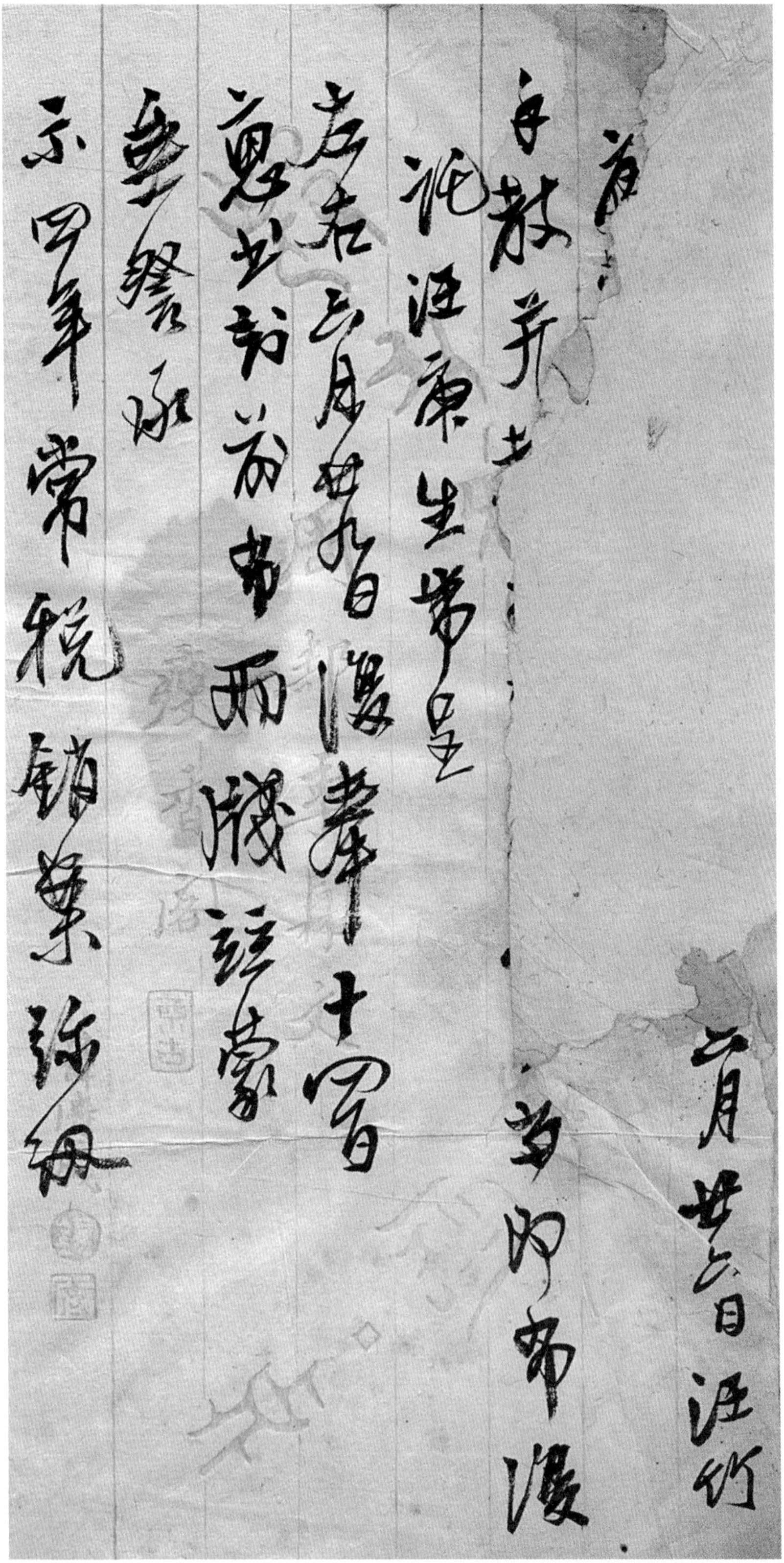

首[illegible]

手教并去[illegible]

祝汪康生常呈

左右六月廿九日復奉十四日

惠書，并[illegible]兩機[illegible]

無[illegible]

示四年常税銷案[illegible]

[illegible]叩常復

六月廿六日汪[illegible]

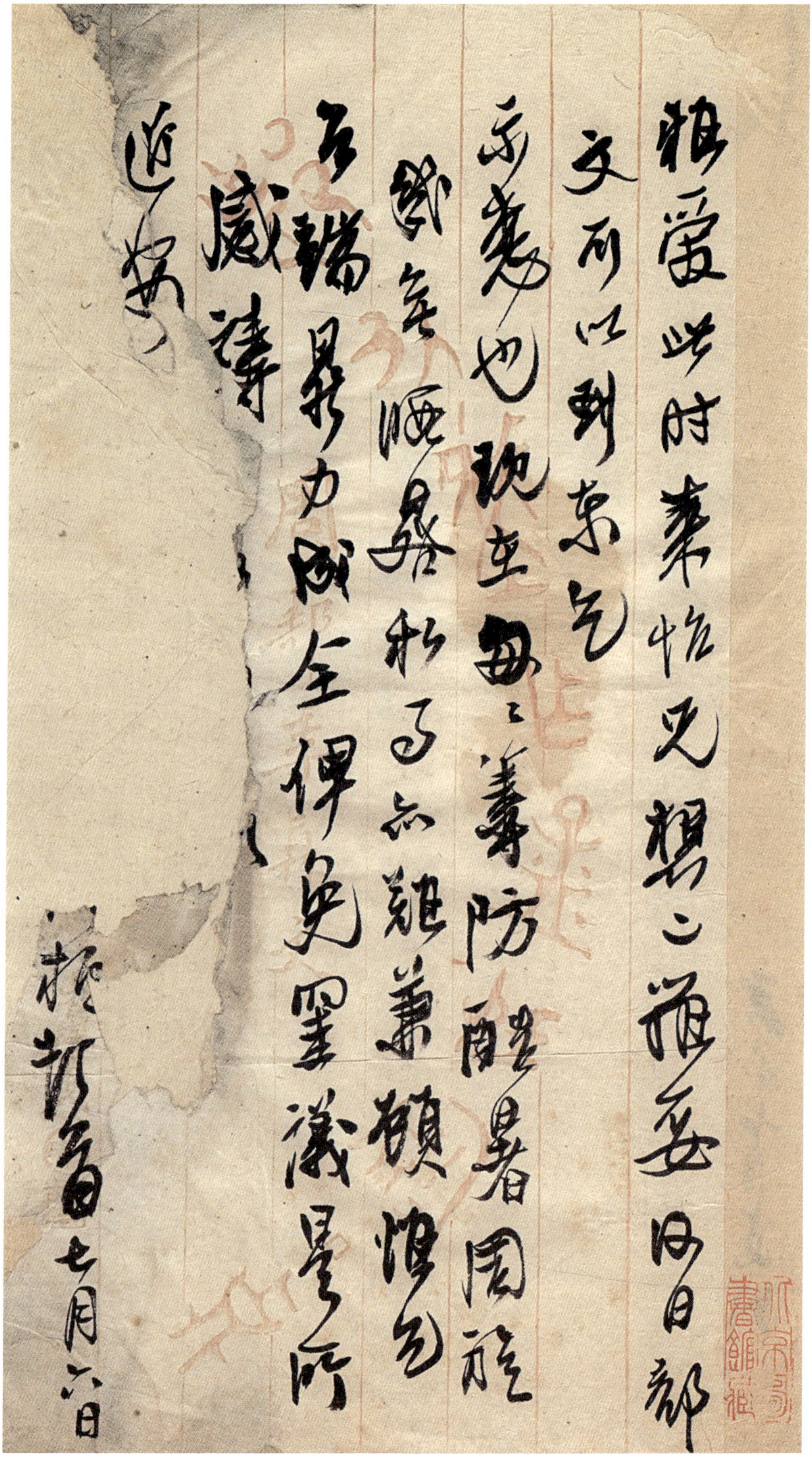

折劍……云嫂星輪
紛紛十餘年……被大之蹤
會哈乞……進署拜
查又新聞席僅閱悉初七日以後函
理甚并新通傳
宥示内蔵之書内函
近安不一　教弟相再拜首　初六日
庚辰七月支到

少英二兄先生大人閣下：七月晦子貞來，
奉到十八日
惠書，仰荷
纖念，莫名感篆。申報所説瀋事
者尚非傳聞，
當亦見及。盈候萬一，手蕭日中巡詢
及才由汲使維持
七

屢有延宕
部文來催……霖了石
頒指之地宜速具奏陸續洽以定
置議籌因節將現難情形奉報
矣計此時左右操之維持勢不致歧
議也此舉一議於南苑之參集再
議於鄉細觀望直似部人不甚厚
惜之微秩供職了也之膳挪湫

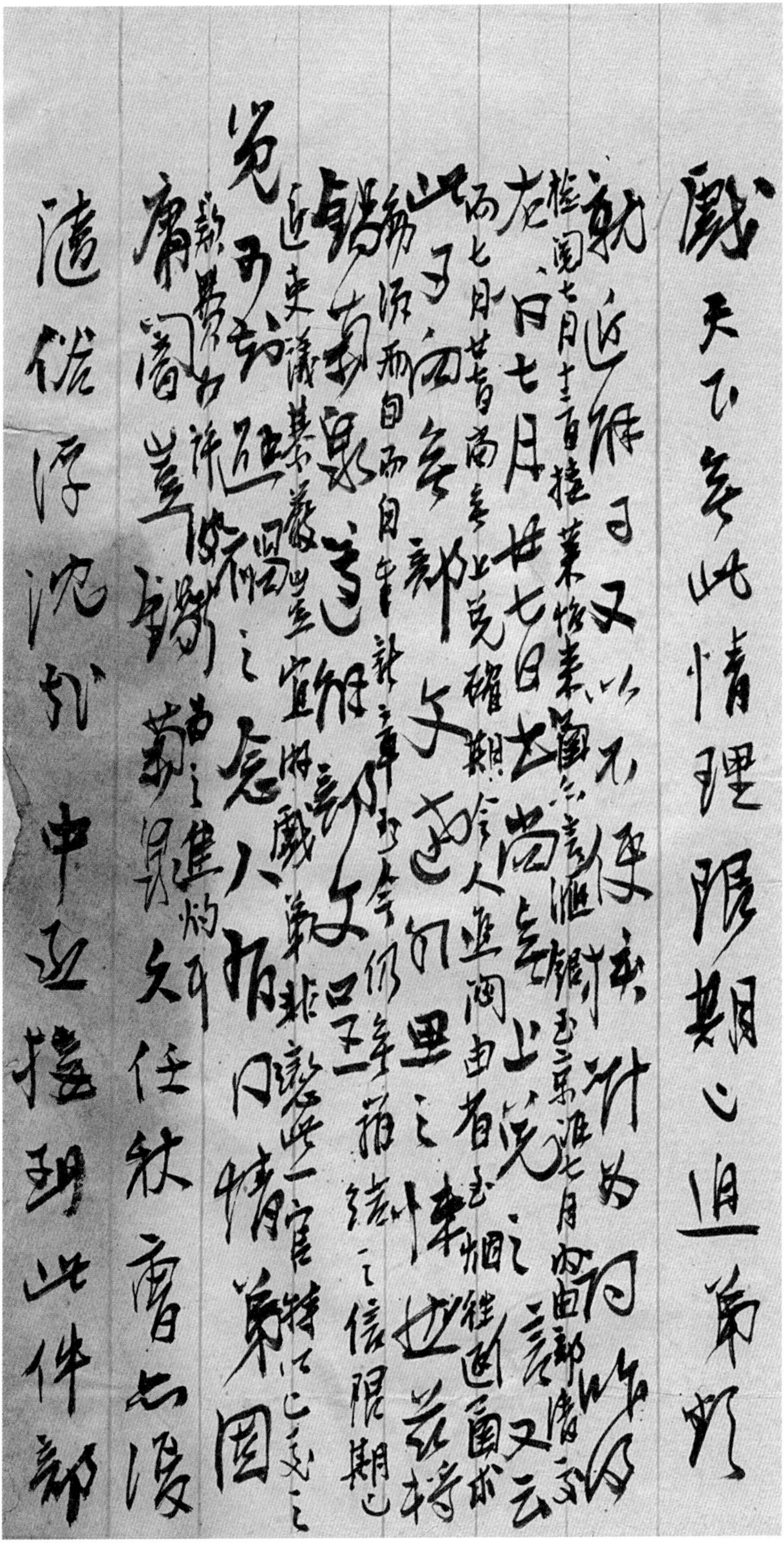
戳天下無此情理限期之迫一節竟
就近催了又以不便按計若何昨
左十日七月廿七日太尚無上諭又云
此子兩無部文並無里之條無從
覓可動延遲危八指日情第國
庸歸無矢任秋審七復
這借浮沈於中延撫到此件部

文孫身羸爲慮（孫亦因此望而有戒心）此間兼怡完竟

也羅至國作違〻，至甚益海南苑

三兄號羅新章〻不能違郵言不

辛亥中已謂遂章維繼爲誤大

局，且以他人告成爲難，固自便之計設

身處地爲難，想必素承

閎覽當鑒

撰文舜於持兼怡審查情形

承知弟何負札兼收並匯之數百屋
直費此許輕轄，甚物所忌者乃
山水亦有相遇時，膜視蓋此弘長日
所謂溪大角者，其自來淮[illegible]端至年
自理如此，豈作者所能事耶。左右銷
業已開議冊發，而此款尚煩集處直
我意料所及，乎弟賦性愚頑，言
之不文，萬乞原[illegible]

見教乞任叩禱，手此即頌
秋安，敬候
回玉諸祈
荃亮不莊　[illegible]拜首　八月十三晚
敬保

八月廿二到

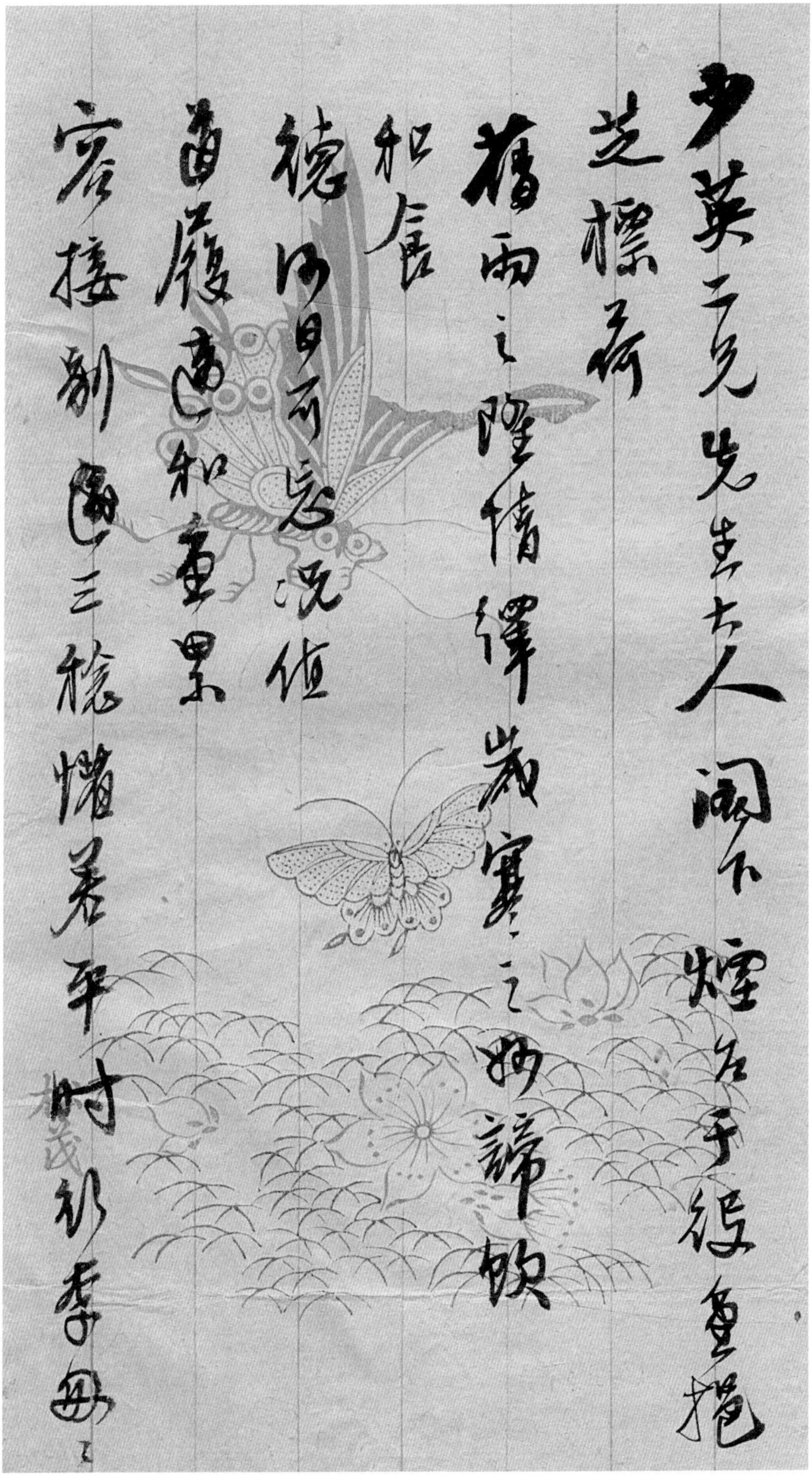
少荚二兄先生大人閣下：煙台手緘並悉
芝標祺
藉承之隆情，擇歲寒之好，諦欽
知悉
境況日前已況值
南旋之知重累
容接制函三據懨差平時於季毋

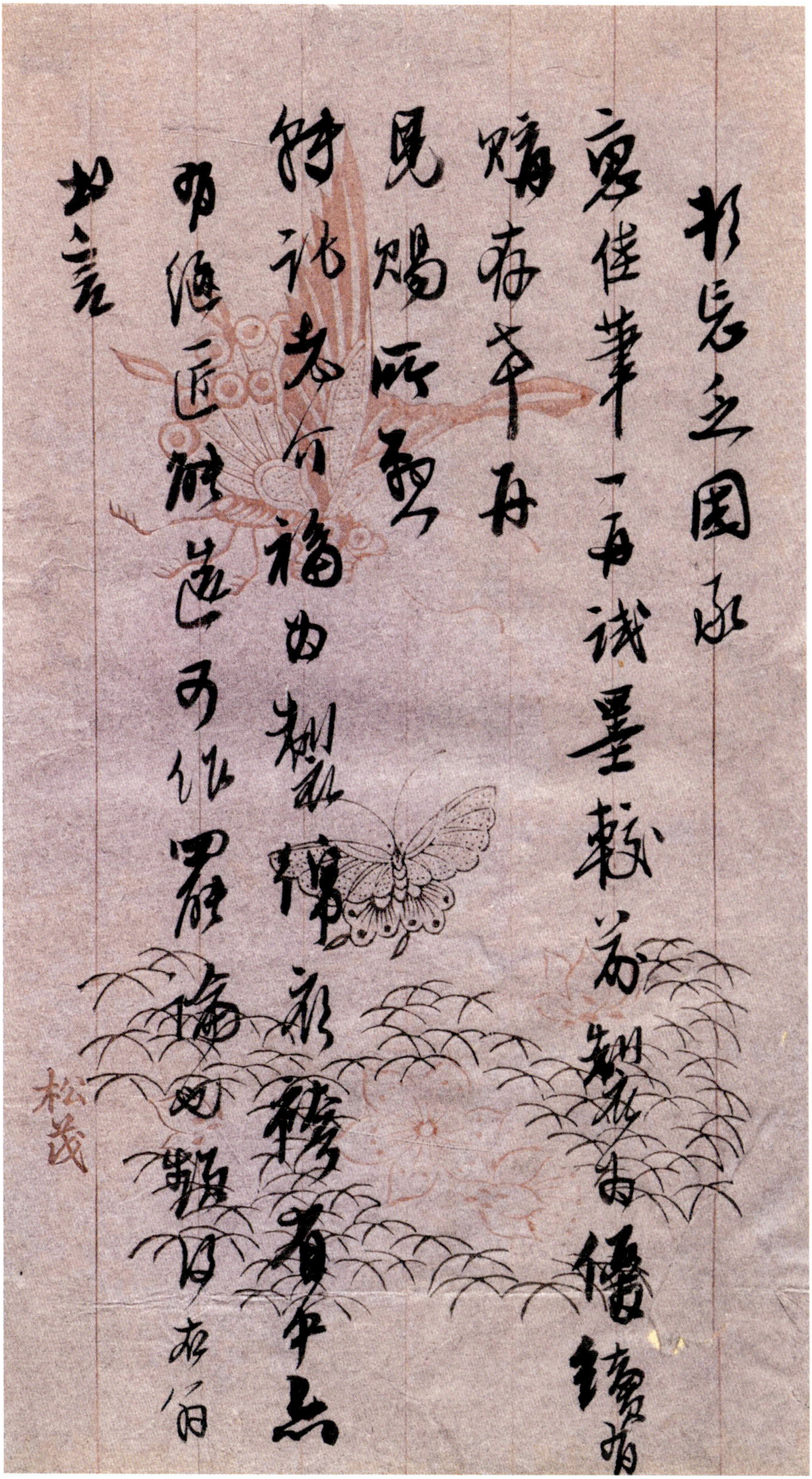

彤侯五兄同硯：

惠佳筆一匣，識墨數笏，翻花由僮饋有

贈，存奉存

見賜所製

詩箋，爲何福由翻擲新穉，着奉上

明漁匠就造，可作羅倫四韻，何爲伯

弟◎言

松茂

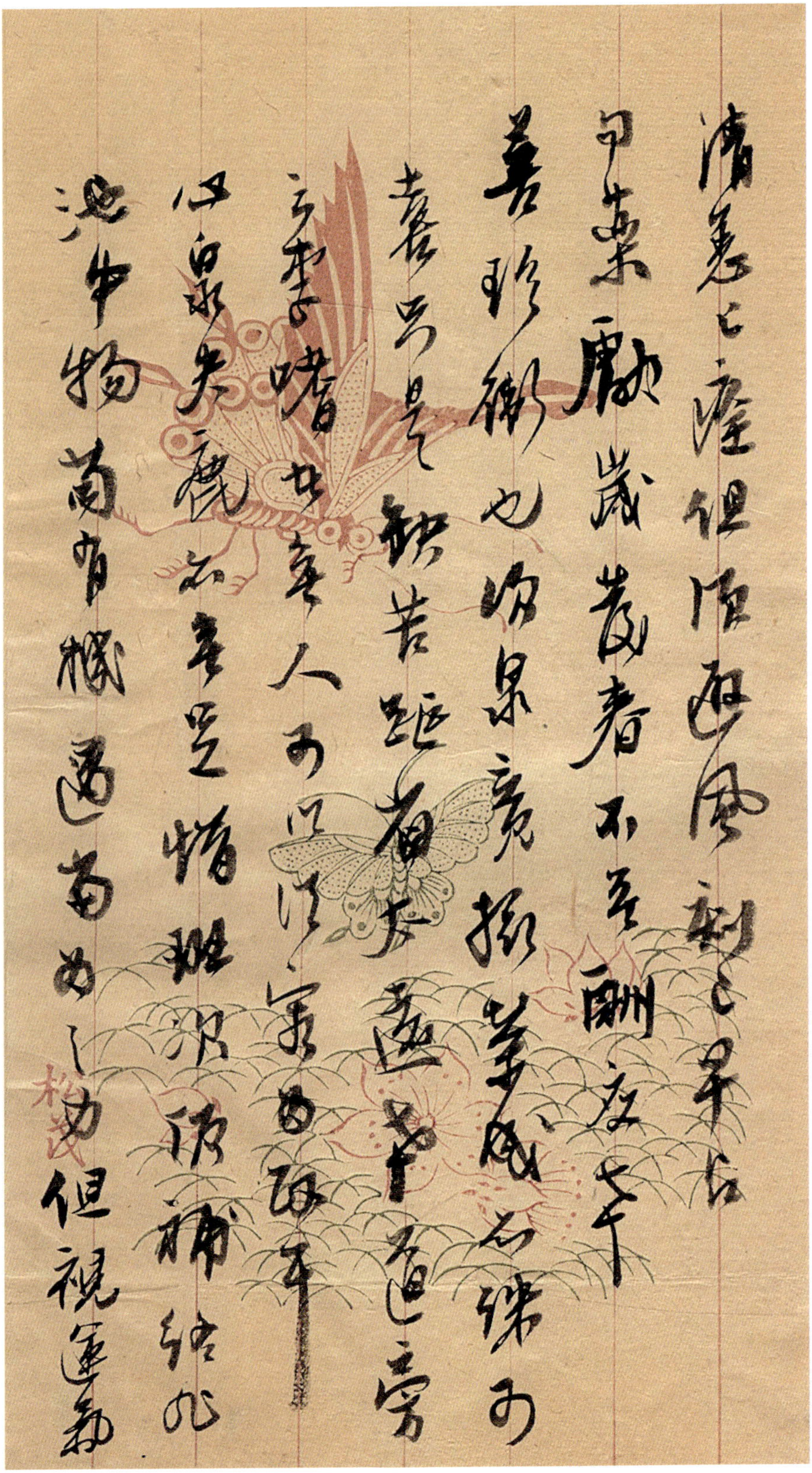

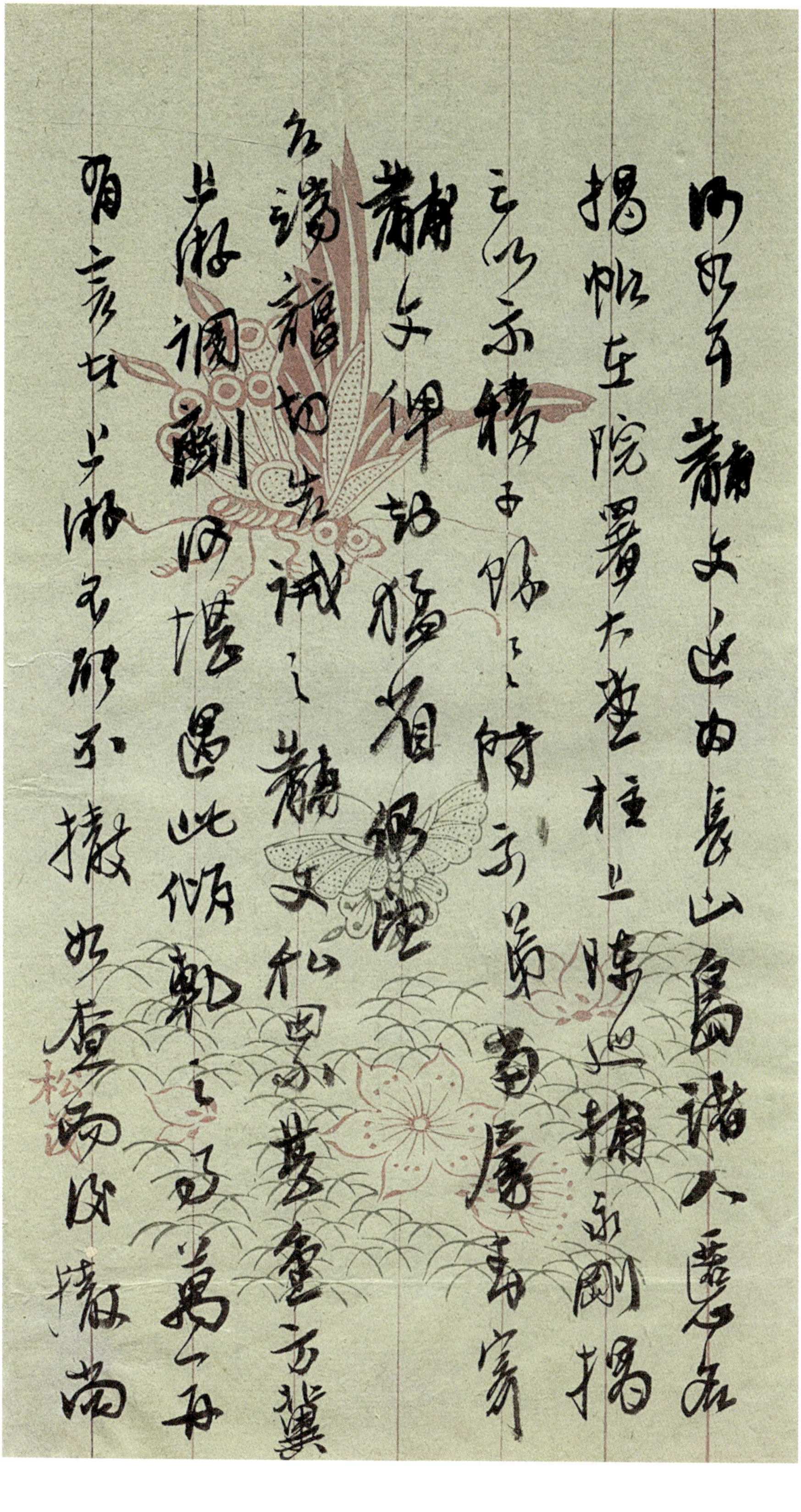

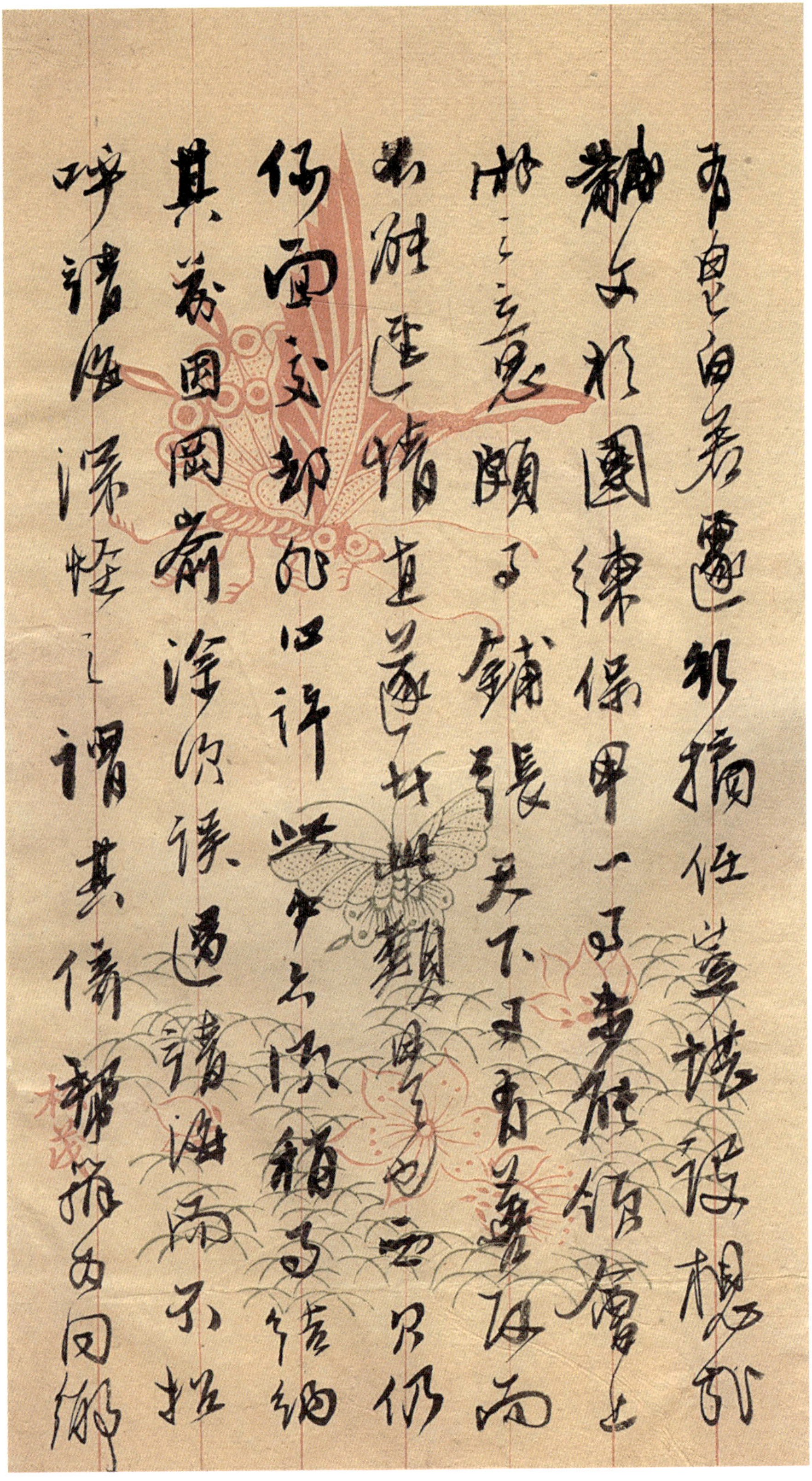

如如晤：晚自得侍文園，兩年之言曾託
如趙如之雄鈔，并告蕭文便切，稍好而
蕭文性情，挺挺之人，言未竟，議論鋒一生第
並異于能者，言差精無乏耗半年
實有文理，思華前質，防範蕭文，雖
聯能絶若奉耶，好全為煩，予能畫
此人之忍然恐似也，也受侮恐人不可
松茂

不盡言意矣
執事蒙肅文最切乎
特識之也。道業一席，曾遇大著，奉賡
今年以冬即便有佳才，不必急急，不
必遽相安排，特生意外枝節，亦誤
嵗安，并頌　俯仰惟行
竟能否定？敬篤。弟蔭桓頓首　臘月初六日
令親來第，
令嗣闔園，兩兄均此致候

青士三兄

松茂

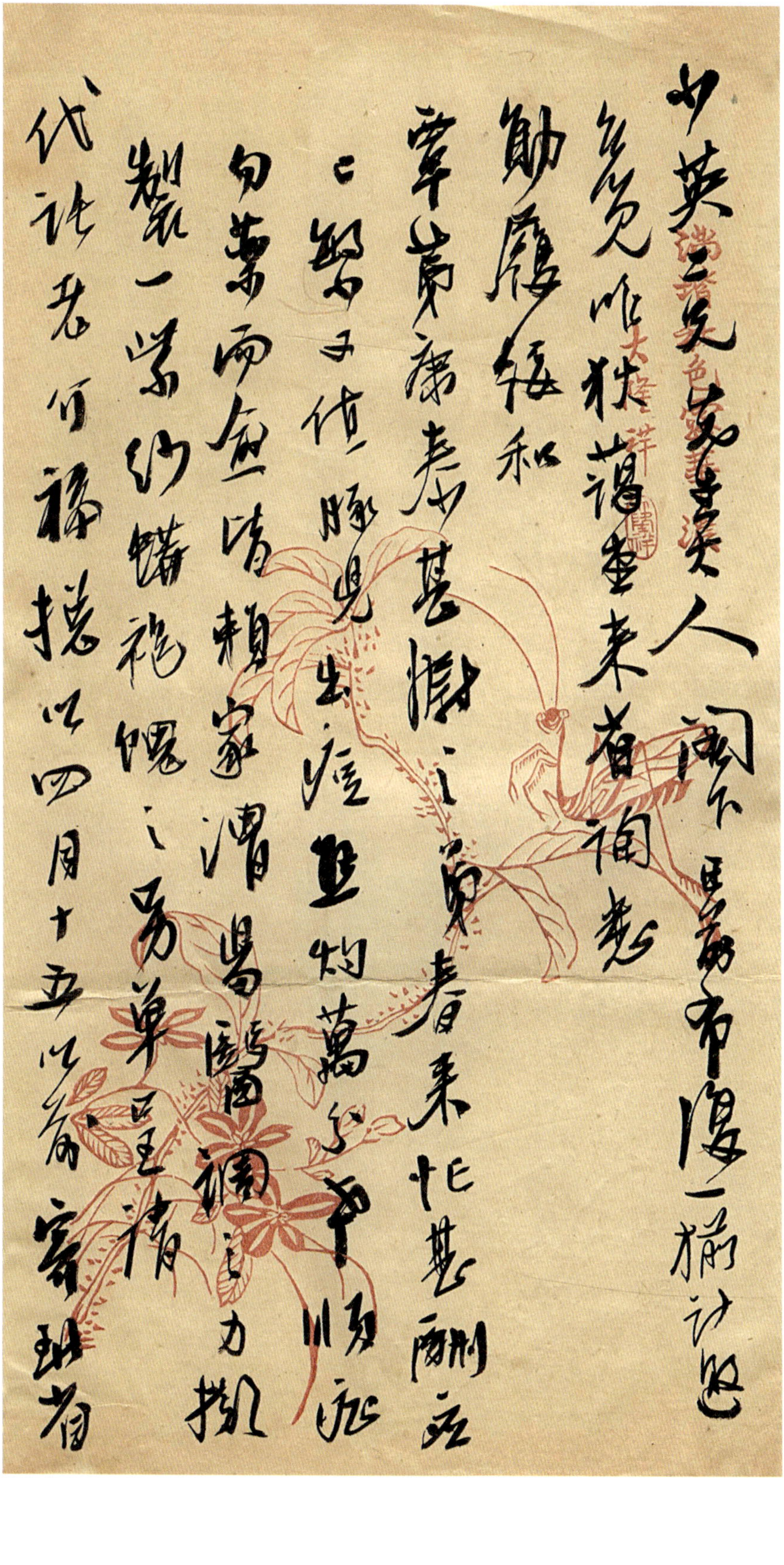

少英二兄大人閣下：日前弟布復一椾，計邀

鑒覽。昨承猶藹垂來，省詢起(?)

飭履綏和，

業賀康泰，如甚樹之(?)春來，忙甚酬應

之暇，子侄(?)兒出痘，望灼萬分，甲(?)順(?)疵(?)

旬(?)半(?)而愈，倩賴家渭昌醫調之力，挽

救一(?)紗緒(?)總(?)之，弟(?)英(?)星情

代請老伯福(?)，措以四月十五以前寄(?)繳(?)

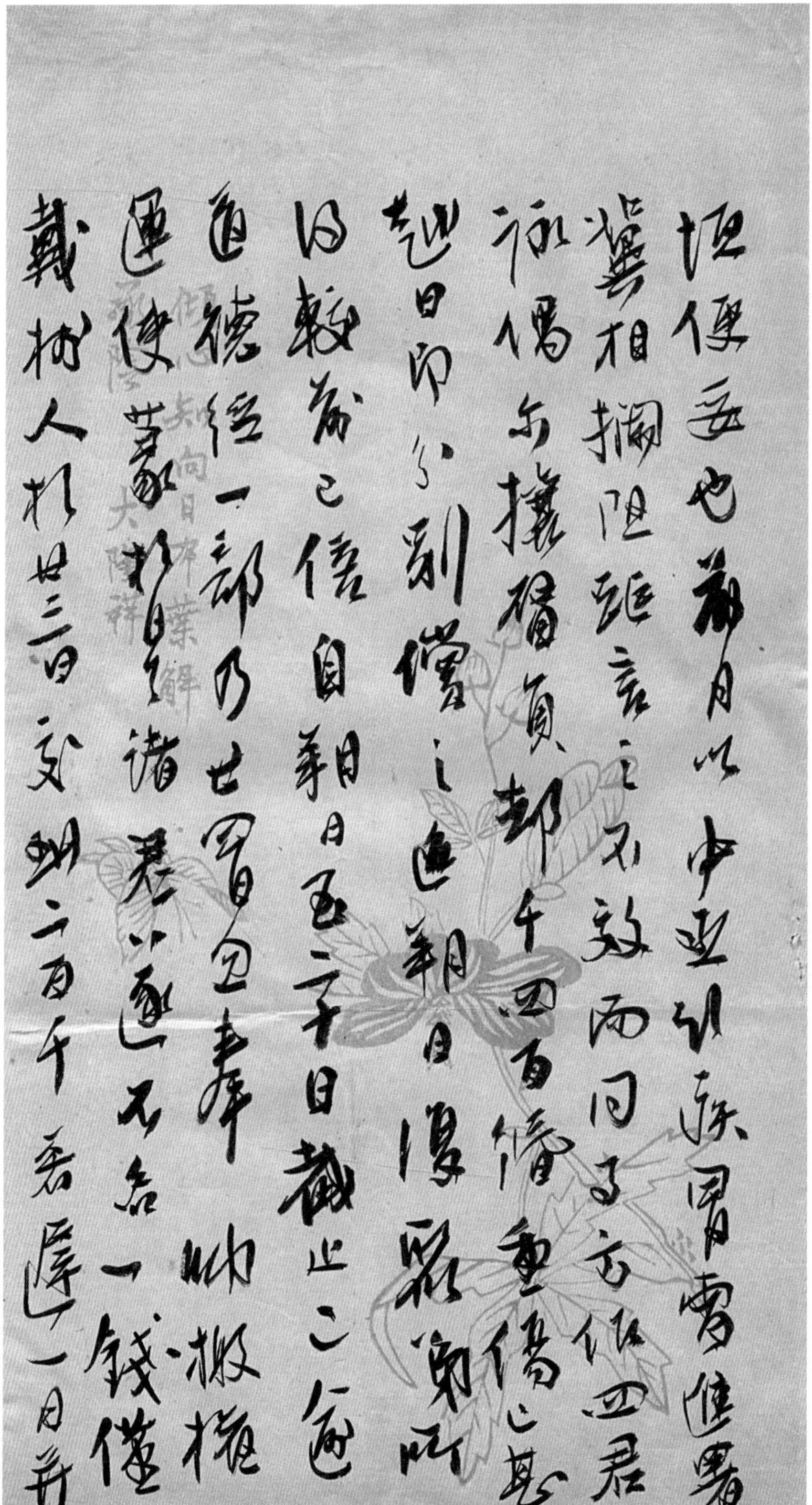

此所謂矣。前役合算尚缺孟津諸
條之數，頗能善緣人意，聊以自娛而已。
現定仍日近時撰叢，眷屬仍寓園中，
因署無二驟，雜膳挪，似此暫局亦未果
數數。後家于署中，近有撰報，增設之
報。恵寄花都，此相仰雅綫，言為再報
筍五疋，泉補缺之以九四，因德州倅
交君有賈駁之說，二比必展之其的

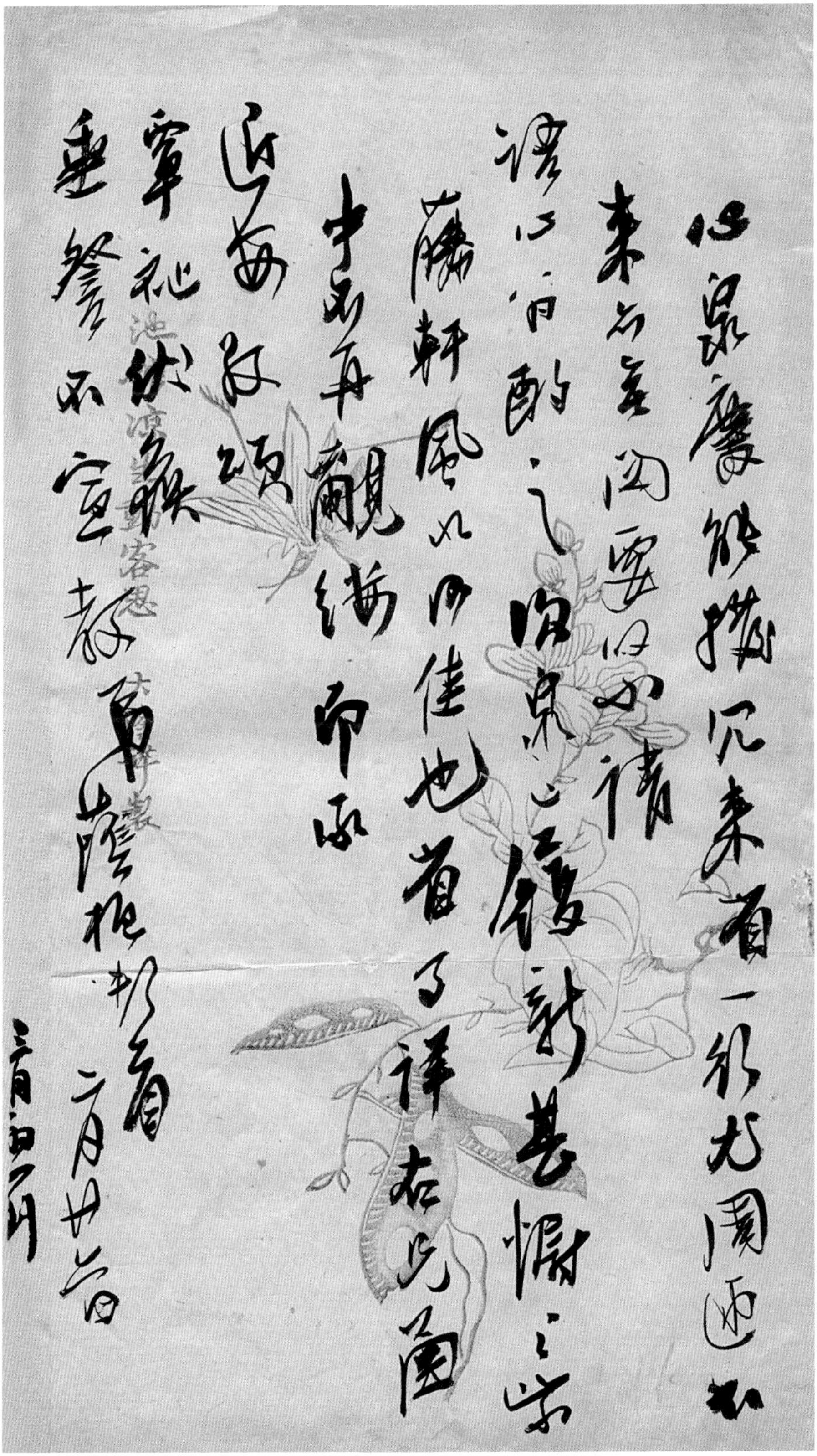

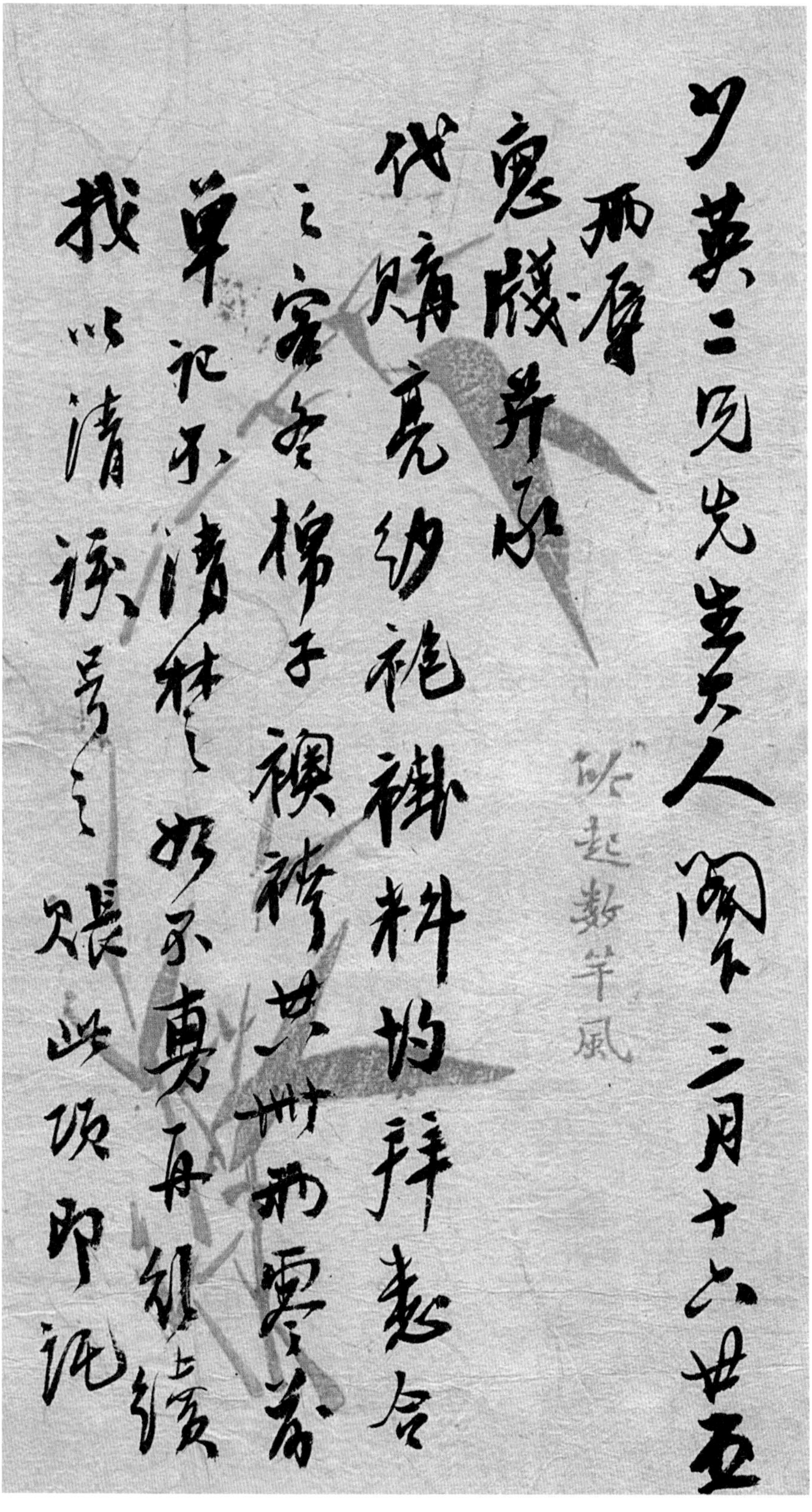
少英二兄先生大人閣下：三月十六、廿五兩辱惠牋，并承代購亮紗袍褂料，均拜悉。合之寄去棉子襖褲共卅兩，要着單袍不清楚，如不專再組上續，我以清談等之，長此頃即泥

似起數竿風

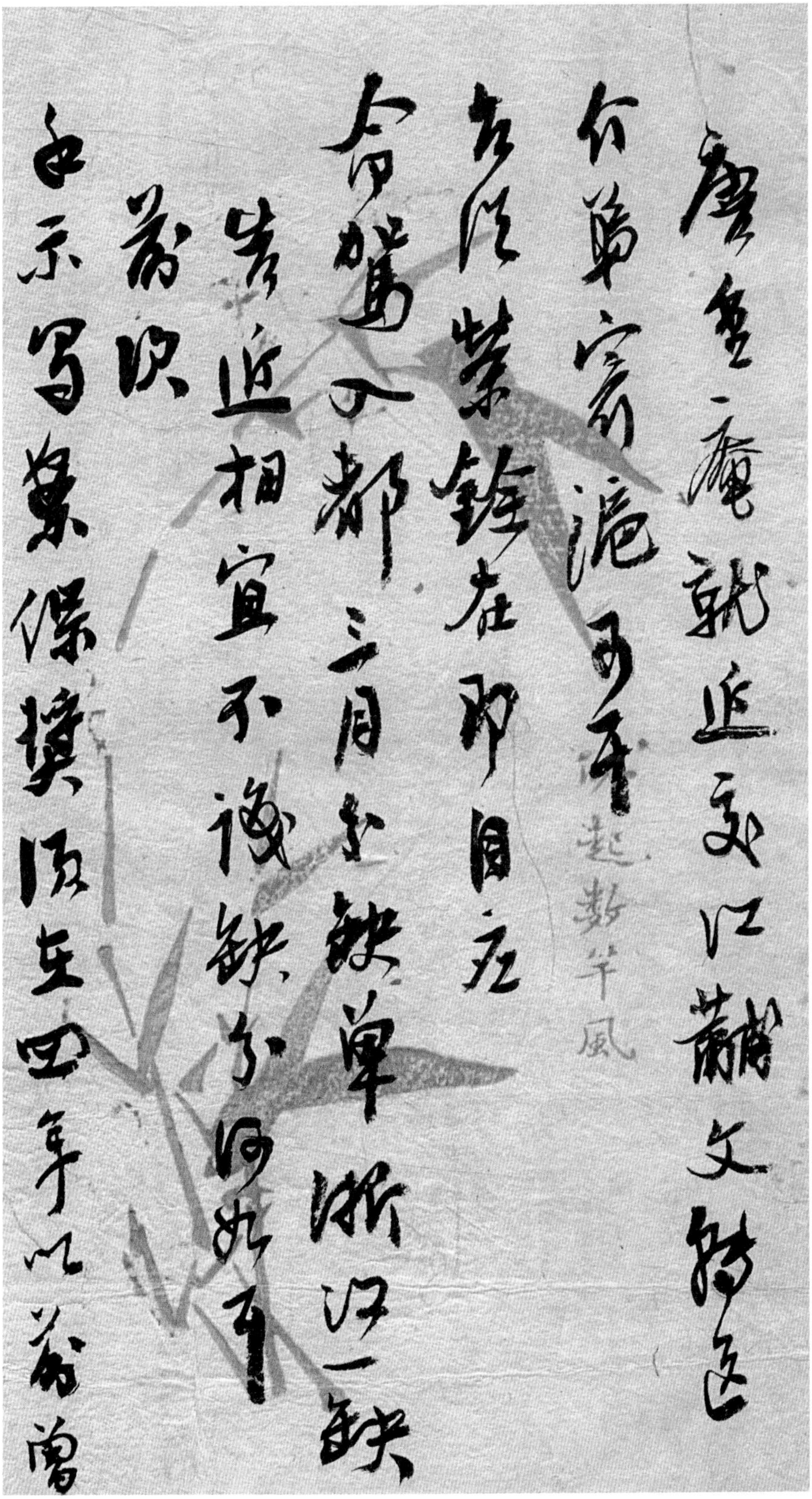

日
於[塗]閱鈔邸照寫之便逢
雅帥聽之自然而恩
執事鴻達功占東海鎮真之席
台萬能至輝群甚急之收泉功
去心日補缺在近
閣下須出山間兩善參執其為
右先慶也

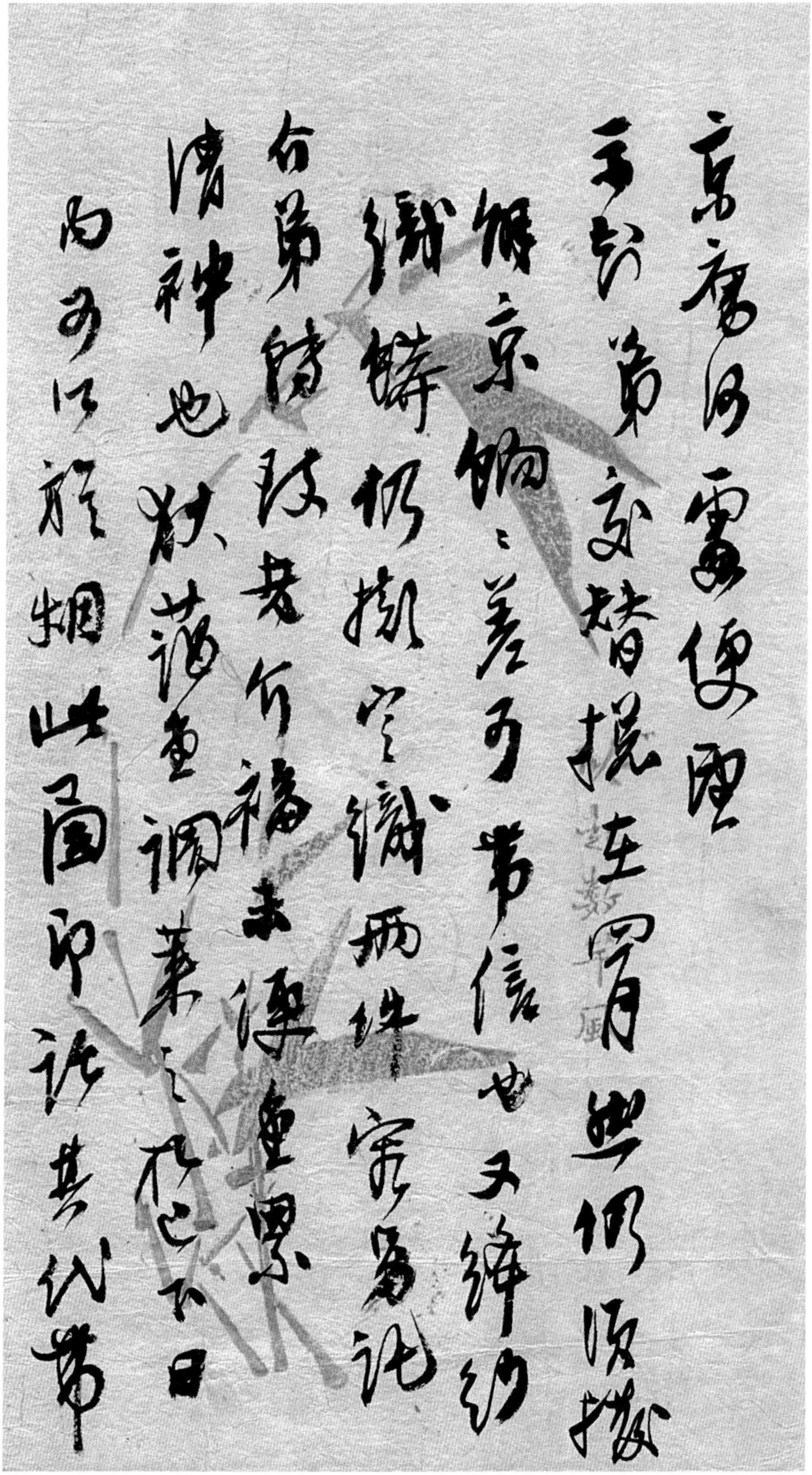

京寓[illegible]電[illegible][illegible]
手[illegible]弟交措撥在[illegible]與仍須撥
銀京餉、差可帶信也。又絳紗
縐[illegible][illegible][illegible]紗[illegible]家[illegible]託
合弟時[illegible]老[illegible]福來源匯票
清神也。[illegible][illegible]重調茶[illegible]於日
內有江[illegible]烟此函即託其代帶

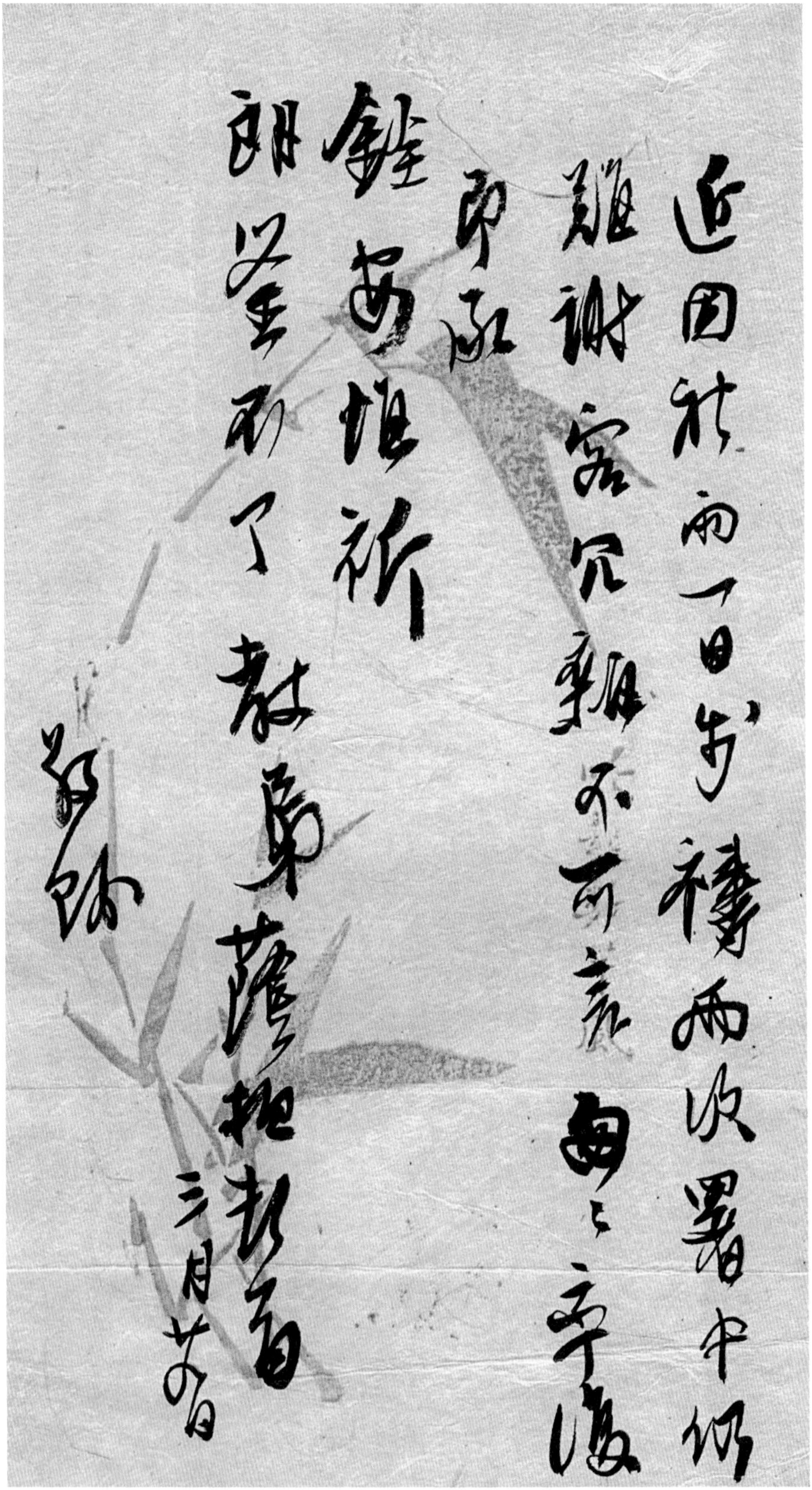

近因秋雨一日步禱兩次署中紛
雜謝客冗雜不可言每々[illegible]
即叩
鈞安惟祈
朗鑒不了 [illegible]
三月[illegible]日
[illegible]

少英二兄先生大人閣下：曩託秋蕃重帶去

一書，署日閱邸報，欣悉

紫鑾斯席

宓琴安節

潘花曜春，引瞻

德暉，無任欣躍。讀右光出訪

知從之匡煙甚暑天少想並佑

料量積年經手各可以此

張吉生直上 龕緒蒙
福崖特交附光霞亡於浙中李淞近復蒞
日上 譯中丞勞紐自任庫儲頗有實際
惟浙中士氣不劇兼為此亂耳
業蓬有期尚希
示義也蘅翁前此至滬尚在留覽之時天
氣太熱自信亦遂未及往還蘅翁竟以歸來
并贈詩四首頗有故人之思弟專肝逐

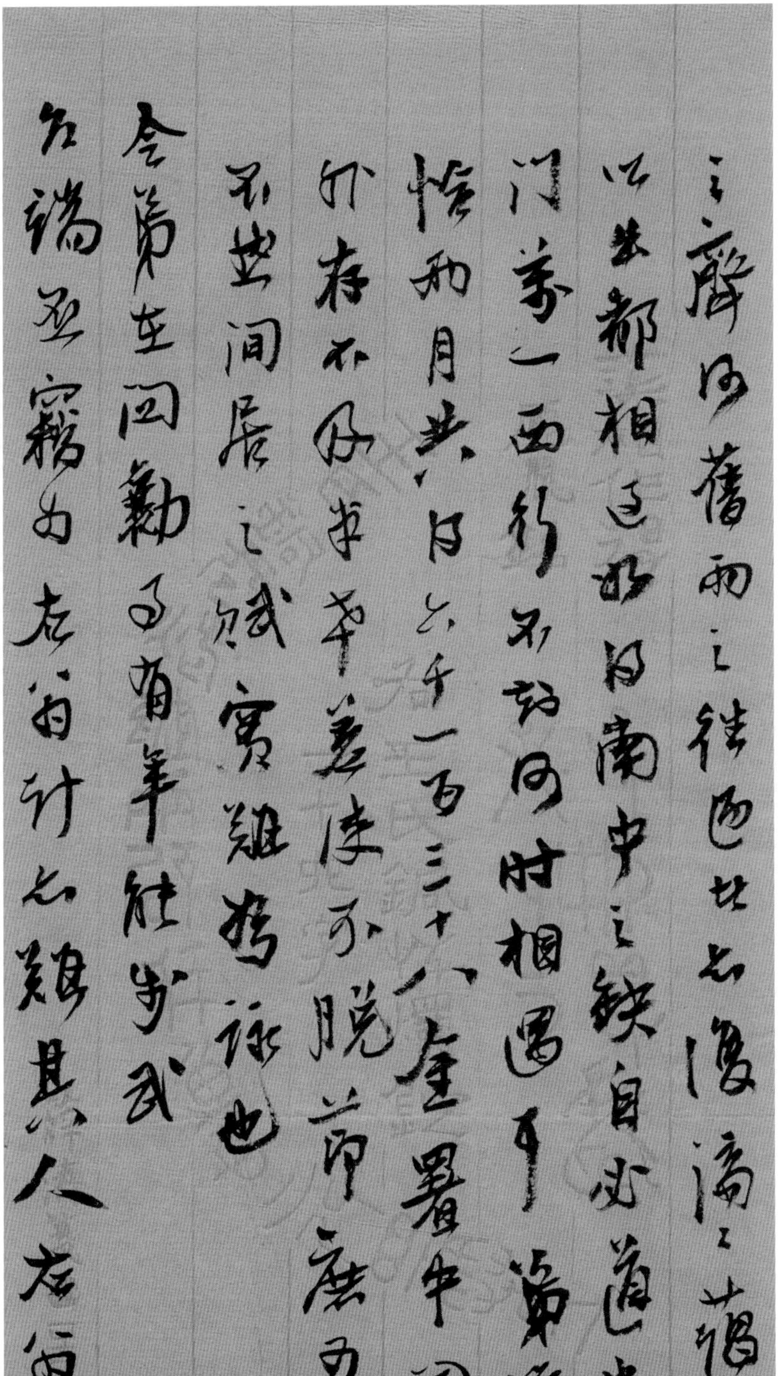

自為謀矣時賢言之實也次泉學術卸
任之後頗繼其替不可已舉棒負以為不
誨推負肯就至於不厭請命要同右伯
一言便可出次泉作模骨丹也心泉部贊
嘆許部文同時可謂風年倫應援運於
秋冬饗任傳可慈及時就不可失也洋
閱係累篇婉請兩人之圖託右伯將來
奉准後應點綴部費盈篇耑祈

查示文李燕丞先生來省見示函及所詢行
台滑業云係
執事所屬交林薦郵費改內燕丞未竟
所言適來他家以後之未甫燕丞過此年
內費若干函問示稿抄由外將稿先
行寄閱照改詳覆
台端所有巛議并求
寄示此年薦劉里補缺集與上海不肖壽

穎目頃七弟孫回，接深鑒灼矣，然而間功
有猶能備有一綫之機，如光當力行之，毋
貽他日之累也。練軍營房等事，並之掾
奏矣。昨詳右足園平，不再覩張損
惠佳兼悟年（印）修地之陋，不能出尺幅
以德劉掛作畫之順，壽寰將扔撥轅
所轄之意云爾。率布，即頌
升安　教弟蔭桓頓首　七月初二日

肯光均

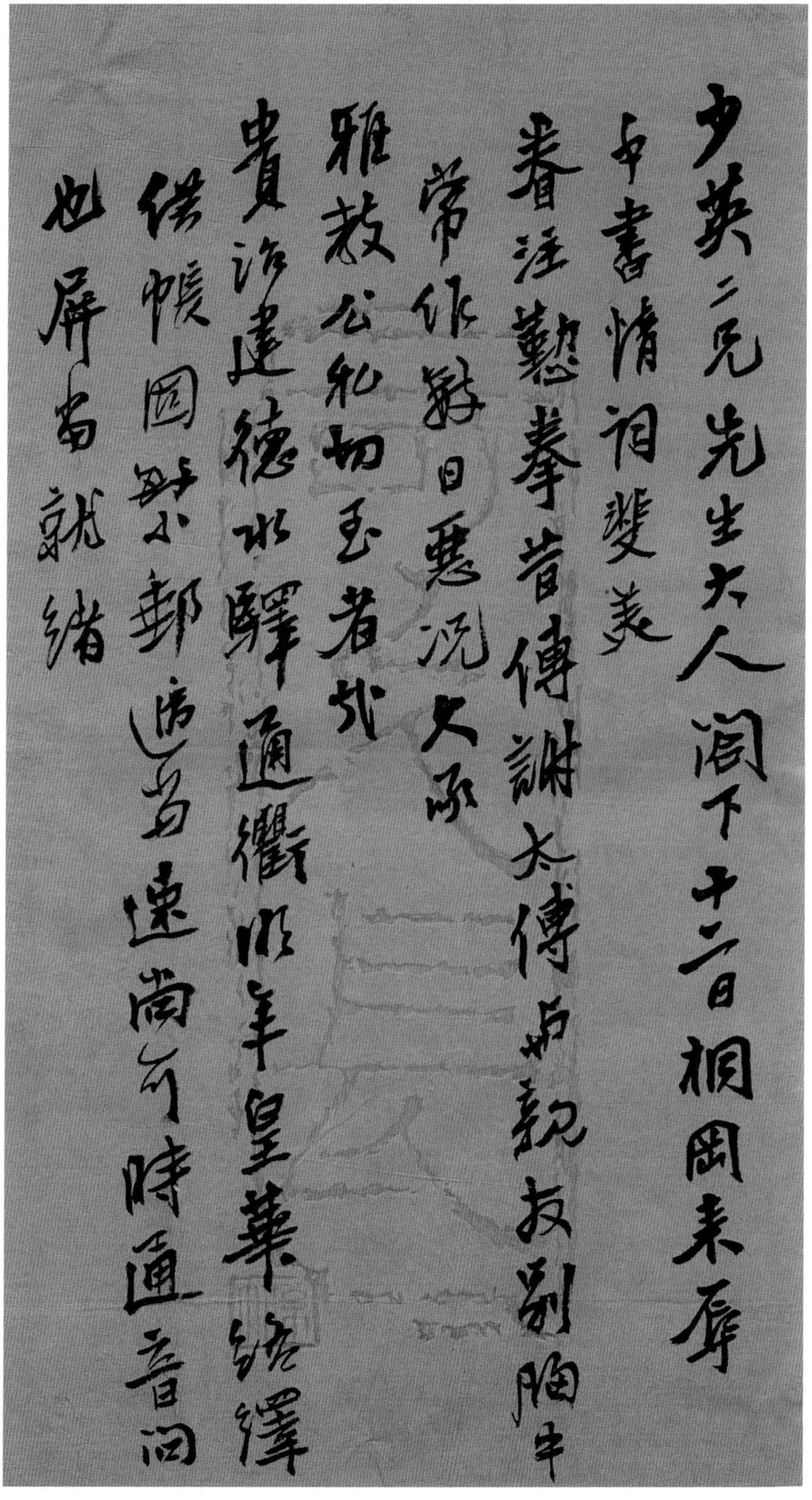

少英二兄先生大人閣下：十二日桐岡來舟，辱書，情詞斐美。眷注懃摯，昔傳謝太傅與親友別，胸中常作數日惡，況大函雅教，公私切至者哉。貴治建德，水驛通衢，比年皇華絡繹，供帳困繁，郵遞遠，尚有時通音問也。屏當就緒，

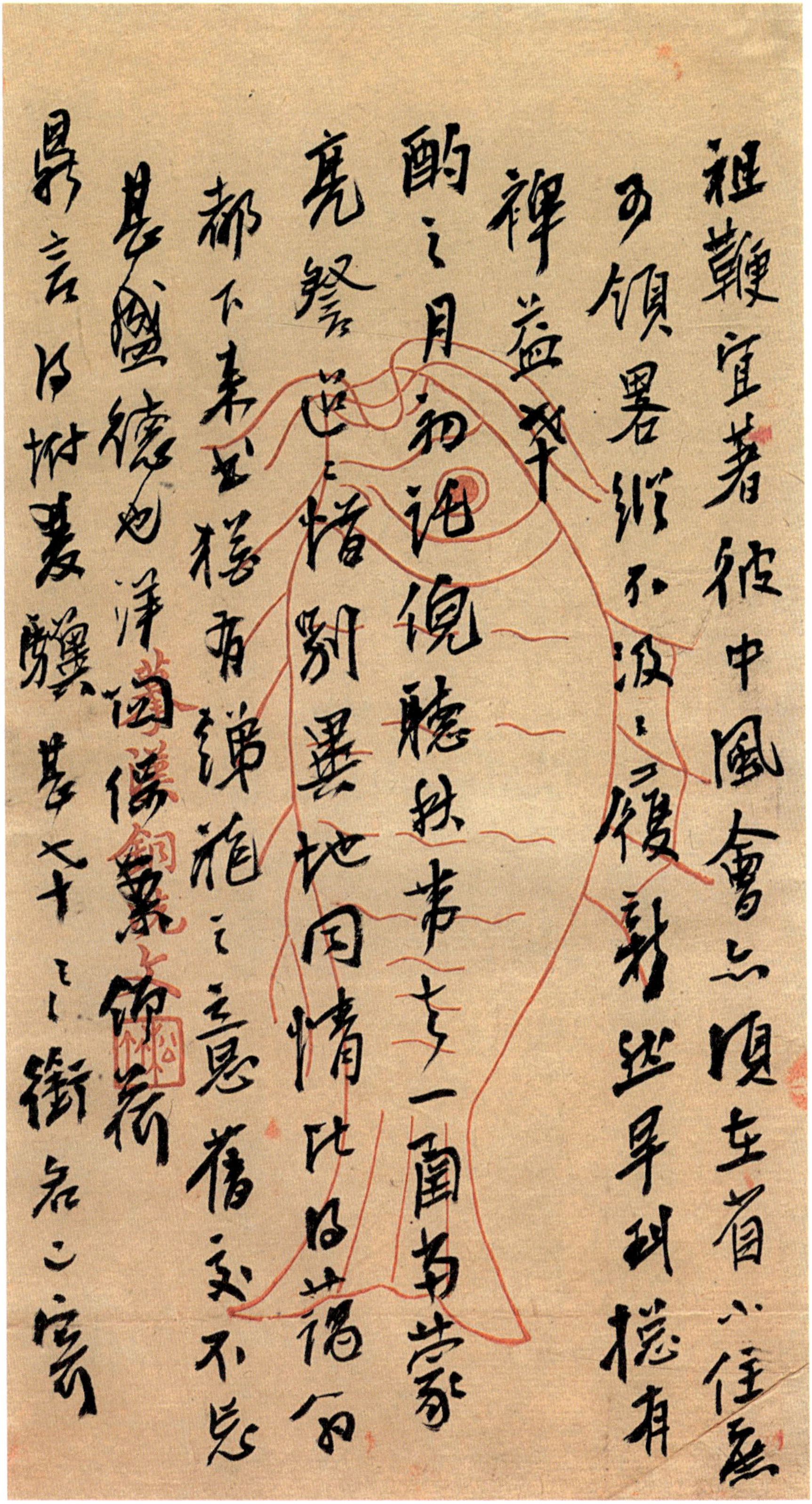

祖鞭宜著彼中風會亦須左右小住應
可領畧縱不汲汲復翱翔早到總有
禪益也
酌之月初託倪聽秋弟之一圍荷蒙
亮察照之惜別選地同情比昔福何
都下來此樣有彈指之意舊交不忘
甚盛德也洋洋盈耳佩荷
畧言此樹表襮　甚七十之　衡啓二月

右翁我同年仁棣雅拜

惠函並滙深矣。桐岡屢報到任，仍調

閩差，今晨已求准方伯，著詹桐岡接

交矣。梓負代況泉之往上游，爲地擇人

誠不得已。梓負似宜素著一行，並雅

甄別，保可易代爲署缺之，以爲洛之情

其自宜也。率復，即頌

升安，不宣。教弟蔭桓頓首　七月四日

十六八到

少英二兄先生大人閣下：十八日接讀
惠書，仰承
垂注，感篆無極。
佩弦暫歸
故里，九月望後回館，料量清楚，
擧看優新，甚善之計，已報銷。
刻思籌結無好，盡無所出，只可受
之。以雲而言，去秋可無不應託辦

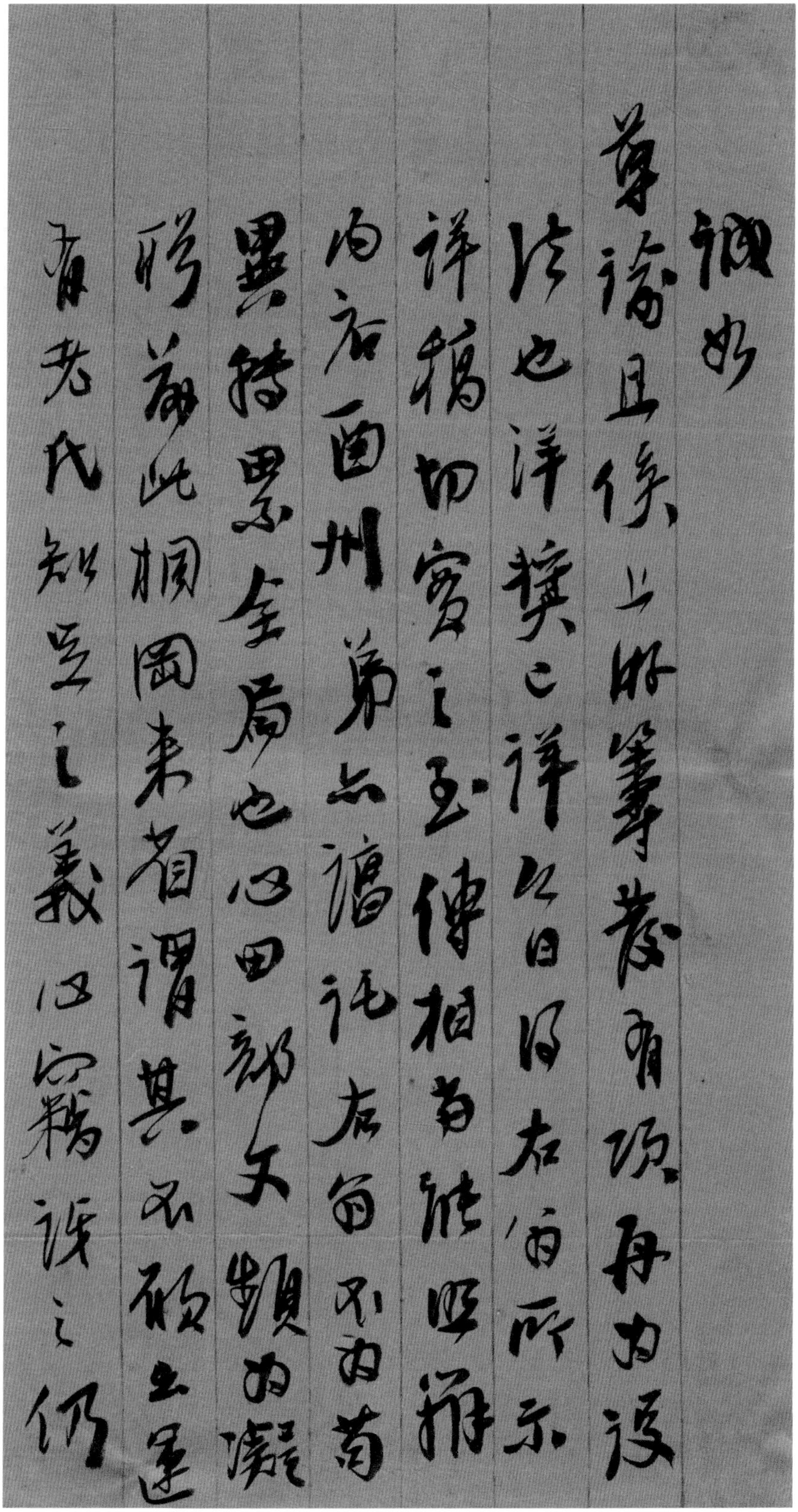

鋼如
尊諭且悉。上海籌款有頭再為設
法也。洋債之詳以日前左右所示
詳稿切實之至。傳相當能照辦
內府西州弟亦請託左右留心為留
異時累全局也。以田劉之頗為懈
勝蔚此捆圖來看謂其不敢出匿
府先代知照之義以定稿送之。仍

屬桐園圖從其早備部覆些
七月廿日及今將去及矣松卿之
方伯每奉讀也海國長舊之為人
所擬，無論而補缺處甘予於翁補
仍予見還來此後援逢到期而從
撫省難為清楚旅食所沸而扃
外人誤不相諒也曾請留頓者甚來
帳後其一書遂擢舟常京而

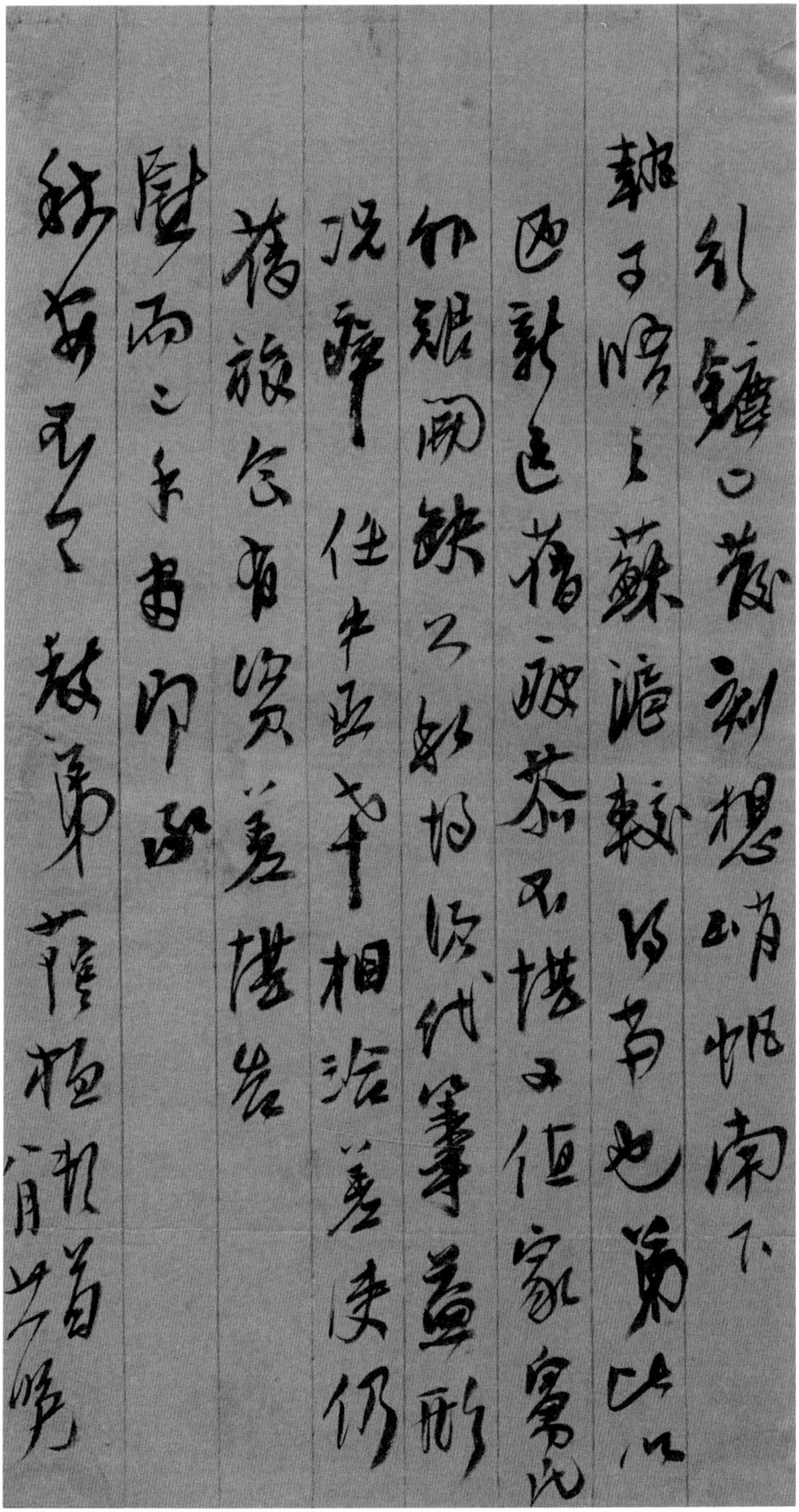

少英先生元大人閣下：十六日手感來尊

惠書於

節行之由東海并於滬上得晤兄南

旌往還迅速，他日晤民執職台上

神君之碩也。猥以小節還皖南垂承

獎，且勗其實過情，良滋愧耳。董涵之

弊百倍之累，税額二十三萬，帶税之權

自出操之無員，甚閑本省協奉

據悉遣來聽候差委六月一換誼須省
效實力如有盤金向係粵商包繳此
中懇多漏[illegible]底粵商如誼知不日甚歲銷
若許招復從便中七十
代詢德盛昌標挽己
來訪也談向以不擬由大宗向係向道親
驗前參留我月一驗或半月一驗遠
至不容久候江干加以薪罅商民交

經我由於此時圖小案京北限閣丁都
道經安境路中亞士耳其留佛容
些鄉八北自處處一隊其樂根里亞以
整批而中間隔膜於日之密處精神
里力還不進去抵達後以時賜詳
求
指授尊奉文玉今約於兩月中函諭
留華未盡祈則止何禎於也擬廿五日

越保尚一語傳相擬海防經手舍弟

詳言之焜台錯眾此其切此綏抗

未悟傳相尚從憐賤眾平錯費

然須自籌撥餘商傳相以四家弟

中西議以隨以再辦

尊論閎覽之至感不可言

然從宗杭州時越浙蘭帳指為

貴同鄉兩人急保後弟閣軒兄郎蘭記集帥

擲侯
執事到日如之禧祉但頌
旌麾早發此則鴻毛遇順直在意中
平日來極題紛紫我無限舉加以
寒疾偶感尚未審其諸形叢勝
十八日已交賊春先發由沖霄舟
發於袁浦貞計冬月杪准到清
江也此啟

竊昔寓清江閣漕帥署時文萃
不能誤與年內可抵安慶擬以春
二月履任徽寧池太廣道
貴治者問易通長帥之圖南切
寅可請
於懷遠十七路聽
誤教了而之長帥有藩幕黃德照
官名仁政
階官州同小薇東有向在徽寧羅

文嫂今年　從帥拟往因同到省不堪
帥之意甚遂并撤之從而向萬邑蠻
有易為設措之論德無有用之才萬
勸其勉強作尋舊壘德無以家眷
累重不果他適金鎮台為世鷹之右翁
如蒙咨調識子必一局人亦識實
下款之
陳右翁代言之請其聽其命運可

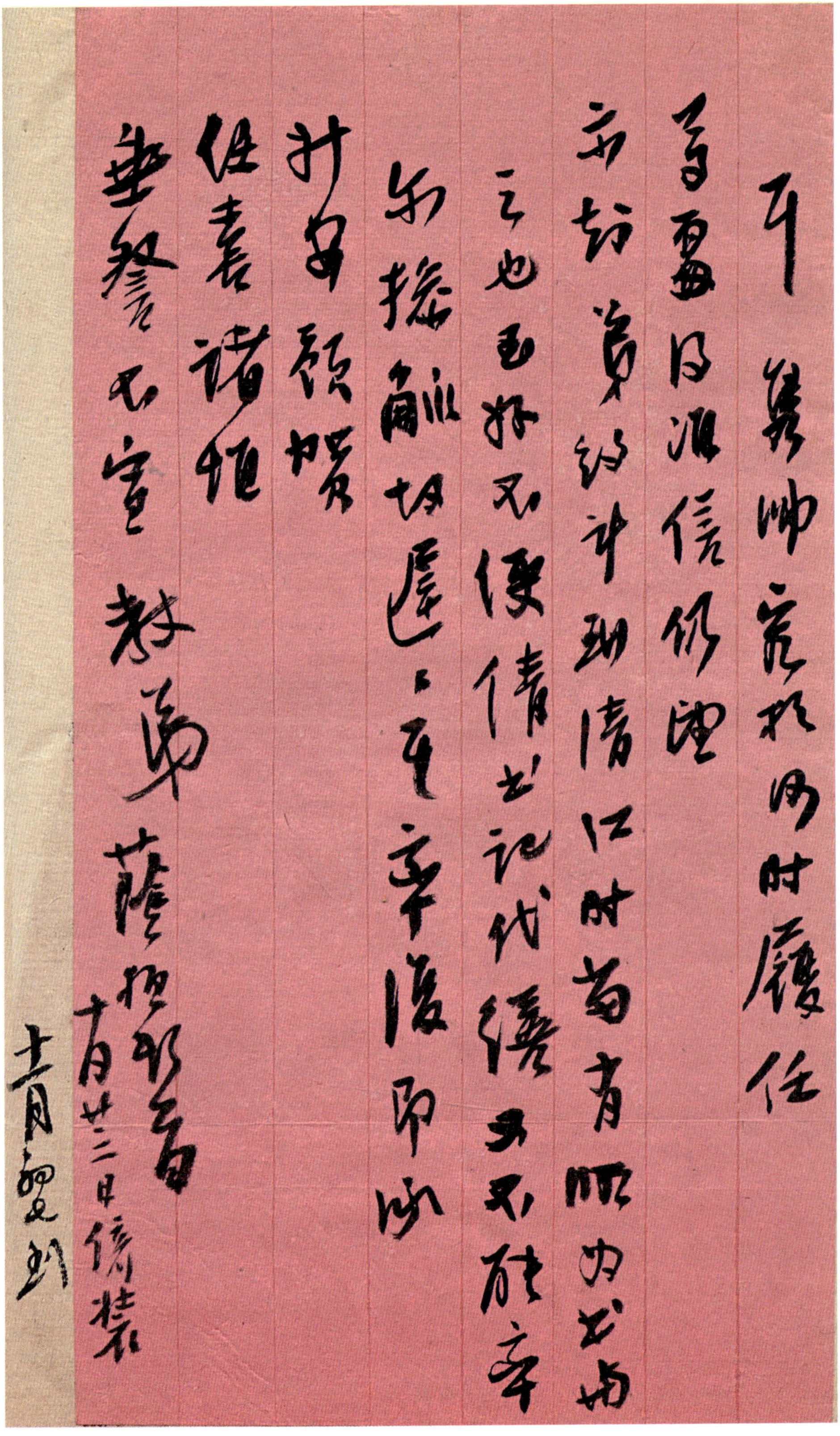

少荃先生二兄大人閣下：春仲承

渡一書，寄來海謝

所報履杭諸節，過

亮登順學

大對丹棗，薪然讀之，歡沐辛

勿再施也。二月十有二人趙州曾

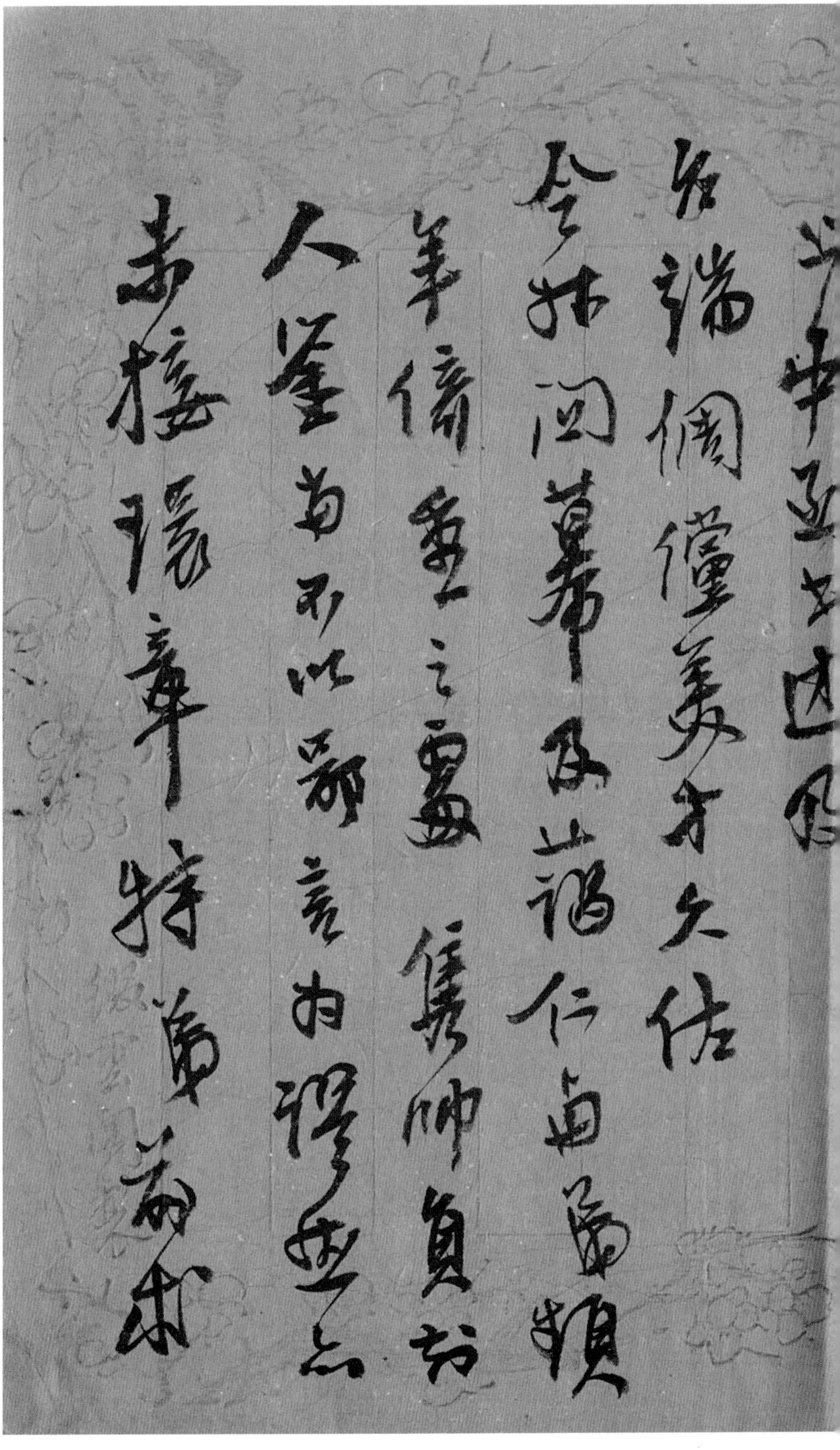

迴揚之餘李丹君以薦青
目矣以茲奉
來惜尚慶青蠅之援自是
快密之道以將好察其
本性此間微聞有過於讒
甚者擲撓勸之也

對子居東下然誠議以前
李絢如接帶練軍不能與其
局顧恩次泉絕無一言及
閣下現在絢如在浙帶勇此
君質實敦樸黃鼓一流
煩付試局繼為萬鉞鄰言之

來示承敬，到任尤徵
高誼雅懷，佚秋闈告竣，子
首道之達，堪心繫，寔再安
出年前此年萬之於二月廿日
移家入署，雅可稍便前任

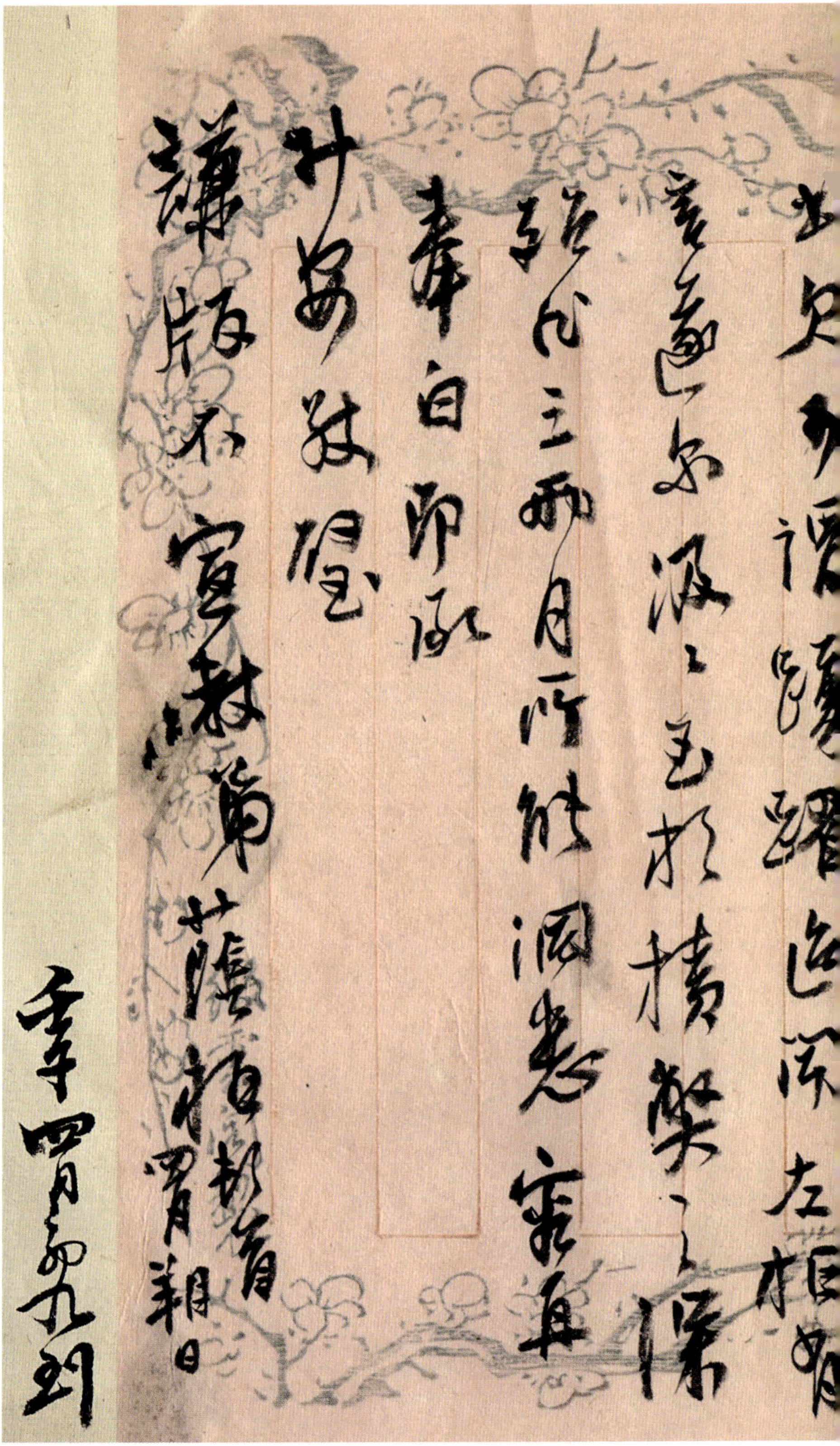

少荚先生二兄大人閣下頃奉
手書祗悉
履新伊始備著
賢勞欽佩奚似並承
惠袍褂料一稱發篋拜登感篆
隆情匪言可喻敬維
履祉秋清
廿華日楙

播循聲於三善膺
寵眷於
九重引企
吉暉宸符私頌弟蕪關承乏綴狀毫無幸
壹是猶安差可告紓
遠念今年水潦為災比比皆是皖中潛太英
蛟患尤為酷烈濱江一帶潰決亦多蕪湖
之麻浦圩亦決集夫購料尅日堵塞竣

工事後補苴幸已蕆事就中保全者亦獲
十之三四知關
廑注并以奉聞
尊處被水情形亦復相似但民情風尚當有
異同地方官自為經營較道府尤為得力
是在神君之勇毅耳
來書憂讒畏機足徵
戒慎之學容函達

雋帥當為消釋也專此鳴謝敬請

廾安謹壁

謙版諸惟

澄照不具

教弟張蔭桓頓首

少篯二兄先生大人閣下：睽違

塵教忽忽三年，每有緒難支結時，輒思

舊雨頓存

嘉貺，感慕殊切。

郵畢近接驛遞遲緩，以致通問艱

託滬上先介福苗較遲，捷乞

台端賜函一言并節當託繙譯物

台煩諫歸惠由淞署帳房為之

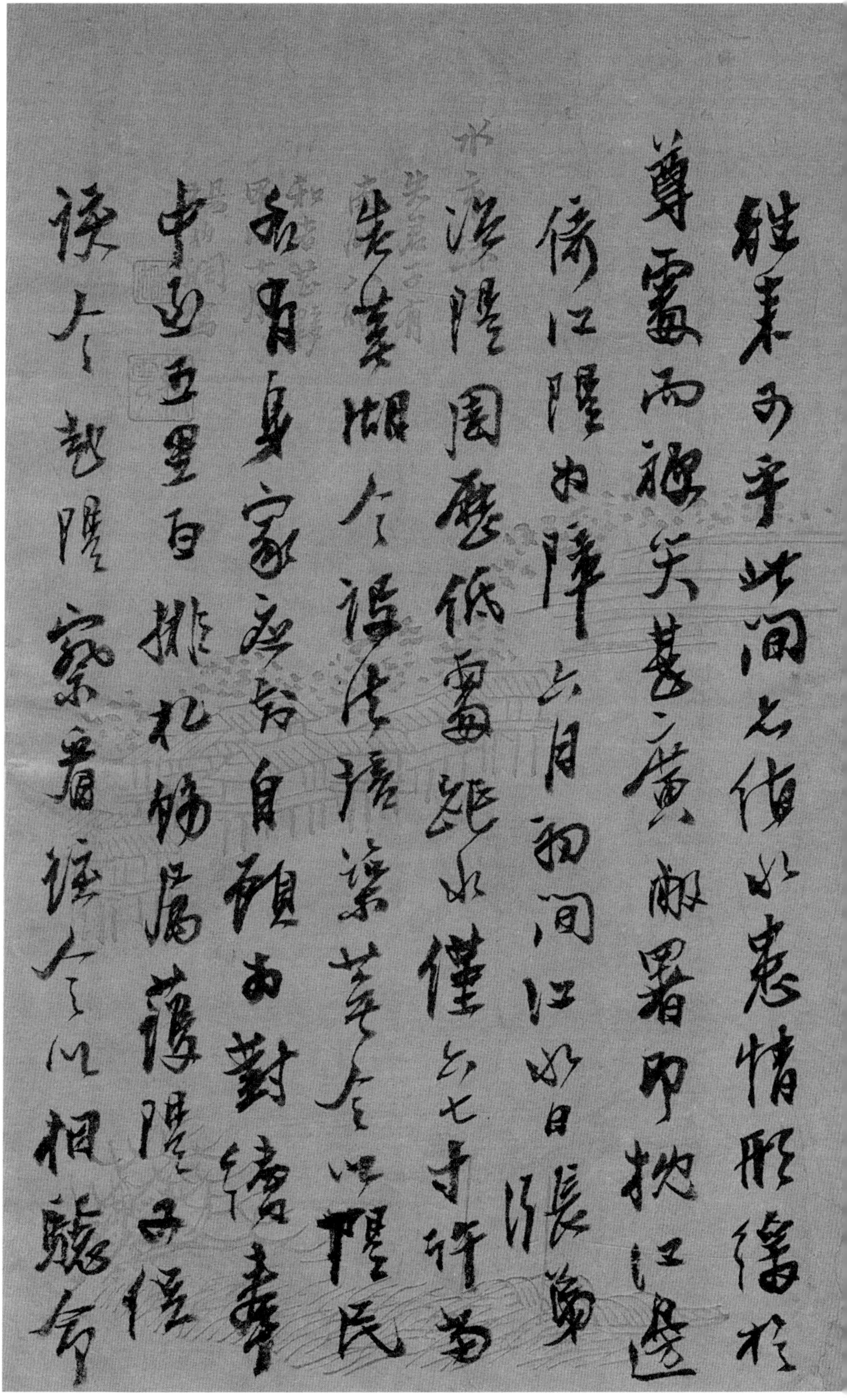
雖未了此間之傳如悉情形緣於
尊處而極笑甚之廣敝署即枕江邊
倚江隄爲障六月初間江水日長弟
沿隄圍廠低處距水僅六七寸許當
先慕湖人之語使隄築若合則隄民
在省身家所恰自顧而對濤聲
中夜豈畏百排扎特馮薄隄可保
該人之懿隄窮看證人之所相驗命

業辭閲二月始將所圖已閲專衍而
已六月望後連吹東北風狂颶鼓浪
竟於十九夜將江隄漫決閘亦且洞
開芳派員續料堵塞各工緣至
現在尚未之竣惟望本年四年底
貴同鄉園栽五欲察來此地據云
損二千之數損至之好為千斗業
於兩岸閒局甚至極煩瑣不宜如

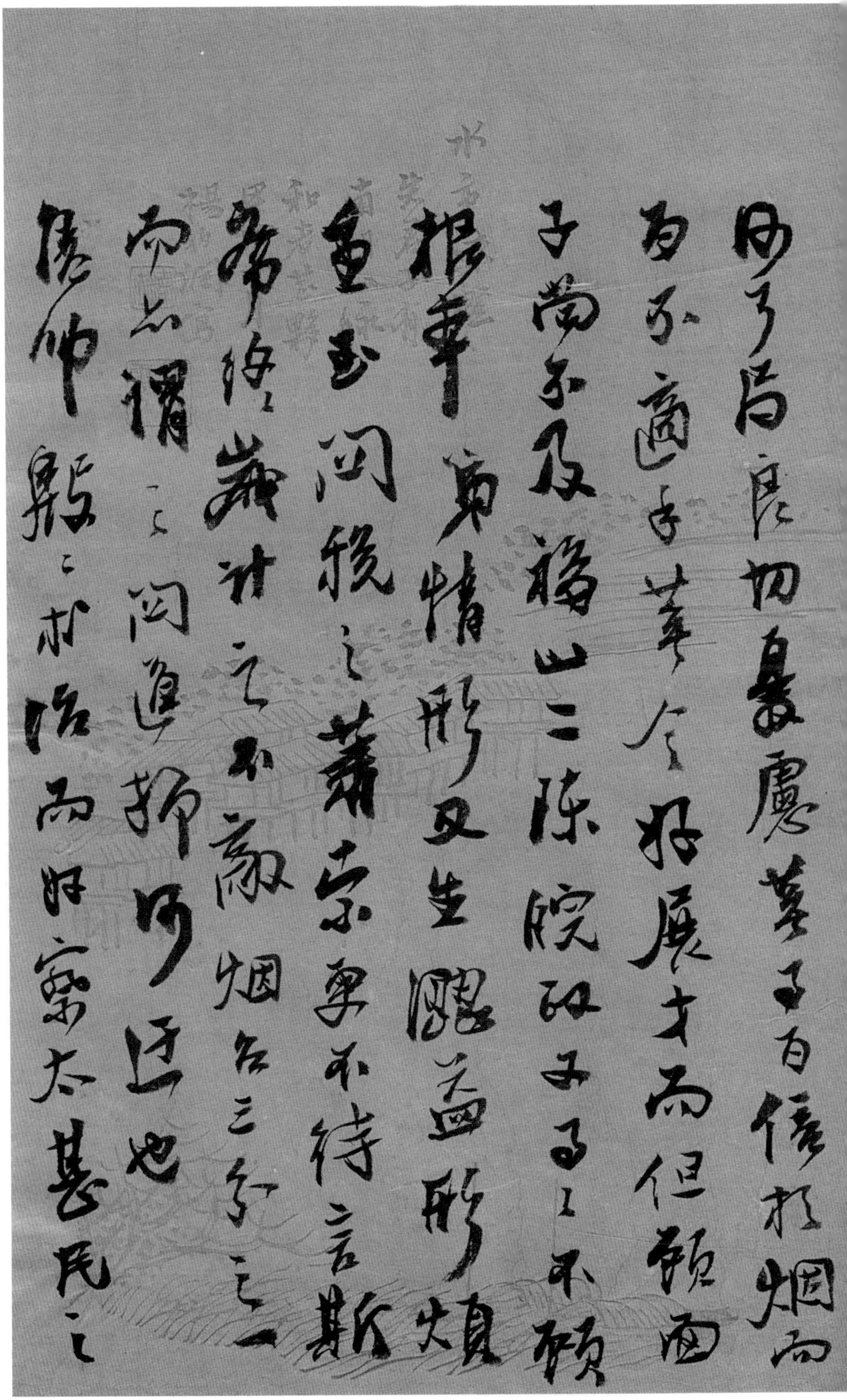

情緒未盡知坐是受畏寒異甚
底事時曾掃積之其於親人尚未
青目字為耳由
執事進言窮愈
盛誼從兩僅以荒而
來端見義之高實所深佩之意必
有相助莫彰之難此日荒歉
也已

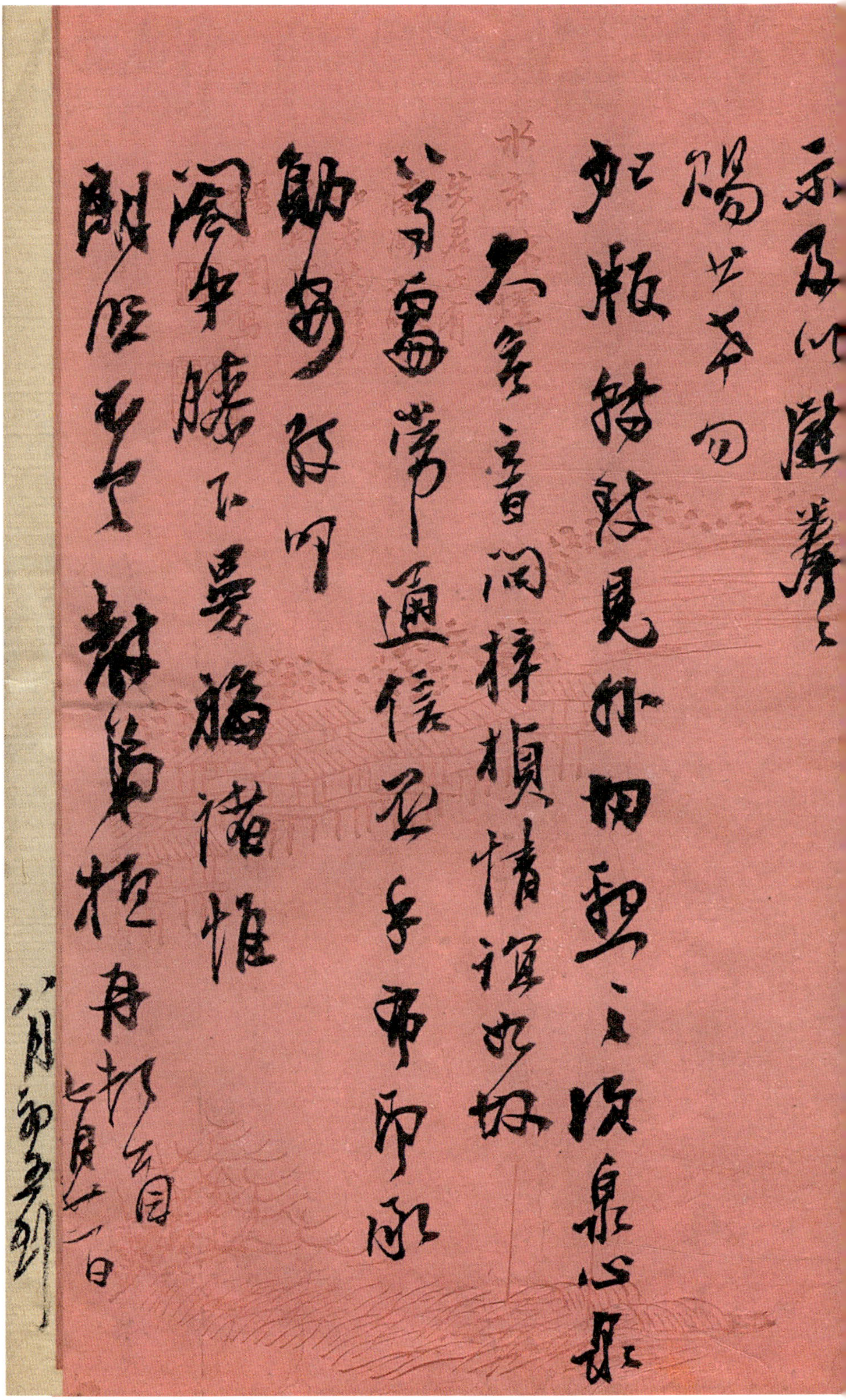

少英二兄先生大人閣下：七月曾得
惠書，尉慰。
所與詩翁
榮問遐邇，
尊慕彌摯。
動定如意，甚慰。弟七月出發，便道大
旋，嫂抵五舍，近服食就李仲約藥方，
血已止，而元氣未復，此數日間靜養，杜

门外再不能支拄，亦可乞假調治也。滿看
西湖藕粉便血甚佳，似益所損已罄，
便乞
代購一簍寄下，稱照去年樣辦件，與调劑交付為荷。
屬件已就，
惜無隱乞
閱後轉寄西區，內有臨鄭瞻紫樹紙并乞
飭書記照隱白摺付入匣內，其原紙即在

尊照因抄寫太多，誅不成樣，特呈鎮帥

自行抄摺，由雅飾之，但不宜停南於

外，照燈申滬報，平切直之條議

弟即函

廿五後望

議撤回

再施且先大哥處遞寄數便統祈

朗照。不宣。教弟張謇頓首 七月十一日

庚寅七月□□到

少彝二兄先生大人閣下：頃奉
惠書，承以縷縷，悵歎無似。比惟
政清民和，
起居曼福，為頌。藹兄已年前出來訪
曾話
琴堂，懽聯舊雨。惜鄙人羈繫春明，
不獲同領
麈談，外之累，陳跡緬懷，

風度益切馳思。承
示擬翻前繫，劉楚邁班聯國任崖
應有之義，特念
將年內改百凡就理
禁涸避發見重滌賊亂會實缺
而作冗官，甚非計也。需次況味蕭
條，領略十四年，識明不堪迴首，出窮
不願

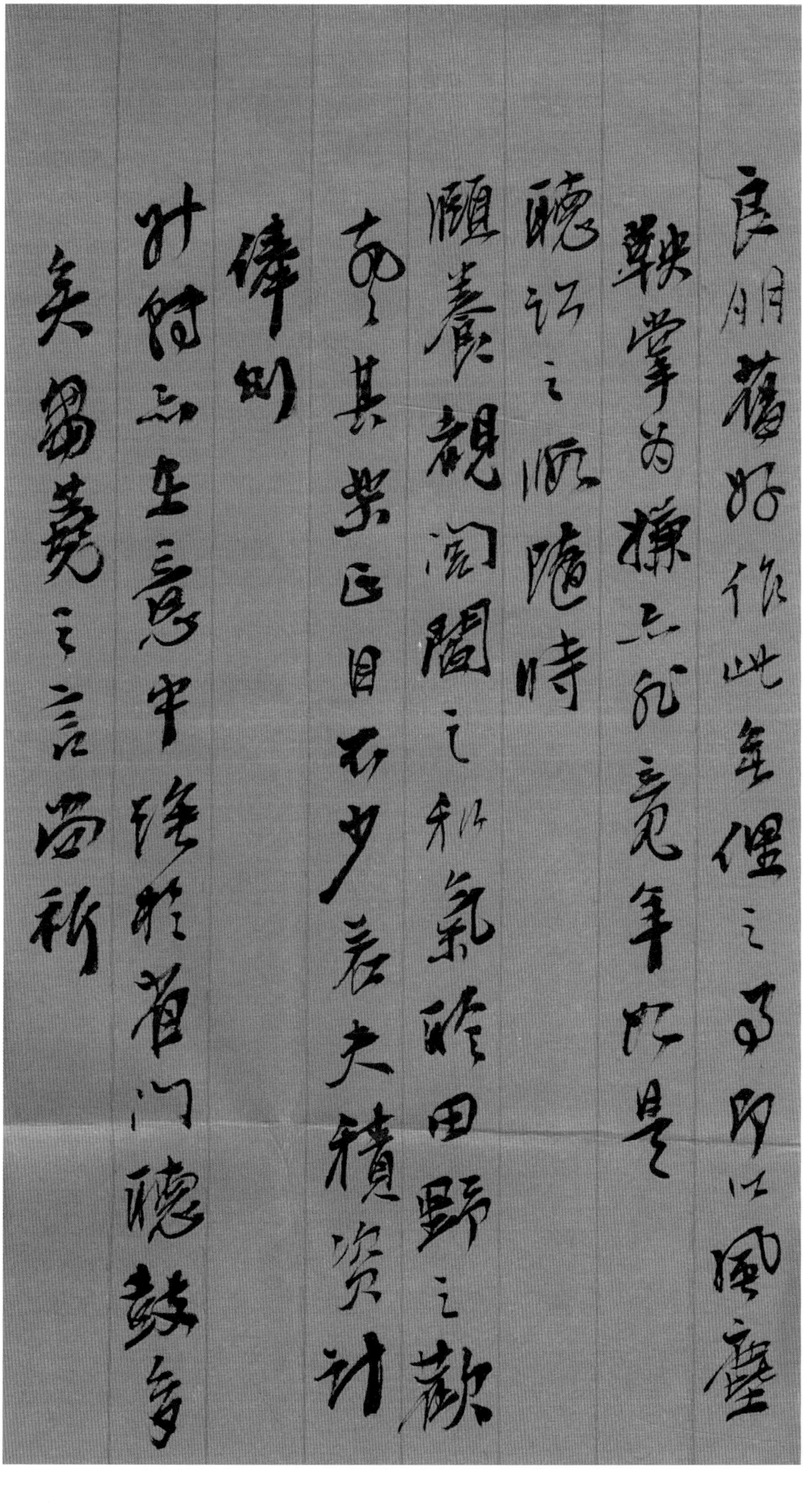
良朋舊好作此俚之歌以江風塵
鞅掌為操亦兢競爭於是
聽訟之暇隨時
灑囊親閱之私氣體田野之歡
而其業正目不少君夫積貲計
倖則
付所在意中緣於首門聽鼓身
矣獨羡之言留祈

採納。蘭年來幸得兩階，兼權儀部，

聖恩優渥，誠非夢想所敢期。惟年矢

日催，老態百出，迺日馳驅，極形憊

於批以譯署煩雜之事，苟免蚊力

負山，而手足麻痺，殊覺異常，蹣看未能

全赤。京寓只一妾，然而邊事頗

甚，不為之去，可隨遇安之。年來落

兄僅復衛卿，刻無生山之信，良為

蒼生惜此才也。今年浙江林業紛起，
其煩萬狀，遠處組合，近於精忱，伏
乞三照，東張芹卿南來，三係至
爾敷，張芹卿、陸劉世古董甚
精，特來江浙，緣求惟人地生疏，尚乞
賜之指導，以其需款，望
酌借千金，甚所禱盼，即不果，
亦感矣。借還，敬目即復。

示知敝弟措匯，因張舜卿旅絀，携貲不便，前已於滬上代措二千金，特杭州左近竟無人可託，殊以悵

執事乎

鑒諒也。手肅，敬承

勛安，并叩

覃祉，諸惟

朗鑒，不宣。

教弟張蔭桓頓首

十月十二日

國家圖書館藏有《劉毓森親朋書札》，粘貼本，共五册。收有張蔭桓、龔易圖等人致劉毓森函札近百封。書札以人分册，按時間順序依次粘貼，多數信件的末尾在粘貼紙的空隙處標有收信的時間，由此推斷這批書札應該是經劉毓森親自整理過的。五册中有張蔭桓書札兩册，龔易圖書札一册，另兩册主要爲劉毓森家人的信札。劉毓森（1849—1919），字少英，號則魚，江蘇武進人，清光緒間曾任建德縣知縣、石門縣知縣、嘉興府知府等職。從書札中可以推知，劉毓森在東海關負責銷算，是海關中比較重要的中層官吏，與先後擔任登萊青兵備道道臺的龔易圖、張蔭桓有著比較深厚的交誼。

張蔭桓致劉毓森書札共計三十五通，其中前三十四通粘貼裝訂爲兩册，書衣題『張樵野觀察贈書』，第三十五通收於第三册内。張蔭桓（1837—1900）字晧巒，號樵野，廣東南海人。著有《三洲日記》《英軺日記》《鐵畫樓詩文鈔》等。張蔭桓以幕僚起家，後納資爲知縣，幾經升遷至道員。清光緒二年(1876)出任山東登萊青兵備道道臺兼任東海關監督，七年，授安徽徽寧池太廣道。八年遷按察使，奉詔入都，以三品卿銜在總理各國事務衙門學習行走。光緒十一年出任駐美國、日斯巴彌亞（西班牙）、秘魯三國公使。三年任滿回國，再次進入總理各國事務衙門任職，累遷至户部侍郎。戊戌政變後以傾向變法遭到彈劾革職，流戍新疆。光緒二十六年在新疆被殺。後清廷迫於英、美等國的壓力，詔許恢復原官。

張蔭桓是晚清時期的外交家，曾參與中日甲午戰争談判，協助李鴻章與俄國簽訂《旅大租地條約》等。張蔭桓還因在戊戌變法期間的活躍表現而受到研究者的關注。這批書札中最早的確切時間是光緒三年六月廿九日，最晚的時間在光緒十六年七月廿四日，但主要集中在光緒三年至八年，也就是他在山東及安徽任職期間。書札的内容除了一般的問候寒暄之外，還涉及張蔭桓所參與的諸多活動，以及東海關及山東府署的事務，還有蕪湖關的情况。这批書札反映了張蔭桓早期宦遊的經歷，爲張蔭桓的研究提供了新的史料，同時也爲研究近代海關的歷史提供了新的素材。

每札釋文的末尾，括注該札首葉在本書的頁碼，以便檢尋、核對。

張蔭桓致劉毓森書札（釋文）

一

昨日之談甚暢，惜深夜稍乏耳。明日攬揆大慶，再當踵祝崧齡。今晚之會另訂，何如？手佈，預賀千秋，即承福安，不具。教弟桓頓首，上少英仁兄先生大人閣下。初八日。

（〇〇三）[一]

二

昨日敬祝崧齡，叨飫壽酒，未晤壽星爲歉耳。辱枉謝，彌汗甲也。今晚之會不獲趨陪，改訂明午當可。如約同人，有興幸示知以便前來。率復，即承少翁先生二兄大人閣下。弟桓頓首。初十日。

（〇〇四）

[一]「〇〇三」爲本書頁碼。

三

連日暑酷，爲煙臺罕見之境。未及趨教，思念良切。徐老伯母壽屏頃已謄正，送呈鑒核。内中人名有無遺漏，乞再細披閱，庶免疏略。此時打格子，七月半天氣稍涼，桐岡繕寫亦不甚費力耳。弟連日避暑煙臺山閣，頗得清涼之致。昨歸涂偶訪譚頌三，斗室客滿，遂爲熱氣所閉，稍覺頭悶，尊處有鮮藿香，乞見惠少許爲幸。此承暑安，不具。教弟蔭桓頓首，上少英二兄先生大人閣下。六月晦日。敬餘。

（〇〇五）

四

昨聞福履違和，已占勿藥否？馳系之至，望示悉也。頃得藹兄書，特呈台覽。所言『德盛存項能否照辦乞代着力』，弟應如何作答之處，亦祈見示爲盼。此承大安，不宣。教弟桓頓

首，上少英先生仁兄大人閣下，九月十二日。（〇〇七）

五

玉亭、少英先生仁兄大人閣下：

別後廿二日抵大沽，行百里許，輪舶擱淺，易小舟而進，抵關署時已晡矣。廿三日謁伯相，以租界、義地兩案大灌米湯，并款留小住。嘗對以急於進省不便久留。廿五日承召飲一頓，暢領電線、煤氣燈風味，津門仿西學具體而微矣。昨晡稟辦并面求保案，仰蒙俯允，今日已將稟摺投遞，或無大更改也，視諸君子官運何如耳。伯相昨言文帥已到京，廿五日遞摺請安，計到東須七月底云。今日爲司道公宴，義無可辦准。明晨登舟，沿衛河至德州，准可趕及七夕前到濟也。輪船煤將告罄，周守備商及到滬購煤之説，應購若干請少翁代定數目，轉告染翁、伯翁兑銀與之。又，小輪舶修做後周守備仍不放心，弟此次赴德州只可假招商局船而去。周守備船上水手寥寥，行船例有之役如探水等事亦不能備，若令撥數人駕小輪船赴德州，則該船益冷落矣。伯相雅興，每有新輪船必須試驗，已諭周守備矣。大約花衣期過，伯相便可到紫竹林驗船，周守備自當伺應也。昨閲邸抄，藹翁寬假兩月，閩中督、撫憲會奏有『才大心細、慷慨任事、勞怨不辯』考語，計尊處亦已見報。不識藹翁有信來否？泰安炮價如藹翁信到，即宜付之也。周守備回時須候機器局有准信始好展輪，否則呆候於申江不如坐鎮於煙臺耳。署中各事諸費清神照拂，統容晤謝，并望時賜教言附驛遞省爲幸。李升送銷册已回津，即令隨泰安船回署，該丁到後仍令回龍口可也。率布，即承道安，惟祈澄鑒，不具。教弟蔭桓頓首。六月廿七日津門倚裝。（丁丑[一]六月廿九日到）[二]（〇〇八）

六

少英先生仁兄大人閣下：

[一]清光緒三年（1877），下同。
[二]此注爲劉毓森所記，以下同。

初八日差至，辱手书，知沽上一械已邀台覽，伏承寄示伯和稟稿及現辦情形，周要之至，他日過萊當如指敷衍，爲本關興利除弊并爲伯和彌怨，庶不令良友寒心也。藹兄書讀悉，所言『兩竿兩免』，弟並無此言，即當日蠡測軒定議時藹兄亦未指定免税一項，今此勾當兹於無可如何之中横生波瀾，爲數有限，如清議，何此事已經三變？初則進局六竿，繼則貶至兩竿，既經執事調停，無須藹兄破鈔，以爲事必無翻悔矣，瀕行又未交割，約候銷案辦竣始行交付，今又欲從免税生發，瞻前顧後，大可發劇。鄙况已在鑒中，藹兄亦頗深關注，應如何辦理，請執事代酌可耳。弟喫虧與否中外皆知，公論在人間，弟無須置辨也。藹兄東回既速，弟擬候之省門，不識如願否？計藹翁假期八月望前報滿，如先返煙臺然後入省則爲日甚滯，非九月初不能見面；若取道清江入省，則八月杪可抵歷下，弟亦甚難候至是時也。現都中巡捕來信，文中丞定十六日請訓，二十左右出都。弟在津已回位，伯相在省候謁文中丞，並屬何福齡謁中丞時告以鄙人在省迎候，似未便遽爾東返，終（久）[究]不免一見。煙臺入省迢遞千里，頗覺行路之難，亦遂欲在此等候。惟近日省中是非甚多，署藩前月杪得京信，謂年終密考被劾，忿忿不平，勢將決裂。臬運調停勸慰，始不請假。署院則逢人説冤，力辨無此事。弟初六日奉到，稟見署院，即屬爲排解，詞連藹翁。弟往晤署藩，則謂得自都中來信，與藹翁豪不相涉。如無此事，則係署院裁培；若有此事，亦係署院教訓。詞色之間幾於墜淚，其滿腔委屈若有難爲盡言者。如此情形，子貞事竟無暇商及，且僅見兩面耳。續詢彬翁，亦甚爲難。若袖手不置一詞，則非同寅之誼；倘深相排勸，又慮沾身。彬翁平日小心謹飭，遇此等事宜其却顧也。弟更不便參末議，亦欲亟亟回煙，惟以文中丞到東期近，不能不少留并欲在省候藹翁。坐此行止委決不下，執事何以教我也？弟此次來省，署院相見謙光之甚，壽禮概不領，只門包費却百十金耳。今日蒙招飲於江南會館，酷熱異常，加以連日應酬，寢食俱廢。歸寓少憩，睡起即擬出門，適得尊札，遂即作答，揮汗草草，諸未詳盡交代。期近諸乞代籌，無任感激！至藹翁書言船政煤價之項疑弟之所迫促，此事誠誤會。此件記係玉翁飭承所擬稿，曾有玉翁手書條子爲證，實非弟意。當日此文寄閩，玉翁有信與藹翁否？如無信，去請玉翁補予藹翁一書，言明玉翁關切之意與鄙人無與，庶藹翁不見怪則幸甚矣。又，昨晤徐仲虎，言機器已全到，無須輪船代運。如周善哉東回，不必專爲配炮架而去，然有藹翁定購兩炮在滬亦應裝回。如周善哉回煙，即令將西營大炮裝立配架并運藹翁所購之炮可也。藹翁既有書來，此項炮價即宜付交駱子嘉，以省往來書牘。至於西營及輪舶所需軍火，即請尊定迅函滬中購買，無須與周善哉商訂也，尊意謂然否？細繹藹翁書，其心緒仍雜亂，書爲六月所發，末署七月十九；又斤斤於介弟之分款；其部署一切恐未能就緒，所云八月東來，殆虛疑恫喝耳。藹翁久任通商，深得彼人長技，呵呵一笑。弟命宫磨蝎，財運不過爾爾。秋暮冬初正精華全盛時，藹翁豈能割愛？然以道思時日衡之，鄙人亦當少有分潤。作鷦鷯巢林之想，亦自空空洞洞，惟當安命而已。署院及司道諸公方以藹兄展假爲鄙人幸，安知如此局面哉？念相處半年，諸承教益，即使還我故，吾亦深感厚愛於無盡。承轉語伯瀛之言，尤紉雅愛，統候晤時敬謝也。署中諸君不及一一致函，故乞代致拳拳爲感。手復，即頌秋安，惟祈澄鑒，不具。教弟桓頓首。七月初八晚歷城行次泐。

藹翁書、伯和書并繳。劉君垂蔭銜條已交津關，必有以處之也，弟又拜。（丁丑七月十七日到）　（〇一三）

七

少英先生二兄大人閣下：

昨午朱橋饘次，率復次泉一械，順叩起居，祈邀亮察。度朱橋十里，遇賈小樵班荆立談，述省中各事，亦無他新政，惟中丞垂詢朱子貞之賢否，小樵答以未經接晤，聞係久當關差之人云云。想因留署一年之故，上煩慮心也。弟到省後當能言留署之所以然，但視子貞運氣何如耳。祈轉語子貞慎毋展轉託人説項，即藩臺處亦不必。庶免動疑，是爲至要。小樵又云李采翁屬弟進省，或亦上游有話未可知也。小樵云中丞尚係謹飭一路，生辰並不稱慶。今日晤福少農，所言又異，並屬弟豐備應酬之物，少農之論誠是也。南中鋪墊來否？甚念之。中丞壽日改十二日，避國忌，似此則須早爲之所耳。到時乞屬帳房速遣專差帶省爲妙。少農曾送去大鏡等物已笑納云，此楊麟之言也。又，税務司如交到香港大藥房屈臣所寄中丞信物，亦宜速代帶省。如有箱匣則挑運爲宜，萬不可雇車裝運，恐匣内有玻璃器也。並祈轉告伯瀛爲要。又，瀕行承札詢海防續撥之二萬金，次泉以爲借題發揮，尊論亦云然，弟匆匆一（攬）［覧］，未能領會。此時處境固應操心危而慮患深，然畏首畏尾亦無以自處。次泉云須留報銷地步，此係歷劫不磨之論，然如何酌留之處，乞執事與次泉代酌一妥當穩實之法，則感德無有涯涘矣。此事弟經理失宜，愧悔無及，真不堪爲知己告也。憲意如何，俟稟謁後再行奉布。此時進見似不能不列摺繪圖呈覽，即微此次札查，亦不可少者。各圖已於前次赴省寄存機器局，昨函屬次泉與伯瀛細訂一摺，如初六日趕到猶不遲也。一切疏漏之處尚乞隨時見教爲幸。鍾鶴皋解餉刻計已抵煙臺，金季鶴前稟酌給川資，弟已擬答許之，匆匆未及留語帳房，請轉告伯瀛薄送四十金何如？弟已許之事，不願喪約，爲數戔戔，聊以見意。今年税事之壞想鍾君亦當見原也。弟明日宿新河，擬初五日抵省。此承動定不宣。弟桓頓首。十月廿九晚，萊署泐。

次泉、伯瀛兩兄均此致候。（丁丑十一月初四到）（〇二五）

八

少英先生仁兄大人閣下：

十七晚率布一函，刻計該差已馳遞回署，省中各事諒邀台鑒矣。該差行後，是晚即得邸抄，藹兄升遷，替人他屬，全局皆猧。此時惟當預爲交代計耳。久紉垂愛，一切均賴妥籌，無任感篆。弟廿三日出省，雨雪載馳，途行不快，今午始憩郡齋，計到煙臺當在臘八時耳。藹兄意必有書來，特此時輪舶稀疏，恐未能遽達。弟亦俟返署再修賀也。心田咨調已奉藩札，因院上稟辦未了，不獲同行，大約初旬准到耳。銕門已凍，涅口亦封，顧葵卿當已返煙臺。桐岡擬篆前已收藩札，寄請次泉轉交，不識桐岡回煙否？子楨解任，殊爲怏怏。巡檢微員考察若是，大可畏也。此中情節已詳次泉函中，相見在近，統容面罄也。洋税不叓撥解，途中得伯瀛寄到任民書，備悉伯相之意，只可聽之。已承代商捐級，或可瓦全。弟又託心田函致吳瑞庭代捐兩級，有加無已，更周備耳。後任方君計臈正必不到此，弟交卸總在二月，早料及之，瀕行亦透達中丞矣。中丞圓通，甚爲弟惋惜，彌滋愧耳！洋税不識何如？聞藥釐尚暢，或可爲東隅之收也。率布，即承近安，惟祈朗鑒不具。教弟桓頓首。十二月二日萊署，敬餘。（丁丑十二月初六日到）（〇三一）

九

少英二兄先生大人閣下：

海隅承乏，深賴長材；承教經年，數忘行迹；古懽高誼，永矢弗諼。月前隨節閲兵，匆匆遄發，顧瞻舊雨，面別爲難，愬尊首涂，聊假管城宣意。桃花潭水，緬想深情，但增離索之感耳。比惟道履秋清，覃祉弗鹿爲頌。弟煙臺策蹇，小住蓬萊。初五抵黃縣，初八憩萊州，風雨滿城。帥旌少駐，昨晨南發，飭弟先行返省。今日爲少農諸君子所留，擬明日起程，計望後可抵歷下。途間疊謁中丞，尚無齟齬。圩台報銷一事擬列單而不造册，援滬上辦法，已荷中丞首肯，當屬伯兄妥爲料量，但銷費刻無所指，殊難措手耳。昨與子楨遇於郡城，別久重邂，所談甚悉。子楨近況亮難賦閒，弟因舍親招少岳事曾託右兄，未置可否，此時未便更爲子楨説項，只可屬伯兄代言，有無成議望示悉爲盼。意右兄厚德，重以鼎言，當能善爲之地也。中丞催解滇餉一萬，屬弟貽書右兄，隨後發札，望轉告右兄如札撥解，以速爲妙。中丞於蔭渠制府交深，又爲蔣輯五觀察之託，甚願闗署速辦，且計今年常税總可挪騰一萬也。右兄曩示應行稟商事宜一摺，不識已遞呈中丞否？弟途次詢及藩、運兩庫撥濟之事，中丞茫然，且謂省中藥釐如此散漫尚歲收四萬餘，全煙臺通商之地總有抛灑云云，言外之意未便續陳耳。中丞精覈，又每事慮人欺謗，進言殊不易易。弟追隨旬日，似乎投機，且俟抵省後察看情形再行奉白。弟省寓已倩人代覓，如覓定然後進省，則大妙也。頻年聚首，離緒縈縈，草草治裝，無以爲別，謹致百朋，聊誌千里鵝毛之意，幸鑒納也。蜀中獎案如實，再行函布，秋節前曾倩啓促之也。率布，即承銓安，敬叩閤中膝下曼福。教弟桓頓首。九月十一日，萊郡泐。

（戊寅[一]九月十七日到）　（〇三六）

十

少英二兄先生大人閣下：

睽別芝宇，匆匆兩月，積思成痗，何時可忘？比次泉來，奉到惠書，敬承綺注，惜別之感，兩地同之。伏惟道履綏龢、覃祺納祜爲頌。弟匆匆返省，未及走辭，戔戔之微，聊以誌別。重荷謙抑，尤深歉仄。《客秋名世》原約俟台端得缺後再歸趙璧，刻勿戒意爲禱。念擬篆逾年，諸承指誨得免隕越，受賜良厚，決不可再及此事也。他日榮銓善地，弟猶作依劉之想，所望尤奢，想雅量高致，必不見拒，幸留此有餘不卷之意乎。咨文已到否？何日投供？乞示慰也。蜀案如趕及，稚帥決不食言。惟蜀政紛紜，臺諫已經彈劾，星使之發，邸報見之。此中瑣瑣，詢之伯瀛當洞悉也。子楨調關，驟難設詞，右兄來書言之或緩，俟右兄來省再辦；或用夾單稟探意旨，然後咨司，亦甚周洽。然子楨計總以過班爲上着，愛之者莫不云然，而子楨貧累，又有不可一日賦閒之況，真難爲懷矣。黼文何日來省？計年内當可把晤耶。弟新居在歷山頂，寂寞之甚，幸次泉、惠然得共數晨夕，亦旅中樂事也。其甄別之事，司評尚未到院，司中積壓殊甚，已託柏台代促之矣，餘託伯瀛代達。乞德音時來，不遺在遠爲感。此承動定不宣。教弟蔭桓頓首。十月廿四日。（戊寅十一月初九到）　（〇四〇）

十一

少英二兄先生大人閣下：

[一] 清光緒四年（1878），下同。

次泉、黼文兩兄先後回關，匆匆未及專函奉候。道履睽違台教，欵其餞膢，緬想芝標，溯洄何已？比惟升祉翔華，覃祺楙介，至爲頌慰。弟省寓寂寥，無可告慰。近狀草草，已託次泉代達清聽矣。練軍易將，已見明文，奉派李遊擊仁黨爲弟之舊部，陳雋翁之同鄉，人甚馴謹，可與爲善。他日到防，尚乞進而教之。斯席頗難其選，雋翁與弟幾經籌度，始調該將移統練軍，雋翁尚以同鄉論嫌，言之不甚切摯。中丞垂詢鄙人，因得竟其説。該將雖未涉獵洋隊，然忠樸厚實，略示規矩，當能就範。至於不驕不貪，此弟可力保者也。弟久荷青垂，固非濫薦者。中丞遇事覈實，亦非濫聽之比。一切情形次泉當能言之，不識右兄鑒諒否耳。又，貢品一項，望日謁中丞承論及此，因曾札濰膠，即三州縣非辦，而該州縣仍推歸海關。中丞謂遍檢署中並無東海關辦貢之卷，該州縣以歷年貢獻之物猶復孳孳較量，我豈不能自備耶？與方伯絮絮言之，而並未詢弟東海關曾否代辦之據。微窺憲意，或欲爲右兄省此一竿耶。他日如有公牘到關，亦宜援舊例向州縣推搪，似爲合拍，節署中豈直檢不出舊案哉？命意或别有在，晤右兄時乞與酌之，弟曾將憲諭函達矣。又承屬代覓令弟婚事，今日適得一處，係紹興籍在東就幕者張姓女郎，年十七，美而莊。特父年老而母病瘵，境況頗累，妝飾固不能備，且恐須略贈聘錢百十金始能成禮。弟不識其人，然亮不致如染香之糾纏也。已飭僕損看過一遍，以爲甚佳。尊意合否，望示復再與訂實，何如？但事宜速定，因其母家貧甚，久恐采鳳隨鴉矣，乞酌之。弟圩台之役已荷奏結，聞有美言已示稿兩司，意發摺後當轉行到關也。獻歲發春，繞床叫雉之興當復不淺。鄙人遠離，每當差强人意時，或衆以坐無車公不爲樂耶，呵呵一笑。令叔子迎先生賢嗣以知府分發來東，曾謁院司，云將引對。尊處得信否？蓤蓀已補邱縣，當見省抄矣。德門鼎盛，欽仰何極？榮銓有期，乞示慰也。賤眷暫寓煙臺，驟難來省。弟明歲有南還之意，得請後或當來煙航海南下，邇時當圖良覿煙寓。瑣瑣諸荷垂照。每接伯兄來書，無任感篆。肅泐，即承歲安並叩覃祉，諸惟亮察不宣。教弟桓頓首，臈月十八日，歷山寓廬。

貴同事諸君統此致候。（戊寅十二月廿八日到）　（〇四四）

十二

少英二兄先生大人閣下：

獻歲發春，兩奉手教，猥以賤辰，復荷賜壽，感紉高誼，何時可忘？伏惟升繶延釐、履約篤祜爲頌！客臘十九日奉稚帥九月初十日書，言執事保獎花翎，准今年正二月入告。奉准後將獎札寄至弟處轉呈台端。又以從弟晴江現當教習，不便列保，屬弟爲書諭之，似此一准一駁必無虛惠。日來東征得意，亦宜留爲他用，不可汲汲捐辦，且俟蜀信來時再定，可乎？黼文、次泉先後回煙，自是文壇健將不特差强人意已也。承示哲弟婚事，求之南中，自係正辦。去臘所説，弟誤聽人言，續加查訪，甚有王滿爲（揢）［婚］之慮，當即却之矣。昨有前任黃縣典史蔣榮塏之女，聞尚待聘正，擬託晴嵐觀察商之，然婚姻往來自以鄉里近便者爲妙，尊意訂諸珂里，誠得當也。佳耦既妃，尚祈示知。昨右兄抵省，頻相晤言，關事仍復爾爾，今年所派外公亦甚得宜，惟祝稅釐並旺日起有功而已。李遊擊頃已稟辦，計月内當可到煙。其人太拙，恐乏肆應之才，洋操各事，亦須練習。焦氏統帶數年，漸就廢弛，新易一將，或冀少振朝氣耶？右兄言焦三深詆鄙人，以爲易將實係鄙意，弟却不肯不認。蓋以曾統是營而廢弛乃爾，中丞欲加整頓，弟若不稟商易將，更有何策？且亦非越職言事也。右兄言焦三憤甚，云不進省銷差，尤可發笑。天下豈有不散之筵席，區區一差使而戀戀不舍，意將何居？且上司欲整頓而不可得，安用此跋扈將軍爲哉？凡人須自克，試問在賊營執戈時始念何曾即此？瞻前顧後，亦當廢然思返矣。李遊擊此來接統該營必有轇轕。焦三係下臺人，可忍者忍之，可讓者讓之，已屬李遊擊無與争辨。然有萬難將就之處，該遊擊亦不能不稟院請示也。該遊擊到日，尚望賜之照拂爲禱。梓楨過班可喜，得藥釐一席尤可自顧，遵養時晦，一半年當集資引見到省爲是，晤時乞代候之也。孫玉翁辭館回省，右翁已爲言之，不悟勇斷如是。長途風雪，高年跋涉，殊深馳繫，不識何時可以抵省耳。伯瀛不善處久，亦必不能自容。前日貽次泉書論之詳矣。伯瀛來書每以弟首尾未清，坐此牽綴。弟思交代各事已荷台端鼎力撮合，無他轇轕，惟元和抵款總以將各業變價歸還後任爲妥，稍暇當函託染香始終其事也。然此事亦非與伯瀛相涉，伯瀛本就不繁於鄙人之交代。伯瀛於官事不甚了了，每有過慮之處，弟每接其來書輒作數日惡，如一月十函，直迫入愁城矣。省中局面更非伯瀛所能遥忖，弟閱歷宦場垂二十年，豈尚在邯鄲枕上耶？至好關切，原求直言，若以影響懸擬之詞相勸勉，殊覺解人難索也，便乞代達之，匆匆不及另函矣。手肅復謝，即承捷安，不具。教弟蔭桓頓首。正月十六晚。（己卯[一]正月廿六日到）

（〇五一）

十三

少英二兄先生大人閣下：

望日差還，辱三月六日手教，仰荷垂注懃厚，感何可言。伏惟履繶綏龢，覃祺篤祜，至爲頌慰。弟沛上之行稽留逾月，卧病經旬。會勘壩工，又不能附和原佐之員率改舊制，深慮無以復命。幸自河帥以迄河兵，均以鄙議爲然，頗蒙虛譽。其實在不能改移情形亦已詳達中丞，有目共睹之事，中丞亦甚虛衷也。惟是役賠却二百五十金，且幸手談獲雋，藉資彌補，不然則更累矣。沛上手談别有風味，病中賴以消遣，差次不岑寂耳。望日返省，三台遽移，送舊迎新，了乏佳興。尊齋春事亦復闌珊，可見朋舊惜叙亦非易易也。伯瀛罷館甚是特訝，右翁於其罷也則温語款留，乃未及回煙而先下逐客之令，似不可解。此中疑有愧對東家之處。曾函詢右翁，亦未見答，或遥忘之耶？前奉右翁咨催船政煤價，自應咨復，惟連及藹翁，則詞意沓拖。弟間於龔、方兩任之間，弟之待前任與後任之待弟，均在洞鑒中，此時迫於公牘不能不和盤託出，惟須稍暇始能咨復耳。昨右翁又復函催，弟非不能爲官話者，現值中座交替，且緩辦也。練軍易將，聞甚齟齬。右翁貽陳雋丞書，大言炎炎，雋丞無可致答。又以中丞左遷，不便以瑣瑣煩瀆，且慮教

[一] 清光緒五年（1879），下同。

令不能及遠，怏怏置之。然李遊擊之蠢愚，直可憐耳。損惠羊毫佳甚，甚惜拙書不稱耳。率布，即承近安，不具。教弟蔭桓頓首。閏月廿八日。（己卯四月初八日到）

（〇五九）

十四

少英先生二兄大人閣下：

㳂上差還，率復一椾，計邀亮察。伏惟勛履延釐、覃祺納祜，至爲頌禱。省中近事無可告慰，迎新送舊，只益疲勞。比奉福帥檄綜營務，兼辦洋務文案，月薪七十，津貼百金，省寓差足旉衍。博浪之椎誤中副車，殊自笑也。且幸軍事甚簡，洋務亦無甚交涉，設有疑難，訪之司政，或可藉以藏拙耳。福帥昨奉樞寄，知閩撫移節湘中，勤方伯升擢閩嶠，船政煤價一項，如李玉帥在閩，准可代爲擘畫。現在閩局一新，直無從設法耳。尊處有致函藹翁之便，乞代一言。如能由閩銷帳，則藹翁之惠良厚，計藹翁力量亦可辦到，是在鼎言關照耳。弟筋疲力蹶，早在鑒中，即使船政嚴催，亦無從措解。萬一參追，亦莫可如何也。玆更有懇者，舊僕小聾間關來省，無可位置，不得已薦之方伯。方伯復轉薦右翁，想右翁推屋烏之愛當可收用，尚祈賜之玉成，俾免流離無著，則拜惠春噓不特身受已也。練軍李遊擊實不勝任，式帥已撤省，不識何故遲遲不來。昨福帥諭云焦三求爲馮損，然萬難俯允，只可借材津門，已於初二日函請師相撥參游以下之員來東候派云。率泐奉布，即承動定不宣。教弟蔭桓頓首。五月六日。（己卯五月十四到）

（〇六三）

十五

少英二兄先生大人閣下：

七月朔夕水師弁回，帶到四月廿八日惠書，敬紉存注，復以節届重五，辱荷垂廑，無任感悚。伏承履繶延釐，覃祺納祜爲頌。省中局面一新，疲於酬應。前月右翁來此盤桓數日，亦乏清談之趣，以視海天空闊、忘機狎鷗不可同年語也。練軍又易一將，從津門借來，洋隊熟悉，不識人地相宜否耳。其材略勝李絇如萬倍，幸照拂之，當可玉成也。弟供差如舊，無可告慰，秋涼後擬返煙臺。賤眷來省，惟賃廡甚難，一枝之借，如此其棘手，况署補乎？東局殊可憐也。黼文在省經月，相叙承屬云云，自當留意。惟關中與省幾若鄰壘，聲氣契闊，上游無從記憶。如季鶴補缺，盍以銕門遺席，俾黼翁尚與省中通氣，較易爲力，届時幸賜成全之。聞子楨已准調關，甚慰之。近日調關章程稍寬，不致如前之刻矣。《煙臺申報》尊處閱後乞擲交敝寓，彙五日一寄省垣，費神容謝。此承著安，惟祈垂察，不具。教弟桓頓首。七月初二日，歷下。（己卯七月初八日到）

（〇六七）

十六

少英二兄先生大人閣下：

秋間賤眷返省，諸蒙關照，感篆無極。伯兄帶到惠書，彌紉厪注，迢迢千里如在尊齋抵掌時，少慰離别之概。伏惟勛繶春龢、覃祺日楙爲頌。閩廠煤價一項弟已移解來關，並爲書託右翁轉解赴閩，了此魔障。又，耗羨不足，比照臨清一事，前得右兄書嘗轉懇中丞奏咨，並屬幕中照詳代轉，已於封篆日發摺，兹將摺稿寄呈右兄，以便都中招呼。應需店費，弟當照攤耳。此兩事省却無限葛藤，一切均乞照拂爲禱。獻歲發春，樂趣何如？睽違兩地，何時再得謀良覿？言念風度，爲之馳溯不置。藹兄有書來否？聞其在閩辦鹽頗得手也。台端有書致閩，乞代致拳拳爲幸，稍暇當爲書候之。此承歲安，並叩覃祉不具。教弟桓頓首。廿二日。（庚辰[一]新正十三到）

（〇七一）

十七

少英二兄先生大人閣下：

客臈率布一牋，遥敂年喜，臨楮草草，未盡所懷。發春辱惠書，厚承記注。欣悉德門喜氣，嫁娶成圖，台端獨立經營，彌仰長材肆應。他日竹林濟美，宅相徵祥，雅懷尤慰耳。

[一] 清光緒六年（1880）。

右翁前月來詢悉起居，至寬馳繫。次泉自客秋别後，今春始接來函，因知返里一行優遊數月，若不得此次來書，直不知蹤跡。省中之於煙臺亦猶煙臺之視省耳。近想懽聚如前，差强人意。黼文權篆雖非美缺，然較關差爲勝，意必揚袂煙臺重尋舊雨，此樂亦未易多得。翹首尊齋，神爲之往。弟省門疏贅，酬應紛繁，春酒之會，疲於接應。中丞於初三日起節巡河，省中略可少憩，惟朋舊漸稀，談客日少，殊乏意趣耳。家渭易初八受篆，孫玉亭比已到館，道署事簡，玉翁殊相宜也。明日李升之子赴閩重依藹翁，弟爲書託帶，商及蠡測軒二千之款，屬匯交執事轉寄來省。造詞尚非唐突，處處爲藹翁地步，不識見聽否。若如從前之指撥晋捐以塞責，似不出此，公暇幸貽書爲弟一言，則始終拜惠，永無既極矣。手肅布悃，即承近安。伏祈亮察不宣。教弟蔭桓頓首。二月初五日。（二月十七到）

（〇七四）

十八

少英先生二兄大人閣下：

前月玉翁見示手書，備承垂注，猥以心緒冗雜，未及頻敂起居，東望帷幄，至深馳戀。昨李升來，辱惠復，知春間兩函竝邀台察。假筆代晤，聊紓遠懷，伏惟履戩凝釐、覃祺納祜爲頌。哲弟指官山左，人地相宜，近依左右，時承教益，尤不致久滯一官有英俊沈下僚之歎。既佐榷關文案，一切均可學習，各國條約，尤當務之急，幸屬留意及之。時事孔艱，需材良亟，賢從質地之美，正宜及時努力也。弟馬齒日增，記性日絀，比來臨事遠遜侍教之年，蓋時爲之也。省門旅况動用太繁，而署任首尾仍有轇轕。客冬所繳煤價已極喫力，比接右兄書，言所繳内府一款尚有後命，須將實收寄還更换云云。弟念三海工程准收官員賠款，内府本有成案，而户部尚擬塞其漏巵，若歸入南苑工程辦理，户部准駁與否，内府恐無把握。彼此咨商，事所常有，獨無如弟應繳例限八月到期，部章綦嚴，不無焦灼。以去任之官，已交之款，忽罣吏議，於心安乎？記此項曾於交卸時備交四百金，若荷右翁早爲辦繳，則無今日之慮矣。内府收數係去年十二月十九，而部定新章則今年正月廿五日奉准，内府必待彙齊咨部，故礙新章。若就東海關一案單咨部中，當無可詰駁。内府如肯着力，此固順理成章也。即擬歸入南苑工程，亦應辦妥後再换實收，因此項實收原予人以憑據，並非以之咨部案驗者也。内府辦公向不講理，錢到便花，直令經手人作難耳。弟昨復右兄書，請先辦妥後换實收，如不諧，務於六月内見復。已將部案藩咨抄寄右兄，屬商閣下爲鄙人設一免咎之法，因爲期漸迫，幸有本省藩庫代收一層，尚自了利。惟已交過四百，此時又照新章須七百金，是一款而重繳，綿力殊竭蹶耳。若在前年受代日預儲，及此則爲數稍多亦易爲力，此時羅掘，難易天淵矣。究應如何辦法，伏乞見教，無任感禱。内府實收能否作抵并祈示知。弟望後恐有淄濰之行，因直隸派員東來商辦礦務，中丞諭弟同往察看，能辦與否却不可知，然是役諒不免耳。藹兄之項仰承踐約函詢，甚感高誼。弟非萬分拮據決不頻頻瑣瀆，乞轉達藹兄垂諒也。率布，即承夏安，敬候回玉不宣。教弟蔭桓頓首。五月初八日。（五月十日到）

（〇七八）

十九

少英二兄先生大人閣下：

口前交練軍弁兵帶去一函，計邀台覽。伏惟動定咸宜爲頌。弟淄濰之行准廿五日首途，往返總須半月。礦務能辦與否不可得知，然冒暑遄征，風味的不堪設想矣！盈餘闕額事部限綦嚴，部章新定，究應如何辦法，務乞賜籌免咎之法，是所拜禱。弟以去任之官、已交之款，猶有此轇轕，益知仕宦之難也。兹因藕舫分司解蚊子船價來煙，手肅奉布。藕舫近狀甚釁，有望於右翁之惠贈，伏望便中嘘拂。又，傅潞生丁艱，欲援江黼文例留關，弟均已函懇右翁矣。率布，即承近安，不具。教弟桓頓首。五月廿三日。（六月初九到）

（〇八五）

二十

少英先生二兄大人閣下：

比以藕舫分司轉餉之便手布一牋，東路泥濘，不識何時得達台覽。伏惟勛績鴹華、履約篤祜爲頌。弟奉檄偕直隸來員會勘礦産，自淄而濰，暑雨載馳，於初二日抵濰縣。本可三日了事，又爲雨阻，不悉初七能返省否。勞熱交并，甚形委頓，殊自愧也。盈餘短征一事拜讀，清單與部文數目兩歧，想外間按衰旺月計算，部中但按月核計，故尔参差耶。細繹部文九百八十餘兩，當係除去免賠六成之外，只就四成中按月計算。弟未見四年報銷明文，亦未蒙右翁函知，衹是暗中摸索。現照部定新章解繳，弟應繳幾何？伏祈查示。應如何繳解？尤望示知。若照部文之數，弟未免偏枯，然照本關稟定衰旺月章程，則部中無案，礙難聲叙。右翁短征之款部限尚寬，尚宜從緩以待内府轉圜。弟則八月到限，七月内必須辦妥，因此罣議殊非所甘。而省中距關太遠，大雨時郵筒遲滯，良用焦灼。右翁函屬寄還内府實收，已交藕舫帶呈，計到煙臺總在望前。而内府能否代辦，部文能否七月到東，亦復茫無把握。弟勘礦事竣恐有天津之役，甚期此事辦竣，庶乎方寸稍安。究應如何辦法以免部議，務祈見示，并乞函交子箴轉託水師營專差帶省，庶無遲滯。弟十五前後儘返省也。津門之行，中丞必促，弟能婉辭以緩固佳，否，亦只可冒暑前去，且俟返省再定耳。手肅奉懇，即承近安不備。教弟蔭桓頓首，六月初五晚，濰縣行次。致譚頌三一函乞飭送爲幸。

次泉兄均此致候。（六月十三到）　（〇八七）

二十一

少英二兄先生大人閣下：

差次濰縣，率布一椾寄謙益豐轉達簽室，不識已邀垂察否？頃竹庭刺史來，辱六月九日惠書并示部友復萊怡司馬信，謹聆種切。此項賠款不能歸入南苑工程，鄙言不幸而中。現部友又復設法呈請農部咨查内府，此舉較南苑工程爲得法。内府已收之款不能不認，特農部將來亦只照實銀作收款耳，未必准予繳一免三也。至云『不必急辦措交，儘可再候機緣』自係要義。惟弟所缺不及一年，今年八月即已到限，若如右翁，自以緩繳爲是。弟嚴限將屆，雖不甚愛惜之功名，亦不願輕於一擲也。部章已詳查，數數有可延緩之處，弟亦何樂爲此？前日函商右翁就近解司，請右翁將前交之項發還，并將任内應繳之二百五十二兩并寄至省，弟准七月望後措解。如右翁別有雅意，弟自顧考成，亦不得不由省中設法措繳。曾與藩台商定，前日并懇中丞承諭，司詳到日即予咨部。頃右翁書言『由萊怡函託部友設法，如部議果嚴，即須在户部交納，亦由前途代爲辦理；倘部議無甚緊要，而各關均無遵新章辦者，仍可從緩』云云，此右翁未接弟六月望後之函，亦未見崇方伯轉行部文耳。各關皆實缺，所短總逾千，爲數既巨，爲限愈寬，自應從容商辦。此事一二年後必有善法，特目前新章甫出，驟難轉圜耳。至謂部議，弟具文無足深慮。弟曾見原任泲寧牧王幼石以漕米處分，前費令張伯瑞以鹽引不足額處分，當時均不經意，及部議到東，幼石費九牛二虎之力，花却萬餘金始得瓦全，張伯瑞則數年猶未開復，部議輕重未可以意推之。弟並非戀此一官，動生畏葸，但以已交之款横罣吏議，誠非所堪。所有函商右翁就近解司之處，伏乞鼎言贊成，俾早了此葛藤，則感沐宏施益無既極矣。手肅奉懇，即承暑安，並頌閫中膝下曼福。敬候回玉，不宣。教弟蔭桓頓首。六月廿六日。（七月十七到）

（〇九二）

二十二

……六月廿六日汪竹……手教並……當即布復，託汪庚生帶呈左右。六月廿九日復奉十四日惠書，知前布兩牋并蒙垂察，承示四年常税銷案，彌紉雅愛。此時萊怡兄想已辦妥，何日部文可以到東，乞示悉也。現在匆匆籌防，酷暑周旋，幾無暇晷，私事亦難兼顧，惟乞台端鼎力成全，俾免罣議，是所感禱……近安。蔭桓頓首，七月六日……進署拜會，均乞查。又，新聞紙僅閲至初七日，以後有到者并祈遇便寄示爲感。手肅，即承近安，不

具。教弟桓再頓首。初六日。（庚辰[二]七月十七到）（〇九八）

二十三

少英二兄先生大人閣下：

七月晦子貞來，奉到十九日惠書，仰荷成全，莫名感篆。《申報》收覽，續有至者尚祈便中寄示也。盈餘賠款一事，前日中丞詢及……由後任解屢有延……部文來催……處分不……預爲之地，宜速具稟候咨，以免罣議等因，當將現辦情形稟報矣。計此時右翁總以解到，或不至歧誤也。此案一誤於南苑之希冀，再誤於徘徊觀望，直以鄙人不甚愛惜之微秩，供辦事者之騰挪游戲，天下無此情理。限期已迫，弟欲就近解司，又以不便核計爲詞。昨得右翁七月廿七日書，尚無上兑之信，又云此事向無部文達外，思之悚然。兹將錫菊泉送解部文呈覽，可知避禍之念人有同情，弟固庸闇，豈錫菊泉久任秋會亦復隨俗浮沈哉？檢閱七月十三日接萊怡來函，亦言匯銀至京，准七月内由部清交。而七月廿七日尚無上兑確期，令人焦悶。由省至煙往返函亦動須兩旬，而自奉新章至今仍無辦結之信，限期已近，吏議綦嚴，豈宜遊戲？弟非戀此一官，特以已交之款費如許波折，爲之焦灼耳。中丞接到此件部文，始爲弟着急。弟亦因是而有戒心。此事萊怡究竟已辦否？固中。至謂遵章解繳爲誤大局，直以他人考成爲各圖自便之計，作遲遲無甚益處。南苑之不能辦，新章之不能違，鄙言不幸而設身處地，當難恝然。素承關愛，尚望援手，并祈將萊怡實在情形示知。弟何負於萊怡？區區數百金，直費如許轇轕。造物所忌者巧，山水亦有相逢，何膜視若此哉？今日所謂誤大局者，其自東海發端否乎？事理如此，豈口舌所能争耶？右翁銷案已辦竣兩起，而此款尚煩憂慮，直非意料所及耳。弟賦性愚憨，言之不文，尚乞有以見教，無任叩禱。手布，即承秋安。敬候回玉，諸祈鑒亮不莊。教弟蔭桓頓首。八月十二晚，敬餘。（八月廿二到）

（一〇一）

[二] 清光緒六年（1880）。

二十四

少英二兄先生大人閣下：

煙臺于役，重挹芝標。荷舊雨之隆情，繹歲寒之妙諦，飲和食德，何日可忘？況值道履違和，重累容接，別逾三稔，懽若平時。行李匆匆，頓忘乏困。承惠佳筆，一再試墨，較前製爲優，續有購存，幸再見賜。所懇轉託老介福爲製綿衣袴，省中亦有縫匠能造，可作罷論也。頻得右翁書，言清恙已痊，但須避風，刻已早占勿藥。獻歲發春，不無酬應，幸善珍衛也。次泉竟擷榮成，亦殊可喜，只是缺苦，距省太遠，幸道旁之李，嗜者無人，可以從容爲政耳。心泉失鹿，亦無足惜，班次頂補，終非池中物，苟有機遇，當爲之力，但視運氣何如耳。黼文近爲長山島諸人匿名揭帖在院署大堂柱上，陳巡捕永剛揭之以示積子餘，子餘轉示弟，當屬封寄黼文，俾知猛省。仍望台端諄切告誡之。黼文私累甚重，方冀上游調劑，何堪遇此傾軋之事？萬一再有言者，上游不能不撤。如查而後撤，尚有皂白，若遽行摘任，豈堪設想哉？黼文於團練保甲一事未能領會上游之意，頗事鋪張，天下事有善改而不能逕情直遂者，此類是也。西貝仍係面交却非心許，此中亦須稍事結納。其前因岡嵛涂次誤遇靖海而不招呼，靖海深怪之，謂其倚幫辦爲同鄉故爲睥睨，自係深文周內之言。弟曾託小樵爲之解鈴，并告黼文，俾期修好。而黼文性情，往往人言未竟，議論遽生，弟坐是不能盡言。蓋靖海之於中峰實有交誼，弟等尚須防範。黼文雞肋，能飽老拳耶？轉令事煩，方能盡如人意。然要緊之地，要緊之人，不可不留意耳。執事愛黼文最切，幸轉誡之也。蓬萊一席疊遇大差，若能無咎無譽便有佳境，不必焦急，亦不必過於要好，轉生意外枝節。此承歲安並鳴謝悃，惟祈亮察，不宣。教弟蔭桓頓首。臘月初六日。

令親季常、令弟閬園兩兄均此致候。（十二月十二到）

（一〇七）

二十五

少英二兄先生大人閣下：

日前布復一椾，計邀台覽。昨狄謁堂來省，詢悉勛履綏和，覃第康泰，甚慰之。弟春來忙甚，酬應已繁，又值豚兒出痘，焦灼萬分，幸順症勿藥而癒，皆賴家渭易醫調之力，擬製一紫紗蟒袍餽之。另單呈請代託老介福，總以四月十五以前寄到省垣便妥也。前月以中丞行疾，冒雪進署，冀相攔阻，詎言之不效。而同事方作四君詠，偶爾攘督，負却千四百緡，重傷已甚。越日即分別償之。迨朔日復聚，弟所得較前已倍，自朔日至二十日截止，已逾《道德經》一部。乃廿四日忽奉帥檄，權運使篆，於是諸君遂不名一錢，僅戴樹人於廿三日交到二百千，若遲一日，并此而漂矣。前後合算，尚缺孟津諸侯之數，雖非差强人意，聊以自娱而已。現定明日巳時接篆，眷屬仍寓園中，因署齋驟難騰挪，似此暫局，亦不樂數數移家耳。蜀中近有捷報，頃復爲執事索花翎，如稚帥能踐言，當再報命。又，心泉補缺已得十九，因德州倅高君有買駁之説，二者必居一，甚爲心泉慶。能撥冗來省一行尤周迎，不來亦無關要緊，請語心翁酌之。次泉已履新，甚慰之。紫藤軒風水何佳也！省事詳右兄函中，不再覼縷。即承近安，敬頌覃祉。伏候垂察，不宣。教弟蔭桓頓首。二月廿六日。（三月初一到）

（一一四）

二十六

少英二兄先生大人閣下：

三月十六、廿五兩辱惠牋，并承代購亮紗袍褂料，均拜悉。合之客冬棉子襖絝共卌兩零，前單記不清楚，如不甹，再行續找，以清該號之帳。此項即託唐重庵就近交江黼文轉送介弟寄滬可耳。台從榮銓在即，自應命駕入都。三月分缺單浙江一缺遠近相宜，不識缺分何如耳。前次手示寫案保奬，須在四年以前，曾於日前周敏卿返蜀之便稟達稚帥，聽之自然而已。執事鴻逵既占，東海銷算之席介弟能否蟬聯？甚念之。次泉既去，心田補缺在近，閣下又須出山，關内并無熟手，甚爲右兄慮也。京寓何處？便望示知。弟交替總在四月，然仍須撥解京餉，餉差可帶信也。又，絳紗織蟒仍擬定織兩件，容另託介弟轉致老介福，未便重累清神也。狄靄堂調萊之札已下，日内可以旋煙，此函即託其代帶。近因祈雨，一日步禱兩次，署中仍難謝客，冗雜不可言。匆匆率復，即承銓安，惟祈朗鑒，不具。教弟蔭桓頓首。三月廿四日。敬餘。（一一八）

二十七

少英二兄先生大人閣下：

曩託狄靄堂帶去一書，翌日閲《邸報》，欣悉榮銓斯席，宓琴應節，潘花曜春，引睇德輝，無任欣躍。續得右兄書，知台從已返煙臺，暑天少憩，并得料量積年經手各事，從此强臺直上，龕赭蒙福，豈特交游光寵已哉？浙中吏治近復蒸蒸日上，譚中丞勞怨自任，庫儲頗有實際。惟浙中士氣不馴，未易水乳耳。榮發有期，尚希示悉也。靄翁前此過沛尚在留發之時，天氣太熱，得信亦遲，未及往迓。靄翁以書來並贈詩四首，頗有故人之思。弟專并迓之齊河，舊雨之往迎者亦復濟濟。靄翁約以出都相過，如得南中之缺，自必道出稷門，萬一西行，不知何時相遇耳。弟權運恰兩月，共得六千一百三十八金，署中開銷外，存不及半，幸差使不脱節，庶可補苴。不然，間居之賦實難爲詠也。令弟在關勤事有年，能步武台端否？竊爲右翁計，亦難其人。右翁當善自爲謀，無待瞽言之瀆也。次泉稟求卸任，上游頗難其替，不得已舉梓貞以應，不識梓貞肯就否？如不厭清貧，更得右翁一言，便可爲次泉作换骨丹也。心泉部費幾許？部文何時可到？明年掄應總運，如秋冬履任，便可趕及，時哉不可失也。洋關保案，弟附請兩人，已函託右翁，將來奉准後應點綴部費否？尚祈查示。又李益齋兄來省，見示内友所詢圩臺消案，云係執事所屬交者，第部費幾何，益齋未竟所言，適來他客，以後亦未與益齋遇，此中爲費若干，内間示稿，抑由外將稿先行寄閲然後詳辦？台端如有成議并求密示。此事弟刻思辦結，無如上游不肯籌款，自顧亦無餘力，徒深焦灼耳。然内間既有辦法，倘有一綫之機，亦必努力了之，毋貽他日之累也。練軍營房案，中丞已核奏矣，餘詳右兄函中，不再覼縷。損惠佳筆，惜無臨池之暇，不能爲尺幅以誌別。擬作畫一幀奉寄，聊抒扳轅卧轍之意云爾。率布，即承升安，不具。教弟蔭桓頓首。七月初一日。（七月十九到）

（一二三）

二十八

少英二兄先生大人閣下：

十二日桐岡來，辱手書。情詞斐美，眷注懃拳。昔謝太傅與親友別，胸中常作數日惡，况久承雅教，公私切至者哉？貴治建德，水驛通衢，明年皇華絡繹，供帳固繁，郵遞當速，尚可時通音問也。屏當就緒，祖鞭宜著，彼中風會亦須在省小住庶可領略。縱不汲汲履新，然早到總有裨益，幸酌之。月初託倪聽秋帶去一函，當蒙亮察。迢迢惜別，異地同情。比得靄翁都下來書，猶有綈袍之意。舊交不忘，甚盛德也。洋關保案仰荷鼎言，得附爰驥，甚幸！甚幸！銜名已寄右翁，秋間當能核辦，拜惠益無涯涘矣。桐岡處報到任仍調關差，今晨已求准，方伯當屬桐岡投文矣。梓貞代次泉之任，上游爲地擇人，誠不得已，梓貞似宜來省一行，兼辦甄別，便可易代爲署。昨已爲書復之，請其自定也。率復，即承升安，不具。教弟蔭桓頓首。七月望日。（七月廿八到）

（一二九）

二十九

少英二兄先生大人閣下：

十八日得初九惠書，仰承垂注，感篆無極。從者暫歸珂里，九月望後回煙料量清楚，挈眷履新，甚善甚善。圩臺報銷刻里辦結，無如費無所出，只可受之以需，而店友非可靠不能託辦。誠如尊論，且俟上游籌發有項再爲設法也。洋獎已詳，今日得右翁所示詳稿，切實之至，傅相當能照辦。內店酉州，弟亦諄託右翁，不爲苟異轉纍全局也。心田部文頻爲凝聘，前此桐岡來省，謂其不愿出運，有老氏知足之義，心竊訝之，仍屬桐岡函促其早催部覆。此在七月時，事及今，恐無及矣！姑叩之方伯，再奉復也。海關長差已爲人所招毒，安坐而補缺，忌者可知。叙補後又不遽來，必候總運到期而後抵省，雖爲清釐旅食所滯，而局外人恐不相諒也。靄翁頻有書來，昨復其一書，交摺弁帶京，而行鑣已發，刻想峭帆南下，執事晤之蘇、滬，較得當也。弟比以迎新送舊疲茶不堪，又值家舅氏外艱開缺，公私均須代籌，益形況瘁。任中丞幸相洽，差使仍舊，旅食有資，差堪告慰而已。手肅，即承秋安，不具。教弟蔭桓頓首。八月廿一晚。

（一三二）

三十

少英先生二兄大人閣下：

十六日子箴來，辱惠書。知台從已返東海，并於滬上得晤藹兄，南北往還迅速，他日臨民親職，合上神君之頌也。猥以弟分巡皖南，重承奬勖，聲實過情，良滋恧耳。蕪關之弊百倍之眾，稅額二十三萬，當稅之權自上操之，委員悉用本省，皆奉撫憲遣來聽候差委，六月一換，誰復肯效實力？此亦有釐金關係，粵商包徵，此中恐多漏巵。粵商爲誰亦不得悉，歲銷幾許抑復茫然，便中幸代詢德盛以得梗概，乞示知也。該關以木排爲大宗，向係關道親驗。恭聲翁或月一驗，或半月一驗，遂至木客久候江干，加以苛罰，商民交怨，或由於此。昨周小棠京兆服闋入都，道經東境，貽中丞書，言蕪關留滯客船輒八九日，屬弟一除其弊。極思有以整頓，而中間隔膜如是，竊慮精神思力運不進去，抵任後如何情形，當詳求指誨。弟奉文至今約將兩月，中丞諭留並未具疏行止，仍裕如也。擬廿五日赴保易一謁傅相，將海防經手各事詳言之，炮臺銷案此其切者。此役始末惟傅相尚鑒憐賠累耳。銷費恐須自籌，擬稟商傅相後回東，與中丞議定隨後再辦。尊論關愛之至，感不可言。台端究於何時赴浙？弟昨始爲貴同鄉兩人（念仔從弟、開軒乃郎）函託雋帥，擬候執事到日爲之諄託。但願旌麾早發，此行鴻毛遇順，直在意中耳。日來檢點行裝，幾無暇晷，加以寒疾偶感，尚未霍然，諸形叢脞。十八日已令賤眷先發，由沛寧登舟候於袁浦，弟計冬月杪准到清江也。以後賜書可寄清江周漕帥署轉交，當不致誤。弟年内可抵安慶，擬明春二月履任徽寧，密邇貴治，音問易通，雋帥之函弟必切實，可請放懷遣去，跂聽賢聲而已。雋帥有舊幕黄德齋，官名仁政。改官州同分發東省。向在敝處辦文案，今年筱帥到任，因同列有不愜帥意者，遂并撤之，後亦向弟追悔，有另爲設指之諭。德齋有用之才，弟勸其赴浙仍尋舊壘，德齋以家眷累重，不樂他適，全鎮台爲薦之右翁，如蒙咨調，誠可助一臂。人亦誠實可靠，乞晤右翁代言之，濟否聽其命運可耳。雋帥究於何時履任？尊處得准信，仍望示知。弟約計到清江時當有暇爲書與之也，至好不便倩書記代繕，又不能率尔操觚，故遲遲耳。率復，即承升安，預賀任喜，諸惟垂察不宣。教弟蔭桓頓首。十月廿三日倚裝。（十一月初七到）（一三六）

三十一

少英先生二兄大人閣下：

春仲手復一書寄東海，坿竹報遞杭，此時當邀亮察。頃辱大教，丹東赫然，讀之慚汗，幸勿再施也。二月有友人赴浙，曾上中丞書，述及台端倜儻美才，久佐令叔關幕，及藹仁與弟頻年倚重之處，雋帥負知人鑒，當不以鄙言爲謬，然亦未接環章。特，弟前求照拂之徐、李兩君亦荷青目矣。兹奉來恉，尚慮青蠅之擾，自是慎密之道。上游好察，亦其本性，此間微聞有過於認真者，擬婉勸之。至執事居東，了無訛議，從前李絢如接帶練軍，不終其局，頗怨次泉，絶無一言及閣下。現在絢如在浙帶勇，此君質實，斷非簧鼓一流，暇時試與往還，當知鄙言之不謬。來示不汲汲到任，尤徵高致。能緩俟秋闈告竣，可省迎送使者之繁，容再爲書稟商可耳。弟已於二月廿一日移家入署，辦事稍便。前任交代，昨甫携貲來關，代墊出欠，可謂踴躍，迨聞左相有言，遂尔汲汲。至於積弊之深，殆非三兩月所能洞悉，容再奉白。即承升安，敬璧謙版，不宣。教弟蔭桓頓首。四月朔日。（壬午[一]四月初九到）（一四四）

[一] 清光緒八年（1882）。

三十二

少英先生二兄大人閣下：

頃奉手書，祗悉履新伊始，備著賢勞，欽佩奚似！并承惠袍褂料一稱，發篋拜登，感篆隆情，匪言可喻。敬維履祉秋清，升華日琳。播循聲於三善，陟寵眷於九重。引企吉暉，定符私頌。弟蕪關承乏，穀狀毫無，幸壹是粗安，差可告紓遠念。今年水潦爲災比比皆是，皖中潛太英蛟患尤爲酷烈，濱江一帶潰決亦多，蕪湖之麻浦圩亦決。集夫購料，尅日堵塞竣工，事後補苴，幸已蕆事，就中保全者亦獲十之三四，知關廑注，并以奉聞。尊處被水情形亦復相似，但民情風尚當有異同。地方官自以爲經營較道府尤爲得力，是在神君之勇毅耳。來書憂讒畏（機）［譏］，足徵戒慎之學。容函達雋帥，當爲消釋也。專此鳴謝，敬請升安，謹璧謙版，諸惟澄照，不具。

教弟蔭桓頓首。（一五〇）

三十三

少英二兄先生大人閣下：

睽違塵教，匆匆三年，每當艱難支絀時，輒思舊雨。頻辱嘉貺，感篆彌切。鄰暉近接，驛遞遲徊，以後通問轉託滬上老介福當較迅捷，乞台端致與一言。并弟有託購衣物，亦煩該號，悉由敝署帳房與之往來，可乎？此間亦值水患，情形緩於尊處，而被災甚廣。敝署即枕江邊，倚江隄爲障。六月初間，江水日漲，弟治隄周歷低處距水僅六七寸許。嘗告蕪湖令設法培築，蕪令以『隄民各有身家，應知自顧』爲對。續奉中丞五里百排札飭屬護隄，又促該令赴隄察看，該令以相驗命案辭，閱三日始將圩圖送閱，尃衍而已。六月望後連吹東北風，狂飆鼓浪，竟於十九晚將江隄漫決，聞之焦悶。當另派員購料堵塞，幸已竣事。現又爲當牛之局，悉索得四千金，貴同鄉周裁王觀察來此助振，亦撥二千元，擬措萬元收當。千牛業於初四日開局，此事極煩瑣，不知如何了局，良切憂慮。蕪事百倍於煙而百不適手，蕪令好展才而但顧面子，尚不及福山二陳。皖政又事事不顧根本，弟情形又生澀，益形煩重。至關税之蕭索，更不待言。斯席終歲計之不敵煙臺三分之一，而亦謂之關道，抑何迂也？隽帥殷殷求治而好察太甚，民之情僞終未盡知，坐是受累，弟曩居東時曾婉諷之，其於鄙人尚垂青目，容當再爲執事進言。竊念履新以後即值水荒，而台端見義之勇，弟所深佩，意必有相得益彰之雅。比日荒政何如，乞示及以慰拳拳。賜書希勿加版，轉致見外，切懇！切懇！次泉、心泉久無音問，梓楨情誼如故，尊處常通信否？手布，即承勛安，敬叩閤中膝下曼福。諸惟朗照，不具。教弟桓再頓首。七月廿二日。（八月初五到）（一五四）

三十四

少英二兄先生大人閣下：

七月九日得惠書，敬悉政興時新，榮問遐鬯，尊恙漸癒，動定如意，甚慰！甚慰！甚慰！弟七月以後便血大發，委頓至今。近服舍親李仲約藥方，血已止而元氣未復，此數日間静養杜門，如再不能支柱，只可乞假調治也。浙省西湖藕粉[治]便血甚佳，行篋所携已罄，便乞代購一簍，要真正無攙雜者。寄福興潤轉交爲荷。屬件已如指照繕，乞閱後粘封妥送。内有醇邸服案數紙，并乞飭書記照繕白摺付入函内，其原紙即存尊齋，因抄寫太劣，殊不成樣，轉呈鎮帥自以抄摺爲雅飭也。但不宜傳布於外，恐登申滬報耳。切懇！切懇！餘容續布。即承升安。敬望謙版後勿再施，且免大封套，遞寄較便。統祈朗照，不宣。教弟張蔭桓頓首。七月十四日。（庚寅[一]七月廿四到）（一六〇）

三十五

少英二兄先生大人閣下：

頻奉惠書，未及縷復，悵歉無似。比惟政清民和，起居曼福爲頌。藹兄去年有書來，知曾訪琴堂，懽聯舊雨，惜鄙人匏繫春明，不獲同領麈談。如之罘陳跡，緬懷風變，益切馳思。承示擬蠲兹繁劇，超邁班聯，固仕宦應有之義。特念妙年

[一] 清光緒十六年（1890）。

爲政，百凡就理，榮問遐邇，見重上游，顧欲舍實缺而作冗官，甚非計也。需次况味，弟領略十四年，誠有不堪迴首者，竊不願良朋舊好作此無俚之事。即以風塵鞅掌爲嫌，亦非竟年如是。聽訟之暇，隨時頤養。覘閭閻之和氣，聆田野之歡聲，其樂正自不少。若夫積資計俸，則升轉亦在意中，强於省門聽鼓多矣。芻蕘之言，尚祈採納。弟年來幸轉兩階，兼權儀部，聖恩優渥，誠非夢想所敢期。惟年矢日催，老態百出，逐日馳驅，極形委頓，加以譯署煩難之事，尤覺蚊力負山。内子客秋病殁，里中賤眷未能全來，京寓只一妾，然兩邊籌顧却甚是不易易，只可隨遇安之耳。藹兄僅復銜翎，刻無出山之信，良爲蒼生惜此才也。去年沿江教案紛起，焦煩萬狀。逾夏徂冬，近始稍有伏案之暇，乘張舜卿南來之便率布數行。張舜卿鑒别書畫古董甚精，特來江浙購求，惟人地生疏，尚乞賜之指導。如其需款，望酌借千金，若所購無成，即不累廉泉矣。借過數目即便示知，敬當措還。因張舜卿旅行携貲不便，弟已於滬上代措二千金，特杭州左近弟無人可託，敢以煩執事，幸鑒諒也。手肅，敬承勛安，并叩覃祉，諸惟朗察不宣。教弟張蔭桓頓首。十月十二日。（一六三）

龔易圖致劉毓森書札

（清）龔易圖 著　董馥榮 整理

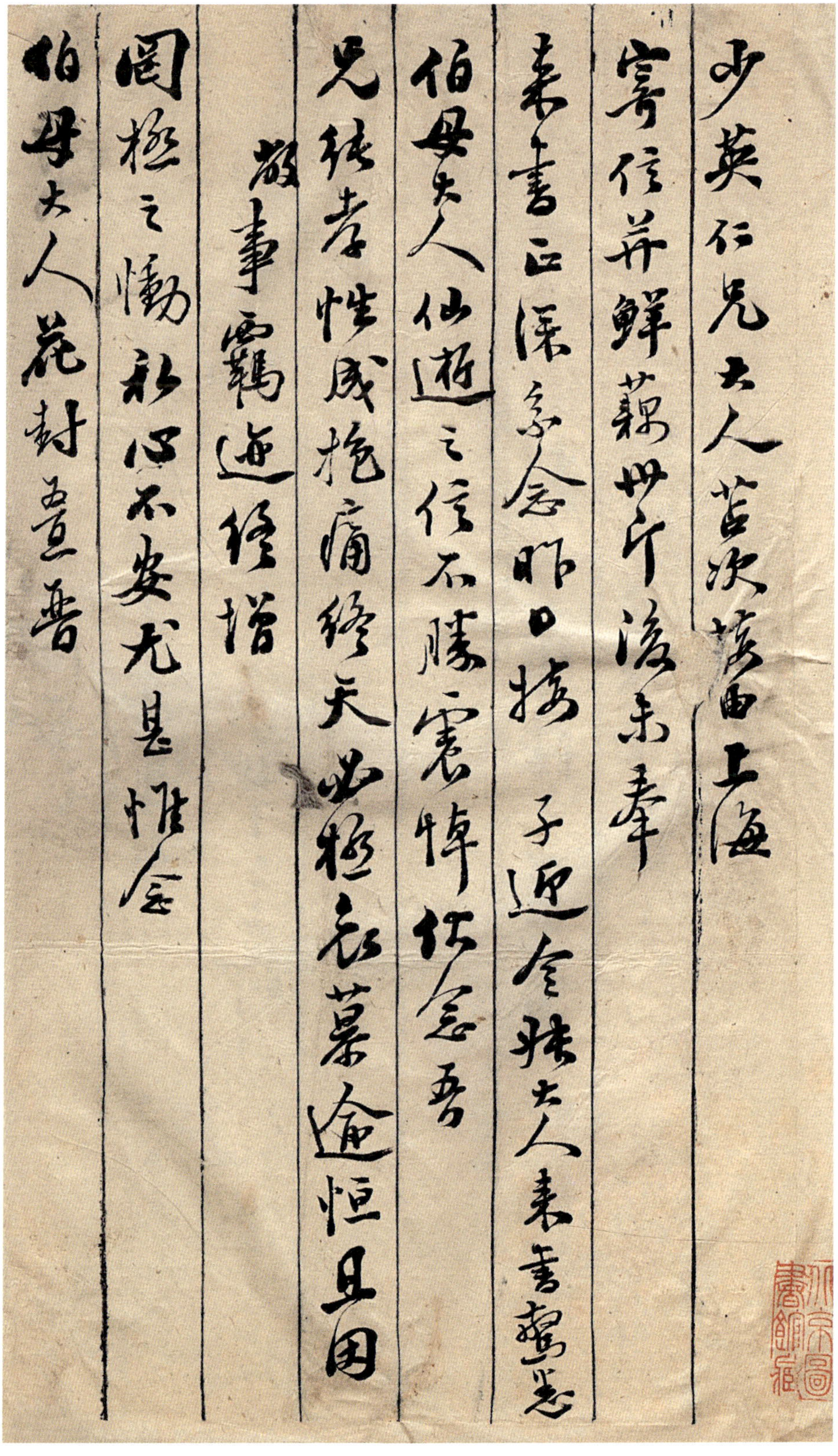

少英仁兄大人：昨次接函上海
寄信並鮮藕卅斤，後承奉
來書，正深係念。昨日接 子迈令孫大人來書，驚悉
伯母大人仙遊之信，不勝震悼。緬念吾
兄純孝性成，搶痛終天，必極哀慕。遙惟且因
敬事羈遲，經營
圖極之慟，於心不安，尤甚。惟念
伯母大人花封五豈晉

蔭壽福增已無遺憾矣

節哀順變勉抑孝思是所切禱弟未能躬

親奠祝謹具菲儀四十金聊助執紼之役

尚乞

賜鑒

兄從不勝慚赧 叔家諸事如常稅務較去

年尚為暢旺至舍弟業已门 見田烟搬

九月初十日趙以[illegible]

承代購軍火已託陳醫生，此時當已妥協。昨接范
兄增來信，亦採及印當代辦，惟黃年青閣已不來
兄處，待修船運家計累
妥實（第八輪船已宜來細明書可）。至家閣之三千一項，
來示云七月十日已由海龍寄閣，接閣中七月廿來信，為
承採及兄處七月廣龍印交電為之
通告莆泰厚，一有回信即行寄下為盼。託買船
物現寄

兄以緣不佳，購與不購均無關緊要，即甘和州贖屋可

不急之如是。

兄到蕪向舊署查詢舍弟居處，或能會面，即交與

舍弟。自來此，舍弟尚未到蕪，亦可不候，請專係

分攜到日，面商可也。今妹還須告之，令交此外之

洋隊報銷錄款五千有餘，院批尚未下，然亦可

不發。批示即行寄還。恨此時欲受銀件料理無

人專存。

敬事四時方能兩三支應此項不須言

兄到日方能撥發　應留為此

御達　今特先人為奉　應有病勢仍不能減而日請

甚深丹崖省地六之辣手未行外有寄閩銀

信一封乞查

兄撥館新議事已五批發先局即寄閩省為奉白逢

尤難當也

兄大事之際萬不應延緩奉讀　惟道遠寄信不易

恨不能不逐件言及，乞
見原。至桃花扇事均發，而後再行送布。省
中閱 令妹之
篤重陽後必來，盼望之深，不啻望請。如
大事已畢，務望早賜覆一函，以紓想念之之。讀書
希賜即請 館祥。孫玉翁信中不贅
禮祺不一 星弟龍頓首 考 八月十二日
令妹大人前祈代請安，容即布復
重九月花到齋

西英仁兄大人閣下：初十日接初三日
手書，敬悉
振祉綏豪，慰如心頌。不忘此行，仍望逍遥風
瑞出示外孝
天
祐平安，善事事行。弟萬搭蒙
年清行日可行，不然不能再逗風不冬
有期矣
即示為盛示
示軍火各件，粗火藥既須另求穩妥託子

素隨後購買矣。其來福棕每杆皆在五兩

以内，經在上次發看過，如可用，即爲購下，不必帶

樣也。其餘諸物購便否？均須交彩雲船帶回

爲要。桿板火藥價尚不昂，即統物不新鮮，直鄉須另

購。自以另購爲是，即據直鄉經買亦好，如舊

物不能耐久，殊無益也。即價稍昂，亦不妨。望

酌之。中途所要大炮廿九尊及來福鎗棕七千四百

餘杆，目

尊處後即發信，即示價值。順頌　來書統前

槍炮二項只出價銀八千兩，若則以上無能籌此
款。無項可以再添項得
不必需價七萬七千兩，而槍為不在內。則此多排雜
出境。說聞者有歛賠之說，則彼此爭價定不能
賤矣。八千之價恐定能再加，即乞
子玉翁送兩扇，扇想已收到，乞代謝
捐事將此實情照告子嘉翁，如能照八千之價，槍
炮二項統歸目之議，即酌給定此價若干為定
如不能，即作罷論可也。大約八千之價無可再
減商量，或實不能照價，將洋槍少買數百杆

作另一千杆廿九尊炮（作二十二尊）陳去數尊者（無架）新歸作
以千之價或可再商若加價恐無此力耳願
吾弟茲細商見示為幸　偉弟藉此之行如能
至雲事信秋雲船即將四東亦可同來為啓
楨事須日赴常相　潛庵一切妥祈令妹不
要之項吴瑞庭有信來已照准仍帶代來
足見以後足園之項尚足
代弟諦定足見懷澤行雖小吃虧總為要者
亦不可絶此行欸也　若叢也由行負寄到此事即請
亦如不足弟易圖另　不必詢矣
偉人弟於何如此　初七日已刻
有南溪康之常三四斤　來可另交去

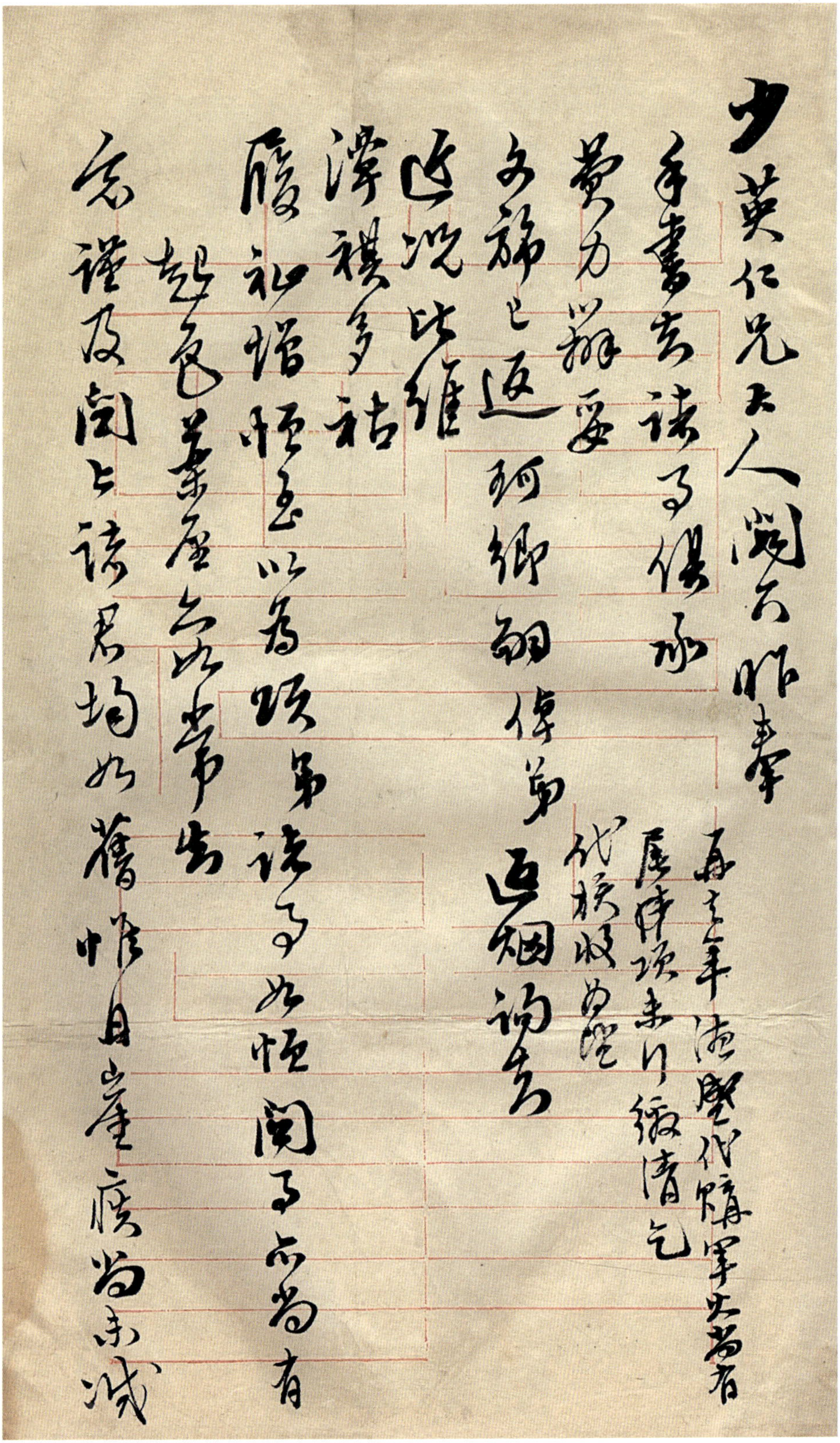

又廣東船已到日本尚無經紀也
崇絢閣堅兩甚急迄竟何如
譚府即可多收首項　子白金株苦乞
此說道意不設以廣作之價廣閩並東不能接濟
替而款金極不長也軍火之件亦
訂購為謝以火藥船運假貨自往閩不日即可二議
昨接子嘉來信云
報事詳以西姻各與每年拿給之困未妥
未及放出亦究應採買各項及以火藥之價共
何若乎
又粗火藥　子嘉實探子來詢尚可用已擬定購五
千觔矣　又子嘉云鉛條子二萬粒已向外洋去購來

賴事已付若干，望乞
單內有無此項，弟已記憶不清，均請
代爲查示可也。
詳細示及。其項應否由炯先付，抑仍歸
賴子一手經理之處，即乞
示知，以便行俾免紛歧。茲已特告　子嘉所有一切償
銀均歸
賴子就近料理，如須另項亦祈
從到自行料理，與吉遠計，此日特
果於何日可以
另禱爾將此指示，望賜切催，宏有布，即請
未來，祈深照昭一
台安。不具。愚弟龔易圖頓首，七月初八日
再，賴子來乞將芸蘇何鐵線何種料，帶齊寄來
爲望。

癸巳七月廿日到

少巽仁兄大人閣下：昨寄寸緘，諒早
入照。刻下
台旆計已過蘇，已抵滬否？滬上有無
耽擱？急盼
惠書也。敝處諸事如常，官報已請康來
告，部議如何，得詳悉有報尚未出
偃

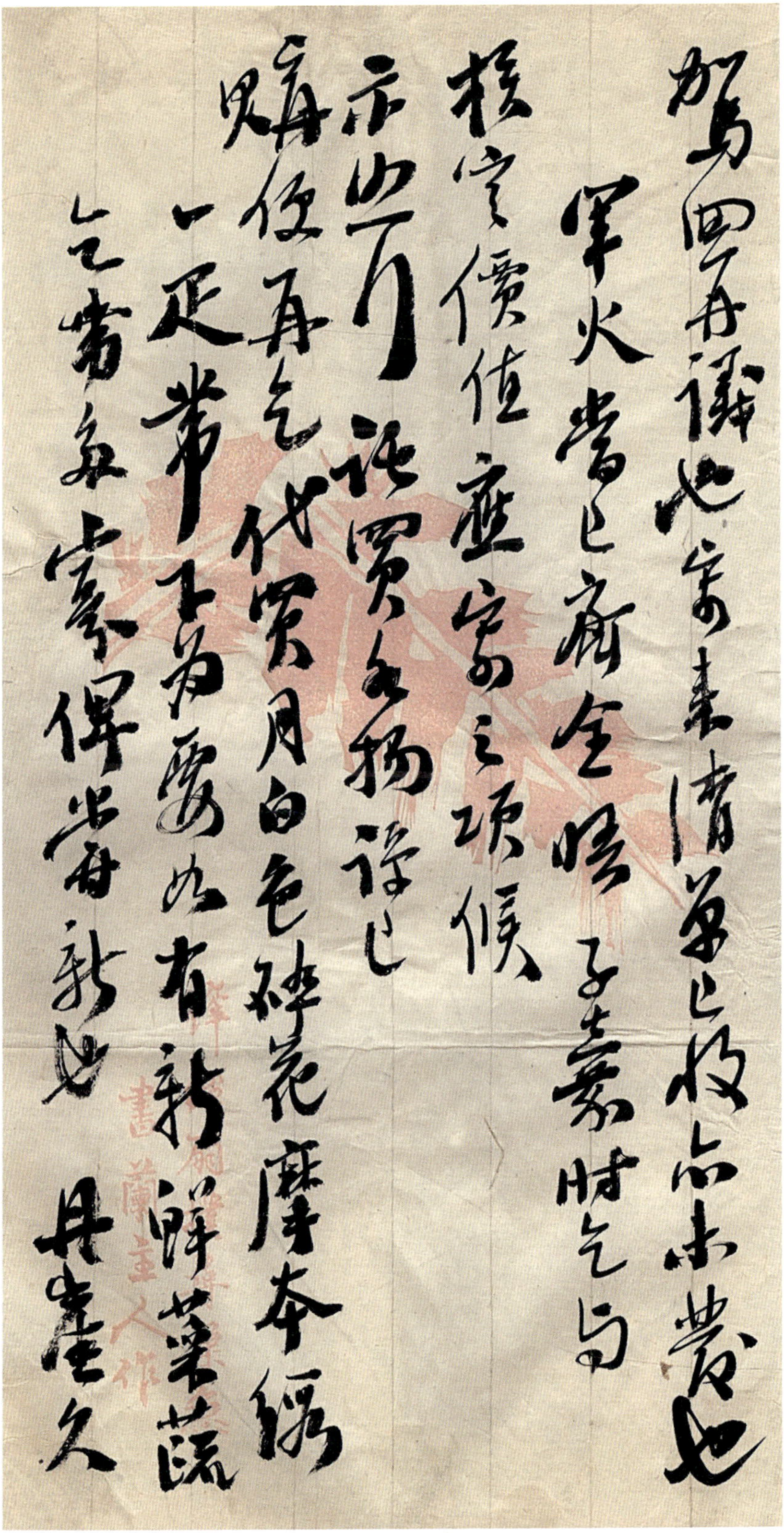

病未全愈當發日意甚沈重刻下又稍
瘥將來恐盼
文雅早出也將面匯送之此佈隱
頤請
大安不具　弟闓生頓首
七月廿日
癸亥肖月初七函帶

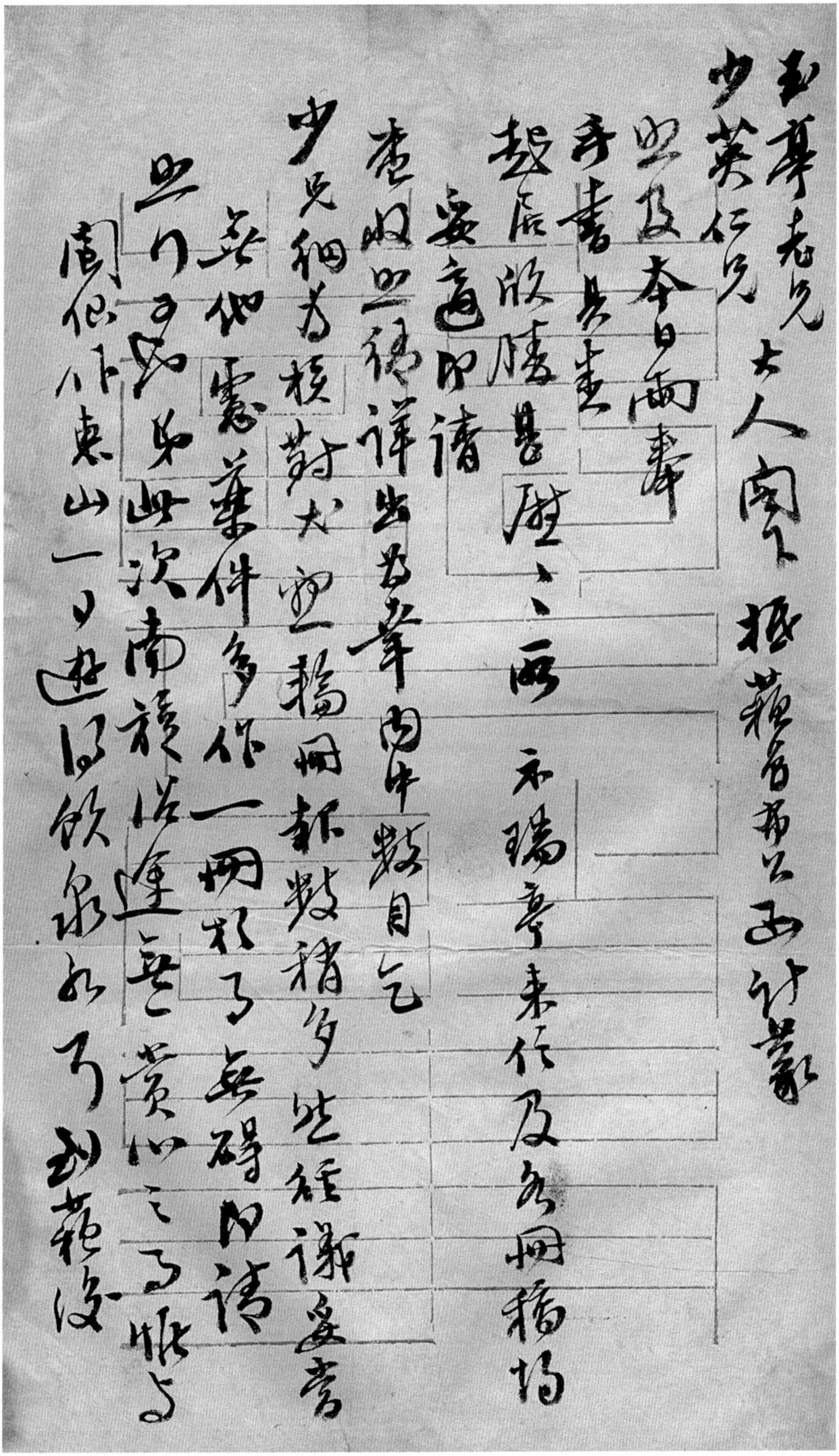

雙親精健甚好，終在烟台為適，西南中無要為
俗閑，少年無足嬉遊者，歸與蘭姪及
秋文將為鴻歸，惟說糕又多，有生活作
者亦仍放其所，燒脂甚耐勞，水土亦慣，惟
頗怕熱人，故北地為苦耳。承
賜書慷慨，孫兒嘉謝，諸君子未及適，敢乞
代候朱子楨，實軍與記，時一書已將到，時已
被言未易識，彌大林，所實慷二收到，原非
此書已閱。弟到即是，時宗子行曾言，飛仙家
代覓緣，當接應也，特告之。弟 延烟不出八月

及時再催之。籌畫可如鄉和之項，如實到乞存
柒香處吳瑞彥之項內如
少兄所說分兩次寄去之，其免稅及各項徑到廠
後再核示，兩不負之也。去年免稅如數以致兌
照據四條上，小嘗正月可補報，每寄計樵兄
照出門解再布，即請
大安。弟易圖頓首　四月十日廠望苑寄印
諸惟朗照。此來另
柒香處來函另補之。再，乞老六及早催收四萬兩矣。
偉廣
貴八外四閩弟外即造四個外計議來之，其在此已收到矣及

丁丑四月廿六日到

樸齋吾兄先生致意遲者
少晦當印東棧

玉符
少葉兩兄大人台覽敬奉
手書奉承
垂念殷殷至感之　惟甫壽逾伯大人向為悵然數
日來後得諸公料理去年又經之胸空奉
之葉以購攻後再歸時日當屬致稿館招錯
協以出賣、
神為我葉屋　郭後甚有吳瑞亭亦不甚也
長以常兩到　郭後所見如何吧
得信即示非接　寓時家林書去之招呼計不已
化政也免稅不撤多亦兩年為擺遠　樸齋兄

前議之數皆按根兄書似不以前議兩數為念以
弟多執則反歸也一不如兩免根兄之意殊可
感也代謝之續亦又稍益粹已停止之款宗或
有遺失不知弟自常四服路煤價此時可不必發
弟嘗向其提調安商俟弟回任再定其糧歷
文奉送此根兄不爾不可耕告服路仍弟任內
之事乞其就近定取予如何續則俟弟出再議
服路稍緩不必注意也弟上奉去亦脫弟有栈與
根兄相商者未得其回書似以暫省贅續贅為
是也弟已贈之二尊其價甚廉可定贈上宗　已為代

上年報官僅四个月，至一廿餘有奇，只初中必挑剔以與
楫先計之，意則只為楫先一人之時之累也。或請先與部中
識明方略，巡撫秋帆制軍商榷有定，能否旬日捐
一日是一日也。某巡撫亦為其人甚難，只以本不勝任，吳恩
諄諄亦見過，恐尚不足差使，如實個補缺之到任亦
一如該府征秋及保置五數場憲，小弟屬任甚煩，除
皆出在家，又無所事，雖不可離所許之項，先將數內移
一半與十弟，康公兄既所南之等來付，小弟陶素可請
梁翁代為自出為要。（送）底本家至於家之項，即歸梁先
代收，請梁先將所收所用之數寫一單來，備老弟
薦弟自到家甫一日，即出各縣招指某某，全以為諸

人已年計共收捐十八萬餘，并外間所收計者共約百萬，
外米十許萬石，息賬在御所派不下萬餘人，現已告
竣。請為之設家神祠享觀，粤中亦列御史奏
參者九人，陳徵夫郎志遠亦為若計，個中此時尚覺得
辛雖不堪問，此思以后將起事，亦將淡脱身退為
先代立四世始祖祠，并設西湖書院，俾視祠墓，
七月一月請為可了，責令僅兩月，月底時亦滿，即
以來，甚為趁東進至，一月當照而如在個之時，每
飯不能已家，到家即逢賬務，近賬已定，子思
外出且其勢必不能不出，此哉天遣道之行也。張

想當琅邪不興何道，不理來年無後羅實現與
營道所議於此行。弟身體健，和往年十倍，風
霜勞苦而至於野趣，三放方知絶不覺累，奔馳
數千里亦未受一日風寒，惟亦天然護衛，俾平安
無
慮。僑及弟一人先行，家屬候來春再定。計文錢
丹郎、滄泉、子楨、以田、楷脱、克齋諸兄，未來統遍
候，望代致念。蘭文有致棧時乞
代送，郎況為奉，聊請　季鶴
均安，不具。弟易圖頓首。七月十九日三鼓燈下作
小石謙齋處望代致出，以便轉交。已作循良，初矣。

再閲省賬，務總請准捐實職（道府四缺）兩個，以前若是
補及領收各種執照之類，所捐折數亦不能省。
相母題一併此案，後奉文借項已存
抑歸津案，兌畏由甚賤。再去行
懷仁章來職，言明壬申
再從前賬內有代墊支費、海防經費三百兩，
此款乃牛兄已還，如未還則仍補撥乞
少兄一查舊案為禱。

丁丑六月廿六日到，來代議，書七月也

玉亭老兄大人閣下敬奉
少英仁兄
手書正承
念為感暑熱已退計
文祉綏和為頌界茶已四俱出淮甚難殊以為慮
常稅銷售已集前後當已妥貼免稅如駁書為
有文書來如不來則不駁矣本年完案遲為
是范正平之相本自廿言作古殊出意外殊堪為
存六千之準分文未提本票亦未動也

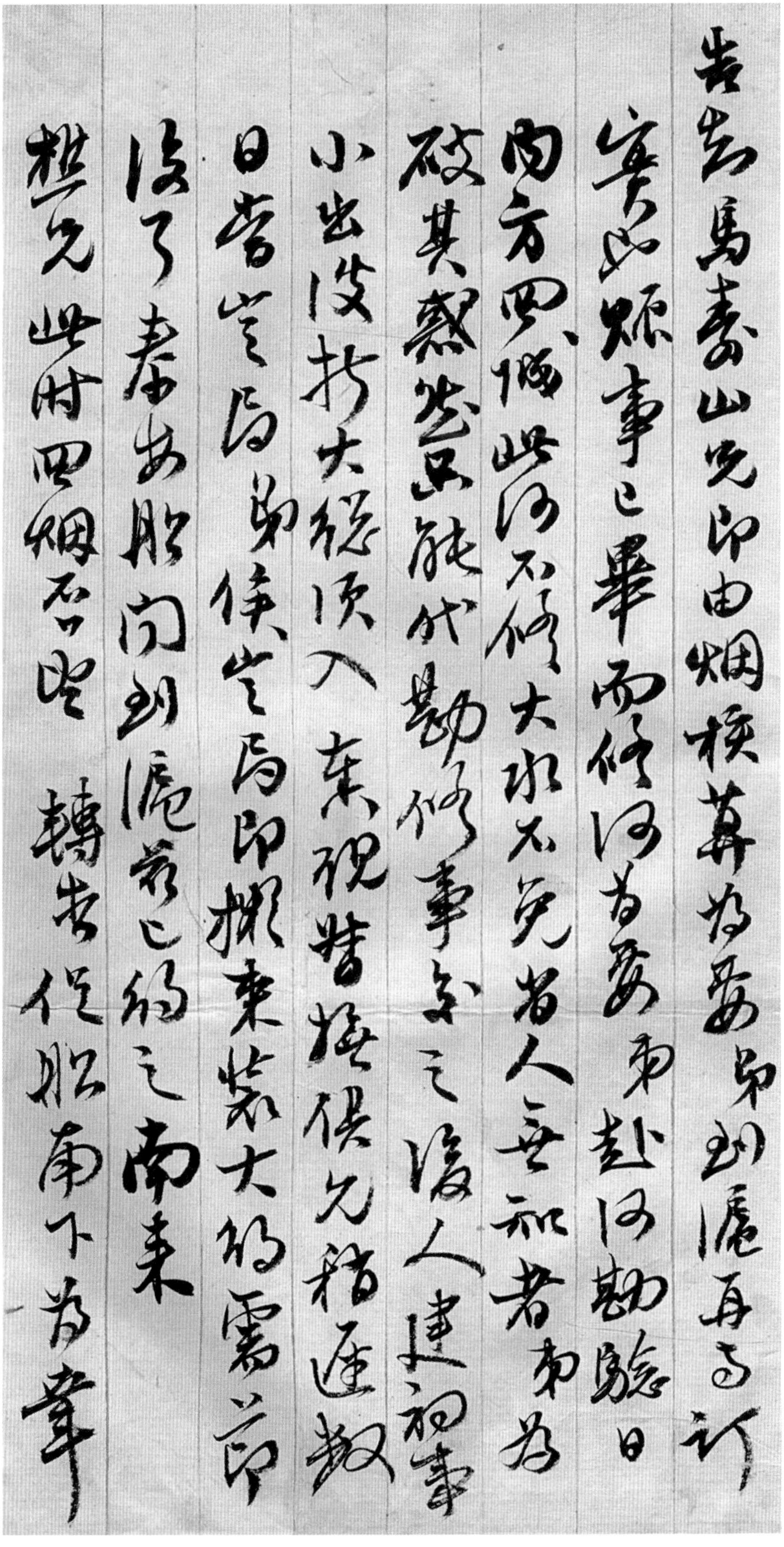

告知馬壽山兄即由烟棧尋伊安郎到滬再函訂
實此煩事已畢而僕須有要事赴漢聽總日
內方四機此須不待大概不見省人無知者亦為
破其惑然只能代勘係事之後人建視事
小出波折大總須入東視精擬俱允精速辦
日昔之局即使之局即擬東緊大約需節
後了奉安船問到滬前已約之南來
想兄此時四烟否望　轉告從船南下為幸

由子厚將及月以不能令來弟嘗得了外家
三個月租事未了一件白為人作搭電些數千
萬安民或不無少補如兩河能成則極安未能
亦為此何不應矣茲累得到底未俱是在烟
無此味莫得嘗如準常上八舍弟因家妹去
病觀先赴藉以一對未能到烟矣能俟相日面
談想要來另擬以在省可請以來行均未及
復之財念即請
大安不具　弟易順鼎頓首　初日

丁丑四月初九日到

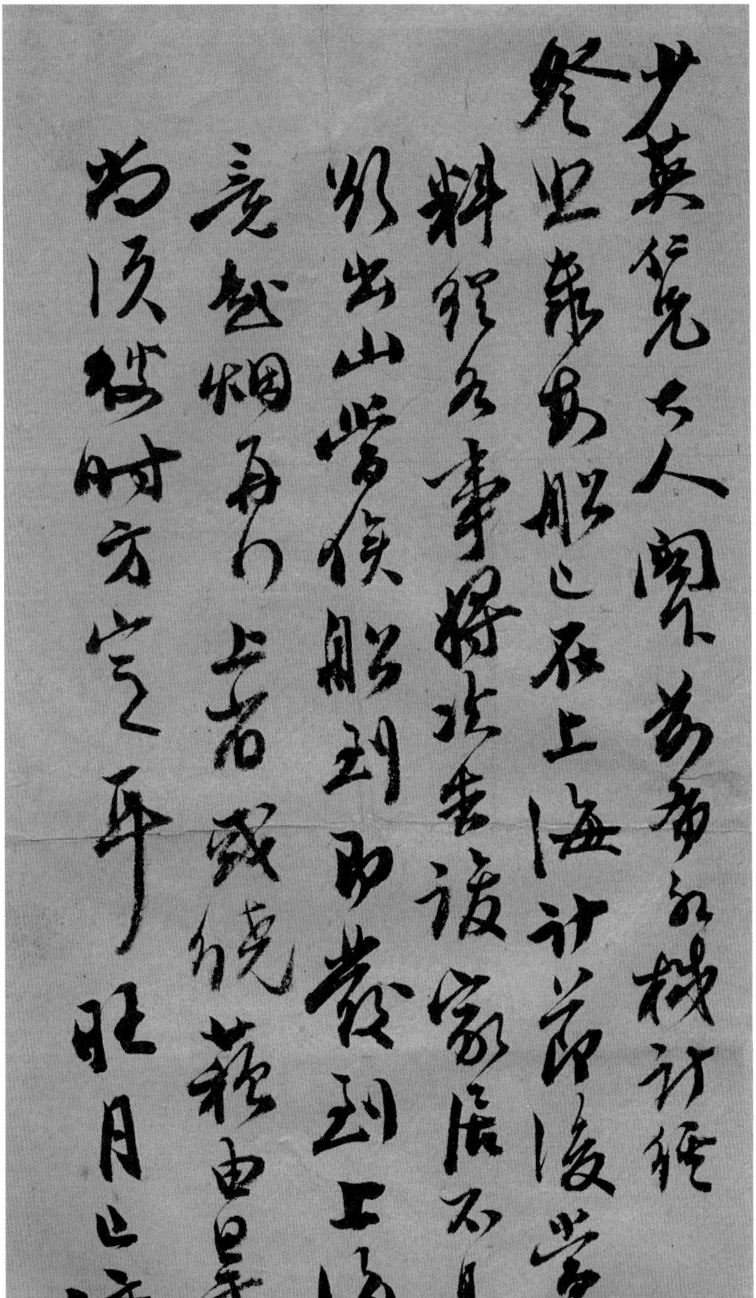

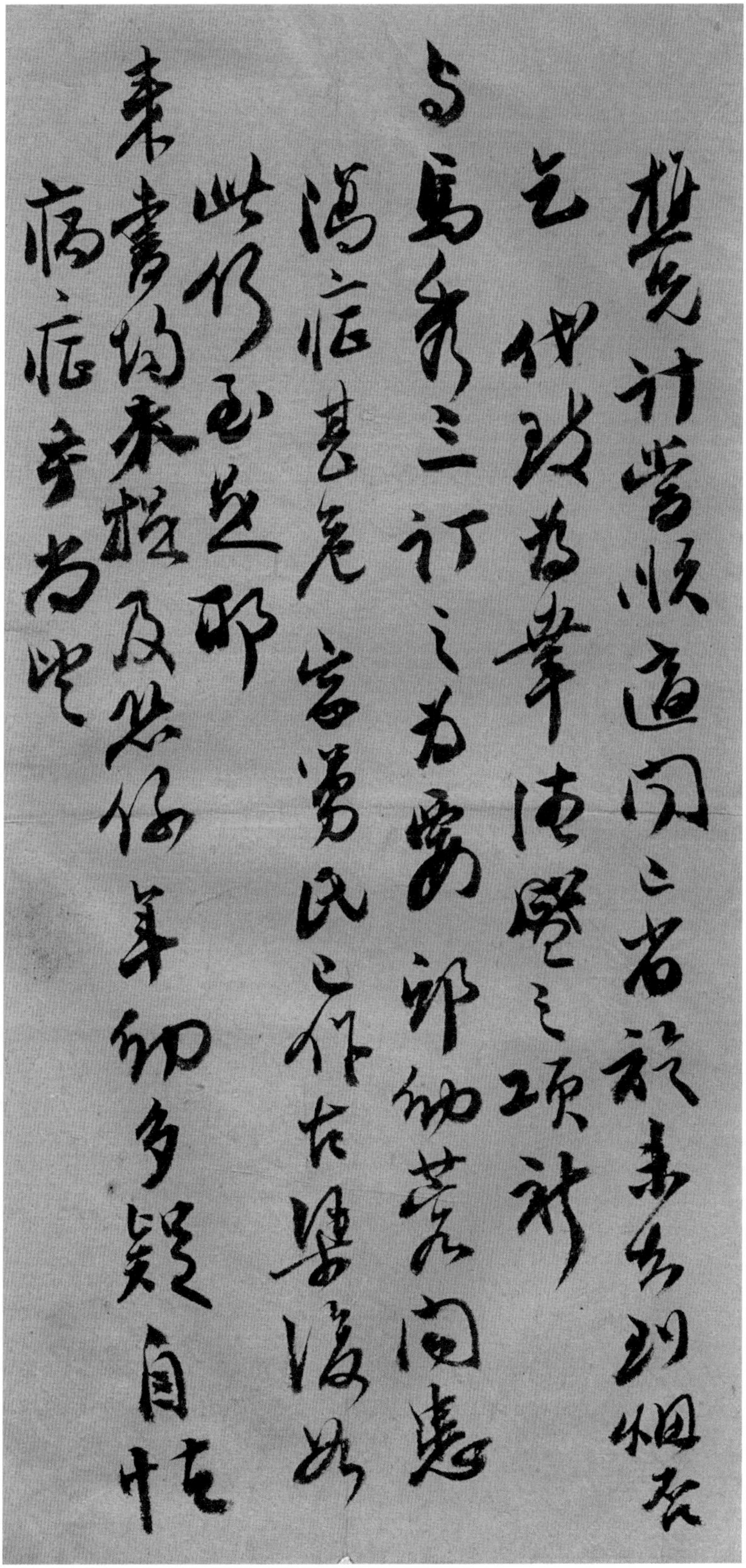

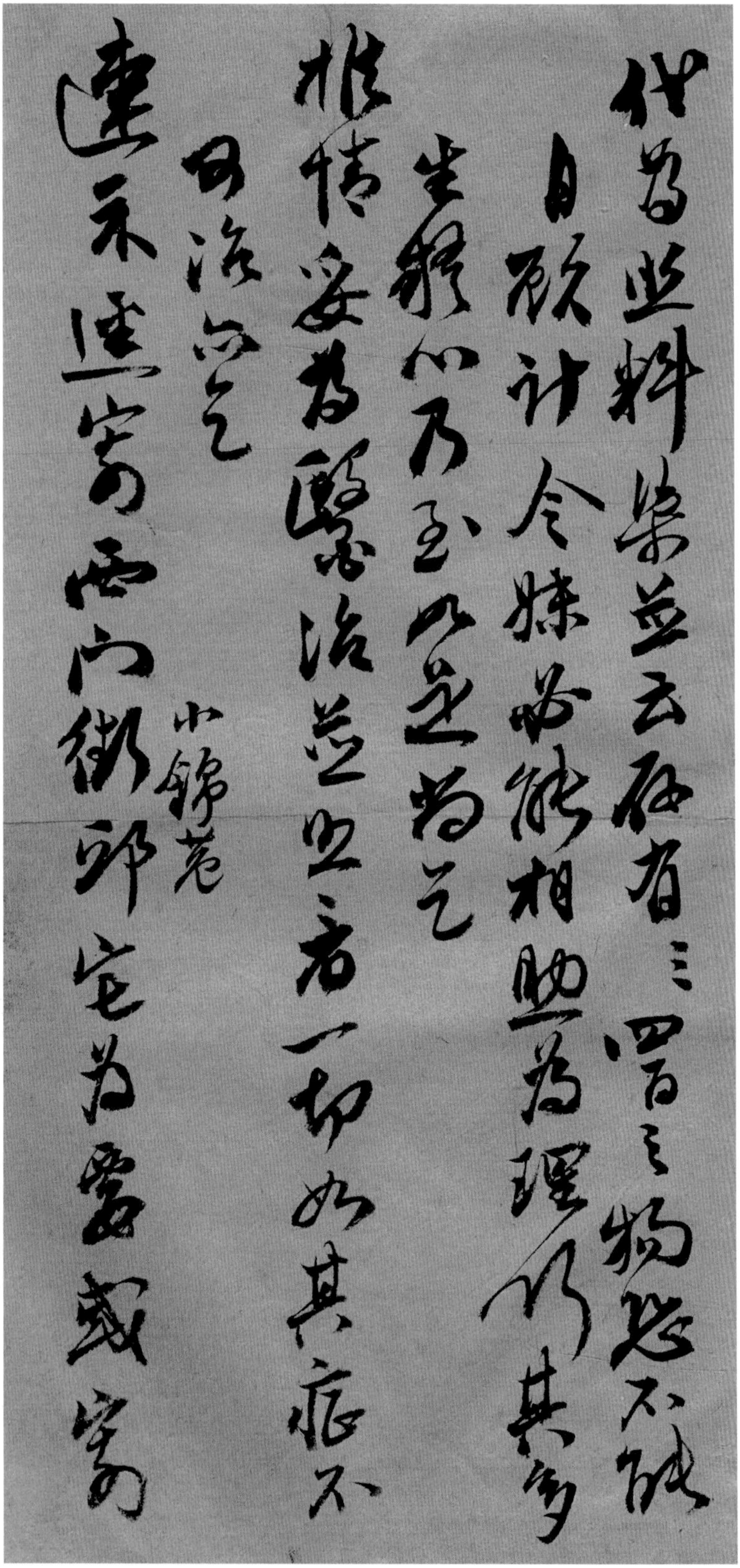
代爲照料，渠並云存有三四百之物，恐不能
自顧，計令妹必能相助照爲理，仍其多
坐待以乃至此是爲之
非情安爲繫治思之者一切如其症不
日後宜之
連來速寄西門御部宅爲要，或寄
小錦范

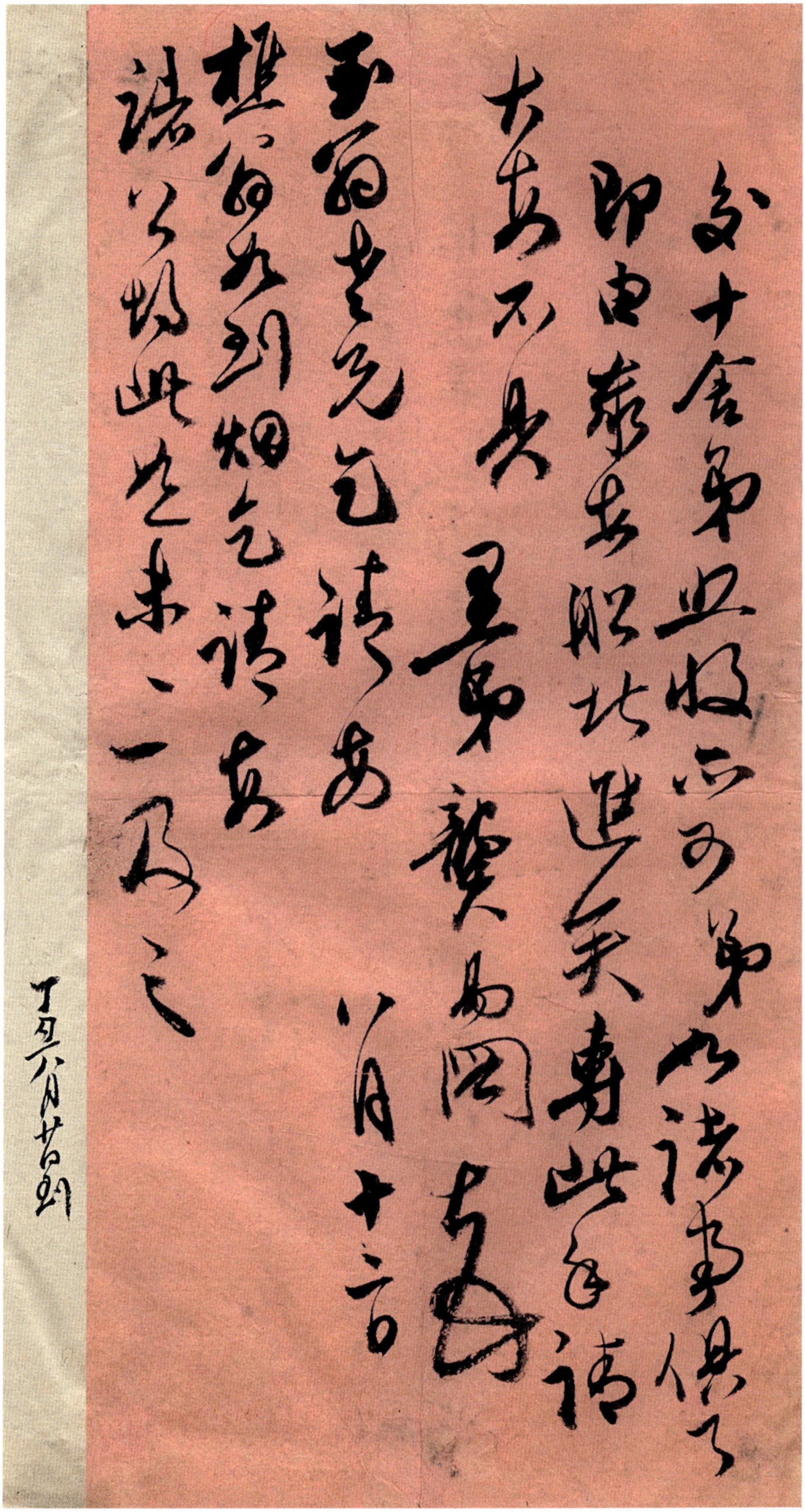

少荃
玉亭仁兄大人閣下：前奉
篠香
書，曾布寸函，計蒙
惠覽。弟原擬八月節後即發，計十月當可相晤。
頃奉來函，不意濟陽之事，以案制竟復行疏
旨飭各省照例，未能照章，照刻而疏上背
遂不能行，以是未取所刻。東撫係
旨後，曾遣相商，而部文尚未來，疏留之案亦未回。仍
不久行，只得遽飭各省矣。弟當之屆所費
甚大，然不敢久居歷城，至十一月亦必飭送北上。我兄

中過年致潘弟過年去函二月中旬回了納業
病稍得
少兄來書具陳少年羸疾殊不可解者宗筆述悉
不作御補劇可被當照後之請乞
以示為錄法壓之項承
病去山嵩不至误第迅見需款另可撥逕即將
指字寄上行密送閩為便並照
奉示當即集指照為
代取也
梁兄家所存各賬已收所項仍照

代存福興利銀，有父來者，存款年內如能歸還，亦壽
家中措還取償耳。
一詢弟近日為家鄉開礦案之利，所費甚鉅，如此之
款可以將田印寄人往取，諒之。
詢示知。至筆之又閣
其兄將中收根交，示福興存款僅有一千，則未收者共
計若干，並乞　又童存居兄交來備五千兩，祥記存款代為照撥，伊自有信託寄也。
交來前朱喜四烟莊給集等之銀另開一單，乞即
照撥並筆復為詢之。當能代還，使中堂將田烟為
詳示之。兄既謂弟所印諒　同寓諸公均此致意。
專此不具。手足弟□頓首　九月廿二日

亞森棣同年
大兄賜梅 县生
閣下覆讀疑之不議至鈍乞與 茉悵之謝八原稿案
上計 衆兄要存項常之數也 東梅依文當來到弟
日來與 閣者大宴乞行歸有兄意當依之到即
發銀當不至乞月矣年梅存藉在席供到廿兩方
定來尚屆兩年月之數首將近向尚乞
便不能有十弟幫項乞 衆兄與少都計三十弟共存項
若干乞 閣下即請
均安 弟易再拜 廿五日

丁丑十月廿五日到

少英仁兄大人閣下昨晤來接手

雨書具悉一一弟廿九由閩開船初十到滬得鄉報知兒調藩七

年以來深承

蔭助極賴

臣指亟擬就近得以撥暇乃不速包在仰地

先倚纏惦之甚

先長年碩畫海閩中無能媲鳥其上者後任方伯爾因年友

人極忠樸結庭在會時弟亦得閩了晤先並將人才所宜

亦晤先之計書

見委為所保類者當不鮮此必能更結構相落為望

相為贊助至舉之藩真任地雖為兩利權已能弟亦不願位

所指之所存項此次歸宗又生三萬餘金以之生息 不都所費並
甚等項此次擬十萬向者利息甚薄田產等次不及三厘年來彩
撥又生菓錄所賸之業並百餘萬過八千值者此中又時去八折扣
刻下所入之息不足抵所用之需此故無嚴須賠亦明顯瞭
然之際如此情形為
兄者代為經理俾議為後如承 閣下指示所以後來指分似地步
先議之 未及畢筆
兵部費隱恨以後人不肯救
煙佛佳之 然其署之位置亦無足為吾
兄顧聯者此外有何事可以生發俾弟必得御記
維護則兄策御望者之 當此後經劃時再為
核正為幸 弟于 相國事尚無轉機 續圖一點以為

賜示已收，領悉。其緊要之件，弟等必上之，為 盛館上捐并邕餘項，先
核明收回。福興堆并渠兄處七千有餘項，均交俸弟帶回可也。贖
回款項，兄與 葉怡商之，歸其一手經理，換市面之謝。
永安數目，再由蘇兄等緊等處至 邕交代，在捐署交俸弟，責兄
號將前項 棣翁去年所當之件，費六千經 家位調停，由洋產都二千，
再由兌稅都二千歸於蒙，再賬當與 棣翁其二千兌計，又承 棣兄允
許如其自能出。八月則統為不算，現計弟之去年兌稅，尚有六千歸
如何與報，統歸 棣兄。弟不過問洋產都之二千。弟亦無不可見得
將此均有合之，且已過八月矣。 棣兄當不計及此矣。又將應付償
第能全項與將應收明[illegible]都數，按作銀數則任可[illegible]
專答，跟邵再歸後作條與 棣兄處要出六兄弟各一[illegible]

[illegible]

少英仁兄大人閣下倏節以當奉寸函謝(?)挂(?)揚(?)以(?)援(?)其

素書具悉

勤一俊(?)綏和為娛者

先宏(?)本要借後任必相悍(?)聯當華(?)勞部之璸(?)屆也

前聞方君正月杪方出京來春(?)言能到烟否屆時

並以情景帶望

示知二華(?)弟諸友在烟常聚

閣下甚殷譚風帆(?)達(?)鄙夷(?)多金為從來所未有閣

報事合(?)家而給之且歐(?)甚家書言(?)親其見

厚德及人以佩(?)悉(?)順(?)風(?)盛(?)弟樹南(?)蔣(?)畧閱其家不

安雅堂兩刪了近復仍以雜作為念某山後作古硯
大閱之不利此元板乃玉函閣讀朱嘉云某有存項二百
金存彼處亦為所欠該僕數年積蓄田且而長人為
在烟無以為活藉署無以色家用某須貴自以辭處
殊為可嘆集云
尊處為有存項可代元秋扣歸來為此該員處抑何
該僕葛藝望文云未承
又弟帶來之銀擄有銀六十兩亦存
伊家該歸辛苦趙集之項六吋
代為追提至感之
執事使喚現兼何倍由
尊處代為設法追索未審為望
賜憐惠為拯救否該僕人當可用之書為盼
憐許收為貴此之又服跡煤油一項想先行來已相許

[illegible]識池

名端印彬信之為荷 二年份賬款請與 葉怡樣定數

目下寄上或由稿與[illegible]下描字領

修印何以了自履弟當到上海閱 迎妹之令弟有諸閱讀

並及之 並葉本日到常當赴 [illegible]雅令妹家謀一

晤而行結 珂鄉並念

款為想見作日悵惘[illegible]之年 素印請

古安不具 世弟[illegible]閱 古安 廿五日丹陽舟中

[illegible]二月初九日到

少荃

玉庭　仁兄大人賜鑒　承　兩心若是久長時又何必朝〻暮〻

棨書

遠役賜函并承　寵信兄台錢賜親誼薦

垂逞臨然業感皆愧感速別政詞而不能[illegible]

作下草根也

北伊頸而已而閉自不能死乃遭逐去故天涯莫續夫復

作言恨此次遷山再出作日起程不許年來

邑田之情把晤無之能無生感口來數事而諸值均

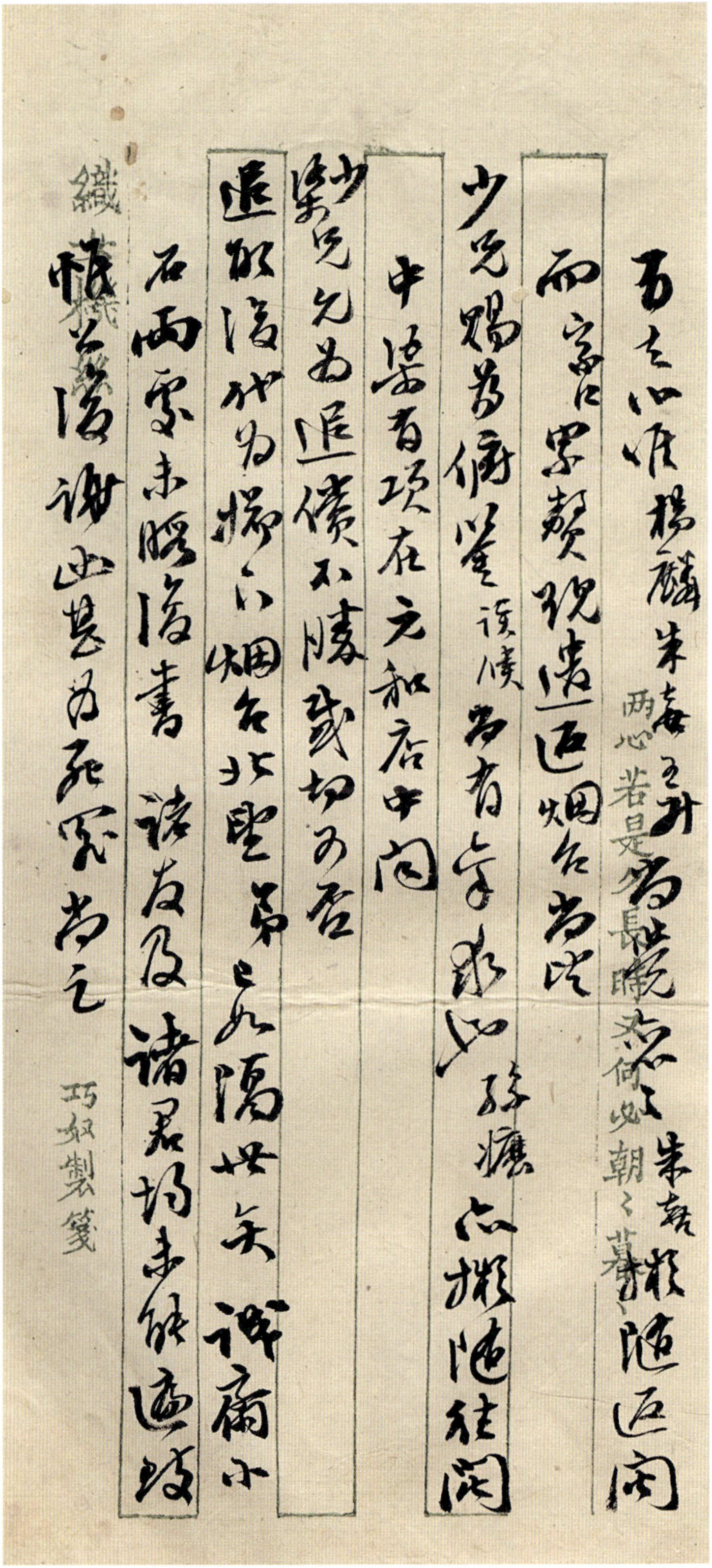
巧叔製箋

伯道兄鑒　前承惠贈兩情若是久長時又何必朝朝暮暮

藍兄伯翁大哉春夏於回茶急未暇多書統悵

新居時賜數行不勝翹企專此謝並頌

大安　弟若菌稽顙　八月廿日

安娃頑皮乞告吾子等有信來云在滬青黃起

川豆令為來相莊不出行校此

織女機絲

巧姐製箋

戊辰六月廿九日

少英仁兄大人閣下　趙興來奉到
手書具悉
緒履綏和爲頌備頌
注念或蔵載途　弟定於初七日接　雲由淅南返
郡書已由海道行矣　垂念
芝款易勝悵悵　承
囑之件　院司兩地均代講託至司房之費議定八元
院房當不過於此　已令楊麟交趙興　與該承面

訂並催趙興卭四帝作速料理計可不悞惟弟不
能親爲代收爲報仄可容好
葉從能訓教鄉試有些束火耶　至前寄及筆
委允卅冊甫小石子仁諸君　喜雲請老子均乞
代致意之至感之　蕭穆與雲弟曾託代購閩本
人參未乞便當寄乞
代爲催促印寄閩省試牘託代購再布即請
從安　制兄弟　龔易圖上言　八月初一日
戊寅八月初十日到

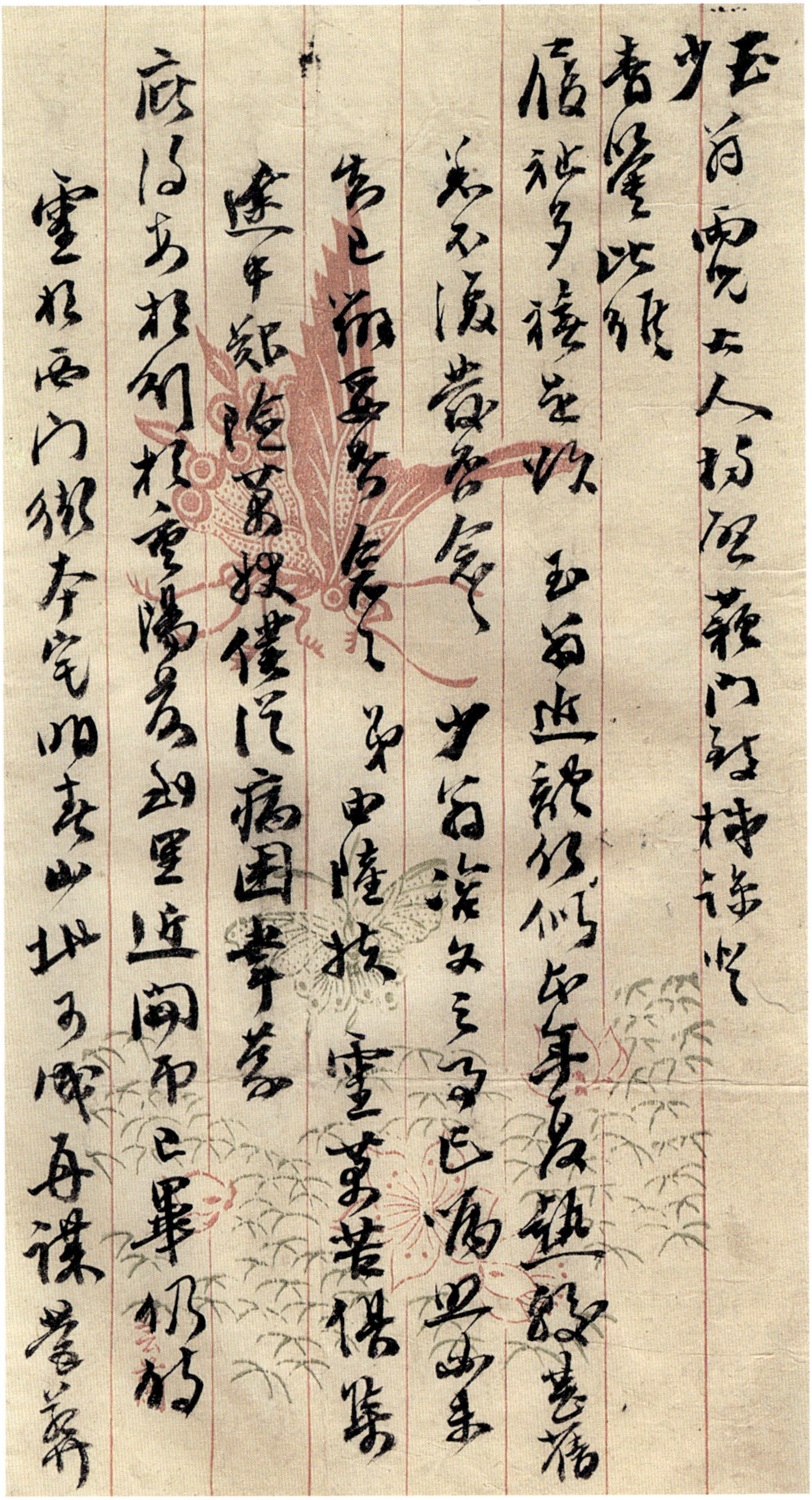

再福省近因楚境報警之案某人指處過甚仍
尚單明之弟出為調停極力邀之去始得脫免
叔解之路仍能安人他多行所遭之不幸也由子
昭人冬禧禮諸赴延年購件已到取了核論
內商賠款郎多已到藩內与太
免俗及　生意　書亡在燭力求薦与　誰肯不得復言乎
一棧去為志
我自從前說及　弟亦不捨此人受俄時仍可晴之再

芸閣

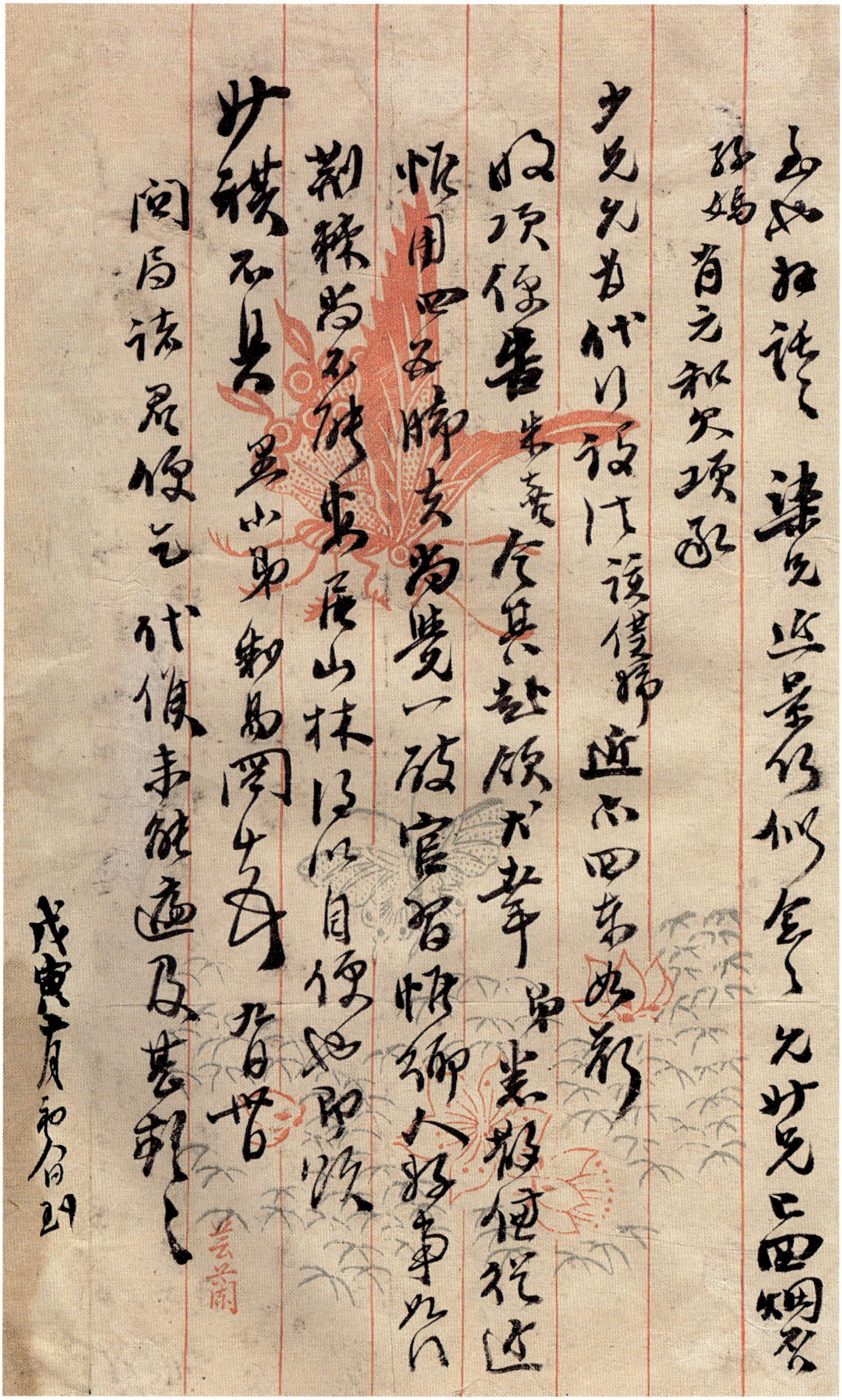

少英仁兄大人閣下頃奉
賜書并承　賜鮮果，感謝奚已。比維
侍祺多福為頌。
弟初進情形，屢云二年中計為相當，能不速限
視其地得置
鄴中諸為收拾，如蒙不棄，每日來寓，郵遞
從前詳談，至前行中計議。
閣及收不再贅，肄積光越甚較，但不可據

上嶺姚仍代謀，上局無力去極，藩省則各地均抵
接兩無陳洽，謀之長任，尤為空言，張與梓兄無
益，興局不可自惜，遂作歸計也。朱來函
代為說項，甚感。歸之項亦難
情甚識，誠念家林，野處外之差計也
挑言代籌少都，再歸家即來保，續有資得買
乃今晚均雖均去，竟爲也。叨此代謝，即請
古安。兄具　世小弟易圖頓首　臘月初二燈下
外各信已代發，因信多恐厚，故未另封，且所言皆是事，閱後

戊寅十二月廿二日到

少英仁兄大人閣下：接奉
手書，敬悉一一。諄承
注念，無任感荷。茲近不甚遠，茲滾歸而在田六載，非
君家爲近過念久不見，且識且謝。弟自鄉里日無暇，
接近狀，得讀山擇宅墓在十六日奉雲安葬，
計算期限在十一月廿出殯，得將料理諸務。年來食以
過重，所有房屋、田產及各當業鋪張過大，益無生償，
逐年又家族擾楊家境務諸事紛繁，出入楷實發也。
烟兄大覺難以習自討苦喫，先明年又須外出，不能不自
清理。左右知人甚以爲苦，如得如在田時舉貸畢去

[illegible]
執事總要以圖謀外人不能覬覦然後隨處妥安
長才足以制之尚望
寬懷任自多情長者性左右多岐不能不抑以相從可極
聆翅省差之何　俟兄來及此以免將志可不憂之也後
志弟營作楷學帳之並以　兄可為詮明然可之無窮矣
都中挑剔外口更錯一款現謝以詢
來信均未及此許當無礙已函知作專帶　俟望示及為幸
如語　渠兄允均此前表峰借款並望　渠兄代為催寄
專此即請　台安　弟易圖頓首　二月廿四燈下
大人前[illegible]

乙卯二月初三日到

少荃仁兄大人閣下：臻懷久慕，政書之美，爲可喜。
乃得四月廿日
手書，聆悉
澤初拘吉，爲敬承。
承從期將屆，不勝代幸。此時公況能有建樹，自立
帷幄一實地，不濟者。
兄能根據實用，此已見鐵濟，異日推而行之，民事
諸實而行其所進，仍有星祥，佐第人極誠
確與野人不能僭合，弟早料及之，玉亭世兄當不

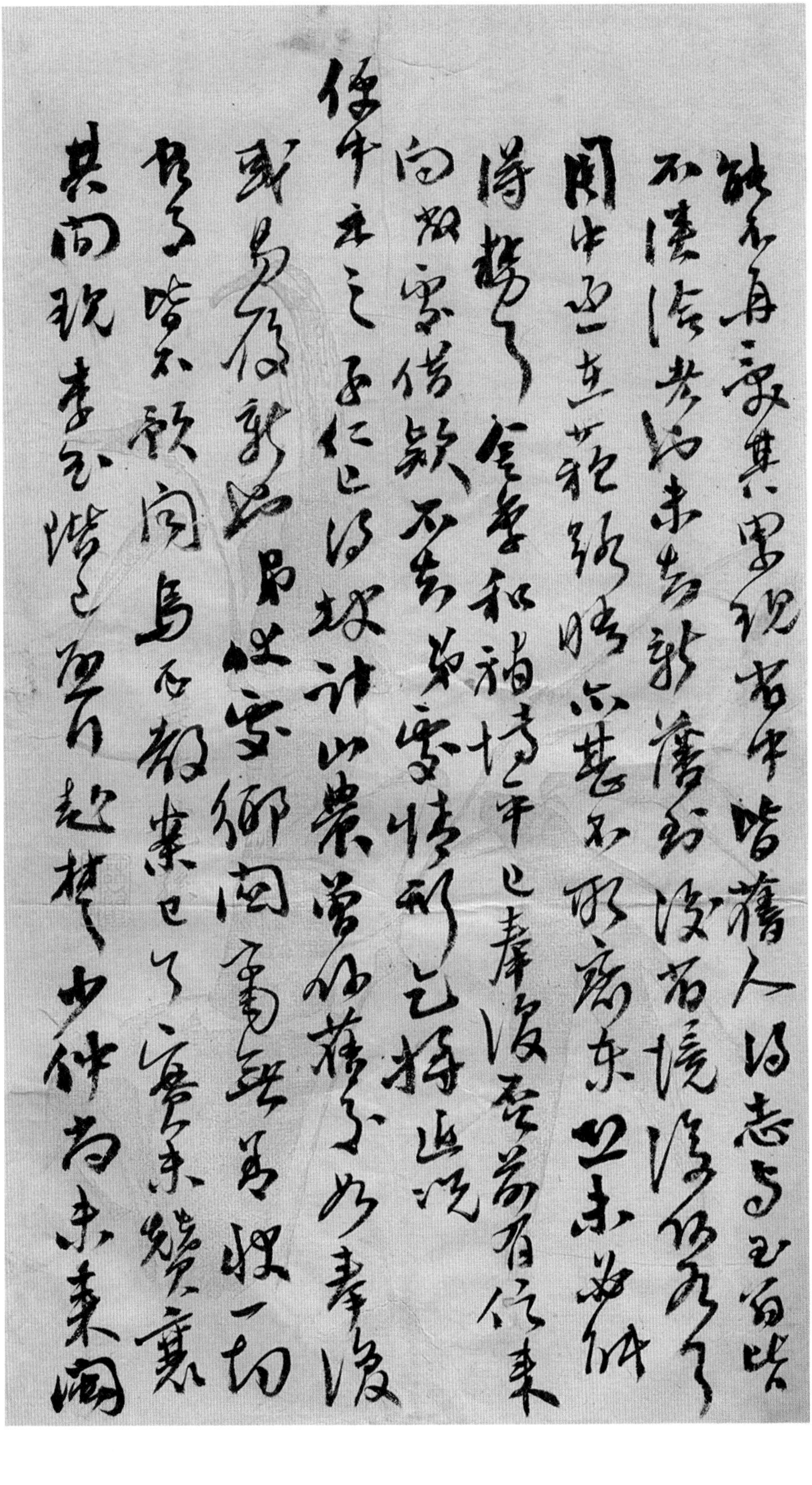

海防各初別相見弟方聞之旋仍將軍往調林
於林未能來語諸人情形勸家居如是
不意之弟性疏直尤不相宜已家中多事陳接
據郭然所有各項皆歸接當鋪計之　並購買所
業坐已擢其每年息項既當鋪當不能得息甚
郭役合西家為之　劉吉明林錫之　及一言往　不過以其業千付之
每日得息之多一切用人亦皆罷之不問　弟年來
不能用心一回心即覺煩擾不可耐故一切付之不
問不問向近覺心之一道也連甚見及每年所

得萬千之息尚足了不盡費出(?)現項存之藉以者
每年得三四千金之息以為藉手修用於商(?)為存
二萬金留以為明年出山之需未(?)能(?)取罷(?)為
而福者窮親友每年所(?)經(?)費(?)日無家身
之地到處膠(?)漆(?)無一息得擾亦無一可能自
遂不得將一切銀錢均歸之兩子不自經營且將一
切視物均為作房屋典鋪使人無所覬覦此色(?)
不堪其苦因此分遂現無一文之現物每日將祖
屋(?)假(?)日之擾擾不上而杜門之一清此所幸
先君(?)墳(?)塋(?)將次工程告竣大略秋半一切可以完工矣

費三千餘金計其籌而用將五千餘金矣其物
勢甚好大有花境之境象探看風水者俱言得地
壙中土亦俱五色圖觀或不錯也又素同事語
君言及鄙況按續遷之告知此中味因要君察塵
山中方爲僣宕擇評錄以當談不覺言之縷縷矣
允此案舊業恰續老諸長予大過無能名處一所
懷敬請
大安不具　弟杜高頓首　六月十七日
生卿二哥恒信至甚代感謝儀人想因乃不記其
年亦覺可憐了

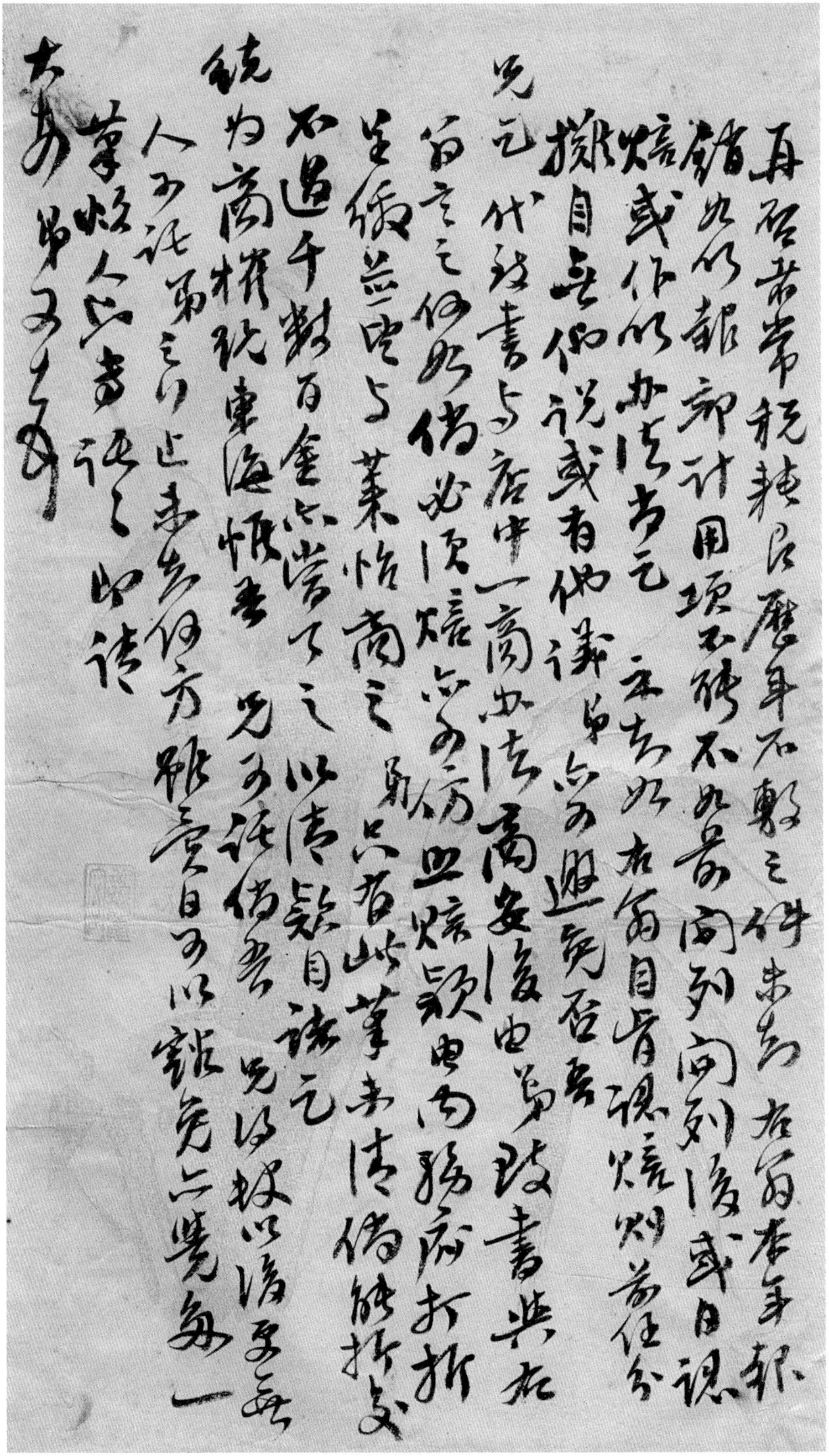

少英仁兄大人閣下 十月初六日接到 九月廿四日所發
手書並抄錄八月廿四日
來函具悉一切 八月之書並 尊翁書三紙均未
奉到 想已付浮沉 當係為兩粵兵事阻隔
所誤 誤為此莫慮乞 查之賠款事否也
賜書甚為拙之故爾枝乞為
貴神翁以文相識為代中國請
尊翁頌閣 來書所稱及居中所辦俱極妥當
况先前年之補苴又閣後任之道歉 尊翁

言以早先訂，實實為欽佩。提閱中並無極虛之
明自當先告為荷，先向右翁道謝，請速
照行。前款自當遵擬，敬覆者存餘項至福
興要請吾兄即為撰擬子如如福興或有（福興棧此次為未之而去，乞吾兄與劉峰兄代即書函如）
不濟手務於右翁代為先容，當再函布福
興照撥也。右翁要原摺號函，因前函未奉
及其內中尚有他事應復之語，又因此次信局
係書其誤解，行故無之，未及寫再另行函詢
如通商之項已提其半，甚以為慰。此乃當時[illegible]

意氣不甚高局面再掞金利涼一大困果須議
然之経右翁如此亦理則所作照發再有一二次
則可省此饑寒矣甚幸之弟因攬工須日在
野夏日得瘧疾三月餘始痊現荐期將屆
而工程尚未竣其精力實帶苦窮上
先府君墓銘式須情看先施
座石須村不能過慶侯蘇李學再呈審
尊處分故邪同撥如福州諸子其常恨親友過
日少経家居更比作官為苦明春擬即赴花
議慶與趙東甫一門便道與趙烟一晤再以入

若未從時無以措之今年擬峯已定甚贊

廿年人能爲甘苦即大樂矣　撚竹一事非故作文是見右有能爲君子者續筆

榮退如有音望

先示爲盼餘事匆匆未及函此布復敬請

客安每月課爲將春爲謀乎安吉

處併及謹此布請

大安不具　易圖頓首　十月初八夜

便中有柿霜及阿膠二十六乞寄每寄阿膠以若干斤爲佳其價寄示即照撥也

己卯十月廿八到

䒢仁兄大人閣下：昨奉
書並寄到照片一分，感謝不異。匠紙
摹印之襍為厭，匆匆作，弟自十月後得多城居，逐日為人作槅載
來，乞賃或來請託者，並無虛日。幾有訟獄者往返歌哭往
之勢，而自己不得一刻安，不得一事做。去年　來歲擬二三月即
出，但諸事之件未能作，日能清了。借槧數之項，即負
清，心已許，旁具詳。未能作日具疏，弟滿此年得歸
示及，擬負前函已寄，由稍與相適，即請
典縣歸適。尤前為幸。弟早從函告，魏峰笑，煤價一次寄
惜兄照與穆卿、民商度，通融之法，即民須明年二月間來
此，及時弟亦當代之載。能清結，亦幸事了。惜兄此時無一信
來，聞在外受如陳，俟經李玉堵處，索項甚急，恐一年為往
又告家乎。又翁何新山農兄之聘，甚厭，然則廣主必有相

清示前逆之廣已　玉翁又相宜品　茅陽黎及前代均未到

近年渴吻之疾已減　嘗無此口福也　謝謝　江翻之暑蓬萊

甚幸事　許允卅已函致　向均有信來　未及復　順乞代致

梁普昌仲嘗　仍在賬房　諸君均未繳邊書　前字上蓋錄

二十張乞　代邀致為感　如能再寄印請

大安　弟易圖頓首　臘月十二

外玉翁一信乞　右民親轉交　信一分　祈措諸錄乞傳

轉寄

山石誠擒均乞信來錄示　閱細名題福建全館　弟省書捐

五百金蘇峯題田畝乞　再　又小蓮蓬萊閣錄　順手乞搨

二三十分見寄何如

[illegible]新民兄[illegible]劉

少蕃仁兄大人閣 徐升 来接奉

手書具悉

興祉順適

動靜咸宜為慰 榮遷有期冬定之時

捐例已停班次按見擬動以上實地

請易接手去

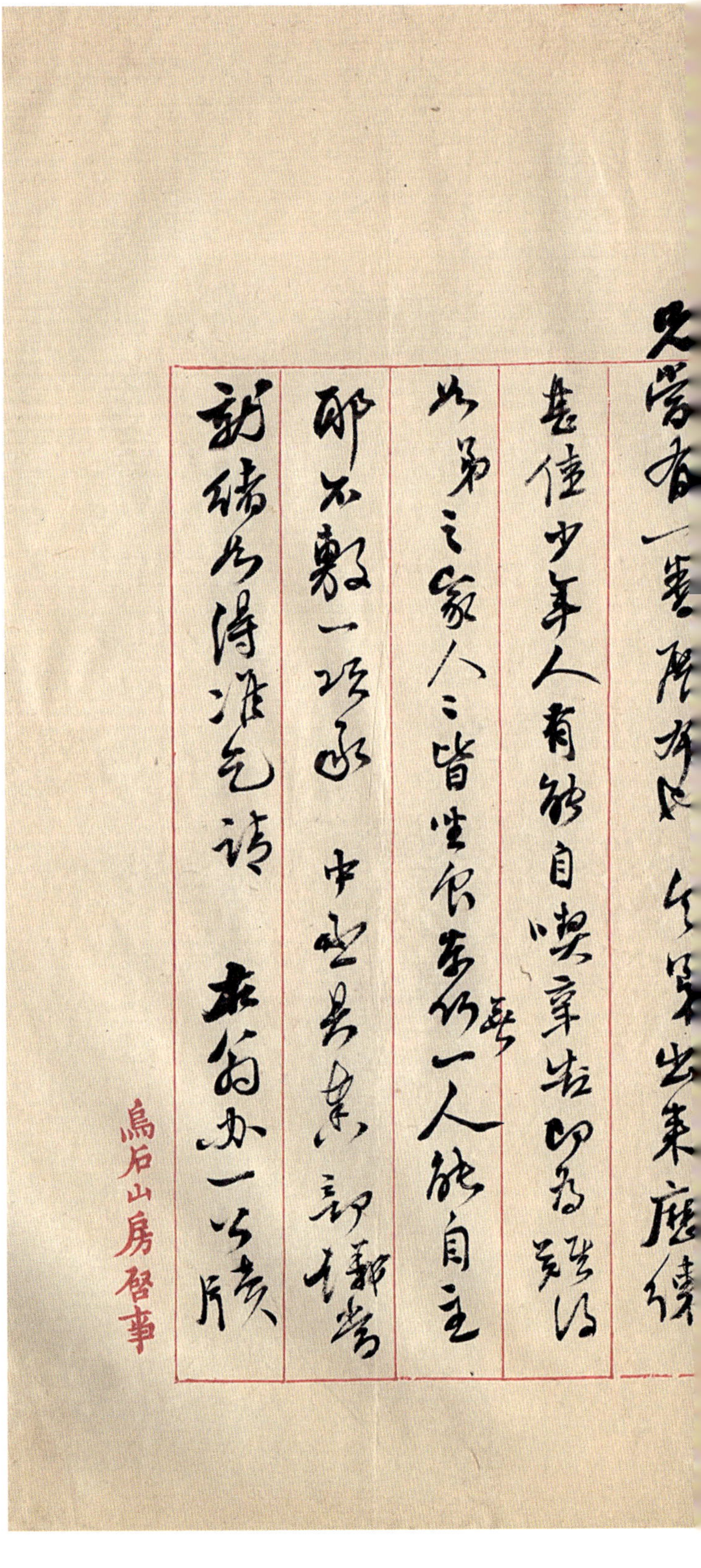
兄嘗有一卷歷年所寫出來應績
甚佳少年人有能自喫辛苦即為難得
必弟之家人人皆坐食無一人能自立
那不數一路亦　中止矣集即掃當
新績成得准乞請　老翁亦一以清片
烏石山房啓事

見霞俾了此債以紓為幸舍館捐項

黨姑祖嘗為料理其餘賸要錢項尚望

囑其早寄下為禱弟年來景況已不如前所

項均歸產業入息不敷所入而親友之餘家

出嫁喪葬及日用均指一家而經務又累

去歲前後今年之況更貴往年屢擬買棹

藉而請之。但經未能生大紙，我尚多用
可少要求及作信，兄峰要請之
代收所訂購人參，此時當易購買，歸作此不
能照常能食，現兄要儘羅為轉寄，尚望
為兄峰並為我實大理。今節此次信未完

烏石山房啓事

再復
暑中讀書境已佳念 弟世家經孫
之而窮愁百憂間發其蘊當出一切收
未詳其切也，并未即請
大安
餘不具 弟制 易周七叔 端午後二日

烏石山房啓事

五月十四到

少英仁兄大人閣下去歲兩奉手書敬悉
於此新春恭惟
潭祺多吉為頌為禱弟諸事如恒閣省入春若兩月自經辭
座先君新城撫院旨聞閣殊覺不遑出處經此時當作
定居惟經手各事均未料理行李尚須俟年平安恨伊有
需費兩次無歲已盡為它號舊曆年時代購之花于先人
實不為少不多寓如尊駕已南來或託
執事諸位為辛座體已清屢否有函住否計必當在意

易又上頁頓首　省三年仁兄足下

世講若有應考者，即少部長弟今春入都應試道赴大

挑而逮年尚存，光緒甚望此次入都之行甚為勉

強。其寓貝第當代為經營，回帶僮付以入都之需

若榜後高居或以挑取或不入彀而返，均須赴部

方張羅。明年為應舊遊地頗好

閣下代為湊集，如江蘇文林多仁全季和年愛益衆

函託號以應手。家務即交其帯看查則寄都交與行儔為便

鴻聽

尊聞之 韋氏親於能否

代為收管並與商酌是年字此樁程綏再布以請

大安不具 弟王壽未易頓首 正月十七

閩學差使之事聞有不合而罷有幾多將起之說究係

如何有所 聞並乞 一示為此於卿所無事得閱也

六月廿八到

少英仁兄大人閣下敬啓者

賜書誦承

注念並收到少翔寄佃冊二本當十之二此等寶情令人代感

此見諸君子今為路誼少翔介紹尚未定者大約以總(?)

江寧弟原擬此月初以兩(?)家團一起一枝速去料理更甚

現以(?)發已來擬自搭便船當即由海赴滬到蘇以便絡自

此行尚未定與曾(?)如由海道則可(?)團一新(?)當即前去即可尋

到得兄賜果諸費等

兄之力至感方者當並乞代謝蔣秀峰家弟曾有存款子

能為(?)

催其即寄上海保弟就收取以為以上以資速得速人赴(?)

為第一妙，於第三場事敗，已全交與郭嵩燾大守接手搞繕，
而去但去年為人攘書所損，只此費亦自撫台事非幼蕉為
好，今姑亦將擱置。
兄明年送期，為皇知黃中丁一時如雅崔海莊之弟自殺，定無此
精力，頗與湘山相尋訪，深亦甚可可。玉庭先生還作古人，閏
為復湖盛幫辦，不在海濱，年來不能甚在烟霞，為此了其憾。
現時作若館內請以想搞書眩之一二，轉念御事，所
不能去文般，然前事究未去作罷，海運之任，無論和戰，深好
甚難措手，者作之能再為即收。
大兄弟甫頓首　十一月廿六日

十一月初十到

少英仁兄大人閣下頃隨布函營悉

興居比恢

歲祉多禧為頌　弟選有期居舍甲去冬原擬赴蘇乃借居

以犯吐翻舊疾日內始食現擬措以裝計日遄發到滬後

再行入蘇玉林與之相商無定準了鄉居三載百事相

縈無一日得閒無一時自逸而人事々經世情々愈加嘗

之熟矣歲如置身於迷魂陣中大抵皆嘗肥遯甘必擇

吾所當而後已現已盡其舊根十之七八所存者不復觸自

叢治切不得已仍須出山再圖秉昔下手

兄何以處之，將來無進步之心，為不可為小人了。閩中諸友有

相聯者也。一、跋意一別五載，今人往來亦自恨無此

面緣了。現計劃滬後北上之資，為陳根蔣峯雯取

以為用者也

代為作取，今早實庵（或由吾兄手收實庵尤妙）處國家藥物可盼切切。小弟家林拜祺

里半載，亦為人情所累，不能再居，現滬遠出為難

排處 桂生林禎祈得建幫方了之應為要

先馳為報，敬登至盼盼。琛書閱無任勝感，乞珍念，兼怡
兄卅心曲竹亭濺生，穉林、嶺文近境均仍似次泉兄閣下者
仕亦可喜也。鯤再拜印請
吉甫石長兄萬閣下　易圖初三日

辛巳二月廿一到

少英仁兄大人閣下：昨接擬
閣下在蘇西圖一路到濟南搭楚兄行[illegible]
執事已去京邸
蓋欲就近往上
老兄廿甚謝之，易為
庇同事一方，來蘇來閣，均在照尺圖，鄙人所甚
顧念
執事所期如何
崇題至念，此布，即請日安。弟[illegible]凌[illegible]閣杭嘉湘三頓首
拜頓

保叔仁兄大人
貴邑為非常當可游刃有餘也今果能精此席
至念至念 素稱安靜承歡暢當甚 棣兄已有信
致 右翁未知何如見覆
示 韓安浙弟再為述一切情形一切清與酌予措詞
陳緝堂年來諳為驟緣其境甚窘吾
兄能携之往浙令司等蒙留或於右翁處
賜為以沾保有宦地得以自效為屬
棣言之兄已之至至此專此 新頌
大喜即請
世小弟易圖頓首 六月初三日

六月初八到

少英世仁兄大人閣下月初奉到
芝函佐之蘭棗拜嘉無已快慰同深就諳
政祉吉羊
潭祺式燕
才爲上游所重官當劇邑相遷引睇
鄉暉允符私祝此間夏秋均有致信何以至今未曾接著
驛遞之不可恃也如此以後由信局寄去或較郵程爲
妥帖耳

貴治係嚴州首邑自比外縣煩難然〻
大才精細圓通獲上信民之理積久必能面面周悉要之
問心弗慊尋常之是非只好付諸不聞不見循聲漸達
則蜚語漸消相知有素固不俟鄙人過慮也陳中丞處
賀年帝事弟即代擬悱其在閩時曾謂奉海回幕
前已提及後有稟去再當關照徹春于月之十六抵粵
左不如情則因廣東之風聞而不實其為何人必言
時局紛紜未知明年又在何處雖曰團聚恐祇多一跋
兄被遴委東海關當差不授幕友為道謹此函
陟耳承
詢以後有何消息之處乞示當代述也
念附陳尚泐鳴謝敬請

撫示送復仍未奉到驛路浮沈如此所
示各件甚當吾兄謝政優游上游其要
循良之績記目睹之弟頑軀為適該了了之餘
於日不暇給內子由素而寡了又整內顧維艱
此亦不可為也餘詳前函不贅即再請
鑒承
斗照不具
升安諸希
世愚弟龔易圖頓首

少英仁兄大人閣下自違
芝采時切葭思頃奉
魚函藉慰雀悰就諗
榮旌赴浙擬定春間捧讀之餘依馳無已辰維
黼黻翔華
簪裾介祉夙仰
經綸素裕
長才持烟島之籌行看

勛業攸隆
厚澤普雲峰之化
鶯遷指顧凫頌心傾弟憲紀忝持鹺綱又攝惟繁難
之兼任愧建立之毫無承
孫侄即寄浙前寄數行均未奉復殊稽延念
囑陳中丞信件繕楚即行寄去令叔子良已委
志書局差務并在本署監印知
念附陳專泐復請
升安不備　世愚弟龍冀易圖頓首

前代藩條自慚鳩拙項逢蒲節正仰
鴻儀荷
蘭簡之頻頒撫逢衷而增愧敬維
少英仁兄世大人榴圖輯瑞
叉綬延釐
宣西浙之循聲薰風布令荷
北宸之
恩簡

湛露邀榮即晉
升華式孚豫頌弟重陳臬事無補良時愧聽棘之才疎
坐消長日仰
治蒲之政異遠企
清風復賀
午禧順請
升安敬璧
謙版不宣

世愚弟龔易圖頓首

展誦另牋承
囑馳書一節本應即致惟弟與仲帥雖有鄉榜年誼從
未通信俟賀中秋時再行通候如問訊通時再當報
命又及

鯉鱗游泳方裁
獎飾之還書雁驛迢遥又拜聯翩之
惠札喜
榮旆已臨澥水而寸函用侴蜀牋辰維
少英仁兄大人新猷適駿
繁祉延鴻
澤布吴區共頌
慈祥之政

恩承　兜ミ未及手書刻省後計　役新在印

魏闕　如有化情乞　示之當再補函　手應當可

特頒綸綍之榮指顧　尚通情實　如蒙　首當未來與寺

喬鶯欣占簷鵲弟察刑名授聽訟仍疎課及魚鹽致　合并及

治尤慚之術自維駑鈍

指迷望錫好音　陳中丞信件前已逕寄專泐復賀

蒞喜敬璧

謙版不莊

世愚弟龔易圖頓首

龔易圖（1835—1894），字藹仁，號含晶，福建閩縣（今福州市）人。龔易圖於咸豐九年（1859）中進士，由庶吉士改任雲南知縣。後歷任濟南知府、登萊青兵備道道員兼東海關監督、江蘇按察使、廣東按察使等職。龔易圖精通書法，善繪畫，喜作詩，有《烏石山房詩存》傳世。《劉毓森親朋書札》中收龔易圖書札共二十八通，其中前二十五通粘貼於一册，書衣題『龔藹仁廉訪贈書』，另有三通見於《劉毓森親朋書札》的第三册内。這批書札時間最早的爲同治十一年（1872），最晚的一封落款爲光緒七年（1881），以光緒二年和三年的書札較多。書札内容涉及東海關事務、人事關係及個人生活等。龔易圖與張蔭桓先後任職於東海關，書札中很多内容涉及他們交接前後的關務糾葛，這些内容在張蔭桓給劉毓森的書札中也占有很大比例。通過相互對照，可以對事件的原委有比較全面的瞭解。

每札釋文的末尾，括注該札首葉在本書的頁碼，以便檢尋、核對。

龔易圖致劉毓森書札（釋文）

一

少英仁兄大人：

苫次接由上海寄信并鮮藕卅斤，後未奉來書，正深系念。昨日接子迎令叔大人來書，驚悉伯母大人仙逝之信，不勝震悼。伏念吾兄純孝性成，抱痛終天，必極哀慕逾恒。且因敝事羈迹，終增罔極之慟，私心不安尤甚。惟念伯母大人花封疊晋，蘐壽福增，已無遺憾，尚乞節哀順變，勉抑孝思，是所切禱。弟未能躬親奠祝，謹具菲儀四十金，聊助執紼之役，尚乞賜薦几筵，不勝慚歉。敝處諸事如常，税務較去年尚爲暢旺，五舍弟業已行，見回煙，擬九月初可赴蘇報到。前承示代購軍火已託德盛，諒此時當已妥協。昨接范志增來信，亦提及即爲代辦。惟萬年青聞已不來，未知從何船運寄，計□妥籌。第八號輪船已定來煙，明春可到。至寄閩之三千一項，來示云七月十一日已由海龍寄閩，接閩中七月廿日來信，尚未提及，未知七月底能即交否？尚乞通知。蔚泰厚一有回信即行寄下爲望。另，託買各物，現吾兄心緒不佳，購與不購均無關緊要，即蘇州購屋可不急急。如吾兄到蘇，向藩署查詢舍弟居處或能會面，即交與舍弟自辦；如舍弟尚未到蘇，亦可不俟。諸事俟台駕到日面商可也。令叔還項知已全交，此外之洋隊報銷餘款五千有餘，院批尚未下，然亦可不俟批示即行寄還。惟此時敝處銀件料理無人專候，執事回時方能面面支應，此項亦須吾兄到日方能撥交廉翁，尚望代達令叔大人爲幸。廉翁病勢仍不能減，而自諱甚深，丹崖背地亦云棘手。奈何？奈何？外有寄閩銀信一封，乞吾兄撥銀新議平一百兩交兑局即寄閩省爲幸，勿遲尤懇。當吾兄大事之際，原不應瑣瑣奉瀆，惟道遠寄信不易，故不能不逐件言及，乞見原也。至桃河機花各事均候面談再行達佈。省中聞令叔云台駕重陽後必來，盼望之深，不敢遽請，如大事已畢，務望早臨。懸席以待，翹企！翹企！謹書布啱。即請禮祺，不一。餘詳孫玉翁信中，不贅。愚弟龔易圖頓首。八月十二日。

令叔大人前祈代請安，容即布復。（壬申[一]七月廿七日到常）

（一九九）[二]

二

少英仁兄大人閣下：

初六下午接初三日手書，承悉旅祉綏嘉，慰如心頌。不意此行仍至遇風，殊出意外，幸天祐平安，萬幸萬幸耳！季弟等搭萬年清，何日啓行？不知能不再遇風否，念念。有期乞即示爲感。承示軍火各件，粗火藥既須另求，祇好託子嘉隨後購買矣。真來福槍每杆既在五兩以内，經焦次侯看過，如可用，即爲購下，不必帶樣也。其餘各件諒均購便否？均能交飛雲船帶回否？舢板火輪價尚不昂，既物不新鮮，直卿欲另購，自以另購爲是，即囑直卿徑買亦好。如舊物不能耐久，殊無益也。如新物，即價稍昂亦不妨，望酌之。中丞所要大炮廿九尊及來福短槍一千四百餘杆，自尊行後弟即發信即示價值。頃奉來書，統前槍炮二項只出價銀八千兩爲則，以只能籌此款無項可以再添。頃得示，必需價一萬一千兩，而槍尚不在内，則此事殊難望成。既聞省有欲購之説，則彼此争價，更不能賤矣。八千之價恐亦不能再加，即乞執事將此實情告知子嘉，如能照八千之價槍炮二項統行見讓，即酌給定貲若干爲定，如不能即作罷論可也。子嘉送西瓜、扁桃已收到，乞代謝。大約八千之價無可再爲商量，或實不能如價，將洋槍少買數百杆，作爲一千杆，廿九尊炮作二十二尊，除去數尊無架者，能歸作八千之價，或可再商，若加價恐無此力。即願與子嘉細商見示爲幸。倬弟蘇州之行如無要事，倘飛雲船即欲回東，亦可同來爲囑。執事何日赴常？想潭府一切安好。令叔不吏之項，吴瑞庭有信來已照准，即希代達。兑局以後兑閩之項，尚望代爲議定，兑局較洋行雖

[一]『壬申』爲清同治十一年（1872）。

[二]『一九九』爲本書頁碼。

小吃虧，終爲妥當，亦不可絶此門路也。茶葉已由信局寄到，不必詢矣。此布，即請大安，不具。弟易圖頓首。初七日巳刻。有南溪棗帶三四斤來爲要。

倬人弟均此。（癸酉[二]閏月十三日到滬）

（二〇五）

三

少英仁兄大人閣下：

昨奉手書，知諸事俱承費力辦妥，文旆已返珂鄉，嗣倬弟返煙詢知近況。比維潭祺多祜、履祉增恒至以爲頌。弟諸事如恒，闔事亦尚有起色，藥厘亦如常，知念謹及。闔上諸君均如舊，惟丹崖疾尚未減耳。再，去年德盛代購軍火尚有屬項未行繳清，乞代核收爲望。廣東艇船已到，日來爲此紛紜也，貴鄉聞望雨甚急，近竟何如？潭府即事多欣爲頌。子翁令叔前乞吒名道念，不敢以塵俗之牘溷，呈泉不致擾清夢而鄙念極不忘也。軍火各件承訂購爲謝，小火輪船定做自佳，聞不日即可工竣。昨接子嘉來信，云執事許以由煙臺再寄千金給之，因未奉示及，故未照行，究應採買各項及小火輪之價共係若干，執事已付若干，尚乞詳細示及。又，粗火藥，子嘉寄樣子來詢，尚可用。已椷告定購五千觔矣。又，子嘉云鉛彈子二萬粒已向外洋去購，原單內有無此項，弟已記憶不清，均請代商見示可也。其項應否由煙先付，抑仍歸執事一手經理之處，即乞示知照行，俾免紛歧，兹已椷告子嘉，所有一切價銀均歸執事就近料理，如須寄項，亦候信到再行，特此知照。計此月杪文旆亦將北指，繫望殊切。果於何日可以東來，殊深盼望。餘容再布，即請大安，不具。愚弟龔易圖頓首。七月初六日。再，執事來，乞將芝蔴紗、鐵綫紗袍褂料帶兩套來爲望。

（癸酉七月廿五到常）

（二〇九）

四

少英仁兄大人閣下：

昨寄寸椷，諒早入照。刻下台旆計已遄發，已抵滬否？滬上有無耽擱？急盼速賞也。敝處諸事如常，定額已請展，未知

[一]清同治十二年（1873），以下同。

部議如何。洋藥月報尚未出，候駕回再議也。寄來清單已收，亦未發也。軍火當已齊全，晤子嘉時乞與核定價值，應寄之項候示照行。託買各物諒已購，便再乞代買月白色碎花摩本緞一疋帶下爲要，如有新鮮菜蔬乞帶多寡，俾嘗鮮也。丹崖久病不愈，前數日竟甚沈重，刻下又稍瘥好矣，亦盼文旌早到也。晤面匪遥，先此佈臆，即請大安，不具。愚弟易圖頓首。七月廿八日。（癸酉八月初七日到常）

（二一二）

五

玉亭老兄、少英仁兄大人閣下：

抵蘇曾布公函，計蒙照及。本日兩奉手書，具悉起居欣勝，甚慰！甚慰！所示瑞亭來信及各册稿均妥適，即請查收照請詳出爲幸。内中數目乞少兄細爲核對，尤懇。輪册報數稍多，然經議妥當，無他慮。藥件多作一册，於事無礙，即請照行可也。弟此次南旋，沿途無賞心之事，惟與閬仙作惠山一日遊，得飲泉水耳。到蘇後雙親精健甚好，較在煙爲適。而南中亦無要事，偷閑學少年，無足嬉遊者，歸興欲闌。恐及秋又將爲馮婦，惟祝樵兄税事多有生活。何季春仍落莫耶？賤軀甚耐勞，水土亦慣，惟蚊蚋嘬人，較北地爲苦耳。承賜壽幛，拜登感謝，諸君子未及遍致，乞代候。朱子楨寄《軍興記略》一書已收到，晤時乞致意，未另。誠齋大叔所寄幛亦收到，廖稚仙書已閲。弟到即墨時，宫子行曾言稚仙處伙食渠當接應，望轉告之。弟返煙不出八月，及時再代之籌畫可也。季和之項如寄到，乞存染香處。吴瑞亭之項即如少兄所説，分兩次寄去可也。免税及各項俟到齊後再核亦可，不急之也。去年免税辦少，以致免六賠四，殊上小當。正月可補報多寄，計樵兄必照行。餘再布，即請大安。弟易圖頓首。四月十一日，廟堂菴寄。

諸君子均此未另。染香、誠齋處未另椷，乞示之。老六及孚侯均回蘇矣，老八欲回關，弟欲即遣回煙，計議未定。其故照已收到，并及。（丁丑[一]四月十六日到）

（二一五）

[一] 清光緒三年（1877），下同。

六

玉翁、少英兩兄大人台覽：

頃奉手書，樵兄處乞先致意，遲日少暇當即束緘。辱承垂念殷渥，至感！至感！明浦遽作古人，聞爲憾然數日，身後得諸公料理，去年又經立嗣，亦不幸之幸也。賻項俟弟歸時自當厚致。輪銷、槍銷均已出，費神爲感。藥厘部復甚好，吴瑞亭辦事了當，甚可愛也。常册到部後取免如何？望得信即示。昨接禹時外家叔書，知已招呼，計不至他歧也。正月免税，原擬多辦兩竿，爲撥還樵兄前議之數。昨接樵兄書，似不以前議兩數爲念，以弟多報則須歸老八，不如兩免。樵兄之意殊可感，望代謝之。續辦交摺蓋押已便，恐郵寄或有遺失，不如弟自帶回。船政煤價此時可不必交，弟當向其提調妥商，候弟回任再寄。兹將原文奉還，如樵兄不放心，可緘告船政係弟任内之事，令其就近索取可也。如可緩，則俟弟到再議。船政紛紜，不必任意如是也。泰安辦炮，弟有械與樵兄相商，尚未得其回書。似以能省購、緩購爲是，至弟已購之二尊，其價甚廉，可定購也。已爲代定。今年報費僅四個月，至一萬有奇，恐部中必挑剔，須與樵兄計之。否則，恐爲樵兄竟時之纍也。或請先與部中議明方好。巡檢缺當候到東酌機再定。能多留子楨一日是一日也。榮巡檢亦知其人甚好，恐才不勝任。吴恩培憶亦見過，恐不足差使。如實調補，緩令到任，亦一辦法。各徵存及添置各數均悉，八弟屢促赴煙，渠不肯出，在家又無所事，殊不可解。所許之項，乞將數内移一半與十弟，庶公允也。所開之單未付八弟閲看，可請染翁代爲匀出爲要。原單寄還。季隺之項即歸染兄代收，請染兄將所收、所還用之數寄一單來備考爲荷。弟自到家甫息一日即出辦賑，倡捐萬金以爲諸人之率，計共收捐十八萬金，并外間所收，計有廿餘萬。辦米十許萬石，急賑各鄉，所活不下萬餘人。現已平糶，諸事可竣。衆紳袖手旁觀，制軍、中丞列銜入奏參者九人，陳弼夫、郭遠翁爲首，計煙臺此時當見詳章，殊不堪聞也。恐口舌將起，弟亦將次脱身。近爲先代立四世循良祠，并設西湖書院，修視祠墓，七月一月諸事可了。奏留僅兩個月，届時亦滿，即行束裝赴東，遲至八月當晤面也。在煙之時每飯不能忘家，到家即逢賑務。近賑已定，又思外出，且其勢亦不能不出，此或天遣之行也。惟敝省水利不興，河道不理，來年必復罹灾，現與當道所議在此耳。弟身體健於往年十倍，風霜暑雨，五鼓即起，三鼓方息，絕不覺累。奔馳數千里，亦未受一日風寒，是亦天也。眷屬俱平安，知念併及。弟一人先行，家屬俟來春再定計也。餘再布。次泉、子楨、心田、馥彤各有信來，未能遍復，望代致念。黼文、季鶴有致械時，乞代述敝況爲幸。即請均安，不具。弟易圖頓首。七月十九日三鼓燈下作。

小石、誠齋處望代致告，小雙驂亭已做循良祠矣。再，閩省賑務現請准捐實職，除道、府、州、縣四項。并無免補及納枝各色花樣之項，所捐折數亦不能省於廿點，并此奉復。泰安借項已荷扣歸染兄帳内，甚感！甚感！再頓首。

再，流水帳内有代墊支發海防經費三百兩，憶係辛未年事，否則壬申。此款司中是否已還？如未還則係漏抵，乞少兄一查舊案爲恖。（丁丑六月廿六日到，來信誤書七月也。）　（二一八）

七

玉亭老兄、少英仁兄大人閣下：

頃奉手書，一切承念爲感。暑熱已退，計文祉綏和爲頌。奬榮已回，俱照准，甚好！殊以爲慰。常稅銷件已奉部復，當已妥貼。免稅如駁當尚有文書來，如不來則不駁矣。本年免案遲辦爲是。范正平已於本月廿二日作古，殊出意外，敝處尚存六千之項，分文未提，原票亦未動，乞告知馬壽山兄，即由煙核算爲要，弟到滬再與訂實也。賑事已畢，而修河爲要，弟赴河勘驗，日内方回城。此河不修，大水不免，省人無知者，弟爲破其惑，然只能代勘，修事分之後人。建祠事小出波折，大總須入奏。現督、撫俱允，稍遲數日當定局。弟俟定局即擬束裝，大約需節後耳。泰安船聞到滬，兹已約之南來。樵兄此時回煙否？望轉告促船南下爲幸。内子孕將及月，恐不能令來，弟當獨行耳。到家三個月，私事未了一件，白爲人作嫁而已，然數十萬灾民或不無少補。如開河能成，則極災未然，尤屬此行不虛矣。蘋果收到，香味俱足，在煙無此味。英彈當照淹帶上，八舍弟因家叔有病，現先赴蘇，恐一時未能到煙矣。餘俟到日面談。樵兄處未另椷，恐在省耳。諸公來信均未及復，乞致念。即請大安，不具。愚弟易圖八月頓首。八月朔日。（丁丑八月初九日到）

（二二四）

八

少英仁兄大人閣下：

前布各椷計經察照。泰安船已在上海，計節後當可來。弟料理各事將次告竣，家居不易，亦急欲出山，當候船到即發，到上海後或竟赴煙再行上省，或繞蘇由旱路行，尚須彼時方定耳。旺月已讓，樵兄計當順適，聞已省旋，未知到煙否？乞代致爲幸。德盛之項祈與馬秀三訂之爲要。邱幼蓉聞患瀉症甚危，家舅氏已作古，渠復如此，何至是耶？來書均未提及，恐係年幼多疑自怯病症乎？尚望代爲照料。渠並云存有三四百之物，恐不能自顧，計令叔必能相助爲理。何其多生疑心乃至如是，尚乞推情妥爲醫治並照看一切。如其症不可治，亦乞速示，逕寄西門街小錦巷邱宅爲要，或寄交十舍弟照收亦可。弟如諸事俱了，即由泰安船北進矣。專此，手請大安，不具。愚弟龔易圖頓首。八月十二日。

玉翁老兄乞請安，樵翁如到煙乞請安，諸公均此，恕未一一及之。（丁丑八月廿日到）

（二二八）

九

少英、玉亭、染香仁兄大人閣下：

前奉書，曾布寸函，計蒙垂鑒。弟原擬八月節後即發，計十月當可相晤，故未奉函。不意濬河之事小宋制軍復行疏留，泰安船復未來，不能堅罷。至船到而疏已發，遂不能行。頃見《申報》所刻，東撫催旨，復與當道相商，而部文尚未來，疏留之稟亦未回，仍不允行，祇得遣泰安先發矣。弟家居所費甚大，萬不敢久居，遲至十一月亦必就道，或蘇中過年，或濟南過年，大約二月必晤面耳。幼蓉病勢得少兄來書，具慰。少年羸疾，殊不可解。豈家運故不佳耶？補劑可投，當望復元，諸乞照看爲感。德盛之項承囑壽山，當不至誤。弟近期需款如可撥還，即將摺字寄上，何處兑閩爲便，并望查示。當即奉摺，懇爲代取也。染兄處所存各賬已照收，所項仍懇代存福興。利銀有交來者，存款年内如能歸還亦將寄摺憑取，併望一詢。弟近欲爲家鄉開蠶桑之利，所費甚鉅，如此二款可以收回，即專人往取。諸乞詢示，至幸！至幸！又，閱染兄摺中收銀項下，福興交款僅有一千，則未收者共計若干，益乞查示。兹朱喜回煙，應給渠等之銀另開一單，乞即照撥是幸。又，童葆臣兄支東脩五十兩，祈於存款代爲照撥，伊自有信託寄也。餘事詢之，當能代述。便中望將煙事詳示，一一是感。謹布，即請大安，不具。同署諸公均乞致意。愚弟易圖頓首。九月廿二日。

正春椷問，奉少兄賜椷，具悉關愛。賠款已如議立繳，乞與萊怡兄議行。原稿奉上，計染兄處存項當足敷也。東撫催文尚未到，弟日來與閩省大憲乞行，約有允意，當候文到即發，然恐亦至冬月矣。年杪在蘇在濟，俟到蘇方定。東省局面耳目一新，有何近聞，尚乞便示。龍口有十弟幫項，乞染兄與少邨計之。十弟共存項若干乞開示。即請均安，弟易再頓首。廿五日。（丁丑十月十九日到）（二三二）

十

少英仁兄大人閣下：

呂順來，接奉兩書具悉一是。弟廿九由閩開船，初四到滬，得《邸報》，知忽調蘇。七年以來得承臂助，極賴匡扶，正擬就途得以傾晤，乃半途忽左，仰望光儀，能無恨之？吾兄長才碩想，海關中無能駕其上者。後任方公係弟同年友，人極忠樸純厚，在京時弟亦將關事略告，并將人才所宜亦略告之，計吾兄必爲所深賴者，當不差池也。兹更致椷相薦，尚望相爲贊助。至幸！至幸！蘇臬位地雖高而利權已解，弟亦不知何所措手。所存項此次歸家又去三萬餘金，加之去年入都所費並無專項，共將十萬。閩省利息甚薄，田產等項不及三厘，年來虧拆又去萬餘，所購之業每百金不過八十值者，此中又贖去八折，故刻下所入之息不足抵所用之需，此數每歲須賠，亦明贏暗絀之際也。安得如吾兄者代爲經理，俾諸事祐如也。閣下捐事如何？後來指分何地？如有定議，乞示及是幸。承示欲賞臨，惟恐後人不肯放駕他往耳。然臬署之位置亦無足爲吾兄顧盼者。此外有何事可以生發，俾弟亦得仰託經營，則尤深仰望者耳。尚望於後任到時再爲核示爲幸。弟於煙事尚無轇轕，德盛一款承爲賜下，已收領矣。其票交倬弟帶上，乞爲送銷，上摺並呈餘項乞核明收回，福興項並染兄處一千六百餘項均交倬弟帶回可也。賠款一項乞與萊怡商之，歸其一手經理，俟有定議，示其數目再由蘇兑京，當不至遲。交代屬摺四分交倬弟賫呈，乞察收。另致樵翁去年所索之貼費六千，經衆位調停，由洋厘報二千，再由免税報二千歸敝處算帳，返與樵翁，其二千免計。又承樵兄允許，如署事能至八月，則統可不算。現計弟之去年免税尚有八千，應如何勻報統歸樵兄，弟不過問。洋厘所報之二千弟亦可不交，免得彼此均有介介。且已過八月矣，樵兄當不計及此矣。又，船政煤價八百餘金，頃與船政說明，可以不報噸數，但報銀數，則便可另行批解專咨到部，再歸後任作抵與樵兄，毫無出入，免弟多一轇轕。或倒填日月，作爲弟手報解亦可，即請代爲完結是感。此外均無他款。至樵兄移交之時所有攤費一項，計後任當無他言，乞示爲幸。餘詳致玉翁信中，不贅。梓貞之事殊出意外。弟於煙事時，爲留知因挂花一項彼此已有微嫌，嗣以驅船一案縣中受抑過甚，謂梓兄偏袒其事，絶與宫玉甫相類。惜弟不在此，不能为力，致負梓兄。否則仍在銕門，不較此更穩耶？承示具見公道，惟函求非惟無益。倘弟北行道出濟南，必爲力訴。即不然，亦当为梓兄留意，以不負相知之雅，望囑寬懷。好在不過撤任，此小事亦斷無入告之理，將來揔易商法耳。專此手復，餘囑倬弟面陳。此倩大安，不具。世小弟易圖頓首，初六日。（丁丑十二月十七日到）　（二三六）

十一

少英仁兄大人閣下：

倬弟行曾來寸函，嗣行抵揚州接其來書，具悉勳履綏和爲頌。吾兄宏才，獎借後任，必相蟬聯，當無勞鄙言之瑣屑也。兹聞方君正月杪方出京，未知二月能到煙否？届时是何情景尚望示知。一一是感！諸友在煙常蒙關照，甚謝！譚雨帆遽虧空多金，爲從來所未有，聞執事合衆力彌縫之，且顧其家有老親，具見厚德及人，心佩無已。明浦處弟擬有薄助，聞其家不安於室，而嗣子近復何如，殊以爲念。葺山復作古，何大關之不利也？元和乃至倒閉，頃朱喜云渠有存項二百金在彼處，亦爲所欠。該僕數年積蓄一旦而失，眷屬在煙無以爲活。蘇署無門包最甲天下，該僕終日如醉昏昏，殊爲可歎。渠云尊處尚有存項可代元和扣歸，未知此語屬實否？抑係該僕夢囈？渠又云素承執事使唤，欲求介紹，懇由尊處代爲設法追索，未審尚望賜憐垂爲拯救否，該僕人尚可用，亦素蒙憐許，故爲貢此言也。又，弟帶來之孫嬷有銀六十兩亦存伊處，該婦辛苦趲集之項，亦望代爲追提。至感！至感！船政煤行一項，樵兄信來，已相許照議，望台端即擬結之爲荷。二年份賠款請與萊怡核定數目即行寄上，或由福興項下撥交，候信即行，以了手尾。弟前到上海，聞迎叔之令弟有謀開鑛差事，恐無益也。本日到常，當赴雲樵令叔處謀一晤面。行經珂鄉，益念顔色。相見何日？悵惘深之。手肅，即請大安，不具。世愚弟易圖頓首。廿五日丹陽舟中。

（戊寅[一]二月初九日到）

（二四〇）

十二

少英、玉庭、染香仁兄大人賜鑒：

承遺使賜唁，并承衆位兄台寵賜輓軸，謹薦靈筵，愴然萬感，苦塊昏迷，欲致詞而不知从何下筆，惟望北叩頭而已。易圖自不能死，乃遭大故，天乎莫贖，夫復何言？惟此次還山，再出何日？翹望十許年來巨照之情，把晤遥遥，能無生感？日來治事，而諸僕均有去心，唯楊麟、朱喜、王升尚覺戀戀。朱喜擬隨返閩，而家口累贅，現遣返煙臺，尚望少兄賜爲俯鑒，該僕尚有稟求也。孫嬷亦擬隨往閩中，渠有項在元和店中，聞少、染兄允爲追債，不勝感切。可否追取，復代爲擲下？煙臺

[一]清光緒四年（1878），下同。

北望，弟已如隔世矣。誠齋、小石兩處未暇復書，諸友及諸君均未能遍致，惟公復謝函，甚为死冤，尚乞代達是感。蔣秀峰處乞染兄代致，尤感。泰安船回甚急，未暇多書，統惟祈鑒，時賜數行，不勝馳企。肅謝，並請大安！在苫易圖稽顙。六月廿二日。

小石叔祖处處請告知。子芬有信來，云在沸，五月廿日起行，至今尚未到蘇，不知何故也。（戊寅六月廿九日到）　（二四四）

十三

少英仁兄大人閣下：

趙興來，奉到手書，具悉纜履綏和爲頌。備承注念，感荷載途。弟定於初七日扶靈由浙南返，敝眷已由海道行矣。翹念芝顔，不勝悵悵。承囑之件，院、司两地均代諄託。至司房之費，議定八元，院房當不過於斯，已命楊麟令趙興與談，承面訂並催趙興即回常作速料理，計可不誤。惟弟不能親爲代取爲歉仄耳。最好榮選能到敝鄉，或有此香火耶？玉翁處及染香、允升、誠齋、小石、子仁諸君，意雲諸君子，均乞代致拳拳，至感！至感！蔣福興處弟曾託代購關東人參，未知便否？務乞代爲催促即寄閩爲感，謹託。餘再布。即請選安。制愚弟龔易圖頓首。八月初六日。（戊寅八月初十日到）　（二四七）

十四

玉翁、少翁两兄大人均啓：

蘇門致椷，諒登青鑒，比維履祉多禧是頌。玉翁近體何似，本年夏熱較甚，舊恙不復發否？念念。少翁咨文之事已囑照辦，未知已辦妥否？念念。弟由陸扶靈，萬苦俱集，途中艱險萬狀。僕從病困，幸蒙庇得安於行。重陽前到里，近問吊已畢，仍停靈於西門街本宅。明春山地可成，再謀營葬耳。福省近因焚燒教堂之案，英人指責過甚，何制軍欲令弟出爲調停，極力避之，未知得脱否？哀毁之餘，何能與人他事，何所遭之不幸也。内子服人參，病體稍起，近幸購件已到，或可接濟。内府賠款部文已到蘇門矣，知念并及。朱喜眷口在煙，力求薦與佑翁。不得已，予一棫去，尚望鼎力代爲説項。弟亦不捨此人，冀他時仍可呼之再至也。拜託，拜託。染兄近景何似？念念。允升兄已回煙否？孫嫣有元和欠項，承少兄允爲代行設法，該僕婦近亦回東，如荷收項，便告朱喜，令其赴領，尤幸。弟悉散僕從，近惟用四、五脚夫，尚覺一破官習，惟鄉人好事，如行荊棘，尚不能安居山林得以自便也。即頌升祺，不具。愚小弟制易圖頓首。九月卅日。

關局諸君便乞代候。未能遍及，甚歉！甚歉！（戊寅十月初八日到）

（二四九）

十五

少英仁兄大人閣下：

頃奉賜書，并承賜梨果，感謝奚已。比作履祉多釐。承示部選情形，所云一二年中計爲期當能不遠，惟祝尊地得置槃才，殊爲頌禱。弟現籌葬事，日在荒郊，近況均詳致玉翁信中，計蒙閱及，故不再贅。梓楨兄懸念甚殷，但弟事權已解，雖欲代謀，已屬無力。至於蘇省則各地均抵捂而無浹洽，刻已去位，尤屬空言，殊與梓兄無益，望囑不可自誤，遽作歸計也。朱喜承代爲説留，甚感！甚感！孫婦之項亦承情，甚謝！誠齋家叔欲求外口之差，計必推愛代籌，少郇甫歸家即喪偶，績甫冀得男乃分娩得雌，均失意事也。泐此代謝。即請大安，不具。世小弟制易圖頓首。臘月初三燈下。外各信乞代致，因信紙恐厚，故未另封，且所言皆足奉闻也。（戊寅十二月廿二日到）

（二五二）

十六

少英仁兄大人閣下：

接奉手書，敬悉一是。諸承注念，在遠不遺，感深肺腑。在煙六載，唯君最爲匡助，念久不忘，且感且謝。弟自旋里，日無暇晷，近始將墳山擇穴定基，於十八日奉靈安殯，計葬期須在十一月也。出殯後始料理諸務，年來貪心過重，所有房屋、田産及此當業鋪張過大，並無生貲，近又与孔家接楊家鹽務諸事糾纏，出入叢索，較在煙臺猶覺煩難，亦可謂自討苦喫。然明年又須外出，不能不自清釐，左右無人，甚以爲苦。安得如在煙時群賢畢至哉？所幸墳山已定，稍自放心，眷口平安，頗覺清慮耳。吾兄選事未出，甚以爲念。玉翁引退，其席原不易處，不比執事握要以圖謀，外人不能覬覦，然隨處而安，長才足以制之，尚望寬懷。佑翁多情長者，惟左右多歧，不能不抑心相從耳。樵野到省差事如何？便乞示及。此公不得志可不慮之，如改志，弟當作樾葉惟之，並以兄事爲託，則亦可無慮矣。部中挑剔外口支銷一款，現議如何？來信均未及此，計當無礙。玉翁則信來常言之，便望示及爲幸。即請大安，不具。愚弟制易圖頓首。二月廿四夜。染兄、允兄均此。蔣秀峰借款並望染兄代爲催寄是感。（己卯[一]三月初三日到）　（二五四）

[一]清光緒五年（1879），下同。

十七

少英仁兄大人閣下：

疏懶，久未致書，亦無善可告耳。得四月廿二日手書，欣悉潭祉均吉爲頌。承示選期將屆，不勝代幸。此時景況能有建樹自立，非得一實地不濟，吾兄能於預審，即此已見經濟，異日推而行之，凡事踏實而行，其所進何有量耶？佑翁人極誠確，與野人不能終合，弟早料及之。玉亭在省不能不再受其累。現省中皆舊人得志，与玉翁皆不浹洽者也，未知新藩到後省境復何如耳？周中丞在蘇路晤亦甚不取齊東，恐未必能得勢耳。金季和補博平已奉復否？前有信來向敝处借款，不知弟处情形，乞将近况便中示之。子仁已得缺，計山農曾係舊交，如奉復或易履新也。弟伏處鄉關，庸無善狀，一切官事皆不預聞，馬□教案已了，實未贊襄其間。現李玉階已照行赴楚，少仲尚未來閩，海防事初欲相委，弟力罷之。兹何制軍往調，林穎叔未知能來否。福省人情好動，家居办事甚不易易。弟性疏直，尤不相宜。至家中各事，除接鹽幫外，所有存項皆承接，當鋪計三間，并購買各業，悉已罄盡每年息項，現當鋪尚不能得息，鹽幫係合四家爲之，劉嘯彤、林錫之及一高姓。不過以五萬千付之，每月得息一分，一切用人、辦事皆置之不問。弟年來不能用心，一用心即覺煩熱不可耐，故一切付之不聞不問，亦養心之一道也。連鹽息及各項，每年可得萬千之息，尚是入不敷出，至現項存之蘇門者，每年得三四千金之息，以爲蘇中糾用。招商局尚存二萬金，留以爲明年出山之需，未知能取回否耳。而福省窮親友多，每日糾纏幫貸，日無容身之地，到處躲避，幾無一息得暇，亦無一事能自遂心，故將一切銀錢均委之内子，不自經營。且將一切現物均易作房舍典鋪，使人無所覬覦。即此，已不堪其苦。因此身邊現無一文之現物，每月收租食飯，日日接濟不上，亦杜門之一法也。所幸先君墳塋將次工程告竣，大約秋半一切可以完工，共費三千餘金，計安葬一切所用將五千餘金矣。其地勢甚好，大有氾墳之境象，據看風水者俱云得地，壙中土亦俱五色圓塊，或不錯也。久未與同事諸君言及鄙況，故縷述乞告知也。弟昨因受暑患瘧，日内方愈。溽暑揮汗，録以當談，不覺言之絮絮也。允升、染香、萊怡、績堂諸君子仝此并候。不盡所懷，敬請大安，不具。弟制易圖頓首。六月十七日。朱喜承愛恒倍至，甚代感。該僕人尚可用，乃不永其年，亦覺可惨耳。

再啓者：常税耗銀歷年不敷之件，未知右翁本年報銷如何？報部計用項不能不如前開列，開列後或自認賠，或作何辦法，尚乞示知。如右翁自肯認賠，則前任分攤自無他說；或有他議，弟亦可邀免否？吾兄乞代致書與店中一商辦法，商妥後由弟致書與右翁言之，何如？倘必須賠，亦可仿照賠款，由内務府打折呈繳，並望與萊怡商之。弟只有此筆未清，倘能折交，不過千數百金，亦當了之以清款目，諸乞統爲商榷。現東海惟吾兄可託，倘吾兄得缺，以後更無人可託。弟之行止未知何方，雖異日可以豁免，亦覺多一筆煩人也。專託，專託。即請大安。弟又頓首。

（二五六）

十八

少英仁兄大人閣下：

十月初八日接到九月卅日所發手書並抄録八月廿四日來函，具悉一切。八月之書並右翁書至今尚未奉到，想已付浮沈，當係爲兩簍萊陽梨所誤，該局如此荒唐，乞查之。賠款事吾望賜書，甚爲懸懸，故前緘乞爲費神酌辦，又於誠齋信中囑請尊酌。頃閲來書所稱及店中所擬，俱極妥當，既免前手之補苴，又開後位之道路。右翁意以早先訂實，實爲欽佩。現周中丞亦極圓明，自當允告。尚祈先向右翁道謝，請速照行。部費自當遵攤，敝處尚存餘項在福興處，請吾兄即爲提墊可也。如福興或有不凑手，務祈右翁代爲先手，當再函布福興照撥也。福興緘此次尚未寄去，乞吾兄与秀峰兄定，即發函也。右翁處原擬致函，因前函未奉及，恐内中尚有他事應復之語，又因此次信局催書恐誤船行，故匆匆未及，容再另行函謝也。通商之項已提其半，甚以爲慰。此事當時激於意氣，不意商局因再接金利源，遂大困累，終歲懸懸。經右翁如此辦理，則所餘無幾，再有一二次則可省此顧慮矣。甚幸！甚幸！弟因墳工終日在野，夏日得瘧疾，三月餘始痊。現葬期將届而工程尚未竣，焦灼異常。兹寄上先府君墓銘貳紙恃愛先達座右，紙封不能過厚，候葬事定再彙寄尊處，分致各同好也。福州諸事如常，惟親友逐日糾纏，家居更比作官爲苦。明春擬即赴蘇，歲底或赴東省一行，便道欲驅煙一晤再行。入孝未去，彼時無所滯留。令弟姻事已定，甚賀。少年人能知甘苦即大樂事。榮選如有音，望先示爲盼。煤斤一事船政催文甚急，右翁能向前手索結否？餘事匆匆未及多述。屢接蘇信，家母身體尚好，眷屬俱平安，知念併及。僅此希請大安，不具。愚弟制易圖頓首，十月初八夜。

便中有柹霜及阿胶二三十斤乞寄多寡。阿胶以省中頤壽堂爲佳，其價容示即照撥也。（己卯十月十七到）

（二六二）

十九

少英仁兄大人閣下：

頃奉書並寄阿膠廿斤，一切感謝不盡。辰維潭履多祺，爲慰爲頌。弟自十一月後得返城居，逐日爲人作援，或來乞貸，或來請託，籌應無虚日。幾有訟獄者往謳歌者往之勢，而自己不得一刻安，不得一事做，奈何？奈何？來歲擬二三月即出，但經手之件未知何日能清耳。借墊不敷之項仰費清心，已荷右翁具詳，未知何日具疏，部復如何，均乞示及。攤費前函已囑由福興扣還，即請照辦歸還右翁爲幸，弟早經函書秀峰矣。煤價一項，聞樵兄欲與黎部民商度通融之法，部民須明年二月間來此，及時弟亦當代言，或能清結，亦本事耳。樵兄近時無一信來，聞在各處，如陳俊丞、李玉堦處索項甚急，豈一年署任又告窮乎？孫玉翁將就山農兄之聘，甚慰，則賓主必可相得，而首道之席與玉翁又相宜也。萊陽梨及前信均未到，近年渴吻之疾已減，當無此口福也，謝謝！江黼文署蓬萊，甚幸事。許允升已回新關。均有信來，未及復，晤乞代致。染香昆仲當仍在帳房，諸君均未能遍書，兹寄上墓銘二十張，乞代遍致爲感。餘再布，即請大安，不具。愚弟制易圖頓首。臘月十五日。

外，玉翁一信乞轉寄。右民觀察處信一分，祈撥誌銘一張。小石、誠齋均乞給誌銘各一分。聞煙臺起福建會館，弟曾書捐五百金，蔣秀峰欲用則乞示知。又《小蓬萊閣銘》暇中乞搨二三十分見寄何如？（庚辰[一]新正廿四到）　（二六六）

二十

少英仁兄大人閣下：

徐升來，接奉手書，具悉萬和順適、動静咸宜爲慰。榮選有期否？念念。此時捐輸已停，班次總見鬆動，得一實地諸易措手。吾兄當有一番展布也。令弟出來歷練甚佳，少年人有能自喫辛苦即爲難得。如弟之家人，人皆坐食，奈何？無一人能自主耶。不敷一項，承中丞具稟部議，當就緒。如得准，乞請右翁辦一公牘見覆，俾了此層公案爲幸。會館捐項，小石叔祖當爲料理，其秀峰處餘項，尚望囑其早寄下爲禱。弟年來景況

[一]清光緒六年（1880）。

已不如前，各項均歸，産業入息不敷所入，而親友百餘家，生婚喪葬及食用均指一家，而鹽務又累至巨萬，故今年之況更異往年。原擬四月赴蘇，而諸事糾纏未能即出，大約秋間可成行耳。小石處未及作信，秀峰處諸乞代致。所託購人參此時當易購，弟婦非此不能照常飲食，現各處張羅爲餌，尚望囑秀峰並爲代寄，尤望。右翁此次信來容再復。幕中諸友均乞致念。弟在家終日碌碌而究無一日得閒，徐升在此當知一切，故未詳述一切也。手肅，即請大安，惟鑒不具。弟制易圖頓首。端午後二日。（五月十四到）（二六八）

二十一

少英仁兄大人閣下：

去歲所布之椷計蒙察照。新春榮惟潭禧多吉爲頌。弟諸事如恒。閩省入春苦雨，正月絶無酬應。先君新城擬俟三月間開祭，是否即出，届彼時當作定局，唯經手各事均未料理耳。眷屬俱各平安，惟内子需參而所藏已罄，尚乞晤秀峰時代購若干先行寄下爲感。不論多寡。如秀峰已南來，或託執事設法爲幸。店件已清厘否？有回信否？計當不至馬交也。所項聞秀峰即交，已照收否？茲有懇者，邱少郇表弟今春入都應試並赴大挑，而連年閒居，光景甚累，此次入都之行甚爲勉强。其家食弟當代爲設法，至川貲僅付以入都之需，若榜後高發或得挑，即或不如願而返，均須赴各處張羅。煙臺爲其舊游地，欲懇閣下代爲湊集。江鱅文、林子仁、金季和各處並求函託，能得若干，最好即交其帶都，否則寄都交與何法爲便，均聽尊酌。至右民觀察能否代爲吹噓并求商酌是幸。專此拜懇，餘再布，即請大安不具。愚弟易圖頓首。正月十七日。

聞崇星使之事頗有不合，而西陲有戰事將起之説，究係如何，有所聞並乞示知。此地如鄉僻，無事得聞也。（六月廿八到）（二七四）

二十二

少英仁兄大人閣下：

頃接賜書，諸承注念，並收到少郁賀份卅二兩、券十二元。此等盛情令人代感，此見諸君子合爲致謝。少郁分發尚未定省，大約非浙即江西也。弟原擬此月即行，而家園一切一欲遠去糾纏更甚。現行裝已束，臘月有便航當即由海赴滬，到蘇以後何日北行尚未遽定，如由海道則可圖一聚首爲快。部文已到，得免賠累諸費，吾兄之力，至感！至感！方右翁前乞代謝。蔣秀峰處弟尚有存款千餘，尚望催其即寄上海，俾弟就彼收取以爲北上川資，免得遣人赴煙，爲多一曲折。弟之鹽事頃已全交與郭穀齋太守，故可捨然而去。但去年爲人擔憂，所損已不貲，亦自悔多事也。幼蓉尚好，令叔亦均好。吾兄明年選期如定，則都中可一晤也。唯宦海茫茫，弟自顧實無此精力，頹放湖山相尋詩酒，亦足了耳。玉庭先生遽作古人，聞爲隕涕。然猶幸不在海濱，年來不欲其在煙亦爲此耳。其世兄現時何若？館内諸公想均安勝，乞一一致念。俄事承示，能知大略，然兹事究未知何落，海疆之任無論和戰，後約蓋難措手。奈何！奈何！餘再布。即頌大安，弟易頓首。十一月廿六日。

（十二月初十到）　（二七七）

二十三

少英仁兄大人閣下：

去臘布函，當蒙鑒及，比惟歲祉多福爲頌。榮選有期否？念念！弟去冬原擬赴蘇，乃臘底忽犯吐衄舊疾，日内始愈，現摒擋行裝，計日遄發，到滬後再行入蘇，至北上之期尚無定準耳。鄉居三載，百事相縈，無一日得閒，無一時自逸，而人事之牽纏，世情之變幻，嘗之熟矣。或如置身於迷魂陣中，大抵皆嗜肥逐甘，必罄吾所蓄而後已。現已罄其蓄於十之七八，所存者不復能自養活，故不得已仍須出山再圖受苦耳。吾兄何以教之？好在無患失之心，尚不至爲小人耳。關中諸友有相晤者，乞一一致意。一别五載，令人結轖，亦自恨無此面緣耳。現計到滬後北上之資尚望於蔣秀峰處取以爲用，尚乞代爲催取，令早寄滬或寄蘇均可。或由吾兄手收寄滬尤好。盼切！盼切！小石家叔祖旋里半載，亦爲人情所累，不能再居，現復遠出，尚求推愛。桂生叔祖欲得建幫首事之席，吾兄能爲推轂否？至望，至望！染香聞多佳勝，並乞致念。萊怡、允升、心田、竹亭、潞生、馥林、黼文近境均何似？次泉兄聞署任，亦可喜也。餘再布，即請大安，不具。愚弟易圖頓首，初三日。（辛巳［一］二月廿一到）（二七九）

二十四

少英仁兄大人閣下：

此次北行，擬閣下在都可圖一晤，到濟南接樵兄信，知執事已出京，遥念藎猷新焕，佇卜吉座允升，甚慰，甚慰。弟如叨庇同事一方，去蘇去閩，均在咫尺，故鄙人所甚願，亦執事所心期也。何日榮赴？至念，至念。浙中自譚中丞整頓後，聞杭、嘉、湖三州俱極棘手，貴邑尚如常，當可游刃有餘也。令弟能接此席否？念念。袁穆安欲求赴煙當差，樵兄已有信致右翁，未知何如？乞密示。穆安欲弟再爲函懇，故欲一知消息酌爲措詞。陳稷堂年來諸事顛倒，其境甚累，吾兄能携之往浙，令司筆墨否？或於右翁前賜爲吹嘘，俾有實地得以自致，亦屬携愛無已之至意也。專託，專託。敬賀大喜，即請升安。愚弟易圖頓首，六月初三日。（六月初八到）（二八二）

二十五

少英世仁兄大人閣下：

月初奉到芝函，佐之蘭棗，拜嘉無已，快慰同深。就讅政祉吉羊，潭祺式燕，才爲上游所重，官當劇邑相遷，引睇卿暉，允符私祝。此間夏秋均有致信，何以至今未曾接著？驛遞之不可恃也如此，以後由信局寄去或較郵程爲妥帖耳。貴治係嚴州首邑，自比外縣煩難，然大才精細圓通，獲上信民之理，積久必能面面周悉。要之問心弗慊，尋常之是非只好付諸不聞不見。循聲漸達，則蜚語漸消，相知有素，故不俟鄙人過慮

［一］清光緒七年（1881）。

也。陳中丞處前已提及，後有稟去再當關照。賀年稟當即代提，惟其在閩時曾謂東海關幕左不可恃，此則因廉泉之風聞而不察其爲何人也。吾兄衹説在東海關當差，不提幕左爲是。謹此通聞，以後有何轉達之處乞示，當代述也。敝眷于月之十六抵粤。時局紛紜，未知明年又在何處？雖曰團聚，恐衹多一跋陟耳。承念附陳，耑泐鳴謝。敬請升安，諸希斗照，不具。世愚弟龔易圖頓首。

屢承椷示，選後何未奉到？驛路浮沈如此。所示各件具悉。吾兄新政優游，上游器重，循良之績，佇目望之。弟頑軀尚適，政事之繁至於目不暇給，内子再來，而家事又愁，回顧殊覺此官不易爲也。餘詳前不贅。手再，頓首。（二八四）

二十六

少英仁兄大人閣下：

自違芝采，時竊葭思。頃奉魚函，藉慰雀悰。就諗榮旌赴浙，擬定春間，捧讀之餘，依馳無已。辰維黼黻祥華，簪裾介祉。夙仰經綸，素裕長才，持煙島之籌，行看勳業攸隆，厚澤普雲峰之化，鶯遷指顧，鳧頌心傾。弟憲紀忝持，鹺綱又攝，惟繁難之兼任，愧建立之毫無。承囑陳中丞信件繕楚即行奇去。得便即寄浙。前寄數信均未奉復，故稍遲也。令叔子良已委志書局差務，并在本署監印，知念附陳。專泐，復請升安不備。世愚弟龔易圖頓首。（二八七）

二十七

前代藩條，自慚鳩拙。頃逢蒲節，正仰鴻儀。荷蘭簡之頻頒，撫蓬衷而增愧。敬維少英仁兄世大人榴圖輯瑞，艾綬延釐。宣西浙之循聲，薰風布令；荷北宸之恩簡，湛露邀榮。即晉升華，式孚豫頌。弟重陳臬事，無補良時，愧聽棘之才疏。坐消長日，仰治蒲之政異，遠企清風，復賀午禧，順請升安，敬璧謙版，不宣。世愚弟龔易圖頓首。

展誦另牋承囑馳書一節，本應即致，惟弟與仲帥雖有鄉榜年誼，從未通信，俟賀中秋時再行通候，如問訊通時，再當報命。又及。（二八九）

二十八

鯉鱗游泳，方裁獎飾之還書；雁驛迢遥，又拜聯翩之惠札。喜榮旆已臨淛水，而寸函用畣蜀牋。辰維少英仁兄世大人新猷遹駿，繁祉延鴻，澤布吴區，共頌慈祥之政。恩承魏闕，特頒綸綍之榮，指顧喬鶯，欣占簷鵲。弟察刑再授，聽訟仍疏，課及魚鹽，致治尤慚乏術。自維駑鈍，指迷望錫好音。陳中丞信件前已遥寄。專泐，復賀莅喜。敬璧謙版不莊。世愚弟龔易圖頓首。

匆匆未及手書，到省後計履新在即，賀之。如有他情乞示知，當再械致中座，庶可達情也。敝眷尚未來粤，知念并及。

（二九二）

《國家圖書館藏未刊稿叢書》總目

日記編

黄陶樓先生日記（全二册）（清）黄彭年 著 樊長遠等 整理

張叔未日記（外六種）

張叔未日記 （清）張廷濟 著 陳紅彦 樊長遠 整理

舊山樓日記 （清）趙宗建 著 肖 剛 整理

非昔居士日記 （清）趙宗建 著 肖 剛 整理

庚子非昔日記 （清）趙宗建 著 肖 剛 整理

壺中日記 （清）葉 鈞 著 肖 剛 整理

東洲草堂日記 （清）何紹基 著 曹菁菁 整理

顔倩來日記 （清）顔懋价 著 杜 萌 整理

笘誃日記 （清）江 標 著 樊長遠 整理

書札編

張蔭桓致劉毓森書札 龔易圖致劉毓森書札

（清）張蔭桓 龔易圖 著 董馥榮 整理

袁昶友朋書札（全六册）（清）袁 昶 輯 謝冬榮等 整理

王懿榮往還書札（外三種）

王懿榮往還書札 （清）王懿榮等 著 蘇揚劍 整理

藝風堂同人尺牘 （清）惲祖翼等 著 謝冬榮 整理

黄子壽先生遺札 （清）黄彭年 著 杜 萌 整理

趙宗建友朋書札 （清）趙宗建等 著 彭文芳 整理

葉德輝致松崎鶴雄書札 葉德輝 著 孫 俊 整理

國家圖書館藏清代名家尺牘法書選刊（全十六册）

白謙慎 薛龍春 主編

金石題跋編

國家圖書館未刊石刻題跋輯録　盧芳玉　整理

小蓬萊閣金石目（清）黄　易　著　盧芳玉　整理

題贊手卷編

明渤海孫氏積善堂題贊手卷　田曉春　整理

中法漢學研究所編

燕京傳薪録

——中法漢學研究所未刊稿研究

孫　俊　程天舒　林世田等　編著

著作編

周易注疏校勘記（全二册）（清）阮　元　總纂

讀相臺五經隨筆（全二册）（清）周廣業　著

經義述聞（全九册）（清）王引之　著

經義考異（清）方　邁　著

國語解訂譌（外三種）

國語解訂譌（清）孔繼涵　孔廣栻　輯校

白虎通義校稿（清）吴　騫　輯

古小學書鈎沈（清）陳　鱣　輯

聲系（清）陳　鱣　著

説文解字考異（全五册）（清）姚文田　輯

四庫全書表注（全二册）（清）李文田　著

登樓雜記（全二册）（清）錢　泳　著

蛾術編（全十册）（清）王鳴盛　著

籀鄦簃雜著（全三册）（清）王仁俊　著